John Cowper Powys
Autobiographie

John Cowper Powys

AUTOBIOGRAPHIE

Aus dem Englischen von
Nikolaus Stingl

P. KIRCHHEIM

Deutsche Erstausgabe

Umschlaggestaltung: Klaus Detjen
Gesetzt aus der Korpus Baskerville
von Fotosatz Uhl+Massopust, Aalen
Hergestellt durch die
Kunst- und Verlagsbuchbinderei, Leipzig
Printed in Germany
ISBN 3-87410-020-0

MARY COWPER POWYS
zugeeignet

Shirley

Die Gegend von Derbyshire, die sich um den Peak zentriert, gleicht dem Buckel eines Schildes. Dovedale muß dem Umkreis dieses Omphalos von England zugerechnet werden; und bei großzügiger Auslegung ließen sich, gleichsam als kunstvoll gearbeiteter Rand eines homerischen Schildes, auch die kleinen, idyllischen Dörfer und das Landstädtchen Ashbourne in dieses gewaltige Rund einbeziehen.

Rasch und reißend sind die Wasser der Dove; und rauh und wild sind die Felsen und Untiefen, die Schnellen und Fälle, über die ihre vom Regen geschwollenen Fluten schießen. Die steilen und sehr oft von Höhlen durchbrochenen Klippen, die zu beiden Seiten dieses raschen Stroms emporragen, eines Stroms, der sich mit einem Falken im Taubengefieder vergleichen ließe, flößen in stärkerem Maße Schrecken und Ehrfurcht ein, als die vergleichsweise engen Grenzen dieses besonderen Landstrichs auf den ersten Blick vielleicht vermuten ließen.

In den Augen eines kleinen Kindes jedenfalls grenzte das Felsental der Dove geradezu an ein *Tremendum-Mysterium:* Eine meiner frühesten Erinnerungen ist das unbestimmte Gefühl von *Riesigkeit*, das jener grasige Hügel hervorrief, der in meiner heutigen Vorstellung – denn ich habe ihn seit über fünfzig Jahren nicht mehr gesehen – einem kegelförmigen Tumulus ähnelte und sich in der Nähe von Dovedale erhob und vermutlich immer noch erhebt. Wie zauberisch klug ist die Kindheit in ihrer Macht, mit unbedeutenden Mitteln grenzenlose Wirkungen zu erzielen! Denn obschon diese Erhebung – und sie hieß Mount Cloud – gewiß kein sich emportürmender Alpengipfel gewesen sein kann, wird sie für mich stets ein Synonym für das Erhabene bleiben. Viele Aspekte der Kindertage sind durchaus lächerlich; aber wie oft wird nicht der gesamte Verlauf unserer nachfolgenden Geschichte zu dem Versuch, diese Zauberkraft wiederzuerlangen, diese Macht, das unendlich Große im stofflich Kleinen zu entdecken!

Da die überwältigende Mehrzahl dessen, was mir aus jenen frühen Tagen wiederkehrt, schändlich, destruktiv und grotesk ist, neige ich dazu, der einzigen konstruktiven Betätigung, an die ich mich erinnern kann, das Äußerste abzugewinnen – der Leidenschaft nämlich, am Rande des Gesträuchs an der Auffahrt zahlreiche Nachbildungen des „Mount Cloud" zu errichten, die aus mit Moos abgedeckter, feuchter Gartenerde bestanden.

Es ist ein grober Fehler unserer reifen Jahre, daß wir *die Ekstase des Schrankenlosen* so fügsam und ohne das verzweifelte, unablässige Bemühen, sie zu bewahren, aus unserem Leben entschwinden lassen. Ein anderer, abgöttisch verehrter Fetisch, der zum Medium eines ozeanischen Einströmens dieses „Schrankenlosen" wurde und einen noch größeren Eindruck in meinem Gemüt hinterließ als der Bau all dieser mikrokosmischen „Mount Clouds", war ein Holzbeil, das mir mein Vater aus dem Strunk eines alten Lorbeerstrauchs verfertigte. Ich entsinne mich noch gut, wie der Lorbeer gefällt wurde, aus dem diese Zauberwaffe in meine Hände fiel. Ich war den ganzen Morgen in das niederträchtigste, mir damals bekannte (wenn auch nicht das niederträchtigste mir mögliche) Vergnügen vertieft, Kaulquappen aus dem Teich auf dem Feld in die Pfützen umzusetzen, die der Regen neben der Auffahrt zurückgelassen hatte. Nun folgte mein Vater bei allen moralischen und kasuistischen Problemen gewissen primitiven Regeln, die von *seinem* Vater auf ihn übergegangen waren: wie etwa der, *stets zwei zurückzulassen*, wenn man zur Ergänzung seiner Sammlung Vogeleier aus einem Nest nahm; oder der, einen Fisch, den man mit dem Haken fing, niemals am Ufer zappeln und nach Luft schnappen zu lassen, sondern *stets von seiner Qual zu erlösen*.

Aber daß einer seiner Sprößlinge Gott weiß welche perverse Befriedigung daran finden sollte, die Bewohner – zum Glück waren Kaulquappen alles, was der kleine Junge fangen konnte – eines dunklen, kühlen, tiefen Teichs herauszufischen und in seichte Pfützen zu setzen, lag dermaßen außerhalb seiner Erfahrungen, daß er für diesen Fall keinen Leitsatz hatte. Es war daher der schiere Zufall, daß mein Vater an diesem Mittag, als er die

Pfade des kleinen Dickichts am Ende des Gartens so mit abgetrennten Lorbeerzweigen übersät hatte, daß bei diesem grausamen Hakken und Verwunden ein süßer Wohlgeruch von aromatischem Holz über den Rasen hinstrich, von dem natürlichen Wunsch bewegt wurde, sein Sohn möge die Verwüstungs- und Ruhmestaten der Kraft und Geschicklichkeit seines Erzeugers erblicken.

Und so hätte man an diesem Tage die hochgewachsene Gestalt des Vikars von Shirley in schwarzen Hosen und Hemdsärmeln aus grauem Flanell dabei beobachten können, wie er seinen protestierenden Sohn von dessen Pfützenkolonien wegschleppte und gewaltsam zu seinem verwüsteten Dickicht beförderte. Wie schwer es doch ist, in Arkadien zu leben und sich nicht an der einen oder anderen Spezies seiner autochthonen Ureinwohner zu vergreifen! Weh aber um jenes Beil aus Lorbeer, dessen Schneide und Stiel beide aus dem gleichen wohlriechenden Holz waren und von dessen ganzem Wesen ein solch märchenhafter Zauberglanz ausstrahlte, daß mich noch lange danach, als ich ein Junge mit Zwille, Schmetterlingsnetz und Angelrute war, oft der Gedanke beschlich, ich hätte ein Mysterium verloren – für immer und ewig verloren –, das für den Rest meiner Tage über mich gewacht hätte. Dies Lorbeerbeil aus dem Gartendickicht von Shirley wiederzuerlangen hieße heute, die ganze magische Kraft jener zeitlosen Fetischverehrung wiederzuerlangen, durch die der wunderlichste, allergewöhnlichste Gegenstand – ein Baumstumpf, ein Haufen Steine, ein Teich am Wegesrand, ein alter Schornstein – zu einer Bundeslade werden kann, die die Musik der Sphären heraufbeschwört.

Die Landschaft unmittelbar um Shirley war idyllisch und sanft gewellt, nicht wild oder schreckenerregend wie das Tal der Dove. Gleichzeitig war sie jedem klein- oder großstädtischen Einfluß so weit entzogen, als hätte sie „unter den fernsten Hebriden“ gelegen. Das kleine Dorf Shirley erreichte man über einen schmalen Fahrweg, der, wenn ich nicht irre, von der breiten Landstraße, die zwischen Ashbourne und Derby verlief, genau nach Osten abzweigte, und es lag, so habe ich mir immer vorgestellt, in etwa an der Stelle, wo Charles Stuarts malerische Rebellenarmee sich nach Schottland zurückwandte, zurück zu ihrer beklagenswerten Niederlage bei Culloden, anstatt kühn auf London vorzurücken.

Zwischen der Derby Road und der Einfahrt zur Pfarrei – denn

unser Haus war die erste menschliche Wohnstätte, die man über besagten Fahrweg erreichte – wuchs eine hohe Kiefer von der Art, die als „Waldkiefer" zu bezeichnen mein Vater uns beizubringen pflegte. Bei diesem Baum, der ein passendes Ziel für so manchen Spaziergang mit dem Kindermädchen bot, befand sich ein kleiner Zauntritt, der über eine Abkürzung durch die Felder zu der historischen Landstraße führte, die sich von der Stelle, wo die Hochländer gegen den Vormarsch aufbegehrt hatten, weiter zu dem im Tal gelegenen Städtchen Ashbourne hinzog.

Unser Haus selbst war meiner heutigen Erinnerung nach ein von Gesträuch und kurzgemähtem Gras umgebenes, eckiges, weißlich-gelbes Gebäude. Es war eher gemütlich als prätentiös, doch im Lichte später gewonnener Ansichten zu solchen Gegensätzen war es als Behausung für einen Mann absurd groß, auch für einen Mann, der bis zu unserem Auszug Vater von fünf Kindern geworden war – wenn man bedenkt, daß das Dorf, dessen Gemeindepfarrer er war, zu seiner Zeit niemals mehr als zweihundert Seelen zählte.

Da ich immerhin dort geboren wurde und bis zu meinem siebten Lebensjahr dort wohnte, ist es eigentümlich, daß ich keinerlei Erinnerung an die Pfarrkirche habe. Soweit mein Gedächtnis reicht, hätte mein Vater ein hochgewachsener, kräftiger Mann in schwarzer Kleidung sein können, der nichts weiter tat, als Lorbeersträucher zu stutzen, mit unglaublicher Geschwindigkeit Hügel, Täler, Wälder, Feldwege, Dickichte und Gestrüppe zu meistern und meinen beiden Brüdern und mir, während wir nach dem Tee auf dem Eßzimmersofa neben ihm saßen, eine unendliche Geschichte von zwei mythischen Gestalten zu erzählen, die Riese Rumpel und Fee Lustig hießen. Von dieser niemals zu Ende erzählten Geschichte weiß ich nur noch, daß der Schurke, der Bösewicht des Stückes, stets ein wissenschaftlicher Pedant war, der vom Erzähler „der Professor" genannt wurde und dessen unheilvolle Umtriebe zu vereiteln und zu durchkreuzen aller Gewitztheit von Riese und Fee bedurfte.

Aber obgleich die Werke meines Vaters als Gemeindepfarrer, wie überhaupt jedes Bild im Zusammenhang mit der kleinen grauen Kirche in der Dorfmitte, etwa eine halbe Meile entfernt, von der Zeit ausgelöscht worden sind, kehren mir die Züge des

Mannes selbst aus jener frühen Zeit ebenso lebhaft wieder wie aus jedem anderen Abschnitt meines Lebens. Eine ungeheure emotionale und magnetische Explosivität, die von einer beinahe militärischen Disziplin streng im Zaum gehalten wurde, war das Charakteristischste, was Charles Francis Powys ausstrahlte. Geboren in der Pfarre von Stalbridge in Dorset, hatte er sich in seiner Kindheit in Wessex gewisse für das West Country typische Eigenheiten in Wortwahl und Tonfall angeeignet, von denen er gelegentlich Gebrauch machte, nicht so sehr in Momenten der Erregung, als vielmehr bei Gelegenheiten, wo es um feierliche oder poetische Sachverhalte ging. Die Größe meines Vaters als Persönlichkeit offenbarte sich mir in erster Linie nicht in seiner Eigenschaft als Priester, ja nicht einmal als Lorbeerbeschneider, sondern als Besitzer von Stiefeln *mit ungeheuer dicken Sohlen.* Wenn ich heute die wirkliche Bedeutung der Stiefelsohlen meines Vaters erfassen könnte, wäre ich Herr eines der wichtigsten Schlüssel zum Geheimnis des Kosmos. Handelte es sich nur um das Wunder der kontrastierenden Größe – des Unterschiedes zwischen der Dicke meiner und der Stiefel meines Vaters –, das mich so entzückte? Nein, es war noch etwas anderes. Diese großen Stiefelsohlen, wie ich sie in einer Reihe in einer kleinen Hinterkammer bei der Küche stehen sah, müssen, so glaube ich wirklich, auf jene geheimnisvolle Weise für mich bedeutsam geworden sein, auf die zeit meines Lebens bestimmte unbelebte Gegenstände bedeutsam geworden sind, indem sie jenes Element des Lebens in sich verdichteten, das man als *unerforschliche Ekstase* bezeichnen könnte.

Noch dieser Tage, da ich fast dreißig Jahre älter bin, als er damals war, bin ich mir, wenn ich an die Stiefelsohlen meines Vaters denke, eines wunderbaren Geheimnisses von Glück bewußt. Nach diesem Geheimnis habe ich wieder und wieder gegriffen, es aber immer knapp verfehlt. Ist es eine uralte Zauberformel, die in mir wieder auflebt? Ist es das unbewußte Wissen um all die Erde von Derbyshire, das Moos und Gras und Geröll von Derbyshire, auf dem diese Sohlen einhergeschritten sind? Nein! Der Reiz, den meine Phantasie den Stiefelsohlen meines Vaters abgewann, der Schauer seelischer Erleichterung und geheimnisvoller Freude, den ich noch heute erlebe, wenn ich in bestimmter Weise an sie denke, haben nicht das mindeste damit zu tun, womit der Mann auftrat, wenn er über Hügel und Tal wanderte. Sie – diese Empfindungen – haben mit jener unterschwelligen Lebensreaktion zu tun, die einem Geist, der auf die Enthüllung zu achten lernt, nach und nach ein Geheimnis von Bewußtheit enthüllt, das gar nicht überschätzt werden kann. Daß es sich um *Stiefelsohlen* handelte und ihre *raison d'être* der Druck auf die Erde unter den Beinen eines Mannes von der vulkanisch heftigen Erdverbundenheit meines Vaters war, ist zweifellos ein bedeutsames Symbol, erklärt aber keineswegs diese eigentümliche kindliche Empfindung, und auch nicht die noch geheimnisvollere Ahnung von etwas „noch viel tiefer Durchgedrungenem", die mich im Hinblick darauf noch immer heimsucht.

Meine frühesten Regungen morbider oder antisozialer Art müssen in meinem dritten Lebensjahr auf diesem von Monstrositäten bevölkerten Planeten aufgetreten sein. Ich entsinne mich sehr deutlich der Panik, die ich verspürte, als ich mit dem großen Glockenseil, das im Korridor am oberen Treppenabsatz hing – ursprünglich diente es wohl dazu, Leute aus Garten oder Stall hereinzurufen –, die Rolle eines Henkers spielte und bemerkte, daß das Gesicht meines Bruders Littleton plötzlich ein geschwollenes, violettes Aussehen angenommen hatte. Meine Schreie holten rasch genug Hilfe herbei, und zweifellos wurde ich tüchtig geohrfeigt; im Gedächtnis aber blieb mir das Entsetzen darüber, *in einem Spiel auf Leben und Tod zu weit gegangen zu sein.* Die Bestrafung hinterließ keine Erinnerung.

Mein Vater muß bar jeglichen Zuges von Sadismus gewesen sein – jener Verirrung, mit der so fatal vertraut zu werden ich in späteren Jahren verdammt war –, denn die einzige Art, auf die er uns, mich und meine beiden Brüder, je bestrafte, bestand darin, uns plötzlich und völlig unverwartet einen einzigen, ziemlich heftigen Schlag aufs Ohr zu versetzen, einen Schlag von der Sorte, den die Arbeiter von Dorset in seiner eigenen Kindheit als „einen Klaps an die Ohren" bezeichnet haben würden.

Daß das Leben etwas weitgehend Chaotisches hat, ist nicht zu bestreiten, und daß eine der mächtigsten Unsterblichen, die über unser Geschick bestimmen, die große Göttin Fortuna ist, läßt sich nicht leugnen, aber es gibt bei den Erfahrungen, die uns zustoßen, Erfahrungen, die unser Charakter bei ihrem Auftreten gestaltet, auch einen merkwürdigen Druck, der trotz allen Wirkens von Fortuna durch alle Windungen und Wendungen des Zufalls hindurch eine zugrundeliegende Tendenz, eine nachweisliche Richtung, eine Bewegung, einen Drang hin zu einer implizierten Erfüllung gemäß einer zutiefst verwickelten Entelechie aufweist.

Im Lichte dessen, was ich heute mit sechzig bin – und ich fasse dieses vieldeutige „was ich bin" als gänzlich subjektive Sicht auf, denn wer kann sich bei aller Mühe schon objektiv sehen –, nimmt eine solche vorbestimmte Richtung, die der innere Lebensdrang in seiner Gestaltung der Umstände einschlägt, die Form einer halbbewußten Selbsterschaffung an. Und welche Gestalt nimmt dieses Charakterschicksal an, wenn ich mich heute betrachte, mich und das, was ich meine Lebensillusion zu nennen gelernt habe? Sofern nicht meine ganze Selbstanalyse oberflächlich ist, nimmt es die Gestalt eines anders als früher weniger widersprüchlichen, aber noch nicht ganz abgestimmten Gemischs von fünf recht gegensätzlichen Elementen an. Ich möchte sie in der Reihenfolge aufzählen, in der ich sie derzeit für mehr oder weniger dominierend halte. Sie lassen sich zurückführen auf: den Wunsch, mich am Kosmos zu erfreuen, den Wunsch, mein Gewissen zu beschwichtigen, den Wunsch, die Rolle eines Magiers zu spielen, den Wunsch, die Rolle eines Helfers zu spielen, und schließlich den Wunsch, meine Lasterhaftigkeit zu befriedigen.

Nun ist klar, daß sich von den letzten vier eigentlich nur der Magier-Wunsch, und auch er nicht gänzlich, für eine halb mystische, halb sinnliche Freude an diesem verwirrenden Universum eignete. Denn nach und nach kam ich dahinter, daß die Art von Freude am Leben, die ich wollte, etwas war, was sich als *imaginative Sinnlichkeit* bezeichnen ließe, eine Sinnlichkeit, die zu ihrer Befriedigung eines fluktuierenden Randes vager Erinnerung bedurfte, einer Erinnerung, die, während ich mir ihrer verschwommen bewußt war, sozusagen in die Menschenleben zu entschwinden schien, die vor mir dahingingen, Leben, die die gleichen Gefühle erfahren hatten, die ich erfuhr, nur in einer nicht realisierbaren Vergangenheit. Nun dürfte klar sein, denke ich, daß der Wunsch, ein Magier zu sein, also eine gewisse übernatürliche Kontrolle über mein Geschick und das von anderen auszuüben, sich nicht vollständig mit dem reinen, unverfälschten Genuß sinnlicher Gefühle deckte, die von einer Aura obskurer Erinnerungen umgeben waren. Manchmal deckte er sich mit dem Kult solcher Gefühle; doch manchmal, besonders in schweren Zeiten, fand er ein ganz eigenständiges Vergnügen an einer bestimmten Haltung gewaltiger, stoischer Ausdauer. Und wenn die Rolle eines Magiers – und der darin inbegriffene persönliche Stolz – nicht immer mit der imaginativen Sinnlichkeit harmonierte, die mein dominierender Drang war, so gerieten die übrigen Elemente oft in verstörende Konflikte damit.

Das Gewissen zum Beispiel! Ich kann mich an keine Zeit erinnern, da mein Gewissen mich nicht geplagt hätte, indem es mir zu tun befahl, was ich nicht tun wollte, und zu unterlassen, was ich tun wollte. Ja, es läßt sich ohne weiteres sagen, daß der große Kampf meines Lebens sich zwischen meinem Gewissen und meinem Impuls abspielte, ein einzig und allein aus sinnlich-mystischen Empfindungen bestehendes Leben zu führen.

Meinen Wunsch, die Rolle eines Helfers zu spielen, deute ich als etwas vom Gewissen Verschiedenes, nicht nur weil es oft vorkam, daß dieser Wunsch mit den faderen Anweisungen des Gewissens in Konflikt stand, sondern weil er – infolge jener Imaginationsnerven, die uns zwingen, unsere eigenen Gefühle mit denen einer fremden Existenz, ob menschlich oder nicht, zu identifizieren – zweifellos auch dann stark in mir wirksam gewesen wäre, wenn ich gar kein Gewissen hätte.

Am klarsten zu verstehen, denke ich mir, ist die Schwierigkeit, die ich damit hatte, meine Lasterhaftigkeit mit einem Leben sinnlicher Kontemplation in Einklang zu bringen. Es liegt leider deutlich auf der Hand, daß jede Art von Lasterhaftigkeit schon aufgrund der bloßen Tatsache ihrer unersättlichen Ausschließlichkeit und wilden Heftigkeit jeder subtileren, beständigeren Form von Glück entgegenwirkt.

Ohne jede Frage ist mein dominierendes Laster von frühester Kindheit an bis zur gegenwärtigen Stunde das gefährlichste Laster überhaupt gewesen. Ich spreche vom Sadismus. Ich kann mich an keine Zeit erinnern – so früh zeigte sich diese Tendenz –, da mich nicht sadistische Gedanken und Bilder verstört und berauscht hätten. Eines meiner Bilderbücher – ich kann damals nicht älter als drei Jahre gewesen sein – enthielt das Bild eines Adlers, der ein

Lamm schlägt; und vom dritten Lebensjahr, d. h. von 1875 an – denn ich bin 1872 geboren –, bis etwa 1922, als ich fünfzig war, quälte und verzückte mich dieses tödliche Laster. Im Jungen- und Jünglingsalter hatte es die Gier zum Rivalen, und noch sehr lange danach war sein Begleitlaster ein normaleres, wenn auch nie ganz normales Hingezogensein zu jungen Frauen; aber erst als ich fünfzig war, und dieser Zeitpunkt ist mir sehr klar im Gedächtnis geblieben, überwand ich es völlig. Mit „überwinden" meine ich, daß ich mir niemals erlaube, auch nur für einen Moment Vergnügen an jenen sadistischen Gedanken zu finden, die fast ein halbes Jahrhundert lang meine Lieblingshuris, die Gefährtinnen meines Lagers waren.

Seit zehn Jahren ist mein Gewissen – wohl auch, weil es ihm leichter fällt, der Versuchung zu widerstehen – so unnachgiebig mit mir, daß es mich sogar zwingt, diejenigen Passagen in modernen Büchern, die den sadistischen Nerv reizen – und davon gibt es viele –, zu überspringen. Ich bezweifle, daß es in England oder Amerika einen Leser mit einer unfehlbareren Wünschelrute zum Aufspüren der verschiedenen Grade von Sadismus bei einem Schriftsteller gibt. Ich könnte Autoren nennen, die bewußt darin schwelgen – und ich kann das Beben des bösen Nervs dabei in jedem Fall präzise erfassen –, während bei Dostojewksi, für den er offensichtlich eine Versuchung darstellte, die er freilich ebenso offensichtlich völlig überwand, jede einzelne Spur davon in seinen Büchern – „Stawrogins Beichte", die aus den *Dämonen* gestrichen wurde, nicht ausgenommen – durch die Macht des Geistes sublimiert und geläutert wurde.

Welche Streiche ich meinem Gewissen in anderen Dingen auch spielen mag, in dieser Sache bin ich – eben weil sie meine Hauptversuchung darstellt – so ehrlich wie der penibelste und spitzfindigste Kasuist. Wo es darum geht, sie zu meiden, bin ich *mehr* als moralisch. Noch der schwächste Abglanz sadistischen Vergnügens beim Lesen oder Schreiben – zu schweigen vom Denken – wird erstickt, und zwar unnachgiebig und im Keim. Ja, er wird eigentlich schon in seinem protoplasmatischen Urzustand, lange vor dem Keimen, erstickt! Tatsächlich ist mein Gewissen in diesem Punkt so mächtig geworden, daß es mein Bewußtsein daran gewöhnt hat, automatisch zu funktionieren, bis alle sadistischen Situationen –

d. h. solche, in denen das Praktizieren von Grausamkeit gewissermaßen ein wollüstiges „Rikoschettieren" erzeugt – sozusagen im voraus geistig purgiert werden. Ebensowenig wie bei Dostojewski heißt das nicht, daß ich nicht über Sadisten schreiben „darf". Ich „darf" nur nicht so über Sadisten schreiben, daß ich mir selbst *und anderen Sadisten* diesen zweideutigen Kitzel verschaffe.

So läßt sich beispielsweise der *Glastonbury Romance* kein Fünkchen dieses zweideutigen Kitzels abgewinnen; dabei beschreibe ich in diesem Buch detailliert die Pathologie eines nahezu hoffnungslosen Sadisten. Aber ich bringe das – und zwar mit unendlicher Behutsamkeit – zustande, ohne ein einziges Mal die entsprechende hochempfindliche Saite anzuschlagen. So unbeugsam ist mein Gewissen in dieser Hinsicht, daß ich zehntausendmal eher den „künstlerischen Wert" eines Buches ruinieren würde, indem ich den tödlichen Schauer ganz heraushalte, als Gefahr laufen, der unheilvollen Flamme Nahrung zu verschaffen. In diesem Punkt stimme ich – wie wohl auch Dostojewski – völlig mit den alten Damen in den Leihbüchereien überein, die glauben, bestimmte moderne Bücher stammten geradewegs vom Teufel. Die alten Damen befinden sich nicht im Irrtum. Genau *daher* stammen sie! Doch wie wenige von den wirklich großen Schriftstellern – mit Ausnahme von Dante, wo ich sie in der Tat entdecke – weisen auch nur die geringste Spur davon auf! Nichts davon bei Homer, bei Aristophanes, bei Aeschylos, Sophokles, Euripides. Nichts bei Rabelais, bei Montaigne, bei Shakespeare, bei Cervantes, bei Goethe. Aber in Wahrheit ist es so, daß die breite Öffentlichkeit mit diesem süßen Gift gesäugt werden und es auch genießen kann, ohne die leiseste Ahnung von den Teufelszitzen zu haben, aus denen die Süße kommt.

Ein merkwürdiger und interessanter Umstand meiner moralischen Geschichte ist darin zu sehen, daß ich während der gesamten fünfzig Jahre, in denen ich mich dem Vergnügen an sadistischen Gedanken hingab, periodisch gegen vollkommen legitime und vollkommen untadelige Sinnlichkeit ankämpfte. Seit ich fünfzig geworden bin, habe ich mich völlig von der unglücklichen Vorstellung emanzipiert, sinnliches Vergnügen als solches oder sexuelles Vergnügen als solches seien Unrecht, und wenn ich in meiner Jugend mehr völlig freie Liebesaffären gehabt hätte, dann hätte diese eigenartige Lasterhaftigkeit wohl weit weniger Einfluß auf mich ausgeübt. Ich sage nicht, daß sie nicht stets eine Tendenz von mir gewesen wäre, denn sie ist ganz eindeutig eine schicksalhafte Fatalität meines Wesens, aber ich habe immer festgestellt, daß die bei weitem beste Linderung für meine Art von zerebralem Sadismus darin bestand, mich in normalerer Sinnlichkeit zu versenken.

Es ist daher merkwürdig, daß ich, solange mich mein Gewissen – wie ich glaube, ganz irrigerweise – zwang, gegen jedes sexuelle Vergnügen als wesenhaft böse anzukämpfen, fortwährend in sadistischen Gedanken schwelgte; als ich dagegen aufhörte, mir auch nur das kleinste Fünkchen eines sadistischen Gedankens zu gestatten, kam ich zu der Überzeugung, daß jede Art von sinnlichem Kitzel, der keine Grausamkeit impliziert, absolut und völlig vertretbar ist. Dazu stehe ich noch heute. Nicht daß ich die sadistischen Handlungen, an die ich ständig dachte und die ich mir ständig ausmalte, je praktizierte – nein!, nicht im geringsten. Ich werde gleich Gelegenheit haben, praktisch jede meiner sadistischen Taten im Detail zu bekennen; denn sie ereigneten sich alle in meinen Knabenjahren und ließen sich an den Fingern meiner beiden Hände, möglicherweise auch an einer Hand abzählen. Nein, nur in meinen Gedanken habe ich – bis hin zu einer finsteren Ekstase nach der anderen – die süße, abscheuliche Sodomsfurcht verschlungen.

„Aber wem schadet das denn?"

Das will ich dir sagen, mein zynischer Freund. So entschieden du meinethalben auch an Untergang und Nichtigkeit glauben magst, mußt du dennoch zugeben, daß von jedem intensiven und konzentrierten, über einen langen Zeitraum hinweg Nacht für Nacht und Jahr für Jahr mit intensiver Versunkenheit fortgesetzten Kult so etwas wie magnetische Schwingungen ausgehen müssen, die die Luft um einen herum durchdringen und einen bösen Einfluß ausüben, der sich nur langsam verliert. Wenn man sich, so lehrt Paracelsus, Gedanken lange Zeit vergegenwärtigt und über sie nachgrübelt, dann *tendieren sie dazu, Wesenheiten zu werden.*

Einem Menschen mit einem strengen Gewissen wie dem meinen und einem Verstand wie dem meinen, der viel zu skeptisch ist, um sich von den Dogmen der modernen Naturwissenschaft täuschen zu lassen, widerstrebt natürlich die Vorstellung, Elementargeister der Grausamkeit zu erschaffen und freizusetzen.

Ich empfinde es als seltsam, daß ich bis zu meinem siebten Lebensjahr in Shirley gelebt und dennoch so wenig Erinnerungen an mein damaliges Leben bewahrt habe. Ich weiß noch, daß es zu unserer Zeit eine Art Laube im Garten gab, und ich entsinne mich, wie ich an diesem abgeschiedenen Ort einmal in einem rostigen Eisenkessel ein Höllengebräu herstellte, dem ich neben anderen Ingredienzien – von denen keine so sinister war wie die in Macbeth erwähnten – auch ein wenig Urin von mir und meinem Bruder beimischte. Wenn das Widerwärtigste oder den Künsten der Schwarzen Magie am nächsten Kommende, was ich je tat, darin bestand, daß ich in einem Kessel meinen Urin mit dem meines Bruders Littleton mischte, so habe ich keine sehr schwere Vergeltung „der Geister, die auf Mordgedanken lauschen" auf mich gezogen; aber für mich ist offensichtlich, daß ich, obwohl dazu getrieben, die Routine des Anstandes durch Vermischung meines Urins mit dem meines Bruders zu durchbrechen, eine Reaktion gegen die ganze Episode zeigte; denn jetzt, wo sie mir wiederkehrt, spüre ich ein eigenartiges Zusammenziehen im Mund und einen Speichelfluß, die Anzeichen für ein leichtes „Würgen im Hals" sind.

Unser Onkel Littleton, meines Vaters älterer Bruder, der Hauptmann bei der Armee war, kam uns in Shirley besuchen, ein würdevoller, bärtiger Mann mit breiter Stirn. Wir hatten die Vorstellung, daß er als Soldat notwendigerweise tapferer war als andere Männer – tapferer beispielsweise als Heber Dale, der Postbote, ein wasserköpfiger Zwerg, tapferer sogar als „Stephen", der Gärtner, der mit Hilfe meines Vaters das schwere Derbyshire-Heu auf der Pfarrwiese nähte und einfuhr. Ich erinnere mich gut an das boshafte Vergnügen, das ich empfand, wenn ich abends auf seinen Knien saß und er mir erlaubte, sein bärtiges Gesicht mit den Fäusten zu bearbeiten, um den Mut dieses Offiziers der Königin zu erproben.

Nein, von der Kirche am Fuße des Hügels weiß ich nichts mehr; was aber den schmalen Feldweg anlangt, der zwischen hohen Hekken zur Kirche hinunterführte, so entsinne ich mich bis auf den heutigen Tag – und es ist eine meiner lebhaftesten Erinnerungen – des Frohlockens, das mich wie Quecksilber durchströmte, als ich mich einmal, dem Kinderwagen mit meinem Bruder Littleton ein

Stückchen voraus, zu dem Kindermädchen umdrehte, das ihn schob, und triumphierend verkündete, ich sei „der Herr der Heerscharen". Eine noch frühere, verständliche Äußerung aus meinem Mund, ehe ich erlebte, wie es war, „der Herr der Heerscharen" zu sein, fiel in unserem Kinderzimmer, während ich meinem Bruder gegenüber auf meinem Hochstuhl und Theodore – damals das Baby – auf dem Schoß des Kindermädchens saß, und hatte mit der jeweiligen Größe zweier Brotkrumen zu tun, auf die ich die Aufmerksamkeit der Welt lenkte, indem ich darauf hinwies, die große Krume sei ich selbst und die kleinere Littleton. So stellte sich meinem Verstand das Prinzip der Relativität dar.

Jeder Leser jedoch, der ahnen kann, zu welchem emotionalen Gegenpol ein Pendel schwingen mußte, das so hoch ausschlagen konnte wie das meine an jenem Tag auf dem Feldweg, kann sich gut vorstellen, was für einen Abgrund demütigenden Schreckens ein solches Kind herausforderte. Die meisten Kinder sind, wie uns Dickens immer wieder erinnert, entsetzlichen heimlichen Schrekken ausgesetzt. Mein ganzes Leben – doch, doch!, bis auf den heutigen Tag, da ich mich in meinem Schlupfwinkel in den Hügeln von New York der Ereignisse erinnere – war ein einziger langer Kampf mit der Angst, selbsterzeugter, grotesker Angst. Komischerweise ist diese Angst, seit ich in Amerika lebe, in der Form wiedergekehrt, die sie in den Tagen von Shirley annahm, obschon ich zwischen dem siebten und dem fünfzigsten Lebensjahr weitgehend davon verschont blieb. Ich meine die Angst vor der Polizei. Man hatte uns zu einem Privatsee mitten in Osmaston Park mitgenommen, einem prächtigen Besitz, der damals gerade in neue Hände überging; und nach unserem Picknick an diesem abgeschiedenen Ort hatte ich einen abgestorbenen Ast von beträchtlicher Größe ins Wasser geschleudert! Was hat mir dieser verhängnisvolle Ast – eigentlich nicht mehr als ein verrotteter Stock – in der Folgezeit nicht für Seelenqualen verursacht! Einer der Erwachsenen in unserer kleinen Picknickgesellschaft äußerte, wie es törichte Erwachsene so an sich haben, die dumme Bemerkung, Johnny solle sich lieber vorsehen. Dafür, daß er Sachen in den schönen See werfe, würde ihn die Polizei holen! Ach, armer Johnny! Er sah sich nicht nur „vor", sondern er sah von seinem Bettchen aus, gegenüber dem Bettchen von Littleton, Nacht für Nacht herum und dachte bei sich:

„Sie kommen mich holen. Sie kommen und bringen mich weg."

Und dergestalt war, wie immer, das Wesen dieser Angst – dieses Proteus in einer Million Verkleidungen –, daß Johnny keiner Menschenseele ein Sterbenswörtchen davon zu sagen wagte. Hörte je ein „unsterbliches" Ohr auf den Schrei des Herzens, den wortlosen Schrei im Herzklopfen der Menschenseele, die im Busen eine Angst hegt, die sie nicht enthüllen darf? Darauf zu vertrauen erfordert Glaube! Mir jedenfalls verschaffte Bischof Kens wunderschöne Abendhymne – „Behüt' mich, Herr, in allen Dingen, unter deiner Allmacht Schwingen" –, wenn sie über meinem auf das Kissen gebetteten Kopf angestimmt wurde, nur zeitweilig Erleichterung von jenem finsteren, unenthüllten, unausgesprochenen Schrecken.

Je nun! Solcherart ist die Natur des Menschenlebens auf der Erde. Es sind unser nur wenige, die nicht tief in ihren Nerven verborgen eine heimliche Angst haben, von der wir selbst unseren Liebsten gegenüber nicht sprechen „dürfen". Vermutlich ist es mithilfe der zwiespältigen und gefährlichen Methoden der Psychoanalyse auch zu Heilungen gekommen; ich für meinen Teil aber neige zu der Auffassung, daß man es besser „gut sein läßt", wenn es auch nicht gerade gut ist. Fest steht, daß wir allein sind, und es letzten Endes immer bleiben müssen; und mir scheint, daß der klügste und sicherste Kurs darin besteht, unseren „Wahn", unsere verborgene Angst mit uns herumzutragen und ihr zu erlauben, ihre äußere Form jeweils gemäß dem Alter, das wir erreicht haben, zu verändern. Das Wichtigste ist, daß wir an die Kraft des Vergessens glauben, an den magischen Lethequell, den wir alle in einer noch tieferen Schicht als unsere Qual in uns tragen. Fragte mich jemand, was das kostbarste Geschenk sei, das die Natur uns gemacht hat, so würde ich – Verehrer der Erinnerung – erwidern: „Die Kunst des Vergessens!"

Wenn ich heute auf mein Leben zurückblicke, würde ich gewiß nicht sagen, daß meine Kindheit von der Geburt bis zum siebten Lebensjahr glücklich war. Wenn sie es war, habe ich sie jedenfalls nicht so in Erinnerung, und wenn der verfluchte Stock, den ich damals ins Wasser schleuderte, die erste Form war, die der Angst-Proteus annahm, so muß man berücksichtigen, daß die Kunst des Vergessens lange braucht, um sich zu entwickeln. Möge sie voll entwickelt sein, ehe ich das kalte, alles auslöschende Vergessen des Grabes trinke!

Eines aber bewirkten die sieben Jahre in Shirley. Sie verknüpften mein Leben und das meines Bruders Littleton mit einem so festen Knoten, daß allein der Tod – und vielleicht nicht einmal der – ihn je lösen kann. Ach, mein alter, alter Freund, dessen Haar in diesen späten Tagen soviel weißer ist als das deines despotischen Johnny, wie habe ich es nur fertiggebracht, den Püffen von Zeit und Zufall zu widerstehen, seit uns das Schicksal so weit auseinandergetrieben hat? Räumlich weit, doch nicht im Herzen oder im Verständnis! Denn obwohl ich dich nicht mehr mit Glokkenseilen würge oder an deinem Gürtel aus Fenstern baumeln lasse, hat sich mit dem kindlichen Urin, den wir im Hexenkessel unserer Knabenzeit vermengten, mehr vermischt als die Chemie der Ausscheidungen.

Wenn ich mir meine recht spärlichen Erinnerungen an meinen Geburtsort in Derbyhire ins Gedächtnis zurückrufe, empfinde ich es als eigenartig, welche Unterschiede zwischen den oberflächlicheren Beunruhigungen des Lebens bestehen. Manche davon bringen, wenn ich heute an sie denke, einen köstlichen Schauer, ein süßes Beben der Phantasie mit sich. Andere dagegen, obschon den tieferen Regungen meiner Seele ebenso äußerlich, scheinen in einen bitteren, herben, beißenden, bösen Saft getaucht.

In der Nähe von Shirley gab es auf dem Feld irgendeines Bauern einen Teich, über den wir Geschichten zu hören pflegten und zu dem ich mehrmals mitgenommen wurde, um ihn vom Ufer aus zu bestaunen und mich darüber zu verwundern. Einmal – und der unschätzbare, heilige Schrecken ist mir noch gegenwärtig – sah ich in der Mitte der schlammgetrübten Tiefen ein großes, kreisförmiges Gekräusel entstehen und sich ausbreiten. Noch Monate danach steigerte ich mich über dieses rätselhafte, kreisförmige Gekräusel immer wieder in wollüstige Paroxysmen süßen Grauens. Es muß irgendein Fisch gewesen sein – wahrscheinlich ein Barsch –, aber das kreisförmige Gekräusel wuchs und wuchs, bis es für meine kindliche, vom verzweifelten Wunsch nach verstörenden Wundern beflügelte Phantasie zur Manifestation eines riesigen Hechts von übernatürlichen Ausmaßen wurde, der dort schon seit einem halben Jahrhundert in einsamer Erhabenheit lebte!

Meine frühesten Eindrücke von meinem Vater änderten sich nie, ebensowenig wie er sich änderte. Er war ein Mensch, der an kleinen Naturgegenständen mehr prickelndes Vergnügen – ein tiefes, massives, vulkanisches Vergnügen – fand als irgend jemand sonst, den ich je gekannt habe. Der persönliche Stolz meines Vaters war stupend, aber er nährte sich von einer Schlichtheit, die gleichermaßen majestätisch war. Wenn ich heute an ihn denke, scheint es mir, daß er kindlicher war als jedes seiner elf Kinder. Und wir waren alle in beispiellosem Maße kindlich und sind es stets geblieben! Ja, heute ist mir klar – und wie gut haben seine Kinder ihn schließlich verstanden –, daß er stolze Seligkeit allein schon der schlichten Fähigkeit abzugewinnen pflegte, mit langen, stetigen Schritten über das Antlitz des Erdballs gehen zu können. Doch sein rührender Stolz, der aus seiner breiten *Homo-sapiens*-Brust emporstieg, unter seinen gefurchten Brauen hervorleuchtete, seine lange, rasierte Oberlippe zittern und vortreten machte und ihn in stillen Ekstasen die knochigen Hände aneinanderreiben ließ, erreichte seinen Höhepunkt immer dann, wenn er auf seinen Spaziergängen eine seltene Blume fand oder einen seltenen Vogel oder Schmetterling erblickte. Wohlverstanden, er war in keiner Hinsicht wissenschaftlicher Naturkundler. Botanische oder entomologische Bezeichnungen kannte er nur sehr wenige; aber er konnte stets den gebräuchlichen englischen Namen angeben, und ich möchte behaupten, daß es oft ein primitiver Dorset-Spitzname für die Exemplare der Fauna und Flora Derbyshires war, wenn Littleton und ich voller Staunen zusahen, wie er mit seinem Fund vom Grunde eines Grabens oder der Krone einer Böschung wiederkam. Selten kehrte er ohne einen Strauß Wildblumen in der Hand von seinen Spaziergängen zurück; sein ganzer Stolz aber war seine Sammlung von Vogeleiern, eine wirklich gewaltige Sammlung, deren Restbestände, von Mißgeschicken in Möbelwagen arg dezimiert, mein Bruder Llewelyn noch heute in seinem Cottage in Dorset aufbewahrt. Wie stolz er – es waren dies mit seine glücklichsten Momente – von seinen gefährlichen Klettereien auf Bäume, auf Mauern verfallener Burgen, auf Klippen, die Wände von Steinbrüchen hinunter und zwischen steil abfallenden Felsen zu erzählen pflegte. Auch Geschichten von großen Ruderabenteuern berichtete er mit blitzenden Augen, denn er war ein unermüdlicher Ruderer; und lange bevor ich irgend etwas von der Küste von Weymouth mit Ausnahme des feuchten und trockenen Sandes bei den Badekarren gesehen hatte, hatten sich all die wohlbekannten Seezeichen dort – Redcliff Bay, White Nose, Sandsfoot Castle – meiner Phantasie durch einen mythologischen Schleier verzauberten Staunens eingeprägt.

Denn unser Leben in Shirley fand Abwechslung in jährlichen Fahrten über Derby und Bristol nach Brunswick Terrace in Weymouth, auf dessen Sandbänken und Stränden er seine Muschelsammlung fortwährend erweiterte. Wie wenige Besucher von Seebädern bemühen sich, die Namen der Muscheln zu erfahren, mit denen unsere stürmischen Küsten übersät sind! Doch der vulkanische, von unzugänglicher Zurückhaltung gestützte Stolz meines Vaters vermittelte seinen Sprößlingen von ihren ersten Jahren an eine abgrundtiefe Verachtung für weltliche Oberflächlichkeit im Vergleich zu einer gewissen ernsten, majestätischen, schlichten Leidenschaft für Naturgeschichte. Selbst diese Leidenschaft aber wurde für ihn, sobald sie tiefgründigere, *wissenschaftliche* Form annahm, auf merkwürdige Weise absurd und lächerlich. Sie begann an die Torheit seiner erfundenen *bête noire* zu grenzen, des „Professors", der in seincm niemals endenden Märchen stets der Schurke war.

Tatsächlich wurde sein Nachfolger im Amt des Vikars von Shirley, als wir in meinem siebten Lebensjahr wegzogen, Mr. Linton, ein angeheirateter Neffe von ihm, der wissenschaftlicher Botaniker war; doch wann immer die Wissenschaft in das Gebiet seiner laienhaften Naturgeschichte eindrang, zog sich mein Vater in vulkanische Tiefen der Verachtung zurück. Denn in Wirklichkeit war sein Interesse an der Natur Teil seiner leidenschaftlichen – aber ganz und gar subjektiven – Lebensromantik. Nie habe ich einen Menschen gekannt, und werde auch nie einen kennen, der einen kindlicheren Sinn für das unglaublich Romantische seiner Existenz auf Erden hatte. In dieser Hinsicht hielt er es eher mit Homer als mit der Bibel. Jeder Mensch in seinem Leben, jeder Ort, an dem er je gelebt hatte, gewann für ihn eine ungeheuere, nachgerade mythologische Bedeutung! In dieser elementaren Frage waren sein Stolz und sein Egoismus absolut. Er brauchte nur irgendeinen Menschen, irgendeinen Ort mit seinen Lebenserfahrungen zu verknüpfen, und schon nahmen dieser Mensch und dieser Ort etwas merkwürdig Märchenhaftes, *über die normale Realität Hinausgehendes* an.

Die Stärke seiner Persönlichkeit war so tief, so gewaltig, so majestätisch – und dabei so gebändigt –, daß er bei tausend Kleinigkeiten, die sein Leben berührten, mit einer Heftigkeit explodieren *mußte*, die erschreckend war. Daß er trotzdem nicht öfter „explodierte“ – es ist der einzige Begriff, mit dem sich ein so gewaltiger Ausbruch charakterisieren läßt –, lag an seiner wirklich erstaunlichen Selbstbeherrschung. Nicht ein Mal – nein! nicht ein einziges Mal – habe ich es erlebt, daß er sich körperlicher Gewalt hingab. Er schlug uns nie, wenn er zornig war. Das Ohrfeigen – mit dem er aufhörte, als wir von Shirley wegzogen – war „zu unserem eigenen Besten“ und geschah wohlüberlegt und kalten Blutes. Ich bezweifle, daß Theodore sich noch daran erinnern kann. Littleton kann es wahrscheinlich, aber selbst da bin ich nicht sicher.

Unsere periodischen Reisen von Shirley nach Weymouth waren, wie man sich vorstellen kann, große Ereignisse für mich. Und doch habe ich ein so schlechtes Gedächtnis – Folge, so denke ich, meiner imaginativen Sinnlichkeit, die gleichzeitig verschlang und vergaß! –, daß ich an diese bedeutsamen Fahrten nur wenige Erinnerungen habe. Die *Farbe* der Lokomotiven war etwas, worüber ich vor Erregung außer mir geriet. Daß die Lokomotiven der Great Northern grün, und die der Great Western in einem anderen Grünton gehalten waren; daß die Lokomotiven der Midland, so will es mir heute erscheinen, einen trüb purpurnen Farbton hatten, während die der Great Eastern schwarz waren – das ging mir durch und durch. Und dann die Bahnhöfe! Die *Länge* des Bahnhofs von Bristol zum Beispiel war ein Phänomen, das mich faszinierte. Doch erst mit der Bewegung der Züge nahm mich die besondere Erscheinung gefangen, die mir auf Reisen seither unaufhörlich wiederkehrt, und zwar nie, ohne mir die gleiche merkwürdige und komplizierte Empfindung zu verschaffen. Ich spreche davon, wie man die Telegraphendrähte neben dem Gleis, wenn man den Blick auf sie heftet, steigen und steigen und steigen sieht – bis der nächste Telegraphenmast sie mit einem Ruck herabzieht. Drähte, die aufsteigen und heruntergerissen werden, nur um wieder aufzusteigen! Und mit dem Ruck, der sie herunterzog, ging – ich bewahre die Natur meiner Empfindung präzise im Gedächtnis – ein merkwürdig sirrendes Geräusch wie beim Werfen eines Speers einher, zusammen mit einem Summen und Hummen in meinen Ohren, als hätte der Speer mich durchbohrt. War es die Monotonie und Schlichtheit unseres häuslichen Lebens, die diese steigenden und fallenden Telegraphendrähte mit einem unaussprechlichen Geheimnis erfüllte? Oder war das bloße Auf, Auf, Auf, Auf – und dann *Ab*, mit schwindelerregendem Schrillen – auf subtile Weise so kennzeichnend für das ganze Geheimnis des Lebens, daß es einen verwandten, tragischen und vielleicht gleichermaßen ergebenden Rhythmus in meinen menschlichen Pulsen machtvoll ansprach?

Ich glaube, daß die Gedanken und Vorurteile unserer Familie zutiefst von dem beeinflußt wurden, was wir in der Kindheit aßen und tranken. Mein Vater rührte, außer als Priester am Altar, keinen Alkohol an und aß nur kleinste Mengen Fisch und Fleisch. Auch nahm er – zu unserem Erstaunen, während wir in die Knabenjahre kamen – zu keiner Mahlzeit mehr als ein Ei zu sich! Sein Hauptnahrungsmittel war Brot und Butter im Wechsel mit Brot und Sirup, denn er mischte die beiden Genüsse niemals, oder Brot und Dundee-Marmelade. Sein einziges Getränk außer Wasser, das ihm nicht schmeckte, war Tee. Alle elf galten wir zu meiner Zeit in Cambridge und alle zehn gelten wir noch heute wegen der Wonne, mit der wir bereitwillig Scheibe auf Scheibe dickgeschnittenen,mit Fruchtgelee, Honig oder Marmelade versüßten Brotes vertilgen, bei unseren Freunden als bäurisch, ja viehisch. Die betagte Verwandte, zu deren Haus am Ende von Brunswick Terrace wir zu gehen pflegten, wenn jene Masten des Schicksals zwischen Derby und Weymouth den ihnen bestimmten Zoll an herabsausenden Drähten erbracht hatten, erzählte oft und gern, dic crste Begrüßung, die sie aus dem Munde eines Kindes von Shirley zu hören bekam, sie in der unerwarteten und nicht sehr höflichen Form erfolgt, daß es die gebieterischen Worte „Mach Tee!" äußerte. Es war dies gewiß nicht die Erquickung, die bei Rabelais für philosophische Reisende als angemessen bezeichnet wird; aber selbst ein Trunk aus dem Sibyllinischen Quell, der das Wort „Trinc" sprach, hat keinem Pantagruelisten jemals köstlichere Ekstasen verschafft als unserer Familie das Teetrinken.

Doch Penn House in Brunswick Terrace ruft neben dem Teetrinken noch viele andere Sinnesempfindungen für mich wach. Die Erkerfenster des Salons gingen direkt auf die Esplanade – die an dieser Stelle sehr schmal war – und auf das Kiesufer des Meeres hinaus, über dessen Oberfläche man im Westen Portland, und im Osten White Nose und St. Alban's Head sah, aber es sind nicht diese imposanteren Merkmale des Ausblicks, an die ich mich von den frühen Besuchen erinnere, sondern es ist der Inhalt eines merkwürdigen Zimmers, in das man durch eine Flügeltür vom Salon aus gelangte. Dieses Zimmer hätte eine gelehrte und sorgfältig zusammengestellte Ausstellung frühviktorianischer Nippsachen sein können, und sein eigentümlicher Geruch – wo kein lebhaftes Teetrinken die schmachtenden Sylphen störte, die über Perlmuttkästchen und lackierten Tabletts mit Einlegearbeiten schwebten – dieser ergreifende, herrliche Geruch nach alten, duftendem, geschnitztem Holz – pflegte sich mit den Gerüchen nach Seetang, Fisch und von der Sonne angewärmten Kieseln zu vermischen, die zu den großen Erkerfenstern hereinwehten. Dieser kleine Raum war eigentlich ein Vorzimmer, aber ein Vorzimmer, das hinter anstatt vor dem Raum lag, an den es sich anschloß.

Bei jenen frühen Besuchen in Brunswick Terrace war es ein bedeutendes Ereignis, wenn man bis zum „trockenen" Sand, wo der Eselstandplatz war, mitgenommen wurde, und es war ein Festtag, wenn man im „feuchten" Sand draußen bei den Badekarren spielen durfte. Denn man muß sich vor Augen halten – so mannigfaltig sind die Meeresphänomene bei Weymouth –, daß das Ufer gegenüber von Brunswick Terrace zur Gänze aus schräg abfallenden Kieselbänken bestand: Hier holten, weil das Wasser rasch tief wurde, die Fischer ihre Netze ein, und hier durften – jenseits des „roten Pfahls", der später solchen Eindruck auf das Gemüt meines Bruders Llewelyn machte – Männer ohne Badekleidung baden.

Es muß bei einem dieser Besuche gewesen sein, als ich fünf und Littleton vier war, daß mein Vater uns das erstemal auf das Fährboot bei der Mündung des alten Hafens mitnahm. Ich kann dir, Leser, nicht beschreiben, und du fändest es schwer zu glauben, wenn du es nicht gesehen hättest, mit welchem urweltlichen Stolz – wie ein Neandertal-Patriarch, der seine Nachkommenschaft über nie betretene Gestade führt – mein Vater uns die schlüpfrigen, mit grünem Schleim bedeckten Stufen in das schwankende Boot hinunterhalf! Das ganze Ereignis war aufregend, denn man mußte sich seinen Fährmann aus einer ganzen Reihe von Bootsbesitzern auswählen, und ich erinnere mich gut an das eigentümliche, etwas zwiespältige Machtgefühl, das es mir verschaffte, meinen Vater zu bitten, sich für diesen zu entscheiden und jenen abzuweisen. Und wie er sich erst über die Kunst des „Abscherens" der Riemen verbreitete, wenn wir die Stufen am Nothe-Ufer hinaufgestiegen waren und uns hinlänglich weit von dem Bootsführer entfernt hatten! Ich sehe ihn noch vor mir, wie er in seinem langen schwarzen Überrock neben Littleton saß, die massiven Goldsiegel an seiner Uhrkette und einen kleinen, grünen Schleimfleck am Ärmel. Wenn er glücklich und mit sich und der Welt im reinen war, hatte er besonders starke Ähnlichkeit mit einem der größeren Raubtiere, eine Ähnlichkeit, die sich nicht nur seinem kantigen Gesicht, sondern auch seiner niedrigen Stirn und seiner langen, bebenden Oberlippe verdankte.

Wohl noch bevor ich sieben war, hatte er mich im Boot – dabei handhabte er selbst ohne Hilfe ein Paar Skullriemen – bis Redcliff Bay befördert; und ganz sicher hatte er Littleton und mich, noch ehe wir aus Derbyshire wegzogen, auf dem Fährboot um Nothe Fort herum bis Sandsfoot Castle mitgenommen. Hier in den Felsentümpeln machte er uns mit Seeanemonen vertraut.

„Es sind sehr empfindsame Geschöpfe, Johnny", sagte er, wenn sich bei der Annäherung meiner Hand ihre Fangarme schlossen.

Er zeigte uns auch Kaurimuscheln, die er mit äußerster Behutsamkeit in einer seiner breiten Handflächen hielt, und sagte mit ungeheurem Stolz: „Wie ich von meinem Bruder höre, dienen Kauris in Indien als Geld." Es gehörte zu den homerischen Eigenheiten meines Vaters – seiner ernsten, ritualistischen Art, dic soviel dazu beitrug, die ganze Würde des Lebens für uns zu erhöhen –, daß er niemals „Onkel Littleton" sagte, wenn er zu uns von dem Hauptmann sprach, sondern stets *„mein Bruder"*, mit einem Respekt, bei dem die Achtung die Vertrautheit zu verschlingen schien.

Wie kann ich nur den eigentümlichen Geruch des kleinen Flurs beschreiben, an dem sich meine kindlichen Sinne zunächst unbewußt, allmählich aber ganz bewußt zu berauschen pflegten, wenn nach jedwedem Ausflug die Innentür der Veranda von Penn House geöffnet wurde – die von den langen Stunden morgendlichen Sonnenscheins blasig gewordene Außentür wurde nie geschlossen – und sich sein Inneres auftat! Ob er das ganze Jahr über so roch, kann ich nicht sagen; aber das dominierende Element darin, obschon versetzt mit einem vagen Eindruck von Kuriositäten, größer als Kaurimuscheln, die besagter „Bruder" auf Heimaturlaub von Indien mitgebracht hatte, waren zweifellos unsere eigenen Eimerchen und Schaufeln, die zusammen mit langen, von den Wänden hängenden Zierbändern aus Seegras dort herumstanden. Für meine kindlichen Sinne fand zwischen dem ganzen Meeresufer und dem Inneren dieses Hauses eine ständige wechselseitige Durchdringung statt; die ganze Zeit schwebten die Gischt, der Schaum, die Quallen und die Seesterne darin ein und aus und trugen mein Bewußtsein zwischen Kunstgegenständen aus Indien und den verzauberten Sandbänken hinter dem Eselstandplatz mit sich hin und her.

Aber wir hatten während meiner sieben Jahre in Shirley noch andere Verwandte zu besuchen, die in einem von Weymouth sehr verschiedenen Teil des Landes lebten. Mein Großvater mütterlicherseits war seinerzeit Rektor von Yaxham in Norfolk; und meinem schlichten und sinnlichen, wenn nicht leidenschaftlichen Wesen prägte sich eine neue und ganz andere Landschaft ein. Ich erinnere mich, wie ich in dieser fast auf Meereshöhe liegenden Gegend, wo nichts als Pappeln, Erlen und Weiden das Aufgehen und Sinken der Sonne verdecken, in einem Alter, in dem meine Statur es mir schwer machte, über die Ährenspitzen vollreifer Weizenfelder hinwegzuschauen, auf einer Straße neben dem Eisenbahngleis außer mir geriet vor Entzücken über das Gefühl der absoluten, schrankenlosen Macht, das es mir verschaffte, wenn ich einen Stock in der Mitte packte, so daß die beiden Enden vorn und hinten vorstanden, und so tat, als sei ich eine der Lokomotiven der Great Eastern Railway, die mich mit ihrer schwarzen Farbe nächst den grünen der Great Eastern so ungemein fesselten.

Viele Menschen, so nehme ich an, entsinnen sich noch mit sechzig der Freude, die sie am Eisenbahnspielen fanden. Entsinnen sie sich aber auch, wie ich, mit lebhaftester Klarheit der genauen *Gefühle*, denen sich ihre Freude verdankte? Ich meine das Gefühl, daß Johnny Powys während seines Aufenthalts bei seinem Großvater wirklich mit einer Handlung von vage grandiosem Charakter beschäftigt war, die ihn in eine Position versetzte, wo andere auf ihn achthatten, sich an ihn klammerten, von ihm abhingen, seines Befehls harrten, sich seinen Grillen unterwarfen und sich über seine launischen, mysteriösen Absichten verwunderten.

Eines der begehrens- und beneidenswertesten aller sterblichen Geschöpfe ist der Lurch oder Salamander oder Wassermolch, besonders der schwarzrückige, orangebäuchige Wassermolch; und ich weiß, daß die ungeheure Ekstase, die mir das „Zugspielen“ auf der Straße bei der Eisenbahnbrücke von Yaxham verschaffte, die jämmerliche Enttäuschung aufwog, die ich empfand, als ich feststellte, daß der Dorfweiher von Yaxham – ein Weiher in den Wiesen, nicht weit von der Norwich and East Dereham Railway – keine Wassermolche, ja, zur der Zeit, als ich darin fischte, nicht einmal eine Kaulquappe enthielt. Theodore muß zur Zeit unserer späteren Besuche in Yaxham drei, Littleton vier und ich selbst fünf Jahre alt gewesen sein. Denn ich erinnere mich, daß ich mich den Jüngeren zu Gefallen, aber nicht unter ihrer Mitwirkung, kraft subjektiver Metempsychose in eine schwarze Lokomotive verwandelte; und was meinen Zorn darüber anlangt, daß mein Netz aus dem trüben Wasser nichts als eine bestimmte Spezies großer Wasserschnecken heraufholte – ich sehe sie noch vor mir! Sie befanden sich auf dem Grunde des Weihers in der ihnen gemäßen Welt; doch als Ersatz für einen orangebäuchigen Wassermolch, der schwerelos schwebend mit ausgestreckten Beinen ohne eine Schwanzbewegung wohlig niedersinkt, waren sie entschieden reizlos –, so kann ich mich nicht entsinnen, daß die anderen Kinder meine Empfindung verstanden hätten.

Ich habe als einen der dominierenden Charakterzüge meines Lebens bereits den Wunsch genannt, ein Magier zu sein. Aber mit diesem Wunsch ging ein sehr viel weniger löblicher einher, der Wunsch nämlich, als Träger edler Gefühle zu gelten! Ein erbärmliches Beispiel für diese letzte Tendenz, die so fürchte ich, von dem Wunsch, edle Gefühle zu empfinden, streng unterschieden werden muß, ergab sich, als uns während unseres Aufenthaltes in Yaxham die Nachricht vom plötzlichen Choleratod meines Onkels Littleton, des Soldaten, erreichte, dessen Gesicht mit den Fäusten zu bearbeiten mir ein so boshaftes Vergnügen bereitet hatte. Ich kann mich genau erinnern, wie der Regen beim Herunterprasseln in die Pfützen neben der Allee, die zum Hause meines Großvaters führte, kleine Wasserpyramiden aufwarf, während mir vor Stolz das Herz schwoll, als ich meinen Verwandten erklärte, Littleton mit seinen vier und Theodore mit seinen drei Jahren könnten das Ereignis unmöglich so empfinden, wie ich es empfand.

Doch kommen wir auf unser Leben in Shirley zurück. Auch hier gab es, wie in Penn House, ein mit dem Salon verbundenes Vorzimmer, aber dieses Vorzimmer mußte man durchqueren, ehe man den Salon betreten konnte. Zimmer in einem Haus, wo man seine Kindheit verbracht hat, gewinnen ihren unverlierbaren Charakter bisweilen aufgrund der merkwürdigsten Umstände. Das Vorzimmer in Shirley ist mir bis heute als Hinrichtungsstätte erinnerlich geblieben! Ich hatte mitangehört, wie mein Vater bei der Lektüre des *Standard*, der konservativen Tageszeitung, an der er seine sehr schlichten politischen Ansichten ausrichtete, laut einen Artikel über die Hinrichtung eines unseligen Angehörigen des Soldatenstandes meines Onkels vorlas. Mit makabrer Faszination hatte ich jedes Detail der Tragödie verfolgt: wie der Unglückliche sein eigenes Grab hatte schaufeln müssen, in das er schließlich unter den Kugeln des Pelotons rücklings hineinfiel. Bei dieser Gelegenheit wurden sowohl Littleton als auch Theodore von ihrem älteren Bruder gezwungen, bei einem Kriegsgericht im Vorzimmer mitzuwirken. Wer am Ende die Salve abfeuerte und wer ins Grab fiel, habe ich vergessen; doch von allen Spielen, die wir in jenen Tagen zusammen gespielt haben müssen, kann ich mich mit einer gewissen Deutlichkeit nur an diese „Hinrichtung des Verräters“ erinnern, die wir mit so realistischer Wirklichkeitsnähe in dem farblosen Zimmer durchführten.

Der lebenslange Abscheu vor dem, was man „Gesellschaft“ nennt – die tief in mir eingewurzelte, antisoziale Tendenz –, manifestierte sich deutlich bei einer Gelegenheit in Shirley, die mir noch heute einen leisen Ekelschauer verursacht, wenn ich mich ihrer entsinne. Sie ergab sich, wenn ich nicht irre, als einige unserer Verwandten aus Norfolk bei uns zu Besuch waren und ich – Littleton und Theodore waren noch zu jung, um an einem solchen Ereignis teilzunehmen – auf eine große Gartengesellschaft in Osmaston Park mitgenommen wurde. Ich nehme an, es muß einer der ersten Empfänge gewesen sein, die die neuen Besitzer dieses alten Landsitzes gaben, und das Ganze hatte denn auch eine Atmosphäre des Neumodischen, ganz anders, als wir sie etwa auf der Domäne des alten Mr. Okeover von Okeover angetroffen haben würden, eines anderen Landedelmannes aus der Gegend, dessen Ahnenreihe ohne Unterbrechung bis auf die Zeit der Angelsachsen zurückging.

Wir alle waren im angenehmen Juniwetter auf dem sanft abfallenden Rasen des großen Anwesens versammelt, und die Szene muß das besondere Gepräge eines englischen Gartenfestes angenommen haben, wie sie Henry James so sehr schätzte, als irgendein energischer, verstiegener Pedant – zweifellos eine Verkörperung aller Eigenschaften des verhaßten „Professors" meines Vaters – mit der Bitte zu uns gehüpft kam, ein Trupp Kinder solle nach ein paar seltenen Federgrasexemplaren herumstöbern, die damals gerade in voller Blüte standen und die er unbedingt – jedenfalls tat er so – seinem „Herbarium" einverleiben wollte. Unsere Gastgeber bestanden darauf, daß der kleine Johnny Powys – mißmutig, unglücklich, rebellisch, verstört – sich diesem verfluchten, modischen botanischen Suchtrupp anschloß; und ich entsinne mich noch der hilflosen Misanthropie, mit der ich kummervoll durch die Federgewächse stapfte, zu feige, meine Gefährten in einem verzweifelten Rückzugsmanöver im Stich zu lassen, doch entschlossen, im Dienste der Wissenschaft keinen einzigen Grashalm zu pflücken.

Genau die gleiche Art von Situation ergab sich viel später, am sogenannten „Blumensonntag" in der Sherborne School, als sämtliche Jungen mit ihren Zylinderhüten als wohltätige Herde ausgesandt wurden, um für ein Hospital Blumen zu pflücken – und Powys I einmal mehr weder teilnahm noch sich sehr heroisch davor drückte.

Wie oft in meinem Leben ist es zu solchen Momenten gekommen, in denen ich mich in verdrießlicher Apathie von der Stammesaktivität abgewandt habe, in die ich hineingeworfen wurde! Ich entsinne mich so gut der Gefühle, mit denen ich zu solchen Zeiten in meinen aufsässigen Gedanken nach einem Mit-Ismael oder einer Ismaelin gestöbert und keinen gefunden habe. Ich kann mich erinnern, daß ich mich einmal sehr viel später – als wir in

Montacute lebten – von sämtlichen Mitgliedern unserer großen Familie so ungerecht behandelt fühlte, daß ich auf der Suche nach diesem unbekannten Mitverstoßenen allein den Weg in Richtung Thorn Cross, hinter Mr. Marshs Farm, hinaufging.

Auf den Kniff des Alleine-Lesens kam ich erst mit sieben Jahren, nachdem wir von Shirley weggezogen waren. Das weiß ich mit Sicherheit, obschon sieben im Leben eines Menschen ein sehr später Zeitpunkt für eine so bedeutsame Entdeckung zu sein scheint. Aber als Familie waren wir alle in unserer geistigen Entwicklung extrem langsam, und die Leistungen, zu denen wir es in der Folge brachten, waren die in die reiferen Jahre hinein verlängerten Leistungen unüberwindlicher Kindlichkeit. Doch, ich weiß mit Sicherheit, daß ich den Kniff des Alleine-Lesens noch nicht heraus hatte, als wir in meinem siebten Jahr von Shirley wegzogen. Ich möchte ein wenig vorgreifen, um diesen Punkt klarzumachen. Unmittelbar nachdem wir uns in Rothesay House in Dorchester eingerichtet hatten, verbrachte ich einmal im Arbeitszimmer meines Vaters einen ganzen verregneten Nachmittag mit Alleine-Lesen. Mein Vater war außer Haus und besuchte die Armen in dieser alten Stadt, denn er war damals Kurat bei Mr. Knipe von St. Peter's Church geworden; und so saß ich in seinem hochlehnigen Sessel – ich weiß nicht, wer von uns heute diesen Sessel besitzt, aber wir alle pflegten zur Vorbereitung auf jede bedeutende Krise unseres Lebens bei diesem Möbelstück an seiner Seite zu knien – und las mit tiefer, anhaltender und gebannter Versunkenheit *Alice Through the Looking Glass*. Wie *Alice in Wonderland*, das mir laut vorgelesen worden sein muß, wurde dieses Buch sogleich vollständig den Zwecken der Familie Powys anverwandelt. Wir behandelten seine spaßhaften, seine lustigen Aspekte, *als existierten sie nicht*. Wir nahmen den Text wörtlich und gingen dann feierlich daran, ihn gewichtig, ernst, realistisch und mythologisch zu interpretieren! Und so wie ich mit den Schöpfungen dieses kauzigen Mathematikers verfuhr, *so verfuhr ich mit dem ganzen Leben.*

Wie ich schon zu Anfang betonte, bestand meine dominierende Lebensillusion darin, daß ich Magier war oder zumindest irgendwann sein würde; und was ist ein Magier anderes als jemand, der Gottes „Wirklichkeit“ in seine eigene Wirklichkeit, Gottes Welt in seine eigene Welt und Gottes Natur in seine eigene Natur umwandelt?

Doch welchen Eindruck hatte ich, wenn überhaupt, von der Magie der Literatur empfangen, ehe wir von Derbyshire nach Wessex zogen? Das will ich dir sagen, Leser; denn ich erinnere mich daran ebenso deutlich wie an jenes erste Mal, als ich in Rothesay House *Alice Through the Looking Glass* las. Es geschah im Eßzimmer in Shirley, wo wir uns, statt im Salon, nach dem Tee oft um den Mahagonitisch zu versammeln pflegten. Den Verbleib dieses Tisches zur gegenwärtigen Stunde meine ich zu kennen. Ich glaube, er hat den ostafrikanischen Dschungel von Mombasa nach Nunyuki durchquert und steht jetzt im Schafzüchterhaus meines jüngsten Bruders Willy. An diesem Tisch also, unter der Lampe, und ich nehme an, es war im Winter, denn die großen grünen Vorhänge mit den rot bestickten Quasten waren vor die Fenster gezogen, las mein Vater mir und Littleton – Theodore schlief oben in seinem Bettchen – ein Kriegsgedicht mit dem Titel „Die Überquerung des Rheins" vor. Er wählte, aus mir unerfindlichen Gründen, dieses Gedicht aus einer großen Quartausgabe von Aytouns *Scottish Cavaliers*, die wir besaßen. Darin wird der deutsche Fluß von exilierten Hochländern, vermutlich in Diensten des Königs von Frankreich, überquert.

Ob er er auch einige der viel aufregenderen Gedichte in diesem Band, wie etwas „Dundee" und „Flodden", vorlas, weiß ich nicht mehr, doch der entscheidende Punkt ist – jedenfalls für mich –, daß ich meinen ersten Eindruck von der Zauberkraft der Literatur im Zusammenhang mit Exilanten empfing, und zwar mit Exilanten, deren Sache unwiederbringlich verloren schien.

Am meisten jedoch beeinflußten mich die Illustrationen von Aytouns Buch. Alles in allem hat kein Buch – nein, nicht eines! – eine Wirkung auf mich gehabt, die dieser gleichkäme. Aytouns Verse trugen einiges, noch viel mehr aber trug der Illustrator dieser großartigen Ausgabe dazu bei, mich ein für allemal zu einem hartnäckigen, unheilbaren Romantiker zu machen. Doch damit erschöpfte sich der Einfluß des Buches keineswegs. Denn es bewirkte nicht einfach, daß mein Herz sich täppisch einer bloß *vagen* romantischen Welt entgegentastete. Aytouns *Scottish Cavaliers* riefen tief unten in meiner Bauchhöhle, wo die Nabelschnur gewesen sein muß, das eigentümliche keltische Gefühl wach – Matthew Arnold beschreibt es wunderschön, und es ist unerheblich, ob er es richtig beschreibt –, das wie der Geist von Wales selbst gleich dem Wasser, das seinem Gleichgewicht zustrebt, immer wieder zu seinem stolzen, schwer faßbaren, in sich zurückgezogenen, inneren Sein zurückkehrt.

Die Augen meines Vaters pflegten in einem Feuer zu glühen, das wie das Feuer in den Augen eines lange abgesetzten Königs gleichzeitig heimlich und lodernd war, wenn er uns erzählte, daß wir von dem alten walisischen Fürstengeschlecht derer von Powysland abstammten. Fürsten hin oder her, fest steht, daß wir von einer seit alters in der Stadt Ludlow in Shropshire, den ehemaligen walisischen „Marken", ansässigen, alten walisischen Familie „unseren Stammbaum herleiteten", wie die Genealogen das nennen; und ich neige zu der Überzeugung, daß es selten – und gewiß nicht in heutiger Zeit – eine Menschenseele gegeben hat, die hartnäckiger kymrisch war als ich. Ich bin durchaus bereit zuzugeben, daß die kymrischen Stämme nicht die Ureinwohner von Wales waren. Aber was immer sie waren, und selbst wenn sie sich die Legenden und Traditionen der von ihnen Unterworfenen aneigneten, die sich wahrscheinlich ihrerseits die noch älteren Legenden derer angeeignet hatten, die aus Wales die „fremden" Steine fortschafften, um damit Stonehenge zu bauen, so scheinen sie, um Jungs Ausdruck zu gebrauchen, von allen Völkern das „introvertierteste" gewesen zu sein. Möglicherweise waren auch die Menschen, die vor ihnen in jenem entlegenen, gebirgigen Fürstentum lebten, „Introvertierte"! Wahrscheinlich war die älteste Weisheit in Wales die tiefste und früheste aller menschlichen Weisheiten; nämlich daß es der Willens- und Vorstellungskraft gegeben ist, die Welt zu zerstören und neu zu schaffen. Ja, es waren wahrscheinlich eher die Illustrationen dieser speziellen Ausgabe, die das alte walisische Naturell in mir wachriefen, als die Gedichte selbst; und doch hatte ich eines dieser Gedichte, „Das Begräbnis von Dundee", bald so buchstäblich „im Kopf", daß sein emotionaler Gehalt, vermischt mit dem, was ich an heimlichem, verstohlenem, verschwiegenem Stolz von meinem Vater erbte, und vermischt mit der allgemeinen „Aura" der romantischen Illustrationen, die konkreten Gefühle, die ich beim Anblick bestimmter Felsen, Steine, Bäume, Flüsse und bewaldeter Hügel habe, tiefer beeinflußt hat, als ich irgend vermitteln könnte.

An eben diesem Eißzimmertisch bekamen Littleton, Theodore und ich – aber ich bin sicher, sie haben es beide vergessen – eines Winterabends ein sehr sonderbares Buch gezeigt, das in seiner übernatürlichen Bedeutung für mich den gleichen Rang einnimmt wie das Beil aus Lorbeerholz. *Die Menschen begreifen nicht, wie phantasiebestimmt das Leben eines Kindes ist.* Wir vergessen es selbst, wenn wir erwachsen werden. So kommt es, daß ganze symbolische Welten, voll der seltsamsten Wunder, einer derart gründlichen Vernichtung anheimfallen, daß es kaum vorstellbar ist. Von seinem Äußeren her war das Buch so groß wie ein Folio, aber es war neu und nicht alt, und geisterhaft dünn. Es war ein richtiges Buch, irgendein illustriertes Märchen – durchaus denkbar, daß es eines der phantastischeren Märchenstücke Shakespeares war. Noch beim Schreiben dieser Zeilen sehe ich es unter der Lampe auf dem nackten Mahagonitisch vor mir – und wohlgemerkt, Leser, ich habe, wie es beim vorliegenden Werk sehr wohl häufiger der Fall sein kann, keiner Menschenseele je ein Sterbenswörtchen von dem Vorfall erzählt! –, aber es hatte die gleiche Wirkung auf mich wie das Lorbeerbeil. Es schien mehr zu sein als gewöhnliche, *natürliche* Freude! Es war, als ob ich in diesem Holzbeil und diesem riesigen Buch, so groß und gleichzeitig *so dünn und zerbrechlich* – mir ist, als hätte es nur einen Pappeinband gehabt –, mit einem unfaßbaren Geheimnis des Glücks in Berührung gekommen wäre; etwas von der Art von Glück, wie es Elementargeister kennen, oder Wesen, die den Schwächen menschlichen Fleisches enthoben sind.

Der große Vorteil, den Kinder gegenüber Erwachsenen haben, liegt in ihrer Freiheit von der Last der Autorität und Tradition. Sie sind gezwungen, sich bei Tisch und beim Unterricht anständig zu benehmen und niemandem lästig zu fallen; doch in ihrer freien Zeit, die natürlich den Großteil ihrer Zeit ausmacht, bleibt es den meisten Kindern, auch Einzelkindern, selbst überlassen, ihre „Spiele" zu erfinden. Nun ist aber der Gebrauch des Wortes „Spiele" für die großen Lebenszwecke eines Kindes extrem irreführend. Sicher, ältere Jungen und Mädchen spielen Spiele und fassen sie beim Spielen auch als solche auf; und die kleineren Kinder werden oft dazu beschwatzt oder so eingeschüchtert, daß sie die willkürlichen Regeln dieser Zerstreuungen lernen. Aber das leidenschaftlich intensive *Innenleben* von Kindern, jene imaginative Existenz, die für sie den alleinigen Zweck und das vitale Interesse ihres Daseins ausmacht, *ist kein Spiel.* Den Erwachsenen um sie herum erscheint sie wie ein Spiel. Doch weit davon entfernt, die Erwachsenenrealität des Lebens dieser älteren Menschen zu beneiden, zu bewundern oder nachahmen zu wollen, hegen Kinder vielmehr eine nachhaltige, grundlegende Verachtung für sie, weil es ihr an der einen, wichtigen Eigenschaft fehlt.

Diese eine, wichtige Eigenschaft ist *Magie.* Kinder sind nicht imstande, das zu erklären! Sie wissen nicht, was das Wort bedeutet. Ich muß gestehen, daß ich mir selbst nicht völlig darüber klar bin. Aber was sie auch ist, sie impliziert zweierlei. Sie impliziert das Gefühl einer lebendigen Macht über Materie und Natur. Und sie impliziert eine große Lücke im Raum, eine reine, klare Leere im Gesamtsystem der Dinge, wo wie zauberische Blasen absolut neue Reaktionen auf das Leben entstehen und ins Unbekannte entschweben. Sie impliziert noch sehr viel mehr. Doch der entscheidende Punkt ist, daß die erregendsten Glücksmomente eines Kindes *geheim und magisch* sind und einer *Realitätsebene* entstammen, die von der Realitätsebene der Erwachsenen völlig verschieden ist. Kinder spielen keine gewöhnlichen, herkömmlichen Spiele, es sei denn, sie werden von den älteren Jungen und Mädchen dazu bewogen. „Kinderspiele" sind strenggenommen gar keine Spiele. Sie sind die innerste Realität des Kindes! Sie sind seine Lebensillusion. Zu ihnen nimmt es mit einem Seufzer der Erleichterung immer wieder Zuflucht vor den aufdringlichen Einmischungen Erwachsener.

In Wahrheit sind Kinder keine Halbmänner und Halbfrauen oder Halbjungen und Halbmädchen. Sie sind ein Geschlecht *sui generis.* Sie sind ein Geschlecht eigenständiger Wesen. Und diesem merkwürdigen Geschlecht von Wesen ist die Macht gegeben, tiefer als alle anderen Sterblichen in das Geheimnis des Lebens einzutauchen. Tiefer? Aber ja! Hieran erweist sich das ganze Problem des Versagens unserer abendländischen Kultur; denn es betrifft die Natur dessen, was wir Realität nennen.

Die eigentliche Realität ist eine rein geistige. Sie ist teils gut, teils böse. Aber sie hält die *niedrigere Realität* – die bloße plastische Agglomeration von Materie und materieller Kraft – in Abhängigkeit. Sie schafft und zerstört diese *niedrigere Realität* nach Lust und Laune. Deshalb schenken nur vulgäre und ungebildete Menschen ihren Kindern teure Spielzeuge. Einem richtigen Kind dient *alles* als Spielzeug. Billige Spielzeuge schaden nichts; und sie bereiten diesen einzigartigen Wesen unermeßliche Freude. Doch es sind immer ihre alten Spielzeuge, wie billig sie auch sein mögen, an denen Kinder festhalten. Warum? Weil sie nicht mehr einfach nur *Spielzeuge* sind. Sie sind die Medien, die Brücken, die Leitern, die Falltüren, die fliegenden Teppiche geworden, mittels derer sie ins himmlische Königreich oder, anders gesagt, ins Regenbogen-Land ihrer Phantasie eintreten!

Wenn ich mich, so wie jetzt, mit meinem unvollkommenen Gedächtnis durch die spärlichen Eindrücke jener Tage in Shirley taste, frage ich mich, welche dominierenden Triebkräfte meines späteren Lebens so weit zurückverfolgt werden können und welche nicht. Der Wunsch, ein Magier zu sein, ist fraglos schon vorhanden! Als ich auf dem kleinen, den Hügel ins Dorf hinunterführenden Feldweg plötzlich vor Verzückung außer mir geriet, während ich vor Littletons Kinderwagen durch die schlammigen Furchen stolperte und behauptete, ich sei „Der Herr der Heerscharen", beseelte mich der Wunsch nach einer dunklen, magischen Kraft.

Nicht finden kann ich trotz aller Bemühungen in meinem Gedächtnis die leiseste Spur von jenem bewußten Innewerden der Natur mit einer psychisch-sinnlichen Ekstase, in der ich später meinen tiefsten Lebenssinn erkennen sollte. Ich bin überzeugt, daß sich viele Menschen, wenn sie auf ihre Kindheit vor dem siebten Lebensjahr zurückblicken, auf Augenblicke besinnen können, in denen sie vor Entzücken laut ausriefen: „Ach, ich bin so glücklich! Ach, ich bin so glücklich!" – einzig und allein aus der bewußten Wahrnehmung dessen heraus, was Wordsworth „die Freude, die im Leben selbst liegt" nennt.

An solche Augenblicke kann ich mich von anderen Orten und aus meinem späteren Leben gut erinnern. Zum Beispiel erlebte ich in Penn House in Weymouth, als ich etwa fünfzehn gewesen sein muß, Morgen für Morgen eine Ekstase, wenn ich die Sonne auf der See glitzern sah. Seit dieser Zeit ist das Glitzern von Sonne auf Wasser eines meiner immer wiederkehrenden Symbole für das

Entzücken geworden, mit denen das Selbst sich in einem Anfall mystischer Sinnlichkeit dem Nicht-Selbst anheimgeben kann. Doch vom Pfarrhaus zu Shirley kann ich mich an keinen einzigen solcher Augenblicke erinnern! Ich möchte von der äußersten Annäherung an einen solchen Moment erzählen, deren ich mich entsinnen kann; aber ich betrachte diese Erinnerung als gänzlich verschieden von jenem Anblick der Sonne auf der Bucht von Weymouth, denn sie war nicht begleitet von der bewußten Wahrnehmung ihrer Beziehung zum Glück des Lebens, einer Wahrnehmung, die sich, wenn einem an der Unterscheidung lag, von dem spezifischen Phänomen trennen ließ, das sie jeweils hervorrief. Die Erfahrung, an die ich jetzt denke, ließe sich als rein ästhetische bezeichnen, obwohl sie mit der Natur zu tun hatte.

Wir beteten immer um acht Uhr morgens und frühstückten danach; und obschon unser Eßzimmer, wenn ich nicht irre, nach Osten ging, mußte mein Vater die Bibel an Wintermorgenden bei Kerzenlicht lesen. Ich erinnere mich ganz deutlich, wie es mich eines Morgens zwischen Gebet und Frühstück erregte, als ich den Himmel einen grünlichen Farbton annehmen sah. Ich muß in jenem Winter und in vorausgegangenen Wintern so manchen roten Himmel gesehen haben – denn ich nehme an, daß ich zur Zeit des Vorfalls sechs war –, aber ich hatte nie zuvor diesen eigenartigen, sich über die ganze Weite des östlichen Himmels ziehenden Grünstich gesehen, und er machte einen gewaltigen Eindruck auf mich. Vermutlich steigerte das unmittelbar bevorstehende Nahen des runden Laibs Schwarzbrot und des riesigen Butterklumpens, aus dem mein Vater uns sparsam jede unserer Portionen zuzuteilen liebte, mein Vergnügen an diesem grünen Himmel, doch wenn ich es mir jetzt überlege, dann war es das Wundersame dessen, daß der Himmel *grün* war, das solchen Eindruck auf mich machte. Jedenfalls habe ich mir seit diesem Tag eine merkwürdige Begierde nach dieser grünen Farbe am Himmel und eine Freude daran bewahrt, die geblieben ist, was ich ein rein ästhetisches Vergnügen nennen möchte. Andere Effekte von Sonnenaufgang oder Sonnenuntergang – beispielsweise die üblicheren sattgoldenen Flächen oder blutroten Streifen vor wäßrig-goldenem Hintergrund – haben mich oft mit jener vagen, spirituellen Sehnsucht erfüllt, die eines unserer universellen menschlichen Gefühle zu sein scheint; doch das Gefühl, das ein *grüner Himmel* mir vermittelt, ist ganz anders. Daran ist keinerlei Mystizismus. Das Erstaunen darüber, daß es am Himmel droben überhaupt grüne Farbe gibt, scheint mystische Empfindungen auszuschließen; und für mich jedenfalls ist dieser spezielle Grünton so überaus, so unmittelbar zufriedenstellend, daß er wie der runde Brotlaib und die selbstgemachte Butter in sich selbst vollkommen ist und keinen Raum für Nachgedanken läßt.

Es gab noch ein Naturphänomen in Shirley, das einen unauslöschlichen, aber wie der grüne Himmel eher ästhetischen als mystischen Eindruck auf mich machte, nämlich einen weit verzweigten Pirus japonica, der sich die Front des Hauses hinaufrankte. Eigenartigerweise ist das die einzige Gartenpflanze, an die ich mich aus jenen Tagen entsinnen kann; und ich sehe niemals ein Exemplar dieses schönen Strauchs, ohne an meine Kindheit zu denken. Wie der ungewöhnliche Himmel, so hat wohl auch er etwas, das das Gemüt erstaunt. Man erwartet nicht – jedenfalls tat ich das nicht –, daß ein Fruchtgewächs so ungemein rote Blüten trägt! Die einzige Wildblume, an die ich mich von Shirley erinnern kann – außer wenn Schlüsselblumen zu „Schlüsselblumentee" oder zu einer „Schlüsselblumenkugel" verarbeitet wurden –, hatte *und hat noch heute* einen ganz anderen Effekt auf mich als der grüne Himmel oder die roten Fruchtblüten. Ich spreche von der Kuckucksblume. Nun, da ich an diese unübertroffenen Gewächse denke und mir die hohen, tauigen Gräser vergegenwärtige, in deren Mitte ihre lavendelfarbenen, lichtstreuenden Blütenblätter wehen, geht mir auf, daß sie von allen unseren englischen Wildgewächsen die poetischsten sind, Ja, seit dem allerfrühesten Dämmern meines Bewußtseins von der Natur empfinde ich Kuckucksblumen als vergänglich und unbeständig: eine Zeitlang, wenn Gräser, Moore, Farnwedel noch voll in neuem, frischem Saft stehen, kommen sie scheu zum Vorschein, welken nur allzubald, wachsen aber, solange sie währen, stets dort, wo der Tau am dichtesten fällt und die Bäche über die Ufer treten. An wilden, feuchten Stellen aus kühlem Dämmer geboren, sind Kuckucksblumen von allen unserer Inselblumen die kältesten, keuschesten, genügsamsten, hyperboreischsten, fahlsten, gotischsten und opheliahaftesten. Einmal, und nur einmal, habe ich mir eingebildet, ich hätte in meiner Wahlheimat

Amerika einige dieser „kalten Maiden“ gesehen. Ich war damals mit Padraic Colum „auf Tournee“, und auch er meinte, das, was wir sähen, seien Kuckucksblumen – aber ich weiß nicht! Ich bezweifle es; und bin mit dem gehässigen Heimweh des Psalmisten in Babylon versucht, mir zu wünschen, sie wüchsen nirgendwo anders als in unserem grauen, regnerischen England.

Daß diese fahlen Gewächse für mich geradezu zum Inbegriff romantischer Poesie wurden, lag, denke ich, wohl eher an dem Ton, in dem mein Vater stets von Kuckucksblumen sprach, als an irgend etwas, das er zu ihrem Lob sagte. Er muß von seinem heimatlichen Stour, und wie sie an seinen Ufern wuchsen, in einem Ton gesprochen haben, der mir begreiflich machte, so wie ein Hund etwas aufgrund des Tonfalls begreift, daß diese besonderen Blumen einen flüchtigen Zauber besaßen, der alle anderen – die üppig blauen, wilden Vergißmeinnichte zum Beispiel, die an den Ufern der Dove wuchsen – anmaßend, gar modisch wirken ließ! Stolz, Stolz, Stolz! Ja, mein Vater pflegte, nach Art eines vertriebenen Wolfes oder gefangenen Fuchses, mit tausend leisen Winken, Seitenhieben, beiläufigen Anspielungen und wortkargen Andeutungen *die absolute* Minderwertigkeit – etwas, das man nicht begründen konnte, sondern eher spüren und erleben mußte – der Bräuche, der Landschaft, der Menschen, der Sitten, des Dialekts und der Fauna und Flora Derbyshires gegenüber denen seines heimatlichen Wessex aufzuzeigen.

Eben diese glühende, wortkarge, irrationale Loyalität zu dem Seinen, zu allem Alten, zu den alten Bräuchen, den alten Leuten, den alten Schlachtrufen, den alten Anliegen, den alten Sitten, vermochte mein Vater mir ohne jedes direkte Reden mitzuteilen. Unbändig heftige Gefühle, entspringend vielleicht – wer weiß das schon? – einer verschütteten Schicht kymrischen *Stolzes in der Niederlage*, der von „lang geschlag'nen Schlachten“ durch die zahllosen Generationen, worin sich seine Ahnen mit den Invasoren vermischt hatten, auf ihn gekommen war, entzündeten sich oft an einem Anlaß, der an sich lächerlich gering war, anhand dessen sich jedoch das Alte, das Kunstlose, das Ruhige, das Natürliche, das Würdevolle dem Prahlerischen, dem Künstlichen, dem Aufwendigen, dem Wissenschaftlichen, dem Modernen gegenüberstellen ließ!

In allen Fragen im Zusammenhang mit Hauswirtschaft, in allen Fragen im Zusammenhang mit Hausrat, in allen Fragen im Zusammenhang mit der Bestellung seines Gartens ebenso wie im Hinblick auf Religion und Moral war der schärfste Tadel meines Vaters das Wort „neumodisch", und sein höchstes Lob das Wort „altmodisch". Sein Egoismus projizierte sich, wie ich schon angedeutet habe, mit derart phantasievoller Hartnäckigkeit auf die eigene Vergangenheit, daß er, ohne sich im geringsten darum zu bemühen, alles, was im mindesten mit den alten Bräuchen Dorsetshires zu tun hatte, mit einer derart unfehlbaren Überlegenheit ausstattete, daß sie anzuzweifeln hieß, sich als vulgär und neumodisch bloßzustellen.

Ich nehme an, es muß meinem Vater schon in einer sehr frühen Phase meines Lebens in Shirley bekanntgeworden sein, daß ich die Angewohnheit hatte, mein kleines Bett Nacht für Nacht in der fiebrigen Heftigkeit meines kindlichen Erotizismus schüttern zu machen. Ich entsinne mich genau, daß ich jeden Morgen gefragt wurde, ob ich „es getan" hätte; und da ich damals – wie übrigens, nach einigen Reaktionen auf meine Werke zu urteilen, noch heute – in solchen kleinen Dingen von ernsthaftester und feierlichster Ehrlichkeit war, antwortete ich stets mit kläglicher Aufrichtigkeit; und weil es ausnahmslos so war, daß ich „es getan" hatte, wurde ich entsprechend bestraft und bekam das Fieber meiner kindlichen Lasterhaftigkeit mit einem eiskalten Wasserguß gekühlt. Meine Neigung zu frühreifer Verderbtheit war jedoch so stark, daß, wenn die Nacht kam, der unbehagliche Gedanke an das am Morgen zu ertragende, eiskalte Wasser ein Nichts war gegen die dunkle, heimliche, unmittelbare Befriedigung meiner verbotenen Lüste. Und diese heftigen Orgien, die – in meinem erregten Gemüt – nicht nur mein Lasterbett, sondern sämtliche Pfeiler meines ganzen kleinen Kosmos erschütterten, waren allesamt frei von jeder Art Sinnlichkeit außer reinem Sadismus! Sadistische Vorstellungen, und nur sie, konnten vom ersten Erwachen meines Bewußtseins bis etwa zu meinem siebzehnten Lebensjahr meinen anomalen Erotizismus wirklich erregen.

Ich kann mich noch gut erinnern, wie wir eines Tages nach Ashbourne fuhren – mein Vater hatte seinerzeit einen hochrädrigen Einspänner, den er mit ernsthaftester Pedanterie in den gepflasterten Hof des „Saracen's Head" zu lenken pflegte, um ichweiß-nicht-was für die Bequemlichkeit seines Pferdes anzuordnen, ehe er in der Stadt seinen Geschäften nachging – und an einem kleinen, verputzten Cottage vorbeikamen – ah! was haben unsere Laster nicht für ein langes Gedächtnis! –, das für sich auf der linken Seite des langen Hügels stand, der sich nach Ashbourne hinabsenkt, als ich durchs Fenster eine alte Frau sah, die eine junge Frau – so erschien es mir – an der Kehle gepackt hielt. Der Kopf der jungen Frau war in einer äußerst unnatürlich wirkenden Haltung nach hinten gebeugt, und mir schoß das Blut in den Kopf – doch mein Vater fuhr weiter, und die Vision entschwand aus dieser Welt. Aber obwohl sie aus dieser Welt entschwand, war sie keineswegs zunichte gemacht. Im Gegenteil, sie verwandelte sich in jenes unsichtbare „Buch der Verdammnis", dessen nächtliches Durchblättern mich, wenn auch ohne den selbstauferlegten Impuls zur Reue, zu der eisigen Kur für solche Versuchungen verurteilte, wie sie die alten Heiligen der Thebais willkommen hießen.

Ja, unter allen großen philosophischen Gedankensystemen, hinter allen großen mystischen Erlösungssystemen regen sich die elementaren persönlichen Reaktionen auf den schrecklichen Drang des Sexus. Wenn ich mir im späteren Leben die pauschalen Angriffe puritanischer Fanatiker auf normales sexuelles Vergnügen und die pauschale Verteidigung solcher Freuden durch sanfte, sonnengeborene Heiden wie meinen Bruder Llewelyn angehört habe, fand ich es jedesmal erstaunlich, wie wenig, ja! wie wenig, jeder dieser entrüsteten Kreuzzügler von der manischen Heftigkeit der Kraft begreift, über die sie streiten. Für meinen Bruder Llewelyn scheint das Wort „Sex" stets zärtliches, poetisches Getändel mit warmblütigen, freundlichen Dirnen unter nach Heu duftenden Hecken zu bedeuten. Für den Puritaner scheint es den Haß auf nackte Gliedmaßen, gerötete Wangen, leuchtende Augen und tanzende Beine zu bedeuten. Doch für meine weniger normale, verdrehte Natur bedeutet es eine verzweifelte, wahnsinnige Besessenheit, die von der Poesie der Elemente vollkommen abstrahiert ist und keinerlei Verbindung mit der ästhetischen Schönheit nackter Gliedmaßen, strahlender Augen, warmer Brüste und wallenden Haars hat.

Meine eigene, subjektive Definition der Macht des Sexus hieße stets *Laster*, d. h. eine abstrakte, unpersönliche, sterile Wollust, die von dem, was man „Liebe“ nennt, völlig losgelöst ist und sich die Objekte ihrer Begierde ohne Rücksicht auf Schönheit oder geistige Zuneigung aussucht. Nichts ist mir je so irrelevant vorgekommen wie das Eintreten für Sex als etwas, das unter den gottähnlichen Auspizien von Erde und Sonne stattfindet, eine herrliche schöpferische Kraft voller Leben und Freude. Für mich war es – bis ich es mit unendlicher List gesteuert, geläutert, eingeengt, konzentriert, aufgelöst habe – stets eine Welt intensiven Versunkenseins, eine Welt von manischer Ausschließlichkeit, deliröser Zwanghaftigkeit, wahnsinnigem Getriebensein, eine Welt, die parallel zur Alltagswelt normaler menschlicher Beschäftigungen existiert, eine Welt, neben der – ist man erst in sie eingetreten und weidet wie ein verrückter Nebukadnezar auf ihrem unheilvollen Gras – die Alltagswelt vollkommen langweilig, „schal, flach und unersprießlich“ erscheint, ohne Glanz und ohne Sinn.

Es hat Gelegenheiten gegeben – ich kann mich von meinen amerikanischen Reisen an zwei entsinnen, eine, als ich in Cleveland eine verkommene, nicht enden wollende Slumstraße entlangging, und eine, als ich in einem schmuddeligen kleinen Café in Scranton, Pennsylvania, Buttertoast aß –, wo ich durch mein dämonisches Hintertor in die Welt normaler Realität und normaler Solidarität hinausgetreten bin und diese natürliche Heimstatt der menschlichen Sinne als Ort berauschender Süße und Zauberhaftigkeit erlebte. Was ich bei diesen beiden Gelegenheiten empfand, habe ich nie vergessen. Es war ein einzigartiges Gefühl, eine Neugeburt! Es war wie die von Schopenhauer beschriebene Flucht vor dem „Willen zum Leben“. Jedes verfallene Dach und trostlose Schlammloch an dieser Straße in Cleveland strahlte von einem lockenden Zauber, jeder Schimmer auf der schmutzigen Theke der kleinen Teestube war eine Leiter, die ins Paradies führte. Von meinem toten Meer auf den unwirklichen Sandbänken war ich zu den süßen Sicherheiten der vertrauten Chemie enthexter Materie zurückgekehrt!

Llewelyn selbst sagt uns, wie schockiert er von den Symbolen reiner Wollust auf den unheimlichen, ziegelroten Mauern der verschlackten Straßen des antiken Pompeji gewesen sei; und man braucht nur eine der kleinen byzantinischen Kirchen in dem Rom, wie wir es heute kennen, zu betreten, um sich darüber klarzuwerden, welch ein Regentau kuckucksblumenhafter Frische sich über die schal gewordene Sexualität der Antike gelegt haben muß, als sie sich von der Sklaverei nicht des Fleisches – denn war nicht das Wort Fleisch geworden? –, sondern des erbarmungslosen, ungemilderten erotischen Nervs abwandte.

Das Wort „Sinnlichkeit" umfaßt sehr viel. Ich selbst verwende es mittlerweile für eine bestimmte Art *konzentrierter Sinnenhaftigkeit*, die von etwas Intensiverem, Ekstatischerem durchdrungen ist, als sich gemeinhin mit dem verbindet, was wir so nennen. Doch erst über den Weg einer bewußten und konzentrierten Sinnlichkeit habe ich endlich in unserer natürlichen Welt einen funktionierenden Ersatz für jene schreckliche *andere Welt* rein lasterhafter – und bei mir stets sadistischer – Trugbilder fataler Besessenheit gefunden. Der Fehler der überspannten Puritaner liegt darin, daß sie die harmlosen Wörter „geschlechtlich", „fleischlich", „sinnlich" und alles, wofür sie stehen, mißbrauchen. Nicht unsere Sinne führen uns in die Irre, sondern der eine schreckliche Nerv. Nicht die allgemeinen Liebestriebe gehen fehl, sondern der eine, einzelne Sex-Nerv, der vom Rest des Lebens isoliert ist und sein eigenes, dämonisches, unersättliches Fieber hervorbringt, *ein Land des Fiebers*, dessen Gefilde und Grenzen von allen „Terres Gastées" die gräßlichsten sind. Dieser isolierte Sex-Nerv in jedem von uns ähnelt meiner eigenen häretischen und durchaus unphilosophischen und unlogischen Vorstellung von der Ersten Ursache. Seine Energie kann dazu verwendet werden, eine Welt zu schaffen und aufrechtzuerhalten oder sie zu verderben und zu vernichten.

Der menschliche Charakter kennt andere Möglichkeiten der Grausamkeit. Brutalität, Gewalt, Ausbeutung, Unterdrückung, unsensible Gedankenlosigkeit, Wut und Bosheit sind wohl nicht notwendigerweise sadistisch. Manchmal vermute ich fast, daß sich an all diesen Übeln ein leiser sadistischer Beigeschmack feststellen ließe; andererseits freilich begegne ich einer Vielzahl boshafter, brutaler und grausamer Menschen, denen schwerlich Sadismus vorzuwerfen ist. Genaugenommen scheint mir viel von der Grausamkeit in der Welt bloßer Gedankenlosigkeit und mangelnder Vorstellungskraft zu entspringen; wohingegen der Sadismus sich seinem ureigensten Wesen nach dessen, was er tut, bewußt, und zwar sehr vorstellungskräftig bewußt ist.

Wenn ich also auf mein Leben in Shirley – auf die ersten sieben Jahre meiner Existenz als *homo sapiens* – zurückblicke, fällt mir, wenn ich mich dieser fernen Vergangenheit entsinne, das völlige Fehlen jedweder Sinnlichkeit oder Sinnenhaftigkeit implizierender Erinnerungen auf. Die zauberischen Zugänge zum Geheimnis des Lebens, die paradiesischen Umarmungen mit den Elementen, die meine späteren Tage so sehr mitgeformt haben, scheint es in jenen Kindertagen absolut nicht gegeben zu haben. Ich kann mich an keinen einzigen Fall entsinnen – ich, der später so von Gier besessen war –, wo Essen irgendwelcher Art mir einen erregenden Moment verschafft hätte. Ich kann mich an keinen einzigen Fall entsinnen – ich, der solche Bewußtheit zu einem religiösen Kult gemacht hat –, wo ich ekstatische Freude am Leben um seiner selbst willen empfunden hätte!

Was meine Erinnerungen an diese sieben Jahre in Shirley betrifft, erscheint meine gesamte psychisch-sinnliche Reaktion auf die Natur als bewußte intellektuelle Leistung, als etwas, *wozu ich mich durch Willenskraft zwang*, weil ich es als das wahre Tao, den Pfad der tiefsten Weisheit, erkannte. Und doch habe ich nicht das Gefühl, der kleine Johnny Powys dieser sieben Jahre sei mir jetzt nicht vollständig gegenwärtig und erinnerlich. Er ist ganz deutlich da, der kleine Junge! Ich kann ihn sehen; ich kann ihn spüren; *ich bin er*. Und doch ist er in so vieler Hinsicht so verblüffend verschieden von dem, was ich heute bin! Aber ich erkenne ihn – oh, ich erkenne ihn so gut an dem, worin dieser kleine „Johnny" und auch der spätere „Jack" mit dem noch späteren „John" verschmelzen!

Verzeih mir, Leser, wenn ich einmal mehr die besonderen Erlebnisse jener Tage aufzähle, die ich, auf meiner Couch am Fenster in „Up-state" New York liegend, in eben diesem Moment, da ich dies schreibe, noch einmal durchlebe. Während ich dies schreibe, bin ich gewiß der gleiche Johnny-Jack-John, den der Anblick eines Mädchens mit zurückgeworfenem Kopf zittern und beben machen könnte, wenn er im Zusammenhang mit sadistischen Gedanken über die Szene nachbrütete. Ich bin gewiß der gleiche Johnny-Jack-John, der verzaubert einen grünen Sonnenuntergang anstarren oder in hohem, feuchtem Gras nach Kuckucksblumen suchen kann. Ich bin – doch doch, ganz gewiß! – der gleiche, der Tag für Tag, Woche für Woche, Jahr für Jahr darum ringen muß, das

Vorhandensein dieser oder jener nicht zu enthüllenden Angst zu vergessen, durch Vergessen zunichte zu machen. Ich bin auch noch der gleiche wie der kleine Junge, der auf dem Feldweg in Shirley dem Universum laut zurief, er sei „Der Herr der Heerscharen".

Hier aber endet die Ähnlichkeit! Mit dem kleinen Johnny, der seinen Urin mit dem seines Bruders vermischen wollte, habe ich, John, nach meinem Empfinden nichts gemein. Aus dem Johnny, der Kaulquappen aus Teichen fischt, um sie in Pfützen zu setzen, bin ich zu dem nicht weniger einmischungssüchtigen, aber weniger mörderischen „John" geworden, der Fische aus flachen Tümpeln in tiefe Tümpel setzt. Obschon ich nicht mehr versuche, meinen Bruder Littleton zu erhängen oder „ihn mit meinen langen, schlanken Fingern zu erdrosseln", oder ihn gar – wie ich es in der „Powys I"-Phase unseres Lebens tat – in einen Graben wälzen oder einen steilen Hügel hinunter in einen eisernen Zaun stürzen will, verspüre ich doch manchmal, wie eines Nachmittags bei unserem letzten Zusammensein vor erst vier Jahren auf der Straße nach Harrod's Mill in Northwold, die Neigung, mein hornartiges, antiquiertes Kinn in ihn zu bohren und völlig ungefragt mit einer Verteidigung der Unmoral herauszuplatzen.

Eines allerdings sehe ich bei all diesen Kindheitserinnerungen als tragisch. Wenn John im Hinblick auf das Verhalten gegenüber Kaulquappen etwas vor Johnny voraushat, so hat Johnny im Hinblick auf das Lorbeerbeil etwas vor John – und auch vor Jack und „Powys I"! – voraus. Ich weiß immer noch, was Fetischverehrung ist. Bis auf den heutigen Tag beispielsweise verehre ich alle meine drei Spazierstöcke wie Fetische, und obwohl ich sie auf meinen Reisen nie ans Fenster gestellt habe, damit sie meinen Blick auf die Welt teilen, ertappe ich mich doch dabei, daß ich sie behandle, als wären sie halb beseelt. Ich weiß auch, was es heißt, vom Anblick eines ganz bestimmten unbeseelten Gegenstandes oder einer besonderen Anordnung unbeseelter Gegenstände in den siebten Himmel der Verzückung versetzt zu werden. Ich kann mich an einen zerfledderten, purpurn eingebundenen Band Euklid entsinnen, der mich in einen Begeisterungstaumel versetzte, wie ich ihn so intensiv kaum je erlebt habe. Ich kann mich an den plötzlichen Anblick meiner Pfeife entsinnen – denn ich rauchte in meinen frühen Tagen Pfeife –, wie sie auf den *Poetischen·Werken von Wordsworth* lag. Ich kann mich an einen ganz bestimmten Tannenzweig entsinnen, der mir, wenn ich ihn vom Fenster des Ankleidezimmers, das in Montacute mein Schlafzimmer war, beobachtete, auf einer Emanation seiner eigenen Seele zu schweben schien, die ihn an jenen ruhigen Herbstabenden wie blauer Dunst umwehte, während ich mir mit Pear's-Seife die Hände wusch, ehe ich zum Tee nach unten ging.

An solche und viele ähnliche Momente kann ich mich aus meinem ganzen Leben entsinnen. Aber ich kann mich an nichts entsinnen, was der Empfindung nahekäme, die ich ob des Lorbeerbeils erlebte, das mein Vater mir aus dem Gesträuch in Shirley schnitt. Und es schwebte vor mir in der Luft, wenn ich daran denke – nicht wie Macbeths Blutwaffe, sondern wie ein magisches Excalibur, willkürlich hergebracht aus einer Zauberwelt und ebenso willkürlich wieder fortgeschafft, für immer meinem Blick entzogen. Es ist nicht nur mein rauschhaftes Entzücken an diesem Lorbeerbeil, dessen ich mich entsinne. Ich entsinne mich der Natur dieses Entzückens. Tatsächlich spüre ich – so verrückt es klingen mag – noch heute, wenn ich an das Beil denke, genau *das gleiche Entzükken* wie damals, als mein Vater es schnitt und mit seinem Messer zuschnitzte! Das mag mit den romantischen Illustrationen der Gedichte Aytouns zusammengehangen haben. Es kann aber auch – so wie Wordsworth in seinen „Intimations of Immortality" ähnliche Gefühle andeutet – etwas viel Tieferes und Gewaltigeres bedeuten. Was mir daran tragisch erscheint – wie im Grunde auch Wordsworth, obschon er in seiner robusten, stoischen Art das Beste daraus macht – ist die Tatsache, daß diese Ekstasen sich mit dem Älterwerden immer seltener ereignen. Doch am Ende wird alles, was die Kindheit dem Mannesalter an Mystischem voraushat – was jeder Johnny jedem John voraushat –, mehr als aufgewogen.

Ich jedenfalls würde lieber fast jeden siebenjährigen Zeitabschnitt meines Lebens – vielleicht sogar die sieben Jahre meiner Schulzeit, von zehn bis siebzehn, so bitter sie auch waren – noch einmal erleben als meine frühe Kindheit. Ich würde niemals sagen, daß ich eine glückliche Kindheit hatte. Und in dieser Frage hätte mich nichts im Himmel oder auf Erden – nicht einmal wenn mein

Vater Gott gewesen wäre oder fähig, in Siebenmeilenstiefeln von Mount Cloud nach Osmaston Park zu marschieren – vom Gegenteil überzeugen können.

„Gemach, Bruder Flüchtig, gemach!"

Ich hätte, da ich nun einmal bin, der ich bin, unter allen denkbaren Umständen unter Angst gelitten. Es wäre vielleicht nicht Angst wegen eines in einen Teich geworfenen Stocks gewesen; aber irgendeine Angst wäre es gewesen; und ein Magier, der noch keine sieben ist, kann nur sehr wenige Schutzgeister „aus der wüsten Tiefe" rufen.

Es ist alles ein großes Rätsel, der Übergang vom hilflosen, neurotischen Johnny zum pfiffigen, neurotischen John; doch wenn ich auf mein turbulentes Leben zurückschaue, habe ich manchmal das Gefühl, die Menschenseele ähnele einer Quelle, deren Ursprung von allerlei Ablagerungen verstopft und ständig von der Gezeitenwelle einer Flußmündung in die Salzsee überflutet wird. Erst wenn sich die Quelle mit großen Steinen gegen die Heimsuchung dieses toten Meeres abgedämmt, erst wenn sie sich von Zweigen, Blättern, Geröll, Wurzeln, Schwämmen, Schlamm und Viehdung freigemacht hat, kann sie aus den tiefen Granitbrunnen ihres vorherbestimmten Laufes schöpfen. Auf meine Kindheit in Shirley zurückblicken heißt, auf ein aufgerührtes Schlammloch voll Chaos zurückblicken. Inmitten dieses Chaos nimmt eine schwankende Menschenseele allmählich Form an, sammelt merkwürdige und widersprüchliche Hinweise, Symbole und Zeichen dessen, worauf ihr blinder Drang sie zutreibt. Von Anfang an bedrängen uns Angst und Wahnsinn, unterjocht uns das Laster, lähmt uns Erniedrigung, berauscht uns Stolz. Es mag schwer sein, ein Mann zu sein; viel schwerer ist es, ein Kind zu sein; und wenn der Herr sprach „Ihrer ist das Himmelreich", so muß er es von einer Kindheit gesagt haben, die jedenfalls *ein* Kind völlig vergessen hat!

Weymouth und Dorchester

Es waren nicht allein Gedanken an Dinge, die ohne jeden gehässigen Puritanismus „verderbt“ genannt werden müssen, zu denen ich in meinem achten Jahr die Augen zuzumachen pflegte, wenn man mich in meinem abgedunkelten Schlafzimmer allein ließ. Ich war im Zusammenhang mit dem Augenschließen hinter einen wunderbaren Kniff gekommen, der mich mit einer einzigen und in diesem Falle ganz unschuldigen Berührung ins Elysium versetzte. Ich pflegte die Knöchel gegen die geschlossenen Lider zu pressen und auf diese Weise wie in Trance in die Leere zu starren. Und siehe da! Sogleich gebar die Leere ein herrliches Kaleidoskop unglaublicher Muster und Farben! Keats spricht irgendwo von dem solcherart hervorgerufenen „schillernden“ Düster; heute aber stellen sich meine Visionen von diesen Regenbogengeistern nicht mehr wie gewohnt ein, wenn ich die Brille abnehme und sie zu beschwören suche.

In jenen Tagen indes waren sie viel mehr als „schillernd“. Es entfaltete sich gleichsam ein der ursprünglichen Netzhaut des Chaos aufgeprägtes, präkosmisches Panorama aus sämtlichen Iristönen, aus sämtlichen Schmetterlingsfarben, -tönen und -schattierungen, aus „der vielfarbigen Glaskugel“ der ungeborenen Welt. Nicht nur habe ich den Kniff verlernt, durch Druck auf die Augenlider eine Farborgie heraufzubeschwören, sondern ich habe gar nicht mehr den Wunsch danach! Ist es nicht eigenartig, wie sich der Hauptdrang des innersten Wesens eines Menschen ändert? Mittlerweile verspüre ich nicht mehr das geringste Verlangen, dem Tanz dieser euklidischen Regenbogen zuzusehen! Und doch lebe ich, genau wie damals, nur der sinnlichen Empfindung. Seltsam! Ich habe mittlerweile wohl eine Art ästhetisches Gewissen, das meine sinnlichen Empfindungen zensiert und darauf besteht, daß ich nur aus solchen einen Kult mache, die – wie soll ich es ausdrükken? – einen poetischen, elementaren Wert besitzen.

Wenn ich über die frühen Jahre meines Lebens nachsinne, wird mir jedenfalls immer klarer, daß sich in den Gefühlen eines kleinen Jungen hinsichtlich der Natur des Universums ein Geheimnis kundtut, und zwar ein Geheimnis, das sehr viel kostbarer ist als die Offenbarung des unpersönlich-persönlichen Ewigen Seins, die Proust zuteil wurde. Was bedeutet er eigentlich, der eigenartige Ausdruck „eine Ekstase erleben"? Aus welchen Bestandteilen setzen sich solche Ekstasen zusammen, aus welcher Atmosphäre entstehen sie? Im folgenden gebe ich meine eigene Analyse dieser unschätzbaren Momente. Ich glaube, sie ergeben sich wie alles Lebendige stets *aus einer Dualität*, aus der Erregung entgegengesetzter existentieller, stofflicher, wesensmäßiger und elektrischer Pole, wenn man den wissenschaftlichen Terminus bevorzugt. Ich glaube, diese Momente der Ekstase ereignen sich am ehesten dann, wenn man sich bei der Kontemplation eines bestimmten Bildes oder Gegenstandes plötzlich einer *anderen* Ursache tiefer Zufriedenheit in seinem Leben entsinnt, die jedoch von der gerade betrachteten völlig unabhängig ist und *nicht auf derselben Gefühlsebene* liegt.

So beschaue ich beispielsweise einen Moosfleck auf einem grünlichen, marmorierten Felsen und bin mir eines tiefen, sinnlichen Vergnügens bewußt. Doch plötzlich kommt mir der Gedanke an ein Kaminfeuer, an Kerzenlicht, an ein Schachbrett mit aufgestellten Figuren und an ein altes, ledergebundenes Homerlexikon ins Bewußtsein. Nun muß das Bewußtsein aber sowohl zum Schachspielen als auch zum Nachschlagen griechischer Wörter aktiv sein, während es sich beim Aufsaugen der Köstlichkeit der mit Moos überzogenen, dunklen, feuchten, grünen Steinfläche in einem Zustand konzentrierter Passivität befindet. Und meiner Vorstellung nach bringt das plötzliche Auftreffen des Gedankens an angenehme Aktivität auf ein Bewußtsein, das auf angenehme Passivität konzentriert ist, jenes prickelnd aufsteigende Frohlocken hervor, das wir „Ekstase" nennen. Wäre das Bewußtsein bei der Kontemplation der dunklen, von Regen triefenden Fläche und der smaragdgrünen Sporen auf den Gedanken an die Erdkrume eines mit regennassen Blütenblättern übersäten Blumenbeets verfallen, so wäre es fast sicher, nicht zu einer Seigerung des schon empfundenen sinnlichen Vergnügens gekommen. Wenn das Bewußtsein sich hingegen einen am Rand dieses Blumenbeetes steckengelassenen Spaten oder eine Forke vergegenwärtigt hätte, so hätte sich mit hoher Wahrscheinlichkeit eine Ekstase der gleichen Art ergeben, wie sie das Bild des Schachbretts oder das Bild des Homerlexikons hervorgerufen hat.

Denn es sind *Gegensätze*, vor allen Dingen Gegensätze, die bei dem, was wir Ekstase nennen, die Hauptrolle spielen; und einem Menschen, der wie ich zu der Auffassung gelangt ist, daß die Erste Ursache selbst dualistischer Natur ist, erscheint dies auch durchaus natürlich.

Nun gut! Jetzt muß ich aber rasch zum Ende unseres Lebens in Shirley kommen. Es ergab sich aufgrund eines kurzerhand geplanten und kurzerhand durchgeführten Umzuges nach Dorset. Mein Vater scheint nach dem Tode seines einzigen Bruders das Gefühl gehabt zu haben, es schicke sich für ihn, in Rufweite des Hauses mit den Erkerfenstern in Weymouth zu wohnen, wo unsere betagte Verwandte lebte. Und so nahm er – ein recht unweltlicher Schritt im Leben eines jungen Priesters – die untergeordnete Stellung eines Kleinstadtkuraten an, nachdem er sieben Jahre lang die Annehmlichkeiten einer Autorität genossen hatte, die, weil es im Dorfe Shirley keinen Friedensrichter gab, praktisch die eines Despoten war. Mein Vater wurde der schwer geforderte Kurat des Rektors von St. Peter, der wenn auch nicht einzigen, so doch wichtigsten Pfarrkirche der alten Römerstadt Dorchester.

So wie er beim Einkaufen in Ashbourne stets gute, solide und überraschend große Sachen erstanden hatte, schloß er nun in einer für ihn typischen Geste eine Art Pachtvertrag über eine riesengroße Behausung in einem weitläufigen Garten, und dies völlig unbekümmert darum, daß das Haus noch im Bau und der Garten noch gar nicht angelegt war. Das war Rothesay House, Geburtsort von drei weiteren seiner elf Kinder. Es war, glaube ich, einer der Bürgermeister von Casterbridge, der treffliche Mr. Gregory, der Rothesay House an meinen Vater verpachtete; und Mr. Knipe, der ältliche Rektor, pflegte seinen erstaunten Bekannten diese Burg aus Backstein und Mörtel, die sich so nahe beim South Walk erhob, als Wohnung eines Kuraten vorzuführen. Armer Mr. Knipe! Er muß manchmal das Gefühl gehabt haben, es sei sein Schicksal – guter, umgänglicher Mann –, geistlicher Vorgesetzter eines veritablen „Riesen Rumpel“ zu sein, dessen beunruhigende Ansprüche nur noch von seiner verblüffenden und verwirrenden Schlichtheit übertroffen wurden!

Während der Bürgermeister von Casterbridge uns in Dorchester dieses erstaunliche Haus baute, logierten wir in nicht gerade großem Stil in Weymouth, in einer Hinterwohnung von Brunswick Terrace.

Zu dieser Zeit schenkte mir unsere betagte Verwandte in Penn House eine unendlich kleine Zedernholzkommode mit winzigen schwarzen, vergoldeten Schubladen und von paradiesischem Duft. Dieser zierliche Gegenstand enthielt nur fünf Schubladen und hatte im Grunde Puppenstubengröße, doch für mich wurde er zum Fetisch, und der Gedanke, wie spurlos er verschwunden ist, stimmt mich noch heute ein wenig traurig. Es müßte eine „Fee Lustig“ geben, deren Hauptlebenszweck darin besteht, die unbelebten Dinge, in die Menschenseelen hineingeströmt sind, vor Vernachlässigung und Untergang zu bewahren. In jeder Schublade dieses kleinen, schwarz-goldenen Gegenstandes wohnten Teile meiner Seele – darunter auch einige, die ich dem Teufel verkauft hatte! Ich bewahrte darin ein Bild des zweiten kleinen Mädchens auf, über das ich jemals ernsthaft nachdachte. Dic strikte Wahrheitsliebe zwingt mich, vom „zweiten“ zu sprechen; das erste indessen manifestierte sich nur als Gestalt in einer künstlichen Idylle, während ich mit Littleton beim Fischteich meines Großvaters in Northwold saß. Wir waren damals wie zwei kindliche Machiavellis, die sich über Angelhaken, Fischkessel und künstliche Fliegen unterhielten, aber auch die Liebe zu Frauen kurz berührten.

Littleton, der wie in allem anderen, so auch hierin viel *tüchtiger* war als ich, hatte sich bereits mit einem kleinen Mädchen angefreundet; und meine Rolle bei diesen Gesprächen am Fischteich bestand darin, zu versuchen, mir ein anderes *auszudenken*, das für mich taugte. Ich kann mich – denn ich verband Vorstellungen von Frauen erst einige zwanzig Jahre später mit einem sadistischen Laster – noch gut an das vage, vage, *vage* Gefühl erinnern, daß langes seidiges Haar und eine liebliche Gestalt etwas unbestimmt Begehrenswertes hatten. Auch war meine „zweite“ Liebe nicht viel mehr als eine stolze kleine Statue, an der sich die vagen, vagen, vagen Empfindungen festmachen ließen, die in jenen Tagen nicht das geringste mit dem „viehischen Stachel" meines Lasters zu tun hatten. Einmal und nur einmal, als dieses „zweite" junge Mädchen auf meinem Knie saß, erlebte ich in Verbindung mit ihr etwas, das einem sinnlichen Gefühl nahekam; und zu dieser Zeit war ich Nichtgraduierter in Cambridge.

Aber es war immer ein Wesenszug von mir – denn ich war nicht nur ein geborener Schauspieler, wie es heißt, sondern auch, so könnte man es vielleicht nennen, ein leidenschaftlicher „Metamorphotiker" –, auf diese vagen, vagen, vagen Reize eine überwältigende und ganz buchstäblich *kreative* Vorstellungskraft zu richten. Fetischverehrer, der ich war, Magier, als der ich mich begriff, unverbesserlicher Romantiker, als der ich mich vor allen Dingen erwies, machte es mir Freude, so zu tun, als sei ich „verliebt", und diesen Anschein dann mit einer konzentrierten, mythologischen Willenskraft zu stützen, die wirklich ungeheuer und anomal war.

Um die Wahrheit zu bekennen, hatte ich daran, das Antlitz dieser jungen Frau – ich sehe es vor mir, *wie es auf dem kleinen Bild aussah* – in etwa zwanzig jeweils sorgsam mit Siegelwachs verklebte Lagen Papier einzuschlagen, wohl zehnmal mehr Freude, als mir der Umgang mit dem Original je bereitete. Kein Mädchengesicht – ob lebendig oder tot – ist je in so viele Leichentücher gehüllt worden, und nur bei sehr ritualistischen Anlässen verstand ich mich dazu, die geheiligte Schublade herauszuziehen und die äußere Umhüllung zu betrachten!

In einer anderen Schublade dieses Kästchens bewahrte ich bestimmte Schriften von mir auf, sehr zweideutige, wenn auch höchst schickliche Werke, die von verschiedenen, niemals zu genießenden Liebkosungen handelten; Liebkosungen, die nicht einer Frau galten, Liebkosungen, die für einen feigen Wicht wie mich weit außerhalb des hienieden Erreichbaren lagen!

Es war ein wundervoller Tag für mich, als ich einmal mit meinem Lehrer – der Littleton liebte und Johnny verabscheute – in Weymouth den heißen Bürgersteig vor der vornehmen Häuserzeile aus dem achtzehnten Jahrhundert mit Namen Belvedere entlangging – ich entsinne mich genau, wie ich mich in diesem Augenblick fühlte – und die erste bewußte „Ekstase" meines Lebens erfuhr, die erste jedenfalls, an die ich mich erinnern kann. Und wohlgemerkt, diese Ekstase überkam mich unter ganz ungünstigen Umständen. Ich war keine *persona grata* bei meinem Lehrer. Und es versteht sich von selbst, daß ich lieber am Meer unten gewesen wäre und im feuchten Sand gegraben hätte, als am Belvedere entlang Richtung St. Thomas' Street zu eilen. Aber im Gehen hüpfte ich vor Freude, wie die Hügel in den Psalmen Davids. Ein solcher Strom von Glück durchraste mich, daß ich mich nicht scheute, meinen Lehrer ins Vertrauen zu ziehen. Ich kannte weder Scham noch Scheu. Ich schlug jeden Gedanken von Anstand in den Wind. Mein Lehrer war Littletons Freund, nicht meiner; und daher mein Feind! So war meine Psychologie. Ah, und welche wollüstige Freude – so erscheint es mir heute, aber vielleicht übertreibe ich da –, meinem Feind gegenüber gerade die Aspekte meiner Gefühle hinauszuschreien, die am ehesten Verachtung hervorrufen würden! Es war nämlich so, daß ich meine Ekstase, wie bestimmt auch die Sphinx in ihrer Kindheit, in ein Rätsel kleidete und meinen Lehrer zu raten bat, warum ich so glücklich sei. Natürlich brummelte mein Lehrer – muß ich doch wie ein selten eingebildeter, unberechenbarer und unliebenswerter kleiner Junge gewirkt haben! – irgendeine Antwort, die deutlich machte, daß ihm mein Glücklich- oder Unglücklichsein herzlich gleichgültig war. Aber wie schon Blake sagt, „Fluch" richtet auf, während „Segen" nur schlaff macht; und obwohl ich mich der Abfuhr noch entsinnen kann, stopfte sie mir keineswegs den Mund; sondern ich fuhr mit der Erklärung fort, und meine Gefühle müssen übermächtig gewesen sein, ich sei erstens glücklich, weil ich im Moment „brav" war, und zweitens, weil ich hoffte, meine betagte Verwandte käme bald auf den Gedanken, mir *noch ein* schwarzgoldenes Schränkchen zu schenken, zweimal so groß wie das, das ich schon besaß.

Das andere Schränkchen bekam ich dann zwar nicht; aber das erste blieb in meinem Besitz, die heiligen Schubladen noch mindestens fünf Jahre nach meiner glücklichen Heirat vollgestopft mit den stolzen, verborgenen Geheimnissen meines zweiten Lebens. Ich glaube, ich vergrub seinen Inhalt erst bei der Geburt meines Sohnes in anderer Erde als der von Wessex, und meine, das kostbare Schränkchen selbst sei entzweigegangen. Ach, kleines geheimes Kästchen, Gefährte eines ruhelosen Herzens, das im Vollgefühl alles *Nichtseienden* gegen alles *Seiende* aufbegehrte, wo bist du heute? Ist nach einem halben Jahrhundert nicht wenigstens ein winziger, abgebrochener Splitter von dir geblieben, der vielleicht sogar noch – ach, ich weiß nicht wo! – liegt, aber dort, wo er liegt, eine Spur, einen Duft, einen nachschwebenden, fortlebenden leisen Geisterhauch von der bitteren Süße bewahrt, die eines Jungen ganze Phantasiewelt war?

Wie viele Formen von Druck, Belastung und Spannung gibt es im Leben, die mit dem Hauptlebenszweck eines Menschen nicht das geringste zu tun haben! Bisweilen scheint es, als durchliefen wir alle jahrelang – manchmal ein halbes Leben lang – ein völlig sinnloses Chaos irrelevanter Ereignisse, Ereignisse, die sich ansammeln wie Schaumblasen auf einem Strom – und dann ins absolute Nichts verschwinden! Der Mensch scheint diesem wirbelnden Tumult von Irrelevanz stärker ausgesetzt als alles andere in der Natur. Was könnte in der Entfaltung seiner bedeutsamen Bestimmung auf schöne Weise schicksalhafter sein als das Leben einer Kuh oder das Leben eines Baumes? In Wahrheit müssen wir alle unsere Bestimmung aus dem Wirrsal und Durcheinander um uns herum *erfinden*, und weil wir für die Entscheidung, welche Bestimmung wir erfinden sollen, so lange brauchen, folgen einander in unserem Leben so viele sinnlose, unbedeutende, irrelevante Episoden ohne Verbindung zu einem allgemeinen „Tendenzstrom“, der aus dem Nichts entspringt und ins Nichts zurückkehrt. Zufall, nicht Bestimmung, beherrscht uns und verwirbelt den Wust und den Schutt zu endlosen, unbedeutenden Mustern, die sich immerfort bilden und neu bilden, nur um sich aufzulösen, während wir sie noch anstarren.

Doch diese lächerlichen, kleinen, sinnleeren Vorfälle verstören, erschüttern, piesacken und erzürnen nicht nur den Menschen, der das Glück gehabt hat, einen Hauptzweck für seine Erdentage zu finden. Sie schmerzen und plagen uns mit ihrer Sinnlosigkeit, lange bevor wir für unser Leben irgendeine *raison d'être* gefunden haben, die dem entspräche, was das Wiederkäuen für die Kuh oder das Beregnetwerden für den Baum bedeutet. Wer kann sich, wenn er auf seine frühen Jahre zurückblickt, eines Gefühls der Beschämung und äußersten Bestürzung angesichts der damaligen Ereignisse erwehren, Ereignisse, für die man später nichts als langsam nachlassenden Abscheu empfindet, begleitet von so etwas wie verblüfftem Staunen, dumpfer Neugier und einem vulgären, morbiden, egoistischen Interesse, einem glotzäugigen, rohen Interesse daran, daß sie einem selbst, und nicht einem anderen widerfahren sind, einem Interesse vergleichbar nur dem, mit dem ein Kind seine Exkremente betrachtet.

Eben dieses Element der Selbstliebe bei völlig irrelevanten Vorkommnissen erklärt die unbeschreibliche Fadheit so vieler Autobiographien und, um ganz ehrlich zu sein, so vieler Gespräche zwischen Menschen. Unser geistvolleres Interesse erregt erst *eine Geschichte*, das heißt das bewußte oder halbbewußte Ringen einer Seele mit den Hindernissen, die ihr lebendiges Wachstum hemmen, ihr rhythmisches Schwingen stören und ihre integrale Kontinuität ins Wanken bringen. Das einzige Interesse an Ereignissen, die nicht die negative Bedeutung haben, Hindernisse auf unserem Pfad zu sein, ist symbolisch. Zwar können einzelne, isolierte und sogar sehr unangenehme Ereignisse im Laufe eines Lebens geradezu ergreifend bedeutsame Symbole sein; es hieße aber zuviel unterstellen, wenn man annähme, daß alles, was uns widerfährt, uns von einem allmächtigen Künstler als Teil unserer besonderen Geschichte *zugedacht* sei, Interesse, Dramatik, Bedeutung, Sinn sind Eigenschaften, die erst der individuelle Geist den Ereignissen beimißt. Wir selbst sind die Götter, die die Werte unseres Lebens – das Wesentliche, das Symbolische – schaffen, und es bleibt dem Zufall überlassen, die Anlässe zu liefern, an denen sich Sinn und Bedeutung festmachen.

Wie völlig sinnlos beispielsweise – es sei denn, ich trage neben anderen Lastern auch die Bestimmung zum Geizhals in mir – ist meine lebhafte Erinnerung daran, wie ich mit vielleicht unwürdigem Stolz und Ehrfurcht meinen Großvater aus Norfolk, als er uns an der Küste von Dorset besuchen kam, aus der Hosentasche eine Handvoll halbe Kronen, Florins, Shillings, Sixpencemünzen und Dreipennystücke ziehen sah! Mein Vater bewahrte, wie ich später auch, sein Geld in einer Lederbörse auf, denn er erachtete es wohl, wie ich noch heute, als eine Art Lumperei gegenüber dem kostbaren Metall mit dem aufgeprägten Bild unseres Souveräns, womöglich zusammen mit Nüssen, Bindfaden, Tabak, Würfeln und Staubflusen in der Leistengegend herumgerüttelt zu werden. Es kann kaum meine erste Bekanntschaft mit Geld gewesen sein, aber es war meiner Erinnerung nach sicherlich das erste Mal, daß mich Stolz schwellte, weil ich mit einem Mann verwandt war, der mehrere halbe Kronen in seiner Hosentasche aufbewahrte. So tief bewegte mich die Handvoll Silber, daß sie in der Erinnerung gleichsam einen Scheinwerferstrahl auf sämtliche Begleitumstände wirft und ich mich an den Anlaß genauestens entsinnen kann.

Es war auf dem Deck des ersten britischen Kriegsschiffes – die Flotte kam ständig in den Hafen von Portland –, das mit einem Turm für seine Geschütze ausgestattet wurde. Für mich, der sich eine so übertriebene Erinnerung an die enorme Länge des prächtigen Dampfschiffes *Great Eastern* bewahrt hat, wie wir es von den Fenstern von Penn House aus gesehen hatten, war der runde, gedrungene Geschützturm völlig unbeeindruckend. Mein geizkragenhaftes Interesse an all dem glänzenden Silber, das da aus der Tasche eines Verwandten von mir zum Vorschein kam, ist in der Tat der einzige Grund, dafür, daß ich mich an die *Thunderer* entsinne. Und ganz sicher war mein Vater von all der wissenschaftlich ausgeklügelten Bestückung keinen Deut mehr beeindruckt als ich. Sie war das Werk von Professoren, diese große neue Zerstörungsmaschine, und zweifellos „neumodisch"; wohingegen die mit Rasen bedeckten Bastionen der Festung von Nothe, die ihm seit seiner Kindheit vertraut waren – ach! mittlerweile muß das prächtige alte Fort zusammen mit den Rotröcken, die auf seinen Wehrgängen aufzogen, völlig ausgedient haben –, eine Art heilige Würde, wie etwa die Schlacht vom Trafalgar, besaßen.

Lange bevor wir dann tatsächlich in das grandiose neue Haus einzogen, das der Bürgermeister für uns baute, hatte mein Vater begonnen, nahezu tägliche Exkursionen nach Dorchester zu unternehmen. Ja, seine mühselige Kuratentätigkeit war wohl schon in vollem Gange, ehe wir aus der Unterkunft hinter Brunswick Terrace auszogen.

Ich muß nun von einer Episode berichten, die einen unauslöschlichen Eindruck in meinem Gemüt hinterließ. Ermutigt vom Beispiel meines Vaters, der die acht Meilen über die Downs von Penn House nach Rothesay House häufig zu Fuß ging, beschlossen Littleton und ich – wir müssen neun beziehungsweise acht gewesen sein, als wir diesen Entschluß faßten; denn es war vor unserem Eintritt in die Schule, und da war er eben erst neun geworden –, uns ebenfalls an dieses Unternehmen zu wagen. Wir umgingen Lodmoor und erstiegen die Downs westlich des berühmten White Horse, vorbei, so nehme ich an, an dem kleinen Bergweiler, der den Schauplatz von Hardys *Trumpet Major* bildet. Wir kamen durchaus wacker voran, bis wir den Hauptanstieg zu dem hohen, grasigen, tumulusbekrönten Kamm etwa zur Hälfte bewältigt hatten, und dann verließen mich mit einem Mal Mut und Kraft, und ich setzte mich in das sonnengedörrte, nach Thymian duftende Gras und ergab mich, hoffnungslos gleichgültig gegenüber den vertrauten Schmetterlingen, den „Weißlingen“ und „Bläulingen“, die umherflatterten, der Verzweiflung. Wir waren schon so weit gegangen, daß der Rückmarsch ebenso unmöglich schien wie der Weitermarsch, und jene Art, „verwetterter Lethargie“, die mit menschlicher Schwäche einhergeht, wenn Mut und Beine gemeinsam nachgeben, versetzte mich in einen Zustand dumpfer Trägheit. Und in diesem Moment zeigte Littleton, „aus welchem Stein er gehauen und aus welchem Stoff er gemacht“ war, denn er tat, was jeder für absolut unmöglich gehalten haben würde. Er nahm den zusammengesunkenen „Johnny“ auf seinen schmalen, unbeugsamen Rücken und wankte unter dieser Last wirklich und wahrhaftig den Rest des Anstieges hinauf!

So kam es, daß meine erste Überquerung der South Downs nicht auf meinen eigenen Füßen, sondern auf denen meines jüngeren Bruders vonstatten ging. Ach! wie oft habe ich im späteren Leben, wenn mich der Mut verließ und mir die Knochen im Leibe schmolzen, nach diesem starken Beistand gerufen; und nie habe ich vergeblich gerufen, bis schließlich dreitausend Meilen Salzwasser zwischen uns wogten! Littletons Wagemut und seine Ausdauer beschämten mich in jenen Tagen immer wieder.

Ich erinnere mich, wie mein Vater es liebte, uns beide, deren Erschöpfung vom Gehen bald vergessen war, während wir die Abenteuer des unermüdlichen Riesen und der Elfe verfolgten, an Lodmoor Hut und den Hütten der Küstenwache vorbei zu dem kleinen Strand mitzunehmen, wo der Preston ins Meer mündete und wohl noch immer mündet. Es gab da eine Stelle, wo es einem beherzten Jungen knapp gelingen konnte, das schmale Flüßchen zu überspringen; und diese Großtat brachte Littleton regelmäßig zustande. Ebenso regelmäßig und ohne eine einzige Ausnahme pflegte ich in ungestümen, verzweifeltem Anlauf auf die schwierige Hürde loszustürmen, bremste jedoch aus Angst vor dem Sprung durch die Luft jedesmal in letzter Sekunde ab.

Dabei nahmen mein Vater und Littleton, deren tiefer „Rapport" in solchen Dingen keiner Worte bedurfte, meine Schlappe mit ernster Nachsicht auf: ich tat ihnen leid, aber sie fanden, die Familienehre sei auch ohne mein Dazutun hinlänglich hochgehalten worden. Merkwürdig, wie früh in unserem Leben sich die eigenartige Beziehung zwischen Littleton und mir herausbildete, die andauerte, bis ich nach Cambridge ging. Das Wesen dieser Beziehung bestand darin, daß Littleton mich zwar in allen praktischen, physischen und weltlichen Situationen übertraf, verteidigte und in Schutz nahm, ich jedoch in den Bereichen der reinen Phantasie das Vorrecht des Erstgeborenen behielt. Ich spreche ausdrücklich von den Bereichen der Phantasie, nicht von geistigen, denn bei vielen geistigen Leistungen, vor allem wo es um Gelehrsamkeit ging, war er mir stets voraus. Tatsächlich habe ich nie jemanden gekannt, der in den Fundamenten des Griechischen und Lateinischen gründlicher bewandert war, als er es schließlich wurde.

Wenn wir uns stritten – muß ich es eigens erwähnen? –, war immer ich daran schuld. Ich hatte eine teuflische Lust am Hänseln! Tatsächlich entsinne ich mich oft der prophetischen Stimme, die einmal zu mir sagte:

„Eines Tages, Johnny, bist *du* derjenige, der gehänselt wird."

Aber dieser Tage kam erst sehr viel später, nämlich als das Schicksal den Ozean zwischen Littleton und meine Schlangenzunge gelegt hatte. Damals freilich besaß ich sogar die Vermessenheit – Satansbraten, der ich war! – meinen Vater hänseln zu wollen! Ich tat es zwar erst etwas später, aber tun wollte ich es immer, so wie ich meine jüngeren Geschwister immer hänseln wollte. Erst etwas später in unserem Leben also verbreitete ich mich im Salon von Montacute – denn ich wußte sehr wohl, wie es ihn ärgern würde – in erschöpfender Ausführlichkeit über die *Seven Principles of Man* in der Interpretation von Annie Besant. Ich redete und redete, bis er den Kopf von seiner Knüpfarbeit hob – er pflegte damals unsere Tennisnetze zu knüpfen – und vor Zorn zitternd lospolterte:

„Sie ist ein Dämon ... John ... ein Dämon! *Die Frau ist ein Dämon!*"

Einmal muß ich wohl auch Littleton so lange gehänselt haben, bis er einen ähnlichen Wutausbruch bekam, der ihn in ernsthafte Schwierigkeiten brachte, denn ich entsinne mich sehr gut, wie ich eines Tages – von heftigen Gewissensbissen gepackt – beschloß, etwas für ihn zu tun, das diese Grausamkeit aufwöge. Littleton sammelte Fossilien und Schmetterlinge; mir dagegen oblag es, Vogeleier zu sammeln; denn es war natürlich undenkbar, daß ein Sohn meines Vaters nichts sammelte. Genau das war zweifellos auch der Grund dafür, warum Theodore, der stets so schrecklich originell war, nichts sammelte. Vielleicht gingen aus diesem Nichts, das er sammelte, später seine außergewöhnlich genialen Werke hervor.

Lange bevor wir aus Dorchester wegzogen, kam ich zu einem ganz eigenartigen Verständnis mit Theodore, einem völlig anders gearteten Verständnis, als ich es je mit Littleton erreichte, einem Verständnis, das sich als phantastischer „Rapport" zwischen unseren extremsten und am wenigsten mitteilbaren persönlichen Eigenarten bestimmten ließe. Aus dieser Zeit unseres Lebens in der Unterkunft in Weymouth ist mir von dem künftigen Einsiedler von East Chaldon nur seine Neigung im Gedächtnis geblieben, bei den Familiengebeten nicht einzuschlafen, wie man es von einem so kleinen Kind erwarten könnte, *sondern ohnmächtig zu werden*, und im Ohnmächtigwerden zu Boden zu sinken! Es war dies der Beginn einer langen Reihe nicht immer sehr überlegter Zwangsmaßnahmen, in deren Verlauf der kleine Theodore – wie ein Einhorn in der Löwengrube – von meinem Vater und mir hierhin und dahin geschleppt wurde. Sein Verhältnis zu Littleton war von eigenartiger und besonderer Natur und bestand im kümmerlichen Austausch einer ganz bestimmten Art von Scherzen, die mit all den lustigen kleinen Details ihres Alltagslebens befrachtet waren. Aber Littleton versuchte niemals, ihn – wie mein Vater und ich es gern taten – zu zwingen, Pfade zu beschreiten, die außerhalb seiner gewohnten Geleise lagen und ihm wider den Strich gingen. Die Tyranneien meines Vaters beschränkten sich indes darauf, ihn auf ausgedehnten Wanderungen mitzuschleppen, die seine Kräfte überforderten, während ich in seiner Vorstellungskraft prompte Resonanz auf einige meiner teuflischsten Spiele und schändlichsten Experimente zu finden pflegte. Aber mein Gott! wie deutlich sehe ich den kleinen Theodore vor mir, wie er, weiß im Gesicht und mit großen, verzweifelten Augen wie ein abgeschundenes Tier, eine staubige Straße entlanggeschleppt wurde, wo noch die Fliegen sich zusammentaten, um ihn zu drangsalieren!

Doch kehren wir zu meinen Gewissensbissen darüber zurück, daß ich Littleton in Schwierigkeiten gebracht hatte. Eine verblüffende und spektakuläre Tat, so fand ich, mußte vollbracht, und zwar umgehend vollbracht werden, die ihn vor Erstaunen ob meiner Reue überwältigen würde. Darüber nachbrütend und von tiefster Zerknirschung erfüllt, machte ich mich allein – man ließ uns schon von frühester Kindheit an die unglaublichste Freiheit – zu einer Stelle irgendwo hinter den Hütten der Küstenwache auf, wo ich bei früherer Gelegenheit ein riesiges Steinfossil bemerkt hatte. Es handelte sich um einen kolossalen Ammoniten, eingebettet, wie ich meine – obschon ich mich da irren kann –, in eine geologische Substanz, die als „Blauer Lias" bezeichnet wird oder jedenfalls von meinem Vater so bezeichnet wurde. Trotz all seiner Verachtung für die Naturwissenschaften und seiner Vorliebe für die traditionelle, pastorale Überlieferung pflegte er voller Stolz Sätze zu äußern wie:

„Schön, daß du die Formation bemerkt hast, mein Junge. Das ist Blauer Lias." Oder: „Das da muß man gesehen haben, Johnny, das ist ein Stück Kimmeridge-Ton!"

Er sagte das genauso, wie er etwa sagte: „Der Kormoran ist von allen Vögeln der gierigste." Oder: „Mein Bruder hat einmal einem Tiger so lange in die Augen gestarrt, bis er die Bestie aus der Fassung gebracht hatte."

Jedes Phänomen, auf das er hinwies, ob belebt oder unbelebt, wurde zu etwas Sakrosanktem, zu einem bevorzugten Gegenstand wie die Gegenstände in Märchen, die Reisende mit sich führen, um damit Zaubermacht auszuüben. Ich glaube, es hob seine Wertschätzung einer Landschaft, die er durchwanderte, beträchtlich, wenn er feierlich auf „Purbeck-Marmor" hinweisen oder sagen konnte: „Siehst du, wie uneben die ‚Gesteinsformation' bei den

Klippen da drüben ist, mein Junge? Eine ganz eigenartige Strata" – er pflegte das Wort zu benutzen, als wäre es ein Femininum Singular, aber mit solcher Autorität und solchem Gewicht, daß die wiederholte Falschbezeichnung schließlich wie sehr viele Ausdrücke von ihm – beispielsweise das Wort „Gaspdorn" statt „Gaspeldorn" – zu einer organischen Einheit mit sehr viel mehr Substanz wurde, als sie die meisten Wörterbuchbegriffe beanspruchen konnten. Mein großer Ammonit also war in den Rand der Klippe eingebettet, woraus sie nun auch immer bestanden haben mag, und bald war der kleine reuige Prester John damit beschäftigt, ihn mit den Fingern herauszustochern. Der große Akt der Buße aber, denn der Ammonit war doppelt so groß wie ein menschlicher Schädel, bestand darin, unter dem Gewicht dieses gewaltigen Fossils den ganzen Weg nach Hause zu wanken. Ich mußte an Lodmoor Hut vorbei, vorbei an den gestutzten Buchsbaumhecken von Victoria Gardens und den sandigen Bürgersteig vor der Kieselmauer entlang, die den Garten des betürmten Hauses mit der Stuckfassade umgab, wo der große Doktor Smith wohnte, der sich der Kranken von Brunswick mit einer Haltung annahm, in der sich der Geistliche mit dem Arzt verband. Ich weiß nicht mehr genau, wie Littleton mein Opfer aufnahm; doch ich weiß, daß die Bußgabe des Ammoniten all die Jahre überdauerte, in denen seine Sammlung in Rothesay House aufbewahrt wurdc. Ging sie dann nach Montacute und kam, nachdem sie dreißig Jahre dort geblieben war, wieder nach Weymouth, als mein Vater zu den Seinen zurückkehrte?

Mit das gräßlichste unter den geringeren Übeln des Lebens ist die Art und Weise, wie so viele kostbare, symbolische Objekte für immer verschwinden. Für diese verlorenen Unbelebten gibt es keinen Limbus, in den sie kommen können, kein gnädiges Flammengrab. Sie blieben, was sie immer gewesen sind; aber sie werden auf den Abfallhaufen der Welt geworfen; und kein Erlöser kann je kommen, der ihnen ihre Ehre wiedergibt. Selig der Mann oder die Frau am Tag des Jüngsten Gerichts, die auch nur einen dieser Verstoßenen gerettet und vor dem Karren des Straßenkehrers bewahrt haben!

Das größte Vergnügen der Monate, in denen wir in Weymouth wohnten – und dieses Vergnügen kehrte jedesmal wieder, wenn wir hinterher dort zu Besuch waren –, bestand darin, mit einem hölzernen Spaten im feuchten Sand am Rande der See zu graben. Ah, welche tiefe Freude, ah, welche zittern und beben machende Freude lag darin zuzusehen, wie das Salzwasser in einen Meeresarm floß, den man selbst dafür ausgehoben hatte! Wie bezeichnend ist es doch für die Eigenheit irdischen Lebens, daß etwas so sprichwörtlich Eitles, ein so schlagendes Beispiel nutzloser Aktivität wie das Graben im Meeressand mit derart berauschenden Wonnen des Glücks einhergeht, während wir es kaum ertragen, das nützliche und bleibende, unter Mühen und Leiden verrichtete Werk unserer Hände auch nur anzusehen! Doch die unglaubliche Empfindung, wenn das Meer dann endlich heranrauscht und unsere Sandbänke fahler und weißer werden, während das lange Gekräusel sie erreicht, bis sie langsam nachgeben und einsinken und sich abflachen, und ihre Kanten unwiderstehlich eingeebnet und abgerundet und zugeschwemmt werden; und der Sand, den wir aufgehäuft haben, ins Rutschen kommt und sinkt und sinkt und sinkt; bis schließlich nichts mehr da ist als der glatte Meeresboden, so wie er seit tausend Jahren ist – wie das Geheimnis beschreiben? Es ist eine Empfindung, worin wir an den Tiefen eines unergründlichen kosmischen Bewußtseins teilhaben. Schöpfung, Untergang, Untergang, Schöpfung... Es ist das ekstatische Ein- und Ausatmen des Brahma! Wenn ich auf mein Leben zurückblicke, so meine ich wirklich, daß nur wenige Freuden, die ich gekannt habe, das Graben mit einem hölzernen Spaten in feuchtem Sand übertrafen. Die alles durchdringende Gegenwart von Sonne und Meer, die vollkommene Abgeschiedenheit und herrliche Einsamkeit der Beschäftigung, wenn man von ungeselliger Wesensart ist, die unmittelbare Reaktion einer so unermeßlichen Kraft wie der Flut auf die eigene menschliche Anstrengung – man stelle sich ein Kind von sieben vor, das wie eine kleine Gottheit die Richtung bestimmt, die ein Arm des großen, vom Mond angezogenen Gegenspielers der ganzen Erde nehmen soll, *hierhin* statt *dorthin!* – all das, zusammen mit der himmlischen Abwesenheit von Kindermädchen oder Gouvernante, ergibt ein „Ensemble" von Seligkeit, wie man es auf dieser Planetenkugel leider selten erlebt. Ich kann nicht glauben, daß ich mir damals noch – mit sieben, acht und neun – dessen völlig unbewußt war, was mittlerweile mein hartnäckigster Kult geworden ist: das bewußte Auskosten der verschiedenen Sinneseindrücke, die das Selbst empfängt, wenn es sich dem Nicht-Selbst anheimgibt; doch so sehr es mich auch ärgert, und so sehr es über den Haufen wirft, was man *die Logik der anlagemäßigen Bestimmung* in meinem Leben nennen könnte, muß ich doch zugeben, daß ich nicht den Hauch, nicht den leisesten Schimmer einer Erinnerung an ein solches Gefühl habe!

„Ist es nicht traurig", wie der chinesische Weise Tschuang-Tse auf seine wunderlich-wehmütige Art auszurufen pflegt, daß niederträchtige, böse, quälende Erinnerungen soviel lebhafter bleiben als gute, befriedigende, tröstliche Erinnerungen? Obwohl ich mich der diffusen Freude jener langen Tage im feuchten Sand gut entsinne, kann ich mich, um die Wahrheit zu bekennen, nicht erinnern – jedenfalls nicht scharf oder lebhaft –, auch nur ein einziges Mal auf diese Weise glücklich gewesen zu sein! Dagegen kann ich mich mit abscheulicher Klarheit entsinnen, wie ich einmal bei der jährlichen Regatta von Weymouth, als wir den über die Bucht jagenden Yachten zusahen, einen Mann mittleren Alters in einem Boot – die Boote der Zuschauer waren alle dicht zusammengedrängt – mit teuflischster Boshaftigkeit einen Jüngling in einem anderen Boot quälen sah, der vor ohnmächtigem Zorn außer sich war. Da ich selbst ein „Quälgeist" bin, hatte die Szene einen morbiden Reiz für mich; aber sie machte mir auch viel Angst. Heute kehrt sie mir als bittere Vignette aus den schlimmsten Leidenschaften des Infernos wieder; und ich glaube, sie verschaffte mir eine ziemlich gräßliche Ahnung von der *Unendlichkeit* des Bösen. Jedenfalls brannte sie sich in die empfindlichsten meiner Nerven ein.

Aus dieser Zeit kehrt mir noch eine andere unerfreuliche Erinnerung wieder, die jedoch mit unseren allerersten Tagen in Rothesay House zu tun hat. Die Fenster meines Zimmers – ich hatte damals stets ein Zimmer für mich allein, und an der Wand dieses Zimmers pflegte sowohl in Dorchester als auch in Montacute ein kleiner, ovaler, kolorierter Druck des Duke of Wellington zu hängen, der mir aus irgendeinem sonderbaren Grund äußerste Befriedigung verschaffte – gingen auf den South Walk, dessen hohe, dichte Roßkastanien über unseren neu angelegten Garten hinweg zu sehen waren. Wie Hardy, dessen eigenes Haus nur eine halbe Meile jenseits der Felder östlich des East Walk lag, in *Der Bürgermei-*

ster von Casterbridge ausführt, gleicht Dorchester darin, daß es keine Vororte besitzt, auf eigenartige Weise einer alten Stadt. Es war zur Zeit der Römer eine befestigte Stadt, und ein Teil des römischen Mauerwerks dient, wie nun schon annähernd zweitausend Jahre, diesem Zweck noch heute, doch seit den Napoleonischen Kriegen sind allmählich die schattenspendenden Alleen dichter Roßkastanien an die Stelle von Mauern getreten. Ich kann mich mit äußerster Deutlichkeit daran erinnern, wie ich den betagten William Barnes, Thomas Hardys alten Freund, dessen übrigens sehr schöne Statue heute vor der St. Peter's Church steht, unter diesen Kastanienbäumen langsam den South Walk entlanggehen sah, bekleidet in dem vor hundert Jahren üblichen Stil mit Kniehose, schwarzen Strümpfen und Schuhen mit silbernen Schnallen. Bei besagter Gelegenheit erblickte ich jedoch keinen betagten Dichter, während ich in meinem Zimmer im langen, mählich verblassenden Zwielicht des Hochsommers einzuschlafen versuchte – sondern eine phantastische Prozession von Phantomen, die wie mechanische Bilder den South Walk auf und ab zogen! Waren es die Geister der ehemaligen französischen Gefangenen, die die prächtigen Bäume ursprünglich eingepflanzt hatten? Nein! Es waren nur die gewöhnlichen Passanten; aber meinem verblüfften Blick stellten sie sich durch irgendeine entfernungsbedingte Gaukelei als Geister dar, und zwar Geister, die ohne eine Regung von Beinen und Füßen die Macht der automatenhaften Fortbewegung besaßen!

Ich war immer jemand, der Mirakel und Wunder als Teil dessen, was man die natürliche „Chaotik" der Welt nennen könnte, erwartet und akzeptiert. Pluralist und nicht Monist zu sein ist bei mir etwas ebenso Instinktives wie die Besessenheit des Inders vom Gedanken der Einheit. Die Welt war damals – *und ist es noch heute*, denn hierin hat meine Vernunft meinen Instinkt nur gerechtfertigt – ein unberechenbarer Wirrwarr kreuz und quer wirkender Kräfte, deren jede ihr eigenes, besonderes Maß an Bewußtheit oder Viertelsbewußtheit besitzt. Ich bin daher auch weniger anfällig für übernatürliche Schocks als Menschen, deren Gemüter weniger leichtgläubig oder, wenn man so will – denn es läuft auf dasselbe hinaus –, weniger skeptisch gegenüber allem sind, was sie wissenschaftliche Wahrheit nennen. Würde ich tatsächlich einen Geist, ein Phantom oder sonst ein unerklärliches Phänomen magischen Ursprungs erblicken, wäre ich zweifellos beunruhigt und bis zu einem gewissen Grade verblüfft, wie ich es beim Anblick dieser Bilder in South Walk war, aber ich würde nicht paralysiert oder von panischem Schrecken ergriffen, denn ich wäre nicht zutiefst *überrascht.* Jeder lebendige Organismus – das ist das Verhängnis unserer Identität – hat sein eigenes, besonderes Universum, das keinem andern ganz gleicht – und meine Welt bleibt eine Welt im Banne unergründlicher Rätselhaftigkeit. Schlicht gesagt, ich bin nach wie vor völlig überzeugt, daß die Ursache jedes natürlichen Phänomens personal ist – die Ausübung von Energie durch einen bewußten oder jedenfalls halb bewußten *Willen.*

Aus eben diesem Grund kann mich auch kein Argument, das jemand anführen könnte, davon überzeugen, daß die Erste Ursache nicht für das Leiden der Welt verantwortlich ist. Die Erste Ursache beruft sich zu ihrer Verteidigung immerzu auf die Behauptung, ohne freien Willen sei kein Glück möglich, und freier Wille *vorausgesetzt,* werde Leiden unvermeidlich; mir aber scheint meine Erwiderung auf ihr Argument schlüssig:

„Wer hat den freien Willen so eingerichtet, daß er fatalerweise untrennbar mit Leiden verbunden ist?" Und wenn sie zurückgibt: „Die Natur der Dinge, mein Kind", würde ich lediglich erwidern: „Und wer hat die Natur der Dinge so eingerichtet?"

Meiner Ansicht nach – es mag von Grund auf verrückt sein, aber das glaube ich nicht – besteht die einzige zutiefst philosophische Art, das Leben zu nehmen, in einem dreifachen geistigen Akt: erstens, unsere sinnlichen Eindrücke von der Welt wider alle atomistische Reduktion als ihre eigentliche Wirklichkeit zu akzeptieren. Zweitens das, was wir innerlich von unserem Bewußtsein und Willen spüren, als unseren fundiertesten Hinweis auf das zu akzeptieren, wodurch das Wesen dieser Wirklichkeit so ist, wie es ist. Und drittens, uns zu zwingen, uns dieses selbstgemachten Universums, das wir immerdar zerstören und neuschaffen, auf besondere Weise zu erfreuen.

Während meines achten und neunten Jahres menschlicher Erfahrung richteten wir uns endgültig in Rothesay House, Dorchester, gleich südlich des South Walk ein. Meiner Erinnerung nach sind diese beiden besonderen Jahre, da ich kein Kind mehr war, aber noch nicht zur Schule ging, die wichtigsten, bedeutsamsten und sicherlich glücklichsten meines ganzen Lebens. An reinem Glück kommen diesen Jahren meines Erachtens nur zwei Epochen in meinem ganzen Leben gleich; deren erste besteht aus mehreren periodischen Zeitspannen ungebrochener Glückseligkeit, nämlich meinen Besuchen in Northwold, Norfolk; und die zweite aus meinem erst kürzlich, nach Aufgabe meiner Vortragstätigkeit erfolgten Rückzug in die friedliche Abgeschiedenheit der New Yorker Hügel. Ich behaupte nicht, ich könnte mir kein größeres Glück vorstellen, als ich es jetzt erlebe oder im Alter von acht und neun erlebt habe, aber wenn ich mein Leben als ganzes betrachte, sind diese drei Epochen die glücklichsten Zeiten, die ich bisher gekannt habe und für die ich mein „Vixi!" sprechen werde, wenn es an Sterben geht.

Warum sollte ich, da ich mich gerade mit dem Thema befasse, nicht in ebenso deutlichen Worten angeben, was ich für die *unglücklichsten* Epochen meines Lebens halte? Ich würde sagen, es sind dies ohne Zweifel die drei Jahre zwischen meinem vierzehnten und siebzehnten Lebensjahr und das besondere Jahr der Gnade, 1917 war es wohl, als ich fünfundvierzig war. Die ersten drei unglücklichen Jahre widerfuhren mir, als ich von der Preparatory School in Sherborne abging und in die dortige Höhere Schule eintrat, und das andere unglückliche Jahr suchte mich vor meiner zweiten größeren Operation heim und kulminierte in den Sommermonaten, als ich mein Zimmer in der Stadt an Padraic Colum vermietet hatte und wie eine veritable verlorene Seele, die Ruhe sucht und keine findet, die Oststaaten durchstreifte.

Ja, mein achtes und neuntes Jahr, als wir uns in Dorchester niedergelassen hatten und ich noch nicht zur Schule ging, waren Jahre außergewöhnlicher, überschäumender Zufriedenheit. Und doch kann ich mich nicht erinnern – und daß ich es nicht kann, erfüllt mich mit Enttäuschung und Unwillen gegen diese Glückszeit –, jene Wordsworthsche „Freude, die im Leben selbst liegt" erfahren zu haben, die heute mein dominierender Kult ist. Das Fehlen noch der leisesten, dunkelsten, verschwommensten Erinnerung dieser Art vermittelt mir manchmal fast das Gefühl, als sei bei der Verwandlung des Johnny jener Tage in den späteren Jack ein ganz anderer Geist in mich gefahren; und dieses Gefühl ist mir äußerst zuwider.

Littleton und ich besuchten eine kleine, von einer Direktorin geleitete Privatschule, die in der Nähe des Great-Western-Bahnhofs lag, und um sie zu erreichen, gingen wir täglich das Stück des South Walk entlang, das sich an die Durchfahrt anschließt, wo die South Street endet und die Weymouth Road anfängt. Diese Fortsetzung des South Walk ist ein sehr abgeschiedener Ort, den nur wenige Leute frequentieren. Der gesamte Menschenstrom, der die South Street hinabfließt, folgt einer parallelen Zufahrt zum Great-Western-Bahnhof oder überquert den offenen Platz zur Weymouth Road. Doch in die Bezirke dieser Fortsetzung des South Walk dringt keine menschliche Bewegung. Es ist einer der abgeschiedensten Flecken der Stadt. Seine schattenspendende Einsamkeit wird durch gewisse alte, ehrwürdige Pfähle sogar vor Kinderwagen geschützt. An diese Pfähle können sich Tag und Nacht in selten unterbrochenem Frieden Liebende lehnen, und hat man sich erst zwischen ihnen hindurchgeschoben, atmet man die sommers wie winters gleichermaßen wohltuende, besondere Atmosphäre sanfter Geborgenheit, in der die Aussperrung von Radfahrzeugen und der Eindruck von alten Wegen, alten Mauern, alten Bäumen und altem Gras ein Gefühl kollegienhafter, wenn nicht klösterlicher Zurückgezogenheit hervorruft. Auf dieser Allee ungestörter Abgeschiedenheit pflegten wir ein ernstes, selbstbeherrschtes kleines Mädchen zu beobachten, das seinerseits auf dem Weg zur Schule war. Der wiederholte Anblick dieser kleinen, würdevollen Gestalt – ich kann mich an nichts als ihre Gefaßtheit und spröde Selbstversunkenheit erinnern – muß den reinsten Teufel in mir geweckt haben. Mittlerweile ist alles in hoffnungsloses Dunkel entschwunden; aber ich kann mich erinnern, wie enttäuscht und gekränkt ich war, als sie, der Begegnungen mit einem so abscheulichen kleinen Jungen, als der ich ihr erschienen sein muß, überdrüssig, einen anderen Weg zur Schule nahm oder auf eine andere Schule ging. Beschränkten sich meine Nachstellungen auf das Grimassenschneiden oder wagte ich es, herausfordernde Worte zu äußern? Mit ist, als hätte ich Littleton, allerdings ganz vergeblich, für diese heimliche Verirrung zu interessieren versucht. Littleton selbst hatte damals eine stumme, romantische Freundschaft mit einem der kleinen Chorknaben von St. Peter's Church angeknüpft, den er diskreterweise als den „Chorknaben mit dem braunen Mantel“ zu bezeichnen pflegte; aber der Unterschied zwischen uns zeigte sich ganz deutlich daran, daß sein Interesse zart, gefühlvoll und sehr persönlich war, und das meine pervers, gefühllos und vollkommen unpersönlich.

Ach, wie viele sonderbare Erinnerungen kehren mir wieder, wenn ich an die kastanienüberwölbten Wege von Dorchester denke! Auf dem erwähnten, abgeschiedenen Stück des South Walk pflegten wir häufig einen Mitschüler von uns zu überholen, dessen Vater niemand anders war als der Direktor des Grafschaftsgefängnisses. Der Kleine wurde stets von einem Kindermädchen eskortiert, und dieses Kindermädchen war zufälligerweise spanischer Herkunft. Nun mußte mir mein finsterer Kobold ausgerechnet den Gedanken einblasen, diese unglückliche ausländische Bediente – wohl um mich für das Verschwinden des kleinen Mädchens zu rächen – mit endloser Verfolgung zu überziehen. Littleton, fürchte ich, wurde nolens volens in diese Spitzbüberei hineingezogen; und wir pflegten uns hinter den Kastanienbäumen zu verstecken, wie ein Paar gewissenloser „Gassenjungen“ hervorzustürzen und mit unseren schrillen jungen Stimmen „Spanierin! Spanierin! Spanierin!“ zu schreien. Mein Benehmen bei dieser Gelegenheit führte denn auch – da das harmlose Paar weder seine Route noch seinen Bestimmungsort wechseln konnte – zu Entdekkung und Schande. Denn die „Spanierin“ beklagte sich bei ihrer Herrin, der Dame des Direktors, und Master Johnny wanderte zwar nicht ins Gefängnis, wurde aber bitterer Schmach und so etwas wie öffentlicher Ungnade preisgegeben.

Die großen Kastanien würden aber nicht nur Geschichten von Verfehlungen erzählen, wenn sie wie die Eichen von Dodona raunen könnten. Einmal wurde ich auf frischer Tat ertappt – und hier bin ich sicher, daß ich im Recht war und mein Ankläger unrecht hatte –, wie ich mit aller Kraft Kieselsteine nach den Köpfen einer Gruppe von Stadtjungen warf. Diesmal war es die erlauchte Persönlichkeit von Mr. B –––, dem Kurzwarenhändler der High Street, dessen Bart bis zum Nabel reichte, der über mich herfiel und, wie ich mich entsinne, viel Wesens darum machte, daß ich der Sohn des Kuraten sei. Als Junge hat man ein scharfes und langes Gedächtnis für Ungerechtigkeit; und ich beeile mich, jedenfalls dir, unparteiischer Leser, zu versichern, daß ich unser „Mädchen“

– keine Spanierin, sondern eine Landsmännin aus Berkshire – gegen die Kränkungen des Pöbels verteidigt hatte.

Doch wenn der South Walk, der uns zum täglichen Unterricht führte, mit zweifelhaften und fragwürdigen Taten verbunden war, so kann der East Walk, auf der Fordington-Seite von Dorchester, selten größeres menschliches Glück gesehen haben als das unsere, wenn wir mit unserem zu Fischnetzen umfunktionierten Schmetterlingsnetzen und Gießkannen zur Aufnahme unseres Fangs zu den trefflichen Rieselwiesen zogen – wahrhaft elysische Gefilde, obschon sie vulgo Stinsford Ditches hießen –, wo wir die Elritzen fingen, mit denen wir unser Aquarium besetzten.

Dieses Aquarium schenkte mir intensive und einzigartige Freude. Ich denke, es befriedigte auf irgendeine tiefgründige Weise meinen Wunsch, Gott oder zumindest ein Gott zu sein, und das Beobachten der Bewegungen dieser ruhelosen Geschöpfe, wie sie zwischen den Steinen und Kräutern, aus denen man *ihre Welt erschaffen* hat, hin und her schwimmen, hat fraglos etwas, das einem ein rätselhaftes Gefühl der Erregung verschafft. Ja, es ist, als „besäße" man, so wie die Erste Ursache meiner Vorstellung nach *ihr* Aquarium besitzt, diese umherflitzenden, silbrigen, rosa angehauchten Urformen unseres menschlichen Organismus. Meine Befriedigung gründete zu einem sehr großen Teil in dem Gedanken, was für eine komplizierte Welt aus Hügeln, Wäldern, Lichtungen und Schluchten ich für diese Fische geschaffen hatte und wie groß und unendlich sie ihnen erscheinen mußte – während sie für mich so klein, und jede Pflanze und jeder Kiesel so sorgsam ausgesucht war! In den letzten vierzig Jahren ist mein Gewissen in diesen Fragen sehr heikel geworden. Wie brachte ich es auch nur einen Moment übers Herz, eine kranke Elritze nicht in die Stinsford Brooks zurückzubringen, sobald sie an der Wasseroberfläche im Kreis herumzuschwimmen und mit kläglich kurzen Atemzügen nach unserer dünneren Luft zu schnappen begann, als wollte sie in ihrer Not ihr Element wechseln?

Je mehr ich über meine Erinnerungen an die ersten Jahre meines Lebens nachgrüble, desto mehr bin ich von zweierlei überzeugt. *Erstens*, es gibt Abgründe des Seins und der Wirklichkeit, die ganz außerhalb der astronomischen „Schafhürde" liegen, in der wir laut Milton „mit unserer Bedrängnis eingesperrt" sind. Und *zweitens*, all unsere großen geistigen Antriebe kommen dem Geheimnis des Universums am nächsten, wenn sie sich der Natur mit der Unweltlichkeit eines Pilgers freuen, anstatt sie mit der Neugier eines Wissenschaftlers zu analysieren.

Woran ich mich aber partout nicht erinnern kann, wenn ich auf jene Tage zurückblicke, ist das, was man meine normale Stimmung nennen könnte. Ich kann mich an keine durchschnittliche, gewöhnliche, alltägliche, übliche Stimmung entsinnen, in der ich jeden Tag aufwachte oder in die ich aus meinen Momenten unnatürlicher Erregtheit zurückfiel. Mittlerweile habe ich das Gefühl, *alle* meine Momente seien Momente unnatürlicher Erregtheit gewesen! Ich bin sogar beinahe versucht, einen Schritt weiterzugehen und zu behaupten, die ganze Vorstellung des Normalen, Durchschnittlichen, Alltäglichen ist einer bestimmten Geisteskrankheit zuzuschreiben. Etwas „alltäglich" zu nennen ist daher genau das gleiche, als vertraute man einem Freund an, man sei krank oder geistesgestört. Ich glaube, das unphilosophischste, gottloseste und unmoralischste Wort unserer Sprache ist das Wort „alltäglich".

Wenn es je den Ausspruch irgendeines Weisen gab, der zum Kern der Dinge vordrang, so war es das Wort Jesu, wir müßten wie die Kinder werden, um ins Himmelreich zu kommen; und wenn Paulus sagt, wir müßten „abtun, was kindisch ist", so spricht er meiner Überzeugung nach von den lästigen Konventionalitäten, den quälerischen, einschüchternden, lächerlichen gesellschaftlichen Gepflogenheiten, denen sich Jungen und Mädchen ergeben, wenn sie älter werden. Denn was heißt es, „wie die Kinder" zu werden? Es heißt, daß es *hinfort unmöglich* ist, das zu sein, was man „gelangweilt" nennt – außer natürlich von der Gesellschaft der jungen Leute, die Paulus solche Sorgen machten. Kinder langweilen sich niemals; denn der Zustand der Langeweile ist so entsetzlich für sie, daß sie ihr Nahen schon von weitem riechen und entweder weglaufen oder einen tragischen Anfall blinder Verzweiflung erleiden.

Grüner Kies, Sandburgen, unterseeische Wälder in einem Aquarium, blaue, auf eine Schnur gezogene Perlen, Spielzeugpistolen auf einem Dachboden aus Schilfrohr und Putz, als Speere verwendete Artischockenstengel – von einem bestimmten Standpunkt aus ist das alles Kinderspiel; aber von einem anderen Standpunkt aus ist es das sublime, mystische „Gleichnis" unserer faustischen Suche.

Woran ich mich nun anzunähern versuche, läßt sich mit Worten nicht beschreiben – allenfalls umschweben und umkreisen, denn es zu fassen hindert mich fortwährend jenes ärgerliche Naturgesetz, demzufolge es unmöglich ist, eine lebendige Wahrheit anders als in Andeutungen und Anspielungen auszudrücken. Ich kann nur mittels einer plumpen Analogie nach der anderen die Ritze, die Lücke, die Nische in unserem täglichen Seelenleben erkennbar machen, in der das Geheimnis sich verbirgt wie ein unsichtbares Bild in einem magischen Kristall. Und von seinem Vorhandensein geht eine Emanation aus, die für unser menschliches Bewußtsein ebenso beunruhigend ist, wie es das Auftauchen des Pudels für Faust war, und weltlichem Ehrgeiz ebenso abträglich, wie es eine versunkene Schatztruhe für einen Fischer sein könnte. Der Haß, den es bei gescheiten Menschen hervorruft, gleicht der Raserei angesengter Nattern; denn es ist eine der Mathematik und Logik völlig unbekannte Offenbarung des Ewigen. Wenn ich es mit neun Jahren als etwas empfand, „dessen Bahn", wie Scott vom Großen Wagen sagt, „in tiefstem Dunkel um den Pol sich zieht", so erscheint es mir heute, während ich mich darauf zutaste, noch weit weniger bestimmbar als jede polare Dunkelheit.

Doch was es auch ist, es versieht den Sand des Meeres und das Gras des Feldes mit Zauberlicht und offenbart unsere Welt als einen Ort, wo Regenwürmer und Wassermolche Seelen haben und das Unbelebte eine berunruhigende Durchlässigkeit und Durchsichtigkeit besitzt.

In einem Punkt jedenfalls, das weiß ich, ist der neurotische John von sechzig mit dem neurotischen Johnny von neun identisch, nämlich darin, daß er sozusagen *jeden Tag neu geboren* wird. Tatsächlich erwachte ich jeden Morgen mit einer ungeheuren, mich durchpulsenden Lebensenergie und dem Gefühl, ich könnte durch jeden stofflichen Gegenstand, den ich in verzückter Identifikation betrachtete, *hindurchfließen*. Ich glaube – dabei kann ich mich genau daran, hol's der Henker!, partout nicht erinnern! –, ich erwartete täglich, auf irgendeinen magischen Gegenstand, sei er aus Erde, Meeressand oder Moos wie auf dem Gipfel meines Miniatur-Mount Cloud, zu stoßen, der sofort einen Keil meiner

Realität in die Welt der Erwachsenenrealität treiben würde, so daß diese gezwungen wäre, sich mit ihr abzufinden. Meiner Überzeugung nach *wußte* ich mit absoluter Sicherheit, daß meine Welt – die Welt, in der ich ein Magier war – sehr viel mehr war als bloßer Anschein.

Ich wünschte, ich könnte in verständlicher Sprache vermitteln, als was ich mich in jenen Tagen in Rothesay House empfand – nicht, was ich wirklich war. Ich glaube, ich kann mich genau meiner inneren Befindlichkeit in vielen einzelnen, hochgestimmten Augenblicken entsinnen. Nicht vergegenwärtigen kann ich mir dagegen meine weniger bewegten, weniger erregten, weniger aufgewühlten Momente. Aber vielleicht gab es solche Momente gar nicht! Vielleicht lebte ich ja, außer wenn ich schlief, ein derart nervenerregendes, gesteigertes Leben, daß ich immer nur von einer Art Spannung in die nächste verfiel. Ich glaube, ich bin auf eine Weise, die bei Männern oder Frauen von sechzig wohl selten sein muß, tatsächlich imstande, genau dieselben Gefühle zu empfinden, die ich seinerzeit in ganz bestimmten Momenten hatte. Ganz sicher war mein Leben eine ständige Wiederholung von Gesten extremer psychischer Intensität. Immer ging mir irgendeine phantastische Handlung im Kopf herum, die die Welt sprengte.

Hier berühre ich etwas, das für mich zu den unergründlichsten philosophischen Rätseln zählt: ich meine die Macht des individuellen Geistes, seine eigene Welt zu schaffen, nicht in völliger Unabhängigkeit von dem, was man „die objektive Welt" nennt, sondern in stetig wachsender Unabhängigkeit von der Haltung anderer Geister *gegenüber* dieser Welt. Denn was man objektive Welt nennt, ist in Wirklichkeit etwas sehr Fließendes, Flexibles, Formbares. Sie ist wie der Wein der Priesterin Bakbuk bei Rabelais. Er schmeckt jeweils anders; für jeden Mann, jede Frau, jedes Kind ist der Kosmos anders. Diese „objektive Welt" zu zergliedern ist schön und gut, solange man nicht vergißt, daß die Macht, sie durch Emphase und Verwerfung wieder zusammenzufügen, gleichbedeutend damit ist, am Leben zu sein.

Es muß in meinem neunten Lebensjahr gewesen sein, daß ich – wie ein junger Mussolini – die von mir so genannte „Armee von Volentiā" aufstellte. Diese Organisation spielte zu jener Zeit eine überwältigende Rolle in meinem Leben; und ich zwang sie, so groß war meine hypnotische Energie, jedem einzelnen meiner Mitschüler in der Privatschule beim Great-Western-Bahnhof auf. Was mich zum Gebrauch des Wortes „Volentiā“ veranlaßte, weiß ich nicht mehr, aber ich weiß noch, daß das „ā“ am Ende wie die Silbe „aye“ ausgesprochen werden mußte. Ach! mit welch unglaublichem Gefühl von Wichtigkeit pflegte ich als verwunschenes Oberhaupt eines okkulten revolutionären Regimes in dem „Dachzimmer“ – es war eigentlich gar kein „Zimmer“ – aus Schilfrohr und Putz zu sitzen, das die von Bürgermeister Gregory beschäftigten Arbeiter halb verschalt unter den Schieferplatten von Rothesay House zurückgelassen hatten! Ich schaffte – vermutlich mit Littletons Hilfe – einen kleinen Tisch dort hinauf, und auf diesen Tisch stellte ich zwei brennende Kerzen – es ist außerordentlich, welches Maß an Freiheit man mir bei diesen Unternehmungen ließ! – und da saß ich dann, innerlich frohlockend, und fühlte mich, eine Spielzeugpistole mit richtig knallenden „Zündplättchen“ in jeder Hand und dem grimmigen Blick eines Herrn über Leben und Tod auf meinem Misanthropengesicht, wie eine Reinkarnation von Owen Glendower, während man mir unser großmütiges, phantasievolles, einfühlsames, langmütiges, aber völlig unspanisches „Mädchen“ aus Berkshire als Gefangene vorführte.

Es muß etwa zu dieser Zeit gewesen sein – ehe das zauberische neunte Jahr meines Lebens in das fatale zehnte überging –, daß Theodore, damals sechs, eine wichtigere Rolle in meinem Leben zu spielen begann. Mir ist, als habe Littleton die Aktivitäten der „Armee von Volentiā“ immer mit gewissen scharfsinnigen Vorbehalten betrachtet, während der kleine Theodore sich ihnen völlig hingab. Aber ganz so kann es nicht gewesen sein, denn ich entsinne mich, daß Theodore irgendwo in einem der noch sehr unterentwickelten Gesträuche unseres neu angelegten Gartens, hinter einem merkwürdig rosa blühenden Busch mit Samenkapseln, die platzten, wenn man sie anfaßte, ganz für sich allein einen einsamen Schlupfwinkel – eine Art kindliches „Beth-Car“ – einrichtete, dem er den Namen „Buschhaus“ gab. Und so wie die „Armee von Volentiā“ die Hörner einziehen und verschwinden mußte, wenn sie Littleton am Eßzimmertisch sitzen und Schiffe zeichnen sah, so wagte sie es niemals, in den geheiligten Bezirk von Theodores „Buschhaus“ einzudringen.

Man darf jedoch keineswegs annehmen, meine „Armee von Volentiā" sei ein bloßes Räuber- oder Piratenspiel gewesen. Ich umgab sie allenthalben mit *Mythologischem!* Es war wirklich eine Art rosenkreuzerische oder thaumaturgische Geheimgesellschaft, und ich – ein junger Priester John – war ihr Haupt.

Nun gab es zu dieser Zeit eine neu gebaute Straße, die südwärts über die South Western Railway zu den hohen Downs führte, und auf die Oberfläche dieser Straße hatte man in einem frühen Stadium ihres Baus Kies von ganz eigenartiger Beschaffenheit gestreut – Kies, wie ich ihn vorher oder nachher niemals gesehen habe. Er war nämlich von intermittierendem Grün. Grün aber ist eine Farbe, die immer einen angenehmen Schock bei mir ausgelöst hat, zumal wenn sie sozusagen am falschen Ort auftrat! Der grüne Himmel während der Gebete in Shirley ist ein Beispiel dafür; daß jedoch eine Straße grün sein konnte, fand ich merkwürdiger, als daß der Himmel grün sein konnte.

„Grüner Kies, grüner Kies, das Gras ist so grün!
Die schönste junge Frau, die uns jemals erschien!"

Doch dieser besondere „grüne Kies" führte mich, während unsere unermüdliche Freundin aus Berkshire den großen Kinderwagen über sämtliche Hindernisse schob, zu Dingen, die sehr viel aufregender waren als irgendeine „junge Frau". Denn die neue Straße unter der Bahn hindurch, die Fordington dort verließ, wo man nach Norden zu Mr. Hardys Haus geht, endete in einem Feldweg über Fordington Great Field, der auf den Kamm der Downs führte. Diese Downs wurden, und darauf machte Mr. Hardy selbst mich lange danach aufmerksam, von nicht weniger als fünfzig Tumuli über den Gräbern vorzeitlicher toter Häuptlinge gekrönt. An der Stelle, zu der der Pfad hinaufstieg, gab es mehrere dieser Tumuli – hohe, grasige Hügel genau wie die, auf deren Spitze im ersten Kapitel von *Die Rückkehr* die Freudenfeuer brennen.

Bis dahin war meine Sehnsucht, übernatürliche Kräfte zu besitzen, zu etwas vollkommen Bewußtem und deutlich Artikuliertem geworden; und auf Grund dessen machte ich mich nun daran, Stück um Stück, Fragment um Fragment, eine Mythologie zu ersinnen! Ich tat dies mit einer Gründlichkeit, die zeigte, daß ich das unendliche Märchen meines Vaters nicht vergessen hatte; nur war dies kein „Märchen“. Es war eine Lebenweise. Den größten Teil meiner Mythologie habe ich mittlerweile vergessen, aber ich kann mich noch an die Namen bestimmter schrecklicher Wesen erinnern, die jene prähistorischen Hügel bewohnten, und daran, wie ich sie nannte. Ich pflegte sie „Dromonds“ zu nennen. Und zusätzlich zu den „Dromonds“ rief ich einen ganzen Stamm überaus mächtiger, aber eher zwergenhafter Geschöpfe namens „Escrawaldons“ ins Leben, deren Rolle in meiner Weltgeschichte darin bestand, die offiziellen Feinde der „Armee von Volentiā“ abzugeben. Die „Armee von Volentiā“ nämlich wurde so etwas wie ein vielfacher Logos, angesiedelt zwischen dem Sichtbaren und dem Unsichtbaren. In ihrem realistischen Aspekt trat sie ständig in mein Alltagsleben, während sie in einem ideellen Aspekt Teil einer imaginären Geschichte wurde, die eine Entsprechung in der Wirklichkeit besaß. In diesem Zusammenhang kann ich noch heute genau denselben Schauer verspüren, mit dem ich mich damals, mehrere billige Notizhefte vor mir, daranmachte, eine Sprache für die „Armee von Volentiā“ zu entwerfen.

Die Befriedigung, die ich darin fand, erwuchs wohl daraus, daß ich willkürliche Worte ersann, die andere – vermutlich – in der Folge würden benützen müssen. Ja, das Vergnügen, das ich alledem abgewann, muß nicht so sehr irgendeinem bloß gelehrten Tun, als vielmehr dem Machtgefühl eines Erzmedizinmannes oder Oberhohepriesters verwandt gewesen sein, der nachfolgenden Generationen zur Observanz ein Ritual ersinnt. Ich bin ganz sicher, daß keinerlei Gefühl von Gelehrsamkeit darin lag, wie ja auch meine heutige Manie, Wörter in einem Homerlexikon nachzuschlagen, nichts mit Gelehrsamkeit zu tun hat. Es ist die magische Bedeutung von Worten und das stolze Gefühl, mit Geheimnissen umzugehen, die nur sehr wenige kennen, das mir heute so sehr gefällt. Und ich glaube, genau das empfand ich auch, als ich die Volentiā-Silben schuf, über die sich künftige Generationen von Escrawaldons die Köpfe zerbrechen sollten. Außerdem glaube ich, daß Worte, der Zauber von Worten, ein dunkler, okkulter Teil des Geheimnisses des Lebens sind. Ich habe eine ununterdrückbare Neigung zu Kauderwelsch, zum Ersinnen von Unsinn, und für mich ist das niemals komisch, spaßig oder amüsant. Es ist tragischer, ernster, religiöser als das Verstehbare! Was mir hierüber im Sinn liegt, verwirrt mich und entzieht sich mir noch, aber ich habe das Gefühl, ich bin da einer Sache von merkwürdiger Bedeutung auf die Spur gekommen. Der Riese Nimrod am Weg zum neunten Kreis von Dantes Inferno gibt gewaltiges und höchst ehrfurchtgebietendes Kauderwelsch von sich: „Rafel mai amech Zabi almi!" – und das ist zweifellos der Grund dafür, warum es mir, obschon ich viel zu ungelehrt bin, um ein einziges Wort davon zu verstehen, so außerordentliche Freude macht, *A Work in Progress* von James Joyce zu lesen.

Ganz anders freilich als die Freude am Ersinnen einer Sprache war die Freude, die es mir machte, abends aus Scotts *Ivanhoe* und bald darauf, im selben Jahr der Gnade, auch aus *The Talisman* vorgelesen zu bekommen. Diese Abenteuerromane, ja eigentlich das Gesamtwerk Scotts, von dem ich bis auf *Graf Robert von Paris* alles gelesen haben muß, waren seinerzeit, und sind bis heute, der bei weitem mächtigste literarische Einfluß meines Lebens. Diese wuchtige Solidität, diese langsam wirkende Überzeugungskraft, dieser gemütliche, freundliche, wunderliche Humor, diese homerische Größe, dies heitere Ertragen der Püffe des Schicksals konnten bis zu einem gewissen Grade sogar der angeborenen Schwachheit, Launenhaftigkeit, Feigheit, Morbidität und Selbstsucht meines heimlichtuerischen, geriebenen Charakters gegensteuern. Und die leidenschaftliche Lektüre Scotts bestärkte mich noch darin – obschon sie das eingedenk des Schicksals von Norna of the Fitful-head nicht hätte tun sollen –, ein Leben zu führen, das fast gänzlich in einem Zauberspiel bestand. Warum auch nicht? Heute meine ich, und es erscheint mir als meine allertiefste Einsicht, daß jede phantasievolle Illusion, der ein Mensch auch nur halbwegs lebt, jede Mythologie, an die ein Mensch auch nur halbwegs glaubt, „in dem einzigen Sinne, in dem es auf Wahrheit ankommt", wahrer ist als die gültigsten wissenschaftlichen Fakten.

Worauf aber war ich aus in jenem aufsässig individualistischen, neunten Jahr meines Lebens, dem letzten Jahr echter Freiheit, das ich bis zu meinem Eintritt in Cambridge erlebte? Ich kann dir, Leser, genau sagen – o ja! bis aufs Haar genau! –, worauf ich aus war. Denn in jedem wichtigen Punkt – mit der einzigen Ausnahme meines Kultes der Sinne – bin ich in meinem Wesen derselbe geblieben, der ich damals war. Was ich wollte, war eine bestimmte Art von romantischem Ringen mit Dingen und Menschen, wobei diese meinem Vordringen, *allerdings nicht zu leicht*, nachgeben mußten, ein Ringen, das in einer idealen, aus der Wirklichkeit herausgelösten und sie ständig berührenden, aber nie ganz mit ihr zusammenfallenden Sphäre stattfand und sich am zutreffendsten mit dem Begriff der *Suche* beschreiben ließe.

Die Art von „Suche“ jedoch, die ich wollte, war keine einfache. Um mich zufriedenzustellen, mußte sie in einer Welt stattfinden, die gleichzeitig die wirkliche und dennoch voller Wunder war. Sie ließe sich somit vielleicht am besten als magische Suche definieren, eine Suche, wie sie ein junger Zauberlehrling unternähme. Ziel und Zweck der Suche waren nicht definierbar, *wurden gar nicht bedacht*. Es genügte, daß sie immer weiterging. Doch obschon undefinierbar, lag etwas vor mir, etwas Kostbares und Seltsames, etwas auf geheimnisvolle Weise Befriedigendes, eine Art beseligende Vision, die aus einer Synthese nicht so sehr von Sinneswahrnehmungen, als vielmehr von Triumphgefühlen bestand. Unser Aquarium, ein Geschenk, so glaube ich, des Großvaters mütterlicherseits aus Norfolk, dessen Tasche voll Silbergeld mich auf dem Deck der H. M. S. *Thunderer* so beeindruckt hatte, war auf merkwürdige Weise integraler Bestandteil dieser magischen Suche, denn die neugierigen Elritzen, die den unterseeischen Miniaturwald erforschten, den wir für sie angelegt hatten, waren nichts anderes als hierhin und dahin flitzende und schnellende Projektionen meiner selbst, die durch eine Welt undeutlicher Unterwasserwunder schwammen!

Die neue, mit grünem Kies bestreute Straße nach Fordington Great Field – ob es sich bei dem Kies um *angesengte Feuersteinsplitter* gehandelt haben kann? –, die zu den Tumuli auf dem Kamm führte, die wir immer nur „die Buckel“ nannten, war nur einer von vielen Pfaden, auf denen ich dieser Suche nachging. Ein anderer war der Feldweg, der von der Weymouth Road abging, ehe man den Weiler Monkton erreichte, wo eine große, umgestürzte Weide lag. Was immer die verschwommene, kostbare, undeutliche Vision am Ende meiner faustischen Suche auch gewesen sein mag, ich näherte mich ihr jedenfalls auf einer Vielzahl verschlungener Wege! Von all diesen Wegen war die große, umgestürzte Weide vermutlich der, der den geheimnisvollsten Zauber besaß. Wir nannten sie immer den „Herringstone-Baum", dabei habe ich bis heute nicht die leiseste Ahnung, was für ein Ort Herringstone war. Es war der Baum, der mich weiterführte; und ich vermute stark, daß dieser Baum in seinen moosbewachsenen, massiven herabgestürzten Ästen etwas barg, das das zauberische Lorbeerbeil aus dem Gesträuch von Shirley wiederaufleben ließ.

In einer Hinsicht nahm meine Suche eine recht wunderliche und auch in gewissem Sinne ziemlich klägliche Form an, wenn man sich einen sonderbar aussehenden, schlampigen, leisetreterischen kleinen Jungen in schmutzigen Knickerbockers und marineblauem Pullover vorzustellen versucht, der ein Gesicht aufsetzt, das er für vergeistigt und arielhaft hält. Unsere betagte Verwandte aus Penn House hatte mir eine kleine Spieluhr, nicht größer als ein Halfpenny-Brötchen, geschenkt; und im Besitz dieses Dings pflegte ich, mit einer Hand die Kurbel drehend, während ich es mit vermeintlich zarter weiblicher Grazie in der anderen hielt, in Rothesay House von Zimmer zu Zimmer zu schweben und, ich will nicht sagen „vorzugeben", ich sei ein übernatürliches Wesen – denn meine Verwandlungen waren mehr als Maske –, sondern es für den Augenblick tatsächlich zu *sein*.

Ich wünschte, ich könnte mich an den halb nachsichtigen, halb verängstigten Gesichtsausdruck entsinnen, mit dem Littleton, wenn er am Eßzimmertisch fleißig Schiffe zeichnete, den klingelnden Wohllaut meiner Wandermusik begrüßt haben muß, denn er hatte einerseits keine Lust, Johnnys irrationale Wut zu entfachen, und fand es andererseits schwierig, das despotische Oberhaupt der „Armee von Volentiā" im Lichte eines schmetterlingsflügeligen Ariel zu sehen.

Es muß am Anfang meines zehnten Jahres gewesen sein – das Jahr, in dem Littleton und ich uns in der Preparatory School von Sherborne untergebracht sahen –, daß ich mein erstes Gedicht verfaßte. Ich erinnere mich beim besten Willen nicht mehr daran, ob dieses Gedicht oder das Fragment eines Prosaromans mit dem Titel *The Knight of the Festoon* meine früheste literarische Eingebung war, aber ich kann es mir nicht verkneifen, die Verse, die nach einem Familienbesuch auf Corfe Castle entstanden, hier wiederzugeben ...

„In Corfe Castle, wenn das Licht
Verschwindet und die Nacht anbricht
Und über graue Mauern Schatten legt,
Gibt's ein Verlies, ganz tief versteckt,
Wo jetzt ein greuliches Gespenst sich regt.
Durch dunkle Gänge tappt's und schleicht hinauf,
Da tönt ein Schrei, und es springt auf
Und sieht ein anderes Gespenst der Nacht,
Einen Kobold, groß und ungeschlacht.
Und dann beginnt ein fürchterliches Hauen,
Wie man's bei Tag niemals kann schauen.
Dann graut der Morgen, und die zwei verwehen,
Im Schloß ist's still, als wäre nichts geschehen!"

Ich habe so wenig von einem Künstler – echte Künstler kommen gern auf ihre früheren Werke zurück, über die sie bereitwillig in allen Einzelheiten nachbrüten, so wie sie sich mit ihrem ganzen Können daran abgearbeitet haben –, daß ich von einem Werk nichts mehr hören, sehen oder auch nur daran denken will, sobald ich es abgeschlossen habe (von „vollendet", fürchte ich, kann ohnedies keine Rede sein). Unter diesem Gesichtspunkt muß das zitierte Gedicht mithin als das einzige Kunstwerk gelten, das ich vom zehnten bis zum sechzigsten Lebensjahr hervorgebracht habe: denn ich konnte es vom Moment der Niederschrift an auswendig, ja ich bewies, als ich fünfzehn und auf der Höheren Schule war, vermöge seiner Rezitation im denkbar überzogensten und schrekkenerregendsten Stil meine Behauptung, *von Sinnen zu sein*, eine Behauptung, deretwegen ich nachts im Zimmer des Hausvaters untergebracht wurde und so einem ganz bestimmten grausamen Kameradenschinder entkam, worauf ich es in erster Linie auch angelegt hatte.

Meine nächtlichen Orgien sadistischer Phantasien hörten niemals lange auf; grausam aber, es sei denn man kann mein Vergnügen am Hänseln so nennen, war ich immer nur auf diese strikt zerebrale und äußerst unpersönliche Weise. Die Gelegenheiten, bei denen ich tatsächlich Sadismus *praktizierte* oder zu praktizieren versuchte, werde ich im weiteren Verlauf meiner Geschichte in allen Einzelheiten bekennen. Aus meiner Kindheit kann ich mich nur einer Episode entsinnen, die so interpretiert werden könnte, aber selbst sie scheint mir rückblickend – wenngleich das Selbsttäuschung sein mag – aus anderen Motiven erfolgt zu sein. Jedenfalls erinnere ich mich, daß ich eine Sammlung lebender Käfer, die ich in einer Schachtel aufbewahrte, tötete, indem ich kochendes Wasser über sie goß; damit aber ging weder im voraus, noch bei der Tat selbst irgendein Gefühl außer Scham und Ekel einher.

Ich erinnere mich ganz deutlich, wie ich eines Tages, als Littleton nicht bei mir war, ein Mädchen traf, das etwas älter war als ich und uns gelegentlich zu Hause besucht hatte; und zwar traf ich sie in der schmalen Gasse am Westende des South Walk, wo heute der öffentliche Park anfängt, und erzählte ihr tatsächlich von meinen nächtlichen Orgien und von den besonderen Bildern, die ich heraufbeschwor, um mir meine trunken machenden Empfindungen zu verschaffen. Aber diese junge Person enttäuschte mich. Was ich ihr erzählte, erschien ihr offensichtlich in keiner Weise bestürzend oder im mindesten anziehend oder provokativ. Sie war weder schockiert noch erregt. Zu meiner Verwirrung und Überraschung kamen meine Enthüllungen von der berauschenden Süße meines verruchten Paradieses diesem abgeklärten weiblichen Intellekt belanglos, ja *sogar fade* vor. Man darf nicht vergessen, daß abgesehen von meiner Grobheit gegenüber dem spanischen Kindermädchen und der Kleinen vom South Walk mit ihrem spröden Gebaren und ihrem glatten Haar, deren Selbstbeherrschung meine Boshaftigkeit so sehr angestachelt hatte, Mädchen keine Mädchen für mich waren – nur stille, unfähige Jungen –, bis ich in dem Alter war, in dem ich nach Cambridge gehen konnte.

Mag sein, daß meine Hänselei stets eher auf Boshaftigkeit als auf Sadismus zurückzuführen war. Zum Teil war es sicher so. Und wie seltsam ist solche Bosheit doch, wenn man es sich recht überlegt. Sie ist, da bin ich ganz sicher, nicht dasselbe wie Sadismus, und ich wünschte, ich könnte sie analysieren! Eigentlich sollte ich dazu in der Lage sein, denn ich bin davon überzeugt, daß es nie einen Menschen gegeben hat, der ihr so verfallen war wie ich. Hat sie vielleicht mit der kitzelnden Irritation, der juckenden, zappeln machende Qualen hervorrufenden Süßlichkeit zu tun, die wir zuweilen in Gegenwart von Personen empfinden, die das sind, was man „niedlich“ nennt? Ich möchte den Kreis der möglichen Objekte *meiner* besonderen Form von Bosheit einengen, die sich zugegebenermaßen durchaus als Bosheit *sui generis* erweisen mag. Starke, grimmige, eindrückliche Menschen erregen niemals dieses Gefühl in mir, desgleichen sehr böse Menschen. Auch extrem häßliche, verunstaltete, verkrüppelte Menschen wecken es nicht. Ich wollte gerade sagen, daß das auch für gesetzte, fade, eingebildete Menschen gilt; aber ich erinnere mich an einen blassen, rothaarigen, ordentlich gekleideten Jungen in der Preparatory School, den ich mit einer Drehung meiner Handgelenke – meine Handgelenke waren schon immer so kräftig wie die eines Mörders – zu Boden zu zwingen pflegte, obwohl man ihn in keinem denkbaren Sinne als „niedlich" hätte bezeichnen können. Dagegen gab es in derselben Schule einen Jungen, gegen den ich mich abscheulich verhielt: es ist eine meiner schlimmsten Taten; und ihn hätte man, mit gewissen Einschränkungen, als „niedlich" bezeichnen können; der andere aber konnte meine Bosheit, wenn das denn der richtige Begriff dafür ist, nur durch seine ärgerliche Ordentlichkeit, Reinlichkeit, Zimperlichkeit, erregt haben – denn er war ansonsten das genaue Gegenteil von verführerisch.

Was also macht das wahre Wesen dieses Gefühls aus, das ich meine „Boshaftigkeit" zu nennen pflege? Meine Freunde lachen mich aus, wenn ich das Wort verwende. Sie halten mich für rührend arglos, harmlos, wohlmeinend! Ich glaube, daß es sich dabei in Wahrheit um Misanthropie handelt. Ich glaube, es ist eine *antimenschliche* Grimasse, das Verlangen, dem Umgebensein von Männern und Frauen zu entfliehen. Daß diese Analyse des Gefühls zutrifft, wird dadurch belegt, daß ich diese Empfindung niemals gegenüber äußerst bösen, äußerst eindrücklichen, äußerst häßlichen, äußerst intellektuellen und äußerst erniedrigten Menschen erlebe. Sie sind bereits über- oder untermenschlich; die Sprödigkeit und Gefaßtheit des Mädchens vom South Walk aber und die Zimperlichkeit, Ordentlichkeit und Selbstzufriedenheit des Jungen von Westbury House können im Grunde wohl als „menschlich, allzu menschlich" betrachtet werden. Ja, je mehr ich darüber nachdenke, desto mehr meine ich, daß das Fehlen von Stärke und Eindrücklichkeit in Verbindung mit einem gewissen unerschütterlichen Eigendünkel die teuflische Neigung in mir erregt. Das Gefühl unterscheidet sich insofern völlig vom Sadismus, als meine

Bosheit lediglich das Gleichgewicht dieser ehrenwerten Menschen auf grobe oder gewaltsame Weise stören oder gestört sehen will. Sadismus ist etwas ganz anderes.

Nicht vergessen darf ich ein anderes dieser magischen „Aperçus", dieser flüchtigen Blicke in das Zauberland, dem meine jungenhafte Pilgerfahrt zustrebte, ohne daß ich wußte, wohin ich ging. Es war dies ein Besuch, den wir Ventnor und Shanklin, auf der Isle of Wight, abstatteten. Daß wir überhaupt dorthin fuhren, lag meines Wissens daran, daß ein alter Dienstbote aus der Jugendzeit meines Vaters dort als Pensionär lebte. Die Treue meines Vaters zu seiner persönlichen Vergangenheit und ihre Überhöhung, bis sie einer der poetischen Autobiographien glich, in denen die homerischen Helden so gerne schwelgten, ehe sie einander hinschlachten oder die Waffen kreuzen, war ja, wie ich schon angedeutet habe, einer seiner hervorstechendsten Charakterzüge.

In jenen Tagen aber konnte man an den Stränden der Inselküste ganz bestimmte kleine, harte Kristalle entdecken, die Isle-of-Wight-Diamanten genannt wurden. Diese Diamanten waren in den Geschäften zu kaufen; doch damals war es ein beliebtes Hobby bei den Besuchern, sie selbst zu sammeln und Amateurgeizhälse zu werden. Diese Suche nach Kristallen – oder was immer sie gewesen sein mögen – im meerdurchtränkten Gekörn, das gerade dort weder gewöhnlicher Kies noch richtiger Sand war, bereitete mir intensive, überschäumende Freude. Für immer an einem Meeresstrand zu sitzen und Isle-of-Wight-Diamanten zu sammeln schien mir alles zu sein, was das Herz begehren konnte. Ich jedenfalls brauchte nichts weiter. Verwünscht! Was ist es nur, das wir alle mit dem Älterwerden einbüßen? Es ist etwas, das dem Leben selbst innewohnt. Ja, es wohnt dem Leben inne; aber es ist etwas viel Tieferes – nein! nicht eigentlich tiefer, sondern vielmehr von kostbarerer Substanz – als das, was wir unter „Leben" verstehen, wenn wir älter werden. Heute neige ich zu der Ansicht, daß ich mir bis in mein sechzigstes Jahr in ganz ungewöhnlichem Maße die Geisteshaltung meiner frühen Kindheit bewahrt habe; und da das so ist, bin ich versucht, die Auffassung zu vertreten, daß ich in meinen reifen Jahren um so weiser – wenn auch weniger menschlich – sein werde, je hartnäckiger ich diese Kindheit ausnutze und mich auf sie stütze.

Beim Baden mit Badekarren in Ventnor machte ich meine erste Erfahrung mit dem sogenannten „Tunken“, mit anderen Worten, ich bekam den Kopf gewaltsam unter Wasser gedrückt. Dieses „Tunken“ gehörte zu den Dingen, die ich an der Schule am meisten haßte, und ich möchte hier und jetzt feststellen, daß ältere Menschen, die mit Kindern baden, für die Beibehaltung dieser Praxis schärfstens zu tadeln sind. Sollen sie mit den Händen Wasser schöpfen, wenn sie denn müssen, und ihren Kindern den Kopf nässen, aber mit dieser „Tunkerei“ sollte Schluß gemacht werden. Getunkt zu werden ist ein fürchterlicher Schock nicht nur für unsere Nerven, sondern auch für unsere Selbstachtung. Ob vom langen Aufenthalt an der Sonne beim Suchen nach „Diamanten“ oder von dem verfluchten „Tunken“ – jedenfalls erlitt ich auf der Isle of Wight eine Attacke, die ungewöhnliche Ähnlichkeit mit einem epileptischen Anfall hatte. Darauf bin ich mein ganzes Leben überaus stolz gewesen, denn meine Lektüre hat mich darauf gebracht, daß solche Anfälle zu allen geschichtlichen Zeiten das besondere, „heilige Gebrechen“ von Menschen waren, die mit Botschaften von den Göttern versehen waren.

Um auf unser Leben in Dorchester zurückzukommen, das insgesamt etwa sieben Jahre gewährt haben muß, möchte ich verzeichnen, welch leidenschaftliche Freude ich daran fand, kleine, farbige Perlen auf Baumwollgarn zu fädeln und Ringe und Armbänder daraus zu machen. Ich kann mich noch heute des köstlichen Vergnügens entsinnen, mit dem ich besondere Farben für dieses Handwerk aussuchte. Farbe hat in meinem Leben stets eine etwa zwanzigmal größere Rolle gespielt als Form. Vielleicht hatte Blake recht, als er die Worte äußerte, die mein Freund John William Williams, der katholische Apologet, mit so prälatenhafter Strenge zu zitieren pflegte:

„Wer die Form nicht der Farbe vorzieht, ist ein Feigling!“

Sicher war die Kunst der Malerei immer sehr viel wichtiger für mich als die Kunst der Bildhauerei, der ich, wie übrigens auch der Musik und jeder Art von Schnickschnack – hierin teile ich die eingefleischten Engstirnigkeiten meines Vaters – hartnäckig kalt gegenüberstehe. Noch heute sehe ich von diesen kleinen Perlen ganz bestimmte mit unglaublicher Lebendigkeit vor mir – leuchtend dunkelblaue, die mir mit reinster Freude wiederkehren.

Farbe! Schon daß es dergleichen auf Erden überhaupt gibt! Wer wie ich nicht nur ein Feigling, sondern auch ein erklärter Sensualist ist, empfindet das Phänomen der Farbe als eine riesige Zahl zauberisch köstlicher, *sichtbar gewordener* Düfte. Nein, es ist noch mehr. Es ist wie ein menschlicher Körper, der einen betört. Es ist jedenfalls etwas, das man berührt, schmeckt, fühlt und mit ganzer Seele umarmt. Es ist etwas, *worin man versinkt* und das man wie die Offenbarung einer erotischen Vierten Dimension genießt. In frühester Kindheit, in Shirley, pflegte ich die Knöchel gegen die geschlossenen Augenlider zu pressen und mit höchster Wonne das wunderbare Farbkaleidoskop zu betrachten, das sich da vor mir bildete und immer neu bildete. Und ich sehe niemals Stiefmütterchen, ohne mich daran zu erinnern, wie man mir einmal eine Sammlung von ihnen zeigte – heute würde ich gegen ein solches Vorgehen empört protestieren –, die unter eine Glasplatte gepreßt waren, als ob sie den Inhalt eines gerahmten Bildes darstellten.

Wenn ich all diese Erinnerungen wachrufe, so habe ich dabei einen ganz bestimmten Zweck im Auge, nämlich die Bestätigung und Verteidigung gewisser Denk- und Gefühlsgewohnheiten, fast möchte ich sagen, einer Lebensphilosophie, die im wesentlichen in der bewußten und schamlosen Angleichung der dominierenden Instinkte der Kindlichkeit an die Erfahrung der reiferen Jahre besteht. Um aber in meinem Leben die Art erfüllter Entelechie zu verwirklichen, nach der die Lebensillusion der reiferen Jahre verlangt, darf ich mir nicht erlauben, jene beunruhigenden Ausbrüche reinen, ungebärdigen Mutwillens, jene Explosionen von Launenhaftigkeit auszusparen, worin sich das ursprüngliche Chaos an unserer rationalen Gesetztheit rächt.

Eine meiner größten Freuden bestand darin, Senf und Wasser in die Löcher von Regenwürmern zu gießen. Welchen Reiz es für mich hatte zu beobachten, wie diese aufgebrachten Erdbewohner ans Tageslicht gekrochen kamen, zweifellos in dem Glauben, das Ende der Welt sei gekommen, da es doch Schwefel vom Himmel regnete! Ein anderes, mich fesselndes Vergnügen war das Anlegen von Fallen. Wir hatten damals einen betagten Gärtner namens Mr. Curme, den sein mühseliges Leben so krumm gebeugt hatte, daß „Hände und Füße“, wie Wordsworth sagt, „auf des Lebens Pilgerfahrt sich treffen.“ Ich pflegte Littleton und Theodore dazu zu verleiten, mit mir zusammen Löcher in die Erde zu graben, wo die Artischocken wuchsen, jene englischen Artischocken, die rosigweißen Knollen ähneln und deren hohe Stengel die „Armee von Volentiā" mit einigen ihrer tödlichsten Waffen versorgten. Diese Löcher deckten wir mit Zweigen, dann mit Rhabarberblättern und schließlich mit Erde ab. Zu meiner Freude kann ich berichten, daß Mr. Curme, soweit ich mich entsinne, niemals in diese Löcher fiel; aber das lag vermutlich daran, daß wir unserem Eifer, sie in Aktion zu sehen, selbst absichtlich hineinsprangen.

Es waren Tage, in denen ich als ältester Sohn der Familie mit dem Despotismus des Erstgeborenen unumschränkte Gewalt ausübte. Littletons natürliche Begabung für den Sport bekam, so kann ich versichern, unter meiner Diktatur nicht den Hauch einer Chance, sich zu entwickeln. Seine einzige Auflehnung äußerte sich stets in der gleichen Form, nämlich darin, daß er sich am Eßzimmertisch der stillen Beschäftigung des Schiffezeichnens widmete. Theodore zeigte zu meiner tyrannischen Befriedigung keine Neigung, Schiffe zu zeichnen. Sein Wesen hatte schon damals etwas Bizarres, das sich, wenn ich ihn aus seinem „Buschhaus" locken konnte, für meine ausgefallensten Unternehmungen hergab. Ja, orthodoxe Spiele waren mir damals so fremd, wie sie es heute sind. Ich kann mich noch gut an die Empfindung schaudernden Unbehagens erinnern, mit der ich wic ein Zigeunerkind, das exerzierende Soldaten anstarrt, unseren Cousins, die damals in Winchester waren, beim Spielen mit einem Fußball zusah.

Um meine Erfahrungen mit dieser irdischen Inkarnation in den drei Jahren von sieben bis zehn zusammenzufassen, so spürte ich ein leidenschaftliches Verlangen in mir wirken, eine ganz besondere Art von Macht auszuüben, eine Macht, die vor allem geheim und antisozial war. Im Streben nach dieser Macht wurde ich von obskuren und mysteriösen Anwandlungen unerklärlichen Entzükkens an bestimmten Wundern und Mirakeln – wie etwa den blauen Perlen, dem grünen Kies, den Isle-of-Wight-„Diamanten", den Blütenblättern der Stiefmütterchen unter Glas und den schimmernden Bewegungen der Elritzen in unserem Aquarium – aufgewühlt. Ich kann mich aber gut entsinnen, wie ich eines Morgens in meinem auf den South Walk gehenden Zimmer aufwachte und bei mir dachte, daß ich die Phantasien, ein Magier wie Merlin oder zumindest Norna of the Fitful-head zu sein, die mir ewig im Kopf herumspukten, in mein wirkliches Leben einbringen mußte und einbringen würde. Regenwürmer aus ihrer Umwelt zu treiben, befriedigte mich nicht. Ich wollte Dämonen beschwören. Löcher zu graben, damit Mr. Curme hineinfiel, befriedigte mich nicht. Ich wollte „Dromonds" fangen und „Escrawaldons" überwältigen. Der General der „Armee von Volentiā" zu sein, gehörte zum Alltagsgeschäft; ich hatte nach wie vor dunkle Ahnungen, was es hieß, Herrscher über unsichtbare Engel zu sein. Meine Wünsche waren ohne Zusammenhang und unvereinbar. Meine sadistischen Gedanken hatten keinerlei Beziehung zu meiner Sehnsucht nach übernatürlicher Macht; das galt genauso für eine Neigung zur Gier, die ich nun zu entwickeln begann, besonders im Hinblick auf Himbeeressig und Haferkekse von Huntley und Palmer.

Ich habe schon erwähnt, wie ich mit gebannter Faszination den Waverley-Romanen lauschte und wie diese Bücher mich in meiner dominierenden Obsession bestärkten. Aber noch besser als sie waren Scotts romantische Gedichte. Wie ich sie mir unter dem Gewölbe der Kastanien aufzusagen pflegte, wenn ich auf der Lauer lag, um mich auf das „spanische Mädchen" zu stürzen:

„Leise glimmend, weit und fern
Schimmert im Dunst ein jeder Stern!
Wohl kann ich ihren hohen Ratschluß deuten!"

Und ich habe keinen Zweifel, daß die Beschreibung von Michael Scott, wie er in der Melrose Abbey sein Zauberbuch in den toten Händen hält, einer der Einflüsse war, die meine gesamte irdische Vision menschlicher und nicht menschlicher Möglichkeiten bestimmten.

Nacht für Nacht muß ich mir beim Ausziehen wie jemand vorgekommen sein, der unter den zerrissenen, wappengeschmückten Bannern der ältesten abergläubischen Vorstellungen der Welt das Mittelschiff einer verdunkelten Kathedrale hinabgeht. Doch wie ließ ich meinen verruchten Gedanken die Zügel schießen, sobald ich behaglich im Bett lag! Es geschah indes häufig, daß mich der Erzsatan Angst schaudern machte, jener Feind der Menschheit, der heutzutage nicht mehr die Gestalt eines in einem Teich treibenden Astes, aber mit Sicherheit „irgendeine Form" annimmt, die dem Ungeheuerlichen seiner gräßlichen Bedrohlichkeit in keiner Weise entspricht. In solchen Fällen suchte ich Linderung in den lieblich feierlichen Strophen von Bischof Kens Abendhymne, jener Hymne, die wie keine andere die Nerven zu beruhigen vermag. Es passierte freilich nicht selten, daß auch das sanfte „Ehre sei Dir, Herr, heut nacht" seinen Zweck verfehlte. Es mochte dazu beitragen, das heiße Fieber unheiliger Gedanken zu ersticken, erwies sich jedoch als vollkommen wirkungslos, wo es darum ging, die Angst zu vertreiben.

Und so pflegte ich zu einer weniger literarischen Zauberformel Zuflucht zu nehmen. Nein, es war nicht der majestätische Michael Scott in seinem ungeweihten Totenhemd, zu dem der kleine Johnny in seinem weißen Nachthemd laut schrie, wenn die Angst ihn anstierte. Niemand anders als die Herren Moody und Sankey – ich muß es bekennen – waren in jenen Tagen meine Gnadenspender und mein letzter Schutz; und wenn ich meine mageren Knie an meine nicht weniger magere Brust drückte, zu genau der gleichen Haltung zusammengekrümmt, in der man noch heute die begrabenen Gebeine der großen Legionäre findet, die Dorchester vor den Barbaren bewahrten, vergaß ich Sadismus, Elritzen, Regenwürmer, grünen Kies, Fallgruben für Mr. Curme und den schrecklichen Tod des verruchten Front-de-Bœuf und wisperte hastig in die stürmische Nacht von Wessex hinaus:

„In Jesu Arm geboren, an Seiner güt'gen Brust!"

Preparatory School

Unauslöschlich ins Gedächtnis eingebrannt ist mir der Tag, an dem mein Vater Littleton und mich nach Sherborne brachte und uns in der Preparatory School zurückließ. Wie gut wir in der Folgezeit die Strecke von Dorchester nach Sherborne kennenlernten! Ausgangs der Great Western Station kommt der Zug in der Nähe der Kaserne aus einem Tunnel hervor und fährt zwischen „Pummery", einem alten Feldlager, und den flachen Rieselwiesen hindurch, auf denen das elisabethanische Anwesen der Familie Banks steht. So manches Mal waren wir von unserem Mädchen aus Berkshire den West Walk an den Überresten der römischen Mauer entlang und vorbei am Kasernentor bis zu den offenen Hängen von „Pummery" ausgeführt worden. Vor fünf Jahren setzte ich mich von meiner Begleitung im „Antelope" ab, um eine seinerzeit mehr als vierzig Jahre ununterbrochene Bekanntschaft mit den rasenbedeckten Wällen zu erneuern, und fand alles völlig unverändert vor.

Mit welchen Gedanken starrten der kleine Johnny und der kleine Littleton, die ihrem breitschultrigen Erzeuger gegenübersaßen, auf den vertrauten Ort hinaus, während der Zug schneller wurde? Nun taten sie den Sprung in die weite Welt, einen Sprung – wie jeder weiß, der einen Schimmer vom Schulleben hat – in Belastungen und Spannungen, Erschütterungen und Leiden, dergleichen sie, sofern sie nicht in den Krieg zogen oder mittellose Verstoßene wurden, bis zu ihrem Todestag nicht noch einmal würden erleben müssen.

Vorbei an Frampton, Maiden, Newton, Evershot und Yetminster erreichten wir Yeovil Pen Mill, wo wir umsteigen mußten. In dieser geschäftigen Stadt an den Grenzen von Dorset und Somerset gibt es drei Bahnhöfe; und nachdem wir in der sogenannten

Town Station abermals umgestiegen waren, konnten wir uns erst in Yeovil Junction in dem South Western Expreß niederlassen, der von Plymouth nach London verkehrt; mit ihm fuhren wir ohne Halt bis Sherborne. Dicht beim prächtigen Turm der Bradford Abbas Church nahm der Zug Fahrt auf, folgte dem Ufer des trüben Yeo und ließ seinen schrillen Pfiff erst wieder ertönen, wenn er am Kricketplatz der Höheren Schule und an einer ganz bestimmten Zeile schäbiger Häuschen entlangfuhr, deren lange Reihe schwermütiger Schornsteine jeder unglückliche Junge, der vergeblich am Kricket Spaß zu finden sucht, zur Ablenkung zählen könnte, bis ihn der Tag des Jüngsten Gerichts für immer von Pflichtspielen erlöste.

Mein Vater konnte es typischerweise kaum erwarten, den gesellschaftlichen Artigkeiten zu entgehen, mit denen er als Elternteil zweier neuer Schüler bedacht wurde, und man darf sicher sein, daß seine Söhne dieses Gefühl teilten. Nachdem er daher unser Gepäck der Obhut der Hausmutter anvertraut und sich von Mr. Blake höchstpersönlich den Schlafraum hatte zeigen lassen, den wir mit drei anderen Jungen teilen sollten, entführte er uns eilends auf einen seiner innig geliebten Spaziergänge. Man kann glauben, daß ich diesen Spaziergang nie vergessen werde! Meine ganze Schulzeit hindurch blieb er mir deutlich gegenwärtig. Ich pflegte ebendiesen schönen Feldweg durch den stattlichen Park von Sherborne schlicht deshalb zu nehmen, weil mein Vater an jenem Tag mit uns hierher kam.

Seit der Landsitz Sir Walter Raleigh von König James entrissen wurde, ist das unvergleichliche Anwesen nebst Park mit der Ruine des älteren Schlosses in den Händen der Digbys, eines anderen, zu Zeiten Elisabeths berühmten Geschlechts. Keinen Park in England – nein! nicht einmal den bezaubernden von Montacute – kenne ich so gut oder bewundere ich so sehr wie den von Sherborne! Selbst in meinen unglücklichsten Jahren in der Höheren Schule bewunderte ich ihn, und obwohl er nicht frei ist von schmachvollen Erinnerungen, ist es, meine ich, ein Beweis für die jeden Eindruck gnädig verwischende Macht der Natur, daß schließlich glückliche Reminiszenzen an ihn, an seine ausgedehnten Alleen, seine tiefen Farnbetten, seine bis auf die Tage der Ermordung Raleighs durch den König zurückgehenden Eichen, in meinem Gedächtnis überwogen.

Ich kann mich nicht an den eigentlichen Moment erinnern – ich habe ihn glücklicherweise vergessen –, als wir die hochgewachsene, würdevolle Gestalt von uns Abschied nehmen und sich zum Bahnhof begeben sahen; ich kann mich freilich noch meiner Empfindungen am Abend erinnern, als die anderen neuen Schüler einer nach dem anderen das Schulzimmer betraten und wir uns um den Kamin versammelten. Wie in der Vorschule war der erste Unterrichtstag ein Dienstag, doch ich meine mich zu entsinnen, daß die Neuen vor der Rückkehr ihrer bereits initiierten Mitschüler im Hause untergebracht wurden. Es kann daher sein, daß die Neuen schon am Montag eintrafen. Es gab da einen kleinen Jungen namens Mansel, einen der nettesten und, so sehe ich ihn rückblickend, besterzogenen von uns allen, der, glaube ich, aus Irland stammte, obwohl Mansel ein Dorsetshire-Name ist – und ich hatte in meiner nervösen Redseligkeit und penetranten Impertinenz nichts Besseres zu tun als anzufangen, diesen Knaben nach meiner gewohnten Art zu „hänseln", indem ich ihn mit provozierenden Fragen darüber bedrängte, ob er *Fenier* sei, ein Wort, das in der Zeitung meines Vaters ein Synonym für den Teufel war. An die Fortsetzung dieses albernen Schelmenstreichs kann ich mich nicht entsinnen, habe jedoch das Gefühl, daß Mansel mich, ohne handgreiflich zu werden, komplett zum Narren machte. Ich hätte mich gar nicht an den Vorfall oder den Wortlaut einer gedankenlosen Bemerkung, die ich mit zehn Jahren machte, erinnert, wenn er nicht Ursache heißen Errötens gewesen wäre. Wie seltsam, daß nicht große Freude oder großer Schmerz uns am tiefsten ins Bewußtsein schneidet und am längsten im Gedächtnis haftenbleibt – sondern schlicht *Scham*, irgendeine unerträgliche Kränkung unserer Selbstachtung! Ich wünschte, ich könnte mich zur besseren Verdeutlichung entsinnen, was genau Mansel entgegnete, als ich den Iren an meinem ersten Abend in der großen weiten Welt auf genau die gleiche, plumpe Art zu hänseln versuchte, auf die ich das spanische Kindermädchen gehänselt hatte; denn seine Antwort wäre wohl ganz oben auf der Liste jener Abfuhren zu stehen gekommen, die die Wangen brennen machen und die kein Lethequell jemals auswäscht.

Aber wohlverdiente Rügen für deplazierte Scherze, und mögen sie noch so lange im Gedächtnis eines Jungen haftenbleiben, sind *zum Zeitpunkt ihres Geschehens* nichts gegen die schreckliche Wucht, mit der ihn körperliche Verfolgung trifft. Als Mr. W. H. Blake meinem Vater das Zimmer zeigte, in dem wir wohnen würden, sagte er ihm, wir würden unter Aufsicht eines soliden, ruhigen, verläßlichen Jungen namens W––– stehen. Nun glaube ich durchaus, daß W––– ein solider und verläßlicher Junge war, jedenfalls was den Gehorsam gegenüber den Regeln, wie etwa „Keine Unterhaltungen nach dem Lichtausmachen", anlangte, die in jedem Schlafraum angeschlagen waren, aber ich bin gezwungen anzunehmen, daß er mit mir das Laster gemeinsam hatte, der Urheberschaft an bestimmten Arten von Leiden eine lebhafte sinnliche Empfindung abzugewinnen. Natürlich gibt es Menschen – es muß sie geben –, die anderen Leiden zufügen, ohne eine dieser sinnlichen Regungen zu verspüren; doch ich muß bekennen, daß solche tugendhaften Strafvollstrecker meinem Empfinden nach sehr rar sind, und daß auch die meisten damit befaßten Menschen, sofern sie es nicht in einem tüchtigen Wutanfall tun, dabei auf ihre eigenen, etwas fragwürdigen Kosten kommen.

Ich erinnere mich noch gut, wie ich an unserem ersten Morgen in der Prep. im grauen Morgendämmer aufwachte und Littletons ruhigen Schlummer bestaunte, bis sich unter meinem unverwandten Blick endlich auch seine Augen öffneten – und was für große, runde, *langsame* Tränen ich dann seine mannhaften Wangen hinabrollen sah! Littletons Bett und meines standen nebeneinander, während W–––s Bett dem meinen genau gegenüber auf der anderen Zimmerseite stand. In einer Hinsicht, so muß ich gestehen, offenbarte W–––, was die meisten Autoritäten als lobenswerte „Verläßlichkeit" betrachtet haben würden; denn wenn in den stillen Nachtstunden aus meinem Bett die leiseste Bewegung kam, die sich als „sündhaft" interpretieren ließ, pflegte er einen seiner schweren Pantoffel nach meinem Kopf zu schleudern. Es handelte sich freilich um einen exemplarischen Fall jener Ironie moralischen Tadels, wie sie der wahnsinnige König im Theater in so bitterem Ton anspricht:

> „Du schuft'ger Büttel, weg die blut'ge Hand!
> Was geißelst du die Hure? Peitsch dich selbst;
> Dich lüstet heiß, mit ihr zu tun, wofür
> Dein Arm sie stäupt."

W--- übte seine zweifelhafte Autorität allerdings mit mehr als einem Folterinstrument aus. Doch so sehr ich mich auch bemühe, ich kann mich nur undeutlich an sein Gesicht erinnern. Ich weiß noch, er hatte eine hohe Stirn wie ein Bischof oder Staatsmann; doch sein Ausdruck war nicht gewinnend. Er war vielmehr einzigartig mürrisch. Apropos Folter muß ich bekennen, daß ich später in der Prep. Großinquisitor spielte und daran das gleiche Vergnügen fand, das ich hatte, als ich zu Hause im Dachzimmer mit einer Spielzeugpistole in jeder Hand meine Räuberbande regierte; ich habe jedoch keine Erinnerung daran, bei solchen Spielen *wirklich* jemandem weh getan zu haben.

Die Preparatory School war seinerzeit in einem Haus untergebracht, das meines Wissens immer noch an der gleichen Stelle steht. Es liegt nach einer Straße zu, die von den Armenhäusern zum Kricketplatz der Schule führt; doch sein hinteres Grundstück geht auf die breite, freundliche Zufahrt vom Bahnhof zur Abtei, die vor dem Hotel Digby verläuft. Gegenüber dem Hotel liegt heute der öffentliche Stadtpark; doch als wir nach „Westbury House" gingen, wie es damals hieß, befand sich dort, wo heute der Park liegt, eine schöne, weiche Wiese.

Ja, der erste Brief, den ich je von meinem Vater erhalten habe, muß an Westbury House adressiert gewesen sein. Mein Vater hatte eine geradezu morbid sorgfältige Handschrift – die Handschrift eines Menschen, dem das Schreiben so im Innersten zuwider und der in dem, was er schrieb, dermaßen zurückhaltend war, daß er jeden einzelnen Buchstaben durch einen gesonderten, bewußten Verstandesakt formte! Doch obschon die Handschrift meines Vaters ordentlich, fest und klar war, erweckte sie irgendwie die Vorstellung, es ginge, wenn er seinen wohlgeschnittenen Federkiel zwischen Daumen, Zeige- und Mittelfinger hielt, der entscheidende Druck eher *vom Daumen* als von den anderen Fingern aus. Meine Daumen ähneln denen meines Vaters, die, glaube ich, ebenso charakteristisch für den Mann waren wie alles andere an ihm, denn sie waren sehr dünn, sehr flach, sehr breit und sehr spatelförmig. Doch wenn ich meine Buchstaben forme – leider nicht mit einem Federkiel –, muß ich den Hauptdruck wohl mit dem Zeigefinger ausüben. Die Art von Arroganz jedenfalls, mit der ich „Powys I, Westbury House, Sherborne, Dorset, England,

Europa, Östliche Hemisphäre, Welt“ in meine Schulbücher zu kritzeln pflegte, schien ihre nervöse Energie aus einem ganz anderen Tierkreiszeichen zu beziehen, als es im Horoskop meines Vaters vorkam. Doch ach! wie vertraut uns allen diese seine Handschrift geworden ist! Sie gemahnt an glatte Birkenwurzeln oder den Geruch von Ruprechtskraut. Wie gut wir die Art und Weise kannten, in der sich jeder zurückhaltenden Seite sein ganzer Charakter aufprägte! Seine Predigten pflegte er mit schwarzer Tinte auf blauem Papier an einem Stehpult in seinem Arbeitszimmer zu schreiben, und bevor er sie dann in die Kirche mitnahm, legte er sie in eine mit schwarzem Samt bezogene Mappe, wie sie seiner Meinung nach der Würde und dem Dekorum des Gottesdienstes gemäß dem Ritus der Staatskirche angemessen war. Erwartete ich heute einen Brief von meinem Vater, wäre ich darauf gefaßt, ihm gegenüber die Art von Gefühl zu empfinden, die ich dem Handzeichen alter, unverbildeter Kriegerkönige entgegenbrächte.

Mein Vater hatte mir für die Schule einen Fußball geschenkt, und ich erinnere mich noch gut, wie dieser Fußball an unserem allerersten Nachmittag auf dem Sportplatz der Preparatory School, der in jenen fernen Tagen ein Feld hinter dem Musik- und Physiksaal war, sein Ende fand. Als General der „Armee von Volentiā“ und Erfinder von Zauberformeln zur Beherrschung von „Dromonds“ hatte ich keine Vorstellung von der Etikette des Fußballs. Ich war ein, wenn auch etwas diktatorischer, Individualist und bildete mir ein, mein Vater habe diesen Fußball, indem er ihn mir und niemandem anders gab, meinem Privatvergnügen zugedacht. Ich hatte ihn eng an mich gedrückt. Und während ich gewichtig die – heute so vertraute! – Straße vorbei an der Abtei, vorbei an dem kleinen Hintereingang der Schule, vorbei an den Fifes-Feldern und dem Bad und vorbei am Eingang zur Turnhalle einherschritt, entstand in meinem Kielwasser freudige Erregung. Mit kühnem, dem Gegenstand, den ich trug, entsprechenden Schritt folgte ich der von Mr. Hawkins, dem Hilfslehrer, angeführten Schar kleiner Jungen, und drückte im Gehen meinen Fußball an mich. Zweifellos hätte mir Littleton schon damals sagen können, daß ein Fußball kein individualistisches Spielzeug ist, an dem man sich allein erfreut, aber er hatte sich den anderen angeschlossen, denn er konnte schließlich nicht ständig auf seinen älteren Bruder achtgeben. Und so betrat ich mit meinem Fußball in den Armen den Sportplatz der Preparatory School. Was folgte, brauche ich kaum zu berichten. Zunächst einmal war der Ball nicht die richtige Sorte Ball. Er war rund; aber ein Rugbyball ist, wie die Erde, nicht rund. Es war ein Ball; aber es war kein Rugbyball. Ja es mag sich nach allem, was ich weiß, sogar um jenes widernatürliche, häretische Objekt, einen Association-Ball, gehandelt haben. Doch was er auch war, als er in den Armen von Powys I auf den Platz kam, er verließ ihn als zerknüllter, undefinierbarer Klumpen von formloser Blasenlosigkeit. Er war überhaupt kein Ball mehr. Er war, wie es auch Powys I ergangen wäre, wenn er sich eingemischt hätte, zwischen den größten Jungen der Prep. hin und her gekickt worden, bis er keine Luft mehr in sich und kein Leder mehr an sich hatte. Das war das schmähliche Ende des wohlüberlegten Kaufs meines Vaters bei Mr. Pouncey, dem Sattler in der South Street. Er hatte früher, als er selbst in Kennilworth zur Schule ging, so viele Vogelnester ausgenommen, daß er glaubte, ein Rugbyball gleiche einem Association-Ball wie ein Reiher-Ei dem anderen.

W. H. Blake, unser Direktor, war ein hochgewachsener, kräftiger Mann, ein passionierter Angler und ein Mensch von formidablem und unnachgiebigem, aber sehr vornehmem Charakter. Wir hatten alle Angst vor ihm, und er ging nur sehr wenig aus sich heraus; doch er hatte einen gewissen „Hang" zur Literatur, und ich erinnere mich, wie er uns einmal zur Aufgabe stellte, in Anlehnung an den französischen Klassiker gleichen Titels einen Aufsatz zum Thema „Eine Reise durch mein Zimmer" zu verfassen. Die weitschweifige Beschreibung unseres Salons, mit der ich mich dieser Aufgabe entledigte, war mein erster literarischer Triumph; und ich erinnere mich an sein Lob für meine Erwähnung der scharfen Kanten von meines Vaters Sessel in jenem Zimmer, an denen wir uns, wie ich behauptete, bei unseren ungestümeren Spielen oft schmerzhaft stießen. In diesem Zusammenhang kommt mir in den Sinn, welche Mühe ich, wenn ich eine Feder in der Hand halte, stets damit habe, eine gewisse gefällige Eingängigkeit zu vermeiden, eine Eingängigkeit, die daher rührt, daß mir, was an netten, freundlichen, salbungsvollen, angemessenen, menschlichen Worten naheläge, eher beifällt als das, was den Biß der Realität aufweist.

Aber Blake ernannte mich sehr bald zum „Bibliothekar" der kleinen Prep.-Bibliothek, die in dem großen Spielzimmer hinter Glastüren aufbewahrt wurde – und, so wage ich zu behaupten, noch heute, fünfzig Jahre später, dort aufbewahrt wird. Nachdem er mir die Bücher gezeigt und sich mit größter Nachsicht meine höchst selbstgefälligen kritischen Bemerkungen zu einigen davon angehört hatte, fragte er mich, was ich von Charlotte Yonges *Little Duke* hielte, und lobte mich wärmstens – es war dies mein erster Triumph als Kritiker –, als ich meiner Bewunderung für dieses Werk Ausdruck gab.

Jeden Samstagnachmittag pflegten wir das sogenannte „Taschengeld" zu erhalten, vier Penny für die älteren und drei Penny für die jüngeren Knaben, und mit diesem Geld in der Tasche eilten wir so bald als möglich – denn es stand uns völlig frei, hinzugehen, wo wir wollten – zu dem von der Familie Tuffin geführten, kleinen Back- und Süßwarenladen, der genau gegenüber dem wappengeschmückten Eingang zum Schulhaus behaglich zwischen altersgereiften Gebäuden aus Ham-Hill-Stein eingeschmiegt war. Eine wilde Gier nach Zuckerwerk wurde nun rasch zu einem der wichtigsten Faktoren meines Lebens. Sie wurde zum Laster. Sie wurde so heftig – fast hätte ich gesagt leidenschaftlich –, daß sie meine erotischen Träumereien in beträchtlichem Maße verdrängte. Die Gier als Laster scheint etwas an sich zu haben, das sexuelle Zügellosigkeit abmildern kann. Doch als ich älter wurde und meine erotische Obsession an Heftigkeit zunahm, verlor dieses Verlangen nach Zuckerwerk vollständig die Macht über mich. Ich erinnere mich allerdings noch gut, in welcher Form es am Ende zutage trat; in keiner geringeren nämlich als in einer Leidenschaft für Pflaumenkuchen, als ich ins Corpus Christi College eintrat! In jenen Tagen hatte ich eigenartigerweise einen Sparsamkeitsfimmel, der fast an Knickerigkeit grenzte, obschon ich ihn ursprünglich meinem Vater zu Gefallen entwickelte. Für einen jungen Kollegiaten war das sicherlich eine kuriose Tendenz, die zumal von Freunden keineswegs geschätzt wurde. So beschränkte sich diese Leidenschaft für Pflaumenkuchen, und es ist keine sehr freundliche Erinnerung, darauf, ihn auf Kosten anderer zu verschlingen. Nicht einmal bei den seltenen Gelegenheiten, wo ich nach meinem Verständnis ein Festmahl gab, kaufte ich welchen. Später, als mir neben meinen erotischen Instinkten auch meine Neigung zu Magengeschwüren zu schaffen machte, stellte Pflaumenkuchen keine Versuchung mehr für mich dar. Gegenwärtig bin ich, obschon in meinen Ernährungsgewohnheiten geradezu unwirklich heikel, von Gier so frei wie ein Jagdhund.

Am besten schmeckte mir bei Tuffin's die Cremeschokolade von Cadbury, die ich in großen Riegeln zu kaufen pflegte, von denen ich auf unappetitliche Weise die Schokolade ableckte und mir die Creme bis zuletzt aufhob. Außerdem hatte ich eine rasende Vorliebe für eine Süßigkeit namens Aprikosenpaté, die stets in Silberpapier eingewickelt, und für eine als Himbeer-„Noyau" bekannte Köstlichkeit, die in eine gazeartige, eßbare Haut eingeschlagen war. Im Hinblick auf dieses kostbare Naschwerk, das ich mit der ganzen feierlichen Intensität meiner sinnlichen Natur zerkaute, war ich nachgerade widerwärtig selbstsüchtig. Noch den kleinsten Krümel davon abzugeben tat unvorstellbar weh. Ja, ich kann mich nicht entsinnen, daß ich in jenen Tagen in der Prep. auch nur ein einziges Mal jemandem vom Aprikosenpaté hätte abbeißen oder am Himbeer-„Noyau" hätte lecken lassen.

Man muß sich vor Augen halten, daß die Bräuche der Prep. – und ich meine, das war ausgezeichnet so – denen der Höheren Schule selbst nachempfunden waren, und so wurden wir an halben Feiertagen, von denen es zusätzlich zur herrlichen Freiheit der langen Sonntagnachmittage mehr als einen pro Woche gab, oft vom Pflichtsport befreit und durften nach Herzenslust die Landschaft durchstreifen. In alledem war Mr. Blake ein sehr weiser Schuldirektor; ja, er ging in der Frage der Befreiung vom Sport ein ganzes Stück weiter als die meisten Autoritäten der Big School.

Es dauerte nicht lange, und ich erkundete – ein Vergnügen, das ich sonntags mit Littleton zusammen genoß – gewisse steile Böschungen – eigentlich waren es mehr als bloße Böschungen; ja, ich könnte sie als von Strauchwerk überwucherte Steilhänge bezeichnen –, die sich zu beiden Seiten eines schmalen Weges oben auf den sogenannten „Slopes" erhoben, eines Weges, der den liebenswerten Namen Seufzergäßchen führte. So steil waren die schroff über dem Seufzergäßchen aufragenden, überwucherten Böschungen, daß es ein Wagnis von sehr lebhaftem Reiz für mich war, mich dicht unter der Krone an ihnen entlangzuhangeln, wo man vor dem

Pfad darunter völlig verborgen war und sich beim Klettern an verschiedenen vorspringenden Wurzeln und aufstrebenden Schößlingen festklammern mußte, die in dem schlüpfrigen Lehmboden wuchsen.

Tief in meinem Wesen – unmittelbar von meinem Vater ererbt – gab es eine Sehnsucht, dem gesellschaftlichen Verband zu entfliehen und eine zeitweilige Heimstatt für mich allein zu finden, eine eigene, private, geheime Domäne, in die niemand eindringen konnte, ja in die einzudringen geradezu unmöglich war! Dieser Instinkt – und ich bilde mir gern ein, es handelte sich um einen Atavismus, der auf die Zeit zurückging, als unsere walisischen Ahnen sich in ihrem Bergfesten verbargen – setzte sich aus zwei miteinander verwandten Impulsen zusammen, nämlich zum einen dem Verlangen, in die Wildnis zu entfliehen, und zum anderen, sich eine eigene Heimstatt, einen Schlupfwinkel, einen Zufluchtsort, eine wehrfähige Festung zu schaffen, in die man sich zurückziehen und der Gesellschaft trotzen konnte.

Während meiner gesamten Schulzeit – ob in der Prep. oder in der Höheren Schule – war es mein größtes Verlangen, eine Doppelexistenz zu führen, mich in der Schuldimension so eben noch „durchzumogeln" und gleichzeitig mein wahres Glück in einer geheimen, subjektiven Dimension zu finden, wo ich „Monarch war, soweit mein Blick reichte". Littleton war von dieser Verfahrensweise nur mäßig gefesselt. Theodore hätte sie viel eher entsprochen. Doch die ganze Frage des tiefen und komplizierten Vergnügens, das ich an den überwucherten Böschungen über dem Seufzergäßchen fand, ist eine obskure und subtile. Mancher würde sagen, es habe mit der tief im menschlichen Herzen verwurzelten Sehnsucht zu tun, in die Geborgenheit des Mutterleibes zurückzukehren, aber ich meine, es war eher dem Wunsch verwandt, meine eigene, geheime Realität an die Stelle der von den Menschen geschaffenen Realität zu setzen. Die Sehnsucht nach einem Schlupfwinkel, einer Höhle, einer Festung, nach irgendeiner verborgenen Domäne, die nicht angetastet werden kann, ist tief in meinem Wesen nach wie vor lebendig. Das ist zweifellos auch der Grund dafür, warum ich stets in engen Quartieren, einem *kleinen* Haus auf dem Lande, einem *Einzelzimmer* in der Stadt, habe leben wollen und geradezu einen Abscheu von großen Häusern empfinde. Das Gefühl, an einem verborgenen Zufluchtsort sicher und geborgen zu sein, während draußen die Welt vorüberzieht und einen nicht behelligen kann, ist mir sehr teuer. Seit jeher hat es mir die folgende Passage aus Scotts Gedicht über den gejagten Hirsch angetan:

„Dort, tief geduckt unterm Geäst,
Gedeckt von wilden Blüten und vom kalten Tau genäßt,
Hört' er der Hunde ungestümes Toben,
Wie sie, genarrt, vergebens durch den Hohlweg stoben,
Den Fels ankläffend..."

Sobald Littleton und ich dem „soliden" und „verläßlichen" W--- entronnen waren und glücklich einen Schlafraum mit Jungen unseres Alters teilten, verfiel ich auf den kindischen und eigentümlichen Zeitvertreib, bis auf die Matratze unters Bettzeug zu kriechen. Derart war meine hypnotische Macht, die Herrschaft meiner Manien auszudehnen, daß Mr. Blake, hätte er nach dem „Lichtausmachen" unser Zimmer betreten, uns zuweilen alle sechs vollständig dem Blick entzogen hätte vorfinden können, wenn wir unser Bettzeug in einen Kaninchenbau verwandelten; sonderbar daran erscheint aber, daß ich noch heute, da ich auf meinen einundsechzigsten Geburtstag zugehe, die mystische Ekstase, mit der ich mich so verkroch – manche würden sagen, auf der Suche nach pränataler Verborgenheit, sicher jedoch, um der wirklichen Welt zu entfliehen –, präzise wiedererleben kann. Wo ich gerade davon spreche, andere mit meinen Manien hypnotisiert zu haben, entsinne ich mich zwangsläufig, wie ich gegen Ende meiner Zeit in der Prep. tatsächlich einmal sämtliche größeren Jungen überredete, sich in zwei feindliche Banden aufzuteilen und ein Scheingefecht zu inszenieren, ein Gefecht mit Überfällen aus dem Hinterhalt, Verstekken, Festungen, Rückzügen und umständlichen Zangenbewegungen, das in einem ganz bestimmten Steinbruch an der sogenannten Bristol Road stattfand.

Ich stellte mir gern vor, daß ich meine Zeit in der Prep. mit einer gelungenen Flucht vor den Konventionen des Schullebens zum Abschluß brachte, so wie ich meine viel weniger glückliche Zeit in der Höheren Schule mit meiner berühmten Rede an der Abendtafel von Wildman's House beendete. Denn ich muß festhalten, daß ich dank der ausgezeichneten Bibliothek, die Mr. Blake uns zugestand, in der Preparatory oft überaus glücklich war. Zum Teil verdankte sich das Glück zweifellos einer vollständigen Flucht vor der wirklichen Welt, als sie über dem Seufzergäßchen oder in dem Steinbruch an der Bristol Road möglich war. Ich spreche von Büchern. Stunde um Stunde pflegte ich am Tisch im Spielzimmer der Prep. zu sitzen und Jules Verne zu lesen. Was mir an diesem aufregenden Autor bei weitem am besten gefiel, waren die Geschichten um „Kapitän Nemo", beginnend mit *Zwanzigtausend Meilen unterm Meer*. In der unglaublichen *Nautilus* – und es hat mich nie im mindesten interessiert zu erfahren, inwieweit es modernem Erfindergeist gelungen ist, den Einfall dieses vortrefflichen Autors nachzuschaffen – erlebte ich in vollem Maße das Gefühl, sicher, geborgen, abgeschieden und unerreichbar zu sein. Wo könnte man sich schließlich besser verstecken als auf dem Grunde der Tiefsee? Und so saß ich am Tisch im Spielzimmer, die Bibliothek, zu der ich den Schlüssel hatte, mir gegenüber, und las, was mir in die Finger kam! Das erste Buch von europäischem Rang jedoch, das mir neben Scott gefiel, war *Die drei Musketiere*, und das befand sich nicht in unserer Bibliothek. Ich bekam es von meinem besten Freund in der Prep. geliehen, einem kleinen Jungen mit ernsthaftem literarischem Geschmack, dem ich später den weiblichen Namen „Tetine" verlieh. *Die drei Musketiere* war eines der ersten Bücher, dem ich das kleinste bißchen Nahrung für meine verruchte Phantasie abgewann, aber ich glaube nicht, daß mir in anderer Hinsicht sonderlich daran lag. Säbelrassler und Trunkenbolde haben mich noch nie gereizt.

Wie gesagt, meine Hauptbeschäftigung in der Schule – ob in der Prep. oder in der Big School – bestand darin, so zu leben *als ob ich zu Hause und nicht in der Schule wäre*; und in Anbetracht der Schwierigkeiten, auf die ich stieß, gelang mir das wirklich ausgezeichnet. Ich glaube, wir neigen alle dazu, die Macht der Welt, das heißt des harten, brutalen, praktischen Elements im gesellschaftlichen Leben, zu überschätzen. Tatsächlich bricht die Macht der Welt schon vor sehr wenig Kühnheit und sehr wenig Mutterwitz zusammen. Ich fand einen magischen Weg, meine Lebensidentität zu wahren, für den ich bis ans Ende meiner Tage dankbar sein werde. Er bot sich mir aufgrund des bewundernswerten, gleichermaßen in der Prep. wie in der Höheren Schule gepflegten Brauchs, die Sonntagnachmittage langen Spaziergängen über Land vorzubehalten. Littleton und ich – denn hierin waren wir so clansbewußt, daß es uns nie in den Sinn gekommen wäre, diese kostbaren Nachmittage voneinander getrennt zu verbringen – pflegten in alle vier Himmelsrichtungen zu wandern, bis wir die Gegend auf Meilen im Umkreis so genau kannten wie Wilderer oder Wildhüter. Nach Norden, Süden, Osten und Westen pflegten wir zu gehen, und so kam es schließlich, daß ich die Wege und Felder auf Meilen um Sherborne bis auf den heutigen Tag besser kenne als die Landschaft jedes anderen irdischen Fleckens. Am liebsten schlugen wir letztendlich die Richtung zu den von uns so genannten „Trent Lanes" ein. Sie waren in dem Landesteil, wo Dorset und Somerset aneinanderstoßen, wirklich ein sehr eigenartiges Phänomen, nämlich ein regelrechtes Netz schmaler, grasiger Pfade zwischen hohen Hecken, die die Yeovil Road von dem kleinen Dorf Trent schieden. Von einer bewaldeten Anhöhe über diesem Dorf konnten wir gewöhnlich die baumbestandene Kuppe von Montacute Hill sehen, und dieser Umstand reichte allein schon hin, unsere Schritte hierher zu lenken, als Montacute unser Heim wurde. Es gab einen „unergründlichen" Teich zwischen Trent und dem parkähnlichen Hang, wo die Pfade zusammenliefen, und die Gegend bot meiner Vorstellungskraft verzauberte Ausblicke.

Wie ich noch heute den feuchten, erdigen Geruch des kalten Lehms, vermischt mit fauligen Äpfeln, riechen kann, in denen unsere Füße am Rande des „unergründlichen" Teichs versanken! Wie ich den Regenwind um das Herbstäquinoktium durch die Hecken der Obstgärten brausen fühle! Ich wurde jedesmal böse auf Littleton, wenn es damals regnete, und drohte, „ihn zu prügeln wie einen Hund". Er verstand sich auf die Deutung der Wetterzeichen; seine Voraussagen trafen jedoch nicht immer ein.

Wir waren bei solchen Gelegenheiten sehr hungrig; doch die wenigen Äpfel und Brombeeren, die wir fanden, stillten viel mehr als unser körperliches Gelüste. Sie ließen uns – oder zumindest mich – völlig vergessen, daß wir in der Schule waren. Ich weiß noch gut, wie unangenehm es war, wenn man an der bittersüßen Schale der Hagebutten und Mehlbeeren knabberte und die kleinen, strohfarbenen Fädchen einem im Halse steckenblieben! Ich kann mich noch gut an einen besonderen Schatzfund von Zideräpfeln erinnern, den wir im Gras am Rande eines Weges nicht weit von Marston Magna machten. Was die romantischen, fruchttragenden Täler von Wessex anlangt, ist Sherborne wirklich wunderbar begünstigt. Einerseits hat es das Blackmore Vale, andererseits die Anfänge der Great Somerset Plain, die sehr rasch in die Marschen von Sedgemoor übergehen.

Eine unserer Lieblingswanderungen führte zur Corton Down, an deren Ende sich kein geringerer Ort als die Originalstätte der Mauern und Türme von Camelot befindet. Dies wird zweifelsfrei dadurch belegt, daß das Wort Camel in jener Gegend sowohl für einen Bach als auch für die an ihm erbauten Weiler verwendet wird; und am Fuße von Cadbury Camp über Queen's Camel gibt es bis auf den heutigen Tag eine Quelle, die Arthur's Well heißt. Örtliche Altertumsforscher versicherten uns stets, daß Arthur und seine Ritter im Herzen von Cadbury Hill bis zum Jüngsten Gericht Schach spielten.

Es war mitleiderregend anzusehen, wie unsere Wanderungen ausnahmslos die Tendenz aufwiesen, in jene Himmelsrichtung zu führen, in der unser Zuhause lag; mit dem Ergebnis, daß wir uns, ehe wir Dorchester verließen, für unsere Streifzüge eher den Park, die Long Burton Road und die Honeycomb Woods als Cadbury Camp und die Trent Lanes aussuchten. Hinter den Honeycomb Woods entdeckten wir nicht weit vom Straßenrand ein paar kleine Teiche mit einzigartig ungetrübtem Wasser, in denen eine Anzahl rotbäuchiger Molche heimisch waren. Für mich waren diese Teiche heilige Orte. Hier konnte ich die Schule wirklich vergessen. Sie erinnerten mich an unser Aquarium. Auf dem Weg zu diesen Teichen über Honeycomb Woods gab es, sobald man die Eisenbahn und den „Bog Stream" überquert hatte, einige überaus liebliche Wiesengründe, durch die ein öffentlich zugänglicher Pfad führte. In einer dichten Hecke an diesem Pfad wuchs – und wächst hoffentlich heute noch – eine prachtvolle Eiche. Es war ein Baum, würdig der Druiden, obschon wohl nicht vergleichbar mit seinen venerablen Brüdern im Park. Ins Geäst dieser Zufluchtstätte pflegten Littleton und ich zu klettern, ja wir machten den Baum zu einer Art mittelalterlichem Bergfried, in dem wir uns, unbehelligt von den Schlachtrufen irgendwelcher „Escrawaldons“, sicher verstekken konnten.

Durch meine Jules-Verne-Lektüre verfiel ich bald auf ein Unterfangen, das etwas ungeheuer Erregendes hatte – nämlich auf das Verbergen des „Schatzes“ und das Entwerfen eines komplizierten Schlüssels zu seinem Versteck. Bei solchen und vielen andere Unternehmen weniger kindischer Art düpierte mich ständig – und das ist heute noch so – meine eigene Stümperhaftigkeit, was praktische Details angeht. Auf meinen Händen liegt ein Fluch! So kräftig sie beim Würgen eines Angreifers zupacken, lassen sie mich restlos im Stich, wenn es um etwas geht, das Geschicklichkeit erfordert. In diesem Falle wurde ich beim Zeichnen der Landkarten für den Schlüssel zu meinem verborgenen Schatz – der zweifellos aus mehreren Wochen „Taschengeld“ bestand – so düpiert; und war am Ende zu meiner Schande gezwungen, die Schatzsucher zu begleiten. Aber alles im Leben fällt der Betäubung des Vergessens anheim, und so verflüchtigten sich alle diese Mißgeschicke schließlich wie ein trüber Dunst von der Landschaft meines Gemüts; und für den Rest meiner Schulzeit – ja! bis ich in die sechste Klasse der Höheren Schule kam – blieben alle diese Felder auf dem Wege nach Honeycomb Woods von dem mystischen Licht verwandelt, das von den in einem Baumstumpf versteckten Dreipennymünzen ausstrahlte.

Während ich älter wurde und meinen elften und zwölften Geburtstag feierte, nahmen die Schikanen, unter denen ich tagsüber litt – obschon Littleton und ich dank unserer Flucht vor dem „Verläßlichen“ nachts davon verschont blieben – eher zu als ab. Noch heute sehe ich – aber ich darf nicht den „bösen Blick“ auf Menschen richten, die mittlerweile vielleicht Großväter sind – die Gesichter von B---, H--- und einem robusten jungen Satan vor mir, den ich nicht einmal beim Anfangsbuchstaben nennen möchte, wie sie aussahen, wenn sie ihre wohlgezielten Schläge – der Fachausdruck lautete „Pferdeküsse“ – wiederholt auf den Teil des Armes richteten, den sie einem gerade verdrehten. Ich kann mich auch an das unsympathische Aussehen der auf den Hof führenden Flügeltür von Westbury entsinnen, wo diese Herren – denn ich kann sie mir nicht als Jungen von dreizehn oder vierzehn vorstellen – einmal mit dem Ende eines alten

Billardstocks mit aller Kraft die qualvollsten Stöße gegen meine Nase führten.

Wenn ich daran denke, bedaure ich nur eins, nämlich daß ich nicht den Mut hatte, in rasende Wut zu geraten und wild um mich zu schlagen. Hätte ich mich *jedesmal* gewehrt, wäre alles gut gewesen, selbst wenn ich ein-, zweimal schlimm verprügelt worden wäre! So aber ließ diese ganze verachtungswürdige Unterwürfigkeit meine eigenen bösen Tendenzen gewissermaßen „ungeschröpft" von ihren üblen Säften. Ja, ich wurde nach und nach kraft meiner mörderischen Handgelenke selbst so etwas wie ein Kameradenschinder, und zwar leider ein sehr niederträchtiger. Ich wurde ein humorloser Kameradenschinder, einer, dem es völlig an der Scherzhaftigkeit gebrach, eine Menschennase in eine Billardkugel zu verwandeln.

Ich erinnere mich voller Scham, und es dies das einzige Mal, wo ich meine sadistische Neigung an einem Menschen *praktizierte*, wie ich mit einer List, die nur noch in einer infernalischen Feigheit ihresgleichen hatte, einen Hinterhalt für einen kleinen, rotgesichtigen Jungen einfädelte, dem bei der kleinsten Berührung die Tränen aus den Augen strömten und die rosigen Wangen hinunterliefen, als wäre er der Cupido eines Brunnenstocks gewesen. Feiger Satan, der ich war, setzte ich irgendeinem brutalen Schwachsinnigen in den Kopf, dieses Kind sei ihm gegenüber „frech geworden", und sah dann mit den sinistersten Gefühlen zu, wie der unliebenswürdige Rodrigo hinter einer Tür hervorsprang und den Kleinen ohrfeigte. Diesmal freilich erwiesen sich die Erynnien nicht als blind gegen diese Heimtücke; doch ich bezweifle, daß Powys I, als er sich ein paar Jahre später mit auf dem Rücken gefesselten Händen in unsäglicher Not und Scham gegenüber einer Reihe von Arbeiterhäuschen auf einer öffentlichen Straße stehen sah und die „Slopes" anflehte, sie möchten ihn verschlingen, und den Turm der Abtei, er möchte auf ihn stürzen, sich an die schmerzenden Wangen jenes Brunnen-Cupidos erinnerte.

Von allen Orten auf der Oberfläche des Erdballs hat sich wohl das große Schulbad, eines der größten Schwimmbäder Englands, erbaut aus solidem Stein und Zement, am lebhaftesten meinem Gedächtnis eingeprägt. Ach! was habe ich in diesem prächtigen Schwimmbecken durchgemacht! W. H. Blake und sein Hilfslehrer waren bestrebt, uns allen das Schwimmen beizubringen, indem sie uns von einem soliden Holzsteg aus, der die gewaltige grünlich-graue Wassermasse an einer etwa zwei Meter tiefen Stelle überquerte, am Ende eines Seils herabbaumeln ließen wie jämmerliche kleine Fische am Ende der Angelschnur. Oft müssen wir eher wie Molche denn wie Fische angemutet haben, denn wir benutzten häufig die Arme, nicht um zu schwimmen, sondern um uns verzweifelt an dem Seil festzuklammern, an dessen Ende wir baumelten. Littleton lernte auf diese absonderliche Weise praktisch sofort schwimmen; und hatte, ehe er von der Prep. abging, das sogenannte „Doppel" geschafft, was bedeutete, daß er die ganze riesige Länge des Beckens einige neun Mal hin und her geschwommen war. Wir trugen Badehosen in Kennfarben, die anzeigten, wie nahe wir dem „tiefen Ende" kommen durften. Die keinen Schwimmstoß zustande brachten, hießen „Plantscher" und waren gezwungen, ihre Nacktheit mit Hosen in Regenbogenfarben zu verhüllen. Solche „Plantscher" jedoch, die sich durch den geringen Unterschied hervortaten, am tiefen Ende hineinspringen und bis zum flachen Ende schwimmen zu können, wurden zu „Roten" befördert und entgingen so der Strafe, die Schulfarben um die Lenden tragen zu müssen. Ich glaube, ich „bekam meine Roten" erst ganz am Ende meiner Zeit in der Prep., und weiter brachte ich es nie. Die Art, wie ich mir das Schwimmen beibrachte, war eine Schande; und ich muß, neben tausend anderen demütigenden Erfahrungen, nur daran denken, um jeden physischen Stolz, der mir geblieben sein mag, restlos zunichte zu machen. Ich hielt mir mit einer Hand die Nase zu, schlug, das Gesicht vollständig unter Wasser, mit dem freien Arm und beiden Beinen aus und erwarb mir so ganz allmählich ein gewisses Vertrauen in die Auftriebskraft des Beckens von Sherborne.

„Nie würde ich einem Sohn von mir wünschen" – aber was rede ich da? Denn der Sohn, den ich habe, *bestand* mit zehn Jahren darauf, nach Sherborne zu gehen, denn er war der Ansicht, daß der Ruhm einer vornehmen, alten Tradition eine Unzahl körperlicher Unbequemlichkeiten aufwöge.

Aber ist es nicht seltsam, wie man als Engländer der oberen Mittelklasse die größten Härten seines Lebens vor dem zwölften

Lebensjahr erleidet? Die Schule – das System der Public School – übt in England einen hundertmal größeren Einfluß auf einen aus als Oxford, Cambridge oder irgendeine andere Universität. In der Frage des Systems der Public School gehen die Meinungen meiner Brüder weit auseinander. Littleton, der es sehr genoß, hält es standhaft hoch, und Llewelyn, der es ebenfalls genoß, greift es scharf an. Meine Haltung, so meine ich, unterscheidet sich nicht sehr von der Haltung vieler ehemaliger Soldaten. Ich möchte andere nicht zu solchen Erfahrungen verurteilen, bin im gewissem Sinne aber stolz darauf, sie selbst durchgemacht zu haben.

In gewisser Weise, glaube ich, war der Kricketplatz – denn Fußball war nie so eine Tortur für mich und dauerte schließlich nur eine Stunde – ein noch schlimmeres Fegefeuer als das schreckliche Schwimmbad. Dem Kricket konnte man partout nicht entgehen – wohingegen ich meinen Vater einmal überredete, mir für ein Trimester aus allgemeinen medizinischen Gründen eine Art Entlassungsschein vom Schwimmen auszustellen; doch „O Poppoi!" In meinem ganzen Leben habe ich nicht solche Scham empfunden wie beim allgemeinen Ansturm auf das Becken, wenn ich *trockenen Hauptes* die Schultern hängen ließ, mich zusammenkrümmte, mich ganz klein machte, allein von dannen schlich und mir dabei vorkam wie ein Aussätziger, ein Paria, ein Unberührbarer. Aber wie gesagt, in einer Hinsicht war das verfluchte Kricketfeld schlimmer als das Schwimmbad. Vielleicht nicht schlimmer als das Getunktwerden; doch dabei kam mir Littleton oft mit einem raschen Kopfsprung zu Hilfe und *tunkte den Tunker*, wohingegen er auf jenem Feld des Elends stets weit weg war; und kein Beschützerinstinkt der Welt konnte einen erfolgreichen Schlagmann vom Wicket weglocken, wo er gerade seine hundert machte. Und was hätte er schon tun können? Seinen Bruder Johnny zu einem Kricketspieler zu machen wäre dasselbe gewesen, wie seinen Vater zum Schauspieler zu machen. Mein Gott! Die endlosen Stunden, wo ich im Feld stand, ohne je auch nur ein einziges „Over" werfen zu dürfen, um dann, wenn ich endlich ans Schlagen kam, jedesmal sang- und klanglos auszuscheiden! Ich erinnere mich noch gut – aber das war in der Höheren Schule, nachdem ich auf „Long-leg" einen Ball verpaßt hatte –, wie ich in meiner bitteren Erniedrigung und meinem vollkommenen Elend zu mir sagte:

„O Herr, nimm mir das Leben, denn ich bin seiner nicht würdig!"

Ebendieses Kricketfeld aber vermittelt mir bei all den schmerzhaften und bitteren Momenten des Lebens, die mir heute wiederkehren, ein Gefühl gesunder Verhältnismäßigkeit. „Zumindest spiele ich nicht Kricket!" kann ich mir sagen und kraft dessen dem leidgeübten Ulysses gleich werden.

Wie ich die alten Männer aus den Armenhäusern zu beneiden lernte, die unseren Spielen manchmal zusahen! Ich beneidete sogar noch die Unkräuter, die ich am Rande des ebenen „Pitch" entdeckte, wenn ich einem Schlag über die Spielfeldgrenze nacheilte. Sie zumindest waren der Sense, der Rasenwalze und all dem anderen Zubehör eines Nationalsports entronnen. Ja, für alle Außenseiter und „Sonderlinge" auf dieser Welt bildet die Natur die einzige Zuflucht. Sie mag dem Tiger seine Klauen und der Kobra ihr Gift geben, doch sie schaut mit sehr mutwilligem, schadenfrohem Blick – mit unbekümmertem, *ironischem* Blick, könnte man sagen! – auf die strengen Regeln und Disziplinen des „hochmütigen Lakedämon" herab.

Ich mochte die Winter in der Schule lieber als die Sommer. In einem unserer ersten Winter in der Höheren Schule fiel eine Horde mit Schneebällen bewaffneter Stadtjungen in den Hof von Wildman's House ein; und bei dieser Gelegenheit fand ich mich im Hin- und Herwogen des Schlachtenglücks einen stolzen Moment lang, und zwar ohne abgrundtief zu verzweifeln, allein mit dem Feinde ausgesperrt! Ich gestehe, daß mir etwas das Herz sank, als die gesamte Schule einschließlich der Sechstkläßler, die das Recht hatten, Stöcke zu tragen, sich *en masse* auf der Bristol Road in Marsch setzte, um einen besonders steilen Hügel hinabzurodeln. Doch die jüngeren von uns hatten flache Metalltröge dabei, um darauf hinunterzuschlittern; und ich bin immer noch stolz darauf, daß ich ganz eindeutig Vergnügen empfand, als ich mit einem kleinen Jungen auf dem Rücken bäuchlings den Steilhang hinabpolterte und wir beide im Dahinsausen ein ums andere Mal in die Luft geschleudert wurden wie der Delphin und Arion, als sie über die glatten Wellenkämme schossen.

Wenn ich in meinem neunten Jahr eingebildet oder arrogant geworden bin, so waren mir diese Charakterfehler nach einem

Jahr in der Höheren Schule ganz gewiß weitgehend ausgetrieben. Ich entsinne mich, wie einmal ein Junge namens B---, einer meiner schlimmsten Feinde in Wildman's House, sich an Stodger A--- wandte, als dieser Potentat wie einer der größeren Jungen persönlich unsere Vorbereitungen zur Nacht beaufsichtigte.

„Darf ich etwas sagen, Stodger?" fragte er.

„Ja," erwiderte der Magnat, „wenn du es leise sagen kannst. Was gibt's?"

„Guck mal, Stodger, guck doch mal! Hast du in deinem ganzen Leben schon mal eine so häßliche Visage gesehen wie die von Powys I?"

Selbstgefälligkeit hinsichtlich meines Äußeren gehörte nie zu meinen Eigenheiten. Unsere ersten Lehrer in Weymouth und Dorchester vernarrten sich – wie auch anders? – stets in Littleton und verspürten mir gegenüber instinktives Mißtrauen.

„Ihr habt ein Vorurteil gegen mich!" erinnere ich mich einmal in heftiger Erregung ausgerufen zu haben, als ich erst sechs oder sieben war; und meine allgemeine Haltung war, daß sämtliche kompetenten, tüchtigen Menschen auf der Welt ein Vorurteil gegen mich hatten. Wenn es denn so war, hatten sie gewiß Recht damit, denn die abgrundtiefe Misanthropie, mit der ich als Johnny in Dorchester und als Moony in Sherborne die wohlveranlagten Menschen betrachtete, die mich verhöhnten, war ein Höllensud, so „dick und zäh" wie der, den ich im Garten von Shirley aus unserem Urin gebraut hatte. Ich zeigte niemals Zorn, und ich verzieh niemals. Darin glich ich einem Elefanten. Doch mein körperliches und athletisches Unvermögen in der Schule muß eine Deformation in meinem Gemüt hinterlassen haben, von der ich mich niemals erholen werde. Ich bekam gründlich eingebleut, daß ich ein unbeholfener Narr war, ein plumper Narr, ein tölpelhafter Narr, ein feiger Narr, ein schwachsinniger Narr, ein windiger Narr, ein kompletter Narr, ein bösartiger, niederträchtiger, linkischer Narr, ein gefräßiger Narr, ein häßlicher Narr, ein unklassifizierbarer Narr, ein verrückter Narr, ein unbegreiflicher Narr.

Ja, in Wildman's House erreichte meine Unbeliebtheit ein derartiges Ausmaß, daß sie am Ende eine Ächtung von Powys I, eine Hetze auf Powys I hinauslief. Es hieß, ich äße sogar auf abstoßende, barbarische, bestialische Weise, indem ich mein Essen mit den

Vorder- anstatt mit den Backenzähnen kaute! Ich war nicht unglücklich in der Prep., aber die anderen Jungen mochten mich nicht. Als meine Handgelenke so kräftig wurden, daß in meinem Zeugnis „eine deutliche Tendenz zur Kameradenschinderei" vermerkt wurde, war ich meiner Erinnerung nach von Herzen und mit einer einzigen Ausnahme generell verhaßt. Obschon ein Kameradenschinder, was meine Fähigkeit anlangte, Menschen mit der Kraft meiner Handgelenke zu Boden zu zwingen, hegte ich Todesangst vor mehreren, viel kleineren Jungen. Einer dieser kleinen Teufel, der ganz versessen darauf war, mich zum Narren zu halten, erhielt eines Abends eine lakonische Warnung von Powys II, der sich mit klassischer Kürze unterschrieb:

„Von einem, der dich verdreschen kann."

Ach! Wie mir nun ein Herbstnachmittag im Hof von Westbury House wiederkehrt, als wir allesamt an den großen Toren versammelt waren, die auf die Station Road gingen. Wir warteten auf den Start zu einer Schnitzeljagd, die beiden Füchse waren schon fort, Mr. Blake und Mr. Hawkins waren schon fort, Mr. Blakes kurzbeiniger, langhaariger Pudel war fort, und nur die unglücklichen Verfolger, die den ausgestreuten Papierschnitzeln über Hecken und Gräben nachsetzen mußten, waren in leichter Fußballkleidung zurückgeblieben, bis der Moment zum Aufbruch kam. Blake mit seinem neugierigen Pudel war über eine ganz bestimmte, mehrere Meilen entfernte Stelle informiert worden, an der die Jungen, die als Jagdwild fungierten, vorbeizukommen vereinbart hatten; derweil aus den Taschen, die sie bei sich hatten, eine dünne Schnitzelspur auf den Boden rieselte, die zu den dichtesten Hecken, den tiefsten Tümpeln, den undurchdringlichsten Gestrüppen führte, die sie auf ihrer wilden Flucht nur finden konnten.

Ich kann mich noch – und es war zweifellos eine Vorahnung von den Magengeschwüren, die später in unserer unwissenschaftlichen Familie als höhere Fügung akzeptiert und lakonisch als *Jacks Schmerzen* bezeichnet wurden – an einen sonderbaren, Übelkeit erregenden, aschigen Geschmack aus meiner Magengrube entsinnen, während ich vor Kälte schaudernd dastand und meine ganze Standhaftigkeit zusammennahm. Wie deutlich mir auch der Anblick des alten Blake wiederkehrt, der mit seinen breiten Schultern, seinem militärischen Schnurrbart und dem allgegenwärtigen kleinen Hund zu Füßen an irgendeiner entlegenen Wegbiegung auf uns wartete.

„Na, Powys I", rief er, während ich mich keuchend und nach Luft ringend an ihm vorbeischleppte und den selbstzufriedenen Hund zu seinen Füßen bitter beneidete, „wohl keine Puste mehr, wie?"

Keine Puste, in der Tat! Es war ein Wunder, daß ich genügend sogenannte „zweite Luft" zu mobilisieren vermochte, um zum Schulhof zurückzukehren, ehe Dunkelheit sich auf das Blackmore Vale herabsenkte. Beliebige Entfernungen zurückzulegen und die meisten Hindernisse zu überwinden hatte mein Vater mir zwar beigebracht; aber ich hatte ihn nie im Leben rennen sehen; und dieses Rennen über drei oder vier Meilen in unvermindertem Tempo überforderte mich völlig.

Nur einmal wurden Littleton und ich von Blake in dessen kleinem Arbeitszimmer in Westbury mit dem Rohrstock gezüchtigt. Ich glaube nicht, daß er – ehrbarer Landjunker, der er im Grunde seines Herzens war – auch nur im mindesten etwas von meinem Laster hatte. Aber sein Herrscherstolz war gewaltig und machte ihn zu einem furchtbaren Zuchtmeister. Und er besaß eine garstige Kollektion von Rohrstöcken. Jeder Junge, der mit dem Rohrstock gezüchtigt worden war, pflegte abends, vor dem „Lichtausmachen", in seinem Schlafraum eine Art Ehrengericht zu halten, bei dem er stolz die oft blutigen, schwarzen und blauen Striemen vorwies, die ihn kirre gemacht hatten, Prügelspuren, die merkwürdigerweise sowohl ihm als auch dem Direktor zum Ruhme zu gereichen schienen! Und wofür wurden wir gezüchtigt? Sonderbarerweise beide für das gleiche Vergehen, nämlich für die Einführung des Sujets Stockprügel in die Kunst! Da es nicht um Schiffe ging, hatte Littleton den Gedanken wahrscheinlich von mir; und so diffizil sind die Feinheiten der Perspektive, daß Blake, was in Wirklichkeit Blutstropfen waren, fälschlich für ein Bewicksches Beharren auf einer weniger grausamen, aber erheblich anstößigeren Wirkung der Rute hielt.

Es muß Anfang der Achtziger gewesen sein, als Blake mit dem Bau der neuen Preparatory School begann. Dieses geräumige Bauwerk erhob sich am Rande der offenen Felder zur Yeovil Road hin, und ich kann mich noch gut entsinnen, wie ich eines Sonntagnachmittags, die Taschen voller Aprikosenpaté und Himbeer-„Noyau", Romulus und Remus nachahmte und die im Entstehen begriffenen Mauern übersprang. Man darf nicht glauben, ich hätte Spielen keinerlei normale Freude abgewinnen können. Ganz so unmenschlich war ich nun auch nicht. Tatsächlich pflegten Littleton und ich, als wir in Wildman's House in der Höheren Schule waren – es lag in der Nähe des Kricketfeldes, ist derzeit jedoch, glaube ich, eine Art Konvent –, uns an den Rand dieses Feldes zu begeben, wo wir uns mit lebhaftem Eifer gegenseitig Bälle zuwarfen. Unser lebenslanger Freund und vielgeliebter Lehrer, der Reverend Mr. King – eheu! non est qualis erat –, hielt das für ein denkwürdiges Beispiel des richtigen Geistes in solchen Dingen. Es war jedenfalls ein Beispiel für einen *unkonventionellen* Geist; und genaugenommen der Beweis für eine Behauptung, die ich stets vertreten habe, daß nämlich bei allen Spielen eher der Amateur als der Professional das zuinnerst Fesselnde am Sport erfährt. Und was den Fußball anging, so pflegte ich, ehe ich von der Prep. abging – jawohl!, und auch hinterher in der Höheren Schule –, große Befriedigung an einer auf dem Fußballfeld üblichen, amateurhaften Form der Zerstreuung zu finden, der sich die Jungen auf dem Weg zu irgendeinem Bummel oder bei der Rückkehr davon zwanglos anschließen konnten, ohne die herkömmliche Fußballkluft anlegen zu müssen. Dieser Brauch bestand darin, den Ball zu treten, wie es einem die Laune gerade eingab – sei's als „Platztritt", „Fallstoß" oder „Sprungtritt" –, sobald man ihn erobert hatte; und man eroberte ihn – und das Gebalge darum war immer freundlich und gutmütig –, indem man ihm nachjagte, wenn er herunterkam, und einen „Versuch legte" oder indem man ihn auffing, ehe er auf dem Boden aufsprang. Dieser harmlose und friedliche Sport wurde „Herumkicken" genannt, und es war verwunderlich anzusehen, mit welcher subtilen Mischung aus Sehnsucht nach den früheren Verhältnissen und Stolz auf die neuen die Exschüler der Prep., die gerade in die Höhere Schule eingetreten waren, ganz beiläufig zum „Herumkicken" mit ihren früheren Kameraden gravitierten.

So tauchten sie etwa mit teilnahmsloser, nonchalanter Miene auf, als könnten sie, obschon eigentlich auf dem Weg zu unfaßbar priviligierten Betätigungen, geradesogut für einen Moment bei der ehemaligen Schule hereinschauen und den Kleinen zuliebe ein-, zweimal gegen deren Ball treten! Nicht daß wir unsere ehemaligen Gefährten oder sonst irgendwelche Jungen in Sherborne jemals als „Kleine" bezeichnet hätten. Wir sagten stets „Leute".

„Hat einer von euch Leuten Lust auf Schokolade? Kommt einer von euch Leuten sich das Match ansehen?"

Ich glaube, nicht einmal die Chinesen sind heikler, was ihre persönliche Würde angeht, oder stärker darauf bedacht, „das Gesicht zu wahren", als Schuljungen in ihrer Beziehung zueinander. Sie *müssen* es sein. Das ganze System impft es ihnen ein. Dem Engländer – sei er ein kleiner Knabe, ein großer Knabe oder ein junger Herr – ist wohl kein Gesichtsausdruck so wesensgemäß wie eine gewissene befangene, selbstgefällige Zufriedenheit, wenn er seinem Blick erlaubt, einem Kricket- oder Fußball zu folgen, den er ein beträchtliches Stück weit durch die Luft geschlagen hat. Dann wird man, zumal wenn es sich um einen Schlag über die Spielfeldgrenze hinaus handelt und andere Leute hinterherrennen, ein Lächeln von unendlicher Genugtuung auf seinem Gesicht sehen, das sich freilich – wenn seine Befangenheit zurückkehrt – rasch in eine Miene verwandelt, die besagt: „Pah! Kleinigkeit! *Das ist doch nichts Besonderes!*"

Der eigentliche Umzug von Westbury House nach Acreman House hinterließ keinerlei Eindruck in meinem Gedächtnis. So wichtig das Ereignis für W. H. Blake gewesen sein muß, für Powys I war es eine Bagatelle. Das einzige, was mich an diesem Bauwerk – dem ersten von so vielen neuen Gebäuden in Sherborne – beeindruckte, war der Weg, den wir jetzt nehmen mußten, um zur Schulkapelle zu gelangen. Wir Prep.-Schüler hatten unsere eigenen Plätze dort und mußten sonntags zwischen zwei Reihen spöttischer Burschen, die uns gern unsere Zylinder über die Augen stupsten, Spießruten laufen. Doch um von Acreman House dorthin zu kommen, mußten wir an einigen überaus altmodischen Arbeiterhäuschen vorbei, die etwas erhöht abseits der Straße standen. Ich glaube wirklich, daß ein Großteil meiner Manie – denn es ist nichts anderes –, friedliche menschliche Behausungen, besonders kleine, zu betrachten, wo unbekannte Personen all die schlichten, häuslichen Routinegeschäfte verrichten, die auf Erden nun einmal getan werden müssen, im Anblick dieser kleinen Häuser einen ihrer Ursprünge hat.

In meinen verborgensten Gedanken war es immer gegenwärtig, das unglaubliche Glück der Erwachsenen, die nicht zur Schule gingen. Morgens *die Milch hereinzuholen* und dabei von der Schwelle seines eigenen Hauses aus zu beobachten, wie das Wetter wird – war das nicht das höchste menschliche Glück? Ein- und auszugehen in normalen Räumen – nicht unbedingt mit so vielen Möbeln darin, wie ich es in meiner „Reise durch mein Zimmer" geschildert hatte, aber zumindest frei von der Trostlosigkeit der Schulbänke und Wandtafeln –, aus einem Garten, in dem die Krokusse und Kohlköpfe nichts von Schuletikette wußten, war gleichsam, als tauche man aus Malebolge auf und „sähe die Sterne wieder". Als Theodore und ich – er war damals in der Prep., und ich auf der Höheren Schule – einmal in den Lenty-Wiesen ein paar Streckenarbeitern zusahen, kamen wir zu dem Schluß, daß es viel besser wäre, Eisenbahnarbeiter zu sein als zur Schule zu gehen.

Am meisten aber beneidete ich die Frauen, denn sie *gingen nicht nur nicht zur Schule*, sondern mußten auch nicht in den Krieg ziehen, zur See gehen oder sich sonstwo einem Reglement unterwerfen. Sie taten, was sie mochten. Bei meiner Idealisierung häuslichen Lebens kam mir niemals in den Sinn, daß es eben in diesen Häusern wahrscheinlich Frauen gab, die sich – wie Eustacia in *Die Rückkehr* – danach sehnten, der Militärkapelle in Dorchester zuzuhören oder das Pier Theatre in Weymouth zu besuchen, und die, um dieses Ziel zu erreichen, jede menschenmögliche Arbeit unter jeder Art von Reglement angenommen hätten. Doch der Neid auf die glücklichen Frauen, die ihre eigene Haustür aufmachten, *um die Milch hereinzuholen*, endete nicht mit meiner Schulzeit. Ich verspürte ihn auch im College. Ich verspürte ihn sogar noch, als ich in Southwick, über Mr. Pollards Lebensmittelgeschäft, mein Junggesellenleben als Lektor an der Mädchenschule von Brighton führte.

Ich kann mich noch gut entsinnen, wie ich an einem ganz bestimmten dunklen Herbstnachmittag der beschaulichen Anlieferung der Abendmilch an der Tür eines kleinen Hauses in Rottingdean, auf der anderen Seite von Brighton, zusah; und dieser Vorfall ist mir als lebendiges Symbol einer ganz bestimmten, tief in mir verwurzelten Sehnsucht nach einem Leben schlichter Routine in einem ganz kleinen Haus im Gedächtnis geblieben! Hierin liegt, da bin ich sicher, ein magisches und mystisches Geheimnis, ein zutiefst subtiles Geheimnis, das nichts mit den kruden Verallgemeinerungen der Psychoanalyse zu tun hat. Wenn wir auf dem Wege zur Schulkapelle an diesen Häuschen vorbeigingen, mußten wir außerdem einer kleinen Privatgasse folgen, die zwischen der Nordmauer des Schwimmbades und dem Garten des Direktors verlief.

Diese Mauer ist dem starken Band geweiht, das Littleton und mich miteinander verknüpft und immer verknüpfen wird. Denn über sie beugte ich mich einmal, als ich die Freiheit der Krankenstation genoß – ach, welches Glück es damals bedeutete, krank zu sein –, um ihm einen Hartriegelzweig mit Raupen darauf zu reichen. Die Raupen hatte ich bei unserer Lieblingseiche gefunden, und man ersieht aus der Episode, daß naturkundliches Sammeln an der Schule nicht behindert wurde; gleichwohl sehe ich noch heute ganz deutlich das Turmfalkenei vor mir – ich sehe die braunen Flecken auf dem fahlen Untergrund, wie rostrote Blutstropfen auf einem Pilz –, das irgendein zudringlicher Junge zerbrach und das ich unter verzeifelten Tränen mit Briefmarkenkleber flickte. Das Sammeln von Vogeleiern war eine Leidenschaft, die Littleton und ich mit meinem Vater teilten; als ich aber anfing, Briefmarken zu sammeln, machte mein Vater ein sehr sonderbares Gesicht. Ich glaube, er betrachtete einen Philatelisten als fast so schlimm wie einen Professor.

Das Schulleben machte es mir sehr schwer, meinen heimlichen mythologischen Neigungen nachzugehen. In der Schule ist es nicht leicht, ein Magier zu sein. Und auch die so stark in mir wirksame Tendenz zur Fetischverehrung fand nicht viel Spielraum. Schlafräume, Klassenzimmer und Kricketfelder eignen sich nicht für den Kult des Unbelebten. Gleichwohl, als irgendein revolutionärer Tagesschüler Murmeln und Kreisel, die Spielzeuge der Straße, in Westbury House einzuführen wagte – sie wurden auf Befehl der Höheren Schule bald verboten, und irgendein artiger Dieb eignete sich den gesamten Bestand an –, hatte ich Gelegenheit, wenigstens einem unbelebten Objekt primitive Verehrung entgegenzubringen. Ich kann mich noch gut an einen schwarzen Kreisel erinnern, den ich damals hatte – wir spielten nur mit ganz kleinen Kreiseln, die mit den Fingern gedreht werden mußten –, und ich sehe das kleine Gebilde und den lebhaften Charakter, mit dem ich es ausstattete, noch heute vor mir.

Spazierstöcke durften wir in der Schule erst ab der sechsten Klasse tragen. Ich kann mich noch an den ersten Stock erinnern, den ich als kleines Kind bekam. Er war von rötlicher Farbe und hatte einen Hornknauf. Ich glaube, ich war damals neun; denn ich weiß noch, wie ich damit zum römischen Amphitheater in Dorchester spazierte und mir dabei wie ein junger Liktor oder Propraetor vorkam, der etwas Luft schöpfte. Ich kann mich noch an einen anderen wichtigen Spazierstock in meinem Leben erinnern, nämlich an den, den ich kaufte, als ich endlich – Littleton war wohl schon dort – in „die Sechste" kam. Dieser Stock hatte einen merkwürdigen, knotigen Knauf, wie ein Knüppel, und war von sandgelbem Ton. Alles in allem haben Spazierstöcke in meinem Leben die gleiche Bedeutung erworben wie Schwerter im Leben des Mittelalters. Meinen jetzigen Hickorystock habe ich seit 1917, während mein Zaubernußstock nur etwa sechs Jahre in meinem Besitz blieb, nachdem ich ihn in Patchin Place auf allerhöchsten Befehl der unvergleichlichen Miss Rowe von Mr. Gilman bekommen hatte. Doch der wichtigste Stock, den ich bislang besessen habe, war – obschon mir Llewelyn einen Schlangenstab aus Ebenholz geschenkt hat, der mir immense Befriedigung verschafft – ein Eichenstock mit rundem Knauf, den ich während meiner gesamten Collegezeit hatte. Diesem Stock gab ich den Namen „Heilig", und heilig war er auch, im wahrhaft alten und abergläubischen Sinne des Wortes, denn er war Komplice von Mysterien und Vertrauter von Manien.

Ich litt seinerzeit an der wohlbekannten Manie, mir ständig die Hände waschen zu müssen. Ich mußte ständig Leute auffordern, mir Türen zu öffnen, weil ich befürchtete, mir an Türklinken die Finger zu beschmutzen. Nebenbei darf ich bemerken, daß ich um so mehr dazu neige, abergläubischen, animistischen Riten und Zeremonien zu frönen, je glücklicher ich bin und je mehr mein innerstes Wesen sich austoben kann! Ich pflegte den Knauf von „Heilig" stets in den Pfützen an der Straße zu reinigen, wenn meine Hand auch nur geringfügig schwitzte, und noch heute ist es von großer Wichtigkeit für mich, wo jeder meiner besonderen Stöcke „gern" steht, während er wartet, bis er an der Reihe ist, ausgeführt zu werden. Ja, mein animistischer Aberglaube ist viel stärker geworden, je glücklicher ich geworden bin, und wie eine kluge Stimme aus heiterem Himmel einmal zu mir sagte:

„Lerne daraus, daß es besser ist, nicht allzu vernünftig sein zu wollen."

Ich gestehe, daß mich trotz all meiner antisozialen Tendenzen am Schulgedenktag stets freudige Erregung packte. Blake pflegte uns allen aus diesem Anlaß ein Knopflochsträußchen aus dem Garten unter der hohen Mauer in Westbury zu überreichen. Gut kann ich mich noch an die Freude erinnern, mit der ich aus der großen Pranke dieses formidablen Mannes eine blaßrote Rosenknospe empfing. Der Gedenktag der Schule von Sherborne, sozusagen das Beten für die Seelen all ihrer alten Heiligen und Könige, versetzte mich in meiner Empfänglichkeit für Heldenverehrung zurück zu St. Aldhelm und König Alfred; zurück zu dem halbwüchsigen König Edward VI. jenem Wunderkind der Renaissance, zurück in die Tage, da unser Großvater – der mit den Silbermünzen – mit der Kutsche aus Norfolk kam, und in die Tage, als unser Onkel Littleton, der tot und begraben in Indien liegt, für seine tollen Streiche und Teufeleien Ruhm gewann, wie wir ihn niemals gewinnen würden.

Fortwährend ringe ich darum, mich an einen Anlaß in der Prep. zu erinnern, der sich als Ursprung meines gegenwärtigen Kultes eines eher der Sinneswahrnehmung als dem Denken gewidmeten Lebens bestimmen ließe. Aber vergebens! Ohne Erfolg ringe ich darum, mich an etwas zu entsinnen, das im entferntesten meiner heutigen Hauptbeschäftigung ähnelt. Diese Unfähigkeit ärgert mich. Erstaunlich, daß sie mir nicht eine Art geistigen Schwindel verursacht. Und doch fühle ich mich als derselbe Mensch! Ich bin derselbe Mensch. Sobald ich der Kontrolle meines Willens entgleite, sobald meine Gedanken nach Herzenslust schweifen, werde ich wieder zum Johnny von Rothesay House und zum „Moony" von Westbury House. Aber ich weigere mich stets, sie außer Kontrolle geraten zu lassen, diese Gedanken, die mein Leben ausmachen, diese Gedanken, die mich ausmachen. „Sie sollen aber marschieren," wie Captain Toby Shandy zu dem Korporal sagt, „sie sollen aber marschieren!"

Nein, dieser Tage lasse ich meine Gedanken niemals schweifen, wenn ich es vermeiden kann; aber das Schlimmste an diesem dem Willen unterworfenen Innenleben ist, daß es sich anschickt, den fernen Johnny, der Fallgruben für Mr. Curme auszuheben pflegte, und den noch ferneren Powys I, der eine Leidenschaft für Aprikosenpaté und eine Schwäche für das „Herumkicken" hatte, einer Art Vernichtung anheimzugeben, wie sie nach unserem Empfinden Schnaken und Mücken widerfährt.

Ja, die unliebsamste Entdeckung, die ich heute beim Umhertasten nach jenen Tagen im Zwielicht meiner Erinnerung mache, ist die, daß der einzige geistige Zusammenhang, dessen ich habhaft werden kann, sozusagen die *Schnur*, auf die die Perlen meiner Eindrücke aufgezogen sind, schlicht in einem nervösen, imaginativen Ich besteht, das von zeitweiligen Manien und Obsessionen hierhin und dahin getrieben wird und dem es völlig an einer inneren Form des Widerstandes gegen das Leben gebricht. Von einem kleinen Jungen kann man nicht erwarten, daß er Philosoph oder gar glühender Verehrer kosmischer Empfindungen ist, aber daß ich so sehr im Drama des Augenblicks befangen war, daß mir Momente des Nachdenkens über das Leben als Ganzes völlig fehlten, ist noch heute ein Schlag für meine Selbstachtung.

Gelegenheit für ein solches Gefühl hätte sich etwa in den flüchtigen Momenten ergeben, wo ich als „Stürmer" beim Rugby vornübergebeugt und zwischen den keuchenden Gestalten meiner Mitspieler eingeklemmt auf das Signal zum „Gedränge" oder „Gewühle" wartete, um loszupreschen, aber ich würde mich einer groben Unaufrichtigkeit schuldig machen, wenn ich nach all den Jahren so zu tun versuchte, als hätte ich in solchen Momenten auch nur die kleinste Annäherung an eine derartige Denkhaltung vollzogen. Ich kann mich erinnern, daß ich mir einmal im dichtesten Rugby-„Gewühle" sagte, ich sei zum Lesen von Abenteuerromanen geschaffen, und nicht, um wie ein Stier mit den Hörnern zu stoßen; aber aus dem gesamten Verlauf meines Lebens kann ich nur zwei eindeutige Anlässe benennen, wo mir meine derzeitige „Philosophie des Widerstandes" als unausweichlich notwendig ins Bewußtsein stieg, als endgültiges In-die-Enge-getrieben-Sein.

Der erste ergab sich vor fast dreißig Jahren, als ich mich mit meinem Sohn, damals ein Kind von drei oder vier Jahren, im Hause meiner Verwandten im Close von Norwich aufhielt. In meiner launischen Ruhelosigkeit und meinem Verlangen „nach aufregenderem Brot, als aus Weizen gebacken wird", war ich undankbar gegen die ruhige, prächtige, gesetzte Kulisse dieses geweihten Bezirks, undankbar sogar – während ich im bequemsten Bett der Welt lag – gegen die kostbaren Andenken an den Dichter Cowper, die mich umgaben, wie etwa seine dunkelblaue Waschschüssel nebst Krug und Nachtgeschirr; bis ich in meiner unleidlichen Aufsässigkeit einer merkwürdigen, äußersten Losgelöstheit gewahr wurde, die sich *beim Liegen in einer ganz bestimmten Position* einstellte, einer Position, in der mir die Muskelentspannung in meinen Gliedern tatsächlich das Gefühl vermittelte, das ich hier anzudeuten versuche, das Gefühl nämlich, eine bewußte Wesenheit zu sein, die sich kraft ganz bestimmter ureigenster Empfindungen vom Druck des historischen Menschseins isolieren kann. Die zweite ergab sich im ziemlich trostlosen Abtritt von Patchin Place Nr. 4 in New York, als ich gerade den Geist äußersten Widerstandes gegen alle Drangsal anrief und mir plötzlich der Gedanke an einen Kasten mit schwarzen Zargen und Messinggriffen einkam! Diesen Gegenstand hob ich in Gedanken hoch; und das Bild dieses schwarzen Kastens wurde mir für mehrere Jahre zum Symbol meiner verbliebenen Widerstandkräfte gegen die Einwirkung des Kosmos. In Wahrheit bin ich so beschaffen, daß meine Vorstellungskraft jeden geistigen Vorgang, der irgend wichtig für mich ist, in ein ritualistisches Symbol verwandelt. Solche Symbole und solche bewußten, Bilder schaffenden Akte der imaginativen Vernunft sind mir in meinem heimlichen geistigen Leben eine unschätzbare Hilfe geworden; und ich gestehe, daß es mir heute geradezu erstaunlich erscheint, daß ich – wie eine unreife Seele im Zustand hilfloser Nacktheit – den Mut hatte, all die Erschütterungen, Schrecken und Verirrungen zu ertragen, die mich in diesem zarten Alter heimsuchten.

Mit allen möglichen behelfsmäßigen Schlägern gespieltes Hokkey war der Sport, dem wir im großen neuen Hof von Acreman House frönten; und ich entsinne mich, daß ich es auf die gleiche regellose Weise auch im Hof von Wildman's House spielte. Diese Hockeyspiele waren mir in der Tat ein unglaublicher Trost; und in der Hitze des Spiels konnte ich meine „häßliche Visage" vergessen, mein mehr als dilettantisches Kricket, meine unglückliche Art, mein Essen zu kauen, meine Furcht vor dem „Getunktwerden" und meine Unfähigkeit, griechische Verse zu verfassen.

Unterdessen lauerte der abscheuliche Peiniger der Menschenseele, die Angst, der Erzdämon Angst, immerzu darauf, in mir das Verlangen zu erwecken, mich auf dem Grunde des Meeres zu vergraben. Ich spreche hier von der Art von Angst, die ein Mensch niemals oder kaum je enthüllt; und ich bin auch gegen Versuche, sie zu enthüllen. Besser, weit besser, seine eigene Qual mit sich herumzutragen und sie mit Lethewasser aus der eigenen Schleuse zu besprengen!

Wir sind alle verrückt; und es ist am besten, wir lernen, unsere Verrücktheit zu vergessen. Vergiß sie! Kämpfe niemals dagegen an. Man darf aber nicht annehmen, ich sei in der Prep. von jenen Anwandlungen mysteriöser Hochstimmung unbeseelt geblieben, die durch die Gunst der großen schöpferischen Natur zu Zeiten jeden Menschen auf Erden überkommt. Ich erinnere mich gut, wie ich eines Nachts unter dem Sternenhimmel durch den neuen Hof von Acreman House ging, um das Pissoir aufzusuchen; und wie ich im Aufschauen, noch ganz benommen von der Lektüre Bulwer Lyttons, damals eine Neuentdeckung für mich, den funkelnden, glitzernden weißen Lichtpunkten und dem sternenerleuchteten Dach der Latrine gegenüber, zu der ich meine Schritte lenkte, ein Gelübde ablegte, daß ich, wenn ich erwachsen wäre, Dichter werden würde. Die trunkene Ekstase, die mich daraufhin durchschauerte, muß von ungewöhnlicher Heftigkeit gewesen sein, sonst würde ich mich nach fast einem halben Jahrhundert wohl kaum daran erinnern. Es hatte mit den Sternen zu tun; und nie wieder haben die Sterne ganz so freundlich angemutet wie in jener Nacht! Was für ein besonderes und merkwürdiges Kapitel im Leben eines Menschen ist die Geschichte seiner Beziehung zu jenen glitzernden Punkten weißen Feuers, die die schwindelerregende Leere des schwarzen Raums vergessen machen. Ich empfinde es immer als seltsam und unnatürlich, wenn moderne Autoren von „gleichgültigen“ oder „teilnahmslosen“ Sternen sprechen. Mir erscheinen sie nicht im mindesten gleichgültiger als große Berge, die stürmische See oder das Angesicht der dunklen Erde selbst. Andererseits lenken sie meine Gedanken niemals, wie offenbar bei Kant, auf die Erhabenheit des ihnen entgegengesetzten Wunders – auf das überragende moralische Gesetz im Menschen.

Nein, nicht mit dem Gewissen komme ich diesen Kerzen des Unendlichen bei und richte sie zu wahrnehmbaren Leuchtern her, sondern mit dem Verstand. Größe, Entfernung, Grenzenlosigkeit beunruhigen mich nicht sonderlich. Ich betrachte sie als mathematischen Trick – fast als Illusion –, nicht zu vergleichen mit dem ausgedehnten Mysterium des Denkens, eines Denkens, das sie erfaßt, einschließt, übersteigt.

Nun aber muß ich auf einen Aspekt meiner Gefühle in der Prep. zu sprechen kommen, der einem der tiefsten Ströme meines Wesens entsprang und noch entspringt, nämlich die Heldenverehrung. Keine Personengruppe wird mir die Erhabenheit des *homo sapiens* jemals so nahebringen oder mich mit der gleichen Ehrfurcht und Verehrung erfüllen wie jene „Hirten des Volkes", wie Homer sagen würde, die Sporthelden der Sherborne School. Wie ich sie kannte – jede Regung und jeden Ausdruck ihrer einzigartigen Physiognomien, jede Bewegung ihrer unvergleichlichen Körper! Sonntags in der Kapelle pflegte ich sie ehrfürchtig anzustarren, wenn sie hereinkamen; und wenn die Schule ihre hoffnungslosen Rugbyspiele gegen Außenstehende austrug und wir alle in wilder Erregung das Feld auf und ab stürmten, wurde ich mit der alten römischen Empfindung kollektiver Hingabe inniger vertraut, als ich es seither irgendeiner Sache wegen erlebt habe.

Diese Rugbyspiele aber wurden, was das Aufwallen meiner homerischen Heldenverehrung anlangte, noch von den jährlichen Hindernisläufen der Schule übertroffen. Wie ich jede wohlvertraute Gestalt erkannte und ihr salutierte, wenn sie keuchend angesprungen kam, stolperte, fiel, sich aufrappelte, über Hürden, über dichte Hecken, über Gräben und Bäche, über Mauern, Zäune und Sumpflöcher setzte, bis sie schließlich sogar noch den „Bog Stream" selbst durchwatete! Jeder von uns hatte seinen besonderen Helden unter diesen Kämpen. Meiner – man glaube ja nicht, ich hätte ihn vergessen! – war *Perch I.* Ich habe das vage Gefühl, daß es auch einen Perch II gab, aber *seine* Züge bleiben unscharf für mich. Perch I war mein Achilles, mein flinkfüßiges Kind der Unsterblichen. Und welch reines, ungetrübtes Entzükken war es nicht, wenn man seinen besonderen Liebling der Götter triumphieren sah und einem darob die Knochen im Leibe schmolzen! Wie Goethe – wahrscheinlich als er die Kritteleien des trefflichen Eckermann in ihre Schranken wies – so tiefsinnig sagt: „Nur die Liebe versetzt uns in die Lage, Überlegenheit bei anderen zu ertragen!"

Ich neige zu der Ansicht, daß ich schon vor meinem Abgang von der Prep. mit den Werken von George MacDonald vertraut geworden bin. Dieser Autor muß mich als morbiden Wilden vorgefunden haben. Doch die Bücher des Mannes besitzen bei aller Krudität wirklich eine besondere Ader poetischen Gefühls und trugen viel dazu bei, meine Lebensillusion zu verdichten. Ich beschwatzte sogar Littleton, eines davon zu lesen, das von einer wunderschönen jungen Frau namens Euphrasia handelte. Für mich ist es heute höchst interessant, den Unterschied zu konstatieren, der in solchen Dingen zwischen uns besteht. Für die mystischen Überhebungen, die *mir* – wie an jenem Tag auf dem Bürgersteig von Weymouth gegenüber meinem gleichgültigen Lehrer – das Gefühl gaben, ich sei so außerordentlich „brav", war Littleton völlig unempfänglich. Sie tropften an seinem vernünftigen Wesen ab wie Wasser an einem Entenrücken. Aber wenn es um sentimentale Gefühle ging – gegen die mein „okkultes" Laster mich zu feien bestimmt war –, warf Littleton die Arme hoch. O die liebliche, sanfte, fügsame, berückende „Euphra", wie sie ihm die Tränen in die anfälligen Augen trieb! Er las so selten eine Geschichte, daß, wenn er einmal eine las, sie ihn tagelang gefangenhielt. Freilich ließ ich ihn und seine Euphra nicht in Frieden. Ich hänselte ihn, wie er bei einem solchen Thema gehänselt zu werden *liebte*. Doch obschon durch mein Laster gegen normale Gefühle gewappnet, kann ich – und ich berichte es mit Stolz – schon in jenen Tagen in der Prep. eindeutig einen subtilen Instinkt für eine ganz bestimmte Art von romantischen Liebesgeschichten in mir entdecken.

Es gab damals einen Jungen, den ich sehr mochte, ein ernstes, recht weibisches Kind, das in einem anderen Jungen einen so leidenschaftlichen Freund hatte, wie ich es, ob Mann oder Frau gegenüber, in dieser Reinheit niemals war. Dieser Junge hatte irgendwo die reizvolle, balladenhafte Wendung „Tetine und Thomas Bedlam" aufgeschnappt und prompt auf seine Freundschaft mit meinem Freund angewandt. Die Phrase verzauberte mich; und es verschaffte mir das komplizierteste Vergnügen, diese beiden zu hänseln – denn die Dramatik der Situation beraubte sie aller quälenden Eifersucht –, indem ich wie eine Beschwörung immerfort „Tetine und Thomas Bedlam ... Tetine und Thomas Bedlam ...“ wiederholte, bis sie verwirrt vor mir zu fliehen gezwungen waren. In dieser solcherart nacherlebten „Tetine und Thomas Bedlam“-Episode meine ich den Schlüssel für fast alles zu entdecken, was ich später wurde. Irgendwann ging der Prep. von irgendeinem höheren Schüler der Höheren Schule, der den Freund meines Freundes kannte, die Botschaft zu, daß Powys I gut daran täte, den Mund zu halten. Ich fürchte, es war nicht das einzige Mal in meinem Leben, daß mir von „höherer Stelle“ eine solche Botschaft zuging.

Sherborne

Littleton und ich traten zusammen in die Schule ein; und wie mir jede Einzelheit unseres ersten Tages in der Prep. ins Gedächtnis eingebrannt ist, so ist sie es auch in diesem Falle, nur daß sie sich noch tiefer *eingeätzt* hat.

Wie damals hatten sich die neuen Schüler vor den übrigen einzufinden – und wie beeindruckt wir von dem Erwachsenengehabe und der *lockeren Kleidung* der Habitués waren, als sie an jenem denkwürdigen Nachmittag nach und nach eintrafen! Zum Unterricht mußte natürlich jeder sittsam dunkle und unauffällige Kleidung tragen; doch offenbar war es bei allen älteren Jungen Sitte, zunächst in Männerkleidung, mit Norfolkjacken und hochgeschlagenem Kragen, zu erscheinen.

Littleton und ich, die wir die berühmten Gestalten von Wildman's schon vom Sehen und ihrem Rufe nach kannten, wurden immer verschüchterter, während die jüngeren Knaben zwischen den üblichen arroganten Fragen schreckenerregende Geschichten von den verwegenen Taten jener Mächtigen zum besten gaben. So machte man uns beispielsweise mit angehaltenem Atem auf die dandyhafte Gestalt von G. W. aufmerksam, zu dessen Legende doch tatsächlich eine Affäre mit einem Fabrikmädchen zählte, einem eben der Mädchen, die wir häufig in der kleinen Seidenweberei an der Brücke über den „Bog-Stream" arbeiten sahen. Eigenartig, am ersten Schultag auf ein Element zu treffen, wie es die Mischung aus vager, geheimnisvoller Süße und der Ahnung von etwas Aufsehenerregendem und Schockierendem darstellte, mit der das wesenlose Fabrikmädchen die in Tweed gewandete Gestalt von G. W. umgab; doch eine weitere Überraschung erwartete uns in der beunruhigenden Ferne der einzigartigen Persönlichkeit Mr. Wildmans von allen unseren Vorstellungen darüber, wie ein Hausvater sein würde.

„Kehr zurück", möchte ich heute ausrufen, „auf dem Gipfel deiner Grillenhaftigkeit, das Leben wie eine Feuersäule vor dir, William Beauchamp Wildman, Philologe, Altertumsforscher, Gelehrter!"

Mr. Wildman war in der Tat ein bemerkenswerter Charakter. Er war damals Junggeselle, und die unerschöpfliche, launenhafte Ausgelassenheit seiner pantagruelischen Seele war noch nicht von Verantwortung gemäßigt. Was für ein Lateiner und Hellenist er war, und was für ein seltener Exzentriker! Seine eigentlichen Interessen waren sämtlich intellektueller Natur. Er war ein hervorragender Klassenlehrer, aber ich glaube, er konnte sich, wie es so schön heißt, nie „damit anfreunden", für ein Haus voll ungestümer Knaben verantwortlich zu sein. Keiner von uns wußte, wie man ihn nehmen sollte. In vieler Hinsicht hatte er, wie jeder echte Gelehrte, das schlichte Gemüt eines Kindes; andererseits wiederum machte er noch dem unfertigsten Verstand völlig klar, daß er im Hinblick auf religiöse und moralische Traditionen in einem Maße emanzipiert war, das verwirrte und verstörte. Auch konnte man niemals wissen, wie er sich verhalten würde! Wenn er wütend war, verfiel er in blinden Zorn, aber nicht in den Zorn eines Lehrers, sondern in den eines Kindes. Bedenkt man, welchen wirklich gewaltigen Verstand dieser Zorn übermannte, war er geradezu mitleiderregend! Ich habe Mr. Wildman immer bewundert und gemocht, obschon ich ihn nie verstanden habe. Das konnten, ob von den Schülern oder den Lehrern, wohl nur wenige. Sein bester Freund und Kamerad war unser tauber Musiklehrer Mr. Louis N. Parker, der mit seinen berühmten Festspielen von Sherborne als eigentlicher Inaugurator dieser Form des historischen Panoramas gelten kann und später ein beachtlicher Stückeschreiber wurde. Nein, man konnte niemals vorhersagen, wie Mr. Wildman auf irgendein denkbares Ereignis reagieren würde. Diese Unberechenbarkeit machte ihn bei allen außer den Dummen und Stumpfsinnigen beliebt; aber sie war ein beunruhigender Zug bei einem Schullehrer.

Ich erinnere mich, wie er einmal einige Besucherinnen zum Mittagessen mitbrachte. Narr, der ich war, formte ich, ohne groß zu überlegen, was ich tat, aus einem Stück Brot neben mir ein

Kügelchen und schnipste es mit Daumen und Zeigefinger von mir. Das Pech wollte es, daß dieses in die Luft geschnellte, unselige Geschoß eine von Wildmans Besucherinnen traf oder nur knapp verfehlte! Er geriet außer sich. Ich glaube, ich hatte es nur der Fürsprache der fraglichen Dame zu verdanken – deren Großmut nur noch in ihrer Schönheit ihresgleichen hatte –, daß ich nicht auf der Stelle aus dem Saal gezerrt und geprügelt wurde. Wie die Dinge lagen, bekam ich „fünfhundert Zeilen"; das war eine unangemessen hohe Strafe und bedeutete, daß ich den ganzen Tag nicht an die frische Luft kam.

Nun aber zu einem Beispiel für Mr. Wildmans Milde. Jahre später – zwei, drei Jahre jedenfalls –, als ich in seiner Klasse, eine unter der sechsten, war, „nahm er mich" einmal plötzlich „dran", wie wir das damals nannten – will sagen, er ließ mich aufstehen und übersetzen. Es ging um irgendeine Stelle bei einem griechischen Dichter, die ich in meiner Liederlichkeit nicht einmal überflogen hatte. Aber es gab kein Zurück. Ich mußte einfach eine aussichtslose, klägliche Kraftanstrengung unternehmen, bei der ich verzweifelte Mutmaßungen anstellte, entsetzliche Böcke schoß und die Hoffnung nicht aufgab, daß sich ein Wunder ereignen würde. Bis zu meinem Todestag werde ich nicht vergessen, mit welchen Gefühlen ich auf die unentzifferbaren Hieroglyphen starrte und mich von einer wilden Vermutung in die nächste stürzte. Am Ende, nachdem er mir selbst durchgeholfen hatte, befahl er mir, mich hinzusetzen. „Verabscheuungswert!" rief er aus; und das war das einzige Mal in meinem Leben, daß ich jemanden das Wort „verabscheuungswert" habe äußern hören, ob auf mich oder jemand anderen gemünzt. Für mich ist es – wie das Wort „schätzenswert" – eine Kombination von Silben, die auszusprechen mir igendeine Eigenheit meiner Stimmbänder unmöglich macht.

Doch so passioniert er als Gelehrter war, in seiner Rolle als Hausvater ließ er uns einfach in Frieden! Die Schüler seiner sechsten Klasse folgten seinem Beispiel und ließen uns ebenfalls in Frieden. Einer davon war H. B., der bekannte Populärschriftsteller. Ein anderer, der uns altersmäßig näherstand, war der internationale Meister über die Meile, der berühmte W. E. Lutyens. Lutyens war so anständig und freundlich, wie er groß war; und ihn zum Freund zu haben war eine Ehre.

Gleichwohl war unser Haus eher eine chaotische Demokratie als eine konstitutionelle Monarchie: und geriet tendenziell immer mehr in die Hände von Demagogen und Gangstern. Wie Gott es wollte, erwies sich einer der Neuen zur Zeit unseres Eintritts als der schlimmste Kameradenschinder, den ich je kennengelernt habe. Wann immer ich an diesen Menschen denke, ist meine Empörung gegen ihn so groß, daß ich mich, wenn ich ihm heute begegnete – wir sind beide über sechzig –, ohne weiteres in einen Ringkampf mit ihm stürzen würde. Von den primitiveren Formen der Befriedigung, die mir in meinem Alter geblieben sind, kann ich mir nicht viele vorstellen, die ich mehr genösse, als meine Kraft an diesem anderen älteren Herrn zu erproben und *ihn zu Boden zu zwingen!* „Das", würde ich sagen, „ist für ---; und *das*" – noch ein Schlag – „ist für ---." Und wenn ich ihn auf diese Weise bestraft hätte, würde ich ihn zusätzlich – so sehr ähnele ich Gott – in den tiefsten Kreis von Malebolge verbannen, wenn ich mein Inferno schreibe. Ich äußere diese Empfindungen als bescheidenen Beitrag zu dem, was man pathologische Ethik nennen könnte, und möchte nur betonen, daß es keine Frage *persönlicher* Rache ist, da der Rohling *mir* niemals ein Härchen krümmte.

Bei Prüfungen schnitt ich stets besser ab als im normalen Unterricht; und so kam es zu unser beider Erstaunen, daß ich geradewegs in die untere dritte Klasse versetzt wurde, während Littleton ganz unten in der Schule anfangen mußte! Ich kann jedoch sagen, daß er mich im Handumdrehen überholt hatte; und die meiste Zeit unseres Lebens in Sherborne war Powys I mindestens eine Klasse unter Powys II.

Ich entsinne mich gut an das einzigartige Individuum, das seinerzeit Klassenlehrer der Unteren Dritten war, und auch an die Geschicklichkeit, mit der er seinen Unterricht führte, der in jenen Tagen in der großen Mittelhalle der Schule stattfand. Rundum an den Wänden dieses imponierenden Baus hingen, und hängen noch heute, ehrfurchtgebietende Ehrentafeln, und mit dem Rükken zu einer der Tafeln saß dieser Mann. Er hieß, wenn ich nicht irre, Griffiths; und ich meine fast, er könnte tatsächlich Waliser gewesen sein, denn er hatte einen gelben Hängeschnurrbart, wie man ihn auf Bildern der alten Britannier sieht. Ich mochte ihn. Er versah den Beruf des Lehrers mit mehr als einem granum salis. Er pflegte uns in regelmäßigen Abständen zu verkünden: „Ich bin der Quell der Gerechtigkeit.“ Und die Art, wie er diesen Satz äußerte, schien der geschichtsträchtigen Schulhalle so etwas wie eine possenhafte Unwirklichkeit zu verleihen. Ich bin mir sicher, daß einige der gelehrten Persönlichkeiten auf den gewichtigen Ehrentafeln mit tiefem Argwohn auf diesen schrulligen keltischen Lehrer herabgeschaut haben müssen, der sich da so behaglich in ihrer würdevollen, angelsächsischen Anstalt eingerichtet hatte.

Aber es war wohl die Obere Dritte, in der Littleton mich überholte. Dieser Klasse präsidierte – ich benutze das Wort mit Bedacht – der liebenswürdige, gutmütige Herrscher von Wilson's House, und ich bin überzeugt, daß Mr. Wilson in puncto Herzenswärme und Frohnatur nur wenige Rivalen an der Schule hatte. Er war außerdem Kricketspieler und ein höchst geselliger Mensch. Doch leider! „Tommy“ Wilson, wie er von denen, die ihn liebten, stets genannt wurde, war nicht dazu geboren, dem ältesten Sohn von C. F. Powys gerecht zu werden. Er gestattete sich beim Unterrichten eine gewisse lockere Abweichung vom Konventionellen, die fatal für mich war. In seinem alten, klösterlichen Klassenzimmer, das man durch die mittelalterliche Düsternis eines normannischen Kreuzganges erreichte, wurde ich schmählich vernachlässigt und abgelehnt. Mr. Wilson muß die Kunst des „Stillebens“ für einen der wichtigsten Aspekte der Kultur erachtet haben; und diese Auffassung teilte ich damals so wenig wie heute. Er „setzte“ uns, wie man das damals nannte, ausschließlich nach Maßgabe der wöchentlichen Kunststunden, in denen es, so kann ich versichern, sehr flegelhaft und salopp zuging. Absolventen von Oxford und Cambridge, die darin ausgebildet waren, Ordnung zu halten, vermieden es seinerzeit tunlichst, Kunstunterricht zu erteilen. Man muß sich vor Augen halten, daß wir damals in den „Achtzigern“ lebten. Aber ich bezweifle, daß irgend jemand, wohl auch nicht Ruskin höchstpersönlich, die Obere Dritte von Sherborne hätte in Kunst unterrichten können. Denn tatsächlich hatte die Kunst, wenn man wie wir durch das „Zeichnen von Stilleben“ an sie herangeführt wurde, nichts vom Gewicht des englischen Nationalethos hinter sich. Latein, Griechisch und Mathematik dufteten, rochen, schmeckten geradezu danach. Selbst Shakespeare – jener unbekümmerte Rebell – mußte sein „ungekünstelt ausgelass'nes Lied“ auf die dorische Weise abstimmen.

Der „Sittenkodex“ einer Public School war in jenen Tagen – und ich bezweifle, daß sich daran viel geändert hat – eine innerhalb starrer Grenzen wirksame Intensivierung dieses Nationalethos. Und weder dieser „Sittenkodex“ noch dieses „Ethos“, die auf der heidnischen römischen Tradition aufbauten, begünstigten die einzige Form von „Kunst“, in der man uns allenfalls unterrichtete. Tatsächlich – aber ich spreche hier nicht für mich selbst, Leser, denn ich war in solchen Dingen nie in meinem Element – stellten wir in Sherborne auf unsere Weise Platos ideales Sparta dar. Dessen Auswüchse waren die übelsten Kameradenschinder, häßliche, oger-artige Gestalten, die sich die subtilen, ungeschriebenen Gesetze, nach denen wir lebten – wie etwa, sich niemals, *unter keinen denkbaren Umständen*, an einen Lehrer zu wenden – zunutze machten, um ihrer eingewurzelten Brutalität zu frönen. Ja, übelste Kameradenschinderei war ein Auswuchs des Systems; und doch gab es sie fast in jedem Nebengebäude. Und was das Schulhaus anging, so trieb dort zu unserer Zeit, wie mir der heroische Godfrey Carey selbst, Feind aller Grausamkeit, vom Grabe aus bezeugt, eines der allerschlimmsten dieser blutdurstigen Scheusale sein Unwesen. Das unglückliche Opfer dieses speziellen Monsters der Spezies, das wir in Wildman's hatten, starb, wenn ich mich recht erinnere, in den Ferien an irgendeiner Krankheit und wurde auf diese Weise erlöst; aber es muß viele Jungen geben, die das Mannesalter erreichten und bis ans Grab von den pathologischen Spuren solcher Behandlung gezeichnet waren.

Die Psychopathologie steckt noch in den Kinderschuhen, und ihr Dogmatisieren wird, so dürfen wir hoffen, im Laufe der Zeit an Subtilität gewinnen; doch ich möchte schon jetzt vorschlagen, für die plumpe, dumpfe, gedankenlose, stupide und manchmal bösartige Brutalität, die für die mir bekannten Fälle charakteristisch war, einen anderen Begriff zu verwenden, der sie deutlich vom „Sadismus“ unterscheidet. Ich bin, wie ich schon gestanden habe, kein Neuling in der entsetzlichen Psychologie dessen, was man „Sadismus“ nennt, bei dem es sich freilich um eine erotische Perversion handelt; und es ist meine tiefe Überzeugung, daß die schlimmsten Grausamkeiten, die ich in der Schule miterlebte, keineswegs sadistisch waren. Bei ihnen handelte es sich entweder um gedankenlose Brutalität oder um bösartige Rachsucht.

Meine Lebenserfahrung hat mich gelehrt, daß Christus, als er darum betete, seinen Peinigern möge vergeben werden, weil sie nicht wüßten, was sie tun, für die verruchtesten und gefährlichsten Menschen der Welt gebetet hat. *Daß sie nicht wissen*, was sie tun, ist ja gerade ihre Sünde – und sie ist unverzeihlich. Diese „Nichtwissenden" sind schlimmer als alle Teufel.

Ich kann gar nicht sagen, welchen Widerwillen ich in jenen Tagen gegen die französische Sprache hegte. Ich hege ihn immer noch, allerdings mit gewissen Einschränkungen zugunsten von Rabelais, Verlaine und Proust. Ich fürchte, das Französische stand gemäß dem „Nationalethos", das unser Public-School-System dominierte, auf einer Stufe mit dem Zeichen von „Stilleben". Unsere Französischstunden, die uns ein Lehrer erteilte, dessen Widerwille gegen das Französische offensichtlich fast ebenso groß war wie der gegen kleine Jungen, fanden in einem Raum in der Nähe des Kricketplatzes der alten Prep., mitten in den Reservaten von Musik und Naturwissenschafen, statt. Sie waren von fast ebenso ungeheuerlichen Tumulten begleitet wie die Zeichenstunden.

Ich selbst aber pflegte die mühselige französische Aussprache und die allgemeine Schmach und Trübsal dieser Stunden zu vergessen, wenn ich die Klänge des neuen Schulliedes hörte, das ein paar Türen weiter geprobt wurde. Das Lied begeistert mich noch heute so wie damals. Es ist in Latein, der schulischem Patriotismus einzig angemessenen Sprache, abgefaßt und frei von all den kindischen Bezügen auf Kricket und Fußball, die andere Schullieder so unsäglich albern machen. Es wurde von E. M. Young, dem Direktor, geschrieben, einem kultivierten und liberal gesinnten Gentleman, der von sämtlichen Rauhbeinen der Schule drangsaliert und schließlich zum Rücktritt gezwungen wurde; die Musik dagegen stammte von Mr. Louis N. Parker. Ich kann mich nicht enthalten, die erste Strophe zu zitieren.

„Olim fuit monachorum,
Schola nostra sedes,
Puer regius illorum
Fecit nos heredes;

Hoc in posteros amoris
Grande dedit signum;
Sonat ergo fundatoris
Nomen laude dignum!"

Und es schloß mit einem Chor von „Vivats" zum Gedenken an Edwardus Sextus.

Es gab seinerzeit im Schulhaus einen Jungen von ebenso zarter Schönheit wie unser königlicher Gründer, und ich denke, es gereicht meinen Empfindungen angesichts solchen Liebreizes zur Ehre, daß ich mich bloß in Sichtweite dieses Jungen befinden mußte, um eine geradezu sokratische Tapferkeit an den Tag zu legen. Du wirst es kaum glauben, Leser, wenn ich dir erzähle, daß der elende Powys I – mit seiner Heidenangst, mit seiner Unfähigkeit, den leichtesten Ball zu fangen oder den schwächsten „Halfback" anzugreifen, mit seinem Gefühl, die Turnhalle sei ein Ort voller grotesker und monströser Foltergeräte und das Schwimmbad eine Art eisige Giudecca – sich jeden Tag, sobald die unteren Klassen schwimmen gingen, zum Ausziehen und Abtrocknen einen Platz *neben* diesem notorisch schönen Menschen aussuchte. Mein Entzücken am Liebreiz dieses Jungen war so heftig, daß ich meine Umgebung nicht mehr wahrnahm, wenn ich ihm schüchterne, nervöse, verstohlene und doch glühend satyrhafte Blicke zuwarf, während er, nachdem er sich an meiner Seite entkleidet hatte, noch einen Moment in Badehosen dastand und seinen Sprung in die blaugrünen Wasser bedachte. Er seinerseits beachtete mich gar nicht. Ich habe nie im Leben mit ihm gesprochen, obschon ich mich hundertmal neben ihm ausgezogen haben muß. Aber allein schon flüchtige Blicke von seiner liebreizenden Gestalt zu erhaschen war so herrlich paradiesisch für mich, daß ich völlig vergaß, daß es irgendwo auf Erden so unerfreuliche Phänomene wie das „Tunken" gab.

Es ist wirklich außergewöhnlich, daß die Leiden, die ich in Sherborne durchmachte, mir keinen Schauder vor dem ruhigen Wesexstädtchen eingeflößt haben, wie etwa ein spanischer Jude vor der Stadt Torquemadas zurückgeschaudert sein mag. Das ist jedoch keineswegs der Fall; und wahrscheinlich haben sich die Bedingungen in der Schule seit damals auch geändert. Früher einmal brauchte ich nur den Strohhut eines Sherborne-Zöglings zu sehen, um mir vorzukommen wie ein Helot, der einen Spartaner vorübergehen sieht! Aber diesem Gefühl bin ich entwachsen; und so wie sich viele Opfer des Krieges in Ruhe und Frieden in Landschaften niedergelassen haben müssen, die für sie voller schrecklicher Bilder sind, so würde auch ich meinen Lebensabend bereitwillig in Sherborne verbringen; wenn ich auch stets bange Blicke auf die Mauern all der „Häuser" werfen und ein Bittgebet für jeden kleinen „Johnny" sprechen würde, der in einen verächtlichen „Moony" verwandelt wird und vielleicht vergeblich ein Tröpfchen Mitleid, so klein wie ein Zaunkönigauge, vom Himmel erfleht.

Ich glaube, es muß etwa zu der Zeit gewesen sein, als Littleton und ich bei Wildman eintraten, daß Mr. W. R. Phelips, Besitzer eines der geräumigsten elisabethanischen Anwesen im Lande, meinen Vater zu seinem Vikar für das große, altehrwürdige Dorf Montacute in Somerset ernannte. Hier war mein Vater noch in Reichweite von Brunswick Terrace; denn Montacute lag nur eine Station von Yeovil entfernt an der Strecke nach Taunton, und von Yeovil konnte man in einer Stunde nach Weymouth gelangen. Ich kann mich gut erinnern, wie ich eines Abends mit ihm von einem Spaziergang auf Ham Hill nach Hause zurückkehrte und, während das Einfahrtstor mit seinem vertrauten Scheppern und abschließenden Klicken hinter uns zufiel, bemerkte, wie sehr ich den schattigen Zugang zu unserem neuen Domizil und die Kurve der Auffahrt hinter Mr. Coles Gittern bewunderte. Er war hocherfreut – denn sein ältester Sohn lobte seine Unternehmungen nicht oft – und erwiderte händereibend und die Oberlippe vorschiebend, wie es seiner Art bei plötzlichen Glücksgefühlen entsprach, mit unendlichem Stolz:

»John, mein Junge, es freut mich sehr, daß du das Zuhause zu schätzen weißt, das ich für dich geschaffen habe!"

Manchmal glaube ich, daß kein Mensch jemals intensivere Glücksmomente erlebt hat als mein Vater. Seine Persönlichkeit war so massiv, so monumental, daß seine Fähigkeit, sich zu freuen, schon vom Gewicht und vom Umfang her die normaler Menschen um etwa das Doppelte zu übersteigen schien. Und da sein Stolz und seine Zurückhaltung ihn hinderten, dieses Gefühl öffentlich zur Schau zu stellen, machte er sich kaum je einmal von der Einfahrt der Pfarrei zu einem der Gänge durch die Gemeinde auf, die ein Vorwand für seine geliebten langen Wanderungen waren, ohne zu irgendeinem Zeitpunkt – zwischen Haustür und Einfahrtstor – in der stillen Ekstase, die seine Huldigung an das Leben war, seine Schritte zu beschleunigen. Das ist es denn auch – wie mein Bruder Llewelyn, und zwar sehr viel zutreffender, als ich es kann, gesagt hat –, was alle seine elf Kinder ihm recht eigentlich verdanken: die Fähigkeit, mitten in den gewöhnlichsten Verrichtungen in unbändiges Entzücken zu verfallen.

Ich kann mich sehr gut einer meiner ersten Nächte in Montacute entsinnen, denn wir gingen uns den Christbaum in Montacute House anschauen. Mr. Phelips war immer sehr freundlich zu mir, und seine Persönlichkeit und seine Eigenheiten in Verhalten und Sprache machten großen Eindruck auf mein Gemüt. Ob er einem Grandseigneur der alten Zeit glich, vermag ich nicht zu sagen; er war jedenfalls ein hochgebildeter und bis zu einem gewissen Grade auch exzentrischer Gentleman der neuen Zeit. Er war der erste Mensch, den ich je das Wort „Donnerwetter!" habe äußern hören. „Donnerwetter!" sagte er, „der Baum da wird bald in voller Blüte stehen!" Ich erinnere mich auch, wie er uns in seinem Wagen – gesteuert von seinem Kutscher Fred Montacute, der stes ein guter Freund von uns und später unser Gärtner war – nach Brympton House, dem Heim der Ponsonbys, mitnahm. Vereinzelte Äußerungen dieses ungewöhnlichen Landjunkers sind mir im Gedächtnis geblieben, als ob es sich um Worte aus königlichem Munde bei Hofe handelte.

»Das gemeine Volk macht sich über uns lustig!" bemerkte er, als ein paar Jungen ein lebhaftes Geschrei erhoben, während unser schwerfälliges Gefährt – es war dies vor der Zeit der Automobile – durch den „Flecken" rumpelte.

In Brympton, einem weit weniger prächtigen, aber nicht weniger pittoresken Gebäude als das elisabethanische Haus, von dem wir aufgebrochen waren, pflegte man wohl die traditionellsten Weihnachtsbräuche weiter, denn als wir beim Abschied schließlich die Eingangshalle hinuntergingen, durchschritten wir einen Bogen aus hochgereckten Schwertklingen! Von den römischen Ruinen Dorchesters nach Montacute zu kommen war gleichsam, als tauche man in den Humus mittelalterlicher Romantik ein. Auf

Montacute Hill hatte man einst ein Stück der alten Kreuzfahrerstraße entdeckt, und von der Anhöhe über dem Dorf konnte man deutlich die über den Marschen von Sedgemoor aufragende Kegelform von Glastonbury Tor ausmachen. Das Lehen hatte in alter Zeit den Nevils gehört; und es gab in Mrs. Phelips' „gemeinem Volk" noch Nevils, hochgewachsene, stattliche Tagelöhner mit den hageren Figuren und Hakennasen, wie man sie auf dem Teppich von Bayeux sieht. Als Haupthaus des reichsten Gutes am Ort dienten die Überreste der berühmten mittelalterlichen Abtei, die der Tudorkönig, dessen Höfling der erste Phelips war, zerstört hatte. Pächter dieses Gutes waren zu unserer Zeit die temperamentvollen Hardings, und wir Jungen haben in dem mittelalterlichen Bauwerk so manches gehaltvolle und gastfreie Mahl genossen. Angesichts von Montacute House, das so prächtig war wie ein Palast, angesichts des ein, zwei Meilen entfernten Brympton und angesichts der vornehmen Abtei hinter unserer Kirche konnten wir es uns leisten, nicht nur die Landsitze der Umgebung, sondern auch die Landpfarrer zu ignorieren. Bei ihnen, so muß man einräumen, handelte es sich – mit der respekteinflößenden Ausnahme von Mr. Rowland aus Stok-sub-Ham – um eine nicht eben anregende Gesellschaft von Winkelpredigern. Doch in die reiche Erde von Montacute selbst, in den geschichtsträchtigen, mystischen Lehm von Somerset, sank meine mythologische Phantasie sogleich ein wie ein Lot aus besonderem Blei.

Was für ein Leben, was für ein selten glückliches Leben wir in dem alten, verschachtelten, frühviktorianischen Pfarrhaus führten! Uns elf, denn die letzten drei der Nachkommenschaft meines Vaters wurden hier geboren, um den großen Mahagonitisch im Eßzimmer versammelt zu sehen, war ein Anblick, den keiner von uns je vergessen wird. Llewelyn hat das alles in seinem *Skin for Skin* unvergleichlich beschrieben; aber Llewelyn war zu jener Zeit noch ein ganz kleines Kind, und seine in das Leben verliebten Augen mit den schweren Lidern begannen gerade erst, das Wunder bewußten Seins auf der Erde in sich aufzunehmen, von dem er – etwa gar behütet von der Vorsehung, die er so gern verhöhnt? – ein derart beispielloses Aufheben machen sollte. Ja, Llewelyn war damals ein kleines Kind mit einem „Hang" zum Brot – großen Mengen Brot –, das er in ganz schwachem, süßem Tee tränkte. Einmal hänselte ich ihn in meiner teuflischen Art schändlicherweise, als ich unter den am Christbaum aufgehängten Geschenken in dem großen, klammen, vom Kaminfeuer erleuchteten Raum – der abwechselnd zur Dienstbotenhalle und zum Klassenzimmer ernannt wurde – ein Paket entdeckte, das ganz feierlich die Aufschrift „Für Lulu von Lulu" trug. Ich erinnere mich auch an seine Gestalt, als er noch ein sehr junger Knabe und ich schon im College war, wie er zum offenen Fenster des Salons, wo ich gerade las, hereinschaute und mir eine ganze Weile mit tiefem, verwirrtem Ernst zusah, offenbar begierig, hinter das Geheimnis solcher Versunkenheit zu kommen. Noch heute sehe ich sein Gesicht und seinen warmen, strahlenden Körper im Flanellanzug vor mir, wie er aufrecht dastand, „gleich dem Engel, den Johannes in der Sonne stehen sah".

In den Winterferien in Montacute, wenn das Eis „trug", war es eins unserer größten Vergnügen, den ganzen Tag Schlittschuh laufen zu gehen. Dem Beispiel unseres Vaters folgend, trieben wir keinerlei Faxen mit den Außenkanten unserer Kufen oder irgendwelchen ausgefallenen Figuren, sondern arbeiteten uns einfach mit Höchstgeschwindigkeit vorwärts, soweit das verfügbare Eis reichte! Einer unserer bevorzugten Plätze war Vagg Pond, ein anderer das Hochwasserbecken Richtung Ilchester; und da mein Vater für diese Ausflüge zuviel Zeit hätte opfern müssen, ließ er uns allein gehen. Was den reinen Genuß am Essen – am simplen Akt des Stillens von extremem Hunger – angeht, so kann ich mich nicht entsinnen, jemals Momente erlebt zu haben, vergleichbar denen, wo wir vor oder nach dem gewohnten Familientee nach Hause zurückkamen und ganz für uns allein ein königliches Bankett abhielten.

Ich habe vergessen, in welches Buch ich an jenem Tag derart versunken war, als der kleine Llewelyn, von der heißen Sonne umstrahlt, so sonderbar verwundert zu mir hereinlugte; aber ich erinnere mich gut, wie meine erotische Obsession mich dazu trieb, sämtliche Bände des *Addisonian Spectator* in dem Salon durchzusehen. Ich sehe das feine Rosenholz des Sekretärs vor mir, wo die Bände standen, während ich fieberhaft nach Nahrung für die Glut suchte, die mich verzehrte. Ich kann mich noch heute an eine bestimmte Stelle, an zwei oder drei davon, entsinnen, die ich aufschlug; aber ich überlasse es meinen Lesern, soweit sie die Bände besitzen, sich selbst auf die Suche zu machen. Jedenfalls waren einige der glücklischsten Stunden meines Lebens – und wenn ich an die zarte Atmosphäre von Zauberglanz denke, die sie durchdrang, bringe ich es nicht über mich, Scham zu empfinden – diesem Kult des zerebralen Erotizismus gewidmet.

Ganz, ganz langsam lernte ich in jenen Tagen, an den entblößten Gliedmaßen junger Frauen und schöner Knaben Gefallen zu finden; bislang aber beschränkte sich das auf ihre bildliche Darstellung. Schilderungen gewöhnlicher Liebesszenen mochte ich nicht. Sie ließen mich, wie noch heute, kalt und widerten mich an. Und was die leiseste Andeutung grober oder lüsterner Unflätigkeit anging – so ließ dergleichen wie ein Eishauch die innersten Wurzeln meiner Wollust erstarren! Es war dies die Zeit des unter dem Namen *Ally Sloper* bekannten, phantastischen Druckwerks, und obwohl mir die komischen Teile dieses Periodikums zuwider waren, fand ich bald heraus, daß es fein skizzierte Konturzeichnungen der weiblichen Gestalt enthielt, die wie geschaffen dafür waren, meine anspruchsvollen Sinne zu befriedigen. Diese jungen Damen im *Ally Sloper* pflegte ich mit bebenden Händen auszuschneiden und in der Tasche mit mir herumzutragen. Ist es nicht seltsam, wie Moralisten ihre eigenen, früheren Gefühle in solchen Dingen vergessen, und wie zauberisch und dabei harmlos diese waren! Meine Gefühle, das weiß ich noch, waren angehaucht von einer Art zarter Poesie der Lust, einer sanften, schmelzenden, hinreißenden, frühlingshaften Zartheit der Lust, die den äußersten Gegenpol zu jeder Unanständigkeit darstellte. Ich erinnere mich genau, wie ich mich fühlte, als ich bei meinem ersten Besuch in London – ich wohnte dort bei einem überaus freundlichen Geistlichen, der der engste Freund meines Vaters im Corpus war – in die Pantomime im Covent Garden mitgenommen wurde und, so erschien es meinen verblüfften, schwimmenden Augen, eine ganze Galaxie von Mädchenengeln erblickte, die geradewegs dem vielgeliebten Teil meines vortrefflichen Periodikums entstiegen schienen.

Es war und ist noch heute stets eine Überraschung für mich, daß Menschen es über sich bringen, in jedes angenehme Kitzeln unseres legitimen Verlangens nach Befriedigung der Schaulust das Element des Groben, des Humorvollen, des Obszönen, des Unanständigen einzuführen. Kitzel dieser Art sind Götterboten; und mögen sie die Heiligkeit ihrer Mission niemals vergessen! Ich persönlich war immer sehr heikel, was den Hintergrund meiner erotischen Träumereien anging. Ich hatte ihn gern poetisch. Ich hatte ihn gern rein, edel, lieblich und gut beleumdet; und ich erhebe hier und jetzt schärfsten Einspruch gegen die schmutzige Denkungsart der Moralisten, die darauf beharren, die höchsten Freuden reiner Lust – „Erzeugung im Schönen", wie Plato in seinem *Gastmahl* beim bloßen Anblick schöner Formen und Gestalten sagt – mit dem Obszönen, dem Widerwärtigen, dem Abstoßenden in Verbindung zu bringen.

Ich selbst halte das rabelaissche Element des Lebens – das seinen eigenen reinigenden und universellen Wert hat – immer gern streng getrennt von den Gefühlen, die durch liebliche Formen geweckt werden. Was ich Lust nenne, ist die intensive, ekstatische Kontemplation von Schönheit. Sie ist interesselos. Sie ist unpersönlich. Sie sucht keinen Vorteil außer der Betrachtung und dem Genuß! Was hatte es schon zu sagen, daß die zauberhaften Gestalten, die ich so fieberhaft ausschnitt und so andächtig aufbewahrte, aus den albernen, vulgären Seiten des *Ally Sloper* herausgerissen waren? Sei's drum! Ich kann mich noch genau der Stelle bei einer Lebensmittelhandlung, gegenüber einer Sämerei, entsinnen, wo sich die Straße vom Bahnhof zum Vorplatz von Sherborne Abbey verbreiterte und wo ich mir mit der Inbrunst, die unsere Wünsche oft wahr werden läßt, wünschte, ich besäße einen ganzen gebundenen Jahrgang des *Ally Sloper*, einen Jahrgang so dick wie mein *Boys' Own Annual*, um damit meine wilden Phantasien zu nähren! Was mich auf meinem Weg durchs Leben immer so geärgert hat, ist die bei Männern vorzufindende Tendenz – es ist im wesentlichen eine männliche Tendenz; denn die das Lächeln liebende Aphrodite wird ernst, wenn das Lächeln das Verlangen abzutöten beginnt –, die Lust zur Komödie zu machen! Rabelaissche Obszönität mag ihre Berechtigung haben; obschon ich gestehe, daß mir der rabelaissche Misthaufen lieber ist; was mich aber immer geärgert hat, ist dies verfluchte Verbinden von Humor und Lust. Geht man, wenn man ein Beet Kuckucksblumen betrachtet, etwa her und verdirbt alles, indem man etwas Lustiges an den Haaren herbeizerrt? Warum sollte man es, wenn man bei der Betrachtung der Gliedmaßen einer jungen Frau in Freude versunken ist, für seine männliche Pflicht halten, Witze darüber zu machen? Ich vermute, daß dieses Verbinden von Sinnlichkeit mit dem Komischen eine tiefliegende pathologische Ursache hat. Wahrscheinlich entspringt sie dem Selbsterhaltungstrieb des normalen Mannes, wenn er sich dabei ertappt sieht, daß er außer sich ist! Aber wo normale Männer humorvoll werden, werden die Moralisten bösartig und obszön. Weg mit ihnen!

„Ihr garstiges Gezüchte,
Die Vernunft sagt uns ganz schlichte,
Daß man von hier
Hinweg euch führ'
Und euch am Galgen richte,
Ihr garstiges Gezüchte."

Damit keine Mißverständnisse entstehen: Ich verteidige hier keineswegs irgendeinen Aspekt – und sei es der vermeintlich harmloseste – des Sadismus! Ich halte es zwar für besser, sadistische Bücher zu lesen und über sadistischen Bildern zu brüten, als dieses Übel im geringsten Maße zu *praktizieren* – wie ich es mindestens zweimal im Leben getan habe; einmal bei dem kleinen Brunnen-Cupido in der Prep., und einmal, als ich im Garten von Northwold mit einem Messer Würmer tötete –, aber ich halte es auch für unrecht, Dinge sadistischer Natur zu lesen oder sadistische Gedanken zu denken; denn könnte es nicht unsichtbare „eidola" solcher Vorstellungen geben, die, nach außen projiziert, andere Gemüter beeinflussen? Im Gegensatz dazu bin ich aber durchaus dafür, aufreizende Passagen zu lesen oder Bilder zu betrachten, die die erotischen Gefühle erregen. Warum nicht, wo die Empfindung doch so tiefen Anteil am ursprünglichen Plan der Schöpfung hat?

In einem Punkt verfiel ich während unserer Ferien in Montacute wieder in meine alte Tyrannenhaftigkeit; denn ich begaukelte Littleton und beschwatzte Theodore, einige von Shakespeares Tragödien zu inszenieren. Die Phelips-Kinder ließen sich – obwohl ihr Großvater von der Ponsonby-Seite Ihrer Majestät Theaterzensor gewesen war – ohne Schwierigkeiten überreden, bei diesen Aufführungen mitzuwirken, zu denen sich sogar der Squire selbst in unserem Klassenzimmer einfand, wo der gute Mann voller Verwunderung den in Rot und Gold gemalten, walisischen Drachen unserer Vorväter über dem Kamin angestarrt haben muß: unschwer zu erraten, daß es „Johnny-Moony" zufiel, in eigener Person den Hamlet zu geben; und ich denke mir, daß die ganze Idee, Shakespeare zu spielen, Ausdruck von etwas in meinem Wesen war, das sehr tief reichte. Den Stimmungen Shakespeares, besonders denen, wo das Gefühl sich in sardonischem Kauderwelsch ausdrückt, gab sich mein ganzes Wesen hin.

Ich glaube, daß sich schon von frühester Jugend an im Grunde meines Wesens ein tiefes Mißtrauen und ein heftiger Argwohn an der Solidität der objektiven Welt verbarg, die die meisten Menschen für ausgemacht halten. Ich war stets abergläubisch – eine Zeitlang habe ich sogar an die Hölle geglaubt –, aber ich bin mir ziemlich sicher, daß ich das ganze astronomische Universum, je mehr ich meinen subtileren Instinkten getreu lebte, desto mehr mit einer gewissen Distanziertheit, ja als bloße *materielle Bühne* zur Aufführung jedweder romantischer, pittoresker oder phantastischer Rolle betrachtet habe, auf die die Lebensillusion eines Menschen willkürlich verfallen mag. Sie haben mich immer angesprochen, die legendären letzten Worte des Caesar Augustus:

„Hab ich die Farce nicht gut gespielt? Löscht die Lichter; laßt den Vorhang fallen! Plaudite et vale!"

Tief, tief, tief muß mir das grandiose Theaterspielen der klassischen Griechen und Römer in Gegenwart der Götter und der Schicksalsgöttin in die Seele gedrungen sein! Meine Manie für den skeptischen Shakespeare, der wie sein noch skeptischerer Lehrmeister Montaigne eine Leidenschaft für solche vollendete Schauspieler hatte, verstärkte noch diese Vorliebe in mir. Ah, wie ich in jeder Zeile seines *Julius Caesar* schwelgte; und wie verblüfft ich bei der Lektüre von Dante war, Brutus und Caesar in den Grund der Hölle verstoßen zu finden!

In sehr frühem Alter las mir jemand Churchs *Stories from Homer* vor, und ich stellte fest, daß dessen urwüchsigere, elementarere Helden dem Bild von sich selbst als Schauspieler in einer spektakulären Rolle vor Göttern und Menschen, ob himmelhoch jauchzend oder zu Tode betrübt, ebenso verfallen waren wie die Griechen und Römer der historischen Zeiten. So lernte ich in sehr frühen

Jahren, was für ein Trost es im Leben ist, sich als Schauspieler an etwas zu freuen und an etwas zu leiden; das heißt, nicht *insgeheim* und in dumpfer Unbewußtheit, sondern so, als könnte man in Ermangelung eines Gottes oder auch nur eines Mitmenschen seine Rolle gewissermaßen vor dem eigenen Bewußtsein spielen und bis zum Schluß sowohl Darsteller als auch Publikum sein!

Erlebte ich denn auch glückliche Stunden in der Sherbone School? Wenige. So war es zum Beispiel ein zauberisches Vergnügen für mich, an bestimmten Sonntagnachmittagen stundenlang in der Schulbibliothek, einem herrlichen, alten, mittelalterlichen Gebäude mit tiefen, ledergepolsterten Fenstersitzen, zu hocken und alle möglichen klassischen und modernen Bände zu durchblättern, und sei es nur, um irgendwelche paradiesischen Stellen von süßer Unmoral zu finden. O Bücher, o Buchläden, o Bibliotheken, wie habt ihr, gleich der großen Natur selbst, mein ganzes, langes Leben die Wünsche befriedigt und die Gefühle genährt, die eine falsche Moral gern erstickt hätte! Kein Wunder, daß jede Tyrannei, die jemals existierte, Bücher unterdrückt, zensiert und verbrannt hat! Denn in Büchern, und mit Ausnahme gütiger Natureinsamkeit nur in Büchern, kann die Menschenseele sich in süßer Geborgenheit tummeln und den Sittenrichter verlachen. Kein Kameradenschinder kam dieser vornehmen, alten Schulbibliothek jemals nahe. Bestimmt hat der junge, belesene Tudor – Vivat Rex Edwardus Sextus! – die alte klösterliche Einrichtung von St. Aldhelm deshalb neu gestiftet, weil er eine Freistatt eben dieser Art erhalten und verewigen wollte. An diesem heiteren Zufluchtsort war ich ebensosehr in mein Märchenschloß zurückgezogen, wie wenn ich mich im Geäst der Druideneiche versteckte oder in den steil abfallenden Baumwurzeln über dem Seufzergäßchen herumkletterte. Die Sonne mochte in warmen, schrägen Strahlen durch die mit Mittelpfosten versehenen Fenster einfallen oder der Regen die in Rauten unterteilten Scheiben herabströmen, ich war hier in einer Oase des Glücks verborgen, wo kein Feind mich finden, kein kläffender Hund mich anspringen konnte und das laute Lachen des Peinigers zum Schweigen gebracht war.

Ich pflegte zu einem ganz bestimmten Regal hinüberzueilen, wo ich einen Band der Stücke von Massinger entdeckt hatte, mit zitternder Hand meinen Namen in das große Buch auf dem Refektoriumstisch einzutragen und dann zu irgendeinem abgelegenen Fenstersitz davonzuschleichen, wo ich allein sein konnte. Ich entsinne mich auch, aus alten, gebundenen Ausgaben des *Punch* große erotische Befriedigung gezogen zu haben! Auf den Seiten der ältesten dieser Bände hatte ich gewisse ovalgesichtige, zartgliedrige Sylphiden entdeckt, die die frühviktorianischen Künstler zum eigenen Amüsement mit so etwas wie elfischer Schalkheit auf den Rändern einzustreuen pflegten. Dieser sylphidenhafte Typus weiblichen Liebreizes, flüchtig, ätherisch, wesenlos wie fließendes Wasser, wurde bald der Typus, der mein heftiges, wenn auch steriles Verlangen am stärksten reizte. Ich habe immer eine Schwäche für die schattenhaften Geschöpfe gehabt, die in der Geschichte der Magie als Elementargeister bekannt sind, und die Gesellschaft einer Undine stets der einer Thais vorgezogen. Es scheint in der Tat so, als habe das Christentum, so sehr es unser spirituelles Leben verfeinert hat, uns noch nicht mit der klügsten und vornehmsten Haltung gegenüber diesen Dingen beseelt; wie hätte es sonst sein können, daß wir Jungen in ständiger Gefahr schwebten, für ein Vergehen, das Sokrates bloß belustigt hätte, gezüchtigt oder von der Schule verwiesen zu werden, während die verfluchten Kameradenschinder völlig straflos ihre infernalischen Grausamkeiten begingen? Aber unsere Autoritäten waren wie die meisten Autoritäten so sehr mit der Unterdrückung der Unmoral beschäftigt, daß sie sich niemals daranmachten, die Grausamkeit auszumerzen; während die unter uns Jungen herrschende, öffentliche Meinung – und sie wäre das einzig wirkungsvolle Abschreckungsmittel gewesen – vollkommen gleichgültig blieb, nur darauf bedacht, daß die Lehrer weder von der Kameradenschinderei noch von der Unmoral erfuhren.

Wenn alle Verfasser von Autobiographien niederzuschreiben wagten, was ihnen im Leben tatsächlich das tiefste Elend bereitet hat, so wäre das ein viel größerer Gewinn als all die verdrießlichen Rechtfertigungen öffentlicher Handlungen. Ich selbst bin versucht zu sagen, daß mir die größten Leiden in der Schule im Grunde die Probleme verursachten, die ich im Hinblick auf die schlichte, natürliche Funktion des Wasserlassens hatte. Es machte – und macht mich noch heute – nervös, dies in der Öffentlichkeit zu tun. Was mich während des letzten Krieges, als ich mich zur

Musterung einzufinden hatte, insgeheim im Grunde am meisten beunruhigte, war das Wissen um meine absurde Nervosität in dieser persönlichen Angelegenheit. Ich pflegte mich in unserem Schlafraum fünf-, sechsmal aus dem Bett zu stehlen, wenn die anderen schlafen gingen; und ich erinnere mich deutlich, wie ich mich, wenn die Ferien näherrückten, unter anderem auch darauf zu freuen begann, daß ich endlich für mich allein würde urinieren können. Was der Mensch alles aushalten und überstehen kann! Bestimmt sind im Mittelalter viele Leute durchaus wohlgemut mit den Narben der Folterbank und anderer, absichtlich zugefügter Qualen umhergegangen. Unsere Fähigkeit, uns von physischen und nervlichen Belastungen zu erholen, ist erstaunlich; Tiere freilich, zumal wilde Tiere, sind noch zu ganz anderen Auferstehungen dieser Art fähig.

Littleton und ich pflegten immerhin einen glorreichen Triumph über das Schicksal davonzutragen. Wir entdeckten nämlich, daß es an bestimmten Sonntagen im Sommersemester möglich war, nachmittags *heim nach Montacute zu laufen!* Wir vollbrachten das zwischen dem regelmäßigen Schulmittagessen, das vor zwei zu Ende war, und dem regelmäßigen Schultee, der erst um sechs begann. Zwanzig Meilen – jede Strecke zehn – bewältigten unsere vom Heimweh beflügelten Beine bei diesen Gelegenheiten im Laufschritt oder gehend, je nach dem, ob es unterwegs hügelan oder hügelab ging! Wie ausgelassen wir Babylon Hill hinunter nach Yeovil trabten! Wie entschlossen wir die letzten tiefen Gras- und Schlammpfade angingen, die zum Rand von Mr. Phelips' Park führten! Und wie unsere Herzen schlugen, wenn wir um die Einfriedung des palastartigen Anwesens herumliefen und durch Coles Obstbaumpflanzung den Gitterzaun des Pfarrgartens erreichten. Ich entsinne mich, daß wir darauf achteten, uns für diese Großtaten die Sonntage auszusuchen, die zufällig in die Erdbeersaison fielen. Ah! Wie viele Teller dieser Frucht, die wir nach unserer bukolischen Art mit Zucker und Milch zermanschten, haben wir vertilgt, ehe der Moment kam, wo wir eilends zur Rückkehr aufbrechen mußten! Obgleich uns bei Babylon Hill nun ein stoischer *Aufstieg* statt eines leichtfüßigen *Abstieges* bevorstand, erinnere ich mich nicht, daß wir für den Rückweg mehr Zeit veranschlagt hätten als für den Hinweg, aber ich kann mich nicht entsinnen, daß wir zum Tee mit Butterbrot in Wildman's House jemals zu spät gekommen wären.

Und mit welchen Büchern tröstete ich mich in jenen Tagen? Nun, der liebste Band von allen war mir damals La Motte Fouqués *Thiodolf der Isländer*; und ich kann mich deutlich an das unbeschreibliche Entzücken erinnern, das die phantastische Geschichte von der Warängerleibwache zu Byzanz in mir erregte. In der Schule aber pflegte ich in jenen Tagen unersättlich die Werke von Harrison Ainsworth zu verschlingen. Diese unheimlichen Geschichten – *Herne the Hunter, The Tower of London, The Lancashire Witches* – führte ich mir in sehr kleinem Druck zu Gemüte, in erbärmlichen Broschurausgaben, die ich mir ich weiß nicht wie beschaffte; aber ich hatte die leidenschaftliche, heimlichtuerische Angewohnheit, sie unter meinem Kopfkissen zu verstecken, und wenn ich dann in der ersten Morgendämmerung erwachte, hielt ich sie mir dicht vor die Augen und las und las, während der Schlafraum um mich herum verblaßte, sich auflöste und entschwand und ich mit den grotesken, haarsträubenden Phantasieprodukten im leeren Raum schwebte.

In unserem Schlafraum im dritten Stock hörten wir immer wieder gräßliche Gerüchte von den Grausamkeiten, die der teuflische Unmensch – noch heute kann ich nicht „Gott verzeih ihm!" rufen – im Schlafraum im zweiten Stock verübte; und einmal kam es einigen meiner schlimmsten Feinde in unserem Zimmer in den Sinn, „Powys I" zu zwingen, einen großen Schwamm, der einem von ihnen gehörte, zu nehmen, im Nachthemd in das Stockwerk darunter hinabzusteigen, in das Zimmer des Kameradenschinders zu gehen und ihm das Wurfgeschoß an den Kopf zu schleudern! Man glaube ja nicht, ich hätte das blanke Entsetzen vergessen, das mir ob dieses Befehls in die Knochen fuhr! Was sollte ich bloß tun? Zu gehorchen war die Hölle. In diesem Augenblick setzte es mir die große, schöpferische Natur in den erfinderischen Schädel – warum war das Opfer des Unmenschen dort unten nicht auf einen solchen Ausweg verfallen? –, *so zu tun, als sei ich wahnsinnig*. Ich begann daher, den fatalen Schwamm in der Hand, einen Narrentanz zu tanzen und dazu mit schriller, durchdringender Stimme meine kindischen Verse über Corfe Castle anzustimmen. Mein Ruf als blödsinniger Irrer war zu diesem Zeitpunkt schon so gefestigt, daß keiner von dem Dutzend Jungen in unserem großen Schlafsaal meiner Täuschung mißtraute oder auch nur eine Minute bezweifelte, daß Powys I komplett verloren hatte, was immer er an schwachem Verstande einmal besessen haben mochte; und das Ergebnis war, daß irgendwer die Hausmutter holte und ich für fast eine Woche in ein Einzelzimmer verlegt wurde. Ob die treffliche Hausmutter Mr. Wildman jemals flüsterte, daß einer seiner Jungen übergeschnappt war, weiß ich nicht. Wahrscheinlich nicht. Jedenfalls fuhr ich genau wie bisher in meinem Schultrott fort, und brachte es sogar fertig, davon abzusehen, „Corfe Castle" in Gegenwart eines Klassenlehrers zu rezitieren. Auf meinen rettenden Tanz freilich griff ich zurück, wenn ich mich in der Turnhalle mit den „Ringen" oder dem „Barren" konfrontiert sah; aber selbst da ließ mich unser verblüffter Drillmeister nur „aus dem Glied treten", bis die Leibesübungen vorbei waren. Mit Ausnahme dieses Kommandos zum „Austreten aus dem Glied" in der Turnhalle gab es von seiten der eingesetzten Autoritäten nicht das geringste Anzeichen dafür, daß man sich bewußt gewesen wäre, daß der ältere der Brüder Powys verrückt geworden war. So wurde meinem langsam sich entwickelnden Verstand deutlich gemacht, daß man sich ungeschoren aus der Affäre ziehen kann, wenn man die Dreistigkeit besitzt, eben die Schwäche, deretwegen man gelitten hat, bis zum phantastischsten Extrem zu treiben.

Soweit ich es rekonstruieren kann, muß ich vom vierzehnten bis zum neunzehnten Lebensjahr in Sherborne gewesen sein, und es gibt keinen Zweifel, daß mein Schulleben einen sehr viel tieferen Eindruck in meiner Vorstellungswelt hinterlassen hat als die darauf folgenden, kurzen drei Jahre im College. In Amerika bekommen junge Burschen den äußerlichen Schliff und das Gepräge ihrer Persönlichkeit in Yale, Harvard oder Princeton; in England jedoch ist es die Schule, die dieses zweideutige Wunder bewirkt. Oxford oder Cambridge tragen sehr wenig dazu bei. Was man als „Oxford-Manier" kennt, ist im Hinblick auf den eigentlichen Charakter eines Engländers ebenso oberflächlich und unwichtig wie die sprachlichen Eigenheiten oder die Affektiertheit des Tons, die er etwa auf der Rennbahn oder auf dem Jagdgelände aufschnappt. Sein „Sittenkodex", sein „Ethos", seine Einstellung zu Glück oder

Katastrophe, haben sich längst herausgebildet, wenn er in die Universität eintritt.

Ich muß dir, Leser, nun von einem der wichtigsten Momente meines ganzen Lebens erzählen. Während meiner Zeit in der unglaublichen „Oberen Dritten“, der „Tommy“ Wilson, der liebenswürdige Kricketspieler, präsidierte, fand unser Mathematikunterricht in einem anderen uralten Gemach des mittelalterlichen Gebäudes statt, nämlich im Klassenzimmer von Mr. Whitehead. Wie in jenen Tagen fast alle Lehrer in Sherborne, war Mr. Whitehead ein würdevoller Herr mittleren Alters, der ein eigenständiges Privatleben führte und Schülern in etwa die gleichen Gefühle entgegenbrachte wie ein mittelalterlicher Monarch seinen Untertanen. Ohne Knaben gäbe es keine Schule, und ohne Schule gäbe es keinen Lehrer! Während meiner Erfahrung in Sherborne lernte ich jedoch nur zwei Lehrer kennen, die mit ihren Schülern ein echtes, lebendiges, erregendes Interesse an dem von ihnen unterrichteten Fach teilten, und einer davon war Mr. Wildman. Wildman war wirklich ein leidenschaftlicher Philologe; und ich kann mich gut einer Privatlektion in griechischer Grammatik entsinnen, die er mir einmal erteilte und die die bloßen Sehnen, Fasern und Knochen dieser kniffeligen Sprache in etwas ebenso Schönes und Reizvolles wie Korallen oder Muscheln verwandelte.

Hätte Mr. Whitehead die Mathematik so genutzt wie sein Namensvetter von heute, nämlich als Sesam-öffne-dich zu den goldenen Kandelabern einer erregenden Philosophie, so hätte er das Studium Euklids sogar für diese Klasse durchaus mit einem anderen Glanz versehen können, als es ihn besaß; jetzt aber muß ich von dem Glanz sprechen, den es für mich annahm. Die Wahrheit ist, daß meine Mathematikstunden bei Mr. Whitehead eine Oase des Friedens und der Ruhe im Wirrsal meines Lebens darstellten; nicht weil ich von ihm die platonischen Geheimnisse irgendeiner Überwelt lernte, in die ich aus dem brüchigen Wust der Realität entfliehen konnte, sondern weil er bei seiner Art des Lehrens zwar vollkommene Ordnung aufrechterhielt und jede Unordnung unterdrückte, dabei aber von seinen Schülern weniger geistige Anstrengung forderte, als ich es, und sei's nur aus Notwehr, bei einem älteren Menschen für möglich gehalten hätte, der ein paar Stunden lang mit einer Schar Jungen eingesperrt ist. Aber der weise

Mr. Whitehead – als wäre er Lao-Tse persönlich gewesen – forderte nichts; und wenn es in der Mathematik so etwas wie *weniger als nichts* gäbe, so wäre das die Grenze von Mr. Whiteheads Anforderungen gewesen! Wenn wir es also müde waren, aus dem Holzwerk der uralten Pulte vor uns winzig kleine, beschriebene Zettel hervorzustochern – posthume Kügelchen mit Zoten für die Nachwelt –, die dort seit mehreren Generationen begraben sein mochten, pflegten wir uns, während die Klosteruhr die Viertelstunden schlug und der Regen unablässig gegen die Scheiben prasselte, damit zu trösten, daß wir in lange Träumereien versanken, Träumereien die Gegenstände betrafen, welche keines *quod erat demonstrandum* bedurften, um ihre Vollkommenheit zu beweisen. Ich entsinne mich noch gut der schwebenden, fluktuierenden, ineinander übergehenden, nur allzu köstlich süßen Phantasien, zu denen ich in Gedanken die zweite Schublade meines schwarzgoldenen Schatzkästleins öffnete und die zwanzig hüllenden Binden abriß, die das Gesicht meiner Liebe zur Mumie machten.

Wir waren noch nicht alt genug für ein Studierzimmer – es kann aber durchaus auch sein, daß erst Littleton in der fünften Klasse war und schon ein Studierzimmer hatte –, als ich eines Morgens den Tagesraum verließ, um meine Bücher aus dem Spind zu holen, und mir plötzlich einfiel, daß es Dienstag oder Donnerstag war. O himmlischste Tage der Woche, wie mein Leben in Sherborne euch mit einem Mysterium angerührt hat, kraft dessen ihr alle anderen übertrefft! Dienstag und Donnerstag; es war Sherborne, und nicht irgendeine alte Gottheit, das euch für mich auf ewig geheiligt hat! Ja, es war Sherborne und Mr. Whiteheads Unterricht. Denn schon während ich zu mir sagte „Es ist Donnerstag" und meinen kleinen, zerfledderten, pflaumenblauen Euklidband in die Hands nahm, durchraste mich eine so gewaltige Woge der Ekstase, daß ich mich bis zur Stunde ihrer subtilsten Essenz entsinnen kann. Der kleine, aus dem Leim gehende, pflaumenblaue Euklid – Ailinon! Ailinon! Daß ich dieses Buch je verlieren konnte! – wurde in diesem Moment, wenn ich ohne zu lästern so sagen darf, eine Art geweihte Hostie, in der sich jede schöne Sinnesempfindung, die ich jemals erlebte, wie durch ein Wunder verdichtet hatte. Es ist wirklich möglich, daß dieser Augenblick der wichtigste meines ganzen Lebens war! Wir müssen lange leben, um zu erkennen, welches die wichtigsten Augenblicke sind. Wir glauben jeweils, es seien Tage, an denen wir den Kontinent, die Hemisphäre, die Staatsbürgerschaft wechseln, aber sie erweisen sich in der Regel nicht als die großen, erratischen Ereignisse. Es ist vielmehr eine kleine, unscheinbare, verschwindend winzige *Sinnesempfindung* – wie Prousts in Kamillentee gestippte *„Madeleine"* –, die uns am Ende den Schlüssel zu unserem Leben offenbart. Doch was offenbarte mir nun eigentlich der Euklid, den ich in dem nach Leder stinkenden und nach verfaulten Äpfeln riechenden Aufenthaltsraum, wo unsere Spinde und Spielzeugkästen standen, in die Hand nahm? Er offenbarte mir etwas sehr viel Kostbareres als Prousts Ewiges Wesen, das ihm rein zufällig zuteil wurde und überdies nicht sonderlich bekam. Der ramponierte Euklid offenbarte mir, daß es auch dann, wenn ein Großteil der Tage und die Mehrzahl der Stunden voller Verdruß sind, möglich ist, tausender Essenzen des Lebens innezuwerden. Die Gliedmaßen der herrlichsten Frauen, die Flanken der stattlichsten Hügel, das Moos auf den marmorartigsten Felsen, die klarsten Wasserfälle, die frischgepflügtesten Felder, die schwärzesten, in den Furchen pickenden Krähen, der weißeste, von den ältesten klassischen Straßen aufsteigende Staub, das Leuchten glitzernder Strandkörner, der leise Wohllaut des Verklingens der Bässe in alten Balladen, der Geschmack frischgebackenen Brotes, dic Atmosphäre des allem innewohnenden Mysteriums, wenn man beim Tee vor sich hin träumt – solche Wesenheiten und solche Essenzen des Lebens zu genießen, und das anhand eines unbedeutenden Fragments von Materie, dies und nichts Geringeres, so stellte ich fest, konnte ich unter dem Bann des kleinen, pflaumenblauen Euklid ermessen! Ja, aus diesem Moment in dem unaufgeräumten, nach derbem Leder, saurem Schweiß und verfaulten Äpfeln riechenden Aufenthaltsraum lernte ich, daß unsere tiefsten Freuden – selbst wenn sie zum jeweiligen Zeiptunkt nicht bewußt erlebt werden – einen herrlichen Blumenteppich hinter sich ausstreuen, der im Laufe der Zeit verzaubert wird wie zu einem alten *pot pourri* zusammengestellter Blütenblätter.

Und wenn sie solcherart für immer aufgespeichert sind, warum kann man sie dann nicht nach Belieben wachrufen? *Man kann!* Proust mit seinem unpersönlichen Ewigen Wesen scheut vor dieser Konsequenz zurück und überläßt alles den Zufällen unseres Lebensweges. Doch wenn ich *heute* an den Euklid denke, kehrt etwas wieder! Nicht als erregender Ansturm, sondern still und *mit Bedacht.* Aber es kehrt tatsächlich etwas wieder von dort, wo das Buch in meinem Gedächtnis ruht.

Zweifellos war Mr. Whiteheads Klassenzimmer, das alt und dunkel wie eine normannische Krypta im Schatten der Klosterzinnen lag, etwas, das viele Leiden meines Lebens in Sherborne aufwog. Wie ich schon angedeutet habe, gab es in allen Klassen, die ich dort durchlief, neben Mr. Wildman nur noch einen Lehrer, dessen Interesse an Bildung und Gelehrsamkeit erregenden Widerhall bei mir fand. Das war der Reverend Mr. King, gemeinhin als „Crusoe" bekannt. Einer nach dem anderen gelangten wir Powys-Brüder mit unserem Eintritt in seine Klasse, die Obere Vierte, unter den Einfluß dieses bemerkenswerten Mannes und liebten ihn sehr. Mr. King war von Anfang an freundlich zu mir! Ich erinnere mich noch gut, wie erstaunt und zutiefst gerührt ich war, als er in seinen Junggesellentagen einmal erkrankte und ich auf Umwegen Nachricht von ihm bekam, daß ihm an einem Besuch von mir läge! Niemand sonst in Sherborne, ob jung oder alt, hatte je ein Verlangen nach der Gesellschaft von Powys I bekundet, wenn es sich hatte vermeiden lassen, und ich sehe Mr. King mit seinem großen, angegrauten Schnurrbart und seinem wettergegerbten North-Country-Gesicht noch heute vor mir, wie er sich in seiner grüblerlischen, humorvollen, zurückhaltenden, wordsworthhaften Art vom Bett aus mit mir unterhielt. *„Er war ein Mann"*, dieser Crusoe King, „nehmt alles nur in allem", und gewiß werden wir nimmer seinesgleichen sehn. Von allen Lehrern, so scheint mir, war Mr. Kings Liebe zur Schule bei weitem die tiefste, und seine Wohltaten, ob materiell oder spirituell, bei weitem die größten. Er gehörte zu den Menschen, die auf ihrem irdischen Wandel durch irgendeinen mächtigen Instinkt ihres ganzen Wesens die dauerhaften Essenzen des Lebens in sich aufnehmen und sie mit ruhiger, beständiger Befriedigung auskosten. Mr. King war zutiefst englisch. Alte englische Bücher pflegte er wie ein athletischer Epikureer zu genießen und nachzuschmecken; und er besaß nach Art von Montaigne die Weisheit, absichtlich gewisse Härten in seine soliden Befriedigungen einzustreuen, um desto größeren

Geschmack daran zu finden. Ich erinnere mich, wie ich ihn zu Beginn des Herbstsemesters einmal ganz allein in dem berühmten Becken schwimmen sah; und es ging das Gerücht, er springe häufig sogar mitten im Winter in das eiskalte Wasser.

Der Lehrer der Unteren Fünften war zu jener Zeit der gutaussehende und gelehrte James Rhoades, der einfühlsame Vergil-Übersetzer. Bei den Schulkonzerten am letzten Abend jedes Semesters verursachte er mir stets eine eigenartige, freudige Erregung, nicht durch etwas, was er tat oder sagte, sondern durch die elegante Erscheinung, die er mit seinem blassen, vornehmen, glattrasierten Gesicht und seinem makellosen Abendanzug bot. Aber der distinguiert wirkende Vergil-Übersetzer und die Powys-Brüder hatten nichts füreinander übrig. Er war uns zu überfeinert und zu sehr dem Sarkasmus zugetan; und es fehlte ihm an der impulsiven, heidnischen Erdverbundenheit von Mr. Wildman und der montaigneschen Lebensfreude von Mr. King.

Wie sonderbar sie sind, die immateriellen Schwingungen der Anziehungskraft und ihres Gegenteils, die zwischen Menschen entstehen! Einer nach dem anderen freundeten wir uns bei unserem Eintritt in Sherborne mit Mr. King an; und was Mr. Wildman anging, der immer noch die Obere Fünfte unterrichtete, als mein Sohn – noch ein Littleton – zur Schule ging, so gewann dieser ungestüme rabelaissche Gelehrte zusätzlich zu unserem auch noch dessen Herz – das Herz der nächsten Generation!

Als ich in Mr. Kings Klasse war, hatten Littleton und ich unser eigenes Studierzimmer. Wie gut ich mich entsinne, wie wir die ersten Blumen für unseren Fensterkasten aussuchten! Es waren meiner Erinnerung nach jene blauen Kornblumen, die angeblich die Lieblingsblumen des deutschen Kaisers sind; aber Littleton ist der Meinung, es seien dreifarbige Winden gewesen. Jedenfalls bringe ich letzteren Blumen ein merkwürdiges, unbestimmtes Gefühl entgegen, das ihm recht gäbe. Es läßt sich denken, was für ein Trost es für mich war, zusammen mit Littleton diese kleine Privatkammer, so beengt sie auch war, zu bewohnen. Mein Vater überließ uns den niedrigen, ostindischen Sessel seines Bruders Littleton, und um diesen Sessel bequemer zu machen, schafften wir in unseren akademischen Schlupfwinkel das am reichsten bestickte Kissen unseres Salons! Dieses Kissen war mit einer dunkelgrünen

Samtbordüre eingefaßt, wenn ich nicht irre; und ich entsinne mich gut, wie ich mich verzweifelt an die Fensterbank lehnte und in einem hoffnungslosen Anfall ungestillter Sehnsucht das samtumsäumte Kissen an mich drückte, wenn mich wie ein Fieber das übermächtige Verlangen packte, schöne menschliche Gliedmaßen zu umarmen. An die Wand unseres Studierzimmers hängte ich mein kleines, schwarz-goldenes Kästchen, in dessen geheiligtes Inneres hineinzuschauen Littleton, wie ich wohl kaum erwähnen muß, untersagt war. Wir kauften einen Gummischlauch und einen kleinen eisernen Dreifuß und pflegten auf diesem Gerät mit Hilfe einer Gasflamme Epp- oder Van Houten-Kakao zu erhitzen, den wir mit Kondensmilch aus der Dose süßten. Jede Nacht, wenn wir uns mit der Vorbereitung auf den Unterricht am anderen Tag beschäftigten, pflegten wir zur Erfrischung tassenweise Kakao zu trinken; und in der Regel hatten wir dazu ein Glas selbstgemachter Rhabarbermarmelade, die wir mit einem Löffel auf Osborne-Kekse strichen. Im regnerischen Herbstsemester kamen Körbe aus Montacute, gefüllt mit Walnüssen von dem Baum auf unserem Feld und einer Auswahl von Äpfeln aus unserem Obstgarten. Diese Nahrungsmittel, unter denen sich dann und wann auch ein Biskuitkuchen befand, bewahrten wir in unserem Studierzimmer auf, wo ihr süßer Duft uns Kraft gab; wir teilten sie peinlichst genau; und wenn wir die melancholische Gestalt des kleinen Theodore zu treffen pflegten, der mittlerweile in der Prep. war und uns am Ende der Gasse erwartete, wo später Richmond Villa gebaut wurde, so vergaßen wir nie, uns auch für ihn die Taschen zu füllen.

Ich kann mich genau erinnern, wie ich eines Nachts nach einem Streit mit Littleton, als ich zudem in einem erotischen Fieber glühte, das keiner der Schätze in meinem schwarz-goldenen Kästchen lindern konnte, die beiden schrecklichsten menschlichen Leidenschaften – Zorn und Verlangen – dadurch zu überwinden suchte, daß ich mich dem Laster reiner Völlerei hingab. In dieser Nacht verschlang ich gierig einen ganzen Biskuitkuchen.

Aus irgendeinem tiefen, mir eingeborenen Grund – es hat vielleicht damit zu tun, daß ich das Licht der Welt im Oktober erblickte – scheine ich mich an unsere Spaziergänge im Herbstsemester lebhafter zu erinnern als an andere. Auf einem ganz bestimmten Spaziergang – und Littleton wird lächeln, wenn er diese Passage liest – kamen wir bis fast auf den Kamm der hohen Hügelkette zwischen Sherborne und Dorchester, die Cerne überblickt, wo der phallische Giant das Tal des Frome betrachtet. Hier begann es zu regnen. Nun war ich leider oft grausam zu Littleton; nicht immer mit sadistischem Vergnügen, so wie damals, als ich ihn die „Slopes" hinunter vor mir her hetzte, bis wir, oder vielmehr Littleton, gegen den eisernen Zaun unten prallte, daß es ihm den Atem und die Sprache raubte und seine Wangen weiß wurden; sondern mit so etwas wie willkürlicher Launenhaftigkeit und Verstiegenheit. In eben dieser Stimmung drohte ich zuweilen, ihn zu „prügeln wie einen Hund" – ich muß den Ausdruck bei der Lektüre von Harrison Ainsworth aufgeschnappt haben –, wenn er zuließ oder Gott zuließ, *daß es regnete*. Wie mein Vater empfand ich in jenen Tagen eine extreme Abneigung gegen Regen und Schlamm, eine unpoetische Haltung, der ich, wie ich zu meinem Stolz sagen darf, später entwuchs; so hatte ich es mir zur Gewohnheit gemacht, zu Beginn dieser langen Spaziergänge, auf denen die Wiesen, die Feldwege, die Gestrüppe, die Kaninchenlöcher, die Blindschleichen, die gepflügten Äcker, die gelben Farne, die Stoppeln, die lärmenden Krähen, die Kiebitze, Goldammern und Stare sämtlich ihren Reiz für mich einbüßten, wenn meine Kleider naß wurden, Littleton in gebieterischem Ton – wie ein gereizter Nebukadnezar seinen Oberastrologen – zu befragen, ob es regnen würde oder nicht; und wenn er dann *nein* sagte und die Himmel in ihrer Mutwilligkeit seine Voraussage wiederlegten, pflegte ich mich ihm gegenüber so zu verhalten wie die Wilden gegenüber ihren Medizinmännern. Als Powys II daher im strömenden Regen vor dem Zorn von Powys I den langen Hügel diesseits von High Stoy hinabfloh, stolperte sein älterer Bruder über einen grotesken Regenschirm, den er mitzuführen gewohnt war, ehe er einen Stock tragen durfte, und stürzte schwer auf den nassen Weg. Wenn Littleton wie ein Hund behandelt wurde, falls es regnete, so drohte ihm ein Ringkampf im Graben, falls er seinen Bruder auch nur anzusehen wagte, wenn dieser Tölpel, wie es beim Abstieg von Hügeln häufig geschah, der Länge nach hinfiel; und so gab er auch diesmal Fersengeld und machte sich schleunigst davon; eine Vorgehensweise, die den Schmerz meiner Demütigung und Verletztheit keineswegs linderte. Ailinon! Ailinon! Auf was für schändliche Episoden man stößt, wenn man die entlegenen Pfade der Vergangenheit wieder begeht!

Doch nun muß ich auch darauf hinweisen, wie mich die gleiche Neigung zu leidenschaftlicher, geradezu mittelalterlicher Buße, die mich veranlaßte, den riesigen Ammoniten von der Küstenwache zu unserer Unterkunft zu tragen, auch für diese Grausamkeit gegen Littleton beim Schopfe nahm; und diesmal – denn unser Herbstkorb war gerade eingetroffen – bestrafte ich mich dadurch, daß ich beschloß, ihn so, wie er war, meinem jüngeren Bruder zu übergeben. Das tat ich denn auch; und weigerte mich standhaft, auch nur eine Mandarinenscheibe oder ein Krümelchen von einer geknackten Walnuß anzurühren. Ja, Littleton ist bis zum heutigen Tag mein Zeuge, daß ich mein Gelübde streng einhielt.

Ach, wie wir auf diesen himmlischen Sonntagsspaziergängen über zu Hause sprachen und die Tage bis zum Semesterende zählten! Manchmal folgten wir der Yeovil Road, bis wir zu einem kleinen Dickicht – ich sehe es vor mir – genau an der Stelle kamen, wo dicht am Zaun von Squire Goodens Park die Straße nach Nether Compton abzweigt. Hier zwischen Gesträuch am Wege, pflegten wir früh im Semester einen geweihten Stein – den Freiheitsstein – zu setzen, den wir unserem glücklichen Aberglauben gemäß bis zum letzten Sonntag des Semesters nur flüchtig anblicken durften. *Dann warfen wir ihn weg.* Ich glaube bei meiner Seele, daß es nur wenige, in *The Golden Bough* erwähnte, alte mythologische Rituale geben kann, die in unseren sonderbaren, fetischistischen Umtrieben nicht irgendeinen Niederschlag fanden. Ja, was meine Schuljahre angeht, so besteht kein Zweifel, daß ich meine glücklichsten und meine charakteristischsten Zeiten – das heißt die, wo ich am stärksten ganz ich selbst war – auf diesen meilenweit führenden Spaziergängen um Sherborne mit Littleton erlebte. Tief hat sich die Landschaft von West Dorset in meine Seele gesenkt! Am Ende hat die Natur alle Leiden besiegt und überwunden, die ich dort erduldet habe; so daß ich nur noch an meine Spaziergänge mit Littleton denke, wenn ich dorthin zurückkehre. Wir pflegten uns Geschichten von der Zukunft zu erzählen, wenn wir nicht mehr in der Schule, sondern erwachsen und in eine behagliche, freundliche, willfährige Welt entlassen sein würden. Ich denke, wir beide, oder zumindest ich, waren uns ganz deutlich bewußt, daß wir damals, *gerade damals*, Belastungen und Spannungen durchmachten, die weit kritischer waren als alles, was uns mit Ausnahme eines wirklichen Schlachtfeldes in der Zukunft irgend widerfahren könnte.

Ich entsinne mich noch gut an unser Gespräch eines Sonntagnachmittags, auf einem Spaziergang zu dem Dorf Milborne Port, bei dem ich eine sonderbare kleine, mittelalterliche Kapelle betrachtet hatte, die dicht an der Straße auf einem Acker steht. In dieser Phase meines Lebens begann ich gewisse merkwürdige Ausfälle in Formen der Gelehrsamkeit an den Tag zu legen, die an einer Public School nicht gepflegt werden. So „legte" ich mich beispielsweise auf die gotische Architektur. Irgendwer – sehr wahrscheinlich in Penn House, vielleicht aber auch im Pfarrhaus von Northwold – schenkte mir ein illustriertes Handbuch dieser historischen Kunst. Gewiß würde mein formidabler Kollege auf dem Gebiet der Architektur, Albert Reginald, mich heute unter der ins Gesicht gezogenen Mütze hervor und über die sarkastisch in den Mund geklemmte Pfeife hinweg spöttisch mustern, wenn er hätte hören können, wie ich vor Littleton über die Unterschiede zwischen Früh- und Hochgotik einerseits, und zwischen dieser und der als Spätgotik bekannten Epoche andererseits dozierte. Jedenfalls hatte ich in Sherborne reichlich Gelegenheit, diese Gelehrsamkeit zu praktizieren; und ich entsinne mich noch heute, wie erregt ich war, als ich am Klosterportal, an dem ich zweimal täglich vorbei mußte, genau die Art von Zickzackornament entdeckte, das den kindlichen Gemütern der Normannen so gefiel. Doch damals in Milborne Port – und wie sonderbar sie doch sind, diese Gespräche von früher, die einem nach vierzig Jahren so deutlich wieder in den Sinn kommen, daß jedes Gefühl, das man in jener fernen Zeit empfand, neuerlich auflebt – erzählten wir uns gegenseitig eine Geschichte, wie ich Landkurat an einem Fluß wie dem Wissey in Northwold werden und Littleton mich besuchen und sich mit Angeln vergnügen würde. Je nun! Ich bin weder Landkurat noch sonst ein Kurat geworden; und heute, da ich tatsächlich einen Fluß in meiner Nähe habe – nicht den Wissey, sondern den Agawamuk –, rollen und wogen dreitausend Meilen Wasser zwischen uns.

Überheblichkeit ist bei einem gehemmten Jungen von allen Charakterfehlern der verzeihlichste. Ich empfinde nicht das leiseste

Schamgefühl, wenn ich berichte, in welch krassen Formen sie in meinem Leben zutage hat.

Meine Manie, in den Ferien in Montacute Shakespeare zu spielen, war nur das offenkundigste Anzeichen der in mir verwurzelten Neigung, das zu sein, was ich als *philosophischen Schauspieler* bezeichnen möchte. Bis zur Stunde rechtfertigt mein tiefster Instinkt diese Neigung; denn was sind die großen dramatischen Philosophien selbst – die von Plato, Spinoza, Schopenhauer, Nietzsche, Spengler – anderes als die Gesten des schauspielernden Ich, wenn es seine erregendste Lebensillusion in sich verdichtet, um die Intensität seiner normalen Lebenserfahrung zu erhöhen? Das Errichten metaphysischer Systeme, für das ich schon immer eine Leidenschaft hatte, kann, so habe ich festgestellt, mit dem zweiflerischsten, weitreichendsten, pyrrhonischsten Skeptizismus koexistieren. Ich habe mich nie von tiefsinnigen Dogmatikern dazu verleiten lassen, meine instinktiven Vorurteile in rationale Überzeugungen zu verwandeln. Ich bin stets ein Schauspieler in Ideen gewesen – ein Scharlatan, wenn man so will –, und ich bin bereit, das zu rechtfertigen; denn ist nicht die Natur selbst die Nährmutter aller Mimen und Mummen, aller Pierrots, Petruschkas und Punchinellos? Die Wahrheit ist, daß die Mehrzahl unserer bedachtsamen, auf Objektivität versessenen „Wahrheitssucher" eigentlich ahnungslose Heuchler der übelsten Sorte sind. Und Schurken sind sie überdies. Die Hälfte ihrer *wirklichen* Gefühle suchen sie geschickt zu unterdrücken, um der verrückten Unberechenbarkeit der eigentlichen Realität die gewichtige Miene unerschütterlichen gesunden Menschenverstandes zeigen zu können.

Ich kann mich gut an die feierliche Freude entsinnen, die ich eines Abends in unserm Eßzimmer in Montacute fand, als ich mit meinen Brüdern Tivoli spielte und mein Blick dabei immer wieder Youngs *Nachtgedanken* streifte. Ich sehe die kleine, ledergebundene Ausgabe noch heute vor mir; und ich kann mich genau erinnern, wie man sich als jemand fühlte, der selbst beim Tivolispiel sein tieferes Wesen mit Gedanken an die Ewigkeit trösten muß.

Zum Gelehrten war ich nicht begabt. Die Mühseligkeit philologischer Feinheiten widerstrebte meinem dramatischen Wesen. Ich erinnere mich noch gut, wie ich mich niederträchtigerweise vor der gemeinsamen Arbeit in dem winzigen Studierzimmer drückte, während Littleton und W. E. Lutyens – der große Mittelstreckler, der heute anglikanischer Priester ist – die Seiten des Griechischlexikons umblätterten und mir die Übersetzung gaben. Auch im griechischen Vers war ich alles andere als eine Leuchte. So ergab es sich normalerweise, daß Littleton zwei getrennte Versionen verfassen mußte, eine für sich und eine für seinen älteren Bruder. Dank Mr. Kings Weisheit und Nachsicht durfte ich mich schließlich anstelle des griechischen Verses auf die praktische Chemie „legen". Und mit welch faustischem Stolz erfüllte es mich, in den erstaunlichen „Retorten" die Elemente zu mischen, aus nichts überirdische Grüns und Blaus zu erzeugen und in kristallenem Wasser goldene Schauer aufschießen zu lassen! Einmal gab ich am Ende des Semesters einen Sovereign für den Kauf einer Kollektion Chemikalien aus; und pflegte dann in unserer Apfelkammer, wo meine verschiedenen Fläschchen – „Jacks Chemie" – noch jahrelang lagerten, Alchimist zu spielen, feierlich dies und das zusammenzumischen und den neugierigen Llewelyn zu mahnen, die Finger von meinem Vitriolöl zu lassen. Dabei fehlte es mir an den leisesten Ansätzen von wissenschaftlicher Neugier. Mir lag nur an dem Gefühl, mit den Bestandteilen von Fleisch und Blut unseres Planeten zu spielen. Auf das Gefühl der Magie war ich aus, nicht auf wissenschaftliche Erkenntnis; und war es überdies nicht auch eine neue Art, die Knöchel gegen die Augenlider zu pressen, wie ich es in Shirley getan hatte, und noch ungewöhnlichere Grüns und Blaus zu schauen?

Aber unterdessen brodelte im Untergrund meiner Nerven immerfort mein verhärtetes, sadistisches Laster. Ich kann mich an mehr als eine Gelegenheit erinnern, wo ich auf der Suche nach etwas, das ich in Stücke reißen könnte, bei Sherborne allein über Berg und Tal streifte. Niemals, dessen kannst du sicher sein, Leser, verriet ich Littleton etwas von diesen teuflischen Neigungen. Er pflegte zu solchen Zeiten dem trägen Lauf des Yeo zu folgen, in der ehrlichen Hoffnung, in den schlammigen Fluten einen flüchtigen Blick auf eine Fischflosse, und sei sie noch so klein, zu erhaschen. Ach! Und ich sehe den besonderen Ausdruck noch vor mir, den seine Augen unter der gerunzelten Stirn annahmen, während er sich durch den Blutweiderich und das Mädesüß der Wiesen von Lenty vorarbeitete!

Ich kann mich aus jenen Tagen nur an ein einziges Mal – und das sehr verschwommen – erinnern, wo ich meinen Sadismus wirklich praktizierte. Geschah es bei dieser Gelegenheit nur in meiner Wunschvorstellung? Nein! Ich glaube, ich opferte meinem rasenden Dämonen in einem der Steinbrüche an der Bristol Road tatsächlich ein ganzes Nest voller noch nicht flügge gewordener Vögel. Wir hatten in jenen Jahren Zwillen, und es war reines „Weidwerk" – welch niederträchtiges Wort! Aber zumindest war kein Sadismus dabei –, als es mir einmal auf der nämlichen Bristol Road, draußen nach Corton Down und Cadbury Camp zu, mit meiner Zwille gelang, eine Goldammer zu morden. Ich kann nur hoffen, daß diese herrlichste der Ammern, deren Eier mit ihren mystischen Hieroglyphen mein Vater uns so zu bewundern gelehrt hatte, starb, ohne den stechenden Schmerz zu erleiden, den *wir* zu erleiden pflegten, wenn unsere Kehrseiten die Bleikügelchen der Zwillen von B --- und von H---, den nimmermüden Kameradenschindern unserer frühen Tage in der Prep., zu spüren bekamen.

Farben – verschiedene Farben – verhalfen und verhelfen mir noch heute zu geheimnisvollen Initiationen in das Unerkennbare. Selbst noch die Farben auf den Bändern unserer Strohhüte – die wir in Mr. Lemons Geschäft in der High Street kauften – symbolisierten so vieles für mich! Prices Hausfarben waren dunkelblau. Überhaupt nichts anzufangen wußte ich mit Mr. Price selbst, der ein großer, angsteinflößender Mann und nebenbei der Hauptfeind des Direktors war, dessen Predigten ich so zu genießen pflegte, und der so schön auf lateinisch dichtete. Die Hüte der Jungen von Blanchs Haus dagegen schmückte ein hellblaues Band.

Die Vorschung hat mich auch nicht mit genügend Einsicht ausgestattet, um Mr. Blanch Ehre zu erweisen. Als ich ihm viel später einmal erzählte, ich lebte „in Sussex" meinte er: „Wie? In ganz Sussex?" Mr. Blanch unterrichtete Mathematik; und in seinem Klassenzimmer – oh, ich sehe die unangenehm neuen Pulte vor mir! – pflegte ich die Augen zu schließen und mir mit intensiver Lebhaftigkeit die feuchten Kiesel und die wogende Gischt des Strandes vor Penn House zu vergegenwärtigen. Er hatte einen üppigen Bart und schien, wie andere bärtige Menschen, die ich kennengelernt habe, gegen alle Widrigkeiten des Schicksals gefeit zu sein. Doch „nichtsdestotrotz“, wie Homer sagen würde, war sein Ende ein tragisches.

Der Himmel vergebe allen! Man weiß nie, was für Leiden sich hinter der Brille eines anderen Menschen abspielen. In Mr. Blanchs wohlausgestattetem Klassenzimmer aber machte ich die wichtige Entdeckung, daß es mittels einer konzentrierten Willensanstrengung möglich war, sich so lebhaft an einen bestimmten Ort zu denken, daß man ihn mit der Hand berühren konnte. Verläßt der Geist in solchen Momenten den Körper? Hätte ein hellsehendes Auge ein schattenhaftes Eidolon von Powys I – fahl und zart wie die abgestreifte Haut eines Wassermolchs – in makelloser Bahn über die Dächer der Abtei schweben sehen können, über die „Slopes“, über den Park, über den Giant von Cerne, über Mr. Hardys Haus bei Fordington, bis es, wie die mitleiderregenden Gedanken der armen Eustacia auf Egdon Heath, die Promenade seiner Wünsche erreichte? Eben diesen Kniff anzuwenden veranlaßte mich auch meine erste größere Operation in einer Londoner Privatklinik; damals aber vergegenwärtigte ich mir eine Szenerie in Sussex, nicht den Strand von Weymouth.

Nach Weymouth freilich begab ich mich in den Schulferien oft auch leibhaftig. Einmal, als Rekonvaleszent unserer Krankenstation in Sherborne, bezog ich dort allein eine Unterkunft. Einer der schönsten Knaben der Schule hatte mit mir zusammen auf der Krankenstation gelegen – nicht der junge Charmides der verzückten Momente am Schwimmbecken, sondern ein kaum weniger liebreizender Knabe –, und er war mit einem Kameraden von weniger gewinnendem Äußeren, aber sehr viel koketterem Wesen, zur Erholung in ein Landhaus nicht weit von der Küstenwache geschickt worden.

Ich hatte damals eine Leidenschaft für das Algensammeln – hier gab es allerdings auch Farben, die jeden hingerissen hätte; doch ach! ihr schimmerndes Geheimnis verblaßte, wenn man sie ihrem natürlichen Element entnahm. Tatsächlich aber verbinde ich seit dieser Zeit den Duft von Salzwasser, den Wirbel heranrauschender Wellen zwischen gezackten Felsen und die aufschwellende Dünung eines Hochwassers nicht nur mit Rotalgen, sondern auch mit den grünlich-schwarzen Augen und der gischtweißen Haut dieses jungen Eindringlings in meine angestammten Gefilde!

Es ist interessant festzustellen, daß man abergläubisches Überzeugtsein von der Existenz einer flammenden Hölle für erklärte Sensualisten, das mir bis zu meinem Eintritt ins College zu schaffen machte, mich niemals davon abgehalten hat, meinem Hingezogensein zu schönen Knaben zu frönen, solange ich sie nicht wirklich umarmte. Und da ich sie, außer in den hingekritzelten *perdita erotica*, die ich in meinem Schatzkästlein aufbewahrte, tatsächlich niemals umarmte, lebte ich auch nicht in der Erwartung, am Ende im Fegefeuer einer eifernden Gottheit für diese begehrlichen Blicke büßen zu müssen.

Doch während meiner einsamen Rekonvaleszenz in Weymouth – sind wir doch, wie Nietzsche sagt, in der Rekonvaleszenz besonders empfänglich für den Zauber des Lebens – stellten die grünschwarzen Augen von B ––– II nicht die einzige Versuchung für mich dar. Zweimal kniete ich in diesem Abschnitt meines Lebens tatsächlich nieder und rang mit meinem Verlangen, die schönen Beine junger Menschen anzustarren. Ich erinnere mich genau an die beiden Orte, wo die Knie des Generals der „Armee von Volentiā" sich so vor seinem feudalen Oberherrn beugten. Das eine Mal geschah es in Redcliff Bay, das andere Mal auf Dartmoor. Und ich sagte mir, es sei besser, liebliche Gestalten nicht anzugaffen und samtbestickte Polster oder Kissen, denen ich meine eigenen Westen angezogen hatte, nicht zu umarmen, sofern ich durch solche Abstinenz dem Schicksal entginge, wie ein Lodmoor-Aal lebendig in ewiger Hölle zu schmoren. Und deshalb zitterten und bebten mir auch die Knie – hast du, Leser, dieses atemverschlagende Gefühl jemals erlebt? –, wenn ich verstohlen den wohlvertrauten Bahnhof von Weymouth betrat, beiläufig – jedenfalls hoffte ich, daß es so wirkte – die Auslage des Zeitungsstandes überflog, mich wie geistesabwesend der Sommerausgabe des *Ally Sloper* bemächtigte und feierlich meinen Penny hinlegte, als wäre ich mein Vater beim Kauf *des Standard* gewesen. Aber weit romantischer, wenn auch, muß ich gestehen, nicht ganz so aufreizend wie die langen Beine der Huris in Slopers Paradies, waren die Illustrationen in bestimmten Werken von Rider Haggard, die ich in der Leihbücherei eines Buchladens hinter dem Denkmal von George III. entdeckte. Wie wenig es Schriftstellern behagen würde, wenn sie alle Gründe wüßten, aus denen ihre Bücher entliehen werden! In meiner Sehnsucht, diese winzige kleinen Vignetten von klassischem Reiz zu verewigen, ging ich sogar so weit, ihre göttlichen Umrisse auf einem Stück durchsichtigen Seidenpapiers *nachzuziehen,* und ich kann mich noch gut der himmlischen Geborgenheit und wohligen Muße entsinnen, mit der mein Stift in dem Vorderzimmer mit der hohen Decke aus dem achtzehnten Jahrhundert, unter den großen, leuchtenden Kandelabern, vor jeder Störung sicher, den zarten Rundungen folgte.

Meine Beziehung zu Theodore war neuerdings enger geworden, obschon er kraft einer alten Familienfreundschaft noch zu unserer Zeit in Wildman's in die Wilkinson School in Aldeburgh in Suffolk versetzt worden war. Aber damals fühlte ich mich schon so zu Theodore hingezogen – wenngleich unsere Bindung etwas exzentrischer Natur war –, daß ich einen Versroman über Schmuggler zu schreiben begann, deren Oberhaupt er war. Diese Geschichte war mein erster wirklicher Versuch in dem, was man „Charakterzeichnung" nennt; und Theodore war mein erstes Vorbild. Der Teufel soll mich – gleichviel – holen, wenn ich nicht das einzige, woran ich mich heute gern erinnern würde, völlig vergessen habe: nämlich welche Kommentare Theodore abgab, als ich ihm im Eßzimmer das erste Kapitel vorlas.

Doch in den ersten Jahren meiner Schulzeit kam ich der Erfüllung des leidenschaftlichen Gelübdes, das ich zwischen den Sternen und dem Pissoir im Hof der Prep. abgelegt hatte, nicht in meinen seichten und äußerst epigonalen Versen am nächsten, sondern in denjenigen meiner *Briefe* – „Jacks beschreibende Briefe" lautete die satirische Bezeichnung, unter der sie zu Hause liefen –, in denen ich mich ungehemmt, ausführlich und mit meiner ganzen Begabung zur Schauspielerei über alles mögliche ausließ. Wie gut entsinne ich mich eines Sommers in Penn House, als sowohl Littelton wie auch Theodore sich in Northwold aufhielten. Hier waren „Jacks beschreibende Briefe" zum ersten Mal etwas, in dem ich meiner Feder bewußt und vor Selbstvertrauen strotzend freien Lauf ließ. Schrieb ich sie Littleton oder Theodore? Das ist eine heikle Frage. Nach dem, was ich über das seltsame, wunderliche Band, das sich nun zwischen meinem originellsten Bruder und mir herauszubilden begann, bereits angedeutet habe, dürfen wir aber *vermuten,* daß sie an Theodore gerichtet waren.

Dagegen erinnere ich mich noch gut an den snobistischen Stolz, mit dem ich vor den Namen meines Norfolker Großvaters das hochtrabende Wort „Kanonikus“ schrieb! Es war die zweite Gelegenheit, wo dieser beredte Priester des Herrn, das Haar weiß und wollig wie die Erscheinung der Apokalypse, mich zu schändlicher Schwäche verleitete. Was hätte wohl mein Vater empfunden, wenn der Bischof von Bath und Wells *ihn* zum Kanonikus gemacht hätte? Etwa das gleiche, denke ich, wie sein Riese Rumpel, wenn man ihn als Archidiakon Rumpel angeredet hätte. Er wäre, ob nun sein fünfter Sohn sich im Lorbeergesträuch versteckte oder sein sechster gerade das Licht der Welt erblickte, zweifellos zum Terrassenweg hinuntergegangen und hätte sich in stiller Ekstase die Hände gerieben – aber es wäre bei diesem Moment kindlicher Freude geblieben. Von Mr. Phelips als Kanonikus angeschrieben zu werden hätte ihm niemals den Wonneschauer verschafft, der ihn durchlief, wenn er beim gemeinsamen Abendessen des Chors in der Dienstbotenhalle vor Charles Childs, Charlie Blake, Mr. Pippard und Mr. Rogers verkündete, er stamme von Roderick Mawr, König von ganz Wales, ab. Hätte er ihnen verkündet, er stamme von Mohammed ben Ali, König von ganz Arabien, ab, so hätte Mr. Geard aus dem „Flecken“ das würdevolle Haupt nicht weniger takt- und respektvoll geneigt.

Aber ich war nie imstande, meine snobistischen Gefühle so wirkungsvoll zum Schweigen zu bringen wie mein Vater, obwohl mich, genau wie ihn, die romantischeren Formen persönlichen Stolzes bis ins Mark erschauern machen. Nicht eine von den alten Damen von Cranford könnte ihr Herz irgend höher schlagen fühlen, als es das meine tut, wenn ich Adligen gegenübertreten muß, und dies einzig und allein ihres Adelstitels, nicht irgendwelcher Verdienste ihrer Träger wegen. Nicht daß ich zwischen den Angehörigen dieses Standes keine Unterschiede machte. Ich kann ohne Zittern einen Baronet begrüßen; und ich bin ohne Erröten aus einem Treffen mit einem Baron hervorgegangen. Es sind die Grafen und die Marquis, bei denen ich diese zwiespältigen Gefühle empfinde. Herzöge – obwohl gemeinhin als die allergrößten betrachtet – hatten für mich stets einen Beigeschmack von etwas nicht direkt Vulgärem, aber doch Unpoetischem. Bei Shakespeare zum Beispiel sind mir die Grafen immer viel romantischer erschienen als die Herzöge. Vielleicht täuscht mich hier mein Geschichtssinn; aber das Wort „Graf" scheint mir so erfüllt von der langen, schlachtenreichen Geschichte Englands wie bemalte Kirchenfenster, alte illuminierte Missalen oder die Bodleian Library.

Mein Snobismus hat jedoch noch eine anderen Seite. Die große Arbeiterklasse, das klassenbewußte Proletariat, flößt mir mehr Ehrfurcht ein als jeder Peer des Reiches. Und was Amtspersonen und politische Größen anlangt, so bin ich kaum weniger unterwürfig. Die Wahrheit ist, daß ich noch nie im Leben jemanden kennengelernt habe, der von Begegnungen mit *jedwedem* Exemplar der menschlichen Rasse so beunruhigt, verwirrt und komplett aus der Fassung gebracht würde wie ich! Bei fast allen Menschen, mit denen ich zusammentreffe, verfalle ich sofort in eine Haltung idiotischer Unterwürfigkeit und halbverrückter Schmeichelei. Der menschliche Blick verstört mich bis ins innere Wesen. Ich scheine mir sehr viel lebhafter als andere der Gefährlichkeit der knochenzermalmenden Wölfe im Schafspelz bewußt zu sein, die wir in allen unseren Spiegeln erblicken.

Ich habe, der Himmel verzeihe mir, das leidenschaftliche Verlangen, von jedem Adamskind, dem ich begegne, *gemocht* zu werden – ich will nicht sagen bewundert, so anspruchsvoll bin ich nun auch nicht! Dem liegt, so vermute ich, schlicht Angst zugrunde. In meiner Überzeugung, daß der unbedeutendste Mensch, jedweder arme Teufel schrecklich gefährlich sein könnte, ähnele ich wohl einem feigen Hund. Ich weiß zwar wahrhaftig nicht, was ich erwarte, daß sie mir antun, aber wenn ich ihrem Blick begegne – dem Blick eines Hausierers, eines Leierkastenmannes, eines Lebensmittelkommis, eines Kellners, eines Droschkenfahrers, des elendesten Bettlers –, habe ich ein Gefühl, als könnte ich diesem wilden, furchteinflößenden Geschöpf nicht demütig genug schmeicheln und mich nicht rasch genug aus dem Staube machen! Ja, genau das ist es. Es ist einfach *Angst*. Mein Leben wäre an jedem Punkt, nicht nur in der Schule, sondern auch lange danach, ja heute noch, anders verlaufen, wenn ich nur die Fähigkeit besäße, Menschen Paroli zu bieten und beherzt den Mund aufzutun oder meine Fäuste zu gebrauchen. Tatsächlich bin ich in dieser Hinsicht der schlimmste Feigling, der der aufrechten Gestalt des *homo sapiens* jemals Schande gemacht hat. In Wildman's House gab es Gelegenheiten, wo das kleinste Aufblitzen von Kampfeslust mich vor endlosen Leiden bewahrt hätte. Hätte ich doch nur wütend werden können! Aber ich konnte nicht. Ich habe ein langes Gedächtnis für Kränkungen, aber ich kann nicht aufbrausen und zurückschlagen! Eben diese Kombination eines kalten, ja tödlich analytischen Urteilsvermögens mit einer heillosen Angst vor Szenen, Widerworten, Zusammenstößen, Herausforderungen von Mann zu Mann ist so unheilvoll.

Dabei hat mir das Schicksal wieder und wieder die Möglichkeit gegeben, mich zu erretten. Unser Schlafraum ging in einen anderen über, und eines Abends, auf dem Höhepunkt meiner späteren Unbeliebtheit, flog die Zwischentür weit auf, während ich gerade still *The Lancashire Witches* las, und ein wohlgezielter Stiefel tat allen kund, daß Powys I hiermit gefordert war, sich von einer anderen als der gewohnten Seite zu zeigen. Das leiseste Anzeichen von Gegenwehr hätte schon gereicht. Ausgedehnte Handgreiflichkeiten wären gar nicht nötig gewesen. Aber ich wagte nicht einmal einen Finger zu heben! Ich muß die gleiche Art angewiderten Mißtrauens erregt haben, wie sie Jungen vom Lande für eine Ringelnatter empfinden, wenn sie sie zu Tode steinigen. Ein andermal, und dies war die endgültige Katastrophe der Komödie, hatten sich alle meine Feinde vor unserem Studierzimmer zu einem Pöbelhaufen zusammengerottet, und wieder flog die Tür auf, und mit ihr die Pforte des Schicksals. Machte ich mir wenigstens diese allerletzte Gelegenheit zunutze? Nicht doch! Und was noch schlimmer war, diesmal war meine Feigheit so hypnotisch, daß sie sich sogar auf Littleton übertrug, so daß die Familie Powys niemals in ihrer gesamten Geschichte so verraten worden ist. In schlichter, offener Notwehr einen tüchtigen, ordentlichen, ehrlichen, kräftigen Schlag zu führen schien mir unmöglich zu sein. Und das ist es immer noch! Von älteren Herren in den Sechzigern kann man zwar nicht mehr verlangen, Leute niederzuschlagen; aber der schlichte Anstand verlangt von ihnen, nicht zuzulassen, daß sie als eine nicht zur Menschheit zählende Zirkusmißgeburt erscheinen. Sogar die gleichmütigen Chinesen – von allen Sterblichen die am wenigsten kriegerischen – könnten mich etwas lehren. Immerhin würde ich von ihnen lernen, „das Gesicht zu wahren", wie der Ausdruck lautet. Ein Mensch, der *nicht wütend werden kann*, es sei denn auf die ihm Liebsten und Teuersten – und auch das nur mit beträchtlichen Schwierigkeiten –, gleicht in unserer streitsüchtigen Welt einem Fisch auf dem Trockenen. Er ist so etwas wie ein Antimensch, ein „Watschenmann“, und es ist nur eine Frage der Zeit, bis selbst seine Freunde ihm aus dem Weg gehen und den Umgang mit einem Sonderling meiden, der nicht blutet, wenn man ihn piekt, und nicht lacht, wenn man ihn kitzelt.

Wie ich schon angedeutet habe, fällt es mir stets leicht, jede geistige Gebärde, die meiner besonderen Lebensillusion gerade zusagt, bis zum Äußersten durchzuhalten; doch meine Abneigung gegen gesellige Lustigkeit ist keine geistige Gebärde. Der *normale Humor* des Menschengeschlechts war für mich immer eine der härtesten Prüfungen meines Lebens. Ich habe meinen eigenen Humor; und ich kann dir versichern, Leser, daß er sehr oft in vollem Gange ist, wenn ich ernst und mit aufgesperrtem Mund wie ein Kürbiskopf an Hallowe'en in einem Gestöber schlagfertiger Reden stehe. Aber die munteren Scherze, die in unserer lebhaften Welt als Witz gelten, lassen mich bis ins Mark erschauern. Sie erfüllen mich mit eisigem Widerwillen; und ich weiß nie, wie ich auf sie reagieren soll. In solchen Momenten sehe ich so aus, wie ich mich fühle: als Narr, als Hanswurst, als verwirrter, geifender, sabbernder „Abgesandter vom Mond“.

Andererseits hat mich die Natur, als eine Art Tarnfarbe, mit einer ganz eigenen, proteischen Gerissenheit ausgestattet. So unmenschlich ich bin, ich bin teuflisch schlau. Es ist eine meiner ausgeprägtesten Eigenarten. Ich bin der reinste Machiavell unter Schwachköpfen. Was anders als infernalische Gerissenheit half mir in den beiden größten Krisen meines Lebens in Wildman's House; einmal, als ich so tat, als sei ich verrückt geworden, um nicht gezwungen zu werden, B –––s großen Schwamm auf den Peiniger im Zimmer darunter zu werfen – hätte ich nur den Mumm gehabt, seinen Opfern zu Hilfe zu eilen und ihn mit meinen schlanken Fingern an seiner feisten Gurgel zu packen! –, und einmal, wie ich gleich berichten werde, als sich das ganze Hause gegen mich zusammenrottete. Mein Charakter formte sich, und zwar rasch, in jenen Jahren in Sherborne. So gerissen ich einerseits in einer Krise sein konnte, wenn ich gezwungen war, meinen Verstand zu gebrauchen, war ich in aller Regel doch zu egozentrisch, meiner verstohlenen Lebensweise zu hartnäckig verhaftet, meinen außer- oder antimenschlichen Empfindungen zu sehr ergeben, *um mich behaupten zu wollen.* Wer mich bemitleidet, weil ich von Selbstsüchtigen „ausgenützt" worden sei, begreift mich nicht im geringsten. Ich bin ein groteskes und zuweilen jämmerliches Individuum, aber ich bin niemals bemitleidenswert; denn ich war, *wenn ich nur wollte,* imstande, fast jeder Komplikation zu entgehen. Aber in der Regel wollte ich nicht, denn letztlich verschaffte ich mir auf meine eigene, heimliche Weise – „wie Wasser, das seinem Gleichgewicht zustrebt", nach Llewelyns Worten – so oder so stets die Empfindungen, derer ich bedurfte. So war ich bei all meiner extremen Feigheit niemals ein Jammerer, der sich selbst bemitleidet. Ich bezweifle, daß es jemals einen gegeben hat, der sich weniger bemitleidet als ich! Ich war stets der tiefverwurzelten Überzeugung, daß es meine eigene Schuld ist, wenn ich unglücklich bin.

Ja, in jenen Briefen von Penn House nach Northwold, die in so stolzer Schrift zu Händen des „Kanonikus" adressiert und wohl an Theodore gerichtet waren, ließ ich meiner Phantasie zu den Ereignissen jedes einzelnen Tages freien Lauf. Jedes einzelnen Tages! Ja, die große, ungerechte, unbekümmerte, blinde Natur hat mir gewiß mein ganzes Leben lang die Macht geschenkt, alle vierundzwanzig Stunden *neu* zu leben. Dies zumindest habe ich mir von meiner vergessenen Kindheit in Shirley bewahrt: daß ich automatisch eine große Lethewelle erzeuge, die mich jede Nacht überrollt und es mir ermöglicht, jeden Morgen aufzuwachen wie der Titan Antaeus, wenn er die Erde berührte.

Ich war zu dieser Zeit in Penn House ungemein glücklich. Selbst heute noch spüre ich fast so deutlich, wie ich in diesem Moment die Luft von „Up-State" spüre, wie es war, wenn ich aus meinem Schlafzimmer auf der Rückseite des Hauses kam, das auf den Turm von St. John's hinausging, und, vor Entzücken schier außer mir, langsam, Schritt für Schritt, die Treppe zum Salon hinunterging. Aus dem Salonfenster pflegte ich dann heimlich und leise – denn Penn House war das Haus einer Kranken – den flirrenden, glitzernden, blendenden Sonnenpfad auf den Wassern der Bucht zu bestaunen. Sonne auf Wasser, Element auf Element, und beide in strahlend aufflammender, weißer Pracht – solche Phänomene entrückten mich in jenen Tagen schlicht in ein unbeschreibliches

Nirwana. Das war der Moment auf der Bühne meines Lebens, wo der gutböse, unverantwortliche Herr meines Schicksals die bedeutenden Worte sprach: „Auftritt Llewelyn!"

Mein Bruder Bertie, der bezeichnenderweise stets als „A. R. P." bekannt war, hatte zuvor schon meine Lebensbühne betreten. Ich erinnere mich so gut, wie er sich einmal, als ich mit ihm in Penn House war, mit unerschütterlichster Gemütsruhe mein Gemurre von erotischer Unerfülltheit anhörte, während ich zwischen Erkerfenster und besagtem hinterem Vorzimmer hin- und herging – ich rieche noch heute die würzigen ostindischen Düfte, wie ein *potpourri* aus alten Lotusblättern –, und zu meinem Geächze keinen hörbaren Kommentar abgab, sondern nur durch *Blicke* seinem tiefen, rationalen, leicht sardonischen, nachsichtigen Unverständnis für seinen unausgeglichenen älteren Bruder Ausdruck verlieh, als er mich ein ums andere Mal das Wort „ennui" wiederholen hörte. Diesen expressiven Ausdruck hatte ich gerade entdeckt. Und ich erinnere mich, wie ich ihn, meine eigene Übersetzung anhängend, wiederholte: „Ennui – Überdruß an allem ... ennui – Überdruß an allem!" Das waren die Worte, die Onkel Littletons Perlen, Stoßzähne, Zedernholzkästchen, Tigerklauen und edelsteinbesetzte Dolche mit orientalischem Gleichmut aus dem Munde des weltmüden Johnny vernahmen. Wie klar meine Erinnerung an diesen besonderen Tag ist! Denn wie Schopenhauers Mensch taumelte ich nun, an eben diesem grauen Morgen, von der Alternative Langeweile weiter zur Alternative Unbefriedigtes Verlangen des Weltdilemmas, das der Wille zum Leben uns aufbürdet.

In diesem Moment nämlich war es mir gegeben, vom Salonfenster aus eine junge Dame zu erblicken, die trotz des wolkigen Wetters erwog, sich züchtig wenigstens bis zu den Knien in die nicht sehr verheißungsvolle See zu wagen! Es war dies die erste von bis zur Stunde *nur drei Gelegenheiten*, wo meine sächsisch-keltische Seele verstanden hat, was das verfluchte französische Wort „ennui" bedeutet; und ich behaupte, daß es in dieser ganzen lüsternen, differenzierten Sprache kein Wort gibt, das die nordische Woge von mystischer Romantik und raubtierhafter Gier beschreiben könnte, die beim Anblick des einsamen, unbekannten Mädchens über mich hinwegfegte! Der Autor der *Undine* hätte mein Gefühl in diesem Augenblick besser verstanden als der Autor der *Madame Bovary*.

Ja, mein Bruder Bertie – damals schon wohletabliert in der Prep. – schenkte mir zu dieser Zeit meinen ersten Band mit Gedichten von Coleridge. Shelley hatte ich vom Direktor als Schulpreis bekommen. Wordsworth hatte ich mir – wenn ich nicht irre – selbst gekauft. Einen Dichter gab es, den ich mir niemals zu kaufen oder schenken zu lassen brauchte, und das war Tennyson. Ja, von sämtlichen Bänden sämtlicher Dichter beherrschte nächst dem illustrierten Aytoun die grüne Moxon-Ausgabe von Tennysons frühen Gedichten meine poetische Vision. Coleridge dagegen – jener enttäuschte, genarrte, langatmige, moribunde, fischkalt-phantasiemächtigste und weinerlich-trübsinnigste von unserern Dichtern – hatte sich für mich bisher noch nicht aus seinem West-Country-Nebel gelöst.

Trotz der stürmischen Böen, die an diesem Tag bliesen, ging ich mit dem Buch in den nahegelegenen öffentlichen Park. Wie der Moxon-Tennyson hatte es einen grün-goldenen Einband. Ich muß sagen, daß ich immer noch ein Häretiker bin, was die schlichten, glatten Einbände von heute anlangt. Ich teile die frühviktorianische Auffassung, daß der *Schmutz der Abnutzung* auf königlichem Gold und heraldischem Prägedruck am vorteilhaftesten zur Geltung kommt und am dezentesten aussieht.

Aber wie gesagt, zu dieser Zeit begann Llewelyn als imponierende Persönlichkeit auf mein Bewußtsein zu wirken. Kürzlich machte ich tiefen Eindruck auf sein psychologisches Lebensverständnis, als ich ihm erzählte, daß ich ihn in Penn House zum erstenmal in den Armen gehalten hatte, *bevor sein Kleinkinderschädel zusammengewachsen war*. In einem seiner Bücher spielt er auf seine unvergleichliche Art darauf an; und ich verstehe, daß das seine Aufmerksamkeit ungemein fesselte. Wenn ich ihm hätte sagen können, ich hätte seinen ersten Schrei gehört – denn „wir Neugebornen weinen, zu betreten die große Narrenbühne“ – hätte er die vertraute, damals so runzlige und heute so gefurchte Stirn in Falten gelegt und sich ernsthaft und eingehend für den präzisen Tonfall jenes angestrengten Lautes interessiert, der da in einem Schlafzimmer von Rothesay House ausgestoßen wurde. Jedenfalls, so hat sich erwiesen, ist Llewelyns Humor dem Geist der Erde von

Natur aus inniger verhaftet als jeder andere, dem ich auf meinen Wanderungen bislang begegnet bin. Und wo war der Chiron, der ihn lehrte, welche honigtriefenden Bäume in unserem Literaturwald dem Charakter seines einzigartigen Stils am ehesten entsprächen?

Er war noch ein ganz kleiner Junge, als ich ihn zusammen mit den andern Jüngeren auf einen Ausflug nach Portland mitnahm – ich habe vergessen, ob er sich irgendwo in seinem Werk darauf bezieht –, und während wir auf die Ankunft des Zuges warteten, der uns mit rückwärts fahrender Lokomotive nach Weymouth zurückbringen sollte, wurden wir alle von der vorwärtsdrängenden Menge an den Rand des Bahnsteiges gedrückt und Llewelyn stürzte, als der Zug einfuhr, auf das Trittbrett eines vorbeirollenden Coupés und wurde darauf fortgetragen, während der Zug langsam zum Stehen kam. Ich bin sicher, daß seine heiter fragende Miene sich kein Jota änderte, als ihn jemand, der im Zug saß, hochhob und hereinlupfte! Er war der erste von uns, der in diesen Zug stieg, so wie er der erste von uns war, der den langen Karawanen ferner Kamele folgte, die in den Sand einsinken, wo der Wind die Fußspuren Christi verweht. Nichts, was dem Schicksal des Menschen auf der Erde eignet, ist diesem Kind des „South Walk" fremd, das zweifellos gleichzeitig mit unzähligen kleinen Dachsen, Füchsen, Stachelschweinen, Hasen, Wieseln, Eichhörnchen, Ottern, Hermelinen, zu schweigen von Milliarden von Ratten und Mäusen „und solch Getier", geboren wurde, die an eben diesem dreizehnten August sämtlich geschnattert, geschnaubt, geschlabbert, gegluckst, gejault, gebellt, gekreischt, gewinselt, gegrunzt, gekeucht, gegähnt, gekeckert, gekrächzt, gewiehert, geheult, gefaucht, geklappert, gestöhnt, gepfiffen, gechrieben, geknurrt, geseufzt, gehechelt und gequiekt haben müssen, mittlerweile aber allesamt einer Vergessenheit anheimgefallen sind, die, wie Hardy irgendwo meint, zu absolut ist, als daß der Verstand sie fassen könnte. Je nun! Die anderen Mäuler, Augen, Ohren, Pfoten und Stacheln dieses fernen Geburtstages sind schon vor einer Ewigkeit zu Staub geworden; doch Master Lulu leckt immer noch sein Quantum Honig auf, zieht immer noch die Siebenmeilenstiefel an, greift immer noch nach seinem Stock und macht sich, wenn er seine Arbeit im Hintergarten beendet hat, immer noch auf, um nachzusehen, ob die Flut kommt oder die Ebbe einsetzt und ob die Schwalben gekommen oder fortgezogen sind.

Doch zurück zu den ersten Ferien in Weymouth. Nicht in der Schule zu sein und Littleton zum Gefährten zu haben reichte für mich schon aus; und so lästig ich diesem großen Kricket- und Rugbyspieler oft gefallen sein muß, ließ doch auch er sich vom wechselnden Anblick von Land und Wasser stets begeistern und war in Naturgeschichte so beschlagen wie mein Vater, in mancher Hinsicht sogar noch beschlagener. Wie wir es liebten, bis jenseits der kleinen Buhnen von Weymouth hinauszurudern! Ich entsinne mich jedoch nicht, daß wir uns jemals – wie mein Vater es laut eigener Darstellung einmal tat, und zwar mit seinem Erstgeborenen an Bord – bis Redcliffe Bay gewagt hätten. Einmal wurden wir auf einen ganztägigen Fischtörn bis fast außer Sichtweite des Landes mitgenommen; und ich erinnere mich noch gut an die Dornhaie und Quallen, die ins Boot gezogen wurden; ich erinnere mich aber auch, daß mir das Ganze noch vor dem Ende durch einen heftigen Drang zum Urinieren verleidet wurde. „Wasser, Wasser überall", aber Johnny war, mit zum Bersten gefüllter Blase und unverwandt starrem Blick, zum Einhalten gezwungen! Wie können Leute sich erdreisten, ihre Autobiographien als Wahrheit über sich selbst bezeichnen, wenn sie dergleichen nicht erwähnen? Für mich stellt es sich als *sine qua non* jeder ehrlichen Schilderung dieser Art dar, daß die intimen Leiden und Erleichterungen dieses täglich wiederkehrenden Durchgangs von Materie durch den Körper zumindest nicht völlig unterschlagen werden.

Zweierlei, so scheint mir, gibt es, das einen tieferen Eindruck auf unser ganzes Bewußtsein macht und Verstand und Seele vollständiger lähmt als irgendeines der tragischeren Ereignisse unseres Lebens. Nämlich erstens, wenn wir aus irgendeinem Grund eine unserer beiden natürlichen Entleerungen unmäßig lange haben aufschieben müssen; und zweitens, wenn unser innerster Stolz, die Selbstachtung, die sozusagen den Kiel des Schiffes ausmacht, von einer absichtlich giftigen Abfuhr bis in seinen Kern getroffen wird. Das Übelkeit erregende, unerträgliche Leiden des ersten hat einen geistigen Effekt, der unser ganzes Wesen verkrampfen läßt und uns – wie eine Art Schlaganfall – allem anderen gegenüber gleichgültig macht; während man im zweiten Falle, so wie ich an dem

Tag, als ich auf dem Kricketplatz den Fang verpatzte, das Gefühl hat, es wäre besser, man wäre nie geboren worden. Beides scheint mir schlimmer als jede Kameradenschinderei, die ich jemals erlebt habe, ausgenommen vielleicht in Wildman's die Behandlung des kleinen Jungen im Zimmer unter uns.

Es war ein seltsam ausgleichendes Moment in meiner dualistischen Geschichte, daß ich gerade in den Jahren, da ich mich in Sherborne am unglücklichsten fühlte, während unserer Besuche in Northwold so überaus glücklich war. Niemals in einem Menschenleben, da bin ich ganz sicher, wurde kindlicher Eigenart in allem, was sie am liebsten mag – was jedenfalls wir am liebsten mochten –, schöner entsprochen als bei Littleton und mir in der Pfarrei von Northwold. Vor vier Jahren erst sind Littleton und ich nach einer Spanne von vierzig Jahren dorthin zurückgekehrt; und waren eine ganze Woche lang alleinige Herren des vertrauten Hauses, des Gartens und des „kleinen Flusses“ und völlig uns selbst überlassen! Doch so sehr uns das Erlebnis in tiefster Seele aufwühlte und so unsagbar glücklich uns das Zusammensein machte, wußten wir doch insgeheim sehr wohl, daß es zweifelhaft war, ob wir je wieder nach Northwold kommen würden. Über die Kluft der vierzig Jahre hinweg wechselten der mittlerweile weißhaarige Littleton und der mittlerweile gebrechliche Johnny stumme Signale mit den beiden kleinen Jungen, deren ganzes Leben in jenen zauberischen Gefilden und mit jenen unvergleichlichen Menschen ein fast unversehrtes Paradies gewesen war; und in gewissem Sinne war es unser Abschied von diesen kleinen Jungen! Zu flüchtiger Reinkarnation gelangt, entschwanden sie gemeinsam wieder, Hand in Hand, der kleine Johnny und der kleine Littleton, und lösten sich schließlich auf in die Zweige der Zeder auf dem Rasen, in die Büsche am Fischteich, in die Pappeln am Fluß, in die Erlen von Alder Dyke. Werden wir sie jemals wieder heraufbeschwören können, die kleinen Geister aus der Vergangenheit, wie wir's in jener Woche taten? Sind sie nun für immer in ein Vergessen getreten, so tief, als wären sie Seite an Seite mit dem „Kanonikus“ unter dem großen Turm aus Flint begraben?

Je nun! Auf jeden Fall waren sie nicht *immer* unwirklich wie Elias Traumkinder, die beiden. Zu ihrer Zeit tummelten sie sich durchaus lebhaft in ihrer kleinen Welt, warfen ihre Angelleinen in Dye's

Hole, beobachteten die großen Lachsforellen im Teich von Harrod's Mill, fanden Grünfinkennester im Rosengarten mit Eiern im August, fingen Hechte mit ihren Schmetterlingsnetzen und Schmetterlinge mit ihren Mützen, verloren sich, zumindest einer von ihnen, in den atemberaubenden Anblick des fast ausgestorbenen „Großen Bläulings" auf den Feldern bei Oxborough Ferry, brachten den alten Druck von Venedig über ihrem Bett zum Schaukeln, bis seine Ecken Löcher in die Decke schlugen, sprangen, zumindest einer von ihnen, mit alles überschwemmenden Platsch in den runden Lilienteich zwischen die verschreckten Frösche, verschlangen grüne Stachelbeeren und rosige Erdbeeren, beförderten ihr Boot vom „kleinen" in den „großen Fluß", fanden Pflaumen in unbekannten Bäumen und Steißfußküken, wo sie nach Wasserratten suchten, lernten „Sir" zu pensionierten Hauptleuten und „Wie geht's meinem Schatz?" zu pensionsreifen Dienstmädchen zu sagen, transportierten lebende Flußbarsche in Fischkesseln und tote Karpfen auf Weidenzweigen und stibitzten sogar dem Dorfpolizisten seine Handschellen. Ja, zu ihrer Zeit waren sie durchaus wirklich und alles andere als Traumkinder; *doch wo sind sie heute?* Was wir waren, geht in dem, was wir werden, eher verloren, als daß es sich erfüllt, und viele, die sich im kargen Mannesalter um ihr Brot mühen, tragen in sich die Geister von Kindern, die nach Herzenslust Kuchen essen konnten.

Dennoch waren – *dum loquimur, fugerit invida aetas* – jene Tage, ob nun etwas von ihnen überdauert oder nicht, unsagbar glücklich; und vielleicht gibt es ja in der alten Erde unter unseren Füßen ein planetares Bewußtsein, das diese Schwingungen höchsten Glücks in sich aufnimmt; sie aufnimmt in einen kostbaren Speicher solcher Gefühle, wo sie, wenn nicht ewig, doch immerhin so lange währen können wie sie selbst.

In meinem und Littletons Leben ergaben sich immer wieder Zeiten, in denen die Standfestigkeit seines Charakters in eindrucksvollem Gegensatz zur Schwäche des meinen zutage traf. Um beispielsweise unser Boot vom „kleinen" in den „großen Fluß" zu befördern, war es häufig erforderlich, es unter Brücken hindurchzumanövrieren, die so niedrig waren, daß sie die Wasseroberfläche fast berührten. Dabei fiel es jedesmal Littleton zu, im Boot zu bleiben. Er pflegte sich, nachdem wir Riemendollen und Ruder sorgsam abmontiert hatten, auf dem Rücken der Länge nach darin auszustrecken und es so, durch den Druck seiner nach oben gekehrten Hände gegen die Brückenträger, vorwärtszuschieben, bis es wieder ans Licht und ins Blickfeld seines älteren Bruders kam. Dieser ältere Bruder lag bäuchlings auf der Brücke und hatte nichts weiter zu tun als mit gespannter Erwartung zuzusehen, wie zuerst der Bug, dann der Proviantkorb, dann die im Bilgenwasser schwimmende Kelle zum Ausschöpfen, dann die Dose mit Ködern und schließlich Littletons Kopf auftauchte, dessen Gesicht mit der in Falten gezogenen Stirn, den zusammengekniffenen Augen und den bebenden Lippen einen Ausdruck konzentrierter Angestrengtheit trug.

Etwa zu dieser Zeit, vielleicht als ich in der Oberen Vierten war und in Chemie herumstümperte, um dem griechischen Vers zu entgehen, begann ich mir einer eindeutigeren Reaktion auf unterschiedliche Typen natürlicher Szenerie bewußt zu werden. Mein Vater machte soviel Wesens von diesen Unterschieden, wobei er die Vorzüge seines heimatlichen Wessex eher andeutete denn lauthals beteuerte, daß die Verschiedenartigkeit von Landschaften für uns ganz selbstverständlich ebenso wichtig wurde wie Seide für Kurzwarenhändler, Pelze für Kürschner, Weine für Senile und Zyniker. Er erzog uns dazu, auf jede Geländewelle, jede Erhebung, jedes Dickicht, jeden Hügelkamm, jede Niederung zu achten, und welchen Effekt die verschiedenen Jahreszeiten und Wetterverhältnisse auf sie hatten.

Bis zu dem Zeitpunkt, wo ich von der Schule abging und ins College eintrat, hatte ich, was Landschaften angeht, sehr unterschiedliche Erfahrungen gemacht. Von Derbyshire hatte ich nur das rein Imaginäre mitgenommen: die Erinnerung an Mount Cloud als hoch aufragender Berg und an das Bild des Teiches auf jemandes Wiese als See mit übernatürlichen Fischen; aber jeder Aspekt der Küste von Weymouth senkte sich meinem Gemüt mit derart verklärendem Zauber ein, daß ich heute, so könnte man sagen, beim Gedanken an bestimmte Dinge den Turm von St. John's und den Nothe, das alte Stauwasser und die Hafenbrücke, die Steinbuhnen, die grünen Pierpfosten, das tote Seegras, die angeschwemmten Algen und angetriebenen Seesterne mitdenke! Ja, ich betrachte alle Erfahrungen meines Lebens durch das Medium dieser Dinge; und so wird es bis ans Ende bleiben.

Nächst dem Einfluß des Meeres bei Weymouth, und es handelte sich hier wohlgemerkt nicht um das offene Meer der Gleitflüge des Kormorans, sondern um das Ufermeer der Schwebetänze der Silbermöwe, hat die Szenerie von Sherborne den tiefsten Eindruck auf mich gemacht. Diese Landschaft liegt genau auf der Grenze zwischen Dorset und Somerst und verbindet die ländliche Weite des einen mit der duftigen Schattigkeit des anderen. Tatsächlich weist das Blackmore Vale, in dessen Herzen mein Vater wie Tess von den d'Urbervilles das Licht der Welt erblickte, viele Ähnlichkeiten mit Somerset auf. Seine Ankunft in Montacute muß daher etwas ganz anderes gewesen sein als sein Exil in Derbyshire, sieht man doch, wie er uns in den dreißig Jahren seiner Zeit als Vikar dort ständig auseinandersetzte, von den Höhen über der Pfarrei in Dorset, wo er geboren wurde, denselben Turm von König Alfred wie von den Höhen über dem Kirchhof in Somerset, wo er stets begraben werden wollte und heute begraben liegt.

Mein Leben in Sherborne endete, wie ich schon angedeutet habe, auf etwas dramatische Weise. Es kam ein Tag, da die Beaufsichtigung des Abendessens und der Gebete aufgrund einer zeitweiligen Abwesenheit von Mr. Wildman unserem Freund Lutyens, dem großen Läufer, oblag; einem Menschen, der – wie man schon aus der fast klösterlichen Zurückgezogenheit ersieht, in der er heute lebt – nie einer war, der sogenannte weltliche Autorität erstrebt oder gar auszuüben gewußt hat, wenn sie ihm aufgedrängt wurde. Es war ein Sonntagnachmittag; und während Littleton und ich uns nach dem Tee und vor dem Gang zur Kapelle in unserm Studierzimmer vergnügten – er mit seinen künstlichen Forellenfliegen, über die er nach Art des Viscount Grey ein Anglerhandbuch verfaßte, und ich mit *Robinsons History of the Church*, die, indem ich mich ernsthaft den großen Häresien widmete, meine Einführung in die Philosophie darstellte –, machten sich auf dem Gang draußen deutliche Anzeichen einer „émeute" bemerkbar. „Das gemeine Volk machte sich über uns lustig", wie Mr. Phelips es ausgedrückt haben würde. Schließlich flog sogar die Tür unseres geheiligten Studierzimmers auf; und die Randalierer draußen begannen, sich, sowohl von Bosheit wie von Angst erfüllt, gegenseitig hineinzuschubsen. Zu meiner immerwährenden Schande – und ich habe diese panische Furcht vor Zusammenrottungen bis heute – war ich vor Entsetzen wie gelähmt. Eine Feindseligkeit, die in Wirklichkeit wahrscheinlich nur geringfügig war, ließ mich wie einen Toten erstarren. Meine Angst steckte Littleton an, der die grauen Augen ganz weit aufriß und sein *Manual of Fishing* zuklappte. Jetzt hätte es gegolten, mir die herkömmlichen Charakterzüge der Grafschaft meiner Geburt zunutze zu machen.

„Derbyshire-Sippschaft, Derbyshire-Brut,
Kräftige Arme, hohl unterm Hut!"

Ein einziger tüchtiger Schlag mit der ganzen Kraft meiner knochigen Faust in das gutaussehende, spöttische Gesicht von D --- I hätte gereicht. Aber statt einer solchen die Luft reinigenden Geste folgte eine Szene, die mich noch nach vierundvierzig Jahren, mit Rabelais zu reden, „wie einen schwarzen Hund erröten" macht. Es kam zu einem längeren Hin und Her, zu Schlägen, die keine Schläge, Hieben, die keine Hiebe waren, Beschimpfungen, die sich nicht zu wirkungsvollen Schmähungen zu steigern wagten, all dies verbunden mit wirren Rempeleien, Schubsereien, Drängeleien und Drohungen. Gerechter Himmel! Die heiligen andächtigen Frauen, die Wildman's House später in Besitz nahmen und unsere Studierzimmer in Zellen verwandelten, hätten eine bessere Figur gemacht. Endlich aber intervenierte unser athletischer Hausältester, den seine achilleischen Füße an diesem Nachmittag wahrscheinlich nach Melbury Bub und zurück getragen hatten, und wir alle liefen durchaus schmählich auseinander, um uns auf die Abendandacht vorzubereiten.

Bald darauf eilten wir in die Stadt, vorbei an Westbury, vorbei am Abteiportal mit seinem Zickzackornament, vorbei an der Außenwand von Mr. Wildmans Klassenzimmer, bis wir schließlich durch das kleine Hintertor den Kreuzgang der Schule betraten und die Stufen der Kapelle hinaufstiegen. Hier, verstreut auf unseren jeweiligen Plätzen sitzend, schickten wir uns an, zum Gott unserer Väter zu beten oder ungestört unseren eigenen Gedanken nachzuhängen. Doch mein Gemüt und meine Nerven befanden sich in wildem Aufruhr. Meine Unfähigkeit, nach Menschenart zornig zu werden, meine Unfähigkeit, ohne Scham eine Krise zu bestehen, in der es nur ein klein wenig natürliche Beherztheit gebraucht hätte – all das brachte mich mehr aus der Fassung, als ich es je zuvor gewesen war. Mechanisch folgte ich der vertrauten Liturgie, gab die vertrauten Antworten.

„O Herr, erweise uns deine Gnade;
Und schenke uns deine Erlösung.
„O Herr, erhalte die Königin.
„Und erhöre uns gnädig, wenn wir zu dir rufen.
„Versieh deine Diener mit Rechtschaffenheit.
„Und erfülle dein auserwähltes Volk mit Freude.
„Gewähre unserer Zeit Frieden, o Herr.
„Denn es ist niemand anderer, der für uns streitet,
als nur du allein, o Gott.“

Und da geschah es, während es, während die Andacht weiterging, daß ein seltsamer, verblüffender Entschluß von mir Besitz ergriff, der mein Herz bis ins Innerste aufwühlte. Wenn ich denn unfähig war, meine Derbyshire-Fäuste zu gebrauchen, warum sollte ich nicht mein walisisches Mundwerk benutzen?

„Denn es ist niemand anderer, der für uns streitet,
als nur ---

Ja, genau das würde ich tun! Noch an diesem Abend würde ich vor ganz Wildman's House meine überfällige, seit langem in mir gärende Apologie halten! Der Gedanke brannte wie ein Feuer in mir. Schon begann ich, leidenschaftliche Sätze zu formen, einprägsame ciceronische Deklamationen zurechtzufeilen! Nicht umsonst hatte ich den – der gewaltigen Eloquenz des großen Redners eifrig nachgebildeten – lateinischen Aufsatz verfaßt, der den Preis der fünften Klasse gewonnen hatte. Ja, genau! Mit meinem Mundwerk würde ich mich verteidigen, mich rechtfertigen, mich erretten! Es ist durchaus wahrscheinlich, daß Cicero selbst Handgreiflichkeiten aus dem Wege gegangen wäre, wenn Catilina „es auf ihn abgesehen“ gehabt hätte. Aber ich hatte meine Waffe gefunden. Ich war bereit.

„Erleuchte unser Dunkel, wir flehen dich an, o Herr;
und bewahre uns in deiner großen Barmherzigkeit vor allen Übeln und Fährnissen dieser Nacht ---"

Ich überholte, so würde ich meinen, Lutyens trotz dessen Meilenläuferschritts bei eben den Fenstern von Westbury House, an denen wir gestanden hatten, als mein Vater an unserem ersten Abend in Sherborne fortging. Es sollte mein letzter offizieller Abend in jener sächsischen Schule sein. Und warum sollte ich es vor meinem Abgang nicht Owen Glendower nachtun und „Geister aus der wüsten Tiefe rufen"? Daher die Bitte, die ich „Podas okus" Lutyens unterbreitete; und er – gesegnet seien seine schnellen Füße und sein gutes Herz! – stimmte meinem erstaunlichen Vorschlag sofort zu. Wir vereinbarten, daß er gleich nach dem Abendessen – ein Abendessen, das zur Gänze aus Bier, Brot und Käse bestand – aufstehen und ankündigen sollte, daß Powys I „etwas zu sagen" habe. Ich kann mich nicht entsinnen, was Littleton von dieser Vorgehensweise hielt. Sein ausdrucksvolles Gesicht muß wohl eine Miene angenommen haben, die ich sehr gut kannte, nämlich die, die er aufsetzte, als ich einmal bei einem improvisierten Schulkonzert Tennysons „Revenge" rezitierte.

Nun, der Moment kam; und ich stand auf. Das Außergewöhnliche, ja Einzigartige dieses revolutionären Vorgangs schlug alle Jungen in seinen Bann. Man hätte, wie es so schön heißt, eine Stecknadel fallen hören können. Und dann nahm ich nach recht lahmem Beginn rasch mein Stichwort auf und sprudelte eine Flut stürmischer Worte hervor. Aus meiner Narrheit kam sie, aus meiner Erniedrigung, aus meinem verkehrten Stolz. Sie kam buchstäblich *de profundis*. In der Kapelle hatte ich gebetet: „Und nimm deinen Heiligen Geist nicht von uns!", aber ob der Sturzbach von Selbstanklagen, Selbstbeschuldigungen, wilder Selbstverspottung dem Creator Spiritus oder dem Teufel entsprang, weiß ich nicht. Ich brachte jedes einzelne Detail, für das sie mich verhöhnten, aufs Tapet, ich legte meine Verletzungen, meine Demütigungen, meine Dummheiten bloß. Endlich äußerste sich „Moony" aus der Verrücktheit der Herrin seines Horoskops heraus! Ich sprach den großen, ramponierten Schirm an, auf den ich solchen Wert legte. Ich sprach meine obszöne Gewohnheit an, mein Essen mit den

Vorderzähnen zu kauen. Ich zog mich vor ihnen nackt aus. Taliesin selbst hätte nicht so wortgewaltig prophezeihen können, als er den Verlauf seiner planetarischen Metamorphosen pries.

Als ich mich setzte, herrschte einen Moment lang Totenstille. Ich wagte Littleton nicht anzusehen. Aber ich war nicht gescheitert. Um mich erhob sich Beifallsgetöse, verwirrt, verblüfft, verdutzt, verlegen. Lutyens flüsterte Littleton etwas zu, bevor er uns das Zeichen gab, zum gewohnten Abendgebet niederzuknien. Am nächsten Tag lag ich mit einem Anfall meiner Magenbeschwerden auf der Krankenstation; und wie sich herausstellte, war es mir nur noch einmal beschieden, als Junge öffentlich in der Sherborne School aufzutreten. Das war, als ich nach langer Rekonvaleszenz in Montacute am letzten Tag des Semesters in Mr. Phelips' großem Galawagen – er gehörte der Schulkommission an – dorthin gefahren wurde, um mein preisgekröntes englisches Gedicht vorzutragen. Am Morgen nach dem ereignisreichen Abendessen in Wildman's House, als ich meine Schande in meinen Ruhm verwandelte, hatte sich mein gutaussehender Feind D---I scheu ins Krankenzimmer gedrückt und mir einen Strauß Veilchen gebracht!

„Kein Wölkchen", schrieb ich in meinem zahmen, konventionellen Gedicht, dessen Thema „Korinth" lautete – und diesmal war mein schwacher, schwungloser Vortrag ganz gewiß weder vom „Heiligen" noch von sonst einem Geist beseelt –, „kein Wölkchen", schrieb ich, „trübt des Himmels Glüh'n,

> Unnahbar hoch, erhaben weit.
> Der Zitadelle fester Blick geht kühn
> Hinab, wo Möwen sorglos Kreise zieh'n,
> Von sich'rer Felsen Heimstatt hin und wieder fliegen
> Und Meer und Land in ew'ger Ruhe licgen."

Die Götter hatten mich mein zwischen den Sternen und dem Pissoir abgelegtes Gelübde halten lassen. Ich war tatsächlich ein Dichter geworden; aber das Thema meiner Dichtung war etwas anderes gewesen als „Korinth".

Cambridge

Den Sommer, den ich zwischen dem Ende meiner Schul- und dem Beginn meiner Collegezeit zubrachte, verwandte ich weitgehend darauf, den *Ion* von Euripides, den in jenem Jahr für das – jedenfalls damals – sogenannte „kleine Vorexamen" bestimmten Text, vom Blatt übersetzen zu lernen. Ich habe das Stück seit diesem Sommer nie mehr gelesen, wenigstens nicht auf die einzige Art, wie ich die Klassiker heute lese, nämlich mit einer Loeb-Übersetzung auf der gegenüberliegenden Seite; aber die Gestalt des jungen Neophyten, einer Art griechischen *Marius der Epikureer*, „bei seinem priesterlichen Amt der Reinwaschung" in dem stillen Tempel, ist mir für immer im Gedächtnis geblieben. Heute denke ich an diese Knabengestalt in Verbindung mit meinem Sohn in Oxford; doch bevor mein Sohn in den Dienst *seines* Unsterblichen eintrat, verband ich sie in Gedanken mit zwei großen, kahlen Mahagonitischen, der eine im Eßzimmer in Montacute, der andere im Eßzimmer in Northwold! Daß man mir erlaubte, mich mit Feder, Tinte, Papier und Büchern auf diesen glatten, kostbaren, polierten Flächen auszubreiten, war wohl ein nachsichtiges Zugeständnis an eine morbide Abneigung gegen bestimmte Stoffe und Materialien, die sich bei mir zu zeigen begann!

Doch welche verschlungenen, welche untergründigen Wege nimmt die Natur und welcher Listen und Schliche bedienen sich unsere geistigen Triebkräfte beim Erwerb von Weisheit! Ja, die allmähliche Aneignung dessen, was wir später als Zauberkunststück betrachten, durch das sich das Leben hinlänglich bewältigen läßt, erfolgt nicht in stetiger, rationaler Entwicklung. Sie ergibt sich einerseits durch lockere, flüchtige, indirekte, periodische Annäherungen, und andererseits durch gelegentliche, heftige, erdbebenartige Schocks! Sie bewahrt uns auf ganz ähnliche Weise vor Übel, wie Riese und Fee meines Vaters ihre Protégés vor dem „Professor" zu bewahren pflegten.

Weisheit, dieser wundersame Talisman, von dem wir alle vor unserem Tode ein Körnchen zu stehlen privilegiert sind, ist kein rationales *quod erat demonstradum.* Sie besteht vielmehr aus Paradoxa und Widersprüchen, aus Brüchen, Kompromissen, Verwandlungen, Anpassungen, Angleichungen, Ausgleichen, bewußter Blindheit, geschickten Vermeidungen, vorsätzlichen Narrheiten, kultivierten Einfältigkeiten! Sie besteht aus der Unterdrükkung von Klugheit, aus Verengungen, Verschanzungen, Abdämmungen, zu schweigen von einem vorsichtigen, zurückhaltenden, zögernden, behutsamen Gebrauch der Vernunft.

Was ist mir im Gedächtnis geblieben von jenen Momenten, in denen ich am *Ion* arbeitete, Wörterbuch, Notizen und „Schwarte" auf den beiden glatten Mahagonitischen ausgebreitet, von deren einem ich auf unseren riesigen *laurestinus* und auf Mr. Coles Wiese, und von deren anderem ich auf die Auffahrt meines Großvater und auf das Gesträuch hinausblicken konnte, in dem der Fischteich lag? Nichts ist mir im Gedächtnis geblieben – das heißt, nichts als ein vages Gefühl ungestörten Wohlbefindens und ein Friede wie über einem ungekräuselten Meer. Ich war allein mit den ruhigen, klassischen Gestalten, deren jede mir ihrer eigenen Würde in Zorn, Freude und Schmerz ihre eigene, grandiose Rolle spielte, und dies vor dem Schicksal und den Unsterblichen. Da saß ich, mein Schulleben hinter mir und mein Collegeleben noch im Ungewissen; aber ich zog nicht Bilanz, legte kein Gelübde ab, deutete, mutmaßte, entschied, beschloß nichts. So ist das Leben des Menschen! Wir stolpern und schlittern von einer Epoche in die nächste, und es ist, als ob die große Göttin, die wir Fortuna nennen, es uns übelnähme, daß wir der Vernunft, dem Willen, der Religion, der Philosophie, dem Einfluß der Gestirne oder gar dem Schicksal selbst zuschreiben, was sie als ihr unstreitiges, willkürliches Vorrecht betrachtet.

Mein Vater brachte mich persönlich nach Cambridge. Ich wünschte, ich könnte mich an unsere Gespräche mit den dortigen Autoritäten erinnern, denn sie müssen voller anrührender Feinheiten gewesen sein. Bestimmt behandelten sie meinen Vater, wie

Mr. Wildman einige Jahre später mich behandeln würde und bestimmt behandelten sie mich, wie jener ungestüme Philologe einige Jahre später meinen Sohn behandeln würde! Denn die „Dons" von Cambridge waren unseren Lehrern in Sherborne außerordentlich ähnlich, wie ich auch stark vermute, daß die heutigen „Dons" wohl den heutigen Lehrern ähnlich, wenn auch in beiden Fällen ganz anders sind, als sie zu meiner Zeit waren! Und worin liegt der Unterschied? Man lese Charles Lambs *Essay on the New and Old Schoolmaster*. Zu meiner Zeit waren unsere Autoritäten Männer mittleren Alters, die von ihrem eigenen, wohlgeordneten Leben in Anspruch genommen wurden und nur dann in das jüngere Leben um sie herum eingriffen, wenn wir, wie im Falle von Mr. Wildmans Leidenschaft für die Philologie oder Mr. Kings Freude an Literatur und *amicitia*, die gleichen Interessen teilten.

Doch heute ist alles anders! Sowohl Lehrer als auch Dons empfinden es zum Glück oder Unglück – denn es ist schwer vorstellbar, daß da kein „zweischneidiges Schwert" ist – als ihre Gewissenspflicht, das Leben der jungen Menschen um sie herum *zu beeinflussen*. Mir vorzustellen, Mr. Fanshawe oder Mr. Charles Moule, geschweige denn der damalige Rektor von Corpus, ein älterer Gentleman namens Dr. Perowne, hätten sich in mein Privatleben eingemischt, ist mir ebenso unmöglich wie die Vorstellung, Mr. Wildman hätte dergleichen getan, als ich in seinem Haus war. Was wir durch den Kontakt mit der feinsinnigen Empfindsamkeit von Mr. Moule oder mit dem robusten, humorvollen Landjunkercharakter von Mr. Fanshawe – der jeden Tag vier bis fünf Meilen nach Cambridge und zurück marschierte – aufschnappten, konnten wir wie bei Mr. Wildman zu unserem Nutzen verwenden; ansonsten aber ließen uns diese weisen, hervorragenden Männer, zum Glück oder Unglück, *in Frieden*. Mr. Fanshawe war ein angeheirateter Verwandter meines Vaters; und Mr. Moule ging, wann immer er nach Hause ging, zu sich *und* zu uns nach Hause; denn die Moules kamen aus Dorchester und kannten Wessex besser als wir; aber diese engen Verbindungen bedeuteten in keinem Falle, daß diese reservierten Naturliebhaber und Gelehrten sich – solange ich die Regeln befolgte – bemüßigt fühlten, sich in meine Moral, meinen Geschmack, meine Religion oder meine Gewohnheiten einzumischen.

Sehr deutlich sind mir von dem Tag, da mein Vater mich nach Cambridge brachte, unsere Expeditionen in die Geschäfte der Stadt im Gedächtnis geblieben, und welche besonderen Einkäufe er tätigte, um mir zu meinem ersten eigenen Haushalt zu verhelfen. Es waren sämtlich Gegenstände, die mir das ganze Pfarrhaus von Stalbridge – von wo *sein* Vater *ihn* ins Corpus geleitet hatte – in mein Zimmer zu bringen schienen. Und ich habe keinen Zweifel, daß dieser noch ältere Gentleman selbst wiederum zu seiner Zeit von *seinen* Eltern aus einem anderen Pfarrhaus in dieses College der Generationen gebracht worden ist!

Zu der Zeit freilich, als mein Sohn ins Corpus eintrat, lag der alte Dr. Perowne schon lange im Grab, und Dr. Pearce, ein angeheiratete Onkel meines Sohnes, hatte die Rektorenwohnung inne; es bestand also keine Notwendigkeit für mich, die alte Tradition fortzuführen, und infolgedessen wurde das Quartier meines Sohnes mit Hilfe der freundlichen Läden von Cambridge zweifellos ästhetischer, wenn auch kaum üppiger ausgestattet.

Das Quartier, das ich schließlich in Besitz nehmen konnte, war zwar vom New Court aus zu betreten, ging aber auf den Old Court hinaus und bildete fraglos einen wesentlichen Bestandteil eines der romantischsten Überbleibsel mittelalterlichen Gelehrsamkeit, das ich je gesehen habe. Hatte es in Sherborne noch ein recht hochgestochenes Studium der gotischen Architektur gebraucht, um mich für alte Gebäude zu interessieren, so studierte ich im Corpus gar nichts. Ich machte mir kaum klar, was ich so genoß, während ich in diesem bodenlosen Teich von Altertümern umherschwamm. Der Old Court des Corpus hatte – zumal vor der Entfernung des Efeus, von dem mein Vater stets behauptete, sein Vater habe ihn gepflanzt – das Gepräge einer verwunschenen Ruine im Märchenwald einer alten Dichtung. Nachdem man den Efeu abgekratzt hatte, sah der Hof genauso aus, wie er in den Tagen gewesen sein muß, als Christopher Marlowe dort seine Räume hatte! Auf einem großen Balken, der über meine Zimmerdecke lief, entdeckte Llewelyn Jahre später – nun, es waren wohl genau ein Dutzend Jahre – die Worte: „Betet für die Seele von John Cowper Powys." Meine Seele sieht sich immer noch um in unserer irdischen Welt, und Llewelyn hat sich in einer Art, die Christopher Marlowe entzücken würde, wacker gemüht, solch fromme Gesten herunterzuputzen, doch es berührte ihn gleichwohl eigenartig, die Worte an dieser Stelle vorzufinden.

Es war ein denkwürdiges Erlebnis für mich, als ich zum ersten Mal „in der Halle aß." Es war wundervoll, mein Essen nach so mittelalterlicher Weise zu verspeisen, genau wie meine Vorgänger es seit fünfhundert Jahren getan hatten. Es war erregend, zu den Bildern der alten Größen an den vertäfelten Wänden und zu den bemalten Fenstern aufzublicken, die „gerötet war'n vom Blut von Königen und Königinnen"; und wenn mein Schädel zwischen den stattlichen Gängen zeitweise gewissen abwegigen, ja verrückten Gedanken Raum gab, so war das nur, als wären bei einem primitiven Fest ein paar Raben aus dem Mabinogion herein- und hinausgeflogen. Noch heute höre ich das hastig gemurmelte lateinische Tischgebet, das mit den Worten „per Jesum Christum, Dominum Nostrum" endete: und wie anders klang dieses „Jesum Christum" in seinem säkularen Nachhall, hinter dem die ganze stürmische Geschichte der Kirche stand, als jenes „In Jesu Arm geborgen", das ich in mein Kissen zu murmeln pflegte, wenn die Nachtlichter im Kinderzimmer ausgeblasen wurden!

Über den alten Dächern im Inneren des Old Court erhob sich ein Kirchturm, der auf die Zeit vor William dem Eroberer zurückging, ja eines der – wie ich bereits gelernt hatte – äußerst seltenen Exemplare eines *angelsächsischen Turmes* darstellte. Dieses eckige Bauwerk beschaute ich mit nie erlahmendem Interesse. Die Romantik des Genealogischen – gibt es etwas, das ergreifender wäre? Wie auch immer! Ich vermute jedenfalls, daß die eigentümliche Schwingung, das tiefe, „aus dem Bauch" kommende Gefühl, das ich bei dergleichen empfinde, von meiner leidenschaftlichen Lektüre Sir Walter Scotts und von den wunderbaren Illustrationen der Quartausgabe des *Aytoun*, vielleicht aber auch, durch all die langen Jahrhunderte, von meinem Tropfen stolzen keltischen Blutes herrührt! Ich hatte täglich Gelegenheit, diesen Turm zu betrachten, denn gleich darunter befanden sich die Aborte des Corpus. Hier war es Sitte, die Tür offenzulassen, während man zu Stuhle ging, und ich fürchte, es war dies eine der Sitten meiner Vorväter – neben anderen von eher religiösem Charakter –, gegen die ich von der Schwäche meiner Natur aufzubegehren genötigt wurde. Ich pflegte diese Türen zuerst zaghaft, dann aber immer kühner zuzustoßen, um meine Entleerungen zumindest halbwegs ungestört verrichten zu können.

In dieser Hinsicht mag ich kühn gewesen sein, doch der schüchterne Konservatismus meines innersten Wesens wird durch nichts deutlicher veranschaulicht als durch die Tatsache, daß ich mich einzig und allein deshalb, weil ich meinen Vater unentwegt Geschichten von seiner Ruderei hatte erzählen hören, und wie er *seinen* Vater überredet habe, ihn länger als üblich „machen" zu lassen, damit er die Genugtuung haben konnte, im *zweiten* Boot von Corpus zu rudern, unbedingt auch auf diese Beschäftigung einlassen mußte. Könnte irgend etwas deutlicher nicht nur meine eigene, sondern auch die Dummheit des gewöhnlichen menschlichen Wesens enthüllen? Hatte ich unter dem obligatorischen Kricket nicht schon erbärmlich genug gelitten, daß ich nun hergehen und mich wieder unters Joch beugen mußte? Warum zum Teufel sagte ich den unverschämten jungen Männern – die ständig davon schwatzten, „dem College zu dienen" – nicht, daß genauso „diente", wer nur untätig dabeistand? Ich hätte das durchaus tun und damit triumphieren können! Es war dies nämlich vor der Zeit, wo Sport sowohl in Sherborne als auch im Corpus zu einer moralischen Pflicht gemacht, ja von den Autoritäten vehement gefördert wurde, um unsere Hände von Unterröcken und unsere Füße von Bordellen fernzuhalten.

Unglücklicherweise aber gab es zu jener Zeit im Corpus drei vollkommen getrennte Gruppen von Menschen. Da waren die Schnellebigen, die sich im großen und ganzen den Teufel um Sport scherten. Da waren die pietistischen Evangelisten, von denen einige auf dem als Parker's Piece bekannten, recht trostloen Grundstück nach dem Bahnhof zu tatsächlich jedem predigten, der zuhören mochte. Und da waren schließlich die Sportler, die ihrerseits wiederum in die Rugby- und in die Ruderbegeisterten zerfielen.

Ich fiel den Ruderern in die Hände. Es war lächerlich. Was nützte ich dem College oder sonst irgendwem? Vor Unmoral jedenfalls bewahrte es mich gewiß nicht; denn ich entsinne mich noch gut, daß ich auf dem Höhepunkt der Rudersaison mit dem allerunmoralischsten Mann von Cambridge spazierenzugehen pflegte, einem Mann, dessen Persönlichkeit eine morbide Sinnlichkeit verströmte, die geradezu erbärmlich war. Die Avancen dieses recht unglücklichen Individuums – sie wurden nie sehr weit getrieben – riefen die einzige Gelegenheit in meinem Leben hervor, bei der ich *ohne die geringste Beimischung von Sinneslust* erotisch erregt war; eine Gelegenheit, die sich, so beschloß ich, niemals wiederholen sollte, denn sie war äußerst unangenehm für mich.

Während meines ersten Jahres in Cambridge begann sich eine Ader in meinem Wesen durchzusetzen, die mir schon lange Schwierigkeiten zu machen drohte. *Ich spreche von der Askese.* Ich habe eine höchst hartnäckig asketische Ader, die mich ständig herumkommandiert und meine Freiheit beschneidet. Ich nehme ihre Befehle mit geradezu sklavischer Fügsamkeit hin! Ich gebe ihr nach, wie ich all meinen anderen, durchaus unschuldigen, doch manchmal höchst ärgerlichen Eigenheiten nachgebe. Ich gebe ihr nach, wie ich meinen sadistischen Neigungen nachzugeben mir ganz gewiß niemals erlaubt habe. Llewelyn ist zu der Überzeugung gekommen, dieses asketische Element in mir sei letztlich eine Art Autosadismus. Möglich. Ich für mein Teil neige jedoch dazu, es als rein *ästhetische* Eigenheit zu betrachten! Ja, ich neige dazu, meine Askese als exzentrische Form von *Ästhetizismus* zu erklären, und glaube, mit dieser Deutung nicht ganz falsch zu liegen. Die Sache hatte schon angefangen, bevor ich ins Corpus eintrat. Ich kann mich an das Entzücken – eine Art hingerissenes Schwelgen in selbstgefälliger Rührseligkeit – erinnern, mit dcm ich auf einem meiner Spaziergänge mit Littleton, ich glaube auf der Straße nach Long Burton, einer achtbaren jungen Frau, die an einem Brunnen Wasser heraufpumpte, einen Betrag von nahezu einem Shilling schenkte – und man bedenke, wieviel Aprikosenpaté ich für einen Shilling hätte bekommen können! Ich möchte fast annehmen, daß sie zunächst meinte, dieser linkische Schuljunge hielte sie für ein leichtes Mädchen. Doch beruhigt von meiner närrischen Feierlichkeit und der überspannten Salbaderei, die ich von mir gab, kam sie schließlich zu dem richtigen Schluß, daß ich ein Junge aus der Sherborne School war, der die Rolle des Almosengebers spielte. Im Gegensatz dazu nahm meine Askese im Corpus die Form äußerster Knauserigkeit an. Ich habe schon immer das unheilbare Verlangen gehabt, als gut und edel zu gelten, ein Wunsch, der angesichts meiner verwickelten Sinnlichkeit und meiner extremen Schüchternheit nur schwer zu verwirklichen ist. Doch meine Ehrfurcht vor meinem Vater war so groß, daß ich vor allem in seiner Gunst stehen wollte; und ich wußte, daß einer der kürzesten Wege zu diesem Ziel darin bestand, noch sparsamer zu leben, als selbst er es für möglich gehalten hätte! Seinem Beispiel folgend, denn er war trotz seiner mächtigen Gestalt enthaltsamer im Essen als jeder andere Mensch, den ich jemals gekannt habe – Birnenkompott und Reispudding stellten seine einzige Versuchung zur Unmäßigkeit dar –, nahm ich daher zum Frühstück niemals mehr als ein Ei zu mir, und wenn ich mir am Kamin Porridge zubereitete und er besonders köstlich schmeckte, ließ ich ihn absichtlich im Topf, damit der Bediente, der mein Zimmer saubermachte, sich daran gütlich tun konnte. Meine Leidenschaft für Pflaumenkuchen und die umschweifige Art, auf die ich sie befriedigte, habe ich bereits erwähnt; aber ich trieb meine Selbstbestrafungen noch weiter.

So suchte ich mir beispielsweise als Begleiter für meine Spaziergänge speziell die jungen Menschen meiner Bekanntschaft aus, die im College am wenigsten geschätzt wurden und unvermeidlich den niedrigsten Platz einnahmen; und wenn ich vermöge irgendeiner hypnotischen Eigenschaft meines schwierigen Charakters tatsächlich einmal mit jemand Beliebtem Freundschaft schloß, so scharwenzelte ich vor ihm und schmeichelte ihm wie toll; keineswegs – und das muß man mir wirklich glauben – aus dem leisesten Wunsch nach gesellschaftlichem Fortkommen heraus, sondern einzig, weil sich in meiner unbeholfenen Gestalt ein geradezu kleinmädchenhafter Hang zur Heldenverehrung verbirgt.

Wie die Neuen in Sherborne, so erschienen auch die Füchse von Corpus ein, zwei Tage vor den anderen auf dem Schauplatz; und eben da hörte ich denn auch die erstaunlichsten Gerüchte über das Verhalten der Rüpel unter den Schnellebigen, und wie sie durchaus imstande seien, in die Zimmer eines Neulings zu platzen und dessen Habseligkeiten aus dem Fenster zu werfen! Ich hatte mich jedoch schon lange vor meinem Eintritt in Corpus entschlossen, keine Wiederholung meiner Schulerfahrungen dulden zu wollen. Es gab immerhin, so hatte ich überlegt, Verteidigungswaffen, durch die der Schwächste und Feigste dem Stärksten und Tapfersten ebenbürtig wurde. Und so verschwor ich mich mit Theodore, der mittlerweile von der Wilkinson School in Suffolk abgegangen und als Landwirtschaftsschüler in ein Dorf derselben Grafschaft umgezogen war, und kaufte mir einen Revolver. Theodore und ich pflegten mit Hilfe eines Seils aus dem „Endzimmer" in Montacute hinauszuklettern und hatten zusätzlich zu der Spielerei mit Schußwaffen, für die es wohl keine zwei ungeeigneteren jungen Burschen geben konnte, auch das Tabakrauchen angefangen. Ich kann mich noch an die Angst und die Erregung erinnern, die ich verspürte, wenn wir mitten in der Nacht durch Stoke Wood gingen, und auch an die maßlose Befriedigung, mit der ich empfand, daß wir den holländischen Piraten in *Guy Mannering* ähnelten. Ich sehnte mich danach, Theodore „Mach die Funzel aus!" sagen zu hören und „Donner und Blitz!" zu antworten, und während wir beiden dämonischen Geächteten auf Stoke Church zumarschierten, hatte ich das Gefühl, ich könnte zu dem Geist von König Stephen sagen: „Mein Leben acht ich keine Nadel wert!"

Und so tastete ich, während mein Vater in Cambridge die Art von Einkäufen tätigte, die schon sein Vater für ihn gemacht hatte, fortwährend in meiner Rocktasche, um mich zu vergewissern, daß mein geladener Revolver noch sicher verwahrt war. Steckte er dort zwischen meiner nagelneuen Brieftasche und meiner letzten Illustration weiblicher Reize aus dem *Ally Sloper*? Als die betrunkenen Rüpel aber schließlich erschienen – und sie suchten mich tatsächlich heim –, so war es, wie ich versichern kann, lediglich nötig, die Mündung dieser fürchterlichen, bei Petter's, Eisenwarenhändler zu Yeovil, erstandenen Waffe ein kurzes Stück weit aus ihrem Versteck auftauchen zu lassen. Und die Folge war, daß mein Zimmer nicht nur nicht ausgeräumt, sondern im Hause auch die Warnung verbreitet wurde, daß es unklug wäre, seinen Ulk mit einem Fuchs treiben zu wollen, der von Schußwaffen Gebrauch machen könnte.

Doch mit welcher Ehrfurcht betrachtete ich diese notorischen Halunken des dritten Studienjahres, wenn sie zu Beginn unserer Gottesdienste – diese waren damals obligatorisch – hereingeschlendert kamen, mit geschwelltem Kamm, von Ausschweifungen bleich, förmlich strotzend von dem, was Homer „Hybris" nennt, die bloßen Überreste ihrer Nichtgradudiertentalare in schlaffem Affront um die Hängeschultern drapiert! Wenn ich an meine zitternde Ehrerbietung für diese Bande aufgeblasener Esel denke – und die meisten dieser Burschen waren nichts anderes, obschon sie, wie ich versichern kann, harmlos waren im Vergleich zu den Kameradenschindern von Sherborne –, so frage ich mich, ob die Achtung, die wir den historischen Schurken unseres Volkes größtenteils entgegenbringen, nicht aus dem gleichen Stoff besteht. Ich glaube allerdings, daß hier ein feiner *ästhetischer* Instinkt waltet, denn warum sonst empfinden wir diesen eigenartigen Ärger, wenn Mr. Wells sich in seiner berühmten Geschichte daranmacht, diese pittoresken Halsabschneider herabzusetzen?

Wie das Leben in Zyklen abläuft! Wie es sich fortwährend wiederholt! Noch ehe mein erstes Trimester vorüber war, fühlte ich mich berufen, jeden, der Lust hatte zu kommen, auf mein Zimmer einzuladen und sich eine von mir verfaßte, verstiegen prophetische Brandrede mit dem Titel „Die Wahrheit über Corpus" anzuhören. Die Schnellebigen kamen in der Hoffnung auf eine Sensation und die anonymen, von allen verachteten Parias kamen, als wollten sie die Stimme des Danton von Corpus hören. Es tauchten sogar ein paar Sportler auf; warum sie kamen, weiß freilich allein der Himmel! Es erschien auch einer der frommen Evangelisten, die auf Parker's Piece predigten, teils weil er Ruderer war, teils weil er sich in seiner tiefen Einfalt eine Art Predigt erhoffte. Warum stand ich dieser evangelistischen Frömmigkeit nicht zartfühlender gegenüber? Ich hätte zumindest davon absehen können, die Kameradenschinder dazu aufzuhetzen, diesen jungen Ruderer zu piesakken. Ich sehe sein einfältiges Gesicht noch heute vor mir. Doch nein! Ich haßte seine Glaubengenossen zu tief! Was einen ganz bestimmten öligen, selbstzufriedenen, *erlösten* Blick anlangt, waren diese Menschen unübertroffen! Es waren, wie ich eilends versichern möchte, keine Asketen, nicht ein einziger von ihnen! Sie spielten zwar nicht den Hurenbock, wie Epistemon in Orleans, aber sie schlugen sich auf höchst ekelhafte Weise die Bäuche mit dem gebutterten Toast voll, den der alte Mr. Dobs, der denkbar herrschaftlichste Butler, aus der Collegeküche besorgte.

Aber wo – so wird man fragen, wenn man an Christopher Marlowe denkt –, wo waren die phantasiebegabten, die poetischen, die intellektuellen Söhne von Corpus? Wo waren die jungen Phädrusse, die jungen Mirandolas? Weh! Es gab sie nicht. Nicht einen einzigen!

Allen poetischen Idealismus, nach dem ich verlangte, mußte ich in meinem eigenen verrückten Kopf auftreiben, in einem Schädel, der, wie man inzwischen entdeckt haben wird, dem einer hysterischen Petruschka glich. Zu dieser Zeit wogten in meinem Gehirn alle möglichen unausgegorenen Ideen und schossen auf und ab wie die Fische im Teich von Harrod's Mill! Ich erinnere mich noch gut, wie ich einmal auf einer Straße, die – mit den Himmelsrichtungen habe ich mich nie zurechtgefunden – in entgegengesetzter Richtung von Byron's Pool wegführte, zusammen mit einem energischen, unvoreingenommenen Burschen, den die große Göttin Fortuna aus so ganz anderem Lehm gemacht hatte als mich, daß zwischen uns auch nicht eine einzige Schwingung von Verständnis entstehen konnte, aus Cambridge hinausspazierte und eine metaphysische Begründung der Dreifaltigkeit vom Stapel ließ, die mir heute als Tirade von sturzbachartiger Inspiriertheit wiederkehrt – zugegebenermaßen nicht so umfassend wie Sir Thomas Brownes Abhandlung über den Quincunx, aber erheblich lebhafter als alles, was Coleridge – der subtile Mystagoge – über die Dreizahl hinterlassen hat. Die Wahrheit ist, daß das erste Jahr in Corpus ein einziger großer Erguß brodelnder, wallender, wirbelnder Ideen war, unterbrochen von scharwenzelnden, schmeichlerischen, fast mädchenhaften Schöntuereien, wenn ich meinen Bewunderungen und Anhimmeleien frönte.

Ich will nicht sagen, daß ich meinen vergeblichen Anstrengungen, ein Ruderer zu werden, nichts abgewann; doch was ich meinen täglichen Gängen zu dem ein ganzes Stück vom Corpus entfernten Ruderplatz abgewann, hatte nicht das geringste mit Booten zu tun. Wenn ich, wie im Herbst und im Frühling, die ein, zwei Meilen ging, konnte ich nicht umhin, tausend Gelegenheiten zu ergreifen, mich der flüchtigen, fluktuierenden, rein kontemplativen Gefühle zu freuen, die ich heute als Essenz meines Lebens betrachte. Ja, ich bin bereit, den Fluß von Cambridge und den lebhaften Brauch der Ruderregatten zu preisen; aber nur des mittelbaren, beiläufigen Gewinns wegen, der dabei für mich abfiel. Und so ist es mein ganzes Leben lang gewesen.

Ganz allmählich wurde mir deutlich, daß mein Lebenszweck darin bestand, mich – wenn ich von meinem strengen Gewissen Dispens bekommen konnte – sämtlichen Verpflichtungen gegenüber der Menschheit zu entziehen und ganz bestimmte nutz-, zweck- und gewinnlose Gefühle zu kultivieren. Diese Gefühle, die mir unbeschreiblich kostbar geworden sind, werden von vielen als jämmerlich farb- und saftlos, von anderen als eine Art absichtliche Tollheit und von wenigen als verdammenswerte Affektiertheit betrachtet! Doch von meinen damaligen Bekannten in Corpus wurden meine Manien, genau wie „Jacks Schmerzen", als selbstverständlich hingenommen; und meine langen Spaziergänge, allein oder mit „Tschandala"-Begleitern, wurden für diese Burschen gleichbedeutend mit meiner Gewohnheit, zu Hause mit meinem Körper lebende Torbogen zu bilden, mich auf dem sympathetischen Boden zu wälzen und den kleinen Llewelyn zu überreden, meinen Bauch als Sitzplatz zu benutzen.

Ich denke, ich habe wohl erstmals in jenen verrückten Monologen – die eine gewisse Ähnlichkeit mit denen von Coleridge auf seiner Blue Coat School hatten, wenn sie auch nicht so gelehrt waren – meine Gabe der pierrothaften Beredsamkeit zu entwikkeln begonnen, eine Beredsamkeit, in die ich die wilden Bizarrerien meines Wesens hineinlegte und dabei gleichzeitig mit Ideen spielte, denn obschon ich mich an die Debattiergesellschaft von Corpus beteiligte, waren meine offiziellen Reden, wie auch meine Gedichte, lahm, schwerfällig und unbeholfen. Ich erinnere mich noch gut, wie ich einmal ein Gedicht verfaßte, in dem die Zeile „Sonnen um Sonnen von schwachem, seelenlosen Schein" vorkam, und erstaunt war, als jemand einwandte, das sei doch keine Dichtung.

Meine drei Jahre in Corpus waren eine Zeit, in der mein sadistisches Laster völlig außer Kraft gesetzt blieb. Warum das so war, habe ich nicht die leiseste Ahnung! Nicht nur verschwand mein schwerstes und eingefleischtestes Laster in dieser Phase, sondern es legte sich auch meine Manie für Bilder von jungen Frauen mit langen, schlanken Beinen. Fühlte ich mich etwa zu Männern hingezogen? Meines Wissens nicht! Wenn ich auf meine Zeit in Cambridge zurückblicke, so stellt sie sich mir als rein idealistische Periode dar; und ich glaube wirklich, es muß die bei weitem idealistischste Spanne meines Lebens gewesen sein. Die Religion spielte darin absolut keine Rolle. Ich mochte phantasievoll mit der Metaphysik der Dreifaltigkeit herumtändeln; aber weder die Vorstellung von Gott noch die Vorstellung von der Gestalt Christi waren von geringstem Interesse für mich. Und doch war ich in den drei Jahren in Cambridge moralischer – im besonderen Sinne von keuscher – als jemals vorher oder nachher. Ich kann mich keines einzigen Verstoßes gegen diese untadelige Moral entsinnen!

Als Pilger und zeitweiliger Gast von Corpus war ich in der Tat ein guter Mensch, „wie's meine Väter waren"! Aber ich war ganz gewiß exzentrisch. In Cambridge verhielt es sich genauso mit mir, wie es sich in Sherborne verhielt und sich heute in New York State verhält. Ich tanzte meinen eignen Tanz und sang mein eigenes Lied. Mein ganzes Bestreben war es, mich zu langen Wanderungen über Land davonzumachen. Mein Leben lang bin ich so gewesen. Ich habe mein jeweiliges Domizil, ob es nun eine Anstalt, das Haus meines Vaters, mein eigenes Haus oder ein Hotel in Rom, Washington, Montreal, Florenz oder San Diego war, stets als Ruheplatz betrachtet, von dem aus ich *aufs Land hinaus wandern* konnte. Aus diesem Grunde werde ich wahrscheinlich nie wieder nach Venedig reisen. Eine Stadt voller Gondeln ist absolut nicht der richtige Ort für einen Menschen meiner Eigenart. Cambridge aber war der ideale Ort! Ich konnte den langen, geraden, ebenen, monotonen Straßen meilenweit nach Norden, Süden, Osten und Westen folgen.

Was für merkwürdige Gedanken ich hatte, während ich den unmalerischen, unromatischen Landstraßen folgte und, wenn ich mich heimwärts wandte, den vertrauten Umriß der King's Chapel als Silhouette vor dem Himmel sah! Meine Gedanken galten nicht meinen Studien, die sehr bald eine historische Ausrichtung annahmen. Sie galten auch nicht meinen Angehörigen zu Hause. Und sie galten ganz gewiß nicht den Angelegenheiten des Reiches Ihrer Majestät. Was ich nun enthülle, ist das tiefste und wesentlichste Geheimnis meines Lebens. Meine Gedanken verloren sich in meine Sinnesempfindungen; und meine Sinnesempfindungen waren von einer Art, die so schwer zu beschreiben ist, daß ich einen ganzen Band darüber füllen könnte und sie noch immer nicht wirklich in Worte gefaßt hätte. Aber der Ackerdung an meinen Stiefeln, der von kleinen Stückchen totem Gras durchsetzte, dick an den hochgeschlagenen Enden meiner Hosenbeine klebende Grabenschlamm, das Gefühl meines Eichenstockes „Heilig", dessen sämtliche Kerben, Furchen, Wölbungen, Knorren und Faserungen ich so gut kannte wie die meiner eigenen Hand, der salzige Geschmack halbgetrockneten Schweißes auf meinen Lippen, die köstliche Geschwollenheit meiner Finger, die dumpfe, süße Müdigkeit meiner Beine, die unbeschreibliche Glückseligkeit meines ruhigen, benommenen, eingelullten, windtrunkenen, luftberauschten Geistes waren nach ihrer Weise alle eine Art Denken – doch *woran eigentlich*, das zu erklären fiele mir sehr schwer. Teilte ich zu solchen Zeiten die Unter- oder Übergedanken, die die alte Erde selbst hat, während sie sich um ihre Achse dreht, oder die riesige Masse des Ozeans, wenn sein Wasser an seinen Ufern ansteigt oder heiser zischend in seinen Schlünde zurückflutet.

Es war jedenfalls etwas, was man als Empfindungsgedanken bezeichnen könnte. Sie hatten mit dem Druck des Windes auf meinem Gesicht zu tun, und mit all den vagen, dunklen Halberinnerungen, die er mit sich bringen kann, voller halb vergegenwärtigter Eindrücke aus fernen Tagen, Tagen die vielleicht so fern sind, daß sie tatsächlich früheren Reinkarnationen angehören. Während ich diese Zeilen schreibe, kehrt mir – schlicht aufgrund der mechanischen Auslöschung der lästigen rationalen und quälenden praktischen Gedanken, die einem das Leben vergällen – von jenen einsamen Straßen eine Szene nach der anderen wieder. Noch während ich sie zu fassen suche, lösen sie sich auf und vergehen; aber in ihrem Verschwinden hinterlassen sie ein herrliches Residuum, eine geheimnisvolle Befriedigung, die aus dem innersten Wesen alter Pfosten, alter Steinhaufen, alter strohgedeckter Heuschober aufzusteigen scheint. Flüchtigen Eindrücken von weißen Straßen, die im Zwielicht aufscheinen und verdämmern, entspringen diese Gefühle, Gräben am Wegesrand, einsamen Teichen, einzelstehenden Bäumen, vor dem Himmel sich abzeichnenden Windmühlen! Gleich hier möchte ich aber betonen, daß das Vergnügen, das ich diesen Dingen auf meinen einsamen Spaziergängen abgewann, sich mir nicht als *ästhetisches* Vergnügen darstellte, noch auch die Vorstellung von Schönheit in mir hervorrief. Was mir diese Empfindungen vermittelte, schien vielmehr ein geheimnisvoller „Rapport" zwischen mir und diesen Dingen zu sein. Es glich der plötzlichen Erkenntnis einer dunklen Verbindung, einer vagen Identität, zwischen mir und diesen Gegenständen. Pfosten, Zäune, Hecken, Steinhaufen – sie waren Teil meiner innersten Seele.

Aber die bloße Bewegung des Gehens, der bloße Kontakt mit Erde, Luft und dem Hauch des freien Windes, wenn ich die Stadt hinter mir ließ, schienen stets eine Stimmung in mir erzeugen zu können, in der sich der Gegenwart so etwas wie eine hochkonzentrierte Essenz gleichartiger Erinnerungen aus der Vergangenheit beimischte und sie so zu einem Kontinuum halb vergessener Gefühle wurde, die in meinem Bewußtsein aufstiegen und die Zukunft vollkommen inexistent machten. So wurde ich auf diesen einsamen Spaziergängen gleichsam zu jemandem, der den Schlüssel zur Auslöschung der Zukunft entdeckt hat. Mir war zwar nicht so, als berührte ich die Ewigkeit, aber doch ganz gewiß so, als hörte ich auf, etwas zu wollen oder zu wünschen, was ich nicht bereits besaß. Was ich besaß, war nämlich – wenn ich es so formulieren darf – eine Art *Halb-Ewigkeit*, bestehend aus einer Verschmelzung von Vergangenheit und Gegenwart, in der die Zukunft mit allen ihren Bedürfnissen und Wünschen völlig aufgehoben war.

In Cambridge wurde mir hinlänglich bewiesen, wie sehr der selbstgefällige Versuch, mich auf die gotische Architektur „zu legen", meinen wirklichen Instinkten zuwidergelaufen war; denn ich ging von dort weg, ohne einige der schönsten und berühmtesten Höfe, Hallen, Kapellen, Bibliotheken und Gärten, die seine Zierde sind, auch nur betreten zu haben. Genauso aber war es auch in anderen altberühmten Städten. So sehr ich mich mit dem Studium der Geschichte beschäftigte, hatte ich doch ebensowenig von einem Altertumsforscher, wie ich von einem Naturwissenschaftler hatte; und wenn mich Goethe in seiner „Italienischen Reise" durch die gleichgültige Empfindungslosigkeit schockiert, mit der er sich von so vielen berühmten Kunstwerken abwendet, um botanische Gärten aufzusuchen, so würde ich mir, wie ich fürchte, den Tadel des großen Mannes aufgrund der Schamlosigkeit zuziehen, mit der ich mich, wenn ich von historischen Gebäuden umgeben war, unweigerlich davonstahl, um den nächsten Feldweg, Treidelpfad oder Viehtrieb zu suchen, wo ich mit den Elementen allein sein konnte.

Ganz gewiß waren meine drei Jahre in Cambridge Jahre eines unausgeglichenen, chaotischen Idealismus. Ich erinnere mich, daß ich im Geiste ständig die wildesten und willkürlichsten Regeln für mein innerstes Leben formulierte. Bei meinem poetisch, oder von mir zumindest für poetisch gehaltenen, anspruchsvollen Wesen widerstrebte es mir, diese verstiegenen Regeln zu Papier zu bringen! Sagte ich Regeln? Es waren Formulierungen einer Reihe hehrer Lebenszwecke. Doch in meiner Unwilligkeit, sie niederzuschreiben, und meiner natürlichen Neigung, jeden Tag frisch zu beginnen, als wäre ich neu geboren worden, wurde es mir arg sauer, mich zu erinnern, wie die jeweils letzte Lebensregel, der jeweils letzte Lebenszweck lautete. In solchen Momenten nahm ich Zuflucht zu den Gestirnen. In meiner Ichbezogenheit benutzte ich die Gestirne als philosophischen Wegweiser. Wie bereits angedeutet, habe ich beim Schauspiel der glitzernden Punktierungen in der Riesenhaftigkeit des Unerforschlichen niemals an Pascals hehrem „frisson" gelitten. Wie bei allem anderen in der Natur, so habe ich auch hier stets die Neigung gehabt, sie mit dem von Spengler so genannten „physiognomischen Auge" aufzufassen; mit anderen Worten, sie *in ihrer präzisen, sichtbaren Erscheinung* zu bestaunen und dabei all die verwirrenden, mathematischen und astronomischen Berechnungen im Hinblick auf ihre Größe und Entfernung, ihren Ursprung und ihre Bestimmung, aus meinem Bewußtsein zu tilgen. Was mich immer gefesselt hat, sind die eigentlichen Konfigurationen der Gestirne. Wie viele Windungen, Wirbel und Spiralen es dort oben im Grenzenlosen gibt! Mehr noch als ihr eigentliches Muster aber hat mich die legendäre Mythologie der Sterne, haben mich ihre astrologischen Einflüsse fasziniert. Tatsächlich nehme ich sie *unbesehen* als unvergängliche Begleiter und fatale Komplizen unseres tragischen Menschheitsdramas hin.

„So manche Nacht", wie Tennyson sagen würde, habe ich vom Rand des wohlgepflegten Rasens aus, der die Pförtnerloge von der Rektorenwohnung trennt und dessen Betreten den Nichtgraduierten untersagt war, „den großen Orion angeschaut, wie er sich langsam westwärts senkt."

Und während ich all die himmlischen Zeichen und Krakel, all die so willkürlich phantastischen, erleuchteten Kringel – hier ein Index, da ein Codex, hier eine Glosse, da ein Kolophon – betrachtete, hängte ich meine jeweils letzte Lösung des Lebensrätsels stolz an die Hörner irgendeines babylonischen Geheimnisses oder an den heraldischen Schweif irgendeines zodiakalen Ungeheuers. Denn ich überlegte folgendes:

„Wann immer ich jene himmlischen, mit dem Stock des Demiurgen in die Gestade des Unermeßlichen gezeichneten Schnörkel sehen werde, werde ich zu mir sagen: ‚Das Ziel des Lebens besteht darin, nach dem Wahren, Guten und Schönen zu streben.' Oder ich werde zu mir sagen: ‚Das Ziel des Lebens besteht darin, das größte Glück der größtmöglichen Anzahl herbeizuführen.' Oder ich werde zu mir sagen: ‚Das Ziel des Lebens besteht darin, den Geist auf Kosten des Körpers zu entwickeln.' Oder ich werde zu mir sagen: ‚Das Ziel des Lebens besteht darin, mein Alter ego, meine ewig vorbestimmte Liebe zu finden!'"

Und mit dieser Überlegung hängte ich mein jeweils letztes ideales Banner, das ich aus den Seiten von *Hereward the Wake* oder *Sartor Resartus* herausgerissen hatte, an den Gürtel des Orions oder um den Hals des Schwans, und ging dann vollkommen befriedigt von dannen, um im behaglichen Bezirk von Selwyn meinen Privattutor aufzusuchen.

Trotz meines heftigen Vorurteils gegen die Wissenschaft hatte ich einen wissenschaftlich veranlagten Freund. Er hieß Rowland und war der älteste Sohn eines unserer nettesten Nachbarn in Somersetshire, des freundlichen, wenn auch etwas zynischen Vikars von Stoke-sub-Ham. Er gehörte dem Downing College an, einer Stiftung, für die ich bald eine besondere Vorliebe gewann. Ich genoß die weiten Rasenflächen zwischen ihren lieblichen Gebäuden ungemein und fand auch Geschmack an einem beinahe pastoral anmutenden Element ihrer Architektur. Sidney Rowland war ein Mann, der „mit Epikur die Unsterblichkeit der Seele leugnete", und mit Demokrit *il mondo a caso pone*; doch obschon solche Doktrinen für mich so öde waren wie der Zeichenunterricht in Sherborne, beeinträchtigten sie – da doch meine neueste Offenbarung schon bereit stand, ihre Oriflamme zu schwingen, kaum daß die Sterne herauskamen – so gut wie gar nicht meine Achtung und Zuneigung für diesen höchst ehrlichen Ungläubigen. Ich glaube, das zeigte, daß ich selbst immerhin *ehrlich* war; andernfalls hätte mich Sidney Rowland bestimmt hinauskomplimentiert; denn er ließ sich nicht täuschen.

Alles in allem gab es sehr wenige Leute in Cambridge, die ich kannte. Mein Argwohn gegen die große Welt und gegen die, die darin zu Amt und Würden aufsteigen, war damals so stark wie heute. Ehrgeizige junge Männer waren mir ein Buch mit sieben Siegeln. Ich konnte, wie es so schön heißt, aus solchem Treiben nicht schlau werden. Tief in jeder Faser meines Wesens regte sich der gewaltige, einsame Stolz meines Vaters, ein Stolz, der, so kann ich versichern, weder den Beifall der Welt noch eine angesehene Stellung in ihr brauchte.

Meine lange Lehrzeit in Sherborne vom zehnten bis zum neunzehnten Lebensjahr hatte in meinem Denken ein für allemal das Geheimnis verankert, das ich schon mit acht oder neun entdeckt habe: nämlich daß es möglich ist, seinen Lebenskult in völliger Unabhängigkeit von der Gemeinschaft, in die man hineingeworfen wurde, zu finden und ihm nachzugeben. Und so hegte ich in Corpus einerseits verwirrte Verachtung für ehrgeizige Männer und nahm andererseits die Existenz von Damen der Gesellschaft schlicht nicht zur Kenntnis. Während meine Neigungen sich verfestigten und abklärten, stellte ich fest, daß ich der Bekanntschaft mit Straßenmädchen und anderen, gleichermaßen ungebildeten und gleichermaßen leichtlebigen Frauen alle idealistischen und romantischen Erregungen abgewann, deren ich bedurfte. Nicht daß mein Umgang mit Freudenmädchen – flüchtig und sporadisch, wie er war – meine sinnlichen Bedürfnisse befriedigte. Es waren vielmehr mein moralisches Empfinden, mein Geist, meine Seele, meine ästhetischen Gefühle, meine Vorstellungskraft, meine Sehnsucht nach Romantik, meine Anfälligkeit für ideale Weiblichkeit, die diese mutigen, gutherzigen Dirnen erfüllten. Und so sonderbar es klingen mag – was ich an ihnen besonders schätzte, war ihre Keuschheit. Daß ich sie so empfinden würde, hätte freilich jeder halbwegs Gescheite vorhersehen können! Tatsächlich scheint es eine angeborene Eigenheit von mir zu sein, daß die Mädchen, die mich reizen, die Keuschheit von Huren besitzen.

Was mich anzieht, ist wohl etwas, das sich als platonische Vorstellung des Mädchenhaften bezeichnen ließe. Meine instinktive Haltung gegenüber Frauen jedenfalls ist eine Mischung aus unpersönlicher, extrem anspruchsvoller Lust und romantischer Zärtlichkeit. Es muß etwa zur Zeit meines Eintritts ins Corpus gewesen sein, daß ich zum ersten Mal eine junge Frau in mein Bett schmeichelte. Es war, so darf man versichert sein, kein Bett innerhalb des klösterlichen Bezirks; sondern es war mein eigenes Bett, und ich sah dem Augenblick, da ich es mit einer weiblichen Gestalt teilen würde, mit herzklopfender Begierde entgegen. Aber es war kein Erfolg! Ich fand meine Gefährtin arg verschieden von den schlanken Sylphiden, deren Bilder die unterste Schublade meines Schatzkästleins füllten. Ihre Erscheinung in ihrem langen, weißen Nachtgewand, ihre schlichten, mit Bändern geschmückten Flechten, ihre Stillheit und Passivität, all das war der Himmel für mich; doch meine Erfahrung legt nahe, daß die meisten Frauen, was die Verdrehtheit anlangt, die die Natur auf ihrem Weg auszustreuen liebt, entweder ungemein ahnungslos sind oder daß die Vorsehung sie zu der Vorstellung verleitet hat, die Verlockung eines engen Kontakts mit ihnen müsse unwiderstehlich sein. Doch ach! In meinem Falle hat sich im allgemeinen erwiesen, daß sich einem solchen Kontakt nur allzu leicht widerstehen läßt; dabei hätte sich meine Bettgefährtin bei dieser Gelegenheit lediglich noch einmal vor den Spiegel stellen und das Band um ihre Locken schlingen müssen, um das platonische Bild von Weiblichkeit wiederherzustellen, das der Kontakt mit ihr zerstörte. Aber solche jungen Menschen haben nie – oder nur sehr, sehr selten – Verstand genug, sich das klarzumachen; oder muß ich etwa annehmen – und vielleicht liegt das näher bei der Wahrheit –, daß ausgerechnet die Mischung aus unpersönlichem Idealismus und anspruchsvoller Lust, mit der ich sie betrachte, dem Wesen eines Mädchens am stärksten zuwiderläuft?

Wie ich schon angedeutet habe, hatte ich im Vergleich zu den meisten Männern meines Alters nur sehr wenige Freunde in Cambridge. Unter ihnen wurde Thomas Henry Lyon, von dessen eindrucksvoller Persönlichkeit Gerüchte an mein Ohr drangen, kaum daß ich den Fuß ins Corpus gesetzt hatte, bald nicht nur der engste, sondern gewiß auch der bestrickendste. Ob sich der berühmte Thomas Henry, dessen Geschick ihn eine so dominierende Rolle im Leben so vieler nervöser, exzentrischer und phantasievoller Menschen hat spielen lassen, in den jungen Henry Lyon zurückversetzen kann, dessen unübertroffener Charme mich in seinen Bann schlug? Ich denke schon, denn er hatte stets ein außerordentlich lebhaftes Bewußtsein von seiner eigenen, bemerkenswerten

Identität. Seine Gesellschaft jedenfalls wurde eifriger gesucht und leidenschaftlicher geschätzt als die jedes anderen Menschen, ob Mann oder Frau, den ich in meinem ganzen Leben kennenlernen sollte. In späteren Jahren, als unsere Verbindung enger geworden war – denn Thomas Henry ist der Onkel meines Sohnes –, neigten wir dazu, uns in derart lange, komplizierte und, so könnte man sagen, wütende Streitgespräche zu verwickeln, daß der zarte, von allerlei chevaleresken Nuancen gekennzeichnete Zauber unseres früheren Kontakts, wie so oft bei dergleichen, durch die gnadenlosen Püffe des Argumentierens Schaden nahm. Der Himmel vergebe uns! Jedenfalls ließen wir es zu, daß unsere verstiegenen Ansichten – war doch, so fürchte ich, keiner von uns in seiner Logik sehr sokratisch oder gar bereit, dem anderen ein Stückchen entgegenzukommen – einer der vielversprechendsten Freundschaften, die – innerhalb der Mauern von Corpus – jemals an den unnachgiebigen Reserviertheiten des Lebens rüttelte, derart zusetzten, daß sie erlahmte und schließlich in erschöpfte Apathie versank.

Aber was für ein Mann war, und ist wohl noch, Thomas Henry Lyon! Welch sardonischer Witz erleuchtete in jenen Tagen sein voltairesches Antlitz! Welch ein Geflacker verwickelter Empfindungen zuckte wieder und wieder über sein Kirchenfürstenprofil! Sein Humor war wild, seine Bosheit herrlich, sein Herz zart, seine Phantasie fruchtbar, seine Energie unersättlich, seine Verachtung für die Heucheleien der Welt grenzenlos. Aber er war auch, und ist wahrscheinlich noch heute, einer jener intransigenten Despoten, deren Gerechtigkeitseifer nur von ihrer Unfähigkeit, die Gerechten in Frieden zu lassen, und deren Leidenschaft für die Wahrheit nur von ihrer gewaltigen Vorliebe für den eigenen Weg zu ihr übertroffen wird.

Doch wenn er mir gegenüber tyrannisch war, so war ich ihm gegenüber grausam. Ich erinnere mich, wie ich einmal so weit ging, daß ich – was für eine Äußerung gegenüber einem Freund! – zu ihm sagte:

„Glaubst, du etwa, ich würde dir wirklich die Tiefen meines Herzens offenbaren?“

Und ich erinnere mich, wie ich ihn an einer einsamen Stelle seines heimatlichen Moors tatsächlich einmal *stehen ließ* und allein nach Hause zurückkehrte, und zwar nur aus dem selbstsüchtigen Wunsch heraus, meine geheimen Empfindungen ungestört von menschlicher Begleitung genießen zu können.

In seinen schlechtesten Momenten glich sein Verstand einer in einem Stahlhelm eingeschlossenen, bitteren Wahlnuß; während der *meine*, in *meinen* schlimmsten Momenten, einem miasmatischen, über einem Kirchhof schwebenden Nebel gleich wurde. Der Unterschied zwischen uns war außerordentlich. Ich glaube, er ist im Grunde ein Normanne; ein Normanne jedoch, dessen kompakter Schädel seine gewaltige Willenskraft von Turnieren und Schlachten abwandte, um in die Schranken der Kunst zu treten! Und es war Kunst *à outrance*, bis zum Äußersten getriebene Kunst. Fortwährend rannten seine mit wildem Ingrimm ausgedrückten, künstlerischen Manien wie schwere Reiter mit Schwert und Lanze gegen die abseitigen Festen meiner walisischen Phantasie an. Ich entsinne mich noch ganz deutlich der genauen Stelle auf der Straße von Arundel nach Burpham in Sussex, wo er ob meines Mangels an ästhetischen – ja überhaupt irgendwelchen – „Überzeugungen" nicht mehr an sich halten konnte. Ich erinnere mich, wie ich etwas von meinem auf die Natur konzentrierten, heimlichen Leben reiner Sinneswahrnehmung murmelte und brummelte; aber das goß nur Öl auf sein dantesches Feuer. „Die Natur!" schrie er auf; und wieder einmal flogen mir die sengenden, mit dem reinen Schwefel „schöpferischer Kunst" geladenen Geschosse um die Ohren. Doch nolens volens muß ich mir aus den Worten dieses inbrünstigen Kreuzritters zumindest *einige* ästhetische Maßstäbe angeeignet haben. Kunstprinzipien freilich scheint es in ebensolcher Vielfalt zu geben wie wissenschaftliche Hypothesen; und bald sollte mir in den abgewogeneren, aber kaum weniger unnachgiebigen Ansichten meines Bruders Bertie ein fast völlig entgegengesetztes System ästhetischer Axiome begegnen.

Aber ich möchte behaupten, es half uns beiden – Harry Lyon und mir –, daß wir uns gegenseitig so aufs Haupt schlugen; nicht so sehr dahingehend, daß wir unsere Grundgewißheiten modifzierten, als vielmehr, daß wir sie uns selbst klarer machten. So verkündete er etwa seinen Jüngern: „Jack Powys ist ein Mensch ohne Seele!", worauf ich in der Zurückgezogenheit meines eigenen undefinierbaren Zirkels entgegnete: „Harry Lyon hat die Seele des

Heiligen Augustinus!“ Friede sei mit dir, du seltsamer Freund meiner Jugend! Wenn wir uns das nächste Mal begegnen, dann höchstwahrscheinlich als tatterige, nörgelige alte Herren, die sich mehr um die Auswirkungen des Wetters auf ihren Rheumatismus als um die Frage sorgen, wie und ob überhaupt man sein Leben meistern kann, ohne Rubens über Tizian zu stellen.

Ein noch älterer Freund in Corpus aber war Constantine Koelle, obschon ich völlig den Kontakt zu ihm verloren habe, als wir in die Welt hinauszogen. Koelle war einige, ich möchte sagen, zehn Jahre älter, und das führte ganz natürlich dazu, daß er eine Art psychologischer Meister für mich wurde. Wenn ich richtig rechne, muß der Gute mittlerweile über siebzig sein. Koelle als über Siebzigjähriger! Die Vorstellung versetzt mir jenen unheimlichen Schock, den Proust in den beiden letzten Bänden seines Meisterwerks so unvergleichlich beschreibt.

Stand ich mit Thomas Henry, ausgenommen ganz am Anfang, als sein gutes Aussehen und sein glänzender Humor mich tief verschüchterten, auf einigermaßen gleichem Fuße, so ließ ich jenem Element fast mädchenhafter Heldenverehrung, das mir seither bei mächtigen Menschen so häufig eine besondere Art von Gunst eingetragen hat, bei Koelle freien Lauf. Wenn ich heute auf diese Zeit zurückblicke, so muß ich bekennen, daß der Charakter meines selbstgewählten Mentors etwas im dunkeln bleibt. Das liegt zweifellos an dem Altersunterschied zwischen uns. Ich kann mich aber des Gedankens nicht entschlagen, daß es auch an einer gewissen vorsichtigen Zurückhaltung meines Freundes liegt. Ich persönlich äußere mich jüngeren Menschen, und zwar nicht nur zehn, sondern zwanzig, ja vierzig Jahre jüngeren Menschen gegenüber mit schamlosem Freimut! Koelle kann ganz gewiß nicht so gewesen sein! Aber wie gut er zu mir war, wie reizend, wie taktvoll, wie gütig, wie herzlich und rücksichtsvoll! Mit Sicherheit trug es erheblich zu meinem Ansehen in Corpus bei und milderte die Schärfe vieler harter Urteile über mich, daß ein Mann von Koelles Weltkenntnis mit einem derart sonderbaren Kauz enge Freundschaft schloß. Es gab in der Tat nicht den geringsten Grund, warum er sich ausgerechnet mir offenbaren sollte! Woher sollte er auch wissen, daß ich hinsichtlich vertraulicher Mitteilungen wie ein Grab schweigen konnte? Doch wenn ich Harry Lyon gegenüber grausam zurückhaltend wurde, so wurde Koelle mir gegenüber, was man sich liebenswürdig zurückhaltend bezeichnen könnte. So kündigte mir mein Freund beispielsweise erst einen oder zwei Tage, bevor wir uns endgültig trennten, an, daß er heiraten würde. Gott helfe mir! Als der Zeitpunkt *meiner* Heirat näher rückte – und das tat er recht bald danach, gab es in meinem Zirkel nicht einen, der mir nicht alle möglichen Ratschläge erteilt hätte. Alle meldeten sie sich zu Wort; wenn sie auch nicht alle das gleiche sagten. Der gewitzte Koelle dagegen entzog sich alldem klugerweise. Ich vermute, er stimmte mit Robert Browning in der männlichen Haltung überein, man müsse eine Seite seines Wesens – oder war es eine Seite seiner Seele? – vor aller Welt verborgen halten, um sie seiner Auserwählten enthüllen zu können. Ich persönlich bin in dieser Hinsicht verstockt und unleidlich. Es verschafft mir ein merkwürdiges Vergnügen, den Menschen, die mir am nächsten stehen, meine Geheimnisse vorzuenthalten und sie dann, wie es in der Heiligen Schrift heißt, „vom Dach" zu verkünden.

Koelle verdankte ich zweifellos auch meinen Blick in das Werk Brownings, das mich genau drei Jahre lang – mit zwanzig, einundzwanzig und zweiundzwanzig – entzückte und gefangen hielt. Dann wandte ich mich in eklem Abscheu davon ab; und ich bin seither nie wieder darauf zurückgekommen! Tatsächlich ist Browning der einzige große Autor, für den ich eine giftige, bösartige Feindseligkeit hege. Mein Gefühl ist persönlich und *physisch*. Ich empfinde ihm gegenüber, wie etwa eine Frau einem Manne gegenüber empfindet, der ihr, unprovoziert, unangenehme Avancen gemacht hat. Genaugenommen empfinde ich es so, als würde Browning in seiner übermäßigen Maskulinität allen seinen Lesern solche Avancen machen. Es ist seine Virilität, die ich so anstößig finde. Ich bin in dem, was ich als physische Wesenszüge meiner Autoren *erahne* – ihre Nerven, ihre *Art* von Sinnlichkeit, ihre Gemütsbeschaffenheit –, ebenso heikel wie bei den entsprechenden Eigenheiten meiner Freunde! Wenn ich einen Menschen mag – sei's Mann, Frau oder Kind –, mag ich ihn *physisch*. Bin ich etwa das schändliche Phänomen eines „polymorph Perversen"? Möglicherweise. Der gewitzte Leser ist zweifellos schon auf dem Quivive! Aber mein tiefer persönlicher Instinkt mahnt mich ständig, psychoanalytische Klassifizierungen nur mit äußerster Vorsicht zu akzeptieren. So weit diese Theorien gegenwärtig auch reichen, decken sie das Feld doch keineswegs ab; und wir dürfen sicher sein, daß eine spätere Generation einen völlig neuen Satz von Tiefseeloten erfinden wird, um den Kern unseres Geheimnisses zu sondieren.

Warum hasse ich Browning heute so, wo ich ihm doch so restlos verfiel, als Koelle ihn mir im Corpus zur Kenntnis brachte? Walt Whitman ist ebenso sinnlich, ebenso derb, ebenso optimistisch; und ich bin nach wie vor ein ergebener Verehrer Walt Whitmans! Es ist sonderbar. Aber ich glaube, daß das, wovor ich bei Browning schließlich zurückscheute, die genau Replik der normalen, männlichen Instinkte bei Koelle selbst ist, die dazu führten, daß wir uns auseinanderlebten. Was Koelle und Browning empfanden, ist eine emotionale Neigung, die weder meiner reinen, satyrhaften Lust noch meiner idealen, zauberischen Romantik ähnelt. Sie ist „menschlich, allzu menschlich". Sie ist das, was Browning selbst „die Weise eines Mannes mit einer Frau" nennen würde.

Ja, ich denke, der eigentliche Schlüssel für Koelles Verschwinden „aus meinem Leben", wie ein Mädchen sagen würde, lag in dem, was er zutreffend als meine Außermenschlichkeit empfand. Ich machte ihn nervös. Ich vermittelte ihm den Eindruck, er lausche dem Knacken hyperboreischen Eises, das immerfort weiter zurückweicht! Ich gab ihm ein Gefühl, als liefe er Gefahr, gelähmt zu werden vom kalten Atem eines solchen Jüngers, der gleichsam wie ein Wassergeist neugierig auf dem frostigen Schlick, wo man weder sich vermählt noch vermählt wird, heraufgestiegen ist, um von seiner heiteren Hochzeit zu erfahren.

Eines der Bande zwischen uns war die ungekünstelte Ehrfurcht, mit der ich seinen Erzählungen von anglo-indischen Regionen lauschte, wo er Pflanzer gewesen war, eine fast Conradsche Gestalt, ehe er sich dafür entschied, Geistlicher zu werden. In den Tagen, bevor wir beide von Corpus abgingen, besuchte er uns in Montacute; und ich erinnere mich, wie ich einmal im Park – bei dem idyllischen Flecken, auf dem Mr. Phelips der Kricketmannschaft des Dorfes zu üben gestattete – mit meinem Vater über ihn sprach und in prahlerischer Stimmung, darauf bedacht, meinen Vater mit der Weltkenntnis meines Freundes zu beeindrucken, erklärte, wie Koelle amourösen Beziehungen zu schwarzen Frauen, die in jenen Breiten eine so lebhafte Versuchung darstellten, aus dem Wege gegangen sei. Da mein Vater stumm blieb, setzte ich meinen Vortrag über die diversen Versuchungen junger Männer fort und deutete an, daß es bei allem Mangel an schwarzhäutigen Huris an einem Ort wie Cambridge andere „Blumenpfade" gebe, die einen Menschen ins ewige Fegefeuer führen könnten. Mein Vergnügen daran, mit den Gefahren der Welt zu prahlen, nahm in diesem Augenblick unter den vertrauten Bäumen immer mehr zu, und es überraschte mich, daß mein Vater stumm blieb.

Leicht verstimmt über den geringen Effekt meiner Worte, ließ ich mich zu dem Hinweis verleiten, daß ich an den Toren von Corpus gegenwärtig zwar nur wenige lose Frauenzimmer angetroffen hätte, daß aber in jüngster Zeit schwere Fälle von Alkoholismus an seiner Alma Mater aufgetreten seien und ich selbst mehr als einmal der tückischen Anziehungskraft unseres berühmten College-Portweins erlegen sei. Mein Vater blieb stumm. Und unter dem Gewicht dieser Stummheit gingen wir recht trübsinnig den Pfad am Rande des Parks von Montacute House entlang. Ich zermarterte mir den Kopf nach weiteren Enthüllungen und sah gerade, wie Lots Weib, hinter mich auf die Städte der Ebene, als er das unbehagliche Schweigen brach.

„John", bemerkte er, „Ich wäre dir dankbar, wenn du morgen die Schriftlesung für mich übernähmst. Bei den momentanen langen Evangelien wäre mir das eine große Hilfe, mein Junge."

So bewies mir mein Vater, daß er manchen Aspekt im Charakter seines ältesten Sohnes verstand.

Ein anderer Freund – wenn das Wort für unsere Beziehungen nicht zu hoch gegriffen ist –, den ich zu jener Zeit gewann, war niemand anderer als der berühmte Autor G. P. Gooch. Machte ich den guten alten Koelle durch meine wunderliche Art nervös, so hätte das Zusammensein mit Gooch, der mit mir die Geschichtsvorlesungen besuchte – ich glaube, er war damals im Trinity –, jedem außer mir eine Art metaphysischer Gänsehaut verursacht. Ich muß bekennen, daß selbst meine Tendenz zu Boswellscher Verehrung in Goochs Gesellschaft aufs äußerste strapaziert wurde. Er hatte einen verblüffenden Verstand. Seine Gelehrsamkeit war unglaublich, und er besaß einen unbeugsamen Willen. Er war kein Humorist wie Johnson, Porson oder Bentley, aber auf seine stille Art überaus gewaltig. Seine Geistigkeit war auf eine Höhe gestimmt, die Ehrfurcht einflößte. Er gab sich vollständig den tiefgründigsten historischen Studien hin. Ein Wunder an Gelehrsamkeit, zeichnete er mit größter Gelassenheit seine künftige Laufbahn vor, die dem Dienst der Menschheit und seinem geistigen Fortkommen gewidmet sein sollte und es in der Folge auch tatsächlich war. Er sagte mir, er würde ins Parlament kommen. Und er *kam* ins Parlament. Er sagte mir – aber nicht was er „sagte", war von Bedeutung, sondern wie er es sagte. Er hatte eine Vorliebe für die Dunkelheit. Licht schmerzte seine Augen; und daß er seine Augen schonen mußte, lag auf der Hand. Und so pflegte er in meinem auf den Old Court hinausgehenden Quartier Stunde um Stunde an meiner Seite zu sitzen und sich, seine Hand auf meiner Hand, ausführlich über die allersubtilsten und schwierigsten Probleme in Geschichte, Philosophie, Politik und politischer Wissenschaft zu verbreiten. Meine Freunde im Corpus hatten Angst vor ihm, was nicht weiter verwunderlich war; denn er bewegte sich in geistigen Sphären, wie wir sie nur aus den Archiven von Erzbischof Parker kannten. Die Gelehrsamkeit des Mannes war zuweilen monströs. Sie entsetzte und erschreckte wie ein Seeungeheuer. Sie hatte in der Tat etwas, das morbid und unnatürlich war.

Daß ich Goochs Lebenswerk späterhin nicht mehr verfolgte, belegt sicherlich die Erdverbundenheit meines eigenen Naturells und einen gewissen Mangel an Interesse für *geistige Dinge*. In Cambridge freilich verfolgte ich es. In meiner Naivität stellte ich ihm so viele alberne Fragen, daß er sich einmal zu der Bemerkung bewogen sah, meine intellektuelle Neugier ähnele der ganz kleiner Kinder, die fortwährend wissen wollen, ob zwei Bären einem Tiger gewachsen seien, oder ob ein Löwe, wenn es aufs Ganze ginge, ein Rhinozeros überwältigen könne. Wenn ich an die geradezu frauliche, verzückte und gebannte Aufmerksamkeit denke, mit der ich Gooch zuhörte, fällt mir ein, daß ich im Hinblick auf ihn jene spezifische, selbsterniedrigende Demut an den Tag gelegt haben muß, mit der ich die Menschen, die ich bewundert habe, häufig dazu verleitete, meine eigentliche geistige Unabhängigkeit und, wenn ich ohne Dünkel so sagen darf, meine eigentlichen geistigen Qualitäten vollkommen zu unterschätzen.

Ich habe nie erfahren, was Gooch wirklich von mir hielt. Er war nicht nur sehr gelehrt, sondern auch, wie ich mitbekam, sehr reich.

Auf irgendeine rätselhafte Weise aber waren sowohl seine Bildung als auch sein Reichtum „einem Ziel geweiht". Er hätte der merkwürdigen Pädagogischen Gesellschaft in *Wilhelm Meister* angehören können, zu deren Tätigkeit die mystische Bildung inbrünstiger, aber eigensinniger Geister, wie ich einer war, gehörte. Er hatte denn auch ein Bild von Goethe in seinen freundlichen Räumen gegenüber dem Eingang des King's College, und ihm verdanke ich meine erste Einführung in die wundervollen *Gespräche mit Eckermann*. Ich selbst jedoch glich viel mehr dem durchtriebenen, wiewohl impulsiven Boswell als dem trefflichen Weimarer Jünger und denke mir, daß Gooch mich gegen Ende unserer kurzen Bekanntschaft als ein Mittelding zwischen Hochstapler und Narr betrachtete.

Ich glaube nicht, daß er mir gerecht wurde; aber es wäre unbillig, ihm das vorzuwerfen, denn es war mir schon zur zweiten Natur geworden, ein Gutteil mehr Beeinflußbarkeit und Beeindruckbarkeit vorzugeben, als mir tatsächlich eigen war. Ich bewunderte; ich lauschte; ich stellte intelligente Fragen, nicht immer nur „wie viele Bären einen Tiger überwinden könnten" – aber geistig ging ich meinen eigenen Weg; und solche Eigenständigkeit ist nicht dazu angetan, die Gunst eines kulturellen Lehrmeisters zu gewinnen.

Machte Gooch mich mit Goethe bekannt, so zitierte Koelle mir gegenüber nicht nur Browning, sondern pflegte, wenn er in seinem großen, ostindischen Ruhesessel seine Pfeife rauchte, seine Anspielungen auf das Treiben der großen Welt häufig mit Bruchstücken aus den alliterativen Melodien von Swinburne zu garnieren. Sonderbar, mir vorzustellen, daß ich erst nach meinem Abgang von Cambridge – und schon das ist bezeichnend für die Art von kultureller Lücke, die in unserem Zirkel existierte – von Walter Pater, Henry James oder Thomas Hardy auch nur *hörte*. Matthew Arnolds Dichtkunst jedoch begann wohl schon damals, Bedeutung für mich zu gewinnen und Tennyson zurückzudrängen.

Daß sich Ralph Shirley für mich zu interessieren begann, ergab sich bei den Besuchen, die Littleton und ich in Wyaston House in Oxford, wo unsere Shirley-Vettern damals wohnten, zu machen pflegten. Sein Interesse äußerte sich in der bestmöglichen Form, und ich werde ihm stets dankbar dafür sein. Es äußerte sich zunächst darin, daß er mir auf eine Art, die an sich schon eine

Offenbarung des Zaubers der Dichtkunst war, Passagen aus Matthew Arnold vortrug, und später darin, daß er mir, bald nachdem ich Cambridge verlassen hatte, durch seine Beziehungen zu Rider & Company zur Veröffentlichung meiner ersten beiden Gedichtbände verhalf.

Unsere Ferienbesuche in Oxford – auf der Isis lernte ich das Schlittschuhlaufen – habe ich in sehr angenehmer Erinnerung. Vetter Ralph, damals Nichtgraduierter im New College, verschaffte mir Zugang zur Universitätsbibliothek, und obschon ich nur Bücher von sehr schlichter Natur – zumeist die Werke Jules Vernes – von den gewichtigen Regalen nahm, wurde Oxford für mich gleichbedeutend mit langen, verschneiten Lesetagen an warmen Kaminfeuern, unterbrochen von glücklichen Exkursionen mit Littleton auf einem zugefrorenen Fluß. Eine stattliche Mannesgestalt war er, dieser Ralph Shirley mit seiner ausladenden Stirn, seinem Wikingerschnurrbart und seinen reinen Sachsenaugen – Augen, die „in Liebe schmolzen und im Kriege flammten" –, aber er war *und ist bis heute* der einzige Mensch, den ich kenne, für den der Genuß an Gedichten eine Art körperliches Bedürfnis wie Tabakrauchen oder Teetrinken ist.

Darin steht ihm Llewelyn, wie übrigens auf seine Art auch Littleton, kaum nach; aber Ralphs Genuß an Gedichten war so etwas wie ein Absolutum. Er war allseitig, universal, allumfassend. Weder war ihm Homer zu elementar, noch Ernest Dowson zu sentimental; aber ich denke mir, daß er Matthew Arnold am meisten von allen liebte.

So hatte das Oxford der *Anatomie der Melancholie* und von *Marius der Epikureer* eher in seinen ungekünstelteren Stimmungen eine Wirkung auf mich. Was seine Zynismen und Affektiertheiten angeht, so machte mich meine Wordsworthsche Schlichtheit dagegen immun; und die Beschränktheiten meiner außermenschlichen Intelligenz sind solcherart, daß es mir selbst heute noch schwer fällt, auch nur zu ahnen, was man unter der „Oxford-Manier" versteht. Beschützt vom Geist meines Vaters, schreite ich hartnäckig auf meinem mythologischen Weg voran, gleichermaßen blind für die Wissenschaften des Cam und für die Sophistereien der Isis.

Während des Studiums für das Abschlußexamen in Geschichte – bei dem ich letzten Endes einen sehr bescheidenen Grad zweiter

Klasse errang – wurde ich, so muß ich gestehen, nur ein einziges Mal von einem Universitätslehrer wirklich mitgerissen, und zwar von Professor Seeley, einem weitblickenden und in der Tat recht Goetheschen Menschen, der jedenfalls von ganz anderem Schlage war als der sinistre Widersacher im Märchen meines Vaters. Seeleys Gesundheit ließ bereits nach, und ich glaube, er starb bald darauf; aber ich werde niemals das nachhallende Pathos vergessen, mit dem er bei einer ganz bestimmten Vorlesung über die athenische Lebensanschauung von seinem Platz am Katheder aus – denn er war schon zu schwach zum Stehen – das Wort „Ecclesia" äußerte.

Alles in allem hatte die Universität als Universität nicht den geringsten Einfluß auf meinen Geschmack, meine Intelligenz, meine Philosophie oder meinen Charakter! All das war in Shirley entstanden, hatte sich in Weymouth und Dorchester erweitert und sich mir schließlich – aus qualvoller Not – in Sherborne eingebrannt. Was das Corpus und seine Autoritäten anlangt, so kann ich ihnen außer meinem Vergnügen an den Besuchen, die ich im Landhaus der Fanshawes machte, allenfalls zugute halten, daß sie mich in Ruhe ließen und ich sie in Ruhe ließ. Ich befolgte ihre Regeln, ich „hielt" die Gottesdienste „ein", ich bestand meine Prüfungen, ich erwarb meinen Grad. Kein Proktor mußte mich je verfolgen, kein Dean mich je einbestellen. Ich trat dort ein und ging vollkommen unbeeinflußt wieder ab. Ließ mich Corpus somit unversehrt und wirkte sich die Universität im weiteren Sinne kaum auf mein Bewußtsein aus, so könnte man überschlägig behaupten, daß ich auch *in gesellschaftlicher Hinsicht* – und das ist das große, der schlimmsten Form von Snobismus fatal nahekommende Motiv, aus dem heraus die meisten Engländer überhaupt dorthin gehen – von meinem Collegeleben weniger bis gar keinen Gewinn hatte. Das wiederum lag an der geheimnistuerischen, leisetreterischen Art meines Verhaltens.

Doch wenn ich von Cambridge nicht viel Gewinn hatte, so gewann ich alles nur Erdenkliche von Cambridgeshire! Wie kann ich nur meiner tiefen, meiner untilgbaren, meiner leidenschaftlichen, meiner unvergeßlichen, meiner *ewigen* Schuld gegenüber der faden, flachen, monotonen, öden, unmalerischen Landschaft von Cambridgeshire Ausdruck verleihen? Wie mir die Straßen aus Cambridge hinaus – und es scheint, als hätten alle meine himmlischsten Straßen irgendwo hinaus- statt hineingeführt – jetzt wieder ins Gedächtnis zurückkehren! Die absurden kleinen Erhebungen, die unter dem Namen Gog und Magog bekannt sind; die lange, nicht enden wollende Straße, die zu irgendeinem idyllischen Kirchhof führt, welcher einmal als Schauplatz der *Elegy* den Vorrang vor Stoke Poges beanspruchte; die zwar etwas, aber auch nicht sehr viel erhebendere Straße, die in Richtung Ely führte, vorbei an der Stelle, wo meines Vaters Vater als Fellow von Corpus auf Freiersfüßen wandelte; die Wiesen nach Grantchester hin, wo die Pappeln und Weiden jenen eigentümlich massiven, wehmütigen Effekt ausstrahlen, der mich immer an Northwold denken läßt; das sind meine Lehrmeister, meine Kommilitonen, meine Bibliotheken, meine Hörsäle; das sind meine gotischen Schreine! Und nicht nur sie in ihrer Gesamterscheinung, sondern jeder morastige Teich, jeder rauschende Bach, jeder unkrautbewachsene Flußarm, jeder Rübenacker, jeder graue Meilenstein, jeder verlassene Heuschober wurde Teil meines Geistes.

Ich habe von meinem Vater, obschon sie bei ihm unausgesprochen blieb, jene Wordsworthsche Hochachtung und Ehrfurcht, so etwas wie eine mystische Ehrfurcht vor Handarbeitern geerbt, die sämtliche snobistischen, bourgeoisen Überheblichkeitsallüren wie eine Seifenblase platzen läßt und auflöst. Insgeheim verehrte mein Vater auf der ganzen Welt nur drei Sorten von Menschen, nämlich Arbeiter der Faust, Soldaten und Seeleute! Die Lebensweise, die meiner Lebensillusion im tiefsten Seelengrund am besten entspräche, und die die klassische *Schauspielerrolle*, die meine Gemütsart trifft, am ehesten erfüllte, wäre irgendeine primitive Arbeit, die keine Geschicklichkeit erfordert, hinter der jedoch eine alte, poetische Tradition steht. Könnte ich sie mit der Lektüre der alten Klassiker und dem Schreiben neuer Romane verbinden, hätte ich beinahe alles, was ich brauchte! Mein ideales Leben bestünde darin, jeden Tag etwas körperliche Arbeit zu verrichten, mit einer Übersetzungshilfe etwas Homer zu lesen und den Rest der Zeit mit Spazierengehen, Schreiben oder Liebemachen zu verbringen. Mit Geschäftemachern jedweder Art kann ich mich nicht „anfreunden"; aber *kleine* Ladeninhaber schätze ich hoch, und ich habe stets festgestellt, daß der kleine Ladeninhaber eines Dorfes der netteste und freundlichste Mensch am Ort ist. Die Sympathie, die ich Feldarbeitern entgegenbringe, ist keine bloß ideale Empfindung; sie ist eine tiefe, poetische Verehrung, die bis auf den Grund meiner Seele hinabreicht. Sie ist vermischt mit der eigentlichen Substanz, dem eigentlichen Stoff meines ganzen sinnlichen und imaginativen Wesens.

Wenn ich allein durch die monotone Landschaft um Cambridge spazierte, pflegte ich, wie schon auf den Spaziergängen in Sherborne, an den vermeintlichen Gefühlen einsamer, zu Lande und zu Wasser arbeitender Menschen metamorphos teilzuhaben oder nachempfindend teilzunehmen. Natürlich kann ein schwacher, feiger, anspruchsvoller, degenerierter Mensch wie ich nicht *wirklich* in die Gefühlswelt eines Bauern, eines Fabrikarbeiters oder eines Seemannes eindringen; und natürlich bin ich der großen Göttin Fortuna immerdar unaussprechlich dankbar dafür, daß sie mir das Glück geschenkt hat, mich von meiner Stimme und meiner Feder ernähren zu können; aber man sage, was man will, ich besitze die Gabe, solche Leute in bestimmter Weise unmittelbar, von Mensch zu Mensch, zu verstehen und *mit ihnen zu empfinden.* Mögen andere mich einen Schwindler nennen – diese Arbeiter jedenfalls tun es nicht. In Wahrheit empfinde ich angesichts derer, die arbeiten, eher mönchische Zerknirschung als irgendwelche bourgeoise Selbstgefälligkeit, und ich habe körperliche Arbeit schon immer als viel schwerer denn geistige betrachtet.

An Stelle der Überzeugungen also, die Harry Lyon für so wesentlich hielt, und an Stelle der von G. P. Gooch vertretenen „Selbstverwirklichung zum öffentlichen Wohl" stand in meinem heimlichen Leben imaginisierter und poetisierter Sinneswahrnehmungen der beständige, tastende Versuch, sich durch eine Art andächtiger Seelenwanderung in das Leben von Soldaten, Seeleuten, Bauern und Fabrikarbeitern hinein auszufüllen und abzurunden.

An dieser Stelle höre ich das aufgebrachte Murmeln einer vertrauten Stimme: „Heuchlerischer Scharlatan! Sentimentaler Schwindler! Pseudo-Rousseau!" Ja, ich weiß, was du sagen willst, mein Guter. Aber ich könnte nicht weiter meinen Tee trinken, meinen Toast essen und wie eine Karikatur von Taliesin über diese Hügel munkeln und raunen, wenn es in der riesigen Unbelebtheit um mich herum, wenn es zwischen dem schimmernden Habichtsfelsen und dem fernen Großen Bären nicht etwas gäbe, das meine Possen nicht mißbilligt, das mir zumindest stumme Ermutigung zukommen läßt, während mein Wesen sich in seiner vorbestimmten Gußform verfestigt. Gott behüte freilich, daß ich den Eindruck von Undankbarkeit vermittle, wenn ich mich der Menschen entsinne, die freundlich zu mir waren, als der Guß meines Schicksals noch nicht erstarrt war. Ich habe nie den Fehler gehabt, zuzulassen, daß Differenzen oder Divergenzen mich vergessen machen, was mir geschenkt worden ist. Von Vetter Ralph beispielsweise lernte ich den unschätzbaren Wert jener humorvollen Distanziertheit im Unglück, mit der der Geist seine Last abschüttelt. Sie ist, finde ich, eine der größten Gaben der angelsächsischen Rasse, steht allerdings dem reizbaren keltischen Temperament nicht so ohne weiteres zu Gebote.

So ertappe ich mich, wenn ich das wunderliche Treiben der als Hamstermäuse bekannten Spezies in ihrem angestammten Element beobachte, häufig bei der Erinnerung, wie mein Vetter, wenn ich das Leben zu schwer nahm, plötzlich zu fragen pflegte: „Wie viele Hamster, Vetter Jack, würde eine Hamstermaus mausen, wenn eine Hamstermaus Hamster mausen würde?" Und dann fuhr er angesichts meiner verärgerten Ernsthaftigkeit ungerührt fort: „Eine Hamstermaus würde alle Hamster mausen, die sie mausen könnte, wenn eine Hamstermaus Hamster mausen mausen könnte; und eine Hamstermaus *würde* Hamster mausen, wenn eine Hamstermaus Hamster mausen *könnte*."

Littleton trat in Corpus ein, als ich gerade mein zweites Jahr dort begann. Ihm ging ein ungeheurer Ruf als Sportler voraus, den er in Cambridge noch mehrte. Dies muß, verbunden wohl mit seiner Angst, mich im dunklen Kämmerlein anzutreffen, wie ich Goochs Vorträgen über Spinoza zuhörte, auch der Grund dafür gewesen sein, warum wir als Nichtgraduierte in Cambridge wenig voneinander zu sehen bekamen.

Von Ralph Shirley, der bald einer der Argonauten des Okkultismus in London wurde, hatte ich mir ein Interesse an theosophischem Gedankengut angeeignet; und ich erinnere mich noch gut, wie ich Littleton auf einem gemeinsamen Spaziergang über das trostlose Flachland, das zu den breiteren Abschnitten des Cam führt, einmal in überheblichem Ton für sein ausschließliches Interesse an Kricket tadelte. Sein Vergnügen am Angeln hatte ich zu innig geteilt, als daß ich die Ungehörigkeit besessen hätte, es ebenfalls aufs Tapet zu bringen. Das Angeln war stets so etwas wie ein heiliges Gut zwischen uns. Aber ich erinnere mich, daß ich in meinen gönnerhaft kritischen Anmerkungen bei dieser Gelegenheit sogar so weit ging, die Befürchtung zu äußern, daß wir uns, sofern er sich nicht bessere, in unserer nächsten Inkarnation nicht begegnen würden; werde doch Powys I bei diesem Übergang wahrscheinlich in eine spirituelle „Fünf A" versetzt, während Powys II in „Drei B" sitzenbleibe.

In meinen ersten Sommerferien, als Littleton von Sherborne abgegangen war und sich darauf vorbereitete, zur Universität zu gehen, hielten wir uns zusammen in Weymouth auf. Die Tage von Penn House waren – leider! – schon vorüber; aber wir logierten sehr zufrieden in einer wunderlichen Unterkunft auf der landeinwärts gerichteten Seite der Stadt, gar nicht einmal so weit entfernt von dem alten Stauwasser, der Wasserscheide, wenn ich so sagen darf, einiger unserer frühesten Erinnerungen. „Invicta House" lautetete der Name dieser neuen Wohnung; und wenn ich mich recht erinnere, blickten unsere Fenster auf einen kleinen, grasbestandenen Platz hinaus. An einem solchen Flecken, nur nicht so gepflegt und gekalkt, muß Betty Trotwood in ihrem Badeort in Kent gewohnt haben; und wir verlebten dort eine wirklich glückliche Zeit zusammen.

Der lästige asketische Zug, der mich stets mit seinen kleinlichen, pharisäischen Forderungen geplagt hat, regte sich zu dieser Zeit in „Invicta House" besonders kräftig. Ich kann mich entsinnen, wie ich auf einem unserer Spaziergänge – und wie stets bei den denkwürdigen Gelegenheiten, bei denen ich mich zum Narren machte, sehe ich noch genau die Stelle vor mir, wo ich die Bemerkung machte – nach halbstündigem, tiefem Schweigen würdevoll meinte, ich könne mir wohl doch weiterhin *ein* Ei zum Frühstück gestatten. Auf derartige Schlußfolgerungen – und es gab ihrer nicht wenige – reagierte Littleton stets mit der gleichen nachsichtigen und nicht im mindesten spöttischen Miene, zu der er unter Stirnrunzeln den Mund ein wenig und die graublauen Augen ziemlich weit öffnete. Ein andermal – es war meiner Erinnerung nach auf der hügeligen Seite von Lodmoor – fesselte uns plötzlich das Erscheinen eines ungewöhnlich vollkommenen Regenbogens. „Aah!“ rief ich aus, denn auch hier war meinerseits längeres Schweigen vorausgegangen, „das ist ein gutes Omen für mich!“ Diesmal allerdings sagte Littleton etwas, und ich kann mich bis auf den heutigen Tag an den leise, ganz leise vorwurfsvollen Unterton in seiner Stimme erinnern, als er einwandte, er sehe, da dies doch ein so umfassendes Himmelszeichen sei, nicht ein, warum es nicht auch für ihn ein gutes Omen sein solle! Wenn ich bedenke, daß er sich geradewegs von seinem maßgeblichen Amt als Kapitän seiner „Elf“, wenn nicht gar seiner „Fünfzehn“, nach „Invicta House“ – das auch in seinen besten Momenten kein Burdon Hotel war – begeben hatte, um sich von solchen Phantastereien zum besten haben zu lassen, empfinde ich die Erinnerung an seine Sanftmut als wundervoll. Ein äußerst durchtriebener alter Landstreicher, den ich eines Tages unbedingt ins Haus holen mußte, damit er mit uns Tee trinke, brachte das Faß beinahe zum Überlaufen; aber die Liebenswürdigkeit dieses Ausnahmeathleten war so groß, daß er selbst ihm gegenüber gütig und freundlich blieb.

Lutyens, unser ständiger Verbündeter, der damals mit mir in Cambridge war und sich gerade anschickte, die Universität auf der Aschenbahn zu vertreten, war seinerzeit Hauslehrer bei Leuten, die zwischen Chickerel und Wyke Regis, irgendwo am Westabschnitt von Chesil Beach, wohnten. Ihn pflegten wir an den späten Augustnachmittagen, wenn unser Tagespensum geschafft war, bei der alten Brücke über den Fleet zu treffen, und ich genoß diese Begegnungen durchaus, bis unser Schnellfüßiger es sich in den Kopf setzte – einen Kopf, der gegen Misanthropie ebenso immun war wie gegen Ehrgeiz –, uns mit den Angehörigen seiner Schüler bekannt zu machen.

Etwa zu dieser Zeit fuhr mein Vater, der seine Familie in seinem kurzen Jahresurlaub stets nach irgendeinem Badeort beförderte, mit Littleton, Theodore, mir und den anderen nach Barmouth in Wales. Ich war noch nie in Wales gewesen, und so hätte der Besuch eigentlich erinnerungswürdig sein müssen. *Denkwürdig* wurde er denn auch in gewissem Sinne; aber er kehrt mir keineswegs mit freudigen Gefühlen ins Gedächtnis zurück. Littleton, Theodore und ich schliefen in einem Zimmer, das, beinahe könnte man sagen, über Barmouth Estuary *hing*, und ich sehe heute noch das kalte und ziemlich erschreckende Strömen dieses Meeresarms vor mir, wenn das Mondlicht die Flut brachte und sie schwellte und auftrieb, bis sie – da ihre nächtliche Masse beständig wuchs und zunahm – drauf und dran schien, noch das Mauerwerk zu überschwemmen, aus dem unsere Fenster blickten.

Als Littleton und ich in „Invicta House" waren, hatte es einen Moment gegeben, wo er sich gegen meine psychische Anmaßung und meinen Egoismus tatsächlich auflehnte. Dazu kam es bei einer ganz bestimmten Gelegenheit, als wir uns zusammen in einem hübschen kleinen Wäldchen irgendwo zwischen Lodmoor und der Dorchester Road befanden. Es war ein warmer Tag, und Littleton streckte sich auf dem duftenden Moos unter den Bäumen aus und schickte sich an, den Sommernachmittag genußvoll zu verdösen. Dieser zeitigen Ruhepause war die Natur hold, die Götter gewogen, die Stunde günstig; aber nicht so der ältere Bruder des Sportlers. Trotz all meiner Manie für die Elemente habe ich die größten Schwierigkeiten, mich auf einem Spaziergang zum Hinsetzen zu zwingen. Eine dämonische Ruhelosigkeit drängt mich weiter. Sie wirkt wohl ganz ähnlich auf mich, wie es Wordsworth für seine Stimmung beschreibt, wenn er sagt:

> „Gleich einem starken Sturmwind kam ihn an
> Sei eigenes Gemüt und trieb den müden Wicht voran."

Die Wahrheit ist, daß ich auch beim Alleinsein mit der Natur in der Regel nur durch ständige körperliche Bewegung den selbstgeschaffenen, selbstquälerischen Inkarnationen der Angst entgehen kann, die wie der unselige Stock, den ich in Derbyshire in den See geworfen hatte, aus der Hölle emporsteigen, um mich zu peinigen. Littletons Gemüt aber glich dem See, *ehe der Stock hineingeworfen worden war*; und er konnte es einfach nicht ertragen, zum Weitergehen gedrängt zu werden, wenn ihm nach „Dösen" zumute war. Er wurde wütend. Auch ich verlor die Beherrschung, und so kam es in dem stillen Gehölz zu einem Ringkampf, der so ausging, daß Littleton sich zum ersten Mal in unserem Leben als mir überlegen erwies. Er warf mich nieder. Er kriegte mich ganz buchstäblich unter; und ich lernte endlich die Stärke der kräftigen Muskeln kennen, die für Sherborne so viele Tore geschossen und so viele Schläge über die Spielfeldgrenze erzielt hatten.

Ich las damals Stubbs *Constitutional History of England*; und mit dieser ausführlichen Darstellung unserer komplizierten Freiheiten war ich auch noch in Barmouth, in dem Zimmer über den vom Mond angezogenen, steigenden Wassermassen, beschäftigt. Aber in Wales achtete ich darauf, körperliche Auseinandersetzungen mit dem Kapitän einer Rubgymannschaft zu vermeiden.

Wenn ich es müde war, die Untersuchungen des trefflichen Bischofs als Absprungplätze für meine äußerst unhistorischen Gedanken zu verwenden, suchte ich in Theodores Gesellschaft den größten Gegensatz zu ihnen, den ich finden konnte! Theodore war allerdings auch ganz anders als Bischof Stubbs. *Seine* Magna Carta sollte sich binnen kurzem in der Form äußern, daß er mit Hilfe meines Vaters seine eigene kleine Farm bei Sweffling in Suffolk erwarb; und unsere ruhelosen Gemüter, die sich auf der Suche nach Erregungen wie zuckende Laternen hierhin und dahin richteten, verfielen darauf, daß es für uns beide passend wäre, uns ein wenig im Reiten zu üben. Zu diesem Zweck beschafften wir zwei Ponies – der klügere Littleton hielt sich von der ganzen Transaktion fern – und unternahmen einen Ritt in die Berge. Ich glaube nicht, daß wir versuchten, bis auf den Gipfel von Cader Idris hinaufzusteigen; und rückblickend ist mir, als hätten wir unsere widerspenstigen Rosse öfter am Zügel hinter uns hergezerrt, als daß wir auf ihrem Rücken gesessen hätten; aber das Ganze endete damit – *daran* jedenfalls erinnere ich mich deutlich –, daß mein Pony einen Wasserfall hinunterstürzte.

Ich muß meinem Vater während dieses Aufenthaltes in Wales mit all meinen Manien und Narrheiten eine arge Last gewesen sein. Ich erinnere mich noch gut, wie ich ihm einmal – vielleicht nach meinem Mißgeschick mit dem Pony – in aller Ausführlichkeit erklärte, daß ich Berge verabscheute und daß die einzige Landschaft, in der ich mich wirklich wohlfühlte, das Marschland von Norfolk sei. Noch heute höre ich den ernst zurechtweisenden Beiklang seiner Stimme:

„Dann ist es schade, daß du mitgekommen bist, mein Sohn!"

Aber in seiner unerschütterlichen, zurückhaltenden Art war er mir gegenüber von rührender Nachsicht. Er ertrug es sogar schweigend, als ich darauf bestand, meine Kost in diesen Ferien auf Brot und Sirup zu beschränken, und zwar mit der strengen Begründung, daß niemand essen sollte, was nicht jeder bekommen könne. Daß seine Kost stets weit schlichter war als die der meisten Geistlichen – ich bin sicher, Bischof Stubbs hätte seine Reisaufläufe verschmäht –, ließ diese Geste von mir wohl besonders selbstgefällig erscheinen.

Schließlich wurden Littleton, Theodore und ich für ein paar Tage von ihm fortgeschickt – und ich möchte meinen, er war froh, uns loszuwerden! –, um auf eigene Faust einen Ausflug auf den Gipfel des Snowdon zu unternehmen. Es war, wie ich zu meinem Bedauern sagen muß, alles andere als ein harmonisches Unternehmen. Auf meine übliche eiserne Sparsamkeit haltend – denn wie Judas verwaltete ich die Börse –, geriet ich ständig mit Littletons großzügigeren Vorstellungen darüber aneinander, was auf einer solchen Wanderung angemessen sei, während Theodore, dessen Gesundheit nie so robust war wie die unsere, nicht nur das Klettern beschwerlich und das Wetter unangenehm fand, sondern auch kaum einen Schluck Brandy zugestanden bekam, um ihm weiterzuhelfen. Wenn es auch nicht dahin kam, daß Littleton seine beiden Brüder die letzte halbe Meile des Berges unserer Vorväter hinauftragen mußte, so war es doch nahe daran; man kann jedoch sicher sein, daß nicht Littleton, sondern Theodore und ich entschieden, was die drei Brüder Powys in das *Gipfelbuch* schreiben sollten, das damals – und soviel ich weiß, vielleicht noch heute – in der Hütte auf dem Berg geführt wurde. Was wir dort oben schließlich schrieben, waren die erhabenen, aber etwas abgeleierten Worte: „Die Liebe stirbt nimmer"; und da ich mich auf dem Rückweg mit dem Teufel verschwor, Littleton und Theodore zu einer regelrechten Rauferei aufzustacheln, fällt es schwer zu glauben, daß nicht ein ironischer Berggeist, den ich erzürnt hatte, die kühnen Worte diktierte.

Theodore muß sich schon vor meinem Abgang von Cambridge endgültig auf seiner Farm bei Sweffling niedergelassen haben. Später besuchte ich ihn dort so manches Mal und verwunderte mich über den Mut, mit dem er den schwierigen Landleuten von East Anglia Befehle gab. So sehr sich dieser Mut durch die nächtliche Lektüre der Werke von Nietzsche festigte, den er lange vor mir entdeckte und schätzen lernte, glaube ich doch, daß er auf Kosten einer nicht unbeträchtlichen Nervenanspannung ging; denn es wurde – wie Llewelyn, der das Treiben seiner erwachsenen Brüder nunmehr mit typischem Scharfsinn zu beobachten begann, anzumerken nicht versäumte – bald so etwas wie ein Symbol äußerster Verlassenheit für uns, uns Theodore an einem windigen Novembernachmittag vorzustellen, wie er, Christian mit seinem hoffnungslosen Bündel gleich, seinem wöchentlichen Fegefeuer auf dem Markt von Saxmundham entgegenging.

Es ist bemerkenswert, daß ich mich nicht einer einzigen Gelegenheit in all meinen drei Jahren in Corpus entsinnen kann, bei der ich den sadistischen Gedanken gefrönt hätte, *die allein meine erotischen Gefühle bis in ihre Tiefen aufzuwühlen scheinen.* Ich spreche wohlgemerkt nicht von *tatsächlich* praktiziertem Sadismus; denn die wenigen Male in meinem Leben, da ich das tat – wie etwa, als ich Littleton die „Slopes" hinunterhetzte, als ich dafür sorgte, daß der junge Brunnencupido in der Prep. unversehens Hiebe bekam, als ich in der Laube in Northwold Würmer in Stücke zerschnitt oder als ich, wenn ich es denn *wirklich* tat, in den Steinbrüchen an der Bristol Road die jungen Vögel tötete –, verschaffte es mir *während der Tat* nicht den leisesten Pulsschlag von Vergnügen noch auch in der Erinnerung den leisesten Schauer neugeweckter Versuchung. Meine verderbten Gedanken dagegen, die sich gänzlich auf meinen Kopf beschränkten, haben mich schlicht berauscht; und ich muß nur an bestimmte verderbte Bücher dieses unsäglichen Genres denken, um das lebhafteste Beben des perversen Nervs zu empfinden.

Ich möchte wissen, wie tief mich ein Priester verdammen würde, wenn ich *heute*, und für den Rest meiner Erdentage, solchen abscheulichen Büchern zwar nicht ohne weiteres abschwörte, doch im wirklichen Leben keiner Fliege etwas zuleide täte. Was immer der Priester sagen würde, ich selbst würde mich jedenfalls verdammen, denn ich werde bis an mein Lebensende glauben, daß unsere Gedanken von höchster Bedeutung sind und die Macht haben, ungreifbare *eidola* zu projizieren, die die Gedanken anderer fatal beeinflussen und sie – jawohl! – zu Verbrechen verleiten können.

Woran aber lag es, daß ich in jenen Jahren meines Lebens, von neunzehn bis einundzwanzig, mit einemmal völlig erlöst war von meinem höllischen Laster, als sei ein leibhaftig in mir wohnender Teufel aus mir herausgefahren? Lag es an dem ständigen Kontakt mit jungen Männern meines Alters? Lag es am Donnergrollen meiner thaumaturgischen Besessenheit von den Elementen, die nun, und zum ersten Mal, bewußt in mir erwachte? Oder lag es daran, daß ich mir der wirklichen Existenz lebendiger junger Frauen als Rivalinnen jenes hellhäutigen, hellhaarigen kleinen Idols bewußt zu werden begann, an das ich schon vor meinem Weggang aus Sherborne gedacht hatte, und das nach wie vor in meinem schwarzgoldenen Eroskästchen lebte?

Zweimal, so erinnere ich mich, erlebte ich in Corpus einen entsetzlichen Schock – das eine Mal, als einer meiner Mitkollegiaten mich mit schauerlichem Realismus über die Blutungen aufklärte, unter denen Frauen mit dem Umlauf des Mondes zu leiden haben, das andere Mal, als jemand – es war wohl Koelle – mir von der Vivisektion erzählte. Die zweite Mitteilung, die die Existenz eines abscheulichen Verbrechens gegen die einzige Moral offenbarte, die einen Pfifferling wert ist, eines Verbrechens nicht nur gegen Tiere, sondern gegen das Vornehmste in uns, empörte und empört mich noch heute in tiefster Seele. Kein Vorwand, und klänge er noch so plausibel, rechtfertigt die Vivisektion, zumal die Vivisektion von Hunden; und daß die Regierungen nicht gezwungen werden, ihr ein Ende zu machen, zeigt, daß die grausame Neugier der Wissenschaft sich geschickter darauf versteht, uns Sand in die Augen zu streuen, als wir, unsere rechtschaffene Entrüstung zu leidenschaftlichem Protest zu steigern.

Kürzlich ist in New York, in der Lexington Avenue 88, das erste Archiv für Vivisektionsforschung eingerichtet worden. Das ist sicherlich ein Schritt in die richtige Richtung.

Eine weitere Eigenart, die mich in meiner Zeit in Corpus zu beunruhigen aufhörte, war meine unendliche Nervosität und Befangenheit in Gegenwart anderer Menschen. In Corpus verlor ich jede Menschenangst. Ich sagte die kühnsten Sachen. Ich tat die kühnsten Dinge. Und wenn ich mir diesen Mangel an Schüchternheit auch nicht als Stufenleiter zunutze machte, wie sie sich jungem Ehrgeiz bietet, so erlebte ich doch immerhin, was es hieß, für drei Jahre meines Lebens von meinen größten Nöten frei zu sein. Welche Erklärung kann es dafür geben? Warum verlor ich für nur drei kurze Jahre all mein lebenslanges Grauen vor dem menschlichen Blick? Diese meine Kühnheit – der war es Fühllosigkeit oder egoistische Unempfindlichkeit? – hielt, wenn auch in geringerem Grade, nach meinem Abgang von der Universität, ja sogar noch eine Zeitlang nach meiner Heirat an.

Nicht daß ich frei gewesen wäre von Angst – jenem Urfluch, jenem Pesthauch, der sich, so denke ich immer, am schwersten auf den Erstgeborenen legt –, aber ich schien *pro tempore* meine Furcht davor zu verlieren, Menschen gegenüberzutreten. Dann aber begann sie Schock um Schock, Episode um Episode, Schauder um Schauder zurückzukehren, so daß mich derzeit, wenn ich mich zur Erledigung von Geschäften in die City begeben muß, eine ganz ähnliche Nervosität überkommt, wie ich sie als Junge in Montacute zu empfinden pflegte, wenn ich in jämmerlicher Beklemmung, weil ich am Abend zum Essen nach Montacute House gehen mußte, unter der Mauer des Küchengartens innehielt, um meine Gedanken zu sammeln. Doch dem Himmel sei Dank – ist man einmal über sechzig, wird die Furcht davor, seinen Mitmonstren im Kuriositätenkabinett gegenüberzutreten, von der Philosophie, die man sich recht und schlecht zusammengestoppelt hat, etwas mehr in Schranken gehalten.

Wenn ich – unbeschadet meiner Kühnheit in jenen Jahren von dem Verlangen gepackt, mich davonzumachen, ohne einem Bekannten zu begegnen – zu meinen heimlichen Streifzügen auf die langen, faden, schlammigen Straßen enteilte, die aus Cambridge hinausführten, pflegte ich hie und da flüchtige Blicke von Fragmenten und Gruppierungen der alten Bauwerke der Stadt unter bestimmten Wetterverhältnissen zu erhaschen. Aber diese Blicke waren scheu, beschränkt, willkürlich, beliebig und richteten sich fast immer auf die Stellen in den Mauern, wo die Kräfte der Natur – Regen, Moos, Flechten, Frost, Sonne oder Flußwasser – den Gestaltungen der Frühgotik, der Hochgotik, der Tudorzeit und der Zeit James' I und Queen Annes etwas hinzugefügt hatten, nämlich die Kunst, so vermute ich, des einzigen Künstlers, den ich vorbehaltlos anerkennen konnte!

Aber die eigentliche Entdeckung, die ich in meiner Zeit in Corpus machte, war so bedeutsam, daß sie allein schon völlig ausreichte, das Verschwinden des Sadismus und das damit einhergehende Verschwinden so vieler Beängstigungen zu erklären. Denn während meiner Zeit dort erfaßte ich bewußt das mysteriöse Phänomen, das hinterher zum innersten Geheimnis, zur innersten Essenz meines ganzen Lebens wurde.

Gooch sprach mir gegenüber häufig davon, welche geistigen Schwierigkeiten er damit habe, das pantheistische Absolute zu erfassen, dem Spinozas einzigartige Liebe galt. Ich sehe noch heute sein langes, weißes Gesicht, seinen merkwürdigen Mund und seine traurigen klugen Augen vor mir, wenn er sagte: „Ich kriege es einfach nicht zu fassen!" Und er äußerte die Worte geradeso, als wäre das Absolute eine Art „bellendes Tier" und er Sir Pallenure. Ist es nicht Walter Pater, der ernste pyrrhonische Mönch Gottes, der Mann, den diese logischen Köpfe vor mir zu verstecken sich alle erdenkliche Mühe gaben, der irgendwo sagt, die Wölbung eines einzigen Rosenblattes sei soviel wert wie das ganze spinozistische Absolute? Aber ich war nicht auf die makellos ästhetische Schönheit des Rosenblattes aus. Nein, keineswegs! Mitnichten! Wie der arme Gooch unter seinen Lieblingsbäumen am Fluß, in der Weitläufigkeit von King's College, tue auch ich mich schwer, bin auch ich aus Mangel an Worten zum Tasten und Tappen, Munkeln und Raunen genötigt. Wie nur kann ich das Wispern und Rauschen, das Aufseufzen, die unbeschreibliche *Stille* fassen, die vom Hinstreichen meiner wandernden Seele über all die kleinen, beliebigen, zufälligen Anordnungen des Unbelebten ausgeht? Wie kann ich den richtigen Ausdruck für die Gefühle finden, die mir in jenen Tagen kamen, wenn der Wind auf bestimmte Weise wehte, dieweil ich einem schlammigen Graspfad entlang der Ely Road oder der London Road folgte? Wie kann ich mein Gefühl beschreiben, dieses Gefühl, als ob mich all die kaum wahrgenommenen Empfindungen, die langen Generationen meiner Vorfahren leicht und beiläufig gekommen waren, wenn sie den Regen fühlten, die Sonne spürten, das Rufen von Krähen oder das Zwitschern von Spatzen hörten oder den Rauch von menschlichen Herden aufsteigen sahen, in einer fast nicht zu ertragenden Flut ekstatischen Glücks überströmten, und zwar einzig deshalb, weil ich auf der unscheinbaren Straße zum Bahnhof irgendeinen geduldigen Kommis hinter einer Ligusterhecke sein Grasfleckchen mähen hörte?

Ich weiß sehr wohl, daß jeder in die Welt Geborene die von mir beschriebenen Gefühle hat, von jenen unbeschreiblichen und augenscheinlich grundlosen Verzückungen heimgesucht wird. Ich möchte keineswegs andeuten, daß ich hierin etwas Besonderes sei. Warum in drei Teufels Namen aber fahren wir dann fort, aus allem außer ihnen einen Kult zu machen? Warum müssen Politik, Religion, Philosophie, Ambition, Revolution, Reaktion, Geschäft, Vergnügen sämtlich als ungeheuer wichtig, und diese raren, zauberischen Gefühle gar nichts gelten?

„Weil, mein lieber John", wirst du, Leser, antworten, „diese Gefühle von allein kommen und von allein gehen und uns weder weiser, noch klüger, noch freundlicher, noch reicher machen!"

Du sagst es. Eben *weil* solche Gefühle sich von den genannten Dingen unterscheiden, eben weil sie etwas verkörpern, das vollkommen darüber hinausgeht, sind sie so kostbar! Es wird eine Zeit kommen, da diese Gefühle nicht mehr das Monopol von Frauen, Kleinkindern, Liebenden, Heiligen, Mystikern und Schwachsinnigen sein werden!

Als ich in Corpus eintrat, geschah das mit der Vorstellung, Geistlicher zu werden. Ich wähle das Wort mit Bedacht; denn man darf nicht vergessen, daß dies eine Zeit war, in der nur einige wenige, sehr verwegene Menschen in der Englischen Kirche den Mut besaßen, sich als „Priester" zu sehen oder sich „Vater" zu nennen. Mein Vater jedenfalls hätte sich sehr viel eher als Maulwurffänger denn als Priester gesehen. „Ich mag diese ganze ‚Katzbuckelei' nicht", pflegte er zu sagen; und er machte diese Bemerkung so oft und in so verächtlich-angewidertem Ton, daß seinen Kindern schließlich im Gedächtnis haften blieb, daß der Akt des Kniebeugens eher einem Affen als einem Menschen angemessen sei. Vielleicht – denn es kann gefährlich sein, den menschlichen Instinkt zur Fußfälligkeit zu unterdrücken – ist eben das der Grund, warum ich, sein ältester Sohn, fortwährend, und auch nicht immer vor *seinem* Gott, „katzbuckle".

Aber in den Ferien in Montacute hatte sich erwiesen, daß ich die Gottesdiensttexte so gut zu lesen verstand und meine Rolle in der extrem evangeliumsgläubigen Fortbildungsschule so geschickt ausfüllte, daß es für ausgemacht galt, daß ich als Enkel zweier Geistlicher und als Urenkel mindestens zweier weiterer, wie man so schön sagt, „in den geistlichen Stand treten“ würde. So begann ich Unterricht im Hebräischen zu nehmen, einer Sprache, die, wie ich bald herausfand, noch weit schwieriger war als das Walisisch meiner Vorfahren; und wie sehr ich die ganze Frage der Berufswahl auf die leichte Schulter nahm, erhellt daraus, daß ich mich nicht einmal mehr erinnern kann, wie und wann ich meinem Vater sagte, daß ich mich gegen die Kirche entschieden hatte. Mit gewohnter Nachsicht äußerte er nicht den leisesten Einwand; und ich machte in Corpus in aller Ruhe weiter, ohne daß das Problem meiner künftigen Laufbahn irgendeine Überlegung erfahren hätte.

Es war, glaube ich, in meinem allerletzten Trimester, kurz bevor ich meinen Grad erwarb, daß ich eines Abends auf die Idee verfiel, einen Brief an den berühmten Journalisten W. T. Stead zu richten und ihn um Rat zu fragen, welchen Beruf ich wählen sollte. Mr. Phelips, so erinnerte ich mich, hatte sich kurz zuvor bei einem Essen in Montacute House erkundigt, ob ich daran gedacht hätte, „den Anwaltsberuf zu ergreifen“. Daß unser philosophischer Junker mich als möglichen Queen's Counsel betrachtete, ließ diesen Brief an Mr. Stead wie eine bloße Gebärde erscheinen. Es war daher eine der bittersten Demütigungen meines Lebens – eine jener Demütigungen, die der Lebensillusion eines Menschen bis ins Mark schneiden –, als ich seine Antwort erhielt. Ich hatte, glaube ich, die Möglichkeit angedeutet, mich ein wenig journalistisch zu betätigen, bis sich etwas von gewichtigerem Charakter anböte; und ich kann versichern, daß mein altes, vertäfeltes Zimmer, wie Fausts Zelle, als er den Teufel beschwor, mit einemmal unwirklich und schwummrig wurde, bebte und schwankte, als ich Mr. Steads Worte las. Der Leser – zumal wenn er Amerikaner ist – wird lächeln und es für geringfügig erachten. Für mich aber war es nichts Geringfügiges. Mr. Stead nämlich empfahl mir, den Rat zu beherzigen, der irgendwem oder -was in Mark Twains „Springfrosch“-Serie zuteil wird.

Zu einem weiteren Schlag, der mich tief in meinem persönlichen Stolz traf – und mein Vater hätte gewiß das gleiche empfunden; nur wäre er nicht so unvorsichtig gewesen, sich derart zu exponieren – kam es im Zusammenhang damit, daß ich einem italienischen Verkäufer von Terrakottastatuen begegnete. Hier war etwas, worin ich gleichzeitig mein fieberhaftes Verlangen, die Gliedmaßen junger Frauen zu betrachten, und meine ideale Leidenschaft für die klassische Mythologie befriedigen konnte. Ich kaufte dem erstaunten Händler sieben oder acht ziemlich große und völlig nackte Terrakottagottheiten ab.

Als mir einer der Oberen während eines Besuches der Corpus Mission aus London sagte, man könnte diese Apollos und Aphrodites mißverstehen, fand ich das eher spaßig, als daß es mich ärgerte; aber es schmerzte mich wie einer der teuflichen Hiebe auf den verdrehten Arm, an denen die Kameradenschinder in der Prep. solches Vergnügen fanden, als einer meiner engeren Vertrauten, den ich in meiner Dummheit gefragt hatte, welchen von den weltberühmten Apollos eine dieser Figuren darstelle, wie der Vater aller Kobolde grinste und losdröhnte: „Nenn' ihn Apollo von Abklatsch, das tut's schon!"

Dieser vulgäre Ausbruch war mir besonders unangenehm; aber ich habe festgestellt, daß meine ungeheure und schamlose Naivität etwas an sich hat, das auch bei guten, besonnen Menschen einen geradezu sadistischen Grimm weckt. Ich denke, das liegt weitgehend daran, daß ich die Fähigkeit besitze, meine eigene Bosheit außer Reichweite zu halten, so daß man bei mir nur einen glühenden, impulsiven, ungekünstelten und recht närrischen Enthusiasmus wahrnimmt, einen Enthusiasmus, der so subjektiv ist, daß seine Rechtfertigung – wie im Falle der Terrakottastatuen – dem normalen Verstand verborgen bleibt.

In jenen Tagen mußte ich mehrere unerfreuliche, und für mich ganz unerklärliche Schläge dieser Art einstecken. In meiner Kindlichkeit ließ ich den Humor des Durchschnittsmenschen stets außer Betracht; gleichzeitig trieb ich in meinem heftigen Verlangen, gemocht zu werden – wohlgemerkt, ich sage *gemocht*, nicht bewundert – meine impulsiven Gunstbetteleien bis zu einem Grade, der offensichtlich ebenso abstoßend wie erniedrigend war. So kann ich mich beispielsweise entsinnen, wie ich eines Abends, als ich im Speisesaal von Corpus, unter den mit Wappen reich geschmückten Fenstern, mit meinen Freunden noch bei Tisch verweilte, eine Welle spontaner Zuneigung zu einem der auffallendsten und am vornehmsten aussehenden unter diesen jungen Männern empfand; und in meiner Angst, daß er den Glücksmoment aufheben könnte – denn er zeigte schon Anzeichen von Ruhelosigkeit –, erbot ich mich, auf sein Zimmer zu eilen und ihm zu holen, was immer er brauche. „Meinen Zahnstocher!“ rief er wild; aber ich war schon aufgesprungen, und jemand anders mußte mir wie einem Schwachsinnigen, dem jedes Gefühl für Verhältnismäßigkeit abgeht, erklären, daß er nur scherze. Bei meiner Seele, ich sprang auf und war drauf und dran, den Zahnstocher dieses Menschen zu holen, und dies ohne die geringste Absicht, den Heiligen zu spielen.

Einen weit größeren Schlag aber mußte ich etwas später einstekken; und er bestand in einer Mitteilung eines viel engeren Freundes, als es der Gentleman im Speisesaal war. Vollkommen ahnungslos, daß ich in meiner Hingebung zu weit ging, hatte ich mich wohl von meiner Feder zu einer impulsiven Schmeichelei hinreißen lassen, die mein Freund als überzogen und für uns beide ungehörig empfand.

„K––– mir nicht zu tief in den A–––, 'Arry,“ schrieb er in grobem Cockney-Ton, „das tut weh!“

Ich denke, daß sich in jenen Tagen ein typischer Zug von nichtmenschlicher Beschränktheit bei mir zeigte, den aus mir herauszuprügeln meine Strafen in Sherborne zu körperlich gewesen waren, den besseres Wissen mich schließlich aber zu verbergen lehrte. Diese Beschränktheit machte mich stets blind für das, was man als die geziemenden Formen des herrschenden gesellschaftlichen Rituals bezeichnen könnte.

Mein endgültiger Abgang von Corpus, nachdem ich meinen Grad erworben hatte, war ein schlagendes Beispiel dafür. Ich hatte von einer hübschen Person in London eine Einladung bekommen, sie ins Theater zu begleiten – es war, glaube ich, das alte Haymarket Theatre. Gleichzeitig erwartete ich einen Brief meines Vaters mit Geld, um meine Collegerechnungen zu begleichen, und anstatt seine Ankunft abzuwarten, fiel mir in meiner impulsiven Unbekümmertheit nichts besseres ein, als dem Collegepförtner Anweisung zu geben, diesen Brief zu öffnen und seinen Inhalt zu verteilen. Nachdem ich noch Order erteilt hatte, mir mein Gepäck nachzusenden, verließ ich Corpus für immer, bestieg in festlicher Abendkleidung den Nachmittagszug in die Stadt und hielt meine Verabredung ein. Im selben Gewand, denn ich hatte nichts anderes anzuziehen, erschien ich am nächsten Morgen am Frühstückstisch eines älteren Verwandten in Kensington; nicht einmal eines eigenen Verwandten, fürchte ich, sondern eines Verwandten von Thomas Henry Lyon. Ja, Harrys älterem Verwandten war es beschieden, dem liederlichen Petruccio Tee auszuschenken, und es ging ihm, da habe ich wenig Zweifel, wohl ganz ähnlich wie Littleton, als es diesem zufiel, den geriebenen alten Wandersmann zu bewirten.

Welche wilden Gefühle ich am Abend zuvor gehabt hatte! Ich kann mich noch deutlich erinnern, wie ich „Heilig", meinen Zauberstock, zwischen den Knien umklammert hielt und mir gelobte, daß ich eines Tages so unter funkelnden Lichtern vor einem bebenden Vorhang und neben einer noch heftiger bebenden Begleiterin sitzen würde, um ein Stück von mir zu sehen. Diese Sehnsucht ist unerfüllt geblieben.

Ich wünschte freilich, ich könnte mich an die Worte meines Vaters entsinnen, als ich zu Hause ankam. Harry Lyons Kleider können mir unmöglich gepaßt haben, und so habe ich keine Ahnung, womit ich angetan war, als ich schließlich als Bakkalaureus in Montacute aus dem Zug stieg. Ich weiß noch, daß mir nach diesem Wirbel Balzacscher Ereignisse zumute war, als hätte ich einen akademischen Grad in Abendkleidung erworben.

Ehe ich das Thema Cambridge ad acta lege, sollte ich nicht zu berichten versäumen, welch außerordentliche Freundlichkeit ich stets von einem der jüngeren Dons von Corpus erfahren habe. Es war dies Mr. Pollock. Mr. Pollock folgte der bewundernswerten Methode, sich nicht in mein exzentrisches Verhalten einzumischen; aber er war von allen Autoritäten der einzige, der ein gleichbleibend teilnehmendes Interesse an mir bekundete. Andere erwiesen mir ebenfalls Freundlichkeiten; aber Mr. Pollock interessierte sich wirklich für mich, nahm mich ernst und war bereit, mir zuzuhören. Noch heute sehe ich sein grobes, dunkel ironisches Antlitz vor mir, und wie sich seine Augenlider bei stets etwas zur Seite geneigtem Kopf, unter allerlei subtilen Doppeldeutigkeiten herabsenkten. Er hatte ein köstlich humoriges, flüchtiges Lächeln, ein wenig traurig, aber voll aufschimmerndem Wohlwollen; und ich habe im Grunde meines Herzens immer gespürt, daß Mr. Pollock ein, wenn auch etwas träger, Rebell gegen die Wege Gottes mit den Menschen war.

Wie wenig wir uns den Unterschied zwischen den wichtigen und den vollkommen trivialen Ereignissen unseres Lebens zum Zeitpunkt ihres Eintretens klarmachen! Das größte Ereignis meines Lebens in Cambridge war ein sehr steiles Ereignis, ein Ereignis, das sich von der Lebhaftigkeit, mit der mein würdeloser und lächerlicher Abgang vonstatten ging, völlig unterschied. In Corpus gab es einen Burschen, dessen Vater ein am Ort ansässiger Romanautor war; und eines Nachmittags lud mich dieser Sohn eines Schriftstellers zum Tee zu sich nach Hause ein. An das Ereignis selbst habe ich keine Erinnerung mehr, abgesehen von dem vagen Eindruck, daß die Persönlichkeit, mit der ich Tee trank, einen Hang zum Satirischen hatte. Wichtig war etwas sehr viel Persönlicheres. Es war in der Tat so etwas wie eine Erscheinung auf dem Weg nach Damaskus. Ich erinnere mich an die genaue Stelle, wo sie stattfand. Nicht weit von Trumpington Mill – irgendwo in der schattenreichen Umgebung des Fitzwilliam Museums – steht eine alte Mauer; und wie ich auf dem Wege zu meinem munteren Satiriker so dahinschlenderte, fielen mir gewisse auf dem Stein sprießende Flecken von Gras, grünem Moos und gelbem Mauerpfeffer ins Auge. Etwas am Aussehen dieser Kleingewächse, die da so abgesondert an einem selten aufgesuchten und noch seltener wahrgenommenen Ort existierten, packte mich und entführte mich in eine Art siebten Himmel.

Vor ein paar Sekunden, ehe ich zur Feder griff, um zu erzählen, in welche Art von siebtem Himmel ich, auf den Griff von „Heilig" gestützt, versetzt wurde, verspürte ich wieder alles, was ich je vom Gewicht dieses außerordentlichen Moments verspürt habe. Es durchdrang mein Wesen bis in jede Nische. Ich würde es eine *Jenseitsempfindung* nennen, und sie liegt heute in meinem Bewußtsein wie ein versunkenes Schiff voller fadentiefer Schätze. Aber der Griff nach der Feder – und das wird wohl immer so sein – bricht den Zauber. Ich kann nichts dazu sagen! Dabei hat es, was immer sein fluktuierendes Geheimnis auch sein mag, eine Macht über mich, die der Macht einer geheimen, nicht von menschlichen Händen zelebrierten Messe gleicht. Es zu beschreiben ist mir unmöglich! Und doch sehe ich niemals den kleinsten Flechten-, Moos- oder Grasflecken im Geäder eines alten Steins, ohne daß etwas von demselben Gefühl wiederkehrt. Freilich nicht ganz dasselbe – denn jener Eindruck, jene Erscheinung von „Lebendigem Brot", jener geheimnisvolle Berührungspunkt von Belebtem und Unbelebtem hatte mit einer allem zugrunde liegenden Geheimwelt von reicher Magie und seltsamer Romantik zu tun. Ja, ich betrachtete sie sogar als prophetische Idee zu der Art von Geschichten, deren Hintergrund die unbeschreibliche Ruhe und Sanftheit der Substanz, die wir Gras nennen, im Kontakt mit der Substanz, die wir Sein nennen, bilden sollte.

Was mir all dies in den Kopf setzte, war die Tatsache, daß ich auf dem Weg zu meinem ersten Besuch bei einem Romanautor war; und was das Ereignis so bedeutsam machte, war meine Reaktion gegen die Art von Romanautor, den ich zu treffen erwartete und dann auch traf.

Wie sehr sich doch das eigentlich Verhängnisvolle am Leben eines Menschen von den dummen Schnitzern und impulsiven Unsinnigkeiten unterscheidet, die er nach außen hin begeht! Als ich so überstürzt im Abendanzug in ein Londoner Theater enteilte, kränkte ich bitter die Gefühle des alten Koelle, der sich eben diesen Tag – meinen letzten in Corpus – ausgesucht hatte, um mich mit seiner Verlobten bekannt zu machen; und ich erfuhr hinterher, daß er und Gooch über meine Unzuverlässigkeit traurig die Köpfe geschüttelt hatten.

„Ein schlauer Kerl," sagten sie zueinander, „aber es fehlte ihm an allen moralischen Skrupeln!"

Weh mir! So nahmen die komischen und grotesken Mißverständnisse meines Wesens ihren Anfang, die sich mein Lebtag zu monströsen Pilzen ausgewachsen haben! *Schlau?* Du lieber Himmel! Was ist das überhaupt? *Moralische Skrupel!* Ich bin überzeugt, daß ich in der akribischsten und beschwerlichsten Umsetzung moralischer Anstrengungen, sowohl „pro" als auch „contra", skrupulöser war als sämtliche Dons von Corpus zusammengenommen! Hatte etwa der alte Koelle seine Verlobte jemals bis zur Erschöpfung mit dem Problem gequält, ob es rechtens sei, zum Frühstück mehr als ein Ei zu verzehren? Nein, nein! Die Sache mit mir ging über gesellschaftliche Verantwortungslosigkeit natürlich weit hinaus. Wie Harry Lyon sagte – und das stimmt –, war und bin ich nach wie vor vollkommen unfähig, die Bedeutung des Wortes „Überzeugung" zu verstehen. So ist beispielsweise meine Gewißheit, daß die Praxis der Vivisektion ein Verbrechen gegen alles Vornehme in uns ist, keine Überzeugung, *sondern mein Leben*. Goethe wird einmal ungehalten mit Eckermann, weil dieser ihn fragt, welche „Idee“ er im Faust zu verkörpern gesucht habe.

„Es hätte auch in der Tat ein schönes Ding werden müssen“, ruft er aus, „wenn ich ein so reiches, buntes und so mannigfaltiges Leben, wie ich es im Faust zur Anschauung gebracht, auf die magere Schnur einer einzigen durchgehenden Idee hätte reihen wollen!“

Und das gleiche würde ich sagen, wenn jemand mich nach einem Beweis dafür fragte, ob diese unglücklichen Hunde leiden.

„Mit meinem ganzen Wesen *weiß* ich“, würde ich ihm antworten, „daß die Vivisektion von Hunden verwerflich ist!“

Und auf diese Weise wissen wir eigentlich alle, daß alles Böse böse ist. Mit Gründen läßt sich alles verteidigen.

Ich hatte aber nicht nur keine menschlichen Überzeugungen, ich hatte auch kein menschliches Herz. Gooch hätte nicht sagen sollen: „Powys ist skrupellos“, er hätte sagen sollen: „Dem armen, kleinlichen, pharisäischen, überskrupulösen Powys fehlt es an jedem natürlichen menschlichen Gefühl.“ Und anstatt zu sagen: „Jack hat keine Seele“, hätte Harry Lyon sagen sollen: „Jack hat kein Herz.“ Dieser Anklage – in den Augen vieler Menschen eine weit ernstere – würde ich mich schlicht schuldig bekennen; ich würde allerdings geltend machen, daß es auf der Welt Menschen gibt, die so wunderlich sind, daß sie lieber mit einem Menschen ohne Herz zusammenleben, als – aber lassen wir das! Sonst heißt es noch, die Vorfahren meines Vaters kämen in der weiblichen Linie nicht von ungefähr aus Genf.

Nein, was ich von Cambridge mitnahm, schenkten mir weder die alte Universität, die für mich immer viel schöner war als Oxford, noch meine Freunde, von denen – außer dem brillanten Harry, und selbst vor ihm *rannte ich weg* – eigentlich keiner auf sehr vertrautem Fuß mit mir stand, noch Bücher, denn ich las in der ganzen Zeit dort keinen einzigen Band, der für mich von der geringsten Bedeutung gewesen wäre, noch meine Schreibversuche, denn was ich schrieb, war Prosa wie „Die Wahrheit über Corpus“ oder Poesie wie „Sonnen und Sonnen von schwachem, seelenlosem Schein“. Nein, was ich mitnahm, als ich, wie der gängige Ausdruck lautet, „abging“, war – so seltsam das angesichts meiner impulsiven Anwandlungen und emotionalen Boswellismen klingen mag – eine höchst gewaltige geistige Fähigkeit, meine wirkliche Identität zu verbergen, bis ich mich allein davonmachen konnte, und dann meine ganze Seele – die Seele, von der der voltairesche Kunstpriester, mit dem ich mich angefreundet hatte, keine Spur finden konnte – in die unbelebten oder niedrig belebten Dinge zu verströmen, auf die ich an der verlassensten Landstraße treffen konnte. Ja! Wohin ich auch gehe, werde ich bis zum Ende mitnehmen, was ich von Cambridgeshire lernte, als ich in Cambridge war.

Southwick

Als ich Cambridge verließ, hatte ich nicht die leiseste Ahnung, wie ich meinen Lebensunterhalt verdienen sollte. Mein Vater tat genau das, was sein Vater für ihn getan hätte – für ihn stets der Prüfstein, ob etwas als angemessen und schicklich gelten konnte –, und erklärte sich bereit, mir eine jährliche Unterstützung von sechzig Pfund zu gewähren. Diese Summe hätte es mir ermöglicht, den Kanal zu überqueren, tatsächlich eine Weile in Frankreich zu leben, dabei die Sprache zu erlernen, für die man mir in Sherborne solche Verachtung eingeflößt hatte, und völlig ungehindert meine zerebralen Laster zu befriedigen! Himmel! Was wären die Bilder im *Ally Sloper* gegen die viel aufreizenderen Stimuli gewesen, die ich mir so hätte verschaffen können? Doch *ohne zu arbeiten* von dieser Unterstützung zu leben war mir – echter Sohn meines Vaters, der ich bin – ebenso unvorstellbar, wie es eine Existenz als Landstreicher gewesen wäre. Es drang mir nicht ein einziges Mal über die Schwelle des Bewußtseins, daß ich – wie seinerzeit ohne weiteres möglich – nicht nur nach Paris, sondern auch nach Rom hätte gehen können, wenn mir danach gewesen wäre.

Das gleiche skrupulöse Gewissen, das mir verboten hatte, auch nur gebutterten Toast aus der College-Speisekammer zu bestellen, und das mich gezwungen hatte, meine schönsten Erfolge bei der Porridgezubereitung unberührt als *bon-bouche* für die beiden als „Bettenmacher“ und „Hausbursche“ bekannten Individuen – ich sehe sie noch vor mir – stehenzulassen, die sie zweifellos an ihre Katzen verfütterten, zwang, nötigte, trieb, preßte mich nun dazu, *finanziell unabhängig* zu werden, ohne einen Moment Zeit zu verlieren.

Mein Denken hatte stets eine Neigung zu etwas, das man vielleicht als „Vordergründigkeit“ bezeichnen könnte, das heißt, es war ein der Gegenwart verhaftetes und um die Zukunft völlig unbekümmertes Denken. Diesen Charakterzug hatte ich, wie man gesehen hat, bis zum Äußersten kultiviert. Und so kann ich versichern, daß ich niemals – ausgenommen in der reinen Phantasie, wenn ich etwa die Geschichten Disraelis las, zu denen ich bald einen lebhaften „Hang“ entwickelte, und mich als beredten Demagogen imaginierte oder wenn ich mir ausmalte, wie ich als großer Schriftsteller von anderen großen Schriftstellern in meinem Refugium aufgesucht wurde – einen einzigen ernsthaften Gedanken auf meine künftige Laufbahn verschwendete. Ich lebte damals, genau wie seither immer, in der jeweiligen Philosophie und den jeweiligen Sinnesempfindungen, die mich *im Augenblick* beschäftigten.

Nach wie vor hielt ich vage an der auf dem Hof der neuen Prep., zwischen dem Pissoir und den Sternen, stattgehabten Eingebung fest, Dichter zu werden, aber ich ging niemals so weit, mir die Dichtkunst als Beruf vorzustellen. Zwar bewarb ich mich am Ende meiner Zeit in Cambridge um den Preis für das beste Gedicht, dessen Thema in jenem Jahr der Lake District war, aber dieser Preis ging nicht an mich, sondern an meinen gescheiten Zeitgenossen Mr. Masterman. Ich wünschte, ich könnte mich an eine Probe der angestrengten Banalität erinnern, die ich damals verfaßte; denn ich bin sicher, daß der brillante Preisträger sich nicht halb soviel Mühe machte wie ich.

Ich begab mich in unvergleichlicher Begleitung nach Ullswater – mein Vater übernahm bereitwillig die Kosten, um dem „Lieben John“ seine Gelegenheit zu schaffen –, aber das Beste, was ich von dort mitbrachte, war eine ganz bestimmte, winzigkleine gelbe Blume, die, an Steingärten angepaßt, in ganzer Pracht ans Ende unseres Terrassensteigs gepflanzt worden war. Sie und die Erinnerung an die einzigartigen, von Wordsworth verfaßten Vorworte, die meine Begleitung mir laut vorlas, weil der Druck meine Augen anstrengte, sind alles, was mir von dieser Studienreise geblieben ist. Alles? Nun, nicht ganz; denn jedesmal, wenn ich eine Pfingstnelke sehe – deren Duft vielleicht mein Lieblingsduft ist –, denke ich an ein kleines Exemplar dieser Pflanze, das im Garten des von uns bewohnten Häuschens wuchs. Der Gegensatz zwischen den wilden, kahlen Bergen von Ullswater und der süßen Geborgenheit der betäubend duftenden Blume machte tiefen Eindruck auf mein Wesen.

Auch die Erinnerung an eine ganz bestimmte Art von Scham kehrt mir von dieser Reise wieder, eine Scham, die ich erst ganz kürzlich mit einem Kniff zu überwinden lernte. Ich hatte meine Begleitung zurückgelassen, um allein den Gipfel des Helvellyn zu ersteigen; doch etwa eine Meile unterhalb des Gipfels packte mich Angst, so daß ich wie ein verschrecktes Tier bergab stürmte. Auf dem ganzen Heimweg bis ans Ufer des Sees, an dem unser Häuschen lag, schien mein Eichenstock, mein Zauberstock „Heilig", dessen gebogenen Knauf ich umklammert hielt, Worte zu äußern. Mit jedem Schritt, den ich tat, wiederholte er ein ums andere Mal: „Memme... Memme... Memme!" Und heute habe ich den Eindruck – oder bilde mir ein, wenn man so will –, daß er danach von mir schied und sich hinweghob, so daß ich ihn nie wiedersah! Ob er in den Tiefen eines Bergsees verschwand oder noch immer, als Gegentalisman zu dem fatalen Stock im Teich von Shirley, wie der „Stecken und Stab" des himmlischen Hirten in meinem geistigen Zwischenreich schwebt, weiß ich nicht. Ich weiß nur, daß ich ihn meiner Erinnerung nach *vor* dieser Reise in Crewkerne an eine Abortwand lehnte und in der Dämmerung leise tappend mit ihm die Stoke Road einherstapfte. Nach meinem *gran rifiuto*, meiner Weigerung, ihn zum Gipfel des Helvellyn emporzutragen, entschwand „Heilig".

Wie zu jener Zeit fast alle Universitätsabsolventen mit einem Grad zweiter oder dritter Klasse, die sich der Notwendigkeit ausgesetzt sahen, auf Stellensuche zu gehen, eilte ich in die Stadt und lenkte meine Schritte gewissenhaft, wenn auch widerwillig, zu den Geschäftsräumen von „Gabbitas & Thring" – welch Dickenssche Namen! –, die, glaube ich, in der Nähe der Waterloo Bridge ansässig waren – obschon ich mich da irren kann – und als Vermittler zwischen den Direktoren von Prep. Schools und ihren glücklichen – oder unglücklichen – Hilfslehrern tätig waren. Mit Sicherheit hatte ich nicht die Absicht, Hilfslehrer zu werden. Ebenso hatte ich nicht die leiseste Absicht, Tutor zu werden. Was also geisterte in meinem Katzenkopf – denn das ist, laut Padraic Colum, die einzig zutreffende Bezeichnung für meine sonderbare Schädelform – als mögliche Stellung herum, die Gabbitas & Thring mir anbieten könnten?

Das weiß der Himmel! Doch mein Schutzengel, oder einer meiner „Engel" in der schwarz-goldenen, nach Zedernholz duftenden

Lade, bewirkte, daß mir Mr. Gabbitas – wenn er's denn war –, kaum daß er mich zu Gesicht bekommen hatte – sah ich wie ein junger Wilhelm Meister aus? –, mitteilte, er habe soeben vom plötzlichen Hinscheiden des deutschen Lehrers in West Brighton erfahren, der dort an sämtlichen Mädchenschulen gelehrt habe! Ich wollte kaum meinen Ohren trauen. Daran hatte ich nun wirklich nie gedacht. Mädchenschulen? Ganze *Schulen* von Mädchen! Ich sah sie vor mit wie schimmernde Delphine, Schulen über Schulen von ihnen, wie sie in West Brighton ihres neuen Lehrers harrten. Würden all die unsichtbaren Lieblichkeiten, über die ich mir so oft Geschichten ausgemalt hatte, an diesem Wendepunkt meines Lebens Fleisch werden, mich auffordern, sie anzuleiten, zu unterweisen, zu lehren, zu unterrichten, zu inspirieren, zu verzaubern?

Ich dankte Mr. Gabbitas mit würdevollster Zurückhaltung – meine Pulse schlugen wild –, nahm eine Droschke zur London Bridge und bestieg den nächsten Zug nach Brighton. Was fühlte ich nicht alles, als ich im dichtesten Verkehrsgewühl auf die Themse hinuntersah, nach Southwark hinübersah, wo der alte Gower liegt, wo einst das Globe Theatre stand und wo vielleicht in einer wilden Nacht auf einer Dachstube beim Bärenzwinger eine sterbliche Hand mit Fingern wie den meinen die hastigen Krakel aufs Papier setzte – schwarz auf weiß –, die heute *King Lear* sind! Dickens wäre der Richtige dafür, die Gefühlswelt junger Männer zu beschreiben, die, ihr Leben vor sich, so unbekümmert auf Abenteuer ausziehen, und gewiß hätte er aufs genaueste alles geschildert, was ich an jenem Nachmittag von der London Bridge aus sah und hörte. Aber ich fürchte, er hätte die Gefühle des ungeduldigen Nachfolgers des toten Deutschen nur in seinem wunderlichen, kunterbunten Fliegende-Blätter-Stil beschrieben.

Schulen von Mädchen ... Scharen von Mädchen ... Schwärme und Horden von Mädchen ... welch eine Erscheinung, welch unbegreifliche Erscheinung mein Schicksal da heraufbeschwor! Schon das Wort „Mädchen“, zumal wenn es nach Art einiger meiner Verwandter mit breit gedehntem Vokal ausgesprochen wurde, ließ mich zu jener Zeit meines Lebens auf eine Weise erschauern, die unmöglich zu beschreiben ist. Es vermittelte meiner Vorstellung so etwas wie eine flüchtige, fließende, flimmernde Phantasie von Weiblichkeit, eine Art platonischer Essenz des Sylphidischen, nicht direkt eine jungfräuliche Sylphidenhaftigkeit, sondern einen Zustand des Sylphide-Seins, der zu solcher Zartheit gesteigert war, daß er fast kein gewöhnliches weibliches Attribut mehr aufwies. Dieser Inbegriff luftiger Berückung war alles, was das Wort „Mädchen", in welcher Aussprache auch immer, für mich heraufbeschwor. Es vermittelte mir stets die Vorstellung einer Nachgiebigkeit unter Umarmungen, die so schmiegsam, so weich war, daß sie der ätherischen Körperlosigkeit der homerischen Schatten im Hades ähnelte, die man gar nicht mehr spürt, wenn man sie umarmt! So hatte das Wort „Mädchen" für mich beinahe keinerlei Bezug mehr zu den lebendigen Persönlichkeiten wirklicher Mädchen. Wenn ich ein wirkliches Mädchen sah, sah ich einen weiblichen Menschen, fast einen weiblichen Mann; die „Mädchen" meiner Phantasie dagegen – oder vielleicht sollte ich sagen, die Mädchen meines Verlangens – hätten, wie die verhöhnten Engel der Scholastik, allesamt zu Tausenden auf der schmalen Spitze meiner hochkonzentrierten, geläuterten und dreimal verfeinerten Wählerischkeit Platz gehabt.

Denn was mich in Wahrheit so heftig anzog, was ich in jenen Tagen in geradezu götzendienerischer Verwirrung verehrte, war gar nicht weiblichen Geschlechts! Es ist, als wäre ich von einem anderen Planeten – gewiß nicht Venus: möglicherweise Saturn! –, wo es ein ganz anderes als das uns bekannte weibliche und männliche Geschlecht gibt, in diese Welt hineingeboren worden. An dieses Geschlecht, dieses saturnische Geschlecht, muß ich denken, wenn ich in den Geheimkammern meines Geistes die Silben „Mädchen" forme. Frauen gleichen diesen elfischen Sylphiden, diesen flüchtigen Elementargeistern wohl eher als die meisten Männer; aber selbst darin bin ich mir nicht ganz sicher! Der Mutterinstinkt bei Frauen ist in seiner Wirklichkeitsbezogenheit, seiner Gewaltigkeit, seiner Weisheit und seiner Nachsicht von der Sylphiden-Natur – der Natur dieser Mädchen, die mädchenhafter sind als Mädchen – noch weiter entfernt und ihr noch abträglicher als der Geist des Herkules selbst. Ich glaube, daß die innerste Flamme meiner Seele, die vitale Lohe meiner Lebenskraft, ebenso zart und anfällig wie gewaltig und glühend sein muß; und eben dieser Empfindlichkeit und Feinheit wegen flieht die innere Flamme bei der leisesten Annäherung warmer, mütterlicher Zärtlichkeit wie vor Horden gehörnter Teufel, als würde solche Zärtlichkeit sie wie das Licht in der Heiligen Schrift unter tausend Scheffeln begraben.

Ich kann nicht glauben, daß die geschlechtlichen Empfindungen eines Menschen in einer isolierten Nebengasse seines Seins existieren, ohne sein ganzes Wesen zu beeinflussen. Meine Haltung gegenüber allem, was ich verehre, gegenüber dem Meer, den Bergen, der Erde, der Sonne, dem Mond, Homer, Shakespeare, Rabelais, Don Quixote, auf Baumstümpfen wachsenden Flechten, auf Steinen wachsendemMoos, aus einem Landhauskamin aufsteigendem Rauch, muß von der gleichen feinen, zarten Intensität sein; einer Intensität, die vor großherziger, warmer, menschlicher Normalität zurückschreckt und stets die Zauberkerzen des Außergewöhnlichen umflackert.

In meinen erregendsten Glücksmomenten ist mir, als wäre meine Natur ihrem Wesen nach leicht, flüchtig, durchlässig, durchscheinend. In solchen Augenblicken scheine ich auf Wellen bebenden Äthers zu schweben, eines Äthers, der zittert wie die flimmerden Hitzewellen über einem Kornfeld im August. Und auf einem solchen Luftstrom bebender Schwingungen scheine ich auch zu schweben, wenn ich für einen kurzen Moment *bei einer wirklichen Frau* eine noch so schwache Ähnlichkeit mit meinem sylphidischen Ideal erhasche. Es ist reine, unpersönliche Lust; es ist Lust ohne die geringste Beimischung, die vom Standpunkt des Moralisten aus als „versöhnlich" gelten könnte. Und doch bin ich bereit, sie ohne Skrupel oder Scham zu rechtfertigen! Sie ist meine Religion, meine beseligende Gottesschau, meine verzückende Initiierung in die Mysterien.

Aber was immer meine intensive, innere Lebensflamme im Bezug auf das Geschlechtliche auch sein mag, eines gilt ganz gewiß für sie – galt damals, als ich zum ersten Mal in meinem Leben die Landschaft von East Sussex erblickte, ebenso wie es *heute* gilt, da ich auf die froststarrenden amerikanischen Hügel hinausschaue –, nämlich daß sie mit einem Zusammenschaudern ihres ganzen Wesens vor jedem Kontakt mit dem gewöhnlichen, normalen, natürlichen Ausdruck des Geschlechtlichen zurückweicht und flieht. Jedes Scherzen über das Geschlechtliche, jede Art von Zoten ist mir unaussprechlich widerwärtig. Es bereitet mir in zweifacher Hinsicht Übelkeit; als blasphemische Parodie auf den zauberischen

Liebreiz meiner eigenen heimlichen Lüste und als monströses geschlechtliches Fratzenspiel einer Rasse von Geschöpfen, die mir so fremd sind wie Flußpferde.

Ich hätte erwähnen sollen, daß ich nach meinen Besuch bei dem Geistlichen von London, der mich zu meiner ersten Pantomime – einer veritablen Orgie von Sylphiden – mitnahm, noch ein zweites Mal dort weilte, nämlich als Gast eines Jungen namens Hugh Hill Bell, den ich sehr mochte und mit dem ich fortwährend herumzog. Hugh Hill Bell war ein höchst humorvoller und galanter Elf, ein wagemutiger, heroischer Elf, und ich betete ihn aus irgendeiner sehr tiefen Eisspalte meines borealen Herzens heraus an. Als ich mich aber einmal in seiner Gesellschaft irgendwo in der Stadt herumtrieb, erblickten wir – wie Caliban und Ariel, die sich das Liebestreiben der Sterblichen ansehen – ein ganz normales Paar ineinander vernarrter Großstädter, und ich habe den strengen Widerwillen, mit dem ich mich abwandte, bis heute nicht vergessen.

„Einmal dritter Klasse einfach nach Brighton, bitte!“

Welch fatale Worte uns die zufälligen Diener des Schicksals – ahnungslos wie wir! – übermitteln, mit denen wir durch die kleinen Öffnungen auf Bahnhöfen sprechen.

Welch belangloser Zufall dazu führte, daß Sussex – „Ganz Sussex?“ hatte Mr. Blanch scherzhaft gefragt – für dreißig Jahre mein Zuhause wurde, der Ort, wo mein Sohn zur Welt kam und aufwuchs! Dreißig Jahre sind eine lange Zeit. Dreißig Jahre sind für gewöhnlich fast ein halbes Menschenleben; und dabei hätte jener deutsche Lehrer durchaus auch in Anglesea, Inverness, Padstow, Carlisle oder Caerlon-upon-Usk sterben und Gabbitas & Thring mich dorthin verfrachten können. Ich glaube, ich sollte von jeder Schule zehn Shilling pro Stunde bekommen und jede Woche zwei Stunden geben; ich stand mithin – falls man mich akzeptierte – bereits halbwegs auf eigenen Füßen, und wäre selbst dann nicht ganz mittellos, wenn man Vater mir die jährlichen sechzig Pfund streichen würde.

Die Landschaft von Sussex, auf die ich nun von meinem Raucherabteil dritter Klasse hinaussah, war jedenfalls anders als jede Landschaft, die ich bisher gesehen hatte. Die riesigen Scheunen von Sussex, deren ungeheure, schräge Dächer mit hellroten Flechten überkrustet waren, kamen mir ebenso fremd vor wie die Schmetterlinge mit orangefarbenen Flügelspitzen, die ich anstelle der in Dorset beheimateten „Weißlinge“ auf den Bahndämmen sah, die alterssanften Landhäuser, bei denen altes, dunkles Holzwerk so raffiniert mit Ziegel- und Natursteinwerk verbunden war, die Ziegelsteine von Sussex selbst, die soviel heller und heiterer waren als die roten Ziegelsteine meiner heimatlichen Midlands und der ganzen Szenerie ein sehr viel wärmeres und sonnigeres Gepräge verliehen als das Dachstroh von Dorset oder der Stein von Somerset, die riesigen, blau und scharlachrot bemalten Wagen von Sussex, deren ungeheure Größe einen Bauern aus Somerset verblüfft hätte, die gepflegten, ordentlichen, malerischen Dörfchen von Sussex, die so wirkten, als wäre jeder ihrer Bewohner sehr viel wohlhabender als die Menschen des West Country – all das machte mich staunen, prägte sich mir ein und blieb mir gegenwärtig, etwa so, wie es für einen Literaten wäre, der Sir Thomas Browne und Thomas Hardy gelesen hat und nun plötzlich auf einen Band von Walter Pater stößte. Es war nicht mein Land, dieses warme, abgeklärte, anmutige, sanfterdige Sussex, und es waren auch nicht meine Leute, diese blauäugigen Südangelsachsen – aber die Gegend hatte etwas, das zutiefst englisch war; englischer, im engsten Sinne des Wortes, als jede andere Grafschaft des Königreiches. Ja, das Aussehen der Landschaft gefiel mir mehr und mehr, während der Zug sich durch die Senken der Sussex Downs schlängelte, die soviel höher, weiter, steiler und in jeder Beziehung gewaltiger waren als die Downs im Dorset meines Vaters.

„Lewes! Alles umsteigen nach Eastbourne!“

Wie gut ich ebendiesen Ruf auf ebendiesem Bahnsteig in späteren Jahren kennenlernen sollte! Er war begleitet von den schrillen Stimmen der Zeitungsjungen, die die Blätter von Brighton feilboten, Stimmen, die einen deutlichen Cockney-Einschlag hatten, denn der Dialekt von Sussex weist eine alte Verwandtschaft mit der Redeweise in Englands Metropole auf, die zu analysieren mir freilich die philologischen Kenntnisse fehlen.

Vielleicht ist es ja gerade die Zugänglichkeit Sussex' von London aus, die im Verein mit etwas Warm-Heiterem und gleichzeitig Behaglich-Heimeligem – nämlich der „Aura“ rosenfarbener, mit goldenen Flechten getupfter Ziegelsteine –, die besondere Eigenart des Landes ausmacht. Die großen Downs selbst, die wie riesige, zu Kreide und Rasen erstarrte Wogen anmuten, sind niemals so öde, wie ihre weiten, von Schafen beweideten Wellenberge vermuten ließen. Etwas an ihren windgezausten Buchengehölzen, ihren Geisterflecken, ihrem Thymian-, Glockenblumen- und Kreuzblumenflor mildert ihre Strenge; und von jedem Punkt ihrer hohen Kämme aus kann man nach Süden hin die glitzernden Wasser des Kanals und nach Norden den duftigen blauen Dunst des großen, waldreichen Weald sehen. So mühsam die Sussex Downs zu ersteigen sind, befördern die Kreidepfade, die von ihren Gipfeln führen, den Wanderer doch mit verblüffender Schnelligkeit in die traulichen, heimeligen Dörfer, die sich in den Höhlungen zu ihren Füßen schmiegen. Und noch die kleinen, zwischen Brighton und Worthing an der Kanalküste verstreuten Seebäder – Portslade, Southwick, Shoreham, Lancing –, haben bei aller windigen Schäbigkeit ein gewisses freundliches, menschliches Gepräge, das suggeriert, die kleinen, stuckverzierten Reihenhäuschen würden von wunderlichen Dickensschen Charakteren bewohnt.

Brighton selbst besitzt, wie ich bald feststellte, viele altmodische Gäßchen und von der Zeit gereifte Schlupfwinkel, die in ihrer behaglichen Geborgenheit und Abgeschiedenheit ebensosehr die Regentschaft Georges IV. und der ganzen georgianischen Epoche atmen wie sein eher überspannt verschnörkelter Pavillon. Brausende, ungehemmt blasende Winde, die nach Salzwasser riechen und zur Sommerzeit den Staub in beißenden, sengenden, sonnenerwärmten Wolken aufwirbeln, verleihen noch dem schäbigsten, elendesten Quartier der großen, unregelmäßig hingespreizten Stadt einen merkwürdig kräftigenden Charakter. Die zu Kopfe steigenden Winde von Brighton scheinen fast die Rolle eines *luftigen Ale* von so tief englischer Wesensart zu spielen, daß sie eher Zufriedenheit als Verdruß bei den Besuchermassen aus London hervorrufen, die vom feuchten Kiesstrand und den Asphaltpromenaden aus die fürchterlichen Ausflugsboote und Ausflugsjachten – letztere schienen zu meiner Zeit alle *Skylark* zu heißen – betrachten, welche von stimmgewaltigen „Kapitänen“, oft in triefendem Ölzeug, unaufhörlich vom Ufer abgestoßen und daran festgemacht werden. Weißer Staub, weißes Gleißen, weiße Häuser, weiße Meeresgischt im Wechsel mit den rollenden, flaschengrünen

Brechern und der buntgemischten Menge drängelnder, lebhafter, gutgelaunter Menschen, die von Molenkopf zu Molenkopf, und von Blaskapelle zu Blaskapelle zogen – all das war Weymouth gewiß ebenso unähnlich wie ein berühmter Zirkus einem ländlichen Jahrmarkt und nach meinem fast klösterlichen Leben in Cambridge ebenso verwirrend wie neu; aber wie eine Teichente unter Wildenten begann ich sehr bald, darin auf meine Kosten zu kommen, und man darf versichert sein, daß es die engen Grenzen meiner heimlichen Obsessionen am Ende erweiterte.

Die Schulbehörden schien mein jugendliches Aussehen ein klein wenig zu befremden; aber ich muß wohl alle „Schlauheit" aufgebracht haben, die der alte Koelle und Gooch mir bescheinigt hatten, denn es dauerte nicht lange, bis die Sache unter Dach und Fach war. Dann jedoch stellte sich die – für mich – große Frage, wo ich wohnen sollte. Ich kann mich noch gut an einen Tag in Montacute, kurz vor diesem Ereignis, entsinnen, an dem ich Littleton auf dem Rückweg von Yeovil, an der Stelle gleich hinter dem Weiler Preston, wo in der Hecke Immergrün wuchs, einen Vortrag über meine künftige Laufbahn hielt. Dieser Vortrag beschränkte sich typischerweise auf das resolute Gelübde, mir unter allen Umständen – und sei die Stadt, in der ich eine Stellung fände, noch so groß – eine Unterkunft auf dem Lande zu besorgen. Daran machte ich mich nun, da meine Stellung gesichert war. So ahnungslos war ich, was die Anforderungen und möglichen Befriedigungen meiner vagen erotischen Begierden anging, daß es mir in meiner Einfalt niemals in den Sinn kam, eine Unterkunft in Brighton selbst aufzutreiben, wie es jeder andere junge Mann in meiner Lage getan haben würde.

West Brighton – das damals gerade erst begann, den Namen Hove zu führen – sollte Schauplatz meiner Tätigkeit als Lehrbeauftragter für jene himmlischen Geschöpfe sein, die ich mir nicht als „Mädchen" (in welcher Aussprache auch immer) dachte, sondern als Wesenheiten aus einem reineren Element als die nach Ale schmeckenden Lüfte von Brighton; und ich beschloß ohne Verzug, auf der Suche nach ländlicher Abgeschiedenheit von den stattlichen Häuserreihen West Brightons aus Richtung Westen zu gehen. Ich hielt mich indes – wirkten die kahlen, landeinwärts liegenden Downs an dieser Stelle doch wenig einladend und ungastlich – so dicht an der Küste, daß ich, so schien es mir, meilenweit nichts als öde Flächen fand. Portslade zog mich nicht an – man darf nicht vergessen, daß die in Rede stehende Zeit fast vierzig Jahre zurückliegt –, und ich wurde des kahlen Geländes, wo zwischen der Straße und dem Meer nichts als Gasanstalten zu sehen waren, allmählich überdrüssig, als ich die kleine Stadt Southwick erreichte.

Hier gab es immerhin einen Hafen – was mir aus dem gleichen Grund gefiel, aus dem Shakespeares Fluellen das Wort „Monmouth" gefällt, denn es erinnerte mich an zu Hause. Es ließ mich an den Hafen von Weymouth denken. Keine zwei Häfen hätten verschiedener sein können. Denn der von Southwick – und wie mühsam es war, gegen seine Flut anzurudern! – besaß weder altehrwürdige Kaianlagen noch altertümliche Häuser noch eine alte Steinbrücke. Es handelte sich lediglich um eine ungeheure Menge Salzwasser, die mit Höchstgeschwindigkeit in ein langes, schmales Haff zwischen Straße und Strand eindrang und sich zur vorbestimmten Stunde wieder zurückzog, wie sie gekommen war. Aber dennoch, Southwick hatte einen Hafen, und es hatte ein Haff. Ich beschloß deshalb, daß Southwick mein Zuhause sein sollte! In der Mitte der Hauptstraße, einer nicht gerade aufsehenerregenden Verkehrsader, stand ein recht kläglich wirkendes Dissenter-Bethaus mit hohem Dach, und neben dem Bethaus ein Krämerladen, von dessen oberem Stockwerk ein Erkerfenster vorsprang. Der Name über der Ladentür lautete „Pollard". In Staub und Hitze roch der Laden nach Sardinen, aber ich ging hinein, bekam von Mr. Pollard den oberen Raum nebst einem kleinen Schlafzimmer gezeigt und wurde ohne Verzug mit ihm handelseinig. Ich glaube, ich bezahlte nur ein Pfund pro Woche für Unterkunft und Aufwartung, was durchaus billig war. Ob das auch Verpflegung mit einschloß, weiß ich nicht mehr, aber ich nahm alle meine Mahlzeiten dort ein. Wie lebhaft mir der Ausblick aus dem Fenster heute noch wiederkehrt ... die offene See, der Hafen, das Haff, eine Bootsbauwerft und die wenig imponierende kleine Straße! Hier ließ ich mich rasch häuslich nieder und nahm meine Vorlesungen an den beiden Schulen auf. Es waren tatsächlich eher Vorlesungen als Unterrichtsstunden, obschon meine Sylphiden Aufsätze für mich schrieben, die ich zu bewerten hatte.

So begann ich – Johnny, Moony, Jack, John – meine Laufbahn als Vortragender, die nicht nur mein Leben in East wie West Sussex, sondern auch ein ganzes Vierteljahrhundert meines Lebens in Amerika überdauerte. Wie glatt, unbeschwert, leicht und gedankenlos ich damals, ohne mir klarzumachen, was eigentlich geschah, in einen Beruf oder, wenn man so will, eine „Kunst" hineingeriet, aus der ich nun, mit sechzig, Hals über Kopf und ebenso impulsiv, wie ich sie aufgenommen hatte, wieder herausgekommen bin.

Wie aber verhielt es sich mit jenen Luftgebilden raren Entzükkens, jenem „Reigen von Lieblichkeiten", den lachenden, nachgiebigen Sylphiden, die mich wie eine Fata Morgana pantomimischer Gestalten auf meine vorbestimmte Laufbahn geführt hatten? Wenn ich heute auf all das zurückblicke – auf all die Jahre, die ich an solchen Schulen unterrichtete –, so kann ich mich aus der ganzen langen Prozession nur an eine einzige Maid entsinnen, die die leisteste Regung erotischer Gefühle in mir wachrief. Sie ging auf eine Schule in Eastbourne, eine Schule, an der ich nur etwa ein Jahr tätig war, und mir ist von diesem Geschöpf nur im Gedächtnis geblieben, daß es vater- und mutterlos war. Gott schenke ihr Gnade, der einen, einzigen Leontion oder Ternissa, an die ich mich aus all der immer neuen Mühsal entsinnen kann.

Die größeren Schiffe, und ihrer gab es eine ganze Reihe – hauptsächlich Dänen, Schweden, Holländer und Norweger –, ankerten, wenn ich mich recht erinnere, außerhalb des Hafens von Southwick, und es war Sache von Mr. Pollard, mit anderen Krämern um die Wette zu ihnen hinauszurudern, um als erster mit dem jeweils vor Anker gehenden Schiff ins Geschäft zu kommen. Er war ein kleiner, lebhafter, braunäugiger Mann mit Spitzbart und einem etwas zigeunerhaften Aussehen. Er war ein gütiger Mensch und, wenn man bedenkt, daß ich ihm auf Gedeih und Verderb ausgeliefert war, ganz gewiß kein Betrüger. Seine Rechnungen waren nicht überhöht; und obschon alles, was ich aß, stark nach dem Laden schmeckte, war ich in dem Zimmer im oberen Stock doch angenehm untergebracht. Mr. Pollards Augen waren so lebhaft wie die eines Eichhörnchens – und wie sie eines Tages aufleuchteten, als er mir anvertraute, daß ihm zu seinem Lebensglück nur noch ein goldener Ring fehle! Ich empfand diese Bemerkung als ganz natürlich. Sie vermittelte mir ein Gefühl, als würde ich Little Claus aus dem Märchen zuhören. Er hatte einen leidenden Sohn, der taub, stumm und geistesschwach war und wie ich Jack hieß. Wir beiden Jacks pflegten uns mittels verschiedener Grimassen miteinander zu verständigen. Er war ein wunderbar guter Junge, wenn man bedenkt, was für ein Leben er hatte und welche Aussichten er bestenfalls haben konnte.

An den Unterrichtstagen pflegte ich eine Stunde für den Gang nach Hove zu opfern. Es waren fast vier Meilen; aber es lief meiner Natur völlig zuwider, den Zug oder den Bus zu nehmen. So muß ich wohl jedesmal verschwitzt, unordentlich, staubig und sehr müde in meinen Klassen erschienen sein. Die Straße, die Portslade und einen kleinen Ort namens Fishersgate streifte, zog sich, wie ich schon angedeutet habe, durch freudloses, offenes Gelände und öde Baugrundstücke hindurch – heute stehen dort vermutlich schmucke Villen – und war durch einen Landstreifen von ausgesprochener Schäbigkeit und, wenn ich mich recht erinnere, ein paar Gastanks vom Meer getrennt. Die spezielle Straße, die ich mir für meine Fußmärsche schließlich aussuchte, war neu erbaut und völlig unfrequentiert, so daß ich dem Schoß der Parzen also bereits eines meiner hauptsächlichen Lebenserfordernisse – die Möglichkeit nämlich, dort zu gehen, wo mir nur wenige meiner Mitmenschen begegnen konnten – entrafft hatte, als das Schicksal es wollte, daß eine Verrückte, die ebenfalls einsame Straßen bevorzugte, an genau den Tagen und zu genau den Stunden meiner Wanderungen denselben Weg zu nehmen beschloß. Sie trug jedesmal einen schweren Korb, und ob ich soviel Anstand besaß, ihr diese Last abzunehmen, weiß ich nicht mehr, aber ich pflegte mit ihr ins Gespräch zu kommen.

Einsame Frauen, die Körbe tragen, haben in meinem Leben so etwas wie eine symbolische Rolle gespielt. Müßte ich dem mystischen Tarotspiel eine Karte hinzufügen, so wäre es, zwischen dem „Gehenkten" und dem „Mann mit drei Stäben", die „Frau mit dem Korb". Die erwähnte Korbträgerin, die für mich, so lange ich lebe, mit dem öden Landstrich zwischen Southwick und Portslade verbunden bleiben wird, erklärte mir die präzisen Bedingungen einer sehr engen und eigentümlichen Beziehung, die zwischen ihr und der Sonne bestand. Ich kann mich nicht mehr an sämtliche Einzelheiten entsinnen, doch der Einfluß der Sonne machte sie, je nach der geheimen Wechselwirkung zwischen ihnen, überglücklich oder todtraurig. Meine Lektüre der griechischen Dichter war bis zu diesem Zeitpunkt sehr beschränkt gewesen, obschon ich immer noch die kleine Oxford-Ausgabe der Ilias besitze, auf deren Vorsatzblatt „Powys I, c/o W.B. Wildman, Sherborne, Dorset, England, Europa" steht die die Mr. Young, der Direktor, der von den Konservativen der Schule so schikaniert wurde und *Olim fuit monachorum* schrieb, im Unterricht der sechsten Klasse verwendete; heute aber bin ich in der Lage zu erkennen, daß meine „Frau mit Korb" der unglücklichen Kassandra ähnelte, die von Apollo gleichzeitig geliebt und gehaßt wird. Sie hatte einen großen Kopf und eine riesige Gestalt mit entblößter Kehle; und sie hatte die Gewohnheit, während unseres Gesprächs dann und wann auf diese entblößte Kehle, die von fahlem Aschgrau war, zu zeigen, um die Gefühle zu verdeutlichen, die die Beziehungen zur Sonne in ihrem Wesen erregten.

All das nahm ich unbesehen für bare Münze, und im Lichte meiner instinktiven Haltung gegenüber dem Kosmos, die mittlerweile so etwas wie eine tiefempfundene Offenbarung für mich ist, tat ich völlig recht daran. Was ich damals blind empfand und heute noch blind empfinde, ist die Gewißheit, daß das, was tote oder anorganische oder unbelebte Materie genannt wird, in Wirklichkeit *der organische Körper irgendeiner Art von Lebewesen* ist; und eben die Weigerung zu glauben, es gebe irgendein Fragment von Materie, das nicht Teil des Körpers von irgend etwas ist, oder es gebe irgendeinen „Körper" von irgend etwas ohne entsprechende „Seele", hat mir den großen Schlüssel zur grundlegenden Wahrheit aller Mythologien geliefert. Ich persönlich vermute stark, daß sich mein Instinkt in dieser Beziehung – wenn ich ein gescheiterer Denker wäre, als ich es bin – durch eine subtile Argumentation begründen ließe; aber ich bin damit zufrieden, ihn als richtig zu unterstellen, ohne mir den Kopf über Beweise zu zerbrechen.

Eine Wohltat waren die Gespräche mit dieser „Frau mit dem Korb" auch der Befriedigung wegen, die sie meinem von Mann zu Mann, oder von Mann zu Frau, empfundenen Gefühl der Gleichheit aller Seelen verschaffen, ein Gefühl, das man als Hohlform der dem Kommunismus zugrundeliegenden Emotion bezeichnen könnte.

Ich pflegte morgens an einer, und nachmittags an einer anderen Schule zu unterrichten und mein Mittagessen, das stets aus Tee, Brot, Butter, gekochten Eiern und einer Art Marmelade bestand, in einer kleinen Bäckerei an der Church Road, ganz in der Nähe des Rathauses von Hove, einzunehmen. Dort erprobte ich mein rousseausches Gefühl der Gleichheit aller Seelen an einem Jüngling meines Alters, das heißt einem Einundzwanzigjährigen, der seinen Mittagstee ebenfalls in der kleinen Konditorei einnahm. Es würde den Leser vermutlich sehr belustigen, wenn ich mich entsinnen könnte, worüber wir sprachen, sobald ich in meiner liebedienerischen Art das Eis gebrochen hatte, aber wie üblich ist mir von diesem Jüngling nur der äußere Eindruck im Gedächtnis geblieben, den ich von ihm empfing und der in einem für mich geradezu quälenden Maße ungefällig und reizlos war. Wie mag wohl die entsprechende Reaktion von seiner Seite ausgesehen haben? Wahrscheinlich ganz ähnlich! Er war sehr bleich, sehr lang, sehr knochenlos und schlaff und hatte einen schmalen, an einen Vogel erinnernden Kopf; ich dagegen war sehr rotbäckig, sehr hager und sehr eckig und hatte einen „Katzenkopf". Eines weiß ich noch ganz genau! Wir verrieten einander nicht – nein, nicht durch den kleinsten Hinweis –, woher wir kamen oder welchen Beruf wir ausübten. Wahrscheinlich umschwebten unsere Gespräche behutsam die Politik und spielten vorsichtig auf die Gefahr eines Krieges mit den Buren an.

Wir waren das äußerste Gegenteil von Fürst Myschkin und Rogoschin bei ihrer Unterhaltung in dem Eisenbahnabteil in Rußland. Ich mochte die Art nicht, wie er aß, mir paßte nicht, daß er überhaupt da war. Wie ärgerlich, daß ich ihn heute noch so deutlich vor mir sehe, da ich die Aberhunderte schöner Mädchen, die ich anstarrte, wie sie im Meer badeten oder zu meinem Entzücken ausgestreckt am Strand lagen, vergessen habe.

In meinen Ernährungsgewohnheiten wurde ich bald wunderlicher denn je. Ich überredete die Pollards, mich mit großen Schüsseln Brot und Milch zu versorgen. Aus irgendeinem Grunde schmeckten sie weniger nach dem Krämerladen als alles andere; und weckten sogar das Verlangen von Vetter Ralph, als er mich besuchen kam und nichts als Lebensmittel vor sich stehen sah.

„Kann ich, *könnte* ich auch etwas Brot und Milch haben, Vetter?" bat er mit seiner honigsüßesten Stimme, während seine angelsächsischen Than-Augen wie die von Harold Godwinson leuchten.

Wodurch waren die Jahre in Southwick und meine folgenden Jahre in Court House in meinem sich erweiternden Bewußtsein vor allem gekennzeichnet? Meine Jahre in Dorchester, vor meinem Eintritt in die Prep., waren gekennzeichnet durch den ungehinderten Ausdruck aller Seiten meines Wesens. Meine Jahre in der Prep. waren Jahre, in denen Glück und Elend sich abwechselten. Meine Jahre in Wildman's House wurden, wie von einem Gewehrschuß, von der verfluchten Existenz des Peinigers in dem Schlafraum unter meinem durchlöchert. Meine Jahre im Corpus waren gekennzeichnet durch einen ungemilderten, von jedem Laster freien Idealismus und das vollständige Verschwinden jeder Form von erotischer Erregung. Die Jahre aber, die ich nun zu schildern beginne, Jahre, in die meine Heirat und meine ersten Vortragsreisen fielen, Jahre, die bis zu meinem Umzug nach Burpham in West Sussex währten, sind, im ganzen Verlauf meines Lebens bis zu diesem Augenblick, die Jahre, in denen ich dem Wahnsinn am nächsten kam. Ich hatte den Wahnsinnigen *gespielt*, um dem Tiberius in dem Schlafraum unter meinem zu entgehen – hätte ich ihm doch wenigstens einen Schlag im Namen seines Opfers versetzt! –, aber in diesen neun Jahren meines Lebens, und das ist, recht besehen, denn doch eine lange Zeitspanne in den Erdentagen eines Menschen, ließ ich so vielen Manien und Verwirrungen ungehemmt die Zügel schießen, daß die, welche mich am besten kannten, sich oft gefragt haben müssen, bis zu welchem Punkt ich unausweichlich auf eine echte Geistesgestörtheit zusteuerte.

In Cambridge war ich exzentrisch gewesen; aber meine Exzentrizitäten hatten sich in Formen geäußert, die der Zeitgeist sozusagen zu edlen und ehrbaren Eigenheiten geweiht hatte; nun dagegen, wo ich vor meiner Heirat – *danach* ging es mir ein kleines bißchen, aber nicht sehr viel besser – allein zunächst in Southwick und dann in Court House lebte, gab ich mich neurotischen Verirrungen hin, die ständig am Rande des Wahnsinns gewankt und getaumelt sein müssen. Meine *Nervenkraft* jedoch und die Vitalität meiner Konstitution waren so gewaltig, daß ich niemals auch nur im entferntesten Gefahr lief, einen sogenannten Nervenzusammenbruch zu erleiden. Ich bin schon immer ein Mensch gewesen, dessen Geist so eigensinnig, dessen Wille so hartnäckig und dessen Puls so regelmäßig ist, daß er, wie ein Kamel seine Last trägt, immerfort ein riesiges Universum neurotischer Manien tragen kann, ohne daß eine davon imstande wäre, das rationale Gleichgewicht seines Verstandes zu stören. Wenn mich jemand fragte, ob ich jemals wahnsinnig gewesen bin, so würde ich wie Natalia in *Wilhelm Meister* auf die Frage, ob sie jemals geliebt habe, antworten: „Niemals oder immer!"

Erst eine ganze Weile nach meiner Heirat stellte ich fest, welches Vergnügen ich daran finden konnte, mich am Strand von Brighton neben irgendeine hingestreckte junge Frau zu legen und entweder erotische Blicke mit ihr zu wechseln oder mich, wie ein von den berauschenden Säften kyprischer Beeren entflammter Satyr, am Anblick ihrer Beine, Knien oder Fesseln zu weiden, wie ihn das Glück des Zufalls oder die Gunst des Augenblicks mir eröffnete.

Ich wurde schließlich mit jedem Teil des weiten Kiesstrandes vertraut, auf den sich unter mächtigem, urzeitlichem Tiefseewogen, von keinerlei Hindernis gebrochen, die Wellen des Kanals wälzen; denn Brighton ist, wie die Londoner sehr wohl wissen, den Elementen stärker ausgesetzt als jedes andere Seebad. Ich lernte seine Landungsbrücken, seine Steinbuhnen, seine Sonnendächer, seine Hafendämme kennen. Ich lernte jeden Fleck an seiner kolossalen Wasserfront kennen, wo sich zwischen Strand und Promenade die Süßigkeitenverkäufer, die als Neger geschminkten Sänger, die Kasperletheater, die Bänkelsänger, die Prediger, die Spielzeugverkäufer, die Fischhändler, die Photographen, die Obst- und Nußverkäufer, die Ballonverkäufer, die „Kapitäne" der Jachten mit Namen *Skylark*, die Fischer, die Verleiher der Vergnügungsboote einzufinden pflegten. Inner- und außerhalb dieses buntgemischten Treibens gab ich mich meiner manischen Suche nach aufreizenden weiblichen Formen hin, die sich im grellen Licht und inmitten des Geruchs nach Seetang, Fisch, Teer, Schweiß, Sandwiches, Tauwerk, Farbe, billigen Parfüms, gischtgetränkten Unterröcken, Bilgenwasser und Bier sonnten. Am Ende wurde ich auf gewisse Männer aufmerksam – und ihre Augen, die fast jeden menschlichen Ausdruck verloren hatten, entsetzten und erschreckten mich –, die offensichtlich einen Grad von Besessenheit erreicht hatten, der über den meinen weit hinausging. Kein abgebrühter Frauenverführer, kein neurotischer Perverser, dem ich je begegnet bin, hatte einen solchen Ausdruck hoffnungslosen *Verdammtseins*, wie ihn diese älteren Herren in ihren merkwürdig hochroten Gesichtern offenbarten, als lebten sie, immerfort jagend und starrend und starrend und jagend, vom Herzblut von Frauen! Wurden sich die Menschen, die sie anstarrten, je der Blicke dieser geistigen Hyänen bewußt? Das bezweifle ich! Meinem Eindruck nach haben nur wenige Frauen die leiseste Ahnung von der krankhaften Unpersönlichkeit männlicher Lust, wenn sie auf diesen tödlichen, sterilen Bahnen Amok läuft.

Es erhebt sich die Frage, ob mich eine Liebesaffäre in dieser Zeit gerettet hätte. Wohl kaum! Ich stand eben damals im Begriff, mich glücklich zu verheiraten, und die manische Hetze nach den Empfindungen unpersönlicher Lust steigerte sich nach meiner Heirat eher noch, als daß sie nachließ. Wenn ich zu einem Türken des alten Regimes geworden wäre und einen Harem voller Huris bekommen hätte, hätte das wahnsinnige Verlangen, immerzu Frauen anzustarren, wie die Götter sie so ganz anders als Männer geformt haben, dann aufgehört? Ich bezweifle es. Der auf der Lust liegende Fluch besteht nicht nur in ihrer manischen Gier nach dem immer Neuen. Sie geht darüber hinaus. Ich denke mir, daß selbst Salomo „in all seiner Herrlichkeit" oft inkognito die Umgebung von Jerusalem durchstreift haben dürfte, wo man durch Zedernbäume, Fensterflügel und Ziergitter hindurch vielleicht eine neue Generation verbotener Bathsebas erspähen konnte.

Ein Zyniker könnte mich fragen: „Warum soviel Aufhebens davon machen? Was ist denn so böse an dem, was Sie da schildern?" Die einzige Antwort darauf ist die Shakespeares am Ende von *Lear*. Regan und Goneril müssen *diesen Blick* gehabt haben, während sie immerfort neuen „Edmunds" nachjagten; zwar findet Cordelia, mit ihrem ganz anderen Ausdruck, das gleiche Ende. Aber der Verstand, der wegen dieses gleichen Endes „'s ist alles einerlei!" ruft, verkennt die ganze Tragödie, das ganze Mysterium, das ganze

Hochgefühl. Ohne diesen Unterschied – bei zugebenermaßen gleichem Ende! – herrschte Sinnlosigkeit vom Zenit zum Nadir.

Ja, ich war in jenen Tagen bis zum Alleräußersten neurotisch; und doch fand ich mich in den Zwischen- und Ruhephasen meiner Obsessionen auf höchst feinfühlige Weise für bestimmte Eindrücke empfänglich. Zum Beispiel habe ich – so seltsam es klingen mag – den prickelnden Zauber des Frühlings niemals so frohlokkend verspürt wie damals, als ich über Mr. Pollards Krämerladen, gegenüber dem trostlosen Haff und den mit Holzabfällen übersäten Bootswerften wohnte. Ich kann mich noch an die meinen Bauch, mein Herz und meine Eingeweide wie ein zitternder Hauch durchbebende Empfindung erinnern, die die ersten smaragdgrünen Knospen und Schößlinge in mir hervorriefen. An jenen Orten hatte ich zum ersten Mal das jungen Mädchen zugeschriebene Gefühl, unter dem welken Laub *Veilchen zu riechen.* Das ist keine bloße Redensart. Ich weiß noch, daß ich in meinem dürftigen, nach hinten gehenden Schlafzimmer und in meinem Erker, der auf nicht viel mehr als Salzwasser hinausblickte, oftmals den Eindruck empfing, als lägen grüne Böschungen mit Schlüsselblumen und Veilchen in den dahinsegelnden Wolken.

Ich kann mich nach all den vierzig Jahren noch deutlich erinnern, wie ich mir, wenn ich die vier Meilen nach Hove ging, anstatt mich Eisenbahn oder Bus auszuliefern, immer wieder bestimmte Passagen aus den Dichtern vorsagte, deren ich mich bediente, wie etwa eine Nonne sich der Silben ihres Breviers als Schlüssel zum Kuß des Seelenbräutigams bedient. So verbinde ich beispielsweise das unvergleichliche Couplet: „Großäugig kühler Blumenüberschwang, blau aufgesprungen, fein wie Silbersand“, mit dem Gestank einer chemischen Fabrik, mit nach Pferdeharn riechender Asche, mit in seiner Trostlosigkeit knarrendem Pfahlwerk und einander beseufzenden Staubhaufen. Und mit der Klage um Fidele: „Fürchte nicht mehr Sonnenglut, noch des Winters grimmen Hohn“ verbinde ich ein ganz bestimmtes, dürres und leeres, eingehegtes Grundstück gleich hinter dem Bahnhof von Hove, in dessen Nähe – das ist vierzig Jahre her, Leser! – eine höchst melancholische kleine Getränkebude stand, an der ich mich zu erfrischen pflegte. Wenn ich sage, daß ich im Eingang dieser elenden Hütte hinter dem Bahnhof von Hove eine Ekstase erlebte, während ich wie einen Rosenkranz dies Trauerlied um Fidele herunterbetete, so übertreibe ich nicht. Ich kann mich sogar noch an den kleinen Band entsinnen, in dem ich es fand; denn manchmal, die Gebildeten mögen sagen, was sie wollen, ergreift einen ein beiläufiges Zitat stärker als das Original in seiner rechten Umgebung. Bei dem Band handelte es sich um Dodds *Beauties of Shakespeare*, und ich fand fast ebensoviel Freude an „Komm herbei, komm herbei, Tod" und an „Wie erkenn ich dein Treulieb vor den andern nun? An dem Muschelhut und Stab, und den Sandelschuhn."

Ich habe bereits erzählt, wie tief der Schauspielerinstinkt bei mir geht, wie ich die geistigen Gebärden, zu denen er mich auffordert, empfinde, als wären sie religiöse *Gnadenakte*, wie ich das dadurch rechtfertige, daß ich es mit den grandiosen Rollen gleichsetze, die die Figuren Homers spielen, und wie ich meine, es sei der Verzicht auf diese dramatische Überhöhung der persönlichen Lebensillusion, der das weitverbreitete Gefühl von Sinnlosigkeit in unserer Zeit hervorgebracht hat. Wie auch immer! Ich hatte in diesen verrückten Jahren noch ein erregendes Erlebnis, bei dem mich ein so berauschender Glückstaumel überfiel, daß es war, als schwebte ich im Himmel. Dazu kam es, als ich irgendwo zwischen Old Shireham und Lancing spazierenging und einem Pfad über einige Felder folgte, der zu einem der malerischsten Dörfer von East Sussex zu führen schien und dies am Ende auch tat. Der Pfad lief am Tor eines winzigen Landhauses vorbei, in dessen weitläufigem Garten ein Mädchen Gartenwicken pflückte. Ich wünschte, ich könnte mich noch entsinnen, was das Mädchen zu dem halbirren Bakkalaureus sagte, der den fatalen Liebreiz der Beine ihres Geschlechts zu vergessen suchte, während er immer weiter und weiter in den Sonnenuntergang hineinging; aber ich kann mich noch deutlich an den Ausgang unserer Begegnung erinnern, und er ist der entscheidende Punkt daran. Sie schenkte mir nämlich einen Strauß Blumen; keine Gartenwicken, denn was sie mir schenkte, hatte sehr lange Stiele und sehr große Blüten. Könnten es Lilien gewesen sein? Gibt es irgendeine Lilienart, die blüht, wenn die Gartenwikken herauskommen? Ich kann mich nicht entsinnen! Eines aber weiß ich: was immer diese langstieligen Blumen waren, sie versetzten mich in eine ganz eigenartige Verzückung. Erlebte ich wirklich und wahrhaftig jenes phantastische Außer-sich-Sein über einen schönen Gegenstand, um das Oscar Wilde – armer Teufel, er stand in jenem Jahr am Rande des Abgrunds – soviel Wind zu machen pflegte? Keineswegs. Wenn ich mich selbst auch nur ein wenig kenne, so verdankte sich diese Exstase teils der Freundlichkeit der Schenkerin, teils so etwas wie einem ritualistischen Gefühl, als wäre ich ein Priester, der das Ziborium trägt, und teils der geläuterten, stolzen Empfindung, mich als aufrechter Zweibeiner – antropos sowieso – zu fühlen, der über das Angesicht der Erde stapft und dabei an ihren langen, kühlen Stielen eine Handvoll ihrer lieblichsten Kinder hält. Zu diesem Zeitpunkt hatte ich bereits meine lebenslange Manie gegen das Blumenpflücken entwickelt; und daß ich so gezwungen wurde, an dem Verstoß gegen dieses Gesetz durch jemand anderen Gefallen zu finden, trug zweifellos noch zur Einzigartigkeit meiner Freude bei.

Woran ich im Grunde Gefallen fand, war der Vollzug einer Handlung, die zugleich symbolisch und fromm – fromm im alten heidnischen Sinne des Wortes – schien. Und ich kann mich, da ich gerade davon spreche, auch noch gut eines ähnliches Schauers merkwürdiger Befriedigung entsinnen, der mein ganzes Wesen durchflutete, als ich nach meiner Heirat – ich lebte damals schon in Court House – einmal mit einem Weidenkorb zum nahegelegenen Haus eines Wildhüters gehen mußte, um ein paar frische Eier zu holen. Diese Episoden mögen lächerlich trivial erscheinen; aber mir ist es im Augenblick schlicht um eine Geschichte meiner stärksten Gefühle zu tun, nicht um eine Verteidigung der Angemessenheit dessen, was sie auslöste. So wie ich vor meinem Abgang von Corpus noch nie von Walter Pater gehört hatte, so war meine hinterwäldlerische Ignoranz dermaßen groß, daß ich erst in diesem Jahr von der Existenz Oscar Wildes erfuhr, kurz vor dem Moment also, da sein katastrophaler Sturz in ganz England bekannt wurde.

Wie kam es, daß ich bei meiner exzentrischen Manie für imaginäre Sylphiden, die soviel weniger stofflich waren als jedes wirkliche weibliche Wesen, bis zur Erschöpfung öffentliche Strände, öffentliche Parks und Dorfanger abzusuchen pflegte, um jene flüchtigen Blicke auf wirkliche Frauen zu erhaschen, die mich so erregten? Die Antwort darauf lautet, daß ich die Gliedmaßen und Fesseln von Frauen unter völliger Vernachlässigung ihrer übrigen

Reize zum Fetisch machte. Wenn mir ihre Knie und Fesseln gefielen, bereitete es mir keinerlei Schwierigkeiten, den Rest ihres Körpers in Gedanken der besonderen Form von ätherischem Liebreiz anzupassen, nach der es mich verlangte.

Ich weiß noch – so völlig zerebral war die ganze Sache bei mir –, wie ich einmal an der Uferpromenade von Brighton zu dem strengen Schluß kam, es sei reiner, erhabener und edler, einen Kult aus der Schönheit junger Männer, anstatt der junger Frauen zu machen. Ich kann mich noch lebhaft der vollkommenen Trostlosigkeit entsinnen, die sich in diesem Moment auf Land und Meer senkte! Das Licht erlosch; die Luft wurde frostig; und ich begriff, daß das Leben, obwohl kein wirkliches Mädchen meinen Phantasiebildern gleichkam, wie unter einer Sonnenfinsternis grau, düster und unheimlich wurde, wenn man das weibliche Prinzip daraus verbannte.

Noch während der Zeit, als ich über Mr. Pollards Krämerladen wohnte, schenkte mir ein Bekannter eine wunderschöne, reinrassige Retrieverhündin. Ich hatte sie Tag und Nacht um mich und machte mit ihr Spaziergänge über die Downs. Doch das Unglück ließ nicht lange auf sich warten. Nach langem Nachsinnen nannte ich sie „Thora", und zwar deshalb, weil ich in meiner hochgradigen, selbstquälerischen Wählerischkeit einen Namen finden wollte, den nur ganz bestimmte Völker aussprechen konnten. Aber es dauerte nicht lange, bis ein höchst seltsamer Abscheu vor der Gesellschaft von Thora mich krank und elend machte. Mein Corpus-Idealismus hatte sich in tausend krampfhafte, jammervolle Manien verwandelt. Ich rang ständig darum, mein wirkliches Leben mit einer geistigen und sinnlichen Wählerischkeit in Einklang zu bringen, die eine entsetzliche Tyrannei darstellte. Meine Leiden rührten hauptsächlich von der verfluchten Unvermeidlichkeit her, mit der sich eine bestimmte Folge von Bildern – schönen Bildern – immerzu mit anderen Bildern verband, die komisch, grotesk oder abstoßend waren. In einem Teil meines Wesens verbarg sich ein diabolischer Sinn für einen wilden, ja brutalen Humor. Dieser ständig unterdrückte Sinn begehrte zuweilen auf und fügte mir schwere geistige Schocks zu! So pflegte ich etwa mit einer eigentümlichen, romantischen Befriedigung eine niedrige Brücke zu überqueren, die das Haff beim Hafen von Southwick überspannte.

Ich erbaute mich an dem Gedanken, daß mir in der Nähe meines Zimmers ein so symbolisches, sympathetisches Bauwerk wie eine Brücke zur Verfügung stand.

Eines Tages aber, denn die kleinen Bedürfnisse der Natur piesackten mich stets zur Unzeit, eben weil ich mir ein von ihnen gänzlich freies Leben vorzustellen wünschte und sie fortwährend *wegzudenken* suchte, hatte ich Ursache – der Ort war sehr einsam –, auf diesem Bauwerk stehen zu bleiben und zu urinieren. Der simple Vorfall verekelte mir die ganze Aussicht aus meinem Fenster. Ich hatte der Brücke einen Namen geben wollen, doch der unterdrückte Dämon in mir hatte nichts Eiligeres zu tun, als darauf zu beharren, daß sie, statt beispielsweise „Thora" – ein Name, den nur bestimmte alte Völker aussprechen konnten – in grobem Angelsächsisch „P-----lbrücke" nannte!

Was mir jedoch wegen Thora widerfuhr, war viel schlimmer. Ich kam, wie man sich vorstellen kann, nicht umhin, binnen kurzem festzustellen, daß der vermeintliche Gefährte meiner Spaziergänge dem weiblichen Geschlecht angehörte, jenem fatalen Geschlecht, mit dessen Existenz, als ich sie unter dem Einfluß Platos auszulöschen versuchte, auch Sonne und Mond erloschen waren, und die Erkenntnis, daß bis zum Tode dieses Hundes all meine Gänge auf dem Angesicht der korntragenden Erde sozusagen „verweiblicht" sein würden, leitete eine Periode außerordentlichen Leidens für mich ein! Ein Abgrund von Weiblichkeit tat sich unter meinen Füßen auf, und der eigenartige Abscheu davor machte mich schaudern. Alles, was ich in der Natur betrachtete – und ich erinnere mich noch gut an einen ganz bestimmten Spaziergang, auf dem das geschah –, stellte sich mir als Wiederholung der Weiblichkeit von Thora dar! Ich konnte den Gesang der Vögel nicht mehr genießen. Es könnten ja weibliche Vögel sein! Mich ekelte vor dem Gedanken, daß so viele Bäume und Blumen weibliche Organe besaßen. Die Sache ging schließlich so weit, daß ich von panischer Angst ergriffen wurde, mir könnten selbst weibliche Brüste wachsen, Brüste mit Brustwarzen, die den Zitzen von Thora ähnelten. Schon auf die harmlose kleine Heckenpflanze zu treffen, die, wie mein Vater mich zu erinnern niemals versäumte, „Warzenkraut" hieß, war mir unangenehm. Mehrere Jahre lang – und dies blieb wohlgemerkt noch lange Zeit nach meiner Heirat so – achtete ich peinlichst genau darauf, Messer und Gabel so auf meinem Teller anzuordnen, *daß sie nicht auf meine Brust zeigten*. Nachdem ich mit so phantasiemächtiger Eindringlichkeit dahin gekommen war, mir meine aufreizenden Sylphiden als Wesen vorzustellen, die meinen Umarmungen so vollständig nachgaben, daß sie nichts Körperhaftes mehr an sich hatten, ward mir nun so, als gäbe es auch in der Natur nichts wirklich Körperhaftes mehr, als „löste sich“, wohin ich mich auch wandte, die feste Substanz der Erde „auf“.

Außerdem quälte mich zu dieser Zeit der ständig verspürte Zwang, mir fortwährend die Hände waschen zu müssen. Ich wurde zum wandelnden Pilatus. Ich pflegte vor Türen stehenzubleiben und Leute aufzufordern, sie mir zu öffnen, damit ich mir nicht durch den Kontakt mit der Klinke die Hände beschmutzte. Noch schlimmer aber, jedenfalls was die tatsächlichen Auswirkungen auf mich anlangte, war meine stetig zunehmende Aversion gegen bestimmte Stoffe. Baumwollzeug war mir ein Graus. Ich konnte keine Tischdecke anfassen, geschweige denn *davon essen*. Es war mir widerwärtig – denn in meiner Ignoranz verwechselte ich Leinen mit Baumwolle –, ein Laken anzufassen. Taschentücher waren mir ein Greuel, es sei denn, sie waren aus Seide. Der Anblick einer Frau mit einem Taschentuch in der Hand war mir unerträglich.

Am allerschlimmsten war für mich jedoch die Vorstellung des Zeugungs- und Fortpflanzungsvorganges. Nie hat es einen Menschen gegeben, der sich inbrünstiger wünschte, Kinder sprössen aus Bäumen oder, wie die Krieger von Kadmos, aus in die Erde gesäten Drachenzähnen. Ich freundete mich mit einem Zigeuner an, der in einem abgelegenen Viertel von Brighton einen Trödelladen führte, und ich kann mich noch entsinnen, wie ich mich einmal mit ihm auf dem Bahnhof von Brighton aufhielt und er eine beiläufige Anspielung darauf machte, aus welchem Samen unser Volk hervorgegangen sei, worauf mir so speiübel wurde, daß er mich in das Bahnhofsbuffet führen mußte, und ich mich erst nach ein paar Schlucken Brandy wieder erholte.

Während ich noch in Southwick lebte, ermöglichte mir Ralph Shirley die Veröffentlichung meines ersten Gedichtbandes bei Rider & Company, Ltd. Sehr konventionell waren diese Gedichte und sehr epigonal. Aber man kann sich vorstellen, mit welchen

Gefühlen ich meine ersten „Fahnen“ durchsah, als ich die Abzüge bekam! Ich nahm diese „Fahnen“ mit nach Hove und las sie am Strand neben einer der große Steinbuhnen, die man dort gebaut hat, um die Wellen zu brechen. Eines der Gedichte war W. B. Yeats zugeignet, der mir einen ausführlichen, sehr aufregenden Dankesbrief schrieb, einen sehr viel interessanteren Brief, als es der Inhalt des Bandes rechtfertigte. Leider habe ich diesen Brief verloren, aber ich weiß noch, wie er mir sagte, ich könne mich glücklich schätzen, noch im Stadium der „freien Imagination“ zu sein, ehe, „die Mühle des Charakters“ mich zu einer bestimmten Form zermahle. Ich fürchte, es ist mir nur allzu leicht gefallen, mich dieser Bedrohung zu entziehen. Mein alter Freund Thomas Henry jedenfalls würde ganz gewiß behaupten, ich sei noch im Stadium der „freien Imagination“!

Meine Entdeckung der Gedichte von W. B. Yeats war ein denkwürdiges Ereignis in meinem Leben. Ich fand das Buch in North's Buchladen – die Straße hieß, meine ich, Western Road –, und es muß wohl die erste Ausgabe der gesammelten Werke gewesen sein. Es handelte sich um einen dekorativen, leicht vergilbten Band mit einer auffallenden symbolischen Darstellung auf dem elfenbeinweißen Deckel, und sein Kauf und sein Besitz verzauberte mich. Ich las ihn mit leidenschaftlichem Vergnügen von Anfang bis Ende. Besonders gefiel mir: „Ein Mann, von Leid zu seinem Freunde auserseh'n, ging sachten Schritts, von seinem Mitgeführten träumend, über den Sand, wo sich im Winde bäumend, die raunend glitzerhellen Wogen dreh'n.“ Ich glaube, es war nach Wordsworth der erste Gedichtband, den ich mir je gekauft habe! Ich trug ihn ständig mit mir herum. Ich kannte schließlich viele der Gedichte darin auswendig. Er befriedigte zutiefst eine ganz bestimmte Seite meines Wesens. Mir gefiel: „Sie schütteln den milchweißen Fluß im Ring; sie werfen den milchweißen Arm in die Luft; denn sie hören den Wind, wie er lacht und singt, und vom Land, wo die Alten noch schön sind, ruft... und ein Schilf von Killarney sagte mir dort ———.“ Ich kann mich sogar noch der Gestalt von Mr. North entsinnen, der ihn mir verkaufte – ein schlanker, reservierter kleiner Mann mit kohlrabenschwarzem Bart.

In Hove kam ich auch zu meinem ersten Band von Thomas Hardy. Ich wurde kaum gewahr, welchen Steinkreis von Monolithen und Trilithen, grau von den Flechten der jahrhundertealten englischen Tradition, ich betrat, als ich auf diesen Band stieß; oder welch denkwürdigem Einfluß – ruhig, streng, edel, genau der richtige Einfluß für einen Feigling, der Farbe mehr als Form liebte – ich mich unterwarf, als ich dieses Buch in die Hand bekam. Es war *Fern der rasenden Menge*, eine kleine, schmucklose, braune Ausgabe mit ganz schlichtem Einband. Ich erinnere mich noch, daß ich es auf einem einzigen Spaziergang fast zur Hälfte durchlas; und wie bei allen Büchern, die ich am meisten geliebt habe, ging seine konkrete Substanz – Pappe, Papier, Druck und die Worte „von Thomas Hardy" – noch und nochmals über in die Tore, an die ich mich lehnte, in die Baumwurzeln, zu deren Füßen ich saß, in die Teichweiden, auf deren Zweige ich die Hand legte, in den Straßenstaub, der mir ins Gesicht wehte, während ich mich Schritt um Schritt vorwärtsbewegte und dabei Seiten umblätterte, die mir – so voller Ironien und Traurigkeiten waren sie – gar nicht wie die Seiten eines Buches, sondern wie windgeschüttelte Eichenblätter in einem dodonäischen Orakelhain vorkamen.

Als ich die „Fahnenabzüge" meiner epigonalen Verse bekam – „Oden und andere Gedichte" lautete ihr stolzer Titel – verspürte ich ganz gewiß herrliches Entzücken. Aber ich machte mir nichts vor. Ich wußte – wer, wenn nicht ich? –, worum es sich dabei handelte! Hatte mir nicht ein ganz bestimmtes kleines Mädchen, das noch nicht lange in der kühlen Erde ruhte, die „Poetical Works of John Keats" geschenkt? Ja, ich wußte, daß ich bloß ein epigonaler Nachahmer war, der ein ums andere Mal nur die Rhythmen genialer Männer wiederholte. Aber obwohl in „Oden und andere Gedichte" nichts war, was sie rechtfertigte, und obwohl „Oden und andere Gedichte" bis auf den heutigen Tag mein einziger gedruckter Anspruch auf Originalität hätte bleiben können, wußte ich damals genau wie zwanzig Jahre später, als ich noch nichts anderes veröffentlicht hatte, daß ich auf eine nicht zu beweisende Art dennoch ein großes, und trotz all meiner Kriechereien und Liebedienereien gewaltiges Genie war!

Worauf gründete ich diese Meinung oder, wenn man so will, Selbsttäuschung? *Auf nichts* – will sagen, auf nichts außerhalb der Stille meiner eigenen Gedanken und Gefühle. Schon seit ich auf jenem Feldweg in Shirley vorgegeben hatte, ich sei „der Herr der

Heerscharen", war ich mir insgeheim bewußt, daß ich die Macht besaß, ein tiefes Reservoir von Magnetismus anzuzapfen, mit dessen Hilfe ich – wenn ich an die Wand gedrückt wurde – die Wand in die Luft sprengen, sie wie die Mauern von Jericho zum Einsturz bringen konnte. Der Fall liegt im Grunde ganz einfach. Ich betrachte mich als Rufer in der Wüste, als einen Menschen mit einem teuflisch scharfen Gespür für die geheimen Schliche der schöpferischen und zerstörerischen Kräfte des Kosmos und mit mehr als einem Gespür, was die listigste, schlaueste und klügste Weise anlangt, nach Glück für mich selbst zu streben und den Wesenheiten, denen ich begegne, Glück zu schenken.

Powys I alias Moony „behauptet" tatsächlich, wie unsere zynischen Amerikaner von jeder menschlichen Äußerung sagen, er habe eine „Lebensweisheit" gefunden, zu der der Selbsterhaltungstrieb der menschlichen Rasse binnen kurzem sehr viele Menschen, seien es Kommunisten, Faschisten oder einfach nur Engländer, führen muß. Aber diese meine „Behauptung" gilt natürlich bei meinen Feinden als eine der größenwahnsinnigsten Tollheiten, die je das Schaumschläger-Hirn eines katzbuckelnden Tanzmeisters an einer Lehranstalt für höhere Töchter umnebelten, und bei meinen Feind-Freunden als liebenswerte Schwäche eines windigen Orakels, das man aber dennoch gern haben mußte.

Da mein Stolz mithin seine eigentliche Befriedigung in einem heimlichen Machtgefühl fand, das es gar nicht nötig hatte, sich der Welt durch Augenschein zu beweisen, ich mich also schlicht gesagt – entgegen allem Augenschein – als großer Magier fühlte, war es mir gleichgültig, daß „Oden und andere Gedichte" ein so dürftiges Ding war. Ich lebte damals wie heute *gänzlich in der Gegenwart.* Ich hatte keinen Ehrgeiz. Ich unternahm keinerlei Schritte zur Förderung meiner Karriere und habe das niemals getan. Halt! *Einmal,* es ist noch gar nicht lange her, habe ich doch einen solchen Schritt unternommen. Dazu kam es vor erst fünf Jahren, als ich nämlich so sehr darauf brannte, „Wolf Solent" bei Simon & Schuster unterzubringen, daß ich mich mit den ersten Seiten der Geschichte nach Sea Cliff auf Long Island begab und sie dort Mr. Schusters Mutter vorlas, bei der ich ein äußerst geneigtes Ohr fand.

Wenn ich mir heute „Oden und andere Gedichte" in ihrem goldenen und apfelgrünen Einband ansehe, so ist mir, obschon das eine Illusion sein mag, als würde ich eines ganz bestimmten Gefühls von Frühling gewahr, das davon ausgeht. Auch nach einer Zeitspanne von vierzig Jahren ist das durchaus möglich; denn niemals antwortete ich so erschauernd wie in jenen Tagen mit meinem ganzen Wesen auf das Wunder des Steigens der Säfte. Wenn der Schnee in den Hügeln von New York State schmilzt, spüre ich in der Luft noch immer etwas, das zurückreicht – nicht so sehr zu den Schlüsselblumen von Derbyshire oder den Primeln von Wessex, als vielmehr zu den öden, ungepflegten, baufälligen Reihen kleiner, stuckverzierter Häuser mit Grasflecken neben Anschlagtafeln, zwischen denen ich zu stehen pflegte und, wie das Hingleiten einer übernatürlichen Erscheinung über die baumlosen Downs, wie das Hinstreichen eines göttlichen Hauchs über den Meeresrand, wie das Sich-Regen des Dufts verborgener Veilchen zwischen den gekalkten Steinen, die ewige Wiederkehr der Geburt des Lebens empfand.

„O Tochter der Demeter", raunte damals, mit pathetisch aufrichtigem Gefühl hinter dem gespreizten Wortgeklingel, das Fistelstimmchen meiner armen Muse, „o Tochter der Demeter, einmal noch will ich meine Laute schlagen, ein Loblied singen deiner Jungfernzähren, die längst versiegt, da deiner holden Mitgefährten Klagen zum Kind von Plutos düst'rem Reiche dich erklären ––––."

Merkwürdig, wie mein Wesen – es handelt sich wohl um einen weit zurückreichenden, walisischen Zug – die ihm gemäßeste Inspiration stets in den Gegensätzen des Exils gefunden hat. Hier war ich, so weit entfernt vom „grünen Dämmern und den gewund'nen, moos'gen Wegen" von meines Vaters West Country, hier war ich, in Logis über Mr. Pollards Laden, zwischen dem Dache eines Dissenterbethauses und einem salzgeätzten Haff, und empfand den Frühling, wie ich es in meinem steif pedantischen, die Nachahmer nachahmenden Stil auszudrücken versuchte, dennoch überschwenglicher, als ich ihn davon oder danach je empfunden habe!

Während meiner Ferien in Montacute erhielt ich von dem großen Thomas Hardy persönlich eine Postkarte, in der er sich für das Gedicht bedankte, das ich ihm zugeeignet hatte, und mich einlud, ihm einen Besuch abzustatten. Es war ein Augenblick von größter Bedeutung für mich, als ich der Aufforderung Folge leistete und mich durch Yeovil, Yetminster, Evershot, Maiden Newton und Grimstone in die alte Römerstadt aufmachte. Obschon ich auf dem Wege nach Weymouth häufig dort durchgekommen war, ist es durchaus wahrscheinlich, daß ich seit damals, vor einem Dutzend Jahren, als wir in Rothesay House gewohnt hatten, nicht mehr auf der wohlbekannten Great Western Station ausgestiegen war, in deren Warteraum mein Vater mir einst das Märtyrertum von Erzbischof Latimer geschildert hatte. Dachte ich, während ich den alten South Walk hinunterspazierte, an das „spanische Mädchen", das ich verfolgt, oder an das andere kleine Mädchen mit dem langen, glatten Blondhaar, das ich so rüde gehänselt hatte? Ich kann mich nicht erinnern. Ich erinnere mich aber noch, als wäre es gestern gewesen, an jede Empfindung, die ich hatte, als ich den Pfad am Zaun von Fordington Great Field entlangging und mich so zum erstenmal dem berühmten „Max Gate" näherte!

Ich nahm allen Mut zusammen und beschloß, mich der Aufforderung, der ich nun Folge leistete, würdig zu erweisen. Der Empfang, den Hardy mir bereitete, hätte nicht herzlicher sein können. Er führte mich in sein Arbeitszimmer, dessen Hauptzierde, obwohl damals noch unvollendet, der große neue *Oxford Dictionary* war. Er zeigte mir das Manuskript von *Tess*. Er schenkte mir eine Broschurausgabe des Buches. Er reichte mir Tee auf seinem Rasen. Ich weiß noch, wie ich ihm sagte, daß ich in seinem Werk die gleiche ungeheure, feierliche Kraft entdeckte, mit den abstrakt-konkreten Phänomenen wie Morgengrauen, Mittag, Dämmerung und Mitternacht umzugehen, wie sie auch Wordsworth in seinen Gedichten entfalte. Er ließ, wie ich mich erinnere, den Vergleich gelten, übte dann jedoch in keineswegs gemäßigtem Ton Kritik an Wordsworths frommem Optimismus. Er machte mich auf Edgar Allan Poes „Ulalume" aufmerksam und bezeichnete es als kraftvolles, außergewöhnliches Gedicht. Ich hatte dieses unheimliche Meisterwerk damals noch nicht gelesen, schöpfte daraus aber bald gewaltigen Einfluß im Hinblick auf das Romatisch-Bizarre, als ich Hardys Hinweis aufnahm. Ich lud Mr. und Mrs. Hardy zu einem Gegenbesuch in Montacute ein; eine Einladung, die sie zu meiner freudigen Überraschung annahmen; und ich genoß einen weiteren Glückstag, an dem ich sie zu unserer Kirche und zur Abbey Farm führte; es blieb dann allerdings dem Sohn und Erben des Squire überlassen, den denkwürdigen Besuchern Montacute House zu zeigen.

Bei dieser Gelegenheit erklärte mir Hardy auch, daß die alten Erbauer unserer Kirche den Altarraum absichtlich leicht schräg an das Schiff gesetzt hätten, um daran zu gemahnen, wie das Haupt des Erlösers zur Seite sank, als er seinen Geist aufgab. Aber ich entsinne mich noch gut, wie ich die Besucher, als wir nach diesen ikonologischen Überlegungen zwischen den Gräbern von Mr. Phelips' Vorfahren wieder ins Freie traten, auf das Haus hinwies, in dem das schönste Mädchen unseres Dorfes wohnte, und er seltsam zusammenzuckte.

„Womit wir wieder mitten im Menschlichen wären, Powys!" schmunzelte er.

Es traf sich, daß die Straße an diesem Tage verschwindend kleine Frostspuren in Gestalt der sonderbaren kleinen Falten und kreuz und quer verlaufenden Furchen im Schlamm aufwies, die mein Vater immer so gern sah, und diese winzigen Zeichen der Vorgänge, die *er* so gut kannte, entgingen zwar mir, nicht aber dem Falkenauge des anderen, aus Dorset gebürtigen Beobachters, der einen Blick für dergleichen hatte.

Je länger ich meine Gedanken auf diesen weit zurückliegenden Tag richte, desto lebhafter kehrt mir alles wieder. Ich weiß noch, wie ich am Morgen meinem Vater und der ganzen Familie ankündigte, daß *der größte lebende Schriftsteller der Welt* uns besuchen komme! Die ganze Zeit, während mein Vater auf die ihm eigene, vornehm-bedächtige Weise betete und sich dabei ganz selbstverständlich, ungezwungen und durchaus extempore genau der Sprache und des Tonfalls der alten Tudor-Gründer unserer Kirche, genau der Stimme und des Stils jenes „menschlichen, allzu menschlichen" Erzbischofs Latimer bediente, dessen heldenhaften und dennoch heftig gescheuten Tod er mir im Wartesaal von Dorchester geschildert hatte, sagte ich zu mir: „Er kommt! Er, *Er* selbst kommt!", geradeso, als wäre ich Homenas, der mit Pantagruel über den Großen, den Einen und Einzigen, den Papst-Gott spricht. Die ganze Zeit, während mein Vater, die braunen Vollkornlaibe aus Stoke-sub-Ham und den großen, gelben Butterklumpen aus Mr. Coles Molkerei vor sich, die neun ihm verbliebenen Münder füllte – einer aus seiner Nachkommenschaft bedurfte keiner irdischen Nahrung mehr, und Littleton und Theodore waren aus dem Haus –, dachte ich mit klopfendem Herzen bei mir: „Bei unserer nächsten Mahlzeit wird Er hier sein, *Er* selbst wird hier sein!"

Und als der zur Great Western – gewiß die Königin aller Eisenbahnen – gehörende Zug schließlich auf seine gemessene, weiche, majestätische Art zum Stehen kam, und er, die erste Mrs. Hardy an seiner Seite, ausstieg, was empfand ich da nicht alles! Man glaube ja nicht, ich hätte auch nur vergessen, was er an diesem große Tage trug! Überaus sorgfältig war er gekleidet, wie es sich seiner in Dorset ausgebildeten Gesittung nach für einen Höflichkeitsbesuch bei einem Vikar in Somerset schickte. Er trug einen leichten Tweedrock mit dazu passenden Knickerbockern, und er hatte dünne, schwarze Strümpfe an, fast wie die, in denen ich ihn mit seinem Freund William Barnes so würdevoll den South Walk hatte entlanggehen sehen. Llewelyn hat in seiner typischen Manier und auf eine Weise, die selbst ich – John, der Erzimitator – nicht nachmachen kann, erzählt, wie er, als wir ihn ins Räuberschloß am Fuß der hohen Gartenmauer führten und baten, seinen Namen in das Bandenarchiv einzutragen, mit der klaren, klassischen Handschrift, die ich schon vom Manuskript von *Tess* kannte, „Thomas Hardy, *ein Wandersmann*" schrieb.

Ich machte mir damals schon Gedanken um das Schlachten von Tieren zum menschlichen Verzehr; und ich weiß noch, wie er, als ich ihm meine Bedenken vertrug, meinte, seiner Ansicht nach sollte man nur sehr große Tiere töten, da so das Fleisch auf ihren Knochen länger vorhalte.

Zart wie ein Elf war Mr. Hardy, aber seine Hände waren die eines Handwerksmeisters, und seine großen, grünlich-schwarzen Augen, dunkel wie die von Leo XIII., funkelten wie die Augen eines Gerfalken über seiner Hakennase und seinem militärischen Schnurrbart. Solcherart waren die Eindrücke, war der „Kontakt", wie man in Amerika sagt, den ich zur Belohnung für mein erstes veröffentlichtes Buch bekam!

Wenn ich nicht gerade Thora – das arme Tier, dessen Zitzen dem Erdboden unter meinem Füßen nachgerade alle Festigkeit nahmen und mir das Gefühl gaben, alles, was ich berührte, *löste sich auf* – auf Spaziergänge über die kahlen Downs hinter Southwick mitnahm oder auf der Jagd nach irgendeiner am Strand von Brighton liegenden Sylphidengestalt war, deren Knie und Fesseln ich anstieren konnte wie ein tollgewordenes Ungeheuer, während ich vergaß, daß es auf der Welt überhaupt so etwas wie Brüste gab, gewöhnte ich mir an, die Trödelläden zu frequentieren. Ich durchstöberte sie wie in einer Art Raserei nach einem einzigen Schatz – einem Druck, auf dem irgendein großer Mann abgebildet war! „Große Männer" nahmen in meinem wirren Verstand den Platz ein, den sie in den albernen kleinen Kinderbüchern haben, wie sie von altmodischen Damen unter dem Titel *Die Kindheit großer Männer* verfaßt werden. Nach und nach sammelte ich eine riesige Anzahl dieser Drucke von „großen Männern" – arme Teufel, sahen die meisten doch so aus, als litten sie genauso schlimm wie ich unter Manien und Megalomanien! –, deren Namen ich zumindest einmal hatte erwähnen hören. Wie viele französische „große Männer" es in der Geschichte gegeben zu haben scheint, und wie sehr sie – gerade sie – es liebten, sich als alte Römer zu verkleiden! Ich kann nicht sagen, daß ich aus der Betrachtung der steifen Gesichter von Vauvenargues und La Rochefoucauld, von Marmontel und Fontenelle viele persönliche Anregungen bezogen hätte; aber es verschaffte mir unbeschreibliche Befriedigung, jede freie Stelle an jeder Wand von Mr. Pollards Zimmer im ersten Stock mit diesen Perücken- und Lorbeerhäuptern zu behängen.

Nicht alle Antiquariate, die ich bei dieser Suche betrat, wurden von so liebenswürdigen Ladeninhabern betrieben, wie mein Zigeunerfreund einer war. Die in Hove waren nicht annähernd so freundlich wie die in Brighton. Als ich einmal – und ich erröte noch heute bei der Erinnerung an meine Demütigung – in einem Laden mindestens ein Dutzend Mappen durchgeblättert hatte, ohne auch nur einen Druck von Boileau oder einen Stich von Bossuet gefunden zu haben, und beim Hinausgehen sehnsüchtig murmelte: „Ich komme bald einmal wieder", entgegnete mir ein ungehobelter, frecher Mensch: „Wir benachrichtigen Sie schon, *wenn wir etwas von Ihnen wollen.*" Während ich diese Zeilen schreibe, weht mich wieder der eigenartige Geruch dieser alten Porträts klassischer Berühmtheiten an, und das eigenartig vergilbte Aussehen ihrer stockfleckigen, wurmstichigen Schmuckränder.

Hätte ich mich doch nur mit ein paar billigen, normalen, simplen Requisiten für meine erregende Rolle als verwandter Geist von Calderon, Manzoni, Lope de Vega und Novalis, jenen ehrwürdigen Gespenstern, deren klangvolle Namen alles waren, was ich von ihnen wußte, zufriedengegeben, so wäre alles gut gewesen. Aber ich hatte nichts Besseres zu tun, als mir in meiner Halbverrücktheit in den Kopf zu setzen, ich müßte die alten nordischen Sagas „studieren". Hier schlug zweifellos der Einfluß von *Tiodolf der Isländer* durch! Es waren aber auch die ständigen Anspielungen auf „Sagas" bei Sir Walter Scott. Hätte ich in den Bücherkatalogen *Fragmente der Runensprüche*, die Norna of the Fitful-head aufsagte, oder *Zauberformeln*, die Michael Scott verwendete, oder *Ausgewählte Werke von Hermes Trismegistos* oder die *Prophetischen Bücher von Prester John* gefunden, so hätte ich sie umgehend bestellt. Ich verstand zum erstenmal, mit welch fataler Leichtigkeit junge Männer, deren Namen in der Universitätsmatrikel stehen, in Cambridge Rechnungen auflaufen lassen können.

Meine „Sagas" kamen, und ich sah mich mit kaltem Entsetzen die Seiten umblättern. Damals begriff ich schlagartig, daß die Vorsehung mich nicht mit dem ausgestattet hatte, was man „Sprachbegabung" nennt. Ich hatte mit dem Hebräischen getändelt und sollte noch mit dem Walisischen tändeln; der Sprache der Nordmänner aber schenkte ich nur einen hoffnungsvollen Blick. Dieser eine Blick hieß freilich, daß ich viele wertvolle Seiten vorschnell aufschnitt; und zurückschicken ließen sie sich nicht. Am Ende war es wohl ein ganzer Jahreszuschuß, den mein Vater für mein Interesse an der nordischen Mythologie bezahlen mußte.

Zu dieser Zeit hielt ich auch *Marius der Epikureer* in den ungeduldigen Fingern, begriff aber nicht ein Wort davon. Es war nicht so schlimm wie bei den „Sagas"; aber seine Schönheit ging völlig über meinen Horizont. Ich hatte wohl eine spannende Geschichte erwartet; vielleicht nicht ganz im Stile von *Quo Vadis*, aber doch voll raffinierter Szenen von heidnischer Zügellosigkeit. Niemand in Cambridge – weder Koelle, noch Gooch, und schon gar nicht Dr. Perowne – hatten mir zu einem Verständnis davon verholfen, was stilistische Schönheit hieß. Hinter dieses Geheimnis kam ich schließlich allein – vermutlich im Laufe meiner unersättlichen Lektüre der Reihen „Great Writers" und „English Men of Letters"

–, aber als ich mich dann kundig gemacht hatte, trug ich, so darf man versichert sein, leidenschaftlich Sorge dafür, daß der junge Llewelyn, der damals noch in Sherborne war, nicht in meiner Ignoranz groß wurde. Und das wurde er ganz gewiß nicht! Oder hat es etwa je eine Zeit gegeben, zu der dieser Spitzbube von einem geborenen Meister nicht gewußt hätte, was die Worte „erhabener Stil“ dem empfänglichen Verstand vermitteln?

Und nun komme ich zu einer der ungewöhnlichsten Episoden meines Lebens, einer Episode, die fast zehn Jahre gedauert haben muß – nämlich zu meiner engen Freundschaft mit dem Dichter Alfred de ––––. Ich verdanke diese hohe Ehre, einen der glücklichsten Zufälle meines Lebens, niemand anderem als meinem beherzten Hauswirt. Wie für Gold bei einem Ring, so muß Mr. Pollard ein Auge für das Außergewöhnliche in der menschlichen Natur gehabt haben.

„Es gibt da einen Mann, den Sie bewundern würden, Mr. Powys“, bemerkte er eines Tages mit einem respektvollen Blick auf meine Porträtgalerie. „Er wohnt in Portslade. Ich werde mir erlauben, die beiden Herren miteinander bekanntzumachen.“

Es stellte sich mir zu diesem Zeitpunkt keineswegs als wahrscheinlich dar, daß Portslade, ein Ort, durch den ich täglich kam, nach Art von Mantua oder Cockermouth einen „großen Mann“ von der Sorte hervorbringen könnte, die ich bewunderte, doch ich legte den vorhandenen Zweifel zu Mr. Pollards Gunsten aus und erklärte mich zu einem Zusammentreffen mit Mr. de –––– bereit. Es bedurfte nicht mehr als einer Begegnung, um mich und meine weibische Heldenverehrung mit stählernen Reifen an die erstaunliche Persönlichkeit zu ketten, die sich bald darauf vorstellte. Alfred de –––– muß schon über siebzig gewesen sein, als ich ihn kennenlernte, und ich blieb fast zehn Jahre lang sein ergebener Gefolgsmann. Wir wurden erst getrennt, als er sich schließlich unter der Obhut seines Sohnes, der stets freundlich zu ihm war, in London zur Ruhe setzte. Weder habe ich jemals etwas über die Umstände seines Todes erfahren, noch weiß ich, wo er begraben liegt. Ich diente ihm getreulich, und als ich ihn zum letzten Mal sah, erklärte er in dem großen Restaurant in der Victoria Station mit solcher Donnerstimme, mein Sohn gleiche einem griechischen Gott, daß er den Knaben in tiefe Verwirrung stürzte.

Er war sehr groß und sehr dünn. Mund und Kinn waren von spärlichen grauen Haaren bedeckt; die tiefliegenden, schönen Augen brauchten niemals eine Brille; die gefurchte Stirn glich der Schopenhauers. Seine Kleidung war stets so zerlumpt und, um die Wahrheit zu bekennen, so alt und vernachlässigt wie die, mit der sich Odysseus als Bettler verkleidete. Sein Magen muß – anders als der seines ergebenen Boswell – mit Gußeisen ausgekleidet gewesen sein. Er konnte – und tat das zur Not auch tatsächlich – von Brotkrusten und Abfällen leben, besaß andererseits aber die größte Aufnahmekapazität für unverdünnte geistige Getränke, die mir davor oder danach jemals bei jemandem begegnet ist. Ich pflegte ihn bei unseren zahlreichen Ausflügen über die Landstraßen von Sussex nach meiner Art mit Tee zu bewirten, aber kein Tee, den ich beschaffen oder zubereiten konnte, war ihm je stark genug. So pflegte er mitten in unseren Gesprächen unversehens die magere Hand an dem langen, nackten Unterarm auszustrekken – er schien überhaupt kein Unterzeug zu tragen –, den Spülnapf an sich zu reißen und dessen Inhalt in einem Zuge seinen eisernen Schlund hinunterzuschütten. Seine mageren Don Quixote-Beine zeigten sich stets in ihrer ganzen Nacktheit, wenn er sie übereinanderschlug, und seine Schuhe hatten selten Schnürsenkel. Trotz alledem war Mr. de –––– unverkennbar ein großer Gentleman. Er entstammte einer vornehmen Familie und war, glaube ich, von Rechts wegen Baron; und ich kann versichern, daß sein Gebaren und sein Ton unter bestimmten Umständen mehr als baronhaft waren. Er rühmte sich – solcherart war sein Humor –, ein gewiegter Manipulator menschlicher Schwächen bei hochgestellten Persönlichkeiten zu sein.

„Powys“, sagte er etwa, mit flüchtig aufflackerndem Lächeln die dünnen Achseln zuckend, „Powys, wir müssen uns bei Magnaten lieb Kind machen.“

Ich selbst bemerkte bei ihm allerdings nie viel von dieser Liebedienerei gegenüber „Magnaten“. Tatsächlich blieb das Lieb-Kind-Machen schließlich an mir hängen, als ich meine großen Anstrengungen unternahm, ihm die öffentliche Anerkennung zu verschaffen, die er verdiente. Mein Leben lang habe ich mich nicht so ins Zeug gelegt wie damals für Mr. de ––––. Ich war sein Jünger, sein getreuer Leutnant, sein Adjutant, sein bewaffneter Krieger, sein Schildkappe, der Lieferant seiner Schirmhaube. Lange suchte ich vor ihm zu verbergen, daß ich selbst Gedichte schrieb. Ich verschwieg ihm sogar *Oden und andere Gedichte*, als wäre es ein obszönes oder unanständiges Werk. Mein Freund hatte höchstes Vertrauen in mich. Als ich dazu überging, öffentliche Vorträge zu halten, galt es ihm für ausgemacht, daß sie niemand anderen als ihn zum Thema haben konnten. Tatsächlich hatte, und habe ich noch, eine hohe Meinung von einer gewissen melancholischen, schlichten Kraft, die seine Verse besaßen. Ich will versuchen, mich an einige zu erinnern.

„Ich suche die Gottheit, meines Ringens Ziel,
Ich, der verachtet vor dem Tempel wacht.
Ich harre aus in nächtlicher Vigil.
And're sind sicher, ich aber habe acht.
Ich bete. Wer erhört mein Fleh'n?
Wer, wenn nicht Er, teilt sich in Bachgemurmel mit!
Verklärt zu Wolken seh' ich in der Luft ihn steh'n:
Durch dichte Wälder hallt sein Schritt.
In wundersamer Himmelsbahn ein jeder Stern:
Ein jeder Berg vom Unaussprechlichen umgeben.
Im weiten Universum hör' ich, nah und fern,
bei Tag und Nacht das große Herz des Ganzen beben!"

Wir pflegten uns an allen möglichen sonderbaren Orten zu treffen und uns, beide mit sehr lauter Stimme, zu unterhalten. Wir waren in sämtlichen schäbigeren, abgelegeneren Schenken zwischen Shoreham und Brighton bekannt und dehnten unsere Pilgerzüge über diesen Küstenabschnitt hinaus in sehr viele Richtungen aus.

Mr. de ---- hatte ein Gedicht mit dem Titel „Ein Spaziergang nach Poynings" verfaßt, ehe ich ihn kennenlernte; und er und ich unternahmen auf den Seitenwegen und Nebenpfaden des Bezirks gemeinsam grüblerische, fast mystische „Spaziergänge" dieser altmodischen Art im Sinne von Sternes *Empfindsamer Reise*. Er kannte viele malerische Sussex-Döfer, die in ihren abgeschiedenen Buchenhainen in den Falten der kahlen Downs liegen, und er benahm sich in all diesen Küstenweilern, als wäre er ein ungläubiger Don Quixote, der zwischen den vertrauten christlichen Grabmälern in düsterer Rhetorik strenge lukrezische Doktrinen über einen trostlosen, gottverlassenen Kosmos entwickelte. Er und ich waren uns insofern sehr ähnlich, als es uns an jedem Gefühl für gesellschaftliche Nuancen oder historische Proportionen fehlte. Unsere erregten Stimmen, die Stimme eines adlernasigen alten und eines adlernasigen jungen Mannes, hoben und senkten sich, während wir zwischen den geduldigen Gräbern und unter den hallenden Portalen der ruhigen Gefilde ländlicher Frömmigkeit standen, das Tröstlich-Besänftigende des Glaubens unserer Väter brandmarkten und planetare Katastrophen und kosmische Umwälzungen prophzeiten.

Zuweilen pflegte mir Mr. de ---- mit einem unbeschreiblich holden, sein gerunzeltes Gesicht erleuchtenden Lächeln seine Lieblingszeilen aus den älteren Dichtern vorzutragen, Zeilen, die, wenn ich so sagen darf, nach den alten Möbelstücken im Vorzimmer von Penn House rochen.

„Auf ihrer weißen Brust", zitierte er etwa, „trug sie ein Kreuzgeschmeide, das möcht' der Jude küssen und verehr'n der Heide!" Oder er platzte mit einemmal heraus, ohne von den erstaunten Passanten auf irgendeinem Gasthof in Shoreham die geringste Notiz zu nehmen: „Alt wie ich bin, taug' ich nicht mehr zur Frauenliebe; doch weiß ich wohl noch um der Schönheit Macht, die meinen Geist beseelt – wo einst mein Herz entflammt in wildem Triebe!"

Manchmal aber handelte er auch von näherliegenden Themen.

„Powys", sagte er etwa, „man kann nicht vierzig Jahre mit seiner Frau zusammenleben, ohne sie zu lieben!"

Und dann erzählte er mir erstaunliche Episoden aus seinem früheren Leben – wie er einmal in den Tagen, ehe Disraeli die Königin zur Kaiserin machte, als junger Offizier in Dienste der Old East India Company einen Sonnenstich erlitten habe und daß sein Vater Botschafter irgendeines europäischen Landes am Hofe zu Lissabon gewesen sei.

Während wir unter der im Westen untergehenden Sonne und dem im Osten aufgehenden Mond irgendeine sich verdunkelnde Straße zwischen den Downs und dem Meer entlangwanderten, pflegte der alte Herr Zeilen wie die folgenden zu verfassen.

„O Mond, o Sonn', ihr beiden Himmelskörper, sagt,
Was hat's auf sich mit der euch gegeb'nen Welt,
Adam und Eva ihr von Nacht und Tag,
Ei, wie! Was steht so schweigsam ihr am Himmelszelt?"

An eben dem Tag, an dem wir uns unter den Auspizien des lebhaften Mr. Pollard kennenlernten, trug er mir eine einzigartige Reihe von Versen vor, die er schon vor langer Zeit, als er in Indien seinen Sonnenstich erlitt, verfaßt hatte, und während ich die Worte schreibe, höre ich wieder seine volltönende Stimme und sehe sein ausladendes Gebärdenspiel, wie bei einem gealterten Mimen in den Tagen, da in London ein öffentlicher Ausrufer im Gelärm der Straßen verkünden konnte: „Der große Dichter Mr. John Dryden liegt sterbend in seinem Logis in Soho!"

Oft wiederhole ich bei mir diese kraftvollen Beschwörungen des Unbelebten:

„Fels, stein'ger Fels, der du in stummem Leben
Ewiglich lastest, feierlich und hehr.
Gewaltsam woll'n aus Lethargie wir uns erheben,
Preisen des Schöpfers aller Zeiten Ehr'!"

Nie habe ich einem Werk von mir so viel unermüdliche Arbeit gewidmet, wie ich sie tagein, tagaus dafür aufwandte, die Gedichte von Mr. de ---- auszufeilen und zu überarbeiten. Bei alldem gelang es mir tatsächlich, zwei Einzelbände zur Veröffentlichung unterzubringen. Ich begab mich zum Landhaus von Mr. Fisher Unwin. Ich verfrachtete sogar Mr. de ---- persönlich nach London und zwang im Studio von Mortimer Menpes, wo alles von Whistler plauderte, zwei Komtessen und ich weiß nicht wie viele Baronessen, sein Genie anzuerkennen. Bei dieser Gelegenheit flüsterte eine der vornehmen Damen einer anderen zu, ich ähnelte einem Gladiator. Bestimmt jedenfalls kam ich mir wie ein Unterherold mit einer ehernen Trompete vor. Das erste von Mr. de ----s Büchern nannten wir *Ultima Verba*; und da das unmöglich zu *steigern* war, betitelte ich das zweite, als es soweit war, mit Hilfe meines alten Schulwörterbuches *Noctis Susurri, Seufzer der Nacht.*

So sehr sich mein alter Freund in seinen öffentlichen Tiraden als unversöhnlicher Atheist gab – wie seine Stimme zwischen den staubigen Wänden der alten Warteräume im Bahnhof von Brighton widerhallte! –, hörte ich ihn doch zuweilen in den stillen Stunden der Nacht, wenn ich in einem angrenzenden Zimmer lag, ernst und inbrünstig beten, und dies fast ebenso laut, wie er am Tage solchen nichtswürdigen Aberglauben geißelte. Ich schäme mich ein wenig, es zu erzählen, als ob ich damit meinen Meister verriete, aber in dieser geheimen Zwiesprache mit der Ersten Ursache ging es wieder und wieder um seine Karriere – die Karriere eines Mannes zwischen siebzig und achtzig – und um eine alte Liebe von ihm.

Die ganze Zeit tat ich mich nach einem Haus um, in dem ich mich niederlassen konnte, wenn der nun nicht mehr ferne Tag meiner Heirat kam. Häuser haben stets eine eigenartige, ganz besondere Faszination auf mich ausgeübt – jedenfalls Häuser einer bestimmten Art! Tatsächlich war ich, was meine Häuser anging, ebenso eigen wie bei meinen Mädchen, und auf genau dieselbe Art. Das heißt, ich suchte nach einem idealen Haus – nicht einem Haus „nicht mit Händen gemacht, das ewig ist im Himmel!", sondern nach der platonischen Idee eines Hauses, der Entelechie oder vorherbestimmten Verwirklichung dieses Urbedürfnisses.

Wenn ich zu artikulieren versuche, was ich empfand, wird klarer werden, wie es kommt, daß ich mich mein Lebtag nicht im geringsten für meine Karriere interessiert habe. Mr. de ---- interessierte sich, zumindest in seinen Mitternachtsstunden, mehr dafür – für den eigenen Erfolg, die eigene Zukunft, das eigene Prestige –, als ich es tat. Zuweilen habe ich mich in dieser Hinsicht sogar einer gewissen absichtlichen Bosheit schuldig gemacht. Es ist, als hegte ich eine sonderbare saturnische Verachtung für das Urteil der Menschen und riefe gegen das Verdikt der Bewohner unseres Planeten eine höhere Instanz an. Ich nahm die Worte aus *Lycidas* ganz ernst: „Ruhm hat auf ird'schem Boden kein Gedeih'n, liegt nicht im gleisnerischen Schein, mit dem man sich in aller Munde bringt."

Wenn man die Geschichte seiner Erdentage aufschreibt, so darf man keinesfalls versuchen, ihnen die Einheit zu verleihen, die sie im späteren Leben für einen selbst besitzen. Damit die Geschichte eines Menschen Ähnlichkeit mit der Wahrheit hat, muß sie sprunghaft voran- und zurückschreiten, muß hierhin und dahin huschen und flattern, muß sich auf tausend Abschweifungen einlassen. Es ist jedoch ganz klar, und in tausend Fällen und Vorfällen belegt, daß das, was man Ehrgeiz nennt, zum Keimen weder Raum noch Zeit hatte. Ehrgeizige Menschen sind – wie man aus der Lektüre ihrer Biographien erfährt – gezwungen, ihre kontemplativen Neigungen radikal zu beschneiden, sich gegen ihre flüchtigen Empfindungen zu verhärten. Ich dagegen *lebte* für Empfindungen; und habe ein solches Leben stets aus tiefstem Herzen als die einzig angemessene Gegengabe betrachtet, die wir der Natur dafür darbringen können, daß sie uns zur Welt bringt!

Menschliche Empfindungen sind Selbstausdruck der Natur. Sie sind das Bewußtsein der Erde von sich selbst. Sie sind wie das Blühen von Blumen – die einzige Art, auf die das eingewurzelte Leben des Organismus sich verwirklichen und es selbst sein kann. Und überhaupt – solange ich genug zu essen und zu trinken hatte, genug, um mir ein gewisses Maß an Zurückgezogenheit zu schaffen, genug, um mir Tabak und Zigaretten zu kaufen, genug, um mich irgendwohin zu begeben, wo ich meinen götzendienerischen, verzückten Blick auf die Fesseln von Frauen richten konnte, genug, um mich davor zu bewahren, in einer Schule, einem Büro, einem Friseurladen, einer Fabrik, auf einem Bauernhof, in einem Bergwerk oder auf einem Schiff arbeiten zu müssen, genug, schlicht gesagt, um jener *körperlichen Arbeit* entgehen, ausweichen, entwischen, entfliehen, entschlüpfen zu können, deren verhätschelte und privilegierte Parasiten – man glaube ja nicht, ich wüßte das nicht! – wir anderen Menschen sind, wozu um alles in der Welt brauchte ich da eine Karriere? Die Pflicht gegenüber der Menschheit einmal beiseite gelassen, wirst du, Leser, sagen: „Um Ansehen, Beifall, Achtung, Ehre, Berühmtheit zu erlangen!" Aber du vergißt, „aus welchem Holz ich geschnitzt und aus welchem Stoff ich gemacht bin", mein Guter! Du vergißt meinen Vater! Ich habe von ihm einen abgrundtiefen persönlichen Stolz geerbt – und wurde, indem ich ihm zusah und zuhörte, noch darin bestärkt und befestigt –, der sich unter allen denkbaren Umständen selbst genügte.

Als der Antiquar in Hove auf eine Art, wie es ein Antiquar von Brighton niemals gewesen wäre, so rüde zu mir war, demütigte er mich dort, wo ich am empfindlichsten war, das heißt, in meiner

Würde *als Mensch gegenüber einem Menschen*. Damals begriff ich, was meinen Vater veranlaßte, die Gesellschaft der verrufensten trunksüchtigen Mitglieder seiner Gemeinde derjenigen gewandter, gescheiter, dem Neumodischen zugetaner Menschen vorzuziehen. Solche Menschen waren immer rasch mit Spott und Hohn für seine altmodische Art bei der Hand und frönten den verderbten Formen von Lustigkeit, bei denen mein Vater sich wie ein Narr vorkam, so wie ich mir dabei wie ein Narr vorkam; die Dorfatheisten und -trunkenbolde dagegen, die er traf, oder Nancy Cooper, das alte Hexenweib, oder die Schausteller, die mit ihren Karussells zuweilen durchkamen, oder irgendein tätowierter Exseemann und Landfahrer auf der Yeovil Road versetzten meinen Vater in einen Taumel von Wohlbefinden, bei dem er sich die Hände rieb, die Unterlippe vorschob und erfüllt war von dem Gefühl, sich so verhalten zu haben, wie *sein* Vater sich verhalten haben würde, nämlich auf eine Art, die eines Landbewohners und Gentlemans würdig war.

Man wird einwenden, daß es für einen Mann im langen schwarzen Gehrock und mit einem Guthaben bei Stuckey's Bank leicht sei, siegreich aus einer Begegnung mit Nancy Cooper, einem angeheiterten Maulwurfsfänger oder einem unflätigen Kaninchenfellhöker hervorzugehen. Ich bin da nicht so sicher. So einfach ist das Ganze nicht. Es gibt, wenn das menschliche Auge auf das menschliche Auge trifft, Momente, da es eine gewisse grundlegende Wechselwirkung erkennt, und andere, in denen es das nicht tut! Fest steht zumindest, daß der weltlich gesinnte Durchschnittsmensch nicht vor Stolz, sich so gut gehalten zu haben, schier außer sich geraten wäre. Er hätte nicht weiter über die Sache nachgedacht. Gerade in seiner schlichten, majestätischen Verzückung über solche Vorfälle lag die Größe meines Vaters.

Größe hin oder her, jedenfalls lernte ich von ihm, meinen Stolz auf eine gewisse elementare menschliche Würde zu gründen, die nichts mit weltlichem Erfolg zu tun hatte und die ein Landfahrer ebenso wie ein Geistlicher, ein Wilderer ebenso wie ein Totengräber besitzen konnte. Und ich lernte zudem – und hier ging ich über meinen Vater hinaus, der zumindest ein Auge darauf hatte, wie das Wetter morgen sein würde und worauf die Afghanen, die Zulus oder die Buren wohl als nächstes verfallen würden –, jeden Tag, wie es in den alten evangelischen Hymnen heißt, so zu leben, *als wäre es mein letzter.*

Aber „nichtsdestotrotz“ bereitete es mir zu dieser Zeit außerordentliche Befriedigung, nach einem Haus zu suchen, in dem ich mich niederlassen konnte. Und Mr. Pollard – der sich zuweilen sowohl dänische Schoner als auch goldene Ringe aus dem Kopf schlug – war ganz versessen darauf, mir bei dieser Suche behilflich zu sein. Und so holte ich den kleinen Mann eines Tages hinter seinem Ladentisch hervor und entführte ihn, damit er mir seine Meinung zu einem Haus sage, das ich in Southwick selbst gefunden hatte. Niemals – und wenn ich Mr. Pollard, das Haff, die Brücke und die Schiffe mit den skandinavischen Flaggen vergäße – werde ich den Eindruck vergessen, den dieses Haus auf mich machte! Es lag ganz nahe am Eisenbahngleis. Man konnte es vom Zug aus sehen, wenn man von Southwick wegfuhr. Es hatte große, luftige Zimmer mit großen, wandhohen Flügelfenstern, die auf einen dichtbelaubten Garten hinausgingen. Ich habe das undeutliche Gefühl, daß das Haus, wie auch der Garten, ein französisches Gepräge gehabt haben müssen. Ich kann nur sagen, daß der smaragdgrüne Rasen, der sich um die hohen Bäume herumwand, grüner, weicher, zauberischer und dabei dämmriger und abgeschlossener war als jede andere Grasfläche, die ich jemals gesehen habe. Mit Mr. Pollard an meiner Seite durchmaß ich die magische Einfriedung. Sie war vor der übrigen Welt verborgen, lag jedoch offen vor den Augen der Eisenbahnreisenden, die, und es gab ihrer nicht wenige, zwischen Worthington und Brighton hin und her fuhren.

Der Ort befriedigte ein Verlangen in mir, das auf merkwürdige Weise dem ähnelte, was ich empfand, wenn ich mich nach mehrmaligem Abschreiten des Strandes von Brighton endlich neben einer weichen, empfänglichen weiblichen Gestalt niederließ, deren Fesseln, und sei’s nur in meiner Einbildung, zu einem sylphidenhaften Körper gehörten. Ich stellte mir immer vor, ich könnte das gleiche unbeschreibliche Gefühl, das die Art, wie die Götter den Frauenkörper geformt haben, in mir hervorrief, auch dann empfinden, wenn ich mich mit einer Frau in einem Schlafzimmer befand, aber das gelang mir nie! Ich schlief zu verschiedenen Zeiten mit drei Schwestern aus einer Familie und erlebte dann auch einige sonderbare romantische Emotionen und zuweilen Gefühle bebender Zärtlichkeit, was eine von den dreien anlangte, der ich in einem Zimmer in einer verrufenen Hintergasse dabei zuzusehen pflegte, wie sie auf einem kaputten Klavier herumklimperte, dieweil der alte Armenhäusler, der als Türhüter fungierte, unsere beiden tropfenden Kerzen auswechselte. Noch lange danach versuchte ich jedesmal, wenn ich in einem Zimmer mit einem ramponierten Klavier allein gelassen wurde, ebendiese wehmütige kleine Melodie zu reproduzieren. Zu dieser Melodie hatte ich etwas bei Frauen gesucht, das, wie wohl ich wußte, nur die seltsame, unmenschliche Keuschheit von Straßenmädchen je annähernd befriedigen konnte.

Man darf nicht annehmen, meine diesbezüglichen Abirrungen seien frei von Risiken und Gefahren gewesen. Ich erinnere mich, wie mir einmal im Erdgeschoß eines Hauses in Brighton ein aufgebrachter Kutscher nachspionierte, der erst dann von seinem lästigen Tun abließ, als die Wirtin mich und meine Begleiterin vor die Tür setzte. Eine klatschsüchtige Person, besaß die Mutter meiner speziellen Doll Tearsheet dennoch einen gewissen, an Mrs. Quickly erinnernden Sinn für Humor. Der Satz, den sie am häufigsten im Munde führte – und eingedenk meines unseligen Kutschers wußte ich diese Auffassung durchaus zu schätzen –, lautete: „Zuschauer habe ich noch nie leiden können."

Aber obwohl im Zusammensein mit diesen Straßenmädchen viel Romantisches und Empfindsames für mich mitschwang, fand ich kaum erotisches Vergnügen daran. Sowie ich mich mit dem Mädchen selbst anfreundete, verwandelte sich mein Verlangen in so etwas wie ideale Zuneigung. Es war, als wäre ich in eines dieser süßen Luder „verliebt", wie man so sagt. Mein Gefühl wies die ganze romantische Hochachtung, die ganze übertriebene Unterwerfung, die ganze ideale Zärtlichkeit auf, die als Zeichen einer normalen Liebesaffäre gelten. Ich war damals noch ein äußerst junger Mann, aber ich benahm mich diesen Dirnen gegenüber wie ein kindisch vernarrter alter Geck. So pflegte ich meiner Favoritin Kleider zu kaufen; aber da ich sehr arm war, zudem diese Rechnungen nicht – wie im Falle der „Sagas" – an meinen Vater schikken konnte und außerdem nicht die leiseste Ahnung hatte, welche Kleidung für das besondere Gewerbe dieser Damen paßte, beging ich arge Schitzer. Ich entsinne mich, wie ich meiner Freundin einmal ein Kostüm kaufte, das ich in einem Schaufenster sah und ungemein bewunderte, von dem sie jedoch entrüstet erklärte, es hätte eher zu einem Postboten gepaßt! Bestimmt hatte es steife Litzen, glänzende Knöpfe oder sonst irgend etwas, das nicht mit der Zartheit des weiblichen Geschmacks harmonierte. Ich dachte vermutlich, es sehe aus wie das Gewand der bezaubernden Jungen-Mädchen oder Mädchen-Jungen in Shakespeares Komödien.

Es hat wohl noch nie jemanden gegeben, der weniger von einem Don Juan hatte als ich. Genau das aber war immer mein Problem bei achtbaren Frauen. Achtbare Frauen *wollen* Don Juans, keine verstiegenen Idealisten mit perversen Manien für menschliche Fesseln; die Dirnen von Brighton dagegen hatten einen Geist, der meinem sehr ähnlich war, und Nerven, die meinen sehr ähnlich waren. Was man „Leidenschaft" nennt, existierte für sie ebensowenig wie für mich. Sie waren von Manien durchdrungen und von abergläubischen Vorstellungen bedrängt, und das war ich auch. Sie waren zutiefst gewöhnlich und zugleich ungemein wählerisch, und das, so vermute ich stark, entspricht genau meinem Charakter.

Eine von ihnen erzählte mir, was sie am meisten verabscheue, sei, mit einem Mann mit einem Holzbein zu schlafen; eine Erfahrung, die sie mir in allen Einzelheiten genauso schilderte, wie ich sie geschildert haben würde, wohingegen ihr Ideal bei Männern, ein Ideal, das sie mir sehr häufig und sehr beredt auszumalen nicht zögerte, Punkt für Punkt das genaue Gegenstück zu meiner imaginären Sylphide war. Ich entsprach offenkundig ebensowenig ihrem Ideal wie sie dem meinen; aber wir verbrachten angenehme Zeiten zusammen. Lust und Laszivität hatten mit meinem Gefühl für diese freundlichen Mädchen nicht das geringste zu tun; jedenfalls nicht nach dem anfänglichen Impuls, der mich dazu veranlaßte, ihnen nachzusteigen. Meine Haltung ihnen gegenüber war eine ideale. Es war die Verehrung des ewig Weiblichen in der einzigen Form, in der ich es verehren konnte, *ohne daß meine Manien eine Rolle spielten.* Allmählich wurde mir deutlich, daß es, wenn ich meine unpersönliche Lust befriedigen wollte, keinen Sinn hatte, mich mit Mädchen, für die ich nichts als romantische Zärtlichkeit empfand, in schäbige Schlafzimmer zurückzuziehen. Ich kam bald zu dem Schluß, daß ich besser daran tat, im Freien zu bleiben und meiner Besessenheit dadurch zu frönen, daß ich von mir für begehrenswert erachtete Gestalten anstarrte, wie sie bäuchlings oder rücklings auf dem Kies des Strandes lagen.

Ich stieß jedoch zu dieser Zeit auf eine neue Möglichkeit, meine rasende Augenlust zu befriedigen. Am Ende aller größeren Piers von Brighton gab es Theater, und dort traten im Winter fahrende Pantomimengruppen auf. Bei einer davon – ich habe vergessen, auf welchem Pier – erblickte ich endlich, wider alles Erwarten leibhaftig, eine wirkliche, lebendige Inkarnation meiner idealen Sylphide. Den Liebreiz dieser Gestalt zu beschreiben ist mir unmöglich. Sie war ein äußerst stilles Mädchen, ernst und beherrscht, mit sehr dunklem Teint. Sie hatte übernatürlich lange Beine, sehr lange, schlanke Schenkel und Fesseln von hinreißender Vollkommenheit. Sie stellte, wie eine schöne Gestalt auf einer griechischen Urne, wohl nur eine Art komparsenhaftes Beiwerk dar, denn sie tat während der ganzen Vorstellung nichts anderes, als einfach nur dazustehen. Sie drehte sich nicht einmal herum, so daß ich nicht sagen konnte, ob ihre Lenden ebenso göttlich geformt waren wie der Rest ihres Körpers. Aber natürlich müssen sie es gewesen sein – sie müssen, sie müssen einfach! Denn sie war die Sylphide all meiner langen, drängenden, sehnsüchtigen, verzweifelten Begierden, und ich konnte sehen, daß sie vollkommen war.

Ich hatte, wie man wohl glauben darf, meine Lektion unter den tropfenden Kerzen meines Armenhaus-Türhüters so gut gelernt, daß ich keinen Versuch machte, sie anzusprechen oder mich ihr weiter zu nähern. Ich fing nicht einmal ihren Blick auf. Sie ahnte wahrscheinlich niemals, daß eine so götzendienerische, hemmungslose, sakramentale Verehrung ihres Körpers je irgend möglich war. Sie war nur eine linkische Komparsin und würde es immer bleiben. Vielleicht unterstützte sie einen trunksüchtigen Vater und eine kränkliche Mutter. Möglicherweise lebte sie aber auch in Brighton und verdingte sich als Kulissensteherin bei Weihnachtspantomimen, um Geld zu verdienen, mit dem sie Geschenke für ihre jüngeren Brüder und Schwestern kaufen konnte.

Solange ihre Pantomime gespielt wurde, kam ich zu jeder einzelnen Vorstellung von Southwick herein und sank jedesmal mit einem tiefen Seufzer auf meinen Platz, um mich einer Ekstase hinzugeben, die niemals ausblieb. Eines Tages schließlich mußte ich feststellen, daß die himmlsiche Schaustellung entschwunden war und an ihrer Stelle feierlich irgendein erbärmliches, irdisches Melodram gespielt wurde. In diesen Tagen, und noch viele Jahre danach, kam mir jedesmal, wenn ich in zitternder Gespanntheit an diversen Eintrittskassen mein Billet kaufte oder in diversen Seebädern zwischen den ruhenden Gestalten umherstrich, der Gedanke, wie armselig, wie langweilig, wie jämmerlich, wie bedauernswert, wie trist, wie dröge, wie trübselig, wie unerträglich und wie absolut reizlos das Leben von Menschen sein müsse, die nicht, wie mich, die rauschhafte, fesselnde Jagd nach ewig anonymen menschlichen Gliedmaßen umtrieb. Ja, offensichtlich konnte ich nur in Pantomimen, oder wo ich junge Frauen auf weichem Gras, auf warmen Kieseln oder auf angenehmem Sand liegen sah, meine wirkliche Fetischverehrung, meine inbrünstige, andächtige Vergötterung jener Teile der weiblichen Gestalt genießen – ich konnte sie nie als Ganzes bewundern –, die mich so verzückten.

Doch in jenem Haus mit Garten unter dem hohen Eisenbahndamm in Southwick schien es mir, daß ich im Reiche des Nichtmenschlichen eine Parellele zu der Art von Ekstase gefunden hatte, die meine verzweifelte, anonyme Suche in mir hervorrief. Ich stellte mir vor, wie ich von diesem eingefriedeten Garten aus Sonne und Mond verehrte. Ich stellte mir vor, wie ich im Sommer ein und aus ging und das Gefühl von Blättern, Gras und Gartenerde mitbrachte und wie ich im Winter am Kamin saß und – freilich in Übersetzung – die Erzählungen der nordischen Mythologie las. Aber keine dieser *eindeutigen* Vorstellungen berührte den eigentlichen Kern dessen, was ich empfand! Während ich über den Rasen ging und ein ums andere Mal das wandhohe Flügelfenster durchschritt, spürte ich, daß meine eigentliche Seele unter all diesen äußerlichen Bewegungen ein außerordentliches Vergnügen erlebte, ein Vergnügen, das sexuell und doch nicht sexuell war, das mit Frauen zu tun und doch nicht den geringsten Zusammenhang mit Frauen hatte. Immer wieder kehrte ich zu dem Gedanken zurück, *wie lange* ich in diesem Haus leben und wie ich wissen würde, aus welcher Richtung jeder Wind dort wehte und wo genau Sonne und Mond zur jeweiligen Jahreszeit erschienen und verschwanden.

Mr. Pollard meinte, er könne das Haus nach meiner Heirat doch insofern mit mir teilen, als er seinen Krämerladen wie gewohnt weiterführen, mir jedoch etwas für die Gartenerzeugnisse bezahlen würde, falls ich die Miete übernähme. Er fand genau wie ich, daß es eine Schande wäre, dergleichen auch nur einen Moment länger unbewohnt zu lassen.

Ich weiß nicht mehr recht, wie es geschah – möglicherweise während eines Besuches von Vetter Ralph oder von Littleton –, aber der Gedanke, das Haus an der Eisenbahn zu nehmen – ob nun gemeinsam mit Mr. Pollard oder nicht –, verflüchtigte sich ebenso rasch, wie er Gestalt angenommen hatte. Ich kam plötzlich zu dem Schluß, daß ich mir selbst dann, wenn mein Vater – wozu er sich bereit erklärt hatte – meinen Zuschuß von sechzig auf hundert Pfund erhöhte, die Möglichkeit schaffen sollte, mehr Geld zu verdienen, ehe ich heiratete. Geld, und nicht Zaubergärten, so beschloß ich, sollte vorderhand mein Ziel sein.

Und so fuhr ich nach Eastbourne; und hatte, indem ich mich unermüdlich durch das elegante Seebad schleppte, binnen zweier strapaziöser Tage nahezu zwanzig Mädchenschulen aufgesucht. Von diesen – ich muß geradezu hypnotische Macht über die trefflichen Damen besessen haben – gewann ich fünf, in denen ich Vorlesungen halten und das Honorar, das ich in Hove erhielt, mindestens verdoppeln konnte! Ich bekam in Eastbourne fünf Mädchenschulen, und von jeder erhielt ich ein Pfund pro Unterrichtsstunde.

Von da an pflegte ich, mit nichts als einer Tasse Tee und einem Zwieback als Zehrung, regelmäßig einmal die Woche nach Eastbourne zu fahren, wo ich, periodisch von meinen Magengeschwüren geschunden, gepeinigt, gemartert, gefoltert und vornübergekrümmt, alle fünf Vorlesungen gab und so *an einem Tag* verdiente, was ich – zusammen mit meinen anderen Einkommensquellen – als ausreichend zum Heiraten erachtete.

Ich fand indes – nun da ich festgestellt hatte, daß die Anzahl der auf Schulen erzogenen Sylphiden doch begrenzt war –, es würde mir Freude machen, in größerem Maßstab zu lesen, das heißt, öffentliche Vorträge zu halten. Es war mir beschieden gewesen, jeden Tag am Portal des Rathauses von Hove vorbeizukommen, und nun war es mir beschieden, jeden Tag am Portal des Rathauses von Eastbourne vorbeizukommen. Ich beschloß, beide Gebäude zu mieten. Und dieses Vorhaben erwies sich als leicht durchführbar. Ich hatte keine Schwierigkeiten, zwar nicht „die ganzen“, wie Mr. Blanch gescherzt haben würde, aber doch in beiden einen sehr großen Saal zu bekommen; und das, glaube ich, für weniger, sicherlich aber nicht für mehr als jeweils ein Pfund.

Mr. de –––– nahm großen Anteil an den Vorträgen, obwohl das Thema meines ersten öffentlichen Vortrages, der im Rathaus von Hove stattfand, sich nicht ausschließlich auf ihn und sein Werk beschränkte. Tatsächlich umfaßte es wohl drei oder vier Jahrhunderte englischer Literatur. Auch Mr. Pollard interessierte sich für das Projekt und erwies sich sogar als unschätzbare Hilfe; denn er ließ, wenn ich mich recht erinnere, die Anschlagzettel für mich drucken und war, wenn ich nicht irre, zur Stelle, um mit eigener Hand das Eintrittsgeld einzusammeln. Es belief sich alles in allem auf drei Shilling und sechs Penny. Denn mein Publikum bestand aus drei Frauen und einem Kind, wobei das Kind für die sechs Penny Einlaß fand. Noch heute sehe ich Mr. de ––––s quixoteske Gestalt vor mir, wie er in der ersten Reihe saß, leise nickte, als ich über die Vorworte von Wordsworth sprach, sich jedoch sehr gerade aufrichtete und das Gesicht eines strengen, aber nicht unüberzeugbaren Kunstrichters aufsetzte, als ich aus den unveröffentlichten Seiten von *Ultima Verba* zitierte.

Man kann sich vorstellen, wie aufregend es für mich war, als Littleton mich im Hause von Mr. Pollard besuchen kam. Denn damit wurde die alte Geschichte wahr, die wir einander auf der Straße nach Milborne Port erzählt hatten, nämlich daß er bei mir wohnen würde, wenn ich meinen Lebensunterhalt irgendwo verdiente, wo es ein Fischwasser gab! Das Wasser in Southwick war die tiefe Salzsee und die Angelei dort nicht nach Littletons Geschmack; aber wir waren zusammen, und mein Glück jedenfalls war vollkommen. Wir pflegten mit Thora, deren Weiblichkeit *pro tempore* glücklich vergessen war, weit über die Downs zu wandern. Ich sprach mit Littleton nie über meine Laster – ich tue es noch heute nicht –, aber man muß nicht meinen, es hätte uns an Gesprächsthemen gefehlt. Er las damals aus reinem Vergnügen und ohne „Schwarte“, denn er war schon immer ein Gelehrter, Catull, und wenn er auf der thymianduftenden Grasnarbe der Kreidehügel lag – denn ich verspürte kein Verlangen, ihn aus seiner Passivität aufzuscheuchen, wenn er in seiner Catull-Stimmung war – sah ich, während er las, den „Augenfaltern", den „Schwalbenschwänzen", den „Bläulingen", den „Schwärmern" und den „Distelfaltern" zu, geradeso als wären wir zurückversetzt in die alten Zeiten in Dorchester und lägen bäuchlings auf dem Grund eines der Gräben von Maiden Castle. Ah! Bis ans Ende meiner Tage werde ich, wenn ich an Catull denke, Littletons Stimme hören, wie er die rhythmischen Laute aufeinanderfolgen ließ, als wären es Kreise auf Wasser, wenn ein Fisch an die Oberfläche kommt, und dann und wann das gerötete Gesicht hob und die grauen Augen auf mich richtete, um sich so zu vergewissern, daß mir auch ja nichts entging, geradeso wie damals, als er den Kniff lernte, mit Tabakrauch vollkommene Ringe zu blasen!

Wir hatten ein erschreckendes Erlebnis, das uns, so muß ich bekennen, als nicht sehr heldenhaft entlarvte. Wir schlenderten gerade gemütlich den Hügelkamm entlang und beobachteten das Hin- und Herschießen einer bestimmten Art von Down-Vögeln mit weißen Steiß und einer anderen mit rosiger Zeichnung auf den Federn, als wir uns plötzlich einem dünnen Drahtzaun gegenübersahen, auf dessen Seite ein Rudel wilder Bluthunde – oder waren es Mastiffs? – sich auf die Hinterläufe stellte und mit aufgerissenen Rachen und entsetzlichen Sprüngen wie rasend an uns heranzukommen versuchte. Theodore hätte wohl nicht wenig geschmunzelt, wenn er hätte mitansehen können, wie seine beiden älteren Brüder eiligst und nicht sehr würdevoll zum Rückzug bliesen. Nur selten ist es Menschen auf dieser Welt vergönnt, eine Stimmung ungetrübter Innigkeit sehr lange zu bewahren. Ich mag mir nicht ausmalen, was hätte geschehen können, wenn der Zaun nur ein wenig niedriger gewesen wäre. Oder hätte Thoras Anwesenheit uns das Leben gerettet?

Nachdem ich mich gegen das Haus am Eisenbahndamm entschieden hatte, begab ich mich eines Tages mit Littleton auf eine ausgedehnte Suche nach dem Ziel meiner Wünsche. Ich war damals Vegetarier, und ich glaube, ich setzte meinen athletischen Begleiter durch meine Ausdauer in Erstaunen. Ich weiß noch, wie ich Littleton beim Aufbruch entlang der Strandpromenade von Brighton – so voller Erinnerungen für mich, die Catull wohl besser verstanden haben würde als sein Übersetzer – meine Vortragsmethode erläuterte. Ich sagte ihm, ich hätte eine neue Kunst, die Kunst der „Dithyrambischen Analyse“, erfunden. Wir umgingen ebenden Teil der Stadt, wo der Erfinder der „Dithyrambischen Analyse“ seine perversen Begierden so häufig – wie durch Hexerei – in ideales Gefühl verwandelt gesehen hatte, wandten uns landeinwärts, geradewegs über die Downs, und kamen ein, zwei Meilen von der Stadt Lewes entfernt in das Tal der Sussex Ouse hinunter. Hier erforschten wir das Dörfchen Rodmell – ich meine, so hieß es –, wo ein Gutshaus zu vermieten war. Wir kehrten jedoch zurück, ohne daß ich mich zu etwas verpflichtet hätte; aber ich hatte von der Umgebung von Lewes als Landschaft, in der es sich leben ließe, einen sehr günstigen Eindruck empfangen; und als Littleton wieder abgereist war, unternahm ich weitere Streifzüge in diese Richtung.

Ich glaube, es waren die zwei Meilen Weges von Lewes zu dem Gutshof am Ufer der Ouse, die mich davon abhielten, mich dort niederzulassen; aber nun hatte sich der Gedanke in mir eingenistet, daß ein Gutshaus, wenn ich eins fände, das nicht allzu weit von einer Eisenbahn entfernt war, mir als fester Wohnsitz mehr als alles andere zusagen würde. Angesichts meiner fünf neuen Schulen in Eastbourne und meines Zuschusses von hundert Pfund im Jahr kam ich mir wir ein vermögender Mann vor. Vielleicht würde sich ja ein kleines, aber sehr altes Schloß anbieten.

So war meine Stimmung, als ich endlich nach ein paar weiteren Ausflügen etwas fand, was mir zusagte. Es war kein Schloß, nicht einmal ein kleines, noch war es eine Abtei, eine Priorei oder ein Landsitz mit Burggraben. Aber es war in der Tat ein Gutshaus; und ich bekam es für die bescheidene Summe von vierzig Pfund im Jahr. Es war jedoch durchaus romantisch und besaß einen historischen Namen; denn es hieß „Court House“, ging – nicht in seiner heutigen Gestalt, sondern in seinen Anfängen – auf die Tage von Heinrich III. zurück und war angeblich der Ort, wo der König nach der Schlacht von Lewes Hof gehalten hatte. Es lag am Rande des Weilers Offham, in der Nähe des geräumigen, aus dem achtzehnten Jahrhundert stammenden Wohnsitzes von Sir George Shiffner, Baronet, eines rüstigen, rotbäckigen alten Herrn, der Friedensrichter und Pfarrer in einer Person war. Es schmiegte sich in eine Falte der hohen Downs, hinter denen die Sonne im Winter frühzeitig verschwand. Der Hügel unmittelbar darüber hieß, nach dem Vater von Edward Longshanks, Mount Harry, und dahinter stiegen die Downs auf nahezu tausend Fuß, zu einer Anhöhe namens Ditchling Beacon, an. Court House war nur etwa eine halbe Meile von dem kleinen Bahnhof Cooksbridge auf der Strecke von Lewes nach Hayward's Heath entfernt; und ich erinnere mich noch, wie mich, als ich in Cooksbridge aus dem Zug stieg, in meiner idealistischen Denkart die von mir so empfundene Gewöhnlichkeit, ja Vulgarität des Namens ganz erheblich störte! Ich hatte von meinem Vater stolze Verachtung – wie die eines alten, Reis essenden Samurai – für alle kulinarischen Exzesse geerbt, und mich verdroß der Gedanke, in der Nähe eines Ortes ansässig zu sein, der Köchen gewidmet war. Man darf nicht vergessen, daß ich diesen edlen Berufsstand noch nicht durch Lektüre des Kapitels über Kutteln bei Rabelais idealisiert hatte.

Ich tröstete mich, so gut es ging, über diesen Pfannenschwenkernamen hinweg und machte mich auf einer angenehmen Allee zu meinem Bestimmungsort auf. Wie gut ich diese Allee späterhin kennenlernen sollte! Ich mußte jedesmal unter den stattlichen Bäumen hindurchgehen, wenn ich das kleine Postamt von Offham aufsuchte, wo ein ehemaliger Butler von Sir George Shiffner als Postmeister fungierte.

„Sir George", sollte der wackere Mann binnen kurzem bemerken, „hat sich bei mir nach dem neuen Mieter von Court House erkundigt. Sir George wollte wissen, ob Sie Ihre Dienstboten mitgebracht haben."

Die dichtbelaubte Allee blieb mir jedoch eher im Zusammenhang mit meinem Innenleben als mit irgend etwas, das Sir George sagte oder dachte, im Gedächtnis haften. Bald darauf nämlich schaute ich eines Tages zu den Astspitzen auf, wie sie in zartes Maßwerk vor dem Himmel bildeten, und erlebte ob des Anblicks eine der seltsamen, geheimnisvollen Ekstasen, denen ich unterworfen war. Ich hatte zuvor in den illustrierten Seiten einer Geschichte der neuzeitlichen italienischen Malerei geblättert, als die Vision – wenn man es denn so nennen kann – mich fortriß; denn sie lief auf eine plötzliche Offenbarung der magischen Schönheit von Zweigen und Blättern hinaus, wenn sie vor einem grauen

Himmel ein scharf ziseliertes Filigran, ein zart verschlungenes Muster formen.

Es war mir hier außerdem beschieden, von dem Dämon in mir gequält zu werden, der ein unmenschliches Vergnügen daran fand, abstoßende Bilder heraufzubeschwören. Ich unterlag damals gerade einem derart extrem forcierten poetischen Idealismus – wobei ich mittels Willenskraft Unangenehmes auslöschte und mich auf Schönes konzentrierte –, daß ebendiese Forciertheit dem unflätigen Teufel tödliche Beihilfe leistete. Durch irgendein unglückliches Geschick wurde ich schließlich im Zusammenhang mit den Gedichten von Cowper am schmerzhaftesten gequält. Wie ich schon angedeutet habe, hat es mich – erbärmlicher Magier, der ich bin! – gut vierzig Jahre gekostet, mit den Schlichen dieses Teufels hinlänglich fertig zu werden, das heißt, mit heiligem Lethewasser zu besprengen, was er mir zu verderben versucht, indem er es mit seinem Teufelsdreck beschmiert.

So dauerte es denn auch nicht lange, bis ich nicht einmal mehr den Gedanken an den armen Cowper in mir wachrufen konnte, ohne daß der unflätige Bube die Straße vor mir – diese Straße, von der ich geglaubt hatte, sie entspreche genau dem, was dem Dichter gefallen hätte – besudelte. Und womit wohl? Mit Ochsenblut und schwarzen Schnecken! Falls ein Leser dieser Passage – denn es können schließlich nicht *alle* Leser bei gesundem Verstande sein – eigene geistige Nöte wiedererkennt, so möge er sich trösten.

Ich bin – und zwar ohne Hilfe eines Psychiaters – hinter verschiedene geistige Kniffe gekommen, mit denen ich meine Gedanken *reinwaschen* kann. Der Wille zu vergessen! Man vertraue darauf, daß der Wille den Kniff des Vergessens erlernen kann und am Ende alles gut sein wird. Insgeheim kämpfen wir alle um geistige Gesundheit. Es kommt nur darauf an, daß man mehr als ein Eisen im Feuer hat.

Auf besagter Straße – es macht mich schamrot, solche Narreteien zu erzählen – bestand ich auch einmal darauf, daß Littleton, als er mich in Court House besuchen kam, den ganzen Weg nach Offham ein paar Schritte hinter mir ging. *Ich wollte nachdenken,* erklärte ich, und sein Atemgeräusch gehe mir auf die Nerven. „*Wir wollen nachdenken!*" pflegte ich seinerzeit jedem zuzurufen, der neben mir herging. Und hier hatten Littleton und ich einmal einen heftigen Streit über das Selbstregierungsrecht für Irland. Ich war dafür. Er zweifelte, ob dergleichen klug wäre. Mich ärgerte allerdings der *Ton*, in dem er zweifelte, nicht der Zweifel selbst; und er wurde völlig überrumpelt, als ich mich wie ein Verrückter auf ihn stürzte und ihn in den Graben stieß. Dort balgten wir uns weiter, sehr zur Bestürzung eines wackeren Fremden, der gerade arglos des Weges kam. Erst als wir aus den Tiefen des Grabens gewahr wurden, daß der gute Mann entsetzt über den gegenüberliegenden Zaun gestiegen war, legte sich unser Zorn, und wir kletterten wieder hinaus auf die Straße, wo wir laut ein beruhigendes Lied trällerten, damit der Flüchtige, der das Feld schon halb überquert hatte, nicht Sir Georges Wildhüter holte.

An dem Tag, an dem ich Court House das erste Mal sah, sprach ich zunächst im nahegelegenen Haus eines Arbeiters vor und bat um die Schlüssel. Es war niemand da außer der Hausfrau, die durchaus bereitwillig mit mir kam. Als wir die auf der einen Seite von Wirtschaftsgebäuden und auf der anderen von Ställen gesäumte Auffahrt hinaufgingen, legte mir meine Begleiterin die Hand auf den Arm. „Hintenherum, hintenherum, hintenherum!“ rief sie und verschwand mit einem Satz in einem Gebüsch hinterm Haus. Ich konnte ihr ohne Schwierigkeiten folgen, denn sie war recht füllig. Dennoch empfand ich es als eigenartig, daß sie es für nötig hielt, sich auf allen vieren durch das Gebüsch zu zwängen. Sie erklärte allerdings, ihr liege daran, daß mein erster Blick auf Court House von der Hangseite dahinter erfolge. Sie hatte recht. Die Back- und Natursteinmauern und die mit gelben Flechten überzogenen Dachziegel wirkten von hinten in der Tat malerischer; denn die vordere Fassade war verputzt worden.

Ehe sie aber die Tür aufschloß, erzählte mir die Frau ihre Geschichte, und die war nicht sehr schön. Sie erklärte mir ganz unverblümt, sie gedenke sich in ein, zwei Tagen in das Irrenhaus der Grafschaft zu begeben. So hielt der Erfinder der Kunst der „Dithyrambischen Analyse“ Einzug in sein erstes Haus in Sussex.

Court House

Die Pollards halfen mir, mich in Court House einzurichten; doch wen wohl konnte ich bis zu meiner Heirat als Haushälterin gewinnen? Niemand anderen als Mrs. Curme, deren Mann der Gärtner meines Vaters in Rothesay House gewesen war! Jawohl, Mrs. Curme – née Bellamy – höchstpersönlich, Witwe jenes betagten, tief gebeugten Mannes, dessen Antlitz Sir Joshua Reynold's Bildnis des heiligen Josephs glich und für den ich in dem neuen Garten in Dorchester so listig getarnte Fallgruben gegraben hatte! Mrs. Curme war damals schon eine alte Frau; aber sie war nach wie vor eine ungemein stattliche Erscheinung und ihr Benehmen eher das einer Hausdame als das einer Bediensteten. Sie war zu diesem kritischen Zeitpunkt, da ich in meiner närrischen Tollheit die Hälfte der im „Krafft-Ebing“ aufgeführten, leichteren Verirrungen auf meinen unbeugsamen Schultern trug, genau der richtige Mensch für mich. Damals duldete ich kein Fleisch im Haus, nein, nicht einmal eine Speckschnitte; aber Mrs. Curme tröstete sich damit, daß sie heißes Bier trank, Bier, das sie auf dem Küchenherd erhitzte. Dies stellte zusammen mit den ungenießbaren Karotten und Steckrüben, die der Mann der Frau lieferte, welche mir Court House ursprünglich gezeigt hatte, die einzige Kost der Ärmsten dar, solange sie für mich sorgte.

Die stattliche Frau war zunächst einsam – wenn ich in Brighton und Eastbourne unterrichtete –, aber sie freundete sich sehr rasch mit der Tochter von Sir Georges Wildhüter an, die häufig nachmittags hereinzuschauen pflegte, um ihr Gesellschaft zu leisten. Dann hob sich Mrs. Curmes Stimmung gewaltig; und während sie so würdevoll in ihrer fleckenlosen Schürze und ihrer mit violetten Bändern geschmückten Spitzenhaube umherging, überkam sie unversehens eine Anwandlung kühner Ausgelassenheit.

„Sapperlot!“ rief sie dann etwa. „Katie, meine Liebe, trinken wir eine Tasse Tee!“

Ich nahm, von Mrs. Curme bedient, alle meine Mahlzeiten in der Küche ein; und ich kann mich noch gut erinnern, wie ich eines Abends, als wir zusammen am Feuer saßen und uns, wie fast immer, über Napoleon unterhielten – war sie in ihrer Jugend doch in Diensten der Familie unseres gestrengen Gouverneurs von St. Helena gestanden –, zu ihr sagte:

„Soll ich Ihnen nicht ein paar Gedichte vorlesen, Mrs. Curme?“

Ich muß es in genau dem Ton gesagt haben, in dem mein Vater, wenn eine bettlägerige alte Frau mit der Aufzählung ihrer Leiden fortfahren wollte, zu sagen pflegte:

„Soll ich Ihnen nicht *ein paar Worte vorlesen*?“

Und ohne eine Antwort abzuwarten, eilte ich in mein Arbeitszimmer und kam mit den Werken von Swinburne zurück, aus denen ich – mit einer Donnerstimme, die eher dem Rathaus von Hove als einer friedlichen Küche angemessen war – dröhnenden heidnischen Schwulst wie etwa den folgenden deklamierte:

„Du hast gesiegt, o bleicher Galiläer, die Welt ist von deinem Atem ergraut!“

Nach einigen zwanzig Minuten dieser schallenden Rodomontade legte ich das Buch nieder und erkundigte mich, wie es meiner Zuhörerin gefallen habe.

„Mr. John“, sagte Mrs. Curme gemessen; „ich dank' Ihnen wirklich von ganzem Herzen, Mr. John. Es tut mir gut, den Namen unseres lieben Herrn sooft erwähnt zu hören!“

Mrs. Curme hatte, als Teil ihrer höfischen Manieren, die ihr zur zweiten Natur geworden waren, die Angewohnheit, mir niemals den Rücken zuzuwenden. Wenn sie mein Arbeitszimmer verließ – denn ich hatte ein Arbeitszimmer in Court House –, pflegte sie stets einige Schritte rückwärts zu machen und dabei zwar nicht direkt einen Hofknicks, aber doch mit ihrer ganzen betagten Gestalt eine Art Verbeugung zu vollführen. Sie pflegte jedoch niemals auch nur vor mir zu erscheinen – diese kultivierte alte Dame, die eigentlich ich hätte rundum bedienen müssen –, ohne zuerst zu klopfen und um die Erlaubnis zu bitten, mich anreden zu dürfen. Dieses Ritual spielte sich regelmäßig jeden Abend ab. Während ich etwa Colonel Sinnetts *Esoteric Buddhism* oder Mrs.

Besants *Seven Principles of Man* las, ertönte von der Tür ihr Klopfen.

„Darf ich hereinkommen, Master John?“

„Ja, Mrs. Curme.“

Und wenn sie sorgsam die Tür hinter sich geschlossen hatte und so alt und stattlich vor mir stand, fragte sie:

„Darf ich gute Nacht sagen, Master John?“

„Ja, Mrs. Curme.“

„*Gute* Nacht, Master John!“

Und damit ging sie rückwärts zur Tür, öffnete sie und verließ das Zimmer.

Eine meiner Manien bestand in dem Bedürfnis, *jeden Tag* mein Hemd und meine gesamte Leibwäsche zu wechseln; und hierin hielt mich Mrs. Curme prächtig zum Narren. Sie pflegte meine Kleider abends wegzunehmen, sie einfach auf dem Küchentisch *aufzubügeln* und sie mir am nächsten Morgen mit meiner Kanne heißem Wasser wieder nach oben zu bringen. Bei dieser Gelegenheit klopfte sie bloß an die Tür und eilte dann ohne ein Wort wieder nach unten. Die Erfahrung hatte sie gelehrt, daß Männer, ob alte oder junge, kurz nach dem Aufwachen oft in reizbarer Gemütsverfassung sind.

Der Ehemann der Dame, die im Irrenhaus Zuflucht suchte, nachdem sie mich mit Court House bekannte gemacht hatte, war der typischste südangelsächsische Arbeiter, dem ich je begegnet bin. Einen langen, seidengrauen Bart hatte er, und kalte, stahlblaue Augen. Da klar war, daß seine Frau in der Anstalt zu bleiben gedachte, besorgte sich der blauäugige Gurth aus dem Armenhaus von Lewes eine Person, die sich um ihn kümmern sollte.

Diese „würdige Hausfrau“, wie Homer sie genannt haben würde, war das, was bei Rabelais „alte Runkunkel“ heißt. Noch ihre beiläufigsten Bemerkungen waren voller philosophischer Wehmut. Ihr Lieblingsausspruch lautete: „Gebor'n worden sind wir alle; aber wir sind noch nicht alle tot“, eine Beobachtung, die die Übersetzung eines Aphorismus von Sophokles hätte sein können. Diese einzigartige Person war unter dem Namen „Tante Stone“ bekannt, und ihre Busenfreundin war eine betagte Landstreicherin namens „Happy Mary“.

Happy Mary war eine steinalte Frau mit rundem Gesicht, das vom Wetter zu einem satten Mahagoni verfärbt war, und lebte das ganze Jahr über auf der Straße, wobei sie auf eine ganz bestimmte Klientel von Hintertüren und ihre bevorzugte Auswahl von Armenhäusern zurückgriff. Zu meiner Freude kann ich berichten, daß Happy Mary noch mehrere Jahre nach meiner Heirat das Weihnachtsfest in der Küche von Court House zu begehen pflegte; und hier feierten sie und Tante Stone eine Art Hexensabbat, dessen verblüffendster Bestandteil eine Darbietung war, die die munteren alten Vetteln als den „Kerzentanz" bezeichneten. Dieser Tanz muß sehr alt gewesen sein und war gewiß heidnischen Charakters; jedenfalls paßte er besser zu den Riten der Hekate als zur Geburt unseres Erlösers. Dabei lüpften die beiden alten Weiber ihre „Kurzröcke" und hüpften sodann mit hemmungsloser, schauerlicher Fröhlichkeit über ein Arrangement von Kerzen, die in geeigneten Abständen auf unserem Küchenboden verteilt waren.

Unter Mrs. Curmes Regiment jedoch gab es keine größeren Lustbarkeiten als den schlückchenweisen Genuß von Lewes-Ale, das auf dem Herd warmgehalten wurde, und Lesungen aus dem Werk des dionysischen Dichters, bei dem sich „galiläisch" auf „lethäisch" und „Gott" auf „Spott" reimt.

Zu dieser Zeit – mein Vater hatte mir zur Ausstattung von Court House zweihundert Pfund zukommen lassen – hörte ich auf, Drucke großer Männer zu kaufen, und begann statt dessen, ihre Werke anzuschaffen. Besonderes Vergnügen fand ich daran, sie in Form ledergebundener Quart- und wurmstichiger Foliobände zu erstehen. Solche Büchersätze waren Ende des vorigen Jahrhunderts unglaublich billig.

So gab es damals beispielsweise mitten im Herzen von Brighton nur ein paar hundert Meter vom berühmten Pavillon des Prinzregenten entfernt, ein erstaunliches Antiquariat. Es wurde von einem würdevollen kleinen Mann namens „Mr. Smith" geführt, dessen Stellvertreter ein hünenhafter, schwarzbärtiger, einem Märchenriesen ähnelnder Mensch war, der jedoch eines der sanftmütigsten, märtyrerhaftesten Gesicher besaß, das ich je gesehen habe. Hier kaufte ich einen Folioband Sir Thomas Browne, zwei Foliobände der Stücke von Dryden, einen Folioband Beaumont und Fletcher – genau den, den Lamb laut eigener Schilderung kaufte und eines späten Abends mit Hilfe seiner Schwester „kollationierte" – Baskervilles Catull, Tibull und Properz, gebunden in pflaumenfarbenes Maroquin, Fullers *Holy State*, Bentleys berühmte Quartausgabe von *Paradise Lost* mit einem wunderschönen Jugendbildnis des Autor auf der Titelseite und die riesige, illustrierte Erstausgabe von Drydens *Vergil* mit Bildern sämtlicher zeitgenössischer Magnaten – wie Mr. de ---- sie genannt haben würde –, die auf den Druck subskribierten.

Es gab damals noch ein anderes Antiquariat, nicht weit von dem Schlupfwinkel in dem Hintergäßchen, wo ich lernte – oder jedenfalls hätte lernen *sollen* –, daß „stundenweise" für achtzehn Penny gemietete Schlafzimmer eine eher beruhigenden als aufreizenden Effekt auf meine amourösen Neigungen hatten. Hier – in dem Antiquariat, meine ich – pflegte auf einem Hocker, bei dem ich immer an den Stuhl von Eli, dem Priester denken mußte, so etwas wie ein verehrungswürdiges Bildnis des Büchersammlers, von apoplektischer Gestalt und mit schwerem Wasserkopf, zu sitzen. Die Art von Bücher die *er* führte, war sowohl kostspieliger als auch abstruser als die im Geschäft von „Smith". In der Tat überstiegen sie bei weitem meine Mittel und den Horizont meines Bücherwissens. Doch das weißgesichtige Götzenbild auf dem Hocker war ein unverbesserlicher Polemiker und steckte voller gelehrtester Häresien. Ihm lag mehr am Disput als am Geld; und mit ihm disputierte ich stundenlang etwa die „Baconsche Theorie", wobei er sie verteidigte und ich sie angriff; bis ich meinen Gegner eines Tages in der Hitze der Diskussion rundheraus warnte, daß, wer auch nur im geistigen Sinnen „die Gebeine" des Mannes aus Stratford „störe", Gefahr laufe, dem Fluch des großen, berühmten Unbekannten anheimzufallen. Der Zufall wollte es, daß meine hitzigen Worte auf grausame Weise in Erfüllung gingen; denn als ich ein paar Tage nach ebendiesem Disput zum Laden meines Freundes kam, fand ich die Läden verschlossen, und eine kleine, an der Tür befestigte Karte zeigte *den Tod des Besitzers* an.

An mein Ohr drang freilich in diesem Moment keine prophetische Stimme, die mich gewarnt hätte, daß junge Männer, die, um Nahrung für ihre lasziven Gedanken zu sammeln, Buchläden frequentierten, Blitze vom Himmel auf sich ziehen. Was jugendliche Ansichten betrifft, war ich in jenen Tagen sowohl im Hinblick auf Gott als auch im Hinblick auf Shakespeare durchaus orthodox.

Erst als ich in Deutschland gelesen und mich mit deutschen Professoren angefreundet hatte, begannen in meinem schlichten Verstand ernsthafte Abweichungen von überkommenen menschlichen Ansichten aufzukeimen. Vorderhand aber gingen, wie im menschlichen Seelenleben nicht selten, landläufige Ansichten noch mit heimlichen Lastern einher.

In Eastbourne stieß ich auf einen kleinen Buchladen, dessen Eigentümer – er war fast so jugendlich wie ich und keineswegs an einen Hocker gefesselt – eine Art private Leihbücherei phantastischer „Erotika" betrieb. Die auffallendste Eigenheit dieses jungen Mannes – der, nebenbei, viele Perverse davon bewahrt haben muß, Gedanken in Taten umzusetzen – war der unterdrückte Flüsterton, in dem er gewohnheitsmäßig sprach. Er vermittelte mir den Eindruck, er sei ein Priester – ein etwas undurchsichtiger junger Ion – des Kultes der Mutter von Eros. Nicht ein einziges Mal habe ich seine Stimme sich über dieses weihevolle Murmeln erheben hören. Beim ihm beschaffte ich mir viele zweifelhafte Druckwerke, die ich mit bebenden Händen und zitternden Knien – denn „verruchte" Bücher haben mich immer weit stärker verlockt als „verruchte" Menschen – im Zug nach Cooksbridge zu befördern und sorgfältig zu verstehen pflegte, wenn Mrs. Curme gute Nacht sagen kam.

Die französische Ausgabe der *Memoiren von Casanova* kaufte ich allerdings in dem Laden in Brighton, und ich darf gleich sagen, daß ich diese „Kultursprache", wie sie genannt wird, eher um meines Lasters als um meiner Bildung willen erlernte.

Was Bücher anging, war ich nun freilich hin und her gerissen. Ich entwickelte bald eine Manie für die Lektüre von Guy de Maupassant. Sie war, so kann ich versichern, keineswegs auf Liebe zu seiner „Kunst" zurückzuführen; denn ich war damals, wie heute, der Auffassung, daß diese Art von raffinierter Kürze die allerniedrigste Form von Literatur ist. Sie war auch nicht auf Achtung für seine Gedanken zurückzuführen; denn der Materialismus dieses normannischen Sportsmannes, den Nietzsche so arglos den „echten Lateiner" nennt, übte nie den geringsten Reiz auf mich aus. Ich war nach wie vor einerseits hartnäckiger Idealist und andererseits ein verzweifelt auf zerebrale Lüste Versessener. Doch der Kult mit den Werken von Guy de Maupassant kollidierte auf höchst fatale Weise mit meiner Leidenschaft für alte Quart- und Foliobände.

Ich ging sogar so weit, daß ich die kolossale Erstausgabe von Drydens *Vergil* – sie war so schwer wie ein halber Sack Mehl – in meinen Armen trug, sie über die Downs nach Lewes zur Eisenbahn trug und dabei wie ein Rasender Mount Harry hinaufklomm, wie ein Dämon auf Sir Georges schattenreiche Domäne hinabstierte, an der Rennbahn vorbeieilte und nicht eher ruhte, als bis ich meine Last gegen ich weiß nicht wie viele broschierte Bände des französischen Realisten eingetauscht hatte. Kaum aber hatte ich mich durch diese Bücher hindurchgewühlt – und ich verschlang sie Tag und Nacht –, da wollte ich nur noch eines auf der Welt, nämlich meinen *Vergil* zurückhaben! Auf Kosten eines noch schwereren Aderlasses für meine Haushaltskasse bekam ich ihn schließlich wieder; und obschon ich bezweifle, daß mein lieber Sohn, ebensowenig wie ich, je das Bedürnis haben wird, *Vergil* in dieser unvergilischen Übersetzung zu *lesen*, so hoffe ich doch, daß er sich noch manches lange Jahr am Anblick des prächtigen, sein Regal schmückenden Wälzers erfreut. In jedem Falle wird der Band ein „düst'res Denkzeichen" für den periodischen Charakter der Verirrungen seines Erzeugers darstellen.

Kein Angehöriger meiner überaus unkünstlerischen Familie hat weniger von den Gefühlen eines Künstlers als ich. Mein Vater hat es auf seine majestätische, stille Art verstanden, mir das Gefühl einzuimpfen, es sei würdelos, affektiert, weibisch, ja geckenhaft, sich im mindestens für Antiquitäten oder sogenannte „Kunstgegenstände" zu interessieren. So kann ich mich gut entsinnen – und ich schäme mich bis heute zutiefst dafür, denn mein Vater hatte dergleichen nie getan –, daß ich gewohnheitsmäßig die Vorsatzblätter aus meinen Büchern herausriß und sie als „Fidibusse" zum Anzünden meiner Pfeife benutzte. In diesem Punkt war ich ein destruktiver Schwachsinniger; aber der Fall lag hier anders als damals, als ich im Kindesalter einmal einer Anzahl Gänseblümchen mit einem Stock die Köpfe abschlug, weil zwei Mädchen darauf beharrten, allein miteinander zu spielen und mich zu ignorieren. Ich kann mich noch an den wütenden Lebenshaß erinnern – es war auf einer Wiese in Upwey, beim Wishing-Well –, der mein Herz erfüllte, als ich die Gänseblümchen mordete.

Und doch trieb ich parallel zu dieser bäurischen Brutalität meine krankhafte Heikligkeit so weit, daß ich meinen männlichen Gästen, wenn sie meinen Abort aufgesucht hatten, erst dann die Bücher auf meinen Regalen anzufassen erlaubte, wenn sie sich die Hände gewaschen hatten. Ich kann mich noch erinnern, wie mich Theodore, als er einmal von seiner Farm in Suffolk auf Besuch nach Court House kam, in derart harschen Worten für diesen Verstoß gegen das feine Benehmen tadelte, daß ich in diesem Punkt nie mehr vom rechten Wege abwich! Ich geriet dafür auf weit schlimmere Abwege.

Dieser Fluch liegt über jedem, dem sich nur erst die Biesfliegenlarven der Neurose in die Haut eingebohrt haben. Kaum hat man die blutsaugerischen Teufel von einer Stelle seines Körpers vertrieben, versuchen sie's auch schon an einer anderen. Ich kann – zum Trost etwelcher ähnlich Leidender, die diese Zeilen lesen – nur sagen, daß man sich nicht zurückziehen muß, wohin sich meine arme Führerin durch Court House zurückzog, sondern daß es, indem man sich pfiffig gewisser gewohnheitsmäßiger geistiger Kniffe bedient, durchaus möglich ist, weiterhin unter den Menschen zu leben und dabei Momente erregender Freude zu empfinden, während man sich gleichzeitig vollkommen bewußt bleibt, daß man *geistig nicht ganz gesund* ist. Ich möchte noch ein Geheimnis ausplaudern: Es liegt ein nur uns Verrückten bekanntes, tiefes und subtiles Vergnügen darin, die Psychiater dadurch zu überlisten, daß man es nie soweit kommen läßt, sich ihrer Behandlung unterziehen zu müssen, oder sie, wenn man sich ihr denn unterziehen muß, glauben macht, man sei geheilt, obwohl man ganz genau weiß, daß man es nicht ist! Und ich möchte hinzufügen, daß man sich geradeso, wie ich mich in Sherborne aus meinen schlimmsten Leiden errettete, indem ich den Verrückten spielte, *umgekehrt* auch dadurch erretten kann, daß man den Gesunden spielt.

Doch zurück zu meiner Geschichte. Etwa zu dieser Zeit wurde ich plötzlich von panischer Angst ergriffen, bei einem Eisenbahnunglück ums Leben zu kommen! Diese Furcht überwand ich auf schändlichste Weise, eine Weise, die ich vor jedermann geheimhielt. Littleton, Llewelyn, mein anderer Littleton – sie alle hören nun zusammen mit meinen übrigen Lesern zum ersten Mal davon! *Ich fuhr heimlich stets erster Klasse.* Noch heute erinnere ich mich an das sonderbare Schamgefühl – ich spürte das majestätische Auge meines Vaters in unsäglichem Vorwurf auf mich gerichtet –, mit dem ich an dem kleinen Fensterchen auf dem Bahnhof von Cooksbridge meine *weiße Fahrkarte* entgegenzunehmen pflegte. „Eine Rückfahrkarte erster Klasse nach Eastbourne, bitte", murmelte ich im unbefangensten Ton, zu dem ich imstande war; und schon wurde mir ganz einfach die weiße Karte ausgehändigt, als wäre ich Sir George persönlich gewesen. Der kleine Karton pflegte in meiner Tasche zu brennen, als wäre er der „gelbe Schein" gewesen, den sich die arme Sonja in *Schuld und Sühne* ausstellen lassen muß; und wie wurde ich nicht in Verwirrung gestürzt, als einmal ein unbeschwerter Bekannter, der den Bahnsteig von Lewes entlangging, die vertraute Gestalt seines Freundes mit dem hakenasigen Profil und der vortretenden Unterlippe sich in dem gepolsterten Abteil mit dem sorgsam verhängten Fenster und den weichen Stützen für schlaffe Handgelenke rekeln sah! Ich hatte nämlich die Vorstellung, Reisender erster Klasse tauchten nicht so häufig auf den Listen der Opfer von Eisenbahnunglücken auf wie die, die dritter Klasse fuhren; und ich habe den Verdacht, daß ich mit dieser Vermutung nicht ganz falsch lag.

Man darf nicht annehmen, ich hätte, da doch mein Magen von den Säuren brodelte, die der Stab meiner Laster aus dem Fels meiner Nerven schlug, und ich meine fünf Vorlesungen in Eastbourne mit nichts als einem Glas Milch und einem Zwieback im Bauch hielt, die Gier überwunden, die Powys I in einen Dämon verwandelte, der sich in Tuffins Konditorei mit Aprikosenpaté vollschlug und in Wildman's House Teller auf Teller klebrig-frisches Brotes mit Butter verschlang und dabei wie ein ausgehungertes Nagetier die Vorderzähne benutzte.

Meine Manie für Brot und Milch behielt ich, solange ich in Court House wohnte, und in Brighton fand ich eine Bäckerei, wo eine ganz bestimmte Sorte Vollkornbrot, sehr süß, sehr kräftig und duftend, verkauft wurde, das, in der Milch aufgelöst, einen Brei ergab, so „dick und zäh", wie sich's ein Hexenherz nur wünschen konnte. Derselbe Bekannte aus Lewes, der mich im Erster-Klasse-Abteil ertappte, ertappte mich einmal dabei, wie ich atemlos die Steigung von der Promenade zum Bahnhof von Brighton hinaufhetzte, in den Armen nicht klassische Foliobände, sondern nackte Brotlaibe, die ich meiner Vorstellung des Poetischen gemäß unbedingt ohne Papierumhüllung an meine Brust drücken mußte.

Mein Gewissen war jedoch ebenso rege wie meine Laster; und obschon sich die von meinen Aktivitäten erzeugten Magensäuren über meine Geschwüre zu ergießen pflegten wie Meerwasser über Seeanemonen, konnte nichts mich dazu bewegen, meine aufreibende Herausgeberschaft von *Ultima Verba* und *Noctis Susurri* oder meine ständigen Verabredungen mit Mr. de –––– aufzugeben. Dem alten Herrn gegenüber verhielt ich mich tatsächlich eher wie eine zärtlich liebende junge Frau als wie ein Dichterkollege.

Doch zu dieser Zeit kam es zu einem großen Ereignis in meinem Leben, nämlich zu meiner ersten Begegnung mit Bernard Price O'Neill, meinem besten und lebenslangen Freund. Die Freundschaft mit Dr. O'Neill verdanke ich ausschließlich meiner Heirat. Ohne meine Heirat hätte ich diesen einzigartig genialen Mann nie kennengelernt. Ein in der Wolle gefärbter, aus einer Vermischung von irischem mit walisischem Blut hervorgegangener Kelte, ist Bernie O'Neill nicht nur mein bester Freund, sondern auch der beste Freund, den unsere Familie als Ganzes je hatte und wahrscheinlich je haben wird. Seit Jahren – und möge es noch lange so bleiben! – besucht er während seines Sommerurlaubs von seiner Londoner Praxis getreulich reihum jeden aus der Nachkommenschaft meines Vaters. Wir alle kitzeln auf die eine oder andere Weise seinen umfassenden Humor; und ohne auch nur einmal Vertrauliches weiterzuerzählen – denn seine Verschwiegenheit ist so tief, wie seine Fassungskraft groß ist –, hat er mit jedem von uns zu einem besonderen, ganz eigenen Verständnis gefunden. Wie ein so umfassendes Einfühlungsvermögen überhaupt möglich ist – haben wir doch alle das Gefühl, als trennten uns bodenlose Klüfte –, weiß ich nicht zu sagen.

Obschon Bernie ein bewundernswerter Arzt ist, kann ich mir nicht vorstellen, daß seine umfassenden menschlichen Instinkte wissenschaftlicher Natur sind. Ich glaube, sie sind das, was Spengler im Zusammenhang mit Goethes geistigen Prozessen physiognomisch nennt. Sie verraten ein ästhetisches wie mystisches Wohlgefallen daran, daß die Charaktere der Menschen so ausgefallen sind, wie sie sind. Sie durchdringen und genießen, diese seine Instinkte, als wäre jeder, dem er begegnet, ein kostbarer, in pflaumenfarbenes Maroquin gebundener und von Baskerville gedruckter Band.

Was haben wir nicht alles gelernt, wir neandertalschädligen Powys', von diesem Humoristen mit der sanften Stimme, diesem schrulligen Kenner des dädalischen Palimpsests! Wieder und wieder sind seine besonderen Ausdrücke in die Küpen unseres jeweiligen Lebens-, Denk-, Sprech- und Schreibstils getaucht worden. Er besaß, besitzt immer noch, den Stempel des wahren Humoristen, die Fertigkeit, das gleiche phantasievolle Schlußwort wie den Refrain eines alten Zauberliedes immer wieder zu benutzen und dessen Pointe, dessen Klang, dessen Reichtum auf die gegensätzlichen Situationen des Augenblicks anzuwenden. Seine Güte ist die Güte der Natur selbst, etwas Unbefangenes, Wesensmäßiges, Spontanes, Nicht-Moralisches, das über die gewöhnlichen Unterscheidungen von Recht und Unrecht hinausgeht. Seine wunderlichen Aphorismen, nein! nicht Aphorismen, seine phantastischen Orakel, nein! nicht Orakel, seine raren Kommentare, sie alle gewannen aus der bloßen Wiederholung eine Abgeklärtheit und einen Glanz, die unser Leben vertieften, so daß wir ihn, wenn wir zusammenkamen, zitierten, ohne ihn zu zitieren, und in einer Art profaner Transsubstantiation immer wieder von neuem die reiche Fremdheit seiner einzigartigen Reaktionen verspürten! Er versah unseren so schlichten, so erdgebundenen powysschen Lebenskult mit Unter- und Obertönen aus der Gelehrsamkeit, die wir beargwöhnten, dem Volksjargon, den wir vermieden, der Kunst, die wir verachteten. Heimlich fütterte er seine eigene überschäumende Phantasie mit Offenbarungen aus dem Zirkus, dem Vaudeville, dem Argot des Marktplatzes, dem Panoptikum der ganzen verrückten Bettleroper der großen Stadt. Er war ein Adept der extremistischen Schriften sämtlicher Cagliostros der modernen Literatur. Er kannte jede Zeichnung von Beardsley, jedes Bonmot von Whistler, jedes Paradoxon von Wilde. Doch wärend er immerzu irgendeine Shandysche Extravaganz auf der Zunge zu rollen schien, war es letztlich Rabelais, der seine charakteristischsten Reden mit der ganzen Fülle ihrer idiomatischen Würze schmückte.

Was Bernie getan, gefühlt, gedacht, gesagt und wie Bernie sich unter dem verrücktesten Zusammentreffen überraschender Umstände verhalten, wie er reagiert und *ausgesehen* hatte – wir erzählten es uns ständig in allen Einzelheiten.

Schmächtig aber pummelig, zart aber kräftig, kühn aber zurückhaltend, launenhaft wie ein Aegripan im Gefolge des Silenos und doch akribisch wie ein Illuminator alter Missalen, war Bernie damals, und ist noch heute, eine jener unvergleichlichen Persönlichkeiten, die manchmal auf Erden erscheinen, wie um die sogenannten „schöpferischen Künstler“ völlig zu beschämen. Dabei muß sein einmaliges Genie mit der Erinnerung an uns, die wir ihn kennen, wie er ist, untergehen; sofern es ihm nicht, was durchaus sein kann, bestimmt ist, uns alle zu überleben! Denn Dr. O'Neill kann niemals altern! Wie ein elfisches Wesen, das sich von einem himmlischen Jungbrunnnen nährt, kann ihn „nicht Alter hinwelken, täglich Sehn an ihm nicht stumpfen.“

Seine Nase ist dünn, seine Lippe voll, seine Stirn breit, und seine Augen leuchten in einer Mischung aus animalischer Verstohlenheit und göttlicher Intelligenz. Seine Kleider scheinen stets schwer an ihm zu hängen, als hätte in seiner unaufdringlichen Persönlichkeit ein Hofarzt von Feldmäusen, Seidenäffchen und Wombats menschliches Gewand angelegt. Unter seiner Lampe und zwischen seinen Büchern, seinen Drucken und dem bunten Krimskrams seiner abstrusen Eingebungen von leidenschaftlicher Kunstgelehrsamkeit bewegt, ist er noch mehr er selbst, wenn er, die spitze Nase, den grauen Schnurrbart, die leuchtenden Augen, die schwitzende Stirn und die Arme aus seiner sackartigen Kleidung gereckt, hastig vorwärts stürzt, vor dem Gegenstand, der seine Aufmerksamkeit erregt hat – ein Feenreigen, eine Raupe, ein Pilz, eine Blume, ein Käfer, eine Motte, eine Blindschleiche, eine Feder, ein Sommerfaden, ein Moos- oder Flechtenstück, ein sonderbar gemustertes Blatt, ein Gallapfel, Rosenschwamm oder Kuckucksspeichel –, auf die Knie fällt und seinen Schatz mit dem Eifer eines passionierten Naturforschers untersucht.

Gott bewahre, daß ich ihn, wie Coleridge Lamb verärgert hat, durch den übertrieben salbungsvollen Ton meiner Worte verärgere. Ich würde meinen Freund gern beschreiben, wie Sueton einen Caesar beschreiben würde. Doch wenn man sieht, wie er sich in seinen wolligen Gewändern mitten auf einer Landstraße schauend, spähend, sinnend und stöbernd vorwärtsbewegt und dabei ständig wie ein pantagruelischer Kolibri in ungestümen kleinen Sprüngen von Hecke zu Hecke hüpft, so sieht man ein menschliches Wesen, für das nicht ein einziges Blattgeäder, nicht ein einziger Schmetterlingsflügel, nicht ein Kratzer, nicht ein Muttermal, nicht ein Fleck, nicht ein Schüppchen, nicht eine Runzel, nicht ein Klecks, nicht ein Farbtupfer, nicht ein Pünktchen auf dem kleinsten Keim organischen Lebens der okkulten Signatur des Absoluten ermangelt. Und das gleiche intensive, halb wissenschaftliche, halb mystische, mikroskopische Interesse am Leben, das Bernie ein so strahlendes Aussehen verleiht, wenn er in seinen Zeichnungen alter Meister blättert, und ihn auf der Suche nach weißen Veilchen, Schlangenhäuten, silbern getönten Perlmutterfaltern, Habichtfedern, Scharlachroten Becherpilzen oder goldäugigen Kröten so eifrig in Moore, Marschen, Sümpfe, Dickichte und Waldschneisen stürzen läßt, verleiht seinem Umgang mit weiblichen Wesen, ob jung oder alt, hübsch oder reizlos, einen geheimnisvollen Zauber, der geradezu hypnotisch ist. Trotz einer angeborenen Schwerhörigkeit, derentwegen er nicht alles hört, was ihm die „lieblichen Dirnen" – denn alle Frauen erscheinen ihm so und *sind* es angesichts seines hellsichtigen Verständnisses wohl auch – ins Ohr murmeln, verhält er sich ihnen gegenüber so sanft wie Chiron der Kentaur, als er die argivische Helena über die Flut trug.

Unbeschreiblich glücklich waren die stets zu kurzen und zu seltenen Tage, die mit Dr. O'Neill zu verbringen mir vergönnt war. Wir pflegten zusammen sprunghafte Ausflüge in viele Richtungen zu unternehmen, obschon dann Theodore das krönende Erlebnis blieb, diesen keltischen Rondibilis zum Tempel der Heiligen Boutelge in Chinon ob der Vienne zu begleiten. Aber ich habe mich mit ihm in einer der historischen schmalen Gassen beim Britischen Museum aufgehalten, denn dort kauften wir in einem Buchladen zusammen drei Bände von Schopenhauers *Die Welt als Wille und Vorstellung* in der Übersetzung von Haldane; und ich habe mit ihm in Brighton geweilt, denn ich war in seiner Gesellschaft, als ich die junge Frau kennenlernte, die mich dafür ausschalt, daß ich sie wie einen Postboten kostümieren wollte.

Es war jedoch in Weymouth – Weymouth, von jeher Mittelpunkt des Umkreises meines Erdenlebens –, wo die liederlichen Narrentänze meiner Obsession von diesem Arzt der buone robe von Hammersmith ihr denkwürdigstes „Imprimatur" erhielten. Entsinnst du dich noch, mein lieber Freund, wie wir einmal im Gloucester Hotel abstiegen und uns bis spät in die Nacht auf dem mondерleuchteten Balkon unterhielten, der auf den glitzernden Sand und die Statue von George II. hinausgeht? Bestimmt ist mir in meiner Katzenköpfigkeit oft manche leise Ironie deiner Einfälle entgangen, aber ich habe den Eindruck, daß in ebendieser Nacht die orakelhafte Gravität und gleichzeitige unleugbare Weisheit irgendeines Mondscheingesprächs zwischen Goethe und Jacobi Thema deiner Phantasie gewesen ist. Und hast du vergessen, was ich über irgendeine anonyme Nereide zu dir sagte, die Glauke, Thaleia, Kymodoke, Thoe, die stieräugige Halia, Limnoreia, Lacra, Doto, Proto, Kallianeira, die herrliche Galateia, Oreithyia oder die blondgelockte Amatheia hätte sein können und deren Liebreiz ich auf meine zerebrale Weise den Hof machte, während du dich aus der brennenden Sonne zurückzogest, um eine Weile zu ruhen? Während dieses Besuches in Weymouth pflegten wir die prächtige Tafel der königlichen Herberge zu meiden, in der wir nächtigten, und alle unsere Mahlzeiten in einer kleinen Teestube einzunehmen, wo die Eier ausgesprochen delikat pochiert und von einer jungen Frau, deren Schwangerschaft weit fortgeschritten war, besonders appetitlich auf dem gebutterten Toast angerichtet wurden.

In einer solchen, vielleicht sogar in derselben Teestube, so erzählte mir Hardy einmal, habe er das Urbild seiner Tess erblickt, lange nachdem er ihre Geschichte erzählt hatte; und an Tess mußten Bernie und ich denken, während das freundliche Mädchen uns bediente.

Theodore – der seine Farm in Suffolk mittlerweile abgestoßen hatte und sich in Studland in Dorset aufhielt, nicht weit von dem Ort, wo er sich schließlich endgültig niederließ – stieß während dieses Besuches mit dem Dampfer zu uns und verbrachte in den Räumen einer Mrs. Fancy in der Nähe des alten Haffs mehrere Tage mit uns. Ich werde den verblüffenden Eindruck, den mein so fremd anmutender Bruder auf mich machte, während er uns, die wir am Pier-Ende standen, von dem einlaufenden Dampfer aus zuwinkte, nicht so leicht vergessen. Sein Gesicht konnte mitunter so abweisend wirken wie ein alter Steinkreis; zuweilen aber zerknitterte es sich zu einem unergründlich belustigten Schmunzeln, und dann zuckte, oft gegen seinen Willen, sein Mund unter dem üppigen Schnurrbart, den er damals trug, in Einklang mit den flatternd herabgesenkten, schwermütigen Augenlidern. Ich kann mich noch gut entsinnen, wie Theodore und ich einmal während dieses Aufenthaltes *à trois* in Weymouth – vereint von einem merkwürdigen, unauslöschlichen Gefühl für die ausgedehnte Salzsumpffläche namens Lodmoor, bei deren Überquerung jedes Kind meines Vaters zwangsläufig die Knochenfinger der toten Vergangenheit nach seinen edlen Teilen greifen fühlen muß – Bernie auf den Kieseln jenseits des Hafendammes zurückließen, wo er beobachtete, ob sich in einem Netz, das gerade eingeholt wurde, eine Meerjungfrau befände, und über dieses einzigartige Gelände wanderten, bis wir schließlich – geleitet von dem unbeschreiblichen Band oder Bund oder Einverständnis zwischen uns – zu einem recht trostlosen Gehölz meerwassergeätzter und windgeschrumpfter Bäume gelangten, wo wir einst, *vor langer Zeit* – so schien es uns zumindest – verschiedene romantische Geheimnisse ausgetauscht hatten, Geheimnisse, die, so kann ich versichern, bei weitem zu vieldeutig und bizarr waren, als daß sie Littleton gegenüber mehr als angedeutet werden konnten.

Theodores Haltung zu Lodmoor, wie auch zu der dichten Immergrünhecke zwischen dem öffentlichen Park und der Preston Road, in deren Staub wir uns auf dem Heimweg oft so erschöpft dahinschleppten, desgleichen zu dem großen Steinhaus, von dem ich immer glaubte, es müsse das größte Haus der Welt sein, und zu dem stuckverzierten Haus mit Turm, in dem Dr. Smith wohnte, unter dessen Zuständigkeit uns Penn House so lange als Familienzuflucht erhalten blieb, Theodores Haltung zu alledem, sage ich, muß der meinen sehr ähnlich gewesen sein: voller eigenartiger, sonderbarer, nicht immer angenehmer und nicht immer schöner Treibgutstücke der Erinnerung, merkwürdiger Gefühle, die gleichzeitig so heilig zu sein schienen wie die phantastischen Gegenstände, die die Israeliten in der Bundeslade aufbewahrten, und so belanglos wie die auf die Auffahrt von Montacute herabrieselnden Schneeflocken, die Rogers schon wegzufegen pflegte, noch während sie fielen.

Für mich waren alle diese neuerlichen Besuche in Weymouth mit Gedanken verbunden, die, wie Wordsworth vom Gewicht der Sitte sagt, „drückend wie Frost und tief, fast wie das Leben" waren. Es gab Momente, in denen den Kieseln gegenüber von Brunswick Terrace und der tiefen, grünlich-grauen Masse der heranrollenden Wogen, die gerade dort so tief waren, ein Mysterium innezuwohnen schien, das auf meinen Verstand eindrang, bis mir schließlich ward, als gehörten sie *zu einem Leben im Leben.* Harte, runde, feuchte Kiesel und durchsichtige Wassertiefen – welches Geheimnis bargen sie, und wodurch wurde ihre Verbindung gerade dort so eigenartig bedeutsam? Und der Geruch, der zwischen der Außen- und der Innentür von Penn House zu hängen pflegte, ein Geruch, in dem Sand enthalten war und schwach, kaum wahrnehmbar, Fischschuppen und Zierbänder aus Seegras und feuchtes Leinen – warum beschlich mit immer wieder dieser besondere Geruch, so voller Empfindungen, die ganz anders waren als die, die ich zu dieser späteren Zeit verspürte?

Ganz ähnlich war es, als ich mit Bernie und Theodore im Fährboot über den Hafen von Weymouth setzte, von dem steinernen Lagerhaus am Eingang zum Pier bis zu der schlüpfrigen Steintreppe am Fuße des alten, rasenbedeckten Nothe. Während ich die Hand in die Strömung tauchte und den kurzen, mühelosen Schlägen der Ruderer zusah, bei denen sich das Handgelenk kaum einmal zum „Abscheren" der Riemen drehte, auf das mein Vater stets so gewissenhaft achtete, mühte sich mein Verstand, drei völlig verschiedene emotionale Schichten zusammenzubringen. Ich wollte mich dem sanften, leisen, halb traurigen Gebrüll meiner entschwindenden Vergangenheit hingeben. Ich wollte bis zur Neige die vielfältigen phantastischen Stimmungen meiner beiden originellen Begleiter auskosten, Stimmungen, die, von den Wechselfällen irdischen Wandels und den bizarren Schocks zufälliger Begegnungen wachgerufen, immer mehr voneinander abwichen. Und schließlich – und dieser dritte Drang war der für die beiden ersten erforderlichen Gemütsruhe auf fatale Weise abträglich – war ich hochgradig angespannt von der Hoffnung auf eine Möglichkeit der Befriedigung meines verzehrenden Verlangens, ungestört die weiblichen Reize, *teretesque suras*, anzustarren, die mir damals die Welt zum Paradies machen konnten.

Was dergleichen anging, konnte ich mich Bernie stets ganz offen anvertrauen. Noch für die verdrehtesten Irrungen und Wirrungen meiner Perversitäten zeigte er ausnahmslos Verständnis und ließ mich häufig auf ein Wort hin bereitwillig allein, wenn ich frei und ungehindert meinen verruchten Vorhaben nachgehen wollte.

Wie oft aber habe ich mich, wenn unsere Ausflüge vorbei waren und ich mit meiner erschöpfenden, öden Jagd lange, kostbare, nie wiederkehrende Stunden verschwendet hatte, als verrückten Tor verflucht, weil ich eine so sterile Suche dem göttlichen Glanz seiner Gesellschaft vorzog! Bei den seltenen Gelegenheiten, bei denen mein wählerischer Erotizismus befriedigt wurde, bedauerte ich es selbstverständlich nicht; es kam jedoch viel öfter vor, daß ich meine unschätzbaren Stunden mit Bernie opferte und gleichzeitig um den Lohn für meinen Verrat betrogen wurde.

Bernie und seine Familie hielten sich nach meiner Heirat regelmäßig in der Nähe von Court House auf, entweder dicht dabei oder am Rande des Dorfes Plumpton, das in Richtung Ditchling Beacon lag. Und nicht lange, da hatte auch Bernie, so wie Harry Lyon mich zu besuchen pflegte, einen Besucher in Plumpton, und mit ihm trat eine neue, überaus glänzende Gestalt in mein Leben. Es handelte sich um Louis Umfraville Wilkinson, dessen Eltern Theodore nach seinen eigenen Worten in ihrer Schule in Suffolk so behandelten, wie Jungen in der Schule behandelt werden sollten. Theodore hatte schon als Junge mit Louis Wilkinson Freundschaft geschlossen; ich lernte ihn aber erst jetzt kennen, da er Bernie in Plumpton besuchen kam. Was für eine glänzende Persönlichkeit er war! Ein gutes Stück über sechs Fuß groß, von gleichzeitig mächtigem und ebenmäßigem Körperbau, mit bronzen-goldenen Locken, gebieterischer Nase, starkem Mund und schnell in bestrickenden Karmin errötenden Wangen, war Louis, frisch von Oxford abgegangen und voller unverantwortlicher, heidnischer Abenteuerlust, gewiß eine verblüffende Erscheinung auf der dämmrigen Bühne meines verstohlenen, behutsam getanzten *pas seul* um den Maibaum des Lebens.

Theodore hatte mich auf seine eigene merkwürdige Weise auf diese glänzende Erscheinung vorbereitet. Wie es seiner Art entspricht, hatte er Louis Wilkinson den Beinamen „der Erzengel" verliehen, und sobald er die ehrfurchtsgebietende Bezeichnung durchgesetzt hatte, benutzte er das Wort so ungezwungen und leger, als hätte er seinen Freund Goldlöckchen genannt. So sagte er etwa: „Der Erzengel mag sein Fleisch nicht durchgebraten", oder: „Der Erzengel hat Angst vor Kühen", oder: „Der Erzengel trägt eine Leibbinde um die Taille." Als er einmal bemerkte: „Der Erzengel ist wirklich ein fescher Kerl", platzte sein Gesprächspartner empört heraus: „Fesch, sagst du? Er ist schön an Leib und Seele!"

Unter all seiner äußeren Imposantheit jedoch und trotz all seiner oxfordschen Intransigenz besaß unser gutaussehender Louis viele unschuldige und bezaubernde Charakterzüge. Er hatte eine Art, beim kleinsten Wort, das ihn beschämte, wie ein großes Mädchen puterrot anzulaufen, bis ihm die Röte, die seine männlichen Wangen überzog, glühend in den glatten Hals stieg, so daß man den Eindruck hatte, sie reiche ihm bis zur Brust hinab. Unter der Oberfläche seiner widersprüchlichen Stimmungen war er – aber was rede ich da! – *ist er* – von solider, sanftmütiger, ganz und gar unboshafter Wesensart. Er ist, unter der Oberfläche, sogar ein zutiefst häuslicher, wenn nicht gar monogamer Mensch, und sein eigentlicher, grundlegender Egoismus – denn egoistisch ist er ganz bestimmt – entspricht in seinem Wesen eher der Mitte der viktorianischen Ära als unserer heutigen, beunruhigenden Epoche. Mit seiner tief rollenden, volltönenden Stimme war er der geborene Redner, so wie ich der geborene Komödiant bin, und ich entsinne mich noch heute mit Stolz, daß ich es war, der ihn dazu bewog, wie ein Mark Anton im Oxfordtalar die Rednertribüne des Volkshochschulprogramms der Universität zu besteigen.

Sie ist eines der aufschlußreichsten Momente meines Leben gewesen, die eigenartige Natur meiner Freundschaft mit Louis. Er war stets, und mit anrührendster Treue, einer der zuverlässigsten Freunde Theodores. Er mochte, bewunderte und respektierte Theodore immer viel mehr als mich. Mit Llewelyn jedoch fühlte er sich am wohlsten; und ich habe so manches Mal einen nicht zu unterdrückenden Lachanfall nach dem anderen, wie von zwei Schuljungen, mitangehört, wenn diese beiden unverdorbenen Anbeter des Helios Hyperion zusammen waren. Ich möchte nicht so weit gehen zu behaupten, Louis' Haltung mir gegenüber habe am Ende D. H. Lawrences unzweideutiger Haltung gegenüber dem intellektuellen Middleton Murry geähnelt, denn Louis hatte mit dem Autor von *The Rainbow* nicht das geringste gemein; aber all die verschwommenen Ränder und fluktuierenden Verwehungen meines Wesens – die sogar Llewelyn schon als „Johns geistige Unlauterkeit" bezeichnet hat – waren Louis ein ungeheures Ärgernis. Wenn sie ihm authentisch erschienen, fand er sie morbid; in der

Regel aber hielt er sie für ganz und gar durchsetzt von einer perversen, krankhaften Falschheit, die ihn abstieß.

Was mich anging, so fühlte ich mich manchmal zu ihm hingezogen, manchmal eifersüchtig auf ihn, immer aber so ganz anders als er, daß ich bald jedes Interesse an dem Versuch verlor, mich zu rechtfertigen. Je ungeschminkter er seiner Meinung zu meiner geistigen und gedanklichen Gaukelei Ausdruck verlieh und betonte, daß ich sämtliche hart erkämpften Werte eines Lebens der Vernunft verriete, desto stärker verleitete ihn meine masochistische, boshafte Demut dazu, mich mißzuverstehen und immer weiter auf mich einzuprügeln. In solchen Momenten ähnelte er einem großen, wohlgeratenen, männlichen Einhorn in einem Garten duftender weißer Rosen, das plötzlich durch sein Scheuen und Stampfen und Steigen zu erkennen gibt, daß eine Schlange durch den Zaun hereingeschlüpft ist.

Als wir beide in Amerika Vorträge hielten, verlieh er seinen gemischten Gefühlen mir gegenüber in der bewundernswerten Geschichte *The Buffoon* auf schönste Weise Ausdruck; und an diesem Buch kann der kritische Leser erkennen, wie aufrichtig er mir zugetan und wie verletzt und irritiert er – leider! – gleichzeitig war.

Das letzte Mal, als wir uns sahen – und heute scheint mir das Jahre her zu sein –, trug mir Louis mit außerordentlicher Beredsamkeit seine Gedanken zur Kunst der Satire vor, eine Literaturform, die er beharrlich überaus hoch, ja höher denn irgendeine andere einschätzte. Louis gehört nämlich in seinen besten Momenten der Schule des Aristophanes an, während ich, in *meinen* besten Momenten, die etwas widersprüchlichen Charakteristika von Sokrates und Euripides miteinander zu verbinden suche! Ich erwähne diese letzte unserer Meinungsverschiedenheiten lediglich um anzudeuten, welche faszinierende geistige Kluft uns trennte. Denn meines Erachtens ist die Satire – mit Ausnahme der verfluchten Kunst der Kurzgeschichte – so ungefähr das Gräßlichste, was ich mir vorstellen kann! Zwar genieße ich es in meinem verwickelten Masochismus, Gegenstand der Satire zu sein; aber ich gehe mit dem satirischen Element in meinen Lieblingsklassikern, bei Rabelais beispielsweise oder in Don Quixote, genauso um wie als Kind mit den intellektuellen Albereien in *Alice im Wunderland*. Ich nehme es ernst und wörtlich. Ich spiegle mir mit einem der lügnerischen Kniffe, an denen mein Freund Anstoß nimmt, vor, es handle sich um *reine phantastische Schilderung*. Bei Swift könnte mich Louis wohl überführen, denn es ist schwer zu erkennen, wie man *A Tale of a Tub* bewußt wörtlich nehmen kann, aber ich habe ja auch immer lieber *über* Swift als Swift selbst gelesen; dennoch vermute ich gleichwohl stark, daß es sich bei der besonderen Form von Wahnsinn, die in seinen schrecklichen, abstoßenden Versen zutage tritt, um eine Morbidität handelt, die mir vertrauter ist als dem „Erzengel".

In jenen Tagen in Court House waren Bernie und Louis nicht nur mit mir, sondern auch mit Harry Lyon überaus eng vertraut. Es gab eine Zeit, da wohnte Bernie mit Harry Lyon unter einem Dach, so wie es auch eine Zeit gab, wo er sich mit Ralph Shirley im Verlagsgeschäft betätigte; aber das waren flüchtige Episoden. Zwischen einem in der Wolle gefärbten Kelten wie Bernie und einem gewaltigen, angelsächsischen Than wie meinem Vetter konnte es auf Dauer keine enge Vertrautheit geben; und was Harry anging, so bedurfte es nur der Konversion dieses reizbaren Normannen zum christlichen Glauben, um eine Bombe in unsere Mitte zu schleudern, deren Wirkung noch lange anhielt.

Im Anschluß an eine Reise nach Australien wurde Thomas Henry tatsächlich praktizierender Anglokatholik, und dieses Ereignis zog nicht nur den satirischen Witz des „Erzengels", sondern auch einen gewaltigen Hagel schierer Schulbubenspötterei von allen außer mir auf sein ergebenes, an den Bayeux-Teppich erinnerndes Haupt herab.

Damals „trat", wie die Frauen sagen, gerade ein weiterer neuer Freund „in mein Leben", der mich stetig, Jahr um Jahr, zur Kirche Roms hinführte; und so war ich, obwohl meine Streitgespräche mit Harry mit verdoppeltem Ingrimm weitergingen, schwerlich in der Lage, mich über ihn lustig zu machen. Nacht für Nacht pflegten unsere eindringlichen, exaltierten, schallenden Stimmen von dem einsamen kleinen Gutshaus aufzusteigen. Ich kann mich noch gut erinnern, wie ich dabei einmal aus dem Hügel dahinter die Silhouette eines großen Fuchses sich am Himmel abzeichnen sah. Vielleicht üben die scharfen Töne theologischer Streitgespräche einen Reiz auf Füchse aus. Jedenfalls weiß ich noch, wie das Tier – es sah wahrhaftig wie ein Wolf aus – den Kopf hob und bellte. Ich ließ Thora hinaus, damit sie sich seiner annahm. Aber es widerstrebte ihr, im Angesicht des Feindes ein so steiles Bollwerk zu erklimmen.

Llewelyn war zu dieser Zeit noch ein Schuljunge; aber er trat bald danach ins Corpus ein und schloß kurz darauf Freundschaft mit Louis; und so kam es, daß die Rustikalität von Sussex – „Dir zeig' ich's, du Kröte!" – und die Rustikalität von Dorset sich, wenn ich so sagen darf, die Hände reichten zu dem rohen Heidentanz um den leidenschaftlichen Konvertiten, zu dem Harry mittlerweile geworden war. Die Erzschurken verfaßten sogar ein Spottliedchen auf ihn, das sie unisono zu singen pflegten, wie zwei junge Kannibalen bei einem Blutfest. Man hätte annehmen können, daß dieser jugendliche Übermut auf Kosten meines alten Busenfreundes mich zu seiner Verteidigung hätte herbeieilen lassen, zumal ich selbst mit dem Gedanken spielte, Katholik zu werden; aber dem war nicht so! Ich hatte so sehr unter dem sardonischen Humor dieses streitbaren Proselyten zu leiden gehabt, daß ich ein boshaftes Vergnügen daran fand, ihn gequält zu sehen. Der aufmerksame Leser wird auch nicht vergessen haben, wie ich damals in der Prep. aus meinem Hinterhalt bei der Latrine hervorlugte und zusah, wie der kleine Junge von meinem Handlanger verprügelt wurde. Solchem Scherz, den andere stellvertretend für mich trieben, eine heimliche, hämische Freude abzugewinnen fügte sich nur allzu leicht in den Dunstkreis meiner tiefverwurzelten Lasterhaftigkeit ein.

Religiöse Gefühle sind Gefühle, die sehr eng mit der Sexualität verbunden sind; und in den Ton, in dem sich die von ihnen hervorgerufene Empfindung ausdrückt, schleicht sich rasch jenes gefährliche Zittern ein, das auf die Reizung eines sexuellen Nervs hindeutet. Miss Weston hat in ihrem Buch *From Ritual to Romance* aufgezeigt, daß es sich bei den Bildern des Speers und des Grals in den alten Kulten um Sexualsymbole handelt, die in religiöse und romantische verwandelt wurden.

Wenn ich heute über all das nachsinne, denke ich mir, daß mein platonischer Idealismus, der mit meiner zerebralen Perversität einherging, insgeheim stets ärgerlicher für Harry Lyon war – wie überhaupt die Häresie stets ärgerlicher ist als der Unglaube – als die ganze unzweideutige, heidnische Garstigkeit von Louis und Llewelyn.

Mein Bruder Bertie trat zu dieser Zeit, so wie mein Sohn zwanzig Jahre später, offiziell in dessen ansehnliches Architekturbüro ein, das damals in der High Street in Kensington lag. Hier pflegte der unermüdliche Harry Lyon in seiner Samtjacke und seinen eleganten Schuhen wie ein menschlicher Suchscheinwerfer um seinen großen, mit Zeichnungen überhäuften Tisch zu kreisen, dabei wütend auf seinem Pfeifenstiel zu kauen, als wollte er den Schädel eines Feindes zerknacken, und dann und wann aus seinen bebenden Kardinal-Newman-Zügen Schwerthieb auf Schwerthieb gegen jene hervorzucken zu lassen, die sich vor Jesus nicht neigen wollten. Ganz gewiß ging aus dem gebieterischen Mund dieses jungen Mannes, wie es in der Heiligen Schrift heißt, „ein scharfes, zweischneidiges Schwert hervor!"

Es war ein außergewöhnlicher Moment in meinem Leben, als ich auf meinen Vater Druck ausübte, Bertie den Eintritt in Harry Lyons Büro zu erlauben. Tief unten in meiner Magengrube, unter allen Argumenten, die ich anführte, nagte immerzu, als hätten die langen Finger meines Vaters meine Nabelschnur gepackt, das gleiche tiefe, stolze, unnahbare, alte walisische Vorurteil gegen diese Vertrautheit mit dem papistischen „Haus Rimmon", das er selbst empfand! Es war mein Vater in mir, der die ganze Zeit im Grunde meines Herzens eine verschlackte „Terre Gastée" zurückbehalten hatte, wo kein noch so lebhafter Kamerad einen kultivierten Garten anlegen konnte.

„Bis zu einem gewissen Grad, John, bis zu einem gewissen Grad!" wiederholte er jedesmal, wenn ich ihn fragte, ob wir nicht Vertrauen zu unseren Mitmenschen haben sollten.

Ich kann mich auch noch genau an die Stelle in Burpham in Sussex erinnern – es war am Fuße von Wepham Hill –, wo Harry Lyon einige Jahre später aufgebracht zu mir sagte: „Ich würde gern einmal *von Mann zu Mann* mit deinem Vater reden."

Ach, Thomas Henry, ich fürchte, du bist nicht der einzige Mensch, der gern einmal „von Mann zu Mann" mit dem Vikar von Montacute geredet hätte. Nein, nein! Warum sollte es auf unserer lebhaften Welt nicht wenigstens einen einzigen Menschen geben, der „über einen gewissen Grad hinaus, John" gegenüber allen Sterblichen reserviert ist?

Welchen ungerechten Vorteil hat der Redegewandte gegenüber dem Unberedten, wenn der Unberedte nicht manchmal, wie man in Dorset sagt, „die Pfeife im Sack hält"!

Bernie dagegen fand die stolze Reserviertheit meines Vaters niemals im mindesten ärgerlich. Es war wohl der kettengepanzerte Kreuzritter in Thomas Henry, der sich so sicher war, daß die christliche Demut *gewaltsam* noch in die entlegensten Festen heidnischen Stolzes getragen werden müsse. Bernie, der sogar noch keltischer war als mein Vater, verstand dessen grundlegende Vorbehalte vollkommen. Er ist ja selbst unergründlich reserviert. Da sind wir nun alle drei – Llewelyn, Theodore und John – Schriftsteller; und nicht einem einzigen von uns hat Bernie jemals anvertraut, was er von unseren Werken hält! Er, von dem ich das erste Mal von Dostojewski, Theodore von Nietzsche und Llewelyn von Montaigne hörte, hat nie – nein! in all den Jahren nicht ein Mal – durch ein einziges Wort zu erkennen gegeben, wie er über unsere Bücher denkt! Im Grunde komme ich, je mehr ich an Bernie denke, mehr und mehr zu der Erkenntnis, daß die Gabe des Ausdrucks, sei's in Rede, Schrift oder irgendeiner anderen Kunst, einem gewissen unbeschreiblichen Lebensgenie ganz und gar unterlegen ist.

Mein eigenes Lebensgenie war in jenen Tagen entsetzlich krude. Es ist außergewöhnlich, welche heftigen Gegensätze von Selbstsucht und Selbstlosigkeit ich in meinem Verhalten vereinigte. Ich pflegte alles und jeden im Stich zu lassen, meine Pflichten, meine Verantwortungen, meine Vorlieben, meine geistigen Interessen, um zu meinen unheimlichen und nicht sehr menschlichen Vergnügungen in Brighton davonzueilen. Ganz gewiß trug mein eigenartiges Laster dazu bei, mich – auf Gedeih und Verderb – noch über meine natürliche und sozusagen angeborene Unmenschlichkeit hinaus zu entmenschlichen. Auf Biegen oder Brechen nach Brighton zu gelangen wurde für mich das, was die Droge für den Rauschgiftsüchtigen ist. Ich wäre von einem Krankenbett, ja von einem Totenbett dorthin gegangen. Ich ging tatsächlich einmal von einem Totenbett hin. Wenn diese Manie an meiner verfluchten Vorstellungskraft zerrte, brachte ich jedem Sterblichen gegenüber die raffiniertesten Ausreden vor. Ich entwickelte eine sinistre List, wie man sie manchmal im Gesichtsausdruck von Leichnamen zu erkennen meint und wie sie Wahnsinnige – mit sehr viel extremeren Formen des Wahnsinns als der meinen – so häufig an den Tag legen!

Wenn ich nach Brighton unterwegs war, ging ich wie auf Wolken, roch Levkojen, Nelken und Maiglöckchen. Ich ähnelte der zum Leben erweckten Puppe eines Magiers. Ich rannte die Hänge der Hügel hinab. Ich stellte mir vor, ich sei auf dem Wege zu einem unfaßbaren Paradies von Sylphiden. All das geschah ganz gewiß nicht um einer wirklichen Sylphide willen, so wie ja auch Don Quixotes Gefühle für seine imaginäre Dulcinea nicht die Gefühle eines wirklichen Liebenden sind. Es geschah um *anonymer Fesseln* willen, daß ich meilenweit über die Downs rannte, Fesseln, mit deren dazugehörigen menschlichen Persönlichkeiten ich es keinen halben Tag hätte aushalten können!

Die ganze Zeit über suchten mich periodisch meine Magengeschwüre heim, so daß ich mich an Geländer preßte, über Gartentore beugte und mir verzweifelt die Knöchel in die Magengrube bohrte. Meine nervösen Erregungen ließen die giftigsten Säuren in mir hervorströmen und wie Tropfen eines gärenden Teufelsgebräus auf die wunden Stellen rieseln, die sie ständig verschlimmerten. Zum Trost sagte ich mir immer – und ich halte das nach wie vor für richtig –, daß ich mich glücklich schätzen konnte, diese Leiden an einem Körperteil zu erfahren, der so weit von meinem Gehirn entfernt war. Als die schlimmste Art von Leiden habe ich immer – auch heute noch – Schmerzen im Kopf betrachtet, Schmerzen, die von Neuralgien, Ohren- oder Zahnleiden verursacht werden. Noch unerträglicher wurden meine Geschwüre häufig durch schwere, krampfartige Verdauungsstörungen, die mich nachts weckten, und dann wälzte ich mich in heftigen Qualen hin und her. Diese nächtlichen Anfälle fürchtete ich am meisten. Tagsüber schien ich stets guten Mutes bleiben zu können, obwohl ich mich auch da, wie Llewelyn später feststellte, zuweilen wie eine verletzte Wespe am Boden krümmte. Häufig fühlte ich mich auch dann, wenn ich mich wie eine verwundete Blindschleiche wand, in tiefster Seele stark und glücklich.

Dem Beispiel meines Vaters folgend, pflegte ich damals mit grimmiger, stoischer Freude im Meer zu baden. Ich tat das nie in Brighton, denn es widerstrebte mir, kostbare Minuten zu vergeuden, die aufregender verbracht werden konnten, sondern ich badete stets in Weymouth, wann immer sich eine Gelegenheit bot. In Sherborne hatte ich nie mehr als meine „Roten“ errungen, was bedeutete, daß ich nicht sehr weit schwimmen konnte; und heute wundere ich mich über den Mut, mit dem ich – Feigling, der ich war – so weit hinausschwamm, bis ich keinen Grund mehr hatte, und dann umdrehte und zurückschwamm. Wenn ich umdrehte, mußte ich mein ganzes Wesen auf die Absicht konzentrieren, wieder Grund zu finden. Diese Gelegenheiten, bei denen ich, wenn auch nur für ein kurzes Stück, keinen Grund mehr unter den Füßen hatte, kehren mir heute oft wieder! Ich empfand ein erregendes Vergnügen, wenn ich, den Kopf über die Wellen gereckt und mich so urtümlich fühlend wie ein Ichthyosaurus, auf die erhabenen Konturen der Klippen starrte, auf Redcliff und White Nose und die anderen, die sich nach St. Alban's Head hin erstrekken!

Übrigens figurierte das gewaltige Vorgebirge für mich stets unter dem Namen St. Alban's Head, obwohl ich mittlerweile erfahren habe, daß es nach dem angelsächsischen Heiligen, der die Schule von Sherborne gründete, eigentlich St. Aldhelm's heißen müßte. Aber mein Vater hielt nichts von St. Aldhelm. Wie ein Kind hatte er Schwierigkeiten mit der Aussprache bestimmter Wörter; und wenn diese Schwierigkeiten auftraten, eignete er sich die Wörter entweder an, indem er sie falsch aussprach, oder er verbannte sie in einem Limbus künstlicher, modischer Affektiertheiten.

Meine eigene boshafte Feindseligkeit gegenüber modischen wie affektierten Menschen findet tiefe, und ich möchte fast sagen misanthropische Befriedigung darin, weiter bei „St. Alban's" zu bleiben, obwohl ich weiß, daß es „St. Aldhelm's" heißen muß; und ich glaube, meine Halsstarrigkeit in diesem Punkt ist ein erhellender psychologischer Beleg dafür, wieviel Bosheit und schwarze Galle sich dem poetischen und romantischen Element jeglichen Konservativismus' oft beimischt. In Wahrheit bin ich der geborene *Reaktionär*; und das, so meine ich, ist auch der Teufel. Es ist Gott, dem es Freude macht, Unruhe zu stiften und die Vergangenheit zu zwingen, sich in der Zukunft zu verlieren. Der Teufel hat eine romantische Leidenschaft für die Vergangenheit; und wenn man die Vergangenheit weit genug zurückführt, wird sie zu dem Chaos, aus dem sich unsere energische, lebhafte Welt herausschälte. Ich bin nun freilich nicht so verblendet zu glauben, das Leben wäre erträglich oder auch nur möglich, wenn man es dem Teufel überließe. Wir sollten vielmehr irgendeinen Kompromiß mit Gott und seinen evolutionären Methoden anstreben.

Doch zurück zu den Gelegenheiten, bei denen ich nach St. Alban's Head hinüberstarrte, während ich mit einiger Beklemmung so weit hinausschwamm, daß ich keinen Grund mehr hatte. Es ist mittlerweile eine Art religiöser Ritus wie das Murmeln eines lateinischen Psalms für mich geworden, die Gefühle, mit denen ich den Grund unter den Füßen verlor, wieder aufleben zu lassen. Ich verwandle sie in eine Stimmung, in der ich mit dem Stolz des Teufels der Welt Trotz biete! Ich bin im Grunde so etwas wie ein Dreieiniger, gleichsam eine walisische Trias! Ich bin ein Punchinello, ein Proteus und eine überaus umständliche alte Frau. Und diese punchinello-proteushafte Altweiberseele kann wie eine Schlange ihre triadische Haut wechseln. Außerdem bringt sie die merkwürdigsten Zauberkunststücke zustande. So kann es ihr beispielsweise außerordentliches Vergnügen bereiten, sich als *junges Mädchen* zu fühlen. Diese Metempsychose in ein Mädchen ist es auch, mit der ich in meiner Phantasie am liebsten spiele. Und genau diese Empfindung erwartet man von einem Wordsworthianer wie mir, wenn man ein echter, psychologisch beschlagener Kritiker ist. Natürlich genieße ich es oft auch, mich als steinalte Punchinello-Puppe zu fühlen, aber wenn ich in dem komplizierten kosmischen Stück, dessen Protagonist ich bin, von dieser Rolle in die Rolle eines jungen Mädchens schlüpfe – ah! wie durchschauert es mich da! Es hat mir immer einzigartige Befriedigung bereitet, in dieser merkwürdigen Phantasie zu schwelgen. Ich finde ein wunderliches, echtes erotisches Vergnügen daran, meine welken alten Beine in Mädchenglieder zu verwandeln.

Was das ganze psychopathologische Theoretisieren anlangt, das Freud in Gang setzte – meine Sympathien neigen sich sehr stark Jung zu –, bin ich denn auch der Ansicht, daß unsere derzeitigen psychoanalytischen Dogmen zusammenbrechen, wenn sie es mit einem Menschen zu tun bekommen, der, wie ich, sowohl eine anomal machtvolle Phantasie als auch einen anomal starken Willen hat. Ich persönlich stimme nicht mit der heute weitverbreiteten Tendenz überein, den Willen und die Phantasie zugunsten eines allgemeinen *Sich-Gehenlassens* abzuwerten. Meine Theorie lautet, daß wir uns mit der Vernunft das Irrationale aneignen, mit dem Willen unseren Charakter verändern und mit der Phantasie die Welt neu erschaffen!

Würde ich etwa einem orthodoxen Psychiater verkünden, daß ich außerdordentliches Vergnügen daran finde, mich als junges Mädchen zu imaginieren, besonders als junges Mädchen, das in ein anderes junges Mädchen verliebt ist, so zwänge ihn sein stumpfsinnig starres Schubladendenken dazu, mich als – nun ja! Man kennt die Art von Jargon, auf die er in dem Bemühen zurückgreifen würde, mich in ein klar bestimmtes, eindeutiges, abschließend katalogisiertes Opfer anomalen Erotizismus' zu verwandeln. Weit gefehlt! Ein Mensch kann kindlich sein, ohne an infantilen Fixierungen zu leiden. Ein Mensch kann von seinem Vater beeinflußt sein, ohne am Gegenteil des Ödipuskomplexes zu leiden. Ich würde von mir selbst lediglich sagen, daß ich eine morbide Wählerischkeit, einen überfeinerten, fast *jungfräulichen* Abscheu vor den gröberen Aspekten normaler Sexualität habe. Es erscheint mir ganz einfach: In meinem nicht menschlichen Kult um überirdisch schlanke Sylphiden löse ich mich – wie alle wahren, kontemplativen Ekstatiker – *in das Element auf, das ich kontempliere.*

Wenn ich meinen Essay über meinen großen Lehrmeister Wordsworth schreibe, werde ich aufzeigen, wie seine zerebrale, mystische Leidenschaft für junge Frauen aufs innigste mit seiner anomal sinnlichen Empfänglichkeit für die Elemente verbunden ist. *Er wollte, daß seine Mädchen Elementargeister sind.* Und in seinen Gedichten – in denen Menschen ihre innerste Seele bloßlegen – liebte er es vor allem, *sich als Mädchen zu imaginieren.* Ich persönlich idolisiere den speziellen Mädchentypus, den ich Sylphide nenne, in solchem Grade, daß ich alles zerstören will, was nicht sylphidisch ist. Aber dennoch will ich sinnlich lieben, was mich anzieht! Und so veredle und verfeinere ich Fleisch und Blut, bis es, wenn nicht über alles Natürliche, so doch über die normale *Menschennatur* hinaus geläutert ist, und kontempliere meine Sylphide, als wäre ich selbst eine Sylphide oder, wenn man so will, ein Salamander, der die hinreißenden Gliedmaßen einer Undine betrachtet. Bedenkt man meine anomal kräftige Konstitution und meine dämonische Willenskraft, empfinde ich es als außerordentlich, wie spröde, wie fragil, wie hauchfein, wie abgeklärt, verdünnt und luftig, wie kerzenlichthaft flackernd alle meine intensivsten Reaktionen auf das Leben sind. Wenn ich ruhig und zufrieden bin oder mit Hindernissen zu kämpfen habe, komme ich mir durchaus kompakt und undurchlässig vor; doch kaum reißt mich eine erregende Welle von Glück mit, fühle ich mich wie in Luft, in Feuer, in Wasser verwandelt! Ich erlebe tatsächlich die physischen Empfindungen des Schwebens, Flammens und Fließens. Wer weiß, ob nicht eine bestimmte Art von Glück mich entmenschlicht und wieder in mein natürliches Geburtsrecht auf eine Existenz als Elementargeist einsetzt?

Jedenfalls strebte ich dem nicht-menschlichen Zustand des Schwebens und Fließens zu, wenn ich mich dadurch, daß ich hinausschwamm, bis ich keinen Grund mehr hatte, so fühlte, als löste ich mich in Luft, Himmel und Meer auf! Eine der wagemutigsten Taten, die ich je vollbrachte – und Dr. O'Neill kann sie bezeugen, denn er war dabei –, bestand darin, ins tiefe Wasser vor Chesil Beach hinauszuschwimmen! Ich hatte meinen Vater davon reden hören, daß er es getan hätte, und so mußte ich es unbedingt auch tun, obwohl selbst Bernie, ein sehr guter Schwimmer, sich weigerte, so weit hinauszuschwimmen. So habe ich denn auch nie im Leben irgendeinen Menschen vor Chesil Beach baden sehen.

Und nun muß ich mich einem ganz anderen Thema zuwenden. Ich habe immer eine sehr starke, ein fast schmerzhaft starke Sympathie für Landstreicher empfunden. Ich pflegte mich in einer Art imaginativer Projektion meines Geistes mit diesen seltsamen Wandersleuten zu identifizieren. Eines war mir mein Leben lang bewußt: die deutliche Erkenntnis nämlich, welches Privileg es darstellt, daß ich ein Dach über dem Kopf, eine Decke auf dem Bett, trockene Schuhe an den Füßen, ein tüchtiges Feuer, um mir die Knochen zu wärmen, und eine Mahlzeit aus Brot und Milch vor mir habe! Nie habe ich das unschätzbare Privileg, des lebensnotwendigen Bedarfs versichert zu sein, für selbstverständlich hingenommen. In diesem einem Punkt gehe ich von meinem heiklen Individualismus ab und bin auf menschliche, höchst demütige Weise dankbar. Ich empfinde Dankbarkeit nicht nur gegenüber Fortuna, sondern nachgerade gegenüber dem Menschengeschlecht, dessen „kolletives" Handeln gemäß seinem großen Fünfundzwanzigtausenjahres-„Plan" mir Schutz vor den Elementen verschafft hat, die ich immer so preise! Ich erinnere mich gut, wie ich einmal in der Nähe des Grabens, in dem ich mit Littleton gerauft hatte, als er über die Irische Partei im Parlament spöttelte, einen betrunkenen Landstreicher auflas und dem lästigen Gesellen die Straße entlanghalf, damit er in meinem leeren Stall übernachte; dabei erstaunte mich der hochmütige Ekel, mit dem mein alter Freund Mr. de ---- mir riet, mich nicht mit dem Burschen abzugeben.

„Er gehört zum Pöbel, Powys", murrte er in einem fort, während der Landstreicher gegen uns torkelte. „Er besitzt keinerlei Intelligenz."

Und dann fuhr er unter gereizten Ausweichmanövern vor dem Getaumel des Mannes fort, Lukrez zu zitieren und mir anhand der Milchstraße zu unseren Häupten zu demonstrieren, wie absurd es sei, *unsere* Intelligenz den abergläubischen Vorstellungen des gemeinen Packs zu unterwerfen.

Meine Freundschaft mit Bernie verdanke ich wie gesagt ganz und gar meiner Ehe, die ungemein glücklich war; ebenfalls meiner Ehe verdanke ich die Gelegenheit, eine andere enge Freundschaft, die ich zu dieser Zeit schloß, zu entwickeln und zu vertiefen. Ich spreche von meinen Beziehungen zu John William Williams. J. W. W. war der erste wirkliche *Papist* – jener Menschenschlag, der sich nach Auffassung meines Vaters besonders eng mit dem Teufel verschworen hat –, mit dem ich jemals gesprochen habe; und ich war schlicht und einfach gebannt von einer *Weisheit*, die wie ein tiefer, reicher, göttlicher Nahrung voller Erdboden anmutete, in dem – und in solcher Zahl! – die vielfältigen Wurzeln all dessen wuchsen, was ich dunkel und auf meine tastende, unbeholfene, bäurische Weise schätzen gelernt hatte.

Mein Wesen verlangte zu diesem Zeitpunkt einfach nach dieser Art von Nahrung – nach etwas, hinter dem eine wirkliche Tradition stand und wo die Mythen, die ich liebte, und die Balladendichtung, die ich liebte, tief in den Boden der Geschichte hinabreichen. Ich war ein geborener Possenreißer, ein geborener Hanswurst mit für den geheimnisvollen Magnetismus des Kosmos empfänglichen Sinnen und der tiefverwurzelten Ernsthaftigkeit eines hingebungsvollen Einfaltspinsels. Die Passage in dem Gedicht von Matthew Arnold, wo er den sonderbaren Satz schreibt: „Und möge durch sein liebliches Gesicht des Universums ganzer Zauber dringen!", hätte damals auf mich gepaßt, wenn man statt des „lieblichen Gesichts" meinen alten Schulbeinamen eingesetzt hätte: „Und mög' durch seine häßliche Visage des Universums ganzer Zauber dringen!“ Die periodischen Schmerzen von meinen Magengeschwüren trugen erheblich dazu bei, mich in einem Zustand nervöser Schreckhaftigkeit und Überempfindlichkeit zu halten; gleichzeitig aber schien die heftige Qual mitten im Zentrum meiner magnetischen Vitalität die verzehrende Intensität meines eigentümlichen Lasters noch zu steigern. Die von meinen Geschwüren verursachten, heftigen Beschwerden schienen die Macht zu haben, sich in Lust zu verwandeln. Aus den immer wiederkehrenden, fürchterlich schmerzhaften Krämpfen schien ein empfindliches, elektrisch geladenes *Fluidum* zu entstehen, das immerzu aus den Tiefen meines Wesens nach oben drängte! Dieses Teufelsfluidum in meinem Leibesinneren schien eher ein „leitendes“ als ein „nichtleitendes“ Element zu sein, und durch es strömten beständig, wie durch ein verstärktes Medium, bestimmte erregende Wellen magnetischer Vitalität, die gleichsam aus einem tiefen, planetaren Reservoir zu kommen schienen, so daß ich trotz meiner körperlichen Leiden guten Mutes blieb. Man darf nicht vergessen, daß diese Leiden keine permanente Begleiterscheinung meines Lebens waren. Manchmal war ich wochenlang frei davon, ehe sie wiederkamen. Sie traten periodisch immer wieder auf; und ich ging damit um, wie ich schon in der Schule damit umgegangen war, als sie mich das erste Mal überfielen und durch die Massen schweren, klitschigen Brotes mit Butter, das ich zweimal am Tag hungrig hinunterschlang, und durch meine Orgien in Tuffin's Konditorei noch verschlimmert wurden. In der Prep. war die Butter – für meinen Geschmack – so unappetitlich gewesen, daß ich sie, wie Llewelyn zu Hause, wo die Butter einwandfrei war, in unzählige Tassen starken, süßen Tees „eintunkte“. Jetzt hatte ich statt dessen Schüsseln mit Brot und Milch. Diese bereitete ich mir unter großem Zeremoniell zu. Ich zerkrümelte die frischen Laibe Vollkornbrot, die ich von Brighton nach Hause trug, indem ich sie in ihrer ursprünglichen Nacktheit an meinen pochenden Magen drückte, als wären es Mädchen, und vertilgte sie gierig, kaum daß ich nach Court House zurückgekehrt war, mir die Hände gewaschen und den Kopf in ein Becken Wasser getaucht hatte. An meinem Unterrichtstag in Eastbourne, wo ich in etwa sieben Stunden fünf Vorträge hielt, nahm ich nichts als ein Glas Milch zu mir. Ach! Wie gut kann ich mich noch entsinnen, was ich empfand, wenn ich mir die

Knöchel in den Magen preßte und dabei Tropfen brennender Säure auf Bürgersteige, auf die Böden von Bahnhöfen und Eisenbahnwaggons und sogar auf die Stufen der prächtigen Häuser spie, wo meine Vorträge stattfanden.

Diese Magenschmerzen hielten noch einige zehn Jahre nach meiner Heirat an und verschlimmerten sich dabei eher, als daß sie besser wurden. Am lebhaftesten erinnere ich mich aus all den Jahren meiner Fahrten durch England, denn ich nähere mich nun dem Beginn meiner „Volkshochschul"-Zeit, in erster Linie an die – leider so selten von Oasen der Befriedigung belohnten – Mißlichkeiten, die elenden, strapaziösen, erbärmlichen Mißlichkeiten, denen ich bei der Erfüllung meiner manischen, erotischen Suche auf diesen Reisen ausgesetzt war, in zweiter Linie jedoch an die gräßlichen Momente bitterer Trostlosigkeit, die mein schwäriger Magen mir bereitete. Ich weiß noch genau, wie ich mich einmal auf einem Gang in der Dämmerung, denn ich war schon immer knauserig, was die Benutzung von Droschken angeht, und habe es wie mein Vater stets vorgezogen, wenn irgend möglich zu Fuß zu gehen – „Ich bin gern *unabhängig*, mein Junge" –, wie ich mich also auf einem Gang durch die dunkler werdenden Straßen irgendeiner Industriestadt in den Midlands, auf dem Weg vom Bahnhof zum Haus meines Gastgebers, fühlte, als ich gezwungen war, meine Tasche auf dem Bordstein abzusetzen und mir unter völliger Mißachtung der Passanten die Finger in die Kehle zu stecken, um wenigstens etwas von dem grausamen Brennen in meinen Organen hervorwürgen zu können. Ich kann mich entsinnen, wie mir dabei einmal gewisse künstliche Zähne – heute spricht man von einem „Gebiß" – in den Rinnstein fielen, wie ich im Dunkeln danach tastete und wie dankbar ich sie mir ganz verschmutzt wieder in den Mund einsetzte, meine Tasche aufnahm und weitereilte.

Nachdem Louis Wilkinson während unserer gemeinsamen Zeit in Amerika einmal heimlich beobachtet hatte, wie sein „alter College-Kumpan" – so seine scherzhafte Bezeichnung, die eine der kompliziertesten Beziehungen zusammenfaßte, die jemals zwischen zwei Männern bestand – aus dem Zug stieg und händewedelnd die Dienstmänner fortscheuchte, pflegte er auf seine humorvolle Art zu bemerken, mein Gesichtsausdruck ähnele in solchen Momenten dem eines Menschen, der nicht seinen *Knappsack*

– denn in dieses wild anmutende Objekt hatte sich meine Reisetasche mittlerweile verwandelt –, sondern sein Kreuz „aufnimmt“! Eines Nachmittags, so erinnere ich mich, als mein Zug gerade in Rochdale einfuhr, fragte der Mann, der mir in meinem Dritter-Klasse-Abteil gegenübersaß – denn ich kann versichern, daß meine Erste-Klasse-Herrlichkeit nicht lange währte – angesichts meiner nicht zu unterdrückenden Zuckungen besorgt: „Geht's Ihn' *arch* schlecht, junger Freund?“

Bis zu dem Zeitpunkt, als ich John William Williams kennenlernte, dessen Ahnen viel walisischer waren als meine – und seine Freundschaft verdanke ich ausschließlich meinen Vorträgen in Eastbourne –, hatte sich das, wonach es mich zu meiner Lust am Wesen des Sylphidischen verlangte, grausam eingeschränkt. So selten, ach, so selten fand ich, was ich wollte – und ich wollte doch nur schauen und schauen –, daß mein Hauptinteresse am Ende darin bestand zuzusehen, daß ich dem geringsten Merkmal von „Sylphidenhaftigkeit“ bei jungen Damen möglichst viel abgewann. Ich schwärmte für die Gliedmaßen von Frauen und für ihre Fesseln, für ihre Hälse und für ihre Hinterköpfe, aber ich konnte nur genießen, was ich anbetete, wenn ich ihre Weiblichkeit sozusagen von allen Attributen reinigte, die in meinen Augen nicht nur unerheblich, sondern nachgerade abschreckend waren. Es gab für mich im Reich des Möglichen einen hinreißenden, weiblichen Liebreiz, den ich mit einer mein ganzes Sein beanspruchenden Lust begehrte. Abgesehen davon aber schrak ich vor Frauen zurück. Abgesehen davon erfüllten sie mich mit ungewöhnlichem Ekel.

Nach und nach jedoch entdeckte ich, daß ich mit außerordentlichem Gewinn für meine Lebenseinsicht auf geistigem Gebiet mit Frauen tändeln konnte. Ich stellte nämlich fest, daß fast alle Frauen ein tiefes, geistiges Interesse für mich aufbrachten. Mit Ausnahme von *Damen der Gesellschaft*, die ich von ganzem Herzen verabscheute und als Vergifterinnen, Verhunzerinnen und Zerstörerinnen aller Würde und Poesie des menschlichen Lebens betrachtete, schienen sie allesamt sehr viel stärker, als es Männer jemals waren, an der Art von Verallgemeinerungen über das Universum interessiert zu sein, um die es mir zu tun war! Ja, sosehr ich vor bestimmten Aspekten des Weiblichen zurückschreckte und sosehr mich der blinde Zorn überkam, wenn ich die leiseste Äußerung, die leiseste

Regung der meisten Arten weiblicher Liebe sich auf mich richten sah, muß ich offen gestehen, daß ich nach Gesprächen mit meinen weiblichen Bekannten das Gespräch mit den Männern, die ich kannte, in aller Regel als ungeheuer mühsam – anregend in gewisser Weise, aber, mein Gott, wie mühsam! – empfand.

Um jedoch auf den „Katholiken" – denn so gewöhnte ich mir an, ihn zu nennen – zurückzukommen, so wünschte ich, ich könnte beschreiben, wie mir schon das sterbliche Teil und Beiwerk dieses göttlichen Geistes in die Augen sprang, wie das glatte braunschwarze Haar meines Freundes, wie seine edel gerundete Stirn, wie seine tiefen, haselnußbraunen Augen, Augen, die die Eigenheit besaßen, in der Erregung schwarz zu werden – jawohl! *schwarzes Feuer* zu sprühen –, ein so charakteristisches „Ensemble" mit seiner stolz angepreßten und doch sinnlichen Unterlippe, seinem vorspringenden und häufig unrasierten Kinn, seiner dünnen, klassischen Nase und seinem zerbrechlichen Körper bildeten. Der „Katholik" hatte das Priesterseminar besucht, und obwohl er nie die heiligen Weihen empfangen hatte, war es ihm ein inneres Bedürfnis, schwarze Kleidung zu tragen und sich auch sonst in seinem äußeren Gebaren als ein Mann herauszuheben, der Tag und Nacht über Gott und die Unsterblichkeit nachsinnt.

Bei der einen, denkwürdigen Gelegenheit, als mein alter Freund aus Sherborne, W. E. Lutyens, der große Meilenläufer, dem „Katholiken" begegnete, war er entsetzt von dem grünlichen Stich, der sich wie eine bestimmte Art von Höhlenmoosen im Laufe der Zeit einigen dieser pseudopriesterlichen Kleidungsstücke angeheftet hatte. Lutyens – gesegnet sei sein Meilenläufer-Herz! – ging so sogar so weit, in Hinblick auf meinen Freund von „verblichener Eleganz" zu sprechen. Aber unser Lutyens hat ja auch einen deutlichen Einschlag von teutonischem Blut; und dieser großen, gut gedrillten Spezies von Unsterblichem Arier scheint es schwerzufallen, die Eigenschaft des Aristokratischen bei bestimmten Formen ungehöriger Kleidung wahrzunehmen. Lutyens war damals damit beschäftigt, ein Gedicht über den Kinderkreuzzug verfassen, in das er die ganze kindliche Reinheit seines Wesens hineinlegte; aber es brauchte mehr als einen kindlichen Mönch Gottes mit den Füßen eines Achilles, um in das Herz von J. W. W.'s Geheimnis zu dringen!

Was Littleton anging, so kommentierte er, als *er* den „Katholiken“ kennenlernte, das Ereignis lediglich mit den Worten: „Armer kleiner Kerl!“, geäußert in dem eigenartig sanften und doch leicht gönnerhaften Ton, wie ihn etwa der gutmütige Riese auf einem ländlichen Jahrmarkt gegenüber dem jähzornigen Zwerg anschlägt.

Bernie dagegen schätzte den „Katholiken“, wenn auch wohl nicht mit der gleichen launigen Anteilnahme, wie er sie im Falle von Mr. de –––– an den Tag legte. Doch mit welch feinen, prälatenhaften Genuß erzählte mir der „Katholik“ selbst von seiner ersten Unterredung mit Bernie. Er sprach mit mir in einer Schenke an irgendeiner Ausfallstraße von Eastbourne über ihn. Hier philosophierte der große Scholiast gern stundenlang, während das kleine Schankmädchen sein außergewöhnliches Profil mit ebensolcher Freundlichkeit und Verwunderung musterte, wie sie die guten Maritornes in ihrem Wirtshaus zuweilen zeigten, wenn gelehrte Themen diskutiert wurden. „Er hat mir gesagt, er sei Individualist“, bemerkte der Theologe, während er an seinem Portwein nippte und den warmherzigen Blick des Schankmädchens mit der feurigen Liebenswürdigkeit eines seraphischen Doktors erwiderte, „aber ich glaube, er hatte einfach das Gefühl, es sei sehr wichtig für ihn, mir seine Position von vornherein klarzumachen.“

J. W. W. schrieb zu der Zeit, als ich ihn kennenlernte, gerade an der verwickelten, anspruchsvollen Abhandlung, die später unter dem Titel „Pascal, Newman, Loisy und die katholische Kirche“ erschien. Wie mir jetzt alles wiederkehrt, die akribisch kleine Handschrift im Manuskript seines Buches und die eindringliche, leidenschaftliche Beredsamkeit seiner komplizierten Argumentation! Sein Lieblingswort war lange vor Einstein – denn man darf nicht vergessen, daß ich Ereignisse schildere, die stattfanden, ehe das 19. Jahrhundert vorüber war – das Wort „relativ“. Mit Hilfe dieses Zauberwortes beschwor J. W. W. ein reiches, subtiles Gedankengebäude herauf, das als eine Art gedeckte Brücke zwischen der konservativen Orthodoxie und dem rebellischsten Modernismus diente.

Ich weiß bis auf den heutigen Tag nicht recht, wie weit ich mit meinem pragmatischen, pluralistischen, mythologischen Denken im Verständnis seines Systems vorgedrungen bin. Ein System war es jedenfalls: und es war ebenso sorgfältig ausgearbeitet wie das Hegelsche. Im Grunde entwarf es wohl – indem es einige der subtilsten Strömungen des Neuthomismus vorwegnahm – eine Verteidigung der traditionellen scholastischen Position, die noch den klügsten Modernisten den Boden unter den Füßen wegzog; nicht so sehr, indem es „ihnen den Wind aus den Segeln nahm", sondern vielmehr, indem es bewies, daß die Orthodoxie an sich bereits jeden grundsätzlichen Zweifel, den sie vorbrachten, auf tiefgründige Hegelsche Weise aufgenommen, einbezogen, eingeordnet und erledigt habe. Ich kann gar nicht sagen, welches Glück ich empfand, wenn ich den Ausführungen des „Katholiken" lauschte. Sein Denken war von einer erstaunlich umfassenden, wie auch äußerst pittoresken und dramatischen Spannweite. Meine ganze alte Leidenschaft für die großen gnostischen Häresien – die für mich noch immer viel aufregender sind als jede moderne Wissenschaft – lebte wieder auf, wenn ich ihm zuhörte. Hier war ein lebender Marcion oder vielmehr eigentlich ein lebender Athanasius, der mir den gleichen thaumaturgischen Schauer verschaffte wie seinerzeit Robertsons *History of the Church*, die ich in der klösterlichen Bibliothek von Sherborne las, wenn ich nicht gerade Mädchen mit schlanken Fesseln auf den Rändern alter Ausgaben von *Punch* anstarrte. Zwar ließ sich schwerlich behaupten, daß die verschiedenen Schankmädchen, mit denen mein gelehrter Lehrer befreundet war, die gleichen lebhaften Gefühle in mir weckten wie die zierlichen Ballerinen im *Punch*, aber sie verschafften mir zusammen mit dem Portwein und dem Sherry, den mein Freund trank, die herrliche Empfindung, mich endlich in einer Welt zu befinden, wo der Intellekt und die Sinne gemeinsame Erfüllung finden und sich durch ihren Kontakt gegenseitig befruchten konnten.

Es gab Momente, da verschmolzen unsere beiden Naturen – die des großen, scholastischen Denkers und meine – zu einer exquisiten, ja verzückten Flamme der Erregung. Das geschah meistens im Zusammenhang mit bestimmten einzelnen Zeilen bei Shakespeare, Homer, Dante und Milton. Nie habe ich jemanden gekannt – nein! nicht einmal Vetter Ralph, dessen Kenntnis der Dichtkunst umfassender und dessen Freude daran ungebrochener war –, der sozusagen den vollen imaginativen „Gehalt" einer großen, inspirierten

Zeile auf die gleiche Weise erfassen konnte wie mein Freund. Und bei Prosa war es genauso, nur hatte der „Katholik" hier weniger Rivalen; denn ehe ich ihn kennenlernte, war ich noch nie jemand begegnet, der eine phantasievolle Leidenschaft für Pascal oder ein subtiles, humorvolles Verständnis für Bolingbroke besaß. Welch schwarzes, funkelndes Licht sprühten die Augen meines Freundes, wenn er an den kleinen runden Tischen Dutzender von Saracen's Heads, King's Arms, Lord Nelsons, Red Lions, Antelopes, White Harts und George and Dragons sein Weinglas hob, um die magische – unbeschreibliche, nicht in Worte zu fassende! – Emanation mit mir zu teilen, die uns beide verzückte und durchzitterte wie die süßeste Qual der Liebe selbst, während wir uns Zitate aus Milton vorsprachen. Die rigoros unterdrückte, aber niemals *ganz* erstickte Neigung des „Katholiken" zur Proselytenmacherei steigerte und verstärkte noch sowohl die originelle Urwüchsigkeit als auch die gelehrte Spitzfindigkeit seiner kritischen Würdigungen; und schon die bloße Tatsache, daß er immerzu versuchte, das ganze reiche Wirken des unergründlichen Kosmos in das rational-irrationale Gefüge der kirchlichen Doktrinen einzubeziehen, verlieh unseren Gesprächen über unsere Lieblingsdichter, von Rabelais bis hin zu Dickens, etwas ständig Erregendes, wie die Erregung der Suche nach dem Heiligen Gral.

Ich traf den „Katholiken" regelmäßig an den Tagen, an denen ich in Eastbourne unterrichtete, und er pflegte zu ausgedehnten Besuchen nach Court House zu kommen, wo er bald ebenso als *persona grata* galt wie Bernie.

Zwischen Harry Lyon und dem „Katholiken" bestand stets eine gewisse Tendenz zu einem schweren Aufeinanderprallen der Temperamente, die darauf zurückzuführen war, daß die Vorstöße des Normannen in das Heilige gleichzeitig willkürlicher und emotionaler waren als die des Walisers. Ich entsinne mich noch gut, wie ich einmal in der Bahnhofswirtschaft von Cooksbridge, als der „Katholik" mit übertrieben umständlicher Behutsamkeit eine wilde, swiftsche Tirade von Thomas Henry kritisierte, die Bemerkung machte, es sei, als fühlte sich Machiavelli berufen, Cesare Borgia zu belehren.

Von Court House aus machte ich mich eines Sommers auf, um in Oxford meine erste Probevorlesung vor der Leitung des Volkshochschulprogramms zu halten. Zufällig mußte ich vor einem ansehnlichen Publikum sprechen; dieses Publikum aber hatte keine Ahnung, daß der Redner auf Probe sprach, und diese Ahnungslosigkeit machte alles leichter. Aufgrund irgendeines okkulten Geschicks, ähnlich dem, dem Spengler in den geschichtlichen Ereignissen nachspürt, wurde ich von Mr. Marriott, dem damaligen Vorsitzenden der Volkshochschulgesellschaft in Oxford, aufgefordert, einen Vortrag über die Artuslegende zu halten. Für diesen Vortrag mußte ich mir lediglich ein einziges Buch besorgen, nämlich das zu diesem Thema veröffentlichte Werk des Professors für keltische Literatur und Walisers Sir John Rhys. Damals jedoch verschaffte mir Sir John Rhys' Buch nicht das außerordentliche, mystische Vergnügen, fast möchte ich sagen die priesterliche Erregung, die ich ihm dreißig Jahre später abgewann, als ich es auf einer Schiffsreise wieder und wieder las und sogar passagenweise auswendig lernte; aber schon damals empfand ich es als bedeutendes, wenn auch sehr dunkles und recht verwirrendes Buch. Ich hatte bereits Lady Charlotte Guests *Mabinogion* gelesen, und ich glaube, unsere Regale – oder zumindest die unserer Verwandten – enthielten auch die grün eingebundene „Globe-Ausgabe" von Malorys *Morte D'Arthur*; während *The Idylls of the King*, die mir fast so vertraut waren wie Longfellows *Hiawatha*, stets auf der alten Rosenholzchiffonniere im Salon von Montacute standen, wo sie sich mehr als ein Vierteljahrhundert lang der gleißenden Aufdringlichkeit unserer Schulpreise beugen mußte.

Ich kann mich nicht erinnern, daß ich in dieser meiner ersten „Volkshochschul"-Vorlesung einen einzigen originellen Gedanken geäußert hätte, aber obwohl ich damals, wie freilich auch die scharfsinnigsten Gelehrten, nichts von den tiefen erotischen Geheimnissen ahnte, die die große Miss Weston später in der Gralstradition entdeckte, muß ich aus dem *Mabinogion* und aus Malory doch genug gelernt haben, um eine ganze Menge tennysonschen moralisierenden Schutt von den, wie Spengler sagen würde, taufeuchten Wurzeln unserer „faustischen" Kultur wegräumen zu können. Jedenfalls nahm mich Mr. Marriott, denn so nannte sich der energische Parlamentarier damals, sehr bald in den engeren Kreis der „Volkshochschul"-Lehrbeauftragten auf, und nicht lange danach bereiste ich ganz England und hielt sowohl für Oxford als auch für Cambridge, und manchmal sogar für die Universität von London, jene besondere Art von „Volkshochschul"-Vorträgen, die beim durchschnittlichen intelligenten Publikum auf ein so günstiges Echo und bei sämtlichen konservativen Akademikern auf solche Geringschätzung stießen.

Ich kann mich gut entsinnen, wir in den ablehnenden Kritiken von Hardys tragischer Geschichte *Juda der Unberühmte* die Haltung der armen kleinen Sue, und sogar die von Juda, zu geistigen Fragen der Verachtung preisgegeben wurde, indem man ihr mit dem Epitheton „Volkshochschule" das Brandmal der Unwissenschaftlichkeit aufdrückte. Ich persönlich bin jederzeit bereit, als heftiger Verteidiger dieser Form der Volksbildung aufzustehen. Man wird, meine ich, auf ihrer Seite so große schöpferische Geister wie Pythagoras, Sokrates, Plotinus, die gnostischen Häretiker, die scholastischen Häretiker, Montaigne, Goethe, Ruskin, Matthew Arnold, Walter Pater und William James finden; dagegen ist diese Art von lockerem, unverantwortlichem, sorglosem und phantasievollem Umgang mit der Philosophie von Aristoteles bis Scaliger, und von Scaliger bis zu dem klassischen Paul Valéry mit Geringschätzung betrachtet worden.

Kaum hatte ich mein Leben als peripatetischer Philosoph aufgenommen, als sich auch schon der Schrei: „Scharlatan! Scharlatan!" erhob. Genau wie wenn eine Frau einen Mann als *Schuft* bezeichnet, ist diese spezielle Art von Schimpfwort geeignet, ja zielt geradezu darauf ab, cinc tief im männlichen Busen verankerte *amour propre* zu verletzen. Aber diese Leute gerieten an den Unrechten, wenn sie mich, wie sie es immer getan haben und noch heute tun, mit diesem Schmähwort belegen; denn anstatt zu versuchen, diesen unerfreulichen Beinamen von mir zu weisen, akzeptiere ich ihn und sonne mich darin! In der Tat bin ich im Hinblick auf „Scharlatanerie" das, was Nietzsche im Hinblick auf die Moral wurde. Wer diesen Begriff gegen mich verwendet, gehört genau dem Menschenschlag an, der durch die ganze Geschichte hindurch Feind all dessen gewesen ist, was ich am Leben am höchsten schätze. Diese Menschen hassen, beargwöhnen und verachten die Phantasie. Wie Charles Lambs typischer Schotte haben sie keinen Schimmer, was das Wort Ironie bedeutet, und ihre einzige Vorstellung von Humor ist die grinsende Spaßigkeit des weltlich-praktischen Sinns. Vor allem aber beargwöhnen sie aus ihrer ehrenwerten, aufgeblasenen Bedächtigkeit heraus, was mir zur zweiten Natur geworden ist, nämlich die dramatischen Gebärden eines geborenen Schauspielers! Meine spontansten und kindlichsten Gefühle, Gefühle, die geradewegs meinem Blut, meinen Nerven, meiner Seele entspringen, erscheinen diesen klugen Weltlingen, die nur das Gleichmaß unserer überkommenen Denkgewohnheiten im Auge haben, als eine Reihe überspannter Posen und deplacierter Ausbrüche naiver Idolatrie.

Wenn sie „Scharlatan!" schreien, meinen sie im Grunde folgendes: „Wie kann sich dieser Mensch unterstehen, über Dostojewskis Christus, Platos Eros, Goethes ‚Mütter', Wordsworths *Intimations of Immortality*, die ‚Kunst' von Henry James, die ‚kritischen Maßstäbe' von Walter Pater und die ‚kosmische Emotion' von Walt Whitman zu reden, als könnte man diese tiefgründigen Gegenstände, die kompliziert genug sind, um die ganze Spanne des Lebenswerks mehrerer echter Gelehrter zu umfassen, etwa in einen Vortrag vor Arbeitern und Ladenschwenglern einbringen!" Diese meine natürlichen Feinde, diese „Kulturphilister", wie Nietzsche sie nennt, *wagen es nicht* um alles in der Welt, Christus, die ‚Mütter', den Gral, die Überseele, das Geheimnis Jesu, die ewige Wiederkehr, Sein und Nichtsein, die monochrone Hedoné des Aristipp, Wordsworths Freude-die-im-Leben-selbst-liegt, Spinozas Absolutes, das Mysterium des Tao, Fechners planetare Geister, die mythischen Elemente bei Empedokles und die Naturmagie in der Dichtung Shakespeares zur Interpretation von Dornröschen oder Schloß Carbonek heranzuziehen. Dies seien besondere Hervorbringungen evolutionären Denkens, würden sie einwenden; es seien Fragen, die den Gelehrten vorbehalten seien. Sie müßten im Zusammenhang mit dem Studium der Geschichte und Soziologie studiert werden.

Wer solche Themen vor einem nicht-akademischen Publikum ausbreite, gebe sich als ganz gewöhnlicher Gaukler zu erkennen: so würde der alte Feind meines Vaters, der wissenschaftliche Professor reden; und ich, mit dem guten Flanellhemd meines Vaters um die Lenden und einem Streifen von seiner Stalbridge-Decke als Schal, bleibe trotzdem dabei, nicht nur St. Aldhelm's Head weiter St. Alban's Head zu nennen, sondern auch den Zauber des *Mabino-*

gion für eine stärkere Annäherung an das Geheimnis der Natur zu halten als alles, was man durch die Vivisektion von Hunden erfahren könnte.

Erscheint dir, geneigter Leser, meine Echauffiertheit nicht nur übertrieben, sondern auch überaus gekünstelt? Je nun! Wenn sie denn gekünstelt ist, kann es sich nicht um einen interessanten Fall von Paranoia, Megalomanie und manischem Hochgefühl handeln! Oder willst du mich etwa als Schwindler und Wahnsinnigen zugleich betrachten? Ich persönlich würde meine „scharlatanhafte" Ader, vor der du dich so fürchtest, als das possenreißerische, das komödiantische Element *im Wesen aller seelischen Wahrheit* definieren. Ohne dieses Element – das der gefährliche Tropfen des ursprünglichen Beerensaftes aus dem Blut des alten Saturn ist – gliche das Streben nach Wahrheit einem Mittelding zwischen einer vierstündigen Rede von Mr. Gladstone und einem vierwöchigen Aufenthalt in einem wissenschaftlichen Refugium, wo man den Speichel von Hunden durch Schnitte in deren Hals untersucht. Die Wahrheit wäre, wie sie es für die „Scharlatan"-Hasser ist, schlicht gesagt etwas schauerlich Dogmatisches und zugleich schamlos Grausames.

Dem bewunderungswürdigen Volkshochschulsystem der Universitäten gemäß war der Vortragende stets Gast in Privathäusern; und so ward es mein Schicksal, nicht nur mit allen Teilen Englands, sondern auch mit allen möglichen Formen englischen Familienlebens außerordentlich vertraut zu werden. Ich habe den starken Verdacht, daß dieses ständige Leben unter Fremden, diese ständigen Unterhaltungen mit Fremden, dazu beitrugen, meine angeborene egozentrische Isolation noch zu vertiefen, wie sie das meiner Ansicht nach auch im Falle von Matthew Arnold taten, dem ich instinktiv so viele Sympathien entgegenbringe. Er lehrte zwar nicht im Rahmen des Volkshochschulprogramms, aber seine aufreibende Tätigkeit als Inspektor nonkonformistischer Schulen muß ihn mit weitgehend den gleichen Schichten englischen Lebens, in denen ich diese lange Dekade meiner Existenz verlebte, in Berührung gebracht haben. Ein solches Leben ließ den wählerischen Matthew Arnold in die keltischen Mythen und die homerische Dichtkunst Reißaus nehmen, um den Geschmack all dieser geselligen Lustigkeit aus dem Mund zu bekommen. Und es muß das

Taedium des unablässigen oberflächlichen Geplänkels, auch in Oxford, gewesen sein, das Walter Pater aufs Land, nach London, ins alte Rom, ins Kloster, in die Urbs Beata seiner Phantasie fliehen ließ.

Was ist mir aus heutigem Abstand, außer meinem wütenden Aufbegehren gegen so vieles davon, geblieben von all den zehn Jahren, in denen ich von einem Ende Englands zum anderen reiste? Letzteres ist übrigens ganz wörtlich zu nehmen. Es gab eine wöchentliche oder vierzehntägige Runde von Vorträgen, bei der ich vor sechs Uhr morgens, wenn ich die Sonne über den kahlen Hügeln von Northumberland aufgehen sah, von Newcastle-on-Tyne aufbrechen, dann, nachdem ich die Sonne über den South Downs hatte untergehen sehen, in Lewes vortragen und am gleichen Abend wieder zu Hause in West Sussex sein mußte. Aber was ist mir von alledem im Gedächtnis geblieben? Was hat all das zu meiner heimlichen geistigen und ästhetischen Entwicklung beigetragen? Ich möchte es mit einem Satz beantworten. Wie im Falle meiner drei Jahre im College haben diese Jahre der Reisen durch England meinen Kopf mit einer heterogenen, chaotischen Masse fragmentarischer Eindrücke angefüllt; Eindrücke nicht von Menschen, denn sie sind mit ganz wenigen Ausnahmen aus meinem Gedächtnis entschwunden, sondern von verschiedenen Aspekten des Unbelebten. Dies sind die versunkenen, durch tausend kleine, tägliche Zufälle vom Tiefseegrund meiner unbeständigen Erinnerung gehobenen Schätze, die ich meinen zehn bis fünfzehn Wanderjahren durch mein Geburtsland, was immer sie sonst auch gewesen sein mögen, verdanke! Ja, sie kommen mir anscheinend rein zufällig in den Sinn, diese flüchtigen Bilder. So überquere ich etwa die große „Fläche" hier – denn was wir Feld nennen, heißt in „Up-state"-New York „Fläche" – und fühle mit einemmal, wie ich mich über ein graues Brückengeländer bei Tewkesbury beuge oder am Rande von Stafford unter einer Hecke sitze und Henry James lese oder auf einem idyllischen Feldweg zwischen der Stadt Huntingdon und irgendeinem kleinen Dorf in jener Gegend einhergehe, wo bestimmte Schweizer Verwandte meines Vaters aus Rousseaus Genf wohnten, oder in der liebevoll-spöttischen Gesellschaft meines Bruders Bertie ein wunderliches kleines Städtchen am Trent besuche, wo er den Kirchturm instand setzte, oder schließlich, sagen wir, in York am Fluß entlangspaziere. York – das *alte* York – birgt für mich so viele okkulte und mysteriöse Erinnerungen, daß es kein Wunder ist, daß ich mich in meinem Exil in New York niedergelassen habe.

Ich entwickelte eine sonderbare Zuneigung zu der Stadt. Ich mag ihre verschachtelten, unaltertümlichen, alten Mauern. Ich mochte, daß man aus ihr so rasch in herrliche, romantische Landschaft gelangen konnte. Ich mochte die schmalen Straßen und die Antiquariate. Ich mochte die farbigen Glasfenster der Kathedrale. Am Fluß in York gab es eine Stelle, wo ich einmal eine ganz außergewöhnliche Empfindung erlebte. Es war die Art von Empfindung, die, wenn man sie das erste Mal verspürt, ein absoluter Beweis der Doktrin von der Prä- und Reinkarnation zu sein scheint, die einen jedoch später etwas noch Subtileres und Bedeutsameres zu sein dünkt. In Wirklichkeit nämlich läuft sie auf ein Gefühl hinaus, als ob alle derartigen, ähnlichen Erlebnisse im Leben der eigenen Vorfahren mit denen, die man selbst hat, verbunden wären und als ob es sozusagen im Bewußtsein unserer Erde unzählige, lebendige Einzelseelen gäbe, die fortwährend über das unfaßliche Wunder nachgrübeln, daß unbelebte Dinge so sind, *wie sie sind*, wenn man in meditativer, kontemplativer Gemütsstimmung auf sie trifft.

Dieses Erlebnis muß stattgefunden haben, als ich Anfang dreißig war; doch mit Anfang vierzig, während des Krieges, war ich erneut mit Bertie in York. Er trug damals Uniform, und nachts mußten die schmalen Straßen tief verdunkelt werden, denn York liegt unangenehm nahe an der Nordsee; der Spaziergang aber, den ich diesmal mit ihm machte, vermittelt mir trotz der lästigen Störung durch die ständigen Ehrenbezeigungen, die Bertie jedesmal erwiderte, und obwohl wir in eine ganz andere Richtung gingen, aus heutiger Distanz den Eindruck eines Wehrs, eines alten Damms, eines Fußweges durch hohes Gras und irgendeiner – ich weiß nicht recht, welcher – Art langstieliger Gewächse in einem schlammigen Graben. Es können durchaus Exemplare der unter dem Namen „Beinwurz“ bekannten, merkwürdigen Pflanze gewesen sein. Wenn sie es waren, so wechselten John, der Vortragsreisende, der sich auf Amerika vorbereitete, und Leutnant A. R. P., der sich auf Frankreich vorbereitete, gewiß ein Wort über ihren Erzeuger; denn mein Vater kam niemals an einem Graben vorbei, ohne – und was war er stolz, daß er's konnte – Beinwurz als Beinwurz, Bachbunge als Bachbunge und Mädesüß als Mädesüß zu bezeichnen.

Gloucester war ebenfalls eine Stadt, mit der ich besonders vertraut wurde; und bis auf den heutigen Tag denke ich an sie als Erfüllung einer tiefen Sehnsucht in meinem Wesen, einer Sehnsucht, die zu definieren mir schwerfiele. Etwas an jenen eigentümlichen alten Straßen, jenen alten Brücken, jenen alten Kreuzgängen, jenen alten Gasthöfen, jenen romantischen, erhöhten steinernen Fußwegen unter gotischem Mauerwerk vermittelte mir bei der Rückkehr von meinen Nachmittagsspaziergängen wieder und wieder ein ganz bestimmtes, vages, dunkles, köstliches Gefühl, das ganz unmöglich in Worte zu fassen ist, für mein heimliches Leben aber von außerordentlichem Wert war. Wie kann ich mich einer Bestimmung dieses Gefühls wenigstens annähern? Es hatte eindeutig nicht unmittelbar mit ästhetischer Schönheit zu tun; denn wenn ich heute, nach all den Jahren, in mir wachrufe, was mir an diesen Spaziergängen am meisten gefiel, denke ich nicht an die Domfreiheit. Ich denke an einen etwas verfallenen Zugang zu dieser alten Stadt, eine sich hinschleppende, dämmerdunkle Landstraße, die von verschwommenen, nebligen, ausgedehnten Rieselwiesen heraufführte. Ich weiß noch, daß diese Landstraße bei der Annäherung an den Bereich, wo ehedem die alten Stadtmauern gestanden haben müssen, eine alte Steinbrücke überquerte. Jenseits dieser Brücke, im matten Abendlicht, in dem ich sie immer sehe, zog, ja *schleppte sich*, so will es mir heute fast scheinen, die Straße hinauf, als widerstrebe es ihr, die Flußnebel zu verlassen und sich dem Verkehr zu stellen, bis sie mich schließlich ins Herz der Stadt führte. Und es gab einen Zwischenbereich, zwischen der Brücke und der Stadt, wo dieser Zugang nach Gloucester auf obskure Weise wirklich verwunschen zu sein schien. Zwischen nach Stroh riechenden Ställen verlief die Straße, wo inmitten dunkler Formen von großen Karren wie aus eigenem Antrieb Laternen umherhuschten. Unter regenverwaschenen Wegweisern und wetterfleckigen Dachtraufen führte sie mich dahin; und sie schien immerzu an höhlenartigen Warenhäusern und mittelalterlich anmutenden Läden vorbeizukommen, in deren dunklem Inneren flackernde Kerzen zu brennen schienen.

Waren die Schauer geheimnisvollen Entzückens, die mich bebend durchliefen, wenn ich bei Anbruch der Nacht von den kühlen Rieselwiesen heraufkam, etwa ein Wiederaufleben ferner, vorgeburtlicher Erinnerungen oder gar, noch weiter zurückreichend, Erinnerungen, die von meinen Ahnen auf mich gekommen sind? Wäre letzteres die Erklärung, läge es durchaus nahe, daß diese am reinsten keltische aller unserer englischen Städte, dieser Ort der Zauber, einen Alters mit Caerleon und Camelot, diese Empfindungen in mir wachrief! Aber im innersten Herzen glaube ich, meine Gefühle reichten noch weiter zurück und noch mehr in die Ferne. Was sich in solchen Momenten wirklich in mir ereignete und noch heute ereignet, wenn diese Visionen wiederkehren, war, denke ich, eine Wiedergeburt der unbestimmteren, weniger greif- und wägbaren Gefühle des Menschengeschlechts selbst; nicht bloß bestimmter walisischer Vorfahren, nicht bloß meiner Vorfahren, sondern *aller* unserer Vorfahren; und geweckt wurden sie in eben diesem Augenblick von einer vorbestimmten Wechselwirkung zwischen meinen Nerven und dem Heraufsteigen aus den kalten Flußnebeln in die warmen Straßen von Gloucester!

Man darf freilich nicht annehmen, diese herrlichen Erinnerungsvignetten, die ich dem zeitlichen Schlund meiner zehn Reisejahre in England entrissen habe und die mich heute mit so unbeschreiblichem Zauber anwehen, hätten sich auf das beschränkt, was ich auf meinen Reisen sah. Viele von ihnen gehen unmittelbar auf Sussex zurück.

Wie ich schon erklärt habe, war Court House ein abgelegenes Gutshaus an der Nordseite der hohen Downs, unmittelbar am Fuße von Mount Harry und nicht weit von Ditchling Beacon. Auf der Landseite der steilen Downs liegt der herrliche, waldige, idyllische Landstrich, der unter dem Namen „Weald“ bekannt ist. Hier, nicht weit von der Ditchling Road, boten sich mehrere Schlupfwinkel wie geschaffen für jeden, der wie ich in seiner Manie für abgelegene, binsenbestandene Weiher und die einsamen Teichgewässer von Gräben umgebener Meierhöfe einer unsteten Wildente glich!

Aber ich brauchte gar nicht bis zu diesen romantischen Flecken zu gehen, um ein Plätzchen zu finden, wo ich meine misanthropische Einsamkeit genießen konnte. Gleich hinter Court House, am

Rande des Weald, gab es einen wunderbaren Wald von Eichen, Haselsträuchern, Ulmen und Buchen, der den wie von Walter de la Mare entlehnten Namen „Waringore“ trug. In diesen Wald begab ich mich fast täglich und ging, nachdem ich bis in seine Mitte vorgedrungen war, einen schmalen, moosigen Pfad auf und ab, der mit Feldsteinen, herabgefallenen Zweigen und altem, welkem Laub bestreut, im Herbst von karminroten Fliegenpilzen und im Frühling von weißen Veilchen getüpfelt war. Der für meinen Geschmack vielleicht idealste aller meiner täglichen Wege war ein schmaler Pfad durch ein Haselgesträuch, der drei bis vier Meilen weit *auf vollkommen ebenem Grund* verlief! Ich weiß noch gut, wie ich im Einherschreiten auf diesem Pfad durch Waringore bei mir dachte, daß, was immer mir im Leben widerfahren würde, die Gunst, dieses grüne Moos, diese herabgefallenen Zweige, diese blutfleckigen Pilze bestaunen zu dürfen eine ausreichende Belohnung dafür war, auf diesen von Grausamkeiten geschlagenen Planeten geboren worden zu sein!

Aber wie gesagt, im Umkreis von wenigen Meilen gab es noch romantischere Flecken als Waringore Wood. Wenn ich mich allerdings bemühe, all diese Geister-Erinnerungen heraufzubeschwören, erscheinen mir lediglich gewisse imaginative und visuelle Eindrücke. Namen habe ich völlig vergessen! So gab es ganz nahe der Ditchling Road, aber wohl eher auf der anderen Seite von Plumpton, ein außergewöhnliches altes Gebäude – halb Landsitz, halb alte Mühle –, das wir häufig zu besuchen pflegten, dessen Name mir jedoch völlig entfallen ist. Dann gab es da, irgendwo am Rande eines großen Teichs inmitten ausgedehnter Wälder, meine ich, eine alte Kirche mit einer riesigen Eibe, die stets eine ungewöhnliche Zahl roter, anmutig-zarter Früchte trug.

Ehe wir von Court House wegzogen, unternahmen wir in der vagen Vorstellung, unseren Wohnsitz zu wechseln, mehrere sehr anregende Ausflüge, in verschiedene Nachbardörfer im Umkreis von fünf bis sechs Meilen; denn es war, so muß man sich vor Augen halten, ein sehr unbefriedigendes Gefühl, nach zwei Uhr nachmittags niemals – nein! nicht einmal im Hochsommer – den Sonnenball zu sehen! Von diesen Streifzügen kehren mir die allerlebhaftesten meiner geheimnisvollen, schwebenden, treibenden, plötzlich auftauchenden Erinnungsinseln wieder. Luftige Fragmente von

Gegenden sind es, *Landschafts-Wiedergänger*, für eine Sekunde materialisiert und gleich wieder dorthin entschwunden, von wannen sie gekommen! Bilder sind es von flüchtig erblickten Landstraßen, Abschnitten von Waldland, Teilen von karrenzerfurchten Wegen, die zwischen primelbestandenen Böschungen abwärts führen, einzelnen Flecken von Dorfangern mit schlammigen Ententeichen, wütenden Gänsen, quarrenden Fröschen... all diese Erscheinungen kommen in aller Deutlichkeit, nicht wie Aquarelle oder Pastelle, nicht wie alte Ölgemälde, auf den Luftstraßen meiner Erinnerung herangeschwebt. Auch sind ihre Ränder nicht verwischt, noch ihre Wurzeln ohne Halt in jene geistigen Lufträume gerankt, noch ihre Kanten verschwommen oder ihre Formen wirr; und doch sind alle ihre Horizonte so dunkel, so dunkel, daß sie, wenn sie verschwinden, keine Spur zurücklassen!

Meiner Heirat verdanke ich meine erste Reise ins Ausland, bei der es sich um nichts Geringeres als eine Exkursion nach Rom handelte! Ich hatte Großbritannien noch nie verlassen; und man kann sich vorstellen, mit welcher Erregung ich auf die blauberockten Dienstmänner in Dieppe und auf die seltsamen, elfenbeinfarbenen, fremdartigen Häuser am Kai reagierte. An dem Tag, an dem wir von Newhaven ablegten, tobte auf dem Kanal ein schrecklicher Sturm; und so sah ich, als ich mich durch die Massen seekranker Menschen auf Deck gekämpft hatte, als erstes die Masten eines Schiffes, das gerade vor dem Hafen von Dieppe gesunken war. Zur Einstimmung auf Rom hatten wir die ersten beiden Bände von Gibbon mitgenommen, und einer dieser Bände ging im schwindelnden Wirrwarr dieser unseligen Überfahrt für immer verloren. Nach dem stundenlangen, unbarmherzigen Geschaukel waren wir dann auch dermaßen erschöpft, daß wir uns damit beschieden, über Nacht in Dieppe zu bleiben. Am nächsten Abend jedoch trafen wir wohlbehalten in Paris ein und stiegen für mehrere Tage in einem kleinen Hotel namens Louis-le-Grand in der Rue Louis-le-Grand, ganz in der Nähe der Oper, ab, ein Haus, das ich später in irgendeiner Geschichte von Balzac erwähnt fand.

Meine zerebrale Unmenschlichkeit äußerte sich auf dieser Reise in unnatürlichen, krampfartigen Fluchten in Einsamkeit. Wie meine Begleiter und meine Verwandten meine sprunghaften, unberechenbaren Launen in jenen Tagen überhaupt ausgehalten haben, ist mir unerfindlich. Heute wundert es mich, daß sie mir nicht vor Abscheu einstimmig ihre überstrapazierte Nachsicht entzogen und mich zum Teufel gejagt haben, damit ich, wenn ich denn wollte, für immer und ewig in irgendeiner schäbigen Unterkunft in der Nähe meiner lockenden, lustberauschenden erotischen Buchläden wohnen konnte.

Willy O'Neill, Bernies jüngerer Bruder, begleitete uns auf dieser Reise, ein gelehrtenhaft reservierter Mann mit tiefen Augenhöhlen, aus denen zwei der melancholischsten grauen Augen hervorblickten, die ich je gesehen habe; unter seiner hyperästhetischen und recht sardonischen Anleitung richteten wir unseren ländlich unschuldigen Blick auf Werke wie die Mona Lisa und die Venus von Milo.

Meine Haltung gegenüber den historischen Kunstwerken, die sich mir damals präsentierten, bestand zu gleichen Teilen aus einem ganz und gar aus Büchern bezogenen kritiklosen Idealismus, denn mein künstlerisches Urteilsvermögen war gering und meine Kunstkenntnis gleich null, und einer verstiegenen Lebensillusion von mir selbst als eine Art Goethe aus Derbyshire. Goethes *Reisen* hatte ich auch tatsächlich dabei, jedenfalls die in der Bohn Library erschienene Übersetzung, und ich pflegte dann und wann bestimmte selbst verfaßte Verse in mein Notizbuch zu kritzeln, Verse, deren Niederschrift mir eine merkwürdige Freude bereitete, nicht weil sie auch nur einmal etwas ausgedrückt hätten, was ich wirklich empfand, sondern weil ich, indem ich sie niederschrieb, das Gefühl hatte, mein Ideal von mir selbst als *John Powys, die Brunnen von Rom besuchend* zu verwirklichen.

In Wirklichkeit suchte ich die ganze Zeit nach gleichzeitiger Erfüllung meiner erotischen und meiner intellektuellen Begierden. Doch auch das stimmt nicht ganz; denn ich bewegte mich blind, verzweifelt und mit einer gewissen hemmungslosen Rücksichtslosigkeit auf meiner „Gloucester Road“ einsamer, persönlicher Empfindungen. Wie rechtfertigte ich ein solches Verhalten? Wie rechtfertigte ich es – willst du, geneigter Leser, im Grunde sagen –, das „seelenlose Ungeheuer an Selbstsucht“ zu sein, als das einige mich bezeichnet haben? Indirekt, mein Bester, ich rechtfertige es indirekt, indirekt; denn ich bin ein zu kluges vorsintflutliches Ungeheuer, um mich in *deiner* Sprache mit dir zu streiten. Daß nämlich die erregenden Freudentaumel, die diese unbeschreiblichen Empfindungen, diese Gefühle, die ich als *Randwahrnehmungen* des Menschengeschlechts selbst beschreiben würde, mir verschaffen, in dieser Welt überhaupt ins Bewußtsein treten, scheint mir so unschätzbar, daß ich – als ihr „Medium" oder Sprachrohr – in meinem So-sein völlig gerechtfertigt bin.

Das Wunder, daß der älteste Sohn meines Vaters sich in Rom aufhielt, verdankte sich, wie schon gesagt, meiner Heirat; aber ich muß bekennen, daß ich während dieses prächtigen Abenteuers oft schändlich und undankbar handelte. Allerdings besserte ich unsere Reisekasse ein wenig auf, indem ich in einem der römischen Hotels vor einer erschöpften Gruppe junger Damen aus Eastbourne Vorträge hielt. Willy O'Neills Geduld war am Ende, als ich einmal darauf bestand, einem der jugendlichen, meiner Erinnerung nach in moosgrünen Samt gekleideten Blumenverkäufer, die damals die Treppe an der Piazza del Spagna bevölkerten, ich weiß nicht wie viele Zigaretten zu schenken. Wir wurden bei dieser Gelegenheit zwar nicht direkt handgemein, aber es war doch nahe daran; und ich weiß noch, daß ich mich unter dem Vorwand unserer Auseinandersetzung für mehrere, einsame Stunden absentierte.

Trotz aller meiner Vortragsreisen war ich so verbauert, daß ich erst in Rom zum erstenmal das öffentliche, elektrisch betriebene Verkehrsmittel sah, das in England „Tram-" und in Amerika „Straßenbahn" heißt; und noch heute rieche ich jedesmal, wenn ich das merkwürdige Geklingel dieser stets vollbesetzten Gefährte höre, den einzigartigen Geruch nach sonngengedörrtem Pferdedung und Knoblauch, der sich so unauflöslich mit meinen römischen Eindrücken vermischte. Den ersten wirklichen Schauer verschaffte mir der Anblick der erstaunlichen Viadukte, als unser Zug sich im Dämmerlicht der Stadt näherte; aber meine selbstsüchtige, ja herzlose Manie, alles allein sehen zu wollen, weckte mich früh am ersten Morgen in unserer kleinen Pension und trieb mich, auf der verzweifelten Suche nach ich weiß nicht was, eilends hinaus und die Straße hinab. Einigermaßen zufällig stieß ich dann, und es war mein erstes antikes Monument, auf die Siegessäule keines Geringeren als jenes Erzverächters des Sieges, Mark Aurel. Mittlerweile hatte ich Paters „Marius" schätzen gelernt, und mir gingen die magischen wohlgefügten Sätze des großen Sophisten, Sätze von der Redekunst seines eigenen Apulejus, mit all ihrem philosophischen Vorstellungsreichtum und all ihren honigsüßen, halb erotischen Künsteleien – „wie gemalte Blumen, dachte Marius" –, und nicht so sehr der Wunsch, ein Stoiker zu werden, im Kopf herum, als ich wie verzaubert vor der Bildsäule stand. Ich weiß wirklich nicht, welchen philosophischen Namen ich der höchsten Ekstase geben soll, die ich in Rom erlebte. Sie überkam mich auf halber Höhe der stattlichen Treppe von der Piazza di Spagna auf den Monte Pincio – unsere Pension muß wohl ganz in der Nähe dieser Stelle gewesen sein – und ungefähr gegenüber dem Haus, in dem Keats starb. Ich erinnere mich noch genau an das Gefühl, das ich in diesem Augenblick hatte, ein Gefühl, das ich seither, von jenem bis auf den heutigen Tag, nie mehr gehabt habe. Seine Voraussetzung, daß etwas so magisch Schönem auch auf diesem zerrissenen und zerrütteten Erdball eine fortwirkende „Tendenz" innewohnt, die ihm so etwas wie Ewigkeit verleiht, läßt sich, glaube ich, nicht als epikureischer oder stoischer Gedanke bezeichnen. Vielleicht ist es ein Gedanke, der sich in den walisischen Triads findet!

Die warme Sonne, der goldene Staub, die breiten, *flachen* Stufen, die uns so konstruiert schienen, daß die stolzen Römer ohne eine einzige unelegante oder würdelose Bewegung hinauf- oder hinabschreiten konnten, der Gedanke an das unnahbare Genie des jungen Keats, der gestorben war und doch ewig lebte, die kleinen Jungen in ihrem moosgrünen Samt, die Steine von Rom selbst, bröckelig und doch dauerhaft wie die immerwährende Zeit, die im Zephyr sich regenden Bäume des Monte Pincio, das Brausen der großen, brodelnden Stadt zu seinen Füßen, die ferne Kuppel von St. Peters „semper eadem ... securus judicat orbis terrarum", all das jedenfalls wirkte auf mein keltisches Gemüt, wie es vor Zeiten schon in seinen Urformen auf die einfallenden Gallier gewirkt haben muß, als wäre hier in der Tat die Urbs Beata, die Urbs Calipolis, der unvergängliche Steinkreis, der unsterbliche Nabel unseres armen, von Barbarei geschundenen Corpis Mundi, Corpus Delicti! Und im Strohbalg des fahrigen Puppenbuden-Idealisten, der ich war, bildeten sich die Worte eines seltsam inbrünstigen Gebets: „Möge all das so weitergehen, wie es ist!" betete ich. „Laß mich vergehen, laß mich und meine närrischen Obsessionen vergehen – aber laß Rom ewig währen!"

Möglicherweise unmittelbar nach meinen albernen Wutausbruch gegenüber Willy O'Neill eilte ich auf eigene Faust in einen Blumenladen und erstand einen Lorbeerkranz, der so riesig war, daß ich mich auch mit Hilfe des redseligen Fahrers schwer tat, ihn im Fahrzeug zu verstauen. Die olympische Gabe mühsam am Rand festhaltend, ließ ich mich im Triumph zu Keats' Grab fahren, wo ich sie stolz niederlegte – und über ein ganzes Jahr später versicherte mir ein Reisender, ihre Überreste, bronzen verfärbte Blätter und verbogener Draht, seien noch immer zu sehen.

Ich glaube, das harmonischste und ungetrübt glücklichste unserer gemeinsamen Erlebnisse in Rom ergab sich, als wir einmal in unserem Versteck an einem herrlich sonnigen, abgeschiedenen Flecken auf dem Palatinus, in sicherer Entfernung von den unheimlichen Ruinen der kaiserlichen Paläste und dicht bei dem Altar des sanften, unbekannten Gottes – vielleicht, da doch alle Gottheiten früher oder später nach Rom kamen, ein Altar von Ceridwen, der kymrischen Demeter – unseren sardonischen, desillusionierten Freund beredeten, uns eine Flasche Wein zu holen. Niemals – nein! in keinem Land – habe ich je einen so blumenduftigen, honigsüßen Wein getrunken wie den, mit dem unser melancholischer, epikureischer Verbündeter zurückkehrte! In welcher Schatzgrotte der „tiefgehöhlten Erde" er ihn entdeckte, kann ich nicht sagen; seine Wirkung aber ging über die Wirkung irdischer Trauben hinaus. Er glich dem Nepenthe, den Helena in Ägypten bekommt und mit dessen Hilfe sie dafür sorgt, daß der blonde Menelaos und der junge Telemachos ihren Kummer vergessen, während sie verzaubert neben ihr sitzen und zusehen, wie auf dem Schoß, in dem das Haupt des Paris gelegen hat, der purpurne Wollfaden hin und her und hin und her läuft!

Wie selten kehren aus einem Menschenleben Momente ins Gedächtnis zurück, die wie das königliche Totengewand Jesu sind – aus einem Stoff gewoben, makellos, vollendet, ohne daß ein einziger Knoten, eine Falte oder ein Knitter die glatte Vollkommenheit beeinträchtigte! Nun, so etwas war die strahlende Stunde auf dem Palatinus; und wir leerten in einer gemeinsamen Geste tiefen, religiösen Gefühls die letzten Tropfen jener Flasche auf unseren

Schutzfreund, den sanften, unbekannten Gott! Es ist merkwürdig und bedeutsam – denn nicht lange, und es gelang den rührigen Vandalen in meiner eisernen Gestalt, meinen verfluchten Geschwüren, mir Wein und Kuchen völlig unmöglich zu machen –, daß uns Willy O'Neill nicht sowohl in Rom jene göttliche Flasche holte, sondern auch auf dem Rückweg, ehe er sich in Marseille von uns trennte, einen äußerst betagten und hinfälligen Franzosen auftrieb, der uns mitten in der Nacht, als wir vor Hunger schon ganz schwach waren, große, leichte, krümelige, nach Honig schmeckende Scheiben des wunderbarsten selbstgebackenen Kuchens anbot, den ich jemals gekostet habe. In die salzige Luft, die aus der Dunkelheit draußen zu uns hereinwehte, mischte sich der Duft von Damaszenerrosen; und während wir durch die Nacht an den Ufern des Mittelmeers entlangsausten und diesen Kuchen aßen, schien es mir, daß ich nun, da ich das Blut getrunken, auch das Fleisch eines namenlosen „Numen inest" eines „unbekannten Gottes" meiner fernen kymrischen Ahnen verzehren durfte, den ich in einer Krisis anrufen oder auch nicht anrufen könnte. Oder kann es sein, daß es einem in gewissen besonders feierlichen Momenten seines Lebens vergönnt ist, in eine geheimnisvolle, bewußte Beziehung zum Geist der Erde selbst zu treten?

Wenn ich morgens aufbrach, um meinen Beruf auszuüben, pflegte ich die vier Meilen nach Lewes fast immer zu Fuß zu gehen, und ich nahm im allgemeinen den Weg nach Offham anstatt den über die Downs. Das tat ich deshalb, weil ich außer meinem Talar und den Aufsätzen meiner flüchtigen Sylphiden auch noch die mitunter schweren Bücher zu tragen hatte, aus denen ich zitieren mußte. Zum Glück brauchte ich mich nicht mit Notizheften abzuschleppen, denn wie bei den alten biblischen Lehrern gab mir der Herr, der Gott meines Vaters, stets ein, was ich zu reden hatte. Es begab sich jedoch, daß ich nach der wunderbaren Romreise, die meine unverdient glückliche Heirat mir einbrachte, mit heftigen Anfällen schwermütiger Auflehnung auf den Anblick der friedlichen, biederen Krämerhäuschen in Lewes wie auch der friedlichen, biederen Krämer selbst reagierte, die ohne Fehl und Tadel ihrem rechtmäßigen Gewerbe nachgingen. Eine der Schwächen meines eifernden Freundes Harry Lyon bestand darin, in derben Worten das von ihm so genannte „Kleinbürgertum" zu geißeln.

Wir, so nehme ich an, mußten als Angehörige des Großbürgertums, wenn nicht gar – Gott helfe uns! – einer noch höheren Schicht gelten; aber alle Dummheiten, Gemeinheiten und moralischen Heucheleien unseres Landes wurden – und ich hörte mir das alles ohne ein Wort des Aufbegehrens an – den unglücklichen Gewerbetreibenden angelastet. Wenn ich heute mit einem an Gesprächen mit Amerikanern und Kommunisten geschulten Verstand auf die ganze Sache zurückblicke, erstaunt es mich, daß ich nicht Partei ergriff für die kleinen Kommis, Ladenbesitzer, Kaufleute, Handlungsreisenden, Pfandleiher und Bürogehilfen; denn aus den Reihen dieser wunderlichen, charakteristischen Klasse haben unsere großen, phantasievollen Autoren schließlich die ideale Welt mit ihren unvergleichlichen Schöpfungen gefüllt.

In Wirklichkeit aber beschäftigte sich mein Geist mit anderen Dingen; und so fügte ich mich, ohne aufzumucken. Doch wenn ich heute auf diese Tage zurückblicke, fürchte ich, daß jeder Kommunist, zu schweigen von jedem Amerikaner des Mittleren Westens, das Leben, das Bernie, Louis Wilkinson, der „Katholik" und ich – allesamt mit einem kleinen, nicht erarbeiteten Einkommen – führten, als eigentliche Ursache unserer schwersten Fehler und schlimmsten Neurosen betrachten würde. Bernie, mit seinem unfehlbaren Instinkt, wußte das.

Ich erinnere mich noch gut an die verhaltene Schadenfreude, mit der Harry Lyon, der seine Nerven stets durch verbissen harte Arbeit in Ordnung hielt, mir einmal erzählte, unser Freund habe verkündet: „Was Jack braucht, ist *eine tüchtige Tracht Prügel jeden Morgen!*" Je nun! Mittlerweile habe ich die Kunst erlernt, mir diese Prügel jeden Morgen selbst zu verabreichen; und Doktor Rondibilis hatte vollkommen recht.

Heute aber erscheint es mir ungewöhnlich, daß ich mich nicht von warmer, sicherer, Charles-Lamb-hafter Geborgenheit und erhebendem Lebensbalsam durchglüht fühle, wenn ich, meine von dem seligen T. Oatley Bennett so genannte „Wühltasche" mit dem Talar in der Hand und all die Bücher und Papiere gegen den Leib gepreßt, in das alte Landstädtchen hineinkam. Statt dessen verspürte ich Wogen zornigen Abscheus! Ich hatte seinerzeit eine Manie für Hazlitt, dessen eigenartige Form von selbstbewußtem Egoismus ich heute als wichtigen Markstein meiner geistigen Entwicklung erkenne. „Aber", dachte ich bei mir, „Hazlitt war so etwas wie ein fahrender Scholar, der nach Lust und Laune in der Weltgeschichte herumzog und in allen gewöhnlichen menschlichen Beziehungen vollkommen selbstsüchtig war. Warum bin ich gezwungen, ein tugendhaftes, geordnetes Leben zu führen?" Und dann sprach ich mir mit tiefer, innerer Bewunderung und Mißgunst einige von Hazlitts egozentrischsten und empfindsamsten Passagen vor. Ich versuchte mir sein *Liber Amoris* zu beschaffen, da ich immer dachte, ich fände darin etwas, das meinem manischen Beschäftigtsein mit anonymer Weiblichkeit entspräche. Aber natürlich war Hazlitts Mädchen alles andere als anonym! Noch heute sehe ich ganz deutlich den olivgrünen Einband meiner *Selections from William Hazlitt* vor mir, obschon ich mir später alle seine Essays in ganz bestimmten Einzelausgaben mit Pappeinbänden kaufte. Der bloße Anblick dieses Hazlitt-Einbandes aber verschaffte mir einen tieferen seelisch-sinnlichen Schauder *als jedes andere Buch,* mit Ausnahme von Wordsworth und Walt Whitman. Friede seiner Asche! Ich bin froh, daß die große Natur es so gefügt hat, daß die letzten Worte dieses egoistischen Lumpenkerls, dessen trotzigen Radikalismus niemand „zurechtstutzen" konnte, ein überraschendes „Tja! Ich habe ein glückliches Leben gehabt" waren.

Bestimmte Essays von Hazlitt jedoch – bestimmte Passagen in bestimmten Essays – las ich in jenen Jahren wieder und wieder. Sie wurden mir gleichsam zu *Beschwörungen*, Beschwörungen, die meine Seele aufriefen, ihrer innersten Bestimmung gerecht zu werden! Und was war diese innerste Bestimmung, die, wenn auch ganz dunkel, zu erkennen ich Verstand genug und der wie einem schwachen, unterseeischen, durch fadentiefes, grünliches Wasser wahrgenommenes Licht mein Leben lang nachzufolgen ich den Anstand hatte? Nun, ich würde sie definieren als das Streben nach einer ganz bestimmten Form, Sorte und Art – sie muß in allen drei Bereichen zu etwas ganz Quintessentiellem verfeinert werden – von *geläuterter Empfindung*, nämlich der Form, Sorte und Art von Empfindung, die zugleich tief seelisch und tief sinnlich ist! Und bei dem reizbaren, streitsüchtigen Hazlitt fand ich tatsächlich etwas, das mich auf diesen nicht-menschlichen Weg wies, wo ein ichbezogener Egoist die universellen menschlichen Erfahrungen durchlebt. Oh, wie ich die Zeilen „Schwingt weiter, schwingt weiter, ihr

Wälder von Tudderley! Schwingt eure hohen Wipfel" und so fort wiederholte – und ich sehe noch heute vor mir, wie sie auf der Seite aussahen, wie der Rand aussah und wie das große T aussah! Diese empfindsam-selbstsüchtigen Schwärmereien waren es, die neben der Tatsache, daß der finstere, unwirsche Schurke stets auf der Seite der Engel war und eine Manie für Metaphysisches hatte, schließlich mein Interesse an *seinem* idealen Autor weckten, dem Autor, mit dem er offensichtlich genauso umging wie ich mit ihm: Jean Jacques Rousseau.

Ich erinnere mich noch gut, wie ich in dem kleinen Eßzimmer in Court House, das in jenem speziellen Neo-William-Morris-Stil gehalten war, dem Harry Lyon seinerzeit anhing, die Jahrhundertwende – den Übergang des neunzehnten ins zwanzigste – abpaßte. Von meinen Gefühlen in dieser bedeutsamen historischen Stunde weiß ich absolut nichts mehr, außer daß ich mir bewußt war, daß etwas viel Größeres als ein Jahr verging, etwas, mit dem verglichen ein Jahr sich wie ein Stör im Vergleich zu einem Stichling ausnahm. Mein Sohn, der im neuen Jahrhundert auf die Welt kam, wird wohl kaum lange genug leben – obwohl es natürlich *möglich* ist! –, um die Zahl 2000 auf den Zeitungen, den Londoner „Iswestijas" und „Prawdas" jener Tage zu sehen; und es berührt mich seltsam, daß ich vor seiner Geburt und vor der Geburt so vieler gewinnender junger Männer, die mir heute teure Freunde sind, in der stockdunklen Mitternacht am Fuße des Mount Harry den Tod dieses Zeitungcheuers miterlebte. „Schwingt weiter, schwingt weiter, ihr Wälder von Tudderley!" Mein Sohn hat es sich kürzlich angelegen sein lassen, Court House einen Besuch abzustatten; und das wunderte micht nicht. Von welchem Limbusufer schwang er mir da wohl die Arme entgegen?

Während des Burenkrieges, als wir noch in Court House wohnten, erhielt ich das aufregende Angebot, unter der offiziellen Ägide der Freien und Hansestadt Hamburg eine Vortragsreihe in englischer Sprache zu halten. Ich eilte via Rotterdam und Amsterdam nach Hamburg, aber ich hatte keinen Willy O'Neill dabei, der mir geholfen hätte, das Genie von Rembrandt, Ruysdael und Hobbema zu begreifen, so wie ich Watteau und Fragonard schätzengelernt hatte. Ich erinnere mich allerdings genau, wie deutlich ich zu spüren bekam, daß ein Engländer zur Zeit des Burenkrieges keineswegs eine *persona grata* in Holland war. Ich bezweifle stark, daß es einen Unterschied gemacht hätte, wenn ich den „kleinbürgerlichen“ Holländern, wie Harry Lyon sie genannt haben würde, erklärt hätte, daß ich die Ansichten meines walisischen Landsmannes Lloyd George teilte und dem imperialen Dreigespann Rhodes, Chamberlain, Kipling zutiefst feind war.

Mein Besuch fiel in einen ungünstigen Moment. Doch ach!, welche Freude ich langsam, ganz langsam, an der Malerei zu finden lernte! Sie ist außer der Literatur die einzige Kunst, die mich jemals *tief* ansprechen wird, und auch das nur innerhalb enger Grenzen. Aber ich habe keinen Willy O'Neill gebraucht, um meine instinktiven Vorlieben für bestimmte Maler zu wecken. Meine höchsten Favoriten habe ich selbst entdeckt, und darauf bin ich sehr stolz. Domenico Theotokópulos, El Greco, habe ich selbst entdeckt. Nicolas Poussin habe ich selbst entdeckt. Ruysdael und Hobbema und die Landschaften von Gainsborough habe ich selbst entdeckt. Giorgione und Wattteau lernte ich zwar durch Walter Pater schätzen, besaß jedoch, wie ich bald feststellte, ein gewisses Maß an natürlicher Affinität zu ihnen, wenn ich, ohne mich zu brüsten, so sagen darf.

Engel und Boten Gottes! Welch ein Entrinnen, welch göttliches Entrinnen mir bestimmte wundervolle – wenn auch antikisierende und stilisierte – Landschaften in verschiedenen Phasen meines Lebens boten! Ich muß hier gleich einen „Hang“ zu den vielgeschmähten Schöpfungen des Salvator Rosa eingestehen. Ich mag windzerrissene, verwachsene Äste, und ich mag alte, moosige Baumstümpfe, und ich mag Straßen, die sich unter gewaltigen Viadukten hindurchwinden, in deren Schatten Ziegen, Schafe und Hirten ruhen und wo auf fernen Bergkämmen Reiterzüge gegen entlegene Felsenschlösser vorrücken! Mitunter bin ich sogar versucht, mit der Vorstellung zu tändeln, ich – der Sohn von Charles Francis Powys – besäße manche Instinkte eines Landschaftsmalers! Landschaftsbilder jedenfalls haben in meinem Leben eine Rolle gespielt, die, so glaube ich manchmal, bis auf den Grund meiner Seele hinabreicht. Ich meine *alte* Landschaftsbilder! Nur sie haben mein heimliches Leben beeinflußt, obschon mir meine Freunde gelegentlich auch ansatzweise ihren Zugang zu modernen vermitteln können. Aber ich brauche niemanden, ich *will* niemanden, der mich den magischen Zauber alter, verblichener Landschaftsbilder lehrt! Hier findet sich die geläuterte und geklärte Welt vermenschlichter Natur, in die meine nichtmenschliche Leidenschaft für bestimmte Essenzen des menschlichen Lebens so innig verliebt ist! Es ist die Welt alter Brücken, alter Baumstümpfe, alter Mauern, alter Söller, alter Alleen, alter Türmchen, alter Flüsse, alter Chausseen, alter Straßen, die sich über historische Hügel zu noch historischeren Seen winden! Es ist im Grunde die Welt jener idealen „Straße nach Gloucester", nach der ich in den geheimen Tiefen meines Wesens immerzu suche, unaufhörlich suche, denn in ihr, und in ihr allein, ist das Unbelebte – ein durch seinen Kontakt mit dem Menschlichen geheiligtes und zum Fetisch gewordenes Unbelebtes – der Gewöhnlichkeit des vergänglichen Augenblicks entwunden.

Ja, während ich in Amsterdam die Rembrandts betrachtete, war die Welt in jene mehrere Monate dauernde Phase getreten, in der die Niederländer in Südafrika unserem Empire schwer zu schaffen machten, und an diese öffentlichen Ereignisse wurde ich durch die immense Befriedigung erinnert, mit der mir die Kellner in den Hotels, in denen ich abstieg, bei jeder Mahlzeit Zeitungen neben den Teller zu legen pflegten, deren Schlagzeilen den englischen Reisenden mit jedem Tag mehr in seiner Würde herabsetzten.

Glücklicherweise hat mir, wie auch schon meinem Vater, die Vorsehung jegliches Talent für Fremdsprachen vorenthalten, und bis ich nach Hamburg kam und dem nur allzu deutlichen und in der Tat derben Humor des „Simplicissimus" konfrontiert wurde, der unsere Monarchin, und dies im letzten Monat ihres langen Lebens, in einer alles andere als würdevollen Lage darstellte, merkte ich nur an den spöttischen und angewiderten Gesten, denen ich ausgesetzt war, wie sehr wir auf dem europäischen Kontinent verhaßt waren.

Meine Eindrücke von Hamburg stehen mir bis auf den heutigen Tag ganz deutlich vor Augen. Die von Grünspan überzogenen Dächer düsterer, lutherischer Kirchen, die dunklen, tiefen, von riesigen, übereinandergetürmten, düsteren Speichern gesäumten Fleete, die Ahnung von etwas zugleich Monströsem und Märchenhaftem, das Gefühl, als würden bestimmte Arten von Handel und Wandel – besonders der Handel in Waren wie Kaffee, Melasse,

Zimt, Muskat, seltenen Hölzern, erlesenen Weinen und kostbaren Duftstoffen – hier schon seit tausend Jahren betrieben, das Gefühl, in diesen hohen, unheimlichen Häusern hätten zuzeiten schwere Seuchen gewütet und all die schwarzgefleckten Pfähle, gegen die das düstere, gespenstische Kanalwasser schwappte und gurgelte, würden Nacht für Nacht von hin und her huschenden, schwarzgewandeten, graubärtigen Geistern gestreift, all das machte einen unauslöschlichen Eindruck auf jemanden, der mittlerweile fast genauso an den Zitzen der weiten Welt saugte, wie er damals im Hof der Prep. Aprikosenpaté geschleckt hatte.

Aber es blieb mir nicht erspart, eine Vision von ausgesprochener Widerlichkeit und gräßlichem Ekel zu erleben. Der spezielle Dämon, den ich im Tollhaus meines Katzenkopfes unter Verschluß hielt und der mich mit so lebhaftem und hartnäckigem Vergnügen mit ekelhaften Vorstellungen bedrängte, derselbe Dämon, der die Allee nach Court House mit Ochsenblut und schwarzen Schnecken besudelt hatte, regte sich nun, meinen Frieden zu stören und meine Energien zu schwächen.

In Hamburg, inmitten der großen, schrägen Dächer, der wuchtigen Speicher und dunklen, schneebedeckten Landungsstege, erlebte ich einmal wie kaum je zuvor das Elend, verzweifelt einen Nachtstuhl zu suchen und keinen zu finden. Das teuflische Erlebnis machte einen so nachhaltigen Eindruck auf mich, daß ich bis heute, wenn ich schneebedeckten Boden sehe, dazu neige, ein Kneifen in den unteren Eingeweiden zu verspüren, als hielte ich die Exkremente von Wochen ein. Aber so unauslöschlich das Erlebnis auch war – und ich habe festgestellt, daß Priester, Pastoren, Kleriker und zweifellos auch deren Söhne mehr Schwierigkeiten mit ihren natürlichen Entleerungen haben als andere Menschen –, wurde zwar nicht meine ganze Persönlichkeit derart gelähmt, aber doch mein Gemüt noch tiefer verstört durch ein ganz bestimmtes Farbbild, das in einem populären deutschen Blatt, möglicherweise einem *Witzblatt*, erschien.

Es war ein Bild, auf dem Frauenbrüste und in irgendeinem Zusammenhang mit diesen Brüsten eine große Menge Blut zu sehen war. Dieses Blut war, jedenfalls für meine morbide Phantasie, kein gewöhnliches Blut. Es war von sehr fahler, gleichzeitig aber sehr satter Farbe. Tatsächlich verdankte es sich wohl einem

Triumph der Farbdruckkunst jener wohlhabenden Epoche, daß dieses Blut selbst noch von der gegenüberliegenden Straßenseite aus zu sehen war. Es schien die Macht zu besitzen, von der Seite zu springen und mir übers Gesicht, ja sogar in den Mund und in die Kehle zu sprudeln. Und dort machte der endlose Blutstrom keineswegs halt. Er sank in mich ein, bis er einen tiefliegenden „Ekelnerv" erreichte, der ihn wie rasend aufsog; ihn ebenso schnell aufsog, wie die von den Jahrhunderten geschwärzten Pfähle der Landungsstege das pestfleckige Wasser der Fleete aufsogen! Im Hinblick auf körperliche Eindrücke *einer bestimmten Art* habe ich wirklich eine geradezu verteufelte Phantasie. Ich *weiß,* daß ich mir nichts einbilde oder vormache, wenn ich behaupte, daß ich in bestimmter Hinsicht eine ebenso gewaltige Phantasie habe wie Swift.

In gewisser Hinsicht – und im Hinblick auf gewisse unangenehme Eindrücke – gleiche ich außerdem jemandem, der *ohne Haut* umhergeht. Diese morbide, ja fast monströse Sensibilität ist etwas, wofür man einen hohen Preis bezahlt; und wenn man sie schreibend ausdrückt, so gewinnt man damit keineswegs immer, wie Mr. de ---- sagen würde, „die Gunst von Magnaten". Magnaten neigen in aller Regel dazu, sich vorzukommen, als sagte man zu ihnen: „Fort, fort, du bist gezeichnet!", wie Swift, wenn er unsere Grausamkeiten und Dummheiten verdammt. Auch schlägt einem Menschen mit schrecklicher Phantasie nicht viel Mitleid entgegen. Ich weiß sehr wohl, wovon ich rede; denn meine Vitalität ist so ungeheuer, meine Konstitution so eisern und mein Wille so stark, daß es den Menschen schwerfällt zu glauben, ein derart unverwüstlicher Schachtelteufel, der sich in so munterem Gebärdenspiel ergeht, sei unter seinem bunten Narrenkleid vollkommen hautlos und wund. Ja! Diese Brüste und dieses Blut verfolgen mich. Ich pflegte eiligen, eifrigen Schritts zu den schwarzen Fleeten und den zimtduftenden Speichern hinunterzugehen und dabei, während ich durch den verfärbten Schnee stapfte, nach Möglichkeit all den unzähligen Läden, Bücher- und Zeitungsständen auszuweichen, von denen mir so ward, als entströmten den Brustwarzen der ganzen Welt Milch und Blut!

Ich hielt gerade einen Vortrag in Bremen – auf englisch, versteht sich, stets auf englisch –, als unsere große Königin starb.

„Wir werden uns“, hatte sie dem Vernehmen nach gesagt, „nicht von Mr. Krüger umbringen lassen.“ Aber von *irgend etwas* hatte sie, die eigenwilligste und fraulichste aller großen Königinnen, sich schließlich doch „umbringen lassen“, und nun war sie tot. Bitter beweint wurde sie von den „Kleinbürgern“, die Harry Lyon so schmähte, und mit ihr ging das Zeitalter von Dickens, Carlyle, Ruskin und Disraeli zu Ende; und mit der Krönung ihres Sohnes brach das Zeitalter von Mr. Wells, Mr. Bennett, Mr. Galsworthy und Mr. Kipling an. Ich sprach, wie es der Zufall wollte, in einem alten Gebäude Bremens über Byron, als Viktoria starb, und nachdem ich meine Ausführungen zur Kunst der „dithyrambischen Analyse“ abgebrochen hatte, führte man mich in den historischen Weinkeller. Hier galt die Regel – eine bewunderungswürdige Regel für einen solchen Ort –, daß man, wenn man vor Mitternacht kam, so lange bleiben konnte, wie es einem beliebte. Dachte ich an Byron, während meine studentischen Freunde mich mit ihren Lobreden auf die neuesten deterministischen Philosophien traktierten, oder dachte ich an die tote Königin?

Weh! Ich dachte weder an den einen noch an die andere! An Heine dachte ich und an die seltsamen Verse, die er an eben diesem Ort verfaßt, an seine unheimliche Liebesaffäre mit der Henkerstochter und an seinen merkwürdigen „Hang“ zu Puppen und Puppenspielen. Ich kann mich gut erinnern, wie ich am nächsten Tag in meinem Hotelzimmer, dessen Fenster auf die Zinnen und Fialen eines mittelalterlich anmutenden Gebäudes hinausgingen, einen von „Jacks beschreibenden Briefen“ verfaßte, wie sie meinem Vater in Montacute vorgelesen werden sollten, und dabei von einer regelrechten Flut von Inspiration mitgerissen wurde. Das Ereignis machte einen gewaltigen Eindruck auf mein Gemüt; denn es war wirklich das erste Mal in meinem Leben, daß ich erfuhr, was literarische Inspiration hieß, und ihren eigentümlichen, dunklen Schauer verspürte. Sie wurde ganz und gar auf einen von „Jacks beschreibenden Briefen“ verschwendet, und ich bin sicher, daß mein Vater, ehe er zu Ende war, zappelte und sogar stöhnte vor Ungeduld, endlich in den Garten hinausgehen und sich, vor der Morgenarbeit in seinem Zimmer, auf dem Terrassenweg die Beine zu vertreten.

Es ist sonderbar, daß ich mich daraus nur noch einer einzigen Wendung innerhalb eines langen, dröhnenden Satzes, ein wenig im Stile von De Quincey, entsinnen kann. Die Worte, die mir wiederkehren, lauten: „Bemalte Ladenschilder schwingen", aber ich habe das unbestimmte Gefühl, daß sie eine unheimliche, besondere Freude verkörpern, die ich an dem Gedanken fand, wie eine alte, historische Stadt wie Bremen, ohne die Dazwischenkunft von Vororten, auf allen Seiten in Felder, Feldwege, Moore und Wälder übergehen kann. Ich stellte mir die alten Scheunen, die alten Gasthöfe vor und wie unterschiedlich sie anmuteten, je nachdem, ob man die ummauerte Stadt betrat oder verließ! Gedanken wie diese, die mir in den Sinn brachten, was Matthew Arnold „das Murmeln von tausend Jahren" nennt, waren stets die höchsten Verfeinerungen meiner glücklichsten Momente.

Nichts verschaffte mir einen tieferen Schauer, als wenn meine persönlichen Empfindungen – zumal die reich mit romantischen Untertönen gesättigten, wie beim Betreten oder Verlassen einer alten Stadt – die Beschränkung des bloß Persönlichen abstreiften und zum anonymen Sediment sämtlicher Generationen meiner Rasse, jawohl!, aller Männer und Frauen wurden, die im täglichen Ritual ihres Lebens dort ein- und ausgingen!

Mein ganzes Leben lang bin ich von Juden sehr gut behandelt worden und habe, wie bei Engländern wohl generell der Fall, in den Zelten Israels stets überaus günstige Aufnahme gefunden. In Hamburg erwiesen mir Juden große Gastfreundlichkeit. Sie sprachen alle englisch und waren überhaupt Menschen von äußerst abgeklärter und gelehrter Kultiviertheit. Ich erinnere mich gut, wie ich einmal in einem angeregten Gespräch mit einem rabbinischen, talmudistischen Johann Cohen der Klärung des Geheimnisses von Schicksal und Willensfreiheit so nahe kam wie nur je in meinem Leben. Diese weisen, höflichen Flüchtlinge schienen in einem tiefen Sinne der historischen Atmosphäre von Hamburg zu entsprechen. Vielleicht hat all der überseeische Handel in Kaffee, Tee, seltenen Hölzern und noch selteneren Spezereien den geschäftlichen Transaktionen etwas Romantisches, ein „reich und seltenes Gut" verliehen, das den Charakter wie auch die Börsen derer zierte, die daran teilnahmen.

In Wahrheit verhalf mir mein Besuch in Hamburg – und wie ich den Tag meiner Rückkehr nach Hause herbeisehnte! – zu so etwas wie eine Akzentuierung meines geheimen Lebenskultes, durch die ich mir, nach dieser Erfahrung, tiefer bewußt wurde, was ich tat und wohin ich ging. In dem Haus, in dem ich wohnte, gab es einen schrilltönenden Kanarienvogel, und wann immer ich an die Stadt denke, kehrt mir mit einem Stich von Heimweh und dem Gefühl von schwarzen Fleeten, weißem Schnee, mit Grünspan überzogenen Dächern und einem Strom von Blut aus aschfahlen Frauenbrüsten das aus voller Kehle kommende, langgezogene Gezwitscher dieses Kanarienvogels wieder.

Einmal mehr nach Court House zurückgekehrt, begann ich das zwanzigste Jahrhundert, wie ich das neunzehnte beendet hatte, nämlich mit ausgedehnten Fahrten landauf und landab, auf denen ich mich der konzentrierten Suche nach den beiden beherrschenden Empfindungen meines Lebens hingab: dem Genuß ausgedehnter Ekstasen saurischer Lust – als wäre ich ein zerebraler „Voyeur" unter Ichthyosauren gewesen – an der verzückten Betrachtung anonymer Körper von nach Möglichkeit *nichtsahnenden* weiblichen Vertretern meiner Rasse und dem vom Wirbeltanz vereinzelter Windstöße am Abend, von flüchtig erblickten, vereinzelten Rauchsäulen in der Dämmerung, von der Reglosigkeit alter Kähne an alten Wehren, vom Dahinströmen grauer Wasser unter wildromantischen Brücken und vom Ächzen der Baumdämonen an verlassenen Wegkreuzungen bewirkten Genuß einer geläuterten und doch allgemeingültigen Essenz aller jener Randerfahrungen, die die Gedicht- und Balladenbände füllen.

In jenen Tagen genoß ich auf meinen Reisen noch zwei andere Dinge sehr – das Vergnügen, anstelle einer abwechslungsreicheren Kost zum Mittagessen täglich enorme Mengen roher, süßer Schokolade zu verzehren, und das Vergnügen, unersättlich, Band für Band, sämtliche Romane von Dickens und Thomas Hardy zu verschlingen, deren ich habhaft werden konnte. Ich pflegte mich auf meinen Reisen gewissenhaft zu zwingen, über einen verzwickten, nie zu Papier gebrachten, eigenen Roman nachzugrübeln – und mit welch süßer, wonniger Erleichterung ich nach den verwünschten Versuchen, meine Gedanken auf imaginäre Szenen und Personen zu richten, mit dem Rücken zur Lokomotive tiefer in meinen Dritter-Klasse-Sitz sank und, während die wechselnden Düfte der Hälfte aller englischen Landschaften zum Fenster hereinwehten, genüßlich die Seiten dieser bezaubernden Bücher umwandte. Ich kann mich entsinnen, wie ich einmal im Herbst auf einer Bank in einem öffentlichen Park in Southhampton saß und, in verzückter Trance in *Little Dorrit* versunken, die ganze Zeit gierig „zartbittere Schokolade" in mich hineinschlang, ganz ähnlich, wie ich in Westbury Cremepralinés geknabbert hatte, während ich gebannt in *Zwanzigtausend Meilen unter dem Meer* vertieft war. Und wie ich bis heute kaum je die Sonne untergehen sehe, ohne mich zu entsinnen, wie Kapitän Nemo auf dem Deck der *Nautilus* die Worte spricht: „Versinke denn, du strahlendes Gestirn!", so fällt es mir auch schwer, beim Anblick einer sich in der Ferne verlierenden Hügelstraße nicht an Thomas Hardy oder beim Anblick eines wunderlichen Schornsteins vor einem tiefverhangenen Himmel nicht an Dickens zu denken. Am deutlichsten aber verbinde ich die Erinnerungen an diese Schokoladenvöllereien mit einer ganz bestimmten, pittoresken Stelle mitten im Herzen von Bristol, wo sich bei einer Landetreppe alle möglichen Kähne und andere kleine Boote drängten. Was war ich „hin- und hergerissen im schwankenden Verstande" zwischen dem Wunsch, alles, alles, alles zu verschlingen, was ich kaufte, und dem Wunsch, irgendeinem jugendlichen Passanten ein Stückchen, ein Krümelchen, ein Bröckchen abzugeben!

In Arnold Bennetts *Fünf Städten* pflegte ich in einem großen düsteren Haus zu wohnen, das einen merkwürdigen, verwickelten Reiz und nicht wenige Versuchungen für mich barg. Zu einem späteren Zeitpunkt, als Llewelyn erwog, mit mir nach Amerika zu gehen, kamen wir zusammen in dieses Haus. Wir legten sogar, beginnend und ich glaube auch endend an Manchester, gemeinsam die ganze vierzehntägige Runde durch die weit entfernten Städte meiner Vorträge zurück. Er verfiel jedoch in seinen Grillen, seinen Gedankenflügen, seinen Scharfsichtigkeiten und seinen abschließenden Urteilen auf derart skandalöse Namen für meine diversen Gastgeber und Gastgeberinnen, daß ich sie aus Furcht, einer von ihnen oder von ihrer Nachkommenschaft könnte einen Blick auf diese Seiten werfen, nicht zu verraten wage! Während er sich so die Zeit vertrieb, versuchte ich ihn zur Einstimmung auf die

Atlantiküberquerung zur Lektüre von *The Prelude* zu zwingen, aber bei der Betriebsamkeit, dem Hin und Her und den vielen Begegnungen jener Tage kam er nicht sehr weit damit.

Es war eine der charakteristischsten, dieser *Fünf Städte* Arnold Bennetts – eine Stadt, in der ich einmal in einer meiner „göttlichen“ Stimmungen, wie ich sie im Unterschied zu den „teuflischen“ zu nennen pflegte, sogar so weit ging, für meinen Sohn, dessen Geburt kurz bevorstand, eine pantagruelische Amphore zu entwerfen, auf der ich die Worte „bon espoir y gist au fond“ eingravieren ließ –, in der besagtes altes, großes Haus lag, wo ich beim Ein- und Ausgehen den Einflüsterungen des Teufels ausgesetzt war. Doch meine Abende dort endeten immer in aller Unschuld; denn ich zog mich stets zeitig auf mein Zimmer zurück, wo im Kamin ein prächtiges, großes Feuer loderte; und dann blieb ich noch stundenlang wach, las *Die Rückkehr* oder *Fern der rasenden Menge* oder *Die Waldbewohner* oder *Juda der Unberühmte* und nahm dabei die ganze Zeit wohlig und genüßlich, mehr nach Art einer jungen Frau als eines jungen Mannes, aus meiner Tasche ein Stück Schokolade nach dem anderen, das ich in meiner Versunkenheit knabberte; bis schließlich nach und nach, während ich dem Wind im Schornstein lauschte, der Genius von Hardy meinen Dämon vertrieb und vom magischen Westen her ein gewaltiger Geist aus Stonehenge in das dunkle Haus fuhr und mein ganzes inneres Wesen sich änderte. Dann fühlte ich mich, die knochigen Knie dicht an die roten Kohlen gedrückt, ebenso gewaltig und machtvoll wie der Südwestwind selbst! Ich fühlte mich als das, was der große Zauberer Merlin war, ehe er seiner „Belle Dame sans Merci“ begegnete.

Noch zu meiner Zeit in Court House ließ ich einmal – geradeso, wie wenn man seinen Beichtvater zurückließe – den „Katholiken“ zurück, damit er während meiner Abwesenheit mein Schloß hüte, und begab mich allein mit Bernie auf eine vierzehntägige Reise nach Paris. Der „Katholik“ sagte mir hinterher, daß ihm die extreme Naivität meiner Briefe nach Hause, die er täglich auszugsweise vorgelesen bekam, ungemein geärgert habe. Anscheinend schloß ich meine schwülstigen Beschreibungen irgendwelcher berühmter Gemälde im Louvre stets mit so plumpen Worten wie: „Die Farben sind rot, rosa, grün und ein eigenartiges Purpur. Die

Schatten sind dunkelrot, dunkelrosa, dunkelgrün, dunkelpurpur und in manchen Fällen fast schwarz. Auf dem Bild sind einige merkwürdige blaue und silbrige Stellen zu sehen." Das Jämmerliche an der Art und Weise, wie ich damals meinen erotischen Lastern nachging, war meine Ahnungslosigkeit in Bezug auf die verschiedenen Schliche, mittels derer die Natur sie – auch bei einem so wählerischen Besessenen wie mir – in befriedigende Bahnen hätte lenken können. So aber führte mich meine verzweifelte, aufreibende Suche nicht zu irgendeinem, ob christlichen, ob heidnischen Gral der Erfüllung, sondern verleitete mich, wie den ruhelosen Sir Pellenure, zur Jagd auf ein Wild, das seinerseits ein „Bellendes Tier" war. Und was wurde ich während dieses Besuches in Paris nicht angewidert, angeekelt, desillusioniert und von tiefem Abscheu gepackt! Wie alle klugen, humor- und phantasievollen Menschen, die es mit einem fanatischen Schwachsinnigen zu tun haben, ging Bernie häufig seiner eigenen Wege und überließ mich – da er sich um seine eigenen Angelegenheiten zu kümmern hatte – mir selbt. Und so ließ ich mich wie irgendein unbedarfter Ostengländer von Theodores Farm in Suffolk, wenn er in Paris gewesen wäre – jeder Glöckner von Montacute, möchte ich behaupten, hätte mehr Verstand gehabt –, dazu verleiten, eines der prunkvollen Revuetheater aufzusuchen, die sich dem gröbsten angelsächsischen Geschmack anpassen.

Wie sich die schweifenden erotischen Begierden Sterblicher voneinander unterscheiden! Es mag unter den Jungen in Wildman's House wohl eine gewisse Anzahl gegeben haben, deren „amouröse Neigungen", wie Dr. Johnson sagen würde, von diesem speziellen Etablissement geweckt worden wären. Vielleicht hätte es dem blauäugigen alten Herrn zugesagt, um den sich „Tante Stone" kümmerte, nachdem seine Frau sich vom öffentlichen Leben zurückgezogen hatte. Aber der Anblick, wie eine Person, zudem eine recht ansehnliche, die, jedenfalls allem Anschein nach, demselben Geschlecht angehörte wie die hinreißenden meiner Sylphiden, ein Gewirr von Unterröcken hochwirbelte, dabei ein Gewirr von Unterwäsche zur Schau stellte, sich dann mit der Faust aufs Hinterteil trommelte und dazu mit genau der gleichen Stimme, mit der das Kasperle am Eselstand in Weymouth „Toby! Toby! Toby!" geschrien hatte, „Bon face! Bon face! Bon face!" kreischte, dieser

Anblick war, was mich anging, ein Spektakel, dazu angetan, jeden wollüstigen Impuls im menschlichen Inneren zu arktischem Eis gefrieren zu lassen. Am Ende begab ich mich allein nach Rouen, um mich dort – ständig bemüht, den obszönen Schrei: „Bon face! Bon face! Bon face!" aus dem Kopf zu bekommen – an der von Ruskin hochgeschätzten Fassade von St. Ouen zu erfreuen. Es ist freilich ein Wunder, daß ich nicht über den flamboyanten Strebepfeilern, Zinnen und Filialen ein gigantisches, auf dem zum Himmel strebenden Bau thronendes Gurgelmilten-Hinterteil erblickte!

In Rouen allerdings – und das ließ mich sowohl die puritanische Beredtheit von Ruskin als auch die bürgerlichen Amüsements von Paris vergessen – erlebte ich eine diabolische Attacke meiner Magengeschwüre. Wie ich mich in dem kleinen Hotel in Rouen auf dem Bett wand und krümmte; und wie ich aus tiefstem Herzen angewidert die vermaledeiten französischen Köche verfluchte, vor denen der epikureische Heine, nachdem er London besucht, in andächtiger Verehrung auf die Knie fiel. Die französische Küche hat, um die Wahrheit zu sagen, die gleiche schwindelerregende Wirkung auf mich wie die Possen französischer Huren.

Mir liegt jedoch daran, mich wieder den Charakteren meiner vier wichtigsten *männlichen* Freunde jener Zeit zuzuwenden. Ich kenne nur sehr wenige Mädchen, die mit allen vieren bekannt waren; aber es hätte gewiß aufs schönste und in einer Weise, die – wenn man das Paradox wagen kann – zugleich eines Henry James und eines Dostojewski würdig gewesen wäre, ihre subtilsten Eigenschaften offenbart, wenn eine meiner Freundinnen tatsächlich frei und zwanglos mit diesen vier bemerkenswerten Menschen zusammengetroffen wäre. Ich sehe wie auf einer Karte die Situation vor mir, die sich dann unweigerlich ergeben hätte! Harry Lyon hätte sich beim Zusammensein mit dem Mädchen mit äußerster Zartheit und Rücksichtnahme mit ihr unterhalten. Er hätte mit dem Ernst und dem Scharfsinn eines Familienanwaltes oder Hausarztes viele ihrer weiblichsten Probleme erörtert. Sie hätte das Gefühl gehabt, einen praktisch denkenden, älteren Bruder vor sich zu haben, auf den sie sich ganz und gar verlassen kann; einen Bruder, der selbstverständlich für ihre Reize unempfänglich ist, der sie jedoch, wie Mädchen sagen, „um ihrer selbst willen, *und nicht deswegen*" mag. So hätte sich der Vorfall abgespielt, und Thomas Henry mit seinem Kardinal-Newman-Profil und den voltaireschen Zügen hätte den uneingeschränkten Segen des Engels empfangen, der dergleichen aufzeichnet, wenn nicht, kaum wäre das Rascheln der Unterröcke verklungen, fast sicher ein wahrer Sturzbach wütender, swiftscher Invektiven gegen sämtliche überkommenen weiblichen Schwachheiten von seinen Lippen gebrochen wäre.

Unser strahlender Louis dagegen, der „Erzengel", hätte, ohne um den heißen Brei herumzuschleichen, die Gelegenheit beim Schopfe gepackt, die Freunde des Mädchens überrumpelt, die Dirne im Sturm genommen, dem zuständigen Engel ein Nicken entlockt und den Himmel selbst, so möchte man fast meinen, in entgegenkommender, entspannter, mohammedanischer Stimmung erwischt!

Und Bernie? Ich glaube fest, daß die Maid, von der ich spreche, im Grunde ihres Herzens die Haltung Bernies der aller anderen vorgezogen hätte. Denn Bernie hätte sich – und zwar in alles andere als brüderlichem Ton! – beeilt, sie auf irgendeinen rotgeäderten Pilz, eine grüngeäderte Motte, eine blaugeäderte Eisvogelfeder oder ein seltsames Blütenstäubchen auf der Blumenkrone einer unendlich kleinen Sumpfdotterblume hinzuweisen, und sich dabei so wunderlich-bang, so komisch-gespannt auf sie konzentriert, daß das Mädchen sich vorgestellt hätte, sie sei auf subtile Weise für die Pilzäderchen, die Mottenäderchen, die Federäderchen, die Blattäderchen ebenso verantwortlich, wie sie es für die blauen Äderchen unter ihrer glatten Haut war – oder jedenfalls zu sein glaubte.

Und wie steht es mit dem „Katholiken"? Hier kann ich mit noch größerer Gewißheit und aus direkterer Beobachtung und Erfahrung antworten als selbst im Falle von Bernie. Der „Katholik" würde, wenn es Sommer wäre, dem Mädchen vorschlagen, sie sollten beide Schuhe und Strümpfe ausziehen und Seite an Seite über den thymianduftenden Boden der Downs spazieren. Dabei würde er abwechselnd aus den Gedichten von William Blake zitieren und ihr verschiedene dunkle Stellen aus den Lehren des Heiligen Thomas erläutern. Wäre es hingegen Winter, würde er sich, während sie nähte, neben sie aufs Sofa setzen oder, während sie abwusch, neben sie an den Ausguß stellen und ihr, aus den dunkel schimmernden Pupillen seiner grün-schwarzen Augen Welle auf Welle des gewaltigsten Magnetismus verströmend, erklären, welche paradiesischen Gefühle sie empfinden, welche erregenden Offenbarungen sie gewinnen, welche Selbstbeherrschung und zugleich herrliche Selbstbefriedigung sie erlangen würden, wenn ihr nur eine „relative" Annäherung – denn zu mehr seien auch die größten Philosophen nicht imstande – an die Ordnung der Dinge gemäß den Prinzipien gelänge, die sich an den Nöten unserer allgemeinen Menschennatur, jedenfalls für uns, als in gewissem Sinne unfehlbar erwiesen hätten.

Obwohl es merkwürdig erscheint, die ausgeprägtesten Charakterzüge meiner pantagruelischen Kumpane auf die hingebungsvolle Feinfühligkeit eines einzigen jungen Menschen prallen zu lassen, entspricht es meinem tiefsten Verständnis von jenem geheimnisvollen Gral, dessen Bekanntschaft ich im literarischen Sinne während meiner Vortragsreise nach Oxford machte, meinen geschätzten Gefährten anhand des Kontaktes mit einem freundlichen Mädchen die Preisgabe dessen abzulisten, was das *Mabinogion* ihre „Eigenheiten" nennt. Würde man mich meinerseits bedrängen anzugeben, wie ich mich in dem speziellen Fall verhalten würde, so würde ich antworten: „Genau umgekehrt wie Harry Lyon!" Zwar würde ich ihre Schönheit ebensowenig beachten wie er, aber anstatt ihr kluge und praktische Ratschläge zu erteilen, würde ich sie ausholen; und wenn sie fort wäre, würde ich mir sagen, daß ich *daran* oder daran oder daran nun wirklich noch nie gedacht hatte!

Noch zu meiner Zeit in Court House gelang es mir dank der gemeinsamen Unterstützung meines Vaters und meines Vetters Ralph, einen zweiten kleinen Band mit epigonalen Gedichten zu veröffentlichen, der wie der erste über und über mit goldenen Lilien bedruckt war. Das vielleicht gefälligste Gedicht in diesem vergoldeten Buch der Nachahmung wird dem kritischen Leser zumindest verraten, daß ich, dem Beispiel Theodores folgend, bereits begonnen hatte, an den Schriften von Nietzsche Geschmack zu finden.

Zum Adler kam ein Papagei,
Der rühmte sich gar sehr,

Daß er der Sprache kundig sei
Und mancher Dinge mehr.
Der Adler faßt' ins Auge ihn
Und sagte voller Hohn:
„Dann flieg mit mir zur Sonne hin
Und hör des Donners Ton!"
„Ich fürcht' mich", sprach der Papagei.
Der Adler lachte laut:
„Von dem Gefühl war ich stets frei,
Wohin ich auch geschaut.
Fort auf die Stange! Solche Höh'n
Sind nichts für Papagei'n.
Willst du dem Adler ähnlich seh'n,
Darfst du nicht ängstlich sein!"

Das vielleicht unkonventionellste Gedicht der kleinen Sammlung aber war dem Pochen meiner Magengeschwüre gewidmet, ein Gedicht, das mit den Worten „O Schmerz", beginnt und der Hoffnung Ausdruck verleiht, daß beim Jüngsten Gericht, was immer sonst von den Toten auferstehe, der Geist des Schmerzes nicht auferweckt werde.

Die erste eindeutige Ermutigung, die Art von mystisch-humoristischen, pantagruelischen, shandyesken, quixotesken Romanen zu schreiben, in der ich heute, mit sechzig Jahren, meine Hauptambition erblicke, verdanke ich weder Harry, noch Bernie, noch Louis, noch Ralph, noch einem meiner Brüder. Ich verdanke diese Ermutigung ausschließlich dem „Katholiken". Zu meiner Zeit in Court House, der tadelnswertesten und verantwortungslosesten Phase meines Lebens, verfaßte ich zu meinem Vergnügen und aus Fabulierlust eine unendliche und absolut unpublizierbare Geschichte, eine Geschichte, in der ich mich bis zum Äußersten gehenließ. Die beiden Hauptakteure dieses verrückten Galimathias phantastischer Monstrositäten waren der „Katholik" höchstpersönlich und Mr. de –––––. Mr. de –––––, der seine vornehme europäische Verwandtschaft durch seine vielen wüsten Exzentrizitäten keinesfalls auch nur im geringsten kompromittieren wollte, beschloß etwa zu dieser Zeit, statt seines angestammten Namens den Namen „Carlyle" anzunehmen. Wie mein alter Freund ausgerechnet auf „Carlyle" verfiel, weiß der Himmel, aber so war es nun einmal. Ich bin sicher, er wußte über Carlyle weniger als über Pope oder Dryden, aber aus irgendeinem Grund fand er Gefallen am Klang der Silben.

In meinem unpublizierbaren Werk ohne Namen nannte ich Mr. de ––––– Mr. de Woztnak und den „Katholiken" Vetter Taxater. John William Williams brütete mit äußerster Ernsthaftigkeit über dem verrückten Buch. Für dessen Profanität und Obszönität ebenso blind wie für die Manien des Verfassers, besaß er eine goethische Fähigkeit, alle menschlichen Verirrungen verzeihlich und alle menschlichen Bestrebungen göttlich erscheinen zu lassen. Für J. W. W. waren dem Teufel so die Klauen beschnitten und der Schwanz gestutzt worden, daß er eher etwas Bemitleidenswertes als etwas Infames war. Das Gute war für diesen profunden Denker das große „Absolute", das Böse das große „Relative". Das ist nun leider eine Doktrin, die ich aus meiner Kenntnis der Umtriebe meines Herzens nur sehr schwer zu akzeptieren finde. Daß aber mein Freund dieses Tollhaus-Elaborat so ernst nahm, erfüllte mich mit größtem Entzücken. Ich schrieb es allein für ihn weiter. Manchmal glaube ich, ich könnte riesige Folianten für einen einzigen Menschen schreiben, wenn es der richtige wäre.

Nach und nach ließ ich alle meine Freunde in dem Buch auftreten und als wild gestikulierenden Aufzug anrüchiger Marionetten das Höllengestade der wildesten Ausgeburten meiner Phantasie, die Promenade von Brighton, auf- und abzotteln! Ich erleichterte mein Herz, und mehr als mein Herz, in diesem liederlichen Lumpen- und Flickenbündel, das ich für den „Katholiken" aufschnürte, wo immer wir ein Kaminfeuer, einen Tisch und ein von Neugier freies Schankmädchen finden konnten.

Unterdessen verging natürlich die Zeit; und ich trat in mein dreißigstes Jahr ein, ohne das geringste geleistet zu haben! Man denke, wie wenige von den Schriftstellern unserer Zeit mit dreißig noch nichts hervorgebracht haben! Mit neunundzwanzig hatte ich weder ein Buch geschrieben, noch einen Sohn gezeugt. Ich hatte nichts getan, außer Mr. de –––– zur Veröffentlichung seiner Gedichte zu verhelfen. Vermutlich dachten damals viele, daß ich mein Leben vergeude, daß ich es nie zu etwas bringen würde und daß mir das ganz recht geschehe.

Die ganze Zeit aber wußte ich im geheimsten Winkel meines Herzens, daß es einen Menschen gab, der nicht glaubte, daß ich mein Leben vergeudete, einen Menschen, der mit mir ebensowenig Großes vorhatte wie mit sich selbst, einen Menschen, der der Meinung war, daß, wenn man seinen Lebensunterhalt ehrlich verdiente und seine Spaziergänge und die Heimkehr zum Tee genießen konnte, alles gut sei, alles so sei, wie es Gottes Wille entspreche. Dieser Mensch war mein Vater! Obwohl er über das, was ich schrieb, verärgert gewesen wäre, stand es vollkommen in Einklang mit seiner Denkart, daß ich meine ganze Energie an ein Werk wandte, das ebensowenig Aussichten bot, mich „bei Magnaten lieb Kind zu machen", wie es Aussichten bot, irgendeine denkbare Karriere zu fördern. Und so schrieb ich allein des „Katholiken" wegen weiter und weiter über Vetter Taxater und Mr. de Woztnak. Es schien, als wäre es mir bestimmt, in dem, was ich schrieb, so egozentrisch zu sein, wie ich in meinem Erotizismus anormal und an meinem Gewissen krank war.

Und dennoch, wäre ich am Ende meiner Zeit in Court House gestorben, so hätte ich gewiß trotz allem nach Art meines hochgeschätzten Hazlitt ausgerufen: *„Tja, ich habe glückliche fünf Jahre gehabt!"*

Burpham

Harry Lyon war es, der uns mit Unterstützung von Reverend S., dem damals für unser neues Heim zuständigen Kuraten, half, Court House zu verlassen – wo uns die Downs so sehr vom Sonnenlicht abschnitten – und uns in Burpham bei Arundel in West Sussex niederzulassen. Wir hatten diesen Landstrich oft vom Zug aus bewundert, wenn wir „en route" nach Salisbury und Wessex, von Brighton nach Portsmouth fuhren, und ich denke, ich muß es insgeheim „gewollt" haben, daß ich mich hier niederließ. Mein Vater jedoch hegte ersichtlich irgendein tiefes, obskures Vorurteil dagegen. Jedenfalls verweigerte er mir ganz entgegen seiner üblichen Art jegliche finanzielle Unterstützung.

Es fiel daher Mr. S., unserem wohltätigen Gemeindepfarrer, zu, das notwendige Darlehen zu beschaffen; und für die Summe von fünfhundert Pfund sah ich mich auf neunhundertneunundneunzig Jahre zum alleinigen Besitzer des kleinen, ummauerten Häuschens nebst Garten gemacht, das damals unter dem Namen „Bankside" bekannt war und später „Warre House" hieß. Somit wurde ich seit der Zeit vor meinem Urgroßvater der Dritte aus meines Vaters Geschlecht, der als Allodialgut, oder wie immer die Bezeichnung lautet, ein Stück England von der Oberfläche des Kreidebodens bis zum unbekannten, womöglich feurigen Kern unseres Erdballs besaß.

Und sofort – denn so sehr den beherrschenden Impulsen eines Menschen Streitereien über Land und Häuser auch fernliegen mögen, hat der Besitz von Grund und Boden doch seine Tücken – steckte ich bis zum Halse in Zank und Hader. Als Henry Lyon uns bei seinem Freund Mr. S. einführte, betrachtete ich mit wohlgefälligem Interesse die Dorfjungen und -mädchen, die auf dem großen, prähistorischen Erdwall, der unseren kleinen Garten auf einer Seite abschloß, Fangen spielen. Die arkadische Szene warf ein so zartes Licht auf den ganzen Flecken, daß ich, während wir den kleinen Pfad zu der aus Kalksteinquadern errichteten und mit Flintsteinzinnen bewehrten Kirche einherschritten, urplötzlich von einem Taumel ungebührlicher Erregung gepackt wurde und meinen Stock, den Nachfolger von „Heilig“, gegen die Wand des strohgedeckten Häuschens der Lehrerin schleuderte. Harry Lyon tadelte mich streng für dieses kindische Benehmen und gab zu verstehen, daß derart ungestüme Bekundungen für einen Mann von dreißig, der gerade in eine neue Phase seiner Laufbahn eintrete, unschicklich seien.

Ich stellte bald fest, daß sie nicht nur unschicklich, sondern auch etwas verfrüht waren, denn von mehreren Kindern von oben herab betrachtet zu werden, während ich auf meinem kurzgeschorenen Rasen hin und her ging, war ein Aspekt der Angelegenheit, mit dem ich nicht gerechnet hatte. Daher ließ ich schließlich, wild entschlossen, die Ungestörtheit meines kleinen Schlupfwinkels um jeden Preis zu wahren, ein riesiges Schild mit der Aufschrift „Betreten bei Strafe verboten“ auf unserer Befestigung aufpflanzen. Und so fand das Dorf Burpham, als es eines Morgens erwachte, seinen historischen Wall über Nacht in das Privateigentum eines mittellosen Vortragsreisenden verwandelt. Die aufgebrachten Einheimischen handelten unverzüglich. Einige der kühneren Geister unter ihnen ließen ihre Bierkrüge im „George and Dragon“ stehen, das bequemerweise ganz in der Nähe lag, und beförderten mein Schild in einen angrenzenden Graben, wo sich seine Strafandrohungen folgenlos gegen Gartenschnecken, Wegschnecken und Feldmäuse richten konnten. Es wurde einmal mehr aufgerichtet, nur um einmal mehr in den Graben expediert zu werden.

So ging es, bis ich eines Tages auf der umstrittenen Anhöhe eine Person stehen sah, die eindeutig nicht aus dem Dorf stammte. Der Mann trug, ganz nach Art meines Freundes, des „Katholiken“, einen dunklen Anzug. Und sein Antlitz mit der wuchtigen Stirn, den schwermütigen Furchen und dem dunklen Bart hatte etwas, das mich sofort an ein Tizianporträt eines Renaissancedespoten denken ließ. Er blieb eine Weile da stehen, musterte anscheinend mit ironischer Neugier mein Verbotsschild, stieg dann ohne ein Wort oder eine Geste langsam die Böschung hinab und schritt übers Feld davon. Erst als er völlig außer Sicht war, erfuhr ich, um wen es sich handelte. Es war der Besitzer des umkämpften Erdwalls! Es war niemand anderer als der Erbgroßmarschall unseres Monarchen, der Rangerste aller Peers von England, Henry Howard, Herzog von Norfolk.

Abgesehen von isolierten kleinen Flecken wie dem, den ich gerade gekauft hatte, gehörte jener Landesteil weitgehend dem Herzog von Norfolk, und auf der anderen Seite des dem Wechsel der Gezeiten unterworfenen Flusses zog sich mit seinem ausgedehnten Hochland, seinen Buchengehölzen, seinem Wild, seinen Farndikkichten und seinen raren Tollkirschengesträuchen meilenweit sein berühmter Arundel Park hin. Kein englisches Schloß, Windsor vielleicht ausgenommen, bietet von ferne einen so eindrucksvollen Anblick wie Arundel Castle. Man sieht es, mit dem silbrigen Glanz des Kanals ein paar Meilen dahinter, am Rande seines Parks über seinem Fluß stehen und hat das Gefühl, daß sich Sussex seiner „melancholisch herrschaftlichen Wälder“ ebenso rühmen kann wie jedes Château an der Loire.

Die Downs über Burpham – und hier, so muß man sich vor Augen halten, befanden wir uns südlich ihres Höhenzuges – stiegen aus Kornfeldern und Klee ganz gemächlich zu ihren höchsten Gipfeln an. Auf der Nordseite, wo Amberley Castle lag, fielen sie ebenso schroff wie bei Court House ins Tal ab, doch zur See hin war der Anstieg so sanft, daß sie bis fast zum Kamm als Anbaufläche genutzt wurden.

Der größte Teil des Landes, das man von den Kreidehügeln aus sehen konnte, gehörte wie gesagt dem Herzog von Norfolk, aber er verpachtete es an Großbauern, die gewaltige Ländereien unterm Pflug hatten. Die beiden Großpächter von Burpham waren Mr. Collyer aus Peppering und Mr. Graburn aus Wepham, beide „Magnaten“, wie der alte de ––––– sagen würde, und beide mit lebhaften, bezaubernden Familien gesegnet. Nichts hätte warmherziger, nichts hätte gastfreundlicher sein können als das Verhalten, das uns diese liebenswerten Familien entgegenbrachten. Wir wohnten sogar in Peppering, während unser Cottage für unsere Aufnahme hergerichtet wurde, und obschon wir außer der Tatsache, daß wir uns hier niederzulassen gedachten und daß Mr. S. gewissermaßen für uns bürgte, keinerlei Ansprüche an diese Menschen stellen konnten, hießen sie uns nach herzlichster, altväterlicher Sitte willkommen.

Der Mann, mit dem ich persönlich, abgesehen von Mr. S., im Dorf am vertrautesten wurde, war ein bescheidener, aber keineswegs erfolgloser Schriftsteller. Er hatte bereits ein oder zwei Bücher geschrieben, als ich ihn kennenlernte, und schrieb noch einige mehr, solange wir im Dorf lebten. Das war Mr. Ticknor Edwardes. Mr. Edwardes wohnte seinerzeit im sogenannten Red Cottage, einem Haus an der Hauptstraße unseres kleinen Dorfes, verfügte jedoch in einem nahegelegenen, kleineren Haus über einen Schlupfwinkel für seine literarische Arbeit. Er verfaßte nicht nur Naturskizzen für die Londoner Zeitschriften, sondern schrieb auch mit fachlicher Autorität über das Thema Bienen. Er hielt selbst Bienen und konnte, wenn mich meine Erinnerung nicht trügt, sogar seine Stöcke selbst bauen, da er außerordentlich geschickte Hände hatte. Kurz nach dem Kriege, glaube ich, entschloß er sich, in den geistlichen Stand zu treten. Als ich ihn das letzte Mal sah, war er jedenfalls nicht nur Kleriker, sondern auch gerade zum Vikar von Burpham ernannt worden. In seiner literarischen Kunst war Mr. Edwardes ein Mann von peinlichster Genauigkeit. Ich erinnere mich an meine Verwirrung angesichts der wohldurchdachten Kunstfertigkeit, mit der er arbeitete: er wägte Worte, nahm sie gleichsam zur Hand und legte sie wieder hin, wie er es mit den Materialien für seine Bienenstöcke tat! Mögen seine Äußerungen als Priester unter dem alten, in Kalkstein gehauenen normannischen Bogen am Anfang des kleinen Kirchenschiffs der Süße des Wortes ebenso voll sein, wie seine sorgfältig gebauten Bienenstöcke voller Honig waren!

Ich mochte Mr. Edwardes immer ungewöhnlich gut leiden. Ich mochte die an Hartholz erinnernde Beschaffenheit seiner körperlichen Erscheinung! In Wahrheit habe ich stets die Tendenz gehabt, mir meine Freunde nach rein körperlichen Gesichtspunkten auszusuchen. Diese Tendenz paßt zu meinem ganz inneren Wesen, zu meinen besonderen Talenten, zu meiner Gabe für die „dithyrambische Analyse". Sie bildet die Methode, nach der ich bei der literarischen Kritik vorgehe, und sie verleiht mir die Macht, ich will nicht sagen, zu der Persönlichkeit *zu werden*, mit der ich mich beschäftige, aber doch zumindest meine Identität mit der ihren zu vermischen und mich durch das Medium ihres Empfindens selbst zu realisieren. Es handelt sich dem Wesen nach um eine Art spirituellen Erotizismus, der in meinem Falle aufs innigste mit meinen voyeuristischen Laster verbunden ist. Entspringt nicht alle literarische Durchdringung einer subtilen Sublimierung unseres tiefsten Lasters? Vom *voyeur* werde ich zum *clair-voyeur*. In Wirklichkeit tue ich nichts anderes als hinabzutauchen in eine Schicht unterhalb der äußerlichen „Fettnäpfchen", in die mein Freund oder mein Autor „tritt", unterhalb seiner Verfehlungen, seiner „Schaumschlägereien", seiner oberflächlichen Egotismen, Eitelkeiten und Empfindlichkeiten. Ich fließe wie ein magnetischer Strom durch die Substanz seines Wesens, durchringe mit meinem Geist den Stoff aus dem sein Fleisch gemacht ist, folge den Schwingungen seiner Nerven und spüre dem Ausfluß seines Seins nach, während dieser flüchtige Hauch wie Dampf vom tauenden Eis seiner Identität aufsteigt.

Ja, im Grunde ist es ein körperliches Phänomen. Meine literarischen Neigungen und Abneigungen sind ebensosehr körperlich wie meine persönlichen. Und das gilt gleichermaßen für die Toten wie für die Lebenden. So mag und begreife ich beispielsweise die körperliche Beschaffenheit von Wordsworths Fleisch und Blut, während ich vor der von, sagen wir, Browning instinktiv zurückscheue. Mr. Edwardes' körperliche Erscheinung wirkte denn auch stärker auf mich als die weiseste Bemerkung, die der ehrbare Mann hätte machen können. Seine lange Nase, seine opake, elfenbeinern-pergamentene Haut, sein an eine Baumwurzel erinnernder Hals, seine scheuen, nervösen, wildtierhaften Augen, all diese Manifestationen seiner Persönlichkeit waren für mich Offenbarungen der wesensmäßigen Güte und Gesundheit seiner einsamen Seele. Er besaß jene ernste, solide, unerschütterliche Reserviertheit, jenen steifen, von entwaffnenden Anwandlungen von Demut durchsetzten Stolz, der so viele altmodische Vertreter englischer Frömmigkeit charakterisiert. Kann ich es besser ausdrücken als mit den Worten, daß Mr. Edwardes für mich jenes tröstliche, ruhige, „behütete" Wohlgefühl verkörperte, das von bestimmten Kollekten unseres Gebetsbuches ausgeht? Nehmen wir beispielsweise die Kollekte für den einundzwanzigsten Sonntag nach Trinitatis. Gibt es etwas, das einem Menschen in einer chaotischen Welt ein stärkeres Geborgenheitsgefühl vermitteln könnte als diese Worte? „Wir flehen dich an, barmherziger Gott, gewähre deinem gläubigen Volk Vergebung und Frieden, auf daß es gereinigt werde von allen seinen Sünden und dir ruhigen Sinnes diene." Ein solcher Ton, eine solche stille Gewißheit mag sich von den mystischen Ekstasen anderer Glaubensrichtungen unterscheiden wie unsere Downs von der Wüste; und die Worte mögen, wenn man denn so will, lediglich Übersetzungen der Frömmigkeit des Christentums sein; aber es sind Übersetzungen, die den Stempel unserer englischen Wesensart tragen. Aus der Stärke dieses „ruhigen Sinnes", dieses „Vergebung und Frieden" heraus war mein Vater imstande, die gefährlichen Kataklysmen seines kymrischen Erbes im Zaun zu halten.

Und was für Charaktere gab es damals in unserem Dorf, die Mr. Edwardes mit seiner geduldigen, ehrfurchtsvollen Beobachtungsgabe kontemplieren konnte! Einige davon leben noch. Andere sind tot; tot und begraben zwischen dem schrägen Dach der alten Kirche und dem Feldweg, der auf die Downs hinaufführt. Was für ein Mensch war Mr. Budd, der Grobschmied, Mr. Goodyear, der Zimmermann, George West, der Wirt des „George and Dragon"!

Ich schäme mich, daß ich unsere eigentlichen Farmarbeiter nicht genauer kennenlernte. Aber es waren wohl reservierte Südangelsachsen, keineswegs geneigt, das Herz auf der Zunge zu tragen, damit philosophische Dohlen daran picken konnten. Einen alten Mann lernte ich allerdings recht gut kennen – ich denke, er muß der Großvater eines wunderschönen, kränklichen kleinen Knaben gewesen sein, den ich immer in einem Garten stehen sah, wo unser dem Wechsel der Gezeiten unterworfener Fluß an den Ruinen einer sehr alten Mälzerei leckte. Rund und rötlich-golden wie der aufgehende Vollmond war das Antlitz dieses betagten Mannes; aber die langen Jahre der Feldbestellung hatten seine unteren Extremitäten so verbogen, daß der Zwischenraum zwischen seinen Beinen beim Umherhumpeln der Krümmung eines gotischen Rippengewölbes ähnelte.

Aber es war immer das gleiche, ob in Montacute oder in Court House! Ich bin viel weniger als mein Vater, viel weniger auch als meine Brüder imstande, mit echten Männern der Scholle Freundschaft zu schließen. Woher kommt das? Ich denke, es kommt daher, daß meine manische Suche nach dem, was in fortwährend sich verengender Perspektive vor mir zu fliehen scheint, dazu führt, daß mein Blick sich glanzlos, und nicht *zutiefst teilnahmsvoll* auf diese hesiodischen Gestalten richtet, deren Lebenspoesie mir so ideales Vergnügen verschafft. Theodore bekommt, was er verlangt, mit einem Blick, einer Kunstpause, einem Schweigen; denn die schweigenden Luftgebilde seiner aufwühlenden Inspiration nähren sich von der Atmosphäre dieses Lebens. Llewelyn vermag es durch sein Talent, Vertrauen zu wecken, und seine rasche Auffassungsgabe für das erdhaft Wesentliche. Unser jüngster Bruder Willy, der noch zu meiner Zeit in Burpham selbst Farmer in Somerset wurde und den Dialekt erlernte, konnte mit jedem Kärrner, jedem Grabenbauer, jedem Schafhirten ebenso selbstverständlich und unbefangen Freundschaft schließen wie ich mit einem Priester.

Aber ich konnte das nicht. Die Sache machte mich nervös, machte mich so feige und unterwürfig, als hätte ich es mit lauter Herzögen von Norfolk zu tun! Und dennoch *habe ich das Gefühl,* jedem arbeitenden Menschen, den ich kennenlerne, ganz unmittelbar von Mann zu Mann gegenüberzutreten. Es würde meine Lebensillusion bis in die Wurzeln erschüttern, wenn ich dieses Gefühl nicht hätte. Das Sonderbare dabei ist, daß ich bei meinen Begegnungen mit Arbeitern dazu neige, mich viel mehr ins Zeug zu legen, als es Llewelyn je tut. Ich „reiße mir sämtliche Beine aus“, wie es so schön heißt, nicke und wiege den Kopf zum Gefasel irgendeines alten Kerls, während Llewelyn ihm, ohne seiner oder der Würde des Mannes etwas zu vergeben, „Gottbefohlen, Mr. Tup!“ wünschen und sich davonmachen würde.

Nein, ich glaube, ich erwecke nicht halb soviel Vertrauen wie Llewelyn. Menschen – auch die schlichtesten – nehmen solche Charakternuancen sehr genau wahr. Die Leute wissen, daß meine nervösen Schmeicheleien und eilfertigen Anbiedereien einen hochempfindlichen, wildtierhaften Instinkt verdecken, mich aufund davonzumachen. In gewissem Sinne, so könnte man sagen, ist gerade die lächerliche Impulsivität und die durchsichtige Bemühtheit meines Verhaltens gegenüber Menschen für diesen merkwürdigen Mangel an Freundschaften mit Männern der Scholle in meinem Leben verantwortlich. Ich verwirre sie, beunruhige sie, mache sie verlegen, so wie bestimmte Typen überspannter Frauen mich aus der Fassung bringen.

Llewelyn versucht in seinem Umgang mit ihnen nicht für eine Sekunde, den Ton des Land-Gentleman abzulegen, den Ton, in dem sich ein rechtschaffener, erdverbundener, warmherziger Junker mit einem Schafhirten, einem Wildhüter, einem Kärrner, einem Steinklopfer unterhält. Ich dagegen habe mich innerlich so deklassiert, daß ich anstelle dieses würdevollen, schicklichen Tons, der schuldigen Respekt sowohl für mein Gegenüber wie für mich selbst verrät, jedes Gefühl von Verhältnismäßigkeit vermissen lasse und mich so mit Thomas Tup unterhalte, wie ich mich – von einer leichten Beschleunigung des Pulses abgesehen – etwa mit Thomas Hardy unterhalten würde. Und so etwas gefällt den Leuten nicht. Die einzigen, denen es meiner Erfahrung nach gefällt, sind alte Familienbediente, die es verstehen, wie Enten Wasser verstehen, und *Landstreicher*, die es als Zeichen einer ihnen wesensverwandten Abweichung vom Ton gesellschaftlicher Etabliertheit auf dieser Welt betrachten.

Ich muß der kurzen Liste zwei weitere Menschentypen hinzufügen, und mit ihnen ist die Aufzählung derer, die meine Art mögen, komplett. Neger verstehen sie, und jeder Priester versteht sie, und allein dieser beiden wegen widerstrebt es mir, sie aufzugeben. Mit Priestern gehe ich stets ungezwungen um. Ich verstehe sie, wie ich einen Schafhirten, einen Fischer, einen Pflüger, einen Steinmetz, einen Rohrleger, einen Bergmann nicht verstehe. Und sie verstehen mich. Nonnen, Mönche, Klosterbrüder, Priester, Winkelpriester, Halbpriester, sie alle verstehen mich und scheinen mich zu mögen! Die römische Kirche hat mich immer mit wunderbarster Hellsichtigkeit behandelt. Sie, die alte Amme ungeratenen Menschentums, scheint zu wissen, daß mein ständiges Gemurmel von „Engeln" und „Teufeln" und von „göttlichen" und „teuflischen" Stimmungen alles andere als eine Pose oder Affektiertheit ist. Sie weiß instinktiv, daß sich darin eine Seele offenbart, die irgendwie zu einem Bewußtsein von etwas gelangt ist, das außerhalb des astronomischen Universums liegt.

Ich habe mich oft gefragt, wie ich wohl im sowjetischen Rußland zurechtkäme, zu dem ich mich ebensosehr hingezogen fühle wie zur katholischen Kirche. Ich habe einen so schlichten Geschmack und bin so unambitioniert, daß ich glaube, ich könnte dort glücklich sein, solange ich ein noch so kleines Zimmer für mich allein, genügend Kopeken, um mich mit Brot, Tee und Zigaretten zu versehen, und eine Landstraße oder gar einen Pfad über eine Allmende hätte, wo ich allein spazierengehen könnte. Ich würde mir nur ausbedingen, daß ich den Inhalt meines Samowars jederzeit mit einem mystischen Vater Zosima teilen darf. Ich bin durchaus der Meinung, daß ein kommunistischer Staat mich zwingen sollte, die Last körperlicher Arbeit mitzutragen. Aber wenn ich meinen Anteil abgeleistet habe, möchte ich mich vom Staat und von allen öden, weltlichen Belangen *ganz und gar abwenden* und mit gelehrten und frommen Männern über Gott, Freiheit und Unsterblichkeit diskutieren dürfen! Ja, ich stimme mit meinen kommunistischen Freunden vollkommen darin überein, daß man mich zwingen sollte, irgendeine Art von körperlicher Arbeit zu leisten. Aber ich stimme nicht mit ihnen darin überein, daß es Zeitverschwendung sei, über Gott zu diskutieren. Nicht daß ich selbst je in die Kirche hätte gehen wollen. Dazu habe ich nie das leiseste Bedürfnis verspürt; und wenn ich bete, was ich bis zur Erschöpfung tue, so bete ich zu Götzen, Fetischen und Bildern, zu Stöcken und Steinen, zur Sonne, zum Mond und zur Erde.

Manchmal bete ich zu den Heiligen, wie etwa der heiligen Theresa, und manchmal zu Jesus; niemals aber zu dessen Mutter und niemals zu Gott. Nicht daß ich mich davor fürchte, zu Gott zu beten, weil ich dann etwa meine erotische Sinnlichkeit aufgeben müßte oder nur noch zehn Zigaretten pro Tag rauchen dürfte; denn ich weiß sehr wohl, daß mein Gewissen mir als Stimme meiner heimlichen Lebensillusion ebenso stark zusetzt, wie es das täte, wenn ich es als Stimme Gottes ansähe. Es sind die Leiden, die Greuel in der Welt, derentwegen ich Gott heute feindlich gesinnt bin, so wie das schreckliche Bild des Leidens Christi, das in *Der Idiot* erwähnt wird, Rogoschin, wenn auch nicht den Fürsten selbst, verleitet, sich aus Rache an einer Ersten Ursache, die dergleichen zuläßt, dem Atheismus in die Arme zu werfen.

Hinderten die Downs bei Court House den Sonnenschein daran, uns vor dem Nachmittag zu erreichen, so ergossen sich in Burpham mit der ganzen Flut des Sonnenlichts die Stimmen von Kindern, das Blöken von Schafen, das Brüllen von Ochsen, das Läuten von Glocken, das Stampfen von Pferden, das Klirren von Ambossen, das Schurren von Holzsägen und dazu die heitersten Stimmen aus dem „George and Dragon" über uns. Tatsächlich hatten wir soviel Sonnenschein und allenthalben derart lebhafte Geräusche, daß es seltsam anmutet, daß meine stolze, störrische Einsamkeit nicht aufgeweicht, vermenschlicht, aufgelöst und in süß verträgliche Demut verwandelt wurde. Harry Lyon, der mich wie ein Falke Gottes dabei beobachtete, wie ich mich in diesem Glast von Sonnenschein und Freundlichkeit hierhin und dahin wandte – muß ich ihm doch wie ein Eisbär in einem Zoo heiterer christlicher Tiere erscheinen sein –, versuchte oft und zuweilen unter bitteren Tränen, den stolzen Geist meiner Isolation zu brechen. Noch heute sehe ich sein asketisches Antlitz in den Jasminsträuchern vor dem Fenster meines Arbeitszimmers, verzerrt, wie es das Gesicht des Dichters Dante war, als er in dem Nachen auf dem trüben Pfuhl unter den glühendroten Zinnen von Dys seinen Feind von den Dämonen „getaucht" sah. Noch heute höre ich seine prophetische Stimme, mit der er mich warnte, daß, wenn ich mich weigerte, Menschlichkeit und Demut anzunehmen oder wie Pharao mein verstocktes Herz zu ändern, ich zumindest die irdische Hölle erleiden würde, immerzu lächeln und lächeln zu müssen, derweil mein Wolfsherz sich inmitten von Sonnenschein und Schafen selbst verzehrte.

Wenn ich heute auf all das zurückblicke, sehe ich ein, daß vieles an meinem ausweichenden, heiklen Charakter solche Mißbilligung verdiente; andererseits aber scheint mir mein Instinkt, der gegen das Gefühl aufbegehrte, von diesem Ritter vom Roten Kreuz mit harter Hand wie ein unterwürfiger Heide zur Zwangstaufe in den Wassern der Demut geschleift zu werden, nach wie vor gerechtfertigt. Der „Katholik" vertrat stets die Doktrin, daß es ganz falsch sei, *das eigentliche Wesen* eines Menschen, seine innerste Natur, seine Lebensillusion von sich selbst zu attackieren. Nach J. W. W.s thomistischer Auffassung war das die Sünde wider den Heiligen Geist. Der „Katholik" selbst folgte stets der Goetheschen Maxime, wonach der Charakter eines Menschen *bereits sei,* was er nach Auffassung des Weltverbesserers werden müsse, und was er werden müsse, entspreche jeweils seiner anlagemäßigen Bestimmung. Mein heiliger Thomas dagegen pflegte, von Kopf bis Fuß gepanzert, mit eingelegter Lanze Hals über Kopf mitten in die innerste Festung des Charakterschicksals eines Menschen einzusprengen. Doch was war er für eine edle Gestalt, wenn er wie ein Tempelbruder oder ein Johanniter im Kettenhemd auf Seiten der Engel so teuflisch austeilte! Er jedenfalls warf sich niemals nieder im Hause Rimmon, und ich denke, seine bittersten und sardonischsten Ausbrüche loderten nur auf, wenn die glühende Kohle in seinem Herzen unter der Einwirkung meiner hyperboreischen Art fauchte und zischte.

Die misanthropische Meidung meiner Mitgeschöpfe war gleichwohl ebensowenig wie heute ausschließlich auf Unmenschlichkeit zurückzuführen. Sie ist teilweise dem genauen Gegenteil zuzuschreiben, nämlich einem ungesunden Bewußtsein von der Gewalttätigkeit, der Übermächtigkeit der menschlichen Persönlichkeit. Wie ich mich oft aus dem kleinen, umzäunten Garten zwischen dem „George and Dragon" und der Zimmermannswerkstatt schlich und verstohlen zwischen den Grabsteinen des Kirchhofes hindurchschlängelte, um die Downs zu erreichen, ohne jemanden grüßen oder mit jemandem sprechen zu müssen! Das war fast unmöglich; und jeder, dem ich begegnete, war so nett, daß es schwer war, lediglich mit einem Nicken vorüberzugehen. Ich glich einem Pelikan der Wildnis, der sich im denkbar malerischsten, gurrenden Taubenschlag niedergelassen hat! Der unaufhörlichen Warnung meines aufgebrachten Tempelritters entsprechend drohte meine Weigerung, gütig und liebreich zu werden, dazu zu führen, daß ich mich vor unmotivierter Botschaft verzehrte. Wie ich mich davor fürchtete, diesen bezaubernden, unschuldigen Menschen zu begegnen! Manchmal brachte ich genügend Mut auf, um mich mit den Bauernjungen und Hirtenjungen zu unterhalten; aber es war ihnen anzumerken, daß sie vor mir ebensoviel Angst hatten wie ich vor ihnen; und den älteren Farmarbeitern ging ich ebenso aus dem Wege wie früher Theodore den Menschen auf seiner eigenen Farm. Und dennoch verehre ich jeden von ihnen aus tiefstem Herzen.

In diesem Punkt hätte auch der strengste Kommunist nichts an mir auszusetzen. Wie bereits angedeutet, hat mich jedes menschliche Wesen aus der Klasse der „Bauern und Arbeiter" seit jeher mit genau der gleichen verstörenden Ehrfurcht erfüllt, die ich in

Gegenwart großer Herren empfinde. Die Klasse von Menschen, mit der ich abgesehen von Priestern, Landstreichern und alten Familienbediensteten am ungezwungensten verkehre, ist, um die Wahrheit zu sagen, vermutlich genau die Klasse von Bürogehilfen und kleinen Gewerbetreibenden, die Harry Lyon so streng kritisierte.

In Burpham hatte jeder, der es sich leisten konnte, ein Boot auf dem Fluß, der am Fuße der Anhöhe entlanglief, auf der das Dorf stand. Der Fluß war den Gezeiten unterworfen, und die Boote waren derart an hohen Pfählen vertäut, daß sie mit den Gezeiten steigen und fallen konnten. Der Höhenunterschied zwischen Hoch- und Niedrigwasser war erstaunlich; er betrug wohl mindestens fünfzehn Fuß, und bei Ebbe bot der Schlamm, außer unter bestimmten Lichtverhältnissen, einen häßlichen Anblick. Bei Flut jedoch wurde die voll dahinströmende, glatte Wasserfläche des Flusses überraschend schön. Bald kaufte ich mir in Littlehampton, das ein paar Meilen südlich von Arundel an der Flußmündung lag, ein seetüchtiges Boot; und es wurde mir zur Leidenschaft, dieses Boot bald in Richtung Arundel und Littlehampton, bald in Richtung der kleinen Dörfer South Stoke und North Stoke zu rudern, wo der Fluß tief und gefährlich zwischen den stattlichen, bewaldeten Hängen des riesigen Parks hindurchfloß. Einmal kam ich mit Bernie, und einmal mit meinem Bruder Bertie – beide ausdauernde Ruderer – stromabwärts bis Amberley, wo ein anderes Schloß unmittelbar aus den Rieselwiesen aufragte. Ich erinnere mich, wie ich einmal bei Sternenlicht mit Bertie im Fluß badete; und ich weiß noch, daß wir ein andermal, als Bertie zum Scherzen aufgelegt war, in der raschen Strömung so lange unter Wasser blieben, daß unseren Begleitern angst und bange wurde.

Dieser Fluß Arun, und besonders einer seiner Mündungsarme mit Namen Old River, an dem ein einsamer Treidelpfad entlanglief und wo die Flut von ungeheuer hohem Röhricht gehemmt wurde, das von den scharfen Schreien unsichtbarer Teichrohrsänger gellte, machte einen tiefen Eindruck auf mein Gemüt. Als meine Ruderleidenschaft sich zu legen begann, gewöhnte ich mir an – und ich behielt diese Gewohnheit mehrere Jahre bei –, diesen einsamen Treidelpfad am Ufer des Old River auf und ab zu gehen. Große Mengen Gelbweiderich – es erstaunt mich, wie viele Abarten davon sich hier im Staate New York, an den Ufern des Agawamuk finden –, zu schweigen von der besser bekannten, blutroten Art, „die bei den losen Schäfern schlimmer heißt, doch keusche Mädchen sagen Totenfinger", wuchsen neben Mädesüß, Weidenröschen und Wasserhanf an diesem verborgenen Treidelpfad.

Aber alles in allem machte der Fluß Arun nie einen ganz zufriedenstellenden Eindruck auf mein Gemüt. Die Wahrheit ist, daß ich Flüsse, die den Gezeiten unterworfen sind, nicht mag. Sie sind mir immer ein bißchen unheimlich. In ihrer seltsamen Doppelnatur ähneln sie dem monströsen Sproß einer unnatürlichen Paarung! In den Wassern des Arun mischten sich Meeresfische unter Flußfische, aber das erweckte in mir nur Sehnsucht nach dem glitzernden Süßwasser-Häsling des Wissey in Norfolk. Am erschütterndsten war für mich der Anblick alter, dahintreibender Seegrasfäden, die mit dem immer wiederkehrenden Steigen und Fallen des Wassers unaufhörlich hin und zurück getragen wurden. Dies unablässige Ebben und Fluten hatte für mein Wesen etwas unendlich Trauriges. Die unwiderruflichen Gezeiten nahmen den Charakter einer gräßlichen Ewigen Wiederkehr an, und die unglückseligen Seegrasstücke bekamen für mich etwas ungemein Trostloses.

In meinen ersten Jahren in Burpham, als ich noch ständig den Fluß auf und ab ruderte und es mich mit solchem Stolz erfüllte, meine Freunde mitzunehmen, beschloß ich, mein riesiges, unpublizierbares Buch nicht weiterzuschreiben und mich statt dessen an einem richtigen, einem – jedenfalls soweit mir das möglich war – normalen Roman zu versuchen. Ich entsinne mich noch gut bestimmter Passagen aus diesem Werk, das niemals beendet und, soweit ich mich erinnere, niemals irgend jemandem vorgelesen wurde. Eine handelte von einem Priester – wie sich meine Gedanken ständig um Priester drehten! –, den ich schilderte, wie er am Fenster eines ganz bestimmten alten Gasthauses saß, das ich mit den „Katholiken" zu besuchen pflegte und dessen Mauern sich dicht bei der Brücke zur Hauptstraße der Stadt unmittelbar aus dem Wasser erhoben. Eine andere beschäftigte sich mit dem Fluß am Fuße der kleinen Kreideklippe in Burpham; und ich weiß noch, daß ich in dieser Passage mit unheimlicher Lebendigkeit das Gurgeln, Schlürfen, Ächzen, Plätschern und Grollen beschrieb, mit dem das Wasser bei Ebbe in den phosphoreszierenden Schlick einsank.

Burpham bot ganz gewiß mehrere recht spektakuläre Erscheinungsformen von Landschaft. Meinen Sohn zieht hier, an seinem Geburtsort, am stärksten der wildere Teil der Downs an. Nordöstlich des Dorfes führt ein sehr alter Kreidepfad – wahrscheinlich aus dem Mittelalter, denn er heißt Leper's Path, und in der Kirche gibt es ein Hagioskop für Aussätzige – über die kahlen, freien Hügel zu einem kleinen, entlegenen Weiler, der von aller Welt abgeschieden liegt und Lee Farm heißt. Die Menschen dieses Ortes besitzen aufgrund ihrer Isolation von den Einflüssen des modernen Lebens eine poetische Natürlichkeit, die zwar in Wessex durchaus verbreitet, in Sussex jedoch selten ist. Das ist die Landschaft, die mein Sohn von allen am meisten liebt, und auch ich liebte sie und suchte sie häufig auf, während er noch ein Kind war. Noch mehr aber liebte ich, denn dort war es noch einsamer, das Herz der sogenannten „Gibbet Woods". Hier wurde einst ein Mann gehängt, der die königliche Post ausgeraubt hatte, und der aufgebrachte Geist dieses unseligen jungen Mannes schien die Leute von dem Flecken fernzuhalten! Jedenfalls traf ich in all den Jahren, in denen Burpham mein Zuhause war, in den Gibbet Woods nicht eine Menschenseele. Ich liebte auch den Saum – seit jeher haben es mir Säume, Ränder, Grenzen und Schwellen angetan – zwischen Waldrand und Downland, wo die Gibbet Woods in die offenen Downs übergingen. Mehr noch als der verborgene Treidelpfad am Old River war dies für ein Jahrzehnt mein Lieblingsspazierweg. Ich bin etwa zehn Jahre lang wohl an die hundertmal im Jahr dorthin gekommen, und das heißt, daß ich nicht weniger als tausendmal an diesem Saum zwischen Wald und Downs entlanggegangen sein muß! Es war ein herrlicher Ort, ein Ort, der genau meinem Wesen entsprach.

Hier traf ich einmal im Sommer auf eine große Anzahl weißer Admirale, und hier mordete ich einmal, zur Bereicherung der „Sammlung" meines Sohnes, ein vollendetes Exemplar des seltenen Schmetterlings mit Namen Feuerfalter.

Aber zwischen dem Rand von Gibbet Woods und dem Hügel über dem Leper's Path gab es auf dem Kamm der Downs eine Anhöhe, von der aus das etwa ein halbes Dutzend Meilen entfernte

Meer deutlich zu sehen war. Diese Anhöhe war von außerordentlichem Reiz für mich. Sie trug den überraschenden Namen „Freitagskirche", und es handelte sich eigentlich um den Standort eines alten nordischen Heiligtums, das der Göttin Freia geweiht war. Zu meiner Zeit – mittlerweile ist das wohl alles verschwunden – standen an dieser Stelle die Überreste einer vom Blitz getroffenen Robinie. Von der geschwärzten Wurzel dieses Baumes grub ich mir lästerlicher- und frevlerischerweise ein Stück aus – räche es, wenn du mußt, du große, nordische Göttin! – und legte es oben auf meinen Bücherschrank.

Binnen weniger Monate nach unserem Eintreffen in Burpham – und wir hatten uns wirklich gerade erst behaglich eingerichtet, als das Ereignis eintrat – wurde mein Sohn geboren. Wie Goethe kam er im August – dem Monat der Günstlinge des Glücks – zur Welt, doch im Gegensatz zu Goethe hatte er einen heidnischen Taufpaten! Mr. S. vollzog die Zeremonie; doch Littleton Alfreds Gevatter und Vertreter im historischen Glauben seiner Rasse war niemand anderer als mein atheistischer alter Freund Mr. de ---- ! Es war ein umwerfender Anblick, wie dieser betagte Lukrez, eine geschmackvolle Ausgabe des Gebetbuches verkehrtherum in den zittrigen Fingern, am Taufbecken in Burpham stand; und man kann versichert sein, daß das Gedicht, das er zur Feier des Tages in altmodisch höfischem Stil verfaßte, bezaubernd war.

Littlehampton war nicht so weit, nicht annähernd so weit von Burpham entfernt wie Brighton von Court House; aber obwohl die Geburt meines Sohnes, bei all meinem Glück darüber, den Magnetstrom meines Lasters nicht transformierte, verspürte ich niemals den gleichen Anreiz, nach Littlehampton zu stürzen, den ich im anderen Falle empfunden hatte. Gleichwohl fand ich gar nicht selten den Weg in das Seebad, und zwar, meiner alten Gewohnheit entsprechend, zu Fuß anstatt mit der Eisenbahn. Abgesehen von meiner ewig enttäuschten Suche machte mir das Meer bei Littlehampton viel Freude, und der lange Spaziergang selbst war jedesmal ein Vergnügen für mich. Der mittlere Teil meines Weges führte über ausgedehnte Wiesen; und an einer Stelle, in der Nähe einer sehr alten Kirche auf freiem Feld, mußte ich an einem merkwürdigen Teich vorbei, wo es ein großes Beet Brunnenkresse gab.

Dieser Teich stammte aus unvordenklich fernen Tagen; und sollte in grauer Vorzeit Wohnstätte eines legendären Ungeheuers mit Namen „Avanc“ gewesen sein. Über diesen Avanc machte ich mir nicht groß Gedanken, aber der Feldweg und sogar die stuckverzierten Häuser, an denen ich bei der Annäherung an Littlehampton vorbeikam, hatten etwas an sich, das all die seltsamen Gefühle in mir weckte, Gefühle, die mich von gleichartigen, vor Jahrhunderten erlebten menschlichen Erfahrungen zu erreichen scheinen und die bestimmte am Wegesrand liegende Gartentore, Pfahlzäune, Scheunen, Hecken, alte Mauern und alte Baumstümpfe zu wecken die Macht haben. In Littlehampton selbst verschaffte mir eine bestimmte Art von Algen, die die älteren Pierpfosten dort überwucherten, jedesmal einen besonderen Schauer; aber bei allen Besuchen, die ich dem langgezogenen, schimmernden Meeresstrand und der wirbelnden Flußmündung abstattete, wurde mir, so weit ich mich erinnere, nicht ein einziger flüchtiger Blick auf irgendeine der Verkörperungen unsterblichen Liebreizes gewährt, die meine Phantasie heraufbeschwor, wenn ich an jenem Brunnenkressenbeet des Avanc vorbeiging.

Der „Katholik“ pflegte uns häufig in Burpham zu besuchen, und seine verwickelte Metaphysik hatte mich der römisch-katholischen Kirche so nahegebracht, daß ich ihn einmal, als ich in seiner Begleitung in Littlehampton war, tatsächlich in einer abgelegenen Schenke seiner Pascallektüre überließ und den drastischen und ersichtlich fatalen Schritt unternahm, beim Gemeindepriester vorzusprechen! Ich kann mich noch heute an die unbehagliche Empfindung erinnern, die mich überkam, während ich vor der Tür des Priesters wartete: als wäre ich ein Schauspieler, der plötzlich feststellt, daß seine imaginäre Rolle sich in fürchterliche Wirklichkeit verwandelt. Aber der Mann war außer Haus; und ich nahm seine Abwesenheit als entscheidendes Omen. Theodores lakonischer Kommentar zu meiner Handlungsweise war typisch.

„Natürlich wissen wir“, schrieb er, „daß Du das tust, um Deinen Vater zu ärgern.“

Ich bin jederzeit bereit, in Betracht zu ziehen, daß auch hinter meinen plausibelsten Handlungen ein Tropfen schwarzer Galle, ein „Quentchen Essig“ steht; aber wenn ich durch meine Narrenpossen tatsächlich meinen Vater hätte „ärgern“ wollen, so wurde ich bei meinem eigenen Spiel geschlagen. Denn mein listiger Erzeuger, der die Schwächen seines Erstgeborenen zweifellos durch und durch kannte, verfiel wie ein weiser alter Schäfer aus Dorset, der es mit einem tückischen schwarzen Widder zu tun hat, auf eine Gebärde, die noch dramatischer war als die meine.

„John“, sagte er zu mir, während wir, die Hände um die knochigen Knie geschlungen, Seite an Seite vor dem Kamin im Salon saßen, dieweil von der Ikone, die Onkel Cowper aus Rußland mitgebracht hatte, zwei Paar byzantinischer Mandelaugen unsere walisischen Schrullen verfolgten, „wie kannst du mir in meinem Alter einen solchen Schlag versetzen?“

Das reichte mir schon. Ich kapitulierte sofort und war, so möchte ich behaupten, für den Vorwand dazu auch durchaus dankbar. Doch als mein Vater fortfuhr: „Dann schreibst du Mr. Williams also umgehend?“, wünschte ich ihm eine gute Nacht.

Tatsächlich war dem tiefen seelischen Verständnis des „Katholiken“ die Wahrheit längst aufgegangen: nämlich daß ich mich nach dem unergiebigen Besuch beim Priester von Littlehampton zwar möglicherweise zum Wasser führen lassen, aber immer vor dem Trinken drücken würde. Ich glaube, ihm wurde auch klar, daß ich genau das bei der römisch-katholischen Kirche suchte, was mein Vater vermutete: eine metaphysische Rechtfertigung der mir eigenen, irrationalen Manie für die Fetischverehrung. Ich wollte einen magischen Christus verehren dürfen, ohne mein Kreuz aufnehmen und Jesus folgen zu müssen, wollte Stöcke und Steine, Idole und Bilder, die Sonne, den Mond, die Erde und den Morgenstern verehren dürfen. Ich wollte im Grunde genau das tun, was mein Vater vermutete: „Katzbuckeln“, wie er es stets ausdrückte, nicht ohne wie ein Schlachtroß, wenn die Dromete klingt, beim Läuten der Meßglocke sein stolzes „Haha!“ zu rufen.

Gewann mein Vater in der Frage meines Übertritts zum Katholizismus die Oberhand über mich, so gewann ich, als es darum ging, daß er Littleton anstelle seines ältesten Sohnes zu seinem Testamentsvollstrecker machte, die Oberhand über ihn. Jedenfalls bildete ich mir das ein! Im Grunde seines Herzens schwankte mein Vater in seiner Haltung mir gegenüber. Er war mir gegenüber einerseits liebevoll und fürsorglich, andererseits aber stets – und nicht ganz ohne Grund – argwöhnisch. Ich hatte ihn oft genug absichtlich und mutwillig aufgezogen, ihn gepiesackt, so behauptet Bertie immer – wiewohl ich diesen Teil seiner Geschichte nicht ganz glauben kann –, wie ich die Stiere in unserer Nachbarschaft zu piesacken pflegte, und obschon ihn, wie überhaupt anscheinend jeden, Llewelyns Mißbilligung viel mehr bekümmerte als die meine – „Was schaust du mich so finster an?" fragte er seinen Fünftältesten einmal, als der schlechter Laune war –, beunruhigte es ihn wohl immer ein wenig, was sein Erstgeborener zu ihm sagen mochte. Auf Littleton dagegen verließ er sich im allgemeinen, genau wie ich, und setzte – mit gutem Grund – vollstes Vertrauen in ihn.

Wir spazierten gemeinsam durch Stoke Wood in Montacute, dem Schauplatz so vieler dramatischer Wendepunkte in unser aller Leben, als er sich in der Frage seines Testaments in meine Hände gab. Sein Testament muß ein sehr verzwicktes Problem für ihn gewesen sein; denn sein Mißtrauen gegenüber Rechtsanwälten glich dem Mißtrauen, das der alte Pippard, sein betagter Küster, gegenüber „diesen Parlamentsabgeordneten" empfand. Jedesmal, wenn er eine Unterredung mit einem Anwalt hatte, ergriff er die Vorsichtsmaßnahme, sich auf das wichtigste, zur Debatte stehende Dokument *zu setzen*, damit es nicht vor seiner Nase weggezaubert oder in etwas anderes verwandelt würde. War der entscheidende Gegenstand sicher unter seinem hageren Hinterteil geborgen, fühlte er sich in der Lage, sich mit der Sache auseinanderzusetzen. Nun aber, da wir Seite an Seite durch Stoke Wood spazierten, war er nervös, denn es ging nicht darum, auf seinem letzten Willen zu sitzen, sondern seinen Willen zu rechtfertigen.

„John, mein Junge, ich habe mein Testament gemacht", sagte er, „und ich habe beschlossen ———"

Hier hielt er inne, so wie Littleton selbst innegehalten hatte, ehe er Preston Brook übersprang – „*Littleton*" – er betonte den Namen, und es war *sein* Sprung über den Bach, vor dem ich immer zurückgeschreckt war – „zu meinem Testamentsvollstrecker zu machen!"

Es kam wohl ganz unerwartet für meinen Vater, daß ich die Neuigkeit nicht mit dem von mir gewohnten Gleichmut aufnahm. Ich brummelte und druckste auf irritierende Weise herum, während wir an dem großen Buchenstumpf vorbeikamen, in den so viele Liebesknoten und Initialen von Angebeteten eingeschnitzt waren, und das verstörte meinen Vater so, daß er als Kommentar zu meiner mangelnden Urbanität eine erstaunliche Bemerkung von sich gab.

„Niemand, John", sagte er, „hat es gern, wenn man ihm in die Quere kommt!"

Ich habe mich gerade gebrüstet, ich hätte in dieser Frage die Oberhand über meinen Vater behalten; aber in Wirklichkeit bin ich mir dessen keineswegs sicher. Was um alles in der Welt dachte er sich nur dabei, daß er den Ausdruck „in die Quere kommen" benutzte? Als ob ich ein raffiniert intrigierender, jüngerer Sohn, ein listiger Jakob, gewesen wäre, der schon seit Jahren Ränke schmiedete, um Littleton sein Geburtsrecht streitig zu machen, und dem man nun auf die Schliche gekommen war! Im Grunde war es wohl so, daß mein Vater den Ausdruck „in die Quere kommen" in einer ganz eigenen, privaten Bedeutung verwendete. In Wirklichkeit wollte er sagen:

„Ich verstehe natürlich, John, daß dir das nicht gefällt. Niemand hat es gern, wenn ihm ein anderer vorgezogen wird."

Ich kann mich nocht so gut erinnern, wie ich Bertie und Llewelyn – damals beide in Wildman's House – während eines Spaziergangs auf der Yeovil Road, jener Straße, auf der Littleton und ich von Wildman's House nach Hause zu laufen pflegten, die Nachricht von der Geburt meines Sohnes eröffnete. Dem Beispiel meines Vaters folgend, habe ich wichtige Mitteilungen immer im Freien und nach Möglichkeit auf einem Spaziergang gemacht. Ich fühle mich stets sicherer, wenn ich wie der Titan Antäus aus dem Magnetismus der Erde schöpfen kann. Nicht daß ich dann unbedingt ehrlicher würde. Ich werde lediglich ein geschickterer Diplomat. Ich vermeide es, mich durch den Gebrauch von Ausdrücken wie „in die Quere kommen" zu verraten! Ich entsinne mich noch gut einer früheren Episode, als ich Littleton in Bruton, seiner ersten Stelle als ordentlicher Lehrer, besuchte und eines Morgens in „Plox House", wo er wohnte, erwachte und „der Lieblichkeit des Morgens" lauschte.

Ich las damals gerade *Vernunft und Gefühl*, und wie unsere ganze Familie las ich Jane Austen ausschließlich des *romantischen Gehalts* der Erzählung wegen, also genau des Momentes wegen, über das der reife junge Mann von Geist immer spottete; und während zusammen mit einer Spur von Feigwurz, der noch leuchtete zwischen seinen glänzenden Blättern, die Düfte von Somerset, der Hauch von feuchtem Moos und zarten Primeln, zum Fenster hereinwehte, vermischte sich die Vorstellung des alten ledergebundenen Bandes, den ich halb gelesen hatte, mit dem erregenden Gefühl, daß Littleton und ich an diesem Sonntag den ganzen Weg zu König Artus' Camelot gehen würden, um uns dort mit dem jungen Llewelyn und dem noch jüngeren Willy zu treffen, die, so rasch sie ihre Füße trugen, von Sherborne herübergeeilt kamen.

Wie gut ich mich noch an den Anblick der beiden kleinen Jungen in ihren Etonjacken, ihren weißen Kragen und ihren ziemlich ramponierten Zylinderhüten entsinne. Ach! Trotz allem, was ich in Sherborne erduldete, bringt mir der Gedanke an Zylinderhüte und weiße Kragen stets Primeln, Feigwurz, Lichtnelken und Gemeinen Hundszahn ins Gedächtnis zurück. Doch o weh! Noch heute sehe ich das Gatter unterhalb von Corton Down vor mir, wo wir ihnen die katastrophale, für uns alle so eigenartig erschütternde Neuigkeit eröffnen mußten, daß der Junker begann, die Bäume auf Montacute Hill zu fällen.

Ich war zwar mittlerweile Volkshochschullehrer und hatte meine Arbeit an den Schulen aufgegeben, aber man darf nicht annehmen, ich wäre von Burpham aus niemals nach Brighton gefahren. Ich suchte dieses Paradies imaginärer Sylphiden nach wie vor auf, pflegte jedoch auf dem Rückweg am Bahnhof von Angmering auszusteigen und die fünf Meilen bis Burpham durch das Herz der Gibbet Woods zu gehen. Bei all meiner übertriebenen Gewissenhaftigkeit in so vielen Dingen verspürte ich in dieser Phase meines Lebens, zwischen dreißig und fünfunddreißig, nicht ein einziges Mal Gewissensbisse wegen meines heimlichen lasterhaften Treibens! Geriet meine zerebrale Sinnlichkeit in Konflikt mit den weit zurückreichenden, unwägbaren Ekstasen, die mich – und von welch dunklen Horizonten! – überkamen, wenn ich meine Schritte durch jene Haselnußwälder lenkte? Nicht einen Moment lang! Im Dahineilen über die schmalen, moosigen Pfade bohrte ich die Spitze von „Heiligs" Nachfolger tief in den nachgiebigen Schlamm und sonnte mich im *doppelten Glück* meines verschlungenen Lebens. Ich glich wohl einem Rauschgiftsüchtigen, der eine glückliche, anständige Existenz führen kann, solange man ihm sein

„Eines, das not ist" nicht gänzlich verbietet. Aber ich machte mir nichts vor und spielte mir selbst gegenüber auch nicht den Heuchler. Ich hätte jederzeit zugegeben, daß meine eigentümliche, so unersättliche und so unpersönliche saurische Lust im Vergleich zu Llewelyns gesundem Heidentum eher einer wahnsinnigen, eingeengten Begierde als dem natürlichen Übersprudeln des großen Liebestriebes glich, um den sich die Welt dreht.

In den frühen Tagen in Burpham, nachdem – dreißig Jahre nach meiner Geburt und sechzig Jahre nach der meines Vaters – mein Sohn auf die Welt gekommen war, entwickelte ich plötzlich eine Leidenschaft für alles Walisische. Ich legte mir walisische Grammatiken, walisische Wörterbücher, zeitgenössische walisische Lyrik zu. Ich kaufte mir eine ausführliche walisische Genealogie mit Namen „Powys-Fadoc" und war mächtig gekränkt, als ich die Vorfahren meines Vaters darin mit keinem Wort erwähnt fand! Ich kaufte mir alles, was ich über Wales und die Waliser in die Finger bekam. Weh! Ich hatte trotz meiner Narrheit in Bezug auf die unseligen Sagas noch nicht gelernt, daß die Vorsehung mir jede Spur von philologischer Begabung vorenthalten hat. Ich gab es bald auf, Walisisch lernen zu wollen. Aber die *Idee* von Wales und die *Idee* der walisischen Mythologie durchdröhnten weiter wie eine Beschwörung meine schmachtende Seele. Bislang sah ich mich noch nicht als Wiederhersteller der verborgenen planetaren Geheimnisse jener mystisch nach innen Gekehrten dieser Welt – das sollte erst noch kommen –, aber da die Götter mich nun einmal nicht zum gewissenhaften Gelehrten, sondern zum phantasievollen Scharlatan gemacht hatten, beschloß ich – zum Teufel mit dem „Powys-Fadoc" –, mit meiner ganzen spirituellen Kraft zu realisieren, was es hieß, von den alten Druiden-Häuptlingen abzustammen!

Als ich eines schwülen Augustnachmittags nach meiner Art wie ein ausgehungerter Gerfalke auf der Promenade von Brighton hin und her strich – und ich entsinne mich bis auf den heutigen Tag an den eigenartigen Geruch von Herz- und Miesmuscheln, durchsetzt vom Geschmack großer Haufen toten Seegrases, der sich in diesem Augenblick so übersalzen auf meinen Gaumen legte –, fragte ich mich, ob ich die Stirn hätte, „Warre House" aufzugeben, es – warum eigentlich nicht? – dem gutmütigen Mr. S. *zu verkaufen* und mit meiner Familie und meinen Folios in irgendein abgelegenes

Versteck in Mittelwales davonzuziehen! Aber je älter mein Sohn wurde, desto undurchführbarer wurde dieser wilde Plan.

Und doch kann es sein, daß ich, sosehr es mir widerstrebte, Brighton zu verlassen, der romantischen Basis meines Wesens in einem tiefen Sinne ein Unrecht zufügte, indem ich dieser Sehnsucht nicht folgte! Vielleicht hätte ich es doch fertigbringen sollen, Walisisch zu lernen; vielleicht hätten mir die geheimnisvollen Unsichtbaren Wesenheiten dieses Zauberlandes geholfen, mein Sein zu erneuern und zu verwandeln wie Taliesin in jenem Unsterblichkeit schenkenden Kessel der Ceridwen, nicht so sehr indem sie mich von meinem Laster läuterten, sondern indem sie es erfüllten und befriedigten, so daß meine zerebrale Suche ein Ende hätte: nicht durch Unterdrückung oder Selbstverleugnung, sondern durch seine „Einordnung" in eine „Monochronos Hedoné", eine Sylphischkeit sozusagen, die keine Selbstigkeit mehr wäre! Was aber die walisische Mythologie anging, wurde ich zum Vernarrten! Ein Teil meiner Marionetten-Persönlichkeit, so könnte man sagen, ähnelt einem Marionetten-Don-Quixote. Ganz nach Art von Don Quixote malte ich mir fortwährend aus, wie sämtliche Freunde, mit denen ich je gestritten, mit denen ich je ernsthaft Differenzen gehabt oder gegen die ich je einen eingebildeten Groll gehegt hatte, durch meinen Rückzug nach Wales „in ihren Machenschaften und bübischen Schlichen" völlig „zuschanden" würden, wie es in der Nationalhymne heißt.

Im Hintergrund meines misanthropischen Herzens ertönten sozusagen fortwährend zwei Schlachtrufe. Einer hieß: „Ich habe einen Sohn, einen Sohn, *einen Sohn*, der, wenn er erwachsen ist, gegen die Welt meine Partei ergreifen wird." Der andere hieß: „Ich habe Wales, Wales, *Wales* als Zuflucht, wo ich meine Feinde zum Teufel schicken und meinen Seelenfrieden finden kann."

Dabei hatte ich die ganze Zeit, genau wie Don Quixote, überhaupt keine wirklichen Feinde! Samson Carrasco ist ein Freund in Verkleidung, und Freunde sind auch der wackere Barbier, der Pfarrer, das verwirrte Weibervolk. Ich aber befand mich in einem heftigen Zwiespalt. Mein Schatten von einer Menschenseele hämmerte wie ein Kobold mit einer Trommel auf meinen Schatten von einem Menschenherzen ein. Sollte ich Sussex verlassen und nach Wales gehen oder nicht? Der übersalzene Bilgenwassergeruch des

Fleckens, wo ich an jenem drückenden Augusttag stand, um mit meinem Herzen Zwiegespräche zu halten, die Füße auf dem von Schuppen und Blut schlüpfrigen Pflaster einer Art Fischmarkt, wie mir das alles, vermischt mit der Bitterkeit des schwierigen Dilemmas, jetzt wiederkehrt! Es ist merkwürdig, an so etwas zu denken, aber ich glaube wahrhaftig, daß aus Fischschuppen, Schweiß, Staub, Blut und Seegras die zerbrochenen Zweihänder und heroischen Gebärden der Clansmänner in Aytouns Lied aufstiegen und meine zage Unschlüssigkeit bedrohten. Aber die zerbrochenen Zweihänder wiesen vergeblich nach dem Lande meiner Väter. Ich suchte niemals Zuflucht in Wales.

Etwa zu dieser Zeit hatte ich eine amüsante Begegnung mit den neuen Autoritäten von Corpus, die nicht mehr wie Mr. Moule, Mr. Fanshawe und Dr. Perowne vor den Nichtgraduierten in ihre Studien flüchteten. Ich fühlte mich berufen, in Louis Wilkinsons Zimmer im John's College einen Vortrag über das Thema zu halten, das mich schon immer mehr als jedes andere interessiert hat, nämlich über die Beziehung zwischen der sexuellen Sinnlichkeit in all ihren wirren Verirrungen und dem religiösen Ritual. In Louis' Zimmer drängten sich die unabhängigeren Geister der ästhetischen Zirkel von Cambridge. Ich begann in gehobenster Stimmung, und die Kunst der „dithyrambischen Analyse" trieb, hauptsächlich dank der wunderlichen Anfeuerung durch einen Chinesen, der einen Platz unmittelbar zu Füßen der Stelle hatte, wo ich nach Louis' Anweisung stand, im weiteren Fortgang derartige Blüten, daß schließlich der Moment kam, da ein anderer ausländischer Nichtgraduierter sich so erregte, daß er Louis kleine Zettel zukommen ließ, um mich unterbrechen zu lassen.

Louis hatte seinerzeit Freunde jeder Hautfarbe und jeder weltanschaulichen Überspanntheit. In seiner unerschütterlichen, ostenglischen Kaltblütigkeit hatte er weniger Angst vor phantastischen menschlichen Larven und monströsen, antinomischen Gebärden als jeder andere Mensch, ob Mann oder Frau, den ich je kennengelernt habe. Wäre Louis zugegen gewesen, als Iwan Karamasow den Satan bewirtete, so hätte er sich heiter beteiligt, hätte das infernalische Haschisch gekostet, Iwans geistige Undurchsichtigkeit mit wohldurchdachten, logischen Einwänden bedacht und den doppelzüngigen Teufel selbst schließlich in deutlichen Worten darauf hingewiesen, daß die Welt *viel weniger kompliziert* sei, als er und sein durchtriebener russischer Freund es hinzustellen versuchten.

Es war ein Inder, der sich so ungemein über meine Worte aufregte, welche den Chinesen zu Beifallsklatschen hinrissen; ich kann jedoch versichern, daß jemand anwesend war, der sich noch mehr aufregte als der Student vom Ganges! Es handelte sich – denn man darf nicht vergessen, daß Miss Westons *From Ritual to Romance* zur fraglichen Zeit noch nicht erschienen war – um einen zitternden Emissär des Hohen Tisches von Corpus, eben des Tisches mit all *seinem* Ritual übrigens, an dem ich am gleichen Abend Gast gewesen war und den berühmten Wein getrunken hatte – von Weinen verstand ich wenig! –, ehe ich zu den Gefilden des John's College davontrottete. Bei den folgenden Scherereien wegen meiner pythagoräischen Rede, in der ich meinen „goldenen Schenkel" zeigte, verantwortete ich mich vor den Autoritäten auf eine Weise, die ganz und gar nicht den Vorstellungen des „Katholiken" entsprach.

Der „Katholik", der selbst dem Corpus angehört hatte, ja ebendort zur katholischen Kirche übergetreten war, obschon er daraufhin nach Oxford hatte fliehen müssen, war empört darüber, wie ich mich verantwortete, und das wundert mich keineswegs. Denn ich erwiderte die offizielle Verwarnung von seiten des College meines Vaters und Großvaters in einem Ton masochistischer Selbsterniedrigung. Meine Erwiderung war in der Tat entweder eine Offenbarung ironischer Bosheit oder eine schockierende Zurschaustellung panischen Entsetzens oder ein Muster an christlicher Langmut. Der Leser möge selbst entscheiden, welcher von diesen Impulsen mich hauptsächlich bewegte. Ich erklärte dem Unterzeichner der Verwarnung, ich hätte mich auf höchst unfeine Weise benommen. Ich sagte nichts davon, daß man ein Schaf im Wolfspelz in die Räume meines Freundes gesandt hatte. Ich schwor, daß es unverzeihlich von mir gewesen sei, am Hohen Tisch den heiligen Corpus-Wein zu trinken und dann schnurstracks davonzueilen, um mich vor Chinesen und Hindus in einer Art zu verbreiten, die eher Lucius Apuleius als einem Graduierten einer englischen Stiftung ähnlich sehe. Ich fügte hinzu, es sei meine feste Absicht, in einer öffentlichen Vorlesung in Cambridge, die – wenn ihnen daran liege – nicht nur verschreckten Emissären von Hohen Tischen, sondern auch Dekanen, Rektoren, Fellows und Tutoren durchaus offenstehe, in weniger anstoßerregendem und schicklicherem Ton zu erläutern, worauf meine Ansichten über das erotische Element in der Religion eigentlich hinausliefen.

Vergeblich bewies mir der „Katholik" mit Argumenten, die er sowohl von den „Realisten" als auch von den „Nominalisten" der mittelalterlichen Schulen entlehnte, daß ich, was immer meine Sünden seien, das absolute Recht hätte, darauf hinzuweisen, in welchen Punkten meine Ankläger dem thomistischen Ideal der Vollkommenheit nicht entsprächen. Der „Katholik" hatte mich ja selbst ermuntert, die Psychologie der Heiligkeit zu studieren, und er muß in diesem Moment ein Gefühl gehabt haben, als hätte er einen gestikulierenden Punchinello bekehrt, der, nachdem er sich's in seinen hölzernen Kopf gesetzt hat, daß ein „Heiliger" sich niemals wehrt, ein exquisites sinnliches Vergnügen daran findet, auf die Nase zu fallen und die Leute über sich hinwegtrampeln zu lassen.

Wenn ich heute, vom Standpunkt meiner sechzig Jahre, auf meinen Charakter mit dreißig zurückblicke, bin ich der Ansicht, daß dieses Kriechen vor dem Tadel, den ich empfing, zwar etwas Masochistisches, etwas ironisch Boshaftes, etwas Feiges gehabt haben mag, im wesentlichen jedoch – obwohl ich bezweifle, daß ich viele Leser davon werde überzeugen können – Ausdruck eines naiven und, ohne mich rühmen zu wollen, rudimentär heiligen Verlangens war, Fluch mit Segen zu vergelten. Tatsächlich scheute und scheue ich mich noch, zu meiner Verteidigung auf Waffen zurückzugreifen, die meinem Gegner Unbehagen bereiten könnten; denn im tiefsten Grund meiner Seele, unter all meinen dramatischen Gebärden und all meinen proteischen Metempsychosen, liegt eine Ader von unendlich schlichter, kindlicher Gutwilligkeit, der es widerstrebt, die Gefühle von Mensch und Tier zu verletzen.

So sonderbar es klingen mag, ich glaube wirklich, daß ich der „Feindesliebe" – obwohl es sich zugegebenermaßen eher um das nervöse Bestreben, ihre wunderliche Lebensillusion nicht zu verletzen, als um Herzlichkeit ihnen gegenüber handelt – näherkomme als jeder, den ich kenne, ausgenommen der „Katholik" selbst. Schlicht ausgedrückt, ich *weiß* einfach – man sage, was man will –, daß ich in gewissen unterirdischen Regungen meines Geistes eher dem „Idioten“ von Dostojewski als Cagliostro gleiche! Ich habe freilich auch einen Zug von Iwan Karamasow, das leugne ich nicht; in diesem speziellen Fall aber, da bin ich mir ziemlich sicher, war, vermischt mit meinem Masochismus, meiner ironischen Bosheit und meiner reinen Feigheit, ganz klar und deutlich auch der wohlmeinende Wunsch wirksam, daß die würdigen Autoritäten, die mich so völlig mißverstanden, weiter das Gefühl haben sollten, sie seien auf Seiten der Engel! Ich meine, ich erkenne im Grunde meines Wesens das Vorhandensein einer ganz besonderen, merkwürdigen „Gutwilligkeit gegenüber den Menschen“. Ich glaube wirklich, daß das Vorhandensein dieser ungewöhnlichen Art von „Gutwilligkeit“ Ursache der absurdesten Mißverständnisse im Hinblick auf meinen Charakter ist.

Ich fürchte allerdings, man könnte dieser „Gutwilligkeit“ nicht den Namen Liebe geben; ganz sicher nicht Liebe im üblichen menschlichen Sinne, in dem sie Wärme, Sympathie, Zuneigung einschließt. Doch wenn ich die berühmte Aufzählung von Eigenschaften lese, die Paulus – mit dessen Persönlichkeit ich in vielen Punkten äußerste Gleichgestimmtheit empfinde – der geheimnisvollen *agape* zuschreibt, von der er soviel Wesens macht, so stelle ich fest, daß die seltsame Art von „Gutwilligkeit“ in mir sich bei aller Profanität in erlauchteste theologische Gesellschaft einzuschleichen scheint! Tatsächlich hat mich schon immer die Frage fasziniert, auf welche psychologischen Elemente diese mystische „Liebe der Heiligen“, von der man so viel hört, sich eigentlich genau zurückführen läßt.

Ich möchte für einen Moment so blasphemisch sein, Paulus' *agape* zu stehlen und sie wieder „Nächstenliebe“ zu nennen, wie es in unserer korrekten alten Version steht. Die Wahrheit ist, daß es den eingebildeten Modernisten mit ihrer liberalistischen Dummheit völlig an der phantasievollen Subtilität unserer großen alten Übersetzer fehlt. Man hätte diesen Unseligen niemals erlauben dürfen, die subtile christliche Religion, die nur Geistesarme, Dichter, Heilige, Engel und Teufel verstehen, auf ihre eigenes, plattes moralisches Niveau herunterzubringen. Bis auf die modernistischen Eskamoteure der magischen Kraft aller Worte weiß jeder Narr ganz genau, daß „Nächstenliebe“ in diesem speziellen Zusammenhang etwas anderes bedeutet, als Armen Almosen zu gewähren. Die alten Autoren wußten instinktiv, daß das Wort „Liebe" verkitscht und prostituiert werden würde, und genauso ist es dann auch gekommen.

Sei's drum! Welches geheimnisvolle Gefühl dieses singuläre Wort auch immer beinhaltete, heute würde ich die ganze Frage sehr gern in die freie, offene Arena einer phantasievollen Diskussion stellen. Insgeheim bin ich der Überzeugung, daß es D. H. Lawrence in seinen bewundernswerten Attacken gegen die „geistige Liebe" an dem schlangenklugen Scharfsinn fehlt, das eigentliche seelische Mysterium zu erkennen, das sich unter den Silben *„agape"* verbirgt. Welche okkulte, magische, thaumaturgische Bedeutung diese *agape* auch gehabt haben mag, sie scheint doch in jedem Fall etwas ganz anderes zu sein als Dantes schreckliche, infernoerzeugende „amore".

Doch zurück auf den Grund meiner eigenen Seele, wo ich mich auf sichererem Boden bewege! Da mir nichts daran liegt, allzu sehr in Jean Jacques Rousseaus Methode der Selbstrechtfertigung zu verfallen, gebe ich durchaus zu, daß es sich bei dem bernsteinfarbenen Tropfen von „Gutwilligkeit", von dem ich spreche, nicht um ein warmes, überschwengliches, liebevolles Gefühl des Hingezogenseins handelt. Aber sie gilt so, wie sie beschaffen ist, *in genau der gleichen Weise* Menschen wie Tieren. Es handelt sich nämlich um einen bernsteingelben Schaumtropfen, der aus genau demselben Stoff besteht wie mein Mitgefühl! Verwirre ich dich, Leser, mit diesem ganzen Geschwätz? Ich möchte es verdeutlichen. Wenn ich mit der Spitze meines Stockes eine in einem Teich ertrinkende Fliege rette, folge ich genau dem gleichen Impuls, aus dem heraus ich – wider die Überzeugung des „Katholiken" – vor den Autoritäten des Corpus zu Kreuze kroch. Ich wollte, daß sie das Gefühl hatten, im Recht zu sein! Ich leugne selbstverständlich nicht, daß ich für diese Geste gegenüber den Autoritäten mit einer herrlichen, hochbrandenden Woge masochistischer Gefühle belohnt wurde! Aber was ist denn jede subtile Tugend, wenn nicht etwas, das alle Beteiligten belohnt? Wäre Llewelyn damals alt genug gewesen, die Rolle zu spielen, die er später in meinem Leben spielte, so hätte er mein Verhalten rundheraus verurteilt. Aber er hätte schlicht gesagt, ich sei im Recht und die Autoritäten im Unrecht;

und wenn Leute in einer solchen Welt der „klaren Vernünftigkeit" attischer Weisheit zuwiderhandelten, so müsse man ihnen *Paroli bieten*. So hätte Llewelyn in dieser von Illusionen schillernden Seifenblase von einer Welt Ehrlichkeit und Aufrichtigkeit verteidigt!

Ja, selbst wenn mein bernsteinfarbener Tropfen von „Gutwilligkeit", der in seiner unverbesserlichen Naivität so kindlich ist und dem ähnelt, was Dostojewskis „Idiot" in seinen am wenigsten inspirierten Momenten an den Tag legt, in keinerlei Zusammenhang mit dem Mysterium der „Liebe der Heiligen" steht, so existiert er dennoch unabhängig von den weniger zweifelhaften menschlichen Tugenden! Es kam mir, während ich so vor dem Obskuren kroch und kroch, nicht eine Sekunde in den Sinn, daß „ich es mir selbst schuldete", die Wahrheit gründlich zu klären. „Bei Jesus und der heiligen Nächstenliebe", der Verstand vernünftiger Menschen ist nicht dafür gedacht, geschaffen, geeignet, eingerichtet, konstruiert oder gar bestimmt, mit einem Schlag etwas so Subtiles wie das seelisch-sinnliche Tao, den „Weg" zu begreifen, an dessen Rand ich kraft des Corpus-Christi-Weins gedankenlos gestolpert war.

Kein Wunder, daß der Chinese das Schauspiel meiner „geistgeleiteten" Inspiration genoß und der Inder sich so erregte! In meiner Kindlichkeit, meiner zerebralen Lasterhaftigkeit, meinen Punchinello-Gestikulationen, meiner Naivität war ich zufällig auf ein Tremendum Mysterium reinsten Wassers gestoßen. Meine einfältige Narrheit hatte mich, wie Peredur im walisischen Mythos, so weit geführt, daß ich kurz davorstand, einen Blick von der Vermählung von Psyche und Eros zu erhaschen, auf die sich so viele Mystiker zugetastet haben. Grenzbereiche, Niemandsländer, das, was Kinder Freiländer nennen, haben es mir seit jeher angetan; aber ich hatte damals keinen vernünftigen, ja eigentlich überhaupt keinen Begriff davon, wohin ich ging. Man wird jedoch, da mich in meiner umständlichen Annäherung an das Tao bis auf einen Chinesen niemand verstanden hatte, gleichwohl einsehen, warum es durchaus angemessen war, daß ich den Magnaten des College meines Vaters in einer Art Chinesisch antwortete.

Sie nahmen meine zweifelhafte „Apologie" indes durchaus wohlwollend auf, und ich hielt auch den öffentlichen Vortrag in Cambridge. Ich nutzte ihn zudem als willkommene Gelegenheit zu einer aufregenden Zusammenkunft mit all meinen engsten Freunden. Llewelyn war gerade ins Corpus eingetreten; und er und Louis besorgten für alle Quartier. Bernie kam, desgleichen der „Katholik" und Vetter Ralph. Es war ein Wunder, daß ich nicht eine Szene aus meinem nicht druckfähigen Werk „realisierte" und auch noch Mr. de –––– heranschaffte! Ich erinnere mich, wie wir alle in einem Gasthof unweit der alten Trumpington Mill zu Mittag aßen. Aber der Vortrag fiel durch. Der Chinese kam, war jedoch bitter enttäuscht! Ich hatte mich im Hause Rimmon niedergeworfen. Meine Vision hatte mich verlassen.

Heute amüsiert mich die Erinnerung daran, daß ich viele Jahre nach diesem Mißerfolg in Cambridge unter ähnlichen Bedingungen meine letzte Vorlesung in Oxford hielt. Auch hier brachte ich meine Freunde wieder zu einem jener dramatischen „Symposien" zusammen, für die ich eine solche Leidenschaft hatte. In Oxford sprach ich jedoch über Rabelais, und obschon mein neuer Freund Tom Jones da war, dazu mein Bruder Bertie und sowohl Bernie als auch Louis, ließ sich der „Katholik" nicht zum Kommen überreden. Das Oxford, das er kannte, war das Oxford von Ernest Dowson und Lionel Johnson, und er meinte wohl, den Anblick der neuen Generation nicht ertragen zu können. Meine Vorlesung aber war ein ebensolcher Mißerfolg, wie es der öffentliche Vortrag in Cambridge gewesen war. Meinen Freunden war sie nicht freimütig genug und den Autoritäten zu freimütig!

Der letzte dieser „Volentiā-Tees" im Erwachsenenalter, bei dem ich sowohl den eigenwilligen Magier als auch den romantischen Zeremonienmeister machte, fand in London statt, in einem kleinen Wirtshaus am Fluß, in der Nähe von Billingsgate. Diesmal war Bertie aus sehr naheliegendem Grund der wichtigste Gast, aber auch Bernie war da, und den „Katholiken" bewegte ich zum Kommen, indem ich ihn persönlich in seiner damaligen Wohnung in Reigate abholen ging. Der „Katholik" hatte stets eine tiefe, brennende Leidenschaft – ich kann es nicht anders nennen – für Spanien. Es ist wahrhaftig einer der tragischen Umstände in einem Leben, das sich ständig am Rande der Tragödie bewegt, daß dieser Mann sterben sollte, ohne das Land, das er liebte, ein einziges Mal gesehen zu haben. Er machte so etwas wie einen verzweifelten, heimlichen Kult daraus, sich darauf „einzustimmen", Spanien zu sehen. Es widerstrebte ihm hinzufahren, ehe er sich nicht „bereit" fühlte. Aber er fuhr niemals. Er starb in Frankreich. An Spanien jedoch dachte er, als ich ihn da sitzen und den wohl leider sehr bescheidenen Wein trinken sah, den ich besorgt hatte, und in meiner unbesonnen, puppenspielerhaften Art zwang ich alle, während wir auf die sonnenerleuchtete Strömung von Spensers Fluß hinuntersahen, „auf Spanien zu trinken".

Ich war in wilder, extravaganter Stimmung. Ja, ich war an diesem Tage in sehr exaltierter Laune, denn ich hatte – und alle nahmen sie höchst wohlwollend auf – ein kleines Straßenmädchen namens Lily dabei, mit dem ich mich angefreundet und in dessen Gesellschaft ich gerade eine „Empfindsame Reise" zum Grab von Dan Leno, dem berühmten Clown, unternommen hatte. Unter dem Einfluß dieses toten Yorrick und aufgrund von Lilys Gegenwart konnte ich meine Hochstimmung einfach nicht zügeln. Ich erinnere mich noch gut an die erste Nacht, die ich mit Lily verbrachte. Sie bekam plötzlich Angst vor dem Blick aus dem mit Zinnen bewehrten Fenster des Zimmers, das wir gemietet hatten und das auf den Fluß bei der Waterloo Bridge hinausging, denn es lag an den Landungsbrücken am Südufer der Themse. In meiner naiven Art erzählte ich Mr. de ---- von ihrer Nervosität und war überrascht von dem Ton, in dem der betagte Poet wie ein wüster Lord Mohun aus dem achtzehnten Jahrhundert den Vorfall kommentierte.

„Was für eine einnehmende Situation, Powys!" rief er aus; worauf er lächelte und wehmütig seufzte.

Dieses Mädchen Lily, oder ich sollte wohl sagen, das Aufeinandertreffen meiner und ihrer Lebensillusion, rief ein höchst delikates und kompliziertes Glück in mir hervor. Natürlich hielt sie mich kräftig zum Narren. Ich nehme an, sie hatte irgendeinen „Beau" – das, was man in diesem speziellen Gewerbe einen „Louis" nennt –, der sich von meinen periodischen „Geschenken" wahrscheinlich mit Alkohol und Zigaretten versorgte; was mich an ihr aber am meisten beeindruckte, war die ihr angeborene Ehrbarkeit. Sie war das ehrbarste Mädchen, das ich je gekannt habe; und dies trotz der Tatsache, daß sie sich, wie ich zu meiner Erschütterung feststellte, als sie sich das erste Mal auszog, besonders um die mageren kleinen Hüften herum auspolsterte, um üppiger zu erscheinen, als sie war.

Wie schon meine Freundin in Brighton, kannte ich sie kaum eine Woche, als sich auch schon jedes lasterhafte Gefühl, das ich ihr gegenüber empfand, zu Mitleid und Zärtlichkeit sublimierte, zu einer romantischen, idealen Empfindung, die mir höchste Wonne verschaffte.

Da ich zu jener Zeit unter dem Einfluß des „Katholiken" stand, wurde ich bis in die Tiefen meines ganzen Wesens aufgewühlt von dem, so schien es mir damals und scheint es mir noch heute, gleichsam Palimpsest auf Palimpsest schichtenden, magischen Reichtum der poetischen Religiosität der Generationen, die sich in den Kadenzen der lateinischen Liturgie kundtat. Bei meinen Brüdern und mir – dies hatten wir alle gemeinsam – hatte sich aufgrund unserer Lektüre von frühester Kindheit an eine zutiefst sinnenhafte Reaktion auf die sogenannte Autorisierte Version der Bibel herausgebildet. Doch dieses mittelalterliche Latein, dieses liturgische Latein verlieh den wohlbekannten Bildern und Metaphern einen seltsamen, neuartigen Glanz. Daß es zudem alles Ritual und in einem tiefen Sinne alles *Schauspiel* war, befriedigte mein dramatisches Wesen wie nichts zuvor. Die okkulte Rätselhaftigkeit der heiligen Silben, die Art, wie die Inbrunst der Psalmen und die sinnliche Schönheit des „Liedes der Lieder" sich immerdar wiederholten, ließ mich in einer Art berauschter Seligkeit umhergehen.

> „Vadam ad montem myrrhae, et ad collem thuris.
> Dilectus meus candidus, et rubicundus, comae
> Capitis eius sicut purpura Regis vincta
> canalibus. Quo abiit dilectus tuus, o pulcherrima
> mulierum? Quo dilectus tuus declinavit?
> Fasciculus myrrhae dilectus meus mihi, inter
> ubera mea commorabitur. Fulcite me floribus,
> stipate me malis, quia amore langueo."

Damals gewahrte ich in der Tat nichts Geringeres als eben das, womit ich den Chinesen so entzückt hatte, als ich es, mich trunken von Corpus-Wein darauf zutastend, nur gerade berührte – die mystische Hochzeit von Psyche und Eros!

Unsentimentale, gescheite Leute hätten sich meine Narrentänze unter dem vereinten Zauber von Lily und der lateinischen Liturgie mit belustigtem Abscheu angesehen. „Heuchlerische, widerliche Gefühlsduselei!" hätten sie gedacht. Noch heute aber, nach dreißig Jahren, bin ich bereit, meine Verzückungen bis zum äußersten zu verteidigen! Man kann eine so mächtige Emotion, wie ich sie damals hatte, nicht einfach dadurch abtun, daß man ständig von „widerwärtiger Gefühlsduselei" spricht. Obwohl die Duftstoffe, die Lily verwendete, noch schlimmer waren als die Filzstücke, mit denen sie ihren kleinen Körper auspolsterte, umgab das Arom ihrer Persönlichkeit für mich ganze Stadtviertel von London mit Glanz! Ich pflegte sie im allgemeinen im „Borough" zu treffen. Wie gut ich all die Straßen kennenlernte, die am alten „Elephant and Castle" vorbei südwärts führten! Manchmal überquerte ich auf dem Weg in dieses Viertel die London Bridge und manchmal die Waterloo Bridge. Im Zusammenhang mit diesen glücklichen Tagen wehen mich die Worte „The New Cut" an. Aber obgleich die Namen, die zu der großen Stadt gehören, verblassen, ihr Geist tut es nicht, und auch nicht ihre göttliche Kühnheit, ihr ungeheures Vergnügen am Leben und die Finessen, mit denen sie es genießt! Auf dem Lande geboren und aufgewachsen, wie ich es war, machte mir meine Suche nach dem Wunder, das allein Frauen wirken können, London für immer teuer! In Paris fand ich Pornographie genug, genug jedenfalls, um die zitternden Knie und die bebenden Finger zu befriedigen, doch in London fand ich immer, immer nur Poesie und Romantik! Wenn ich auch nicht ganz den Punkt erreichte, mit Elia auszurufen: „Du von Huren wimmelnde Stadt, du scherst dich den Teufel um Rainbarrow und Bullbarrow, um Pilsden und Polden, um Alfred's Tower und Shaston Camp!", so steht doch fest, daß der mädchenhafte Zauber, der von der schwindsüchtigen Brust, den ausgepolsterten Hüften und dem Talmischmuck Lilys ausging, London zumal auf *Shakespeares Seite* der Themse einen tiefen, reichen, berauschenden Glanz wie auf einer der wabernden Skizzen von Turner verlieh, wo der dicke Rauch Schornsteine, Masten, Brücken und Lagerhäuser umwallt wie das Verlangen eines Liebenden die Gliedmaßen seiner Geliebten!

In einem dunklen, düsteren Großhandelsgeschäft, wie es Dikkens, nach Scott und Hardy stets mein Lieblingsschriftsteller, zu einer Manege von Engeln und Dämonen gemacht haben würde, kaufte ich mir einen kleinen, ledergebundenen, katholischen Psalter. Man glaube ja nicht, ich wäre davor zurückgeschreckt, Lily ihren Namen – „Von Lily in Liebe" – auf das Titelblatt schreiben zu lassen! Ich kann mich noch genau an die Stelle in einer Straße nahe Kennington erinnern, wo ich sie dazu aufforderte, aber sie schalt mich, stockbürgerlich wie sie war, dafür aus, daß ich „Aufmerksamkeit erregte", indem ich sie an einem Ort, „wo sich vielleicht jemand darüber wundern könnte", etwas in ein Buch hineinschreiben ließ.

Ich bin sicher, daß ich mich nicht täusche, wenn ich sage, daß Lily mir gegenüber nie besondere Zuneigung empfand. Ich verletzte fortwährend ihre empfindlichen Gefühle von Ehrbarkeit; auch war ihre Haltung, wenn das geschah, keineswegs immer so „einnehmend" wie ihre Berunruhigung über jenes hohe Fenster. Ihr extremes Anstandsgefühl und, jedenfalls soweit ich sehen konnte, ihre strenge Keuschheit bewogen mich am Ende, sie allmählich meinen ehrbaren Freunden vorzustellen. Aber altjüngferlich wie dieses Straßenmädchen war, war sie entweder ihrem „Beau" zu treu oder dem Trott ihres Gewerbes, das wie jedes andere seine Konventionen hat, zu sehr verhaftet, um sich für die Art von moraltriefender Hilfe zu eignen, die wir Bürger Frauen ihrer Sorte in der Regel angedeihen lassen, wenn wir sie nicht gerade ausbeuten. Bernie war, glaube ich, derjenige von uns, der Lily zuletzt zu Gesicht bekommen hat, und sein Bericht ging dahin, daß die junge Frau füllig geworden sei. Also ist ihr die Flucht vielleicht vollständig gelungen; und sie ist mit einem Schlag ihren „Beau", ihren Bewunderer und ihre Retter losgeworden.

Der Abschnitt meines Lebens aber, bei dem ich nun angelangt bin – ich war etwa zweiunddreißig oder dreiunddreißig – wird mir immerdar denkwürdig bleiben, stellt er doch den eigentlichen Beginn meiner lebenslangen Vertrautheit – denn es war etwas Engeres als gewöhnliche Freundschaft – mit meinem Bruder Llewelyn dar. Llewelyn ist zwölf Jahre jünger als ich, und so pflegten wir während seiner Zeit in Corpus in den Universtitätsferien und während seiner Zeit als Hilfslehrer und Tutor in den Schulferien miteinander umherzuziehen. Unsere glücklichsten Zeiten verbrachten wir in Montacute. Tag für Tag brachen wir morgens auf und gingen nach Norden, Süden, Osten und Westen. Tag für Tag brachen wir nachmittags erneut auf und gingen wieder Gott weiß wie weit. Wir gingen nach Tintinhull und Ilchester, nach Odcombe und Yeovil, nach Ham Hill und Ilminster, nach Norton und One Tree Hill. Es gab wenige Feldwege, wenige Viehtriebe, wenige Schaftriften, fast möchte ich sagen wenige Fuchspfade, die wir nicht kannten.

Ich kann mich noch ganz deutlich erinnern, wie wir uns einmal nach einem, so könnte man sagen, „auf höchsten Befehl" stattfindenden Tennisspiel auf Montacute House in der strahlenden Hochstimmung einer Flucht vor dem guten Benehmen über Tintinhull Great Field auf den Fosse Way und über die Niederung von Ilchester nach Ilchester davonmachten, wo wir beim Gasthof sogar ein Boot bekamen, mit dem wir auf dem Fluß dort ruderten; beim Rudern sprachen wir uns endlos, uferlos, pausenlos Gedichte vor, *lasen* uns Gedichte vor, fühlten uns so sehr in Einklang miteinander, daß unsere Seelen in uns sich in Wellen von Glück brachen, jede Seele an der des anderen. Unsere Vertrautheit schien es mit sich zu bringen, daß wir das, was wir fühlten, nicht als zwei Wesenheiten, sondern als eine Wesenheit fühlten.

Wir liebten es, in dem Dorf Tintinhull zu verweilen. Es war uns, glaube ich, von allen der liebste Ort, wo noch der alte Fußblock unter den Bäumen stand und wo Llewelyn, um die Glückseligkeit des Am-Leben-Seins noch zu steigern – so wie sich Montaigne nachts wecken ließ, um die Freude des Ruhens desto mehr genießen zu können –, gern so tat, als ob sein Bruder John mit der, wie er selbst oft erklärte, ihm angeborenen *List eines Leichnams* in „morgenlosem, immerwährendem Schlaf" stocksteif zwischen Kirche und Schenke läge.

Als wir eines Tages nach Tintinhull hineinkamen, begegneten wir einem Landstreicher, der, nachdem er lange Zeit starr vor Bewunderung die Schönheit Llewelyns bestaunt hatte, welcher ihn wie ein Engel anlächelte, in seiner primitiven Erregung laut ausrief:

„O Weibermund! O Weibermund!"

Zitierte ich, während wir in der flimmernden Augusthitze weitergingen, den Anfang des großen Shakespeare-Sonetts:

„Ein Mädchenantlitz gab dir die Natur,
Du Herr und Herrin meiner Leidenschaft."

Ich hätte es wahrhaft gut tun können, wenn man das Band und den heiligen Bund zwischen uns bedenkt. Und ich hätte auch mit den beiden letzten Zeilen schließen können:

„So für die Frau geschaffen, gib denn ihr
Der Liebe Lust und deine Liebe mir."

Llewelyn jedenfalls besaß in den Jahren, in denen er in Cambridge war, mehr vom reichen Magnetismus des Lebens als jedes menschliche Wesen, das ich je gekannt hatte. Er strahlte förmlich das sonnengeborene Frohlocken aus, das in nie versiegendem Überschwang in ihm aufstieg. Alles, was er anfaßte, verwandelte sich in phantastisches Gold. Sein Humor, seine Hochstimmung schienen unerschöpflich. Er trank vom Leben, bis er in die Morgennebel der Schöpfung hineintaumelte. Er wurde einer jener Söhne des Morgens, die William Blake imaginierte. Ach! Die Mächte gestanden ihm nur wenige Jahre dieses übermenschlichen Strahlens zu. Den Sterblichen – auch den im August geborenen – ist es verwehrt, wie die Götter zu werden, da sie Gut und Böse kennen. Nur zu bald traf ihn der Blitzstrahl, der ihn zu einem anhaltenden Kampf mit der Tuberkulose verurteilte. Doch selbst diese Lähmung seiner Stärke, diese Schwächung seiner Vitalität ließ, wie alle wissen, die ihn kennen, seine robuste Freude an der irdischen Existenz unbeeinträchtigt, seine „natürliche Kraft" unvermindert. Er „steuerte unverzagt vorwärts", die Flagge gehißt, obwohl sein Bramsegel in Fetzen hing und seine Takelage über Bord gegangen war.

Llewelyns mitfühlende Achtung für mich wird bis zu meinem Todestag eines der Dinge auf der Welt bleiben, die sich den Abscheulichkeiten des Lebens entgegenstellen lassen. Schon immer schien er sich über jeden Erfolg von mir ganz genauso zu freuen wie über seinen eigenen. Und trotz seines ganzen grillenhaften Narzißmus besitzt er im tiefsten Sinne des Wortes eine Demut, die mich oft zusammenfahren läßt.

Hierin sind wir das genaue Gegenteil voneinander. Er besitzt die Demut des echten Künstlers, während ich zu stolz bin, um meine Arbeit ernst zu nehmen, ausgenommen da, wo sie mir eine besondere, erregende Empfindung verschafft. Als Schriftsteller gebe ich mich noch stärker Empfindungen hin als im wirklichen Leben. Wie oft aber habe ich Llewelyn, wenn ihm seine Schriftstellerei einen speziellen Triumph eintrug, ausrufen hören:

„Siehst du, John, ich bin doch kein Schafskopf!"

Nein, ein Schafskopf ist er ganz bestimmt nicht; aber in einem rein *akademischen* Sinne kann er, obwohl vorsichtiger als ich, fast so kindisch sein.

Theodores Genie ist bei aller Schlichtheit und Reinheit seines Stils viel desillusionierter und in gewissem Sinne viel anspruchsvoller, als es uns je möglich wäre. Doch Llewelyn ist in Wirklichkeit noch etwas anderes als bloß Schriftsteller. Er gehört jener raren Gruppe von Engländern an, die – nach unseren großen Dichtern und unseren großen Humoristen – die eigentümliche, besondere Zierde unseres Volkes darstellen. Er ist ein Tatmensch; ein Tatmensch freilich von ganz besonderer Art, der Art, *die handelt um zu fühlen*, nicht der, die sich in der Tat verliert. Seinesgleichen sind im Grunde so rare, eindrucksvolle Persönlichkeiten wie Doughty, Clifford und Cunninghame Graham; und wie Doughty drückt er sich ganz selbstverständlich und instinktiv in dichterischen Archaismen aus. In seinen Ansichten über Politik und öffentliche Angelegenheiten ähnelt er stark Wilfried Scawen Blunt. Seine Lieblingsbücher sind immer die gleichen: die alten, verschmitzten, scharfsinnigen, wunderlichen Autoren voll abgeklärter Weisheit und lustiger Grillen wie Thomas Burton und Montaigne, aber ich denke, daß jenseits von Prosaschriftstellern jedweder Art die alte Balladendichtung Englands und Schottlands den größten Einfluß auf seine tief eingewurzelten Empfindungsweisen hat.

Ich habe das Privileg gehabt, seine Entwicklung von den Anfängen bis zu jener reichen *Eigenart* zu verfolgen, die ihn heute auszeichnet; und ich gestehe, daß ich, der ich mir doch einiges auf meine große Schlauheit zugute halte, unsinnig lange, viel länger als bei Theodore, brauchte, um zu erkennen, wo er der bessere Schriftsteller war. Auch er brauchte lange dazu; und hat stets dazu geneigt, meinen intellektuellen Einfluß auf ihn zu überschätzen. Dieser ging selten über das hinaus, was ein unsteter, ruheloser, spekulativer Verstand über ein in sich geschlossenes, erdgebundenes Wesen vermag. Eigentlich tat ich nichts anderes für ihn als das, was Mr. Blake, Mr. Wildman, Mr. King, der alte Koelle, G. P. Gooch und was „die Kunst" anbelangt, Thomas Henry Lyon für mich getan haben, wenn man all diese sehr verschiedenen Menschen zusammennimmt. Er hörte mir zu, beobachtete mich ehrfürchtig, verwunderte sich kopfschüttelnd über mich, ließ sich meine Person eine Warnung sein und ging seiner eigenen Wege.

Als kleiner Junge nahm er sich Littleton zum Vorbild, der seine Liebe mit einer Wärme erwiderte, zu der mein „kaltes, planetarisches Herz" unfähig war. Theodore gegenüber war er stets anhänglich und unendlich liebevoll, und das fiel mir besonders auf, als er, zum Manne herangewachsen, Theodores Gefährte wurde. In seiner Gegenwart entspannte sich Theodore, ging aus sich heraus, gab Bonmots und Scherze von sich, schmunzelte und fühlte sich glücklich, ja war geradezu koboldhaft ausgelassen, wie er es mit Littleton oder mir nie hatte sein können, jedenfalls nicht mehr seit jenen frühen Tagen in Sherborne, als er in seinem Prep.-Strohhut und seiner Eton-Jacke oben auf dem Hügel zu warten pflegte, bis wir zu unserem Sonntagnachmittagsspaziergang von Wildman's herausgeeilt kamen.

Wenn ich schon litt, als ich zur Schule kam, was muß dann erst Theodore, der für Leiden soviel anfälliger war, durchgemacht haben? Jetzt erinnere ich mich wieder, welche Erleichterung ich empfand, als er zu Louis Wilkinsons Verwandten nach Aldeburgh kam, wo er, wie ich seinen Briefen anmerkte, viel glücklicher war. Wenn ich an die kummervollen grauen Augen unter dem Strohhut denke, die sich, wenn wir den Hügel heraufgeeilt kamen, auf uns richteten, wenn ich daran denke, wie der gleiche unglückliche Blick so hoffnungslos das beschwerliche Stück Straße zum Markt von Saxmundham fixierte, dann tut es meinem Herzen wohl, mir vorzustellen, wie er nun am Kamin mit dem gewaltigen grauen Haupt nickt und über Llewelyns Geschichten schmunzelt.

Hätte mein Vater vor der Geburt seines fünften Sohnes aufgehört, Kinder zu zeugen, so hätte sich ein ganz bestimmter, entspannter und ungehemmter Humor bei Theodore vielleicht niemals ausleben können, noch bestimmte sardonische, auf das Leben abzielende Bemerkungen das ihnen gemäße Antwortbillett erhalten. Ich selbst, denke ich mir, bin gleichzeitig zu impulsiv unschuldig und zu boshaft selbstversunken, um den vollkommenen Gefährten für ihn abzugeben, der Llewelyn ist. Früher, ehe gewisse merkwürdige Eigenheiten und noch merkwürdigere Vorlieben, denen wir beide frönten, vom Leben glattgehämmert worden waren, war das ganz anders. Aber wie sonderbar es ist, sich vorzustellen, daß mein jüngster Bruder Willy der einzige ist, auf den ich, was Llewelyn angeht, je ernsthaft eifersüchtig war! Auf seine enge Bindung zu Bertie war ich nie eifersüchtig. Einmal jedoch – und ich kann mich mit deutlichster Lebhaftigkeit an mein Gefühl entsinnen – platzte ich wegen Willy heftig heraus. Dieser für mich seelenerschütternde Vorfall ergab sich, als wir eines Nachmittags alle zusammen auf dem Terrassenweg in Montacute saßen. Llewelyn hatte schon immer etwas von einem Hänsler – er hat einen leichten Anflug meiner sadistischen Neigung, einen derart leichten freilich, daß er es sich wie bei jeder anderen Perversion – ist er doch der ungehemmteste Mensch, der je geboren wurde – leisten kann, ihr völlig freien Lauf zu lassen. Und an diesem sonnigen Nachmittag machte er sich daran, mich zu hänseln. Das wäre, wenn er nicht Willy mit hineingezogen hätte, vollkommen in Ordnung gewesen; denn er hatte mich schon viele Male ziemlich mitleidlos gehänselt; so etwa, als er mit entsetzlicher Genüßlichkeit schilderte, wie ein alter Herr, den wir kannten, dem Wahnsinn anheimgefallen und ein, wie Llewelyn es nannte, „Tobsüchtiger" geworden sei, oder als er ein halb geschlachtetes Schaf beschrieb, dessen Wolle dunkelrot war vom eigenen Blut, oder als er detailliert den Inhalt eines pornographischen Buches von der Art nacherzählte, an der sich meine lasterhafte Vorstellungskraft am stärksten entzündete; aber, daß er Willy mit hineinzog, ließ mich die Beherrschung verlieren. So kräftig und schweigsam Willy war, und so vollauf zufrieden mit dem Alleinsein, war er doch stets gut für einen nicht zu unterdrückenden Kicheranfall, wenn sich bei einem seiner älteren Brüder irgendeine Aufgeblasenheit, Überheblichkeit oder überflüssige Nervenerregung zeigte.

Aber Ziel einer komischen, von Ausbrüchen unterdrückter Belustigung von Willy begleiteten Attacke Llewelyns zu sein, war zuviel für mich. Von Kopf bis Fuß zitternd und bebend stand ich auf, streckte meinen Arm zu voller Länge, streckte auch meinen langen Zeigefinger zu voller Länge und schrie mit schriller, überkippender Stimme, wie die Stimme der alten Meg Merrilies oder von Norma of the Fitful-head:

„*Junger Mann*, das werde ich dir nie verzeihen!"

Ich bin oft ungeheuer wütend auf Littleton gewesen, aber nie, ohne mich sofort in eine Rauferei mit ihm zu stürzen, die, selbst wenn ich den kürzeren zog, meine Gefühle enorm erleichterte. Aber diese Wut war etwas ganz anderes! Es war die mit jenem gefährlichen Zittern in der Magengrube einhergehende Art von Zorn, wie ihn in der Regel nur Frauen in mir hervorrufen können. Der Vorfall ereignete sich auf dem Terrassenweg in Montacute, der für uns so etwas wie der Rialto in Venedig oder das Forum Romanum geworden ist – ein orakelhaften und denkwürdigen Äußerungen geweihter Ort. Auf dem Terrassenweg offenbarte ich Llewelyn und Louis die Angst, die im Zaum zu halten und in Vergessenheit zu bringen soviel Geschicklichkeit und so vieler Schliche und Kniffe bedurfte. Ich war schon damals ein viel zu pfiffiger Bändiger meines unbändigen Geistes, um ihnen anzuvertrauen, wie der bestehende „Avatar" dieses Dämons von vielerlei Gestalten beschaffen war; und wenn du mich zwingst, Leser, dir die genaue Wahrheit zu sagen, so war ich erstaunt, wie gelassen die beiden jungen Burschen den Hinweis auf meine unter der Oberfläche verborgene Geisteskrankheit aufnahmen.

Aber das Herz allein kennt seine eigenen Verirrungen. Ebenfalls auf dem Terrassenweg, und in Gegenwart von Llewelyn und Littleton, rief ich einmal aus: „Wenn doch bloß etwas richtig Aufsehenerregendes geschähe!" Man kann versichert sein, daß ich mich dieser kleinen Rede wenig später erinnerte, als der Krieg über uns hereinbrach. Und auf dem Terrassenweg stieß Theodore einmal in einer ungewöhnlichen Stimmung glücklichen Wohlbefindens einen Seufzer aus und verkündete zu unserer Überraschung: „Ich fühle mich wie Southey in Portugal!"

Es ist außerordentlich, wie sehr Llewelyn und ich in unserem Leben eins wurden, wenn man die enorme Kluft zwischen unseren Temperamenten bedenkt. Wir sind Freunde im alten homerischen Sinne geworden. Ich hoffe nur, ich habe ihm nicht seine Schwindsucht angehext, als ich meinen knochigen Finger so drohend gegen seine Brust ausstreckte. Überhaupt fällt mir auf, wenn ich vom Fuße des waldigen Hügels im Staat New York aus auf mein Leben zurückblicke, daß ich, aus welchem Grunde auch immer, selten jemanden mit einem Fluch belegt habe, ohne daß den Betreffenden – und deshalb halte ich mich in jüngster Zeit auch mit meinen

Verwünschungen zurück – eine vernichtende Katastrophe, sehr oft sogar der Tod, ereilte. Ich könnte Beispiel auf Beispiel von Leuten anführen – und in den früheren Fällen kann Littleton es bestätigen –, die mich beleidigt, schlecht behandelt, malträtiert, angegriffen, verächtlich gemacht und verleumdet haben und denen daraufhin ein überwältigendes, wenn nicht gar tödliches Unglück widerfuhr! Ist es möglich, frage ich mich, ist es vorstellbar, daß ich, der ich mich seit jenem fernen Nachmittag auf dem Feldweg in Shirley, da ich „Herr der Heerscharen" spielte, als Magier imaginiere, tatsächlich eine gewisse tödliche Macht über meine Feinde besitze? Die *Koinzidenz* jedenfalls, wenn es sich denn um eine solche handelt, ist so häufig aufgetreten, daß ich es mir nicht mehr erlaube, mich Haßgefühlen hinzugeben.

Llewelyn wird die Augenbrauen heben, wenn er an diese Stelle kommt. Er ist nun freilich von der Gewißheit durchdrungen, daß die sichtbare Welt aus einer nachprüfbaren, verifizierbaren, greifbaren materiellen Substanz besteht, die immerdar auf ihrem Weg durch eine für mich undenkbare Leere von Nicht-Sein voranschreiten wird, auch wenn sich aller Geist, einschließlich der des Demiurgen, in Luft auflösen sollte; dennoch fällt mir an ihm eine merkwürdige Nachsicht gegenüber vielen meiner abergläubischen Vorstellungen auf! Die Wahrheit ist, daß er ihnen solange mit Nachsicht begegnen und sogar ein Stück weit zustimmen wird, wie sie auf ehrliche, primitive Weise *heidnisch* sind; kaum aber nähern sie sich dem Christentum als einer Lehre des Wahren, ekeln sie ihn an und er weist sie mit wütender Verachtung von sich.

Ich denke, der gewaltige Unterschied zwischen Llewelyn und mir läßt sich am besten an unserer Einstellung zu uns selbst ablesen. Ich bin in meiner Einstellung zu mir selbst viel schwerer faßbar, viel weniger solide, viel heikel-neurotischer als er. Ich benutze mich selbst für die Empfindungen, die ich mir abgewinnen kann, aber ich habe niemals einen liebevollen Blick für mich übrig. Bei Llewelyn dagegen sieht man sofort, wie seine Einstellung zu ihm selbst durch sein Fleisch und Blut schlägt; wie sie gleich einem unvergänglichen Beiz- oder Farbstoff nach außen dringt, wie sie seinen Tonfall, seine Gesten, das kleinste Heben seiner Augenbrauen, das kleinste Umwölken seiner Stirn charakterisiert.

Trotz aller *meiner* Liebedienerei und trotz aller *seiner* sonnengeborenen Liebenswürdigkeit bin ich nicht sicher, ob einer von uns eine grobe Verletzung seiner Lebensillusion wirklich jemals vergißt. Wie weit wir sie aber *verzeihen* – das weiß ich nun wirklich nicht! Ich denke, ich gebe mir eher Mühe als er, nett zu Menschen zu sein, deren Charakter, Ton und Gemütsart mir mißfällt. Llewelyn behauptet, ich sei ein Teppichausroller. Ihm zufolge rolle ich einen Teppich nach dem anderen vor den Leuten aus und locke sie weiter und weiter, bis sie schließlich feststellen, daß sie eine Art Fallgrube – wie die Gruben, die ich im Kartoffelgarten für den alten Curme aushob – überschritten haben, und an diesem Punkt, wo sie nicht mehr zurückkönnen, falle ich vor Wut zitternd über sie her und werfe ihnen Dinge vor, über die ich *zu dem Zeitpunkt, wo sie vorfallen*, mit größter Leutseligkeit hinweggehe.

Doch wenn ich das bin, was man als extrem antinarzißtischen Typus bezeichnen könnte, so geht Theodore in den Verwicklungen seiner ungeheuren Originalität noch weiter. Nehmen wir, da ich ja nun von erwachsenen Männern rede, die typische Art und Weise, wie jeder von uns mit seinem Bart umgeht! Eine meiner beherrschenden Manien ist die Abneigung gegen die Vorstellung, ein Gesicht mit zottigem Haar in eine Tasse, eine Schale oder einen Krug zu tauchen; und der bloße Gedanke, mir den Mund mit einer Serviette zu wischen – etwas, was ich stets mit dem Handrücken tue –, geht mir durch Mark und Bein. Mein Abscheu gegen Taschentücher ist so groß, daß ich unweigerlich die Augen abwende, wenn mein Gegenüber eines benutzt; und wie die Leute ihre Taschentücher benutzen können, während sie den Blick auf einen gerichtet halten, ist mir schleierhaft. Die fast schon universelle Marotte, sein Taschentuch zu inspizieren, nachdem man sich die Nase geschneuzt hat, erscheint meiner pingeligen Förmlichkeit wie ein Rückfall in die Verhaltensweise von Hunden. Das mehr als selbstzufriedene Gesicht, mit dem so viele Menschen ihre Ausscheidungen betrachten, ist mir wirklich ein Rätsel. Zwar bereitet auch mir Genuß, was ich in Anlehnung an unseren guten Junker das „Schiff-Auspumpen" nennen möchte, aber es bereitet mir keinen Genuß anzusehen, was ich von mir gegeben habe. In diesem Punkt bin ich ganz gewiß kein Voyeur! Ich bin ein Manichäer und der Sohn eines Manichäers, und genauso wie in allem anderen ähnele ich meinem Vater auch in meiner Wählerischkeit.

„Das Ei ist so glibbrig!" erklärte er etwas indigniert, schaute ohne Hoffnung in unsere abwesenden Gesichter und ging schließlich, den winzigen Silberlöffel in den langen, spatelförmigen Fingern, wieder daran, sich mit dem tückischen Protoplasma herumzuschlagen.

Aber zurück zu unseren Bärten. Wie sonderbar es ist, sich unsere glatten Jungengesichter, während wir unsere Teller anreichten, um uns noch etwas von Mr. Coles Butter oder von dem unvergleichlichen braunen Brot auftun zu lassen, das von einem Bäcker aus Stoke stammte, und unseren Vater beschwatzten, uns zum tausendsten Mal zu erzählen, wie er auf der Jagd nach Falkeneiern „Steigeisen" anzulegen pflegte, überhaupt mit Bärten vorzustellen! Littleton hat, glaube ich, in seiner Eigenschaft als Rugby-Champion Bedenken dagegen, sich einen Bart wachsen zu lassen. Llewelyn läßt sich, wie ich weiß, immer dann einen großen, trotzigen Seeräuberbart stehen, wenn seine Krankheit sich besonders anstrengt, ihm zum „Klein-Beigeben" zu zwingen, und ich denke, es tröstet ihn zu solchen Zeiten gewaltig, sich wie ein Kapitän zu fühlen. Bertie hat sich vor kurzem einen Bart wachsen lassen, den er so zurechtgestutzt hat, daß er eine Spitze bildet. Bei ihm hat das, denke ich, den Effekt, eine gewisse ihm eigene spöttische Miene noch zu verstärken, die mir immer ein Gefühl vermittelt, als wäre ich ein mitleidheischender Lilliputaner in Gegenwart eines wohlwollenden Gulliver. Ich weiß noch, wie ich dieses Gefühl einmal in der Londoner Untergrundbahn hatte und unter seinem wohlwollenden Blick so rasch kleiner und kleiner und kleiner zu werden schien, daß mir meine Stimme wie die Stimme von Alice im Wunderland in den Ohren klang. Bertie ist wie der Riese Rumpel meines Vaters. Dr. O'Neill bemerkte einmal, jeder Angehörige unserer Linie des Geschlechts der Powys gleiche einem gesonderten Zweig aus einem einzigen Baumstamm. Wenn das der Fall ist, so ist sich der von den Initialen A. R. P. verkörperte Zweig am stärksten dieser Einheit bewußt! Von uns allen ähnelt Bertie fraglos am stärksten meinem Vater, und wie bei meinem Vater haben seine unaufdringlichen Gefühle Wurzeln, die wie die tief eingegrabene Wurzel einer Ampferpflanze weit hinabreichen.

Aber ich bin noch nicht auf den Bart zu sprechen gekommen, den Theodore einmal trug. Er trug ihn, glaube ich, als er an seinem *Monolog eines Eremiten* schrieb. Bestimmt fiel es Theodore auf die Nerven, sich als Teil einer lärmenden, ungestümen, selbstgefälligen, optimistischen Schar zu fühlen, als die wir ihm wohl leider manchmal erschienen sein müssen, wenn wir uns, vom Magneten seiner Persönlichkeit angezogen, in seinem abgelegenen Schlupfwinkel um ihn versammelten. Mir ist oft aufgefallen – und ich glaube, ich verstehe sein Gefühl –, daß er, wenn wir in unserer tölpelhaften Unschuld um ihn herumwuselten, in sich zusammenschrumpfte, physisch zarter und schmächtiger wurde und sogar auf verhaltene, gedämpfte Weise sprach und sich bewegte, als trüge er nur für den Augenblick die Verkleidung unseres powysschen Fleisches und Blutes und würde sie am liebsten abstreifen. In solchen Momenten, wenn er sich in sich selbst zurückzog, stieg ein Ausdruck leidgeprüfter, gramgebeugter, *schrecklicher* Melancholie auf und legte sich wie ein dünner Film aus dem Schlick am Grunde des Meeres über seine grauen Augen. Dann wurden seine Augen sehr viel größer, rückten auf beunruhigende Weise näher zusammen und verdunkelten sich merkwürdig.

Aber der Dämon, der ihn quälte, erlaubte ihm in solchen Momenten nie, seine großen Bockshörner herzuzeigen, sondern zwang ihn, über irgendein elendes Ärgernis oder irgendeine lästige kleine Sorge nachzubrüten. Er glich einem tragischen Prometheus, den der Geier, der an seiner Leber nagt, zwingt, sich bei der mitfühlenden Io über den kalten Schneckenschleim auf dem Felsvorsprung oder bei den mitleidigen Okeaniden über die Mücken in den wilden Johannisbeersträuchern dort oben zu beklagen.

Natürlich sind wir Sterblichen in dieser Hinsicht in gewissem Sinne alle gleich. Die Erste Ursache hat jedem von uns eine Schlinge um den „Musikantenknochen" gelegt und liebt es, dann und wann daran zu rupfen, um uns zu zeigen, wer der Herr ist, dieweil wir einander nur erzählen, unser Porridge sei kalt, unsere Tür lasse den Zug herein oder es sei uns „eine Laus über die Leber gelaufen". Ja, in seiner erfindungsreichen Direktheit hinsichtlich der kleinen realistischen Details, die uns alle kneifen, pieken, jukken und kratzen, besitzt Theodore bei aller Exzentrität eine ausgeprägte Universalität, die der von Dürer ähnelt. Bestimmte Szenen in seinen Büchern empfinde ich in ihrem Humor als unübertroffen, wenn ich auch gestehen muß, daß es hie und da Passagen gibt, die ich ausnahmslos überspringe, so wie ich seit der Prep. Dickens' Schilderung der Ermordung von Nancy übersprungen habe. Wenn das vom ästhetischen Standpunkt aus eine Schwäche von mir ist, so kann ich nur wie eine halsstarrige alte Frau erklären, daß auf dieser gräßlichen Welt zwar viele unsägliche Dinge getan und erlitten werden, es aber dennoch schmerzlich für mich ist, wenn einer meiner Lieblingsschriftsteller sich weigert, Gott dessen Monopol auf heiligen Schrecken zu belassen.

Wie gesagt, ich glaube, ich kann einiges, wenn auch nicht alles, von der Stimmung des Sich-Zurücknehmens verstehen, die Theodore so behutsam auftreten ließ, wo wir dazu neigten, rücksichtslos herumzutoben. Ich kann sogar entfernt das Gefühl in ihm nachvollziehen, das ihn veranlaßte, von unserem Erzeuger nicht, wie ich es in diesem Buch tue, als von *meinem* Vater, sondern stets als von „*eurem* Vater" zu sprechen. So entfernte er sich unmißverständlich mindestens einen Schritt weit von jedem Anstrich sentimentalen Clansstolzes.

Wenn ich mich einen *Antinarzißten* nenne, so meine ich damit, daß ich eine morbide Abneigung dagegen habe, an meine körperliche Erscheinung zu denken. Die einzigen Körperteile von mir, bei denen ich je mit einer gewissen Zufriedenheit verweile, sind meine Knie und meine Hände. Aber wenn ich ein Antinarzißt bin, was frage ich, war dann Theodore, als er einmal nicht darum herumkam, auf seinen Bart Bezug zu nehmen, und statt von „meinem Bart" von „*diesem* Bart" sprach? Wäre er Mohammedaner gewesen, seine Version des Schwurs „Beim Barte des Propheten" hätte „Bei *diesem* Barte *eures* Propheten" gelautet. In ähnlicher Stimmung distanzierte er sich sogar von seinen Lieblingsschriftstellern und nannte beispielsweise Nietzsche stets nur „*diesen* Deutschen".

Nichts könnte Theodores Art ferner liegen als meine verwickelte Gewohnheit, Leute, die mich ärgern, dazu zu verleiten, nur immer damit fortzufahren, als wollte ich feststellen, wie weit sie gehen werden: genauer gesagt, meine Neigung, mich an ihnen zu rächen, indem ich sie dazu ermutige, mich zum Opfer zu machen. Selbst wenn mein Hund mich mit anhaltendem, schier die Ohren zerreißendem Gebell plagt, rühre ich keinen Finger, um ihn zum Schweigen zu bringen. Dazu hasse ich einen bellenden Hund zu sehr! Und wenn ich auf dem Rücken liegend schreibe, darf meine Katze auf meiner Brust liegen und mit dem Schwanz an meiner Feder rukken. Meine Beweggründe für diese Passivität sind doppelschlächtig. Ich hasse es wirklich, auch nur einen Moment des Vergnügens bei ihrendeinem Lebewesen zunichte zu machen; aber ich bin auch zu heftig empört über das Tier, um es wegzuschubsen!

Packen mich, was Theodore anlangt, jemals die blinden Wutanfälle, in die ich Littleton und Llewelyn gegenüber zu Zeiten verfallen bin? *Me genoito!* Nie, niemals! Und warum nicht? Ich denke, es liegt daran, daß ich in Theodores Gesicht ein Ausmaß von Leid sah, das ich in ihrem nie wahrgenommen habe. Wie kann ich, obwohl niemand es besser versteht als er, einen „auf dem falschen Fuß" zu erwischen, in Wut geraten, wenn ich ihn von dem schrecklichen Bannstrahl gezeichnet sehe? Man kann nicht böse zu jemandem sein, dem die Erste Ursache ihre „Kobolde" schickt, damit sie sich an ihm „üben", so sehr seine *bon mots* auch die schwache Stelle im eigenen Panzer treffen mögen.

Ganz allmählich begann ich in diesen ersten fünf Jahren in Burpham, nach der Geburt meines Sohnes, meine Nerven besser in die Gewalt zu bekommen. Half mir dabei meine Annäherung an die römisch-katholische Kirche? Das kann ich nicht sagen; aber ich denke, das Gefühl, daß mein Sohn auf der Welt war, bewirkte einiges. Andererseits erlebte ich schwere Anwandlungen des Aufbegehrens gegen jede Verantwortung, gegen alles, was sich zwischen mich und eine Existenz als Freibeuter wie William von Deloraine stellte, mit meinem Stock – dem Nachfolger von „Heilig" – als Speer und den Dritter-Klasse-Waggons, die mich durch ganz England beförderten, als „grau gschecktem Roß". Ich entsinne mich noch gut eines Besuches in Norwich, den wir mit meinem Sohn den freundlichsten Verwandten abstatteten, die je ein Mensch besaß. Was gäbe ich, wenn ich heute auf diesen Besuch zurückblicke, nicht darum, jenen Salon – all die wundervollen Bilder und Möbel aus Northwold, die vergoldeten Louis-Quatorze-Stühle, das Porträt von William Cowper, ja sogar das Bild von Venedig, das dort hing, wo draußen die Magnolien wuchsen, alles, alles, alles, was in dem alten Haus im Close versammelt war – noch einmal genießen und bis zur Neige den köstlichen Kelch der Erinnerung leeren zu dürfen, der Erinnerung an jene Tage, da ich an den Ufern des Wissey mit Littleton so glücklich war!

Aber der schreckliche Drang in meinem ruhelosen Wesen nach Befriedigung jenes doppelten Bedürfnisses in mir, des Verlangens nach einer bestimmten Art von erotischer Erregung und des Verlangens, ein Magier zu sein, trieb auf schurkische, herzlose Weise einen Keil zwischen mein Frohlocken über meinen Sohn, mein Glück darüber, ihn ans Ufer dieses Flusses bei Norwich mitgenommen zu haben, und all die leidenschaftlichen Erinnerungen an Northwold. Ich irrte auf der Suche nach irgendeiner Art von noch so flüchtiger Befriedigung des sonderbaren Lasters, von dem ich besessen war, wie eine verlorene Seele auf dem alten Schloßgelände umher; und in den Zwangspausen dazwischen grübelte ich über einem monströsen epischen Gedicht, das den Titel „Der Tod Gottes" tragen sollte. Mit diesem Gedicht füllte ich tatsächlich nicht weniger als sechs kleine Übungshefte. Ich muß zwischen fünfhundert und tausend Zeilen geschrieben haben! Ich erinnere mich an eine überspannte Passage gegen Ende – oder vielmehr dort, wo ich dann schließlich abbrach –, in der ein Zerrbild des heiligen Paulus auftrat, und ich weiß noch, daß es mir ein rares Wort des Lobes von Louis Wilkinson höchstpersönlich eintrug, als ich ihm die Passage eines Tages auf dem Terrassenweg vorlas!

Es ist merkwürdig, wie spät im Hinblick auf mein Laster irgendein moralisches Empfinden in mir entstand. In jenen Tagen gab es von dergleichen keine Spur! Auch war ich mir nicht im mindesten über die Schwierigkeiten, Hemmnisse und praktischen Hindernisse im klaren, die es auch dem innerlich Freiesten erschweren, auf der Welt völlige Befriedigung seiner erotischen Begierden zu finden. Erst als ich Amerika besucht und dort bei so vielen absichtlich provokanten Darbietungen der Varietébühne eine Befriedigung gefunden hatte, die mir nie zuvor vergönnt gewesen war, begann sich mein – in anderer Beziehung so rühriges – Gewissen zu regen. Diese neue Beunruhigung war, glaube ich, teilweise auf die Wählerischkeit zurückzuführen, mit der ich auf diese Varietévorführungen reagierte. Jedenfalls wurde es, als ich aus Amerika zurückkehrte, zum Gegenstand des Spottes in meinem kleinen Kreise, wie ich von meiner „göttlichen" und meiner „teuflischen" Stimmung sprach. Zu diesem späten Zeitpunkt, als ich etwa fünfunddreißig war, machte ich denn auch heftige Anstrengungen, diese erotische Besessenheit gänzlich abzuschütteln; doch soweit ich mich heute entsinnen kann, war ich in den ersten Jahren in Burpham, was meine voyeuristische Manie anging, von Gewissensregungen nicht zu erschüttern. Der Nympholept der „Sylpholept" zu sein, der ich damals war, schien mir so absolut unvermeidlich, daß es mir niemals – nicht einmal, als ich mich der römischen Kirche annäherte – über die Schwelle des Bewußtseins drang, daß ich dagegen ankämpfen könnte. Schon der Klang der Silben „Mädchen", in welcher Aussprache auch immer, eröffnete mir, wie bereits angedeutet, ein solches Paradies, daß alles andere im Leben nebensächlich wurde. Ich glaube ernsthaft, daß seit den von Visionen gequälten Mönchen der thebaischen Wüste höchstwahrscheinlich kein menschlicher Verstand die magische Unwiderstehlichkeit von Mädchen in solchem Maße wahrgenommen hat wie ich!

Mein episches Gedicht „Der Tod Gottes" war dem Blankvers von Milton, Keats und Tennyson nachempfunden. Es war ein äußerst epigonales Gedicht, aber da es immerhin auch eine Erzählung war, wurde ich gezwungen, darin origineller zu sein, als ich es je zuvor in meinen Versen gewesen war. Tatsächlich gibt es mehrere Passagen darin – ich besitze meine Reinschrift noch –, die wirklich einen gewissen schöpferischen und sogar ansatzweise poetischen Wert haben.

Und wie empfand ich zu jener Zeit instinktiv, intuitiv und mit dem, was Matthew Arnold „die imaginative Vernunft" nennt, über das Geheimnis des Kosmos? Das will ich gerne sagen. Ich empfand genauso, wie ich mein Leben lang empfunden habe! Der Glaube meines Vaters an das evangelische Christentum war das einzige an ihm, was mich nie im geringsten beeinflußt hat; Harry Lyons Übertritt zum Anglo-Katholizismus beeinflußte mich nicht; und wie man gesehen hat, reichte schon die leiseste Andeutung des listigen *argumentum ad hominem* meines Vaters aus, den Einfluß des „Katholiken" hinwegzufegen. Aus meiner Weigerung, den anglokatholischen oder gar den römisch-katholischen Glauben zu akzeptieren, ergibt sich jedoch nicht *zwangsläufig* Harry Lyons Schlußfolgerung „Jack hat keine Seele". Und sie ergibt sich ganz gewiß nicht aus meiner Unfähigkeit, den evangelischen Glauben meines Vaters zu akzeptieren.

Andererseits aber war ich nie imstande, wie Llewelyn von der eingewurzelten Solidität der sichtbaren Welt und der läppischen Unwesentlichkeit alles anderen überzeugt zu sein. Das Spiel, das ich auf dem Feldweg in Shirley spielte, als ich mich als der Demiurg fühlte, das Spiel, das ich in Dorchester spielte, als ich zu einem Magier wurde, der Escrawaldons und Dromonds aus den Tiefen heraufbeschwor, das Spiel, das ich in Sherborne spielte, als ich mich in der Eiche unterhalb von Honeycomb Woods versteckte, das Spiel, das ich in Cambridge spielte, als ich mich weigerte, mich von Sidney Roland zur Wissenschaft bekehren zu lassen, war das gleiche Spiel, das ich in Burpham spielte, als ich, an meinen Geschwüren leidend, von meinem Liegestuhl aus zusah, wie mein Sohn durch den Goldregen den hohen Erdwall hinauf- und hinunterkletterte. Hintergrund meines Spiels war die Gewißheit – keine rationale Theorie, wohlgemerkt, sondern eine mit jenem „Folgerungssinn", von dem Kardinal Newman spricht, erlangte Gewißheit –, daß die mit unseren Sinnen wahrgenommene, astronomische Welt nur eine geistige Blase ist, zwar bis zu einem gewissen Grade wirklich, aber eben doch nur ein kleiner Tropfen unter unendlich vielen anderen kosmischen Blasen aus ähnlichen *geistigem Stoff*, Blasen im Werden und Vergehen, von deren unzähligen Zentren zu deren unzähligen Peripherien sich die Gedanken bewegen, die sie erschaffen und zerstören.

Ich war stets der festen Überzeugung, daß die Vorstellungskraft und der Wille eine schöpferische Macht besitzen. Was ein Mensch will und was ein Mensch sich vorstellt, wird geheimnisvoller Teil dessen, *was ist.* Es ist verrückt, seine Zeit damit zuzubringen, daß man zu eliminieren versucht, was der eigene Wille, der Geist und die Vorstellungskraft ständig zum Geheimnis des Lebens beitragen. Ich habe schon immer gewußt – seit mein Vater es bei den Spaziergängen zum Preston Brook bei Weymouth oder über die Felder zur Ashbourne Road bei Shirley oder in Dorchester, wenn wir, unsere Gießkannen voller Elritzen, von den Stinsford Brooks nach Hause kamen, bewerkstelligte, daß sein Riese und seine Fee den *Professor* überwanden –, daß das allereitelste und trügerischste Streben das Streben nach Wahrheit ist. Sokrates hat recht. Was wir brauchen, ist mehr Weisheit. Wissen haben wir genug! Das größte Wort, das auf Erden je über die Wahrheit geäußert wurde, war der

Ausspruch Jesu: „Ich bin die Wahrheit." So falsch seine Gedanken über Gott, Sünde und Gericht auch gewesen sein mögen, in einem wichtigen Punkt hatte er sicherlich recht – darin nämlich, daß die letzte „Wahrheit" in dieser Welt geistiger Blasen ein lebendiger Organismus ist.

Diese elektrischen Kräfte sind, wie die gute alte „Materie", nur wirklich, wenn sie als Teile eines Lebewesens verstanden werden. Ich kann mich beim besten Willen nicht erinnern, daß ich das Universum jemals als etwas anderes denn *eine Ansammlung lebendiger Organismen* empfunden hätte. Einige davon sind sichtbar, einige sind unsichtbar, doch wenn Llewelyn mir von einem überprüfbaren, verifizierbaren, festgefügten, monistischen Universum spricht, kann ich ihn nicht einmal ernst genug nehmen, um über ihn wütend zu werden. Du lieber Himmel! Noch die wildesten Phantasien eines Verrückten enthalten mehr von der *eigentlichen Wirklichkeit,* der schöpferischen Wirklichkeit des Lebens als das ganze objektive Trugbild, das man heutzutage „Raumzeit" nennt. Was mir damals allerdings noch nicht klar war und eigentlich erst in den letzten zehn Jahren klar wurde, ist, daß man sich die alten theologischen Vorstellungen, die von Begriffen wie Moral, Gott, Unsterblichkeit, Willensfreiheit, Gebet, Erlösung und so fort abgedeckt werden, zu seinen persönlichen, geheimen Zwecken nutzbar machen und ihre oberflächliche, gewöhnliche Bedeutung fallenlassen kann.

Warum sollten wir es zulassen, daß die altmodischen religiösen Menschen uns gegenüber im Vorteil sind? Sie sind uns gegenüber nämlich in vielen wichtigen Bereichen im Vorteil. Warum nicht ihre schlauen Kunstgriffe plagiieren und sich ihrer zu säkularen Zwecken bedienen? So soll man sich etwa, religiösen Menschen zufolge, in jedem Augenblick geistig anstrengen, liebreich und demütig zu sein. Nun wohl! Mit dieser Methode bin ich völlig einverstanden; ich bin auch mit den ständigen Anstrengungen einverstanden! Da aber Herzensgüte und Demut im Moment nicht das sind, was ich am dringendsten brauche, fühle ich mich vollkommen berechtigt, *eine andere Anstrengung* an ihre Stelle zu setzen, eine hoffentlich ebenso ausdauernde, aber eben *eine andere.* So plagiiere ich die psychologischen Kunstgriffe meines Vaters und meines Großvaters und bediene mich ihrer zu eigenen Zwecken.

Carlyle war ungemein entzückt über die Entdeckung des alten mönchischen Ausspruchs *laborare est orare*, „Arbeiten heißt beten". Ich würde gemäß meiner „Philosophie der Repräsentation" diesen Aphorismus durch ein Motto ersetzen, das lautet: „Ertragen heißt beten"; oder, um noch einen Schritt weiterzugehen: „Freudig ertragen heißt Gott sehen." Ich will damit sagen, daß unsere moderne Pseudowissenschaft und unser Pseudorealismus dazu neigen, die in uns aufsteigende Quelle von Lebensbejahung zu verderben, die uns trotz der „Kobolde" der Ersten Ursache standhalten läßt. Der alte religiöse Glaube verhalf unseren Vorvätern zu der stoischen Gewohnheit, ihre Lebensenergie nicht aus äußeren Umständen, sondern aus ihrem Inneren zu schöpfen. Daß sie dieser Kraft, die da in ihnen selbst aufwallte, die Bezeichnung „Gott" gaben, hatte eine historische Rechtfertigung, die heute nicht mehr besteht. Aber das ist beileibe kein Grund, auf den lebendigen Brunnquell geheimnisvoller Magie in uns zu verzichten. Die Bezeichnung ist einerlei! Worauf es ankommt, ist, daß wir tatsächlich die Macht haben, das Universum aus den Tiefen unserer selbst neu zu erschaffen. Dabei haben wir Teil an der schöpferischen Kraft, die den ganzen Prozeß in Gang setzt. Es ist die Persönlichkeit, die hervorbrechende Energie lebendiger Organismen, die sämtlichen kreuz und quer laufenden Strömungen der Welt zugrunde liegt. Jedesmal, wenn ein Lebewesen sich grimmig aufrafft und aus seiner innersten Vitalität schöpft, um *trotz allem* glücklich zu sein, tut es das, was unsere standhaften Vorfahren „beten" nannten.

Nach und nach faßte ich eine starke Zuneigung zu bestimmten Bewohnern von Burpham. Der großherzige Mr. S. heiratete und zog fort, aber mit Mr. Edwardes verband mich weiter eine angenehme literarische Freundschaft, und ich hörte nicht auf, die ruhige Gesetztheit seines Charakters zu bewundern.

Das große Ereignis des Jahres in Burpham war das Schafewaschen, das in einem schmalen Flußarm stattfand. Dann ergoß sich mit einem eigenartigen, keinem anderen ähnlichen Geräusch schon früh am Morgen ein den Raum zwischen den Mauern lückenlos füllender, ununterbrochener Strom wolliger Schafe die Gasse vor unserem Haus hinab. Mr. Edwardes war in seiner Eigenschaft als Verfasser von Naturskizzen stets anwesend, desgleichen der stattliche, bärtige Grobschmied Mr. Budd, der seinen gewaltigen Söhnen die Arbeit am Amboß überließ, ebenso Mr. Goodyear, der braunäugige, heitere Zimmermann, und George West, der schüchterne Gastwirt und Gentleman, der das „George and Dragon“ von seinem Vater übernommen hatte. Mr. Goodyear war immer ein guter Freund von mir, obwohl ich seinen Namen vage mit einer entsetzlichen Stelle in *König Lear* verband. Als wir uns kennenlernten, verblüffte es ihn, wie rasch ich auf das Anziehende an seinem vergnügten Gesicht ansprach.

Auch fehlte beim Schafewaschen nicht der jugendliche Ladeninhaber unseres Dorfes, George Roadnight. Der Respekt, den wir diesem unvergleichlichen jungen Mann entgegenbrachten, gehört nach wie vor zu meinen glücklichsten Erinnerungen. Mit seiner glatten, hohen Stirn, seinem breiten, rötlichen, glattrasierten Gesicht und seiner gewählten, ja gesuchten Ausdrucksweise spielte George Roadnight die Rolle eines wohlwollenden Innenministers unseres kleinen Weilers. Politisch ein Liberaler, schien er als vermittelndes Zentrum zwischen sämtlichen aufeinanderprallenden, widersprüchlichen Kräften unserer kleinen Gemeinschaft zu stehen. Wir alle kamen zu ihm; wir alle verließen uns auf ihn; wir alle vertrauten ihm. Nie im Leben habe ich einen Menschen gekannt, dem es so darum zu tun war, in schwierigen Situationen den richtigen Weg zu gehen! Die Seite, auf der George Roadnight stand, war stets die richtige; und Mr. Mais, der Vikar, der einem frommen Kapitän glich, war so klug, ihn zu unterstützen.

Anders als in tatkräftigen Familien oft der Fall, blieben die Söhne von Mr. Collyer und Mr. Graburn, unseren beiden Edelmannsbauern – denn der Herzog von Norfolk hob alle gewöhnlichen Unterschiede auf –, im Hause ihrer Eltern und nahmen schließlich deren Platz ein. Es waren fähige Köpfe von einnehmendem Äußeren, die sich jedoch vor mir fast ebensosehr fürchteten wie ich mich vor ihnen.

Alle diese Menschen pflegten zur Zeit des Schafewaschens am Flußufer zusammenzukommen. Ich persönlich ging allerdings nur einmal hin, und auch da nur fünf Minuten; denn ich habe selbst vor den nettesten Menschen Angst, wenn sie in Scharen auftreten. Ich kann mich erinnern, wie ich einmal unvermutet auf den ganzen Trupp von Mr. Graburns Leuten stieß, die gerade auf dem Stoppelfeld ihr Essen verzehrten, und einen solchen Schrekken bekam, daß ich wie ein Taubstummer in tiefem Schweigen an ihnen vorbeischlurfte.

Auf meinen Fahrten nach Norden in den Anfangsjahren in Burpham lernte ich einen weiteren wichtigen Neuzugang zu meinem inneren Freundeskreis kennen. Louis Wilkinson pflegte sich darüber lustig zu machen, daß ich beharrlich von einem „Kreis" sprach, als wären wir ich weiß nicht was für eine Gruppe auf dem linken Seineufer. Aber es war ein Kreis; und verglichen mit ihm bildet die Gruppe meiner engen amerikanischen Freunde – Mr. Dreiser, Mr. Masters, Colonel C. E. S. Wood, Mr. A. D. Ficke und Mr. Robert Bright – sicherlich keinen Kreis! Mr. Bright, mein ältester amerikanischer Freund, kennt die anderen, die ich eben erwähnt habe, nicht einmal! Dieser letzte Zugang zum inneren Kreis der Menschen in meinem Leben – denn nach vierzig ist es schwer, enge, vertraute Freundschaften zu schließen – war Tom Jones. Wie der „Katholik" ist Tom Jones seit mehreren Jahren tot, aber er schied auf sehr viel traurigere Weise aus dieser Welt.

Bevor er – vor etwa einem halben Dutzend oder mehr Jahren – starb, schrieb er mir in seiner wohlbekannten, schönen Handschrift einen fünfseitigen Brief, in dem er über die jämmerlichen Mißgeschicke seiner letzten Lebensjahre berichtete. Er war hochbefähigter Angesteller einer alten, anglo-amerikanischen Firma von Baumwollimporteuren, in deren Diensten er an der Baumwollbörse zu Liverpool seine Lebensenergie und seine außerordentliche mathematische Begabung vergeudete. Der Krieg und die nachfolgende Depression sind für die Ereignisse verantwortlich, die mit Tom Jones' Tod endeten. Er hatte sein Leben lang in Pensionen auf dem einen oder anderen Ufer des Mersey gewohnt, und er starb in einer Pension in Birkenhead. Ich kann nicht behaupten, daß unsere englische Welt diesen vornehmen, leidenschaftlichen, verschlossenen Waliser so behandelte, wie sein Verstand, sein Geist oder sein Herz es verdient hätten. Sein Ende war jammervoll. Seiner Gewohnheit entsprechend kam er nach London, um Weihnachten mit Bernie zu verbringen, aber er reiste in hoffnungsloser Stimmung wieder ab, und als er in den vertrauten Zug stieg, um einsam und allein nach Birkenhead zurückzufahren, soll er zu Louis, der ihn verabschiedete, gesagt haben, er habe genug von einem Leben zu den Bedingungen, wie sie ihm das

Schicksal damals offerierte. Ein paar Tage nach diesem Besuch fand seine Zimmerwirtin ihn tot in seinem Bett. Mit einer einzigen Ausnahme hat mich der Tod von Tom Jones tiefer getroffen als jeder andere, von dem ich bislang erfahren habe.

Wie oft habe ich in jenen Pensionen am Mersey mit ihm das Bett geteilt! Merkwürdigerweise war er mit Ausnahme von Llewelyn und Bernie der einzige erwachsene Mann, mit dem ich je das Bett geteilt habe. Bei meiner Seele, ich kann mir nicht einmal vorstellen, mit einem anderen Mann das Bett zu teilen. Ich habe Tom Jones geliebt. Louis behauptete immer, ich liebte ihn nur der unermeßlichen Vorteile wegen, die ich aus ihm herausschlug: aus den Besuchen bei ihm in seinen verschiedenen Wohnungen, aus den endlosen Tee- und Kaffeegelagen in den üppigen Kardomah-Cafés, zu denen er mich einlud, und vor allem aus dem Genuß des Privilegs, seine unzähligen Freundinnen zu kennen. Mein Hochgefühl und mein Glückstaumel während meiner Besuche bei Tom Jones in Liverpool waren in der Tat beispiellos, da hat Louis recht. Aber ich kann bei meinem Herzen schwören, daß ich, wie Mädchen sagen, den Mann *um seiner selbst willen* liebte, unabhängig von der Aura, der Ausstrahlung, dem herrlichen Glanz, der ihn zwangsläufig umgab! Die periodischen Besuche in Liverpool gehören sicherlich zu den glücklichsten Zeiten meines Lebens. Und warum? Weil ich dies eine Mal, was die Sexualität angeht, in einer klassischen Atmosphäre völliger Freiheit lebte! Das ist mir nie wieder vergönnt gewesen.

Ich habe zu anderen Zeiten Liebesaffären gehabt. Ich habe zu anderen Zeiten romantisch geschwärmt. Aber diese Erfahrungen in Liverpool waren weder Liebesaffären noch Schwärmereien. Es waren schlicht und einfach freundschaftliche erotische Begegnungen zwischen Männern und Frauen. Man genoß sie, ohne sich hinterher um Gefühlserschütterungen, komplizierte Verantwortlichkeiten, tragische Eifersüchte Gedanken machen zu müssen. Es waren Erfahrungen eines ganz schlichten, rechtschaffenen, herrlichen Vergnügens auf beiden Seiten. Es war ein Arkadien idyllischer Glückseligkeit. Es war eine Wiederkehr des Goldenen Zeitalters. Ich hatte nie zuvor solche Mädchen getroffen. Ich habe seither nie mehr solche Mädchen getroffen. Es waren, nehme ich an, größtenteils Frauen aus dem „Kleinbürgertum“, das Harry

Lyon so brandmarkte. Aber ich möchte behaupten, daß selbst Harry Lyon – sind doch solche mönchischen Ritter keineswegs immer unfreundlich zu den Gottlosen –, wenn er Tom Jones und mir durch einen unserer langen, abenteuerlichen Tage an den Ufern des Mersey hätte folgen können, seine Ansicht gemildert haben würde. Denn Harry Lyon hat, wie ich in meinen schwülstigen Bemühungen, seinen einzigartigen Charakter nachzuzeichnen, hoffentlich schon deutlich gemacht habe, nichts von einem Snob an sich.

Möglicherweise hätte er zu beweisen versucht, daß „Tom Jones' Mädchen", wie ich diese sanftmütigen Frauen zu nennen pflegte, dem Proletariat angehörten. Sie waren sicherlich anders als die Bohemiens in New York. Ich habe mit den lebhafteren Bewohnern von Greenwich Village nie richtig verkehrt; aber müssen nicht die intellektuellen und ästhetischen Eifersüchte junger Menschen, die sich dem verschrieben haben, was in Amerika „kreatives Arbeiten" heißt, dem reinen Genuß von Männern und Frauen aneinander erheblich entgegenwirken? Vielleicht waren es ja Proletarierinnen, diese wundervollen Mädchen von Liverpool. Vielleicht waren sie, was alle unsere Frauen in ein paar hundert Jahren sein werden! Oder vielleicht liegt die eigentliche Erklärung darin, daß sie, wie Tom selbst, aus Wales stammten. Mir ist, als hätte ich irgendwo in Sir John Rhys' Schriften von einem bezaubernden walisischen Brauch namens „Freiwerben auf dem Bette" gelesen, demzufolge sich junge Burschen und junge Mädchen nach Herzenslust allen Zärtlichkeiten mit Ausnahme des eigentlichen Vollzuges ergeben durften. Ja, ich vermute, es waren Waliserinnen; denn schließlich ist Liverpool unsere größte Stadt in unmittelbarer Nachbarschaft von Wales. Ich fürchte, es ist höchst zweifelhaft, ob eine von euch liebreizenden Töchtern des Mersey diese Zeilen zu lesen bekommt. Aber wenn ihr sie lest, besonnene ältere Herrschaften in euren Häusern in Cheshire, die ihr mittlerweile sein müßt, dann versucht euch an mich zu erinnern! Könnt ihr euch denn nicht des ulkig aussehenden Freundes von Tom Jones entsinnen, der ständig Milton rezitierte?

Diese Besuche waren so aufregend für mich, daß ich mich nicht erinnere, in dieser Stadt auch nur ein einziges Mal an den Schmerzen von meinen Magengeschwüren gelitten zu haben. Das Leben in

Liverpool mit Tom und seinen Freunden schien die magische Kraft zu besitzen, Geschwüre zu kurieren.

Ach, wie eindringlich mir alles wiederkehrt! Ein Mädchen, Tochter einer Seefahrerfamilie, hatte so schlüpfrig glatte Glieder, daß ihnen kaum mehr etwas Menschliches anhaftete. Das gefiel mir sehr; denn der Typus der Undine hat schon immer einen zum Rasendwerden aufreizenden Effekt auf mich gehabt. Aber mit einem der bezauberndsten und bestrickendsten von all diesen Geschöpfen hatte ich ein Erlebnis, ähnlich dem, das meine Freundin in Brighton so schockierte; ich dagegen war kein bißchen schokkiert. Ich bezweifle, daß ich schockiert gewesen wäre, wenn sie in ein hölzernes Standbild verwandelt worden wäre. Eine andere verschaffte sich dadurch einen zusätzlichen Kitzel, daß sie fortwährend von der Hölle sprach. Ich wußte natürlich, daß ich, falls Überlegungen dieser Art aufkämen, der naheliegende Kandidat für die Flammen war. Denn ich machte mir wahrlich alle Vorteile zunutze, die ich dank meiner geheiligten Corpus-Christi-Bildung besaß, um die Gunst dieser redlichen Menschen zu gewinnen, ja ich spielte geradezu den Cagliostro! Aber wer weiß? Höllenängste einmal beiseite gelassen, würde ich sagen, der Tausch war durchaus gerecht. Sie waren jedenfalls entzückt, wenn Tom mich dazu brachte, „Lycidas", die „Ode auf eine griechische Vase" oder das Gedicht von Landor zu rezitieren, das so beginnt:

„Artimadora, unsichtbare Götter
Schnürten, dieweil du kraftlos auf dem Lager ruhtest,
Die Sandelschuh' dir um die nerv'gen Füße
Und stehen nun bereit, zu lenken
Deinen müden Schritt, wo and're Flüsse fließen --- "

Machten ihnen meine Rezitationen Freude, eine Freude, die beweist, wie auch die einfachsten Frauen von echter Dichtkunst angesprochen werden können, so darf man glauben, daß ich hingerissen war, wenn sie mir erlaubten, sie auf den Schoß zu nehmen und zu liebkosen. Und was Tom Jones, diesen Abkömmling walisischer Barden anging, so war es verblüffend anzusehen, wie er uns, vor Zufriedenheit glühend und schmunzelnd, zu beobachten pflegte, geradeso als wäre er der Prinzipal eines erfolgreichen Puppentheaters gewesen.

Wie sehr sich doch die eigene Wahrnehmung bestimmter Situationen im Leben davon unterscheidet, wie sie sich einem mißgünstigen Beobachter darstellen würden! Den meisten kultivierten Menschen wären diese unsere Begegnungen wohl recht kindisch und zugleich recht rührselig erschienen, bar aller Elemente des Pittoresken und des Pikanten; doch für mich waren sie von berauschendem Zauber! Und wie gern würde ich meinen Lesern zureden, bis sie sämtliche physischen und psychischen Umstände dieser Ereignisse sehen, hören, fühlen, spüren, schmecken; so daß sie sich, selbst wenn sie ihre Abneigung gegen den Protagonisten nicht zügeln können, zumindest sagen müssen:

„Dieser Hanswurst versteht es ausgezeichnet, seine Schurkereien zu rechtfertigen; aber der Bube ist immerhin ein solcher *Naturalist,* daß wir nun selbst die Dokumente in Händen halten und ihn so beurteilen können, wie er es verdient!"

So manches Mal pflegte ich um elf Uhr vormittags – denn die Firmen von Liverpool schienen zu dieser Stunde eine Kaffeepause, wie auch um eins eine Mittags- und um vier eine Teepause zu gestatten – im „Café Kardomah" zu sitzen, mit Tom über seine Gedanken zu Nietzsche zu diskutieren – besaß er doch sämtliche Werke „dieses Deutschen" – und mir seine eigenen philosophischen Vorstellungen anzuhören, die er zu meiner ständigen Überraschung ausnahmslos aus den Gedichten von Keats zu beziehen schien. Ich erinnere mich noch, wie er mir zum erstenmal, und zwar ganz ruhig und vernünftig, darlegte, daß die tiefste und subtilste Lebensphilosophie, zu der wir gelangen könnten, seiner Ansicht nach in der Dichtkunst, und besonders in der von Keats, steckte. Allmählich jedoch kam ich dahinter, was er meinte; und daß ein Mann, der sein Leben lang in einer Stadt wie Liverpool im Kontor gearbeitet hatte, eine solche Erkenntnis gewann, war verblüffend genug. Ich kann aber sagen, daß ich mir Toms Gedanken wenig später zunutze machte, als ich für Methuen ein erschöpfendes Werk über Keats schrieb. Dieses Werk wurde nie veröffentlicht, weil ich mich in meinem absurden Stolz weigerte, auch die offenkundigen Überspanntheiten darin zu ändern, aber seine Abfassung zwang mich, mir selbst viele Probleme klarzumachen.

In diesem „Café Kardomah“, wo ich den einzigen schmackhaften Kaffee genoß, den ich in Europa je gekostet habe, hörte ich zum ersten Mal die Klänge von Sousas „Stars and Stripes“. Und wie mich diese frohlockenden, verwegenen, zynischen, sich den Teufel an etwas kehrenden Klänge entzückten! Aus ihnen bildete ich mir eine Vorstellung vom Charakter des amerikanischen Geistes, die mir noch heute, nach all den Jahren, nicht die schlechteste Interpretation zu sein scheint!

Wenn der Abend kam, kehrten wir stets in Toms Unterkunft zurück – denn er achtete peinlichst darauf, sich als Mieter ordentlich und rücksichtsvoll zu verhalten –, um an der üblichen Teemahlzeit mit der Familie teilzunehmen. Ach, wie ungeduldig ich immer wurde, während ich zuhörte, wie klug sich mein Freund die diversen häuslichen Zirkel – denn er wechselte oft die Wohnung – geneigt machte, und wie ich vor Erregung zitterte, wenn es ganz ruhig und bedächtig und auf die selbstverständlichste Weise seine Pantoffeln abstreifte, seine Schuhe anzog – alle seine Wirtinnen schienen ihn diesen Wechsel am Kamin ihres Salons vornehmen zu lassen – und beiläufig verkündete, es werde Zeit, daß wir aufbrächen! Es beschäftigte mich oft – aber ich behielt meine Gedanken für mich –, was eigentlich diese ehrenwerten Familienkreise glaubten, *wohin* ihr taktvoller Mieter seinen Freund aus dem Süden führte. Dachten sie, wir gingen jeden Abend ins Theater? Und welche Ausrede erfand Tom – das war ein weiteres Problem für mich; aber es schien ein wesentlicher Bestandteil der Lebensillusion meines Freundes zu sein, solche wichtigen Dinge zu regeln, ohne darüber zu reden –, wenn er aus einem bestimmten Hause, das wir frequentierten, allein zurückkam?

In dieser seiner Eigenart ließ ich ihm völlig seinen Willen. Ich war in seinen Händen absolut fügsam und passiv; aber man kann sich vorstellen, wie mein Herz schlug, wenn ich mich, wie es manchmal passierte, in irgendeinem völlig fremden, stockdunklen „Vorderzimmer“ mucksmäuschenstill warten sah, bis gewisse Formalitäten durchlaufen oder gewisse respektable, nichtsahnende Personen „nach oben gegangen“ waren und der Weg – der Weg für meine „Fahrt nach Kythera“ – frei war.

Ich habe keinen Zweifel, daß Tom Jones in den Pausen meiner Rezitationen von „Lycidas“, „Intimations of Immortality“ oder

„Tintern Abbey" Zeit fand, lakonisch Beruhigendes zur Harmlosigkeit seines eloquenten Gastes, was das „Leute-in-Schwierigkeiten-Bringen" anging, in schöne Ohren zu flüstern; denn ich mußte in dem merkwürdigen, überaus respektablen und zugleich höchst unmoralischen „Milieu", in dem er sich bewegte, nur einmal wirklich schmählich das Feld räumen, und das auch nur, weil sich jemand zur Unzeit einen Rausch antrank, wodurch meine Rezitation von „Intimations of Immortality" weniger opportun erschien, als es gewöhnlich der Fall war.

Wenn ich meine Rolle als Gedichtrezitator an diesen sonderbaren Orte bedenke, die sich mit meiner formelleren Kunst der „dithyrambischen Analyse" abwechselte, dann sehe ich mich immer deutlicher als eine Art vagabundierender Schauspieler, der mit einer Maultrommel unter seinem Magistertalar durch die Welt zieht und sich verhält wie einer der wandernden Kesselflicker auf einem Jahrmarkt, die bei den Bauersfrauen zurückbleiben.

Tom Jones war ein Mensch von wirklich bemerkenswertem Aussehen. Er litt, solange ich ihn kannte – und es scheint vor seinem Tode schlimmer geworden zu sein –, an einer grausamen Behinderung an einem Fuß, dessen Bänder unsachgemäß operiert worden waren, was ihm starke Beschwerden verursachte und dazu führte, daß er humpelte. Dieser lahme Fuß muß ihm oft scheußlich weh getan haben. Wenn wir zusammen spazierengingen, verfiel er häufig in Schweigen, und ich wußte sehr wohl, was das bedeutete! Er war ein kleiner Mann, aber sehr viel kräftiger, als es den Anschein hatte. In Krisen war er ungeheuer eindrucksvoll. So manches Mal wand er sich mit dem Gebaren eines zu allem entschlossenen, gefährlichen Duellanten aus entsetzlichen Notlagen heraus. Sein Antlitz glich auf eigentümliche Weise manchen Büsten von Julius Ceasar, obwohl sein morbid empfindsamer und zugleich morbid beweglicher Mund seine kymrische Abstammung verriet. Es wird mir immer auf dem Gewissen liegen, daß ich ihn beim letzten Mal nicht nach Amerika herübergeholt habe. Er hätte einen wunderbaren Bücherrevisor abgegeben. Verzeih mir, verzeih mir, Tom! So rede ich zu dieser späten Stunde, ich, der ich nicht einen einzigen Schritt unternommen habe, um auch nur herauszufinden, wo die Gebeine meines Freundes ruhen. Kein Wunder, daß Theodore, Blake zitierend, von mir zu sagen pflegte: „Mein Bruder John, der Böse, klagt sein Leid in Finsternis!"

Wenn wir, Tom und ich, in den Schlafzimmern der verschiedenen Pensionen nebeneinander aufwachten, kletterte er aus dem Bett, humpelte ans Fenster, zog den Musselinvorhang zur Seite und zündete sich, während seine Caesarennase die Witterung des Tages aufnahm, in seinem altmodischen, langen weißen Nachthemd eine ‚Gold-Flake'--Zigarette an. Seine Finger waren gelb vom Zigarettenrauchen. Es war sein Balsam von Gilead, während er mit „Werten" und „Kontrakten" handelte, seine Alraunwurzel gegen die Schläge des Schicksals. Erwachte er bei Morgengrauen an jenem Tag, als die Wirtin ihn fand, dieweil ein fahles Fenster in Wallasey zum „schimmernden Viereck" wurde? Was waren seine letzten bewußten Gedanken? Welchem seiner Mädchen wandte er sich im Geiste zu? In jenem langen Brief erzählte er mir, er „sehe niemanden mehr". Er fragte mich nach seinen Möglichkeiten, in Amerika vorwärtszukommen. Warum habe ich ihm nicht umgehend telegrafisch die Mittel für die Überfahrt angewiesen? Wenn ich das Geld nicht hatte, hätte ich es mir sicher leihen können. Er muß seinerzeit das Doppelte von dem, was eine solche Reise kostete, für mich ausgegeben haben. Nein! Ich schrieb eine Menge mitfühlender Worte nieder – kleine schwarze Zeichen auf weißem Papier mit der Unterschrift „Jack" – aber das Geld für die Passage überwies ich ihm nicht.

Wenn ihn sein Fuß schmerzte, ließ er oft seine Pantoffeln und seine Schuhe im Erdgeschoß – „Mr. Jones' Pantoffeln" rückten behutsam zur Seite, wenn irgendein kleines „Aschenbrödel" das schimmernde Kamingitter putzte – und ging in Strümpfen nach oben. Ich spüre noch ganz deutlich die Wärme seines Körpers, wenn wir uns nach dem Gute-Nacht-Sagen herumdrehten, um mit einander berührenden Wirbelsäulen einzuschlafen, zwei männliche Gerippe mittleren Alters, Rücken an Rücken und zusammengekrümmt wie Kinder im Mutterleib! Jetzt hat er in seinem Schlaf auf dem kalten Friedhof von Birkenhead keinen freundlichen Rücken mehr, der ihn wärmt.

„Tom friert", jetzt bis ans Ende der Welt.

Obschon meine Magengeschwüre wie weghypnotisiert waren, kaum daß ich auf der vertrauten London and North-Western

Station von Liverpool ausstieg und Toms lange Nase und blaue Augen unter seinem Bowler sah oder ihn sein schwaches, verlegenes Pfeifen ausstoßen hörte – er gab den klagenden kleinen Laut, wie von einem hungernden Vogel, immer dann von sich, wenn er sich unbehaglich fühlte –, erlebte ich auf dem Wege nach Liverpool den ersten meiner sonderbaren Anfälle von Bewußtlosigkeit, bei denen ich unversehens hinschlug wie ein gefällter Baum. Der Teufel oder, wenn man so will, Gott wollte mich wohl beim Knotenpunkt in Gloucestershire, wo ich zusammenbrach, vor den Zug auf das Geleise stürzen lassen. Aber mein Schutzengel sorgte dafür, daß ich stattdessen am Rande des Bahnsteiges hinfiel. Indem diese Anfälle sich wiederholten – alles in allem, denke ich, habe ich aber nicht mehr als vier gehabt –, gewannen sie die Macht, für manchmal mehr als eine halbe Stunde, und zwar *vor* und *nach* den Niederstürzen, mein Gedächnis auszulöschen.

So erinnere ich mich, wie ich einmal an einem meiner freien Tage in Burpham auf dem Festungswall unter unserem Schild stand, dessen Drohungen gegen unbefugtes Betreten mittlerweile mit „Gutsverwaltung, Arundel" gezeichnet waren, und ein paar weiße Rosen pflückte, die sich von unserer Südmauer unbefugt hier herübergerankt hatten, als sich wie ein Blitz aus heiterem Himmel Dunkelheit über meine Augen legte; ich erlangte das Bewußtsein erst wieder, als ich mich in meinem Bette liegen fand. Diesen Zufluchtsort, so schien es, hatte ich *in bewußtlosem Zustand* aufgesucht!

Das gleiche, nur daß meine Bewußtlosigkeit viel länger anhielt, passierte mir in Sneedon's Landing, New York, gegenüber von Dobb's Ferry. Ich war zu dem Zeitpunkt allein, hatte auf der einsamen Bergstraße schon ein ganzes Stück – mindestens anderthalb Meilen – zurückgelegt und war in den dichten Wald eingetaucht, der sie zu beiden Seiten säumt. Ich erinnere mich nur noch, wie ich die Straße verließ, als die Schwärze herniederfuhr. Und als ich sozusagen wieder aufwachte – und ich muß mindestens anderthalb Meilen in völliger Bewußtlosigkeit gegangen sein – fand ich mich in eben dem Haus am Fluß wieder, von dem ich aufgebrochen war. Mit wiedererwachendem Bewußtsein stellte ich zudem fest, daß ich von Kopf bis Fuß schmutzverkrustet war, als hätte ich mich in einem Graben gewälzt, und daß der widerlichste Bestandteil des Schmutzes zu meiner Bestürzung meine eigenen Exkremente waren. Damals ruinierte ich beinahe Llewelyns schönen neuen Mantel, den er mir geliehen hatte, damit ich eine gute Erscheinung machte, wenn ich nach New York kam. Es war die Zeit, in der meine beiden für den Westen respektive Osten zuständigen Tourneeagenten aufgrund eines voreiligen Narrenstreichs von mir ein lebhaftes Tauziehen um mich veranstalteten, und ich könnte mir denken, daß die Aufregung darüber etwas mit meinem Anfall zu tun hatte.

Der letzte dieser merkwürdigen Zusammenbrüche ereignete sich vor etwa acht Jahren in der Stadt New York, und zwar stattete meine Seele von einer Stelle in der Hudson Street aus den „machtlosen Häuptern der Toten" einen Besuch ab. Seit damals, dem Herrn sei Dank, beschränken sich mit der Verwirklichung eines friedlicheren Lebens meine Anfälle von Bewußtlosigkeit auf mein Nachtlager. In jenen Tagen jedoch wurden meine Magengeschwüre schlimmer und schlimmer; und es kam endlich zu einer Krise, bei der ich mich, nach einem unter ziemlich niederträchtigen Schmerzen verbrachten Zwischenaufenthalt in Malvern ich weiß nicht wohin aufbrechend, in Worcester geschlagen gab, mich zu einem Hotel fahren ließ, mir ein Zimmer nahm, nach einem Arzt schickte, den Mohnsaft trank, den er mir verordnete, und in eine wundersame, friedvoll-unbekümmerte Trance verfiel.

Wer anders eilte mir in diesem kritischen Augenblick zu Hilfe als mein reizbarer alter Kumpan Harry Lyon! Er ließ die Blaupausen in seinem Büro in Kensington liegen, nahm den Great Western Express von Paddington, und siehe da! schon stand er am Bett seines Punchinello-Schwagers, in dessen sägemehlgefülltem Innern irgendeine wichtige und nach allem was wir wußten, vitale Feder gesprungen war. T. H. L. blieb mehrere Tage bei mir in Worcester, wo er mich in seiner irrationalen, wütenden Zuneigung tüchtig schalt, daß ich ein so teilnahmsloser Gefährte sei! In Wahrheit war es so, daß es mir, während die Wirkung des Opiats nachließ, das der Arzt mir verabreicht hatte, ungemein widerstrebte, mich wieder dem harten Lebenskampf zu stellen. Ich war in der Stimmung von Tom Brown in der alten Schulgeschichte, nachdem ihn der Kameradenschinder Flashman halb umgebracht hat; oder, um einen poetischeren Vergleich zu gebrauchen, ich fühlte mich wie die Gefährten des Odysseus, die den Lotus gekostet haben.

Aber Harry Lyon hatte von keinem Lotus gekostet; und seine Ohren waren wie die des griechischen Helden mit Wachs verstopft, so daß er keine Sirenengesänge hörte. Er berichtete mir begeistert, er sei in der Kathedrale der geschäftigen Stadt auf das Grab von niemand Geringerem als König Johann, „vergifteten Geschicks, gelassen und verworfen", dem ehrlosen Bruder von Löwenherz, gestoßen. Wie gut ich mich noch an Thomas Henrys empörte Vorhaltungen erinnere, weil ich in meinem lotusberauschten Zustand keine hinreichend rege Anteilnahme an seinem brennenden Interesse für die Kathedrale von Worcester bekundete. Aber ich war in seinen Händen so sanft und fügsam wie ein Lamm und auch nicht gerade undankbar, obzwar in einer Stimmung, in der ich mich nur danach sehnte, „von tiefem, flüss'gem Schlaf, vergessend allen Übels" zu trinken.

Nach unserer Ankunft in Paddington fuhren wir zu dem Londoner Spezialisten, den der Arzt in Worcester empfohlen hatte. Er hatte mich kaum gesehen – mein Punchinello-Gesicht muß von abstoßendem Aschgrau gewesen sein –, da schrieb er mir auch schon eine Überweisung für das London Hospital. Er dachte wohl, mit mir wäre es aus. Nach ein, zwei Wochen im London Hospital jedoch gewann ich mein Interesse am Leben wieder. Ich las – Tom Jones und seiner Philosophie eingedenk – die Briefe von John Keats. Und ich erlebte den Tod eines jungen Mannes mit, dessen Bett dicht neben dem meinen stand. Was ist eigentlich so eigenartig schockierend an den „Wandschirmen", mit denen man die Sterbenden in Hospitälern umstellt und hinter die nur Angehörige, Schwestern und der Priester treten dürfen? In jenem Haus war es Sitte, daß die Patienten, die aufstehen konnten, ein wenig bei der Pflege der anderen halfen. Das war eine neue Erfahrung für mich; aber ehe ich mich so weit erholt hatte, daß ich aufstehen konnte, pflegte ich auf dem Rücken zu liegen und zu beten. Dabei bediente ich mich eines originellen Kunstgriffs, den ich damals ersann und noch heute, wenn auch mit kleinen Abweichungen, praktiziere. Ich war immer davon überzeugt, daß das Gebet eine gewisse magische Kraft besitzt, obschon ich es nie sehr genau damit genommen habe, in wessen Namen oder welcher Macht gegenüber ich meine Invokationen äußerte.

Im London Hospital, wo es in meinem Krankensaal viele Leidende gab, verfiel ich auf den Kniff, meine Gedanken auf *verschiedenfarbige Engel* zu konzentrieren. Dann lenkte ich die Aufmerksamkeit einer Gruppe von Engeln, sagen wir purpurroter, auf einen Leidenden. So hatte ich, während ich in dem großen Weißen Schiff des Leidens lag, das Gefühl, meine Zeit nicht völlig zu vergeuden.

Aus dem Krankenhaus abgeholt wurde ich schließlich, als es mir gut genug ging, um entlassen werden zu können, von dem Menschen, den mein Vater zu seinem Testamentsvollstrecker bestimmt hatte. Wie eindrucksvoll Littleton in seinem Tweedanzug aussah, als seine athletische Gestalt im Krankensaal auftauchte! Wir fuhren mit dem Zug nach Burpham, und ich erinnere mich noch heute an das gierige Vergnügen, mit dem ich, kaum daß ich nach Hause kam, eine gewaltige Schüssel – viel größer, als ratsam war – meines geliebten Brotes mit Milch zu mir nahm.

Ich stellte bald fest, daß es mir trotz meiner drei Wochen im Londoner Hospital keinen Deut besser ging. Eine Verwandte von Harry Lyon kam, um mich zu pflegen, und ich lag – denn es war damals Sommer – den ganzen Tag in dem kleinen Garten unter dem großen Festungswall. Ich war glücklich und zufrieden, erholte mich aber keineswegs. Tatsächlich war der Ausgang meines Magens in den Darm aufgrund des Wachstums meiner Geschwüre winzig klein geworden. Eines Abends schließlich begann ich zu meiner ungeheuren Erleichterung, jedoch zum Entsetzen meiner Pflegerin, zu erbrechen. Heute erscheint es mir unvorstellbar, daß ich mit dem, was da aus meinem unseligen Magen kam, so lange überlebt hatte! Ich muß – verzeih mir, Leser – einen ganzen Eimer voll der widerlichsten, kotartigen Masse erbrochen haben, die man sich nur vorstellen kann. Sie hatte sich dort wohl seit Jahren angesammelt. „Gib etwas Bisam, guter Apotheker!“ Sie war von einem schwärzlich-sepiafarbenen Ton, wie ich ihn bislang noch für keinen meiner Schutzengel gefunden hatte.

Der Anblick dieses Eimers, der zwecks Inspektion durch unseren Arzt pflichtgemäß aufbewahrt wurde, bewog jenen, einen mit uns befreundeten, hochgewachsenen Iren namens D'Olier, mich in aller Eile wieder nach London zu befördern. Hier begab ich mich in ein Krankenhaus in der Nähe der Harley Street und wurde umgehend operiert – wobei ich eine unglaubliche Anzahl von Stunden auf dem Tisch blieb. Aus irgendeinem Grunde jedoch konnte sich der Chirurg nicht zu einer „Gastroenterostomie" entschließen und beschränkte sich auf diverse lokale Schnitte und provisorische Pfropfungen. Die Kunst der Anästhesie hatte seinerzeit noch nicht ihren gegenwärtigen Gipfel von Vollkommenheit erreicht, und ich kann gar nicht ausdrücken, welches Tote Meer scheußlicher Übelkeit mich beim Erwachen überschwemmte. Dem ausgezeichneten Brauch in englischen Krankenhäusern entsprechend brachte man mir jedoch bald eine Tasse ziemlich starken Tee und ich erholte mich rasch vom Schlimmsten. Noch ganze Tage danach aber, so schien es, erlaubte man mir kein Wasser; und ich kann mich erinnern, wie ich die Schwester bat, mir in Sichtweite ein Glas Wasser hinzustellen, so daß ich meine *voyeuristischen* Fähigkeiten an diesem reinen Element üben konnte.

Llewelyn kam mich im Krankenhaus besuchen; und ich war zutiefst bewegt von seiner betroffenen Miene. Wie gut ich diese Beunruhigung in seinem zerfurchten, sensiblen Gesicht mittlerweile kenne, die seine Züge verzerrte, geradeso wie ein lieblicher Wasserquell das Geröll eines Gebirgsfelsens durcheinanderbringt! Ob seiner eigenen Krankheit – wenn sie ihn überfiel – umwölkte sich sein Gesicht und wurde ernst; nie aber zog es sich zu einem solchen Spasmus von Betroffenheit zusammen wie angesichts meines Zusammenbruchs. Llewelyns Bindung an mich ist mir ein ständiger Quell der Verwunderung; die von Littleton verstehe ich, denn sie gleicht der meinen an ihn; die von Llewelyn aber hat noch etwas, das wie eine Störung in der Sonne angesichts einer Scharte in der Rundung des Mondes ist.

In jenen Tagen hatte ich eine Manie für Walt Whitman entwikkelt; und ich pflegte, da ich in jenem Haus früh aufwachte, in der Morgendämmerung dazuliegen, über die Dächer von London hinwegzuschauen und zu versuchen, die Eindrücke des Lebens auf seine Weise zu bewältigen. Aber ich stellte bald fest, daß es mir unmöglich war, den Kosmos – all die widerwärtigen Greuel, all die wechselnden Masken der Angst – in Walt Whitmans auf das Ganze zielendem Stil zu „akzeptieren". Lange Zeit blieb mir der Schlüssel zu einem Leitbegriff für mich selbst verborgen; doch im Laufe der Jahre entdeckte ich das magische Zeichen, die thaumaturgische Gebärde schließlich in dem Wort „vergessen". Vielleicht war Walt Whitman wirklich der einzige Mensch auf der Welt, der tatsächlich alles ins Auge fassen und alles akzeptieren konnte. Aber ich war anders. Oder sah ich mehr, als er sah? *War alles schlimmer, als er es wahrnahm*? Das sind Fragen, die kein Mensch beantworten kann! Nur die Nerven der Gequälten kennen die Qual. Nach und nach jedoch fand ich heraus, daß der Schlüssel für mich darin lag, an meine Fähigkeit, zu „vergessen", was ich nicht akzeptieren konnte, zu glauben. So bin ich unter all meiner Energie, meiner Überschwenglichkeit und meinem Pangloss-haften, hartnäckigen Überzeugtsein vom Besten anstatt vom Schlimmsten im Grunde ein Pessimist. Wie kann ich etwas anderes sein, solange es auf der Welt Wesen gibt – menschliche und nichtmenschliche – die so Unerträgliches ertragen müssen? Ich besitze genügend Vorstellungskraft, um – wenn auch nur auf dürftige, indirekte, unzulängliche Weise – zu jenen Kindern der Verdammnis *zu werden*, jenen von der Ersten Ursache „geärgerten" Geringsten, den gelynchten Negern, den Opfern von Krebs, den Tieren in Fallen, den vivisezierten Hunden.

Aber ich bin kein Heiliger. Mein wichtigstes Geschäft ist das recht schwierige, „dem lieben Ich" nichts abgehen zu lassen. Habe ich übrigens schon erzählt, daß eines der Worte, die mein Vater nicht richtig aussprechen konnte, das Wort „schwierig" war? Er sprach es selbst in seinen Predigten stets „schwierg" aus, d. h. er ließ das zweite „i" ganz weg. Aber obwohl ich kein Heiliger bin und obwohl ich auf meine gerissene Weise für meinen eigenen Vorteil kämpfe, lasse ich mich nicht von irgendwelchen Kniffen der Ersten Ursache „bestechen". Ich will nicht behaupten, daß ich nicht *irgendwem oder -was* dankbar dafür wäre – denn Dankbarkeit ist ein starker Impuls in mir –, daß ich nicht das Opfer amerikanischer Polizisten, chinesischer Banditen oder eines Mobs in Alabama, daß ich kein Jude in den Händen von Hitler, kein Hund in den Händen eines Vivisektors und kein Findling in einem unserer altmodischen englischen Armenhäuser bin, aber ich neige dazu, mit dieser Dankbarkeit eher einen speziellen Schutzengel als die Vorsehung zu überhäufen. Gott dafür zu danken, daß Er einen verschont, während Er darin schwelgt, andere zu peinigen, schien mir schon immer ein fragwürdiges Verhalten zu sein.

Ich habe nichts dagegen, im Hinblick auf andere Gefühle „archaisch“ zu sein, wie die Russen sagen, aber wo es um dieses geht, bin ich, so muß ich bekennen, der Modernste der Modernen. Es mag sonderbar erscheinen, daß der Sohn, Neffe und Großneffe eines Geistlichen, zu schweigen vom Vater eines solchen, bzw. eines Priesters, wie *er* lieber genannt werden würde, sich erdreistet, die beiden bedeutendsten Gebote ändern zu wollen. Aber ich kann nicht anders, als mich dieser Anmaßung schuldig zu bekennen. Anstelle von: „Du sollst den Herrn, deinen Gott, lieben“, würde ich setzen: „Du sollst dich zwingen, im Herzen glücklich zu sein.“ Und anstelle von: „Du sollst deinen Nächsten lieben wie dich selbst“, würde ich setzen: „Du sollst zu *allen lebendigen Organismen* barmherzig, mitfühlend und rücksichtsvoll sein.“

Denn was, in Christi Namen, bedeutet die biblische Liebe eigentlich? Das ist mir ein Rätsel! Ich kann D. H. Lawrences „dunkle Götter“ verstehen, die schlicht erotisch Anziehendes und Abstoßendes sind; und ich kann vollkommen die chinesische Ehrerbietung für die Eltern verstehen. Und ich kann Zärtlichkeit, Mitgefühl, Staunen und Ehrfurcht in Gegenwart *jedes* menschlichen Wesens verstehen. Nur dieses ständige „Lieben“-Sollen, das gibt mir zu denken und gefällt mir, ganz offen gesagt, nicht recht. Ich habe in den Augen dieser „Liebe“ dann und wann einen Blick gesehen, bei dem mir sehr unwohl wird. Nietzsche und D. H. Lawrence haben zweifellos recht. Die christliche „Liebe“ hat in der Tat etwas „Sonderbares“. Jedenfalls bedarf sie einer gründlichen heidnischen Analyse. Dostojewski, der sie bis in ihre unauslotbaren Tiefen verstanden hat, war sie selbst nicht ganz geheuer. Und es ist ja nicht so, als hätte ich in meinen Nerven nicht ein teuflisch empfindliches Gewissen. Aber mein Gewissen hat mir *niemals*, in meinem ganzen Leben nicht, befohlen zu „lieben“. Vielleicht ist das ohnehin nicht Aufgabe des Gewissens. Andererseits glaube ich nicht, daß ich *mich selbst* direkt „liebe“, obwohl ich meine Empfänglichkeit für bestimmte Dinge ausbeute, um mir die besonderen Empfindungen zu verschaffen, die mein Wesen verlangt. Nein! Der Charakter, den ich bewundere, regiert sich selbst mit eiserner Faust, ist anderen ein Quell von Zärtlichkeit und Mitgefühl, sucht

Fehler nur bei sich selbst und zwingt sich, den Pfad zum Glück eines jeden Organismus, auf den er trifft, von Hindernissen freizuräumen.

Während ich im Krankenhaus lag, wurde einmal eine Magenpumpe bei mir angewandt. Nie würde ich meine Gefühle vergessen, als man mich zwang, meinen Mund zu öffnen – wie der Mund einer Tragödienlarve, die einen kleinen Vogel imitiert –, dieweil die Schwester mir einen voluminösen Gummischlauch entgegenhielt, mit dessen Ende sie wackelte um anzudeuten, daß es meine Aufgabe sei, ihn zu verschlucken. Was wir Sterblichen alles durchmachen! Dennoch würde ich wohl lieber noch einmal die Magenpumpe über mich ergehen, als mir das zierliche kleine Instrument, das mit einem „K" beginnt, durch den schmalen Gang dessen, was der Dichter den „tierischen Stachel" des Mannes nennt, in die Blase stoßen zu lassen. Diese mechanische Erleichterung war eine meiner schwersten Prüfungen, als ich mich schließlich in New York einer „Gastroenterostomie" unterzog; aber abgesehen davon, daß mir dort ein „Wärter" anstelle einer Schwester meine „Klistiere" verabreichte – eine Feinheit, die sich zweifellos transatlantischer Achtung vor der Weiblichkeit verdankte –, litt ich im Lehrkrankenhaus unter Dr. Erdmann viel weniger als in der Klinik in London.

Bald nach meiner Operation wurde ich in Gesellschaft meines kleinen Sohnes nach Bognor gebracht. Hier genoß ich eine längere Rekonvaleszenz; und Nietzsche hat vollkommen recht damit, daß die Rekonvaleszenz der geläutertste, der sensibelste, der entrückteste Zustand sei, in den die menschliche Persönlichkeit, jedenfalls wenn sie sich nicht „in Liverpool" aufhält, irgend geraten kann. Ich war damals ziemlich schwach und schleppte mich auf einen Stock gestützt dahin; doch ach! was für rare und verfeinerte Empfindungen genoß ich! *Pro tempore* verschwand meine ganze Satyrhaftigkeit. Ich begab mich nur als kränklicher Beschützer eines kleinen Jungen zum Strand hinab. Aber ich pflegte mich so manches Mal allein zu himmlischen Streifzügen in dem merkwürdig flachen Lande davonzumachen, das früher der Meeresgrund war und jenseits dessen man die Turmspitze der Kathedrale von Chichester zu Gesicht bekommen kann. Ich besuchte William Blakes Felpham und umrundete wie ein Wächter das dick mit Stroh gedeckte, nah am Meeresufer stehende Cottage, wo er einige seiner poetischsten Visionen geschaut und wo sein Kampf mit dem arroganten Soldaten ihn in Chichester vor den Richter gebracht hatte. Blake ähnelte Nietzsche insofern, als er wie dieser jeden grotesken Vorfall seines wirklichen Lebens in ein mystisches Symbol für die ganze Richtung seines geistigen Geschicks verwandelte. Das eben ist die Funktion der schöpferischen Phantasie, daß sie noch im groteskesten, demütigendsten, niedrigsten und augenscheinlich trivialsten Ereignis eine Vermählung von Himmel und Hölle entdecken kann.

Aber die Gefühle, die mich überkamen, während ich schwächlich durch die ländliche Umgebung von Bognor schlurfte, waren kostbarer, flüchtiger, universaler als alles, was ich Blakes Cottage abgewann! Sie umschwebten mich, lockten mich, verführten mich, dieweil ich in unserer angenehmen Unterkunft ein Werk las, das feinen, geistvollen Gedanken weniger förderlich ist als jedes Buch, das ich mir vorstellen kann. Es waren nicht meine *Memoiren des Casanova*; die nämlich hatte ich bereits verkauft, und zwar für dreißig Shilling an eben den Inder, der meinen Vortrag über „Religion und Sinnlichkeit" zu unterbinden versucht hatte; und mit dieser, durch den Verkauf stellvertretender Lüsternheit erzielten Summe hatten wir einen Lehnstuhl angeschafft, der eines Abtes würdig war und in dem mein Sohn heute noch sitzt. Nein, es war John Morleys Gladstone-Biographie; und in ihrem Mangel an allem, was den menschlichen Charakter aufregend und die menschliche Geschichte interessant macht, waren diese beiden typischen englischen Staatsmänner, die da gemeinsam im Geschirr hingen, zugleich Höhepunkt und Inbegriff.

Ich hätte mich sicherlich nicht an das Buch und vielleicht nicht einmal an Blakes Cottage erinnert, wenn jene einsamen Krankenspaziergänge um Bognor nicht von einigen der bezaubernsten, von den willkürlichsten Winden herangewehten Ober- und Untertönen erfüllt gewesen wären, die ich jemals erlebt habe.

Ich kann mich in Verbindung mit dem kleinen Badeort einer größeren Anzahl der geheimnisvollsten Gefühle entsinnen, die für mich geradezu das Wesen der Existenz ausmachen, als im Zusammenhang mit jeder anderen mir bekannten Stadt, ausgenommen Weymouth. Dabei waren sie gar nicht sonderlich bemerkenswert, die Feldwege, die Hecken, die Gräben bei Bognor. Sie waren das Gegenteil von bemerkenswert! Aber sie waren mir unvertraut. Das erklärt teilweise, was ich fühlte. Sie glichen den Szenen, die man aus einem Zugfenster erblickt. Sie glichen dem Hintergrund auf jenen Landschaftsbildern, an denen man in einer Galerie mit einem flüchtigen Blick vorübergeht. Ich sah sie für einen Moment, diese Baumstümpfe am Straßenrand, diese grauen Fragmente alter Mauern, diese kleinen Dickichte an Wegkreuzen, diese verfilzten Dornbüsche mit von Kaninchen, Hunden und Kindern ausgehöhlten Kuhlen darunter, die an lange, heiße, träge Sonntagnachmittage und die Abendlieder der Schwarzdrosseln denken lassen. Die meisten dieser Feldwege, dieser Steinhaufen am Wegesrand, dieser Weißdornstümpfe, dieser windgezausten Tamariskensträucher, dieser Komposthaufen neben alten Viehställen, dieser zum Meer hinabführenden Karrenfurchen sah ich nur einmal, denn ich forschte stets in neue Richtungen, aber auch eben diesem Grunde wurden sie für mich in meinem sensibilisierten Zustand mehr als bloß Hecken und Gräben um das Städtchen Bognor!

Nicht daß sie verwandelt worden, nicht daß sie pittoresk oder „malerisch" gewesen wären. Sondern ich sah sie, wie sie ins Bewußtsein von Männern und Frauen ein- und aus ihm herausgetreten waren, die sich ihren Alltagsgeschäften widmeten, die sie sahen, ohen sie zu sehen, während sie ihre Ziele und Wünsche verfolgten. Ich sah sie, wie sie waren – nein! wie sie waren, wenn sie durch das halb bewußte Bewußtsein all dieser menschlichen Geister hindurchgegangen waren. Ich sah sie, wie man die Schnörkel um die illuminierten Lettern alter Breviere sieht. Von „winzigen Partikularien" wurden sie zu „Universalien", ein jedes ein verzaubertes „Gleichnis" oder Symbol jener heimlichen Last unausgesprochenen Wissens, unter der alle unbelebten Dinge, die den Hintergrund unseres Leben darstellen, sich neigen, versteifen oder den Atem anhalten, wenn man sie unversehens überrascht.

Wenn ich auf die einander folgenden Abschnitte meines lang sich hinziehenden Lebens zurückblicke, fällt es mir schwer, den Spiralwindungen seiner verborgenen Kontinuität zu folgen. Eines aber weiß ich: ehe ich Tom Jones' Bekanntschaft machte und von ihm lernte, meine unpersönliche Begierde auf die eintausendundeins kleinen *Begleitlüste* erotischen Verlangens aufzuteilen, machte ich viele trostlose und ziemlich gräßliche Erfahrungen durch. Es gab während meiner Reisen, zumal wenn ich die großen Industriestädte meiner heimatlichen Midlands besuchte, Zeiten, in denen meine Nympholepsie – wenn das der Ausdruck dafür ist – derart ausgehungert war, daß ich auf der Suche nach kleinen, schäbigen Zeitungsläden, deren Schaufenster mitunter aufreizende, wenn nicht pornographische Bilder enthielten, meilenweit durch die erbärmlichsten, schmutzigsten Straßen ging. Diese verzweifelten, lustsiechen Gänge mögen eine gute Ertüchtigung gewesen sein. Sie endeten freilich in vielen scheußlichen Momenten erschöpfter, öder, aschgrauer Enttäuschung. Immerzu bot sich mir das Obszöne, wo ich doch nur einen Tropfen – ach, nur einen winzigen Tropfen – vom Inhalt des mystischen heidnischen Grals wollte!

Ich kann mich gut an ein Erlebnis erinnern, das ich in einer trostlosen Industriestadt hatte, und es hat mich, nun ich mit den Doktrinen des Kommunismus bekannt geworden bin, gereizt, lediglich einen historischen psychologischen Beleg in mir zu sehen, wie ich da gleich einem ruhelosen Dämon durch die erbärmlichen Straßen strich, nicht in der Absicht, die Übel des Kapitalismus abzuschaffen, sondern einzig und allein in der Absicht, in irgendeinem armseligen Schaufenster ein armseliges Bild von langen Mädchenbeinen zu finden. Die fragliche Stadt, nehme ich an, lag in meinen heimatlichen Midlands. Ich hatte irgendein Theater betreten, und zwar in der verzweifelten Hoffnung – ich war immer so jämmerlich hoffnungsvoll – *möglicherweise* auf eine Pantomime zu stoßen, wie ich sie auf der Pier in Brighton gesehen hatte, und vielleicht sogar die Sylphide aller Sylphiden wieder zu erblicken, deren Gliedmaßen ich bis zu meinem Tode vergöttern werde!

Anstelle einer Pantomime jedoch sah ich mich, als ich es mir auf einem vorderen Platz bequem machte, einer unerträglich langweiligen akrobatischen Vorführung konfrontiert. Der steinern regungslose Blick, mit dem ich die einzigen Darsteller des trostlosen Spektakels – einen Mann mittleren Alters und seine Frau – betrachtete, rief einen solchen Anfall beruflicher Empörung in ihrer tüchtig trainierten Brust hervor, daß sie sogar miteinander tuschelten und mich anfunkelten wie ein Paar Assassinen. So tödlich war der Haß, den ich in den beiden bedauernswerten Schaustellern erregte – denn mit Ausnahme von mir waren die vorderen Reihen leer, und es war im ganzen nur eine Handvoll Zuschauer anwesend –, daß der Punkt kam, an dem die Spannung etwas Schreckenerregendes annahm. Ich hatte das Gefühl, als wüchse sich die ganze Sache zu einer monströsen, unwirklichen Evokation meines perversen Verlangens aus, die mich als gräßliches, nach „eklem Erz und giftigem Metall" riechendes Trugbild äffte. Ich hatte das Gefühl, als verlöre ich den Verstand. Ich weiß noch, wie ich benommen, verängstigt, entsetzt, angeekelt, mit zu kalter Schlacke erstarrter Lust hinausstolperte; und wie ich mich zwischen den staubigen, übelriechenden Sitzen hindurchdrängte, um hinauszugelangen, spürte ich, so entsinne ich mich, einen scharfen Stich in der Seite, so scharf, daß ich zuerst glaubte, ich sei von einem unsichtbaren stählernen Instrument gestochen worden! Dem ganzen Vorfall haftet, so wie er mir wiederkehrt, immer etwas wirklich Sonderbares an, etwas, das sich auf dem gefährlichen Grat zwischen Geist und Materie abspielt, wo wir alle unsere Kräfte zusammennehmen müssen, damit uns nicht schwindlig und übel wird.

Der bohrende Stich, den ich spürte, als ich mich zwischen den übelriechenden Sitzen in jenem leeren Theater der Verdammten hindurchdrängte, kam er von einer einzigen gebündelten, konzentrierten, *übernatürlichen* Schwingung von Haß seitens jener beiden Akrobaten? Wenn ja, so wirst du, Leser, zweifellos meinen, daß ich ihn vollauf verdiente! Aber du darfst nicht vergessen, daß ich schon seit Monaten unaufhörlich Vorträge hielt, mich dabei in meinen verrückten Eingebungen förmlich zerfleischte und alle meine freien Stunden damit verbrachte, unablässig durch endlose, trostlose Straßen zu gehen: und als ich ein einziges Mal ein Theater offen fand, offen zu einer Zeit, als ich frei hatte, war es da ein Wunder, daß ich einen steinernen Blick auf die unglücklichen Darsteller richtete?

Aber sei's drum! Du magst recht haben, daß ich für meine eherne Unmenschlichkeit diesen Stich mit einer vergifteten Nadel verdiente. Die Wahrheit ist, daß die empörten Darsteller in ihren silbernen Armreifen und Trikots, deren wilder Fluch den sonderbaren Krampf hervorrief, unter dem ihr steinäugiger Popanz von einem Zuschauer zusammenfuhr, während er sich zwischen den mephitischen Polstern hindurchwand, keine Ahnung davon hatten, daß sie ihren bösen Blick auf jemand richteten, der schon halb verrückt war.

Aber, wirst du zu mir sagen, gab es denn keine Bordelle, in die ich hätte gehen können? Bordelle! Ich hatte nicht die leiseste Vorstellung, wie ich es anstellen sollte, solche Häuser ausfindig zu machen. Tatsächlich habe ich bis auf den heutigen Tag niemals ein Bordell betreten; und es ist wohl ziemlich sicher, daß ich sterben werde, ohne dieses beinahe universelle männliche Privileg kennengelernt zu haben. Aber, wirst du sagen, wie steht es mit Huren, die ihre eigenen Zimmer haben? Hätte ich mich nicht, wie in Brighton oder wie im Falle von Lily, in Manchester, Derby, Coventry, Leeds, Birmingham, Halifax, Sheffield mit einer *dieses* Typs anfreunden und im Zuge meiner Pilgerfahrt für die dithyrambische Kultur periodisch mit ihr zusammentreffen können? Je nun! Ich habe es einmal versucht; und, mein Gott! was war es für ein trostloser Fehlschlag.

Es war in Birmingham, wo ich es versuchte. Ausnahmsweise quartierte ich mich während meines Aufenthaltes in der Stadt nicht in einem Privathaus, sondern in einem Hotel ein, und nach meinem Vortrag durchstreifte ich die Straßen dieser Hochburg Joseph Chamberlains wie eine „stygische Seele", die nach „Überfahrt" ächzt und lallt. Endlich trat das Ereignis, auf das ich gehofft hatte, wirklich ein. Sehr spät in der Nacht wurde ich von einer freundlichen jungen Frau angesprochen. Sie gehörte offensichtlich der allerärmsten Klasse von Straßenmädchen an; aber sie wirkte freundlich, und etwas an ihr beruhigte mich und gefiel mir. Ich hatte seinerzeit noch kein Wort von Dostojewski gelesen, sonst hätte sie mich sofort an Sonja erinnert. Ich wagte es nicht, ihr eine großzügige Summe Geldes zu geben, da ich mich erst am Anfang meiner „Runde" befand; und obwohl ein junger Vortragsreisender zu Zeiten eines Perikles eine solche Ausgabe zweifellos unter dem allgemeinen Rubrum „Bewirtung" seiner „Schule" in Athen hätte in Rechnung stellen können, erschien es mir, zu Beginn des zwanzigsten Jahrhunderts, nicht angezeigt, mich dieserhalb an die Autoritäten von Oxford zu wenden.

Nun, wir feilschten, die junge Frau und ich, in vollkommener Liebenswürdigkeit auf der verlassenen, mitternächtlichen Straße, und sie erklärte sich mit dem einverstanden, was ich ihr zu geben mir leisten konnte. Sie nahm mich mit in ihr Zuhause, das äußerst ärmlich war. Im Zimmer im Erdgeschoß schliefen mehrere Kinder; und am Kamin saß ein Mann, der Vater meiner Sonja, nur nicht so redselig wie jener Erzschurke, und putzte Zaumzeug, das sich in einem großen Haufen, wie für mehr als ein Pferd, auf dem Boden stapelte. Der Bursche begrüßte mich mit einem Nicken, machte eine beiläufige Bemerkung über das Wetter, und ich folgte dem Mädchen über eine schmale Stiege in ein Zimmer im Dachgeschoß. Es gab nur zwei Zimmer dort, und ich wurde in das hintere geführt, bei dem es sich offensichtlich um die Schlafkammer des Mädchens handelte. Das Zimmer war sauber, aber äußerst kalt. Meine Begleiterin schloß die Tür, stellte die flackernde Kerze ab, die sie hielt, und legte sich sofort, ohne ein Wort zu sagen – und es war klar, daß der Mann unten jedes Wort von ihr gehört hätte – und ohne einen Faden ihrer Kleidung abzulegen oder auch nur ihre schmutzigen Schuhe aufzuschnüren, aufs Bett.

Ich hätte, ehe sie dazu kam, einen schwächlichen kleinen Versuch in Richtung einer schüchternen Liebkosung gemacht, und ich hätte mich gern auf den einzigen Stuhl gesetzt, den ich sehen konnte, und sie auf den Schoß genommen; aber ihr automatisches Hinübereilen zum Bett, als wären wir zwei aufgezogene Gliederpuppen, dazu gezwungen, eine Reihe mechanischer Gebärden zu durchlaufen, erfüllte mich mit Schrecken. Waren ihre anderen Freier – und ich wußte nicht, sollte ich hoffen, daß sie nicht sehr zahlreich waren, oder nicht – es gewohnt, dieses Mysterium aller Mysterien, dieses Ritual auf so automatische Weise zu vollziehen?

Das Mädchen auf dem Bett sah mich an, sah dann die flakkernde Kerze an und schloß die Augen. Es folgte ein langes Schweigen, in dessen Verlauf der Mann im Erdgeschoß weiter geduldig sein Zaumzeug gewienert haben muß. Endlich schlug sie die Augen auf, und wir fixierten einander nervös und recht vorwurfsvoll. Unser Schweigen dauerte dabei fort, nicht nur weil der Mann jedes Wort hätte hören, sondern auch weil ein Gespräch die Kinder hätte wecken können. Schließlich rappelte sie sich auf und schüttelte kräftig ihre Röcke. Es war ein äußerst unbehaglicher Moment für mich; und sie, denke ich, war wohl ein wenig verängstigt und zugleich mehr als nur ein bißchen verärgert. Um unserer beiderseitigen Verlegenheit etwas das Peinliche zu nehmen, zog ich hastig den Geldbetrag hervor, auf den wir uns geeinigt hatten.

Dann nahm sie, in fortdauerndem Schweigen, ihre Kerze zur Hand, machte die Zimmertür auf und führte mich nach unten. Ob sie wohl in ihrer *amour propre* tief gekränkt war? Hatte meine perverse Art in ihr die gleiche Empörung hervorgerufen wie in den beiden Akrobaten? Oder war sie am Ende erleichtert, so davongekommen zu sein, und dies ohne einen Penny zu verlieren? Ich habe keine Ahnung! Frauen sind in erotischen Dingen nun einmal sehr konservativ, und ein Mädchen, das auf diese Weise das Familieneinkommen aufbesserte, war zweifellos der Ansicht, daß sie ein Recht darauf hatte, nicht mit psychologischen Feinheiten belästigt zu werden.

„Du hast mich für etwas ganz Bestimmtes bezahlt", würde sie wohl zu mir gesagt haben. „Was soll ich mir weiter Gedanken machen? Du kaufst, und ich verkaufe, aber für dein erbärmliches Geld, das meine Armut akzeptiert, bekommst du von mir keinen Funken Interesse an deinen persönlichen Eigenheiten."

Der Mann im unteren Zimmer wünschte mir eine gute Nacht, ohne den Blick zu heben.

Nach allem, was ich über meine perversen Begierden und ihr trostloses Darben, während ich mich auf meiner wortreichen Mission durch England schleppte, zu verdeutlichen versucht habe, wird man ohne weiteres verstehen, was für eine Oase paradiesischen Glücks „Tom Jones' Mädchen" für mich darstellten. Es war nicht so, daß sie meine Einstellung zu diesen Dingen wirklich geändert hätten. Aber mein unpersönliches Verlangen verteilte sich unter dem Einfluß Toms auf die bezaubernde Empfänglichkeit und das freundliche Verständnis dieser aufrichtigen Mädchen. Nie wieder bin ich auf eine solche Gruppe oder, so könnte ich es fast nennen, „Schicht" weiblichen Potentials gestoßen. Wie kam es, daß sie ausnahmslos *alle* so nett waren? Es lag wohl am Genie von Tom. Er muß alle Wege und Stege von Liverpool nach liebenswürdiger, phantasievoller Weiblichkeit abgegrast haben.

Während meiner Rekonvaleszenz in Bognor wurde ich von allen diesen Obsessionen so frei, wie ich es in meinen idealistischen Jahren im Corpus gewesen war; und wie damals, so erfreute ich mich auch jetzt in meiner Rettung vor meinen sadistischen Gedanken und meiner verrückten Nympholepsie nicht einer „geistigen Liebe zu Gott", sondern eines ruhigen, animistischen Wartens; eines Wartens, während ich zwischen den niedrigen Seedeichen und den weiten, gepflügten Feldern dahintrottete, bis, von unsteten Seelüften leis herangeweht, zuerst ein und dann noch ein immer wieder aussetzendes Raunen von dem verborgenen Geheimnis zu mir drang, jenem Geheimnis, das uns nur flüchtig, schwach und sporadisch erreichen kann; und auch das nur, wenn wir uns von den Sorgen der Welt gelöst haben.

Europa

Meine Geschwüre begannen mich bald wieder zu plagen, wie zuvor verschlimmert von den teuflischen Säuren, deren grausames Wirken mit dem harmlosen Wort „Dyspepsie“ bezeichnet wird.

Es war Louis Wilkinson, der mir schließlich während eines der angenehmen Besuche, die er uns in den Ferien in Montacute abzustatten pflegte, kühner- und wagemutigerweise den Gedanken in den Kopf setzte, meinen Vater um das Geld für eine Italienreise zu bitten. Ich weiß noch, wie ich Louis auf dem Treppenabsatz zwischen dem Kinderzimmer und dem Ankleidezimmer meines Vaters zurückließ und mit wild schlagendem Herzen an die Tür des Arbeitszimmers klopfte. Und ich kann mich noch an die fast nicht zu ertragende Erregung erinnern, mit der ich die Treppe hinaufgestürmt kam, um ihm und Llewelyn mitzuteilen, daß mein Vater sich bereit erklärt hatte, den Betrag bereitzustellen! Keiner von uns hätte es gewagt, auch nur daran zu *denken*, um Geld für eine Italienreise zu bitten, ohne einen besseren Vorwand als eine angegriffene Gesundheit vorbringen zu können; aber der unmittelbare Einfluß von Louis' goldblonder Anmut in Verbindung mit seinem Faible für gefahrvolle Begegnungen war derart, daß ich nicht nur das „Arbeitszimmer“ im Sturm nahm, sondern auch mit meiner erstaunlichen Bitte Gehör fand.

Und so konnte man mich denn in einer Pension in Florenz logieren sehen, in der denkbar besten Begleitung und mit genügend Geld, um mehrere Wochen bleiben zu können. Und welche Wirkung hatte Florenz auf mich? Ich bin zu wenig Reisender, um dergleichen genau beurteilen zu können, aber damals pflegte ich zu sagen, daß es etwas in meinem Wesen gab, das sich dem Leben in Italien leichter anpaßte als dem Leben in Frankreich. Das mag natürlich mit dem Essen zu tun gehabt haben; denn italienisches Essen bekommt mir ganz gewiß erheblich besser als französisches, besser sogar als deutsches Essen. Das spanische Essen warf mich, als ich das ideale Land des „Katholiken" schließlich erreichte, in vernichtenden, dyspeptischen Krämpfen nieder. Doch in Italien genoß ich alles, was ich zu essen bekam. Ich genoß die Ziegenmilch; irgendwie gelang es mir stets, frische Eier und anständigen Tee zu besorgen; und was Spaghetti anging, so ließ sich mein wunder Magen dieses Nationalgericht gefallen und gewöhnte sich daran, als wäre ich ein Einheimischer.

Zudem schien der moralische Einfluß von Florenz auf meine Manien ebenso gut zu sein – wenn man das In-Schlaf-gewiegt-Werden „gut" nennen will –, wie Bognor und, noch früher, Corpus es gewesen waren. Zusammen mit meiner schönen Begleiterin „studierte" ich denn auch tatsächlich höchst gewissenhaft die Gemälde in den Galerien der Palazzi. Für Bildhauerei und Architektur interessierte ich mich weit weniger, ja, um die Wahrheit zu gestehen, so gut wie gar nicht; aber wenn ich mich auf einen von der Sonne erwärmten Stein oder ein Marmorfragment setzte und den Rücken an eine Säule oder einen Portikus lehnte, durchrieselte mich das Gefühl des nach Rosen, nach Knoblauch, nach Weintraubenschalen und Staub riechenden Sonnenscheins wie ein kostbares Labsal, duftend wie Balsam und von der Farbe alten, ausgereiften, goldbraunen Sherrys – denn für mich schien es eine Farbe zu besitzen –, und ließ das ganze menschliche Leben auf mysteriöse Weise *erlöst* erscheinen; ich will nicht sagen, erlöst vom Bösen, aber doch von dem dunklen, morbiden, hyperboreischen Bösen, von dem mein Wesen bedroht war. So wandte sich mein Leben in dem billigen Logis in Florenz der Sonne zu, wandte sich ihr zu wie die klassische Pflanze, von der Milton sprach, die Pflanze Moly, die *freilich nicht auf diesem Boden*, eine goldene Blüte hervorbringen kann.

Das einzige Buch, an dessen Lektüre ich mich aus all den Wochen meines Aufenthalts in Florenz erinnern kann, ist Nietzsches *Ecce Homo*. Hoch in den Hügeln über Settignano lag, wenn mich mein Gedächtnis nicht trügt, der sonnenerwärmte Hang, wo ich mich diesem erhaben-manischen Buch hingab und mir selbst vormachte, daß auch ich dereinst ein Künder von Weltgeheimnissen sein würde. Während ich mit diesen Phantasiegespinsten spielte und spürte, wie sich meine alte Zauberkraft in mir regte, fertigte meine Begleiterin eine grobe Skizze der Silhouette von Florenz aus der Vogelperspektive – vom Duomo, dem Campanile und allem anderen –, deren geschichtliche Formen unter uns in der heißen Nachmittagssonne glühten und waberten.

So stumpf ich auch war, stumpf wie eine sonnentrunkene Eidechse in den Mauerritzen eines Konvents in Fiesole, gegenüber den geistigen und ästhetischen Werten der Architektur, besaß ich doch die Fähigkeit, mit ganzer Seele einzutauchen in den sonnengedörrten Marmor und das Gestein von Florenz, solange ich sie einfach als unbelebte Substanz in der alten Wohnstätte des menschlichen Geistes empfinden und genießen konnte. Ebendiese Fähigkeit, mich von den einfacheren, unbestimmteren, generalisierteren Aspekten eines berühmten Objekts durch und durch elektrisieren zu lassen, hat mir so oft den Vorwurf des Scharlatanismus eingetragen. Es ist ein alter Vorwurf. Ich hatte sogar einen Verwandten, der mich vor meinem Abgang vom College mit diesem Schmähwort belegte. Aber ich hoffe, ich werde immer stolz auf diesen Vorwurf sein!

Scharlatanismus, jedenfalls die Sorte, die ich von diesem anrüchigen Artikel kultiviere, besteht darin, von den großen, allgemeinen, einfachen Aspekten von etwas Erregendem im Leben, in der Natur, in Büchern, in der Geschichte oder der Psychologie derart hingerissen zu sein, daß man sich, *ohne abzuwarten, bis man die Einzelheiten korrekt erfaßt* oder die Passage mittels exakter Wissenschaft verifiziert hat, schlicht auf den eigenen Geschmack, das eigene Vorurteil, die eigene Phantasie und Inspiration verläßt und sich mit seinem ganzen Wesen in das Entzücken daran versenkt, über das zu grübeln, was man sieht und fühlt. Die impulsive Mitteilung der eigenem Gefühle in dieser Sache an andere ist die Gebärde, durch die man sich besagtes Schimpfwort zuzieht. Nach dem Maßstab der Fachleute beurteilt, die eine Reaktion auf etwas Wundervolles und Magisches in Natur oder Kunst nicht einmal zu *spüren* wagen, ohne sämtlicher Belege sicher zu sein und sich zu ihren Referenzen als Adepten und ihren Urkunden als Experten zu beglückwünschen, müßten freilich einige der lichtvollsten Autoren der Welt mit diesem abwertenden Wort etikettiert werden.

Ich bin jedoch – dem Herrn sei Dank! – nicht nur im Hinblick auf *andere* ein „Scharlatan". Meine geheimsten, persönlichsten, intimsten Glücksmomente sind von dieser Art. Das größte literarische Vergnügen, das ich nächst dem Nachdenken und Reden über Dostojewski derzeit genieße, ist wohl der Begeisterungsschauer, den mir die Lektüre von Homer in der Ausgabe der „Loeb Classics", mit dem griechischen Text links, und dem englischen rechts auf der Seite, verschafft. Die „Loeb Classics" sind nachgerade meine Scharlatansbibel. Ich kann mit unglaublichem Vergnügen über zwei Zeilen in jedwedem der vier wundervollen Bände nachbrüten. Persönlich schätze ich Professor A. T. Murrays Übersetzung der Ilias und der Odyssee erheblich höher als die populären von Lang, Butcher, Myers und Leaf. Ich liebe es, mit meiner dürftigen Homer-Gelehrsamkeit das zu tun, was Walt Whitman mit seinen schlichten und einfachen Naturgegenständen vorgemacht hat: Ich verharre beim Ausgangspunkt. Noch bei den kargsten und kürzesten Stellen „verweile ich und lade meine Seele ein".

Nehmen wir beispielsweise die Zeile über Achilles und seine unsterblichen Rosse Xanthos und Balios. Nachdem er Xanthos, dem einen, das ihm zu seiner Verblüffung seinen nahen Tod prophezeit, erklärt hat, er kenne sein Schicksal genau, und nachdem er sein stolzes „Alla kai empes", sein „Trotz alledem" geäußert hat, stürzt er sich ohne ein weiteres Wort ins Getümmel. Dieses Vorwärtsstürzen eines Mannes, der *sein Schicksal kennt*, wird vom Dichter in einer Zeile ausgedrückt, die unsere Nerven gleichsam anzieht und straffspannt, als wären es die von Antomedon, dem Wagenlenker des Helden, ergriffenen Zügel! Bei dem vorwärtsdrängenden Ungestüm der letzten Zeile kann ich mich gar nicht lange genug aufhalten. Ich kenne sie auswendig. Sie hat mir in so mancher Situation Halt gegeben, in der ich selbst eines „Alla kai empes" bedurfte. Und doch – ich kann die Seiten meines Homerlexikons durchstöbern, soviel ich will – gelingt es mir einfach nicht, die Bedeutung der beiden kurzen Worte zu ermitteln – das eine besteht aus einem einzigen, unaspirierten langen „e", das andere aus einem aspirierten „r" und einem „a" –, mit denen diese Zeile, die letzte des neunzehnten Buches, endet!

Was ich meinen „Scharlatanismus" nenne – und hierin liegt das Geheimnis nicht nur aller Inspiration, die ich als Schriftsteller und

Redner besitzen mag, sondern auch meines tiefsten persönlichen Glücks –, ist die Tatsache, daß ich diese Zeile, ohne zu wissen, was zwei Worte darin bedeuten, mir selbst *und anderen* mit genau dem gleichen Begeisterungsschauer vorsprechen kann, als würde ich ihre Bedeutung so vollständig kennen wie ein Philologe von der Gelehrtheit und Gründlichkeit des Autors von *Ecce Homo*! Von dieser meiner Eigenart rührt zweifellos auch die Langsamkeit meiner Entwicklung als Schriftsteller her; denn beim Sprechen kann man seine Beschränktheiten geschickter verstecken als beim Schreiben. Übrigens widerstreitet ja auch gerade meine Gewohnheit, stur mit meinen, so möchte ich sie einmal nennen, „imaginatisierten Empfindungen" den Takt vorzugeben, der Mühe, die es erfordert, diese Gefühle anderen zu vermitteln. So lange mußte ich meinen Stolz, der bei all meiner oberflächlichen Demut bodenlos ist, mit meinem eigenen heimlichen Wissen oder – wenn einem das als zu kühne Prahlerei aufstößt – mit meiner eigenen heimlichen Vorstellung vom Wert und der Tiefe meiner imaginativen Wahrnehmung befriedigen.

Doch wenn ich an jene Wochen in Florenz zurückdenke, und was ich dort alles vom Zauber des Lebens einsog, schäme ich mich zutiefst der albernen Wutanfälle, die ich beim kleinsten Mißgeschick oder Unglück bekam. So empfinde ich beispielsweise bittere Reue, wenn ich mich entsinne, wie wir uns einmal zu einem Theaterbesuch aufmachten und beim Eintreffen an der Kasse feststellten, daß wir in unserer hinterwäldlerischen Vorsicht vergessen hatten, unsere gemeinsame Börse unter dem losen Dielenbrett oder Mattenbelag in unserem Zimmer hervorzuholen, wo wir sie – genau wie mein Vater es getan haben würde – vor Dieben verborgen hatten. Ich weiß noch, daß ich in meiner törichten Verärgerung über meine Begleiterin, die für unseren Schnitzer natürlich ebensowenig verantwortlich war wie ich, die Ungezogenheit besaß, auf dem Rückweg kein Wort von mir zu geben; da plötzlich entlockte der unerwartete Anblick des Campanile von Giotto der Person an meiner Seite einen entzückenden Ausruf. Was Bilder anlangt, so machte nicht Giotto mit seiner frischen, frühlingshaften Anmut, sondern der byzantinischere Cimabue den größeren Eindruck auf mein Gemüt. Wie gut ich mich noch an den Gang zu jener Kirche am Ende einer, so will es mir heute scheinen, langen, staubigen Straße in Richtung des Bahnhofes entsinne, wo die ungeheure, nichtmenschliche, mandeläugige Erscheinung aus dem Zeitalter der Ikonen aus der ewigen Bewegungslosigkeit ihres heiligen Nicht-Seins hervor in die flüchtige Wirrsal unseres unheiligen Seins starrt.

Irgendwo an der Straße, die zu dieser Santa Maria vom Verewigten Sinnbild führte, pflegten wir jeden Nachmittag unseren Tee trinken zu gehen. Auf mein Betreiben nahm meine heroische Begleiterin an diesen bescheidenen Rückzugsort – denn ich kann versichern, daß es kein „Kardomah Café" war – eine Flasche der unter dem Namen „Sanatogen" bekannten, heilsamen Stärkung mit; und ich kann mich noch lebhaft der sinnlichen Befriedigung erinnern, mit der ich, meinen falkenschnäbligen „Katzenkopf" wie eine ägyptische Gottheit an die mit Fresken bemalte Wand der billigsten Teestube von Florenz gelehnt, von diesem Getränk nippte und dazu, genauso wie ich es mir von der Vogeltier-Gottheit vorstellen kann, spezielle köstliche kleine Brötchen, die das Lokal anbot, eines nach dem anderen verschlang. Eines Tages, als wir in jener dunklen Zufluchtsstätte saßen und zusahen, wie sich die goldene Atmosphäre draußen gleich einem veritablen Danea-Regen auf dem welken Oleander und den staubigen Lorbeer legte, versetzte meine Begleiterin meiner Selbstversunkenheit einen leichten Schock, indem sie mich am Ellbogen anstieß und auf einen jungen Verrückten aufmerksam machte, der an einem der Nachbartische saß. In der Folge sprachen wir von dieser verblüffenden Gestalt nur noch als von dem „Dostojewski-Mann". Ob er tatsächlich geisteskrank war, bekamen wir nie heraus; aber wie er da mit ungeheurem Ernst mit sich selbst Dame spielte, sich dann und wann verstohlen umblickte und irgendeine wilde Verwünschung murmelte, schien er eine seelische Aura in den Raum hineinzutragen, die Italien noch fremder war als die unsere. So wie uns fehlte es auch ihm an der unbeschreiblichen Gesundheit sonnenverbrannten klassischen Blutes, einer Gesundheit, die zwar ganz offensichtlich aufgrund von Knoblauch und Spaghetti blüht, aber dennoch das Gefühl hervorruft, sie beziehe ihre Kraft aus dem Kontakt mit heißem, staubigen Marmor und von Sonnenschein durchdrungenem, zerbröckelndem Mauerwerk.

Ich habe vergessen, wie viele Wochen wir in Florenz blieben; lange genug jedenfalls, daß ich mich danach sehnte, selbst den Uffizien und dem Pitti zu entkommen und aufs „Land“ hinaus zu fliehen! Dies versuchten wir denn auch. Aber da die Abneigung, nein! der bösartige Haß meines Vaters gegen Straßenbahnen und Busse uns noch in diesem fernen Land beeinflußte, machten wir uns zu Fuß auf. Und Elend, nichts anderes als verzweifeltes Elend, war unser Lohn. Denn anstatt uns kühn in die Hügel über der Stadt hinaufzukämpfen, fiel uns nichts Besseres ein, als eine Straße in die flache toskanische Ebene einzuschlagen; und dieser Straße folgten wir, bis uns die Erschöpfung überwältigte. Nie habe ich so viele Weinberge gesehen – alle unzugänglich! Nie habe ich so schöne Gärten gesehen – alle mit undurchdringlichen Zäunen befestigt! Nie haben die Ausdünstungen menschlicher Exkremente ein so freundliches Ambiente gefunden wie zwischen jenen nicht enden wollenden Mauern. Im Falle meiner Begleiterin war die Folge dieser „Landpartie“ eine Art miasmatisches Fieber, während ich selbst wie immer, wenn ich mich auf dem Kontinent aufhielt, Opfer der scheußlichsten Konstipation wurde. Ach, die grausamen Beschwerden dieses übelsten und, wenn man es realistisch betrachtet, absolut widerwärtigen Leidens! In Venedig wurde es noch schlimmer. Ich schrieb es den herben Weinen zu, von denen ich in Übereinstimmung mit Mr. Ford Madox Ford den *weißen* besonders mißtraue.

Doch wenn man mich fragte, was ich im Hinblick auf die Vertiefung meiner Identität oder den Erwerb listiger Schläue in meinem Ringen mit dem Leben aus Florenz mitnahm, so würde ich sagen: „Eine bestimmte Art, die tatsächliche Substanz wetterfleckigen Marmors und Gesteins in mich aufzunehmen, und eine bestimmte Art, den nach Sonne duftenden Straßenstaub auf den Stufen alter Kirchen, alter Klöster, alter Brücken in mich aufzunehmen, so daß ich den zeitlosen Trost reichen Altertums spüren konnte, ohne mir über die Spitzfindigkeiten ästhetischer Distinktionen den Kopf zu zerbrechen oder über die Exaktheit historischer Schlußfolgerungen das Gehirn zermartern zu müssen.“

Um die Wahrheit zu sagen, hatte ich auch außerordentliches Glück mit meiner Begleiterin, die in ihrer Kunst eine schnelle Arbeiterin war, so daß es, als wir schließlich an die Adria weiterreisten, nicht zu stundenlangen, nervösen Überarbeitungen unvollendeter Skizzen kam, sondern sie sich kühn daran machte, das Schauspiel Venedigs einzufangen. Aber wir waren beide geradezu rührend hinterwäldlersich und einfältig in unserer geduldigen Folgsamkeit gegenüber dem, was in den Büchern stand – nicht nur im Baedeker, sondern auch bei den eher literarischen Autoritäten.

Fatal büchergläubig war ich in jenen Tagen, was die Kunst anging. Ich konnte alten Gebäuden, zumal, wenn ich so sagen darf, ganz bestimmten Materialien im Gefüge dieser Gebäude, ein herrliches Wohlgefühl abgewinnen, solange ich im Freien bleib; doch kaum betrat ich eines dieser historischen Bauwerke, erschwerten mir, obwohl mich an kritikloser Hingebung auch der am wenigsten sitwellsche Tourist unmöglich hätte übertreffen können, meine literarischen Vorlieben den Versuch herauszufinden, was ich eigentlich wirklich und wahrhaftig empfand. Was ich genoß oder zu genießen versuchte, war jeweils die literarische Atmosphäre, die meine Lieblingsautoren über etwas gebreitet hatten. Und das funktionierte negativ wie positiv. Weil ich Ruskins damals gerade überdrüssig wurde, zwang ich mich, den von ihm bewunderten Tintoretto nicht zu mögen. Weil ich damals gerade D'Annunzio las, suchte ich überall nach Exemplaren des Werkes von Paolo Veronese. Und schließlich durchzog vermöge des unvergleichlichen Essays von Walter Pater das Genie Giorgiones wie das Geräusch von Wasser auf Marmorstufen meine sämtlichen Reaktionen auf die Palastportale und opalisierenden Treppenfluchten, wenn der Himmel sich erhellte oder verdunkelte und die Kanäle grün und blau und schwarz wurden.

Unsere begrenzten Mittel machten es erforderlich, mit jedem Penny unseres Kapitals hauszuhalten. Mit Hilfe eines Kellners, mit dem wir uns anfreundeten, machten wir ein sehr bescheidenes Quartier ausfindig, aber unser Zimmer ging auf einen kleinen Kanal hinaus, und ich erinnere mich noch an die reichen Farben eines Bildes, das meine Begleiterin von einer Gondel unmittelbar unter unserem Fenster malte, die in der heißen Mittagssonne unter einer hoch aufgehäuften Ladung Obst glühte.

Entgegen üblicher menschlicher Erfahrung hatte der Stich über dem Bett in Northwold, wo Littleton und ich zu schlafen pflegten, jener Stich, den wir, während wir über unsere Heldentaten beim

Angeln redeten, zum Schaukeln brachten, bis er Löcher in die Decke schlug, nicht annähernd das Wunder der Märchenpaläste ahnen lassen, die nun „gleich Dünsten" aus dem plätschernden Wasser um mich her aufstiegen. Doch die ganze Zeit bildete sich zwischen meinen wirklich scharfen, unverstellten, unzweideutigen Eindrücken von diesem einzigartigen Ort, diesem Ort, der allein von allen irdischen Orten der Vision entspricht, welche der Verwirklichung vorausgeht, immer und immer wieder neu die reich gesättigte Atmosphäre der Wortschöpfer, die von den Papierbekritzlern erzeugte Atmosphäre, wie die gelb angehauchten, treibenden Wolkendämpfe, die sich zwischen den Mond und die ihn betrachtenden Augen schieben.

Für mich allerdings ist Venedig immer viel eher das Venedig des äquivoken Henry James als das des sinnenlustigen Byron gewesen. Es ist eine Schande – aber es war nun einmal so –, daß mein erbärmlicher körperlicher Zustand in jenen kostbaren Wochen einen tieferen Eindruck auf mein Gemüt machte als die blaßroten Füße der Tauben von San Marco oder die Tische des gastlichen Cafés, an dem sämtliche Müßiggänger Europas vorbeischlendern. Und wenn San Marco vor mir flimmerte wie ein von den Kindern des Nereus aus den schillernden Halblichtern der wechselvollen See errichteter Tempel – vergeblich! Vergeblich! Meine Gedanken drehten sich, da kein Geschäft Abhilfe schaffen konnte, fortwährend um das Problem, ob ich es wagen sollte, einzig der Wohltat eines Klistiers wegen um Aufnahme in ein Krankenhaus nachzusuchen.

Unsere Geldmittel wären schon lange davor zu Ende gegangen und wir wären zur Rückkehr gezwungen gewesen, wenn uns nicht Llewelyn, der damals gerade Littleton aushalf, welcher mittlerweile als Direktor der Prep. von Sherborne in Mr. Blakes Fußstapfen getreten war, Geld geschickt hätte, um unseren weiteren Aufenthalt zu sichern. Es war dies freilich, wie sich herausstellte, auf einige Jahre die letzte Summe Geldes, die Llewelyn vergeuden konnte. Denn als wir auf dem Rückweg schließlich in Paris eintrafen, erfuhren wir, daß er von Tuberkulose befallen worden war und in einem der kleinen Häuser zwischen dem Kricket- und dem Rugbyfeld, eben dort, wo uns die traurige kleine Gestalt von Theodore zu erwarten pflegte, wenn wir von Wildman's House den Hügel heraufgeeilt kamen, krank zu Bett lag.

Es ist mir noch heute als ungewöhnlich schlagendes Beispiel für den völligen Mangel an Maß, Zurückhaltung, Takt, Ausgeglichenheit, Anstand und Würde erinnerlich, den mein Gemüt zuweilen erkennen ließ, daß ich, nachdem ich Llewelyn in Richmond Villa besucht und vereinbart hatte, ihn in die Schweiz zu begleiten, sobald er reisen konnte, in dem vertrauten Postamt von Yeovil einen Kartenbrief an ihn aufgab – jetzt rieche ich wieder den eigenartigen Geruch des Raumes, während ich die Ränder des blaßblauen Sendschreibens anfeuchtete, das sein eigener Umschlag war –, in dem ich folgende Zeilen aus Marlowes *Faustus* zitierte:

„Siehe, wo Christi Blut am Himmel strömt!"

Llewelyns Blutungen waren zum Stillstand gekommen, ehe ich ihn sah; und sein schamlos heidnischer Humor war unbeeinträchtigt; es war jedoch eine meiner Eigenschaften, daß ich die innigen Gefühle für die Männer und Frauen, die ich am liebsten mochte, mit irgendeiner starken dramatischen Passage oder einer großartigen historischen Gebärde verknüpfte. Auf diese merkwürdige Weise verdoppelte sich meine Ergriffenheit. Es war, als wäre ich so unmenschlich, daß mir die Tränen nur dann in die Augen stiegen – und weiter flossen sie nie, außer infolge der Freundlichkeit oder Grausamkeit einer Frau –, wenn sich ein tragischer Aspekt im Leben eines Freundes mit dem Tode Caesars, Sokrates' oder Christi oder die stolze Majestät seines Duldens mit Napoleon auf St. Helena, mit William Blake in Felpham oder mit Swift in Dublin in Verbindung bringen ließ. Tatsächlich ist meine gefühlsbetonte Reaktion auf das Poetische und Dramatische in der menschlichen Geschichte so tief und heftig, daß ich im zwanglosen Gespräch nur eine flüchtige Verallgemeinerung über die homerischen Griechen, die Spanier, die Russen oder die alten Weiber anstellen muß, und siehe da! schon sammeln sich Tränen der Erregung in meinen Augen. Das gleiche gilt, wenn ich bestimmte einzelne, magische Gedichtzeilen rezitiere oder kommentiere. Sonderbar aber, daß *mehr* als eine einzelne, in einem Zuge konsumierte Zeile mich schon nicht mehr zu Tränen rühren kann. Es *muß* jener unbeschreibliche Anflug von Genie sein, dem naturgemäß keine Dauer beschieden ist. Jedenfalls liegt in der Zeile „Siehe, wo Christi Blut am Himmel strömt!", die ich in meiner kühnsten und ungestümsten Handschrift auf die Innenseite des kleinen, blauen Blattes schrieb, von dessen Verschließen mit Speichel mir die Fingerspitzen kribbelten, eine außerordentliche dramatische Kraft und auch Schönheit.

Bestimmt fragten sich der Junge vom Zahnarzt meines Vaters und das Mädchen vom Kassenschalter seiner Bank, die in diesem Moment eintraten, um Telegramme an ihre Klientel aufzugeben, und sich mit den scharfen Bleistiften am Ende langer Kordeln mühten, die der Postmeister von Yeovil bereithält, warum der hakennasige, rotgesichtige Mann, der sich da so akribisch die Finger leckte und die Ränder seines Kartenbriefs so gründlich festklopfte, ins Leere starrte, als sähe er „mehr Teufel, als die weite Hölle faßt".

Aber Llewelyn machten meine ausladenden, grandiosen, unpräzisen Gebärden nie etwas aus. „John in seiner translunarischen Stimmung", oder „John in seiner planetarischen Stimmung", pflegte er sich zu sagen und mich in seinem Hang zur Heldenverehrung weiter zu bewundern; dabei war es nur „Sawney John", der Narr des Königs, bei seinen gewohnten Possen, der sich mit dem Klingeln seines eigenen Goldes entlohnte und sich vom Duft seiner eigenen Gans ernährte.

Aber was für eine Reise wurde es, als ich schließlich mit Llewelyn aufbrach! Wegen des schlechten Wetters blieben wir eine Nacht in Newhaven, und ich weiß noch, daß wir zuerst nach Paris fuhren. Von Paris nahmen wir einen Zug, der durch Laon kam; und in dieser romantischen Märchenstadt, denn so erschien sie unseren fiebrigen Augen, verbrachten wir eine der merkwürdigsten Nächte meines Lebens. Llewelyn konnte gehen, aber er ging gebeugt, vornübergekrümmt wie ein äußerst betagter Mann, und beim Gehen krampfte er die Finger genau über dem Herzen in den Brustteil seiner Weste. Dies tat er so ausdauernd, daß seine Weste nach und nach Ähnlichkeit mit einem jener zerlumpten Feldzeichen annahm, die von Kirchendächern hängen. Doch seine Leidenschaft für das Reisen, für Erlebnisse, für die Abenteuerlichkeiten des Biwakierens war so unersättlich und mein Vergnügen am Zusammensein mit ihm so ausgelassen – war doch alles, worauf wir trafen, Wasser auf seine Mühle –, daß keiner von uns der Versuchung widerstehen konnte, in das Herz von Laons Geheimnis zu dringen.

Der Gasthof, in dem wir absteigen, war überaus romantisch und erfüllte mich mit Erinnerungen an Sir Walter Scotts Romane, zumal das Zimmer, das man uns gab, einen alten Kamin hatte, in dem ein riesiges Holzfeuer brannte. Hier wurde uns auf Verlangen des jüngeren „Monsieur" eine Flasche einheimischen Weins kredenzt, und nachdem wir sie getrunken hatte, wanderten wir, Llewelyn tief, fast so tief gebeugt wie seinerzeit der alte Curme und unablässig die fatale Stelle in seiner Weste umkrampfend, durch schmale, kopfsteingepflasterte Straßen, bis wir bei der Kathedrale anlangten.

Am nächsten Tag fuhren wir weiter, und wenn ich auch kein Loch in unser Abteilfenster schlug, um Luft hereinzulassen, so war ich doch nahe daran, ehe wir Basel erreichten. Hier unterbrachen wir unsere Reise ein weiteres Mal, und ich erinnere mich gut, wie ich in meinen Gedanken daran, daß dies der Ort war, wo Nietzsche Griechisch gelehrt hatte, soviel Gleichgültigkeit gegen ein Mißgeschick bekundete, das Llewelyn mit einem seiner Zähne zustieß – er verlor ihn, als wir auf den Fluß starrten –, daß wir einen ziemlich wütenden Streit hatten. Endlich aber trafen wir in der kleinen Schweizer Stadt Clavadel, unweit von Davos-Platz ein; und Llewelyn wurde zu Bett gebracht. Seine Heilung erwies sich als langwierig und heikel, wobei der schwerste Rückschlag infolge einer unsinnigen Wanderung eintrat, die er über irgendeinen berühmten Bergpaß unternahm – denn sein Schutzengel hatte schon immer alle Hände voll zu tun, um ihn vor dem Ausgang solcher Unterfangen zu bewahren.

Aber ich fuhr ihn noch einmal besuchen, ehe er von dort wegging, und in meinem eigenen heimlichen Leben war dieser zweite Besuch in den Schweizer Bergen hoch bedeutsam. Mein Kopf war vom hyperboreischen Hauch der Ideen Nietzsches ebenso voll, wie die „schneidende und strenge Luft" voller Frost war. Ich war mit meiner unveröffentlichten Keats-Biographie beschäftigt; und ich erinnere mich gut an mein Hochgefühl, als ich durch den glitzernden Schnee unter den dunklen Fichten stapfte und meinen Geist mit der Vorstellung tändeln ließ, es sei mir bestimmt, der Welt dereinst eine Philosophie zu schenken, ebenso aufsehenerregend und neu wie die des Autors von *Ecce Homo*.

Wie gut ich mich noch meiner Ankunft in Clavadel bei dieser Gelegenheit entsinne! Ich hatte auf der Durchreise in Paris Station gemacht und meinen schlimmsten Phantasien – nicht den sylphidischen, sondern *den anderen* – mit der Lektüre gewisser unsäglicher Bücher Nahrung gegeben. Wie ich feststellen mußte, schwirrte Llewelyn der zerfurchte Kopf von seinen, wie er es auf seine ernste und doch heitere Art nannte, „gesellschaftlichen Verpflichtungen". Damit schien er in der Tat hier oben überreichlich eingedeckt; denn nach dem, was er mir erzählte, waren die Angelegenheiten des Herzens, oder besser gesagt, der angegriffenen Nerven dieser schwergeprüften Menschen schlichtweg erstaunlich. So habe sich einer erst kürzlich „aus Liebe" die Kugel gegeben; da sich aber aufgrund der Krankheit, an der er litt, *sein Herz verschoben* habe, befinde er sich mittlerweile auf dem Wege der Erholung von den Folgen seiner kindischen Geste. Ich mußte mich, kaum angekommen, dem Zwang beugen, Gesellschaftskleidung anzulegen, aber damit noch nicht genug; denn unser junger Herr mußte seinen verwirrten älteren Bruder unbedingt mit eigener Hand zu einer Erscheinung zurechtstriegeln, -kämmen und -bürsten, wie sie einem „Verwandten von zu Hause" geziemte. Alles war auf verblüffende Weise wie in Thomas Manns *Zauberberg*; aber noch heute sehe ich den beschämten und angewiderten Ausdruck vor mir, mit dem Llewelyn mir eines meiner abscheulichen Bücher entriß und es in einen Gebirgsbach schleuderte.

In dieser Phase meines Lebens – der Leser muß mir mein erbärmliches Gedächtnis für präzise Daten verzeihen – wurde ich in meiner Eigenschaft als Vortragsreisender des Volkshochschulprogramms von Oxford eingeladen, in Dresden eine Vortragsreihe zur englischen und amerikanischen Literatur zu halten. Nie werde ich meine ausgedehnten Besuche, denn ich war mehrmals dort, in der wunderschönen, barocken Hauptstadt von Sachsen vergessen. Auch hier sann ich über meine Keats-Biographie nach, deren Unterströmungen mir Tom Jones geliefert hatte, aber ich wurde hier auch von einem verdammungswürdigen Wiederaufflammen meines schlimmsten Lasters gequält. Tatsächlich schienen sich in meiner Dresden-Erfahrung sämtliche widerstreitenden Elemente meines turbulenten inneren Wesens aus den Tiefen zu erheben und um die Vorherrschaft zu kämpfen.

In meiner romantischen Art verwarf ich als erstes die naheliegende *English Pension* und landete in einem unheimlichen Zimmer, das auf die Wipfel rot blühender Kastanien in der Altstadt hinuntersah. Meine Hauswirtin ähnelte der Hexe vom Brocken im *Faust*. Auf ihrem Kamin hätten Störche nisten können, und in dem Raum, in dem ich schlief, hing ein Geruch nach etwas, das auf abstoßende Weise an die Sterblichkeit selbst gemahnte. Dieser Geruch war wirklich etwas Ehrfurchtgebietendes. Er stieg von den Dielen auf. Es war, als müßte ich mich jeden Abend nicht nur in ein Mausoleum, sondern in die gräßliche Umarmung der Zersetzung zurückziehen, an die zu denken die kleine Julia im Schauspiel so entsetzt. Überdies war es unmöglich, jene Räumlichkeit des Hauses zu erreichen, der amerikanische Kultiviertheit die Bezeichnung „Toilette" verliehen hat, ohne an einem argwöhnischen und äußerst griesgrämigen Hund vorbeizukommen, einem Hund von schmächtigen Proportionen, aber ausgeprägt anglophoben Ansichten, der jedesmal, wenn ich mich behutsam den Flur entlangstahl, in ungeheure Erregung geriet. Dieses häusliche Hindernis war, wie sich vermuten läßt, der normalen Funktion meiner Eingeweide nicht gerade förderlich, und es stellte sich bald heraus, daß mein Leben in Deutschland in diesem intimen Sinne nicht leichter war als mein Leben in Italien. Woche auf Woche vergällte mir die verfluchte Konstipation mein Dasein. Nachdem ich mir schließlich eine Blechwanne geliehen und mir dadurch ein wenig äußere Labsal verschafft hatte, so daß ich vor den Königlichen Hoheiten, die sich meine Vorträge anhörten, zumindest äußerlich rein erscheinen konnte, opferte ich meinen Idealismus und flüchtete in die *English Pension*, wohin ich schon von Anfang an hätte gehen sollen.

Aber die erwähnte Kammer, die auf die blühenden Kastanien hinausging und nach Totengebein roch, leistete mir gute Dienste als satanische Freistatt, in deren Abgeschiedenheit ich die fürchterlichen Bücher verschlingen konnte, die ich nach wie vor voller Scham zu kaufen fortfuhr. Mein großes Problem lag darin, die erbärmlichen Machwerke loszuwerden, nachdem ich sie förmlich durchrast hatte, was ich stets mit klopfendem Herzen, fliegenden Pulsen und zitternden Knien tat. Einmal ließ ich, als wäre ich ein monströser stygischer Vogel gewesen, dessen Ausscheidungen in Höllenliteratur bestehen, einen Stapel davon in einem öffentlichen Abort zurück. Ein andermal eilte ich meilenweit am anderen Ufer der erhabenen Elbe entlang, in die ich am Ende einen ganz bestimmten Band schleuderte, den ich für meinen Geschmack als zu obszön befunden hatte. Denn du darfst nicht vergessen, Leser, daß ich auch bei meinem schlimmsten Laster meine Wählerischkeit beibehielt. Nur die geläutertsten und verfeinertsten Anspielungen auf das Sexuelle konnte ich aushalten, und beim kleinsten Hinweis auf normale sexuelle Funktionen drehte sich mir der Magen um. Grausamkeit und Blut konnte ich nicht einen Moment ertragen. Allein die *Idee* des Sadismus erregte mich, eine Idee, die wie die zarten Hitzewellen, die man zuweilen über einem Feld beobachtet, etwas Flirrendes, Flimmerndes, Schwebendes haben mußte. Ich war das genaue Gegenteil des Typus, für den ich einmal die Bezeichnung „menschlicher Panther" gehört habe. Ja, mitten in dem Strom und Sturm meiner zitternden Verruchtheit konnte ich – so seltsam es klingen mag – ein Buch nur dann wirklich genießen, wenn es „gut ausging".

Ich erinnere mich, wie ich einmal im Rosengarten in Northwold mit dem Lilienteich in der Mitte – wo ich Littleton, wenn er im „großen" Teich im Gebüsch angelte, immerzu anrufen mußte, um den beruhigenden Klang seiner antwortenden Stimme zu hören, denn mich erschreckte der Gedanke, *jählings auf ihn zu stoßen* – einen Frosch fing und daran dachte, ihn gemäß dem Rat des kaltblütigen Schurken Isaac Walton als Angelköder zu verwenden; man glaube ja nicht, ich hätte es über mich gebracht, einen Haken in ihn zu stoßen. *Jamais de la vie!* Wie gesagt, Sadismus *praktiziert* habe ich zeit meines Lebens nur etwa dreimal; an den Würmern in der Gartenlaube in Northwold, an den frisch geschlüpften kleinen Vögeln in dem Steinbruch bei Sherborne – und bei *diesem* Vorfall bin ich mir gar nicht einmal sicher – und an den Käfern, die ich in Rothesay House mit kochendheißem Wasser tötete. Nie war ein zerebrales Laster so anspruchsvoll, so exklusiv, in seinem Umfang so eingeschränkt wie meines. Die geringste Annäherung an normales Sexualverhalten erstickte mein Verlangen wie ein Eisblock, ließ es erfrieren, wie das kalte Wasser, das mein Kindermädchen über mich goß, wenn ich ihr in meiner Unschuld von meinen Gefühlen zu erzählen versuchte. Die Zeiten aber, die ich in jenen beiden aufeinanderfolgenden Jahren in Deutschland verbrachte, waren in jeder Hinsicht kritisch-entscheidende Phasen für mich.

Meine sämtlichen ureigensten Gefühle wirbelten in jenen Monaten an die Oberfläche und rangen dort miteinander um die Vorherrschaft.

Ich erinnere mich, daß ich an Louis Wilkinson, der sich damals gerade wie ein großer Theoderich der Ostgote in Sorrent zwischen Sonne und See aalte und wärmte, schrieb, wie meine Phantasie von den wuchtigen Burgen, den Höhen des Brocken, den Märchenwäldern des hyperboreischen Nordens viel tiefer befriedigt werde als von seinen sämtlichen Oliven, Zitronen, Marmorbildwerken und Rosen des Süden.

Einer meiner Shirley-Vettern, der mir ebenso teuer war wie Ralph und wie dieser stets „an Vetter Jack glaubte", tauchte urplötzlich in Dresden auf und entführte mich, wenngleich vom Spektakel meiner flammenden Reden vor Prinz Johann Georg köstlich amüsiert, auf einen Urlaub nach Weimar. Wohl niemals wurde Goethe von einem introvertierten Kelten solche Anbetung zuteil, wie ich sie ihm damals entgegenbrachte; und durch Vermittlung meines Vetters wurde ich sogar von Frau Foster Nietzsche zum Tee in Nietzsches Haus eingeladen. Man stelle sich vor, was ich empfand, als die aufopferungsvolle Dame mir die Bücher des großen Toten zeigte, seine Ausgaben jener von ihm so grotesk überschätzten „echten Lateiner", der de Maupassant, Merimée, und wie sie alle heißen! Es gab, wie ich mich erinnere, unter diesen Büchern auch einen ganz bestimmten modernen französischen Idealisten, einen Autor, von dem ich noch nie gehört hatte; doch gegen irgendeine seiner wortgewaltigen Passagen zum Lobe des „resoluten Strebens nach der höheren Wahrheit" hatte Nietzsche mit Bleistift mehrfach das Wort „vergeblich" an den Rand geschrieben.

Die sächsischen Professoren, deren Aufgabe es war, die Vorträge zu organisieren, waren die denkbar charmantesten Gelehrten. Sie bewirteten mich in ihren eigenen Häusern mit köstlicher Biersuppe; sie veranstalteten mit mir endlose Ausflüge in die Berge, einmal sogar bis an die böhmische Grenze, von wo ich stolz Postkarten mit den kaiserlich-österreichischen Briefmarken heim nach Montacute schickte. Sie gingen mit mir in die Oper, zu einer Aufführung von *Carmen*, und ins Theater, wo eine Shakespeare-Truppe den Spielplan passend zu meinen Vorträgen gestaltete; vor meiner Abreise schließlich durfte ich mir in den großen Ausstellungshallen der Meißner Porzellanmanufaktur das Stück aussuchen, das mir am besten gefiel! Ich entschied mich für einen unglaublich schönen Tafelaufsatz, bestehend aus zwanzig Schäfern und Schäferinnen und etwa drei Fuß hoch. Ich werde nie den Stolz vergessen, mit dem ich auf dem kleinen Rasen von Burpham dieses königliche Geschenk auspackte, dessen Kiste außen die gekreuzten Schwerter des Meißner Porzellans zeigte und innen mit den weichsten Holzwollbüscheln zum Schutze der zarten Figurinen gefüllt war.

Ich hatte es niemals eilig, aus Deutschland abzureisen, wenn meine Vorträge gehalten waren, denn ich stellte fest, daß ich mit Deutschen glänzend auskam, wohin ich auch ging. Ich wanderte durch die Ausläufer des Schwarzwaldes. Ich fuhr nach Heidelberg. Ich hielt mich in Nürnberg auf. Ich besuchte einen Freund in Mannheim. Doch man glaube ja nicht, ich wäre mir, während ich diese klangvollen Namen herunterrassle, nicht eines Schwarms halb vergessener, am Wege liegender „eidola" deutschen Landlebens bewußt, die mir weit kostbarer und der Sache sehr viel *wesensgemäßer* sind als irgendwelche Madonnen aus Holz oder Felsenburgen am Rhein. Ja, unter den anderen beherrschenden Leidenschaften meines Wesens, welche die okkulte und mystische Sympathie in mir wachrief, die ich für dieses Land empfand, wurde meine größte Manie – die einzige, die meiner „Sylpholepsie" und meinem verfeinerten Sadismus gleichkommt –, über schmale Straßen und verlassene Viehtriebe zu wandern, vorbei an Scheunen und Schuppen, Wind- und Wassermühlen, vorbei an Kirchhöfen und alten Gasthäusern, über verwitterte Brücken, am Rande alter Kanäle, durch die Parks alter Stammsitze und an Seeufern entlang, Waldpfade zwischen farnbewachsenen Felsen hinauf und über weiche Tannennadelflächen, an den Säumen schilfiger Moore und der staubigen Peripherie von Marktstädten vorüber, wurde meine Manie, sage ich, in solchen Szenerien zu wandern, Szenerien, die von neuem taufrisch auf mich eindringen, wenn ich heute an sie denke, und die ich wahrscheinlich nie wiedersehen werde, in Deutschland befriedigt wie selten irgend woanders auf der Welt. Oftmals seither „verdankt' ich ihnen in erschöpften Stunden im Gelärm' der Städte Gefühle süß, die ich im Blute spürte und am

Herzen, ja die ----", aber da du, Leser, weder Tom Jones noch eines von „Tom Jones' Mädchen" bist, möchte ich nicht weiterzitieren.

Nach einer jener spirituellen und zerebralen Ausschweifungen in diesem Land, das eine so mystische Anziehungskraft auf mich ausübte, stellte ich bei der Rückkehr nach Burpham fest, daß im Drange häuslicher Reinigungen, wie Mr. Micawber es formulieren könnte, oder anders gesagt, beim „Frühjahrsputz" eine originalgetreue Gipskopie der Venus von Milo und eine Büste des Apoll von Belvedere in voller Größe, Gegenstände, die ich in meinem verrückten Idealismus seit den ersten Tagen in Court House in Ehren gehalten hatte, die jedoch in immer schlimmer werdender Hinfälligkeit vom Arbeitszimmer in den Geräteschuppen, und vom Geräteschuppen in den Holzschuppen abgestiegen und in dem Maße, *wie mein künstlerischer Geschmack sich hob*, stetig dahingeschwunden waren, bis sie schließlich vollends zerbröckelten, vom Müllfuhrmann fortgeschafft worden waren. Dieser Vorfall wäre ein größerer Schock für mich gewesen, als er es tatsächlich war, wenn ich seinerzeit nicht mit einer jener fiebernden Obsessionen, die ich als meine „teuflischen Stimmungen" zu bezeichnen mir angewöhnt hatte, im Kampf gelegen hätte; aber er machte mir auch so nicht wenig zu schaffen. Ich bin mehr oder, wenn man so will, Schlimmeres als ein Gefühlsmensch, was das Unbelebte anlangt, besonders jedes unbelebte Objekt, das irgend, und wie es durch ein noch so weites Ausgreifen der Phantasie, als Idol, Totem, Fetisch, heiliger Stock oder Stein betrachtet werden kann.

Wie Llewelyn gern anmerkt, gleiche ich mit meinem prähistorischen „Katzenkopf", meinem Horus-Schnabel und meinem an ein aztekisches Götzenbild erinnerenden Mund einem archaischen Puppendämon, von dessen Wasserspeierlippen es ewig strömen und in dessen Pferdenüstern ewig Weihrauch steigen könnte! Es geschieht daher stets aus einem instinktiven Gefühl der *Zusammengehörigkeit* heraus, daß ich, wie schon gesagt, im Hinblick auf unbelebte Dinge Schlimmeres als gefühlsbetont bin. Irgend etwas hat der „häßlichen Visage" von Powys I den Odem des Lebens eingehaucht, warum also sollte Powys I nicht die Macht besitzen, einer Gipsstatue der Venus von Milo den Odem des Lebens einzuhauchen? So sehr ich an diesem fatalen „Animismus", der mich zwingt, mein Lebtag so behutsam aufzutreten wie Agag, auch gelitten habe, leide und zweifellos weiter leiden *werde* und obwohl ich meiner Idolatrie inmitten des Aufeinanderprallens von Zufällen und Möglichkeiten nur eine Chance von etwa eins zu neunundneunzig zubillige, halte ich es doch für wesentlich, daß irgendwer in diesen Zeiten, da die Wissenschaft sich vor Arroganz aufbläst wie Nero, die Stimme erhebt und leise und schüchtern, aber trotzdem hartnäckig, darauf hinweist, daß die magische Lebensauffassung ebensoviel Recht auf „Wiederauferstehung" hat wie der Herr selbst.

Sobald meine Vorträge auf der anderen Seite des Atlantiks erste Erfolge zeitigten und ich über etwas Taschengeld verfügte, begann ich meine jüngeren Brüder zu diversen Reisen einzuladen. Ich weiß noch, daß auf unserem alten Forum, dem Terrassenweg, ein regelrechter Staatsrat über mich abgehalten wurde, als Louis Kunde davon brachte, wie verschwenderisch ich hinsichtlich meiner Trinkgelder an Kellner und Portiers geworden war! Man wies mich bei dieser Gelegenheit streng darauf hin, daß es eine Schande sei, aus schierer Maßlosigkeit „Geld hinauszuwerfen", während „ehrliche Kerle" von meinem Fleisch und Blut so vieles entbehren müßten. Es bedurfte nur dieses einen Hinweises – denn ich kann versichern, daß das Verdikt ebenso emphatisch wie einstimmig ausfiel –, und ich begann, mich in diesem Punkt zu bessern. Ich lud Bertie zu einer Fahrt nach Rom und Llewelyn – mit leider nach wie vor nicht ausgeheilter Lunge – zu einer Reise nach Venedig ein.

Aber in beiden Fällen hielt ich mich auf andere Weise doppelt und dreifach „schadlos", wie es so schön heißt! Ob ich wohl je die herzklopfende Erregung des frühen Morgens in Rom vergessen werde, an dem ich – denn ich war als erster aus einer anderen Richtung eingetroffen – Bertie vom Bahnhof abholte? Niemand außer A. R. P. hätte Verstand genug besessen herauszufinden, daß er im Morgengrauen ankommen würde, oder gar soviel Verstand, mich telegraphisch dementsprechend zu benachrichtigen. Aber da war er; und wenn ich nicht mit meinen Rom-Kenntnissen prunkte, indem ich ihn vom Bahnhof geradewegs zum „Thermenmuseum" führte – denn dorthin waren es nur ein paar Schritte –, so nur deshalb, weil ich mit einer Entdeckung von mir prunken wollte, die für Bertie in diesem Moment noch reizvoller war als herrlicher Marmor in einem Rosengarten, nämlich mit einem echten römischen Bad mit glänzenden, antiken Fliesen! Nach dem Frühstück aber, und ich kann mich an alles erinnern, als wäre es gestern gewesen, stieg meine Erregung nur immer höher. Wie auch nicht, da ich mir doch wie der Anführer der „Armee von Volentiä“ vorkam, der dem Tapfersten aus seiner Räuberbande den unvergleichlichen Schatz zeigt, den er entdeckt hat? Ich wollte, daß Bertie in Rom die Augen als erstes auf etwas richtete, das für ihn sehr viel symbolischer sein und sehr viel mehr von seiner eigentlichen Bestimmung enthalten sollte als mein erster Blick auf die einzigartige „Siegessäule“ des Mark Aurel. Und so führte ich ihn auf Umwegen, unter ständigen Abstechern durch diverse schmale Gassen, aber immer näher und näher kommend, an mein Ziel heran, das nichts Geringeres als das Pantheon war.

Ich wußte, daß das Herz dieses vierten Sohnes meines Vaters neben organischen, wuchtigen erdinspirierten Gebäuden am meisten Rotwein liebte, besonders wenn er ihn unmittelbar dort trinken konnte, wo er „in tief gehöhlter Erde lange Zeit gekühlt“ worden war. Mir war zuvor schon ein kleines, mit einheimischen Kreszenzen handelndes Kellergeschäft knapp außer Sicht des Einganges zum Pantheon aufgefallen, und vor diesem Laden sah ich, auf einer Bank im Sonnenschein sitzend, gleich einer Frau, die ihrem Krieger zusieht – denn in A. R. P.s Gegenwart kam ich mir stets schwach, zart und feminin vor –, voller Freude zu, wie das Römerprofil meines Begleiters einen heiteren, ja vergnügten Ausdruck annahm. Dann, und erst dann, führte ich ihn um die noch dazwischen liegenden Gebäude herum, bis wir unversehens vor dem berühmten Portikus standen. Da war er – der allen Göttern geweihte Tempel in der Stadt aller Götter!

„Agrippa. Cos. Fecit“, lasen wir; und der Ernst, mit dem mein lakonischer Bruder darauf reagierte, stellte mich bis auf den Grund meines Herzens zufrieden. Sein Schweigen war nun, im ersten Jahrzehnt des zwanzigsten Jahrhunderts, ebenso beredt wie das des Historikers Gibbon in *dessen* großem Augenblick, als er staunend an dieser Stelle stand. Und wie A. R. P. erst einem alten Römer glich, als ich ihn wenig später von den Thermen des Caracalla Besitz ergreifen sah, als überlegte er, wie man sie wieder ihrem eigentlichen Zweck zuführen könnte. Ich wurde reich belohnt dafür, daß ich dieses Ereignis ausgeheckt hatte.

Was man als strukturelle Zwangsläufigkeiten der Architektur bezeichnen könnte, die nüchterne Freude, die sich der Unabänderlichkeit der Materialien in dieser pragmatischen Kunst abgewinnen läßt, wurde mir nie tiefer offenbart als damals, während ich zusah, wie sein Interesse geweckt wurde, sich verstärkte oder abflaute. Aber da haben wir's! Trotz aller Bemühungen Harry Lyons, einen Kunstliebhaber aus mir zu machen, bin ich im Grunde meiner Seele *kein Künstler*. „Vergeblich, vergeblich, vergeblich!", wie Nietzsche an den Rand jenes französischen Sermons schrieb. Meine Lebensauffassung ist poetisch, phantasiebestimmt, gefühlsbetont, aber *niemals ästhetisch!* Deswegen verspürte ich auch solche Scham und solchen Kummer, als meine große Gipsaphrodite in den Limbus zerbrochener Puppen einging. Ich liebte sie als poetisches Symobl! Was kümmerte es mich, wenn sie ein hingepfuschtes, zusammengestümpertes Spielzeug war? Die Wahrheit ist, daß sämtliche authentischen Emotionen, die ich in Rom erlebte, poetisch und, in meinem kindlichen Verständnis, philosophisch waren. Sie waren zutiefst unästhetisch. Selbst meine Vorliebe für Goethes Reisetagebücher versetzte mich nicht in die Lage, aus Michelangelo, Raffael oder den berühmten Fragmenten griechischer Bildhauerkunst irgendeinen soliden Gewinn für mein eigentliches Seelenleben zu ziehen. Hin und her marschierte ich in jenen Galerien, wie ich es schon einmal getan hatte und wieder tun sollte, und nicht ein einziges Mal war ich wirklich gebannt, verzaubert, überwältigt. Kläglich starrte ich in die hervorquellenden, lidlosen Augen der Reiterstatue Mark Aurels auf dem Kapitol. „Vergeblich, vergeblich, vergeblich!" schien der kaiserliche Desillusionist zu mir zu sagen.

„Du bist, was du bist; und du wirst niemals durch die darstellenden Künste aus dem Vergänglichen ins Ewige fliehen können."

Wie kurios und demütigend die eigentliche Wahrheit über dergleichen Merkwürdigkeiten in den Wechsel- und Zufällen eines Menschenlebens ist, wenn man es tatsächlich wagt, damit herauszuplatzen! Mein ganzes Leben läßt sich in zwei Hälften einteilen; die erste bis zu dem Zeitpunkt, als ich vierzig wurde, und die zweite *nach* dem Zeitpunkt, als ich vierzig wurde. In der ersten Hälfte rang ich verzweifelt darum, meine Gefühle gemäß dem, was ich an meinen Lieblingsbüchern bewunderte, hervorzurufen und auszurichten; in der zweiten Hälfte aber rang ich darum herauszufinden, was meine wirklichen Gefühle waren, und sie nach keiner anderen Methode als meiner eigenen zu verfeinern, auszubalancieren und zu harmonisieren. Es ist dennoch beklagenswert, wie wenig ich von der Weltstadt hatte. Man denke, was Rom alles an Kunstwerken der Malerei und Bildhauerei unserer westlichen Welt enthält! Man denke allein an die berühmten griechischen Statuen, die in den Vatikanischen Museen stehen, von dem verblüffenden Torso eines Männerrückens am Eingang, den Michelangelo murmelnd, mit den Fingern den vulkanischen Kniffen des Demiurgen nachspürend, abgetastet haben soll, bis zu dem stattlichen „Diadumenos" am Ende des langen Flurs. Man denke an die Sixtinische Kapelle, unter deren schwindelerregender Decke Goethe in mittleren Jahren wie eine große Schmeißfliege zu krabbeln vermochte. Wenn ich zu dem hohen Gesims zwischen den gigantischen gemalten Formen aufschaute, wurde mir bei dem Gedanken, dort oben zu stehen, jedesmal ganz übel.

Aber wenn man mich fragte, woran ich denn meiner Erinnerung nach auf diesen Romreisen zwischen all diesen Wundern eine echte, unverfälschte und ganz persönliche Freude fand, so würde ich antworten, an den graublauen Hügeln und den schlanken, hohen Zypressen, die sich auf manchen Gemälden von Pinturicchio im Hintergrund erheben. Zumindest habe ich heute diesen Eindruck; es kann aber durchaus sein, daß ich Pinturicchio mit einem anderen Maler verwechsle.

Es mag sich aus dem Munde eines Menschen, der einmal beim Prozeß gegen die *Little Review* in New York wegen Veröffentlichung des *Ulysses* zufällig mitanhörte, wie ihn ein Zuschauer einem andern gegenüber als „John Powys, dieser Degenerierte aus England" bezeichnete, zwar befremdlich ausnehmen, aber ich bin in Wahrheit stets der Meinung gewesen, daß gewisse schlichte Vornehmheiten im persönlichen Charakter lediglich als irdische Phänomene, ernsthafte Rivalen der größten Kunstwerke der Welt sind. Ich gebe zu, ich zögere ein wenig, was die Literatur anlangt; denn mir ist, als ähnelten *König Lear, Der Idiot, Die Dämonen* und *Die Brüder Karamasow* stärker, als es die anderen Künste je vermöchten, der heroischen Größe, die einem wirklichen Menschen möglich ist.

Wie auch immer! Jetzt jedenfalls ging ich zu Llewelyn, in dessen Charakter, so wenig ihm das bewußt ist, jene besonderen heroischen Eigenschaften existierten, die mir, wie sehr man die Willensfreiheit auch verunglimpfen mag, ebenso groß erscheinen wie jedes denkbare Kunstwerk. Ja, zu Llewelyn ging ich nun, da ich etwa sechsunddreißig oder siebenunddreißig war, und entführte ihn nach Venedig. Außerdem teilte ich zu dieser Zeit aufgrund des Erfolges meiner Vorträge meinem Vater mit, er brauche mir die jährliche Unterstützung von hundert Pfund nicht mehr zukommen zu lassen, die er seinen Söhnen bei deren Heirat prinzipiell gewährte. Wie bei derartigen Gesten freilich nicht selten, wurde ich der Leichtigkeit und Promptheit, mit der diesem Hinweis entsprochen wurde, nicht so recht froh.

Wie gut erinnere ich mich noch an Llewelyns Erregung, als ich ihm eröffnete, daß ich ihn nach Venedig mitnehmen würde. Es war im Kartoffelgarten, bei der zerbröckelnden Mauer von Ham Hill Stone, auf deren anderer Seite Coles Obstgarten lag, wo wir mit unseren Zwillen auf Kohl- und Sumpfmeisen geschossen hatten, und er ruhte in seinem Liegestuhl inmitten des Gewirrs von Nesseln, Bodenefeu und Mauerpfeffer und hörte zu, wie eine Drossel auf einem Stein den Panzer einer Schnecke knackte; und als ich es ihm sagte, schrie er buchstäblich laut auf vor Freude, so daß Willy, der in den Lorbeersträuchern versteckt war, hervorkam, um die Neuigkeit zu erfahren. Llewelyn war seiner langen Krankheit überdrüssig geworden, und der Gedanke an diese wagemutige Reise elektrisierte ihn durch und durch.

Aber ich erhielt aus diesem Anlaß einen sehr strengen Brief von A. R. P., der unsere Hochstimmung doch um einiges dämpfte. Ich hatte vor, mit jenem Expreß nach Paris zu fahren, den der Held von Prousts Buch genommen haben muß, damals, als er die berühmte Unebenheit im Pflaster von San Marco spürte, die ihm wie der Bissen von der in Kamillentee eingetauchten Madeleine eine seiner die Unsterblichkeit beweisenden Ekstasen verschaffte; in Venedig aber wollten wir mit einem sehr geistvollen, sehr schönen Mädchen zusammentreffen, und wir wollten dort außerdem mit jenem glänzenden Habitué des historischen Europa, unserem brillanten Freund Louis zusammenkommen. Und daß ich Llewelyn zu einer Begegnung mit derart aufreizenden Menschen an einem derart aufreizenden Ort davonschmuggelte, beunruhigte Bertie. Er warf mir vor, ich benähme mich „wie immer“; ich opferte mit unbekümmerter Skrupellosigkeit andere meiner Lust auf dramatische Erregung.

Seine psychologische, wenn nicht gar moralische Einsicht erwies sich, wie ich zu meinem Bedauern sagen muß, als völlig zutreffend. John schmiedete tatsächlich wieder seine dramatischen Ränke. John ging wieder seinem Metier als zerebraler Pandaros nach. Diesmal allerdings wurde John gänzlich „auf dem falschen Bein erwischt“.

Auf dem Heimweg, in Mailand, wurde Llewelyn ernsthaft krank, und wir mußten wochenlang in einem Hotel dieser Stadt bleiben, bis er wieder reisefähig war. Aber das war hinterher, als wir ausgiebig von der verbotenen Frucht gekostet hatten. Wenn Llewelyn dafür in Mailand mit Blutungen und Nierensteinen bezahlte, so genoß er sie doch kaum weniger als ich. Ein Glück, daß wir Louis dabei hatten, denn er bewahrte wie immer kühlen Kopf, wohingegen Llewelyn und ich uns in unserem eifersüchtigen Wettstreit um die Gunst des schönen Mädchens in unserer Begleitung in einem derartigen Zustand hineinsteigerten, daß es uns den Kopf völlig verdrehte. Sie bestand darauf, sich als Knabe zu verkleiden; und wir begleiteten sie in diesem Aufzug in ihrer Gondel noch zu den entlegensten Stellen, wohin man eine Gondel steuern konnte! Weiß der Himmel, zu welchen Unüberlegtheiten sich Llewelyn und ich in unserer wachsenden Rivalität hätten hinreißen lassen, wenn Louis nicht seine ostenglische Kaltblütigkeit bewahrt hätte. Was ich mein Herz nenne, ward getroffen, wie es nicht oft getroffen worden ist. Wenngleich dieses Organ, anders als das in Clavadel, nicht seine körperliche Lage ändert, ist es doch keineswegs das, was man ein leidenschaftliches Herz nennen würde. Doch was für ein Herz es auch sein mag, es wurde ganz und gar durchbohrt von einem Pfeil aus dem bewußten Köcher! Tatsächlich befand ich mich in einem Zustand derart wilder, phantastischer Hochstimmung, daß alle meine verrücktesten mystischen Impulse an die Oberfläche gewirbelt wurden, während meine ganze Leidenschaft für dramatische Gebärden mit entsprechenden Bewegungen reagierte. Die Gefühle, die dieses schöne Mädchen in Knabenkleidern in mir weckte, schlugen hoch wie Flammen, deren blitzende

Schwertspitzen ebenso vielfarbig waren wie die Engel, zu denen ich im London Hospital gebetet hatte.

Zu jener Zeit war zwischen Italien und einem anderen Land eine Art Kleinkrieg im Gange; und wir boten wohl eine seltsame, auffallende Erscheinung, wenn wir dieses Mädchen durch Venedig begleiteten. Jedenfalls entstiegen wir eines Tages unweit der Seufzerbrücke unserer Gondel, als wir uns plötzlich von einer imposanten Schar Amtspersonen umstellt sahen. Man erklärte uns, daß wir verhaftet seien. „Dieser da", sagten sie und deuteten auf unsere Freundin, „ist Frau. Ja? Nein?"

Llewelyn flüsterte mir zu, das Ganze sei geradeso, als hätten sie einen Hutvoll unbotmäßiger Schmetterlinge gefangen und unter ihnen anhand der Zeichnung unter den Flügeln ein schönes weibliches Exemplar entdeckt. Es war dies bislang das einzige Mal in meinem Leben, daß ich mich in Polizeigewahrsam befand; und als wir alle in irgendein Oberstübchen geführt wurden und uns in einer Reihe vor einer würdevollen Persönlichkeit an einem Tisch aufstellen mußten, kam es mir wahrhaftig so vor, als würde hier das Haupt der „Armee von Volentiā" so behandelt, wie er auf dem Räuberdachboden in Rothesay House so häufig unser kleines Kindermädchen aus Berkshire behandelt hatte!

Unsere Adresse in Venedig – ein Hotel am Lido – wurde sorgfältig notiert, dann kam die Frage nach unserer Heimatadresse. Keiner von uns hatte eine „Karte", außer Llewelyn, und bei dieser handelte es sich aufgrund irgendeines Zufalls um eine Karte meines Vaters. Nie hatten die vertrauten Worte „Rev. C. F. Powys, Montacute Vicarage, Somerset" derart fehl am Platze angemutet; doch der venezianische Beamte schmunzelte nicht wenig und reichte die Karte einem seiner Untergebenen. Wir hörten das Wort „padre" zwischen ihnen fallen, begleitet von einer zweifellos schlüpfrigen Bemerkung über die Zeugungsfähigkeit englischer Priester. Ein Beamter eilte umgehend zum Lido, um unsere Aussage zu überprüfen, und einmal mehr rettete uns Llewelyn; denn seiner Art entprechend hatte er unsere Wirtin dermaßen hofiert, umschmeichelt, poussiert und ganz allgemein bestrickt, daß die gute Frau den Emissär zu der Vermutung veranlaßte, unsere gesellschaftliche Position zu Hause sei trotz der Karte des Padre kolossal und wir benähmen uns lediglich in gewohnter Weise, wie lauter Milords Byron.

Doch meine Erregung während dieser wilden venezianischen Tage stieg auf eine Höhe, wie ich sie davor und danach nie erlebt habe. Ich erinnere mich, wie ich eines Tages allein nach Verona fuhr und von dem Gedanken an Julia in ihrem Grab, von dem riesigen steinernen Amphitheater und dem gondelverliebten Knaben-Mädchen mit solcher Hochstimmung erfüllt wurde, daß ich, und hätte es das Jüngste Gericht herbeigeführt, wie Faust dem Augenblick hätte zurufen können: „Verweile doch! Du bist so schön!" Über den Himmel von Verona jagten Wolken ohne Wasser; und ihr ominöses Erscheinen hatte, zusammen mit der außerordentlichen Offenbarung eines Blitzes ohne Donner, alles aus dem Amphitheater vertrieben. Und während ich in dem weiten Halbrund saß – aber was war seine gewöhnliche römische Antikheit schon, verglichen mit den mystischen Steinkreisen meines Heimatlandes? –, schien mein ganzes Wesen verwandelt. Ich kann mich nicht mehr entsinnen, ob das Knaben-Mädchen damals tatsächlich an meiner Seite saß. Ganz sicher thronte sie in meiner verrückten Phantasie; manchmal aber meine ich mich zu erinnern, daß sie unter jenem Blitz ohne Donner bei mir, manchmal, daß ich an diesem Tage allein war.

Zweifellos ergeben sich im Leben eines Menschen Augenblicke, in denen sich die grundlegende Fatalität seiner Identität verdichtet und aus den fluktuierenden Wellen seines Wesens aufsteigt wie eine Seeschlange mit gezacktem Kamm, aus dem unergründlichen Schlick. In solchen Momenten fühlt er sich, was sein Gewissen auch an dunklen Flecken aufweist, imstande wie Macbeth aufzuschreien: „Ob Birnams Wald auch kam nach Dunsinan; ob meinen Gegner auch kein Weib gebar, doch wag ich noch das Letzte!"

Allein in jenem römischen Kreis, unter den Wolken, aus denen kein Tropfen Regen fiel, steigerte sich das thaumaturgische Element in mir zu einer solchen Höhe, daß ich, wie seither nur einoder zweimal, das Gefühl hatte, ich verfügte tatsächlich über so etwas wie eine übernatürliche Kraft. Zu welchem Zweck hatten mich die Götter auf diese Weise geweiht? Lediglich, damit ich vor verdutzten, verwirrten, spöttischen Zuhörern der „dithyrambischen Analyse" frönte? Das zu glauben, weigerte ich mich! Ich weigere mich noch heute. Was ich in diesem Augenblick im Amphitheater von Verona empfand, war ebendas, worauf ich mich durch alle meine Lüste und Obsessionen hindurch dunkel zutastete. Vor erst fünf Jahren empfand ich es wieder, als ich auf dem Wege von Sherborne nach Northwold zusammen mit Littleton Stonehenge besuchte. Das Gefühl, das mich in solchen Momenten überkommt, ist das Gefühl einer überaus gewaltigen Kraft. Es macht mir bewußt, daß sich unter all der gefühlsduseligen Lächerlichkeit meines gaffenden Blicks – und ich gebe gern zu, daß, noch genauer als das Wort „Hanswurst" oder „Punchinello", das Wort „Gefühlsduselei" präzise die verträumte, geistesabwesende Torheit in meinem Gesicht beschreibt – eine mir eigene, dämonische Gewaltigkeit verbirgt, vor der sich in acht zu nehmen meine Feinde gut beraten sind! Wie zuvor schon angedeutet, kann keine noch so ausgeprägte „manische Hochstimmung" oder „Paranoia" oder „Megalomanie" die Tatsache erklären, daß mich zu beschimpfen oder zu beleidigen die umheilbringendste Sache der Welt ist. Die Evidenz dessen – daß ich nämlich imstande bin, und zwar ganz unbewußt, einen dem „bösen Blick" ähnlichen Einfluß auf Menschen auszuüben – hat sich mir mein Leben lang derart aufgedrängt, daß ich es mir zur Gewohnheit gemacht habe, für jeden neuen Feind sogleich ängstlich zu meinen Göttern zu beten!

Dieses monströse und fast unmenschliche Machtgefühl ergreift mich freilich nicht nur in großen Momenten wie dem in Verona, wenn sämtliche symbolische Gestalten meiner unausgegorenen Einbildung, die guten und bösen gemeinsam, eine ganze unsichtbare Galaxie von Christussen, Merlins, Pythagorassen, Laotses, Goethes, Blakes und Nietzsches, um mich herum empordrängen. Ich habe dieselbe Empfindung erst kürzlich gehabt, als ich allein über die freien Hügel von „Up State" New York spazierte, wo das Romantischste, worauf ich hoffen kann, der Anblick einer Steinmauer ohne Mörtel, überragt von einem Holzzaun ohne Nägel, ist.

Zu solchen Zeiten bin ich mir meines auf der Oberfläche des Erdballs hin- und herwandelnden Gerippes bewußt; doch gleichzeitig spüre ich die mein wanderndes Gerippe begleitende Anwesenheit einer von meinen Knochen ausgehenden und meine Knochen beherrschenden spirituellen Macht, die mit mir zieht „wie eine Wolkensäule des Tages und eine Feuersäule des Nachts". Von meinen Freunden und Nachbarn, das gebe ich gern zu, kann man kaum erwarten, daß sie irgendwelche Anzeichen davon entdecken. Sichtbar ist ja nur ein überaus höflicher, geradezu kriecherisch freundlicher Mensch mit töricht angespanntem Gesicht und einer regelrechten Leidenschaft dafür, „Leute auszuholen".

Merkwürdig ist auch, wie wenig mir diese übernatürliche Kraft, deren ich mir in Zusammenhang mit unserem Knaben-Mädchen von den venezianischen Kanälen so bewußt war, dabei hilft, reich und berühmt zu werden. Sie bewahrt mich davor – das immerhin hat sie wohl vermocht –, mir über den Mangel an Geld Sorgen zu machen. In ihrer gewaltigen Schlichtheit jedoch ist sie mit einer veritablen Schlange an verwickelter Boshaftigkeit verbunden, der es Freude macht, sich albern aufzuführen, solange sie nur die Kinder dieser Welt aus der Fassung bringen kann. Diese Schlange der Bosheit, auf deren Existenz niemand käme, der meinen gefühlsduseligen, töricht eifrigen Gesichtsausdruck betrachtet, wägt und beurteilt fortwährend meine diversen Gegenüber und ermutigt meine Vorstellungskraft, in die bizarrsten, monströsesten und, um die Wahrheit zu gestehen, *schockierendsten* Richtungen zu schweifen und zu streunen. So höre ich beispielweise mit schmeichelhafter Aufmerksamkeit irgendeiner hübschen Dame der Gesellschaft zu und male mir im gleichen Augenblick aus, unter ihr ringle sich ein monströser, scheußlicher *Schwanz* hervor oder zwischen ihren Schulterblättern wachse ein abstoßendes, nicht auszudenkendes *Horn!* Oder ich lausche irgendeinem Potentaten dieser Welt – einem von Mr. de ––––s „Magnaten" –, der mir erklärt, wie ich mein Leben anzupacken habe, und siehe da! schon erblicke ich die Gestalt des guten, arglosen Mannes splitterfasernackt, und nicht nur nackt, sondern wie auf einem Seziertisch, wobei seine Eingeweide – über die meine wissenschaftlichen Kenntnisse zugegebenermaßen etwas wackelig sind – sowie das, was Rabelais den „Arsdarm" nennt, eine gegenüber dem Schädel völlig unverhältnismäßige Prominenz gewinnen.

Doch am liebsten richtet sich diese verwickelte Bosheit gegen meine eigene Reputation als gesetzter, respektabler Mensch. Kaum entdecke ich das leiseste Anzeichen dafür, daß mich irgendein ehrlicher Mann als Erzschwindler betrachtet, so führe ich um seinetwillen meinen besten Bosheitstanz auf und werfe mich, denn ich bin ein wahrer Proteus unter Punchinellos, in meinen extremsten Cagliostro-Umhang.

In jenen Tagen in Venedig verursachte mir eine sehr lästige geistige Schwäche heftigen Kummer. In mir muß ein wahrer Dämon von Autosadismus hausen; denn je mehr ich von der zweideutigen Schönheit des Knaben-Mädchens in unserer Begleitung gepackt wurde, desto rigoroser ging dieser Dämon in mir daran, mir meine Freude zu verderben. Will man wissen, was er mich in meiner perversen Vorstellung zu tun zwang? Es war eindeutig ein geistiger Vorgang, den man nur als sadistisch *gegenüber mir selbst* betrachten konnte. Der Dämon zwang mich nämlich, ihre schöne Gestalt von Kopf bis Fuß mit einer grotesken, klebrigen Substanz wie Marmelade oder Sirup zu beschmieren! Analysiere mir diesen Streich des armen Menschenhirns, Leser, wenn du ein psychiatrisches Problem brauchst! Fraglos erschien dem stolzen Verstand des wunderschönen Knaben-Mädchens mein überschäumendes Vergnügen an ihm als eine doch sehr zweifelhafte Ehre für seine heimliche, ureigene Identität. Es war, als wäre es ihr geglückt, einer Überpuppe, einer quixotesken Menschenmarionette den Kopf zu verdrehen, der man zu den Zeiten, da sie jene Magier begleitete, beigebracht hatte, „Christus", „El Greco" und „Dostojewski" zu sagen, und die nun nur noch *ihren* Namen sagen konnte. Ja, es war, als verwechsle diese Puppe sie in ihrem erotischen Delirium ständig mit allen anderen thaumaturgischen Gestalten, die sie durch die Jahrhunderte hindurch zum Tanzen, Gestikulieren und Schreie-Ausstoßen gebracht hatten! Aber wenn ich tatsächlich, wie Llewelyn sagen würde, „so ein Lied sang", so ward ich von der Schönheit dieses Knaben-Mädchens ohne jeden Zweifel so vollständig versklavt, wie ein Herz meiner speziellen Art, das Herz eines zerebralen Götzenanbeters, von einer irdischen Frau nur versklavt werden konnte. Ich war derart versklavt, daß ich in meinem eifersüchtigen Verlangen, nicht ein einziges Glied der zauberischen Kette zu zerbrechen – und daß unser Weißer Admiral bald zu Llewelyn, bald zu Louis hinflatterte, trug nur dazu bei, sie noch fester zu schmieden –, bei einer merkwürdigen Gelegenheit meine gewohnte leutselige Höflichkeit völlig vermissen ließ.

Irgendwo unten am Rialto, auf einem stark befahrenen, sehr schmalen Kanal, trafen wir, wie wir so übers Wasser gerudert wurden, auf eine schwimmende Equipage, die der Barke der Kleopatra oder, besser gesagt, dem in der griechischen Vasenmalerei so häufig dargestellten Schiff ähnelte, das den großen Gott Dionysos auf seiner triumphalen Seefahrt trägt. Diese andere Gondel, deren hohes, verziertes Heck mit dem unseren kollidierte, war zudem mit den wunderbarsten Leoparden- und Luchsfellen geschmückt und wurde von einem Wesen gesteuert, das ohne weiteres für den Faun des Praxiteles hätte durchgehen können. Achtern ruhte auf einem Lepardenfell eine Persönlichkeit, bei der es sich, wie ich später erfuhr, um einen der wunderlichsten Schriftsteller und einen der bestrickendsten Männer der großen Welt handelte.

Blind von dem Zauber, unter dem ich stand, und wütend über diesen Zusammenstoß mit der feinen Gesellschaft, erhob ich die Stimme, kaum daß ich den Baron – denn es war niemand anderer als der berühmte Baron Corvo – sich erkundigen hörte, ob wir für den Rest der Woche in Anspruch genommen seien, und schrie mit schriller Stimme, die eher eines Lancelot Gobbo als eines Signor Antonio würdig war, wütend: „Mit Haut und Haaren! Mit Haut und Haaren! Mit Haut und Haaren!" Es klang viel eher nach der Ankündigung eines Kannibalen, sich an dem Baron gütlich tun zu wollen, als nach einer Antwort auf eine Einladung in einen venezianischen Palazzo, und ich fürchte, dem Gentleman blieb ihre Schärfe nicht verborgen. Er sah Louis hilfesuchend an, als wollte er sagen: „Beschützen Sie mich vor diesem Wilden."

Llewelyns Zusammenbruch in Mailand machte mir die Stadt nicht gerade teuer. Tatsächlich fiel es mir schwer, ihr geschäftiges Treiben und die glitzernden Fialen ihrer grandiosen Kirche mit Leonardo und seinen „Mädchen-Knaben"-Schülern in Verbindung zu bringen. Ich wähle den Ausdruck mit Bedacht, denn *unser* Knaben-Mädchen von Venedig murmelte fortwährend abgerissen und zusammenhanglos Lobendes über diesen rätselhaften Künstler, von dem ich nichts wußte außer jenen Sätzen bei Pater über seine Leidenschaft für das Fließen vieler Wasser und das unergründliche Lächeln einer ganz bestimmten Frau. Offensichtlich hatte dieses Mädchen den Künstler-Zauberer in einem ganz präzisen und intimen Sinne, der völlig über meinen unwissenschaftlichen Verstand ging, dabei ertappt, wie er eines seiner seltsamen, unirdischen Kunststücke mit der Natur vollführte.

Und Goethe, so schien es, war in Sachen Leonardo einer Meinung mit ihr.

Doch genauso, wie ich vergeblich versucht hatte, zwischen den Marmorstatuen und Bildern von Rom den schlicht-subtilen Äußerungen meines großen Meisters zu folgen; genauso, wie ich am Lido an eben der Stelle, an der er zum ersten Mal das Meer geschaut, gestanden und nichts als ein winziges Seepferdchen gesehen hatte, das Llewelyn fand, so mühte ich mich auch vergeblich, den Begeisterungsschauer nachzuvollziehen, den ihm Leonardos „Abendmahl" verschaffte. Ich konnte es einfach nicht! Nach wie vor sind die einzigen Künstler, die ich meinem authentischen Innenleben jemals wirklich einverleibt habe – und Goethe selbst sagt, wenn man das nicht tue, sei es sinnlos, durch diese Schatzkammer zu hasten –, El Greco, Nicolas Poussin und bestimmte eher konventionelle Landschaftsmaler wie Ruisdael, Gainsborough und Ruskins *bête noire* Salvator Rosa. Und was die Marmorpfeiler des Mailänder Doms anging, so sah ich sie nachgerade mit Widerwillen. Was konnte ich, der ich so oft die majestätischen, erdbewehrten Türme von Ely aus den Marschen hatte aufragen sehen, von dieser Phantasie bürgerlicher Eleganz für meinen Geist schon gewinnen?

In Wahrheit ist das einzige, was mich von alledem wirklich befriedigt, das einzige, bei dem ich in einer Galerie für eine gewisse Zeit verharren und das ich kontemplieren kann, ein Landschaftsbild. Namen vergesse ich schändlicherweise immer; aber ich weiß, daß Gainsborough und Ruisdael nur zwei aus einer ganzen Reihe von Malern sind, von denen ein noch so kleines Exemplar des Werkes zu besitzen mir ein sinnliches Vergnügen wäre. Und die Art von Landschaft, die ich so innig liebe und so gut verstehe, ist die allergewöhnlichste, wie man sie in jeder beliebigen Galerie findet. Von modernen Bildern will ich gar nichts wissen. Ich kann gar nicht schildern, wie rasch ich an ihnen vorübereile, um zu einem jener alten, abgeklärten, vom Zahn der Zeit angenagten Gemälde einer poetisierten, konventionalisierten Szenerie zu gelangen, wie meine Seele sie liebt. Ich war durchaus klug genug, die älteren und berühmteren Kunstwerke mit Hilfe von Büchern bis zu einem gewissen Grade verstandesmäßig zu erfassen, aber es gibt einen Typus von konventioneller, poetischer, *romantischer*, gewöhnlich vom Alter etwas verdüsterter, abgemilderter und verschwommener Landschaft, einen Bildtypus, so denke ich mir, der für das späte siebzehnte und frühe achtzehnte Jahrhundert kennzeichnend sein muß, zu dessen Interpretation ich keinen Harry Lyon, keinen Bruder Bertie und keine Knaben-Mädchen-Autorität für Leonardo brauche.

Während ich, an meinem Fenster in Amerika liegend, diese Zeilen schreibe und dabei zusehe, wie die Meisen im gefrorenen Schnee meiner Lieblingsschar von Sperlingen die Krumen stibitzen, kann ich eine deutliche „Imago" der Art von Gemälde wachrufen, nach der ich in jenen Galerien stets suche und die zu finden ich, um die Wahrheit zu sagen, selten Schwierigkeiten habe! Im Vordergrund zeigt es einen knorrigen Baumstumpf mit einem guten Stück unebenen Grundes drumherum, der von Moos, Flechten, Zweigen, Stroh, losen Steinen und ein paar namenlosen Kräutern bedeckt ist. Es zeigt ein paar unscheinbare Gestalten, die Vieh hüten, und dahinter eine alte Steinbrücke, über die ein Mann oder eine Frau Schafe treiben, wobei die einander folgenden Tiere den merkwürdigen Eindruck eines immerwährenden, eines aus der Zeit in die Ewigkeit gehobenen Vorganges vermitteln, wie ihn Keats als typisch für die Gestalten auf einer „griechischen Vase" nennt. Und mein Bild enthält, in seiner tieferen Perspektive, ein riesiges Fragment bröckelnden Mauerwerks, vielleicht einen Teil eines eingestürzten Tempels oder die Überreste eines gigantischen Aquädukts. Zarte Gräser und die wuchernden Ranken wilder Pflanzen sieht man zwischen den Steinen dieser Ruine hervorwachsen, und schon, daß wir über ihre ursprüngliche Natur im ungewissen sind, steigert noch den Wert dessen, was man die *abstrakte Idee* alten Mauerwerks nennen könnte, und macht es zu einem Sinnbild des Werkes der Generationen, das langsam wieder in der Erde versinkt, aus der es sich erhob. Und hinter diesem majestätischen Fragment sieht man den weit ausladenden Ast eines großen Baumes, düster, trübe und von bräunlich-grüner Farbe, wie einer der Äste, die sich in Giorgiones „Ländlichem Konzert" auf so monumentale Weise ins Bild recken. Hinter diesem Ast schließlich erkennt man abwechselnd lange Streifen dunkler, sich dahinwälzender Wolken und fahlgrünen, sich in der Ferne verlierenden Äther. Die wuchtige Ruine aber, von der ich gesprochen habe, hat an einer ganz bestimmten Stelle eine Lücke; und dort erhascht das Auge den vagen, ungewissen Schimmer fernen Wassers; ein Fluß vielleicht, oder eine Flußmündung, die sich zum Meer hin verbreitert. Jedenfalls funkeln feine, silbrige Lichter auf jenem fernen Wassers, Lichter, die die Gedanken weiter und weiter und weiter locken, bis sie sich im Grenzenlosen verlieren.

Mein venezianisches Knaben-Mädchen, deren Ansichten zu Leonardo stark denen von Luini oder Beltrafio geähnelt haben müssen, obschon sie wohl vieles von den mittlerweile berühmten Meinungen von Paul Valéry vorwegnahmen, konnte bei aller leidenschaftlichen Verachtung nicht meine Liebe zu diesen alten, abgeklärten, konventionellen Landschaften aus dem achtzehnten Jahrhundert zerstören.

„Was genau siehst du eigentlich, wenn du diese konventionellen Bilder betrachtest?" fragte sie etwas aufgebracht, getreu der Methode Paul Valérys nach Kräften darum bemüht, zum unversöhnlichen Objekt der Wahrnehmung vorzustoßen und dabei das Subjektive wegzureißen, als wäre es eine Art sich anklammerndes Windengewächs.

„Ich sehe das, was mir an der Natur gefällt", erwiderte ich dann, „nur *mehr* davon; und ohne alles andere."

„Aber was *empfindest* du?" hakte mein Knaben-Mädchen nach.

„Das kann ich dir in zwei Worten sagen, meine Liebe", antwortete ich. „Ich empfinde *sinnliche Lust.* Meine Betrachtung dieser alten Baumstümpfe, dieser zerfallenen Mauerteile, dieser alten Brücke mit den immer und ewig darüberweg trippelnden Schafen, des fernen, silbrigen Lichts weit hinten auf dem Meer verschafft mir die gleiche Empfindung, wie wenn ich dich betrachte; jedenfalls wenn du in sanfter Stimmung bist, oder noch besser, wenn du fest schläfst! Ja, was ich empfinde, wenn ich mir mit so tiefer Befriedigung diese Landschaft aus dem achtzehnten Jahrhundert ansehe, ist eindeutig psychische Sinnlichkeit. Es ist viel mehr als die physische Empfindung des Essens und Trinkens. Es ist genau wie das, was ich empfinde, wenn du, meine Schöne, dich von mir auf den Schoß nehmen läßt."

Nach endlosen Auseinandersetzungen in erregtem Ton zwischen Llewelyn und mir an seinem Krankenbett, wann immer seine von einem Nierenstein herrührenden körperlichen Schmerzen und seine seelische Anspannung wegen des Zustandes seiner

Lungen nachließ, einigten wir uns darauf, daß unser venezianisches Knaben-Mädchen mit uns nach Genua kommen sollte, von wo aus wir ein holländisches Schiff nach Southampton zu nehmen beschlossen. Als wäre es ein Bild aus einem Leben in einer anderen Epoche, kann ich mich an eine ganz bestimmte Szene im Morgengrauen, auf einem hochgelegenen, den Hafen von Genua überblickenden Balkon, erinnern. Rote Geranien, eine unermeßliche Fülle roter Geranien kehren mir in Zusammenhang damit in Gedächtnis zurück, und wie sich im Gekräusel der ruhigen See auf eine ganz bestimmte Art, die Dante am Anfang des Purgatorio beschreibt, das weiße Licht der Morgendämmerung fängt. Und ich sehe Llewelyns umwölkte Stirn und den „Weibermund", der den Landstreicher in Tintinhull so aufwühlte, vor mir, und wie er sich, noch in dem altmodischen weißen Nachthemd, das seiner Waschfrau in Sherborne oder Cambridge zuliebe in unauslöschlicher Wäschetinte so sorgfältig mit „Ll. Powys" gezeichnet war, auf diesem Genueser Balkon nach vorn beugt und an einer Marmorsäule abstützt, gepeinigt von der Grausamkeit seiner Behinderung durch die Krankheit.

Das holländische Schiff, auf dem wir nach Hause fuhren, mutet mich rückblickend wie eine Art „Fliegender Holländer" an; denn es kam, glaube ich, aus Java und machte, so scheint es mir heute, in jedem Hafen zwischen dem einen und dem anderen Ende des Mittelmeers fest. In Lissabon, wo wir schließlich anlegten, kaufte ich mir einen riesigen spanischen Umhang, um den mich lange Zeit sämtliche Frauen meiner Bekanntschaft leidenschaftlich beneideten. Eine ganz bestimmte Frau bekam ihn an Ende; denn wie das nahtlose Gewand des Herrn ließ er sich nicht teilen. Doch die arabischen Städte an der nordafrikanischen Küste, am Rande der echten Wüste, zogen an meinen fiebernden Sinnen vorüber, als wären es Bilder auf einer Filmleinwand gewesen. Algier allerdings drang mir ein klein wenig tiefer ins Bewußtsein, weil man mich dort zwang, auf irgendeinem Tier zu reiten – ich weiß, es war kein Kamel; und ich kann nur schwer glauben, daß es ein Pferd war; wahrscheinlich war es ein Esel –, und es begeisterte mich, „dunkle Gesichter, mit seid'nen Turbanen umwirkt" zu sehen, mir in einer Moschee die Schuhe auszuziehen, den Wasserverkäufern zuzuschauen, die Wasser in Tierhäuten transportierten, und Brotlaibe genau wie jene zu erblicken, die ich erst kürzlich auf Leonardos Gemälde von Christi Fingern berührt gesehen hatte.

Nie war ich in einer Gesellschaft dermaßen verhaßt wie bei den Offizieren, der Mannschaft und den Mitpassagieren an Bord des Schiffes aus Java! Llewelyns Schwindsucht schien das Sündenkonto, das sie mir vorhielten, endgültig vollzumachen. Freilich sah er, was bei ihm selten geschieht, zu dieser Zeit auch so krank aus, wie er tatsächlich war, und ich entsinne mich noch, wie mir einer der Offiziere mit der Faust drohte und in gebrochenem Englisch schrieb: „Wagen Sie es ja nicht noch einmal, Ihren Bruder auf ein holländisches Schiff zu bringen!"

Meine nächste Auslandsreise führte mich nach Spanien. Ich besuchte den „Katholiken", ehe ich mich ins Land seiner Sehnsucht aufmachte. Vermutlich hätte der Familienrat auf dem Terrassenweg, der die Neigung hatte, meine Geldangelegenheiten zu regulieren, energisch protestiert, wenn ich den „Katholiken" mitgenommen hätte! Er lebte damals in Reigate, und dort besuchte ich ihn allein in seiner Wohnung. Stundenlang ging ich mit ihm die Straßen von Reigate auf und ab. Es war, glaube ich, seine Geburtsstadt, so daß er nicht nur jedes malerische Gasthaus am Ort, sondern auch jeden Stock und Stein in der Umgebung kannte. Ich entsinne mich noch gut, wie schwer mich die Festigkeit verdroß, mit der mich der „Katholik" eines Nachmittags aus dem öffentlichen Park entführte, in dem ich am liebsten auf unbestimmte Zeit verweilt wäre. Aber wir hatten nur eine Woche zusammen, und er war schließlich ein halber Priester; es war daher wohl ganz natürlich, daß es ihm widerstrebte, sich, wie es Bernie getan haben würde, fortzumachen, damit ich gleich einem Medusenhaupt irgendeine einsame junge Frau anstieren konnte, die mit übereinandergeschlagenenen Beinen auf einer Bank saß.

Von Bolingbrokes Schriften sprach mein Freund, während wir in den Schenken von Reigate unseren Portwein oder Sherry tranken; denn stets floh der „Katholik", vermutlich dem instinktiven Impuls eines Mönchs oder heiligen Mannes gehorchend, jedwede weltliche Wohnung, selbst seine eigene, in der er sich hätte aufhalten können, und enteilte in die gelehrte Anonymität einer freundlichen Schenke. Er behauptete stets, er könne in einer Gaststube besser denken und besser schreiben. Sein einzigartiges Buch, das

Buch, das einige der subtilsten Gedankengänge des Modernismus vorwegnahm und widerlegte – *Pascal, Newman, Loisy und die katholische Kirche* –, entstand zweifellos zu großen Teilen in Gaststuben. Ich kann mich der Ehre rühmen, ihn dazu verlockt zu haben, *ein wenig* davon in Burpham zu schreiben; das mag aber auch daran gelegen haben, daß sein Freund Pater Tyrrel, der berühmte Jesuit, sich tätschächlich damals – während seiner letzten, unseligen Kontroverse mit dem Vatikan – von mir bestimmte Werke von Newman lieh, die er in Storrington, von uns aus gleich auf der anderen Seite der Downs, wo er bis zu seinem Tode lebte, nicht bekommen konnte.

Über Pascal sprach der „Katholik" nahezu ständig mit mir. Er sprach leidenschaftlich, ja wild und mit einer geballten Gefühlsintensität, welche auf die Art von heroischer Verzweiflung hinauslief, die man bei Miguel Unamuno so häufig antrifft. Mit Unamuno, glaube ich, stand J. W. W. auch in theologischem Briefwechsel, wie er ihn jedenfalls mit Père Bremond in Frankreich und Baron von Hügel in Deutschland führte; eines aber weiß ich: keiner der Neuthomisten späterer Tage, nicht einmal der gelehrte und beredte Maritain, begreift jenes tragische, mystische, ein Blitzen wie von der Spitze von Balins tödlichem Speer enthaltende Frohlocken, mit dem mein Freund seine verwickelte „apologia" sowohl für sich selbst als auch für seinen Helden Pascal vorzubringen pflegte.

Gerade beim Gedanken an die heftige, und zwar tragische Emotionalität, nicht bloß sentimentale Gefühligkeit, mit der der „Katholik" die Religion der Heiligen zu verteidigen pflegte, fällt es mir schwer, mich einer gewissen Verwunderung zu entschlagen, wenn ich mir vorstelle, wie empört sich so gewaltig brütende Gehirne wie das von Darrow in Amerika oder das meines Llewelyn in England dergleichen widersetzen. Aber ich vermute, daß die heftigen Gefühle an beiden Enden der Skala, wie auf anderen Gebieten häufig, einander im Grunde näher sind als beiden die *Laissez-faire*-Haltung derer, die „weder für Gott noch für seine Feinde" sind.

Ich ergriff die Gelegenheit – wie entrüstet der „Katholik" über mich gewesen wäre, wenn er es gewußt hätte! –, ein, zwei Tage in Paris zu verweilen, um wie ein Rasender – der ich ja auch war – in eine Orgie meiner verbotenen Bücher hineinzutaumeln. Ich muß jedoch in diesem Zusammenhang von einem höchst sonderbaren psychopathologischen Phänomen berichten, nämlich davon, daß ich, nachdem ich hastig eine Sammlung dieser üblen Machwerke verschlungen, am Ende eines zauberischen Frühlingsnachmittags, als die Sonnenstrahlen schräg auf die am Boden meines Hotelzimmers verstreuten, unsäglichen Bände fielen und die linde Pariser Luft mit ihrem Geruch nach Flieder, Maiglöckchen und Pferdedung – denn der *fiacre* war noch nicht vom „Taxi" abgelöst worden – zum Fenster hereinströmte, feststellen mußte, daß mein erotisches Verlangen nach wie vor völlig unbefriedigt war und besagten Werken alles Erregende abging. Und so trug ich meine Bücher, von denen ich einige kaum überflogen hatte, zum nächsten Platz, wo es einen Kehrichtkasten gab und ich sie loswerden konnte – denn in Paris war ich nicht so skrupulös wie in Dresden –, und begab mich dann in eine Art Varietévorstellung, deren Anzeigen mich lockten.

Aber die französische Bühne mit ihren kunstvollen Aufreizungen und extravaganten Anstößigkeiten hat etwas, das meine verruchten Gedanken offenbar jedesmal zu totenkalter Keuschheit gefrieren läßt; und so blieb ich dem alten, elenden Zustand verhaftet, aus dem nur Tom und „Toms Mädchen" mich je erlöst hatten, dem Zustand nämlich, vom Verlangen eines Voyeurs entflammt zu sein und dabei alles, was ich ansah, zu Staub und Asche zerfallen zu sehen. Ich mußte mich zu der bitteren Erkenntnis durchringen, die mein rasender Erotizsimus wohl bis in alle Ewigkeit „vergeblich, vergeblich" memorieren wird: daß es, da das eigentliche Wesen allen Begehrens auf der Aktivität der Vorstellungskraft beruht, besser ist, sich zu zwingen, von dem erregt zu werden, was man hat – denn der Vorstellungskraft ist, *wie Gott*, alles möglich, und Wirklichkeit und Unwirklichkeit *sind ihr eins* –, als auf der Suche nach etwas, das man weggeworfen hat, die Hälfte aller Kehrichtkästen von Paris zu durchwühlen.

Wie auch immer, ich nahm schließlich den Zug nach Süden; und man darf getrost glauben, daß mich die Vorfreude darauf, einen Blick von der Touraine, dem Land von Balzac und Rabelais, und möglicherweise sogar von jenen „melancholisch hochherrschaftlichen Wäldern von Blois", wie sie Pater in *Gaston* schildert, zu erhaschen, die Kehrichtkästen von Paris bald vergessen ließ.

Wie hoch üppig und grün das Wiesengras an den Ufern der Loire war! Ich habe zu meiner Zeit wahrhaftig grünes Gras gesehen; ich habe es auf den Wiesen von Shirley, den Wiesen von Stinsford bei Dorchester, den Feldern der Meierei von Montacute gesehen; aber bei meiner Seele, nie habe ich grünere Weiden erblickt als die, durch welche der Expreß in den Süden sauste. Nur allzu bald für meinen Geschmack wurde die Landschaft von Dunkelheit verschluckt; am Morgen aber vergaß ich, daß es auf der Welt überhaupt so etwas gab wie grüne Felder. Alles war gelb, braun, golden und umbra.

Ich war in Spanien. Man kann sich vorstellen, wie die Gestalt des „Katholiken" mit seiner tragischen, schrecklichen Entschlossenheit, „die Religion", wie er stets zu sagen pflegte, „bei den Haaren zu bekommen", vor mir aufstieg und neben mir stand, als ich in Madrid aus dem Zug stieg. Ehe ich am Abend zuvor in meine Koje geklettert war, hatte sich eine Gruppe junger, eleganter Franzosen über mich lustig gemacht, und ich kann versichern, daß ich erleichtert war, als ich die jungen Stutzerchen ein vornehmeres Hotel betreten sah, als ich es mir leisten konnte.

Es ist höchst bemerkenswert, wie ich im täglichen Umgang entweder starke Gefühle verachtungsvollen Hasses oder starke Gefühle übertriebener Achtung hervorrufe. Und das gilt besonders für junge Männer. Mit jungen Amerikanern, jungen Deutschen, jungen Juden und jungen Engländern bin ich stets hervorragend ausgekommen – nie aber mit einem jungen Franzosen! Das liegt wohl daran, daß meine Form von Phantasie, meine Form von Humor – wenn man es Humor nennen kann, und es gibt immerhin Präzendenzen dafür – und meine Form von Intelligenz den in Frankreich dominierenden Formen dieser Eigenschaften genau entgegengesetzt ist. Nur ein einziger Franzose, nämlich mein ehrenwerter, lieber Freund Monsieur D'Aoust, hat sich je bemüht, freundlich zu mir zu sein; und das köstliche Arom seiner Wertschätzung ist so durchdringend, daß eben die Tatsache, daß sie eine Ausnahme darstellt, dadurch um so schärfer hervortritt.

Aber das Vergnügen, allein in Madrid zu sein, ging weit über alles hinaus, was ich erwartet hatte. Wenn ich in dem sonnengedörrten kleinen Park am Eingang des blutfarbenen Prado auf und ab ging, wenn ich durch Eisenstäbe das königliche Schloß bestaunte, wenn ich verzweifelt versuchte, meiner Phantasie die schlackigen Hintergründe spanischer Gemälde mit ihrem lohgelben Staub, ihrer kümmerlichen Vegetation, ihren öden Felsengraten, ihren blattlosen, wie von Dämonen verkrümmten Ästen einzuverleiben, wenn ich schmale, über dröhnenden Verkehrsadern hangende, steinerne Terrassen entlangging, wenn ich Tasse auf Tasse eines Kaffees trank, der mir unappetitlicher vorkam als jede Flüssigkeit, die ich mir jemals in den Schlund gegossen hatte, so hatte ich jenes herrliche Gefühl, das zu empfinden ich immerzu anstrebe, das Gefühl nämlich, ich wäre auf unserem ganzen Planeten ein Fremdling – ein Fremdling, sagen wir, vom Saturn! –, der auf der Erde hierhin und dahin zieht und ohne Haß, ohne Neugier, ohne Neid, ohne Liebe und ohne Abscheu die Stammessitten der Menschen beobachtet, als handle es sich um die Verhaltensweisen von Fischen in einem Aquarium.

Nun aber sollte es zu einem der erregendsten Ereignisse meines ganzen Lebens kommen. Man muß sich vor Augen halten, daß ich mich auf diese Pilgerfahrt nach Spanien vorbereitet hatte, wenn auch nicht so gewissenhaft, wie der „Katholik" es getan haben würde. Aber ich hatte das Spanischlesen geübt, bis ich leichte Romane lesen konnte – nicht *Don Quixote*, aber doch Bücher wie die von Blasco Ibañez –, und neben anderen Werken dieses fruchtbaren Autors hatte ich mit prickelndem Vergnügen auch dasjenige über die Kathedrale von Toledo gelesen. Dieses Buch gefiel mir noch mehr als Hugos *Notre Dame*, wie ich überhaupt eine starke Vorliebe für dieses Genre und für Bücher über gewisse legendäre Stätten habe, wo noch die Erde Spuren vom alten Zauber des Ortes aufweist, Bücher wie etwa das kleine Meisterwerk von Maurice Barrès mit dem Titel *Der heilige Hügel*.

Ich war unter groben Mutmaßungen und Auslassungen durch diese spanischen Geschichten gestolpert, hatte ihnen aber so viel abgewonnen, daß ich immerhin ein Jahr lang dabeiblieb; ich war also, was Spanien anging, nicht völlig ahnungslos, jedenfalls nicht vom gewöhnlichen Standpunkt aus betrachtet; völlig ahnungslos aber, ein bloßer genußsüchtiger literarischer Dilettant, war ich vom Standpunkt Unamunos, des „Katholiken" oder des Geistes jenes schiefgesichtigen Königs aller tragischen Marionetten aus, der gewiß entweder auf Rosinante oder im Kopf seines Schöpfers in diesen Teil von Kastilien gekommen war.

Wie auch immer, ich brach jedenfalls so früh am Morgen, wie es nur ging, von Madrid nach Toledo, jener Stadt der Städte, auf. Der Zug, mit dem ich fuhr, hielt auf jedem kleinen Bahnhof; fast könnte man sagen, bei jedem kleinen Weiler. Er war im buchstäblichsten Sinne das, was die Amerikaner einen „accommodation train" nennen. Einmal hielt er an einer Stelle, wo einer Gruppe nach Toledo reisender Zigeuner ein prächtig gefiederter Kakadu entfleucht und in einen Baum geflogen war; dort konnten wir ihn von den Fenstern des Zuges aus dabei beobachten, wie er den mächtigen Schnabel und den flammenden Federbusch auf und nieder bewegte, als wäre er in die Anbetung irgendeines Überpapageis am glühenden Himmel versunken. Ob es am Ende dem Lokomotivführer oder dem Schaffner des „accommodation train" zufiel, den Vogel von seinem Gebetsbaum herunterzuholen, weiß ich nicht mehr, und ich kann mich auch nicht erinnern, daß die Zigeuner irgendwelche besonderen Gefühle, sei's der Freude oder der Verärgerung, gezeigt hätten, als unsere wackere Lokomotive unter mächtigem Dampfschnauben ihre Fahrt wiederaufnahm.

Ich kann mich an jede Einzelheit meines Aufenthaltes in Toledo erinnern, als wäre es vor nicht mehr als einem Jahr gewesen. Dem festen Brauch meines Vaters folgend – „Ich bin immer gern unabhängig, John, mein Junge" – ging ich zu Fuß vom Bahnhof in die Stadt. Dabei erstaunte mich der Anblick der an einen verlassenen Landstrich von Dartmoor gemahnenden Granitblöcke, die das andere Ufer des Flusses säumten, welcher sich gelb wie ein Löwenfell am Grunde einer steilen Schlucht dahinwälzte. Rückblickend ist mir, als sei die alte Brücke, über die ich die Stadt betrat, außerordentlich schmal gewesen; und sofern ich mich nicht all die Jahre mit merkwürdigen Phantasien getäuscht habe, waren meiner Erinnerung nach am Brückenkopf die Worte eingemeißelt: „In dieser Stadt ist es verboten, zu betteln oder Gott zu lästern." Die Brücke aber war denkbar schmal und überspannte den denkbar wildesten Strom; und wenn ich sie in Gedanken mit der schrecklichen Aalbrücke verbinde, die in der Gralslegende überquert werden muß, ehe man Schloß Carbonek erreicht, so darf man nicht vergessen, daß mein mit Ausnahme der eingebildeten Gestalt des „Katholiken" an meiner Seite allein vollzogener Eintritt in Toledo eine jener Gelegenheiten im Leben eines Menschen darstellte, bei der noch die unbedeutendsten „Zeichen am Wege" mit nicht mitzuteilenden Geheimnissen aufgeladen werden.

So lange hatte ich dem freudlosen, verzweifelten, leidenschaftlichen, *tragischen* Versuch meines Freundes zugesehen, die Religion bei den Haaren zu bekommen, daß die Tatsache, daß ich mich nun im Herzen ebendes Landes befand, das zu betreten er sich nach wie vor für unwürdig erachtete, mir als etwas Unglaubliches, ja beinahe Frevlerisches erschien, in jedem Falle aber als etwas, mit dem beiläufig, leichthin und auf „künstlerische" Weise umzugehen eine Sünde wider den Heiligen Geist wäre. Ich hatte es tatsächlich vermocht, mir so viel Spanisch anzueignen, daß ich bei der Lektüre von Blasco Ibañez' *Kathedrale* eine gewisse Ahnung davon bekam, was sich in dieser pittoresken Geschichte ereignet; und als ich nun, unter Führung eines Burschen, der einem von Nicolas Poussin gemalten Hirtenjungen ähnelte, das gewaltige Bauwerk aufsuchte, hielt ich mich mit außerordentlicher Befriedigung am eisernen Geländer jenes seltsamen Hauptaltars fest. Toledo schien voller Eisenstäbe zu sein, Eisenstäbe, die man, wie eine alte Zauberregel bei Malory hätte gebieten können, festhalten mußte, ehe man auch nur einen flüchtigen Blick von den thaumaturgischen Nachfolgern der Ekstatiker El Grecos erhaschen konnte!

Irgendwann führte mich mein Nicolas-Poussin-Hirtenjunge zu einem der düstersten Häuser in einer der steinernsten Straßen der ganzen Stadt, und dort warteten wir vor einer Pforte, die zu Graf Orgaz' Grabstätte hätte führen können, bis ein Mann in schwarzer Soutane, ein Mann, dem die Vorsehung das gestrengste, humorloseste, teuflischste Gesicht gegeben hatte, das ich je erblickt habe, ein Eisentor öffnete, um uns in die kleine Kirche zu führen, wo man El Grecos Gemälde von der Grablegung des Grafen Orgaz sehen kann. Sagte ich „sehen"? Eher sich ihm auf Knien nähern; es anstarren, während die Stirn – und auch die Seele – sich gegen Eisenstäbe preßt.

Erfüllte mich das riesige, höhlenartige Innere der Kathedrale von Toledo mit ihren ungeheuren, labyrinthisch-komplexen Verzierungen mit jener merkwürdigen Befriedigung, die ich zwischen den Wurzeln und Kaninchenlöchern der hohen Böschungen über dem „Seufzgergäßchen“ in Sherborne, in der aus Lattenwerk und Putz bestehenden „Mansarde“ in Rothesay House und wohl auch *bei der Rückkehr* von meinem ersten kindlichen Vorstoß in die gefährliche, außerhäusige Welt von Shirley empfunden habe, so war es für mein ganzes Wesen kaum weniger befriedigend, als mein jugendlicher Guide – ich war dankbar, dem anderen, schrecklichen *psycho-pompos* oder Seelengeleiter zu entkommen – mich in das sogenannte „Haus“ von El Greco führte. Ich pflege gern zu erklären – obwohl es vermutlich besser wäre, ich hielte den Mund –, daß ich nicht nur in Fragen der Kunst ein Ignorant, sondern auch dem „künstlerischen“ Standpunkt auf boshafte Weise feindlich gesinnt sei. Gewiß ist das so. Aber es rührt wohl von meinen früheren, wilden Schlachten mit Harry Lyon her, dessen überlegenem Wissen ich mich beugen mußte, während mein Innerstes vor Verlangen bebte, ihn zu widerlegen und zu beschämen.

Bei El Greco jedoch – dessen eigenartiges Genie ich mir ganz allein erschloß, worauf ich es erleben mußte, wie er unter genau den Ästheten, mit denen ich mich herumschlug, zum Kult wurde – war es genau wie damals, als ich zum erstenmal Dostojewski in die Finger bekam. Tatsächlich glaube ich, daß El Greco und Dostojewski etwas gemeinsam haben. Wenn ich mir beispielsweise die Gestalt meines Namensvetters Johannes ins Gedächtnis zurückrufe – obwohl es sich um Johannes den Evangelisten und nicht um Johannes den Täufer handelt –, so weiß ich noch, wie es mir schien, als ob die großen, mystischen Farben der Seele, die edlen pantagruelischen Farben Blau und Weiß, zusammen mit der Glut der Sonne und der Grünheit des Grases durch ihr Fleisch und Blut projiziert wären, so daß der eigentliche Stoff ihrer menschlichen Konsistenz durchlässig zu werden schien für den schöpferischen Hauch, und zwar nicht nur im Hinblick auf das noch tiefere Geheimnis, das dem zugrunde liegt, was wir als „Farbe“ kennen. Instinktiv hatte ich immer gegen den Ausspruch Blakes aufbegehrt, den der „Katholik“ so zustimmend zu zitieren pflegte: „Wer die Form nicht der Farbe vorzieht, ist ein Feigling.“ Aber meine Unkenntnis künstlerischer Techniken hinderte mich daran, meine vagen Einwände zu rechtfertigen. Hier allerdings, in dieser Glutfarbe und in dieser Grasfarbe, die, so könnte man sagen, das Fleisch des heiligen Johannes unmittelbar aus der Seele der Ersten

Ursache heraus *durchdrang*, lag eine Energie, die keinen Deut weniger spirituell war als die, welche sich in der Blakehaften Kraft von El Grecos Zeichnung kundtat.

Es war schade, daß ich nicht länger für mich allein in Toledo bleiben konnte. Bald aber vergällten mir meine verfluchten Magenprobleme mein spanisches Abenteuer. Die Zigaretten vertrug ich dort durchaus; und so dumm ich mich sonst mit Fremdsprachen anstelle, kam ich mit dem Spanischen weiter, als ich je mit dem Walisischen gekommen war; doch das dortige Essen und der Kaffee vernichteten mich. Ich kann mich noch heute erinnern, wie ich in einer Art düsterem Speiselokal, das auf so etwas wie einen Marktplatz in der Nähe des Gasthauses hinausging, in dem Cervantes oder Don Quixote – es fiel mir immer schwer, die Bewegungen der beiden auseinanderzuhalten – einzukehren pflegte, Tasse auf Tasse spanischen Kaffees trank. Und obschon mein Magen von dem verfluchten Kaffee brodelte – in meiner Leichtfertigkeit trank ich obendrein noch *Weißwein*, für mich stets das übelste aller Gifte –, entdeckte mein unverbesserlicher Romantizismus, der sich nicht um wissenschaftliche Genauigkeit scherte, solange ich nur den Schauer erlebte, um den es mir ging, in gewissen kastilischen Bauern, die den Markt besuchten, eine überwältigende Ähnlichkeit mit den gesetzten, trocken-humorvollen, wortkargen Landbewohnern Nordenglands, wie sie in den Waverley-Romanen geschildert werden!

Inwiefern war ich eigentlich auf meinen Gängen durch Toledo – denn in keiner Situation offenbart sich das geheime Seelenleben eines Menschen deutlicher, als wenn er allein reist – der Art von Figur vergleichbar, die die meisten jungen, belesenen, englischen Akademiker, Söhne bürgerlicher Eltern, in meiner Lage abgegeben hätten? Ich denke, ich unterschied mich von den meisten von ihnen insofern, als ich mir schon damals das ungeheure, das große homerische Geheimnis anzueignen begann, mich zu meinen Grenzen zu bekennen! Aufrichtigkeit sich selbst gegenüber – außer dann, wenn man sich absichtlich zwingt, die Gedanken zu vergessen, mit denen man sich selbst quält – ist das eine, das not ist; und danach, sich nicht länger seiner Unwissenheit und Kindlichkeit zu schämen. Meine gesamte geistige Entwicklung ließe sich als ein Kampf resümieren, meine magnetische Vitalität, die so gewaltig ist, vor den Pflug nicht meiner Schlauheit, sondern meiner Schlichtheit zu schirren. Und dabei haben mir meine Schutzengel geholfen, indem sie mich vor jeder Scham bewahren, was das Problem der Inkonsistenz angeht. Diese Hinnahme von Inkonsistenz – etwas ganz Wesentliches in der Erfahrung jedes Menschen – ist mir insofern leichtgefallen, als ich die Gewohnheit habe, mein Leben ausgehend von der Grundannahme einer *pluralistischen Welt* zu führen, einer Welt wie die Homers, in der alles um einen herum – Luft, Wasser, Erde, Feuer – lebendiger Leib eines lebendigen Geistes ist.

Auf meinen Gängen durch Toledo kehrte ich daher vollkommen schamlos meine rustikalen englischen Eigentümlichkeiten und ebenso unbekümmert schamlos meine begeisterte Freude an all den spanischen Eigentümlichkeiten hervor, die so ganz anders waren als alles, was ich von zu Hause kannte. Es ist seit jeher typisch für mich, daß ich ein boshaftes Vergnügen daran finde, meine sämtlichen Beschränktheiten und Unbedarftheiten in Gegenwart des Menschentypus an den Tag zu legen, der sich etwas auf seine Weltkenntnis zugute hält. Dieser Beschäftigung gebe ich mich besonders gern in Gegenwart kultivierter Menschen hin, die jenen speziellen Tonfall von *savoir-faire* oder „Alleswisserei" am Leibe haben, in den Reisende aller Länder so leicht verfallen. Von Menschen dieses Schlages pflegte ich mich voller Erleichterung dem Gedanken an meinen Freund den „Katholiken" zuzuwenden, dessen Religiosität und Vorstellungsreichtum so tief reichten und der bei aller Subtilität seines Denkens in allen großen emotionalen Fragen so leidenschaftlich schlicht war.

Meine *geistige Bosheit* aber ist eines der dominierenden Elemente meines Lebens und um so tiefer und gewaltiger, als ich sie in meinem Umgang mit Menschen ausnahmslos kaschiere. Ich enthülle dieses Geheimnis nun unter dem Eindruck meiner Erinnerungen an Spanien, aber es wird von meinen Freunden so wenig verstanden, daß der „Erzengel", wenn er sich mit meinem Charakter und sogar mit meinem Gesichtsausdruck befaßt, nicht umhin kann, jener besonderen Art von Verärgerung freien Lauf zu lassen, die wir alle angesichts einer als Affektiertheit wahrgenommenen Verhaltensweise empfinden, während eine alte Freundin, die freilich nicht so schwer unter meinen Schwächen gelitten hat wie der „Erzengel“, erklärt, diese meine „Bosheit“, über die ich mich ständig in dunklen, unheimlichen Anspielungen erginge, sei eine reine Erfindung! Sie ist aber ebensowenig Erfindung, wie der exzessive und schamlose Ausdruck dessen, was ich fühle, Affektiertheit ist.

Ich bin der geborenen Schauspieler; aber mein „Schauspielern“ findet in einer jenseits der Ebene des Theatralischen liegenden Lebensdimension statt, einer Lebensdimension, wo schon halb glauben oder, wenn man so will, halb glauben *machen* heißt, die schöpferischen Geheimnisse jener ewigen Formerin magischer Blasen, der Natur selbst, zu teilen.

Diese „Bosheit“, die ich hier zu analysieren versuche, während ich mich der schamlosen Schlichtheit meiner Gefühle als Reisender entsinne, ist, wie ich schon angedeutet habe, etwas zutiefst Misanthropisches. In den Tiefen meines Wesens empfinde ich schlicht, natürlich, kindlich, unmittelbar. Angesichts von Dingen und Menschen, die ich nicht mag, empfinde ich auf durchsichtige Weise feindselig, wobei ich jedoch den Drang verspüre, entweder zu flüchten, indem ich weglaufe, oder zu flüchten, indem ich meine innerste Identität in einen unantastbaren Kieselstein verwandle. Ich habe eine stark streitsüchtige Ader; diese aber unterdrücke ich, bis der Anlaß, der sie geweckt hat, vorübergegangen ist. In diesem Punkt habe ich mir eine Selbstkontrolle angeeignet, die so spontan und automatisch funktioniert, daß es mir nahezu unmöglich geworden ist, einen Wutanfall zu bekommen. Tatsächlich fällt es mir mittlerweile dermaßen schwer, in Gegenwart von Menschen, die mich verletzen, Zorn zu zeigen, daß ich manchmal, um einen wünschenswerten Effekt hervorzurufen, *so tun* muß, als empfände ich auch an der Oberfläche die Emotion, die ich in Wirklichkeit in den Tiefen empfinde, jedoch sozusagen bereits in der mittleren Schicht meines Wesens automatisch unterdrückt habe!

Aber meine Gefühle gegenüber Dingen und Menschen, die mich anziehen, ähneln denen eines schwärmerischen jungen Mädchens. Vom Verstand her amüsiert es mich insgeheim oft, die Sorte Mensch zu beobachten, zu dem ich in solchen Momenten werde; denn ich werde so eifrig und impulsiv, auf so durchsichtige und von ganzem Herzen empfundene Weise begeistert und erregt, daß mein ganzes Wesen, all mein Fleisch und Blut, all meine Nerven, all meine Muskeln und Sehnen, sich mit einemmal anfühlen, als wären sie durchlässig und transparent. Meine Seele gerät in einen solchen Taumel, daß mir wird, als ergieße sie sich wie Wasser oder Luft durch meinen Körper, nehme ihn in sich auf und durchtränke ihn mit ihrer Empfindung. Dann fühle ich mich leicht wie Luft; und je stärker mein Frohlocken, desto zarter, schmächtiger, schwächer und spröder wird mein Körper! Ja, es ist seltsam und merkwürdig, daß mir, je mehr ich in Gegenwart eines Menschen oder Dinges vor Glück außer mir gerate, desto mehr zumute wird, als wäre ich ein junges Mädchen. Wenn mir angesichts eines Ausdrucks, einer Miene, eines Blickes, eines Wortes, einer Geste von einem Menschen, den ich mag, oder angesichts *einer einzigen Zeile* aus dem Werk von Milton, Dante, Homer, Keats oder Shakespeare vor Wonne die Knochen im Leibe schmelzen – und die Empfindung von Tränen, die dann in meinen Augen aufsteigt, entsteht niemals aus Leid, sondern immer nur aus Glück –, so habe ich gegenüber dem betreffenden Menschen oder Gegenstand ein extremes Bewußtsein weiblicher Zartheit, weiblichen Eifers, fast könnte man sagen, weiblicher Selbstvergessenheit.

Ich bin kein Homosexueller – ich würde es dir schamlos gestehen, Leser, wenn ich es wäre! – und ich bin das extreme Gegenteil eines Narzißten oder Exhibitionisten; aber wenn mich bei Männern, Männern wie meinem Vater, meinem jüngsten Bruder Will oder Theodore Dreiser, etwas Robustes, Wuchtiges, Urwüchsiges anzieht, so ist mir, als gliche meine Empfindung genau der eines vor Heldenverehrung bebenden jungen Mädchens. Das Sonderbare und Groteske ist, daß mein eigenes *Äußeres*, auch während mich dieses mädchenhafte Gefühl beherrscht, ebenso robust und gewaltig bleibt – in manchen Fällen sogar *noch* robuster und gewaltiger wird – wie der Mensch, dessen urwüchsige Schlichtheit ich idealisiere!

Man wird sich vielleicht fragen, wie es möglich ist, daß neben dieser impulsiven, mädchenhaften Selbstvergessenheit eine sadistische Neigung bestehen kann; aber das Merkwürdige an meinem Sadismus ist, daß er in fast allen Wesenszügen dem Sadismus einer Frau entspricht und das ist zweifellos auch der Grund, warum ich alle Formen grausamen Sports verabscheue und vor jeglichem Blutvergießen und jeglicher Brutalität instinktiv zurückschrecke.

Es macht mein Vergnügen zunichte, ja, ich überspringe mit schauderndem Ekel Seite auf Seite, wenn in einem sadistischen Buch Blutvergießen geschildert wird.

Doch zurück zu meiner „Bosheit". Ich bin zutiefst davon überzeugt, daß – wie der „Katholik" zu sagen pflegte – niemand das Recht hat, dem Geist eines anderen seine ästhetischen und moralischen Werte aufzuzwingen. Die Lebensillusion eines Menschen sollte so unantastbar sein wie seine Haut. Während ich mich also anstrenge, unweltlich, unambitioniert, unmodern und unraffiniert zu sein – wozu ich das absolute Recht habe, genau wie religiöse Menschen das absolute Recht haben, sich zu bemühen, *gut* zu sein –, erfüllt es mich mit unbeschreiblicher Boshaftigkeit, wenn ich Menschen begegne, die in ihrer Unempfänglichkeit für die Feinheiten, Ironien und diabolischen Komplexitäten des menschlichen Charakters primitive Verachtung für das Kindliche und Exzentrische empfinden. Ich empfinde keine Bosheit gegenüber Menschen wie dem „Erzengel", die sich meiner „Affektiertheit" wegen über mich empören, oder gegenüber treuen Freundinnen wie der, die meint, meine „Boshaftigkeit" sei eine absurde Erfindung. Die Menschen, gegen die ich Boshaftigkeit empfinde, sind die weltlichen, modischen, reichen Leute der großen Gesellschaft oder die schlauen, kultivierten Akademiker, die sich nicht nur, wie der „Erzengel", über das ärgern, was sie für meine „Affektiertheit" halten, sondern auch ihre Verlegenheit über meine Einsicht in ihre prinzipielle Dummheit dadurch überspielen, daß sie mich als Sensualisten beschimpfen. In beiden Fällen aber, im Falle des „Erzengels" ebenso wie im Falle dieser anderen, werde ich meine Eigenheiten in ihrer Gegenwart stets bis zum Äußersten ausleben. Vermutlich ist die Vorstellung, daß ein Erwachsener, der nun schon mehr als ein halbes Jahrhundert völlig bewußt auf dieser Welt lebt, es mit Fleiß darauf anlegt, sich so schlicht, so natürlich, so kindlich wie möglich und so eifrig und impulsiv spontan wie möglich zu geben, für viele Menschen, die ganz anders sind als die eben von mir erwähnten, abstoßend, ja, hat sogar etwas *Unanständiges*.

Ich, der ich, wenn ich mich überhaupt kenne, das extreme Gegenteil eines „Narzißten" und das extreme Gegenteil eines „Exhibitionisten" bin, werde also von meiner Bosheit angetrieben, immer unschuldiger, naiver, ungekünstelter, kindlicher und sogar närrischer zu werden! Ja, wenige Dinge verschaffen mir größere Wonne, eine Wonne, die durchaus sinnlich ist, ein Vergnügen, das ohne weiteres – obschon ich nicht behaupte, daß es so ist! – von Gefühlen erotischer Erregung begleitet sein könnte, als mich in Gegenwart von Leuten zum Narren zu machen, die es nicht ertragen können, das oberflächliche Dekorum des Lebens in irgendeiner Weise angekratzt zu sehen.

So seltsam es nach all meinen skandalösen Bekenntnissen in deinen Ohren klingen muß, Leser, ich bin vollkommen sicher, daß es, mit anderen Strängen im Stoff meines Wesens verwoben, eine merkwürdige moralische Empfindlichkeit gibt, wie sie ehedem in der „Narrheit" von Heiligen anzutreffen war! Meine Bosheit kann jedoch, fürchte ich, kaum als heiliger Charakterzug gelten, und dieses Element in mir wird zumal dann besonders erotisch und sinnlich, obschon niemals sadistisch, wenn ich mit Menschen zusammentreffe – und ihrer gibt es heutzutage viele –, die gescheit sind, ohne originell zu sein, klug, ohne feinsinnig zu sein, intelligent, ohne einsichtig zu sein, und die, vor allem, ständig von diesen sterbenslangweiligen „Komplexen" faseln. Besitzen sie denn keinerlei Verstand, keinerlei Philosophie, keinerlei Einsicht? Erkennen sie denn nicht, daß das ganze Geschwätz von „Komplexen" in ein paar Jahren zwangsläufig passé und von einem völlig neuen Sortiment von Schlagwörtern abgelöst sein wird?

In Wirklichkeit ist meine Bosheit im tiefsten Grunde nicht nur misanthropisch; sie ist auch philosophisch! Mehr als sonst etwas macht mich die anmaßende Vorstellung von der Bedeutung der modernen Wissenschaft boshaft. Ich habe wie jeder andere auch einen bestimmten Gewinn von modernen Geräten, modernen Erfindungen, modernen philosophischen Ideen. Dennoch bleibt, daß meiner Meinung nach die beiden größten Äußerungen der Welt Pilatus' Frage: „Was ist Wahrheit" und Jesus' unwissenschaftliches, überpersönliches Wort: „Ich bin die Wahrheit" sind. Diese beiden Sätze zusammengenommen umgreifen das ganze Problem. So etwas wie wissenschaftliche Wahrheit gibt es nämlich in Wirklichkeit gar nicht. Es gibt wissenschaftliche Methoden, wissenschaftliche Hypothesen, wissenschaftliche Vermutungen und wissenschaftliche Erfindungen; aber die „Wahrheit" ist etwas, das seinem ureigensten Wesen nach – einfach weil sie lebendig ist – die

Wissenschaft zwangsläufig immerzu narrt. Die Wissenschaft kann die Träger der Wahrheit foltern und töten, aber die Wahrheit selbst wird immer entkommen; und sie wird deshalb entkommen, weil sie nie ganz ohne Bewußtsein, nie ganz ohne freien Willen, nie ganz ohne die gottähnliche Macht der Vernichtung und Erschaffung ist.

Ein anderer Menschentyp, der diese sinnliche Bosheit in mir hervorruft, ist der Typus des Experten, des großen Kenners, dessen fachliches *savoir-faire* durch schiere Selbstgefälligkeit dümmlich wird. Dieser lästige Typus hat mich mein Leben lang angegriffen und verlacht. Ich bin diesen Stockgelehrten ein ständiges Ärgernis und eine ständige Bedrohung. Ich kann gar nicht beschreiben, welch wollüstiges Vergnügen ich daran finde, es in ihrer Gesellschaft darauf anzulegen, einen noch größeren Narren zu spielen, als ich es von Natur aus bin! Im Grunde macht diese Leute so wütend, daß meine bewußte Schlichtheit und Ungekünsteltheit ihre Ambitionen herabzerrt, ihre Prätentionen eitel erscheinen läßt und ihre ganze Lebensillusion zunichte macht. Für sie liegt der Sinn des Lebens in der Konkurrenz; für mich in der Kontemplation. Für sie richtete sich der Lebensdrang darauf, erfolgreich zu sein und sich einen Namen zu machen. Für mich richtet er sich darauf, mich am Mysterium der Elemente und am Zauber erotischer Sinnlichkeit zu freuen.

Meine gesamte Philosophie gründet auf der monumentalen Schlichtheit meines Vaters; ihr strebe ich nach, so wie Christen Jesus nachstreben. Zum Glück ist mein Wesen zwar auf mancherlei gewundene Weise abgefeimt wie der Teufel, aber eben auch fast morbide kindlich; und so ist es mir, obwohl mich Freunde wie Feinde mit ihrem Spott behinderten, nicht schwergefallen, in dieser lebenslangen Anstrengung, mein Alltagsleben zu vereinfachen, recht weit zu kommen.

Ich wäre möglicherweise noch länger in Toledo geblieben, wenn sich mir nicht die unerfreuliche Vorstellung aufgedrängt hätte, der Gasthof, in dem ich logierte, sei über seiner eigenen Senkgrube errichtet worden. So aber fuhr ich nach Madrid zurück und nahm am nächsten Tag den Zug nach Sevilla. Der „Katholik" hatte völlig recht mit seinem leidenschaftlichen Protest gegen den durchschnittlichen, weltklugen Reisenden. Ich erinnere mich an ein Buch von Barrès über Toledo, auf dessen Einband ein Bild des Autors, dieses klugen, kultivierten Elsässers, prangte, wie er von einer benachbarten Anhöhe aus auf die Stadt El Grecos hinabschaute, so wie er von der Loge seines französischen Theaters auf ein absonderliches spanisches Schauspiel hätte hinabschauen können.

In dem Gefühl, ich verträte meinen leidenschaftlichen Freund – den Freund Unamunos, wohl kaum aber des Schicksals –, indem ich diesem Land, das er niemals sehen würde, eine Stimmung entgegenbrachte, die sich von bloßer literarischer Wertschätzung unterschied, tat ich mein Äußerstes, mir nichts von den Qualitäten Sevillas entgehen zu lassen, als ich die Stadt schließlich erreichte. Ich traf dort mit Louis und einer Dame zusammen, die wir beide gut kannten, und ich kann mich erinnern, wie die Hartnäckigkeit, mit der ich meinen verschiedenen abergläubischen Kulten oblag, diese meine beiden Freunde am Ende etwas überforderte. Überhaupt begegne ich nur selten jemandem, der bereit ist, sich mit *allen* meinen diversen Manien abzufinden.

Llewelyn bringt den meisten Nachsicht entgegen; obschon auch er keine Lust hat, vor Briefkästen zu warten, während ich mit den Fingern in der Öffnung stochere, um mich zu vergewissern, daß meine Briefe nicht steckengeblieben sind. Temperamentsunterschiede treten freilich mit besonderer Heftigkeit zutage, wenn man sich mit Freunden in einem fremden Land aufhält. Ich habe schon erzählt, wie selbst Lulu in Basel zornig auf mich wurde, weil ich bei dem Aufhebens, das ich darum machte, daß Nietzsche dort Griechisch gelehrt hatte, kein Mitgefühl zeigte, als ihm ein Zahn ausfiel. Mit Bertie – aber A. R. P.s spöttischer Dogmatismus könnte auch einen Heiligen um die Selbstbeherrschung bringen – hatte ich in Rom eine wütende Auseinandersetzung über die Formulierung eines bestimmten Telegramms nach Paris. Bertie wollte es lakonisch und billig haben; ich bestand darauf, es wortreich und teuer zu gestalten. „Ist es nicht traurig", wie der Philosoph Tschuang immer sagt, wenn er sich mit der erbärmlichen Dummheit Sterblicher befaßt, daß ich nicht an Rom denken kann, ohne daß ich mich daran erinnere, wie ich den „Erzengel" ärgerte. Ich sehe die Szene noch heute vor mir, als wäre es erst einen Monat her; sehe mich selbst, wie ich eine lange Treppe ans Ufer des Guadalquivir hinunterstieg, um den Knauf meines Hickorystocks, des damaligen

Nachfolgers von „Heilig“, in den andalusischen Wassern zu taufen. Es war das eine feste Gewohnheit von mir, dieses Eintauchen meines Stockes in sämtliche historischen Ströme, auf die ich traf. Genauso machte ich es auch vor fünf Jahren am Fluß Test bei Horsebridge; bei dieser Gelgenheit aber wurde mir mein Stock von einem großen Mühlrad aus der Hand gerissen und sogar weiterbefördert, so daß er erst einige hundert Meter flußabwärts schließlich aus dem Wasser geborgen werden konnte und ich das Gefühl hatte, als sei ein Wunder geschehen.

Doch sentimentale Possen dieser Art empörten Louis Wilkinson, der es auf seinen Reisen sehr mit einem gesunden Geist in einem gesunden Körper hielt, während unserere Freundin, die uns beide als wichtigtuerische Egoisten verachtete, zu dem Schluß kam, meine Selbstsucht sei lästiger als seine. Vielleicht hatte sie recht. Du darfst nicht vergessen, Leser, daß selbst unser weiser Dr. O'Neill einmal ausrief, was „Jacks Manien“ bräuchten, sei eine tüchtige Tracht Prügel jeden Morgen. Vermutlich überkam meine Freunde beim Anblick von „Signore Jack“, wie man mich in Italien genannt hatte, der, übers Wasser gebeugt, allen Anstand fahren ließ, eine Anwandlung ausgesprochenen Hasses auf mich. Nicht dieselbe Art von Haß: denn das Mädchen muß erkannt haben, wie authentisch meine Morbidität war, während Louis wohl meinte, ich versuchte absichtlich so zu tun, als sei ich eine Art schwärmerischer, mittelalterlicher Pilger, darauf aus, „sich Verdienst zu erwerben“. Am Ende jedenfalls konnte ich, als ich aus dem Guadalquivir heraufgestiegen kam – denn diese Stocktaufe durfte nicht hopplahopp, sondern mußte mit großem Zeremoniell vollzogen werden –, die distinguierten Gestalten meiner aufgebrachten Freunde in weiter Ferne entschwinden sehen.

Aber während Tag auf Tag folgte und Louis mir einen Begriff von der Eigenart der maurischen Kultur zu vermitteln suchte, packte mich meine Manie für alles, was mit Nietzsche zusammenhing, und trieb mich dazu, die Mauern der Tabakfabrik stärker zu bewundern als sowohl maurische Türme wie maurische Gärten. Denn ebendiese Tabakfabrik spielt in der Oper *Carmen* eine so bedeutende Rolle; und es war mir nicht entgangen, daß sich Nietzsche, um sich an Wagner für *Parsifal* zu rächen, die Musik Bizets fünfzehnmal angehört hatte. Daß ich die Mauer der Tabakfabrik von Sevilla in ein Symobl für das Aufeinanderprallen zweier so ungeheurer, überzeitlicher Ideale verwandelte, wie sie einerseits von *Siegfried* und andererseits von *Parsifal* verkörpert werden, war, da hege ich keinen Zweifel, eine der zutiefst authentischen, zutiefst empfundenen und am konsequentesten durchgehaltenen Gebärden meines Lebens. Hätte ich mich der Mauer genähert, um sie mit dem Knauf meines Stockes zu berühren, so hätten meine Gefährten das zwar möglicherweise nicht als so lästig empfunden wie mein Verhalten am Fluß, aber unsere Freundin hätte sich vermutlich gesagt: „Wenn Signore Jack den Mut hätte, sich in die Stierkampfarena zu werfen, *das* wäre doch einmal etwas!“, während der „Erzengel“ sich gedacht hätte: „Glaubt der alte Schwachkopf etwa, seine verdammten ‚Ideen‘ balgen sich wie fauchende Katzen?“

Aber ich bin noch heute bereit, energisch für die Verteidigung meiner dramatischen Wahrnehmung vom Aufeinanderprallen menschlicher Ideen einzutreten, die, so behaupte ich, durchaus miteinander kämpfen, aber nicht wie Katzen, sondern wie Engel und Teufel. In Wirklichkeit nämlich sah ich, während ich diese Fabrikmauern anstarrte, den *apollinischen* Kult Goethes und Nietzsches nicht so sehr mit Wagner, der das erleuchtete Medium war, als vielmehr mit meiner eigenen kymrischen Phantasie ringen, die der eigentliche Dionysos und von der Wagners *Parsifal* lediglich das Heilige Bacchanal war.

Wenn ich an die subtile, bebende Intensität unserer walisischen Legenden denke, so versetzen mich Nietzsches Loblieder auf die brennende, gewalttätige, südliche Toreador-Leidenschaft in einen hochgradig spannungsvollen Widerstreit. Genau in diesem Punkt würde ich mich auch mit meinen sämtlichen ästhetischen Gesinnungsgenossen anlegen. Sie sagen, sie empfinden die Schönheit der Welt als so eindringlich, daß sie sich nicht mit mystischen Gladiatorenkämpfen abgeben können. Für mich aber enthält der Unterschied zwischen den Ideen von Nietzsche und denen von, sagen wir, Dostojewski die gleiche Art von vibrierendem Zauber wie der Unterschied zwischen Sonnenlicht und Mondlicht. Mein Verstand ist zu ruhelos und zu ungeduldig, um sich tagelang einer Analyse des Einflusses der maurischen auf die gotische Kunst zu widmen.

Schwelgte nicht selbst der „Katholik“ in der dramatischen Erregung metaphysischer Konflikte? Ich erinnere mich sehr wohl, wie er mir erzählte, er habe einmal in einem Päpstlichen Kolleg zu Rom an nichts anderes als an Martin Luther denken können! Was mir an den Deutschen so gefällt, ist, daß sie *Ideen ernst nehmen* und den Ideenkonflikt als das aufwühlendste Drama auf diesem Planeten betrachten, was er meiner Ansicht nach auch ganz gewiß ist; und obschon der schöngeistige Typus des Reisenden, der nichts als eine bestimmte abstruse „Aura“ oder „Atmosphäre“ ernst nimmt und alles haßt, was mit dem Drama des Menschengeistes zu tun hat, mit müder Geringschätzung auf diese *Romantiker der Ideen* herabsieht, scheint es mir doch, daß das Vergnügen daran, sich halb poetischen, halb philosophischen Verallgemeinerungen über die Geschichte der menschlichen Ideen hinzugeben, eine der zauberischsten Freuden ist, die es gibt, daß ihm ein Rausch eignet, der nur dem Rausch erotischer Ekstase nachsteht.

Gerade die nervöse, unbehagliche Ehrfurcht, mit der so viele Menschen jede von der modernen Wissenschaft vorgetragene Theorie betrachten, nimmt der eigentlichen Dramatik und der eigentlichen Romantik großer Ideen das Wesentliche. Die meisten Menschen sind nicht skeptisch genug. Wenn man allen menschlichen Hypothesen noch im tiefsten Grunde skeptisch genug gegenübersteht, dann, und nur dann, und erst dann ist man in der Lage, die Bedeutung nicht bloß der geistigen Atmosphäre der Länder, die man bereist, sondern auch des großen romantischen Dramas der Rassen, Kulte, Religionen und Philosophien zu genießen, die betreffend fast jeder Stein an diesen historischen Stätten sein eigenes, besonderes Palimpsest besitzt.

Doch wenn meine Freunde meiner Manien wegen in Sevilla wütend auf mich wurden, so gingen sie sehr zartfühlend mit mir um, was mein Magenleiden anging, das mich nun auf höchst tückische Weise überfiel, wenn nicht gar völlig verschlang. Sie teilten meine Abscheu vor der Stierkampfarena; das Mädchen jedenfalls teilte sie, und Louis, so meine ich, wohl auch. Aber wir sahen uns einen Film von einem Stierkampf an, bei dem ein Toreador schwer verletzt wurde oder sogar ums Leben kam. Wie vielen Pferden jedoch bei dieser Darbietung der Bauch aufgeschlitzt wurde, kann ich nicht sagen, denn ich hielt, als wäre ich die kleine Tochter des

„Erzengels“ gewesen und nicht ein Mann, der ihm zehn Jahre voraushatte, die ganze Zeit über die Augen fest geschlossen. Überhaupt muß ich gestehen, daß mich während unseres Aufenthaltes in Sevilla die Fähigkeit meines Freundes verblüffte, mit Menschen, mit Ereignissen und mit unseren Feinden fertig zu werden.

Er war und ist – seine Autobiographie bezeugt es – ein Freund des Streites um des Streites willen. Ich habe nie im Leben jemanden gesehen, der Amtspersonen unerschrockener Paroli bot als Louis. Ich sehe seine hochgewachsene Gestalt, sein goldenes Haar und seine geröteten Wangen vor mir, wie er mit diesen – für mich – absolut furchteinflößenden Menschen Worte wechselte. Er verfrachtete uns alle in eine Art Privatgefährt und beförderte uns sodann – nach eingehendem Studium von Straßenkarten – von Sevilla zu der Fähre, die vom Festland aus Gibraltar ansteuert. Ich war auf dieser Fahrt gehobener Stimmung. Ich entsinne mich, daß wir einmal als wir aus unserem Fahrzeug gestiegen waren, um einen Zauberpfad unter ein paar düsteren Kiefern zu erforschen, auf eine Unmenge hoher blauer Schwertlilien stießen. Ein anderes Mal, so erinnere ich mich, erstaunte ich meine Begleiter durch eine Anwandlung von prahlerischem Maulheldentum. Es war zweifellos die Gegenwart der Dame, die dieses Hahnenkrähen hervorrief. An einer Stelle aber weigerte ich mich rundheraus, unser Gefährt zu verlassen, als der Fahrer zu unserer Bestürzung darauf bestand, einen reißenden Strom auf einer Brücke zu überqueren, die nur noch an einem Faden zu hängen schien.

In Gibraltar bestiegen wir irgendein Schiff und verließen das heilige Land des „Katholiken“, ohne Granada gesehen zu haben. Seither habe ich nie wieder den Fuß auf spanischen Boden gesetzt.

Ob wohl die Art von Details, derer sich ein Mensch von seinen weit zurückliegenden Vergnügungsreisen entsinnt, eine unfehlbare, verräterische Offenbarung seines Charakters darstellt? Nun, ich denke, das ist ein weites Feld, aber ich kann jedenfalls in aller Aufrichtigkeit sagen, daß die Details, die sich offensichtlich am tiefsten in mich einätzten, mit drei ganz bestimmten Aspekten meines Lebens zu tun hatten: mit meinem Laster im Hinblick auf den Kauf jener verruchten Bücher; mit meinem Magen und meinen Eingeweiden in Hinblick auf meine Geschwüre und meine Konstipation; und schließlich mit den raren, unbeschreiblichen

Ekstasen, die mir von alten Fragmenten von Mauerwerk, vermischt mit bestimmten Naturerscheinungen zuteil wurden. Sie ereigneten sich normalerweise dann, wenn mich von der Außenseite eines alten Gebäudes – irgendeines alten Gebäudes, das sich mit den Elementen verband – mit einemmal die magische Ahnung anwehte, *schon einmal hier gewesen zu sein*, diese Gefühle *schon vor Hunderten von Jahren* verspürt zu haben. Und wenn mich diese Empfindung durchschauerte, hatte ich einen unvergeßlichen Seelengeschmack auf der Zunge. Ja, in solchen Momenten pflegte mich ein unsterblicher Geschmack auf dem Gaumen meines Geistes hinzureißen; ein Geschmack, der wohl, ausgehend von irgendeinem kleinen, flüchtigen Eindruck, zur meerestiefen Essenz hinter all unseren großen mystischen Worten wird, hinter „Unsterblichkeit", hinter „Ewigkeit", hinter „Schicksal" und sogar hinter „Brot und Wein" bei der Verehrung Christi.

Ungefähr zu dieser Zeit in meinem Leben – ich kann die chronologische Abfolge dieser Ereignisse nicht präzise rekonstruieren – nahm ich meinen jüngsten Bruder Willy auf meine Kosten für ein paar Tage nach Paris mit. Unsere „liebe Begleiterin" bei dieser Gelegenheit war dieselbe Malerin, mit der ich jene langen, glücklichen Wochen in Italien verlebt hatte; aber weder sie noch ich waren die Sorte Mensch, die einen jungen Burschen mit hochgestochenen Themen erschlägt. Tatsächlich gebärdeten wir uns alle drei in unserer Freude so naiv, als wären wir im Zirkus von Ilchester. Aber wir hatten entsetzliche Schwierigkeiten, passendes Quartier zu finden. Ohne den streibaren „Erzengel" als Cicerone und mit Französischkenntnissen, die so rudimentär waren, daß wir uns schwer taten, irgend etwas aufzutreiben, was uns zusagte, wurde unser Spaß an dem Abenteuer von Perioden üblen Verdrusses geschmälert. Unser ständiges *Voulez-vous* und *Avez-vous* muß nach allem, was es bewirkte, wie das Gekrächze der Krähen auf Montacute Hill geklungen haben. Die erste Unterkunft, die wir ergatterten, erwies sich als spezielle Art von Bordell; während uns in der zweiten, die auf der Insel bei Notre Dame lag, eine Störung inkommodierte, die weit lästiger war als verbotene Liebe. Unser Klosett nämlich ward sowohl am Tage als auch in der Nacht zolltief mit Wasser überflutet. Das mag nach allem, was ich weiß, an einem Eindringen der Seine gelegen haben, die immerhin ganz nahe vorbeifloß, oder es mag eine französische Sitte gewesen sein; wie auch immer, für die Besucher von Montacute Vicarage erwies es sich als quälende Plage. Um „unser Geschäft zu erledigen", mußten wir einen knöcheltiefen, wirbelnden Strom durchwaten, eine Situation, die alles andere als dazu angetan war, dem heiklen Inneren eines Menschen zu schmeicheln und wohlzutun.

Schließlich aber fanden wir Zuflucht in einem himmlischen Schlupfwinkel in einem ganz anderen Bezirk, einem wunderbar sauberen kleinen Hotel mit Namen „Hotel des Grands Hommes", dem ich von ganzem Herzen wünsche, daß es noch heute florieren möge. Es lag ganz nahe beim Pantheon und wurde hauptsächlich von Universitätsstudenten bewohnt, und hier fühlten wir uns fast so wohl, als hätten wir im „Three Choughs" in Yeovil logiert.

Aber ich erinnere mich, wie ich einmal mit Willy in der Gegend von *Les Halles* in einigen schmalen Gassen zwischen hohen, alten, sehr romantisch wirkenden Häusern umherstreifte, Häusern, die jenes düstere, reichverzierte, wuchtige, *intrikate* Aussehen haben, das mich an einer alten historischen Stadt von allen Dingen am meisten fasziniert, und wie wir beide, genau wie zwei Pantagruelianer, aufschauten und eine wunderschöne, sylphidenhafte Gestalt erblickten, die von einem mittelalterlichen Flügelfenster hoch über unseren Häuptern mit gebanntem Interesse zu uns herabsah. Dieses Bild, so entsinne ich mich, war für William ebenso verstörend wie für John, aber ob die Geste, welche die Gestalt zum Verschwinden brachte, von John oder von William ausging, weiß ich nicht mehr. Ihrem Entschwinden jedenfalls folgte eindeutig kein Abstieg zur Haustür; und obschon wir nicht umhinkonnten, noch eine Zeitlang dort zu verweilen, kehrte sie nicht mehr an das hohe, mittelalterliche Fenster zurück. Noch heute aber beschleicht mich, wenn ich an den Vorfall denke, eine unbeschreibliche Empfindung, wie von einer alten, tausend Jahre zurückliegenden Romanze. Wenn du mir darin nicht folgen kannst, Leser, habe ich nichts weiter zu sagen; aber ich bin sicher, daß mein heimlichstes Glück auf meinem irdischen Wandel von ganz bestimmten Offenbarungen dieser Art herrührt, für die ich empfänglich bin und mich fortwährend empfänglicher zu machen suche.

Diese Offenbarungen haben mit ebensolchen immer wiederkehrenden, menschlichen Situationen wie der gerade geschilderten zu tun, in der zwei Männer vom Bürgersteig einer Straße aus ein einsames Mädchen in einem hohen Fenser beobachten. Du magst mich auslachen, Leser, wie ich es ohnehin gewohnt bin, aber ich kann dir gar nicht sagen, wie stark ich es empfinde, daß die Art von Vorstellungskraft, die mir die Götter geschenkt haben, *mehr* ist als Vorstellungskraft! Es kann nämlich sein, daß fast die ganze Kraft, die wir „Vorstellungskraft" nennen, tatsächlich von der Anzapfung eines großen Reservoirs planetarer, wenn nicht gar kosmischer Erfahrungen herrührt. Während ich nun über diese Episode schreibe, überkommt mich das Ganze wie von der Berührung eines Zauberstabes! Es sind diese Offenbarungen der ewig wiederkehrenden Momente menschlichen Lebens, Momente, die sich wie der, in dem zwei Männer zu einem Mädchen in einem Fenster aufblicken, schon seit Tausenden von Jahren wiederholen müssen, derentwegen ich alten Gebäuden so nostalgisch den Vorzug vor modernen gebe.

Um dieses Gefühl einer „ewigen Wiederkehr" zu bekommen, das für meine Begriffe das Geheimnis der bedeutendsten Dichtkunst unseres Volkes ist und als Empfindung weit wichtiger als jedes wissenschaftliche „Gesetz", braucht es *irgend etwas* Altes als Hintergrund. Die Natur ist immer alt und kann diesen Zweck daher immer erfüllen; hat es einen aber mitten in eine Großstadt verschlagen, so braucht es, an der einen oder anderen Stelle, *unbedingt* das Vorhandensein von Gebäuden, die alt genug sind, um einem dieses Gefühl der Kontinuität der Generationen zu vermitteln. Für den modernen Ästheten wird alles, was ich nun sage, hochgestochen, sentimental, *affektiert* klingen. Aber es sind die Modernisten selbst, die „affektiert" sind, nicht ich. *Sie unterbrechen den Magnetstrom* zwischen sich und dem akkumulierten poetischen Gefühl der langen Geschichte unserer Rasse.

Nein, diese Emotion, die mir immer dann wiederkehrt, wenn ich an die Gestalt in dem romantischen hohen Fenster inmitten der düsteren Intrikatheit des von Balkonen durchbrochenen Mauerwerks denke, muß, was immer ihr Geheimnis sein mag, auf mysteriöse Weise mit der organischen Verbindung zusammenhängen, welche die menschlichen Generationen miteinander verkettet. Wir erben so manches von unseren fernen Ahnen; *warum also sollten wir nicht auch bestimmte Erinnerungen erben?* Warum sollten wir nicht, fadentief in die Seele gesenkt, gewisse ungeheuer lebhafte Momente von Bewußtsein erben, Momente, die von den Menschen der alten Zeit Hunderte, ja Tausende von Jahren vor unserer Geburt erlebt worden sind? Aber selbst wenn das, was wir erben, nur die Fähigkeit zur Reaktion, oder die Schablone einer Reaktion, auf solche gesteigerten Momente ist, so steht doch fest, daß wir, so wie wir den großen, vertrauten Kunstwerken wie *Hamlet* oder *Faust* etwas von unserer eigenen Erfahrung hinzufügen, in unserem eigenen Dasein auch Emotionen und Gebärden neu erleben dürfen, die durch die Generationen hindurch immer aufs neue wiederkehren. Ein Mädchen an einem hohen, mit Zinnen versehenen Fenster inmitten eines düsteren Wirrwarrs von Balkonen und Dächern ist, zugegeben, ein durchaus schlichtes und keineswegs ungewöhnliches Bild; aber dadurch, daß es durch so viele Menschenalter hindurch immer wiedergekehrt ist und die Gefühle so vieler Generationen in sich verdichtet hat, wird es zu etwas Symbolischem und Geheimnisvollem. Das eigentliche Mädchen mag ein alberner kleiner Nichtsnutz, ein liederliches Gör, ein selbstsüchtiges Luder gewesen sein; aber das war sie nur *an der Oberfläche*. Zuinnerst jedoch – und wäre sie das leichtfertigste Mädchen der Stadt gewesen – entsprach sie der angesammelten poetischen Emotion von Tausenden und Abertausenden von Jahren!

Aber worin auch immer das Wesen meiner Gefühle bestanden haben mag, als Willy und ich an dem hohen Haus in der Gegend von *Les Halles* emporschauten, fest steht, daß es auf all meinen Durchreisen durch die Stadt – denn ich hielt mich nie länger als vierzehn Tage dort auf – das einzige Mal war, daß ich etwas erlebte, was man als *romantische* Empfindung bezeichnen könnte.

Aus demselben Abschnitt meiner Vergangenheit weht mich beim Gedanken an das Paris, das ich in jenen Tagen erkundete – allerdings war ich bei dieser Gelegenheit mit dem Freund zusammen, der der Held meines nächsten Kapitels sein wird –, die aufregende Episode des Kaufs von Sarah an. Papageien haben mich seit jeher interessiert. Es hat ein halbes Jahrhundert gedauert, die Papageienunarten in mir selbst zu überwinden; und unter dem Einfluß dieses stets zu Schnurren aufgelegten neuen Freundes von mir – der bald so etwas wie ein angenommener jüngerer Bruder für mich wurde und bis heute blieb – stahl ich mich, ehe wir uns in Paris trennten, in ein Vogelgeschäft und erstand nicht nur Sarah, sondern auch ihren gigantischen Käfig. Nie werde ich vergessen, wie ich mit dieser geschwätzigen, für mich jedoch völlig unverständlichen Gefährtin allein von Dieppe nach Newhaven übersetzte. Meine Unkenntnis des Französischen, wie es von Papageienverkäufern und Papageien gesprochen wird, war so ausgeprägt, daß die gemeinsam mit meiner Gefangenen erzielten Fortschritte äußerst bescheiden ausgefallen sein müssen.

Aber die Hartnäckigkeit, mit der ich den riesigen Käfig in den Armen hielt, erlahmte nicht einen Moment. Wohin ich zwischen Paris und Burpham auch ging, Sarah war dabei. Hätten mich sämtliche betörenden Gestalten umtanzt, die den heiligen Antonius versuchten, so hätte ich den Käfig immer noch umarmt. Mit Sarah zu reisen war wie die Reise mit einer Äbtissin. Obwohl wir in Brighton umsteigen mußten, begab ich mich auf direktem Wege nach Hause. Sarah und ihr großer Käfig hätten Casanova auf dem Pfad der Tugend gehalten. Als wir schließlich in Burpham ankamen, fand ihre Sprache bessere Dolmetscher. Für *meine* Ohren aber klang es so, als wiederholte sie immer nur in einem fort: „O je! O je! O je!“

Amerika

Ich habe ein derart schlechtes Gedächtnis für Daten, daß ich das genaue Jahr vergessen habe, in dem ich das erstemal nach Amerika „auslief“, wie es bei uns heißt; aber es war im Winter – das immerhin weiß ich noch –, und ich fuhr mit der *Ivernia*, dem alten Schiff der Cunard-Linie, das später im Kriege unterging.

Tom Jones verabschiedete mich am Kai von Liverpool, und man kann sich vorstellen, wie mir die ausgelassenen, unbekümmerten Klänge von Sousas „Stars and Stripes“, die ich durch die Kaffeedämpfe des Kardomah hindurch gehört hatte, im Kopf dröhnten.

„Das wird eine verwegene, zynische Bande sein dort drüben“, dachte ich, „wenn diese wilde Melodie ihnen wirklich gerecht wird.“

Und als der gute alte Tom mit seiner langen Nase, seinem verquälten Mund und den blauen Augen unter dem vertrauten Bowler sich wieder in sein Kontor begeben hatte und mir nur darauf zu warten blieb, daß die Gangway zur zweiten Klasse sich herabsenkte, musterte ich, wie man sich denken kann, mit einiger Unruhe – war dies doch meine erste Ozeanreise – verstohlen die Gesichter meiner Mitreisenden.

Sehr bald schon, eigentlich sobald „wir“ – jenes bedeutsame „wir“ einer vom Zufall zusammengewürfelten Gruppe von Fremden – in die Irische See eingelaufen waren, begann ich zu spüren, wie aus den tiefsten Abgründen meines Wesens eine Emotion aufzusteigen begann, die mich während der gesamten Reise mit Unterbrechungen immer wieder packen sollte. Es war dies – du mußt mir verzeihen, Leser, aber ich muß nun einmal meine Momente des Stolzes ebenso beichten wie meine Momente der Erniedrigung – eine Emotion der sonderbarsten und grandiosesten Art. Während ich an der Reling des Unterdecks der zweiten Klasse stand, das ausgedehnter gewesen sein muß als auf den meisten Schiffen, und zusah, wie die gischtfleckige, marmorierte Wassermasse sich – denn so erschien es mir – in einem einzigen riesigen, fließenden Schwall auf das Land zubewegte, das ich gerade verließ, überkam mich die Vorstellung, ich befände mich auf einer okkulten, mysteriösen Sendung, einer Sendung von ungeheurer Bedeutung in der spirituellen Geschichte unseres Planeten. Wie kann ich nur genau beschreiben, was ich empfand, während ich wieder und wieder, bei Tag und bei Nacht, wenn ich allein war, auf das fließende Wasser und die strömenden Muster aus weißer Gischt hinabstarrte. Das Gefühl, von dem ich spreche, war zwar tief und intensiv, aber nicht sehr deutlich. Es lief wohl auf die vage Ahnung einer ominösen Eingebung hinaus, die, wenn ich es so ausdrücken darf, von unsterblichen Wesenheiten kam und, als wäre ich ein Sprachrohr von Camelot, Carbonek, Stonehenge und Paladour, den Menschen auf der anderen Seite des Ozeans mitgeteilt werden sollte.

Eigenartigerweise aber fiel mir, wenn ich mich durchforschte, um hinter die Natur des Orakels zu kommen, das ich gleich einem Taliesin in neuer Verkörperung Amerika zu künden ausersehen war, nicht eine einzige Meinung oder Idee ein! Wie es mir Harry Lyon als zwangsläufige Strafe für meine Prinzipienlosigkeit immer prophezeit hatte, war ich jeder Überzeugung in Religion, Moral, Politik, Ästhetik und sämtlichen philosophischen Fragestellungen ebenso bar wie meine alte Freundin Tante Stone.

„Gebor'n worden sin' wir alle; aber wir sin' noch nich' alle tot", pflegte Tante Stone zu sagen, und das schien, wenn ich mein Gehirn in dieser Frage sondierte, auch schon so ungefähr alles zu sein, was ich jenen fernen Scharen „deutlich sprechender" Amerikaner verkünden könnte.

Doch sosehr ich das, was ich zu sagen hatte, auch immer der Eingebung der Götter überlassen mochte, das Schicksal hatte bestimmt, daß ich, soweit Fortuna für dergleichen sorgen konnte, den vollkommensten Tourneeagenten bekommen sollte, den ich in meinen wildesten Phantasien nur hätte erfinden können. Es war niemand anderer als G. Arnold Shaw, den das Schicksal nach einem Jahr Oxford ausgesandt hatte, in Kanada sein Glück zu suchen. Aber die „versiegelten Orders" von Arnolds Sternen waren mächtiger als jede horoskopische Absicht, und so stattete mein Freund dem Land erst ein Vierteljahrhundert später seinen ersten Besuch ab.

Und nun werde ich ein merkwürdiges psychologisches Faktum verraten. Noch heute, nach fünfundzwanzig Jahren, kann ich mich an etwa ein halbes Dutzend meiner Mitreisenden auf der *Ivernia* erinnern, wohingegen ich mir aus dem Zeitraum zwischen jener ersten und meiner letzten Schiffsreise, das heißt aus einer Gesamtzahl von einigen fünfzig Überfahrten – denn ich pflegte zunächst zweimal im Jahr nach Hause zu fahren – mit Mühe die Charaktere von zweien oder dreien ins Gedächtnis zurückrufen kann. In anderen Zusammenhängen verhält es sich genauso. An die Jungen in der Prep. und die Jungen in Wildman's House kann ich mich im Dutzend erinnern! Ich sehe ihre Gesichter noch heute genauso vor mir, wie sie waren, die kleinen Engel und die kleinen Teufel. Aber von den Männern im Corpus kann ich mich nur an einen oder zwei entsinnen; und es ist erbärmlich, welch spärliche Prozession erinnerter Gestalten aus zwei Dekaden Vortragstätigkeit in Amerika über meine geistige Bühne zieht.

Was bedeutet das? Ich denke, es bedeutet, daß menschliche Charaktere, wenn man in etwas hineingestürzt wird, das nicht nur neu und fremd ist, sondern auch einen begrenzten Spielraum und wenig Fluchtmöglichkeiten bietet, mit verdoppeltem Nachdruck auf einen eindringen. Die Amerikaner aber hatten einen so riesigen Hintergrund, daß Charaktere sich darin verloren. Falls ich im Gefängnis oder in der Irrenanstalt ende, wird sich um mein Totenbett eine Gruppe noch lebhafterer Bilder meiner Mitgeschöpfe versammeln, als ich sie beim Verlassen der *Ivernia* sah.

Da war ein junger Mann aus New Orleans, dessen französischer Name mit „G" begann. Dieser junge Mann hatte ein schmales, längliches Gesicht von ruhiger, klassischer Würde. Anstelle eines Kragens trug er eine Halsbinde aus schwarzer Seide, die seine Ähnlichkeit mit den französischen „Großen Männern" – jenen Fontenelles und Rouchefoucaulds und Vauvenargues – verstärkte, mit deren Porträts in römischer Verkleidung ich Mr. Pollard einzuschüchtern pflegte. Die Gesellschaft des jungen Mr. G. suchte ich eifriger als die jedes anderen auf dem Schiff. Wie ich bereits angedeutet habe, loderte meine kindliche, oder vielleicht sollte ich sagen meine jungmädchenhafte Leidenschaft für das Romantische an der Historie, eine Leidenschaft, die sich für die überspannten Idealisierungen hergibt, beim Gedanken an New Orleans und *die Kreolen* wie eine Flamme auf. Ich glaube nicht einen Moment, daß Mr. G. Kreole war; aber ich hatte in irgendeinem Buch von Charles Kingsley etwas über diese Menschen gelesen, und das Wort war Magie in meinen Ohren. Mr. G. stammte jedenfalls aus New Orleans, und ich hatte das Gefühl, daß meine Reise nach Amerika dadurch zusätzlichen Glanz gewann, daß ich mit einer Person aus einer solchen Stadt ebenso unbefangen reden konnte wie etwa mit einem Mann aus Littlehampton.

Am meisten beeindruckte mich Mr. G.s ominöses Schweigen. Er war der ideale Begleiter, wenn man sich über die Reling beugen und nach Walen, Delphinen, fliegenden Fischen oder Seeschlangen Ausschau halten wollte. Ich konnte stundenlang auf das blauschwarze Wasser starren, das sicherlich nicht mit ungeheurer Geschwindigkeit unter mir vorbeirauschte, denn wir brauchten, wenn ich mich nicht irre, volle vierzehn Tage für die Überfahrt; und wenn mich dennoch ein Anflug von Heimweh packte, so konnte ich mich durch einen Blick auf das klassische Profil des jungen Mannes trösten. Einmal aber, so erinnere ich mich, nachdem wir in tiefem Schweigen unendlich lange auf Deck hin und her gegangen waren – wie es schien, ähnelten Mr. G. und ich einander in unserem Widerstreben, einen Dollar für einen Liegestuhl auszugeben –, verhielten wir schließlich, an unsere Lieblingsreling gelehnt, und der Mann aus New Orleans suchte den Horizont ab. Mit einemmal bemerkte ich, daß seine vollendet modellierten Lippen sich mit jenem zaghaften Zucken schürzten, das sehr schweigsame Menschen zuweilen zeigen, ehe sie es über sich bringen, etwas zu äußern. Würde die Bemerkung, die über die herrlichen, melancholischen Lippen zu kommen sich anschickte, während die Augen des jungen Mannes die Unendlichkeit der See fixierten, mir ein Omen, einen Schlüssel, eine Weissagung dessen liefern, was mich dort drüben erwartete?

„Katzen“, hob er an. „Katzen, Mr. Powys,“ wiederholte er – und das Merkwürdige war, daß die Feststellung aus heiterem Himmel kam – „haben Angst vor Hunden. *Doch, doch!* Katzen haben Angst vor Hunden.“

Nie habe ich, was die unverfälschte Einfalt einer kleinen Gruppe von Engländern, Iren und Amerikanern anlangt, eine Schiffsreise wie jene erste erlebt. Ob sämtliche Reisende auf sämtlichen Liniendampfern dazu neigen, so quälend einfältig zu werden? Ich denke schon. Die Erklärung liegt wohl darin, daß Männer und Frauen einander in ihrer heimischen Sphäre derart drangsalieren, daß tausend einfältige Albernheiten und arglose Narrheiten, denen sie gerne nachgäben, grausam unterdrückt werden. Dies trifft, glaube ich, für Frauen sehr viel stärker zu als für Männer. Männer können den Dampf ihrer Albernheit in ihren „Pubs", ihren „Kneipen", ihren „Klubs" ablassen. Die Albernheit eines Mannes jedenfalls äußert sich in der Regel in gemäßigterer Form als die einer Frau. Ich spreche von älteren Menschen; denn was Jungen und Mädchen angeht, meine ich, daß die Albernheit von Jungen eine gewisse gefühlsduselige Brutalität enthält, die weit unerfreulicher ist als das Gekicher und die Putzsucht von Mädchen.

Alles in allem aber glaube ich doch, daß Frauen sich an Bord eines großen Liniendampfers alberner aufführen als Männer. Kartenspiel und Alkohol bieten zahlreichen Männern eine Beschäftigung, von ihren endlosen prahlerischen Gesprächen ganz zu schweigen. Frauen an Bord aber werden, wenn sie nicht unwohl sind, sonderbar ruhelos, werden von fieberhaftem Verlangen nach Zerstreuung gepackt. Manchmal, wenn ich der sprudelnden Laune und dem lebhaften Herumgehüpfe all dieser achtbaren Damen zusah, hatte ich sogar das Gefühl, daß Männer wohl nach wie vor die verkniffenen Spielverderber in jedem ausgelassenen Harem sind. Ebensosehr wie ihre Männer sind es freilich wohl auch ihre Häuser, mitunter sogar ihre Kinder, welche die Frauen in diesem freudlos niedergedrückten Zustand halten. Aber was es auch sein mag, ich habe es auf meinen Reisen über den Ozean wieder und wieder als ungemein rührend und ergreifend empfunden, wie sich all diese Frauen mittleren Alters in ein derartiges Fieber von Gekicher und Narretei hineinsteigerten. Ich bin zu dem Schluß gekommen, daß reisende Matronen im Grunde sehr viel eher Kindern gleichen als junge Mädchen; denn jungen Mädchen eignet auch bei höchster Begeisterung ein Ernst, eine Scheu und eine Zurückhaltung, die sie daran hindern, sich als Mänaden einer Reise zu gebärden.

Weh! Wie gut ich endlich kennenlernte, was man „die Psychologie des Salons der zweiten Klasse“ nennen könnte. Hier traten in der Tat menschliche Züge zutage, die sich *ad infinitum* und *ad nauseam* wiederholten. So fiel mir beispielsweise immer auf, daß es auf jedem Schiff zwei oder drei junge Männer gab, die dazu geboren schienen, Passagiere zweiter Klasse auf einem Liniendampfer zu werden, so wie manche von uns geborene Dichter, Baseballspieler oder Akrobaten sind.

Erst auf einem Zweiter-Klasse-Deck *lebten* diese jungen Männer richtig. Hier entfalteten sie sich, hier erblühten sie, hier strahlten sie eine leuchtende Aura von Hochstimmung aus. Ich vermute, diese jungen Männer waren – ginge man der Wahrheit auf den Grund – allesamt erfolglos in ihrem Beruf, allesamt erfolglos bei Frauen, allesamt dafür anfällig, von ihren Freunden zum Narren gehalten und von ihren Feinden unter Beschuß genommen zu werden. Allesamt besaßen sie jene spezielle Art von glitzerndem Blick und drahtiger Gestalt, die im allgemeinen mit hervortretenden Adern in mageren Hälsen und Köpfen mit fliehendem Hinterhaupt einhergehen. Ich erkannte sie unweigerlich schon am allerersten Tag, wenn wir im Gänsemarsch in den Speisesaal einzogen, um uns unsere Plätze zuweisen zu lassen. Ich erkannte sie an ihrem Blick. In ihrem Blick glomm eine ruchlose Energie; und mir fiel auf, daß ausnahmslos jede Frau und jedes Mädchen an Bord mein Unbehagen und meinen Widerwillen angesichts dieser Energie teilten. Sie war nämlich die genaue Umkehrung einer sinnlichen Energie. Sie war der in die Stränge des Halses und die Muskeln von Armen und Beinen, anstatt in das Gehirn, die Sinne oder die Phantasie gestiegene Lebenssaft.

Ich nannte sie bei mir immer die „Deckgolf-Boys“; denn es war ihnen stets ein leidenschaftliches Vergnügen, die runden Holzscheiben über das glatte Deck zu stoßen, bis sie auf einer mit Kreide aufgemalten Zahl zum Stehen kamen. Bei Nässe oder Trockenheit, bei Bewölkung oder Sonnenschein pflegten die „Deckgolf-Boys“ sich so zu ergötzen. Ihre Energie – diese in die Stränge des Halses und in die Muskeln von Armen und Beinen gestiegende Lebenskraft – gönnte ihnen und jedermann in ihrer Nähe keine Ruhe. Sie saßen niemals still. Sie konnten sich nicht mit dem eigentlichen Rhythmus des Schiffes überlassen, das sich durch die riesigen

Wassermassen bewegte. Die ganze Zeit widersetzten sie sich diesem elementaren Rhythmus mit Verrenkungen ihrer Arm- und Beinmuskeln. Wenn sie nicht gerade die runden Scheiben herumstießen, gingen sie unaufhörlich auf Deck umher. Dazu bemächtigten sie sich irgendeiner jungen Frau, die sie mit großem Vergnügen vorwärtstrieben, als wäre sie eine ihrer geliebten Scheiben. Es handelte sich im allgemeinen um eine sportive junge Dame, die stolz darauf war, nicht seekrank zu sein, und unbedingt zeigen wollte, wie schnell sie gehen konnte. Doch sobald ihr Deckgolfer sie losließ, zwangen all ihre weiblichen Instinkte sie, ihm künftig aus dem Weg zu gehen. Sie erkannte, daß der Schimmer in den glänzenden Augen keine Reaktion auf das geplusterte Gefieder eines flatternden Weibchens, sondern der Schimmer schwachsinniger Muskelkraft war.

Und auf jedem Schiff, so fiel mir auf, gab es unter den Deckgolfspielern einen besonders prädestinierten jungen Mann, der nicht nur „Deckgänger" war, sondern dem die Vorsehung zusätzlich noch eine Leidenschaft für die Übernahme von Ämtern verliehen hatte; und niemand auf dem Schiff, nein! nicht einmal die armen, dem Alltag entflohenen Hausfrauen, gewinnen einer Reise soviel Befriedigung ab wie dieser junge Mann. Manchmal gab es zwei davon, aber nicht oft; denn eine derartige Überaktivität wird nicht alle Tage geboren. Und wie sank mir das Herz, wenn ich, verborgen im Rauchsalon oder auf einer der stationären Bänke auf dem Oberdeck – denn mit Liegestühlen war ich stets knickerig, obschon ich mir dann und wann ein Päuschen in einem ergatterte –, diesen Organisator von Konzerten, diesen Veranstalter von Wettkämpfen, diesen Arrangeur von Lotterien mit seinem doppelten Deckgolferblick und seinem amtsbewußten Schritt auf mich zukommen sah!

Ich denke mir, daß der typische Kreis der transatlantischen Passagiere zweiter Klasse weit geselliger ist als das Zwischendeck, wo Sprachunterschiede die Nationalitäten voneinander getrennt halten, oder die erste Klasse, wo die frostige Gegenwart einiger großmächtiger Zelebritäten diese menschlich-allzu-menschlichen Züge am Durchbruch hindert. Wie auch immer! Wenn ich den Deckgolfern entkommen, den Wettspielern aus dem Wege gehen und auf das Konzert subskribieren konnte, ohne es besuchen zu müssen, wenn ich also, kurz gesagt, das Ungeheuer von Loch Ness sein durfte, das ich war, so gab es viele Aspekte dieser unzähligen Überfahrten, die ich ungeheuer genoß.

Ich genoß die Vorstellung, daß der Kapitän jeden Sonntag die Andacht hielt. Ich genoß das erregend Katakombische, mit dem jeder katholische Priester, der zufällig an Bord sein mochte, die Messe zelebrierte, als wäre sie tatsächlich ein *tremendum mysterium,* das einen Riß in den Gesetzen von Ursache und Wirkung aufklaffen ließ. Ich genoß es, nach dem Blasen von Walen Ausschau zu halten, und konnte mich nie an eine Schiffsreling lehnen, ohne mir vorzustellen, dort draußen steige, gewaltig und riesig, die Seeschlange vor mir auf, ihr Blindschleichenbart triefend vom silbergrauen Schleim der unausdenkbaren Schlünde!

Die *Mauretania* war mein Lieblingsdampfer und wird es immer bleiben. Außerordentliche Befriedigung zog ich einmal daraus, mich ganz nach vorn, in die äußerste Bugspitze des prächtigen Schiffes, zu begeben und zuzusehen, wie es gleich einer horizontalen Guillotine durchs Wasser schnitt.

Wirklich seekrank war ich nur einmal, als ich die Überfahrt zusammen mit Llewelyn machte. Wir waren damals beide elend und blieben lange in unserer Kabine, er in der unteren, und ich in der oberen Koje. Auf dieser Reise, die ungefähr meine zehnte Überfahrt gewesen sein muß, machte ich zum erstenmal Bekanntschaft mit Dostojewski. Noch heute sehe ich die alte, ramponierte, antiquarische Ausgabe von Vizetellys Übersetzung von *Schuld und Sühne* vor mir, die ich las, während Llewelyn in seiner Not immerzu das Wort „Ingwerbier" ächzte. Unter den Titel des Buches hatte der Verlag die erläuternden Worte „ein realistischer Roman" gesetzt, vermutlich um dem Leser die Vorstellung von etwas Außergewöhnlichem zu vermitteln. *Daß ich meinen Meister erkannte*, kaum daß ich mich in sein Werk eingelesen hatte, lag aber nicht an seinem „Realismus", sondern am extremen Gegenteil von „Realismus". Es lag im überwältigenden Erweis dessen, daß man sich nicht aus der Psyche herausbegeben muß, um Gott und den Teufel zu finden.

Doch zurück zur *Ivernia.* Auf diesem Schiff, und auf dieser Reise, begegnete ich zum erstenmal, und als völlig Fremdem, meinem lebenslangen Freund und Intimus Mr. G. Arnold Shaw. Arnold Shaw hat einen größeren Einfluß auf mein Leben gehabt als beinahe jeder andere Mensch. Nach wie vor – denn zu meiner Freude kann ich sagen, daß er ganz der alte war, als ich ihn kürzlich auf Staten Island besuchte – ist er der am wenigsten boshafte, am wenigsten nachtragende und in vieler Hinsicht *selbstloseste* Charakter, den ich je gekannt habe. Aber ich muß achtgeben, was ich sage; denn das Muttergestein seines Charakters ähnelt dem meinen. Das heißt in den Tiefen meines Wesens steht er allem Existierenden oder Subsistierenden, oder allem *angeblich* Existierenden oder Subsistierenden, skeptisch gegenüber. Ja, im tiefsten Grunde seines Herzens ist er ein Skeptiker. Tatsächlich ist er – genau wie ich – der geborene Jünger des größten aller Philosophen. Ich spreche natürlich von dem Philosophen Pyrrho, der am Ende auf die Frage, ob er lebe oder tot sei, antwortete: „Das weiß ich nicht."

Nun aber möchte ich dich, Leser, in ein wichtiges psychologisches Geheimnis einweihen, das wie alle tiefsten Geheimnisse unserer widersprüchlichen Menschennatur zunächst wie ein Paradoxon anmutet. Wie Heraklit vor langer Zeit lehrte – und die selbst von Goethe gezwungenermaßen eingeräumte, unverwüstliche *Lebendigkeit* mancher Aspekte des christlichen Glaubens belegt seine Lehren –, ist die magnetische Energie des Weltsystems dualistisch und hängt vom Zueinanderkommen von Gegensätzen und Widersprüchen ab. Arnold war und ist zweifellos immer noch der geborene Zweifler; und auch für mich gibt es vieles, was ich nicht glauben kann. Aber, und hier liegt das Paradox, dieser profunde Skeptizismus bei Arnold und mir paßte nun keineswegs zu unseren schlechten Seiten, sondern wir stellten vielmehr ausnahmslos fest, daß sich, je mehr wir ihm frönten, bestimmte Aspekte unserer Exzentrizität – so merkwürdige Käuze wir waren – einem Zustand annäherten, der dem Reich wahrer Heiligkeit angehörte.

Von allen denkbaren Haltungen des reinen Intellekts ist – aufgrund irgendeines Paradoxons in der okkulten Natur des Kosmos – der entschiedenste Skeptizismus die einzige, die, wenn man es richtig bedenkt, zum Leben und Zustand der Heiligkeit paßt. Ich bin, wie schon erwähnt, alles andere als ein Narzißt oder ein Exhibitionist. Ich würde, wie es bei Rabelais heißt, „wie ein schwarzer Hund" erröten, wenn ich mich auch nur bei der Annäherung an die Randbereiche dieser Verirrungen ertappte. Aber ich kann nicht umhin, mich oft eines ganz bestimmten Familienbildes zu entsinnen, das mich als derart hoffnungslosen Einfaltspinsel, als derart schwachköpfigen Idealisten zeigt, daß ich es mir immer dann vergegenwärtige, wenn ich mich zu eigenen Zwecken mit äußerster Narrheit identifizieren will.

An nichts zu glauben, bis auf den tiefsten Grund seines Wesens ein pyrrhonischer Skeptiker zu sein und dennoch viele der subtilsten Emotionen zu praktizieren, wenn nicht gar tatsächlich zu empfinden, die sich seit unvordenklichen Zeiten mit der Vorstellung von einem Heiligen verbinden – empfindest nicht auch du, Leser, das als Zustand, dem nicht nur etwas eignet, wofür der Begriff *Ironie* nur ein grobes Synonym ist, sondern auch etwas, das einen wirklichen Fortschritt in jener planetaren *Kasuistik* darstellt, mit deren Schwierigkeiten sich alle höheren Intelligenzen fortwährend herumschlagen?

Und was ich mit meiner pantomimischen Clownsart, war mein Freund Arnold mit seiner humorvollen Yorkshire-Art. Wir beide – Vortragsreisender und Agent – waren das, was man ein „sauberes Paar" nennt. Ich war der Clown unseres Zirkus, und Arnold war der Zirkusdirektor, der Mensch mit der glatten Stirn, dem verbindlichen Lächeln und der langen Peitsche. Wie niederträchtig er mit dieser Peitsche knallte, wenn er seinen armen Cagliostro auf eine Reise über den halben Kontinent schickte!

„Eine *hübsche Tour* für dich, John!" sagte er dann kichernd.

Aber wie liebenswürdig, wie unglaublich selbstlos, uneigennützig, freigiebig und rücksichtsvoll war er im Privatleben! Wir taten keinen Schritt, ohne daß er auf mich achtgab, als wäre ich ein Porzellanpüppchen und nicht das robusteste Mitglied der robustesten Familie von England gewesen. Ich kann mich sogar erinnern – und es war ein schönes Wort, wie schön, war Arnold gar nicht bewußt –, daß er einmal, als mich alle möglichen nervösen und emotionalen Leiden plagten, plötzlich bemerkte:

„Lade alles auf mich ab, John."

Nie hat es jemanden gegeben, der so kindlich rechtschaffen war und zugleich die gewichtige Pose ehrerbietiger Rechtschaffenheit so ungeschminkt verachtete wie Arnold. Wie gut wir doch zueinander paßten! Wir waren mehr als nur ein bißchen antimenschlich, mehr als nur ein bißchen boshaft gegenüber der Etikette und dem Zeremoniell der akademischen und sogar der pseudoakademischen Welt. Arnold besaß niemals auch nur eine Unze mehr Weltklugheit oder weltlichen Ehrgeiz als ich. So gab ich ihm, als er mein Agent wurde, nur *zwanzig Prozent,* was angesichts der üblichen Beziehungen zwischen Agent und Vortragsreisendem um einiges zu wenig war. Unsere Haltung zur Vortragskunst war die gleiche. Wir betrachteten sie beide als Form öffentlicher Unterhaltung und sträubten uns gegen den Gedanken ihrer Verwandlung in ein „Kulturereignis". Unsere Haltung gegenüber unserem Publikum war die Haltung katholischer Priester, nicht die protestantischer Pastoren. Wir züchtigten die Gewaltigen und erhoben die Aussätzigen.

Bei allem pyrrhonischen Skeptizismus hatten wir sehr ausgeprägte Vorurteile und Antipathien. Wir waren beide dem Fleisch und dem Teufel gewogen; aber wir steckten voller boshaftem Haß auf die Welt. Mehr noch als moralische Aufgeblasenheit widerte uns eine ganz bestimmte Form von gönnerhaftem Intellektualismus an. Unser Slogan hieß stets:

„Wenn unser Zirkus nicht *fesselt* – zum Teufel damit!"

Nun dauerte es freilich nicht sehr lange, bis die Überspanntheiten unserer Darbietung sich in verschiedener Hinsicht beunruhigend auszuwirken begannen. Es kam dahin, daß wir vom üblichen Typus von Moralisten, ob männlich oder weiblich, der aufgrund natürlicher Fertigkeit und Eignung für eine derartige Aufgabe unsere diversen Vorträge in der Provinz organisierte, beargwöhnt, gefürchtet, gehaßt, verabscheut wurden. Unsere Karriere wurde daher ständig von heftigen Auseinandersetzungen erschüttert; nicht mit den Leuten im Publikum, denn die erschienen gerade nach den schlimmsten Mißverständnissen in hellen Scharen, sondern mit denen, deren Sache es war, die Leute zusammenzubringen und die Rechnung zu bezahlen. Diese Menschen, denen es darum zu tun war, die kulturellen Belange der Gemeinde zu fördern, *rochen den Braten* zuweilen; mit anderen Worten, sie witterten die humorvolle Distanz, mit der dieser Marktschreier und sein Agent die ganze Vortragsreiserei betrachteten. Ich denke, ich war für uns beide eine Mischung aus komischem Dan Leno und prophetischem Savonarola.

Arnold selbst war gleichermaßen entzückt von meinen inspirierten „Bizarrerien" und meinen wilden, prophetischen Beschwörungen. Wie Owen Glendower „rief ich Geister"; und je teuflischer und erschreckender diese Bewohner der „wüsten Tiefe" waren, desto mehr schmunzelte Arnold. Er pflegte den „Kassenerfolg" jederzeit Gott weiß welchen aristophanischen und swiftischen Verrenkungen zu opfern.

Es war der wagemutige und stets streitlustige „Erzengel", der Arnold dazu bewog, sich überhaupt als Tourneeagent für Vortragsreisen zu versuchen; ich selbst machte mir dann lediglich die Vorteile der Sache zunutze, als alles bereits hinlänglich funktionierte. Wie Louis in *Swan's Milk* – seiner Autobiographie in seinem eigenen „Genre" – vollkommen zu Recht bemerkt, war er in gewisser Hinsicht ein besserer Vortragsreisender als ich. Genauso ist es. Louis hatte das Zeug dazu, mittels bestimmter, ganz bewußter Verbesserungen, die sich durch die Praxis ergaben, einer der besten aller denkbaren Vortragsreisenden zu werden. Nicht so ich. Ich schwelgte fortwährend in Verletzungen des guten Geschmacks. Ich überließ mich Ausbrüchen von trunkener Bosheit und infernalischem Zorn. Ich steigerte mich in derart wütende Rasereien gegen die ganze wohleingerichtete und wohlgeordnete Hälfte der Gesellschaft hinein, daß ich mir, in Spritzern und Qualstern von blutigem Geifer, buchstäblich die Seele herausbrabbelte, -blubberte, -brodelte und -bullerte. Ich glich einem Besessenen.

Es war wirklich *eine große neue Kunst.* Indem ich mich unter der rabelaisschen Anfeuerung meines einzigartigen Zirkusdirektors von aller „hochgestochenen" Feierlichkeit, aller akademischen „Korrektheit" und „Wissenschaftlichkeit" löste, gelang es mir schließlich, mich wie ein Holunderstecken mit herausgeschnittenem Mark gleichsam *auszuhöhlen,* so daß am Ende meine ganze Persönlichkeit, jede noch so kleine Bewegung, die ich machte, jeder noch so geringe Laut, den ich von mir gab, und jedes Zucken, Runzeln und Irrlichtern meines Gesichts das jeweilige Thema ausdrückte, das ich gerade interpretierte. Ich war „das im Wind hin und her wehende Rohr", das zu sehen die Leute tatsächlich in die Wüste hinausgingen; aber die Tatsache, daß Arnold und ich die gleiche schuljungenhafte Verachtung für jede Form von Prätention hegten, machte mich letztlich zu so etwas wie einem verderbten Johannes dem Täufer. Tatsächlich wurde ich ein Jochanaan der Art, wie ihn eine Salome wirklich hätte lieben können, ehe sie ihm den Kopf abschnitt.

Meine „dithyrambische Analyse" begann sich unter Arnolds einfühlsamer Regie in etwas zu verwandeln, das ich nun, da ich es aufgegeben habe, ernsthaft für ein außergewöhnliches Weltphänomen halte. Wenn ich aus heutigem Abstand darauf zurückblicke, so würde ich ganz ruhigen und kalten Blutes sagen, daß ich meine sogenannte „Vortragsreiserei" als eine Erscheinung in der Geschichte der Rednertribüne – wenn nicht gar der Bühne – betrachte, die es so bald nicht noch einmal geben wird.

Wiewohl von der nichtjüdischen Intelligenz New Yorks verachtet oder allenfalls mit sehr herablassender Gönnerhaftigkeit behandelt, fand ich unter den Juden und den Kommunisten stets ein äußerst dankbares Publikum. Auch die Katholiken hielten ausnahmslos durch dick und dünn zu mir. Erkannten diese tiefsinnigen Psychologen instinktiv, wie leidenschaftlich ich der Idee der Heiligen anhing? Erkannten sie in mir einen zwar wahnsinnigen, aber inbrünstigen Jongleur der Notre Dame? Während meiner fünfundzwanzig Jahre als Vortragsreisender in Amerika jedenfalls – und Arnold kann es bestätigen – mochten mich von allen meinen Zuhörern am meisten Juden, Kommunisten und Katholiken. Ich muß freilich gestehen, daß die Anwesenheit reicher Leute, zumal solcher der *großen Gesellschaft*, im Publikum stets den Effekt hatte, daß ich mich zu wüsten, leichtfertigen und manchmal unverzeihlichen Äußerungen hinreißen ließ.

Wenn ich, wie es oft geschah, in einem katholischen Konvent oder einer jüdischen Synagoge einen Vortrag hielt, war meine romantische Empfindung von der historischen Bedeutung dieser alten Religion so stark, daß es mich mit stolzer Ehrfurcht erfüllte, überhaupt an solchen Orten sprechen zu dürfen. Aber nicht alle Schriftsteller Amerikas straften meine Darbietungen mit der geflissentlichen Verachtung der gewandten Megalopoliten.

Sowohl Dreiser als auch Masters schätzten mich von Anfang an. Masters, das weiß ich, wurde wegen seiner Aufgeschlossenheit mir gegenüber verspottet. Daß er einen solchen Scharlatan ertragen konnte, legte man ihm als Zeichen eines provinziellen Mangels an geistiger Differenziertheit aus. Ich weiß zwar nicht, ob die Leute auch Clarence Darrows deswegen verlachten, aber er hatte ebenfalls einen entschiedenen „Hang“ zu meinem oratorischen Kasperletheater. Und was den Dichter A. D. Ficke, einen viel jüngeren Mann, angeht, so verfaßte er, lange bevor wir die engen Freunde wurden, die wir heute sind, ein überaus lustiges und wirklich phantasievolles Gedicht über mich und meine Vorträge.

In Kalifornien hatte ich die Ehre, zum Protegé und auch Freund jenes erhabenen Poseidon des Pazifik, Charles Erskine Scott Wood, zu werden, während der Dichter George Sterling die größten Mühen auf sich nahm, um mir Freundlichkeiten zu erweisen. Noch heute sehe ich ganz deutlich das erstaunliche Profil von George Sterling vor mir, das manchmal dem Hermes Argeiphontes und manchmal einer Kamee von Sigismondo Pandolfo Malatesta, dem Herrn von Rimini, glich! Mir erschien es jedenfalls so, als besitze er sämtliche Charakterzüge sämtlicher Dichter, von denen ich jemals gelesen hatte; jawohl, bis hin zu der Schrulle, seine Werke ständig bei sich zu tragen, damit er jederzeit imstande war, sie stolz oder demütig vor König oder Bettler vorzutragen. In seiner übergroßen Herzensgüte pflegte er mich in seinen Club mitzunehmen, und ich bete zu Gott, daß ich Verstand oder doch Anstand genug hatte, die Gehässigkeit meiner Haltung gegenüber jederlei geselliger Zusammenkunft, außer von Landbewohnern und Proletariern, zu kaschieren. Und sehe ich nicht auch, jetzt und bis ans Ende meiner Tage, die weißbärtige, Walt-Whitmanhafte Gestalt von Colonel Wood, wie er, die Arme voller eigentümlicher Pakete, behenden Schrittes wie ein junger Mann, von Chinatown aus an Santa Maria von Guadeloupe vorbei den Russian Hill hinaufsteigt?

Im Hause des Colonel auf dem Russian Hill kam es zu meiner einzigen Begegnung mit dem großen amerikanischen Dichter Vachel Lindsay, in dessen Deutung der Religion ich immer etwas wahrnahm, was mich an William Blake erinnerte. Ich fühlte mich ihm sofort freundschaftlich verbunden, und er muß mein Gefühl sehr rasch gespürt haben, denn er bat mich, ihn zur Abreise nach Los Angeles zum Bahnhof zu begleiten. Das erschien mir damals nicht tunlich, da der Colonel Geburtstag hatte und ich annahm, daß er auf mein Bleiben Wert legte. Es blieb jedoch bei dieser einen Möglichkeit für mich, mit diesem bemerkenswerten Mann Freundschaft zu schließen, und das macht mir bis heute ein wenig zu schaffen, weil ich ihm die Sache möglicherweise erleichtert hätte, wenn ich mitgekommen wäre; denn bei einem Dichter, den ich so sehr verehre wie Lindsay, kann ich so weise sein wie eine Frau.

Edwin Arlingston Robinson lernte ich gleich zu Beginn meines Lebens in Amerika kennen, und seine Höflichkeit mir gegenüber und meine Achtung für ihn war durch nichts zu übertreffen. Nur die gewandten Megalopoliten von New York setzten es sich in die Köpfe, daß ich ein fader Poseur voller alberner Affektiertheiten und zugleich ein langatmiger, langweiliger, unentwegt die alten Klassiker preisender Rhapsode sei.

Die Wahrheit ist, daß ich zuviel von einem tollsinnigen Satyr und zuviel von einem fanatischen Heiligen habe, um mich mit dem Problem, Feinde zu haben, angemessen auseinanderzusetzen. Wenn ich mich selbst beim Rasieren im Spiegel sehe, bin ich oft verblüfft von meinem nachgerade gefühlsduselig weltfremden Ausdruck. Keine Falte, keine Runzel, keine Linie in meinem Gesicht läßt eine weltliche Schläue, jenen Ausdruck des Schlitzohrs in einer Bande von Spitzbuben erkennen, den praktisch jeder normale Mensch aufweist.

Aber es sind nicht nur meine Satyrhaftigkeit und meine mittelalterlichen Züge als Novize in mystischer Heiligkeit, die mich daran hindern, auf Menschen wütend zu werden oder meine Karriere auf Kosten von Menschen voranzutreiben. Ich habe eine boshafte Ader von sehr merkwürdiger Art. Diese Bosheit treibt mich, die Menschen dazu zu verleiten, mich mißzuverstehen und verächtlich zu machen. Sie kommt aus den tiefsten Tiefen meines Wesens. Sie geht aus einem Instinkt in mir hervor, der stets das Allerschlimmste bekennen will, *damit man mir nicht auf die Schliche kommt.* Es ist derselbe Instinkt, der mich im Garten von Northwold zu veranlassen pflegte, Littleton wiederholt anzurufen, damit ich seine Antwort hörte und *nicht unversehens auf ihn stieß.*

Ich kann jeden pathologischen Zug analysieren, der bei dieser sonderbaren Schachpartie der Seele in meinen Nerven stattfindet. Irgend etwas hat mich verletzt und meine Nerven erschüttert. Von dieser Vibration geärgert, wende ich mich gegen das Leben und höhne und spotte seiner wie toll, wobei aus meiner heimlichen Verletzung wie aus dem Hals eines geköpften Huhns das Blut sprudelt. Offenbar bereitet es mir sinnliche Befriedigung, dem

Leben meinen kopflosen Halsstumpf entgegenzustoßen. Wenn man mich also völlig mißverstanden hat, treibt mich die Verletztheit, die ich darob empfinde, dazu, noch schlimmeren Mißverständnissen Vorschub zu leisten! Und das Merkwürdige ist, daß in solchen Momenten, wenn meine Nerven ihre Teufelsweise schrummen und ich meine Narrheit absichtlich übertreibe, unversehens eindeutig sexuelle Erregung spüre. Wie der unglückliche junge Mann in einer von Dostojewskis kürzeren Geschichten habe ich mich zu einer derart rasenden Hanswurstiade aufgepeitscht, daß mir ist, als liebelte ich mit einer ewigen Hanswurstigkeit im Herzen des Kosmos. Äußerst sonderbar, daß es einem Menschen sinnliches Vergnügen verschafft, irgendeine Eigenheit, die zu einem ungeheuren Mißverständis geführt hat, noch und nochmals zu übertreiben! Aber so verhält es sich nun einmal mit mir. Und wogegen, so frage ich, richtet sich der boshafte Hopstanz meines geköpften Stolzes mit seinem Rasen?

Nicht ausschließlich gegen mich selbst, nicht ausschließlich gegen meine Feinde: sondern gegen die Erste Ursache, jawohl! die Erste Ursache. Es ist herrlich, dem Herrn des Universums eine Suada von Kauderwelsch ins Gesicht zu schleudern! Dante wußte das, und kein Dichter hat sich je so vollständig mit dem Gejohle der Verdammten identifiziert.

In meiner Abneigung gegen jegliche Konkurrenz bin ich wirklich ein komischer Heiliger. Es besteht freilich nicht die Gefahr, daß andere mir hier folgen. Ich sehe nicht das geringste Anzeichen dafür, daß meine Feinde in Versuchung geraten, mir in dieser Eigenheit nachzueifern. Im Gegenteil, je mehr ich es mir versage, Bockspringen mit ihnen zu spielen, desto mehr spielen sie Bockspringen mit mir! Wenn ich es mir insgeheim zum Ehrenpunkt mache, bei Auseinandersetzungen, Diskussionen, Kontroversen den kürzeren zu ziehen, so glauben meine Rivalen im Kolosseum der Welt schlicht, sie hätten obsiegt. Ich aber habe wohlgemerkt nie das Gefühl, im Unrecht zu sein! Ich kann im Gegenteil meine tiefverwurzelte Überzeugung, daß ich im Recht bin, gar nicht stark genug hervorheben! Und dennoch gebe ich nach, gebe immer und ewig nach, und das mit so etwas wie sinnlicher Ekstase.

In Wahrheit ist es so, daß die Wurzeln von Himmel und Hölle dicht beieinanderliegen; aber soll ich Blake darin zustimmen, daß die regenbogenfarbenen Blasen der Wahrheit, die am schönsten steigen und am leichtesten durch die Luft schweben, dem Vollzug der Vermählung dieser Antipoden entspringen? *Ich weiß nicht recht.* Der älteste Teil meines geistigen Glockenturms hallt immerzu wider vom Geklingel silberner Glöckchen, und sie rufen: „Ich weiß nicht recht, ich weiß nicht recht, ich weiß nicht recht!" Nun aber muß ich etwas sehr Merkwürdiges bekennen: Das gleiche Vergnügen, das ich der Bosheit abgewinne, mit der ich den Hanswurst spiele, finde ich auch daran, daß ich bei Menschen meinen Egoismus aufgebe! Jeder, dem ich begegne, scheint sein Ego durchsetzen zu wollen. Alles schreit: „Ich! Ich! Ich!" Niemand scheint das verderbte Vergnügen zu teilen, das ich daran finde, mein „Ich" in dünne Luft zu verwandeln und dem „Ich" meines Gegenübers dazu zu verhelfen, daß es sich blähen und blähen kann, bis es regelrecht zum Ballon wird.

Gang und Spur meiner Erdentage lassen sich leicht anhand aller wunderbaren Ballons verfolgen, die gen Himmel segeln; Ballons, die ehedem kleine, erbärmliche Seifenblasen waren! Niemand – nicht einmal meine engsten Freunde – kann auch nur im entferntesten ahnen, zu welchen Ränken, Listen, Ausflüchten, Kunstgriffen, schlangenhaften Windungen und maulwurfshaften Wühlereien ich meine Zuflucht nehme, einzig und allein, um meine Verletzung ihres Stolzes, einen Schlag für ihre Lebensillusion, einen Verlust ihrer Selbstachtung abzuwehren – und dies praktisch bei jedem Menschen, dem ich begegne! Es ist interessant, daß ich so zur Entdeckung einer jedem christlichen Kult unbekannten Methode angeregt worden bin, mir „Verdienst zu erwerben". Vielleicht ist es ja wirklich ein Kniff, der sich – wenn an meiner Prätention, daß ich eine Reinkarnation von Taliesin bin, rein zufällig doch etwas dran sein sollte – von den alten Druiden herleitet.

Dennoch ist es wirklich merkwürdig, daß ich eine so ausgeprägte, abergläubische Manie für die Bemühung habe, der lebendigen Wesenheit, der ich begegne, eine hohe Meinung von sich beizubringen. Nichts anderes nämlich tue ich! Ich schmeichle der Lebensillusion von Vögeln, Fischen, Säugetieren – zumal Hunden und Katzen, von denen ich mich, ohne daß ich die geringste „Tierliebe" empfände, umgehend versklaven lasse – und der Lebensillusion jedes Mannes, jeder Frau, jedes Kindes, dem ich begegne.

Noch in meinen Gebeten, denn ich bete ständig zu irgendeinem Götzen, Engel oder Daimon, treibe ich diese Manie verrückter- und absurderweise so weit, daß ich fünf- bis sechsmal am Tage für jemanden bete, dem ich sein Glück neide, und für jemand anderen, dessen körperliche Erscheinung mit widerwärtig ist. Ich pflegte regelmäßig für einen meiner schlimmsten Feinde zu beten – nein, nicht etwa daß er das Verwerfliche seines Tuns erkennen, sondern schlicht und einfach, daß er glücklich und erfolgreich sein möge.

Es ist natürlich pharisäerhaft von mir, mich dieser Eigenschaften derart zu brüsten, aber das kann ich nicht ändern. Wenn ich ein Pharisäer bin, so bin ich eben ein Pharisäer! Und selbst unter den Augen des Großen Magiers, der sie verfluchte, würde ich mich wohl weiter nach ihrer Weise brüsten: „Ich faste zweimal in der Woche und gebe den Zehnten von allem, was ich habe ..." etc., etc., etc. Die Wahrheit ist, denke ich, daß mein Wesen doch eher religiös als mystisch ist; und obschon ich ein diebisches, ja boshaftes Vergnügen empfinde, wenn mein Liebling Tschuang-Tse Konfuzius angreift und über dessen „Güte und Rechtschaffenheit" höhnt, hätte ich bestimmt einen empfänglichen Jünger jenes umständlichen Ritualisten abgegeben.

Doch meine bedenkenlose Manie, jeder Wesenheit in meiner Reichweite – und sei es deren Charakterdisziplin noch so abträglich – vorübergehend Glück zu verschaffen, wäre sowohl von Lao-Tse als auch von Konfuzius verdammt und gewiß auch von Jesus verurteilt worden. Darin aber bin ich unverbesserlich, ob ich sie nun von den Druiden oder von afrikanischen Negern habe. Die Südstaatler Amerikas ausgenommen, welche die Lynchjustiz gegen die Neger zu rechtfertigen suchen, denen ich so vieles von meiner geistigen Kultur verdanke, habe ich immer das Gefühl, die Menschen sind so, *wie sie sind,* und sind so geboren worden, *wie sie sind,* und das Beste, was ich für sie tun kann, ist, ihrer Eitelkeit zu schmeicheln und sie „bei Laune zu halten"! Ja, ich muß das Möglichste aus meinem „Pharisäertum" machen; denn fest steht, daß es das ist, was ich im Grunde bin – wenn man etwas Oberflächliches „im Grunde" sein kann. In Wirklichkeit empfinde ich ein krankmachendes Mitleid mit jedem empfindenden Geschöpf, das wie wir alle zum Opfer des großen Sadisten wird, der die Welt erschaffen hat.

Mein hektisches Bestreben jedenfalls, Menschen ebenso wie Wespen, Asseln und Fischchen durch Schmeicheleien und Lügen so glücklich zu machen, wie ich kann, muß, welche Art von druidischem Kult es auch immer sein mag, als unchristlicher Standpunkt angesehen werden, denn mir kommen nicht viele Engländer oder Amerikaner unter, die diese eigenartige Bedenkenlosigkeit mit mir teilen.

Ein- oder zweimal, wenn ich meine eigenen boshaften Attacken auf meine weltliche Laufbahn bedachte, habe ich mich gefragt, wie es wohl wäre für einen, der wie ich ein Hybride zwischen einem Heiligen und etwas noch Schlimmerem als einem Satyr ist, auf Rednertribünen in Wien, Paris, Madrid, Moskau, Prag oder Berlin gestellt zu werden, um dort meine Welthanswurstiade aufzuführen. Das Gefühl von Macht und Ruhm, das ich dadurch gewonnen hätte, hätte mir zweifellos sehr zugesagt. Aber ich hätte so shakespearehaft wie Charlie Chaplin und noch viel heiliger als Gandhi sein müssen, um ein solches Programm zu absolvieren, ohne Schaden an meiner Seele zu nehmen.

Abgesehen von diesem doch launischen und willkürlichen Ruhm aber arbeitete ich – unter meinem Freund Arnold – genauso, wie es mir am meisten behagte, und das war der Entwicklung meiner speziellen Inspiration am zuträglichsten. Katholiken, Kommunisten, Juden! Wie sehr sie alle mich schätzten! Und warum war das wohl so? Das will ich gerne sagen! Weil sie im wesentlichen alle drei *zutiefst religiös* sind, denn selbst der doktrinäre Atheismus und offizielle Materialismus der kommunistischen Theorie hat auf höchst seltsame Weise mit dem für die Religion maßgeblichen Nerv zu tun. Alle drei sind sie zudem auf eine Weise „international“, wie ein Waliser das Wort verstehen kann. Wenn ich hingegen gewisse unpoetische und unromantische Leute das Wort „international“ benutzen höre, erfüllt es mich dermaßen mit Überdruß und mit dem Gefühl, als würde der menschlichen Geschichte aller Lebenssaft entzogen, daß ich die verrücktesten Unterfangen, wie etwa die Gründung einer Bewegung für ein autonomes Wales, ins Auge zu fassen beginne; wenn ich aber sehe, wie ein Katholik oder ein Kommunist um Christi oder des Proletariats willen einem despotischen Staat trotzt, gerät mir vor lauter Anteilnahme mein Blut in Wallung.

Ja, eben weil so tiefe Schichten heiliger, mythologischer Leidenschaft in mir aufgerührt wurden, wann immer ich mich auf die Juden, den Kommunismus oder die katholische Kirche bezog, haben diese drei mich während der fünfundzwanzig Jahre meines Lebens in Amerika so glühend gegen alle meine Feinde unterstützt. Und weil meine besten Zuhörer Proletarier waren, fand ich den Mut, die landläufigen Konventionen der Vortragskunst mehr und mehr zu verachten. Vor diesen Menschen riß ich mir das Herz in Stücke. Vor diesen Menschen bohrte ich mir mit den Fingernägeln die empfindlichsten Nerven heraus und schrieb damit in Blut in die pulsierende Luft.

Meine Darbietungen vor meinen Zuhörern an der East Side hatten schließlich nicht mehr das geringste mit gewöhnlichen Vorträgen zu tun. Bei diesen feindselig intellektuellen und hochgradig nervösen Juden brauchte ich mir keinerlei Zurückhaltung mehr aufzuerlegen. Und so legte ich mir keinerlei Zurückhaltung mehr auf. Ich ließ mich bis zum Äußersten gehen! Ich wurde so etwas wie ein zerfleischter und doch mystisch-sinnlicher Dionysos – ein Dionysos der Vierzehnten Straße Ost, aber nicht nur dieser. Denn mit Arnolds Ermutigung und oft unter Anleitung einer unternehmerischen Persönlichkeit namens Mr. Gould landete ich in derart entlegenen kleinen, radikalen Sälen, daß es stundenlanger, anstrengender Wanderschaft bedurfte, sie zu erreichen.

Aber wenn ich sie dann erreichte, kehrte ich vor diesen empfänglichen, einfühlsamen Kindern Israels mein ganzes Inneres nach außen. Du wirst wohl verstehen, Leser, was ich als Held von Juden, Kommunisten, Katholiken und Negern empfand, wenn ich von den Aktivitäten gewisser patriotischer Amerikaner hörte, die, ohne es zu wagen, ihr Gesicht zu zeigen, ebensolchen Engländern, wie ich einer war, aufzulauern und sie zu foltern pflegten! Ich bin jedenfalls der Meinung, daß der vornehmste Tod, den ein Mensch mit Selbstachtung erleiden könnte, darin bestünde, bei dem Versuch zu sterben, einen Neger von diesen Schurken zu retten; und wenn ich im Süden reiste, redete ich mir immer ein – obschon ich wahrscheinlich gekniffen hätte, wenn es dazu gekommen wäre –, daß ich diesem gemeinen Pöbel, wenn ich mich schließlich an die Seite des Opfers stellen und mit ihm zusammen gelyncht werden würde, vor meinem Tod „gehörig die Meinung sagen" würde.

Bei all diesen Vorträgen, die so viel mehr waren als Vorträge, steigerte ich mich in einen derartigen Zustand hinein, daß ich zu der Gestalt wurde, die ich analysierte. Meine jungmädchenhafte Empfänglichkeit war so ausgeprägt, daß ich mich, wie Wordsworths junge Frauen sich den Elementen hingeben, dem Geist meines jeweiligen Genies hingab. Und ich drang mit einem beinahe erotischen Gefühl, als schwelgte ich in einer Art widernatürlicher Liebesbeziehung, in die Nerven von Dickens, Paul Verlaine, Henry James, Dostojewski, Keats oder Blake ein! Ich erinnere mich noch gut, wie ich einmal in einem Saal auf der East Side, während ein mit mir befreundeter Akrobat meine Bücher verkaufte, meinen Autor gar nicht mehr mit Worten, sondern, wie Thaumast bei Rabelais, durch Körperbewegungen interpretierte. Meine Vorstellung von *Kritik* unterschied sich nämlich völlig von der akademischen. Worauf ich abzielte, war eine Art Seelenwanderung, bei der ich mich wie ein Dämon, der von einem Menschen Besitz ergreift, in den Körper meines Autors hineinschlängelte und seine exzentrischsten Reaktionen auf das Leben genau von den Nervenzentren aus erläuterte, in denen diese Reaktionen ihren Ursprung nahmen.

Es hat keinen Sinn, verbergen zu wollen, daß die Natur mich von Anfang an zum Schauspieler gemacht hat. Mein Bruder Littleton würde mir darin recht geben. Was hat er nicht unter meiner Schauspielerei gelitten! In frühester Kindheit spielte ich die Rolle meines Vaters auf der Kanzel, obschon ich mich nicht erinnern kann, ihn in Shirley je auf der Kanzel gesehen zu haben. Und bei diesen Gelegenheiten mußte Littleton nicht nur die gesamte Gemeinde, sondern auch den Kirchendiener darstellen, der die Antworten sprach. In den glücklichen Tagen in Dorchester, ehe ich zur Schule ging, spielte ich zwei Rollen, die des Generals der „Armee von Volentiā“ und die des gelehrten Magiers – eine Art Michael Scott –, der eine Mythologie und eine Sprache ersann, die den unglücklichen „Escrawaldons“ aufgezwungen wurden. In Wildman's House spielte ich – um dem unmenschlichen Kameradenschinder im Schlafsaal unter meinem zu entkommen – die für mich allereinfachste Rolle, die eines Wahnsinnigen. Im Corpus spielte ich die Rolle eines arglosen Wilhelm Meister, eines boswellschen Jüngers, der von großen Weisen und ihren abstrusen Idealismen nicht genug bekommen konnte; und zu dieser Schauspielerei gehörte wesentlich, daß ich den alten Koelle und den schrecklich gelehrten G. P. Gooch zu meinen „Gurus“ machte, wie die Buddhisten das nennen. Sie waren wahrhaftig durchaus wunderliche „Gurus“, die beiden; aber Harry Lyon war zu „künstlerisch“, und ich kannte ihn außerdem zu gut, als daß er diese Rolle hätte übernehmen können, und Mr. Fanshawe, Dr. Perowne oder gar den ironischen Mr. Pollock konnte ich auch bei der Aufbietung aller meiner Phantasie nicht im Lichte eines „Gurus“ sehen.

In meiner Zeit in Burpham hatte ich mich ein wenig schwergetan, eine Larve zu entdecken, mit der ich meine proteische Lebensillusion hätte herausputzen können. Ich war dort, in jedem Sinne des Wortes, zu *exponiert.* Zwischen Knoll und Gables, zwischen dem Wirtshaus und der Sägegrube, zwischen der Schule und dem Festungswall des Herzogs von Norfolk fiel es mir schwer, etwas anderes zu sein als der ziemlich alberne, ziemlich verdächtige, äußerst gutmütige *Mr. Powys.* Das Klügste, was ich während dieser langen Dekade meines Lebens tat, war vermutlich, daß ich meinem Sohn in einem Geschäft in Arundel den menschlichen Bären namens „William“ kaufte, der in der Folgezeit in meinem Hause so außergewöhnlichen Anklang fand, daß ihm in Gestalt einer „Miss Welsh“ eine spezielle „Gouvernante“ beigesellt wurde, deren eher beschränkten Verstand, aber ausgeglicheneren Charakter er durch seine kühnen Spekulationen zu verblüffen pflegte.

Für mich selbst war in jenen Tagen nicht klar, in welche Richtung meine ruhelose Lebensillusion sich erweitern und ausdehnen konnte. Meine Feinde werden wahrscheinlich der Ansicht zuneigen, daß ich bekam, was ich verdiente; mit anderen Worten, daß ich ein sozusagen im Bau aufgestöberter, paranoischer Fuchs war. Mein Sohn zog es vor, auf unserem umstrittenen Erdwall Maulwürfe und Mäuse zu beobachten, anstatt anstrengende Spaziergänge über die Downs zu unternehmen. Thora ließ ich in hohem Alter mit Chloroform einschläfern. Methuen & Co. fanden meine Keats-Biographie zu exzentrisch. Ich selbst fand meinen *Tod Gottes* zu konventionell. Ich weiß noch sehr wohl, wie ich den gewaltigen Schafwäschen zusah, bei denen der bärtige Mr. Budd, der braunäugige Mr. Goodyear und der höfliche Mr. West allesamt emsig Mr. Collyers oder Mr. Graburns Schäfern halfen, derweil George

Roadnight Photographien aufnahm, aus denen Ansichtskarten gemacht wurden, und ich mich fühlte, als wäre ich weder Fisch noch Fleisch. Ich wurde nervös und schreckhaft. Ich fühlte mich, als wäre ich ein in der alten Festung ausgegrabenes, phantastisches Götzenbild. Ich fühlte mich, als müsse sich jeder der bei der Schafwäsche Anwesenden bei meinem Erscheinen auf dem Schauplatz sagen:

„Gott! Den verrückten Pinsel würd' ich gern mal zusammen mit den Schafen da tüchtig untertauchen!"

Und selbst auf meinen Reisen als Volkshochschullehrer für Oxford hatte ich mich „vorsehen", hatte daran denken müssen, daß viele meiner Zuhörer Aufsätze für mich schrieben und Universitätszeugnisse bekamen. Einmal beschlossen die Autoritäten von Oxford denn auch tatsächlich, daß ich nie wieder über historische Themen lesen dürfe, da der Prüfer meiner Studenten berichtete, die einzige Vorstellung, welche diese armen Menschen von den römischen Kaisern hätten, sei die „persönliche Gleichung" – ich hatte den Ausdruck nie zuvor gehört, und er beunruhigte mich sehr, so als ob ich mich unabsichtlich einer Art mathematischer Unschicklichkeit schuldig gemacht hätte –, die sie aus dem verleumderischen Tratsch des gehässigen Sueton abgeleitet hätten.

Nichts hätte meinen „Scharlatanismus" deutlicher aufzeigen können als die Verstocktheit, mit der ich an die Stelle eines angemessenen Studiums der großen Historiker die morbidesten Details über die Caesaren setzte. Aber nun war ich in Amerika, Amerika, dem idealen Land für Mystagogen, Demagogen, thaumaturgische Prediger, theosophische Illuminaten, Okkultisten, Geisterbeschwörer, Tischrücker, Medien, Anhänger der Chautauqua-Kultur, Utopisten, Zitterer, Mormonen, Adventisten, indische Yogis, indianische „Kontrollgeister", Verehrer von Quetzalcoatl, Verehrer von Mumbo Jumbo, Vertreter des „Neuen Denkens", Psychiker, Psychiater, Psycho-Karrieristen, zu schweigen von Teleportern, Telepathen und Televisionären. Und ich war nicht nur in dem Land, wo nach dem Untergang von Atlantis nur die verrücktesten Egoisten an Land krabbelten, sondern auch, so stellte ich rasch fest – genau wie Sousas Musik es mir in dem Café in Liverpool prophezeit hatte –, im Land der zynischsten und sardonischsten Verantwortungslosigkeit, welche die menschliche Rasse je hervorgebracht hat! Mit anderen Worten, ich war in einem Land, das genau zu meinem Medizinmann-Charakter paßte. Wie mein lieber Louis in betrübtem, beinahe verdrossenem Ton klagt, ich „liebte es".

Und das wunderbar Paradoxe daran – das allein schon hinlänglich beweist, welche schrecklichen Mißverständnisse die Runde machen und zur historischen Wahrheit einer irregeführten Nachwelt werden – ist, daß es *die Rettung vor dem Humbug* war, die ich an Amerika „liebte". Der „Erzengel" hatte – wie schon andere vor ihm – die Sache in den falschen Hals bekommen.

Quixote-Puppe, prophetische Vogelscheuche, schlampige Winkelhure, die ich bin, hatte ich es so empfunden, daß ein ganz bestimmtes, pseudomännliches, pseudooffenherziges, pseudoschlichtes, pseudoehrliches, pseudobescheidenes psychologisches Element in England für das, war Aristoteles oder sonstwer das „gute Leben" nennt, weit gefährlicher war als die abgefeimteste Heuchelei, die es auf der Welt je gab. Diese spezielle Haltung schien mir um so schlimmer, als sie ihre Feindseligkeit gegen das „gute Leben" wie der „treu bewährte" Jago unter der Maske eines gutmütig-derben „Holla, nur immer lustig" verbarg.

Und worauf lief mein Scharlatanismus und der meines Freundes Arnold eigentlich hinaus, während er all die „hübschen Touren" zusammenstellte und ich sie absolvierte? Pah! Er war bloß etwas Äußerliches; wohingegen meine Feinde, die Akademiker beiderseits des Atlantiks, nicht ehrlich genug sind, um Scharlatane *zu sein;* denn ihre Dünkel stützen und steifen so viele Schichten von Konventionalität, Lage auf Lage und Firnis auf Firnis falscher Werte, daß nichts sie veranlassen könnte, sich zum Narren zu machen, weil sie fürchten, *womöglich alles zu verlieren.* Hierin liegt die grundlegende Ehrlichkeit von meinem und Arnolds Scharlatanismus. Wir nämlich konnten uns aufs äußerste zum Narren machen, wir konnten nach Herzenslust Hanswurste und Marktschreier sein und dennoch unsere grundlegende Integrität wahren; ein einziges Nachlassen weltlicher Vorsicht jedoch bei diesen geriebenen Magnaten, ein einziges Straucheln, mit dem man sich blamieren könnte, und schon droht die entsetzliche Möglichkeit völliger Demaskierung.

Entscheidend ist, daß das Maulheldentum, die Prahlerei und die geschäftliche Gerissenheit der Amerikaner nicht in dem Maße von ihren Seelen Besitz ergreift wie überkommene Grundsätze und aller weltlich-pompöse Humbug von den Seelen bestimmter Typen von Engländern. Ehrliche Engländer sind gegenüber ehrlichen Amerikanern aufgrund ihrer ausgeprägten sinnlichen Natur im Vorteil; von beiden Typen von Schwindlern ist der amerikanische der weniger schädliche, weil er oberflächlicher ist. Und welch ein Trost, welch ein erfrischender Lufthauch war es für mich, dem komplizierten System englischen Snobismus zu entrinnen! In *gesellschaftlichem* Sinne nämlich – und nur darauf kommt es an – ist Amerika eine echte, eine höchst authentische Demokratie. In gesellschaftlicher Hinsicht ist es kaum weniger demokratisch als das sowjetische Rußland; so haben die Russen auch deutlich erkannt – denn sie „lieben" das Land auf genau dieselbe Weise wie ich –, daß die Masse der Amerikaner, welche bourgeoisen Vorstellungen sie auch hegen mag, gegen Bezahlung, aus Liebe oder aus Notwendigkeit mit den Händen arbeitet, so als wären sie Proletarier.

Wir Engländer beurteilen Amerikaner nach den „reisenden Reichen", die, analog unseren eigenen schlimmsten Vulgaritäten, die widerwärtigen, fungösen Auswüchse ihrer freien, unexklusiven, chaotischen Demokratie sind.

Sonderbar, daß ich mich absolut nicht an meinen ersten Eindruck von den Wolkenkratzern New Yorks erinnern kann! Vielleicht lag es daran, daß ich dermaßen von den Gedanken erfüllt war, wie ein stabtragender Argeiphontes mit einer Botschaft der Götter nach Amerika gekommen zu sein, daß ich sie aus Geistesabwesenheit nicht sah! Wie bei Charles Lambs Wahrnehmung des Lake Country *ohne dessen Berge* schaute ich auf New York City, und es waren keine Wolkenkratzer da.

Ich wurde jedoch von Mr. Miles, dem Vorsitzenden der Philadelphia Lecture Society, abgeholt, und er war unglaublich freundlich zu mir. Von ihm nach Philadelphia geleitet, wurde ich der Obhut von Mr. Charles Atkins, mittlerweile Leiter des riesigen Brooklyn Institute, anvertraut, der nicht weniger zuvorkommend war und für den ich seit nunmehr fast dreißig Jahren eine ganz besondere Achtung und Zuneigung empfinde. Mr. Charles Atkins ist trotz seiner verantwortungsvollen Position ein Mann, der schon vor langer Zeit Dr. Johnsons Rat beherzigt und „sein Denken von Floskeln befreit“ hat. So ernst und kompetent er als Verwalter der gewaltigen Institution ist, liegt doch ein Ausdruck in seinem Blick – und in solchen Dingen besitze ich den unfehlbaren Scharfsinn eines psychologischen Adepten –, welcher einen Mann offenbart, der sich keiner Selbsttäuschung hingibt.

Ich weiß noch, daß es Winter gewesen sein muß – welchen Jahres freilich, habe ich keine Ahnung –, als ich zusammen mit Arnold Shaw auf der *Ivernia* in New York ankam, denn Mr. Miles holte mich in einem Mietschlitten mit klingenden Glöckchen an den Docks ab und entführte mich schnurstracks – es war ein temperamentvoller kleiner Mann, der fortwährend riesige Zigarren rauchte – zu einer Spazierfahrt durch den Central Park.

Mein erster Vortrag in Amerika richtete sich, glaube ich, an den Ladies' Club von Madison in New Jersey, und den zweiten, das weiß ich, hielt ich vor dem großen, einzigartigen, proletarischen Publikum, dem aufregendsten Publikum Amerikas, das an so vielen Abenden der Woche in der gewaltigen Rotunde der *Cooper Union* zusammenkommt. Auf der Rednertribüne der Cooper Union, dem Schauplatz meines zweiten Vortrages in diesem Land, gab ich wohl deutlich zu erkennen, daß ich kein bloßer Pierrot der Kultur war, sondern „etwas Gefährliches“ in mir hatte. Mein Thema lautete „Die Republik der Zukunft“, und ich erinnere mich noch gut, daß ich die Heraufkunft eines Zustandes prophezeite, welcher den späteren Entwicklungen in Rußland nicht ganz unähnlich war.

Sehr bald stellte ich fest, daß ich in meinen Vorträgen etwas aufbieten konnte, das dem druidischen *Sprachhypnotismus* glich, den ich in meiner *Glastonbury Romance* Mr. Geard zugeschrieben habe. Was aber war denn nun, genau besehen, das Wesen dieser magischen Botschaft von den Göttern der alten Welt an die Marktplätze der neuen, die in mir frohlockt hatte, während ich mit meinen Mitreisenden auf der *Ivernia* „Dullerdopp“ und „Pantoffelsuchen“ spielte? Es war etwas von jenen fernen „heiligen Hügeln“, von Glastonbury Tor, von Cadbury Camp, von Shaston, vom Gipfel des Snowdon, wo ich nach einem Streit mit Littleton und Theodore *Die Liebe stirbt nimmer* geschrieben hatte, etwas, womit ich, wie ich feststellte, die proletarischen Weisen der Cooper Union jederzeit „aufhorchen“ lassen konnte. Ich erinnere mich noch sehr gut, wie meine Schlußfolgerung, die Republik der Zukunft werde der sozialistische Staat sein, von den anwesenden Anarchisten kritisiert wurde. Da ich bei der Landung gerade erst geschworen hatte, weder Anarchist noch Polygamist zu sein, überraschte es mich, mit welcher Eloquenz ich nun in anarchistischer Doktrin unterwiesen wurde.

Als ich, während der Mann aus New Orleans mir von der Angst der Katzen vor Hunden erzählte, meinen Gedanken nachging, hatte ich diese verwegenen und sympathischen Vorstellungen nicht in den Horizont dessen einbezogen, was ich von Amerika erwartete. Die kühnen Gedanken meines Publikums in der Cooper Union müssen in meinem keltischen Wesen auf fruchtbaren Boden gefallen sein, denn ich weiß noch, daß ich mich etwas später, in Chicago, im letzten Moment weigerte, vor einem Publikum zu sprechen, dessen Obrigkeit den Vortrag eines berühmten Anarchisten untersagt hatte.

Aber trotz meiner anlagebedingten Sympathie mit Anarchisten hielt ich in meinen ruhigeren Momenten unbeirrbar an einer Anschauung fest, die eigentlich eher bolschewistisch als sonst etwas war. Irgendeine Form von Staatssozialismus war, wenn ich so sagen darf, Tenor und Grundton des unaufhörlich sich entrollenden Spruchbandes, das aus meinem Munde kam! Ein solches Spruchband – wie man es auf mittelalterlichen Bildern aus dem Munde eines Engels oder Dämons hervorkommen sieht – war in meinem Falle, während ich wie ein Derwisch heulte, wimmerte, sang, lallte und tanzte, mit den Insignien und heraldischen Symbolen des Staatssozialismus beschriftet.

Stets wies ich auf die Brutalität, ja Vulgarität eines Optimismus hin, der niemals die monströsen Bizarrerien und entsetzlichen Grausamkeiten des Lebens zur Kenntnis genommen hat. Nicht daß ich je bestritten hätte, daß wir alle auf die eine oder andere Art diese unsäglichen Dinge vergessen, das Leid vergessen müssen, das empfindsame Wesen infolge der grundsätzlichen Weltordnung der Ersten Ursache in jeder Sekunde durchmachen, aber die Hieroglyphen auf dem mittelalterlichen Spruchband, das sich meinem Dämonenmund entrollte, eiferten und höhnten und weinten und schrien gegen die Art von falschem Trost an, den so viele beredte, aber phantasielose Prediger in Amerika immerzu spendeten.

Was wir dem Leben an Glück abgewinnen, was wir über das Leben an Offenbarungen erlangen und was wir im Leben an Schönem empfinden können, allem muß stets – so argumentierte ich in meiner Verzweiflung – das Bewußtsein der schrecklichen Notwendigkeit zugrunde liegen, die Unvorstellbarkeiten zu vergessen, welche die Grausamkeit der Ersten Ursache sowohl für die, die sie anerkennen, als auch für die, die sie ablehnen, bereithält. Was ich deutlich zu machen versuchte, war, daß wir alle zwar ungeheuer vieles vergessen müssen, deshalb aber beileibe nicht so zu tun brauchen, als gäbe es gar nichts zu vergessen, jedenfalls nichts, dem eine robuste Natur nicht ins Auge sehen könnte.

Es war, denke ich, die Erkenntnis der entsetzlichen Grausamkeit des Lebens und der abgrundtiefen Schlechtigkeit im Menschen, die meine Vorträge für Katholiken, Kommunisten und Juden akzeptabler machte als für andere. Wie wir von Dante wissen, gründet sich das mittelalterliche Universum ja nachgerade auf jene ewigen Leiden, für welche der *Divino Amore* von Anfang an einen kosmischen „Ort" geschaffen hat, und in der katholischen Liturgie beten wir – so wie Unamuno und mein Freund J. W. Williams immer beteten – „Errette uns vor dem ewigen Tod! Errette uns vor dem ewigen Tod!"

In meinen Vorträgen gab es immer so etwas wie eine Unterströmung, die erkennen ließ, daß ungeachtet aller Bemühungen der Moralisten, dem freien Willen die Schuld für die unsäglichen Greuel auf der Welt zuzuschieben, nach wie vor, mit Paulus zu reden, gilt, „daß alle Kreatur sehnet sich mit uns und ängstet sich noch immerdar"; und ich muß, während ich dies deutlich zu machen versuchte, gespürt haben, daß dem furchtbaren *lacrimae rerum* in der Ordnung der Dinge im katholischen Naturell gründlicher Rechnung getragen war als in der ungestümeren „Aura" von protestantischen Geistlichen oder Moralpredigern. Ihm war – so schien es mir – in jedem Aspekt des katholischen Kultes Rechnung getragen, nicht nur in der Vorstellung vom Inferno, sondern auch in den Wunden Christi, in dem Schwert, welches das Herz seiner Mutter durchbohrt, und in sämtlichen wilden, verzweifelten Ritualschreien, die so erfüllt sind von jenem planetarischen „Sichsehnen und -ängsten". Andererseits aber scheint gerade der Muttergotteskult darauf hinzudeuten, daß hinter dem Universum ein gewisses Element irrationalen Mitgefühls existiert, bei dem diejenigen von uns, die unter seiner blinden Grausamkeit leiden, Erleichterung suchen können.

Angesichts der Orte der Welt, von denen ich kam, war es durchaus natürlich, daß ich nicht umhin konnte, den Akzent auf das magische Element im Leben zu legen. Meine Vorstellung von der Erleichterung und Erlösung, die man in der Religion finden kann, ist seit jeher ebenso magisch wie poetisch, und was mein heimliches, privates Leben anlangte, so hatte die besondere Art von Selbstkontrolle, die ich anstrebte, und die besondere Art von geistiger Konzentration, die ich anstrebte, eher einen Anstrich und Beigeschmack von mittelalterlicher oder, wenn man so will, tibetanischer Heiligkeit als von irgendeiner natürlichen, heidnischen Gutheit.

Und dabei neigte ich – wenn ich denn glauben mußte – mit meinem ganzen Instinkt stets dazu, dem Unmöglichen vor dem bloß Unwahrscheinlichen den Vorzug zu geben. Ich glaube, es war Oscar Wilde, der irgendwo etwas darüber gesagt hat; jedenfalls hat Tertullians Ruf „Ich glaube, *weil* es unmöglich ist" immer eine Art wilder Sympathie in mir ausgelöst.

„Warum also", fragte ich mich, „sollte ich nicht das werden, wozu ich im tiefsten Herzen geboren bin?"

Bestand nicht das ganze Geheimnis des persönlichen Lebens darin, herauszufinden, welche nervliche und geistige Fatalität einem angeboren war, sie dann in die eigene Hexenkammer zu schleppen, Magie an ihr zu wirken und sie zum Erprobungsinstrument der eigenen „Wahrheit" unter all den „Wahrheiten" zu machen, mit denen das Universum bevölkert ist? Wenn ich als geborener Pluralist, Totemist, Fetischist, Mythologe, Polytheist und sogar „Chaotizist" mit einem Gewissen, das schon immer etwas Kleinliches, Fanatisches, Kasuistisches, Pharisäerhaftes hatte, überhaupt je irgendwelche Bruchstücke mittelalterlicher oder taoistischer Weisheit erworben habe oder ein Stück auf dem „kurzen Pfad", wie die Tibeter sagen, vorangekommen bin, so muß es infolge der Kraft und der Selbstkontrolle geschehen sein, die ich erlangte, indem ich mich tagtäglich zwang, eine schier unglaubliche Anzahl ritualistischer Verrichtungen zu durchlaufen! Ich hatte meinen eigenen geheimen Weg nach Camelot, hegte jedoch auch immer eine heimliche Schwäche für die öffentliche Straße dorthin, auf der sich ein bramarbasierender Haufe von blinden Astrologen, Tarotkartenlesern, Kabbalisten und Thaumaturgikern neben einer Prozession bauernfängerischer Hexenmeister und dem ganzen hergelaufenen Lumpenpack jämmerlicher Götzenanbeter tummelte! Obwohl ich es doch vorziehe, mein Versteck vor solchen Wirrköpfen zu schützen, und eine ganz eigene, manische Abneigung dagegen habe, *die Zukunft zu erfahren,* sehe ich keinen Grund, warum wir nicht wenigstens die Gefahren, die uns von unserem Charakter drohen, mit Hilfe der okkulten Divinationen erforschen, die Her Trippa mit einem Tamariskenzweig in der Hand so eloquent empfiehlt – als da sind Geomantie, Chiromantie und Ceromantie, von Tephromantie, Sicomantie und Ichthyomantie ganz zu schweigen.

Freilich begann ich, während ich Amerika durchreiste, auch ohne die Hilfe von Chiromantie und Sicomantie bald zu bemerken, welche Tendenzen meines Wesens sich voraussichtlich durchsetzen würden, wenn ich nur erst befreit war von den Traditionen und Konventionen meines Vaterlandes! An den Almosen, die ich an Bettler zu verteilen mich gezwungen fühlte, so wie ich mich in der Schule gezwungen gefühlt hatte, Littleton unseren ganzen Korb zu lassen und der verdutzten jungen Frau in Longburton das Taschengeld einer Woche zu geben, und auch an der Strenge, mit der ich mich dazu anhielt, Blätter und kleine Zweige aus den Rinnsteinen oder von den heißen Bürgersteigen aufzuheben, damit sie nicht zertrampelt wurden, merkte ich, daß ich zumindest einige Kennzeichen eines Anwärters auf Heiligkeit besaß.

Aber ich kannte noch eine andere, weit subtilere Methode, „Verdienst zu erwerben", und zwar den Verzicht auf jeden Versuch, den Charakter meiner neugewonnen Freunde zu ändern oder ihnen meine Wertvorstellungen aufzunötigen. Irgendein tiefsitzender Instinkt setzte mir die Überzeugung in den Kopf, daß alle empfindenden Geschöpfe ein Recht auf ihre eigene, persönliche Identität und ihre eigenen, persönlichen Freuden haben. Ich war zu der Erkenntnis gekommen, daß es albern ist, Menschen im Gespräch seine eigenen Werte, seine eigenen Abneigungen, seine eigenen Erregungen aufzwingen zu wollen, und daß es ein *splendidum mendacium,* einen verdienstlichen Betrug darstellt, ihnen durch Schmeichelei zu Wohlbefinden und Selbstzufriedenheit zu verhelfen. Wie bereits angedeutet, empfand ich mit meiner ganzen Vorstellungskraft, daß jeder Organismus auf der Welt umhegt, erquickt und „bei Laune gehalten" werden sollte und daß jegliche Lüge gerechtfertigt war, sofern man damit dessen geschundenen, hilflosen Nerven auf dieser harten Welt ein paar Wonneschauer verschaffte.

So hatte ich im tiefsten Grunde meines Wesens Mitleid mit jedem empfindenden Organismus, stattete, weil selbst das mir noch nicht genügte, fortwährend auch *unbelebte Dinge* mit Gefühlen aus und nahm die lästigen Um- und Abwege auf mich, um das Wohlbefinden dieser Kinder des Limbus zu heben. Letztlich war, was sich da in mir festzusetzen begonnen hatte, die Vorstellung, daß ich so empfinden sollte, als ob kein Lebewesen außer mir selbst anders handeln und empfinden könnte als eben so, wie es handelte und empfand, und es daher undenkbar war, ihm wegen seiner Verhaltensweisen und Eigenarten böse zu sein.

Die meisten üblen Schurken und geriebenen Schufte, und sogar viele gesund empfindende „ehrliche Kerle", betrachteten solche Gefühle als Überheblichkeit schlimmster Art. Aber das waren sie nicht. Ich wurde von meinen Manien derart umgetrieben, durchgerüttelt und aufgewühlt, daß diese mittelalterlichen und mystischen Bekundungen letztlich viel eher einer Geistesgestörtheit als einer Allüre salbungsvoller Selbstgerechtigkeit ähnelten. Selbst wenn ich mir im Grunde meines Herzens bewußt war, daß ich den Eigenheiten meiner Bekanntschaften mit tiefer, kalter, boshafter Mißbilligung begegnete, verbarg ich diese Empfindung stets und gab nie etwas anderes als eifrige, überströmende, fast schwärmerische Anerkennung für ihre Qualitäten zu erkennen.

Aber nicht nur hinsichtlich solcher „Heiligkeit" oder, wenn man denn unbedingt will, Überheblichkeit – obschon ich versichere, daß niemand, der in der Schule Ähnliches durchgemacht hat wie ich, überheblich sein kann – begann mein Wesen merkwürdige, verblüffende Schößlinge zu treiben.

Im Hinblick auf mein heimliches Lasterleben ermutigte mich Amerika mit seinen Varietédarbietungen ebenso lebhaft, wie es Paris mit seinen verruchten Büchern getan hatte. Wenn irgendein lustfeindlicher, mephistophelischer Ekklesiast nach einer Waffe suchte, mit der sich die süße, natürliche, liebenswerte Sinnlichkeit normalen Kosens und Küssens in Heuschobern und Hecken und „wo nicht, warum nicht" verfolgen ließe, der in den Werken von Llewelyn Powys so eloquent das Wort geredet wird, könnte er, so fürchte ich stark, aus diesem Bekenntnis von Bruder John nur allzu stichhaltige Argumente gewinnen. Zu viele von den erotischen Gefühlen, die mich mit jener Art von Besessenheit überwältigten und verzückten, die *alles andere auf der Welt unwichtig* macht, sind von so anormalem Charakter, daß es Llewelyn schwerfiele, ihnen mit Nachsicht zu begegnen.

Ja, ich fürchte, mein ekklesiastischer Torquemada würde von meinen Enthüllungen zu der Behauptung ermutigt, ein derart malerisches, schönes Liebesgetändel setze eine sanftmütige, gesunde Normalität voraus, die so selten vorkomme wie echtes Genie. Da das Leben nun einmal verdreht sei, erscheine auch der große Gott Eros, wenn er in den Spiegeln unserer monströsen Verirrungen reflektiert werde, nicht mehr in jener lieblichen Gestalt, deren „süßen Brauch" die kleine Psyche so bitter beweint, sondern nehme ein baalhaftes, dagonhaftes oder baphomethaftes Aussehen an. Gebe man dem „tierischen Stachel" in einem selbst erst einmal *carte blanche*, so sehe man sich über kurz oder lang Versuchungen ausgesetzt, die einem Tiberius Übelkeit verursachen würden. Habe man die Schleusentore der Lust erst einmal vollständig hochgewunden, könnte ein solcher Ekklesiast argumentieren, so werde man feststellen, daß Iwan Karamasow mehr von der Sache verstehe als jeder Dichter außer Gevatter Swift. So viel Sinnlichkeit zu genießen, wie wir können, ohne irgend jemandem Leid zuzufügen, ist zwar die sicherste Richtschnur, doch gerade da, wo man es am wenigsten erwartet, springt Demogorgon auf, und mit einemmal projizieren wir Gedanken-Eidola, die wir kaum einer Menschenseele einzugestehen wagen. Die Wahrheit ist, daß die Erste Ursache, um zu gewährleisten, daß der Samen unserer Rasse nicht vertrocknet, weit gefährlichere Maßnahmen ergriffen hat, als erforderlich war.

Sehr bald, nachdem ich in Amerika angekommen war und meine Zelte in Philadelphia aufgeschlagen hatte, mußte ich lange Reisen durch das Land unternehmen. Auf diesen Fahrten begann ich rasch, verzweifelt nach Mitteln zur Befriedigung meines voyeuristischen Lasters zu suchen. Ich erinnere mich noch gut, wie ich einmal in New Haven, dem Standort der Yale University, einen Vortrag hielt, der freilich nicht unter den Auspizien der Universität stattfand. Überhaupt bin ich niemals von den eigentlichen Autoritäten einer der großen amerikanischen Universitäten eingeladen worden, unter ihren Auspizien zu sprechen – die Universität von Kalifornien ausgenommen; und selbst dort war der Mensch, der mich vorstellte, in derart sauertöpfischer Stimmung, daß er sich bei meinem Publikum dafür entschuldigte, nichts Verläßliches über mich sagen zu können, da ich nicht im britischen *Who's Who* stünde.

Aber die Verachtung, mit der mich – der ich dem amerikanischen Volk so lange ein so unermüdlicher, peripatetischer Philosoph gewesen bin – die großen, vornehmen Universitäten straften, wurde mehr als wettgemacht von der Art, wie mich die kleinen Colleges willkommen hießen. Das Rührende daran war, daß diesen ausgezeichneten kleinen Einrichtungen niemals aufging, was für ein kompletter „Wilder" ich war. Sie glaubten, sie hätten „einen typischen Engländer aus Oxford" engagiert. Sie täuschten sich jedesmal in dem Talar, den ich zu tragen pflegte, und hielten ihn für einen Oxford-Talar; und es kitzelte meine Phantasie und ließ mich daran denken, wie es die Phantasie des alten Fanshawe gekitzelt haben würde, als man mich fragte, ob „Cambridge nicht eine Privatschule von Oxford" sei.

Es wäre freilich absurd von mir, eine übersteigerte Eitelkeit an den Tag zu legen, wenn ich daran denke, wie alle meine leidenschaftlichen Ausführungen über Homer, Dante, Goethe und Dostojewski in Harvard und Yale für nichts galten. Sie galten ja schon in Oxford und Cambridge fast nichts. In Wirklichkeit ist es so, daß mich jeder Verkehr mit einer dieser exklusiven Einrichtungen jämmerlich verschreckt und verschüchtert hätte. Ich war glücklich und zufrieden mit meinen Mädchenschulen, normalen Schulen und abgelegenen staatlichen Colleges. Frauenvereine ängstigten mich nicht. Mit Begeisterung hielt ich Vorträge vor Nonnen und Novizen. Am meisten war ich in Synagogen ganz und gar ich selbst. Der Anblick jener großen Worte über „die Einigkeit Gottes" erregte mich stets und beschwor in meiner Vorstellung die Romantik und Erhabenheit der langen Geschichte Israels herauf. Gleichviel, ob ich ein Märchenwaliser war: von Zeit zu Zeit machte ich meinen Diener gern vor dem Gott Abrahams, Isaaks und Jakobs.

In New Haven also, auf der Jagd nach Nahrung für meine schwelende Flamme, so erinnere ich mich, fand ich einmal eine erbärmliche kleine, aufreizende Zeitschrift, die meinem jammervollen Zustand eine armselige, trostlose Liebkosung verschaffte. Zu jener Zeit kannte ich keine einzige Amerikanerin, die ich hätte ansprechen können; und wenn, so hätte es kaum einen Unterschied gemacht, es sei denn, es hätte sich um eine sehr sonderbare Art von Frau gehandelt; denn das letzte, was ich wollte, war eine wirkliche, lebendig-liebevolle, eifersüchtige Bettgefährtin. Ich wollte liederliche Marionetten, Inkarnationen der Lusterfüllung, und *sonst nichts;* zarte, außermenschliche Wesen wie die bis zum Rasendwerden verlockenden Undinen und Salamander, welche die alten Philosophen aus den Elementen erschufen. Gott im Himmel! Bestimmt fürchteten sich viele der alten Philosophen zu ihrer Zeit vor den Professoren von Salamanca und Padua ebensosehr, wie ich mich vor den Professoren von Harvard und Yale fürchtete. Tatsächlich aber lernte ich nicht eine einzige Amerikanerin kennen, ehe ich nicht viele andere, verzweifelte Auswege der gehetzten, von Dämonen besessenen Menschenseele erprobt hatte!

Zu meinen großen Entdeckungen gehörten denn auch jene schmutzig aussehenden Münzautomaten, die, wenn man wußte, wo man sie zu suchen hatte, vor dreißig Jahren reihenweise in New York standen. Sie waren zu beiden Seiten ganz bestimmter schmaler Korridore aufgestellt, in denen stets eine gespenstische, grabmalhafte, ganz spezielle Art von Tageslicht herrschte, als wäre das kalte Fischauge sämtlicher trüber Nachmittagsstunden, die einem lebendigen Tag je den Nerv raubten, eingefangen und hier eingesperrt worden. Wenn ich – nach Entrichtung eines Fünfcentstükkes – den Griff dieser trostlosen Automaten betätigte und durch einen kleinen Spion spähte, hatte ich das Vorrecht, Peeping-Tom zu spielen, während einige äußerst unsylphidische Damen von drallem, matronenhaftem Äußeren ernst und ohne jedes Anzeichen von Sprödigkeit ihre Oberkleidung ablegten. In der Tat waren es Gucklöcher, wie eigens erfunden für einen starrsinnigen Zerebralisten in einem fremden Land!

Leider aber hatte sich mein Geschmack in diesen Dingen an all den schlanken Gestalten im Pantomimenkostüm, die ich auf den Seiten des *Ally Sloper* zu genießen pflegte, derart verfeinert, daß mir diese Gliederpuppen im Automaten nie auch nur eine einzige Sekunde wirklicher Befriedigung verschafften. Die *Idee* jedoch – und ich blieb auch in puncto Münzautomaten ein wahrer Platoniker – hielt meine Hoffnungen auf dem *quivive*: ich „*fand* nie Heil, sondern *erstrebt'* es nur".

Auf der *Ivernia* hatte ich abenteuerliche Geschichten von nervenaufpeitschenden Szenen gehört, die man in der Bowery miterleben könne; und so dauerte es nicht lange, bis ich auf der Durchfahrt durch New York im Zuge diverser „hübscher Touren" von Philadelphia den Weg in dieses verwegene Quartier fand – und zwar stets zu Fuß, wie mein Vater in Shirley, doch im Gegensatz zu ihm nicht auf der Suche nach Braunelleneiern. Hier gab es denn auch sehr viele von diesen Höhlen der Venus Mechanistica; und noch heute – denn was wir armen Sterblichen auf uns zu nehmen bereit sind, wenn der Satan uns treibt, ist unglaublich – schaudert es mich bei der Erinnerung an den speziellen *Geruch*, buchstäblich „ein Hauch von eklem Erz und giftigem Metall", der mir dort in die Nase drang.

Amerika, so muß man sicherlich einräumen, hat zwar meine zweifelhaften Begierden schließlich vollständiger befriedigt, als das anderswo, die Lektüre der verruchten französischen Bücher ausgenommen, je der Fall war, aber sie hat auch – wenn man einen solchen Kontinent als „sie" bezeichnen kann – die überfeinerte Zimperlichkeit meines Lasters ebenso brutal schockiert und verletzt, wie Paris das tat.

Ach, wenn mein Bruder den Kult der schrecklichen Göttin unverdrossen mit Himmelsschlüsseln und Kornfeldern in Verbindung bringt, so entfährt mir wie einem gräßlichen Kobold ein wahres Teufelslachen beim Gedanken daran, wohin, so weit entfernt von Kuckucksblumen und Himmelsschlüsseln, *mein* „Blumenpfad" führte. Glücklich, jawohl! dreimal glücklich, wessen ästhetischer Geschmack, ob nun an Pater oder Proust geschult, die Mißlichkeiten, in die ihn seine Lüsternheit bringt, mit Wohlgefallen betrachten kann.

Viele werden finden, es zeuge von einem eklatanten Mangel an Sinn für das rechte Maß, Bilderautomaten in der Bowery als wichtigen Aspekt meines Lebens in Amerika hinzustellen. Aber was hätte es überhaupt für einen Sinn, mein Leben aufzuschreiben, wenn ich nicht zum Kern der Sache vorzustoßen versuchte? Es gab freilich neben dieser erbärmlichen Suche auch andere Dinge, die mich interessierten. So entsinne ich mich noch gut einer höchst aufregenden Gesellschaft sämtlicher amerikanischer Dichter, die sich kurzfristig zusammentrommeln ließen, um den „Oxforddozenten" kennenzulernen, diesen Dozenten, der, außer im Zustand der Volltrunkenheit, noch nie im Leben vor einem Studenten doziert hatte, einer Gesellschaft, auf der ich mich verzweifelt an Edwin Arlington Robinson klammerte, dessen Persönlichkeit mich seit jeher ebenso angezogen hat wie sein einzigartiges Genie. Er nahm mich später auf sein Zimmer in der Oberstadt mit, und ich weiß noch, welch ein wahrhaft apollinisch strahlender Glanz die schlichte Klause erleuchtete, als er auf seine Weise mit stolzer, vornehmer Zurückhaltung von seinen künstlerischen Absichten sprach. Meine offensichtlich ehrliche Freude an den Gedichten über die sonderbaren, wunderlichen, heruntergekommenen Männer, die sich im Kellergeschoß des Hotels Breevoort treffen, gefiel ihm; und ihn entzückte mein Vergnügen an dem Satz: „Heraus, du Laelaps, atme ein die Nacht; und so entfernt' er sich mit Clavering!" Ich erzählte ihm, wie ich einmal ein Bild von einem Laelaps – bei Homer eine Sturmwelle, in späterer Zeit jedoch das Ungeheuer, wie man es kürzlich an der französischen Küste entdeckt hat – gesehen hatte, und zwar in einem Buch, das wir als Kinder von Mr. Knipe, dem Rektor meines Vaters gezeigt bekamen. Der Dichter freute sich über meinen unverbildeten Enthusiasmus und dachte wahrscheinlich insgeheim: „Ob wohl alle Oxforddozenten so ungekünstelt sind wie dieser treffliche junge Mann?"

In das allerschlimmste dieser *Musées* – und manche waren in den ersten Jahren des Jahrunderts wirklich „Musentempel der Hölle" – verschlug es mich in einem verluderten Viertel von Chicago. Hier hätte mir der Dichter wahrhaftig zurufen können:

„Heraus, du Laelaps, atme ein die Nacht!"

Einem Plakat zufolge sollte später eine Art *danse d'enfer* stattfinden, und dabei darfst du nicht vergessen, Leser, daß mich in diese Etablissements, die mir an sich blankes Entsetzen und kalten Ekel einflößten, ja immerzu nur die platonische Idee schlanker, sylphidischer Gestalten lockte und hineintrieb, Gestalten mit kleinen ovalen Köpfen, Hüften wie von zarten Knaben und Fesseln so fragil wie wilde Anemonen, Gestalten, wie ich sie in nimmer endender Ekstase – und ich kann mich noch heute entsinnen, wie sich jene Fensterplätze anfühlten – in der alten Schulbibliothek von Sherborne zu studieren pflegte.

An diesem unbeschreiblichen Ort wartete und wartete ich, und die Tatsache, daß er unter Straßenniveau lag, brachte mir sämtliche balzacschen Geschichten von Chicagos Unterwelt in den kindlichen Sinn. In Wirklichkeit war ich nichts als ein gutmütiger Bücherwurm mit dem unmäßigen Verlangen, stundenlang ungestört und ungehindert die Gliedmaßen knabenhafter Mädchen anzustarren, die mich ihrerseits anlächeln sollten. Die Erfüllung dieser löblichen, legitimen Sehnsucht war mir bislang, ob nun durch Zufall, Schicksal oder die Weisheit meines Schutzengels, versagt geblieben; jedesmal aber – so auch bei dieser Gelegenheit –, wenn ich die Ankündigung einer solchen Darbietung sah, schwebten mir sämtliche Huris des mohammedanischen Paradieses vor! Diesmal war ich, mit Ausnahme eines Mannes in einem Käfig und eines Affen in Freiheit, ganz allein in dem Lokal. Der Mann würdigte mich keiner Antwort, als ich ihn schüchtern nach der angekündigten Darbietung fragte; und mit der Zeit kam ich – sehr ungern, denn ich hatte mich in Abständen durch einige leis gemurmelte Bemerkungen nach Kräften bei ihm angebiedert – zu dem Schluß, daß er aus Wachs war. Der Affe jedoch war aus dem gleichen Stoff wie ich, und während ich ihn beobachtete, überkam mich ein obskures Unbehagen, dessen Elemente ich aus heutigem Zeitabstand nicht mehr eindeutig zu rekonstruieren vermag.

Kam es tatsächlich zu einer wahrhaft ziemlich gräßlichen, subhumanen Wechselbeziehung zwischen den aufgepeitschten Nerven eines sexuell ausgehungerten Affen und eines anormal erregten Vortragsreisenden, die beide warteten und warteten und warteten, daß der Reigen der Huris, den wir da vor uns angekündigt sahen, tatsächlich Einzug hielt? Vergeblich aber warteten der Affe und ich, wie der verkleidete Ritter in *The Talisman* und der Einsiedler von Engeddi, auf das Erscheinen des Unmöglichen. In *The Talisman* erscheinen die Mädchen wenigstens und streuen sogar Rosen, wenn auch in einer Höhle mitten in der Wüste; doch in diesem Kellerlokal in Chicago erschienen keine Mädchen, und der Wachsmensch, der Affe und der „Oxforddozent“ fanden zunehmend weniger Gefallen aneinander. Aber wir warteten dennoch, wir drei Wesenheiten, zwei existent und eine subsistent, und die ganze Zeit trommelte mein Herz seinen Teufelswirbel, nicht nur vor erotischer Vorfreude, sondern auch vor ängstlicher Unruhe, denn in Philadelphia hatte man mir erzählt, daß zwei mysteriöse Demiurgen namens „Bath-House John" und „Hinky Dink" wie der schreckliche Baphomet in der kabbalistischen Magie die Macht besäßen, zu binden und zu lösen, was immer sich in dieser Stadt, die Walt Whitman mit „hoch erhob'ner Hand" als „Chicago, die große Stadt" grüßte, unter Seehöhe begebe!

Aber ich mußte nach Philadelphia zurück. Und dort – eben in Philadelphia selbst – begab es sich, daß ich etwas entdeckte, das – zumindest der Idee nach – mein Satyrherz tatsächlich höher schlagen ließ. Wie bei der Suche nach Lilith, dem engelhaften Dämon, dem man in fernen Ländern nachjagt, dieweil er – um erneut Walt Whitman zu zitieren – die ganze Zeit „zwischen den Küchengeräten wirkt", machte ich meine wundersame Entdeckung ausgerechnet in der Quäkerstadt. Ich fand nämlich eine Lokalität mit einem Münzautomaten, der wirkliche, nicht bloß abgebildete Frauen zeigte! Ich suchte diesen Automaten nur einmal auf; die Aura des Etablissements kann also bestimmt nicht sehr verführerisch gewesen sein; aber es fiel mir lange danach, als ich in England war, wieder ein, und – so seltsam bin ich veranlagt – dies *und nur dies,* dieser Münzautomat mit den Frauen aus Fleisch und Blut, gab den Ausschlag, daß ich meine Vortragstätigkeit in Amerika wiederaufnahm, und zwar zu einem Zeitpunkt, da mich Llewelyn wegen meiner Magengeschwüre, die mir damals gerade teuflisch zu schaffen machten, zur endgültigen Aufgabe dieses Berufes zu überreden suchte!

Meine Automaten-Damen, die von ihrem Bewunderer vermutlich nichts als ein Paar irrer Augen sahen, reagierten, so muß man einräumen, sehr beiläufig und gleichgültig auf das Klingeln meiner vor ihren Füßen herabfallenden Silberlinge. Es handelte sich um zwei Frauen in mittleren Jahren, die in einem nicht unbehaglichen kleinen Zelt saßen und sich ungeachtet des wilden Paars schlackenhafter Augen, die „die Schönheit Helenas auf einer äthiopisch braunen Stirn" sahen, in aller Ruhe weiter über ihre Kinder, über das, was sie zum Abendessen kochen würden, und über die Preise ganz bestimmter Hüte unterhielten, die sie auf der Market Street hatten ausliegen sehen. An die Augen, die sie durch die ehernen Öffnungen hindurch verschlangen, dachten sie ebensowenig wie an die Augen ihres Schöpfers.

Ich war schon recht lange in Amerika, ehe ich das große Ventil und Schlupfloch dieses Landes für die Repressionen einer puritanischen öffentlichen Meinung entdeckte. Ich spreche vom Varieté. Zur Information derjenigen meiner Landsleute, die mit dieser Bühnenkunst nicht vertraut sind, muß ich erwähnen, daß das Varieté – jedenfalls vor dreißig Jahren – beinahe ausschließlich von Männern besucht wurde. Es waren außerordentliche Darbietungen – so kam es mir wenigstens vor –, und daß einem derart himmlische Anblicke in einer Welt wie der unseren „verstrickt in Finsternis, auf dunklem Fluch gegründet", überhaupt vergönnt waren, erschien mir fast unglaublich. Der Varietésketsch hatte zu meiner Zeit sehr wenig Handlung, und das wenige, das er bot, drehte sich um die klamaukhaften Abenteuer zweier Possenreißer, von denen der eine gemeinhin als Jude und der andere als Ire auftrat. Sehr häufig handelte es sich zweifellos auch um einen Juden und einen Iren; aber was immer sie auch waren, die Brutalität ihrer Worte, Scherze und Gesten war schlicht und einfach verblüffend für mich. Verglichen mit diesen Varieté-Spaßmachern war Charlie Chaplin so kultiviert wie Charles Dickens; und was meinen alten Freund Dan Leno anging, so ähnelte er einem Narren aus Shakespeare.

Als besonders schockierend empfand ich meiner Erinnerung nach den sardonischen, wüsten Spott, mit dem Landstreicher und Tippelbrüder bedacht wurden. Der größte Teil des Publikums bestand wohl aus Handlungsreisenden, dem Berufsstand, den wir in England als „Vertreter" bezeichnen. In jedem Fall aber gehörten die meisten wohl dem „Kleinbürgertum" an, wie Harry Lyon es zu nennen pflegte; und ich nehme an, es berührte sie, anders als es bei fast jeder Aristokratie der Fall gewesen wäre, keineswegs unangenehm, Landstreicher, Bettler, Krüppel und Schwachsinnige – also alle Gescheiterten im großen Kampf um „den Erfolg" – zur Zielscheibe grausamen Hohns gemacht zu sehen. Für mich dagegen – dessen Sympathien sich von Sterne, Lamb, Scott und Dickens nähren, in deren Werken diese Unschuldigen als beinahe sakrosankt gelten – war es überaus erschreckend mitzuerleben, wie mit Lumpen, Krücken und dem Gelalle des Schwachsinns *Scherz getrieben* wurde.

Mir war mit einemmal, als erblickte ich Millionen und Abermillionen schrecklich tüchtiger, flott gekleideter junger Männer, die, von Lachkrämpfen geschüttelt, den wohlmanikürten Zeigefinger bebend vor Hohn nicht nur auf mich, sondern auf alle großen Geister richteten, die ich im Leben am meisten liebte: auf Mr. de – – – –, auf den „Katholiken" und, jawohl, selbst auf Dostojewski. Tatsächlich handelte es sich bei dem, was ich in diesen Theatern miterlebte, um das Phänomen, daß sich einmal in der Menschengeschichte sämtliche niederen Instinkte des bürgerlichen Charakters ungehemmt ausleben durften. In den alten Kulturen gibt entweder die Aristokratie – die mit griechischer und römischer Mythologie groß wird, wo nun freilich Bettler häufig *Götter in Verkleidung* sind und der Schritt vom König zum Landstreicher sehr klein ist – oder der Pöbel – dessen Blutdurst nach Stierhetze, Hahnenkampf und Gladiatorengemetzel verlangt – in der öffentlichen Unterhaltung den Ton an. Ein Platz in diesen Etablissements aber gewährte mir einen Blick darauf, welche Art von Zerstreuung die Sinne von Harry Lyons „Kleinbürgertum" am stärksten kitzelte.

Und ich stellte fest, daß mir dieser bürgerliche Unterhaltung, abgesehen von ihrem burlesken Element und der Verhöhnung von Landstreichern, ausnehmend gut gefiel! Ging also mein ästhetischer Geschmack doch auf einen ganz bestimmten Ahnen von mir zurück, der Lohgerber war? Fest steht, daß mir keine Bühnenunterhaltung je das rauschhafte Vergnügen verschafft hat, das ich an diesen Darbietungen fand. Den Film verabscheue ich. Aus Theaterstücken mache ich mir nicht viel. Tatsächlich hat mich, von englischen Pantomimen und einem sonderbaren russisch-jüdischen Stück mit dem Titel *Der Dybbuk* abgesehen, kein Bühnenwerk auch nur ein einziges Mal geistig, seelisch oder sinnlich gepackt – mit Ausnahme dieser sonderbaren Form von Unterhaltung. Ich will mich nicht zu der Behauptung versteigen, daß ich *jede* Theaterinszenierung verachte oder mein Abscheu gegen den Film *keine einzige* Ausnahme kennt, denn zuweilen, während eines Vortrages, bin ich mir selbst schon so vorgekommen, als spielte ich wie Sir Henry Irving, und ich hege eine beinahe religiöse Verehrung für

Charlie Chaplin. Im großen und ganzen aber gilt sicherlich, daß das amerikanische Varieté, wenn es denn eine Kunst ist, die einzige Bühnenkunst darstellt, die mir je Wonneschauer verschafft hat.

Wenn ich aber recht habe mit meiner Auffassung, diese Unterhaltungsform biete etwas, das sämtliche Facetten derben, rabelaisschen Humors, die zotige, die überspannte und die brutale, befriedige, welche die Kultiviertheit der Frauen gemeinhin in den amerikanischen Männern unterdrückt, so müßte man annehmen, daß ich ihnen ähnelte! Kam hier also doch der Lohgerber heraus? Ich bin schwer versucht, Leser, dir beim Andenken des guten Mannes Stein und Bein zu schwören, daß ich diese Komödianten ungeheuer genossen habe. Denn in Wahrheit bin ich natürlich gescheit genug, vom Verstand her und mit Hilfe des „künstlerischen Geschmacks“, den Harry Lyon mir einbleute, zu erkennen, daß die komischen Elemente des amerikanischen Varietés eine Kunst des Humors von außerordentlich hohem Rang darstellen. Es gibt darin Aspekte, die Joyces *Ulysses* ebenbürtig sind. Sie enthält vieles, das dem „Satyricon“ des Petronius ähnelt. Ich kann mir sehr gut vorstellen, wie der morbid heikle Nietzsche *sich zwingt,* an dieser Art von Farce Gefallen zu finden, und sie „wackere aristophanische Wahrheit“ nennt.

Leider aber beschäftige ich mich hier mit einem Bild von mir selbst, wie ich mich wirklich empfinde, nicht, wie ich mich idealerweise gern hätte. Und die beklagenswerte Wahrheit ist, daß ich diese aristophanische Komödie keineswegs genoß! Ich litt darunter. Ich versuchte, sie nicht wahrzunehmen. Hätte ich mich getraut, so hätte ich dabei die Augen geschlossen! Unglücklicherweise erinnerte ich mich nur allzu gut an das Paar rachsüchtiger Akrobaten in den Midlands; und außerdem sah ich ja *mitunter*, wenn ich scharf aufpaßte, eine hinreißende Gestalt in den Seitenkulissen. *Geistig* jedenfalls machte ich Augen und Ohren zu; bis das aristophanische Gepladder brillanter Maulfertigkeit, wenn es das denn war, versiegte. Manches aber nahm ich wohl oder übel wahr. So war es charakteristisch für eine ganz bestimmte, elementare Brutalität dieses Humors – wie die Brutalität Panurgens gegenüber Ding-Dong –, daß so ein junger Springinsfeld, wenn er seine Verachtung für einen Krüppel, Landstreicher oder Schwachsinnigen zeigen wollte, der unglücklichen Kreatur den Handteller in das ungeschützte Gesicht drückte, ihn mit einer ganz bestimmten, das Heiligste und Empfindlichste im Menschen *schlechthin vergewaltigenden Obszönität* gegen dessen Nase, Augen, Mund, Lippen preßte, die ich als Psychologe schließlich als einen der unerfreulichsten Aspekte des amerikanischen Humors erkannt habe. Humor dieser Art – wobei der amerikanische Humor, wie andere nationale Charakterzüge, selbstverständlich unterschiedliche Facetten hat – stellt in Wirklichkeit die Vorstufe zur Lynchjustiz dar. Wenn man seine Aversion gegen einen Menschen, der sich wie eine Vogelscheuche kleidet und aller Wahrscheinlichkeit nach ein „Degenerierter" ist, dadurch aufgeputscht hat, daß man ihm die Finger gegen Mund, Lippen, Wangen, Stirn, Nase und Augen drückt, so ergibt sich, wenn man ein sauberer, heller, aufrechter Bursche mit dem Verstand eines „aggressiven Verkäufers" ist, als natürliche Folge dieses Verhaltens, daß man ihn „hart anfaßt", mit anderen Worten, daß man ihm einen Strick um den Hals legt.

Nein, obwohl mir die „aristophanische" Kraft der Possenreißerei in diesen Varietés bei aller Derbheit keineswegs entging, war sie nicht das, was mich so fesselte. Hast du, Leser, dich erst einmal mit meinem speziellen, lebenslangen Laster abgefunden, die unüberwindliche Nympholepsie meines Wesens in Rechnung gestellt, so wird es dich gewiß nicht überraschen, daß mir, sofern die weiblichen Tanzgruppen nicht ausschließlich aus Personen meines Alters bestanden, das Gesehene restlos den Kopf verdrehte. Aber ach, wie kurz, wie grausam kurz erschienen mir diese unheimlichen Zwischenspiele! Oft tanzten sie auch so dichtgedrängt und schnell, daß ich gar nicht imstande war, an einer Einzelnen meine Freude zu finden. Einmal allerdings, so erinnere ich mich, beobachtete ich ein Mädchen, das während eines Zwischenspiels, als eine Atempause das rasende Gewirbel unterbrach, in aller Ruhe einen Kamm aus ihrem Haar nahm und sich dann so unbefangen, als hätte sie allein vor einem Spiegel gesessen, die Zöpfe kämmte! Kleine, natürliche Gesten dieser Art ließen mir in Momenten der Erinnerung jedesmal die Knochen im Leibe schmelzen. Dann sagte ich mir:

„Wie kann das böse, finster und verderbt sein, wo doch der Schauer, den es mir verschafft, so voller zauberischer, unwiderstehlicher Süße ist?"

Nun nämlich muß ich im Zusammenhang mit diesen Varietédarbietungen ein sehr eigenartiges Phänomen bekennen. Zum erstenmal in meinem Leben begann mein Verlangen, die Gliedmaßen von Frauen zu betrachten, für mein Gewissen etwas Verderbtes anzunehmen. Wie oder warum es dazu kam, vermag ich nicht zu sagen. Vielleicht wirkte sich die Anwesenheit eines fast durchweg männlichen Publikums in dieser Weise auf mich aus. Oder lag es daran, daß meine wachsende Neigung zum *Asketischen*, meine wachsende Neigung zu dem Bemühen, mein Leben – du darfst mich nicht auslachen, Leser – am Vorbild der mittelalterlichen Heiligen auszurichten, mir jedwedes sinnliche Vergnügen verwerflich erscheinen ließ?

Aber möglicherweise bist du, Leser, ja ein Mensch mit geistigen Interessen und wirst sagen, daß es dich keinen Deut schert, was ich unter diesen Umständen empfand. Du wartest geduldig darauf, daß ich dir sage, wie ich es mit den philosophischen Bewegungen zu Beginn des Jahrhunderts, wie etwa Pragmatismus, Neorealismus, Determinismus oder Vitalismus, hielt. Oder du fragst dich, wie ich auf die sozialistische Propaganda reagierte, die mir auf Schritt und Tritt begegnete. Nun, die Wahrheit ist, daß ich zu dieser Zeit zwar viele philosophische Werke las, die mich zutiefst fesselten, aber nur wenige davon waren neueren Datums. Hegel hat mich von jeher fasziniert, obwohl ich ihn überaus schwierig und dunkel fand. Ich kann mich entsinnen, daß ich gerade in diesem Lebensabschnitt – während eines Urlaubs in Burpham, denn damals pflegte ich noch zweimal im Jahr nach England zurückzukehren – Wallaces Übersetzung von Hegels *Logik* las, und zwar auf dem sogenannten „War Field", dem großen Feld, auf dem so häufig Mr. Collyers Weizen schwankte und das nicht nur mit rotem Klatschmohn, sondern auch mit rosenfarbenem Erdrauch, winzigen wilden Stiefmütterchen und dem seltsamen Parasiten namens Böser Heinrich getüpfelt war; und ich entsinne mich des berauschenden, auf wunderliche Weise fast wollüstigen Gefühls, tief und dunkel und mystisch, das mich bei dieser Gelegenheit ergriff. Ich hatte – und habe nach wie vor – eine Manie für jede Art von metaphysischem System. Mein so einzigartig wandelbares, proteisches Wesen schien gleich einer nebulösen Schlange imstande, sich durch die Kniffeligkeiten jeder Philosophie zu winden, die kühn genug war, die formbare, empfängliche Welt für mich neu zu erschaffen. Ich hatte ein starkes, fraglos erotisches Verlangen, der magischen Schönheit der Welt innezuwerden, ganz so, als wäre die unermeßliche, geheimnisvolle Erscheinung ein weibliches Wesen. Ich will nicht damit prahlen, daß ich völlig verstanden hätte, was ich las; aber ich verstand doch einiges, wie meine Fähigkeit bewies – oder jedenfalls mir zu beweisen schien –, diese großen Systeme zu verkörpern und einander gegenüberzustellen, als wären sie miteinander ringende Gestalten in einem hochdramatischen Schauspiel. Jedesmal aber stürzte ich mich gleichsam mit der Heftigkeit eines brünstig Verliebten in diese Systeme. Eben weil ich von einem metaphysischen System gewisse reale, konkrete, fast sinnliche Gefühle verlangte, gewann ich Hegel und Schopenhauer so viel mehr Vergnügen ab als Kant.

In Wirklichkeit waren diese Systeme für mich nichts anderes als Varietéveranstaltungen. Die Rechenkunststücke übersprang ich ebenso, wie ich Augen und Ohren vor den Maulfertigkeiten verschloß, und ich genoß die großen Bögen kosmischer Wahrheit, wie ich die edlen Flanken dieser freundlichen Frauen genoß. Aber das Vergnügen an der Metaphysik glich nicht nur dem Vergnügen an der Betrachtung der Tänzerinnen, sondern auch dem, was ich für jene künstlichen, romantischen Landschaften empfand, die so stark auf mein Wesen wirkten. Was ich beispielsweise in den fragmentarischen „logoi" der alten griechischen Denker fand, nämlich eine Art poetischen, dramatischen Mystizismus, fand ich wie einen durchdringenden Weihrauch in Hegel und Schopenhauers diffundiert. Bergson dagegen konnte ich, obwohl man mir frühzeitig seine Hauptgedanken erläuterte und ich mir diese auch durchaus geschickt aneignete, weil sie meinen kasuistischen Stimmungen entsprachen, *niemals lesen*. Es war mir zu spitzfindig, zu französisch, zu – wie soll ich sagen? – *elegant*.

Doch ach! wie ich in Hegels thaumaturgischen Verknäuelungen zu versinken pflegte! Wie ich mit dieser veritablen Seeschlange des Denkens die leuchtenden Kristalle aller Randgebiete, Grenzbezirke und Schwellenbereiche der Welt verschlang. Ich weiß noch, wie ich im Zug zwischen Philadelphia und Lancaster ein Buch über Hegel von einem Amerikaner namens Harris las und einen Taumel sinnlicher Befriedigung erlebte, als ich in Gedanken Harris,

Hegel und die kleinen, grünen Weizenkeimlinge – wenn es denn Weizen war –, die auf dem fruchtbaren Ackerland herauskamen, miteinander vermischte!

Aber auch William James versetzte mich trotz seiner schurkischen Sticheleien gegen Hegel immer wieder in verblüfftes Entzücken. Ich reagierte mit lebhaftem, kymrischem Gegengefühl auf seine pluralistischen Gedanken, die meinem wandelbaren und unverbesserlich skeptischen Denken als Sicht der Dinge ebenso *vorstellbar* erschienen wie jedes sich selbst entfaltende, sich selbst entzweiende und sich mit sich selbst versöhnende Absolute. Ich entsinne mich, wie ich einmal auf dem Wege nach Trenton, wo ich einen Vortrag halten sollte, derart in William James' *Die religiöse Erfahrung in ihrer Mannigfaltigkeit* vertieft war, daß ich in völliger Selbstvergessenheit zusah, wie mein Zug anhielt und weiterfuhr.

Was ich mit dem vorliegenden Buch anstrebe, ist ein lebendiges Porträt meiner selbst, sowohl wie ich war, als auch wie ich allmählich wurde, und aus diesem Grunde darfst du nicht ungeduldig werden, Leser, wenn ich Linie um Linie und Schattierung um Schattierung mein Bild aus dem strichle, was du als Überbetonung der erotischen Aspekte des Daseins betrachten magst. Falls es sich durch den Willen des Schicksals so gefügt hat, daß das erotische Element in deinem Leben nicht die dominierende Rolle spielt, die ihm in meinem zukommt, so bist du gleichzeitig glücklicher und unglücklicher als ich! Einerseits bleibt dir einiges an grotesker Tragikomödie erspart, andererseits mußt du viele hinreißende, verzückte Erwartungen und vielleicht auch so manche paradiesische Erfüllung entbehren. Wie ich schon angedeutet habe, war der bebende, hinreißende, in seiner Heftigkeit dem flüchtigen Moment zuweilen scheinbar Ewigkeit verleihende Taumel, den mir die Betrachtung der Gliemaßen jener Mädchen im Varieté verschaffte, von einer Süße, die, wenn ich heute darauf zurückblicke, als böse oder tadelnswert zu betrachten mir jedenfalls schwerfällt. Tatsächlich kann ich ihn von meinem heutigen Standpunkt aus nur aus vollster Überzeugung gutheißen.

Nicht gutheißen kann ich allerdings – und ich brauche wohl nicht zu erwähnen, wie ich ihn schon damals verabscheute – den sogenannten „weltmännischen" Ton, den Ton, der so grob, roh und obszön und dabei so schnodderig und scherzhaft das Schauspiel kommentiert, wie Frauen zur Schau stellen, was die alten Autoren ihre „Reize" zu nennen pflegen. Diese „Reize" waren für mich Gegenstand derart andächtiger Verehrung, daß es lächerlich wäre zu behaupten, ich hätte keine „Ehrfurcht vor der Weiblichkeit" empfunden, wenn meine Seele, dieweil ich sie anstarrte, sprühendes Feuer aus meinen Augen hervorschleuderte.

Der alte Lüstling Vater Karamasow wird nicht deshalb ermordet und verdammt, weil er an jedem Frauenkörper, dem er nahekommt, etwas abgöttisch Erregendes findet, sondern weil er zu Aljoschas Mutter herzlos grausam ist. Und eines ist immerhin merkwürdig – nackte Beine auf der Bühne haben mir nie etwas anderes als das nüchternste Unbehagen bereitet. Ich stimme mit Dr. Johnson überein, wenn er seinem Freund Garrick erzählt, es seien die *Seidenstrümpfe* von dessen Schauspielerinnen, die seine amourösen Neigungen weckten. Mich packte jedesmal ein gewisser scheuer Widerwille, wenn diese Frauen mit nackten Beinen auftraten; und was die Mitwirkung völlig unbekleideter Frauen anlangt, wie sie bei den Franzosen zu den beliebtesten Unterhaltungen zählt, so würde ich mich aus Verehrung für die aufreizende Lieblichkeit, *wenn sie Strümpfe tragen*, schämen, den extremen Abscheu zu gestehen, den ich davor empfand. Es ging mir da genau wie einer heiklen alten Jungfer. Schon die bloße Verknüpfung des Wortes „Frau" mit dem Wort „nackt", eine Verbindung, die ersichtlich für viele eine Versuchung darstellt, erfüllt mich stets mit kaltem, Übelkeit erregendem Widerwillen.

Und ich stehe nicht an, dieses Gefühl als natürliches zu verteidigen. Denn es ist die Natur selbst, die dem menschlichen Empfinden diese Künsteleien, Kapricen, Grillen und Gehemmtheiten, dies „süße Zaudern verliebten Widerstrebens" eingepflanzt hat. Der Zauber, die Magie, der Liebreiz von Frauen erhöht sich tausendfach, wenn sie zumindest einige Kleider anhaben. Kann es sein, daß der Grund, warum ich der französischen Bühne mit derart gehässiger Feindseligkeit gegenüberstehe und dem amerikanischen Varieté so restlos verfallen bin, darin liegt, daß man sich in puritanischen Ländern so daran gewöhnt hat, sein Vergnügen in kleinen, abseitigen, phantsievollen Verstößen zu finden und *sehr viel aus sehr wenig* zu machen, daß die tatsächliche Vorstellung, die man sich von der platonischen Essenz des Weiblichen und ihrer übermächtigen Süße gebildet hat, eine flüchtige, zarte Nuance ist, die gänzlich aus Suggestionen der Phantasie besteht und jeden Moment von der nackten Wahrheit zerstört werden kann?

Es steht jedenfalls in vollem Einklang mit meinem philosophischen *Subjektvismus*, in Einklang auch mit meiner wilden Entschlossenheit, all meine Tage in der Kraft der Vorstellung zu verbringen, daß ich so empfand, wie ich es in dieser Frage tat. Ich habe seit jeher eher aus der Realität ausgewählt als der Realität gehuldigt. Ich verbringe mein Leben damit, die Ränder, Horizonte und Grenzbereiche des Lebens, nicht dessen gröbere Masse zu genießen. Ist es da nicht natürlich, daß ich vor Freude erschauerte, wenn meine Idole Strümpfe trugen, aber entsetzt zurückschreckte, wenn sie keine anhatten? Und ist es vor allem bei meiner Vorliebe für Gesichter in Spiegeln, Sonnen im Dunst und Monde hinter Wolken nicht typisch, daß mich die Art, wie diese aufreizenden Geschöpfe in den Pausen zwischen den Maulfertigkeiten der Possenreißer herein- und hinaustanzten, in Wonnetaumel versetzte?

Der Schlüssel zu meinem gesamten Charakter, zu dessen Verschiedenheit nicht nur von der Masse der Männer, die sich in diese Vorstellungen drängten, sondern auch von der zynischen Minorität, die sich vereinzelt darunter mischte, hätte sich, dessen bin ich sicher, im Handumdrehen jedem offenbart, der meine Miene betrachtete. Ich muß einen Ausdruck gehabt haben, der im Hinblick auf die untere Gesichtspartie dem eines arglosen Schwachsinnigen glich, dessen Vorstellung vom Himmel darin besteht, für alle Ewigkeit Frauen anzustarren, jedoch im Hinblick auf die obere Gesichtshälfte, ihre glühende Angespanntheit, die zusammengezogenen Brauen, den Sperberschnabel, dem Ausdruck eines im Hinterhalt liegenden Neandertalers ähnelte, der dem Gehüpfe einer Gruppe Cro-Magnon-Mädchen zusieht. Sowohl mein fürchterliches Stieren als auch mein lallender Mund hätten erkennen lassen, daß es mir völlig an, ich will nicht sagen Humor, aber doch an jenem speziellen Gespür für das Groteske gebrach, das mit einer gesellschaftsbewußten oder sittenbewußten Intelligenz einhergeht. An meinem Gesicht wäre damals deutlich geworden, daß ich einerseits zwar unrettbar einer Art verzweifeltem Gefühl verfallen war, andererseits aber zu vieles mit einer Unbelebten Puppe gemein hatte, um den süßen Geschöpfen, die ich da anstarrte, irgend etwas zuleide tun zu können.

Aus Gründen aber, die nicht schwer zu begreifen sin, wurde ich, wie bereits angedeutet, von meinem vierzigsten bis zu meinem fünfzigsten Lebensjahr auf grausame Weise von einem stetig sich verstärkenden, asketischen Zug gepeinigt. Die Wahrheit ist, daß es mir nun, zum erstenmal in meinem Leben, in den Sinn zu kommen begann, *erotisches Vergnügen sei böse*. Wie ich diesem blasphemischen Irrtum verfallen konnte, ist freilich unschwer zu verstehen. Erotisches Vergnügen hat mich für stets Lust, und nur Lust, bedeutet; und daß ich auf den Gedanken kam, sie sei böse, lag schlicht an der außergewöhnlichen Rolle, die diese unpersönliche, anonyme Lust in meinem Leben gespielt hat.

Ich hatte ja selbst erlebt, wie entsetzt mein Bruder Llewelyn, der Verfechter natürlicher Freuden, auf den Anblick der unsäglichen Bände in französischer Sprache reagierte, die ich nach Clavadel mitbrachte. Die einzige Regel, die ich zu dieser Frage anscheinend zu formulieren imstande bin, lautet, daß jede Form von Lust statthaft ist, *wenn niemand dadurch verletzt wird*. Doch meine abergläubische Vorstellung, erotische Gefühle seien *an sich* böse, sitzt so tief, daß es – falls ich mich überhaupt dazu entschlösse – einer beträchtlichen Willensanstrengung bedürfte, mir je wieder zu erlauben, die sadistischen Bücher zu lesen, die mir das Mark in den Knochen schmelzen lassen! Überdies hat mich oft die okkulte, ostasiatische Vorstellung beunruhigt, daß das Beschwören sadistischer Bilder, ob durch Lektüre oder in Gedanken, gefährlich und verwerflich sei, da es bestimmte *eidola* freisetzte, die auf die Gehirne Vorbeikommender wirken und einen Halbverrückten zu abscheulichen Verbrechen aufstacheln können.

Pittsburgh hat sich als Stadt tief in mein Gedächtnis eingebrannt. Ich hielt fortwährend Vorträge in Pittsburgh, manchmal im Frauenverein, wo ich lange Zeit eine große *persona grata* war, und manchmal im Carnegie Museum, wo der Diplodocus mich mehr beeindruckte, als ich je irgendein Publikum beeindruckt habe. Tatsächlich machte der Diplodocus von allen Wesenheiten nichtmenschlicher Gestalt, die ich je gesehen habe, den tiefsten Eindruck auf mein Gemüt; und ich sehe ihn noch heute als merkwürdiges Symbol für diesen Abschnitt meines Lebens. In Pittsburgh also focht ich meine dramatischsten Kämpfe mit einem asketischen und, um die Wahrheit zu bekennen, morbide überhandnehmenden Gewissen aus.

Das Publikum, das sich am Diplodocus vorbei zu meinen Vorträgen an diesem einzigartigen Ort einfand, war katholisch. Wie treu, wie zutiefst verständnisvoll die Katholiken der Vereinigten Staaten mir gegenüber stets gewesen sind! Die betagte Schwester Oberin von „Notre Dame" in Baltimore betete andächtig für mich und sandte mir sogar ein geweihtes, magisches Amulett, als ich mich der „Gastroenterostomie" genannten Operation unterziehen mußte; so daß selbst dieser gräßlich klingende chirurgische Eingriff sich als harmlos erwies. Obwohl Dr. John Erdmann, der größte lebende Chirurg, nichts von Schwester Meletias Gebeten wußte, war es ganz gewiß ebensosehr ihnen wie der Geschicklichkeit des großen Mannes zu verdanken, daß mein Puls während der gesamten Prozedur normal blieb. Harry Lyon, der damals gerade in Amerika war, mokierte sich über das, was die Schwestern ihm erzählten, als er mich im Post Graduate Hospital besuchen kam. Er behauptete, er habe gehört, wie sie sich über den walisischen Rasputin in ihrer Obhut zuraunten:

„Das ist kein Mensch, das ist ein Gott oder ein Teufel!"

In Wahrheit gibt es bei jeder großen Religion fraglos etwas, was man als vorherbestimmtes Naturell bezeichnen könnte. Und diese Prädestination des Geschmacks ist eine chemische, eine physische, eine materielle Tendenz, die sich negativ in jedermanns *Abneigungen*, wie auch positiv in jedermanns *Neigungen* kundtut. Das gewissermaßen direkt vor der Nase des Drachens vorbeiziehende, katholische Publikum kam instinktiv und wie von einem Magneten angezogen, um dem modernen Cagliostro dabei zuzuhören, wie er Robert Browning heruntermachte und Dante in den Himmel hob.

Gewiß aber werde ich mich bis ans Ende meiner Tage an die fürchterlichen moralischen Kämpfe erinnern, die ich in der „Innenstadt" von Pittsburgh auszustehen hatte. Ich kenne Pittsburgh besser als jede andere Großstadt Amerikas. Jeder Straße in Pittsburgh, jeder ihrer Flußbrücken – denn sie ist ja, wie bekannt, fast eine Insel, eine Insel aus Eisen, wie sie Hephaistos hätte bauen können – sind die Verschlackungen, Brandmale und Linderungen von Inferno, Purgatorio und Paradiso der göttlichen Farce des Ringens einer Erzmarionette mit sich selbst als blutige Zeichen auf sämtliche Bürgersteige und Türstürze geschrieben. Ich pflegte nämlich im alten Fort Pitt abzusteigen, einem Hotel, das ich sehr lieb gewann; und von diesem Schlupfwinkel war es nur ein kurzes Stück bis zum nächsten Varietétheater. Jeder Zoll der Bürgersteige zwischen diesen beiden Orten trug die Blutflecken jener „göttlichen" und „teuflischen" Stimmungen, die für Louis Wilkinsons ausgeglichenes Gemüt eine so lachhafte Narretei darstellten. Manchmal, wenn die Gliedmaßen der Tänzerinnen für meinen Geschmack zu plump waren oder zu viele Bettler und Krüppel von flotten jungen Männern „hart angefaßt" wurden, pflegte ich schon vor Ende der Vorstellung aus dem Theater zu stürzen – denn wie gesagt, die aristophanische Maulfertigkeit der Possenreißer, obschon vom ästhetischen Standpunkt die beste Faxenmacherei der Welt, konnte mein Fieber nicht mildern – und auf einer jener gewaltigen Eisenbrücken hin und her zu gehen; dort schwor ich mir dann, während ich die Eisblöcke oder die roten und grünen Lichter der Lastkähne im Wasser betrachtete, verzweifelt diverse feierliche Eide, bei der Sonne, dem Mond, der Erde und dem Styx, daß ich vom fraglichen Nachmittag – also etwa dem 15. November 1912 – an bis zu meinem Lebensende nie wieder ein Varietétheater betreten würde!

Die letzte Bastion meines Wesens erschließt sich dir erst dann, Leser, wenn du das ungeheure Gewicht der von meinem Vater ererbten, gesellschaftsfeindlichen Bosheit begreifst, die ich – damals nicht weniger als heute – der herkömmlichen, vulgären Spaßhaftigkeit des massenorientierten Denkens entgegensetzte. Was mich am Denken von Frauen immer so begeistert, ist die Tatsache, daß sie sich niemals diesen derben Spötteleien von *zotiger Konventionalität* hingeben. Männer von Welt dagegen, wie sie sich gerne sehen, nehmen diese magischen Augenblicke, die für ein leicht erregbares Wesen – und, bei Gott! auch für ein verstandesbetontes, denn ich werde nicht zulassen, daß diese feixenden Lumpen tiefer in das Geheimnis des Lebens dringen als Homer, Dante, Plato und Dostojewski – schön, tragisch, purgatorisch und paradisisch sind, mit der gleichen Schnodderigkeit auf wie die Witzseite ihrer Tageszeitung! Es ist in der Tat absolut erstaunlich für mich zu beobachten, wie diese weltlich gesinnten Stützen sozialer Gepflogenheit, aus denen ganz offensichtlich der konventionellste Massenhumor, also das genaue Gegenteil echten Humors, spricht, die himmlischen Freuden, die weniger pervertierte Menschen kennen, herabzuzerren versuchen. Jawohl, die eigentlichen Perversen sind diese spaßhaften Weltlinge mit ihren seichten Scherzen; und sie vergehen sich auch, wenn ich den Ausdruck gebrauchen darf, *wider den Heiligen Geist.*

Aber einen Sohn meines Vaters haben sie nie, oder zumindest nicht für sehr lange, verwirren oder aus der Fassung bringen können; nicht den Sohn eines Mannes, bei dem einer so gigantischen Kindlichkeit ein so gigantischer Stolz die Waage hielt! Und so starrte ich weiter die Konturen und Rundungen dieser Varietéfrauen – wenn sie zumindest nicht *durchweg* wie Gurgelmilte proportioniert waren – mit einem Gefühl an, in dem ich rückblickend nicht den geringsten Anflug des Bösen zu entdecken vermag. Das einzig denkbare Einfallstürchen für das Böse, das ich heute sehe, hätte sich nur dann ergeben, wenn ich mir vorgemacht hätte, daß diese Frauen sich schämten, von mir angestarrt zu werden! Aber ich bin sicher, das war nicht der Fall. Und selbst wenn es so gewesen wäre, war ich viel zu hingerissen von der schlichten Betrachtung ihrer anonymen „Reize", als daß ich es bemerkt hätte. Heute allerdings wüßte ich zu gern, was genau diese Frauen empfinden. Ob es wohl das gleiche ist, was Tänzer empfänden, wenn ihre Gestalten den verzückten Blicken eines weiblichen Publiums ausgesetzt wären?

Aber ich flehe dich an, Leser, versuche dir zu vergegenwärtigen, was es für mich bedeutete, daß diese herrlichen Geschöpfe, die imstande waren, einem irrfahrenden, armen Tropf solche Wonnetaumel zu verschaffen, sich wirklich und wahrhaftig bereit fanden, Knabenkleidung anzulegen und diese Possenreißerei mit ihren Tänzen zu umrahmen. Bedenke doch, was es hieß, daß ein morbide schüchterner Mensch wie ich das Entzücken der unsterblichen Götter, als ihnen die Idee der weiblichen Gestalt kam, teilen konnte, ohne Gefahr zu laufen, von verbrecherischen Moralaposteln oder mörderischen Tugendwächtern tätlich angegriffen, beschimpft, verhöhnt, verspottet, niedergebrüllt oder besinnungslos geschlagen zu werden!

Du kannst dir wohl nicht vorstellen, besonnener Leser, welche Gefühle mich jedesmal durchbebten, wenn ich, so nah wie möglich beim Orchester sitzend, die ohrenbetäubenden Ouvertüren dieser Aufführungen hörte? Die eigentliche Musik bedeutete mir natürlich nichts, ja weniger als nichts. Und wenn die größten Musiker der Welt gespielt hätten, ich hätte trotzdem vor Ungeduld zitternd auf das Ende ihrers Vorspiels gewartet. Die Varietéleute ahnten nicht im entferntesten, was für einen Eremiten sie da bekehrten. Ich machte mir nichts aus dem Theater, nichts aus dem Vaudeville, nichts aus der Oper, nichts aus dem Zirkus. Ich war die ganze Zeit in New York, als das Russische Ballett dort gastierte, und ich ging kein einziges Mal hin. Ich war mit etwas Planetarischerem, Poetischerem, Magischerem, Befriedigenderem als Musik, Tanz oder darstellender Kunst beschäftigt!

Denn wenn ich nur hinlänglich viele dieser Varietétheater aufsuchte, würde ich ja vielleicht eine Frau, ein Mädchen, eine Sylphide zu Gesicht bekommen, wie ich sie auf der Pier von Brighton gesehen hatte, sieben himmlische Tage gesehen und dann für immer und ewig verloren hatte! Eines war ganz sicher: Ich würde dieses Mädchen von Brighton oder eine, die ihr auch nur entfernt ähnelte, niemals sehen, wenn ich die ganze Saison über jeden einzelnen Abend in die Metropolitan-Oper, zum Russischen Ballett ginge. Und macht nicht schon das Wort „Saison“, wenn man es im Zusammenhang mit der neandertalischen Bosheit sieht, die es in mir hervorrief, deutlich, zu welcher Gesellschaftsfeindlichkeit sich mein Wesen versteigen konnte, wenn es seiner monströsen, prähistorischen Schlichtheit freien Lauf ließ? Nein! Meine einsame, gesellschaftsfeindliche, romantische, *poetische Lüsternheit* wurde, wenn sie sich an einer einzelnen, unbekannten weiblichen Gestalt ergötzte, von einem Stolz gestützt, der so massiv war, daß er sich in seiner gewaltigen Arroganz anmaßte, den balzacschen Schnickschnack, die glitzernd-modische „réclame“, die wie das Gewoge eines Zaubermeeres um die bizarren Darbietungen des berühmten Balletts anschwoll und abebbte, in Bausch und Bogen zu verachten.

Es wäre nicht richtig, das Wort „begehren“, und gewiß vollkommen irreführend, den Ausdruck „gelüsten“ zur Beschreibung dessen zu verwenden, was ich bei den seltenen Gelegenheiten empfand, wenn ich mich konzentriert in eine Gestalt versenken konnte, die mich wirklich zufriedenstellte. Dann wurde diese Gestalt für mich zum ganzen Geheimnis der Freude am Leben. Ich wollte nichts außer dem, was ich schon hatte. Wie Faust rief ich dem Augenblick zu:

„Verzweifle doch! Du bist so schön!"

Die Wahrheit ist, daß ich von meinem Vater eine gesellschaftsfeindliche, allem Modischen feindliche Böswilligkeit geerbt habe, die keine Grenzen kennt. Ich brauchte nur das gängige Geschwätz zu hören – und man weiß ja, wie in Kunstzirkeln geschwätzt wird! –, um mit boshaftem Zorn wieder zum Leben eines thebaischen Einsiedlers zurückzukehren. Ich *war* ein Einsiedler, umgeben von sämtlichen lieblichen weiblichen Gestalten einer Einsiedlerzelle! Aber in meinen Beziehungen zu all den wirklichen Menschen, denen ich begegnete, war ich ein Engel an Rücksichtnahme. Ich ging daran, mir durch ständige Übung meines Willens eine gewaltige Selbstkontrolle und förmliche Höflichkeit anzueignen, die übermenschlich war. Zwischen meinem vierzigsten und meinem fünfundvierzigsten Lebensjahr, als ich mir für amerikanische Auditorien die Seele in Stücke riß, näherte ich mich jedem, den ich kennenlernte, mit einer zartfühlenden Ehrerbietung und subtilen Schmeichelei, von der man hätte annehmen sollen, daß sie mein Gegenüber befremdete. Aber das war nicht der Fall. Unterbewußt muß wohl jeder erkannt haben, daß ich wirklich den innigen Wunsch hatte, ihm einen Schauer von Glück zu verschaffen.

„Wir werden", wie mein Bruder Theodore sagt, „alle gern gelobt"; und ich möchte hinzufügen, daß die meisten von uns gern über den grünen Klee gelobt werden. Nun also! Warum sollte mich die Vorsehung nicht zum „lobenden Medizinmann" des vielgeschundenen Menschengeschlechts ausersehen haben? Ich habe seit jeher Rücksicht auf die Gefühle von Menschen genommen, mich seit jeher verzweifelt bemüht, ein selbstzufriedenes Strahlen in ihr Gesicht zu zaubern; und obwohl es, wie ich bekennen muß, Fälle gegeben hat, in denen ich zu weit gegangen bin, hat meine intensive, eifrige, anerkennende Art des Zuhörens und Beipflichtens meiner Überzeugung nach alles in allem das Glück meines kleinen Weltkreises doch wahrnehmbar vergrößert. So wie meine eigene Vorstellung vom Paradies in einer ewigen Varietévorstellung bestünde, aus der alles Varietéhafte verbannt ist, so hatte ich auch die Vorstellung, die Menschen dadurch glücklich zu machen, daß ich eine Atmosphäre für sie schuf, aus der jede Kritik verbannt war.

Während meine Vortragstätigkeit an Umfang gewann, fühlte ich mich mehr und mehr zu Arnold Shaw hingezogen. Er hatte damals – und hat in der Tat noch heute – die faltenloseste Stirn, die klarsten blauen Augen und den kindlichsten Mund von allen Männern, die ich jemals kannte. Er war einer der originellsten und – jedenfalls für mich – bezauberndsten Menschen. Enge Freunde hatte er nicht. „John der Reinfall" war alles, was er an Freunden wollte. Und selbst mir gegenüber gab er sich als eine sonderbare Mischung aus rabelaisscher Offenheit und taktvoller Zurückhaltung. Wie ich besuchte er niemals ein Theater, ein Kino, ein Konzert oder sonstige Zerstreuungen außer denen, die seine Vortragsreisenden boten. Im Gegensatz zu mir war er niemals Vegetarier. Aber in solchen Dingen bin ich tolerant. Seine kindliche Freude an einem guten Essen war allerdings auch ein unwiderstehlicher Anblick. Nie im Leben habe ich jemanden mit größerem Genuß Steak mit Zwiebeln essen sehen. Arnold hatte ein gargantueskes Lachen, bei dem er den Kopf zurückwarf und den Mund aufriß, bis er genauso aussah wie eines von Dorés Bildern von Carpalim oder Epistemon.

Aufgrund seiner ständigen Rabelais-Lektüre gewöhnte er es sich an, anstelle von „Bauch" oder „Magen" stets das Wort „Wanst" zu benutzen. Tatsächlich diente es ihm als eine Art Zauberformel, mit der sich die düsteren Dämonen des Puritanismus exorzieren ließen. Auf seine sprunghafte Art war er ein glänzender Tourneeagent. Seinem fruchtbaren Verstand entsprangen fortwährend neue und stets ungemein phantasievolle Vorhaben. Er war kein großer Leser; als er dann aber wirklich Rabelais las, war er sofort Feuer und Flamme dafür, wie ein Käfer für Mist, eine Katze für Milch, eine Ente für Wasser, eine Motte für die Kerze, ein Hund für Aas, ein Malzwurm für Bier und ein Yorkshire-Säugling für die Mutterbrust. Nach dieser epochalen Lektüre schmückte er seine Rede stets mit Rabelais-Zitaten. Vom Genie des Curé von Meudon freigesetzt, erstand aus dem großmütigen, unweltlichen „Wanst" des arglosen Mannes ein verwandter Genius.

Wir beide gingen mit dem ganzen Brimborium der Vortragsreiserei auf die denkbar respektloseste, mutwilligste, überspannteste und ungezwungenste Weise um. Wenn sich die Dinge in einer unserer weniger glücklichen Phasen immer ungünstiger entwikkelten – denn ich verdiente in unseren guten Tagen, unter Arnold, zwar bis zu tausend Pfund im Jahr, doch zu anderen Zeiten erreichte mein Einkommen einen alarmierenden Tiefstand –, pflegten Arnold und ich uns im „Village Kitchen" in der Greenwich Avenue, im „Two Steps Down" in der Achten Straße, im „Child's" in der Vierzehnten Straße, in der alten französischen Patisserie, dem heutigen „Rochambeau", oder bei Halloran in der Sixth Avenue gegenüberzusitzen, und der rabelaisische Agent zeigte dem Scharlatan von einem Vortragsreisenden eine Miene von so kindlicher Verzweiflung, daß ich mich häufig fragte, was eigentlich passieren würde, wenn ich keinerlei Publikum mehr fände. Denn ich hatte keinen Beruf, keine Kraft zum Graben, keine kaufmännischen Kenntnisse. Ich hatte nicht die leiseste Ahnung von Mathematik. Ich konnte nicht Schreibmaschine schreiben. Ich konnte nicht bei Tisch bedienen. Ich konnte nicht Auto fahren. Ich hatte keinerlei Vorstellung davon, wie man mit Kühen oder Pferden umging. Ich hatte einmal versucht, Littletons untere Klasse in der Prep. zu übernehmen, und keine drei Minuten lang Ordnung halten können! Als einzig möglicher Ausweg wäre mir wohl nur geblieben, auf Biegen und Brechen an einer theologischen Fakultät unterzukommen, und die Ordination anzustreben, so wie vor mir schon mein Vater, Großvater und Urgroßvater ordiniert worden waren.

Nur unser unverwüstlicher, kindlicher Optimismus sorgte in jenen schlechten Tagen dafür, daß wir guten Mutes blieben. Zuzeiten, so muß man sich vor Augen führen, hielt ich pro Woche nur zwei Vorträge, von deren einem Arnold *seine*, und von deren anderem ich *meine* Familie unterhielt. Dann fielen unsere Honorare sehr stark ab. Wir griffen mit beiden Händen nach allem, was sich bot – Cagliostro und sein Zirkusdirektor mußten schließlich leben. Zwischen uns aber herrschte ein grenzenloses „Entgegenkommen", und Arnold Reserven an Großzügigkeit, Heiterkeit und Gutmütigkeit waren unerschöpflich. Einmal, als ich in New York eine ganze Saison lang nur einen Vortrag die Woche hatte – ein

Vortrag an einer Mädchenschule in Greenwich, für den ich dreißig Dollar erhielt –, suchte sich Arnold bis auf weiteres eine andere Möglichkeit, seine Familie zu unterhalten, und überließ mir die gesamten dreißig Dollar, damit ich sie zwischen mir und meiner Familie aufteilte.

Unter dem freundlichen, bestimmenden Einfluß von Colonel C. E. S. Wood, dem Autor von *The Poet in the Desert*, verriet ich ein einziges Mal meine Freundschaft zu Arnold, indem ich mich vertraglich verpflichtete, an der Pazifikküste auf unbestimmte Zeit unter einem anderen Tourneeagenten Vorträge zu halten; kaum aber war ich nach New York zurückgekehrt, lag mir auf einmal wieder ebensosehr wie Arnold daran, einen Kompromiß mit der Pazifikküste zu finden und unser altes Bündnis zu erneuern. Leider hatte mein sprunghaftes Wesen einen alles andere als beruhigenden Einfluß auf meinen Freund; denn unsere Zusammenarbeit endete durchaus tragisch, endete damit, daß Arnold einen schweren Nervenzusammenbruch erlitt und ernsthaft erkrankte. Nach seiner Genesung war er gezwungen, einen Beruf zu ergreifen, der weniger nervenaufreibend war als die Betreuung von „John dem Reinfall"; die äußere Trennung aber hat unsere lebenslange Zuneigung füreinander nicht im mindesten beeinträchtigt, und ich glaube nach wie vor, daß ich der einzige Mensch auf der Welt bin, der Arnolds einmaligen Charakter begreift und seine ungewöhnlichen Gaben voll zu würdigen weiß.

Daß er im Beruf, und zwar nicht nur als Tourneeagent, zuweilen Genieblitze hat, ist wohl vielen deutlich; aber ich glaube, ich prahle nicht, wenn ich behaupte, daß ich allein die Standhaftigkeit und Großherzigkeit seines inneren Wesens erkenne. Mein Bruder Llewelyn hat Arnold nicht immer volle Gerechtigkeit widerfahren lassen und mir gestanden, er sei jedesmal baß erstaunt gewesen, wenn Arnold ihn nach irgendeiner Unbesonnenheit von mir, die es ihm erschwerte, ein Engagement für mich zu finden, verbindlich angelächelt und fröhlich bemerkt habe:

„John ist ein Reinfall."

Louis Wilkinson läßt in seinem merkwürdigen Buch über sich selbst mit dem Titel *Swan's Milk* eine prächtige Gelegenheit aus, seine satirische Feder an Arnold und mir in unserer Beziehung zueinander zu wetzen. Die Wahrheit ist, daß Arnold eine Art hatte,

Louis, ich will nicht sagen zu tyrannisieren, was gar nicht so leicht war, aber doch ohne jene Rücksicht auf die strahlende Lebensillusion eines Erzengels zu behandeln, die er im Hinblick auf meine verwickelte *amour propre* stets an den Tag legte. „Unser Doc", pflegte er ihn zu nennen; und das prächtige Gefieder von Louis' europäischem Aplomb wirkte zuweilen nicht wenig gezaust und außer Fasson, wenn er aus dem eigenartigen Büro am Grand Central kam, wo Arnold die „hübschen Touren" seiner Vortragsreisenden ausheckte.

Louis war in der Tat der stattliche, wehmütige Harlekin unseres kleinen Zirkus, in dem der verderbte walisische Clown sich einen geheimnisvollen „Rapport" mit dem Mann mit der knallenden Peitsche erschlichen hatte. Es hat mich immer verblüfft, daß Llewelyn Louis' rückhaltlos formulierte Satire auf meine Kosten übelnahm. Ich halte sie im Gegenteil für eines der zärtlichsten, liebevollsten Komplimente, das mir je gemacht wurde. Über unsere Beziehung zueinander schrieb er den „Buffoon", und es wurde ein ausgelassenes, unterhaltsames Buch, aber ich bin sicher, daß ihm niemand, der es liest, böse Absichten unterstellen würde. Ebensogut könnte man behaupten, Arnold selbst sei, während er wie einer der lustigen menschlichen Grillenfänger, die dem göttlichen, schrulligen Gehirn des Curé entsprangen, eifrig die Gans auf seinem Spieß begoß, boshaft gewesen, wenn er seine Lieblingsausdrücke aus der Schulzeit zur Beschreibung der Kalamitäten verwendete, die dem Kopf seines Freundes drohten.

Du siehst, Leser, wie rasch ich der Versuchung nachgebe, das, was ich über Amerika zu sagen habe, in eine minuziöse Schilderung meiner Freundschaft mit einem anderen Engländer zu verwandeln. Das Sonderbare ist – und ich denke, sowohl Dreiser als auch Masters würden mir da beipflichten –, daß amerikanische Männer in der heiklen Kunst der Freundschaft nicht sehr bewandert sind. Ich spreche nicht von homosexuellen Beziehungen – die gibt es hier selbstverständlich ebenso wie überall sonst –, sondern von Freundschaft, wie Montaigne sie in der leidenschaftlichen Passage über seine Freundschaft mit Etienne beschreibt. Ich habe in Amerika außerordentlich wenige Freundschaften zwischen Männern beobachtet, wenn man bedenkt, daß ich mich über ein Vierteljahrhundert in diesem Land aufgehalten habe.

Auch ist es keineswegs so, daß sie zu ihren Frauen in engerer Beziehung stünden als die Europäer. Ich glaube sogar, daß sich in Amerika weniger Liebesaffären, weniger Ehen zu engen, geistigen Freundschaften zwischen den Geschlechtern weiterentwickeln als in England. Männer und Frauen sind in Amerika ebenso voneinander getrennt, wie sie es innerhalb der von uns so genannten arbeitenden Klassen der Alten Welt sind. Die Frauen haben ihre eigene Arbeit zu Hause, ihre eigenen Tätigkeit in Büro, Fabrik oder Laden; und sie haben auch ihren eigenen Freundeskreis, so wie der Mann seinen Kreis von Dicks, Charleys, Teds und Freds hat, die er so vertraulich begrüßt. Ich glaube nicht, daß sich die Amerikaner, obschon es da selbstverständlich Ausnahmen gibt, ihren Frauen so vorbehaltlos anvertrauen wie die Engländer. Die Wahrheit ist, daß sie sich – im tiefen Sinne des Wortes – überhaupt niemandem anvertrauen! Diese Dicks und Charleys reden untereinander durchaus freimütig über ihre persönlichen Angelegenheiten; und als alterprobter Reisender in diesem Land kann ich versichern, daß sie mit jedem Fremden, der ihnen zuhört, offen über sich selbst, ihre Frau, ihre Kinder, ihre Eltern, ihren Beruf, ihre Kirche und ihre Zerstreuungen sprechen.

Aber ihre eigentliche, ihre innerste Seele *behalten sie völlig für sich.* Und ich glaube nicht, daß das etwa an ihrer Reserviertheit oder Verschwiegenheit liegt. Es hat den gleichen Grund, aus dem es ihnen unmöglich wäre, von ihrem heimlichen Liebesleben zu reden. Sie sind sich noch nicht einmal der Existenz ihres inneren Wesens bewußt, dieses Ewigen Wesens, das so seltsame Verzükkungen kennt! Ja, ich weiß, daß ich da auf der richtigen Fährte bin. Das spirituelle Leben, das erotische Leben, das geistige Leben, das Leben im Bewußtsein unserer feineren Sinne existiert für die meisten Amerikaner schlicht und einfach nicht. Wohlgemerkt, ich behaupte nicht, es sei nicht vorhanden. Es *muß* vorhanden sein. Aber sie ahnen in ihrer Unschuld nichts davon. Wie sie untereinander überhaupt Gesprächsstoff finden, ist mir ein Rätsel. Schlüpfrige Geschichten und lustige Anekdoten haben es ihnen angetan, doch wenn diese erschöpft sind, fällt es schwer, ein Versanden der Unterhaltung zu verhindern, es sei denn, man verbreitet sich über technische Fragen oder die Führung seines Geschäfts.

Die Amerikanerinnen dagegen sind für die mystisch-sinnlichen Aspekte des Lebens ebenso empfänglich wie die Frauen der Alten Welt und legen, was geistige Unruhe und allgemeinen Bildungshunger anlangt, eine leidenschaftliche Neugier an den Tag, in der sie jene noch überteffen.

Die Amerikaner aber stellen unter allen Menschen auf Erden ganz gewiß eine eigenständige Rasse dar. Niemand gleicht ihnen. Bei einem Neger, einem Chinesen, einem Mohammedaner, einem Spanier, einem Russen, einem Neuseeländer, einem Ungarn, einem Deutschen, einem Türken weiß ich, *woran ich bin*. Bei einem Amerikaner weiß ich es nicht. Ich will nicht sagen, daß er mich verlegen macht oder einschüchtert oder daß es mir an Dankbarkeit für sein Wohlwollen gebricht; aber ich kann mich in seiner Gegenwart nicht entspannen, gehen lassen oder frisch von der Leber weg äußern. Er ist freimütig, wo ich verschlossen wäre; dann wieder ist er reserviert, wo ich schwatzen würde wie ein Papagei. Es fiele mir schwer, auch nur fünf Minuten in Gesellschaft eines Engländers meiner Gesellschaftsschicht zu verbringen, ohne mich auf eine Weise bloßzustellen, daß nur meine ältesten amerikanischen Freunde nicht dächten, ich hätte den Verstand verloren.

Ich meine damit nicht unbedingt, mich in erotischen Dingen bloßzustellen. Ich spreche von Schrullen, Kapricen, Phantasien, Manien, Launen, Kauzigkeiten, Idiosynkrasien, Apathien, Antipathien, Sympathien, Vorurteilen, kurzum dem ganzen Drum und Dran jenes psychisch-sinnlichen Randbereichs des Lebens, der das Kostbarste auf der Welt ist. Nein, ich meine nicht offen Erotisches oder offen Obszönes! Darüber habe ich in Amerika durchaus reden hören, entweder wenn Männer unter sich waren oder wenn Männer und Frauen der Intelligenz sich zusammen betranken. Ich spreche nicht von Schockierendem, Empörendem oder Skandalösem. Ich spreche von Flüchtigem und Subtilem, von Atmosphärischem, von Religiösem, von etwas, das zu den schwebenden, wehenden, geheimnisvollen Ober- und Untertönen des Lebens gehört, die uns in Wirklichkeit immerzu einholen, die jedoch, wenn ich sie einem Amerikaner gegenüber erwähnen würde, eine so unbehaglich Miene bei ihm hervorriefen, als hätte ich mich direkt vor seinen Augen in das, was man dortzulande einen „warmen Bruder", oder das, was man einen „Salonlöwen" nennt, verwandelt.

Wie sagte doch Henry James, der Meister des Atmosphärischen, als er der sinnlichen Sterilität seiner Landsleute entfloh:

„Die Amerikanerinnen sind die Aristokratie Amerikas!"

Sie hat etwas beinahe Erschreckendes, die undurchdringliche spirituelle Reserviertheit der amerikanischen Männer. Ich liebäugle seit einiger Zeit mit der Vorstellung, sie rühre vom Erdboden und vom Klima her und sei schon für die Indianer typisch gewesen. Aber das mag ein reines Hirngespinst sein. Jedenfalls fällt es dem schlichteren Typus von amerikanischem Mann schwer „dahinterzukommen", was man damit meint, daß man geistige Freuden so genieße, als wären es sinnliche. Am schwierigsten zu erfassen findet er wohl das imaginative Element geistiger Freude. Denn wenn die imaginative Vernunft sich auf das Leben zu richten beginnt, beginnen lästige Unterschiede, wie etwa der typisch amerikanische zwischen „unbedarft" und „hochgestochen", sich zu verwischen; und ein begriffsstutziger, unwissender, imaginativer Mensch wird als geistig höherstehender Typus empfunden als ein gescheiter, lebhafter, schlauer.

Manche Europäer haben etwas an der Freundlichkeit der Amerikaner auszusetzen. Solche Undankbarkeit sei mir fern! Ich gebe hiermit sämtlichen Engeln des okkulten Universums, die die guten und bösen Taten aufzeichnen, kund und zu wissen, daß ich in einem Jahr in Amerika mehr unverfälschte und uneigennützige Freundlichkeit erlebt habe als in zehn Jahren in meiner Heimat! Welches sind die Haupttugenden der Amerikaner? *Freundlichkeit und Demut!* Nicht gerade unchristliche Tugenden, wie?, würde etwa der scheinheilige Mr. Pecksniff meinen. Aber es stimmt; und diese beiden heiligen Kardinaltugenden machen den größten Teil der schlichten heidnischen Güte aus, von der Sir Walter Scott seinem Schwiegersohn mit seinem letzten Atemzug sagte, sie sei „das einzige, worauf es ankommt."

Der amerikanische Mann ist, ohne es zu ahnen, Opfer einer Tragödie. Die Tragödie liegt in der hoffnungslosen Dünnheit und trostlosen Schmalheit seiner sinnlichen und mystischen Kontakte. Mystik und Sinnlichkeit sind die Momente, die das Leben am ehesten erlösen. Mögen die Arbeiter mit der Internationale auf den Lippen zum Sieg marschieren. Doch wenn man marschiert ist, wenn man die Gesellschaft umgestaltet und den Menschen Brot und Spiele gegeben hat, stellt sich die Frage: *Was nun?* Dann nämlich wollen wir mit Engeln und Dämonen Zwiesprache halten; dann wollen wir die Elemente verehren; dann wollen wir zu dem imaginativen, poetischen Leben zurückkehren, das die Wissenschaft nun schon so lange unmöglich macht.

Die Sache der Arbeiter soll ruhig Vorrang haben; aber während die Arbeiter ihre Feinde überwinden, besteht kein Grund, warum ihre Freunde nicht gegen den alten planetaren Felsen schlagen und daraus neue seelische und sinnliche Nahrung sprudeln lassen sollen. Der Mensch ist ebensosehr *ein Genießender* wie ein Zerstörer und Schöpfer; und wir leben in einer Zeit, in der die Menschheit sich mehr denn je wieder auf die Kontemplation besinnen muß. Kein noch so heroischer Appell der vornehmsten Sache der Welt kann das unüberwindliche faustische „Ich“, das alte homerische und biblische „Ich“ auf Dauer zu einem Rädchen in einem unpersönlichen Getriebe machen. Diese Entpersönlichung, dieses Herabmindern der Lebenspulse, Lebensnerven, Lebenssinne, Lebensvorstellungen von Menschen ist in Amerika erreicht worden, ohne daß der ungehemmte Kapitalismus dabei die geringsten Beschränkungen erfahren hätte. Der Ausdruck „krasser Individualismus“ ist zum Schlagwort geworden, das den lebensbedrohenden Zustand der alten Verhältnisse beschreibt. Die Menschen wurden zu „krassen“ Individualisten – obwohl sich solche „Kraßheit“ für das unbewaffnete Auge auf widerwärtige Weise *aalglatt* ausnimmt –, indem sie ihre Herzen gegen alles im Leben verhärten, was man als poetisch oder philosophisch bezeichnen könnte. Noch nie war unsere unglückliche Menschennatur Bedingungen unterworfen, die sämtlichen, seit Anbeginn der Welt interessantesten Stimuli für das poetische menschliche Gefühl so zuwiderliefen wie die, denen sie in Amerika ausgesetzt ist. Man kann nur noch hoffen, daß es dem großen Mr. Roosevelt durch irgendein brillantes Kunststück gelingt, das derzeitige Tempo der psychologischen Entwicklung in diesem erstaunlichen Land wenigstens in einigen wichtigen Punkten zu drosseln.

Und doch weiß ich wohl, wie sehr mir, wenn ich Amerika verlasse, gewisse freiheitliche, vornehme Apekte des Lebens hier fehlen werden. Wenn ich an die sozialen Unterscheidungen bei uns in England denke und an unseren tiefverwurzelten Snobismus, jenes üble Laster, an dem wir alle ohne Ausnahme leiden, wenn ich daran denke, wie wir uns alle voreinander fürchten, wie gräßlich befangen uns diese elenden kleinen Unterschiede machen, wie ängstlich herablassend gegen die „unten“ und wie ängstlich servil gegen die „oben“, wenn ich daran denke, wie viele Stufen und Unterstufen von gesellschaftlichem Leben wir besitzen, zu denen man sich hinaufkämpfen muß und von denen man herunterfallen kann, wenn ich an all den konventionellen Vogelleim denke, der abgewaschen werden muß, ehe wir uns von unserer Zugehörigkeit zu „Oberklasse“, „bürgerlicher Klasse“ oder „Arbeiterklasse“ lösen und zu intelligenter, nachsichtiger Menschlichkeit finden können, dann kann ich mir lebhaft vorstellen, was mir fehlen wird.

In Amerika herrscht tatsächlich echte Demokratie; und das spürt man trotz aller verderblichen Macht des Geldes ständig. Ein Mann ist ein Mann in Amerika, und eine Frau eine Frau, obschon ersterer vielleicht „guy“ genannt wird und letztere ungemein emanzipiert und „hochgestochen“ sein kann. Daß er ein entpersönlichter Mann ist, rührend bestrebt, sich der Norm anzupassen, herzzerreißend abgeneigt, irgendeinen idiosynkratischen oder originellen Zug zu entwickeln, entmännlicht ihn nicht; ebensowenig wie die Tatsache, daß sie ihm wegen seines Mangels an Subtilität die doppelte Ladung fraulicher Verachtung entgegenbringt, sie ihrer Weiblichkeit entkleidet.

Im vagen Bewußtsein der psychischen und sinnlichen Sterilität seiner Heimatluft gibt der Amerikaner seine Haltung zu den Werten der Alten Welt durch seine gequälte, halb humorvolle, halb konfuse Rastlosigkeit zu erkennen. Auf der Suche nach Gott weiß was saust er in immer besser werdenden Automobilen umher und betäubt, zerstreut und erschöpft sich in blindem, unbewußtem Kampf um das seelisch-sinnliche Absolute menschlicher Befriedigung, das die Grundbedingungen seines Lebens ihm versagen. Solange er Pionier sein kann, ist alles gut! Jedes urtümliche Ringen mit der Natur tröstet ihn, wenn es ihn auch abstumpft und verkümmern läßt. Doch die Tragödie des Amerikaners beginnt, wenn seine Pionierpsychologie kein Ventil mehr findet. Verzweifelt jagt er dann dem Wind nach und scharrt im Staub! Die Behauptung, er verehre den Dollar, ist eine groteske Lüge. Wir sind es, die *das liebe*

Geld verehren, wie Sexton Truggins es in Theodores Buch formuliert. Der Amerikaner verehrt nicht einmal die Macht, sondern eine trügerische Vorstellung von Macht, die das Prestige, den Ruf, den Glanz und Ruhm mit sich bringt, derjenige zu sein, der den anderen im großen kosmischen Spiel „geschlagen" hat. Was der Amerikaner nicht begreifen kann und was ihm das schwindelerregende, gräßliche Gefühl eines gähnenden Abgrundes verschafft, ist das planetare Naturgesetz, daß jede menschliche Handlung nur ein Mittel zur Kontemplation ist.

Wie oft aber wird mir, wenn ich dieses Land verlasse, das wilde, freie, grenzenlose *Chaos* all dessen ins Gedächtnis zurückkehren! Was eine ganz bestimmte Art allumfassender Pittoreskheit anlangt, die zugleich schockiert und befreit, so als würde man zwischen den Motoren und Maschinen und wohleingerichteten „Eigenheimen" immerzu über Felsrippen aus erstarrter Lava stolpern, hat dieser riesige Kontinent nichts Vergleichbares. Jederzeit, so hat man den Eindruck, kann inmitten des Wirrwarrs „moderner Neuerungen" das bleiche, prähistorische Gebein des Planeten in einem Urzustand, noch ehe der Mensch darauf erschien, hervorbrechen. Und *dieser Blick*, der Blick eines *homo sapiens*, der sich fortwährend mit kosmogonischer Unsicherheit, mit dem Vorhandensein katastrophischer und kataklystischer Materie – den Urelementen einer Welt vor der des Menschen – konfrontiert sieht, dieser Blick, wie wir ihn in den Gesichtern der grimmigen Ureinwohner des Landes beobachten, läßt sich auch bei den rührigsten, geriebensten, modernsten Amerikanern feststellen.

Wenn ich aus meinem Leben in Amerika etwas gelernt habe, dann einen gewissen einsamen, und vielleicht ziemlich verzweifelten Stoizismus, ein unbeugsames Ertragen des eigenen Schicksals angesichts von Luft, Wasser, Feuer und grundlegender Felsstruktur dieser Erde. Man darf nicht vergessen, daß jeder amerikanische Mann ein Hansdampf in allen Gassen ist. Inmitten seiner hoch aufragenden Städte, in den trostlosen und erbärmlich normierten „residential sections", die er sich gebaut hat, sieht man diesen munteren, nervösen, rastlosen, demütig gesinnten Menschen ohne geistige Erholungen, ohne ästhetische Interessen, ohne die Fähigkeit zur spirituellen oder sinnhaften Kontemplation hämmern, sägen, hacken, bürsten, säubern, polieren, erneuern, abreißen und aufbauen, wie einen sachkundigen, gewieften, zynischen, freundlichen, aber vollkommen verrückten Überhandwerker. Er mag die Hälfte der Eisenbahnen des Landes kontrollieren oder Heizer in einem „windigen" Mietshaus sein, man lege ihn rücklings unter ein defektes Auto, und man wird einen Mann zu sehen bekommen, der glücklich – und vielleicht nur dann vollkommen glücklich – sein kann, wenn er an den Bolzen, Schrauben und Kolben herumbastelt, denen er, oder andere wie er, aus den Eingeweiden eines ausgehöhlten Planeten zu Form verholfen hat! Eben dieses kompetente Erfassen der wesentlichen Funktionen von Maschinen, Werkzeugen, Motoren, Erfindungen und der Kunst, Erfindungen zu handhaben, diese rastlose Konzentration auf dem Fehlen jeglicher aristokratischer Allüre erzeugt die sehnsüchtige, wehmütige Bewunderung, mit der unsere russischen Freunde – seit ihrer Erhebung – die Amerikaner vielfach betrachten.

In Amerika fällt es schwer, Demeter zu verehren. Ich kann mir keinen Ausdruck vorstellen, der in diesem Lande weniger angemessen wäre als der Ausdruck „unsere Mutter, die Erde." Die Erde ist für einen Amerikaner *keine* Mutter. Sie ist ein Werkzeugschuppen, eine Schmiede, ein Tank, ein feindseliger, wenn auch erhabener Vulkan, den man soundsoviele Pferdestärken, berechnet in soundsovielen Dynamos oder Kilowattstunden, auszuspeien zwingt.

Merkwürdig, wie ein Mensch sich an ein Leben gewöhnen kann, welches dem, für das er geboren wurde, ganz offensichtlich völlig zuwiderläuft! Den ganzen langen Abschnitt meines Lebes vom vierzigsten bis zum fünfundfünfzigsten Lebensjahr verbrachte ich beinahe ausschließlich in Zügen und Hotels. Es war eine sonderbare Existenz. Man hätte annehmen können, sie hätte derart an den kleinen Zellen meines Gehirns und an den Nerven, die sie mit den vitalen Zentren meines Wesens verbinden, gekratzt, geschabt, gezwickt, gerieben, gescheuert, geschüttelt und gerüttelt, daß ich bald Opfer irgendeiner Krankheit, etwa des Veitstanzes, geworden wäre. Aber so wirkte sie sich nicht aus. Erstens habe ich eine Konstitution, wenn nicht gar einen Körper, aus Eisen. Zweitens habe ich den mystischen, vielleicht sogar tibetanischen Kniff erlernt, mich in den Komsos zurückzuversenken, einen Kniff, dessen ich mich im Notfall jederzeit bedienen kann. Wie zynisch oder materialistisch du auch bist, mein guter, gelassener Leser, du kannst, wenn du dich ein wenig in Psychologie auskennst, wohl kaum bestreiten, daß meine geistige Auffassung von mir selbst als, ich will nicht sagen, Reinkarnation von Taliesin, aber doch als gewaltiger Argeiphontes oder Götterbote geeignet war, einen ganz entscheidenden Einfluß auf meinen Vorrat an Nervenstärke auszuüben. Ich erlangte die Fähigkeit – sie fiel mir eigentlich ganz selbstverständlich zu –, mich völlig den kleinen sinnlichen Freuden des flüchtigen Moments hinzugeben.

Mein Wesen ist so übermäßig schlicht und kindlich – eben deshalb verstehen mich gewitzte, weltlich gesinnte Menschen nicht und halten mich für einen abgefeimten Poseur –, und ich verteidige diese Schlichtheit mit soviel boshaftem Haß auf die schlauen Sophistereien der Welt, daß ich – meinen weltlicher gesinnten Mitreisenden zum Trotz – in sehr starkem Maße in der Lage war, jede einzelne der kleinen Freuden zu genießen, die der Zustand des Reisens bietet. Ich genoß all diese Kleinigkeiten unter herrlichen Glücksschauern, so wie ein Kind – besonders ein kleines Mädchen – sich freut, wenn es das schlichte Vergnügen verspürt, an einem schönen Tag eine Straße entlangzuhüpfen oder an einem trüben Tag mit dem Fuß das Laub im Rinnstein aufzuwirbeln. Der Ausdruck *sich freuen* drückt genau die schlichte Subtilität dessen aus, was ich meine.

Es war jedesmal eine Freude für mich, in meiner unteren Koje zu liegen, wenn ich noch einen langen Reisemorgen vor mit hatte und die obere Koje unbesetzt war, und dem Geklapper der Milchkannen auf den Bahnsteigen kleinerer Stationen und all den unbestimmten, dörflichen Geräuschen zu lauschen, die durchdringend genug waren, bis ins Innere des Zuges zu gelangen. Und wie ich es genoß, wenn ich, wie nicht selten, den Waschraum ganz für mich allein hatte! Und wie befriedigend es war, wenn der „Speisewagen" – jenes für Reisende allerheiligste Wort – gleich nach dem Waggon kam, in dem ich schlief! Ich entsinne mich noch ganz deutlich, wie ich in der Dunkelheit hinter den schweren grünen Vorhängen nach dem Buch tastete, das ich gerade las – ein neuer Band Conrad vielleicht, den ich auf die Gepäckablage gestellt hatte –, und wie ich es dann mit ritualistischem Wohlgefühl, nur um einen Begleiter zu haben, denn ich lese selten bei Mahlzeiten, an einen Fensterplatz im „Speisewagen“ mitnahm, um ein gemütliches Frühstück zu genießen.

Obwohl mir vor dem Effekt von Kaffee immer ein wenig bang war, trank ich oft welchen, und er wirkte stets wie eine Art übernatürliches Haschisch auf mich. Meine dritte Tasse zu schlürfen – denn wenn ich mir diesen Luxus gestattete, ging ich schon bis zum Äußersten – und, den Daumen auf der Stelle, wo „Monsieur George“ die von dem steinewerfenden Vetter verfolgte Dona Rita rettet, den Blick auf die von schäbigen Hütten übersäten Ufer des Mississippi, die „Blut Christi“-Berge von New Mexico, die Osage-Hecken von Kansas oder die riesigen Scheunen von Wisconsin mit ihren stattlichen Silotürmen gerichtet, während mein Zigarettenrauch sich in blauen Spiralen emporkräuselte und ein liebenswürdiger Afrikaner, dessen unermeßliches Wohlwollen mich einhüllt wie ein goldener Schleier, sich tief über das Silber auf dem Tablett beugte, bei mir zu denken: „Wird Llewelyn mich am Bahnhof abholen können, wenn ich endlich wieder in New York bin?“ – das waren Erfahrungen, die in die tiefsten Schichten meines Bewußtseins eingesunken sein müssen. Es waren jedenfalls genaz gewiß aufregende Zeiten, als Llewelyn tatsächlich bei mir in Amerika war.

Mr. Atkins hielt es für angemessen, daß wir auf unseren Gängen durch Philadelphia unsere entweder bei Damon's in Ceovil oder bei Lemon's in Sherborne erstandenen Zylinderhüte trugen, und ich kann mich noch entsinnen, wie uns einmal eine Bande Jungen lauthals verhöhnte, wenn nicht gar mit Steinen bewarf, als wir – Powys I und Powys Quintus im Sonntagsstaat – auf der Suche nach dem Zoo im öffentlichen Park in aller Unschuld unseres Weges kamen. Bei dieser Gelegenheit – und ich erinnere mich, daß ich mich damals gerade vor „Jacks Schmerzen“ krümmte – entdeckte ich auch El Greco. Denn in einer Galerie dort hing ein erstaunliches Bild vom ihm, welches das Leiden unseres Herrn darstellte, dessen Ringen mit der Ersten Ursache sich vor einem Hintergrund wie von fahlen Eisbergen abspielte.

Bei seiner ersten Reise nach Amerika erkrankte Llewelyn an seiner Schwindsucht. Er, der heute fünfzig ist, war damals erst fünfundzwanzig; und ich wünschte, ich könnte mich von jeder Verantwortung dafür freisprechen, daß sein Leben auf so niederträchtige Weise von der Danse Macabre der kleinen weißen Bazillen begleitet wird. Denn die Wahrheit ist, daß ich mich bei diesem ersten Besuch nicht so um meinen jüngeren Bruder gekümmert oder auf ihn achtgegeben habe, wie ich es hätte tun sollen. Ich bin sicher, er hat sich den Keim des Leidens an irgendeinem schrecklichen Ort in New York City geholt, als er von gewissen übelwollenden Zuhörern, die ganz anders waren als meine Juden von der East Side, gepiesackt, schikaniert und drangsaliert wurde.

Doch zurück zu meinen eigenen Angelegenheiten zu einem sehr viel späteren Zeitpunkt. Auf meinen Reisen durch Amerika begann mir allmählich bewußt zu werden, daß ich tatsächlich eine eindeutige Rolle auf diesem Kontinent spielte, eine Rolle, in der ich keinen Rivalen hatte. Ich will damit sagen, daß ich wie ein Magnet alle neurotischen Unglücklichen, alle Einsamen, alle *Außenseiter* im ganzen Lande anzog. Ich wurde, und werde es hoffentlich immer bleiben, der erklärte Feind aller Wohlbestallten und Erfolgreichen, insofern sich diese den Versagern, den Erniedrigten und Unangepaßten entgegenstellten. Wenn ich an die Worte auf dem Bogen am Washington Square denke – „Wir wollen ein Banner aufrichten, um das die Weisen sich scharen können; das Ergebnis liegt in Gottes Hand" –, bin ich versucht zu sagen: „Ich will ein Banner aufrichten – *Vexilla Regis prodeunt Inferni* –, um das die ‚Schwachköpfe', die Degenerierten, die Imbezilen, die Poeten und Idioten sich scharen können, das Ergebnis liegt in der Hand des Zufalls."

Denn so wie man auf den riesigen, mit Präriegras bedeckten Weiten von Oklahoma und Texas kleine, zarte Blumen von fast unglaublicher Schönheit finden kann, so stößt man in den entsetzlichen Weiten der faden moralischen Normalität dieses Landes hie und da auf Charaktere von unglaublichster Originalität und sprödestem Charme! Und die Sache ist die, daß diese Unglücklichen dort, wo sie lebten, nie – nicht ein einziges Mal – auch nur einen Tropfen Ermutigung oder einen Hauch von Sympathie erfahren hatten, bis ich, der quixotische Verfechter des Unmoralischen gegen das Moralische, des Religiösen gegen das Konventionelle, des Poetischen gegen das Weltliche, des Glückes gegen den Erfolg vorbeigeschlendert und -gezottelt kam und ironisch vor ihren unerträglichen Magnaten „katzbuckelte", ihnen selbst jedoch das Signal, das Zeichen, das Losungswort des Freimaurertums aller verständigen Seelen gab! Eigentlich tat ich nichts anderes, als daß ich diesen Opfern des unglaublich „Wüsten Landes" das heilende Gefühl vermittelte, alle vornehmen Geister der Antike und des Mittelalters, alle subtilen, scharfsinnigen Denker der Menschheit seien *auf ihrer Seite*, erhöben durch die Jahrunderte hindurch die Stimme zu ihnen und versicherten ihnen, daß sie sich nach Belieben im Hause Rimmon niederwerfen könnten, solange sie nur heimlich dem wahren Gott dienten!

Nein, meine fünfundzwanzig Jahre als Vortragsreisender in Amerika können nicht vergeudet gewesen sein. Unaufhörlich, niemals schwankend, machte ich mich mit Ironie, mit Rhetorik, mit sardonischer Bosheit, mit diabolischer Bitterkeit, mit dickensschem Humor, mit leidenschaftlicher Poesie, mit der ganzen „natürlichen Magie" meiner walisischen Ahnen zu einem Prediger in der Wüste, der *‚Ego phonè boontos en te eremo'* rief. In aller Ruhe, Gelassenheit und Sanftheit, und in einem Ton, der viel zu ernst ist, um prahlerisch zu sein, würde ich behaupten, daß es, solange ich zwischen den beiden amerikanischen Ozeanen Vorträge hielt, Tausenden und Abertausenden phantasievoller und empfindsamer Männer und Frauen, die keine andere Hoffnung hatten – die neunmalklugen Megalopoliten können jederzeit selbst auf sich achtgeben –, niemals an einem leidenschaftlichen Dolmetsch fehlte.

Und was, wie meine amerikanischen Veranstaltungsleiter immer zu sagen pflegten, war meine Botschaft?

Nun, ich würde meinen, daß der alte, berühmte Ausspruch Goethes, den mir als erster wohl mein gelehrter „Guru" in Cambridge, Mr. G. P. Gooch, zitierte, am besten die Quintessenz dessen ausdrückt, was ich da um all der Einsamen und Sonderlinge willen kreischte, tanzte, schrie, brüllte, wisperte und weinte.

„Im Ganzen, Guten, Schönen resolut zu leben!"

Wie wunderlich, altmodisch, fast mitleiderregend müssen die stolzen teutonischen Worte in den Ohren der jungen, bramarbasierenden Desillusionisten unserer Zeit klingen! Ich selbst allerdings komme diesen robusten Realisten ja auch seit langem nicht viel anders vor als Stepan Trophimowitsch in *Die Dämonen* seinem Sohn Peter Stepanowitsch, nämlich wie ein seniler Schwätzer. Ich mag immerhin ein Schwätzer sein, aber niemand wird je die Seltsamkeit der einzigartigen Vorfälle, der wundersamen Zufälle kennen, die mir auf diesen Reisen widerfuhren. Ich aber werde mich in England oder Frankreich immerdar an sie erinnern; und wenn ich das grämliche Pfeifen unserer Züge höre, wird das große, dröhnende Mastodonbrüllen der Lokomotiven Amerikas über mich hinwehen und wieder alles wachrufen.

Ich werde das Gesicht eines alten Negers sehen, zu dessen Hütte ich auf einem Spaziergang im Herzen Georgias kam und der sich, als ich ihm sagte, ich sei Vortragsreisender, weigerte, einem so staubigen, unordentlichen Menschen, welcher ersichtlich *kein* „Südstaaten-Gentleman" war, dergleichen abzunehmen, bis er seine Frau Sarah nach einer Ausgabe von Caesars *Gallischem Krieg* geschickt hatte. Und der Alte erwies sich als so fürchterlich strenger Lateiner, daß er, was meinen Broterwerb anlangte, immer noch nicht recht überzeugt schien, als ich ihm nach mühsamem Gestottere durch ein, zwei Absätze Lebewohl sagte und meiner Wege ging. Wir schieden jedoch in aller Freundschaft voneinander; denn ich hatte vom Unterricht in der Prep. immerhin genügend behalten, um deutlich zu machen, daß ich die Gelehrsamkeit des alten Herrn durchaus zu würdigen wußte, wenn ich sie auch nicht teilte.

Und ich werde die außergewöhnliche Episode am Ende eines sehr aufregenden Vortrages zu irgendeinem philosophischen Thema im Hebrew Institute von St. Louis wieder vor mir sehen, als sich hinten im Saal unvermittelt ein hochgewachsener, majestätischer, wild anmutender Mann erhob und mit deutlicher, gebieterischer Stimme vom Vortragenden zu wissen verlangte, „ob König Arthur tatsächlich jemals zu seinem Volk zurückkehren" würde. Hinterher schüttelte ich dem Mann die Hand; und er sah aus unmittelbarer Nähe noch bemerkenswerter aus als von weitem. Sein Name war Rhys. Zweifellos war er vom Geblüt der Prinzen von Süd-Wales. Seine Adresse bekam ich nicht, und ich sah ihn nie wieder.

Und ich werde den Sarg meines liebenswürdigen, höflichen Freundes, des Übersetzers von Ciceros *De Senectute* in der Reihe der Loeb-Klassiker, vor mir sehen. Diesen weisen, gütigen, bescheidenen und gelehrten Mann lernte ich an der State University von Arkansas in Fayetteville kennen. Wie höflich und liebenswürdig er zu mir war! Ich besuchte die in herrlich idyllischer Landschaft unweit der einsamen Ozark Mountains gelegene kleine Stadt mehrere Male. Arkansas ist einer meiner Lieblingsstaaten. Die ärmeren Menschen dort sind, wie die bei Joplin, Missouri, und Galena, Kansas, in gewissem Sinne meine *idealen Amerikaner*. Dieser Distrikt des riesigen Landes – dieser südwestliche Teil des Mittleren Westens – wirkt ganz anders als der Rest. Das Klima ist warm und mild, obschon gelegentlich wilde Taifune und gewaltige Winde vom Golf durch Texas heraufziehen können, und es ist leicht, eine zwanglose, knappe, unbekümmerte Existenz als Squatter zu fristen, die an der Grenze zu Oklahoma mitunter von den märchenhaftesten Glückszufällen beendet wird, wenn irgendein armer Schlucker auf seinem Stückchen Land *auf Öl stößt!* Hier sind alle Menschen im tiefsten Sinne des Wortes gleich, alle sind sorglos, alle sind Verehrer der goßen Göttin Fortuna! Niemand in diesem arkadischen Land empfindet die geringste Achtung vor reichen Menschen, sparsamen Menschen oder großen Geschäftsmagnaten. Der Ärmste kann auf die einfachste Weise an Öl oder Zink kommen und vielleicht im Handumdrehen so reich werden wie Little Claus im Märchen! So arm manche Leute hier sind, und so baufällig ihre Behausungen, herrscht in diesem Distrikt doch ein Gefühl behaglicher, entspannter Zufriedenheit, das sich völlig von dem harten Kampf um „Erfolg" in anderen Teilen der Vereinigten Staaten unterscheide.

Ich bin nicht der einzige Engländer, der die „Schönheiten" von Arkansas entdeckt hat. Ich war noch nicht lange in einem ganz bezaubernden kleinen Hotel am Rande der Stadt untergebracht – ein Haus, von dem aus ich in einen scheinbar bis zum Horizont reichenden, unendlich sanft gewellten und schattigen Park hinauswandern konnte –, als man mich herunterbat, um einen Besucher zu empfangen. Zu meinem Erstaunen fand ich in der Eingangshalle einen untersetzten, kräftig gebauten, rotgesichtigen Landsmann vor, der aussah wie ein soeben von seinem Schiff vor dem Kanal von Bristol gekommener pensionierter Kapitän. Dieser freundliche Mann führte mich zu seinem Haus, das, wie es schien, inmitten eines vornehmen Parkgrundstückes lag, über dem zu meiner nostalgischen Freude ein riesiger Union Jack wehte. Hier bereitete die Dame des Hauses zu unserer Stärkung einen stattlichen Fisch zu, den sie auf derart bewunderungswürdige Weise auf dem Holzteller anrichtete, daß ich genötigt war, meine vegetarischen Prinzipien für diesen Tag hintanzustellen. Hast du schon erraten, Leser, wer mein Freund war? Kein anderer als der berühmte Mr. Finger, voller fesselnder Geschichten über den nicht minder berühmten Mr. Cunninghame Graham!

Richter Falconer aber war nicht weniger gut zu mir als Mr. Finger, und ich fand bald heraus, daß er seine bewundernswerte Cicero-Übersetzung ursprünglich zur Erbauung eines hochbetagten, nahen Verwandten angefertigt hatte. Man kann sich also vorstellen, was ich empfand, als ich bei meinem nächsten Besuch in Fayetteville – ich hatte einen Vortrag zum Thema „Die Kunst der wahren Kultur" in so klassischem Stil vorbereitet, wie mir das im Zug möglich war – im Vestibül des Saales, wo ich sprechen sollte, doch tatsächlich den Sarg meines Cicero von Arkansas sah. Tot und kalt lag er da; und auch der wohlgefügteste meiner Sätze, die ich ihm zu Gefallen so sorgfältig gebaut hatte, konnte das stille Haupt nicht mehr erreichen. Waren die traurigen Worte des Catull:

„Soles occidere et redire possunt;
Nobis, cum semel occidit brevis lux,
Nox est perpetua una dormienda!"

das einzige Requiem für diesen glänzenden Gelehrten, oder war ich, als ich mir sagte:

„Ich *weiß* – jenseits aller Vernunft –, daß wir ein Leben außerhalb des ganzen astronomischen Spektakels teilen!", nur ein falsches Orakel am Leichnam dieses Übersetzers von *De Divinatione*?

Aber meine Anerkennung hatte diesen älteren Gelehrten tatsächlich gefreut; und es gab, übers Land verstreut, tausende andere Amerikaner, alt und jung, für die – und das ist keine leere Prahlerei – meine Vogelscheuchengestalt und meine wilden, wirbelnden Worte wie Regen für verpflanzte Wurzeln gewesen sein müssen! Mochten die Megalopoliten mich noch so sehr als Pseudo-Chautauquaplapperer verspotten – und ich sprach tatsächlich einmal im originalen Chautauqua in einem großen Versammlungszelt über die „Idylls oft the King" und brachte das rührende Publikum dazu, sich „Den ganzen Tag wogte der Schlacht Getöse, zwischen den Bergen an der Wintersee" anzuhören – und mochten sie meinen Freund Masters verspotten, weil er meinte, von einem solchen Schwätzer sei etwas zu lernen, die Wahrheit ist, daß ich unter all meiner Marktschreierbosheit, unter all meiner ungehörigen Passion, mein eigenes Renommee in Fetzen zu reißen, die aus ernsten, schlichten Männern und Frauen bestehende Zuhörerschaft stets *von gleich zu gleich* behandelt habe. Ich dachte an ihrer Gegenwart laut und erwies ihnen damit die größte Höflichkeit, die man anderen Menschen erweisen kann! Ich verehrte von Herzen – und sie wußten und sahen es – das sehnsüchtige Verlangen nach echter Kultur, über das die verdammten Megalopoliten sich lustig machten.

Mein Oxfordtalar, der in Wirklichkeit ein Cambridgetalar war, „wickelte" die gewieften Magnaten „ein", die diese Happen für Zerberus bezahlten, und erst wenn ich mich davongemacht hatte und längst auf dem Weg zu neuen Gefilden war, merkten diese gerissenen Schurken, die glaubten, sie lenkten die Leute von gefährlichem Gedankengut ab, welches geistige Dynamit ich ausgelegt hatte.

Im Grunde tat ich dieses Vierteljahrhundert lang nichts anderes, als die Herrschaft der gewieften, modernen Heroden von Amerika zu unterminieren und, wie mein für Salome so unzugänglicher Namensvetter, „dem Herrn den Weg zu bereiten". Mit anderen Worten, ich trat landauf, landab als ciceronischer Anwalt für eine grundlegende Renaissance des Lebens gegen das Geklapper und Geschwafel und sämtliche raffinierten Obskurantismen der flüchtigen Stunde auf. Ich kann nur darum beten, daß ich *heute* – da mir nichts als meine Feder geblieben ist, um den Kampf fortzusetzen – die gleichen verlorenen Außenseiter, die „Schwachköpfe", wie sie genannt werden, erreiche, die wie ich, aber ohne meine Legionen von Teufeln, fortwährend unterdrückt werden. Doch der neue Präsident – ein Mann ganz nach meinem Herzen – hat ein Auge auf all das und noch viel mehr in diesem Lande, und ich glaube, daß die Veränderung, die herbeizuführen er sich bemüht, viel tiefgreifender ist, viel mehr ins Seelische hineinreicht, als den meisten Leuten klar ist. Fast dreißig Jahre lang habe ich darum gebetet, daß ein solcher Mann über dieses große Land herrscht. Mehr Macht für ihn!

Es wäre ein grobes Mißverständnis meiner Haltung gegenüber Amerika, wenn ein Europäer etwa annähme, ich schätzte all das Gute gering, das sich aus meinem Leben hier für mich ergeben hat. Es erzürnt mich, wenn ich höre, wie irgendwelche ignoranten, verantwortungslosen „Sommerschmetterlinge" Amerika verleumden! Sie wissen so wenig über die platonischen „Essenzen" dieses außergewöhnlichen Landes, wie sie über Rußland wissen, *mit dem es so vieles gemeinsam hat.*

Ich möchte hier und jetzt, am Vorabend meiner Rückkehr in mein Heimatland – wenn mir die Götter gewogen sind –, festhalten, daß zumindest *ein* Europäer – wenn denn ein Engländer ein Europäer ist – die Ansicht vertritt, daß er Amerika in der Frage seiner innersten spirituellen Entwicklung mehr schuldet als sämtlichen Kathedralen, Schlössern und Autoren – ausgenommen Homer und Dostojewski – der historischen Alten Welt.

Während all dieser Reisen litt ich in Abständen – nicht fortwährend, aber doch in recht häufigen Abständen – an meinen verfluchten Geschwüren und der üblen, sauren Dyspepsie, die sie aufstörte. Ich rührte kein Fleisch an, denn ich war mittlerweile Vegetarier aus Prinzip, aber ich aß in den meisten dieser fünfzehn Reisejahre beileibe nicht immer Gemüse. Zum Teil geschah das wohl aus Sparsamkeit; denn ich war so verschwenderisch im Trinkgeldgeben und so heikel in der Wahl meiner Hotels, daß ich mein Kapital ganz gewiß *en route* verschleudert hätte, wenn ich hinsichtlich meiner Kost nicht extrem geizig gewesen wäre. Mein Magenleiden, so bildete ich mir jedenfalls ein, diktierte diese Sparsamkeit, in der mich ein Zug von nachgerade bäurischer Knauserigkeit noch bestärkte; zusätzlich zu diesen Beweggründen aber entsprach diese Schlichtheit in der Ernährung *meinem Geschmack.* Einmal, als meine Magengeschwüre besonder schlimm waren, ernährte ich mich ausschließlich von „hominy", einer Getreidesorte, mit Eiscreme, rohen Eiern und Milch. In der Regel aber nahm ich bei jeder Mahlzeit das gleiche zu mir, nämlich Tee, trockenen Toast, Spiegeleier und Guajavagelée. Mr. Blake pflegte uns immer Guajavagelée vorzusetzen, wenn er uns in der Prep. zum Dessert einlud.

Ich gierte nach wie vor sehr stark nach dem, was mir schmeckte; und wie ich in Wildman's House Aprikosenpaté von „Tuffins" und frisches braunes Bot mit Butter verschlungen hatte, wobei ich diese

Speisen nach Art einer Wasserratte gierig mit den Vorderzähnen zerknabberte, so rollte ich nun dreimal am Tage eine sogenannte „Einzelportion“ Guajavagelée am Gaumen. Wenn dir von dieser Gier übel wird, Leser, so darf ich dir eilends, die Hand auf dem Herzen, schwören, daß ich *seit nunmehr fünf Jahren*, seit ich in den Hügeln von New York nur noch von Milch lebe, von jeder Spur dieses wilden Lasters vollkommen frei bin. Es bereitet mir eine leise Befriedigung, *dünne* Scheiben Butterbrot zum Tee zu essen; und ich genieße das Gefühl des Milchtrinkens. Aber das ist alles! Könnte ich meine anderen Laster so überwinden, wie ich dieses überwunden habe, würde ich mich doch noch vor meinem Tode jenem mittelalterlichen oder, wenn man so will, tibetanischen Lebensideal annähern, das mich mein Lebtag so verlockt und angezogen hat.

Mein gutaussender, aber kritischer Freund Louis hadert mit mir, weil ich Amerika mag. „Er *liebt* es!“ ruft er entgeistert, als reiche die „Liebe“ zu Amerika an sich schon aus, die Heruntergekommenheit eines Menschen zu beweisen. Nun, ich muß mich dieser Anklage schuldig bekennen. Ich muß sogar noch größere Schuld eingestehen, denn ich liebe nicht nur *Amerika*, sondern auch seit mehr als zwanzig Jahren innig und überaus treu die amerikanischen *Frauen*.

Aber hör zu, Louis; hör zu, du hochmütiger Erzengel: ich will dir einige praktische, materielle, handfeste, pragmatische Gründe für meine Schwäche nennen. Erstens wäre es nicht möglich gewesen, Burpham „in Gang zu halten“ und meinem Sohn die Erziehung in Sherborne und Corpus angedeihen zu lassen, die mein Urgroßvater meinem Großvater angedeihen ließ, und noch ein klein wenig für meine persönlichen Vergnügen – wie etwa die Venedigreise in deiner Gesellschaft – übrigzubehalten, wenn ich meine Dienste auf die Volkshochschultätigkeit zu Hause beschränkt hätte. Zweitens war mein Leben in Zügen und Hotels – obschon du vielleicht einmal *diesen Blick* auf meinem Gesicht bemerkt haben magst – eine große Flucht vor all den Verdrießlichkeiten des englischen Soziallebens, die ich – der ich, womit du mich ungehörigerweise auch noch aufziehst, so empfindlich bin – besonders stark wahrnahm. Ich bin von meiner Veranlagung her auf so hektische, abergläubische, wahnsinnige Weise *altruistisch* und zugleich auf so wandelbare, winkelzügige Weise *egoistisch*, daß ich das Leben der Seelen-

Sinnenhaftigkeit, für das ich mich bewußt entschieden habe, am ehesten führen kann, wenn ich vor jeder menschlichen Verantwortung so weit wie nur möglich fliehe – und nicht nur vor jeder Verantwortung, sondern auch vor jedem Besitz! Denn ich habe einen Zug von hemmungslosem Geiz. Ich besitze in der Tat einen fast schon verrückten Besitzinstinkt. Wie ich den albernen Fußball an mich drückte, den mein Vater mir in der Prep. schenkte! Ich hätte ihn *in meinem Brustkorb* versteckt, wenn ich ihn vor der Entweihung hätte retten können. Wie ich in Wildman's House – über jedes vernünftige Maß hinaus – meinen lächerlichen Regenschirm in Ehren hielt, dessentwegen ich von C. II und D. I so grausam verspottet wurde! Wie mich die Lust des Landbesitzers berauschte, als Mr. S. mir das Geld zum Kauf des winzigen, vom Erdwall des Herzogs von Norfolk überblickten Freigutes lieh.

Und denk nur, mein lieber Louis, welche Freiheit ich in diesen fünfzehn Jahren genoß, in denen ich Amerika durchreiste. Ich hatte keinerlei Sorgen oder Verantwortungen. *Ich mußte nicht arbeiten*; denn meine Vorträge selbst waren die reinste Inspiration, die jemals von den Göttern, „die den weiten Himmel innehaben", *durch ein menschliches Rohr* strömte. Ich hatte nichts weiter zu tun, als in Pullmanwagen zu sitzen, müßig auf die vorbeiziehende Landschaft hinauszuschauen und romantische Romane zu lesen. Es war das ideale Leben für ein empfindsames Dienstmädchen; und ich habe sehr viel von einem solchen Mädchen.

Aber ich bin noch gar nicht auf den größten Segen dieses Nomadenlebens zu sprechen gekommen. Ich blieb völlig von Engländern verschont. Ich blieb *nahezu* von amerikanischen Männern verschont; denn man kann sich denken, wie ich die Rauchsalons mied und nur dann selbst rauchte, wenn sie leer waren. Und anstelle von Engländern und Amerikanern sah ich mich nun in Kontakt mit einer Rasse von Menschen, die dem Rest der Menschheit in jeder Eigenschaft, die ich als Philosoph am meisten zu bewundern gelernt habe, so überlegen ist wie Moos einer Flechte. Ich spreche natürlich vom amerikanischen Neger.

Die Sklaverei, dieses schlimmste Verbrechen unserer Rasse mit seinen entsetzlichen, so häufig von Seeleuten britischer Herkunft gesteuerten Sklavenschiffen, hat wenigstens die Entstehung eines göttlichen, unvergleichlichen Schlages von Männern und Frauen gezeitigt. Die Grausamkeit der Südstaatler – und beileibe nicht nur des sogenannten weißen Packs – gegen diese edle Rasse muß ich dem Jesus Christus von Michelangelos Jüngstem Gericht überlassen, jenem Christus, dessen Kommen diese Afrikaner mit so leidenschaftlichem und vielleicht nicht wirkungslosem Glauben erwarten. Ich sehe diesen Christus mit der wie zum Schlag erhobenen Hand stets als Richter – zudem als jüdischen Richter! –, vor dem sich diese grausamen Teufel eines Tages werden verantworten müssen. Unterdessen „kriechen" diese amerikanisierten Afrikaner, die mit Ausnahme von ein paar weitverstreuten Katholiken einzigen phantasievollen Christen, die es auf Erden noch gibt, „dahin wie ein armer Wurm und warten, daß Jesus kommt."

Er wird kommen, meine Freunde. *Er wird kommen.* Das jedenfalls habe ich in den fünfzehn Jahren, in denen ich in amerikanischen Zügen fuhr und in amerikanischen Hotels abstieg, herausgefunden. Jesus Christus wird kommen, und König Arthur wird kommen. Und das wird *nicht für alle* ein Tag des Frohlockens sein. Als Er sprach: „Sie wissen nicht, was sie tun", meinte Er das, was diese Menschen Ihm antaten, nicht, was sie bald Seinen Schafen antun würden.

Ja, die amerikanischen Neger, die das weiße Pack – und nicht nur das weiße Pack – als minderwertige Rasse betrachtet, sind in jeder Eigenschaft, die ich als peripatetischer Philosoph am meisten zu bewundern gelernt habe, eine der größten Rassen der Welt. Es macht einen im Innersten krank mitanzusehen, wie uns eine derartige Rasse aufgrund unserer größeren Gerissenheit und überlegenen Technik auf Gedeih und Verderb ausgeliefert ist. Wie mich diese schwarze Rasse auf meinen Fahrten durch ihre angenommene Heimat mit der Menschheit versöhnte! Ich begegnete ihr allenthalben. Ich begegnete ihr auf Vortragsreisen in New York, Chicago, Philadelphia, Detroit, Cleveland, St. Louis, Boston, Baltimore, Pittsburgh, Los Angeles, Buffalo, San Francisco, Milwaukee, Washington, Kansas City, Indianapolis, Jersey City, Rochester, Portland, Denver, Toledo, Providence, Columbus, Louisville, St. Paul, Oakland, Atlanta, Omaha, Worcester, Birmingham, Syracuse, Richmond, New Haven, Memphis, Dallas, Dayton, Bridgeport, Hartford, Scranton, Grand Rapids, Paterson, Youngstown, Springfield, Des Moines, New Bedford, Fall River, Trenton, Nashville, Camden, Norfolk, Albany, Lowel, Wilmington, Cambridge, Reading, Yonkers, Duluth, Elisabeth, Lawrence, Utica, Waterbury, Oklahoma City, Schenectady, Fort Wayne, Evansville, St. Joseph, Knoxville, Bayonne, Peoria, Harrisburg, San Diego, Wilkes Barre, Allentown, Wichita, Troy, Hoboken und hundert kleinen, abgelegenen Orden, deren Namen ich mittlerweile vergessen habe; ich war bald so weit, daß ich mich wegen des afrikanischen Kellners auf jeden „Speisewagen" und wegen des afrikanischen Schaffners auf jeden Schlafwagen freute. Der bloße Klang der Stimmen dieser Menschen – ein melodischer Wohllaut, der einer zugleich gereiften und kindlichen Seele entspringt – reichte aus, alle Wunden und alle Kränkungen zu heilen, die ich infolge der Tatsache, daß ich so „empfindsam" war und so altmodische Ansichten hatte, unter den lebhaften Bewohnern dieser geschäftigen Städte zwangsläufig erleiden mußte.

Die Religion des amerikanischen Negers ist die poetischste und deshalb *religiöseste* Religion, die man in den Vereinigten Staaten findet. Ist es also ein Wunder, daß ich mich zu dieser edlen, verfolgten Rasse mit ihren Rose-von-Schiras-Stimmen, ihrer frommen Langmut, ihrer unendlichen Kindlichkeit, ihrem „Numen inest"-Gefühl für die Heiligkeit alles Lebenden hingezogen fühlte?

Jede Art von Religion, ausgenommen ihre modernistischen Formen, in denen Ethik an die Stelle der Engel und die Erste Ursache an die Stelle von Christus tritt, geht mir zu Herzen. Ich bin für Religion so empfänglich wie für schöne Frauenglieder. Der Kommunismus spricht mich an, weil er das religiöse Gefühl wachruft. Aus dem gleichen Grund spricht mich auch der Katholizismus und sprechen mich sämtliche traditionellen Hebraismen der hebräischen Rasse an.

Der Durchschnittsamerikaner ist seinem Wesen nach moralisch, *aber irreligiös*. Und ich denke, das ist weitgehend seinem Mangel an poetischer Vorstellungskraft zuzuschreiben.

Ich blieb, indem ich fünfzehn Jahre meines Lebens in Zügen verbrachte, nicht nur von jeder menschlichen Verantwortung, jeder Arbeit, jedem ernsthaften Kontakt mit Menschen, jeder Angst und Sorge verschont; sondern ich konnte es mir auch leisten, meinem Sohn jenes Gefühl für die Götter eines bestimmten Ortes zu vermitteln, jenes Gefühl für die alten Bräuche in Verbindung mit den alten Mauern, alten Pflanzen, alten Bäumen, alten Hekken, alten Bächen, alten Dickichten, alten Feldwegen eines bestimmten Ortes, das vielleicht das Wichtigste ist, was Eltern einem Kind mitgeben können. Es ist verwerflich, Kinder in der Weltgeschichte herumzuhetzen und sie in Hotels und vorübergehenden Quartieren unterzubringen. Denn wozu macht man sich, wenn man das tut? Man macht sich zum *Göttermörder*, man besprüht die Häupter all der kleinen Götter, die die besten Schutzengel von Kindern sind, mit dem Giftgas seiner vulgären Neuigkeitsbegierde. Und man läßt für immer ihre Fähigkeit zu phantasievollem Spiel verkümmern; man mordet die Fähigkeit zu passiver Kontemplation, während man gleichzeitig die so sehr bewunderte frühzeitig entwickelte Vernunft für immer ermüdet und auslaugt.

Während ich also in Eisenbahnzügen, einer Form des Reisens, zu der ich einen besonderen Hang habe, der Welt entfloh, ermöglichte ich es meinem Sohn – dieweil er zusah, wie sein Kater „Barney" Maulwürfe und sein Hund „Whisker" Ratten fing –, seine Seele in die gewellten Hügel zu versenken, bis sie sich wie ein Otter am „Alten Fluß" versteckte, wie der Thymian am Leper's Path hervorkam und wie ein Turmfalke in der unendlichen Bläue schwebte.

Natürlich gab es in all den langen Jahren auch Zeiten, in denen meine Nerven sich ein Stück weit überspannten. Ich entsinne mich noch gut einer solchen Gelegenheit im Mittleren Westen. Ich wohnte im Claypool Hotel in Indianapolis, und ich sehe noch die Lederfauteuils des alten Schreibzimmers dort vor mir und die tiefen, bauchigen Tintenfässer auf den langen Tischen, an denen die unermüdlichen Klinkenputzer an ihre Kunden, ihre Brötchengeber und ihre Freundinnen schrieben. Ich las zu dieser Zeit gerade einen Band von Andrejew, der, glaube ich, bei Knopf erschienen war; denn damals, zu Beginn dieses Jahrhunderts, beeinflußten stärker als alle anderen Bücher Übersetzungen aus dem Russischen den unverdorbenen Geschmack des amerikanischen Publikums. Besonders erinnere ich mich an Sologubs *Kleinen Dämon* und *Am letzten Punkt* von Arcybascheff, denn ich hatte in jenen Tagen ein starkes Bedürfnis nach Prosa und pflegte einen Roman nach dem anderen zu lesen. Als ich diese Russen alle kannte und den polnischen *Homo Sapiens* sowie das deutsche *Lied der Lieder* – beide, meine ich, bei Huebsch erschienen – gelesen hatte, gab es, wie ich mich noch gut entsinne, in keinem Buchladen und an keinem Bahnhofsstand mehr etwas, was mich im geringsten interessierte. Niedergeschlagen pflegte ich zwischen den Büchertischen dieser Läden umherzustreichen, ohne je etwas zu finden, das ich lesen mochte! Ich weiß noch, zu welchem Extrem von Profanität ich aus schierer, jämmerlicher Not in Chicago getrieben wurde.

Dann kam mit einemmal ein Strom halb autobiographischer Romane aus England. *Des Menschen Hörigkeit* erschien und *Düstere Straße, Karneval, Jacob Stahl, Die Familie Clayhanger, Stucco House, Der Reiter auf dem Löwen, The Man of Property* und *Demetrius Road.* Und bald danach begann – Wunder über Wunder! – jährlich der eine oder andere Roman von Conrad herauszukommen. Mehr als alles andere aber – mehr noch, denke ich, als sogar Mr. Mencken oder Mr. Cabell – denn Dreiser mußte noch eine ganze Weile warten, bis sein mächtiger Einfluß sich durchzusetzen begann – waren es eigentlich die Russen, die um die Jahrhundertwende die provinzielle Schlichtheit des amerikanischen Geschmacks aufbrachen.

Die tiefgründige, in ihrer hingebungsvollen Ferne vom Vulgären erhabene Kunst von Henry James schien überhaupt nicht in die Buchläden zu gelangen! Ich weiß noch, wie ich einmal im ersten Jahrzehnt dieses Jahrhunderts – und man muß sich vor Augen halten, daß das nach dem Erscheinen von *Die Flügel der Taube* und *Die Botschafter* war – beharrlich, *und vollkommen vergeblich,* jeden einzelnen Buchladen der Stadt Baltimore durchsuchte. In höchster Vollkommenheit, so denke ich immer, zeigte sich Henry James' Genie in seiner *mittleren* Periode, wie man sie nennen könnte, das heißt in den fünf Jahren vor und den fünf Jahren nach 1900; aber wenn diese Bücher nicht einmal in Baltimore zu finden waren, waren sie wohl auch in Omaha, Iowa City, Denver, Fargo, Needles, Joplin oder San Antonio kaum aufzutreiben.

Doch zurück zum Claypool Hotel. Es war dies eine Gelegenheit, bei der andere Nerven als die in meinem Duodenum zu zwicken begannen. Ich kann mich noch gut entsinnen, wie der ganze graue, vor sich hin ächzende Wahnsinn der Zersetzung, „in grenzenloser Flut" hin- und herschwappend, über mir zusammenschlug und mich taub und stumpf machte. Es bedurfte des spasmodischen Andrejew gar nicht, um mir den kalten Schweiß auf die Stirn zu treiben, aber ich weiß noch, wie ich fand, daß die Geschichte über Judas Ischariot nicht gerade das richtige Lesefutter für einen Menschen war, der am Rande eines bösen Nervenzusammenbruches stand. Eine eigentümliche Lähmung ergriff von mir Besitz. Die Luft war voll namenslosem Schrecken, aber ich sah kein Entkommen und konnte keinen Finger rühren. Noch als ich in Chicago eintraf, wo ich stets im alten Stratford an der Michigan Avenue abzusteigen pflegte, spürte ich diese teuflische Erstarrung, als fließe mir alle Lebenskraft aus den Adern.

Louis hielt sich damals irgendwo in der Stadt auf, aber ich war nicht in der Stimmung, ihn anzurufen. Wie ein Inkubus, der einen Succubus umarmt, saßen das stumpfe Elend und ich Wange an Wange auf dem ungemachten Bett unseres Zimmers im Hotel Stratford. Zärtliche Momente verbrachten wir zusammen, schnürten uns die Schuhe auf und zu, drückten uns am Fenster die Hakennasen platt, starrten auf den grauen Horizont des Sees, lasen das Wort „Gideon" auf dem Einband der schwarzen Bibel und betrachteten das Wort „Principessa" auf meiner betagten Reisetasche, die ich vor langer Zeit für zehn Lire in Verona gekauft und die der Page mit eigenwilligem Taktgefühl dicht beim Spucknapf abzustellen beschlossen hatte.

Aber diese schlimmen Momente waren sehr selten. Und hätte Louis, so fragte ich mich, nicht mit gutem Recht Anstoß an einem Aspekt meines Lebens an diesen Orten genommen, dessentwegen ich es ganz gewiß „liebte"? Ich spreche von der Tatsache, daß ich – ein paar junge Damen ausgenommen, denen die Muttergottes ihre Freundlichkeit vergelten möge – nicht nur jedem wirklichen Kontakt mit meinen Mitgeschöpfen entging, sondern mit Menschen überhaupt nur in deren Eigenschaft als *Zuhörer* oder als *Bediente* in Kontakt kam! Tatsache ist, daß ich mich zwar ständig in Zügen und Hotels aufhielt, in Wirklichkeit aber viele Jahre weitgehend allein war und, außer in Gesellschaft eines netten Mädchens oder wenn ich mir in meinen „Schnitzeljagd"-Vorträgen die Seele in Fetzen riß, kein einziges Wort äußerte.

Auf meinen ersten Amerikareisen pflegte ich stets bei meinem gastlichen amerikanischen Freund, Mr. Robert S. Bright, dem eloquenten, gewieften Anwalt, zu wohnen. Mr. Bright stammt aus Virginia und ist ein glühender Verehrer von Jefferson; so daß ich dank seiner schon frühzeitig eine recht genaue Vorstellung davon gewann, wie weit Amerika sich von seiner ursprünglichen Demokratie entfernt hatte. Später allerdings wohnte ich zusammen mit einer idealen Gefährtin von meinem eigenen Blut in sehr hohen, aber ungemein winzigen Räumen, die auf den grünen Rasen der First Presbyterian Church im untersten Teil der Fifth Avenue hinausgingen. Dann kam eine Zeit, in der ich nirgendwo, nicht einmal in New York, eine feste Bleibe hatte, und ich begann, wie es so treffend heißt, „den Wind im Gesicht zu spüren"; doch diese Phase endete, als ich mich zusammen mit zwei anderen Kindern meines Vaters in Räumen etabliert fand, die auf das Theological College in dem Stadtteil mit Namen Chelsea hinausblickten.

Ich habe oft in dem Stadtteil gewohnt, der unter dem Namen „Greenwich Village" bekannt ist, aber ich habe – ebenso wie Llewelyn – eigentlich niemals der Boheme dieses Quartier Latin von New York angehört. Ein wirklich unbürgerliches Leben führte ich erst in Chicago. Die Stadt wurde in mehreren aufeinanderfolgenden Jahren für jeweils vier bis fünf Monate mein Hauptquartier; und hier hatte ich Räume neben meinem berühmten Landsmann Maurice Browne und dem größten Teil der Truppe des Little Theatre. Es war ein sehr glücklicher, sehr aufregender Lebensabschnitt. Ich fuhr fortwährend nach Kansas City und in andere Städte – darunter auch Davenport in Iowa –, aber ich verbrachte genügend Zeit in Chicago, um zum einzigen privilegierten Außenseiter in der bemerkenswerten Schar des Little Theatre zu werden. Maurice Browne wurde nicht nur ein enger Freund von mir, sondern auch mein Impresario, denn er pflegte sein Little Theatre im Fine Arts Building mit höchstem Geschick und *je nach meinem Thema* für meine Reden auszustaffieren, und da er selbst die Themen auswählte, waren sie hinlänglich verblüffend. Hier war es mir zum ersten und einzigen Mal beschieden, vor einem angemessenen Hintergrund wie aus dem *Yellow Book* den intellektuellen Pierrot zu geben. Und ich genoß das alles. Unter Maurices Einfluß kam ich mir vor wie eine würdevoll komische Figur aus Wilhelm Meister! Ich kam mir vor, als wäre ich zum privilegierten Eingeweihten in einem himmlischen Alsatia, einer Thelemiten-Abtei der Kunst geworden, wo die ritualistischen und symbolischen Elemente meiner Darbietungen, die bislang nur der hingebungsvolle Instinkt von Nonnen und Kommunisten erkannt hatte, eine subtile ästhetische Reaktion hervorriefen. Nie glich ich so stark wie damals einem inspirierten Pantalone in einer von Audrey Beardsley entworfenen Dekoration für ein Libretto von Ernest Dowson; und während ich hier von einem von Raymond Jonson gebauten Bühnenbild Autoren wie Wilde, Verlaine, Heine, Blake und Walter Pater interpretiere, tanzte ich meinen Tanz vor Tänzern und führte mein Schauspiel vor Schauspielern auf.

Wie deutlich ich noch das lebensprühende Widerspiel von Maurices ausdrucksvoller Physiognomie vor mir sehe, mit dem er auf meine Geistesblitze reagierte, bis er dann seinen mephistophelischen Stab in die Luft warf und damit wie bei einem heiligen Hirsch auf einer mittelalterlichen Tapisserie, wenn der Wind den Wandbehang schüttelt, den Zauber löste, den er heraufbeschworen hatte.

Aber man denke nur, welche Oase – zudem noch ohne jede Verantwortung, denn alle Sorgen lasteten auf dem armen Maurice – es in meinem Leben als Vortragsreisender darstellte, wenn ich stundenlang bei ihren Proben an diesem abgeschiedenen Ort dabei sein und wie ein von Beerensaft trunkener Kentaur in einem Feenreigen – und man darf getrost glauben, daß ich dieser Vigilien niemals müde wurde – den geschmeidigen, biegsamen Gestalten von Maurice Brownes jungen Damen zusehen konnte, wie sie den Chor irgendeines endlosen Stückes, vielleicht von Euripides, vielleicht von Yeats, vielleicht von Maurice selbst, einstudierten. Wie diese hingebungsvollen jungen Frauen arbeiten! Und wie Maurice Browne, die lebhaften Züge vor ästhetischer Leidenschaft verzerrt, in einem Taumel von Erregung auf die Bühne zu springen, und wieder an seinen Platz zu stürzen pflegte, wo er zusammengekauert, sphinxähnlich und finster brütend dasaß, mit einem Ausdruck wie Kubla Khan, wenn er zwischen „sonnigem Bau" und „Höhlen von Eis" die „Stimmen der Ahnen" hört.

Die meisten jungen Damen des Little Theatre von Chicago heirateten irgendwann – denn man kann sich vorstellen, wie hübsch sie waren! – und hörten auf, Nymphen, Feen und Trojanerinnen zu sein; aber während ich ihr Leben und das von anderen ihresgleichen verfolgte, drängte sich mir die Erkenntnis auf, daß der eigentümliche, besondere Charme amerikanischer Frauen – der Aristokratie Amerikas – der Tatsache entspringt, daß sie *sich selbst erschaffen.* Jawohl, diese jungen Menschen wählen, beschließen, entwerfen, planen, konkretisieren, vollziehen und umkleiden schließlich mit ihrem berückenden, selbst erfundenen Fleisch und Blut ihre ureigene und durchaus originelle Vorstellung davon, was ihnen als Daseinsform für ein Mädchen aufregend erscheint.

Um sein Little Theatre mit Nachwuchs zu versorgen, mußte sich Maurice lediglich „hinaus auf die Landstraßen und an die Zäune" oder, schlicht gesagt, in die Busse und Straßenbahnen begeben. Alle jungen Amerikanerinnen sind potentielle Schauspielerinnen. Sie können sich für jede denkbare Rolle auf Erden, von der einer Großherzogin bis zu der einer herumziehenden Zigeunerin, „zurechtmachen". Sie entscheiden ja sogar darüber, welcher Akzent oder Tonfall ihrer Ansicht nach am besten zu ihnen paßt; und wenn sie sich dann für einen entschieden haben, der beispielsweise zu ihren Augen und ihrem Haar, zur Neigung ihres Kopfes, zur Schlankheit ihrer Taille oder zur warmen Tiefe ihres Busens paßt, *erfinden* sie ihn einfach und üben ihn ein, bis sie ihn perfekt beherrschen. Und genauso verfahren sie letztlich auch mit ihrem Charakter, ihren Neigungen, ihren Eigenheiten, ihren Verhaltensweisen. Tatsächlich werden alle amerikanischen Frauen *gemacht und nicht geboren.*

Aber da das eigentliche Wesen und die innerste Natur von Frauen nicht gänzlich umgemodelt, nicht *entweiblicht werden* kann, ergibt sich eine höchst bezaubernde und pikante Situation, die – jedenfalls für mich, wie sich herausgestellt hat – eigenartig aufreizend ist. Der zarte Bann, der uns befängt, wenn Frauen sich als Jungen verkleiden, eine Verwandlung, die seit jeher ausgesprochen reizvoll ist, erfährt in diesem Fall eine Art spirituelle Sublimierung. Mit anderen Worten, amerikanische Frauen „verkleiden" sich in ihrer Seele als Jungen! Während sie also ihre weibliche Natur zwangsläufig weiter mit sich herumtragen, verleiht der Gegensatz zwischen ihr und der unerschrockenen geistigen Bravour, dem „Wams und Beinkleid", ihrer Selbsterschaffung ihnen etwas entwaffnend Linkisches, das viel reizvoller ist als jede denkbare Maskerade gewöhnlicher Frauen.

Frauen anderer Länder rühren nicht an ihrer Weiblichkeit. Sie lehnen es ab, sich daran zu schaffen zu machen. Amerikanerinnen dagegen machen sich ständig daran zu schaffen; und obschon sie sie, wie gesagt, *nicht entweiblichen* können, bringen sie sie immerzu in Situationen, in denen ihr eigenes Gefühl von Fremdheit ihr einen besonderen Reiz verleiht. Es ist weniger so, daß die Amerikanerinnen den Harem dabeihaben, während sie ihre öffentliche Jungenrolle oder ihre intellektuelle Studentenrolle spielen, obwohl ich genau diesen Vorwurf schon gegen sie habe laut werden hören. Es ist viel eher so, als würden sie ständig zu ihren Liebhabern sagen:

„Nicht wahr, es ist amüsant, wie wir Frauen sind? Aber eine Frau zu sein ist viel schöner, als du ahnst!"

Amerikanerinnen waren mein Luxus, mein Feiertag, meine selten genossene Oase. Wie bereits angedeutet, richtete sich meine eigentliche Botschaft an die Sonderlinge und Querköpfe und Halbverrückten, mit denen ich mich regelmäßig anfreundete. Sie waren unter den Stämmen der Menschen meine unvermeidlichen Kumpane, meine natürlichen Kameraden, meine Seelenverwandten. Das tiefste Gefühl, das ich habe, ist meine Bosheit gegen die Gutweggekommenen, verglichen mit den Schlechtweggekommenen. Zwerge, Schwachköpfe, Idioten, Imbezile, Bucklige, Degenerierte, Perverse, Paranoiker, Neurastheniker – jeden Menschentyp, auf den die Welt herabsah, liebte, achtete, bewunderte, verehrte und *imitierte* ich.

Ich denke wohl immer noch an den gutweggekommenen Peiniger im Schlafsaal unter dem unseren in Wildman's House, und an sein schlechtweggekommenes Opfer. Der Kameradenschinder war ein kräftiger, gut aussehender, ansehnlicher Bursche, „ein feiner, sauberer, aufrechter Jüngling", sein Opfer war schwach, furchtsam, von alles andere als eindrucksvollem Äußeren; und jeden Abend hörten wir, was vor sich ging. Man glaube ja nicht, ich hätte je aufgehört, darum zu beten, daß dergleichen irgendwie, irgendwo, seine Strafe findet! Wenn sie tatsächlich „nicht wissen, was sie tun", so macht das ihr Verbrechen um so schlimmer.

Nun, meine spezielle Form von Mitleid jedenfalls hat sich infolge langer Unterdrückung, und weil ich meine furchterregenden Finger nie an einem Menschen dieses Typs geübt habe, in das zweifellos edelste Gefühl verwandelt, das ich besitze, nämlich in einen prophetischen Zorn auf alle Wissenschaftler, die Hunde vivisezieren, alle Südstaatler, die Neger lynchen, und alle Männer und Frauen, die Kinder mißhandeln. Und ich denke, ich bin ein gefährlicherer Feind, als man sich gemeinhin klarmacht. Ohne daß ich *bewußt* etwas dazu täte, ist mir, wie ich schon sagte, noch kein einziger Schinder über den Weg gelaufen, der nicht ernsthaft zu Schaden gekommen wäre.

Und ich besitze die merkwürdige Fähigkeit, mich mit diesen Schwachköpfen, diesen Idioten, diesen Imbezilen, diesen Degenerierten zu identifizieren, denen die Gutweggekommenen, wie ich in meinen Lieblingsverstaltungen beobachten konnte, die Hände in die ungeschützten Gesichter drückten; es kann also sein, daß ich tatsächlich mit einem merkwürdigen „bösen Blick" für die, welche die „Kleinen" quälen, durch die Welt gehe. Manchmal denke ich, daß eine sublimierte sadistische Neigung wie im Falle von Dostojewski ein Instrument der Einsicht darstellt, vor dem sich der Unterdrücker gehörig in acht nehmen sollte! O ihr Scharen von Querköpfen, von „Halbbürtigen" und „komischen Heiligen", ihr, deren heimliche Leiden ich allein kenne, ich werde euch nicht so bald vergessen! Es gibt so viele von euch in Amerika, und ihr leidet um so schlimmer, weil keine Gruppen, keine Klasse, keine Schranken euch vor der Brutalität der Normalen beschützen. Doch wenn ich vordem schon eine okkulte Kraft besaß, die mir widerfahrenen Kränkungen zu rächen, so möge mir, nur vielfach gesteigert, die gleiche Kraft zuwachsen, die euch widerfahrenen zu rächen!

Man kann sich leicht vorstellen, daß ich auf meinen Fahrten durch Amerika sehr darauf achtete, jeden Tag Zeit für einen wie immer gearteten Spaziergang zu finden. Ja, ich bin in jedem Staat der Union „spazierengegangen", außer in South Dakota, Arizona, Nevada, Wyoming, Washington und Utah! Ich habe ein halbes Jahr in Hollywood gelebt – nicht im Zusammenhang mit dem Film, wie ich versichern kann, sondern weil ich in Los Angeles Vorträge hielt und auf dem Lande wohnen wollte. Die Hügel bei Hollywood waren genau das Richtige für meine Spaziergänge; und ich fand dort ein unglaublich billiges Hotel und eine ausgezeichnete kleine Teestube. Außerdem trank ich während der Dreharbeiten zu „The Pilgrim" in dem berühmten Studio Tee mit niemand anderem als Charlie Chaplin persönlich.

Höchst anschaulich beschrieb mir das große Genie eine ideale, gleichzeitig zutiefst lustige und zutiefst tragische Szene, die in Abständen immer wieder seine Phantasie foppte. Er trug bei diesem Gespräch sein typisches Kostüm, und mir fiel auf, was für unglaublich schöne Hände er hatte! Nachdem ich ihm ein Weilchen zugehört hatte, ging sein Bruder hinaus und kam bald darauf mit einem Tee-Tablett zurück; und ich kann versichern, daß es mit Ausnahme eines einzigen weiteren Falles das einzige Mal war, daß ich in Amerika jemals wirklich *dünne* Scheiben Butterbot vorgesetzt bekam.

Die Hotels, in denen ich abstieg, lagen natürlich oft mitten im Zentrum der jeweiligen Stadt, und so war ich – da ich niemals die Straßenbahn benutzte – häufig recht erschöpft, wenn ich von meinen Spaziergängen zurückkehrte. Aber meine Fähigkeit, die kümmerlichsten Exemplare von Gräsern, Moos, Pflanzen, Bäumen, Sträuchern, alten Mauern, Ausblicken auf Landstraßen, Flußbrücken, Kaianlagen, Treidelpfaden, Pflastersteinen, Ställen oder Schornsteinen, denen Rauch entquoll, zu genießen, war so ausgeprägt, daß ich oft, auf meine Weise, wirklich durchaus glücklich war, wenn ich die am wenigsten verlohnenden Gegenden erkundete. Ich war natürlich dabei, mir einen reichen Schatz gestochen scharfer, sinnlicher Bilder, fragmentarischer Vignetten des Unbelebten, Essenzen der Vergangenheit anzulegen, die an Reichtum und Magie nur noch gewinnen würden, je länger sie bis zum Zeitpunkt ihrer Wiederauferstehung im Grabe meines Geistes lägen.

Wie sich denken läßt, hatte ich meine Lieblingsstädte, meine Lieblingshotels und meine Lieblingsspaziergänge. Von allen Städten, die ich besucht habe, kehrt mir wohl Springfield in Ohio mit der freundlichsten Aura von Erinnerungen wieder, obschon ich dort zu keiner Varietévorstellung ging und mit keiner Frau liebelte. Aber ich ging zum Friedhof, der an dem beschaulichen Fluß liegt, und liebelte mit den Toten; und ich ließ meine Seele fortschweben, weit fort, bis ich aus den friedlichen Weiden von Ohio eine luftige Chaussee der Evokation gebaut hatte, über die ich meine Erinnerungen und Ahnungen heraufrufen konnte, so daß die Treidelpfade, Haselnußdickichte, Viehställe und Mautschranken meines Landes sich mit den weißgekalten Häusern, von Sonne überfluteten Damaszenerrosen und riesigen roten Scheunen der Farmen von Ohio vermischten. Ich pflegte im Bancroft Hotel abzusteigen, wenn ich in Springfield war, und ich kann mich an jeden Schritt auf der Straße entsinnen, die ich einschlug, um in die Felder hinauszugelangen. Fargo in North Dakota war ein anderer Ort, wo ich mich wohlfühlte und sehr rasch aufs Land hinaus entkommen konnte.

Und wie lebhaft erinnere ich mich noch an meine ausgedehnten Besuche in den beiden wichtigsten Collegestädten von Oklahoma! An beiden Orten behandelte man mich mit besonderer Aufmerksamkeit, und ich lernte dabei außerordentlich gut die klagenden Schreie der sogenannten „Regenpfeifer" und das himmlische Grün der rauschenden Pappeln kennen, die entlang der gelben Ströme mit ihren blutroten Ufern wachsen. Auch Lancaster in Pennsylvania werde ich nie, niemals vergessen. Ich empfinde eine merkwürdige Zärtlichkeit, wenn ich an den dortigen Frauenverein, einen Verein mit Namen „The Iris Club", denke, wo man mich trotz der Tatsache, daß es sich fast durchweg um die Frauen und Mütter von Professoren einer akademischen Anstalt handelte, über Hegel, Spinoza und Schopenhauer vortragen ließ. Und nie erhoben die freundlichen Damen des „Iris Club" Einwände, obschon meine Vorträge jedesmal anderthalb Stunden dauerten.

Oft fand ich *einfach kein Ende*. Das war mein schlimmster Fehler als Vortragender. Ich versuchte durchaus aufzuhören, hatte oft schon mit dem Redeschluß begonnen; doch dann schoß mir irgend etwas, irgendeine feine Nuance oder metaphysische Spitzfindigkeit, durch den Kopf, und schon sauste ich weiter in meinem wirbelnden Tanz, wie der wahnsinnige Sturmgott in Hiawatha. Es gab sogar Zeiten, da trug ich ohne Unterbrechung, und in ständig anschwellendem Crescendo, nicht weniger als zwei Stunden vor! Sosehr ich ein zweiter Cagliostro war, ging es doch selbst über meine Taschenspielerkunst, in den erbärmlichen sechzig Minuten, die man Vortragenden gewöhnlich zubilligte, Hegel zu erledigen.

Was die Architektur amerikanischer Städte anging, hegte ich eine besondere Vorliebe für die im Staate New York. Ich hatte damals nicht die leiseste Ahnung, daß einmal eine Zeit kommen würde, da ich mich fünf ruhige Jahre lang im Staate New York niederließ, denn ich hielt es für ausgemacht, daß es mir bestimmt war, bis zu meine Tode Vortragsreisender zu sein. Ganz besonders gut aber lernte ich Utica, Troy, Syracuse und Albany kennen. Ich war in diesen anmutigen, holländischen Städten auf eine stille, ruhige Weise glücklich. Noch der zweifellos von den sänftigenden Einflüssen der Zeit herrührenden Unebenheit der Backsteine in den alten Bürgersteigen gewann ich eine schwer zu beschreibende, sinnliche Befriedigung ab. Allenthalben schienen alterssanfte Wege hügelan und hügelab zu führen, doch über ihnen wölbten sich stets die riesigen Äste historischer Bäume, die noch älter wirkten als die Backsteine, Äste, die, wie sie da in der sonnenhellen Luft ruhten, immerdar auf die Rückkehr ihrer stolzen Rensselaer-„Patroons" zu warten und derweil, wie jene würdevollen Holländer taten, ernsten, staatsmännischen Überlegungen zu obliegen schienen.

Ich hielt sehr oft Vorträge in New Orleans und pflegte dort bis zur Erschöpfung die einzigartigen alten Straßen mit ihren Höfen wie aus dem Märchen, ihren schmiedeeisernen Ziergittern, romantischen Balkonen und spanisch wirkenden Fensterflügeln auf und ab zu gehen. Irgendwie erlangte ich Zutritt zu einem echten kreolischen Garten – der einzige wirklich „abgeschlossene" Garten, den ich je gesehen habe –, und man kann sich vorstellen, wie es mein Verlangen nach Kontinuität in diesem dynamischen Land befriedigte, als die eleganten Damen, die dort lebten, mich würde- und taktvoll ermutigten, vor den Heiligenbildern zwischen ihren phantastischen Blumenbeeten zu „katzbuckeln", wie mein Vater es genannt haben würde, und mir schließlich anvertrauten, daß sie noch niemals in ihrem ganzen, langen Leben die breite Straße überquert hätten, die das alte New Orleans von der Neustadt trennte. Es klänge in dieser Chronik meines Lebens angemessener, wenn ich versichern könnte, daß ich New Orleans stets nur widerstrebend verlassen hätte. Aber die Wahrheit ist, daß ich jedesmal eilends und voller Erleichterung wieder abreiste. Warum das? Nun, das will ich gleich erklären. Mir, dem die schlimmsten, in menschlichen Nerven hausenden Teufel nicht fremd sind, reichte es schon, eine einzige Geschichte darüber zu hören, was möglich war, wo die Institution der Sklaverei in den Köpfen fortbestand, um den Wunsch in mir zu wecken, lieber in Kansas City, Denver, Des Moines oder Omaha als in diesem herrlichen Treibhaus mehrdeutiger Legenden zu sein.

Mein Agent Arnold, der Schurke, pflegte mir stets anzukündigen: „John, jetzt habe ich aber wirklich eine hübsche Tour für dich!"; und die allerschlimmsten dieser munteren Reisen ergaben sich, als er sich angewöhnte, mich auch nach Kanada zu schicken. Wohin genau, habe ich vergessen, aber ich kann mich noch lebhaft einer ganz bestimmten Anschlußstation auf der Strecke entsinnen, wo ich jede Woche von Mitternacht bis zwei oder drei Uhr ausgestreckt auf einer Bank zu liegen pflegte. Kanada und die Kanadier waren mir ein Rätsel. Ich verstehe sie noch immer nicht. Sie sind jedenfalls ganz anders als die Amerikaner. Vielleicht sind sie ja tatsächlich „englischer als die Engländer". Wenn es so ist, wird mir meine Schwierigkeit, ihnen, wie die Amerikaner sagen, „auf die Schliche zu kommen", verständlich; denn Menschen, die man als *extrem englisch* bezeichnen könnte, waren mir schon immer ein Rätsel. Ich empfinde ihnen gegenüber keine Feindseligkeit. Ich glaube auch nicht, daß ich mich innerlich gegen sie auflehne. Ich habe nur ganz oberflächlich Angst vor ihnen. Aber es ist nun einmal so, daß sie nach wie vor verwirrend und geheimnisvoll für mich sind!

Ich habe freilich ungeheure Befriedigung daraus gezogen, in Montreal um die Mauern der Nonnenklöster zu streichen. Welch eigentümliche Gefühle des Angezogenseins, des Mitleides und der Bestürzung mich gegenüber diesen harmlosen, hingebungsvollen Menschen anzuwandeln pflegten! Tatsache ist, daß ich eine Manie für Nonnen habe. Nun verehre ich zwar instinktiv alle Priester – denn ich empfinde einen romantischen, abergläubischen Schauer von heiliger Einfalt in Gegenwart eines möglicherweise ja doch vorhandenen, kreativen Magnetismus, erzeugt vom anonymen Wollen von Generationen gläubiger Menschen. Aber jeder Nonne gegenüber verspüre ich ein Gefühl, in dem sich abergläubische Verehrung mit etwas anderem verbindet. Bei diesem „Anderen" handelt es sich nicht, wie meine psychoanalytischen Freunde sogleich voreilig schließen werden, um einen Schauder von verwikkeltem Sadismus. Ich glaube vielmehr, daß es aufs engste mit dem verwandt ist, was die Alten für Demeter und Persephone empfanden.

So wie das Geheimnis des Weiblichen von den meisten Amerikanerinnen mit einem ganz bestimmten, linkischen Charme getragen wird, als seien sie als Jungen verkleidete Mädchen, so bleiben auch Nonnen zwar in bestimmtem Sinne Frauen, haben andererseits aber eine derart schwere Prüfung durchlaufen, daß ihr Wesen eine subtile Veränderung erfahren hat. Nein, das ruft keinerlei sadistische Empfindung in mir hervor. Es erregt Ehrfurcht und Schrekken. Hätte ich eine Tochter, so hielte ich es für meine Pflicht, all meinen Einfluß geltend zu machen, um zu verhindern, daß sie Nonne wird. Und doch habe ich das sonderbare Gefühl, ich würde, wenn ich irgendeine Nonne häufiger sähe, sehr bald vor ihr niederknieen, ihr die hornige Stirn auf die Knie legen und heulen wie ein hypnotisierter Wolf!

Und was hätte ich nicht damals empfunden, wenn ich mir aufgrund irgendeines verrückten Zufalls wirklich und wahrhaftig zu Füßen einer Montrealer Nonne die Augen ausgeweint hätte! Ich denke, diese Frau – und ich sage das mit aller Ehrfurcht – hätte genau die gleiche Bedeutung für mich gewonnen, als wäre sie die am Wegesrand sitzende Demeter persönlich gewesen. Ich will damit sagen, ich hätte eine Frau vor mir gehabt, eine Frau, die Kinder hätte gebären können, deren ungeborene Persephone stattdessen jedoch zur Verkörperung des Geheimnisses des Todes geworden ist. Sie, diese Frau, hat eine derart tragische Prüfung durchgemacht, daß normale Geburtswehen ein Nichts sind im Vergleich zu dem, was sie ertragen mußte.

Tja, da haben wir's. Wie sagt William Blake? „*Segen* macht schlaff; *Fluch* richtet auf." Und es würde mir wahrscheinlich überhaupt nichts schaden, jedesmal, wenn ich zu Füßen von Demeter sitze, einen Freund wie Louis Wilkinson dabeizuhaben, der sich in den Büschen versteckt. Meine Wahrheitsliebe freilich zwingt mich festzuhalten, daß etwas Verzweifeltes an beider Schicksal – dem einer Frau, die allen Männern gehört, und dem einer Frau, die Gott allein gehört –, etwas, das keusch wird durch eine schreckliche Prüfung, die erfüllt ist von dem, was Unamuno „das tragische Lebensgefühl" nennt, für mich viele Gemeinsamkeiten zwischen den beiden schafft. Aber ich verehre – wiewohl von ferne – nicht nur Nonnen und Huren.

Es gibt noch eine dritte Gruppe kinderloser Frauen, zu denen ich mich in grenzenloser Verehrung hingezogen fühle. Ich spreche von jenen raren, empfindsamen Geschöpfen, die gemeinhin Alte

Jungfern genannt werden. Ich könnte durchaus glücklich meine Tage, und auch meine Nächte, mit einer alten Jungfer verbringen. Ich verstehe alte Jungfern, und alte Jungfern verstehen mich, durch und durch! Stets vertrauen sie mir und vertrauen sich mir an; und obschon ich ihnen nicht restlos und buchstäblich *alles* erzähle, erzähle ich ihnen viel mehr, als mein Freund Louis für denkbar oder, falls denkbar, für „angezeigt" oder taktvoll hielte.

Weder gebe ich einem Anfall von Eitelkeit nach, noch unterliege ich irgendeiner Selbsttäuschung, wenn ich behaupte, daß es eine Selbstenthüllung von der Leidenschaft und Dramatik, wie sie meine Vorträge überall in Amerika unter Arnold Shaws Anfeuerung bald annahmen, nie zuvor gegeben hat und nie wieder geben wird. Ich machte all meinen Gefühlen, all meinen Vorurteilen, all meinen Instinkten, Intuitionen, Hellsichtigkeiten, Verehrungen und Abneigungen Luft. Optimisten jeder Couleur kamen, um sich meine subtilsten und raffiniertesten Schmähungen anzuhören! Ich bin seither selbst so etwas wie ein ramponierter Pangloss geworden; ein Pangloss freilich, *der gesehen hat, was er gesehen hat,* und erst im Alter den Kniff meisterte, „seinen Garten zu bestellen".

Meine periodischen Ausfälle gegen die abgrundtiefe Schlechtigkeit der Vivisektion haben, so will ich hoffen, wegen der sprunghaften Art, wie sie vorgetragen wurden, oder aufgrund der Tatsache, daß ich mir das – diplomatischerweise gegenüber Laien gepflegte – Geschwätz von wegen Betäubung, das diese schlauen Folterknechte vom Stapel lassen, stets höflich anhöre, nicht an Wirksamkeit eingebüßt. Desgleichen glaube ich zuversichtlich, daß meine Verachtung für die Seichtheit der Moralisten nicht durch mein Mißtrauen gegen die psychoanalytische Psychiatrie an Tiefe verlor. Meine ganze Kunst des Selbstausdrucks als Vortragender basierte letztlich auf einer bestimmten Art von geistiger Unabhängigkeit, einer Unabhängigkeit, die ich anderen ständig verzweifelt zu vermitteln versuchte, denn ich betrachtete sie – und betrachte sie noch heute – als eines der wichtigsten Elemente menschlichen Glücks, das sich im übrigen auch durchaus mit der Liebe eines Gelehrten zur Vergangenheit verträgt. Dieser mein kosmischer Stolz – man kann ihn auch „komisch" nennen, wenn man will, aber in dieser Auseinandersetzung bin ich es, der zuletzt lacht – implizierte einen geistigen Prozeß, kraft dessen ich mein „Ego", das innerste „Selbst“ in mir, als unabhängig von dem Akzidens ansah, daß ich als Mann oder, besser noch, als Mann auf diese Erde geboren worden bin! Das menschliche Leben mit den Augen eines Fremdlings zu betrachten, so als wäre ich plötzlich aus dem All in diese spezielle Gesellschaft hineingeworfen worden – was ich in gewissem Sinne ja auch war –, das war die Haltung, die ich als letzte spirituelle Zuflucht einzunehmen versuchte; denn sie und nur sie ermöglichte mir ein wirkliches Entkommen vor sämtlichen lästigen Frettereien und Fiebern, sämtlichen quälenden Neidigkeiten, Eifersüchteleien, Rivalitäten und Wetteifereien weltlicher Ambitioniertheit.

Das Merkwürdige war, daß ich durch jeden Vortrag neue Stärke, Vitalität, Magnetismus, elektrische Kraft und sogar eine Art geheimnisvolle planetarische Energie gewann. Anstatt von meinem Publikum ausgesaugt zu werden, saugte ich mein Publikum aus. Nach einem Vortrag, zumal vor gemischtem Publikum, war ich stets gehobenster Stimmung, denn auf diese Weise erneuerte ich meinen Lebenssaft, indem ich – und das ist keineswegs rein bildlich gesprochen – das Blut älterer wie auch jüngerer Männer und Frauen trank!

Als wäre ich einer von Mr. Charles Forts beunruhigenden Besuchern aus dem All gewesen, bestand mein eigentlicher Lohn für die Vorträge nicht in den Honoraren, die ich mit Arnold teilte, sondern in der konkreten *Empfindung*, die ich ihnen abgewann, und der Lebensenergie, die ich daraus schöpfte. Ich habe dieses Einsaugen von Massenmagnetismus als eines der wunderbarsten menschlichen Stärkungsmittel kennengelernt. Wenn ich nach anderthalb oder zuweilen gar zwei Stunden Vortrag zum Ende kam, fühlte ich mich leicht, luftig, unbekümmert, ausgelassen und schmetterlingshaft; mein Publikum dagegen war so erschlafft, ermattet, erschöpft und ausgelaugt, als hätten die Leute eine Nacht der extremsten Form erotischer Ausschweifung zugebracht! Manchmal kam ich selbst vollkommen erschöpft zum Vortragssaal, etwa wenn ich auf der Suche nach den Naturgegenständen, die ich im allgemeinen der Gesellschaft meiner Mitmenschen vorzog, einen meiner langen Spaziergänge in die Umgebung der Stadt gemacht und die Schmerzen von meinen Magengeschwüren *pro tempore* mit Tee, Toast und Guajavamarmelade gestillt hatte. Dann hockte ich mich hinter der Bühne irgendwohin, wo sich gerade Platz bot, und ging mit tibetanischem Geschick daran, bewußt meinen Geist zu leeren. Das gelang mir im allgemeinen ohne Schwierigkeiten, und wenn mein Geist diesen Zustand erreicht hatte, konnte ich mich in ich weiß nicht welche unergründlichen Tiefenschichten des Seins sinken lassen. Wenn dann das Erscheinen des Veranstalters meine Ruhe unterbrach, bat ich den guten Mann inständig, eine lange Vorrede zu halten.

Aber amerikanische Veranstalter sind nach meiner zwanzigjährigen Erfahrung von allen Veranstaltern die lakonischsten. Eine nonchalante Anspielung auf irgendeine Anekdote über einen Neger, eine noch nonchalantere Anspielung auf eine ähnliche Anekdote über einen Iren, eine Aufzählung der Werke des Vortragenden, für deren Zusammenstellung eindeutig die Bücherweisheit einer Tochter hatte herhalten müssen, und schon beeilte sich der gute Mann in aller Regel, die Rednertribüne zu räumen. Aber ich pflegte ihn in flehendem Flüsterton zu bitten, seine Vorrede zu verlängern; nicht etwa weil ich gelobt werden wollte, oder um Zeit zu haben, das Publikum zu mustern – obwohl ich, wie ich gestehen muß, auf der Suche nach einem aufregenden jungen Mann oder einer aufregenden jungen Frau zuweilen hastig darüber hinsah –, und am allerwenigsten, um über mein Thema nachzudenken – denn damit ließ ich mir stets Zeit, bis der Herr mir sagte, was ich sagen sollte –, sondern einzig und allein, damit ich weiter, selbst noch auf der Rednertribüne, zu meiner Stärkung den Kniff praktizieren konnte, mich auf den Grund der Welt sinken zu lassen.

Wenn der Veranstalter selbstlos war – und oft war er es –, kehrte ich so rechtzeitig aus dem Nichtsein oder dem Zustand der Unbelebtheit zurück, daß ich mich strecken, mir wie eine Katze, wenn der Milchmann klopft, die Lippen lecken und angesichts des großen Reservoirs von menschlichem Magnetismus, in das ich gleich meinen Löffel tauchen würde, einen Schauer sinnlicher Befriedigung empfinden konnte!

Das hört sich so an, als sei ich in der Distanziertheit meiner Misanthropie tatsächlich zum Ungeheuer, zu einer Art Werwolf geworden; man darf freilich nicht vergessen, daß entgegen diesem sinistren Eindruck kein Tag verging, an dem ich mir nicht – wie es ein Pfadfinder gelobt – alle Mühe gab, das Wohlergehen irgendeines armen, empfindungsfähigen Teufels zu heben. Je seliger ich in meinem erotischen Laster war, desto mehr Bürden dieser Art erlegte ich mir auf. Glücklich, jawohl! dreimal glücklich alle Bettler, die dem besessenen Philanthropen begegneten, wenn er auf dem Weg vom Hotel zum Varieté dahergeeilt kam, viel zu aufgeregt, um sich Gedanken um sein Mittagessen zu machen!

Ich las in jenen Tagen Dostojewski; und ich glaube, daß ich, Dorothy Richardson ausgenommen, Constance Garnett mehr verdanke als jeder anderen Autorin unserer Zeit. Ihre Übersetzungen von Dostojewski sind vorzüglich, genau so, wie Übersetzungen aus dem Russischen nach meinem Dafürhalten sein sollten; das heißt, sie unternehmen nicht den albernen und fruchtlosen Versuch, die Redefiguren der außergewöhnlichen Gestalten dieser Bücher durch *unsere* Redefiguren zu ersetzen; sondern sie belassen den englischen Worten eine Aura des Seltsamen, Sperrigen, Eigentümlichen, *Fremden*, so daß man noch in der englischen Verkleidung das russische Original riechen kann. Ich brauche wohl kaum zu erwähnen, daß Dostojewski in meinen Augen *allen* anderen Romanautoren ebensoviel voraushat wie Shakespeare allen anderen Dramatikern. Die Art, wie dieser außergewöhnliche Mann leidenschaftlich alle neurotischen Abgründe der menschlichen Seele ausgelotet hat, reicht nicht nur unendlich viel tiefer als die der gescheitesten Psychiater unserer Zeit, sondern er scheint mir auch als phantasievoller Künstler alle anderen in den Schatten zu stellen.

Bei jeder sich bietenden Gelegenheit befand ich, daß es mir „aufgegeben" war, über Dostojewski vorzutragen; obschon ich dazu natürlich meinen Geist gleichsam in einen desperaten Gänsekiel verwandeln mußte, mit dem ich in die körperlose Luft schreiben konnte. Oft aber war ich auch, wie man sich denken kann, ungeheuer erleichtert, wenn ein bestimmtes Publikum einen Vortrag über Tennyson, Carlyle, Ruskin oder Emerson hören wollte! Wenn man *mich wählen ließ,* war ich der Ansicht, daß es nur den „komischen Heiligen" im Publikum gebührte, Dostojewski zu wählen; aber ich wich niemals von dem ab, was das Publikum wählte, selbst wenn es sich um einen Autor handelte, der noch nicht auf meiner gedruckten Liste stand. Man darf auch nicht annehmen, daß mein Publikum es immer geduldig und widerstandslos über sich ergehen ließ, wenn ich ihm meine Streiche spielte! Oft waren Leute anwesend, die den Braten, oder besser gesagt, den Wolf vom anderen Planeten rochen, und widerborstig und knurrig wurden. Ich glaube, es war stes „ein Pluspunkt" für mich, daß es mir mit meiner Vortragsmethode gelang, mein Publikum in zwei gegnerische Lager, das der erregten Liebhaber und das der unversöhlichen Feinde, zu spalten.

Einmal, in Youngstown, entfachte ich mit einem Vortrag über Dostojewski einen wunderschönen Krawall. Ich wurde nie wieder dorthin eingeladen.

Vermutlich hat sich bereits der Eindruck eingestellt, ich hätte von Anfang an mit den Bolschewiki sympathisiert. Ich entsinne mich, wie ich genau zu dem Zeitpunkt, als die Bolschewiki um die Macht im Staate kämpften, unter ihrer Losung „Alle Macht den Räten!" einen Vortrag in Clinton, Massachusetts hielt und bald das Gefühl bekam, daß ich das dortige Publikum in zwei wunderbar feindliche Lager spaltete. Dieses Aufstacheln entgegengesetzter Ströme psychischer Chemie in meinen stillen „Reservoiren von Magnetismus" war, wie man sich denken kann, meiner misanthropischen Tücke durchaus nicht unangenehm. Aber ich sympathisierte in der Tat ganz ernsthaft mit den Bolschewiki, sympathisierte instinktiv und ehrlich mit ihnen; und deshalb war, wenn ich meine jakobinischen Instinkte befriedigte, indem ich die „Magnaten" ärgerte anstatt mich bei ihnen lieb Kind zu machen, meine Haltung eine durchaus ehrliche, obwohl sie nebenbei auch meinen persönlichen Spleen befriedigte.

Aber ich habe wohl wirklich eher das Naturell eines Jakobiners, und zwar eines von Jean Jacques Rousseau beeinflußten Jakobiners mit nicht wenigen anarchistischen Neigungen, als das eines orthodoxen Marxisten. Gleichwohl bin ich in der Tat der Ansicht, daß wir Künstler, Dichter, Romanautoren, Philosophen und Schauspieler, genau wie die Bankiers, samt und sonders Parasiten derer sind, die mit den Händen arbeiten, und daß *nur, wer mit den Händen arbeitet,* hoffen darf, in dieser bitteren Welt ein völlig reines Gewissen zu behalten.

Doch es war ein aufregender Abend, jener Abend in Youngstown. Die guten Leute regte nicht so sehr irgendeine revolutionäre Attitüde von mir auf, sondern mein – selbst noch in Youngstown an den Tag gelegtes – stures Beharren auf dem Versuch, ein mittelalterlicher Heiliger zu werden! Dostojewski wirkte an diesem Abend wie ein Feuerbrand auf all den gefährlichen Sprengstoff in meinem Wesen. Dämonisch und engelhaft brach die schwarze Flamme in Dostojewskis erloschenen Augen zwischen den Hochöfen von Youngstown aus und jagte das arme Publikum himmelhoch in die Luft.

Während mich von Kopf bis Fuß ein merkwürdiges Zittern überlief und meine Schultern, genau wie bei meinem Vater, leise zuckten, begann ich den Leuten die von allen seinen kürzeren Geschichten typischste nachzuerzählen, die in der französischen Übersetzung den Titel *L'Esprit Souterrain* trägt. Sie handelt von einem jungen Mann, der mit ungeheurer Beredtheit das Herz einer Prostituierten gewinnt und sich dann niederträchtigerweise gegen sie wendet, nur um sie zuletzt, als sie ihn angewidert verläßt, zurückzurufen –, wobei er ihr freilich nicht so laut hinterherruft, wie er könnte. In keiner Geschichte von ähnlicher Kürze lotet Dostojewski mit solcher Tragik die Perversion im Grunde unseres gequälten Herzens aus. Es war wohl das erste Mal, daß diese geschäftigen Brotgeber ausländischer Arbeiter und ihre fleißigen Frauen das Grauen unserer Menschenseele vorgeführt bekamen, und weil ihnen das in einer „lohnenden Veranstaltung" widerfuhr, als die sie den Vortrag des Mannes im „Oxford-Talar" betrachtet haben müssen, fühlten sie sich betrogen. Anstatt ihnen „Lohnendes" zu bieten, schubste man sie unglaublicherweise auf einen Spalt im Boden zu, aus dem Schwefeldämpfe stiegen.

Es gab einen ungeheuren Tumult. Die Dame, die für den Auftritt des Wolfes im Schafspelz in der Stadt verantwortlich war, brach vor Empörung in Tränen aus. Ich habe festgestellt, daß man sich in Amerika zwar vollkommen ungestraft über den Allmächtigen lustig machen darf, es jedoch höchst gefährlich ist, das Wort „Prostituierte" auch nur in den Mund zu nehmen. Einer der prominenten örtlichen Geistlichen – ich glaube, er war Presbyterianer – erhob sich von seinem Platz in der ersten Reihe und verließ strengen Gesichts den Saal, jedoch nicht ohne wie ein gekränktes Kind die Tür hinter sich zuzuknallen.

Wenn ich überhaupt eine übersinnliche Macht besitze, so ist es die Macht, Gott und den Teufel zu einer Person zu verschmelzen und diese dann von der Kette und unter den Moralisten Amok laufen zu lassen. Wie bereits angedeutet, konnte ich mich aufgrund der proteischen Wandelbarkeit meines Wesens dem Autor, den ich analysierte, so vollständig hingeben, daß ich *zu diesem Autor wurde*. Das war meinem Publikum angenehm, wenn es sich bei dem Autor um Ruskin oder Tennyson handelte; aber es war unangenehm, wenn es um Swift oder James Joyce ging.

Ich persönlich glaube, daß ich meine besten Vorträge über die Tragödien Shakespeares hielt; denn in ihnen konnte ich bis zum äußersten meiner schauspielerischen Ader frönen und mich *dennoch* mit dem befassen, was Nietzsche die „ersten und letzten Dinge" nennt. Indem ich besonderen Nachdruck auf das tragische Kauderwelsch legte, das Shakespeare sosehr liebt, habe ich, so bilde ich mir ein, oft etwas von dem emotional-sardonischen Geklapper mit den Blechdosen vom Abfallhaufen der Welt eingefangen, das man aus T. S. Eliots *Wasteland* heraushört. In Wahrheit war die Rednertribüne für mich stets eine Rückkehr zu meinem eigentlichen, inneren Selbst nach ermüdenden Ausfällen in die Wirklichkeit und nach heuchlerischen Begegnungen mit Bekannten und Freunden. Eines Tages hoffe ich jeden Sonntag „um Gotteslohn" in irgendeiner Scheune oder einem Bethaus zu sprechen, zu dem Außenseiter und „komische Heilige", die von der normalen Zivilisation verfolgt werden, im Muschelhut über Hügel und Tal pilgern können.

Meine ehrfürchtige Scheu vor dem Kommunismus ist zwei ganz persönlichen Umständen zuzuschreiben: erstens meiner Überzeugung, daß ich ein Parasit derer bin, die mit den Händen arbeiten, und zweitens der erbärmlichen Unfähigkeit, die ich jedesmal an den Tag lege, wenn ich selbst meine Hände zu benutzen versuche! Ja, die Rednertribüne ist mir alles gewesen. Sie war das Bett meiner erotischen Freuden. Sie war das Schlachtfeld meiner erbittertsten Kämpfe. Sie war der Galgen meiner Hinrichtung. Sie war der Pfahl meiner Auspeitschung. Sie war mein Thron. Sie war mein Nachtstuhl. Sie war mein Grab. Sie war meine Auferstehung. Auf der Rednertribüne habe ich durch ein Flüstern, ein Schweigen, eine Geste, ein Senken des Kopfes, ein Feixen, einen Sprung, ein Hüpfen, ein Wolfsheulen, den Schrei einer Frau in den Wehen bestimmte Eingebungen in bezug auf die Geheimnisse des Lebens ausgedrückt, von denen ich, ohne mich großtun zu wollen, nicht glaube, daß sie auf dieser Welt sehr oft ausgedrückt worden sind.

Meine Feinde und – schlimmer noch als Feinde – meine gönnerhaften Bewunderer werden, soweit sie diese schillernde Arbeit heute noch zur Kenntnis nehmen, meine Verirrungen zweifellos mit vielen pseudowissenschaftlichen Etiketten versehen, ja haben sich wahrscheinlich schon auf ihre Lehrbücher der Psychopathologie gestützt, um herauszufinden, was denn wohl mit mir los sein könnte, wenn ich von meiner Fähigkeit spreche, die Gefühle von Frauen und Mädchen zu erleben. Je tiefer ich aber in das Werk von Shakespeare und Dostojewski eindringe, desto deutlicher erkenne ich, daß beide die magische Kraft besitzen, *Frauen zu werden.* Genau das ist das Entscheidende. Genau in diesem Punkt sind unsere modernen Kritiker so schwer von Begriff. Sie verstehen nicht, was das Wort „Vorstellungskraft" heißt.

Ich konnte mich aber nicht nur in Frauen verwandeln, wenn der alte druidische Geist, der Geist von Taliesin dem Vielgestaltigen, von mir Besitz ergriff! Ich konnte zu unbelebten Gegenständen werden. Ich konnte mich in die einsame Identität eines Pierpfostens, eines Baumstumpfes, eines Monolithen in einem Steinkreis einfühlen; und wenn ich das tat, *sah ich auch so aus* wie dieser Pfosten, dieser Sumpf, dieser Stein.

In Wirklichkeit – nur hatten von denen, die mich hörten, ganz wenige Verstand genug, solche Feinheiten zu erfassen – war mein „Vortragen" so etwas wie ein Verdichten eines bestimmten tragisch-komischen Zuges des planetaren Bewußtseins im Brennpunkt einer einzigen zappelnden, springenden, scharrenden, hüpfenden und katzbuckelnden Gestalt. Doch wenn ich behaupte, daß nur wenige die Bedeutung meines Tuns begriffen, so waren diese wenigen, wie ich mit Stolz sagen kann, Persönlichkeiten von Rang. Sowohl Dreiser als auch Masters erkannten mich immer als das, was ich war. Was ich an Ehre brauchte, spendeten, jeder auf seine eigene Art, diese großen Männer. Isadora Duncan kam mir ebenfalls „auf die Schliche", so wie ich allerdings auch ihr auf die Sprünge kam! Maurice Browne war wie ein Vetter für mich. Wir kannten einander, genau wie Vettern einander kennen, und verstanden uns in vieler Hinsicht nur allzu gut; aber es fiel uns immer ein wenig schwer, ein zutreffendes Bild voneinander zu gewinnen oder uns in den richtigen Dimensionen zu sehen, in denen wir beide dereinst vor den Richterstuhl Gottes treten werden.

Zwischen Colonel C. E. S. Wood und mir herrschte eine ganz ähnliche Mischung aus solider Zuneigung und anlagebedingten Reserviertheiten, wie sie etwa zwischen einem empfindlichen Neffen und einem respekteinflößenden Onkel bestanden haben könnte, nur daß die Beziehungen zwischen dem bemerkenswerten alten Herrn und mir dadurch kompliziert wurden, daß er sehr viel eher in der Lage war, mir zu helfen, als ich in der Lage war, etwas für ihn zu tun. Wir glichen, wie ich ihm oft gesagt habe, Zarathustras Adler und Schlange – wobei ich selbstverständlich letzteres war. Er pflegte mich, zu meinem eigenen Besten, mit seinen eindrucksvollen blauen Augen zu beherrschen; und wenn ich dann wich und wankte und druckste und Ausflüchte machte, und mich quasi in einen Hauch auflöste, sagte er plötzlich:

„John, was ist denn? Was haben Sie denn?"

Aber was ich „hatte", war natürlich schlicht und einfach, daß ich mir vorkam wie Proteus, der sich dem blonden Menelaos durch alle Verwandlungen hindurch nicht entziehen kann. Die Wahrheit ist, daß ich es nicht mochte, beeinflußt zu werden, nein! nicht einmal von den Vornehmsten und mir Teuersten. Nein, ich habe es noch nie gemocht, gehalten zu werden, nicht einmal von den Händen des klügsten und liebevollsten Menschen. Ich bin wie der Wind. Ich muß wehen, *wohin es mir beliebt*. Vielleicht ist das einer meiner weiblichen Charakterzüge. Oder ist es der Teufel in mir und reine, misanthropische Bosheit? Ich weiß nicht, was es ist; aber der leiseste Hinweis, daß man mich auf irgendeine Handlungsweise festlegen will – und fort bin ich, mit einem Schrei wie der Schrei des Kuckucks.

Gemeinsam bewogen mich Colonel Wood und Llewelyn zu dem Entschluß, es an der Pazifikküste mit einem neuen, weiblichen Tourneeagenten zu probieren und Arnold zu übergehen. Maurice Browne war zu dieser Zeit „an der Küste" und hatte gemeinsam mit meiner neuen Agentin so etwas wie die Intendanz eines riesigen Theaters inne. Ich brannte darauf, ein Stück für dieses Theater zu schreiben, da meine persönlichen Bekannten dort das Sagen hatten, und verfaßte ein tragisches, ziemlich strindberghaftes Schauspiel über Chesil Beach, dem ich den Titel *Paddock Calls* gab. Das

Stück wurde zwar für „demnächst in diesem Theater" angekündigt, aber nicht einmal geprobt; und seither bin ich stärker denn je von der Bühne abgekommen. Es dauerte, wie man sich denken kann, in jenen Tagen am Pazifik nicht lange, bis ich Arnold Shaw zu vermissen begann. Ich sehnte mich danach, wieder auf meinen eigenen „Privatbühnen", nämlich den vertrauten Rednertribünen der Cooper Union und des Labour Temple zu stehen. Aber ich greife vor; denn mittlerweile herrschte Krieg, und als *Poetry* ein Gedicht von mir akzeptierte – und ich bitte Miss Monroe hiermit um die Erlaubnis, ein wenig daraus zitieren zu dürfen –, erschien es zwischen klagenden Requiems für tote Soldaten. Du wirst daran erkennen, Leser, daß sich meine Bilder oder die instinktive Ausrichtung meiner supranaturalistischen Überlegungen nicht sehr verändert hatten, seit ich mit zehn Jahren über den Dämon von Corfe Castle schrieb.

„Der Hoffnung, die ich hege,
Spottet der Tage grinsendes Gesicht,
Und die Vernunft spielt, flattericht
Wie auf dem Galgenbaum ein Rabentier,
Ihr altes Spiel mit mir,
Schlägt mit den Flügeln, plärrt aus voller Brust:
‚Das Leben ist die reinste Lust!'
Doch ich zieh weiter
Auf dem stein'gen Wege
Der Hoffnung, die ich hege.

Der Hoffnung, die ich hege,
Spottet selbst die Natur
Voll Häme. Fortuna deutet nur
Mit koboldhaftem, tückischem Humor
Auf das geschloss'ne Tor.
Und unter tollem Kichern utzt sie mich:
‚Hier ist's versperrt für dich!'
Doch weiter zieh ich
Auf dem stein'gen Wege
Der Hoffnung, die ich hege.

O Hoffnung, die ich wie ein Rasender geküßt,
O Hoffnung, die ein Trug, ein bloßer Hauch nur ist,
Soll ich dich fahren lassen, ganz entsagen dir?
Es ist zu spät dafür.

Ehe ich jedoch von dem mir fremden Pazifik fort- und an den mir vertrauteren Atlantik zurückkam, hielt ich in besagtem riesigen Theater – es war wirklich von ungeheurer Größe – im Rahmen einer Matinée zufällig einen Vortrag über Strindberg, der sich als der beste Vortrag herausstellen sollte, den ich in meinem ganzen Leben gehalten habe. Es waren etwa zehn bis fünfzehn Leute anwesend; im Hintergrund des weiten Rundes knarrten ein paar alte Theaterfaktoten umher, deren hallende Schritte wie die betagter Kirchendiener in einer leeren Kathedrale anmuteten.

Doch die bloße Tatsache, daß ich „in der Klemme steckte", die bloße Tatsache, daß ich innerlich gegen „die Küste" aufbegehrte, die bloße Tatsache, daß ich mich in diesem imposanten, fremden Gebäude insgeheim nach dem geliebten, baufälligen Zirkus mit „John dem Reinfall" zurücksehnte, stachelte jenen gewaltigen Daimon in mir auf, der, wie ich bereits angedeutet habe, durchaus in meinem Wesen zum Vorschein kommen kann und, wenn er zum Vorschein kommt, die reinste Teufelskraft entwickelt. Geistesabwesend musterte ich die zehn bildungsbeflissenen Damen der Gesellschaft, die allein auf den Sperrsitzen saßen, und den unermeßlichen Raum zu ihren Häupten, wo sich Rang auf Rang und Galerie auf Galerie übereinandertürmte, und mir wurde lebhafter denn je bewußt, daß das Geheimnis des Lebens darin besteht, die Tollheit Gottes zu teilen. Ich meine damit die Kraft, in der Begegnung mit dem Unbelebten ein bestimmtes Frohlocken in sich wachzurufen, ein Frohlocken, das, so sehr der Fürst der Welt auch darüber spotten mag, im Grunde ein kosmischer Erotizismus ist, denn es bedeutet die Auffindung des „ewig Weiblichen" in der Materie selbst.

Doch welchen Effekt das weite, leere Theater auch auf mich haben mochte, mein Daimon ermöglichte mir jedenfalls, so vollständig zu Strindberg zu werden, wie nur je ein Kritiker zu einem Autor wurde. Und aus irgendeinem Grunde schien es diesem wiederbelebten Strindberg zu gefallen, wie ein gigantischer Loki dort oben über diesen Damen der Gesellschaft zu dräuen. Vielleicht prophezeite er einen Riß im Weltengebäude und, da wir dem Sternbild des Herkules entgegensausten, das Erscheinen neuer Drachentöter wie auch neuer Seeungeheuer.

Sonderbar, wie absolut unmöglich es mir war, mit einer der Revuetänzerinnen aus den Varietévorstellungen tatsächlich Freundschaft zu schließen. Aber wenn es nicht so gewesen wäre, wenn ich in solchen Dingen nicht gar so ein hilfloser Bücherwurm gewesen wäre, wie gern hätte ich dann aus dem Munde einer solchen Frau gehört, was genau sie eigentlich empfand, wenn sie so angestarrt wurde, wie ich diese herrlichen Geschöpfe anzustarren pflegte. Es hört sich merkwürdig an, aber ich vermute stark, daß ein solches Mädchen viel besser als jeder Mann – ausgenommen vielleicht ein Dorftrottel, wenn er reden könnte – verstünde, welch geheimnisvoller, wenn auch wohl *heidnischer* Gral ihre unvergleichliche Gestalt war, wenn sie einen Moment im Tanzen innehielt und meine Seele um sich herumwirbeln und -strudeln ließ wie die Meeresflut um eine Marmorsäule.

Nun, ich hatte am Pazifik viele glückliche Tage mit Llewelyn verlebt, und am Ufer dieses fernen Ozeans nahm er schließlich auch all seine Kräfte zusammen und faßte den drastischen Entschluß, seinen Lebensunterhalt als Schriftsteller in New York zu verdienen. Niemand, der ihn nicht so gut kennt wie ich, kann sich die leiseste Vorstellung von der Vornehmheit und dem unüberwindlichen Zauber seiner Persönlichkeit machen. Zumeist werden wir von derart widersprüchlichen und weit auseinanderliegenden Leidenschaften bestimmt, daß wir, wenn diese Kräfte uns packen, oft ein betrübliches, unerfreuliches Schauspiel abgeben. Es ist nicht nur mein heftiger Antinarzißmus, der mir die Betrachtung meines Lebens oft so überaus unangenehm macht, sondern auch die Tatsache, daß es immer wieder, wenngleich seine verrückte, liederliche Intensität dafür entschädigte, entschieden unästhetisch war. Llewelyns Leben dagegen ist durchweg gesund, sauber bis zum Kern, wie eine gute Haselnuß. Wenn er im Winde schwankt, dann richtig! Man kann die Zähne an ihm wetzen, *und er trägt keine Schramme davon*. Man kann von ihm kosten, und er ist fest und süß bis ins Mark. Wir alle haben offenbar eine Grille im Kopf, außer Llewelyn! Aber es sieht so aus, als hätten die kleinen weißen Herrschaften in seinen Lungen keine seelischen, keine pathologischen Nebenbuhler geduldet! Kein Wurm in der Knospe, ob geistig oder nervlich, war imstande, im Herzen des fünften Sohnes meines Vaters hinterrücks sein „Lager blut'ger Lust" aufzuschlagen.

Und überdies besitzt er die Fähigkeit, sein Genie in sein Leben, in das geringste seiner Worte hineinzulegen! Theodore vermag das ebenfalls. Ich kann mich über die beiden nur verwundern. Alles, wozu ich, „Bruder John, der Böse" offenbar imstande bin, ist, wie ein im Winde hin und her wehendes Rohr abwechselnd auf ein Besessensein von guten und bösen Geistern zu reagieren. Theodore und Llewelyn scheinen aus solidem Holz zu bestehen, der eine aus Schlehdorn, der andere aus Weißdorn, während ich mir vorkomme, als hätten die unsichtbaren Mächte alles Mark – das bittere Holundermark – aus mir herausgequetscht, um sich von Tiefe zu Tiefe lange, schauerliche Töne zupfeifen zu können. Wenn sie das aber nicht tun – nun, man weiß ja, wie schwach, zerbrechlich, niedergetrampelt und zerpflückt ein ausgerissener Holunderstrauch aussieht!

Man darf nicht vergessen, daß ich mich zwischen meinem vierzigsten und meinem fünfundvierzigsten Lebensjahr, auf meinen Reisen durch Amerika, so gut es ging damit abzufinden hatte, daß Llewelyn mir nach dem Urteil kompetenter Richter in Amerika als Schriftsteller ebensoviel voraushatte wie Theodore nach dem Urteil kompetenter Richter in England. Beide waren anerkannte Autoren, während ich nach wie vor „John der Redner" war. Wie gut ich mich noch an den verwirrten, mitleidsvollen Gesichtsausdruck meines Bruders Littleton entsinne, als wir einmal zur Glokkenblumenzeit in den Angmering Woods bei Burpham darüber sprachen. Er betrachtete stirnrunzelnd die Glockenblumen, betrachtet stirnrunzelnd die Pfingstnelken, betrachtete stirnrunzelnd die Waldorchideen. Er achtete nicht darauf, wie ein Zilpzalp seinen Namen wiederholte. Er ließ, was ein Pfauenauge hätte sein können, vorbeiflattern. „Aber –" murmelte er; und in diesem „aber" lagen all die früheren Studientage in der Schule, als er in Wildman's House meine Griechischverse für mich verfaßte! In Wahrheit wollte es Littleton nur schwer in den Kopf, wie zweitrangig meine windige „Kunst der dithyrambischen Analyse", *wenn man sie niederschrieb,* gegenüber allem war, was Theodore und Llewelyn an echter Orgiginalität und markantem Stil vorzuweisen hatten!

Vielleicht war es in jenen Jahren, als Theodore und Llewelyn, der eine in England und der andere in Amerika, mich so weit hinter sich ließen, ein Glück für mich, daß es aufgrund gewisser persönlicher Überlegungen eine Monstrosität gewesen wäre, wenn ich mir erlaubt hätte, Eifersucht zu empfinden. Eine Überlegung war Theodores Selbstzerfleischung, die, selbst wenn ich durch sein Genie nicht entwaffnet worden wäre, an sich schon solche Gefühle im Keim erstickt hätte, und die andere war, daß Llewelyns Persönlichkeit so vollständig in seine schriftstellerische Arbeit einging, daß es, wenn einem die eine gefiel, unmöglich war, auf die andere neidisch zu sein. Wie Goethe es formuliert:

„Gegen große Vorzüge eines andern gibt es kein Rettungsmittel als die Liebe."

Ich will mich aber nicht als zu vollkommen hinstellen! Ich erinnere mich gut, wie ich einmal in einer Stadt in Iowa von einem sehr philosophischen, sehr vornehmen und sehr gelehrten Einsiedler hörte, dessen Lieblingsschriftsteller „Powys" sei. Obwohl Theodore und Llewelyn die gleiche sonderbare Empfindung haben, wenn sie das Wort „Powys" hören oder sehen und dann erfahren, daß nicht sie gemeint sind? Es gibt wohl nur sehr wenige Schriftstellerfamilien, deren Angehörige ob der Erfolge anderer Angehöriger so außerordentlich „komische Gefühle" in der Magengrube verspüren wie wir; diesmal freilich war, was ich empfand, nicht sehr schön – und zwar nicht so sehr, weil Theodore derart in den Himmel gehoben wurde, sondern weil dieser Mensch, wie Theodore sagen würde, bei mir „die Daumen so entschieden nach unten drehte". Und mein Gegenüber erkannte sehr schnell, daß er mein Interesse geweckt hatte, denn er fuhr hastig fort:

„Er sagt, Sie seien als Schriftsteller ein Wolkenschieber und Luftikus. Theodore allerdings mag er. Er sagt, Theodore weiß, wie das Leben ist."

Nun hätte ich gedacht, ich sei ein hinlänglich großer Bewunderer des Genies meines Bruders, um dieses Urteil gleichmütig zu akzeptieren – aber dem war nicht so! Zuweilen liebt es der Teufel, einen Philosophen, der etwas auf sich hält, wie einen Floh hüpfen zu lassen. Es gab Gelegenheiten in Fülle, bei denen ich wirklich jeden Funken von Eifersucht auf die Anerkennung, die Theodores Genie in so vielen, auch von mir verehrten Kreisen fand, zu unterdrücken imstande war. Alles andere wäre auch erbärmlich gewesen; denn kannte ich nicht schon seit Jahren den einzigartigen Wert dessen, was da so lange hinter den schwermütigen grauen Augen bewahrt lag? Ich hatte nicht alles getan, was ich hätte tun können; ich hatte – wir alle hatten – beim Wegräumen von Hindernissen auf seinem Weg vieles ungetan gelassen. Es blieb einem jungen Wandersmann aus Oxford vorbehalten, ihn zu entdecken; es blieb der Familie Garnett, jenen furchtlosen Erforschern der Terrae Incognitae des Genies, vorbehalten, ihm den Weg zu ebnen. Aber ich hatte – und wer von denen, die lesen, hat es nicht? – auf diese neue, seltsame Schwingung angesprochen. „Nichtsdestotrotz", wie Homer sagt, bedurfte es keiner geringen Anstrengung von seiten meines besseren Engels, einen ganz bestimmten Triumph hinzunehmen, den seine Gaben über die meinen errangen.

Dazu kam es, als ich in Patchin Place in New York wohnte und der berühmte Clarence Darrow mich besuchte. Seit Daniel Webster ward auf diesem Kontinent wohl kein menschliches Haupt mehr gesehen, das derart „von Donnerschlägen mit Narben tief durchfurcht" war wie das des einzigarten Mannes. Genau wie Masters und Dreiser hatte mich Darrow schon sehr früh unterstützt, obschon ich mit ihm nie so vertraut wurde wie mit diesen beiden, denen er – wenngleich nicht ganz ihr Altersgenosse, denn er zählt einige Jahre mehr – innerhalb meiner Generation großer Amerikaner, was die ihm entgegengebrachte Bewunderung und Ehrfurcht angeht, durchaus gleichkommt. Er hatte sich mehrfach zu öffentlichen Debatten mit mir bereit erklärt – wir waren beide ziemlich mörderische Disputanten –, und zwar nicht so sehr aus Interesse an der Sache, als vielmehr aus dem Wunsch heraus, meiner darniederliegenden Karriere ein wenig auf die Beine zu helfen; aber keiner von uns verspürte einen sonderlichen Drang nach dem Aufeinandertreffen; und so überließen wir am Ende wie Glaukos und Diomedes in der Ilias die frommen Trojaner und die skeptischen Griechen den Speeren der jeweils anderen Seite. Die Debattiererei nahm in meinem Leben häufig einen ziemlich großen Raum ein.

Zu meiner einzigen Begegnung mit Bertrand Russell kam es, als er in einem Saal in New York eintausendundzehn Menschen davon überzeugte, daß die Institution der Ehe ihren Zenith überschritten habe, während meiner mittelalterlichen Verteidigung der *raison d'être* der „tragischen Spannung" nur neunhundertneunzig folgen mochten. Das Debattieren mit Will Durant allerdings genoß ich wirklich – ist er doch ein wahrer, vortrefflicher Philosoph –, und ich genoß es so, wie ein boshaftes, scharfzüngiges Weib, das ganz nach Belieben *unter die Gürtellinie* schlagen darf, eine Kontroverse mit dem langmütigen Sokrates genösse. Ich habe davon gesprochen, daß ich bei all den Zusammenstößen zwischen rivalisierenden Geistern von eifersüchtiger Bitterkeit frei gewesen sei, aber das war nichts gegen Durant! Eine so unendliche Geduld und eine so unerschöpflich gutmütige Ironie habe ich nie erlebt und werde ich bis ans Ende meiner Tage nicht mehr erleben.

Doch zurück zu Darrow und Patchin Place. Ich betrachtete den Besuch dieses großen Strafverteidigers, dieses glühenden, brillanten Advocatus diaboli, dieses Fürsprechers aller in Verruf Geratenen, natürlich als großes Kompliment, und in meinen boswellschen Respekt vor dem Mann mischte sich zweifellos auch ein Element des Stolzes darauf, daß ausgerechnet mir solche Ehre zuteil wurde. Theodore hätte dieses Element sicherlich an der nervösen Angeregtheit seines älteren Bruders erkannt. Nach einer Weile aber fragte Darrow, der sich mit sogenanntem leichtem Geplauder etwas schwertat, ob ich ihm nicht „etwas vorlesen" wolle. Ich wollte ihm gerade erklären, daß meine Werke vergriffen seien und ich im Augenblick keines bei der Hand hätte, das seiner Aufmerksamkeit wert sei, als mir – nicht mit einem Erröten, aber doch mit einem gewissen brennenden Gefühl in den Wangen – aufging, daß der große Mann gar nicht aus meinen Werken vorgelesen haben wollte. Es wurde denn auch, als ich mich – mittlerweile wieder gefaßt – in meinen Vortrag aus *Mr. Weston's Good Wine* stürzte, sehr rasch deutlich, daß dieser erbitterte Feind aller Illusionen der Meinung war, daß weder Llewelyn noch ich Theodore das Wasser reichen konnten. Wie in Iowa hörte ich auch hier wieder die Worte:

„*Theodore* weiß, wie das Leben ist!"

Aber damals in Iowa war kein großer Advokat da, der meinen Stolz in seinen Schranken gehalten hätte. Die jungen Journalisten von New York hatten mich wohl so oft als das in ihren Augen – obschon ich als Philosoph da anderer Meinung war – Verächtlichste bezeichnet, was einer gleich nach einem Zauberkünstler sein konnte, nämlich als „Damenredner", daß der ‚Wolkenschieber und Luftikus' dieses Kenners meinem heimlichen Stolz eine Beule schlug. Jedenfalls hatte ich nichts Besseres zu tun, als in meinem Vortrag an jenem Abend mit einemmal völlig zusammenhanglos herauszuplatzen:

„Manche Leute bezeichnen andere Leute als Wolkenschieber und Luftikusse. Ihnen ist gar nicht klar, daß sie damit das höchste Lob aussprechen! Schon Michelangelo stellt Jehovah als den aus dem Chaos auftauchenden Wolkenschieber dar; und heißt es nicht, in den Lüften sei Freiheit?"

Wer glaubt, Llewelyn habe nichts als Lob für meine Art, kennt uns beide schlecht. Die erbarmungsloseste Kritik, die ich je zu hören bekam, stammte von Llewelyn. „Du bist geistig unaufrichtig", sagte er mir einmal. In Wahrheit ist, was er bei mir am schwersten zu ertragen findet, meine Eigenheit, meiner poetischen Mythologie gemäß *zu leben*; das heißt meine Art, mich so zu verhalten, als würden sich hinter den Vorstellungen der alten Dichter mehr als bloß subjektive Phantasien verbergen.

Ein typisches Beispiel für diesen Unterschied zwischen uns hat sich erst heute wieder ergeben, als ich einen Brief von ihm bekam, den er, mit seinen angegriffenen Augen, von seinem Krankenbett in Dorsetshire aus schrieb. Er schildert darin seine Eindrücke von meiner Seebad-Geschichte, die Alyse Gregory ihm vorliest. Wie mein armer Magnus über dem Bild seiner schönen Curly „faselt", empfindet dieser bettlägerige Odysseus als unter aller Kritik; aber er läßt dieses Thema fallen, um angewidert die Art und Weise zu tadeln, wie ich in *Glastonbury* meinen John in Stonehenge niederknien, *zu dem Stein beten* und dabei die Worte sprechen lasse:

„Bitte mach Mary Crow glücklich."

Der Gebrauch des Wortes „bitte" in diesem Gebet scheint Llewelyn besonders zu ärgern, denn er putzt meinen unverbesserlichen John fürchterlich dafür herunter und bezeichnet ihn als „preiswürdigen Einfaltspinsel". Nun liegt mir besonders daran, diese kritischen Bemerkungen Llewelyns zu veröffentlichen, weil einige seiner Freundinnen die völlig irrige Vorstellung verbreitet haben, er leide an einer geradezu auf einen „Komplex“ hinauslaufenden, gefühlsduseligen Verehrung für seinen älteren Bruder. *Davon kann keine Rede sein.* Er liebt mich, aber wie der Herr, so züchtiget auch er, wen er lieb hat. Andererseits werde ich von meinem Hang zur „Einfaltspinselei“ kein bißchen preisgeben und kein Jota abrücken.

Denn was ist eigentlich mein tiefster, innerster Lebenszweck? Das kann ich ganz kategorisch beantworten: „Die Empfindungen zu genießen, die ich gern genieße, wenn ich am vollständigsten und schamlosesten ich selbst bin.“ Nun weiß ich durchaus, und zwar nicht nur vom Blick in den Spiegel, wenn ich mich rasiere, sondern auch von gewissen realistischen Photographien, daß mein Gesicht unverkennbar einen einfaltspinseligen oder hanswurstigen Ausdruck trägt. Dieser Ausdruck entspricht dem, was ich empfinde, was ich mich empfinden lasse und was ich zu empfinden mich boshaft ermuntere! *Warum auch nicht?* Warum sollte ich mich dem Bemühen widmen, nur edle, monumentale und würdevolle Gefühle zu empfinden? Llewelyn ist das Würdevolle angeboren; mir nicht. Zur Not kann ich so eindrucksvoll auftreten wie der Teufel persönlich, und oft, wenn ich allein bin, erscheint auf meinem Gesicht, wie Llewelyn so heftig beklagt, spontan ein ganz bestimmter, verfestigter Ausdruck geduldigen Leidens, wie bei einem Schauspieler, der Christus darstellt. Aber warum hätte ich, der unstete, proteische, ausgestoßene Winkelpriester, mir auch den Zwang aufbürden sollen, würdevoll zu sein? Man wird sich erinnern, was Paulus zur Sinnlichkeit der Heiden anzumerken hat. „Denn was heimlich von ihnen geschieht, das ist auch schändlich zu sagen.“ Das soll wohl heißen, daß ein bestimmtes lasterhaftes Treiben nicht gerade würdevoll ist. Aber „der Aussätzige mag sich jucken, meine Haut ist gesund.“ Da ich nun einmal nichts für die normalen Riten der Liebe übrig habe und mich dieser Eigenart auch ganz und gar nicht schäme, gibt es kaum einen Aspekt meines heimlichen Lebens, den ich dem anspruchsvollen Apostel zu enthüllen zögern würde.

„Auch ich“, würde ich zu ihm sagen, „bin ein Pharisäer und der Sohn eines Pharisäers; aber wenn ich die wollüstige Empfindung genieße, mich zum Einfaltspinsel zu machen, *warum nicht?* Du bist nicht der einzige, o großer Magus, der vor Dionysos hüpfen kann! Hast du nie bei Euripides, einem Psychopathen wie du, über den Seher Teiresias gelesen? Und Teiresias war selbst noch unter den Toten ein Prophet." Du neigst dazu, die Kirche abzulehnen, Llewelyn, und hältst von Dostojewski so wenig wie von Paulus. Aber ich schwöre dir, mein Freund, es hat schon tausende und abertausende von Jahren vor dem historischen Jesus Elemente des christlichen Wahnsinns, des „verderblichen" christlichen Aberglaubens gegeben. Und tief, tief zwischen den psychopathischen Elementen dieses wilden Wahnsinns liegt die berauschende Süße der Einfaltspinselei und der Hanswurstigkeit.

Ein Einfaltspinsel, denke ich mir, ist ein Mensch, der wie ein würdeloser Narr empfindet und aussieht, während ein Hanswurst jemand ist, der diesen eigenartigen Kult in sein *Verhalten* einbringt und sogar eine Kunst daraus macht. Verstehst du denn nicht, daß in alledem eine tiefe, subtile *Ironie* liegt, und ein deutliches Bewußtsein davon, wie es auf die „Töchter von Saul" wirkt, wenn ich meine Lenden gürte und wie David oder Dan Leno vor der Bundeslade tanze? Verstehst du denn nicht, daß das von allen religiösen Gebärden die tiefsinnigste und die bei weitem älteste ist? Kein herkömmlicher Archidiakon würde es wagen, derart aus sich herauszugehen, und es würde ihn entsetzen, mir dabei zuzuschauen, so wie es manche empört hat, die Priester in der Kathedrale von Sevilla Ball spielen zu sehen. Was würde selbst ein stiller George Herbert empfinden, wenn er mich dabei ertappte, wie ich den Kopf auf den Altarstein von Stonehenge schlage?

Wenn dagegen einer der prähistorischen Schädel, die nach den Orten heißen, an denen man sie ausgräbt, von den Toten auferstehen könnte, so würde man es mit Sicherheit erleben, daß er sich meinen Niederwerfungen anschlösse und ohne zu erröten so viele „bitte" benutzte, wie er nur murmeln könnte! Verstehst du nicht, daß gerade im Gebrauch dieses zwischen meinem hornigen Neandertalschädel und der harten Oberfläche eines Steins hingehauchten Kleinkinderwortes eine boshafte, *unterschwellige Ironie* liegt? So laß doch um Gottes willen die armen Archidiakone zufrieden! Die Natur wird sich ihr Recht schon verschaffen. Sie weiß, daß diese trefflichen Männer sich wie alle anderen ihr Brot verdienen müssen; und sie weiß, daß du und ich genausowenig wie sie mit den Händen arbeiten! Unterscheide zwischen der wilden, verrückten, „christlichen" Neurose – die einen so tiefen Einblick in bestimmte Lebensgeheimnisse hat – und der vergänglichen, konventionellen Moral von heute.

Meine Einfaltspinselei ist nicht ganz so geistlos sentimental, wie sie erscheint. Tatsächlich ist sie eine geradewegs aus dem Abgrund aufsteigende Blase. Sie ist zugleich eine Anklage gegen die fühllose Erste Ursache, eine Besänftigung der unter der Maske dessen, was wir Materie nennen, verborgenen, geheimnisvollen magnetischen Wesenheiten und eine boshafte Herausforderung des papageienhaften Zynismus all der Pseudowissenschaft unserer modernen Welt. Sie stellt überdies einen Akt der Art von „Glauben" dar, welcher einem weit radikaleren Skeptizismus entspringt, als ihn jeder noch so selbstgewisse Materialismus aufweist. Sie ist das „Ich glaube an das Unbegreifliche" des einen Glaubens, der in seiner historischen Kontinuität die Religion des Höhlenmenschen mit der Religion des Philosophen verbindet. In meiner Einfaltspinselei begehrt der Schlammdrache des Anbeginns aller Dinge gegen die seichte Rationalität der Stunde auf und „ficht mit greulich gewund'nem Schuppenschweif" für das Unerklärliche. In meiner Einfaltspinselei steht der Wahn der Mystiker aller Zeiten auf, „kriecht dahin wie der arme Wurm" des jesusnärrischen Negers und murmelt dabei von „stillen kleinen Stimmen" aus dem Osten und von „leicht herabregnendem Regen" aus dem Westen.

Wenn du der Sache wirklich auf den Grund gehst, Llewelyn, so verlange ich nichts anderes als die Freiheit, zu empfinden, was ich gern empfinde, und es so gut ich kann auszudrücken. Ist das in deinem heidnischen Reich erlaubt, oder ist es nicht erlaubt? *Nicht* erlaubt! Nun gut. Worin unterscheidet sich dein Reich dann vom Reich dieser Welt? Darin, daß es schöner ist, sagst du. So sei es. Deines ist eine ästhetische Tyrannei, das der anderen eine moralische; aber die herrliche Hündin „Fay ce que Vouldras" – wenn ich das alte rabelaissche Französisch korrekt wiedergebe – wird unter beiden in den Zwinger geprügelt! Kurz und gut – hier steht Powys I und versucht, was schon so oft erfolglos probiert wurde: seinen Mitmenschen ein wirklich ehrliches Selbstporträt zu liefern; und wenn dir die einfaltspinselige Wölbung meiner hastig skizzierten

Augenbrauen nicht gefällt und du meinst, du könntest sie mit mephistophelischem Abwärtsschwung lebensechter wiedergeben, so sei es.

„Wir wissen, was wir sind; aber wir wissen nicht, was wir sein können."

Ich denke sehr häufig über das Experiment in Rußland nach und ertappe mich dann bei allen möglichen Mutmaßungen darüber, wie ich wohl in diesem erstaunlichen Land zurechtkäme. Wie der Unglückliche in *Die Dämonen*, der sich überreden läßt, Hand an sich zu legen, um zu beweisen, daß sein Wille den Unterschied zwischen Leben und Tod überwinde, würde ich jedenfalls ständig Tee trinken. Auch scheint dort im Augenblick die Neigung zu herrschen, das zu tun, wozu ich die Amerikaner seit nahezu dreißig Jahren auffordere – die Klassiker zu lesen. Also dürfte ich vielleicht Vorträge über Homer halten. Und selbst wenn ich darauf bestünde, zu Steinkreisen in Nowgorod „Bitte! Bitte!" und zur Mondsichel in Kiew „Ich will! Ich will!" zu sagen, würde man mich vielleicht nur für „archaisch" halten; nicht für jemanden, der Strafe verdient oder in eine Anstalt gehört, sondern für jemanden – und so ist es ja auch –, der mehr als allen anderen sich selbst mit seinem grotesken Aberglauben Schaden zufügt.

Mein Leben als Vortragsreisender nämlich bestärkt mich noch in meiner Tendenz, völlig in meiner eigenen, selbstgeschaffenen Welt zu existieren, einer Welt, die sich aus meiner Resonanz auf Bücher und meinen Reaktionen gegen eine betriebsame kapitalistische Gesellschaft zusammensetzte. Und es verhalf mir außerdem zu höchster Subtilität in dem, was ich vielleicht die Kunst der „indirekten Reaktion" nennen könnte; so etwa, wenn ich meinen boshaften Haß auf das kommerzielle Getriebe um mich herum in eine leidenschaftliche Lobrede auf die Heiligen und Mystiker der Vergangenheit umsetzte. Dergleichen tat ich ständig. Eine zufällige Verknüpfung von Ort und Menschen, eine Situation, in der meine Nerven gröblich verletzt worden waren, und schon stieg die schwarze Galle in mir hoch, bis ich mich schließlich von der sicheren Rednertribüne aus an jedem Aspekt unseres verfehlten Menschenlebens zu rächen pflegte, als wäre ich in Wirklichkeit das gewesen, als was man die merkwürdigen Mißgeburten bei „Barnum & Bailey" bezeichnet – ein Botschafter vom Mars.

In die Oststaaten zurückgekehrt, stellte ich fest, daß es ganz bestimmte Auditorien gab, die aufgrund irgendeines unerklärlichen Elements in den okkulten Umständen des Ortes wie dafür geschaffen schienen, auf mich anzusprechen. So wurde ich in Rochester, New York, jedesmal ermutigt, mich hemmungslos auszutoben, teils durch die Anwesenheit meines klugen Verbündeten Mr. Claude Bragdon, dem es Vergnügen machte, von seiner ruhigen, hieratischen Ebene höherdimensionaler Einsicht aus zuzusehen, wie ich als Hofnarr Luzifers mein Narrenzepter schüttelte und mit meinen Schellen rasselte, teils aber auch, so habe ich mitunter gedacht, aufgrund der „Aura", die jenen Regionen von der spirituellen Magie der Indianer geblieben ist.

Auch mein alter Impresario Mr. Charles Atkins blieb mir immer treu, und unter seinen Auspizien bekam *und behielt ich* – anders als im Falle von Philadelphia – ein Publikum, das offenbar bereit war, mir bis zum jüngsten Tag zuzuhören. Die überraschende Anhänglichkeit dieser Menschen vom Brooklyn Institute war mir zuweilen ein Rätsel. Schließlich schrieb ich sie der deutschen Atmosphäre dort zu. Es handelte sich um eine durch und durch bourgeoise Zuhörerschaft, die im großen und ganzen aus wohlhabenden Leuten bestand; aber ich werde sie stets als mein bei weitem bestes nichtjüdisches Publikum im Gedächtnis behalten. Ich führe das auf die mystische Sehnsucht nach „kosmischen Gefühlen" zurück, die so tief im deutschen Geist verwurzelt zu sein scheint.

Ich denke, ich bin für die subtileren Emanationen nationaler Eigenart ebenso empfänglich wie für die Obertöne religiöser Tradition; und ich habe, wenn in meinem Publikum ein starkes deutsches Element vertreten war, jedesmal festgestellt, daß ich weniger boshaft, weniger überspannt, weniger eigenwillig wurde, daß ich alles in dieser vergänglichen Veranstaltung nur als Symbol empfand und mich selbst wild entschlossen, *im Ganzen, Guten, Schönen* zu leben!

Es fällt selbst in einem so umfangreichen Kapitel nicht leicht, die bleibende „Essenz" des Lebens in Amerika, wie ich sie empfunden habe, zusammenzufassen; ich muß aber hier und jetzt sagen, daß ich nie von der prophetischen, instinktiven Ahnung abrücken mußte, die ich verspürte, als ich Seite an Seite mit Tom Jones im „Kardomah Café" in Liverpool Sousas „Stars und Stripes" lauschte.

Welch ein wildes, zynisches, sentimentales Chaos! Und doch, bei alledem, welch weitgespannte, unendlich wehmütige Schwingungen in der Luft! Weiter weg von der Erde als für uns zu Hause wölbte sich der harte, klare, azurne Himmel, strahlender als bei uns brannte die grausame, sengende Sonne, und dennoch hatte ich, während ich mich zwischen den polyglotten Massen dieser seltsamen Nation bewegte, stets das Gefühl, ich sei etwas Tückischerem als grauem Himmel und Nieselregen entkommen. Ich war dem Zwang entkommen, unter menschlichen Personen und menschlichen Institutionen zuviel zu lieben und zuviel zu hassen.

„Melange, du einzige! Das Sicht- und Unsichtbare;
Geheimnisvolles Meer, wo Ströme sich entleeren!"

Der Krieg

Das Jahr 1914 bildete in Amerika gleichsam den Kamm einer Welle von leidenschaftlichem Idealismus unter jungen und von leidenschaftlicher Selbstsucht unter mittelalten Menschen. Der Idealismus wurde vor allem an zwei Erscheinungen sichtbar: an liberal-humanitärer Propaganda und an einem Aufschwung der Dichtkunst, wie ihn seit dem elisabethanischen Zeitalter in England kein Volk mehr erlebt hatte. Auf diese beiden herrlichen, anmutigen Gewächse fuhr mit zerstörerischer Gewalt der Bocksfuß des Krieges herab.

Sowohl als Liebhaber der Dichtkunst wie als Salonbolschewik nahm ich an diesen geistigen Erhebungen lebhaften Anteil. In den moralischen und ästhetischen Aspekten dieser neuen Welle von Kreativität spürte ich eine Rückkehr zum Geist von Walt Whitman. Und darin war ich zu Hause; denn etwas in der Dichtkunst von Walt Withman hatte die Sehnsüchte meiner eigenartigen Natur auf eine Weise befriedigt, wie es keine andere Dichtkunst je vermocht hatte. Besonders sprach mich bei ihm der Pluralismus seiner herrlichen Mythologie an.

Ich muß gestehen, daß mir sein übermäßiger Optimismus oft ein wenig zu „dick aufgetragen" erschien; aber mir gefiel daran der kühne Individualismus, und wenn ich das Weltgebäude gemäß meinen eigenen pluralistischen und polytheistischen Vorstellungen hätte gestalten können, so wäre es wohl ganz ähnlich ausgefallen wie das imaginierte Universum Walt Whitmans. Und angenommen, er war tatsächlich ein echtes Orakel – eine echte Inkarnation irgendeines Sohnes des Morgens? Es könnte durchaus sein! Aber ich muß gestehen, daß viel von dieser Hoffnung – dieser „größeren Hoffnung", über die Llewelyn immer lacht – einfach zu schön ist, um wahr zu sein. Dennoch, *sie gefällt mir nun einmal* – die universale Heerschar fühlender Wesenheiten, alle im Besitz unsterblicher Seelen, alle unverdrossen mit den Hindernissen der Materie kämpfend, alle nicht dem „einen Gott", sondern den „Großen Gefährten" folgend.

Einer von Whitmans Nachlaßverwaltern – ich kann mich im Augenblick nicht auf seinen Namen besinnen – schenkte mir die beiden robust gebundenen Bände der Privatausgabe seiner Gedichte, die er den Engländern für zehn Dollar verkaufte und die so viele unserer Dichter so gut nachempfinden konnten. Wir Engländer – wir *unästhetischen Menschen!* – sind das einzige Volk auf der Welt, dem das Glück über alles geht, und Walt Whitmans gigantisches Wohlgefühl sagte uns von Anfang an zu. Wir sind auf eine Weise in diesem „Glückskult" verwurzelt und verankert, wie Amerikaner es nicht sind. Zu ruhelos sind sie, nervlich zu gespannt, zu heiter unbeständig, zu leicht zu erschöpfen, zu rasch geneigt, in vorzeitige Vergreisung zu verfallen. Man muß allerdings einräumen, daß sie sich spontan mehr Gedanken um den „Anderen" machen als wir; und ihre ganze Eigenliebe unterscheidet sich mit ihrem wilden Fuhrwerken telepathischer Antennen auf tausenderlei subtile Weise von unserem raffinierteren, tiefer sitzenden Egoismus.

Für mich wurde das an der außerordentlichen Freundlichkeit deutlich, die mir die Paul Jordan Smiths in Kalifornien erwiesen. Ich hielt mich sehr oft unter dem Dach des gastfreundlichen, gelehrten jungen Herausgebers der *Anatomie der Melancholie* und seines großherzigen Kompagnons auf; und dort erfuhr ich, zu welcher Großmut die so höfliche und unprätentiöse amerikanische Selbstlosigkeit imstande ist.

Mein alter Kumpan Maurice Browne, der ausgepichte Schillebold so vieler geistiger Kolosseen, dessen egoistische Schwächen den meinen dermaßen ähnlich sind, daß ich es unmöglich finde, sie im richtigen Verhältnis zu sehen, stellte mich einem der interessantesten Amerikaner vor, die ich kenne. Es handelte sich um Mr. James Abell, in dessen Person der gewalttätig pionierhafte Zug des Südwestens und der unbeschwert aristokratische Zug Virginias zusammenkommen und aufeinanderprallen, sehr zur Faszination eines Mitphilosophen, wenngleich nicht durchweg zum Vergnügen ihres Besitzers. Bei Abell muß ich in der Tat stets an eine

Conradsche Figur denken; kann es, was Pittoreskheit und Anziehungskraft betrifft, ein höheres Lob geben? Seine Gestalt – der Knochenbau seines Körpers – drückt seine „Psyche" deutlicher aus, als ich je einen Menschenleib einen Charakter habe ausdrükken sehen! Es fehlt ihm offenbar völlig an dem wichtigen Organ, das in der berühmten Passage bei Rabelais zum Herrn der Welt erklärt wird! Ja, Jim Abells Bauch ist reines Skelett, während der Rest seines Körpers bis hin zu seinen hohen, mageren Hängeschultern halbwegs gepolstert ist.

Der im Leben wie im Tode ungebeugte „Katholik", wie ich ihn nach wie vor nenne, hätte meinen Freund Abell geschätzt; denn dessen Verstand besitzt genau die seltenen metaphysischen, psychischen Fühler im nebulösen Grenzgebiet zwischen Religion und Realismus, die in weltlichem Sinne Balzac und in unweltlichem Unamuno hatte und die ihren rationalen Ausdruck in den Spitzfindigkeiten des heiligen Thomas finden. Abells merkwürdig metaphysische Einstellung zur Literatur beispielsweise war bei der Niederschrift meiner letzten Romane von beträchtlichem Wert für mich, denn er hat mich ermutigt, gegen Henry James' Regel aufzubegehren, daß man das Ganze durch das Bewußtsein einer Figur „passieren" müsse.

Der Name „James" freilich wurde durch eine viel ältere Bekanntschaft als Abell für immer dem Verzeichnis meiner Busenfreunde einverleibt. Es ist nun schon ein Vierteljahrhundert her, daß ich Mr. James Henderson aus Germantown, Philadelphia, kennenlernte. Ich hatte erst kurz davor Mr. Robert Bright persönlich kennengelernt, und zwar im Zusammenhang mit derselben Vortragsreise nach Germantown; seither hat Germantown für mein langes Leben in Amerika eine ganz besondere Bedeutung gewonnen. Ach! Wie gut ich schließlich jeden Zoll der schönen, abgeklärten, historischen Germantown Avenue kannte. Oft ging ich vom Bahnhof Wayne Junction aus zu Fuß den ganzen Weg nach Mount Airy hinauf, wo Mr. Brights Haus steht, und im Gehen malte ich mir, meinen Stock auf die altmodischen Ziegelsteine aufstoßend, Geschichten aus, Geschichten, wie ich sie mir überall auf diesem riesigen Kontinent, von San Rafael in Marin County bis Staten Island in New York, von San Diego in Kalifornien bis Portland in Maine, von Joplin in Missouri bis Providence auf Rhode

Island, ausgemalt habe, Geschichten darüber, wie wunderbar es wäre, mit meinem Bruder Llewelyn in einem ganz kleinen Haus zu wohnen, das uns selbst gehörte! Die Anzahl solcher kleiner Häuser, vor denen ich, von Kanada bis zum Golf und vom Atlantik bis zum Pazifik, auf meinen Gängen stehen geblieben bin, um in Gedanken an dieses imaginäre Leben mit Llewelyn ihre Treppengeländer oder Türschwellen mit einem Stock anzutippen, ist kaum zu glauben. Die Wahrheit ist, daß es mir auf allen meinen Abstechern ein ständiges Vergnügen war, mir zu überlegen, was wir wohl tatsächlich empfinden würden, wenn wir so zusammenlebten! Derartige Vorstellungen, so nehme ich an, waren unter den geistigen Stärkungsmitteln, mit deren Hilfe ich die diversen kleinen Unannehmlichkeiten eines längeren Nomadenlebens abgewehrt habe, wohl eines der wirkungsvollsten; und ich fand es recht schade, daß dieses Phantasiegebilde nur sehr kurz an der „Küste", und noch kürzer in New York, je zur Wirklichkeit gerann.

Germantown, wo James Henderson und vor ihm zweifellos schon sein Vater und Großvater zur Welt kamen, gleicht in seiner Ruhe, seiner Friedlichkeit, seinen obskuren Anhänglichkeiten und natürlichen Einsichten sehr stark James Henderson selbst. Wenn ich an „James" denke, denn als „James" kennt ihn – nicht aus Vertrautheit, sondern aus liebevoller Verehrung, so wie wir auch die Apostel bei ihren „Vornamen" kennen – alle Welt, und wenn ich mir das Bild seines großen, kahlen, gewichtigen Schädels, der glühenden braunen Augen und des unerschütterlichen Gleichmutes ins Gedächtnis zurückrufe, denn ich habe es in den ganzen achtundzwanzig Jahren unserer Bekanntschaft nicht ein einziges Mal erlebt, daß James sich von Alltagsquerelen in der Weise, die wir so treffend als „Fassungslosigkeit" bezeichnen, hätte aus der Ruhe bringen lassen, und wenn ich mir die jameshaften Randbezirke von Philadelphia vor Augen führe, die so indolent, so abgeklärt, so weise, so in sich vertieft sind und dennoch so viel mit konkreter, alltäglicher *Realität* zu tun haben, genau wie das Hegelsche „Absolute" laut James' Lieblingsphilosophen Croce auf so obskure, verwirrende Weise mit der Geschichte zu tun hat – ich ahme mit diesem gewundenen Satz absichtlich den Stil meines Hegel-Croce-philadelphischen „Kalmuswurzel"-Freundes nach –, dann kann ich hier und jetzt nicht umhin, ein für allemal etwas von der einzigartigen Schönheit zu verdeutlichen, die ich in Amerika von Zeit zu Zeit gefunden habe.

Ich denke, ich habe auf meine Weise, und indem ich die Sousa-Melodie, die ich im „Kardomah-Café“ in Liverpool gehört hatte, ein wenig weiterführte, wirklich etwas von der zweischneidigen Essenz des Lebens in den Vereinigten Staaten, seiner brutalen, zynischen Jugendlichkeit und seiner heroischen, unbekümmerten Selbstlosigkeit, eingefangen. Daß so viele europäische Besucher, sofern sie nicht „gesund, reich und weise“, das heißt ziemlich robust, ziemlich selbstzufrieden und ziemlich wohlhabend sind, derart unfreundliche, bittere Gefühle gegen Amerika entwickeln und derart niederträchtig ungerechte Urteile darüber fällen, liegt an der Dominanz der Jugend. Junge amerikanische Stimmen sind schneidend, junge amerikanische Schultern breit, junge amerikanische Hüften fleischig, junge amerikanische Beine lang; und wir alle wissen, daß die verständnislose Überempfindlichkeit des Alters den Überschwang der Jugend als laut und großmäulig empfindet. Oft ist die amerikanische Jugend eben nicht nur idealistisch, liebenswürdig und freimütig, sondern auch unsensibel und unsubtil, und natürlich ist die Wirkung dieser lärmenden Hochstimmung auf unsere schwachen Nerven dazu angetan, uns zu erbittern, aufzubringen und zu verdrießen, wie den alten Scrooge, wenn er sich derart lärmendem Wohlgefühl ausgesetzt sieht.

Was diese überschwengliche amerikanische Jugendlichkeit will, wenn sie auf eher lärmende als feinsinnige Weise glücklich ist – oder vielmehr, was sie „wünscht“, um den bedeutsamen Amerikanismus zu gebrauchen, dem „wollen“ und „wünschen“ identisch sind –, ist Kraft, Gesundheit, Glanz, Gloria, Blüte, Prunk und Blendwerk. *Und warum nicht?* Das hat zu ihrer Zeit schließlich auch die Jugend der alten Welt, und zu ihrer Zeit die Jugend unter den Borgias „gewünscht“; und die höhnische Beklommenheit, mit der neurotische und reizbare moderne Europäer darauf reagieren, ist nichts anderes als jenes als Geistigkeit sich maskierende, tiefe Ressentiment, das Nietzsche so eingehend kritisiert. In der alten Welt von heute gilt es uns nachgerade als Ausweis von Vornehmheit, in schäbiger oder zumindest abgetragener Kleidung herumzulaufen. Im Mittelalter dagegen müssen die jungen Burschen mit schimmernd-neuem Helmbusch und glänzenden Federn geprunkt und geprotzt haben, bis sie sich „ihre Sporen verdient“ hatten – und mitunter sogar noch nach diesem ernüchternden Ereignis.

Natürlich war und bin ich nach wie vor bei all meiner Derbyshire-Rustikalität und walisischen „Urwüchsigkeit“ so neurotisch wie D.H. Lawrence persönlich; und obschon ich mich durch fortgesetzte Homer-Lektüre mit Hilfe einer Schwarte nach Kräften bemühe, jede Neigung zu sitwellscher Blasiertheit und Gertrude-Steinscher Exzentrizität zu unterdrücken, die in mir aufkeimt, hat es in meinem Leben doch Momente gegeben, in denen ich aus unverfälschter Bosheit und morbidem Ressentiment im allerschlimmsten, von Nietzsche konstatierten Sinne heraus versucht habe, mich in meiner Rache an der „Hand, die mich füttert“ so geziert aristokratisch zu geben, wie es die großen Schleusen guten, kleinbürgerlichen Blutes in meinen Adern nur zuließen.

Tatsächlich lernte ich, vielleicht mit Ausnahme von Vetter Ralph und Vetter Warwick, nur einen einzigen Menschen kennen, dessen aristokratische Manier ich als arglos und bezaubernd, und nicht als morbide Rache am Leben empfand, nämlich Ford Madox Ford. Ich trank in Patchin Place einmal Tee mit ihm, und obwohl er kein Leser von mir ist und ich kein Leser von ihm bin, muß ich gestehen, daß ich mit seinem vornehmen, erhabenen und durchaus liebenswürdigen Charakter ausgezeichnet „zurechtkam“. Ich empfand eine merkwürdige, ganz besondere Sympathie für ihn, die Art von Sympathie, wie sie eine scharfsinnige Frau für eine inkognito auftretende Person von königlichem Geblüt empfände, der die Knüffe des Schicksals sämtliche „Flausen“ aus dem zerbeulten Kopf getrieben haben; und ich erkannte, daß Ford Madox Ford genau wie ich einen echten „Hang“ zu Amerika hatte.

Ohne Zweifel werde ich im Alter Momente erleben, in denen ich mich voll schmelzender Zärtlichkeit an Amerika erinnern werde. Dann aber werde ich nicht an das Eiswasser, die Eiscreme oder die sanitären Einrichtungen dieses Landes denken, sondern an bestimmte unbeschreibliche Sonntagvormittage in Patchin Place, da New York in tiefen Schlünden ätherischer Stille lag. Nie im Leben habe ich eine derart himmlische Stille gekannt, wie sie dort herrschte! Es war eine Stille, die anmutete wie sanft umspült von geheimnisvollen, unterseeischen Strömungen am Grunde der Welt. Es war eine Stille, bei der man das Gefühl hatte, es sei nachgerade der Puls des Absoluten zu Stein geworden. Und ich werde zweifellos auch an bestimmte Spaziergänge denken, die ich in Arkansas, Kansas, Oklahoma und Süd-Missouri unternahm, jenem südwestlichen „Mittelwesten", der schon lange mein „ideales Amerika" ist und wo ich in den Menschen und ihrer Eigenart eine so zwanglose, unbekümmerte und märchenhafte Fabelhaftigkeit fand, daß ich einfach nicht das Gefühl hatte, mich im Herzen der „Neuen" Welt zu befinden. Ja, ich werde an jene absolute Ruhe denken, jene Ruhe, da die große, weiße, kahle Weltdebütantin endlich einmal schlief; und dann werde ich daran denken, wie ich in der Umgebung von Coffeeville, Neosha oder Carthage durch Buschwerk und verfilztes Unterholz dem Pfad irgendeines Nußsammlers folgte, in jenen anderen Gegenden, wo jeder Squatter, dem ich begegnete, so aussah, als kenne er einen geheimen Eingang zu Aladins Höhle, nutze dieses Wissen aber aus schierer Wunderlichkeit und märchenhaftem Leichtsinn nicht im mindesten aus.

Schließlich sind die reizbaren Europäer, die so häßliche Dinge über Amerika sagen, nur ein paar Monate hier gewesen; ich dagegen bin *seit dreißig Jahren* hier, und wenn ich nicht in Zügen gesessen oder auf Rednertribünen gestanden habe, war ich zu Fuß unterwegs, immer und überall auf dem Kontinent zu Fuß unterwegs! Manchmal rede ich mir ein, daß ich, der ich über jedes andere Lebensziel hinaus stets danach gestrebt habe, ein „Magier" zu sein, von den Geistern der Indianer, dieser originellsten und eindrucksvollsten Rasse unter den Menschenkindern, tatsächlich ein paar okkulte Geheimnisse erfahren habe.

Ich halte Longfellows *Hiawatha* nach wie vor für ein aufregendes, packendes Gedicht; und was Indianer angeht, so habe ich einen völlig anderen Geschmack als D.H. Lawrence. *Meine* Indianer sind die Indianer des Ostens, nicht die Indianer Neu-Mexikos, Alt-Mexikos oder irgendeines anderen Mexikos. Es liegt, da ich nun einmal ein Götzenverehrer bin, ein gewisser Widerspruch darin, aber was Indianer betrifft, so sind mir Helden, die – wie mein Vater es mich zu tun lehrte – einen Großen Geist anbeten, dessen Atem wie der Wind bläst, dennoch lieber als kunstreiche Stämme, die Quetzalcoatl und seine gefiederte Schlange verehren.

Doch da ich mir gerade vorstelle, wie ich langsam die Germantown Avenue hinaufschlendere, um meinen Freund Robert Bright zu besuchen oder um mit James Henderson zusammenzutreffen, möchte ich ein wenig abschweifen und von meinen Begegnungen mit Theodore Dreiser und Edgar Lee Masters erzählen. Dreiser lernte ich zuerst kennen, und Dreiser verdanke ich auch, daß ich für einen Vortrag über moderne Dichtung in Guthrie's Church die Fahnen von *Spoon River* bekam, das damals noch nicht erschienen war. Ich tat mein Bestes, dieser großen Gedichtsammlung, dem originellsten dichterischen Einzelwerk unserer Zeit, auf das zu stoßen ich je das Glück hatte, gerecht zu werden; und daß mir das wohl wirklich recht gut gelang, zeigte sich daran, daß ein Mann im Publikum bemerkte, er „kenne persönlich“ *eine ganz bestimmte Kuh,* die der Dichter erwähnt und der Interpret des Dichters gewissenhaft kommentiert hatte. Ich bin ein großer Verehrer von Kühen und widmete der Spoon-River-Kuh große Beredtsamkeit.

Masters selbst lernte ich allerdings erst einige Zeit später, wahrscheinlich 1915, kennen, und zwar in Chicago, wo ich ihn in seiner Anwaltskanzlei aufsuchte. Der Dichter Ridgely Torrence, dessen Persönlichkeit ich immer als zu zerbrechlich, zu zart, zu hochgespannt empfand, um die wilde *mêlée* des Lebens in Amerika einigermaßen zu meistern, erzählte mir, wie er Mr. Masters kürzlich besucht habe und mit ihm mehrfach durch dessen furchterregende Stadt geschlendert sei. Ihm sei aufgefallen, daß Mr. Masters eine ganz eigene „Mythologie“ habe, der jedermann, den er über eine gewisse Anzahl von Jahren kenne, einverleibt werde, so als handele es sich um mehr als nur gewöhnliche Männer und Frauen. Mr. Torrence äußerte sich außerdem sehr treffend über das unter Dichtern seltene Talent für sprechende Namen, das Mr. Masters besitzt.

Es war ein wichtiger Moment in meinem Leben, als ich zum erstenmal den Autor von *Spoon River* zu Gesicht bekam. Thomas Hardy ausgenommen, hatte ich bis dato noch keinen Originaldichter von erstrangiger philosophischer Kraft und Gewichtigkeit kennengelernt, und so starrte ich ihn mit ungeheurem Respekt an. Ich spürte sofort, kaum daß an diesem unpoetischen Ort mein Blick auf ihn fiel, daß ich mich in Gegenwart nicht nur eines gewaltigen Genies, sondern auch eines gewaltigen Mannes befand. Wohl nie hat man, außer vielleicht bei Divisonsgenerälen oder Flottenadmiralen, ein derart granitenes *Kinn* gesehen wie das, über dem die freundlichen, geradezu thackerayhaften Augen mich durch die Brille „mit einem Blick" abschätzten und meine geistigen Ressourcen ermaßen. Aber ich hätte mich nicht zu fürchten brauchen. Edgar Lees hervorstechendster Charakterzug ist sein unermüdlicher Elan und seine Aufgeräumtheit in Gegenwart auch minder gescheiter Männer und Frauen. Wenn es sympathische Menschen sind, behandelt er sie, als wären sie Wunder an intelligenter Reaktion, und noch mit dem Allerdümmsten spricht er, als spräche er mit Shakespeare. Er ist der unsnobistischste große Mann, dem ich je begegnet bin; denn anstatt sich eines anderen Gesprächstons zu bedienen, wenn er es mit einfachen Menschen zu tun hat, scheint er sich, wie ich häufig bemerkt habe, in ihrer Gegenwart wohler zu fühlen und eher er selbst zu sein als in Gesellschaft wichtiger Persönlichkeiten. Damit will ich nicht sagen, daß er sich gegenüber der Art von Menschen, die Mr. de – „Magnaten" nennen würde, unfreundlich oder schroff verhält, aber das Zentralfeuer seiner Humanität brennt in ihrer Gegenwart doch weniger hell – außer es handelt sich um Frauen!

Gegenüber glänzenden Frauen von Welt legt Mr. Masters nicht die mit panischem Entsetzen vermischte Ablehnung an den Tag, die meiner Haltung entspricht. Er ähnelt hierin eher Doktor Johnson, der, wie man sich erinnern wird, nichts dagegen hatte, die hübschesten dieser Schmetterlinge auf seinem Knie sitzen zu lassen. Dennoch würde ich sagen, ihm liegt mehr an Männern als an Frauen, und auch hierin ähnelt er einem der großen Kaffeehausdichter des achtzehnten Jahrhunderts in England. Ich sehe ihn förmlich vor mir, wie er in seiner Perücke und den Schnallenschuhen, mit seinem Stock und seiner Schnupftabakdose in den Ranelagh Gardens oder auf Lord Bolingbrokes Terrasse sitzt und mit Swift plaudert oder mit Gay rabelaissche Scherze austauscht. Und doch ist niemand, nicht einmal Dreiser, so zutiefst amerikanisch wie Edgar Lee Masters. Er verfügt über eine umfassende und genaue Kenntnis der Geschichte seines Landes, und keiner hat mehr dazu beigetragen, dem sentimentalen Unsinn entgegenzuwirken, den die räuberischen Schurken, die hierzulande die Massen ausbeuten, wie einen schillernden Kokon um die Gestalt von Lincoln gewoben haben.

Thomas Jefferson ist Mr. Masters' Held; und es hat ihn wie nichts zuvor gefreut, daß der große Mann, welcher derzeit das Weiße Haus bewohnt, so handelt, wie Jefferson seiner Ansicht nach handeln würde, wenn er wiederkehrte, um sich unseres Durcheinanders anzunehmen. Ich habe Masters einmal mit Chaucer verglichen; aber es gibt in Masters' Werk Passagen, wo er von den elementaren Kümmernissen und schrecklichen Wirrungen in den einfachen Annalen der Armen und von der allenthalben zu verzeichnenden, tragischen Wiederkehr menschlichen Leidens spricht, an dessen Ende alle, die müde sind, ewige Ruhe finden, Passagen, in denen er über Chaucer weit hinausgeht. Sie besitzen etwas von der tröstlichen Würde seines Lieblingsautors Sophokles, nur abgestimmt auf das kläglichere und bescheidenere Pathos der „Terzie Potters" unseres verlorenen Haufens.

In seinem Mangel an jeglicher Affektiertheit und in seinem Verhältnis zur Dichtkunst, die er ebenso ernst und einfach auffaßt wie die Mönche von ehedem ihre Kunst der Illumination, nämlich als Tätigkeit zur schlichten Ehre des Herrn allen Lebens, wird Edgar Lee Masters so bald nicht seinesgleichen finden. Seine großzügige und vorbehaltlose Bewunderung für Vachel Lindsay hat mich immer stark beeindruckt; denn Mr. Masters ist der geborene Streithahn und durchaus bereit, mit dem Teufel persönlich handgemein zu werden, und Lindsay stammt zudem noch aus demselben Landesteil wie er; dennoch habe ich während meiner ganzen, langen Freundschaft mit ihm, die, wie gesagt, auf das Jahr 1915 zurückgeht, nie etwas anderes erlebt, als daß er nach Kräften für diesen seinen mystischen Rivalen eingetreten ist.

Wie deutlich entsinne ich mich noch an den Moment, da ich Theodore Dreiser vorgestellt wurde! Es war zu der Zeit, als er in der Zehnten Straße West wohnte, wo sich seine beiden weitläufigen, alten Räume mit großen Kaminen über das ganze Erdgeschoß des Hauses, von ganz vorn bis ganz hinten, erstreckten. Er war an jenem Tag mit einem langen, blauen Kittel angetan, wie ihn französische Arbeiter tragen, und hatte, um über eine passende Ablage für seine kolossalen Manuskripte zu verfügen, einen Konzertflügel zum Schreibtisch umfunktioniert. Für mich war es interessant festzustellen, daß er in der Frage des Gefühls für Kleidung viel stärker Walt Whitman als Edgar Lee Masters glich. Masters will lediglich nicht auffallen und sich behaglich fühlen; ansonsten entspricht seine Haltung zur Kleidung der des typischen Gelehrten: sie ist unbeteiligt, gedankenlos, gleichgültig.

Dreiser dagegen empfand ich gleich, als wir uns kennenlernten – was wohl 1914 gewesen sein muß –, als Wesen, als Entität, die sich ihres Körpers und *womit sie ihre Haut in Berührung brachte* ebenso tief bewußt war wie das Corpus Terraquaeus und womit dieser sein kosmogonisches Gebein zu bedecken genötigt war. Tatsächlich kam mir Dreiser in fast unmenschlichem Maße materie- oder chemiebewußt vor, wie man es vielleicht nennen könnte. Er und Masters haben allerdings eines gemeinsam, das ihrem Land nach meinem Dafürhalten Ehre macht, nämlich das Fehlen jeglicher aufgesetzter „Allüre", wie wir in England sagen, im Umgang mit ihren Mitmenschen. Das heißt aber nicht, daß Dreiser sich, wie Masters, seines Körpers und jeder Regung in seinem Körper nicht bewußt wäre.

Wenn Masters über schöne Literatur redet oder schreibt, verhält er sich so, wie Dryden, Swift oder Fielding sich verhalten würden, das heißt, er raucht seine Pfeife, schlurft hin und her, trinkt gelegentlich einen Schluck und vergißt dann, daß er etwas anderes ist als ein aktiver Kopf, der eine Schreibmaschine bedient. Bei Dreiser jedoch kommt es mir so vor, als hätte ich es mit einer Lebensform zu tun, die in keiner Hinsicht der des klassische, menschlichen Gelehrten ähnelt. Erstens raucht er nicht, was an sich schon jeden entmenschlicht. Zweitens ist er in seinen Ernährungsgewohnheiten, bei denen bewußte Sinnlichkeit mit bewußter Enthaltsamkeit abwechselt, ebenso verstiegen, sonderbar und sprunghaft wie in der Frage seiner Kleidung. Bei ihm folgt nichts irgendeiner Tradition. Alles ist anormal, subnormal, übernormal. Er ist ein Deutscher, der Rußland bewundert. Er ist ein Realist, der Mr. Charles Fort bewundert. Er ist ein Herrscher über Männer, der sich mit Frauen am wohlsten fühlt. Und doch habe ich Frauen wüst über ihn herziehen, ihm Schlimmeres an den Kopf werfen hören, als es ein noch so sanft-zurückhaltendes Gemüt ertragen könnte.

Meine persönlichen Gefühle gegenüber diesen beiden großen Amerikanern sind merkwürdig unterschiedlich. Gegenüber Masters empfinde ich Wärme, Sympathie, wohlwollende Strenge und so etwas wie ein boswellsches Verlangen, dem Wirken seines Genies bis in dessen sämtliche Ursprünge in der Phantasie nachzuspüren. Bei Masters empfinde ich eine starke Herzensnähe und komme mir vor wie ein Bibliophile, der habsüchtig eine schon reiche Sammlung vergrößert. Ich denke nie an Masters' Körper oder daran, was er trägt. Allerdings betrachte ich dann und wann mit unendlicher Befriedigung sein Kinn und denke bei mir: „Die verdammten Großstädter werden sich ziemlich ins Zeug legen müssen, wenn sie diesem alten Mandarin Angst machen wollen!"

Bei Dreiser ist es ganz anders. Ich möchte ihn umarmen, ihn knuffen, mit ihm ringen, ihn streicheln, ihn zusammenzucken machen. Es verschaffte mir ein diebisches Vergnügen mitanzusehen, welchen Schock ihm das extrem kalte Wasser auf der nackten Haut verursachte, als er einmal in unserer Columbia-County-Grotte badete; als dagegen Masters das einmal tat, war meine einzige Sorge, daß er sich eine Lungenentzündung holte. Ich pflegte Dreiser immer zu dem merkwürdigen Schuljungenspiel zu verleiten, bei dem ich in der Prep. dank meiner kräftigen Handgelenke und Finger so schwer zu überwinden war. Kennst du das Spiel, von dem ich spreche, Leser? Man stellt sich vor seinen Gegner hin, verschränkt die Finger mit dessen Fingern und drückt die Handflächen gegen dessen Handflächen; dann versucht jeder, durch Pressen mit den Händen den anderen in die Knie zu zwingen! Zu diesem Wettkampf verlockte ich Dreiser gern; und wir pflegten mit erhobenen Händen und immer mehr sich verzerrenden und erbleichenden Gesichtern durchs Zimmer zu wanken, bis unsere Freunde einschritten. Aber keiner von uns konnte den anderen je auf die Knie zwingen!

Ich spürte stets – spüre immer – ungestüme Wellen magnetischer Anziehung zwischen Dreiser und mir, Wellen, die mit Sicherheit nicht homosexueller Natur sind, da wir beide keinerlei homosexuelle Neigungen haben, sondern superchemischer Herkunft zu sein scheinen und auf die Diffusion einer mysteriösen, okkulten Kraft durch die materielle Hülle unserer körperlichen Gestalt zurückgehen. In Wahrheit sind Dreiser und ich beide Magier. Wir sind zwei Lamas, die sich zwar auf schwarze Magier verstehen, es aber aus Gründen, die besser im Verborgenen bleiben, vorziehen, weiße Magie zu praktizieren. Wir haben ein morbide reges Gewissen. Probleme von Recht und Unrecht sind uns sehr viel wichtiger als ästhetische Fragen. Natürlich gibt es unzählige geistige und moralische Bereiche, wo er mich weit hinter sich läßt; ich denke da etwa an ökonomische Kenntnisse, Musikverständnis, den Mut, seinen persönlichen Feinden Paroli zu bieten, den Mut, sich brutalen und dummen Autoritäten entgegenzustellen, Freiheit vom Laster der Schmeichelei, *sprachliche* und gedankliche Integrität. In meiner Eigenschaft als Mit-Lama oder Mit-Guru aber halte ich für den wichtigsten Punkt, in dem ich Dreiser bei unserem geistigen „Armdrücken" über bin, meine Fähigkeit, der Welt zu entfliehen. Da andererseits jedoch meine Neigung, der Welt zu entfliehen, überwiegend aus *Weltangst* besteht und Dreisers Neigung, in der Welt zu bleiben, sich überwiegend mit dem Wunsch vermischt, für die „Erniedrigten und Beleidigten" der Welt zu kämpfen, bin ich wohl kaum in der Lage, mir im Hinblick auf diesen Vorteil allzuviel moralisches Pathos beizulegen.

Eben die innige Vermischung des Magnetischen, des Psychischen, des Mystischen, des Okkulten mit einem so ungeheuren Realismus und einer so gewaltigen *praktischen* Kraft, Eigenschaften also, in denen ich ebensosehr hilfloser Dilettant, ebensosehr schüchterner Bücherwurm bin, als wäre ich tatsächlich der „liebe Archidiakon", als den mich Llewelyn bezeichnet, macht Dreiser zu dem Genie, das er ist, und verleiht ihm den Einfluß, den er besitzt. Freilich ist Dreiser ein Mann voller seltsamer Gegensätze und Widersprüche. Wie ich einmal dem bewundernswerten Autor eines ausgezeichneten Buches über seine Persönlichkeit und seine Zeit erklärte, kann er, wenn es ihn überkommt, bei allen kosmischen und planetarischen Gefühlen und trotz eines ausgeprägten Zuges von urwüchsiger Wildheit eine Zartheit an den Tag legen, die nicht nur „so fein ist wie die einer Frau", sondern erheblich feiner als die der meisten Frauen, die ich kenne.

Dreiser fühlte sich von seinem ganzen Wesen her aufgerufen, mir zu Hilfe zu eilen, als ich mich 1917, zu der *Gastroenterostomie* genannten Operation, unter die begnadeten Hände von Dr. Paul Erdmann begab. Er brachte mich persönlich ins Post-Graduate Hospital; und als ich am nächsten Vormittag die Narkose bekam, war das letzte, woran ich mich erinnern konnte, sein Anblick im weißen Arztkittel, wie er sich mit dem Anästhesisten unterhielt. Er schilderte mir die ganze Prozedur später und sagte, er habe sogar irgendwann ein wichtiges Teil meiner Eingeweide in der Hand gehalten.

Mein Leben lang werde ich mir immer wieder einmal die faszinierenden Persönlichkeiten von Dreiser und Masters vor Augen rufen und meine Sterne segnen, daß es mir bestimmt war, solche Männer zu kennen und mich ihr Freund nennen zu dürfen. Ich muß selbst ein wenig schmunzeln, wenn ich so rede, denn nichts kennzeichnet so deutlich wie dieser oft gehörte Satz sowohl die oberflächliche „Raffinesse" des amerikanischen Mannes beim Werben für sich selbst, als auch die ihm zugrundeliegende, unausgesprochene Einsamkeit und Gehemmtheit. „Aber ja! Soundso" – und man nenne den Namen eines prominenten Bankiers oder Firmengründers – *„ist ein enger persönlicher Freund von mir."* Nun gut! Wenn *ich* mich im Red Lion in Dolgelly brüste, ich sei ein „enger persönlicher Freund" der beiden größten Amerikaner unserer Zeit, dann tue ich es hoffentlich nicht allzu laut!

Doch wenn man einmal beiseite läßt, daß beiden Männern der verwickelte Snobismus englischer Schriftsteller mit seiner doppelten Ladung überempfindlichen Selbstbewußtseins – einmal als Künstler, und dann, wenn sie's denn sind, als Gentlemen und Gelehrte – fehlt, so sind Dreiser und Masters so verschieden voneinander, wie es zwei geniale Männer nur sein könnten. Ich habe die Unterschiede zwischen meinen vertrautesten englischen Freunden, Bernie, dem „Katholiken", Tom Jones, Louis Wilkinson und Harry Lyon, herausgearbeitet, indem ich mir ihre jeweilige Haltung gegenüber einem fremden, aber nicht unbedingt hübschen Mädchen vorstellte, mit dem sie unversehens in Kontakt kommen. Darf ich Dreiser und Masters nach der gleichen Methode unterscheiden? Dreiser würde die verwirrte Frau mit konzentriertem Blick fixieren; und während er wie ein Botaniker, der mit Muße eine Pflanze untersucht, eine mechanisch-tonlose Melodie summt, würde er ihr – nicht teilnahmslos, versteht sich, sondern durchaus teilnahmsvoll, aber doch mit so etwas wie seelenschänderischer Gewalt – die tiefsten Lebensgeheimnisse ihres innersten Wesens zu entlocken suchen. Nichts, was das Mädchen vor diesem auf sie gerichteten „Auge Gottes" von sich gäbe, bliebe unbeachtet, keine Affektiertheit, kein Narzißmus, keine weibliche Schwäche, keine weibliche List. Allem würde die gleiche, gespannt-interessierte Überneugierde zuteil.

Zum Glück für meine imaginäre Dame „kommt" nichts auf der Welt, außer wenn ein Mann bei Frauen das hilflose Baby spielt, besser „an" als diese Art von leidenschaftlichem, philosophischem Interesse. Kein Wunder, daß Dreiser Erfolg hat! Die betreffende Frau besitzt Verstand genug, um zu erkennen, daß – und so verhält es sich ja auch ganz buchstäblich – dieses eindrucksvolle Wesen *für den Augenblick* völlig „in ihr aufgeht", wie es so schön heißt. In diesem Moment existiert für diese gewaltige Persönlichkeit, für ihre Vorstellungskraft, ihren Instinkt, ihre Klauen, ihre Intuition, ihre Fänge, ihren Intellekt, ihre Pranken, ihren Geist, ihre unendliche Zärtlichkeit, ihren wilden Kannibalismus, ihr wehmütiges Mitgefühl, ihre unersättliche Neugier und ihre verblüffte Verwunderung nichts außer dieser speziellen Evastochter. Und wie gesagt: sofern deren Laster nicht darin besteht, für die erniedrigten Starken die geistige Kinderfrau zu machen, könnte nichts verführerischer für sie sein.

Und nun möchte ich Edgar Lee Masters die Glückliche übergeben. Welch ein Unterschied! Nun liegt es sozusagen ganz bei dem Mädchen selbst. Hätte ich sie für die beiden Gespräche präpariert, so hätte ich ihr gesagt, daß es bei Dreiser im Grund nicht darauf ankomme, wie sie sich gebe. Sie könne unmäßig oder hochnäsig, empfindlich oder verbindlich, ein Plappermaul oder ein Honigmaul, eine Kokette oder eine Nonne, eine Lamia oder eine Hypatia, ein Blaustrumpf oder eine Dirne sein. Für Masters aber würde ich ihr folgendes mitgeben: „Sie müssen vor allem *humorvoll* sein. Seien Sie aufreizend, seien Sie gutwillig, seien Sie nett, seien Sie intellektuell, seien Sie einfühlsam oder was immer Sie wollen, aber Sie müssen humorvoll sein und äußerst feinfühlig auf Humor ansprechen." Und wenn meine fiktive Dame wissen wollte, „welche Art von Humor", und ob Ironie das richtige sei, oder Schalkhaftigkeit oder Verspieltheit oder Spott, so würde ich antworten: „Sie sind nicht nur nicht das richtige, sondern sie werden Mr. Masters, wenn ich ihn nur ein wenig kenne, ebenso ärgern, wie sie mich ärgern würden! Mr. Masters und ich möchten, daß Sie vernünftig sind. Wir wollen nicht Ihren Charakter erforschen, sondern Ihre Gedanken, Ihre Meinungen, Ihre Schlußfolgerungen, Ihre Verallgemeinerungen über das Leben. Dabei aber unterscheiden wir uns ein wenig. Ich nämlich möchte, daß Sie die ganze Zeit sehr ernst bleiben, während Mr. Masters möchte, daß Sie wirklich humorvoll sind."

„Aber, aber, aber –" wird meine fiktive Dame stammeln; und dann werde ich mit der ganzen Wahrheit herausrücken.

„Wenn Sie als Frau die Aufmerksamkeit von Edgar Lee Masters fesseln wollen, meine Liebe, dann hören Sie besser auf, die Bibel zu lesen, und lesen statt dessen Aristophanes und Rabelais."

Doch ich schweife die ganze Zeit ab, während ich gemächlich die Germantown Avenue entlangschlendere, die ich von allen amerikanischen Hauptverkehrsadern am besten kenne und auf der ich mich am stärksten zu Hause fühle. Denn genau wie Frauen, ob nun „philosophisch", wie ich sie mag, oder „humorvoll", wie Masters sie mag, oder „egalweg", wie Dreiser sie nimmt, sich in ihrer Wohnung zu Hause fühlen und ihre Gedanken träge und zwanglos in tausend willkürliche Richtungen schweifen lassen, so bin ich auf irgendeiner wohlbekannten Straße zu Hause und lasse meine Gedanken in alle Richtungen schweifen, während ich jede vertraute Türschwelle, jeden Fensterladen, jedes Geländer, jeden freien Platz, jeden Stall, jeden Garten, jede Hecke, jeden Grasflecken, jeden Hundezwinger, jeden Blumentopf, jede Geranie, jedes Stück verputzter Mauer betrachte. Ach, wie unbeschreiblich glücklich ich bin, wenn ich allein irgendeine Straße, Chaussee oder Allee entlanggehe, sofern es dort nur einen Bürgersteig aus Ziegelstein und nicht das verfluchte Pflaster gibt!

Während ich in der Dachstube meines kleinen, holländischen Hauses in „Upstate"-New York diese Zeilen schreibe und dabei dem Murmeln des Hochwasser führenden Agawamuk lausche, beginne ich meine Gedanken auf tausend phantastischen, psychologischen Nebenwegen schweifen zu lassen, genau wie ich es täte, wenn ich in diesem Moment tatsächlich die herrliche, friedliche alte Germantown Avenue gemächlich in ganzer Länge hinauf- oder hinunterschlenderte. Ja, in einem Vortragssaal, der genau auf diese amerikanische „Hammersmith Road" hinausging, lernte ich meinen lebenslangen Freund James Henderson kennen. James gehört sicherlich zum innersten Bereich meines „inneren Kreises", mit dem ich, wenn ich damit prahlte, Harry Lyon so zu ärgern pflegte. Von allen Philosophen, die ich kenne, ist James einer der tiefsinnigsten und fraglos, ohne jede Einschränkung, der subtilste. Er ist dunkler als mein anderer James, Mr. Abell, und wohl weniger an Religion und mehr an moralischer Kasuistik interessiert; aber bei den besten Philosophen ist es so wie bei den hübschesten Frauen: je tiefer ihre Inspiration reicht, desto weniger Wirbel braucht man um deren Beschränkungen zu machen.

Läßt man Dreiser und Masters beiseite, die natürlich berühmte Männer sind, habe ich das außerordentliche Glück, sowohl in England als auch in Amerika mit Männern befreundet zu sein, die zu klug sind, um Bekanntheit zu erlangen. Persönlich hat mir meine misanthropische Bosheit enorm geholfen, meine kindliche Leichtgläubigkeit hinsichtlich „großer Männer" in Schach zu halten und den weibischen Exzessen meiner boswellschen Heldenverehrung Zügel anzulegen. In jungen Jahren hatte ich die Manie, all die kleinen Biographien „großer Männer" lesen zu müssen, wie sie etwa in den Reihen „English Men of Letters" oder „Great Writers" erschienen, und ich pflegte mit fieberhaftem Eifer die diversen „Geschichten" der englischen Literatur zu studieren. Diese Lobhudeleien und Urteilereien überfrachteten mein in Heldenverehrung befangenes Denken mit, wie man heutzutage sagt, *Klischees* jeder nur vorstellbaren Art: moralischen Klischees, religiösen Klischees, religionsfeindlichen Klischees, ästhetischen Klischees, ironischen Klischees, abgebrühten Klischees, zynischen Klischees, psychischen Klischees, okkulten Klischees, grammatikalischen Klischees, Wortklischees und sogar paragraphischen Klischees.

Nach und nach aber bin ich dieser Unschuld entwachsen. Heute sehe ich, daß der Zufall, und nicht das Verdienst, darüber entscheidet, wer in einer bestimmten Epoche berühmt wird, und ich habe gelernt, nicht nur den Beifall der Vulgären, sondern auch – was erheblich schwerer ist – die intellektuelle, modische Zustimmung der verdammten „Eingeweihten" unbeachtet zu lassen. Ich habe schließlich als Grundtatsache des Lebens, ja als eine Art geistiges Gesetz erkannt, daß die subtilsten Köpfe und die größten Schöpfergeister jedes Zeitalters „zu stolz zum Kämpfen" sind und infolgedessen im Verborgenen blühen! Lediglich erfolgreich, lediglich bekannt zu sein offenbart, wie die Menschheit beschaffen ist, nach meinem Dafürhalten ausnahmslos nicht Überlegenheit, sondern bloß Vitalität. Derlei „Ehre“ unter den Menschen – jawohl! sogar der posthume „Ruhm“, von dem der große, verblendete, unschuldige Dichter soviel Aufhebens macht – erfordert zu ihrer Erlangung eher Energie als Genie, eher Lebhaftigkeit als Sensibilität, eher brutale Kraft als Phantasie und eher *Glück* als irgend etwas anderes.

In meinen mystischen Kult tibetanischer Heiligkeit aber mischt sich ein schrecklich zersetzender Zug von *schwarzer Galle*, der ein bösartiges Vergnügen daran findet, die Großen den Kleinen gleichzumachen. Sowohl als weißer Magier, der auf der Heiligkeit allen Lebens besteht, als auch als schwarzer Magier, der sich an Zerstörung weidet, bin ich mithin jemand, der, wie Unsere Liebe Frau im Magnifikat spricht, „die Gewaltigen vom Stuhl stößt und die Niedrigen erhebt.“ Diese geistige Bosheit in mir aber ist versetzt mit der Fähigkeit zu unversöhnlicher moralischer Empörung. Manchmal, wenn ich oben auf dem Hügel zu den unsichtbaren Mächten bete, daß sie die Vivisektoren und Lynchmörder bestrafen mögen, packt mich der Zorn Gottes wie ein Sturmwind, und ich wirble in meiner Leidenschaft wie ein Derwisch herum. So wie er einige der grimmigeren Propheten Israels oder den empörten Savonarola packte, dessen ausdrucksstarkes Profil dem meinen so sehr ähnelt, so packt er bei all meiner „archidiakonischen“ Verträglichkeit auch mich, dieser Zorn, als handle es sich tatsächlich um eine Schwingung jenes von weither kommenden, ganz außerhalb des warmen Magnetismus unserer planetaren Welt angesiedelten, eiskalten Magnetismus, über den Dreiser zuweilen mit mir gesprochen hat.

Ich bin – aufgrund tausendfacher sonderbarer Erfahrung – ernsthaft zu der Auffassung gelangt, daß ich wirklich eine unheimliche Macht besitze, diejenigen, deren übles Verhalten mich erzürnt, und besonders Vivisektoren und Lynchmörder, mit einem Fluch zu belegen. Vielleicht bin ich eben deshalb in aller Regel auch so nachsichtig, so duldsam, fast möchte ich sagen, so fluid und entpersönlicht, gegenüber schlechten Menschen. Ich lasse sie in Frieden, ich bin ihnen gegenüber demütig, ja unterwürfig; und dann plötzlich, wenn sie am wenigsten damit rechnen, rufe ich den Wolkenhäufer an, und schon fährt der Blitz hernieder!

Dreiser hat mir gesagt, ich ähnele bei Streitgesprächen einem Sack Federn, Federn, auf die man schießen oder einprügeln kann, ohne die geringste Wirkung zu erzielen! Wie eine Dampfwolke weichen diese Federn, teilen sich, nehmen den Treffer hin; und wenn das Geschoß sie durchlagen hat, schließen sie sich wieder und sind wie zuvor. Dreiser selbst ist viel bestimmter als ich, ohne daß ich ihn deshalb für menschlicher hielte. Auf seinen Vergleich mit den „Federn" würde ich ihm zurückgeben, daß er einem grollenden Vulkan ähnelt, auf dessen Hängen die Ziegen und Kaninchen tollen und die Zikaden zirpen – und dann plötzlich, aus heiterem Himmel, Schwefel, Feuer und ein Strom rauchender Lava!

Nein! Ich denke, man kann ohne weiteres behaupten, daß äußerst erfolgreiche Menschen von der Art, die der gemeine Mann „groß" nennt, in ihrer Mehrheit deshalb erfolgreich sind, weil sie *genau das* und nichts anderes wollen. Natürlich passieren gelegentlich Mißgeschicke, so etwa, wenn stille Mathematiker ganz plötzlich kometenhaft zu Berühmtheit aufsteigen. In der Regel aber steht oben, wer die Energie, den Willen und das Verlangen hat, oben zu stehen! Dabei ist es psychologisch interessant zu analysieren, welche Wirkung Berühmtheit und Erfolg auf einen literarisch begabten Menschen haben. Sie ist gemeinhin fatal! Hardy erzählte mir selbst einmal, wie er habe aufpassen müssen, daß seine großstädtischen Bewunderer nicht sein Talent ruinierten; und wie er sich an sein „heimisches Pflaster", wie es in Amerika heißt, habe halten müssen, wo derart gefährlicher Ruhm durch die Bosheit der Nachbarschaft abgeschwächt wird. Es wirft in meinen Augen freilich auch ein trauriges Licht auf die menschliche Natur, wie snobistisch, wie exklusiv, wie hochnäsig literarische Cliquen in aller Regel sind.

Und das gilt wohl nirgendwo in solchem Maße wie in England. Selbst Henry James, der seinen Snobismus auf so verwickelte Weise vergeistigt und seine sozialen Vorurteile so sublimiert hat, macht diese Form von Niedertracht wieder und wieder zum „Motiv" seiner Erzählungen. Ich bezweifle, daß in Frankreich, wo künstlerische Leidenschaften derart hochschlagen, auch nur annähernd die gleiche Gefahr besteht. Wirklich entsetzlich dagegen ist es, wenn man in England erlebt, wie Cliquensnobismus, ästhetischer Snobismus und sozialer Snobismus in einer einzigen Person zusammengerührt sind! Aber – denn ich bin drauf und dran, meinen Landsleuten in meinem Pro-Amerikanismus unrecht zu tun – es gibt auch in England noch freie Geister. So kann ich mir beispielsweise nicht vorstellen, daß sich Walter De La Mare – nach meinem Dafürhalten der bei weitem größte unserer Dichter – zu derartiger sozialer Kleingeisterei herabläßt. Und ich weiß aus dem langen Briefwechsel, den ich unlängst mit ihm führte, daß J. D. Beresford es in seiner radikalen Loslösung von dieser ärgerlichen Hochnäsigkeit selbst mit meinen amerikanischen Freunden aufnehmen kann. Ich habe in jüngster Zeit völlig den Kontakt zu England verloren, doch ich muß gestehen, daß alle meine entsetzten Phantasien über den englischen Snobismus dahinzuschmelzen schienen, als ich Mr. Orage beschwatzte, zum Tee in unsere baufällige Gasse zu kommen. Der feingeistige Kritiker kam mir vor wie jemand, der unter seiner dezenten Kleidung einen Mönchsstrick hätte tragen können.

Wie auch immer, es geht hier schließlich um meine Biographie, und nicht um eine Analyse der Schwäche unseres Nationalcharakters; aber wenn du nicht auf den Kopf gefallen bist, Leser, wirst du schon bemerkt haben, daß ich selbst in einem geradezu ungesunden Maße gegen jedwede Form von Snobismus empfindlich bin. Ich bin jedoch auch *darauf versessen, mir Verdienst zu erwerben,* und so mühe ich mich nachgerade ingrimmig, meinen eigenen Snobismus zunichte zu machen. Wenn das lediglich heißt, daß ich ein „umgekehrter Snob" bin, so sei es. Aber ich war schon immer der Meinung, daß es sich bei dem heutigen Dreh, Selbstlosigkeit „nur eine subtilere Form von Selbstsucht" zu nennen, um einen ziemlich ärgerlichen Kniff handelt. Ich glaube wirklich, es ist keine eitle Prahlerei, wenn ich behaupte, daß ich die tragisch-komischen Grundzüge menschlichen Lebens fest im Griff behalte, indem ich mich fortwährend auf meine kunterbunt-scharlatanhafte Weise, und unter ständiger Verwendung von „Schwarten", mit meiner klassischen Schullektüre abmühe. Ich will damit sagen – und ich stelle genau das gleiche bei Mr. Masters fest, der ständig die Klassiker liest, und vermute, daß auch Bertrand Russel eben darauf hinauswill, wenn er sagt, es sei eine Schande, das Griechische fallenzulassen –, daß man sich durch die Lektüre dieser alten Autoren von dem Gelüst nach Massenprestige befreit, aber dennoch den legitimen Stolz dichterischer Hochachtung vor sich selbst genießt. Wenn ich – der ich der morbideste pseudochristliche

Wahnsinnige und ein regelrechter Dämon gegen meine eigene Würde bin – aus Homer die Salbung für meinen Stolz empfangen habe, so mag man ruhig glauben, daß etwas dran ist an dem, was ich sage!

Außerdem finde ich, die alten Klassiker, besonders die Ilias und die Odyssee, bieten nicht nur den bestmöglichen Schutz gegen alles Vulgäre und Aufdringliche der Gegenwart, sondern auch die bestmögliche Unterstützung für den eigenen stoischen Epikureismus. All die langen dreißig Jahre meines Lebens in Zügen und Hotels habe ich mich mit den kleinen, sinnlichen, natürlichen Freuden getröstet, denen diese alten Gedichte eine so wunderbare Schärfe und eine so herrliche Steigerung verleihen. Das Leben in amerikanischen Zügen, wo die Abteile mit den hochlehnigen Sitzen kleine Oasen völliger Isolation bilden, eignet sich zu epikureischer Ruhe ebenso wie zur Romanlektüre. Während ich aus diesen tausend und abertausend Zugfenstern hinaussah, hatte ich im allgemeinen den Daumen zwischen den Seiten irgendeines spannenden Romans. Wie ich mich auf meine Tasse starken Frühstückskaffee freute, und wie ich es genoß, mich im leeren Waschraum zu rasieren und dazu den mit den wohlklingend-kehligen Stimmen afrikanischer Schaffner harmonierenden Morgengeräuschen zu lauschen!

Es ist schwer, sich solche Philosphie anzueignen; doch wenn man nur zum echten, von Sinnesempfindungen gleichsam besessenen Sensualisten werden und alle Ambition fahren lassen könnte, welch ein erregendes Leben führte man dann! Ich habe so das Gefühl, daß amerikanische Schriftsteller zwar oberflächlich stärker, *geistig* jedoch viel weniger vom Erfolg beeinflußt werden als unsere. Falls ich damit recht habe, könnten wir dann nicht mutmaßen, daß er dem herrlichen Einfluß des Chaos im Gegensatz zum Kosmos, und des Zufalls im Gegensatz zur Bestimmung entspringt? Die Amerikaner sind der Ansicht, ihr Erfolg müsse teils dem Zufall – der jeden zum Triumph führen könnte, wenn er wollte –, teils einer gewaltigen Eigenanstrengung gutgeschrieben werden, die andere auch hätten unternehmen können, aber nicht unternommen haben. Im Gegensatz dazu ist der erfolgreiche Engländer der Auffassung, sein natürlicher Zustand von Passivität und Entspanntheit habe etwas an sich, das Fortuna veranlaßt habe, ihn, ohne daß er einen Finger habe rühren müssen, zu lieben, zu bewundern und zum Empfänger von Ehren auszuersehen.

Gertrude Stein erzählt uns in ihrer Autobiographie, Henry McBride sei, nachem er sie lange vor dem öffentlichen Ruhm gewarnt habe, mittlerweile bereit, sie dieses süße Gift in kleinen Schlückchen genießen zu lassen. Auch ich besitze, wie Miss Stein, die Fähigkeit, lange mit ein bißchen Glorie auszukommen; und wie die genannte, bemerkenswerte Dame bin ich imstande, schwierigen und anspruchsvollen Schriftstellern erheblich mehr Vergnügen abzugewinnen, als man vermuten möchte. Ich habe zu meiner Zeit, „ehrlich wie ich bin", köstliche Befriedigung an den feinsinnigen Werken von Sacheverell und Osbert Sitwell gefunden und mit Vergnügen, wenn auch nicht mit Verständnis, Joyces *Work in Progress* gelesen. Wie William James gegenüber dem Okkulten versuchte ich, mir in diesen Fragen „geistige Offenheit" zu bewahren; und obschon ich, anders als so mancher, nicht vorgeben will, etwas zu begreifen, von dem doch jeder weiß, daß es nicht zu begreifen ist, bereitet mir die sitwellsche Eigenwilligkeit lebhaftes Vergnügen, und ich finde echte Befriedigung daran, meinen Freunden laut Passagen aus *A Work in Progress* vorzulesen, wenngleich mir der Sinn dieser Passagen völlig dunkel bleibt. Es muß schon im bloßen Klang dieser phantastischen Absätze eine Art Zauberkraft liegen. In der Frage der „Glorie" allerdings schmeckt – ich sage das in aller Bescheidenheit – meine eigene kleine Dosis – Mr. McBrides Schlückchen – anders als der Canary Sack von Charlie Chaplin, der Malmsey-Wein der Sitwells oder das pantagruelische Paradiesargot von Joyce.

Mein kleiner Schluck Glorie als Vortragsreisender oder, wie ich mich selbst gern sah, als so etwas wie ein fahrender Troubadour der Klassiker, war seiner ureigenen Natur nach von der Art, die der durchschnittliche Connoisseur geistiger Werte mit Argwohn, wenn nicht gar mit Verachtung betrachtet. Einer gelehrten, pedantischen, kanonischen, dogmatischen Lehrer- und Klassenzimmerkonvention zufolge ist man als Vortragsredner für Frauenspersonen so etwas wie ein Mittelding zwischen einem Damenschneider und einem Damenreitlehrer! Nun, ich habe diese zweifelhafte Beschäftigung seit meinem ersten Engagement in Brighton nahezu vierzig Jahre lang ausgeübt und vermute stark, daß sie nicht nur keineswegs meinen Charakter beschädigt oder meiner Kultur geschadet hat, sondern daß vielmehr gerade all die jahrelang auf mich einwirkende, tiefschürfende weibliche Kritik – denn die Frauen verstehen es, den Eigendünkel eines Menschen klein zu machen und seine wahre Originalität zu fördern – mir in meiner fatalen Geschmeidigkeit und Wandelbarkeit half, meinem Gleichgewicht nicht mehr nur in Form von Wasser, sondern außerdem in Form der gefährlicheren Elemente Luft und Feuer zuzustreben.

Fraglos aber hat die bloße Tatsache, daß ich dieses nicht sehr reputierliche, nicht sehr respektable, nicht immer sehr anständige Excelsior-Banner einer unorthodoxen Kultur jahrelang wie eine zerlumpte Heilsarmeefahne über diesem keuschen, grausamen und chaotischen Land habe wehen lassen, jeden Funken von Überheblichkeit aus mir herausgeläutert, der nicht schon in Wildman's House in Sherborne aus mir herausgepreßt, herausgequetscht, herausgequält und herausgestichelt wurde.

Immerhin aber habe ich auf meinen Fahrten durch dieses verrückte, paradoxe Land Menschen nach meinem Herzen kennengelernt. Einer davon – denn wie der scharfsichtige Leser wohl schon bemerkt hat, bemühe ich mich in dieser Chronik, als wäre ich tatsächlich ein tibetanischer Mönch, mich auf männliche Exemplare meines Entdeckergenies zu beschränken – einer davon war mein Freund Dr. Walter Schott. Ich kann nicht beschreiben, welches Vergnügen ich an Dr. Schotts Gesellschaft fand. Am Pazifik waren wir viel zusammen, denn ich wohnte dort in seinem Hause, als ich schrecklich abgebrannt war, und einmal, auf dem Rückweg von der Beisetzung von Anatole France, besuchte er mich in Patchin Place. Dabei ließ er in meinem Zimmer zwei merkwürdige Gegenstände zurück, die Bühnenlaternen in einem Shakespeare-Stück ähnelten, und die er, wie er erklärte, den Totengräbern abgekauft hatte, die in der Dunkelheit eines Pariser Abends Anatole Frances Grab ausgehoben hatten. Der Besuch meines Freundes fiel mit sehr drastischen Veränderungen in seinen häuslichen Angelegenheiten zusammen; doch trotz seines Kummers war Dr. Schott ganz erfüllt von erstaunlichen und verwirrenden Spekulationen über gewisse ganz außergewöhnliche Altertümer im Zusammenhang mit dem Heiligen Tempel in Jerusalem.

Diese Spekulationen, die eher merkwürdiger als frommer Natur waren, führte er später in einem als Privatdruck erscheinenden

Werk aus, das für die Bibliophilen der Nachwelt stets eine literarische Kuriosität darstellen wird. Ich mochte ihn aber eher um seiner selbst, als um irgendeiner speziellen Idee willen, obschon er viele hatte und sie alle originell waren; und ich mochte ihn mehr als gern. Der Mann ist ein geborenes Genie. Manche *erlangen* Genie – ich denke, daß ich selbst, teils mit Hilfe von Frauen, so dazu gekommen bin –, und manche sind geborene Genies, und zu ihnen gehört Dr. Schott. Sein Vater war Deutscher und seine Mutter Engländerin; so daß er nach Belieben auf die metaphysische Naivität des einen und auf den scharfen, exzentrischen, eigenständigen Humor des anderen Volkes zurückgreifen konnte.

Und wie sah er aus, dieser wunderliche Platoniker, dieser gnomenhafte Komödiant, dessen Lieblingsbuch das Buch Hiob war? Je nun! Dr. Schott hat gewölbte Augenbrauen. Ich habe schon vor langer Zeit festgestellt, daß von allen äußeren Erscheinungen unserer Veranlagung – also von den Eigenarten, die uns die Natur mitgibt – die Augenbrauen am bezeichnendsten für unseren Charakter sind. Dr. Schotts Augenbrauen, die seine hohe, fahle, stets von einem zweigeteilten Busch zersauster Haare bekrönte Stirn nach unten abschließen, sind die heiter gewölbten Augenbrauen eines kosmischen Fragenstellers „ohn' allen Arg". Der komisch unschuldige und verwirrte Gesichtsausdruck des großen Einstein weist das gleiche Kennzeichen von Harmlosigkeit auf. Kein Bankier, kein Finanzier, kein Lynchmörder, kein Vivisektor hat je gewölbte Augenbrauen.

Und Dr. Schott lag mir auch noch in einer weiteren Eigenart ausgezeichnet. Er verband Skepsis gegenüber allem mit Leichtgläubigkeit gegenüber allem; und das ist meiner Überzeugung nach die wahre shakespearesche Art, das Leben zu betrachten. Übrigens war er ein erstklassiger Zahnarzt; und ich möchte dich fragen, Leser, warum werden so viele echte Philosophen Zahnärzte? Dr. Schott praktiziert nach wie vor in der Mission Street in San Francisco. Glücklich, ja! dreimal glücklich, wem in jenem Stuhl philosophisches Novocain verabreicht wird.

Meinen Freund Reginald Hunter, der mir in meinem „Vorderzimmer, Dachgeschoß" in Patchin Place nachfolgte, lernte ich erst nach dem Kriege kennen. Mr. Hunter, der eigentlich aus Neuseeland kommt, ist einer jener Engländer, die mich stets mit Stolz auf meine Landsleute erfüllen. Hochgewachsen, schlank und so zartzerbrechlich, daß er zuweilen fast *durchsichtig* anmutet, ist Rex Hunter eines jener seltenen Wesen, das sich ein für allemal für den „besseren Weg" entscheidet und hinfort nie mehr – nein! für keine weltliche Versuchung – davon abweicht. Mitten in der modernsten und „fortschrittlichsten" Stadt der Welt versteht er es, sich geistig wie praktisch dermaßen nach der Decke zu strecken, daß er ganz für sich und für seine humorvollen und pittoresken, aus sämtlichen Tollheiten um ihn herum ausgewählten „Vignetten" leben kann, ohne dem schamlosen Hause Rimmon wie „Naaman der Syrer" auch nur äußerlich zu huldigen! Ich hätte es auch nicht ertragen, als Nachfolger jemand weniger ausgeglichenen als Reginald Hunter zu bekommen. Und er übernahm nicht nur meine Wohnung! Wer anders als dieser unvoreingenommene, schrullige Beobachter hätte das Erscheinen von „Patrick" auf seiner Schwelle im dritten Stock ohne Mißvergnügen oder Verlegenheit begrüßt?

Es war wohl Llewelyns „Gefährtin", die Patrick entdeckte oder, besser gesagt, von ihm entdeckt wurde, aber er und Llewelyn brauchten sich nur einmal zu begegnen, damit deutlich wurde, wie ausgezeichnet sie einander lagen. Patrick und ich kamen nicht so gut miteinander aus wie Patrick und Llewelyn. Er hatte eine Neigung, mich, ich will nicht sagen, zu *tyrannisieren*, aber doch sehr häufig mehr Versöhnlichkeit, mehr Geduld, mehr „Getue", wie wir sagen, zu verlangen, als mir so ohne weiteres zu Gebote steht. Aber schließlich verlangte er nicht mehr von mir, als ich ständig irgendwelchen geschäftigen Menschen zuteil werden lasse, die viel besser auf sich achtgeben, als Patrick es je tat. Er war, und ich bete zur Muttergottes, daß er's noch ist, ein hochgewachsener, dünner Ire mit dichtem Schnurrbart, ein Mensch des Typs, wie er mir früher, unter den alten Rotröcken der Streitkräfte Seiner Majestät, so vertraut war, und er hat zu meinem Wortschatz jedenfalls mehrere Ausdrücke beigesteuert, die so ausgefallen und keltisch waren, wie ich es mir nur wünschen konnte. Außerdem war Patrick in der wesentlichsten und wichtigsten Weisheit bewandert, die es gibt, der Weisheit nämlich, seine gottgegebenen Eigenheiten derart seiner zufallsbestimmten Umgebung anzupassen, daß sich für beide die geringstmögliche Störung ergibt.

Der „liebe Mensch", wie die alten Damen Henry James nennen, hatte eine Marotte, die ich wirklich nervenaufreibend finde und die auch eine empfindliche alte Jungfer – wenn ich statt eines Varietébesuchers eine solche gewesen wäre – auf die Palme getrieben hätte. Er hatte die Angewohnheit, die große Kiste für „Anmachholz", die ich vor der Tür stehen hatte – denn ich brauchte ein offenes Feuer, um es warm zu haben –, als Schuhschrank, Kleiderkommode und Speisekasten zu benutzen. Er äußerte sich immer sehr unbestimmt darüber, wo er nächtigte; aber wo immer das auch war, es bot eindeutig keinen Platz zur Aufbewahrung privater Habseligkeiten; meine normalerweise halbleere Holzkiste dagegen eignete sich hervorragend für diesen Zweck. „Ich hole die Sachen morgen ab", pflegte er jedesmal zu sagen, wenn ich drohte, seine wie von einer Dohle zusammengetragene Sammlung fortzuschaffen.

Llewelyn und seine „liebe Gefährtin" waren zugleich freundlicher und bestimmter gegenüber Patrick, als ich es sein konnte. Sie pflegten ihn in ihr Zimmer zu bitten und am Kamin sitzen zu lassen. Es kam sogar vor, daß sie ihm Spiegeleier brieten. Ich war sowohl schwächer als auch selbstsüchtiger. Ich machte ihm Tee, bis er es sich angewöhnte, fast jeden Tag zur Teezeit aufzutauchen. Da rebellierte ich. Ich befand, daß speziell die Art, wie er an der Türklinke rüttelte, anstatt zu klopfen, die Geduld jedes noch so vergeistigten, nach dem „Erwerb von Verdienst" strebenden Lamas überstrapaziert hätte. Schließlich brachte ich ihm, wenn ich das Geräusch hörte, seine Tasse Tee – diesen Tee, der ein solches Labsal für mich war, daß es mir brutal erschien, ihn Patrick zu verweigern – nach draußen und hieß ihn, sie auf seiner Kleiderkommode sitzend zu trinken. Beim Tee hatten wir genau den gleichen Geschmack. Beide mochten wir ihn, wie nach eigenem Bekunden auch Nietzsche, sehr stark, sehr süß und sehr heiß. Anders als unser Geschmack beim Tee war unsere Lebensphilosophie – und ist es zweifellos noch heute, falls Patrick, was ich zuversichtlich hoffe, am Leben ist – zwar nicht völlig identisch, aber doch fast gleich, außer daß er praktizierender und ich nicht praktizierender Katholik war.

Unsere gemeinsame Philosphie lief auf die deutliche Nietzschesche Erkenntnis des „Pathos der Distanz" in der Welt hinaus. Beide vertraten wir die Ansicht, daß es der Urgrund menschlicher Weisheit sei, für kleine Wohltaten dankbar zu sein. Ich erwachte niemals, ohne meinem Schutzengel dafür zu danken, daß ich, wie mein tägliches Sprüchlein lautet, „sauberes Essen, saubere Unterkunft, sauberes Bettzeug und Tabak oder Zigaretten" habe. Meine Haltung gegenüber diesen unverhofften Glückszufällen ist die einer unaufhörlichen, nervösen Dankbegierde; und mein Gewissen spornt mich ständig an, bessere Bücher zu schreiben, um mich so – wie ich meinen Freund Will Durant einmal habe sagen hören – „Fortuna durch mein Verhalten erkenntlich zu zeigen".

Und Patrick teilte diese Haltung völlig. Er beglückwünschte sich ständig zu irgendeinem „Abflauen" des schlechten Wetters oder der ihm in den Weg gelegten Schwierigkeiten, an Alkohol zu kommen. Dieses Stärkungsmittel bezeichnete er stets als „Erfrischung". Außerdem versäumte es Patrick ebensowenig wie meine alte Freundin Tante Stone, voller Selbstzufriedenheit über die Tatsache nachzusinnen, daß „wir zwar alle geboren, aber noch nicht alle tot sind". Statt des Wortes „Tod" freilich verwendete er den Euphemismus „Schlappmachen".

„Heute nacht", pflegte er etwa hochzufrieden zu verkünden, „haben im Krankenhaus wieder eine ganze Menge schlappgemacht."

Ein anderer gemeinsamer Freund von Llewelyn und mir in Patchin Place – obschon ich wohl auf erheblich vertrauterem Fuße mit ihm stand als mein Bruder – war Mr. Hans Kessler. Mr. Kessler ist ein Philosoph von ganz anderem Schlage als Dr. Schott, dessen Begegnung mit ihm Llewelyn in *The Verdict of Bridlegoose* so humorvoll geschildert hat. Mr. Kessler übernahm stets die Rolle des grimmigen, wilden Realisten von der Art, wie er, um einen weiteren Ausdruck Patricks zu gebrauchen, der „heilige Schrecken" sämtlicher affektierter Schwätzer ist. In Wirklichkeit hatte er das zärtlichste und liebevollste Herz, das man sich nur vorstellen kann. Aber sein Lieblingsbegriff zur Beschreibung des dümmlichen, idealistischen Geplappers, das er so verachtete, lautete „läppisches Hintertreppen-Wischiwaschi"; und ich verbrachte so manchen langen Abend in seiner Gesellschaft in dem verzweifelten Bemühen, mir nicht dieses Schmähwort zuzuziehen.

Er sammelte zu jener Zeit seines Lebens Bücher, und in seinem Logis stapelten sich in ungeheurer Zahl alle möglichen historischen und philosophischen Werke. Seine Beziehungen zu mir waren wirklich recht eigenartig und böten Stoff zu einer ungemein interessanten psychologischen Studie. Im Grunde seines Herzens teilte er wohl die Ansicht der zynischen New Yorker, die mich für einen anmaßenden Esel hielten, der die Arglosigkeit von Frauenvereinen ausnutzte; jedenfalls aber „freute er sich nicht auf eine Gedächtnisausgabe meiner Werke“. In gewisser Weise verspürte er mir gegenüber sogar einen Beschützerinstinkt, und er war ein viel zu freundlicher und zartfühlender Mensch, um mich dahinterkommen zu lassen, wie er meinen geistigen Wert wirklich einschätzte. Dann und wann allerdings unterlief ihm, gleichsam wie wenn eine Hand unachtsam über eine Violine streicht, auch mir gegenüber eine beunruhigende Andeutung jenes „Henkergesichts“, einer schrecklichen Grimasse der Verdammung ohne Gnadenfrist, die er zu ziehen pflegte, ehe seine Lippen das Wort „Hintertreppe“ formten.

Hans Kessler besitzt unzweifelhaft echte Vorstellungskraft. Die Geschichten von seinen Abenteuern waren stets voller verblüffender, origineller Einfälle; und es war, als sähe man einem großen Schauspieler zu, wenn man den rasch wechselnden Ausdruck auf seinem sarkastischen und zuweilen verzerrten Gesicht verfolgte, während er von seinen Erlebnissen erzählte. Aber er hielt es für ein Gebot der Höflichkeit in unserer recht diffizilen Beziehung zwischen einem desillusionierten Zyniker, der das Leben kannte, und einem idealistischen Vortragsreisenden, der Walter Pater bewunderte, das Gespräch auf die Kultur zu beschränken. Natürlich hätte ich mir viel lieber seine Geschichten über ihn selbst angehört, die so voller pittoresker Züge waren, als mich fragen zu lassen, was ich von John Stuart Mill hielte, seinem Lieblingsautor, oder von Mrs. Humphrey Ward, die ohne weiteres als meine Lieblingsautorin hätte durchgehen können. Ich vermute stark, daß Mr. Kessler und ich, während wir so diskutierten, ein sehr viel treffenderes Bild abgegeben hätten, als wir es uns in unseren hyperboreischen Schädeln vorstellen konnten, wenn wir beispielsweise in die Hände des großen Gogol gefallen wären; denn während ich dem Bibliophilen Reverenz erwies, bewunderte ich insgeheim den Reisenden, und während er dem Vortragsredner Reverenz erwies, bemitleidete er insgeheim den Salonlöwen.

Ich kann mich nicht erinnern, ob mein vielgeliebter Kollege Llewelyn Jones bei einer seiner äquinoktialen Reisen nach New York als Literaturredakteur der berühmten Chicagoer *Evening Post* Hans Kessler je begegnet ist. Llewelyn Jones ist der einzige Bewohner der Isle of Man, den ich je gekannt habe, und ich habe folgendes festgestellt: Wenn ein Waliser einen Verteidiger gegen einen furchterregenden Realisten braucht, der seine Mythologie als „Quatsch" betrachtet, kann er nichts Besseres tun, als sich an einen Bewohner der Isle of Man zu wenden. Llewelyn Jones besaß von allen Menschen in Amerika die umfassendste und profundeste Kenntnis moderner Dichtkunst. Ich hätte hierzulande ohne seine Ermutigung niemals weiter Gedichte geschrieben; und das gleiche würde wohl auch so mancher andere ramponierte und reisemüde Troubadour sagen. „Llewelyn Jones wird's ihm schon besorgen", hieß es stets, wenn irgendein literarischer Heckmünzer eine Falschprägung an den Mann zu bringen versuchte.

Ein weiterer Exponent einer Kultur, die nicht einmal Mr. Kessler als „Wischiwaschi" hätte bezeichnen können, war schon mit Llewelyn befreundet, als wir zusammen am Waverly Place wohnten, und besuchte mich weiterhin getreulich, als Llewelyn schon längst nach Europa zurückgekehrt war. Das war Paul Piel, der Bildhauer, Erfinder und ergebene Jünger des Philosophen Santayana. Bei mir aber erschien er in keiner dieser Eigenschaften. Er pflegte, immer eine Stufe überspringend, frisch wie der Morgen und stets am Morgen, meine Treppe hinaufzustürmen, mit großem, unbekümmertem Schwung und einer leis getrommelten Melodie an der geheiligten Tür des Dichters E. E. Cummings vorüberzugehen – an der die meisten meiner Besucher sich ängstlich vorbeistahlen, als könnte der Teufel daraus hervorstürzen –, und mit strahlendem Gesicht, strahlenden Augen, barem Haupt, Kordknickerbocker, schwarzen Strümpfen und einem sturzbachartigen Ausbruch echter, vornehmer, goethischer, germanischer Kultur vor mir zu erscheinen! Ich begrüßte ihn – es wäre eigentlich durchaus natürlich gewesen, wenn ich ihn umarmt hätte –, und er setzte sich auf mein knarrendes Bett, schlug die wuchtigen Beine in den schwarzen Strümpfen übereinander und wischte sich die voluminöse Stirn.

Dann verhielt ich mich ihm gegenüber allen Ernstes in jeder Hinsicht genauso, wie Mr. Kessler sich im Zwiespalt seines freundlichen Herzens mir gegenüber zu verhalten pflegte. Ich stellte ihm Fragen über sämtliche kulturellen Themen, in denen er eine so beredte Autorität war. Aber zwischen Paul Piel und mir war alles offen, war alles klar, lag alles zutage. Paul Piel ist von kindlicher Schlichtheit und natürlicher Güte. Ich dagegen bin von kindlicher Schlichtheit und natürlicher Schlechtigkeit. Wir paßten zueinander, wie in einer Standuhr das Pendel zum Schlaghammer paßt. Für Llewelyn empfand er naturgemäß mehr Zuneigung. Wer tut das nicht? Immerhin stellten mehrere gemeinsame Freunde von uns ihre Besuche bei mir völlig ein, als Llewelyn fortging. Aber ich vermute, daß Paul Piel gespürt haben muß, daß ich für seine Theorien über die griechische Kunst mehr Verwendung hatte als Llewelyn. Und was konnte der Mann reden!

Ich mußte oft an die wunderbaren „Gespräche" Goethes denken, während ich für Paul Piel den empfänglichen Eckermann machte; denn es lag solide Weisheit hinter der stattlichen Stirn, und manche seiner Äußerungen hatten die Art von majestätischer Klarheit, durch welche der Gedanke viel weniger subtil erscheint, als er in Wirklichkeit ist. Er pflegte seine Theorien mit einem Repertoire einnehmender Bewegungen seines robusten, kräftigen Körpers, insbesondere seiner Oberschenkel in den engen Kordhosen und seiner Unterschenkel in den engen Strümpfen, zu illustrieren. Meine ästhetische Bildung muß sich in diesen lebhaften Unterhaltungen erweitert haben wie seit den aufregenden Tagen mit Harry Lyon nicht mehr. Sozusagen unter Architekten aufgewachsen, war es eine neue Erfahrung für mich, einem leidenschaftlichen, theoretisch bewanderten Bildhauer zu begegnen; und bestimmt machte ich mir so manche von Paul Piels Gedanken zu eigen, ohne es recht gewahr zu werden.

Es wäre nach all den Jahren seltsam, wenn ich New York nicht weit besser kennte als jede andere Stadt der Welt. Man darf aber nicht vergessen, daß ich aus dem hochaufragenden Panorama instinktiv gewisse wunderliche, schlichte Aspekte auswählte, die mit meinem hartnäckig hinterwäldlerischen und hartnäckig mittelalterlichen Wesen in Einklang standen. Ich pflegte von Patchin Place zum Washington Square zu spazieren, entweder über die Zehnte Straße, auf der am Rande des Bürgersteiges eine Pappel wuchs, die ich zum Fetisch – oder gar zum Totem – machte, oder über die Elfte Straße, wo ich jedesmal an dem kleinen, portugiesisch-jüdischen Friedhof haltmachte, um mit der sanften Rachel Philips zu sprechen, die etwa zur Zeit meiner Geburt in Shirley dort beigesetzt wurde und zu deren Gebeinen ich nach und nach eine treue und fast romantische Zuneigung entwickelte. Am Washington Square angelangt, gab ich mir alle Mühe, mich nicht von zwei berühmten Inschriften hypnotisieren zu lassen, welche in großer Höhe auf dem belaubten Areal angebracht sind: die eine, mit der Washington „das Ergebnis" in die Hände Gottes legt, und die andere, mit der die Universität soviel Wesens um die „Nützlichkeit" – utilitas, utilitatis – der Bildung macht. Nützlichkeit wie Ergebnis vermeidend betrachtete ich merkwürdig fasziniert einen ganz bestimmten Hahn nebst Sphinx, welche die Eingangstreppe eines der großen, roten Häuser an der Nordseite des Platzes zierten, Objekte, denen schon Henry James oft das sinnende Haupt zugewandt haben muß, wenn er über die tragische Ambiguität nachgrübelte, die solchen geduldigen Unbelebten innewohnt.

Mein letztes Ziel auf dem Platz jedoch war immer dasselbe, nämlich der direkt am Parkgeländer gegenüber der Inschrift über die „Nützlichkeit" verlaufende Pfad, welcher der am wenigsten frequentierte Spazierweg auf dem gesamten Areal war. Hier pflegte ich einer jener emblematischen und für mich, mit meiner hartnäckigen Ausschau nach „Zeichen am Wege", mystischen Gestalten zu begegnen, Gralsboten, so könnte sie man beinahe nennen, die mein Lebtag in Abständen meinen Weg kreuzten. Dazu gehörte die Verrückte, die ich auf dem Weg von Southwick nach Brighton, zu den ersten berufsmäßigen Vorträgen meines Lebens, bei den Gaswerken von Portslade traf, und dazu gehörte die Verrückte, die mich noch vor dem Erscheinen von Mrs. Curme oder Tante Stone nach Court House führte. Aber die Gralsbotin, der ich am Washington Square begegnete, war nicht verrückt, und sie war auch keine gewöhnliche Bettlerin. Sie war eine ideale Bettlerin. Ich will damit sagen, daß ihr der edle Anstand zerlumpter Würde anhaftete, wie man ihn an den Choregoi bestimmter griechischer Schauspiele wahrnimmt. Ihre Lumpen waren symbolisch, nicht bloß eine Begleiterscheinung der Anmut. Sie waren ihre Insignien, ihr Schild, ihr stolzes Wappen. Sie trug sie mit einem gewissen verstohlenen Hochmut, als stellten sie eine Verkleidung dar, die sie jeden Moment abstreifen könnte. Jedesmal allerdings, wenn wir uns begegneten, richtete sie ihr Auge auf mich, als nehme sie mich durch ihre Verkleidung hindurch wahr.

Sie ging immer sehr langsam und hielt im Gehen einen flachen Holzkasten vor sich. Ich habe sie nicht ein einziges Mal um Almosen betteln sehen. Es war, als könne sie aus diesem Kasten Schlüssel zum Unsichtbaren verteilen, wie der Schlüssel, den Faust von Mephistopheles bekommt, als er Helena zitiert. Ihre altmodische Haube war bunt besetzt mit künstlichen Blumen, die mit der Jahreszeit wechselten; aber trotz allem war mir, wenn ihre flackernden Augen mich ansahen, als würde ich von Teisiphone, Lachesis oder gar Medusa angerufen. Dennoch hatte ich niemals Angst vor ihr. Ich spürte, daß sie zwar in den Augen vieler unheimlich wirken mochte, mir jedoch nichts als Glück brachte. Sie sprach ein fürchterlich gebrochenes Englisch, und das war vielleicht nur gut so; denn einem oder zwei unserer Gespräche entnahm ich, daß sie mir aus ihrem mystischen Bauchladen tatsächlich einen „Schlüssel" geben konnte, der einem manierlichen, diskreten Gentleman verborgene Gärten öffnen würde, die besser verschlossen blieben.

Vor den Fenstern des „Vorderzimmers, Dachgeschoß" in Patchin Place, die auf die malerische kleine Gasse hinausgingen, breitete ein Ailanthus seine Zwege, jener Baum des Himmels, von dem Tschuang-Tse spricht, jener Baum, der bar aller „utilitas" und dennoch so vollkommen ist, jener Baum, den der große Gott der Abfallhaufen als seinen Buhlen in New York aus dem Staub heraufbeschworen hat.

Zehn Jahre meines Lebens in Amerika hatte ich kein Badezimmer, außer wenn ich auf Reisen war. Aber das war etwas ganz Selbstverständliches und Gewohntes für mich. Wo war denn das Badezimmer im Pfarrhaus von Shirley? Wo im Pfarrhaus von Montacute? Wo selbst in der prächtigen Villa, die der Bürgermeister von Casterbridge für uns baute? Allerdings hatte ich reichlich frische Luft und reichlich Bewegung. Ich pflegte jeweils längere Zeit den Bürgersteig an der Ostseite des Washington Square auf und ab zu gehen, wobei ich den neugierigen Hunden auswich, die dort immerzu mit gehobenem Bein irgendeine durch einen Riemen oder eine Kette an sie gefesselte, elegante Dame zu demütiger, gehorsamer Bewegungslosigkeit verurteilten, solange sie in erotischer, wenn nicht gar ekstatischer Versunkenheit ihren Urin an reizvollen Stellen ausschieden. Seit ich selbst einen Hund besitze, habe ich festgestellt, daß sich solche „reizvollen Stellen" durch menschliche Aufmerksamkeit künstlich schaffen lassen. Es hat sich für mich als notwendig erwiesen, etwa einen bestimmten Stein oder Baumstumpf, der es mir angetan hat, zu meiden, damit nicht mein Hund, weil er mein Darinvertieft-Sein bemerkt und glaubt, es müsse eine „reizvolle Stelle" für mich sein, hemmungslos Wasser daran läßt.

Llewelyn und ich freundeten uns mit einem winzigen Exemplar der Gattung Ampfer – „Ampfer hinein, Nessel heraus" – am Fuße des eisernen Geländers an, und ich empfand es als traurig, daß dieser Ampfer, wie so viele unserer gemeinsamen Freunde, nach Llewelyns Abreise verschwand. Es ist – recht bedacht – tragisch, welches konkrete Schicksal eine Pflanze, ein Stein, ein alter Handschuh, ein weggeworfenes Knopflochsträußchen, ein Bleistift, eine Haarnadel, ein Schnürsenkel, ein gebrochener Spazierstock in Raum und Zeit nimmt, wenn sie ihre Rolle als göttliche Mittler in einer schweren Lebenskrise gespielt haben und nun für immer verloren sind.

Gewöhnlich war, und ist hoffentlich noch lange, am Eingang von Patchin Place, auf einer Kiste sitzend oder an der Wand lehnend, die shakespearesche Persönlichkeit von Mr. Gilman anzutreffen. Mr. Gilman war ein spezieller Bekannter von mir; und wir haben zu unserer Zeit, wie Ajax und Hektor, zahlreiche Gebrauchsgegenstände getauscht. Seine und meine Eigenheiten ähnelten sich sehr stark. Beide hatten wir, wie der Ailanthus, eine Schwäche für Ausrangiertes und eine Vorliebe für Trödel. Wir pflegten diesen Ausschuß des wüsten Landes zu tauschen. Ständig gingen alte Stühle, alte Bilder, alte Spazierstöcke zwischen uns hin und her. Ein wunderschöner Nußholzstock, dessen Knauf an der Wurzel wie ein Rhinozerosmaul geformt ist, kam von der allerromantischsten Bewohnerin von Patchin Place, nämlich der Herrin der Katze Narziß; aber ohne die Fürsprache von Mr. Gilman hätte ich ihn niemals bekommen.

Schon zu meiner Zeit in der Zwölften Straße, als ich mit einem Hexenmeister von meinem eigenen Blut auf den Grasflecken vor der First Presbyterian Church hinausschaute, lebte ich hauptsächlich von Milch und Eiern. Ich pflegte zum alten Jefferson Market – dem heutigen Frauengefängnis, aber hoffentlich nicht Bridewell, von New York – zu gehen und von dort eine Literflasche der „Handelsklasse A" mitzunehmen, die mir der Milchmann nicht in die übliche Papiertüte stecken durfte. Denn es bereitete mir ein ästhetisches, theatralisches Vergnügen, die stattlichen Flaschen in all ihrer kühlen, schlüpfrigen, wiederbelebenden Fülle in der Hand zu halten. Als könnte ich an ihren wiederbelebenden Kräften teilhaben, trug ich sie am Grabe von Rachel Philips – gestorben, bevor ich geboren wurde – oder an der kleinen Pappel vorbei, die mittlerweile eine noch kleinere Gefährtin hat, aber wenn ich die Treppe unseres presbyterianischen Schlupfwinkels hinaufgestiegen war und mich in unserer winzigen Wohnung befand, vergaß ich über dem Genuß der weißen „Erfrischung" sowohl die Tote als auch den auf dem Pflaster wachsenden Baum.

Kraft dieser Flaschen vom Jefferson Market begnügte ich mich häufig nicht damit, mehrmals den Washington Square zu umrunden, sondern unternahm sehr viel ausgedehntere Gänge. So spazierte ich etwa die Seventh Avenue entlang, die Llewelyn in seinem poetischen Sentiment für Wessex stets „Fosse-Way" nannte, oder die Hudson Street bis fast an ihr Ende hinunter, und manchmal bog ich auch Richtung Hafenviertel ab und suchte mir eine freie Stelle oder Lücke, von der aus man einen beschränkten Blick auf den Fluß erhaschen konnte. Aber das Hafenviertel war trotz aller Masten, Schiffsrümpfe, Flaggen und Schornsteine nur quälend für mich, quälend und erschreckend, denn ein-, zweimal traf ich dort auf höchst sinistre Gestalten, und ich malte mir fortwährend die unheimlichsten Möglichkeiten aus. Ich war nämlich zugleich ein heikler, wählerischer Feigling und ein empfindsamer Romantiker! Es entsprach meiner Lebensillusion, mich als jemanden zu sehen, der durch gefährliche, von Seeleuten frequentierte Viertel zog, auf alten Kaitreppen saß und Wellen betrachtete, über die eine Möwe direkt an der Wasseroberfläche geradewegs bis White Nose fliegen könnte; gleichzeitig aber hatte ich so schreckliche Angst vor Gangstern und Auseinandersetzungen mit Betrunkenen, als wäre ich eine alte Jungfer in Salisbury Close gewesen.

Die jugendlichen Straßenbanden machten sich zuweilen über mich lustig, indem sie mir Schmähworte wie „Napoleon" oder

„Shakespeare“ nachschrieen. Ich habe keine Ahnung, wie sie darauf kamen; denn ich muß mit meinem alten, grün-schwarzen Ulster, meinen zerrissenen „Tretern“, meiner Hakennase und dem unsinnigen Spazierstock eher wie ein heruntergekommener Doktor Faustus denn wie eine dieser gewaltigen Persönlichkeiten gewirkt haben.

In Wahrheit erkannte das gemeine Volk von New York nur eine einzige Abweichung von der Norm des Bankangestellten oder des Fuhrkutschers an, und das war der „Künstler“ – auf meine Begleiter gemünzt, habe ich den Ruf oft vernommen. Aber diese Burschen zeigten doch auch einigen Scharfblick. Ein Napoleon war ich gewiß nicht; aber sie taten recht daran, mir nicht „Künstler“ nachzuschreien. Schade, daß es in diesem Viertel keinen Dickens gab, der hätte festhalten können, wie „unmöglich“ ich ausgesehen haben muß, wenn ich wie ein scheuendes Pferd vor dem Anblick eines Hundehaufens – denn seit Jahren empört mich Hundekot ebensosehr wie der Kot der menschlichen Rasse –, vor dem Anblick eines toten Pferdes – ein durchaus alltägliches Vorkommnis in jenen Tagen –, vor der Nähe eines gefährlich wirkenden Hundes oder der Nachbarschaft eines Gebäudes zurückschreckte, das mir die Vorstellung eingab, daß darin Vivisektion praktiziert wurde. Bei solchen Gelegenheiten stieß ich meinen Stock jählings kräftig gegen den Boden, riß wie eine klassische Maske den Mund auf, streckte die Finger der freien Hand, bis sie sich wie Radspeichen auseinanderspreizten, und enteilte mit langen Schritten, als wäre ein Lynchmob hinter mir her.

Meine Haltung gegenüber New York entspricht im kleinen meiner Haltung gegenüber ganz Amerika. Genau wie es mir die Klänge in „Kardomah Café“ als naheliegend prophezeit hatten, betrachtete ich die Stadt als fürchterliches Chaos, in dem man sich, vermöge einer gewissen listigen Klugheit und einiger Zaubertricks, wie ein „Kranich des Ibykos“ unter den Stahlträgern einer Brücke oder am sich schwärzenden Baum in einem Todessumpf ein vorübergehendes Nest bauen kann. Noch in diesen turmhoch aufragenden Städten erheben unverhüllt die Elemente des Abgrundes das Haupt. Man späht aus einem Mietshaus und erblickt einen verformten Findling oder einen bizarren Schlackebrocken, und diese Unbelebten starren mit gräßlich-unmenschlichem Widerblick zurück. Was die Natur sich in Amerika gefallen lassen muß! Aber sie hält es aus; denn nirgendwo sonst befindet sie sich selbst stärker *in extremis*. Zu den schrecklichsten Dingen in diesem Lande gehört der sogenannte „Vergnügungspark"; aber diese künstlichen Empusa-Monstren werden gewöhnlich an Stellen angelegt, wo urzeitliche Felsen oder riesige, verlassene Strände sie in ihre Schranken weisen können, eine Aufgabe, mit der unsere europäische Landschaft überfordert wäre. Erstaunlich, daß man so viele elegante, flotte „Apartmenthäuser" sieht, die alle von ihrer eigenen Schlacke, Asche und jederlei Abfall umgeben und dennoch mit der Natur in ihrer ehrfurchtgebietendsten Stimmung konfrontiert sind.

Aber schließlich kenne ich New York ja auch besser als jede andere Stadt. Habe ich sie nicht für dreißig Jahre zu meinem Hauptquartier gemacht? Habe ich nicht jenes merkwürdige Gefühl von Usus und Gewohnheit für sie entwickelt, das nicht dasselbe ist wie Zuneigung oder Bewunderung, aber doch so etwas wie vorsichtige Vertrautheit, eine Art reservierte Freundlichkeit enthält, die von Abneigung sehr weit entfernt ist? Wenn freilich die Amerikaner bei aller heroischen Schlichtheit mitunter teuflisch grausam zu Exzentrikern und Neurotikern und, in jähen Anwandlungen, satanisch brutal zu Negern sind, so beschränken sie solche Gewalttätigkeit keineswegs auf diese exotischen Typen. Sie wenden sich gegen sich selbst! Sie wenden sich insbesondere gegen ihre Sprachrohre, ihre eigenen, amerikanischen Genies.

Amerika ist das Land des Experiments, der Neuerungen und vor allem der Jugend mit ihrer eigenen, besonderen Form von Neuerungssucht. Amerika ist ein Paradies für junge Frauen, ein Fegefeuer für alte Männer – die allerdings, wenn sie überhaupt überleben wollen, sehr robust und nicht sehr feinfühlig sein müssen –, und ein Inferno für phantasiebegabte amerikanische Schriftsteller.

Heimatverschlagene Engländer – und es gibt hier mehrere von uns; einige, wie ich selbst, sogar mit dem anerkannten Status eines ständig im Lande lebenden Ausländers – haben einen leichteren Stand als amerikanische Schriftsteller mit Schöpfergeist. Die bloße Tatsache, daß wir Engländer sind, hilft uns enorm; denn die Amerikaner empfinden zwar Verachtung für „Wops" und „Dagos" mediterraner Herkunft, bringen Engländern jedoch einen beklommenen und zuweilen fast kläglichen Respekt entgegen. Wenn ich beispielsweise daran denke, wieviel besser ich in diesen dreißig Jahren behandelt worden bin als einheimische Genies wie Masters und Lindsay, denen ich, als Dichter jedenfalls, die Schuhriemen zu lösen nicht würdig bin, packt mich der Zorn auf dieses jugendbesessene, jugendnärrische, jugendbetörte Volk.

Wir Engländer, so muß ich bekennen, verfallen ins andere Extrem. Unsere Insel ist eine Art irdisches Paradies für alte Männer. In England warten wir ab, bis die beruhigenden Symptome der Senilität sich zu zeigen beginnen und lassen dem verfallenden Genie dann mehr als Gerechtigkeit widerfahren. Wenn Masters oder Lindsay Engländer gewesen wären, so wäre ihre Position – mit dem Ende ihrer Jugend – gesichert gewesen und hätte mit dem Nachlassen ihrer Vitalität noch an Ehre zugenommen. Bei uns wäre Masters Poeta Laureatus – von rechts wegen müßte er Poeta Laureatus von Amerika sein – und Lindsay mindestens Sir Vachel geworden. Dabei war es früher schon ganz genauso. Bei uns, auf der anderen Seite des Atlantiks, erfuhr Walt Whitman, von Emersons tapferem Wort abgesehen, zum erstenmal tiefe Anerkennung; und die Mißachtung der Zeitgenossen für Melvilles *Moby Dick* gereichte dem Wahrnehmungsvermögen der Amerikaner ebensosehr zur Schande wie die Art und Weise, wie sie Poe behandelten.

Schlaue junge Männer und verwegene junge Frauen sind die von der amerikanischen Öffentlichkeit angebeteten, unwiderstehlichen Schufte; und bei Gott! die geliebten Schurken wissen ihr Schäfchen zu scheren auf den Weiden Hollywoods!

Dreiser ist in diesem Zusammenhang ein Sonderfall. Dreiser ist einer jener gewaltigen Schicksalsgünstlinge, die offenbar in der Lage sind, ein planetares Reservoir von kosmischem Magnetismus anzuzapfen, so daß es für sie von zweitrangiger Bedeutung ist, welchem Zweig menschlicher Betätigung sie sich widmen. In Dreiser haben die Ausbeuter des Genies zum erstenmal in der Menschheitsgeschichte ihren Meister gefunden. Er kann ebensogut, wenn nicht kräftiger, austeilen wie einstecken. Aber Dreiser ist ein sehr viel bemerkenswerteres Wesen, als man aufgrund seiner Bücher vermuten würde. Er ist ohne Frage die eindrucksvollste Persönlichkeit, der auf dieser irdischen Pilgerfahrt zu begegnen mein Los war oder sein wird. Ich betrachte Maxim Gorki als den derzeit größten lebenden Schriftsteller der Welt; aber ich bin überzeugt, daß die Persönlichkeit des erstaunlichen Amerikaners, wenn man die beiden einander gegenüberstellte, selbst den mächtigen Russen bezwänge.

Ich möchte dir nicht den Eindruck vermitteln, kluger Leser, daß die dreißig Reisejahre in Amerika ein einziges Honigschlecken waren für „Mr. Powg", wie eine New Yorker Firma mich hartnäckig zu nennen pflegte, oder für „Mr. Cow-Pat", wie man mich einmal im Süden anredete, als man, wie ich stark vermute, den „Niggerfreund" in mir erwitterte. Zweimal kam, ich will nicht sagen, der Gedanke, aber doch ganz sicher die Vorstellung des Selbstmordes in mir auf. Das erste Mal geschah das an der verfluchten „Küste", wie man sie dort nennt; und es äußerte sich in einem starren, paralysierten Blick über die Bordwand einer Fähre. Das zweite Mal kam es in New York City dazu und äußerte sich in einem viel kürzeren Fixieren der schauerlichen, schimmernden Gleise in der Untergrundbahnstation der Seventh Avenue. Man braucht freilich nicht zu glauben, der Genosse Angst, jene gorgonische Schwebegestalt im Hintergrund meines Lebens, habe sich hinweggehoben, weil wegen meiner anderen, normaleren Nöte Pazifikwellen und New Yorker Gleise auf ein Wort mit mir drangen!

Am liebsten wäre es diesem teuflischen Proteus, der seinen armen Mit-Proteus so verfolgt, wenn ich dir, ausgeglichener Leser, jede einzelne seiner Metamorphosen aufzählte. Nichts wird mich dazu bewegen! Selbst ein Autobiograph wie ich kann nicht *alles* erzählen. Über eine kleine, belanglose, unbedeutende Maskierung, in der er sich zeigte, möchte ich jedoch berichten, nämlich über meine panische Angst davor, aus einem hochgelegenen Fenster zu fallen. Ich hatte, wenn ich nicht mindestens im ersten oder zweiten Stock jener monströsen Hotels ein Zimmer bekam, die verrückte Angewohnheit, das Fenster mit dem gesamten Mobiliar zu umstellen, ehe ich zu Bett ging. Ich brachte *zwischen Bett und Fenster* sogar Schreckfallen für mich an, und zwar mit ebensoviel ernsthafter Überlegung, wie ich auf die Gruben für den alten Mr. Curme im Kartoffelgarten von Rothesay House verwandt hatte. Und oft, wenn ich nach Hause, in das Vorderzimmer im dritten

Stock von Patchin Place kam, nachdem mich irgendwer oder -was nach meinem Empfinden schwer gekränkt oder „frech geschändet“ hatte, wie man im Hinblick auf die geistige Vergewaltigung einer bislang noch jungfräulichen Schicht meiner Seele beinahe sagen könnte, murmelte ich, die Worte wie einen schützenden Talisman wiederholend, mit unbeschreiblicher, giftig schwelender Gehässigkeit einige der magischen und doch in gewissem Sinne gezierten Zeilen – und eben *darin* bestand die Rache – aus „Thyrsis“ oder „The Scholar-Gipsy“ vor mich hin, die mir stets so teuer waren. Oh der „spitzbübischen Munkelei“, wenn ich die „Himmelsschlüssel von Cumnor“, die „jasminumhüllten Gitterwerke“, die „weiß blühenden Dornbüsche“ und die „an Waldwegen zitternden Glockenblumen“ heraufbeschwor, während ich unter der dröhnenden „Hochbahn“ in der Sixth Avenue zusammengekrümmt von Eisenpfahl zu Eisenpfahl trottete.

Die Wahrheit ist, daß ich von meinen walisischen Ahnen eine eigenartige, fast etwas Jüdisches enthaltende, Fähigkeit geerbt habe, verstandesmäßig und imaginativ alle schönen Essenzen des Landes, in dem ich lebe, aufzunehmen, während gleichzeitig meine aus der Magengrube aufsteigende „Emanation“, wie William Blake sagen würde, um Zion weint, dieweil sie in der Fremde das Lied des Herrn zu singen versucht.

Einmal, während ich in New York lebte, verfügte die Öffentliche Meinung, dieser mutwilligste aller Despoten, daß an einem bestimmten Tag Strohhüte zu tragen und an einem anderen Tag abzulegen seien. Dies führte, wie man sich vorstellen kann, zu einigem groben Unfug auf den Straßen und war ein Beispiel für ein ganz bestimmtes, primitives Bündnis zwischen Großkapital und Pöbel, wie es nach meiner Feststellung in Amerika von Zeit zu Zeit entsteht, etwas, das ich stets als besonders barbarisches und gefährliches Zeichen empfunden habe, ein Bündnis nämlich zwischen den krakeelenden und den heimtückischen Feinden der Würde und Anständigkeit des Lebens.

Was das Verschwinden bestimmter schockierender Phänomene in diesem Lande angeht, welche die unmittelbare Folge der klimatischen und geographischen Verhältnisse sind, hat Mr. Roosevelt echte seelische Wunder gewirkt. So kann ich mir beispielsweise nur schwer vorstellen, daß es zu einer Wiederaufnahme der Umtriebe des Ku Klux Klan kommt. Umtriebe, denen jene besondere Gräßlichkeit, jene Art von *phantasmagorischem* Horror anhaftet, der die beispiellose Begleiterscheinung körperlicher Brutalität in Amerika bildet. Dieser spezielle Horror, der für den Phantasiebegabten tatsächlich so ungefähr das widerwärtigste Phänomen darstellt, das sich denken läßt, erlebte in Gestalt des Ku Klux Klan nur eine seiner kruderen Ausprägungen. Ich habe ihn auf tausend Gebieten wahrgenommen, Gebieten, auf denen, wie ich fürchte, auch ein guter Präsident die Luft nicht ganz reinigen kann! Er rührt meiner Überzeugung nach von der Dominanz der Großstadt über das Land und vom Triumph der Jugend über das Alter her. Der durchschnittliche Jugendliche spürt sie freilich nicht, die Entsetzlichkeit dieses besonderen, dieses wesenhaft amerikanischen Horrors. Andererseits wäre es absurd zu behauten, es gäbe überhaupt keine jungen Amerikaner, die sie spüren. Vermutlich wird, wer sie am stärksten spürt, schlicht wahnsinnig, wer sie nicht ganz so stark spürt, begeht Selbstmord, und wer sie nur mit einem geringen Grad von Verzweiflung spürt, „türmt", wie wir in der Prep. zu sagen pflegten, das heißt, er setzt sich wie Henry James nach Europa ab!

Denn es ist sehr schwer, *dem amerikanischen Horror* zu entgehen; und ganz unmöglich, ihn denen zu erklären, die nicht sehen, was seine Opfer sehen. Der Horror kann sehr groß sein. Er kann aber auch sehr klein sein. Erscheinungen dieser Art sind meistens an ihrem Geruch zu erkennen; und gewöhnlich wird man feststellen, daß dieser spezielle Horror – wie das Innere eines amerikanischen Sarges, nachdem die Prozedur der Einbalsamierung ihren Lauf genommen hat – nach einer Mischung aus trostloser Tünche und scheußlicher Zersetzung riecht. Das Merkwürdige daran ist, daß dieser Horror nur von phantasiebegabten Menschen wahrgenommen werden kann. Er ist mehr als eine bloße Negation alles Lieblichen, Schönen, Harmonischen, Friedlichen, Organischen, Befriedigenden. Er ist überhaupt keine Negation! Er ist eine schreckliche Affirmation. Ich denke, ihm liegt so etwas wie eine lemurenhafte Gewalttätigkeit von grauenhafter Vulgarität zugrunde. Jedenfalls äußert er sich gern in einer Art „danse macabre" von hektischem Geltungsbedürfnis. Er hat etwas, das dem innersten Wesen all dessen feind ist, was die alten Kulturen uns seit zehntausend Jahren vermitteln.

Dabei ist er, wohlgemerkt, eine Sache entgegengesetzter Extreme. *Abfall* – Abfall um seiner selbst willen – spielt eine große Rolle darin, desgleichen aber auch eine ganz bestimmte, entsetzliche Form von seelenloser Reinlichkeit! Auch Geistlosigkeit, Oberflächlichkeit und „Verkitschtheit" gehören zu seinen Elementen. Besonders entsetzlich daran ist wohl, daß er so handgreiflich und doch so gespensterhaft ist. Er gleicht einer monströsen, bei einer Séance erscheinenden Guy-Fawkes-Maske, in der kein menschlicher Kopf steckt!

Die sogenannten „residential sections", die gehobenen Wohngebiete der Großstädte, dunsten und stinken nach dieser fürchterlichen Erscheinung. Man kann ihr aber auch, wie ich schon angedeutet habe, in jedem Vergnügungspark und auf jedem Rummelplatz begegnen. Sie hat etwas Geisterhaftes, etwas Todähnliches, eine eigentümliche, äußerste Trostlosigkeit des Leeren, ist jedoch bei alledem – und darin liegt das Paradoxon ihrer schauerlichen Entsetzlichkeit – nagelneu, blitzsauber und grell. Es ist, als käme Fratzen schneidend und grimassierend ein hohles Schreckgespenst im letzten Stadium menschlichen Verfalls mit einer schrillen Konzertina in den Händen auf uns zu! Es handelt sich in der Tat um ein vielgestaltiges Monstrum Horrendum.

Nehmen wir beispielsweise das spezielle Element im Werk von Joyce, das unsere heiklen, vornehmen Herrschaften in England als „ungehobelt" empfinden. Ich meine nicht das bloß Schockierende. Ich meine etwas sehr viel Verstörenderes und Beunruhigenderes, etwas, das den Dingen mit „abgebrühtem" Blick und „zähem" Fell geradewegs auf den Grund geht. Man füge alldem die am intensivsten vergegenwärtigte, geistige Trostlosigkeit von T. S. Elliots *Wasteland*, und dieser wiederum die harte, gefühllose *Gelacktheit* – glänzender Firnis auf abgestandenem Schweiß – eines reichen „Seebades" hinzu, und man wird einen gewissen Eindruck von der Atmosphäre bekommen, die ich anzudeuten versuche, eine Atmosphäre, in welcher der Inbegriff des Genormten und Deprimierenden mit einem Schaukelstuhl knarrt, mit einer Markise flattert, rostig-staubige Immergrüns schwenkt und aus einer Million leerer Garagen glotzt! Aber selbst dann wird man noch nicht restlos erfaßt haben, was diese Atmosphäre bedeutet. Denn keine dieser Trostlosigkeiten, deren physische Unerfreulichkeiten ich hier aneinanderreihe, kann im entferntesten die mysteriöse *Sinnlosigkeit* vermitteln, das Fehlen alles Bestärkenden, Befriedigenden, Symbolischen im menschlichen Leben, das diese Erscheinung darstellt.

Ich glaube, man spürt den „amerikanischen Horror" unter Armen nicht annähernd so stark wie unter Reichen. In den echten Slums spürt man ihn, denke ich, überhaupt nicht, obwohl diese Orte weiß Gott schlimm genug sind! Ich habe ihn dann und wann, wenn auch schwach, in den Quartieren auskömmlich lebender Lohnempfänger gespürt; aber nirgendwo so entlebendigend, vernichtend und lähmend, wie er einen in den unsäglichen „residential sections" überfällt.

Doch nun zum Krieg. Ich war in England, ja, ich war sogar in Montacute, als der Krieg erklärt wurde. Ich weiß noch, wie ich bei Anbruch der Morgendämmerung das Hufgetrappel der örtlichen Landmiliz hörte, welche die Straße zwischen den „Parzellen" und der Pfarrhausecke entlangzog, und ich mußte mich von Mr. Montacute, dem ehemaligen Kutscher des Junkers, der damals, wie übrigens auch heute noch, als Privatier im Dorf lebte, durch Yeovil und Babylon Hill hinauf nach Sherborne fahren lassen, wo ich meinen Sohn von der Prep. heim nach Sussex holen wollte. Nie werde ich mein Gespräch mit Mr. Montacute vergessen, während wir, den Kopf seines Pferdes zwischen uns, Seite an Seite Babylon Hill hinaufgingen. Der gutherzige Mann, abwechselnd Wappenschildhalter von Junker und Pfarrer, sprach mit höflichem Takt von anderen Themen als vom Kriege, während wir den Hügel mit dem seltsamen Namen erstiegen, denn er wußte ebensogut wie ich, was da in der Sommerluft lag, dieweil die Vorbereitungen für den Festtag des Dorfes unser Haus immer stärker in Anspruch nahmen.

Doch später in jenem fatalen Sommer kam uns kein anderer als der „Katholik" im Pfarrhaus besuchen, und so geschah es, daß die beiden gewaltigen geistigen Autoritäten meines Lebens, er und mein Vater, einander tatsächlich von Angesicht zu Angesicht begegneten. Während ich mit dem „Katholiken" in diversen Pubs saß – denn obschon er keine Bedenken hatte, das King's Arms oder das Phelip's Arms in unserem Dorf aufzusuchen, fürchtete ich den Zorn meines Vaters viel zu sehr, um mit ihm dorthin zu gehen –, erreichten uns immer wieder Bruchstücke jenes merkwürdigen

Gerüchts, das behauptete, eine riesige russische Armee ziehe heimlich durch England! So waren in den Dörfern in unserem Landesteil die aberwitzigsten Geschichten von russischen Münzen und russischen Kleidungsstücken in Umlauf, die angeblich in den Waggons unserer vertrauten Great Western Railway vergessen worden waren.

Aber dieses Buch ist nur in dem Maße Geschichtswerk, wie jedes Bekenntnis einer Menschenseele das sein muß, und so beeile ich mich, zu meinen eigenen Erlebnissen in jenen Jahren zurückzukehren. Zwischen 1914 und 1915 überquerte ich den Atlantik wie üblich; aber zu dieser Zeit beschloß Arnold Shaw ganz plötzlich, gewissermaßen „über Nacht", wie es so schön heißt, *Verleger zu werden.* Dieser Entschluß war von großer Tragweite für mich, denn so wie mein Vater stets Vorkehrungen traf, seine Selbstachtung und seine Würde vor den Wirren der Welt zu schützen, so war es lebenswichtig für mich, einen engen Freund wie Arnold zu haben, einen Kampfgefährten, der meine gesellschaftsfeindlichen Manien teilte, aber nicht von ihnen behindert wurde, so daß er sich zwischen mich und das Getümmel von Blut und Eisen stellen konnte. Meine Feigheit im Hinblick auf ganz gewöhnliche geschäftliche Dinge ist schlichtweg unglaublich. In einer geschäftlichen Angelegenheit jemandem Paroli zu bieten, mich durchzusetzen, bedeutet für mich eine größere moralische Anstrengung, als es erfordern würde, an einem Tag fünf Vorträge zu halten!

Aus diesem Grunde betrachtete ich es nachgerade als einen Wink der Vorsehung, als Arnold eines Abends, nach einem vergnüglichen Essen im „Halloran's", Verleger zu werden beschloß. Dieser kühne Neuanfang im Powys-Shaw-Vaudeville wurde von dessen Oberclown eifrig befürwortet. Ich war so um die vierzig Jahre alt; seit 1905 hielt ich in Amerika Vorträge; ich hatte noch nicht in der Wohnung bei der First Presbyterian Church Zuflucht genommen, die ich später an Padraic Colum untervermietete. Ich hatte nur einen Blick in Patchin Place geworfen, wo noch, wie man mir, wenn auch nicht gerade mit angehaltenem Atem und andächtigem Flüstern, sagte, der luftige Sitz existiere, auf dem Ezra Pound auf seinem ersten Schmetterlingsflug den zarten Flügel ausgeruht habe.

Aber der Krieg hatte, obwohl ich weiter meinen Geschäften nachging, in zweierlei Hinsicht sehr tiefgreifende psychologische Auswirkungen auf mich. Zum einen trieb er mich an, mit halsbrecherischer Geschwindigkeit Bücher zu schreiben, denn man darf nicht vergessen, daß das einzige, was vor meinem vierzigsten Lebensjahr von mir im Druck erschien, die beiden kleinen Bändchen mit epigonalen Versen waren, die Vetter Ralph in London verlegt hatte. Zum anderen veranlaßte er mich, ein Gelübde abzulegen, daß ich jedem erotischen Vergnügen – ob zerebral, voyeuristisch oder von der Art, wie es die Varietévorstellungen erregten – entsagen würde, bis der Krieg vorüber war. Dieser asketische Entschluß fiel nicht gleich zu Beginn des Krieges. Tatsächlich entsinne ich mich noch sehr gut, wie ich einmal meinen geliebten Treidelpfad am Arun bei Burpham auf und ab ging und dabei den Krieg aus dem tiefsten Grunde meines Lasters verfluchte, weil er mich auf unbestimmte Zeit von den verruchten französischen Büchern abschnitt! Doch als ich nach Amerika zurückgekehrt war und der Krieg in seiner ganzen Entwicklung immer schlimmer ausartete, wurde diese Drangabe meines Lasters zum ernsthaftesten Opfer von Powys I auf der Schlachtstätte; das Gelübde nämlich, daß ich keusch wie Eis bleiben würde, bis die Sache vorbei war!

Das war, wie sich herausstellte, in doppelter Hinsicht ein größeres Opfer, als ich erwartet hatte, denn der Krieg machte nicht nur alle Sylphiden, die ich kannte, leichtfertig und abenteuerlustig, sondern er schuf auch zahlreiche neue Gelegenheiten für die „Freuden der Sünde". Balzac behauptete stets, der Verzicht auf Liebesfreuden sein ein großer Ansporn zur Schaffung von Literatur, und wir machen von unseren Entsagungen wohl viel mehr Wesens als von unseren Erfüllungen; aber natürlich war der eigentliche Grund dafür, daß ich Autor wurde, schlicht der, daß Arnold Verleger geworden war.

1916 war es wohl, wenn ich mich recht erinnere, daß ich mich mit meiner Gefährtin aus der Zwölften Straße West das späte Frühjahr und den Sommer über in Vermont aufhielt, anstatt nach Hause zu fahren. Ich verspürte ein vages Unbehagen, daß ich mich so vor der Verteidigung meines Landes drückte; daß es der erste Frühling und Sommer war, den ich je in New England verbrachte, tröstete mich freilich nicht wenig. Und es begeisterte mich schlichtweg, die Bekanntschaft von Natterzunge, Breitblättriger Kalmie, Blutwurz, Drilling, Knollengrensel und Erdbeerbaum zu machen.

Meine persönliche Einstellung zum Krieg war eine sehr einfache und sehr natürliche. Vielleicht hatte sie auch etwas Feminines und war eben deshalb so ungemein naturnah, obschon ich keineswegs eine jener fragwürdigen weiblichen Emotionen erlebte, die sich offenbar darin erfüllten, stattliche junge Männer aufs Schlachtfeld zu schicken. Ich las Romain Rollands *Der freie Geist* und Russels *Why Men Fight*; aber diese Bücher wirkten im Grunde ebensowenig auf mich, wie wenn ich in meinem Vortrag über Milton gewohnheitsmäßig die Passage aus *Comus* zitierte, die mit den Worten beginnt „So teuer ist dem Himmel heil'ge Keuschheit", und dies, nachdem ich gerade eine Varietévorstellung besucht hatte.

Mit meinem lebhaften Bewußtsein vom Horror dessen, was körperliche Qualen bedeuten können, mit meinen morbide phantasiemächtigen Nerven und meinem mittelalterlichen Gewissen betrachtete ich den Krieg als einen einzigen großen Kampfplatz des Leidens, den zu betreten tapfer und edel, und vor dem sich zu drücken gemein und unehrenhaft war. Diese Ansicht vertrat ich aus tiefstem Herzen. Wer an die Front ging oder verzweifelte Anstrengungen unternahm, an die Front zu kommen, war heroisch. Wer keine verzweifelten Anstrengungen unternahm, an die Front zu kommen, war unheroisch. Ich befaßte mich nicht mit der Frage der Absurdität und Schlechtigkeit dieses Krieges im besonderen und jedes Krieges im allgemeinen, denn die war nur allzu offensichtlich; auch betrachtete ich im Grunde meines Herzens eigentlich niemanden als verantwortlich, außer die Führer der Völker, und diese Führer empfand ich als nicht sonderlich verschieden vom Rest der Menschheit! Mein messerscharfer, männlich-weiblicher Verstand drang durch sämtliche moralischen, politischen und rationalen Argumente geradewegs zur entscheidenden, teuflischen Zwickmühle vor. Jeder Krieg war verrückt. Dieser Krieg jedoch war nicht nur verrückt, sondern auch niederträchtig und widerwärtig, wenn man bedachte, daß er von kaltblütigen älteren und kaltblütigen alten Männern als Folter für heißblütige junge Männer inszeniert wurde.

Aber die Sache lief auf Hochtouren. Die jungen Männer zerrten an der Leine. Und die Mütter der Männer bezahlten schon die Zeche. Je näher daher ein Mann meines Alters sich an die Schützengräben heranschmuggeln konnte, desto edler kam mir dieser Mann vor, und zwar ganz unabhängig vom wahren Wesen dieses Krieges. Wir waren Zeugen eines gräßlichen Kataklysmus, eines riesigen, lodernden Feuerbrandes. *Wer* ihn angefacht hatte und *warum* seine Opfer einander mordeten, war gleichgültig! Menschen mit Mut beeilten sich, *so nahe wie möglich an die Flammen* heranzukommen. Feiglinge beeilten sich, so weit wie möglich von den Flammen wegzukommen.

Nun darfst du dich aber nicht „in den Gedanken verrennen", tapferer Leser, ich hätte das Einzelleben nicht für das kostbarste und heiligste Gut des Universums erachtet. Das Einzelleben hielt ich damals, und halte ich noch heute, für weitaus kostbarer als jedes Anliegen, jeden Glauben und jedes Land. Das Einzelleben und seine Intensivierung und Verfeinerung ist, was mich angeht, der einzig erkennbare Sinn des Kosmos. Und ich erkenne auch durchaus, daß meine persönliche Feigheit mit ihrer unheroischen Neigung, mich vor den Gefahren des Krieges zu drücken, wenn sie sich nur ebenso rasch unter anderen Menschen verbreiten ließe wie „Patriotismus" oder „Nationalismus", zu einem Generalstreik der Feiglinge oder der Freunde des Lebens führen könnte, der vielleicht die Militaristen besiegen würde. Wir, die wir unser eigenes Leben über alles andere stellen, ließen uns vielleicht sogar dazu aufpeitschen, jenen anderen – uns so überaus ähnlichen – Menschen zu trotzen, die die Massen zum Krieg aufhetzen.

Aber in Wahrheit – und das ist das fatale Paradox – sind wir Sterblichen so erbärmlich heroisch, daß man es uns erst wird klarmachen müssen, daß gegen das Kämpfen zu kämpfen heroischer ist als zu kämpfen, ehe wir den Mumm aufbringen, uns gegen jene Führer zu stellen, die schließlich nur wir selbst, in Premierminister und Diktatoren verwandelt, sind. Der beste Beweis für diesen erbärmlichen Heroismus der menschlichen Rasse, der uns derzeit geboten wird, ist wohl die Entstehung von Diktaturen, ob nun faschistischer oder kommunistischer Couleur. Die Situation ist in der Tat höchst unerfreulich klar. Man kann Menschen zu Massenheroismus aufrütteln, die zu individuellem Heroismus nicht fähig sind; denn wie Voltaire sagt, „nichts ist unerfreulicher, als *im verborgenen gehängt* zu werden“. Wie alle Probleme, bei denen es um Leben und Tod geht, handelt es sich um ein schreckliches Paradox. Wenn man nur alle Künstler, Liebhaber, Heiligen, Philosophen, Lebensanbeter, Mystiker, Stoiker und Epikureer auf eine, und die Patrioten, Lynchmörder und Vivisektoren auf die andere Seite brächte, so gäbe es einen Krieg, den auszufechten sich lohnte. Aber die Lage ist nun einmal erheblich komplizierter.

Persönlich betrachte ich den Kommunismus mit so etwas wie verwirrter Ehrfurcht und den Faschismus mit so etwas wie verwirrter Voreingenommenheit, und von den beiden zieht mich der Kommunismus weit stärker an; aber es ist ebenso schwer, ein Feigling und ein Christ zu sein, wie ein Feigling und ein Kommunist zu sein! Kommunismus und Feigheit vertragen sich nicht miteinander – jedenfalls nicht in diesem Anfangsstadium der Revolution. Und leider führte auch meine Theorie, daß der Tapfere so nahe wie möglich an den „brennenden Krater“ herankommen wolle, bestenfalls zu lauwarmen Versuchen meinerseits, ihm selbst nahe zu kommen. Sogar diese Versuche wurden aufgeschoben, und zwar nicht nur, bis die Wehrpflicht weit über meine Altersgruppe hinausreichte, sondern bis ich mich im Krankenhaus einer „*Gastroenterostomie*“ unterzogen hatte; nachdem ich davon genesen war, ermannte ich mich allerdings ein klein wenig. Ich entsinne mich noch gut der Stimme eines Mannes im Britischen Propagandabüro in New York, der sich telephonisch an einen Mann im Britischen Rekrutierungsbüro in derselben Stadt wandte und erklärte:

„Heute haben wir mal einen richtig strammen Rekruten für euch!“

Und ganz deutlich sah ich mich schon, als ich in diese Büros hineinstürzte, in meiner Phantasie auf einem künftigen Marsch meinen Feldwebel um die Erlaubnis anflehen, aus dem Glied treten und Wasser lassen zu dürfen! Das nämlich war meine eigentliche, heimliche Angst: die Schwierigkeiten beim Urinieren und Ausscheiden meiner Exkremente, wenn ich dem Heer angehörte. Ich befragte deswegen einen Freund, der mir versicherte, es sei „kinderleicht“; aber ich erinnere mich noch, was ich in Wildman's House wegen meiner diesbezüglichen Neurose alles ausgestanden hatte, und glaubte ihm nicht. In der Rekrutierungshalle wurde ich in Augenschein genommen, wie es D. H. Lawrence in *Kangaroo* aus eigenem Erleben so empört schildert, aber da ich zu Ärzten einen fast ebenso starken, weiblichen „Hang“ habe wie zu Priestern, machte mir das nicht das geringste aus!

Sonderbarerweise wurde ich bei dieser Gelegenheit nicht wegen der frischen Narbe auf meinem Bauch, sondern wegen einer uralten Vernarbung in einem Lungenflügel zurückgewiesen, von der ich nie etwas geahnt hatte. Nach dieser äußerst lendenlahmen Geste, dem „brennenden Krater“ näherzukommen, ergab sich eine Unterbrechung meiner Vortragstätigkeit im Osten, und so begab ich mich wieder einmal an „die Küste“. Aber nicht lange, und mein Gewissen begann mich erneut zu plagen; und kurz darauf kehrte ich, dem Rat des klugen alten Soldaten Colonel Wood folgend, spornstreichs nach New York zurück und schiffte mich nach England ein.

Es war eine merkwürdige Erfahrung, diese Reise, denn ich fuhr mit einem regelrechten Geleitzug aus elf großen Linienschiffen, die, genau wie auf alten Seestücken von Kriegsflotten, kurzen Abstand zueinander hielten, nur daß es eben Dampfer waren und sie keine Segel hatten. An Bord des Schiffes, das ich nahm, war ich der einzige Zivilist mit Ausnahme einiger Funktionäre des C.V.J.M. in Uniform, deren muskulöses Christentum mich abstieß und deren Predigten an die Soldaten sich sehr unerfreulich anhörten. Eine Art öliger Brutalität kennzeichnete ihre Äußerungen. Sie stellten eine widerwärtige Parodie auf alle verführerischen Aspekte des Patriotismus dar.

Die Mannschaften, mit denen ich fuhr, – es muß Anfang 1918 gewesen sein, als die Deutschen sich zu ihrer letzten, verzweifelten Attacke anschickten –, stammten größtenteils aus Indiana, und ich erwartete ständig, daß sie „On the Banks of the Wabash“ von Dreisers Bruder Paul anstimmten. Aber sie hatten andere Sorgen. Ich entsinne mich gut, wie mich ein ängstlicher Bursche, der in voller Ausrüstung aufrecht in einem über die Bordwand ragenden Boot stand, inständig bat, ihm zu sagen, wie es denn aussehe, wonach er da so gewissenhaft das Wasser absuchte. Ich war mit der See vertrauter als dieser Bursche aus Indianapolis und tat mein Bestes, ihm das Auftauchen eines Unterseebootes zu beschreiben; aber es muß wohl eine sehr grobe Beschreibung gewesen sein; und es war zweifellos ein Wunder, daß uns beiden Unschuldigen, die wir über das unbewegte Wasser starrten, wirklichkeitsnähere Kenntnisse erspart blieben.

Für die neu ausgehobenen Rekruten von Sussex fand die offizielle medizinische Untersuchung sonderbarerweise in der Grundschule von Brighton statt. So war es mir also bestimmt, noch einmal in mein altes Revier zurückzukehren; noch einmal die „Jacht *Skylark*" vom sonnigen Strand abstoßen zu sehen, noch einmal die denkwürdig sinnliche Luft zu atmen. So manches Mal war ich an der Grundschule vorbeigekommen, ohne im entferntesten zu ahnen, daß einmal der Tag kommen würde, da ich nackt wie ein Frosch in ihren Mauern umherhüpfen würde, während man mich auf meine Tauglichkeit zum Dienst für meinen Souverän untersuchte.

Frauen und Mädchen übten damals in der Regel einen eindeutig kriegerischen Einfluß auf die ihnen Nahestehenden aus, und dies, ohne ganz buchstäblich „weiße Federn" zwecks Verteilung bei sich tragen zu müssen. Colonel Wood mit seinem drastisch blauen Adlerauge hatte es für das Beste erachtet, wenn ich dem Unbehagen meines Gewissens Folge leistete und von der „Küste" schnurstracks in meine Heimat eilte. Aber ich hatte Llewelyn, der trotz seiner Schwindsucht meinen Bruder Willy vertrat und es diesem so ermöglichte, in den Krieg zu ziehen, nach Afrika geschrieben und meinen Gewissensbissen auf so hochtrabende Weise Ausdruck verliehen, daß ich beim Gedanken daran heute noch erröte.

Es waren Zeiten, in denen sich, wer nicht alle Anstrengungen unternahm, an die vorderste Front zu kommen, bemüßigt fühlte, sich zu rechtfertigen und in allen Einzelheiten zu erklären, welche hochbedeutsamen Verpflichtungen seinem natürlichen Wunsch, sich erschießen zu lassen, im Wege stünden. Ich schrieb Llewelyn, daß mir die Vorstellung, die Deutschen überquerten den Kanal, drängen in Dorset ein und paradierten vielleicht sogar im Stechschritt zwischen unserem Upwey Wishing Well und Maiden Castle, ganz und gar nicht gefalle. „Je suis gentilhomme", schrieb ich ihm, wie ein tragischer Pierrot, der „Malbrouk s'en va-t-en guerre" pfeift, aber der Schurke hatte – und zwar in aller Unschuld, denn was „John" angeht, wird selbst dieser kühle Kopf konfus – nichts Besseres zu tun, als meinen Brief aus einer Augenblickslaune heraus dem elisabethanischen Iren zu zeigen, dem er damals zur Hand ging und der angesichts dieser ungehörigen Säbelrasselei fraglos ein arges Gesicht machte.

Die Stabsärzte in der Grundschule von Brighton allerdings behandelten mich mit ausgesuchtem Feingefühl. Und warum das? Die anderen Kandidaten für die Schützengräben, die erheblich weniger qualifiziert waren als ich, obschon sie sich in keiner Weise einschüchtern ließen, wurden nicht wie zerbrechliches Porzellan angefaßt. Ich dagegen schon. So gab es, wie ich mich erinnere, zum Ausziehen Kabinen, die jeweils für zwei Personen berechnet waren.

„Mit wem würden Sie sich gerne ausziehen?" fragte mich der Offizier und deutete auf meine Mitwehrpflichtigen.

Ich erwiderte, daß es mir völlig genehm wäre, mich „mit jedem der anwesenden Herren" auszuziehen. Und so teilte mir der Offizier Mr. Boom als Mitauszieher zu. Mr. Boom war ein hochanständiger Knabe, dessen feste Gewohnheiten freilich nicht das Waschen seiner Knie einschlossen. Seit jenem Tag in der Grundschule von Brighton habe ich mir daher bei jeder sich bietenden Gelegenheit mit ungeheurer Leidenschaft die Knie geschrubbt, um nicht eines schönen Tages so bloßgestellt zu werden wie der arme Mr. Boom. Für das Feingefühl, mit dem man mich auf der Rekrutierungsstelle behandelte, habe ich zwei psychologische Erklärungen: erstens liegt die Wehrpflicht den Engländern so fern, daß diejenigen, die sie durchsetzen, unterbewußt eine unbehagliche Scham verspüren; und zweitens waren die Stabsärzte wohl der Ansicht, daß alle Gentlemen, die echte „gentilhommes" waren, sich schon vor so langer Zeit in den „brennenden Krater" gestürzt hatten, daß die Übriggebliebenen, zusammen mit dem friedfertigen Mr. Boom und ein paar zwischen London und Brighton aufgelesenen, schwachköpfigen Landstreichern, derart erbärmlich heruntergekommen sein müßten, daß Grobheit ihnen gegenüber mit Tierquälerei gleichzusetzen war.

Jedenfalls bin ich sicher, daß nichts dem innersten Wesen des englischen Volkes so zuwiderläuft wie der „militärische Geist", zumindest in der Form, wie ihn unsere Nachbarn auf dem Kontinent zur Schau stellen und begreifen. Daß es uns an der rechten Begeisterung fehlt, liegt nicht etwa an mangelnder Standhaftigkeit, sondern an mangelndem Verständnis dafür, daß der Soldatenberuf Schikanieren und Schikaniertwerden bedeutet. All unser Soldatentum, außer die Iren sind daran beteiligt, ist eine amateurhafte Angelegenheit, eine Art sportliche *tour de force*. Vielleicht töten die Leiden, die wir in der Schule durchmachen, den kriegerischen Geist in uns ab. Meine Erfahrungen jedenfalls gehen dahin, daß die übelsten Kameradenschinder in der Schule, wie ich selbst, dem „keltischen Randbereich" angehörten. Es waren eher Briten als Engländer.

So ängstlich waren diese gutmütigen Engländer darauf bedacht, einen feigen, keltischen Neurotiker wie mich nicht in den Krieg zu schicken, daß sie die lachhafte alte Verschattung in meiner Lunge aufspürten, von der ich nie etwas geahnt hatte, und mich zwecks eingehender Untersuchung zu einem Spezialisten nach Chichester schickten! Man kann sich denken, wie ich an Keats' „Eve of St. Mark" dachte, während ich nach meinem Besuch bei diesem Arzt auf der Domfreiheit umherspazierte. Wie auch immer! Heraus kam schließlich, daß ich vom Wehrdienst freigestellt wurde und *carte blanche* bekam, nach Amerika zurückzukehren. Mir lag jedoch daran, vor meiner Abreise noch ein wenig mehr von meinen Verwandten zu sehen, und so beschloß ich, im Auftrag von Mr. Lloyd Georges „Sonderabteilung für Kriegsziele" landauf, landab Vorträge zu halten.

Nach Maßgabe des Versailler Vertrages unterschieden sich meine „Kriegsziele" in mancherlei Hinsicht von denen des Premierministers, aber niemand redete mir drein, niemand gab mir irgendwelche Anweisungen; und so hielt ich auf Staatskosten Vorträge – oder vielmehr Seifenkistenreden, denn diese Ansprachen fanden stets im Freien statt –, in denen ich meine persönlichen Vorstellungen darüber ausbreitete, worum es bei dem Krieg ging und wie er enden müsse. Bei einer dieser Rhapsodien über die Zukunft von Krieg und Frieden machte ich mich gewaltig zum Narren.

Das war in Wales; ich machte mir allerdings nicht klar, daß es sich um eine Gegend von Wales handelte, in welcher der Großteil der Einheimischen, wie es Scott in *The Betrothed* beschreibt, Flamen waren. Natürlich traf ich viele belgische Flüchtlinge aus dem heutigen Flandern; die erwähnte Bevölkerungsgruppe stammte jedoch von den alten Flamen ab. In meiner Ahnungslosigkeit, was die ethnologische Eigenart dieses ungeheuer teutonisch anmutenden und nebenbei auch zutiefst lethargischen Publikums anging, ließ ich eine feurige Palinodie zu Ehren des kymrischen Zweiges der Kelten und dessen uralter Mythologie vom Stapel. Man kann sich vorstellen, wie mir zumute war, als mich der politische Beauftragte des Bezirkes gleich danach in mißmutigen Ton rüffelte.

Aber es war schon eine sonderbare Geschichte, so ganz ohne Anweisungen überall in meinem Heimatland Vorträge über „Kriegsziele" zu halten! Je mehr ich daran, wie überhaupt an meine sämtlichen Erfahrungen in England in jener Zeit, denke, desto mehr Achtung empfinde ich vor meinen Landsleuten. Ich habe vergessen, an wen ich mich wenden mußte, um mein Beglaubigungsschreiben zu erhalten; aber ich weiß noch, daß ich ein Gebäude gleich neben Downing Street Nummer zehn betrat und nach längerem Umherirren beim Kriegsministerium hereinschneite. Auf dieser Wanderschaft, so erinnere ich mich, war ich außerordentlich beeindruckt von der amateurhaften, inoffiziellen, unmilitärischen, ganz und gar nicht einschüchternden, von unglaublich viel „Entgegenkommen" geprägten Atmosphäre, die ich allenthalben antraf!

Ich erinnere mich beispielsweise, daß ich vor dem Kriegsministerium statt Generälen mit Federhut ein paar Murmeln spielende Kinder, und statt berittener Polizisten zwei kleine Jungen mit Reifen antraf. Ein weiteres Beispiel für die Haltung, die mir in England so gefiel und mich mit solchem Stolz auf meine Landsleute erfüllte, war die lockere, amateurhafte Art, wie die Vorträge über die „Kriegsziele" durchgeführt wurden. Sämtliche praktischen Vorbereitungen oblagen den örtlichen politischen Beauftragten, die zwanglos aus beiden großen Parteien rekrutiert wurden; und bei meiner Seele, diese Vorbereitungen waren bisweilen so wunderlich, als hätten wir noch zur Zeit von Charles Dickens gelebt. Ein ehrenwerter Gentleman, der, was den Wert des „gesprochenen Wortes" in Kriegszeiten anging, offensichtlich ganz anderer Meinung war als der keltische Premierminister und der keltische Redner, nutzte unsere gemeinsame Fahrt in einen entlegenen Teil seiner Grafschaft, um Eier zu holen. In einem mit Eiern vollgestopften Dogcart suchten wir den Dorfanger auf, wo ich Mr. Wilsons vierzehn Punkte auf vierzig zu steigern hoffte.

Ich begann meine mystischen Reden stets auf die gleiche Weise. „Ich bin", dröhnte ich, an die Mütter, Schwestern und Liebchen der Männer gewandt, die unser europäischer Nationalismus zu Millionen hinschlachtete, „gerade mit fünfzigtausend unbesiegbaren jungen Männern aus dem Mittleren Westen von Amerika herübergekommen!"

In einer Stadt, in der ich sprechen mußte – und diese merkwürdige Vortragsreise für die „Kriegsziele", bei der die Regierung meines Landes mir so rückhaltlos vertraute, warf zahlreiche Streiflichter auf den selbst in dieser tödlichen Krise fortbestehenden, tiefverwurzelten Individualismus unseres Volkes –, wurden meine Kollegen und ich durch eine Versammlung von Sozialisten unterbrochen, die sich mit der unseren überschnitt. Einen Moment lang vergaß ich, daß ich mich nicht mehr im kriegführenden Amerika befand und rechnete voller Bangigkeit mit dem Auftauchen des vertrauten, wild entschlossenen Lynchmobs oder dem prompten Aufmarsch mit Knüppeln bewaffneter, irischer Polizisten, doch statt dieser unheimlichen Erscheinungen sah ich lediglich einen meiner Kollegen, einen an einer Schützengrabenneurose leidenden Frontsoldaten, seine Uhr hervorziehen.

„Powys", sagte er, geradeso als befänden wir uns im Debattierclub eines College, „geben Sie den Burschen fünf Minuten Redezeit, dann werden wir versuchen, ihnen zu antworten." Ihnen zu „antworten" war freilich leichter gesagt als getan, denn getreu unseren nationalen Eigenarten fielen mehr Anspielungen auf den Papst, das House of Lords und die adligen Großgrundbesitzer als auf irgendwelche Marxschen Überlegungen zu kapitalistischen Kriegen. Ich kann versichern, daß die zerebrale Keuschheit, die ich gelobt hatte, auf diesen Reisen zahlreichen ernsthaften und höchst verlockenden Versuchungen ausgesetzt war, denn viele meiner Reden unter freiem Himmel hielt ich auf sonnigen Esplanaden und bezaubernden Strandpromenaden, bevölkert mit leicht erregbaren jungen Frauen, welche die Verzweiflung des Krieges leichtfertig gemacht hatte.

Ich hielt mich jedoch strikt an mein Gelübde; denn ich war mittlerweile, ohne mich brüsten zu wollen, immerhin so weit tibetanischer Adept, daß ich „meine amourösen Neigungen", wie Dr. Johnson sagen würde, ziemlich eisern unter Kontrolle hatte. Ich entsinne mich noch gut, wie diese quixoteske Opfergabe an den „brennenden Krater", vor dem ich mich drückte, einmal in einem Gasthof, in dem ich abstieg, die völlig unerwartete Folge zeitigte, mich zum bevorzugten Vertrauten des hübschesten Schankmädchens zu machen, das ich je gesehen habe! Nichts wirkt auf jugendliche Weiblichkeit verführerischer als rigorose Tugend, unter der sich hochgradige Anfälligkeit verbirgt; und noch heute höre ich das Stöhnen eines enttäuschten Rivalen:

„Sie sind derjenige, der's ihr angetan hat, verdammt; dabei hat sie von mir einen lüsternen Kuß gekriegt!"

Ich muß gestehen, daß ich auf meinen unsteten Fahrten hie und da auch einigen „Drückebergern" begegnete, die mir ein Gefühl des Unbehagens bereiteten. Ich stellte fest, daß meine „Lebensillusion", wie ich sie nenne, jener innerste Daimon, an dessen Haltung zum eigenen Tun man seine Selbstachtung ausrichtet, sich in Gegenwart von Männern, die im „brennenden Krater" gewesen waren und wieder dorthin zurückkehren würden, durchaus wohl fühlte, hingegen von deutlicher Unruhe befallen wurde, wenn ich mit Menschen zusammenkam, die mehr oder weniger in meiner Lage waren. Ich war zu stolz und von Natur aus zu grimmig in meiner Selbstzerfleischung, um mich auf irgendwelche „Rationalisierungen" oder Spitzfindigkeiten unter uns „gerissenen Baldowerern" von Fluchtwegen vor dem Inferno einzulassen. Bei denen, die „drinsteckten", fühlte ich mich schwach, zerbrechlich, demütig, ja fraulich; doch in Gesellschaft der anderen fragte der boshafte Teufel in meinem tiefsten Wesen immerzu:

„Was hast du eigentlich ‚dans cette galère' zu suchen?"

Mein junger Sohn, der es für ausgemacht hielt, daß sein zungenfertiger Erzeuger dem „brennenden Krater" so nahe wie möglich sein wollte, schlug vor, ich solle mich auf eine Stelle als C.V.J.M.-„Betreuer" an der Front bewerben, und mein Nachbar Sir Harry Johnston, der selbst nach einer derartigen Exkursion als Invalide nach Hause entlassen worden war, gab mir sogar ein Empfehlungsschreiben an die Stelle mit, die für dergleichen zuständig war. Doch wie es der Zufall wollte, fiel meine dortige Vorsprache mit einer plötzlichen Verschärfung der Kampfhandlungen sowohl von unserer wie von Seiten des Feindes zusammen, und man sagte mir, daß sämtliche Genehmigungen für Vorhaben dieser Art widerrufen worden seien. Zweimal während dieses Aufenthaltes in England wurde ich von einem ruchlosen und rein animalischen Gefühl der Erleichterung gepackt; einmal, als ich aus Brighton meinen Freistellungsbescheid bekam, und dann, als ich feststellte, daß es mir unmöglich war, es Sir Harry Johnston nachzutun und als Zivilist nach Frankreich zu gehen.

Da ich von den Vorträgen über die „Kriegsziele" meine Familie nicht ernähren konnte, entschied ich mich schließlich, nach Amerika zurückzukehren. In dieser Absicht schrieb ich der Dienststelle, in deren Auftrag ich unterwegs gewesen war, einen ungewöhnlichen Brief, in dem ich ankündigte, ich hätte mich „entschieden, meinen Wohnsitz in Kalifornien zu nehmen". Aus heutigem Abstand ist mir unerfindlich, warum ich diese erstaunliche Formulierung wählte. Ich glaube nicht, daß sie humorvoll gemeint war. Ich glaube auch nicht, daß sie mir in einer Anwandlung von masochistischer, sich gegen mich selbst richtender Bosheit herausrutschte. Jedenfalls aber macht mich der Gedanke daran heute noch erröten. Es war, als hätte ich während einer gewaltigen Feuersbrunst, bei der alle Welt Löscheimer schleppte, dem Chef der Feuerwehr mitgeteilt, ich müsse nun leider meinen Eimer jemand anderem geben, da ich nach Hause wolle, um ein türkisches Bad zu nehmen!

Als Tom Jones mich in Liverpool verabschiedete – beide ahnten wir nicht, daß es unsere letzte Begegnung sein würde –, befand sich an Bord meines Schiffes auch irgendein pflichtvergessener oder jedenfalls unglücklicher Soldat der amerikanischen Armee, den in Amerika seine Bestrafung erwartete, und mit diesem armen Tropf trank ich öfter Tee und versprach ihm, mich brieflich für ihn zu verwenden. Aber er war ein einzigartig ungefälliger Mensch, verdrießlich und von niedriger Gesinnung, und wenn ich an all die heldenhaften, edelmütigen, freundlichen jungen Männer dachte, die unser patriotischer Wahnsinn folterte und ermordete, erschien es mir erbärmlich, meine Energie daran zu wenden, Briefe für diesen einen armen, mürrischen Griesgram abzufassen, der unter normalen Umständen wohl kaum mehr gewesen sein konnte als ein unzuvorkommender Hotelpage. Gleichviel! Auch dieser arme Teufel blutete, wenn man ihn stach, und konnte eine Kanne Schiffstee fast ebenso genußvoll schlürfen wie ich selbst.

In jenen Tagen pflegte ich recht häufig über das Problem des Pazifismus nachzudenken. Mit denjenigen, die grausam behandelt und schlimm verprügelt wurden, sympathisierte ich, aber es gab andere, die ich in meiner teuflischen Selbsterkenntnis stark verdächtigte, ihre vollkommen rationalen Prinzipien nur vorzuschieben, um sich vor dem irrationalen Sprung in den „brennenden Krater" zu drücken. Was wäre eigentlich passiert, fragte ich mich, wenn eine Nation wie die große, gewaltige deutsche Nation – die ja allein dem ganzen Orbis Terrarum nahezu gewachsen war – tatsächlich alle anderen Völker bereit gefunden hätte, sich wegen ihrer pazifistischen und philosophisch-spirituellen Prinzipien besetzen, unterdrücken, ausbeuten und niedertrampeln zu lassen? Hätte sich daraus die Art von passivem Widerstand ergeben, die Ghandi zur Verblüffung unseres Empires in Indien organisierte?

Aber ich hatte Verstand genug, um zu erkennen, daß ein Völkerbund, der in der Lage sein sollte, eine derart übermächtige Nation in ihre Schranken zu weisen, sobald sie in ein anderes Land einmarschierte, ein echter internationaler Überstaat sein müßte, mit einer unbesiegbaren Armee und Marine, die sich innerhalb weniger Wochen in die entlegensten Ecken der Welt schaffen ließe! Und ich hatte auch Verstand genug um zu erkennen, daß nichts weniger als die schiere Gewalt eines solchen internationalen Überstaates eine neu entstandene Nation, die zu leidenschaftlichem, völkischem Bewußtsein erwacht, nur um den Globus bereits aufgeteilt zu finden, von ihrer natürlichen Tendenz zum Ausbruch abzuschrecken vermöchte.

Zutiefst weiblich, wie mein Verstand ist, war ich mir – wie insgeheim alle Frauen – bewußt, welche unüberwindliche Macht die Frauen besäßen, *wenn sie sie nur anwendeten.* Und mir kam oft der Gedanke, daß es die beste Lösung wäre, das implizite Matriarchat der Menschheit verwandelte sich, wie es Aristophanes in seinem Varietétheater vorschlägt, in ein explizites und die „Frauen aller Länder" – um das berühmte Kommunistische Manifest ein klein wenig abzuwandeln – „vereinigten sich" in einem weltweiten Streik, um dem patriotischen Irrsinn ein Ende zu setzen.

Für mich persönlich war das Jahr 1918 trotz meiner Sorge um das Schicksal meines Bruders Bertie – er war bei jenem letzten, fürchterlichen deutschen Vorstoß in Gefangenschaft geraten – ein sehr viel glücklicheres als 1917. 1917 war nach meinen Jahren als Schüler in Wildman's House das schlimmste Jahr meines ganzen Lebens. Ich führe mein nervöses Elend in diesem Jahr auf die magnetischen Leidensschwingungen zurück, die – wie eine Art seelischer „Funktelegraphie" – fortwährend von Europa nach Amerika herüberdrangen. Mein Aufenthalt im Krankenhaus, als ich mich der *„Gastroenterostomie"* unterzog, auf deren grandiosen Namen ich so stolz bin, war im Vergleich mit dem Rest jenes schrecklichen Jahres wirklich eine angenehme Zeit. Ich kam in diesem Abschnitt meines Lebens dem Irrsinn näher als je zuvor, obschon ich natürlich weiß – und mein Leser es mir gewiß gern bestätigen wird –, daß ich die ganze Zeit über geistig niemals *ganz gesund* gewesen bin. Jedenfalls war ich 1917 in Amerika so elend, daß mir die Propaganda für die „Kriegsziele", als Lloyd Georges Glaube an die Macht „des Wortes" mich auf mein Heimatland losließ, vergleichsweise paradiesisch vorkam.

Der alte, unsterbliche, nagende Wurm meiner heimlichen Angst – und wie absurd zu glauben, man mindere ihre Verheerungen, wenn man sie „Phobie" heißt – reckte mir sein gräßliches Haupt entgegen, als sollte dem Ungeheuer von Loch Ness ein Widerpart erwachsen – „ein Kobold, groß und ungeschlacht", um mein altes Gedicht über Corfe Castle zu zitieren. Tatsächlich reckte das Untier das Haupt wie nie zuvor. Ich wohnte immer noch in dem alten presbyterianischen Kirchenhaus, das auf die Fifth Avenue hinausging, doch als der Sommer wärmer wurde, vermieteten oder, wie es in England heißt, „überließen" wir die beiden kleinen Räume, die soviel höher als breit waren, Padraic Colum.

Ich habe Padraic Colum stets wie kaum einen zweiten geliebt und bewundert, und ich empfinde den größten Respekt – und zugegebenermaßen auch ein wenig Neid – für die weise und doch ungekünstelte Art, wie er die Schwierigkeiten des Lebens meistert. Es war deshalb auch eine Freude, ihn sich in meiner Wohnung vorzustellen. Doch ailinon! ailinon! wie bedauerte ich es letztlich, daß ich sie aufgegeben hatte. Ohne diese Wohnung irrte ich durch Amerika wie ein Affe durch einen riesigen Garten, der zur Gänze aus jenen stachligen Bäumen besteht, die man Affengaukeln nennt.

Eine Zeitlang klammerte ich mich an Arnold und seine Familie, aber Arnold war Schwimmer und Tennisspieler und suchte von daher einigermaßen belebte Orte auf, während meine neurotische Abscheu gegen die Sommerfrische in Amerika sich ins Groteske steigerte. Wie ich in jenem Jahr den bloßen Anblick nackter Männerleiber hassen lernte! Ich haßte den bronzenen Teint, auf den sie so stolz waren! Ich haßte die unverwüstlichen *Badeanzüge* statt *Badehosen*, die sie trugen. Im Grunde lief es wohl darauf hinaus, daß es für mich, da ich nun einmal ein perverser Nympholept von besonderem Typ bin, der sich viel eher wie eine Lesbierin als wie ein Mann zu Frauen hingezogen fühlt und überdies die größten Wonneschauer seinen voyeuristischen Neigungen – wenn das der richtige Ausdruck ist – und nicht irgendwelchen Berührungen abgewinnt, ein permanentes Ärgernis, gewissermaßen einen „fortgesetzten Affront" im erotischen Sinne, bedeutete, von all diesen hochgewachsenen, kräftigen, robusten, lebhaften, gebräunten jungen Männern umgeben zu sein!

Und die Moral dieser „Sommerburschen" von Amerika erschreckte mich ebensosehr wie ihre muskulösen Körper. Noch ihr Schweiß hatte einen *moralischen Ruch*, von dem mir ganz elend, einsam und heimwehkrank zumute wurde. Sie kamen mir vor wie von einem anderen als dem Menschengeschlecht, das ich kannte und von dem ich bei den klassischen Autoren immerzu las. Als ich in jenen unsäglichen Seebädern ihre Nacktheit erblickte, die schlimmer als unschuldig war, begann mir aufzugehen, welche außerordentliche, welche geradezu *wahnsinnige* Originalität amerikanische Männer und Frauen, die überhaupt irgend originell sind, besitzen müssen, um mit dieser Flutwelle katastrophal normalen Menschentums fertigzuwerden. Konnte es sein, so fragte ich mich, während ich diese Sommerburschen in ihren schmucken Badeanzügen betrachtete, daß es diese übernormalen Stützen der Gesellschaft waren, über die Walt Whitman seine herrlichen, leidenschaftlichen „Calamus"-Gedichte geschrieben hatte? Es war kaum zu glauben, aber es bestärkte mich noch in meiner Überzeugung, daß ein Genie zu sein in Amerika doppelt so schwer ist wie anderswo; und wenn man, wie Whitman, Melville, Masters, Dreiser, Vachel Lindsay, Isadora Duncan oder Edna Millay, ein Genie ist, so muß man eine Art Schutzpanzer entwickeln, wenn man nicht alsbald in den Selbstmord getrieben werden will.

Wegen seiner Liebe zum Baden und Tennisspielen setzte ich mich schließlich von meinem treuen Freund Arnold ab, floh nach Virginia und versuchte mich dort zu verkriechen; aber mein Grauen, verstärkt noch von all den Aspekten des Südens, die ich besonders entsetzlich finde, trieb mich praktisch umgehend weiter. Ich floh nach Cooper's Town, im Norden von New York, und dachte bei mir: „Am Grabe von Fenimore Cooper werde ich bestimmt Frieden finden!" Doch wenn auch an Fenimore Coopers Grab nichts auszusetzen war und ich den Sommerburschen und ihren glänzenden Debütantinnen dort wunderbar entging, war ich noch nicht ganz soweit, auf einem Kirchhof Logis zu nehmen.

Und so mieteten meine Blutsfreundin und ich eine kleine, neue, ungestrichene Hütte direkt am Ufer von Fenimore Coopers glitzerndem See. Aber es war das reine Elend. Meine Begleiterin kämpfte eine Zeitlang tapfer mit meinen angegriffenen Nerven, doch vergeblich! Mein Aufenthalt in dieser entsetzlichen, neuerrichteten Holzkiste am Rande des gluckernden Wassers war, denke ich, fast so schlimm wie das, was ich während der Schwimmstunde in dem alten Schulbad durchmachte. Dann begann auch noch ein Motorboot jenen Teil des Sees heimzusuchen; und für mich ist das hallende „Tuckern" eines Motorbootes das absolut unangenehmste Geräusch, das es gibt. Zwanzig, nein! fünfzig „Hochbahnen" wären nichts im Vergleich mit der grausamen Bösartigkeit dieses harten, fühllosen Lautes.

„*Tuck* – verdammt! *tuck!* – zum Donnerwetter! – *tuck!* – der Teufel soll dich holen! Tuck! Tuck! Tuck!"

Mein freundlicher Familiar, der gleich einer Löwin Hitze und dichte Belaubung liebte, genoß die amerikanischen Sommer. Für mich jedoch, der ich bei all meiner „Katzenköpfigkeit" eher einem Polarbären ähnele, sind sie seit jeher ein vertracktes Elend. Selbst hier, in diesem kühlen, „up-state" gelegenen Tal empfinde ich das strotzende Blattwerk der Sommer als unerträglich. Es ist zu tropisch, zu tropisch für meinen Geschmack! Ja, selbst hier, wo die Temperatur in den vergangenen Wintern durchaus einmal auf dreißig Grad unter Null fallen konnte, drücken mir die brennenden Sommer auf die Seele. Damals, in unserer rohen, mörderisch heißen Hütte, ließ die Sonne klebrige Tropfen aus dem Holzwerk treten, dieweil das Motorboot tuckerte und der See zum Unsinnigwerden gluckste. Der Abtritt war eine Kopie der Hütte, nur war die Tür aus so neuem Holz, daß sie nicht schloß, und die Sonne brannte mit noch schamloserer Unverfrorenheit darauf herab als auf die Hütte. Schließlich floh ich landeinwärts, über die belebte Straße hinweg, wo die Automobile in der sengenden Sonne schimmerten, und eilte über die Äcker, bis ich auf einen Kuhstall stieß. Dorthin pflegte ich mich mit Feder und Papier zurückzuziehen.

Aber noch von diesem Kuhstall trieben mich die Leidensschwingungen des Krieges weiter. Ich überließ meine dunkle Hexenmeisterin gerade in dem Moment ihrem Schicksal, als Rollo Peters, der liebste und treueste unserer jüngeren Freunde, eintreffen sollte. Das allein zeigt, in welch gehetztem, halb verrücktem Zustand ich mich befand, denn ich mag Rollo sehr; aber der Teufel persönlich zupfte an meiner Nabelschnur, und ich floh nach New York. Padraic hatte nach wie vor meine Wohnung inne, und so suchte ich in meiner wachsenden Zerrüttung Zuflucht beim besten aller Hausärzte, dem unvergleichlichen Dr. Thomas, dessen Können bald meinem prachtvollen Neffen Peter Grey auf die Welt helfen sollte, und die Thomas' stellten mir mit unendlichem Takt- und Feingefühl in einem Nachbarhaus, einem großen Haus, das völlig leer stand, ein Bett auf.

Ich kann nicht beschreiben, wie mich der *Sommer in Amerika* in jenem fürchterlichen Jahr 1917 entsetzte. Auf der ganzen Welt schien alles, was mich ansprach, von der Sonne weggesengt worden zu sein. Doch übriggeblieben war nicht der brennende, unbelebte Sand einer arabischen Wüste, sondern üppig sprießendes Blattwerk, zwischen dem sich, wie schön modellierte, modische Statuen, mit lärmender Keuschheit übernormale, übernackte Menschen belustigten. In Wahrheit bin ich selbst so lasterhaft, daß ich keusche Nacktheit ebensosehr verabscheue wie tropisches Blattwerk. Ich gleiche eben genau einem mittelalterlichen Mönch, der in seinem felsigen Zufluchtsort nackte Gliedmaßen nur ertragen kann, wenn sie den aufreizendsten Teufelinnen gehören, gegen deren Ränke zu kämpfen sein Amt ist.

Ganz deutlich entsinne ich mich noch aus dieser schrecklichen Zeit, wie ich unentwegt um das alte, von einem Geländer umgebene Reservoir mitten im Central Park herumging! Von allen

Parks verabscheue ich am meisten den Central Park. Ich verabscheue ihn so sehr, wie ich den wunderschönen, von einem Deutschen gestalteten Park in Brooklyn liebe. Der Central Park kommt mir jedesmal so vor, als sei er von der Selbstsucht der Reichen viel stärker verdorben als jeder königliche oder herzogliche Park, den ich kenne. Wäre ich Bürgermeister von New York, würde ich den Central Park für Motorfahrzeuge schließen, ihn nur vormittags für Reiter und Reiterinnen öffnen und jedem Mann, jeder Frau und jedem Kind erlauben, jederzeit nach Herzenslust darin herumzustreifen, sich darin zu lieben, so oft sie wollen, und völlig ungehindert darin zu übernachten.

Wenn man halb verrückt ist, besitzt man eine geradezu teuflisch scharfe Beobachtungsgabe. So kann ich mich, was das Haus anlangt, für das mir die Thomas' den Schlüssel besorgten, noch ganz deutlich einer merkwürdig unbedeutenden Nebensächlichkeit entsinnen, und das war der einzigartige Effekt von heißem Wasser, das in einem großen, völlig leeren Anwesen aus einem Badezimmerhahn strömt. Ich kam mir vor wie im Innern einer riesigen, heiligen Zisterne, deren alleiniger Echsengott ich war, denn bei diesem Badezimmer war es völlig unnötig, die Tür zu schließen! Noch heute sehe ich genau vor mir, wie eine ganz bestimmte kleine Staubfussel aussah, die durch dieses Zisternenbad schwebte; und das Staubflöckchen und ich waren allein in diesem Aquarium, das außerdem noch eine Nekropole war.

Die Thomas' waren in dieser schrecklichen Zeit wirklich gut zu mir. Sie waren viel zu feinfühlig, um auszusprechen, was sie vermuteten: daß ich mich lediglich anstellte, bis ich meine Wohnung in der Zwölften Straße wieder beziehen konnte oder mein Familiar in die Stadt zurückkehrte. Ich war nicht fremd in dem Stadtteil, in dem die Thomas' wohnten. In diesem Viertel nämlich, das so nahe am Central Park lag, hatte ich mir in einem kleinen Schirmgeschäft beim Naturgeschichtlichen Museum den ältesten der vier Spazierstöcke gekauft, die ich heute besitze. Es ist ein Hickory-Stock mit rundem Knauf, und ich kaufte ihn bei einem stillen kleinen Deutschen, der sich, kaum daß er ihn anfaßte, in einen grimmigen Jäger wilder Tiere verwandelte. Während ich den Stock musterte, hörte ich ihn etwas vor sich hin murmeln. „Verzeihung“, sagte ich, „ich habe nicht verstanden, was Sie sagten.“

„Ich habe ihn getötet“, wiederholte er, „mit einem einzigen Schlag.“

„Pardon?“

„Mit einem einzigen Schlag; und ich sage Ihnen, das war kein gewöhnlicher Hase!“

Doch zurück zu meiner Rückkehr aus England, wo sich die äußerste, je von mir gewagte Annäherung an den „brennenden Krater“ (*der weiter brannte und brannte und brannte*) darin erschöpft hatte, daß ich mich auf Anregung meines jungen Sohnes mit Sir Harrys Brief zu dem Amt begab, das Truppenbetreuer an die Front vermittelte. Ich nahm nicht sofort „meinen Wohnsitz in Kalifornien“ – tatsächlich weiß ich gar nicht mehr, wann genau ich das tat. Alle Ereignisse meines Lebens im Jahr 1917 scheinen in einer Art phantasmagorischem Nebel stattgefunden zu haben. An das Datum, an dem Amerika in den Krieg eintrat, kann ich mich freilich noch gut erinnern, denn da aß ich im alten Louisiana Café in New Orleans zu Abend, und ich entsinne mich, daß ich in der Boshaftigkeit meines Herzens nicht „My Country, 'tis of thee“, sondern „Confound their politics; frustrate their knavish tricks“ sang und in meiner philosophischen Misanthropie sämtliche Nationen der Welt damit meinte.

Und ich kann mich an den Tag erinnern, als die Prohibition begann, und wie ich mir – dies freilich ganz sicher schon an „der Küste“ – einen riesigen irdenen Krug, wie einer der bei der Hochzeit zu Kana in Galiläa erwähnten Krüge, kaufte, der das einzige alkoholische Getränk enthielt, aus dem ich mir wirklich etwas mache, nämlich sehr starken, sehr billigen, sehr scharfen, sehr reinen Whisky. Ich kann mich auch – und die Ereignisse wehen heran wie Bilder in einem Hexenkristall – an den Abend sowohl des *falschen*, wie des *richtigen* Waffenstillstandtages in New York erinnern. An letzterem aß ich im Brevoort zu Abend. Im Brevoort wiederum hatte mich der große Dr. Erdmann, wie der Herrgott in Oscar Wildes Erzählung, nach meiner Operation angesprochen, als er mich dort Seite an Seite mit dem goldblondesten aller goldblonden Geschöpfe soupieren sah; überhaupt fanden im Brevoort ausnahmslos alle aufregendsten Ereignisse meines Lebens in Amerika irgendeine Form von Nachhall.

Am Abend des Waffenstillstandes jedoch, so muß ich gestehen, empfand ich eine ungestümere, gärendere Woge von bösartigem Haß auf meine wohlhabenden, bourgeoisen Standesgenossen als jemals davor oder danach. Der Anblick solcher Patrioten – von denen wahrscheinlich keiner auch nur von weitem die Rauchschwaden des „brennenden Kraters" gerochen hatte – war eines jener Bilder – denn ich fürchte, meine Bosheit ist noch stärker als mein Mitgefühl –, das mir auf der harten, schmalen Straße, die zum Kommunismus führt, einen weiteren Ruck nach vorn gab. Doch wenn sich meine Verstimmung in diesem Moment gegen meine bourgeoisen Amerikaner richtete, so war das grob ungerecht. Hatte ich etwa schon die unwürdigen Szenen vergessen, die sich während des Burenkrieges bei uns in London abgespielt hatten? In Manhattan wurde ich allerdings nur einmal so wild wie bei mehreren Gelegenheiten in Boston.

Ausgenommen in der Ford Hall, oder wenn mir ein so liebenswerter Radikaler wie Longfellows Neffe Dr. Dana oder mein Freund Mr. Freshel den Rücken stärkte, schien es mein Schicksal zu sein, in Boston in heftige Auseinandersetzungen zu geraten. Philadelphia, mir stets die liebste aller Städte auf dem Kontinent, brachte meinen zerebralen Faxen unverändert eine Haltung entgegen, die zugleich hochnäsig reserviert und liebevoll belustigt war. Die Bürger von Philadelphia sind konservativ und ein wenig zynisch, aber sie sind zutiefst nachsichtig und immer auf dem Quivive nach „Unterhaltung". In Boston dagegen stieß ich auf schiere Feindseligkeit, so bitter wie meine eigenen Diatriben. Diese atmosphärische, und ich möchte fast sagen, astrologische Reibung zwischen mir und den Bostonern wurde für mich dadurch gemildert, daß ich es ungeheuer genoß, im Tourraine Hotel abzusteigen, dem einzigen Hotel, das nach meiner Kenntnis eine komfortable Bibliothek besaß.

In dieser erstaunlichen Bibliothek loderte stets ein Feuer im Kamin, und ihre Regale enthielten sämtliche Werke von Henry James. Außerdem wurde ich bei meinen Aufenthalten in Boston durch die Freude, eine sehr große Freude, besänftigt, die es mir machte, meinen Vetter ersten Grades John Hamilton Cowper Johnson bei seinen Mitbrüdern, den „Cowley Fathers" an der Klosterkirche St. John in der Bowdoin Street, zu besuchen. Vetter

Hamilton und ich haben mehr gemeinsam, als ich aufzuzählen hier Zeit habe, und seine stupenden Lateinkenntnisse haben oft dazu beigetragen, mein kursorisches, aber durchaus authentisches Vergnügen an Cicero und Horaz noch zu verstärken. „Ausgenommen diese Bande“, wie Paulus sagen würde – und ich meine damit meine weltlichen Laster und nicht das Priestertum meines Vetters –, stimmen unsere Naturen in einzigartiger Weise überein. Ich kann nur sagen, daß er mich in mancher Hinsicht hoffentlich besser versteht, als ich mich selbst verstehe, denn er wird, das weiß ich, sehr stark das Gefühl haben, ich hätte mich in diesem Buch sowohl als größeren Sünder wie als größeren Narren hingestellt, als ich in Wirklichkeit bin. Je nun! Es geschieht nicht oft, daß der eigene Beichtvater – obschon Hamilton das nur im weltlichen Sinne ist – einen als viel besseren Menschen betrachtet, als man selbst das tut. Wenn jedenfalls, was ich aus meiner tiefen Skepsis gegenüber der modernen Naturwissenschaft für durchaus möglich halte, die christlichen Lehren, *auf erotischem Gebiet etwas gelockert*, tiefe, kosmische Geheimnisse verkörpern, könnte ich mir vor dem Gericht der Heiligen keinen scharfsinnigeren Verteidiger meines fragwürdigen Charakters wünschen als diesen mehr als nur Bluts-Verwandten.

Sonderbar, daß ich nach Amerika habe kommen müssen, um, Vetter Ralph einmal beiseite gelassen, meine beiden Lieblingsvettern kennenzulernen; denn ich habe nicht nur Hamilton, den ich meiner Erinnerung nach einmal als Kind in Northwold in ein Brennesselgestrüpp warf, zum lebenslangen Freund gewonnen, sondern auf einer Vortragsreise nach New Mexico auch Warwick Powys entdeckt. Zwar kann ich nur eine Verwandtschaft fünften Grades mit Vetter Warwick geltend machen, aber wir haben zweimal als Junggesellen sehr zufrieden zusammengewohnt und auch – was noch seltener ist – dann nie gestritten, als unser Familienstand sich änderte. Wie ich selbst ist Vetter Warwick von einer geradezu abergläubischen Vertrauensseligkeit, was unsere genealogische Verbindung mit dem alten Powys-Land mitten in Wales angeht, und ich bemerke durch das trennende Medium der Verwandtschaft fünften Grades hindurch viele merkwürdige Ähnlichkeiten in unseren emotionalen Einstellungen.

Doch zurück zu meinen Schwierigkeiten in Boston. Ich weiß noch, wie ich einmal vor dem weitgehend aus Angehörigen akademischer Berufe bestehenden City Club zu einem Thema sprach, das mit Bildung zu tun hatte, und ich entsinne mich gut des bitteren Zorns, den ich erregte, als ich meine schon etwas abgedroschene Rede von der Kultur in Amerika vorbrachte, die völlig in der Hand der Frauen sei und deutlich sichtbar das nicht zu verkennende Gepräge ihrer Mütterlichkeit trage. Ich zitierte nicht, wie ich es durchaus hätte tun können, die sanften Zeilen „My country, 'tis of thee, sweet Land of Liberty", im Gegensatz zum überaus maskulinen „Confound their politics, frustrate their knavish tricks" unserer Invokation, aber ich hatte doch einiges anzumerken zu der wunderlichen Lücke zwischen der amerikanischen Kultur und allem, was – nun ja, was etwa Rabelais im Bereich literarischer Obszönität repräsentiert.

Doch welchen Umschwung erleben wir heute! Alles hat sich ins Gegenteil verkehrt. Es ist wie ein Wunder. Joyces *Ulysses*, jenes tragische Stück imaginativen Realismus', wurde nicht nur „freigegeben", sondern ist sogar zum Bestseller geworden, und es besteht kein Zweifel, daß die Amerikaner uns Engländern heutzutage in der Freiheit von „moralischer" Zensur weit voraus sind. Amerika war freilich schon immer vorzugsweise von dem bestimmt, was man das Gesetz der Pendelschwingung nennen könnte, und das Pendel hat in letzter Zeit so heftig ausgeschlagen, daß die jüngere Generation sich in Kürze nur noch mit Mühe wird vorstellen können, welcher Art von Angriffen noch vor ganz kurzer Zeit ein Buch wie etwa Dreisers *Genius* ausgesetzt war. Was mich selbst angeht, so folge ich seit einiger Zeit einem so strengen kategorischen Imperativ gegen die Lektüre sadistischer Bücher und schrecke seit jeher so heftig vor anderen Formen des Realismus zurück, daß ich wieder zu Henry James zurückfinde!

Zum Gegenteil einer *persona grata* wurde ich in Boston allerdings nicht nur im City Club. Ich möchte erzählen, wie es dazu kam, daß ich mein dortiges Publikum vornehmer Damen der Gesellschaft verlor. Es war dies einem jener unüberlegten Ausbrüche zuzuschreiben, die so häufig zu einem vorübergehenden „Aufenthalt" in Kalifornien führten. Diese „Aufenthalte" waren manchmal lediglich ein Zeichen dafür, daß Arnolds fruchtbares Gehirn eine Phase der Erschöpfung durchmachte, meistens jedoch durch Unbesonnenheiten von meiner Seite veranlaßt. So mußte ich in einem sehr eleganten Bostoner Haus vor einem eleganten Bostoner Publikum sprechen. Mein Freund Mr. Freshel – der über alle Eleganz hinweg zu mir hält – war nicht da, um mich zu verteidigen, und eine Patriotin stellte mir rundheraus die – wie ich vor mir selbst einräumen mußte – nicht ganz unerhebliche Frage, was ich, ein gebürtiger Engländer, in Amerika zu suchen hätte, wo wir auf der anderen Seite des Atlantiks um unser Leben kämpften. Ich habe so oft erröten müssen, wenn ich über meine traurigen Verstöße gegen Würde und Anstand berichtete, daß es eine Erleichterung bedeutet, auch einmal wenigstens eine Gelegenheit festhalten zu können, bei der mir der Herr der Heerscharen die Antwort eingab. Ich sagte der Patriotin ganz offen, warum ich nicht auf Biegen und Brechen versucht hatte, an die Front zu kommen. Wenn ich *rückhaltlos* ehrlich gewesen wäre, hätte ich ihr natürlich sagen müssen, daß meine schlimmste heimliche Angst vor dem großen Fegefeuer mit meiner Schwierigkeit zu tun hatte, in der Öffentlichkeit zu urinieren; aber ich denke, selbst mein aufrichtigster Kritiker wird nicht von mir verlangen, vor solchen Damen von Urin zu reden. Und so beschränkte ich mein Bekenntnis unter diesem weiblichen „Anlegen der Daumenschrauben" auf meine verständliche Angst vor den deutschen Bajonetten. Das freilich reichte schon. Nie wieder bekam der in Ungnade gefallene Shaw-Zirkus eine Einladung aus Boston.

Psychopathologen, die sich mit erotischen Fragen befassen, wird es nicht überraschen zu erfahren, daß ich mich zur Feier des Waffenstillstandes zwar nicht im Brevoort vergnügte, aber doch meiner unterdrückten Schlechtigkeit die Schleusen öffnete. Ich hatte in Amerika einen gelehrten Freund, der seit einiger Zeit aus einer Laune heraus genau die Bücher sammelte, die ich so gefährlich fand, und es dauerte nicht lange, bis ich aus seiner Bibliothek geeilt kam, die kostbare Veroneser Reisetasche, die ich am Tage des gewaltigen Gewitters ohne Regen in der Stadt der Capulets und Montagus gekauft hatte, buchstäblich herabgezogen vom Schwefel der Hölle.

Wie immer freilich – und das zeigt, wie kindisch kurzsichtig ich bei solchen zerebralen Leidenschaften bin – reichten wenige Stunden der Raserei hin, die Nadel meines psychischen Kompasses ganz herumzudrehen! Fort mußte ich – und ich entsinne mich dieser speziellen Nacht deshalb so gut, weil in Strömen tropischer Regen herniederprasselte –, fort ins nächste Varieté. Gedruckte Aufreizung büßte so rasch ihren Zauber ein; die wirkliche weibliche Gestalt dagegen war unerschöpflich. Das heißt, nicht ganz unerschöpflich! Denn selbst von ihr habe ich mich abgewandt, aus Sehnsucht nach einer wirklichen Sylphide, die näher war als auf der Bühne.

Tatsächlich neige ich zu der Ansicht, daß das schlimmste Ergebnis meiner Entbindung von dem Opfer an den „brennenden Krater“ eben diese Sehnsucht war, das Sylphidentum, das ich so inbrünstig anbetete, *dichter* bei mir zu haben. Was ich in meiner Außermenschlichkeit wirklich wollte, war nicht eine Frau mit normalen Gefühlen – denn eine solche Frau mußte ich zwangsläufig verletzen –, sondern eine Art Undine oder Elementargeist, völlig frei von den natürlichen, fraulichen Instinkten. Ich war in der Tat ein fatal gefährliches Ungeheuer, ein Satyr-Mönch, ein verruchter Mystiker; und jede Frau, die es riskierte, mich lieb zu gewinnen, riskierte sehr viel. Tief in meinem Herzen wußte ich sehr wohl, daß mir nur eines blieb, wenn ich in puncto weiblicher Gefühle ein reines Gewissen behalten wollte, nämlich von Anfang an jede Form von amouröser Tändelei einzuschränken.

Ja, wenn ich meinem sokratischen Daimon gehorchen wollte, so würde ich die Tyrannei meiner zerebralen Lust ertragen müssen, bis ich eine phantastische, elementale Sylphide entdeckte – wenn sich solche Wesen überhaupt entdecken ließen –, die ebenso eigenartig und verdreht war wie ich selbst! Zum Glück für mich war der Großteil meiner „zauberischen Freundinnen“, wie Sir Walter es formulieren würde, heftig in irgendeinen aufrechten Springinsfeld ihrer eigenen Dimension verliebt; und man kann sich wohl denken, daß mir wenige Rollen im Leben so zusagten wie die eines distanzierten, aber nicht puritanischen Epikur, der sich, wie Landor ihn sich vorzustellen liebte, in seinem Garten mit Leontion und Ternissa unterhält.

Doch mein manisches Verlangen, ein wahres Bild von meinem Charakter und meinem Leben, so wie ich sie sehe, zu zeichnen – und ich habe trotz Father Johnsons gegenteiligem Instinkt das Gefühl, ich sehe sie eher als er selbst so, wie sein Gott sie sähe –, zwingt mich zu bekennen, daß ich diesen erlesenen Geschöpfen, die ich so leidenschaftlich und auf so verdrehte Weise verehre, zwischen meinem vierzigsten und meinem sechzigsten Lebensjahr ebensoviel Schaden zugefügt wie Gutes getan habe. Solange freilich, wie mein crocescher Freund James Henderson so weise sagt, nicht Reue die Sämlinge einer echten *vita nuova* wässert, ist es unphilosophisch, sich über den von uns angerichteten Schaden zu grämen. Jedes verwickelte und sogar heuchlerische Philosophieren gegen die Stiche der Reue kann ich durchaus verstehen und würde ich auch selbst praktizieren; was ich aber nicht verstehen kann, ist all das forsche, pfiffige, zynische, moderne Gerede, durch das die Werte, die ich vertrete, die Feinheiten, die ich wahrnehme, und die Verantwortung, an die ich glaube, auf das fade Niveau eines sinnlosen Nichts herabgedrückt werden. Sie sind kein Nichts. Ein Nichts ist vielmehr diese oder jene vergängliche Theorie über Atome, Elektronen oder schwingende Strahlen. Der imaginative Wille von Menschen – er ist kein Nichts!

Sonderbar, wie uns die liebsten Menschen so gar nicht kennen! Ich bin mir durchaus bewußt, wie empört meine engsten Freunde – um meinetwillen – über diese Autobiographie sein werden. Glücklicherweise besitze ich, wenn es um die „Wahrheitsfindung" geht, ein unschätzbares Untersuchungsorgan, das leistungsfähiger ist als jedes wissenschaftliche Mikroskop. Ich spreche von *meiner gesegneten, heiligen Bosheit,* meiner verruchten, kreativ-destruktiven Freude daran, den würdevollen „John" in mir zu stürzen und den lebendigen Pierrot meiner Seele zu erheben. Was haben denn letztlich, recht besehen, die gescheiten, anspruchsvollen „Memoiren" irgendwelcher faden Würdenträger für einen Sinn, die einen nicht ein einziges Mal den schaudernden, zuckenden, scheuernden, schreienden, stöhnenden, auf sich selbst zurückgeworfenen Nerv ihrer innersten „Libido" sehen lassen?

Und man glaube ja nicht, ich erkünstelte meine lächerliche Kindlichkeit wegen meines merkwürdigen Stolzes auf die Betonung des weiblichen Elements in meinem Wesen. Ich weiß, daß Frauen ihre Unarten gern mit der Behauptung entschuldigen, sie seien „kindisch". Sie sind auch durchaus kindisch genug, wo es ihnen am wenigsten bewußt ist, und je mehr sie es sind, desto stärker wird der tiefe mütterliche Instinkt der Frauen befriedigt, männliche Prätentionen klein zu machen.

Meine eigene spirituelle Aufrichtigkeit erweist sich daran, daß ein Teil meiner Seele wie ein frohlockender Falkendämon all meiner „Kindlichkeit“, meinen Manien, meinem Aberglauben, meinen Eigenarten kreischend und flatternd dicht auf den Fersen bleibt und ein wollüstiges Vergnügen daran findet, mich dabei zu ertappen, wie ich den Idioten oder den Gefühlsmenschen spiele. Manchmal, wenn ich mir überlege, daß meine tiefsten Regungen weder präzise sadistisch, noch masochistisch, noch mystisch, noch theatralisch, noch vollkommen gesund, noch vollkommen wahnsinnig sind, denke ich, daß man für das, was ich bin, einen ganz neuen Begriff prägen müßte; *und vielleicht gilt das für jede lebendige Einzelseele.* So möchte ich denn in aller Bescheidenheit Studenten des Abnormen das Wort „Cowperist“, ein aus meinem zweiten Namen gebildetes Wort, zur Beschreibung dessen anbieten, was ich bin. Ich bin kein Masochist und auch kein Zoophiler: Ich bin ein Cowperist. Wenigstens aber weiß ich soviel von mir: In mir verbindet sich ein äußerst fixer, merkurischer Verstand mit einer dürren, urtümlichen, knochigen, hageren, neandertalerhaften Schlichtheit. Tatsächlich ist mein behender Kopf der arielhafte Sklave meiner Caliban-Primitivität und ihr tödlicher, thaumaturgischer Streiter gegen die Welt.

„Ein Mohawk steht am Himmel!"

Es kam eine Zeit, da Arnold seine Tätigkeit als Tourneeagent noch stärker ausweitete. Mr. George, der jüngst verstorbene, bekannte englische Romancier, absolvierte eine Tour unter ihm, und die berühmte englische Predigerin Maud Royden stattete Amerika unter seinen Auspizien einen sehr erfolgreichen Besuch ab. Aber die mit alledem verbundene Anspannung erforderte robustere Nerven, als mein Freund sie besaß. Der alte Zirkus Shaw-Powys war im wackligen Wohnwagen dahingerattert, hatte unterwegs alles „auf Heller und Pfennig" bezahlt und das Auf und Ab des Showgeschäfts mit Gleichmut aufgenommen; doch als es darum ging, „die Straße" zu verlassen, unser altes, sorgloses Leben „unter Leinwand" aufzugeben und riesige, großstädische Hallen in New York anzumieten, war selbst Arnolds Yorkshire-Konstitution überfordert.

Er erkrankte so schwer, daß er nach seiner Genesung beschloß, sich auf ein ganz anderes Betätigungsfeld zu legen und seinen alternden Akrobaten einer der professionellen, offiziellen Tourneeagenturen zu überlassen. Seine Wahl fiel auf das wohlbekannte „Lee Keedick Bureau". Dabei ließ er sich maßgeblich von seiner persönlichen Wertschätzung – einer Wertschätzung, die ich bald von Herzen teilte – für Mr. Keedicks erfahrenen Untergebenen Mr. Glass leiten, der in der Agentur für die „Sparte Reisen" zuständig war.

Mr. Glass war der Schwager des berühmten Major Pond; und Arnold versicherte mir stets, daß niemand sich auf dem Gebiet der Vortragsreisen besser auskenne. Mr. Glass jedenfalls stand in der alten Tradition der Tourneeveranstalter Amerikas. Er war mit Stanley, dem Forscher, von Küste zu Küste gereist; er hatte Vorträge für den Dialektdichter Whitcomb Riley organisiert; er erzählte lustige Anekdoten über Jerome K. Jerome. Er war Schotte; und er trug eine Miene zur Schau, als hätte er Seneschall von Glamis Castle sein können. Er war der einzige Mensch mit „Schuhgröße zwölf", den ich je kannte. Zwar bückte ich mich nie, um Mr. Glass' Schuhe zu messen; aber ich bekam ihre ungeheure Größe zufällig heraus, als ihr Besitzer mir dabei half, Patricks zeitweilige, in meiner Holzkiste im Dachgeschoß untergebrachte Garderobe zu erweitern. Mr. Glass' Gesicht war „groß wie das der memphischen Sphinx" und seine Hände dementsprechend. Er glich einem der gewissenhaften, ungekünstelten, schrulligen alten Schreiber in dem von Charles Lamb geschilderten Geschäftshaus. Seine Loyalität der Agentur gegenüber war rührend. Nicht einmal die Folterbank hätte Mr. Glass dazu gebracht, auch nur für eine Sekunde in seiner Treue wankend zu werden.

Und seine Haltung mir gegenüber war genauso, wie es mir am meisten zusagte. Er behandelte mich, als wäre ich ein Seelöwe oder ein verhätschelter Elefant gewesen. Nach meinem unkonventionellen Leben unter Arnold hätte ich eine andere Behandlung auch gar nicht ertragen! Die Art von „idealisierender Spiegelfechterei", der manche Organisationen für Vortragsreisen frönten, wäre mir ein Greuel gewesen. Solche Heuchelei hatte keinen Platz in dem wuchtigen, spottlustigen, nüchternen Schädel dieses altmodischen Impresarios öffentlicher Unterhalter. Aber ich glaube, daß mir Mr. Glass auf seine Weise sehr wohl „auf die Schliche kam" und sowohl meine Vorzüge als auch meine Schwächen richtig einzuschätzen wußte. Immerhin griff er tief in die Tasche, um mir auszuhelfen, als ich im Gedränge war; und was mir noch mehr zu Herzen ging, er verbrachte einen seiner geheiligten Geburtstage – er war wohl erheblich älter, als er uns zu vermuten erlaubte – damit, daß er geduldig und nachsichtig – ich sehe ihn noch vor mir! – in einer der hinteren Reihen des Labour Temple in der Vierzehnten Straße saß und mir geschlagene zwei Stunden bei meiner rasenden Verkörperung und wilden Deutung von *Macbeth* zusah.

Einem wahrhaft dickensschen Charakter ähnelnd, kannte dieser vornehme Riese von einem Veranstalter unzählige Anekdoten aus den alten Zeiten, Anekdoten über vergessene New Yorker Clubs, alte Hotels, Begegnungen mit Mark Twain; diese Geschichten erzählte er jedesmal von neuem, wenn er mit mir in Patchin Place Tee trank, und ich wußte, daß er wußte, daß ich sie schon einmal gehört hatte! Das Vorzimmer, seines mächtigen Verstandes beherbergte alle möglichen weisen, alten tröstlichen Sinnsprüche, die er von sich gab, wann immer seine riesigen Finger die Feder sinken ließen. Er gab sie beispielsweise von sich, wenn sein Vortragsreisender vor Aufregung zitterte, weil er sich mit einer plötzlichen Reise nach Colorado, New Mexico, Texas oder Oklahoma konfrontiert sah.

„Die Hälfte der Menschheit“, sagte Mr. Glass dann etwa mit milde zerstreutem Gesichtsausdruck, „weiß nicht, wie die andere Hälfte lebt.“

Und wenn ich drauf und dran war, mir Sorgen zu machen, wie ich von New Orleans nach Florida kommen sollte und ob es sich überhaupt lohne, eines einzigen Vortrags wegen dorthin zu fahren, hörte ich ihn jedesmal den vernünftigsten seiner Sinnsprüche zitieren, einen Sinnspruch, den ich, so muß ich gestehen, seit Mr. Glass' Tod ständig in die Praxis umzusetzen versuche:

„Man soll immer alles auf sich zukommen lassen!“

Nachdem ich einige Jahre unter den Auspizien des „Lee Keedick Bureau“ gearbeitet hatte, stellte ich allmählich fest, daß meine Magengeschwüre sich aus meiner Magengrube entfernt und ihre Zelte in meinem „Duodenum“ aufgeschlagen hatten. Aus dieser neuen Position machten sie sich daran, eine Reihe bösartiger Attacken gegen meinen Seelenfrieden und mein Wohlergehen zu führen. Unser kluger und gütiger Dr. Thomas, der mir schon 1917 zu Hilfe geeilt war, eilte mir erneut zu Hilfe und schickte mich zu dem Magenspezialisten Dr. Einhorn. In Gegenwart dieses gelehrten, heiteren Mannes kam ich mir vor wie ein verzweifelter heiliger Sebastian, der auf einem mittelalterlichen Gemälde zu einem unerschütterten Engelsdoktor fleht. Aber das teuflische Stechen in meinem Leib, unter dem rechten Rippenbogen, wurde schlimmer und schlimmer, so daß ich mich endlich – da ich mittlerweile auch als Schriftsteller, und nicht nur als Vortragsreisender, eine gewisse Bekanntheit zu erlangen begann – entschloß, den großen Sprung zu wagen, „alle Brücken hinter mir abzubrechen“, wie es so schön heißt, und zu versuchen, mir meinen Lebensunterhalt mit meiner Feder zu verdienen.

Mir war freilich nicht wenig bang vor dem ländlichen Amerika im Gegensatz zum städtischen. Ich wußte, daß viele meiner Vorstellungen sowohl revolutionär als auch extrem reaktionär waren und im Grunde alles verkörperten, was dem durchschnittlichen amerikanischen Gemüt am stärksten gegen den Strich ging. Zwar hatte mir die Gegenwart meiner Verbündeten, der Juden und der Kommunisten, geholfen, dies in den großen Städten durchzustehen, aber die fatale Divergenz würde nur allzu offenkundig werden, sobald ich aus meiner Gasse am Patchin Place hervorgezerrt und in einem Mauthäuschen an einer unbefestigten Straße „exponiert“ würde!

Ich hatte, im Zusammenhang mit einer Auseinandersetzung zweier Gruppen des Ku Klux Klan um Geld, in der Zeitung von derart entsetzlichen Grausamkeiten gelesen, die diese Leute, und zwar offensichtlich gerade an Menschen meines speziellen Typs, begingen, daß mir gar nicht klar war, wie sehr das Überhandnehmen solcher Lynchmorde und Mißhandlungen davon abhing, was für einen Charakter der Gouverneur des jeweiligen Staates hatte. Der Staat New York wurde, als ich zu entscheiden versuchte, wo ich mich niederlassen sollte, vom derzeitigen Präsidenten der Vereinigten Staaten regiert, dessen aufgeklärte Haltung in diesen Fragen bereits unschätzbar viel Gutes bewirkt hatte; davor war er von „Al“ Smith, einem verständnisvollen Katholiken, regiert worden. Ich hatte zudem, auf zahlreichen früheren Vortragsreisen, besonders Albany, Troy, Utica, Syracuse und Rochester liebgewonnen, herrliche, alte „holländische“ Städte, deren einzige Nebenbuhlerinnen um meine Zuneigung im ganzen Lande die alten „pennsylvania-deutschen“ Städte Reading, York und Lancaster waren.

Den letzten Anstoß oder Ruck, der mich in mein „up-state“ gelegenes Cottage beförderte, gab mir aber weder meine Liebe zu diesen holländischen Städten, noch meine Bewunderung für den Hudson River, den ich schon recht gut kennengelernt hatte, da meine Blutsfreundin, mein Familiar, an seinen Ufern mit dem Geld meines Vaters Grundbesitz erworben hatte, noch mein Vertrauen in einen guten Gouverneur, sondern meine langjährige Freundschaft mit Arthur Ficke, dem Dichter. Arthur Ficke ist mir viel mehr als das, was man in diesem Lande so wunderlich als „intimen“ persönlichen Freund bezeichnet. Er ist seit Jahren mehr als ein „intimer“ persönlicher Freund von Edna St. Vincent Millay und Eugene Boissevain. Er ist unser Freund im europäischen Sinne, das heißt, er teilt und tauscht mit uns traurige, heitere, wehmütige, bittere, reine, unreine, feine, grobe, schlichte, raffinierte, hochgestochene und anspruchslose *Verallgemeinerungen* über den Strom des Lebens, während dieser dahinfließt!

Die Millay-Boissevains haben Llewelyn stets nähergestanden als mir. Das war unvermeidlich. Wie in so vielen anderen Fällen empfinden die meisten hochsinnigen Menschen nach dem Kontakt mit dem warmen, sonnengeborenen, erdverwurzelten Wesen des fünften Sohnes meines Vaters mein „kaltes, planetares Herz“, wie Llewelyn es gern nennt, zu schweigen von jenem umschweifigen, wandelbaren, schwer faßbaren, taoistischen Element in mir, das Llewelyn als meine „spirituelle Unaufrichtigkeit“ bezeichnet, das ich jedoch meine magische Divination nenne, zwangsläufig wie ein Berieseltwerden mit einem kalten, feinen, gefrorenen, unmenschlichen Regen, der unablässig in der fahlen Spur eines rasch dahineilenden Mondes herabnieselt. Aber trotz dieser frostigen Eigenarten hat es mir wieder und wieder Gefühle herrlichen Entzückens bereitet, lediglich dem Wechselspiel der Ausdrücke auf den Gesichtern dieser beiden königlichen Geschöpfe zuzusehen. Sie üben einen andersartigen, und doch auf geheimnisvolle Weise verwandten Zauber aus; und diesem Zauber gebe ich bereitwillig nach.

Aber ich fürchte, sie sind beide zu feinfühlig, um nicht, wenn sie in der strahlenden Sonnenwärme von Llewelyns Persönlichkeit gebadet haben, insgeheim den tödlichen, nichtmenschlichen „Algol“, das „Dämonenauge“ in mir wahrzunehmen – nehme ich es nicht selbst wahr? –, das, sofern es sich nicht durch seine eigene Emotion ob einer noch kälteren Melodie Miltons trübt, immerzu kalt die wärmsten und impulsivsten Gesten schöner Seelen in schönen Leibern beobachtet.

Zwischen mir und der fickeschen Sphäre aber existiert nichts von dieser Verlegenheit oder geheimnisvollen Ambiguität. Meiner strikten Regel folgend, die ich nur im Falle der „Gralsboten“ gebrochen habe, muß ich meine Bemerkungen jedoch auf das männliche Element dieser glücklichen Partnerschaft beschränken. Ich glaube, ich verstehe Arthur Ficke, wie ihn auch unter seinen größten Bewunderern nur sehr wenige verstehen. Wenn ich sein Genie für die dichterische Porträtmalerei besäße – ein höchst bezauberndes „Genre“, das in diesen modernen Zeiten leider ausgestorben ist –, würde ich gern seine verblüffende Persönlichkeit wiedergeben. Man darf nicht vergessen, daß ich ihn vor fünfzehn, zwanzig Jahren in seinem heimatlichen Iowa erlebte; so daß ich, wenn ich nur das Talent dazu hätte, wirklich in der Lage wäre, die seelischen Züge dieses Dichters abzubilden, wie ich sie im Laufe so vieler Jahre habe Gestalt annehmen sehen.

Ich empfinde eine eigenartige, natürliche Gleichgestimmheit mit Arthur, weil er, wie ich selbst, lange von einem übermächtigen Erzeuger dominiert wurde, dessen Persönlichkeit in seinem Sohn eine Mischung aus Respekt, Ehrfurcht, wütendem Aufbegehren und unausgesprochener Zuneigung hervorrief. Von allen Dichtern, die ich kenne, besitzt Arthur eine der hochgewachsensten, stattlichsten und elegantesten Gestalten. Tatsächlich sieht er besser aus, als es Dichtern erlaubt sein sollte, und nimmt man sein Leben als ganzes, so hat ihm seine eindrucksvolle Schönheit, denke ich, mehr geschadet als selbst der Krieg, in dem er sich die Schwindsucht holte. Ich denke, sie hat dazu geführt – denn noch gefährlicher für sein Genie wurde Fickes gutes Aussehen durch die Kombination mit einer veritablen „Grandezza“ in großer Gesellschaft –, daß er ausgerechnet an etwas Vergnügen fand, woran ein Dichter kein Vergnügen finden dürfte, nämlich daran, mit faszinierenden Freunden das Leben zu genießen! Liebesaffären kann sich ein Dichter erlauben, sofern es sich nicht um verzweifelte Obsessionen handelt, bei denen wir, wie Keats mit seiner Fanny, nicht mehr denken, sprechen, reden, essen, schmecken, berühren, hoffen, fürchten, uns regen oder atmen können, ohne einen Bezug zu dieser Lamia, dieser Lilith, dieser Hexenmeisterin zu schaffen; aber sich mit seinen Freunden zu amüsieren *ist fatal.*

Wenn Arthur Ficke nicht so ein prächtiges Mannsbild von einem Dichter wäre, gehörte zu seinen Gedichten bestimmt auch ein majestätisches „Epos“. Ich muß gar nicht lange mit ihm zusammen sein, um dieses ungeschriebene Epos hinter seinem Kopf mit der wunderbaren Haltung in der Luft schweben, wie ein „düst’res Denkzeichen“ auf dem gewirkten Teppich seines Geistes erstehen zu sehen. Aber um ein majestätisches Epos zu schreiben, muß man häßlich oder verwachsen sein, muß man blind sein, wie Homer, oder von seinen Töchtern gequält und obendrein blind, wie Milton. Selbst um ein großes Prosaepos zu schreiben, muß man zehn Jahre seines Lebens mit Sträflingen verbringen, im Exil leben und sein eigenes Kind an Unterernährung sterben sehen, wie Dostojewski, oder fortwährend in der Gefahr schweben, buchstäblich wahnsinnig zu werden, wie Nietzsche. Zwecklos, mich daran zu erinnern, welchen normalen und ausgeglichenen Menschen man uns in Shakespeare zu sehen lehrt. Es stimmt einfach nicht! Wenn man, wie ich, einzig und allein von den Stücken ausgeht, ist unmöglich nachzuvollziehen, wie die gerissenen Moralisten ihre irreführende Lüge vom Gleichmut dieses zerrissenen Geistes überhaupt zusammenstoppeln konnten.

Arthur selbst mag sich zu dem Einwand versucht fühlen, es sei ein ausreichendes Opfer an den Fernhintreffenden Herrscher, sich in einem solchen Krieg Tuberkulose geholt zu haben. Opfer genug, um einen prächtigen Sonnettdichter, einen empfindsamen Verfeinerer unendlich zarter Lyrik voller wehmütiger, reifer Weisheit abzugeben, aber nicht genug, um deinem brütenden nordischen Schädel, der sich über deinem hohen, säulenartigen Siegfried-Hals erhebt, eine von Walküren inspirierte Saga zu entreißen.

Warum denkst du nicht an nichts anderes auf der Welt, mein teutonischer Arthur, als daran, dort weiterzuackern, wo Matthew Arnold in seinem magischen „Tristram and Iseult“ aufhörte? Oder da vorwärtszustürmen, wo Keats, unser aller Idol, in „Hyperion“ innehielt? Die Wahrheit ist, daß du im tiefsten Innern, mein Freund, weder den Mut noch die edle Schlichtheit, die heroische Romantik des schamlosen, germanischen Sentiments besitzt, die du bei ihnen findest und die wie zerrissene Kirchenfahnen in den gotischen Gewölben deiner innersten Seele hängen! Die Wahrheit ist, daß bei einer äußeren Erscheinung, die es wert wäre, mit der des „göttlichen Sängers“ im Palast des Alkinoos verglichen zu werden, der den Fremden unterm hochgeschlagenen Umhang so bitterlich schluchzen läßt, Arthurs spontaner Fluß tiefen, teutonischen Gefühls von der hinterlistigsten aller Sirenen, der fatalen Kultur des Orients, auf subtile Weise umgeleitet, geteilt und in Nebenflüsse aufgefächert worden ist.

Ich empfinde es als tragisch mitanzusehen, wie bei diesem ausgezeichneten Kenner nicht nur der japanischen Holzschnittkunst, über die er so scharfsinnige Prosa und zartsinnige Lyrik verfaßt hat, sondern auch dessen, was man als „Kunst des desillusionierten Gleichmuts“ bezeichnen könnte, die selbstbeherrschte Maske höflicher Reserviertheit unter dem Druck der alten nordischen Regungen zuweilen bebt und zittert! Er hat einen gewaltigen Drang zu einem Leben heroischer Taten in sich, der bei allen echten Dichtern von Liebe und Krieg wirksam ist: und ich meine mit „Krieg“ wohlgemerkt nicht das Aufsetzen eines antiken oder modernen Helms, sondern das „Öffnen der Schleusen“ in den Grundströmen von leidenschaftlicher Liebe und leidenschaftlichem Zorn.

Da es ihm, wie allen Dichtern, an der oberflächlichen Schlauheit der hurtigen Kinder des Hermes fehlt, verbietet ihm seine übermäßige Bescheidenheit, sich das pfiffige, hartnäckige, boshafte Selbstvertrauen zunutze zu machen, das die Erdengötter ihm zu schenken niemals aufgehört haben. Ohne jeden Zweifel verbirgt sich hinter dem würdevoll-förmlichen Gebaren dieses höflichen Mannes von Welt das scheue Mißtrauen eines nervösen Kindes gegen sich selbst; doch gerade die unglückliche Fähigkeit, aufgrund seines persönlichen Charmes und seiner gefährlichen Kultur immer „obenauf zu sein“, hindert ihn daran zuzulassen, daß das unterdrückte „Kind“ in ihm sich niedergeschlagen, verdrossen, wütend und verzweifelt fühlt – was die Befindlichkeit wäre, aus der heraus Vulkane ausbrechen.

Aber es ist schließlich ein schäbiger Dank an meinen vielgeliebten Freund, das Vergnügen gering zu schätzen, das ich an seinen „Gelegenheitsgedichten“ gefunden habe, von denen einige der neueren, wie etwa „The Hour-Glass“, in ihrer wehmütigen Reife so etwas wie ein Landorsches Gewicht gewonnen haben. Und was den Bereich angeht, den man vielleicht als „Sozialethik“ bezeichnen könnte, so hat meine steinzeitliche Skrupellosigkeit viel von meinem Freund gelernt. In einer Hinsicht ist dieser Dichter einzigartig, und diese Eigenschaft ragt unter unseren schnell geweckten Ressentiments leuchtend hervor. Ich habe es nie erlebt, daß Arthur – und er ist, für einen Amerikaner selten, ein Mann vieler tiefer Freundschaften – *einen Freund gegen einen anderen ausgespielt hätte.* Ich habe gelobt, ihm darin bis ans Ende meines Lebens nachzueifern; denn es ist eine edle und klassische Tugend. Der Mann muß das reinste Schatzhaus voller Staatsgeheimnisse sein! Doch mit dem vollendeten Geschick eines Meisterdiplomaten – hat er das in Kambodscha gelernt? – gleitet er über das gefährlichste „dünne Eis“ zwischen seinen indiskreten Freunden hinweg. Dabei würde niemand vermuten, wie sehr er dem Engel gleicht, der die guten und bösen Taten verzeichnet. Was ich von Ficke in der schwierigen Kunst gelernt habe, die eigenen Freunde „wasserdicht gegeneinander abzuschotten“ – denn es bleibt einem gar nichts anderes übrig –, wurde mir durch meine merkwürdige Boshaftigkeit erleichtert. Bei ihm allerdings entspringt sie einer ganz anderen Quelle, nämlich dem „Heiligen Quell“ selbst; während ich, zumal wenn ich es mit der Haltung von Frauen gegenüber Frauen zu tun habe, ein rein boshaftes Verlangen spüre, sie daran zu hindern, am Geschmack des Blutes der jeweils anderen Gefallen zu finden! Möge meine Liebe sich als echter Talismann erweisen, der Arthur Ficke vor allem Übel beschützt.

Meine Manie jedenfalls, die Mahnung des Apostels gegen die Ohrenbläserei zu befolgen, ist durch das Beispiel meines Freundes ungeheuer verstärkt worden. Ganz abgesehen jedoch von dem Einfluß, den Fickes Verhalten in dieser Frage auf mich gehabt hat, bin ich imstande, im Falle der posthumen Wünsche der Toten eine fanatische, in mich gekehrte, romantische Loyalität an den Tag zu legen, die voller introvertierter Bosheit ist.

Was das schwierige Problem alter Briefe angeht, bin ich von einer abergläubischen Loyalität besessen. Ich habe mir mehr als einmal das Vergnügen versagt, solche Briefe, die auf natürliche, unvermeidliche Weise in meine Hände gefallen sind, zu lesen, weil ich sehr wohl weiß, daß es ihrem Verfasser gar nicht recht wäre, wenn sie gelesen würden. Über diesen Punkt hatte ich mindestens einen wütenden Streit mit Llewelyn, dessen erdverwurzeltem, sonnenmildem Humor mit seinem leidenschaftlichen Interesse an den Grillen und Marotten derer, die ihm teuer gewesen sind, solche ausweichende, lichtscheue, abstruse Verehrung wie ein böses religiöses Laster vorkommt.

Wie auch immer, ich muß fortfahren, denn ich ging damals, als ich meinen Abschied von der Rednertribüne erwog, auf die siebenundfünfzig zu. Bald würde ich sechzig sein. Tatsächlich bin ich, während ich diese Zeilen schreibe, einundsechzig, und 1935 wird es genau dreißig Jahre her sein, daß ich vom Deck der *Ivernia* aus zu den Klängen von Sousas „Stars and Stripes“, deren Notation ich meine musikalischen Freunde an geeigneter Stelle einzufügen bitte, den vertrauten Bowler von Tom Jones in der Ferne verschwinden sah. Mein vorletzter Vortrag fand im Auftrag des Volkshochschulprogramms der Columbia University statt und hatte den „Faust“ zum Thema; und zu diesem Vortrag kamen, getreu bis zum Schluß, sowohl Dreiser als auch Masters. Den allerletzten hielt ich im Labour Temple in der Vierzehnten Straße, und ihn besuchten nicht nur der ironische, weltliche Heilige Will Durant und meine wagemutigen Verleger Max Schuster und Richard Simon, sondern auch niemand anderer als Arnold Shaw persönlich. Der nächste Vortrag an diesem vertrauten Ort, der mit dem in die Jahre gekommenen Clown des alten Zirkus Shaw zu tun hatte, wurde nicht *von mir*, sondern *über mich* gehalten. Zum erstenmal in meinem Leben war ich Gegenstand eines Vortrages, und vielleicht ist es auch schon das letzte Mal gewesen. Eingedenk meiner glücklichen Tage in Sachsen brauche ich wohl kaum zu erwähnen, daß er von einem Deutschen gehalten wurde. Kurzum, der Redner war Dr. Beck, Durants origineller Nachfolger im Labour Temple. Durant hatte mich nach der Art von Ferney verköstigt, als ich abgebrannt war. Beck deutete nach der Art von Weimar meine Legende. Von den wenigen Franzosen, die ich geliebt habe, ist Durant der weiseste. Von den vielen Deutschen, die ich geliebt habe, ist Beck der originellste.

Es war ein schwerer Schlag für mich, als ich, nicht lange nachdem Dr. Thomas mich wegen meines Zwölffingerdarmgeschwürs zu Dr. Einhorn geschickt hatte, von Mr. Keedick, dem er noch mehr fehlt als mir, vom plötzlichen Tod unseres Freundes Mr. Glass erfuhr. Nun, wir wollen hoffen, daß dieser große alte Impresario so vieler unterschiedlicher „Talente“, wie sie auf unserer irdischen Reise heißen, nun den „Talenten“ einer besseren Welt erklärt, daß man gut daran tut, „die Dinge auf sich zukommen zu lassen“.

Während ich dies schreibe, ist es auf die Jahreszeit genau etwas mehr als vier Jahre her, daß ich mich in diesem bestregierten aller amerikanischen Gemeinwesen endgültig „upstate“ niederließ. Schon in der Stadt betrachtete ich „Tammany“, also die politische

Cliquenwirtschaft der Demokraten, nie mit Widerwillen, den die meisten „Gelehrten und Gentlemen“ angeblich empfinden. Ich hatte schon immer den Eindruck, daß Tammany dem armen Mann gegenüber nachsichtiger war als viele konventionelle Regierungen; aber ich muß gestehen, daß ich ein Vorurteil gegen die Polizei von New York City habe. Das hängt allerdings damit zusammen, daß ich die amerikanische Praxis, Polizisten zu gestatten, die Bestrafung von Übeltätern selbst in die Hand zu nehmen, ehe diese vor einem Richter erschienen sind, schärfstens mißbillige. In mancher Hinsicht herrscht in einem amerikanischen Gefängnis zweifellos mehr „Entgegenkommen“ als in einem englischen; aber ich werde das Gefühl nicht los, daß dort auch mehr Gelegenheit zu individuellem Sadismus besteht.

Alles in allem waren meine vier Jahre unter diesen amerikanischen Farmern holländischer Herkunft beinahe die glücklichsten meines ganzen Lebens. Zum erstenmal in meinem Leben nämlich – nahm doch meine erotische Lasterhaftigkeit schon in meiner frühen Kindheit ihren Anfang und bestand mit Ausnahme der letzten Kriegsjahre, in denen mein Gewissen ihre Stiche mit der Salbe der Askese linderte, seither ununterbrochen fort – war ich frei von Laster. Ja, mit meinem Rückzug ins Land der Mohawks ereignete sich etwas, das mir wie ein wahres Wunder erscheint, und der Teufel wurde, wie jener, der „Legion“ heißt, tatsächlich ausgetrieben! Hatte der große Gott Eros persönlich das bewirkt? War es das Werk eines Elementargeistes? Zweifellos half die Natur. Ich führe die Veränderung nicht ausschließlich auf sie zurück, denn ich habe nicht selten mitten im Herzen der Natur unter meinen schlimmsten Obsessionen gelitten; aber sie half zweifellos. Und vielleicht ist das Schreiben von Büchern ein besseres Sedativum für schweifende Lüste als die elektrisierendere, magnetischere und konzentriertere Beschäftigung des Sprechens. Doch was es auch gewesen sein mag, ob Eros selbst, ein von Eros gesandter Elementargeist, die unglaublich schöne Landschaft von „Up-State“, die Tatsache, daß ich zum erstenmal in meinem Leben meinen Unterhalt mit dem Bücherschreiben verdiente oder daß ich, wie mancher psychologisch nicht sehr beschlagene Kritiker einwerfen wird, *alt wurde*, fest steht, daß diese unglaublich glücklichen vier Jahre, die ich mit Ausnahme weniger Tage ausschließlich in einem kleinen Haus am Rande der Straße verbracht habe, eine Spanne paradiesischen Friedens waren, was meine Laster anbetraf.

Das Interessante ist, daß offenbar selbst meine sadistische Neigung in einem abgrundtiefen Tartarus meiner Seele versank. Ich spreche hier selbstverständlich nicht von *praktiziertem* Sadismus; denn seit meiner Schulzeit habe ich, wie bereits erwähnt, keinem Geschöpf mehr aus bösem Vergnügen etwas zuleide getan. Ich spreche von sadistischen Gedanken. Zweimal, tatächlich nur zweimal, ist dieser gefährlichste aller Dämonen aus den Tiefen aufgestiegen, wie es Dante für den klassischen Teufel seines Malebolge schildert, auf dessen Rücken er und Vergil hinabtauchen sollen; und beide Male verband sich damit die Vorstellung verbotener Bücher. Das erstemal kam es dazu, als ich weniger als eine halbe Meile von meinem Haus entfernt über einen kahlen, grasigen Hügel spazierte, und es war, als ob das Dämonenbild eines dieser Bücher sich wie eine wütende Harpyie aus der Luft auf mich herabstürzte und mich um ein Haar in seinen schrecklichen Horst entführte. Das zweitemal verschleppte mich der Teufel tatsächlich in seinen Horst; denn er kam nachts, als ich am Fenster saß und schrieb, und zwar mit solcher Intensität, daß die Pulse an meinen Handgelenken *zu ticken begannen*, als trüge ich zwei Armbanduhren.

Sappho hat die körperlichen Auswirkungen der Leidenschaft beschrieben: den Schwindel, das Ohnmächtigwerden, das Schwitzen, das flaue Gefühl im Magen, die aneinanderschlackernden Knie; doch was ich in diesem Moment erlebte, war das Beben reiner Schlechtigkeit. Wäre ich ein Evangeliumsprediger wie die Bibelfrau, in die sich der sterbende Trophimowitsch am Ende von *Die Dämonen* verliebt, würde ich folgenden Vers erfinden:

„Der Schlechte bebt vor Lust ob seiner Schlechtigkeit. Ja, er zittert und erschauert beim Gedanken daran. Doch wenn er die Frucht verspeist hat, siehe! so erzittert er noch mehr; denn der Herr kommt über ihn."

Der zweite Vorfall lief in drei deutlich unterscheidbaren Phasen ab: erstens halbherziger, aber doch heftiger Widerstand. Dann eine Art trunkenes Nachgeben, das in einen ruhig-rationalen Kompromiß überging. Und schließlich, nachdem einige Tage vergangen waren, legte sich die ganze Sache einfach, ohne auch nur den kleinsten Hauch von Schwefel oder das leisteste Verlangen nach dem geschickten Kompromiß zurückzulassen, den ich zuvor mit dem Teufel zusammengestoppelt hatte. Das betreffende Vorkommnis ereignete sich erst kürzlich, vor wenigen Wochen; und es ist mir ein Trost, daß es mir – wenn alles gutgeht – offenbar doch nicht bestimmt ist, mich von Llewelyn bei der Lektüre von Büchern ertappen zu lassen, die ihm den lauten Ausruf entlocken:

„John, John! Ich würde mich schämen, wenn ich mit solchem Zeug erwischt würde!“

Aber es ist töricht, mich so zu brüsten; denn ich weiß sehr wohl, daß mein Teufel nicht tot ist. Dennoch bin ich in dieser Zurückgezogenheit „up-state“ wirklich ungemein glücklich gewesen. So stellen Polizisten in meinem Leben zwar gewiß unheilvolle Erscheinungen dar – und ich möchte behaupten, daß es Leute gibt, die dieses Gefühl in noch stärkerem Maße empfinden –, aber seit ich Folterqualen gelitten habe, weil ich in einer Art ichtyophallischer Geste jenen Stock in den Teich bei Shirley warf, empfinde ich eine absurde Angst vor diesen Hütern des Gesetzes. Ob das vielleicht die merkwürdige, nachgerade auf eine nervöse Identifikation hinauslaufende Sympathie erklärt, die ich für Landstreicher hege? Eines jedenfalls hat Amerika bei mir bewirkt: die Polizisten hierzulande setzen ihre Knüppel so gern zu einem in meinen englischen Augen extrem vorschnellen Strafgericht ein, und die amerikanische Öffentlichkeit neigt dazu, den Gebrauch der Folter zur Erlangung von Aussagen so seelenruhig hinzunehmen, daß ich meine Angst vor unseren Polizisten völlig verloren haben werde, wenn ich nach Hause zurückkehre.

Schickte man mich auf die Teufelsinsel, würde ich es möglicherweise bei keinem Franzosen mehr wagen, den Blick höher als bis zu seinen Schnürsenkeln zu heben; doch bis es dazu kommt, fühle ich mich eher in der Gegenwart von Iren unbehaglich, da ich mich an all die irischen Namen erinnere, die mir bei der New Yorker Polizei aufgefallen sind. Vielleicht werden die schlimmsten illegalen Mißhandlungen ja auch von den sogenannten „Iroschotten“ verübt. Als Kelte hoffe ich es. Aber die Abwesenheit von Polizisten in meinem „Up-state“-Versteck ist nicht dessen einziger Vorteil.

Das Land hier hat genau das Gepräge der alten Abenteuerromane, die ich am meisten mag. Liebhaber von Wandteppichen behaupten, seine Hügel böten die gleichen zauberischen Ausblicke wie die mittelalterlichen Kulissen der Schlösser des wildromantischen Nordens. Er gleicht England stärker, dieser Bezirk im Norden des Staates New York, als jede Landschaft, die ich bislang in Amerika gesehen habe. Er gleicht Shropshire. Ich fühle mich sogar an mein heimatliches Derbyshire erinnert. So hat sich der Kreis geschlossen, und ich bin wieder in Shirley! In alle Richtungen winden sich schmale, einsame, „unbefestigte“ Straßen durch entlegene Täler und über ferne Hügel und erzeugen mit ihrer sich verjüngenden Perspektive jenen eigenartigen Schauer, der uns durch die Generationen hindurch anzuwehen scheint, aber so eigenartig schwer zu definieren ist. Es ist ein Eindruck, der mit berittenen Reisenden zu tun hat, mit lockenden Gasthauslichtern, mit dem Zu-Ende-Gehen der Reise für Liebende, Landstreicher, Jäger, Marketenderinnen, Abenteurer, die lebensüberdrüssigen Toten. Es ist ein Eindruck, der mit all den mystischen Zeichen am Wege zu tun hat, die von Erscheinungen wie „Tankstellen“, Aushängeschildern, betonierten Überlandstraßen, Getränkebuden und „residential sections“ wie aufgescheuchte Wildgänse vertrieben werden.

Und außerdem ist dieses vage Gefühl altertümlicher Romantik, das ich zu beschreiben versuche, etwas ganz anderes als die umwerfende, natürliche Erhabenheit jungfräulicher Wälder, großer Prärien, riesiger Wüsten und hochaufragender Berge. Sie kann sich nur unter besonderen Bedingungen in der Geschichte einer Landschaft entfalten und bedarf, um sich überhaupt zu offenbaren, eines ganz bestimmten Landschaftstyps. Diese Bedingungen sind in den hügeligen Regionen von „Up-state“-New York, von denen ich spreche, genau erfüllt. Die Hügel sind nicht zu hoch, die Wälder nicht ganz ununterbrochen. Grasige Hänge, parkähnliche Flächen, gewundene Flüsse, idyllische Täler, alte Mauern, alte Wassermühlen, alte Gehöfte, alte Brücken, alte Friedhöfe vermitteln der kontemplativen Vorstellungskraft jenes poetische Gefühl *menschlicher Kontinuität,* des Aufeinanderfolgens der Generationen in langsamem, andächtigem Zuge, und eben danach verlangt das Gemüt, wenn es sein irdisches Erbe in vollem Sinne empfinden will. Ich hatte zudem das unglaubliche Glück, mich an einem Fleck niederlassen zu dürfen, an dem die Erdgestalt meinem anspruchsvollen Geschmack besonders entspricht. Allenthalben liegen graue, schieferartige, von den herrlichsten Flechten und Moosen bedeckte Findlinge, die sich mit Fichten, Schierlingstannen und Birken abwechseln, zwischen denen auf fettem, schwarzem Boden zur entsprechenden Jahreszeit die zartesten Wildblumen und Farne hervorkommen.

Auch die Felsen dieser Landschaft – denn die Gegend eignet sich eher für die Vieh- und Schafzucht als für den Getreideanbau – besitzen eine ganz eigene, besondere Schönheit, insofern sie neben ihrer dunklen, schieferartigen Masse hie und da große Partien von einer marmorartigen, weiß schimmernden Substanz aufweisen, aus der sich Kristallstücke herauslösen lassen und deren Oberfläche zuweilen die unvorstellbarsten grünen Flechten tupfen. Nirgendwo, nein! nicht einmal in England, bringt der Frühling, wenn er nach den schrecklichen, tief verschneiten, vereisten Wintern endlich kommt, einen fragileren, wundersameren Zauber mit sich als in dieser Gegend.

Wie die herrlichen Zeilen eines unvergleichlichen Dichters kenne ich die vertraute Reihenfolge, in der die zarten Farben erscheinen, mittlerweile auswendig. Zuerst kommt die Leberblume, scheu und zierlich aus ihrem dunklen Kelch hervorschauend, der zerbrechlich sich neigende Stengel mit winzigen, feinen Härchen bedeckt: dann der Blutwurz, die weißen Wasserlilienblüten so zart behütet von den großen Hüllblättern: dann die orchideenblättrige, gelbe Natterzunge: dann die goldene Sumpfdotterblume, die in Amerika aus irgendeinem sonderbaren Grund „Butterblume“ heißt: dann der Drilling oder Aronstab, purpurn wie Meßwein gerändert, ein Sinnbild der Doktrin der Dreifaltigkeit, ehe noch Ostern gekommen ist: dann, als erster von den blühenden Sträuchern, die Felsenbirne mit ihren weißen Blüten. Unter den großen Bäumen sind die roten Blüten einer ganz bestimmten Ahornart das erste Zeichen: doch wenn sie ins Gras gefallen sind, folgen – wie mit einem unglaublichen „Zinkweiß“ getuscht, wenn man sie vor dem Blau des Himmels sieht – die gelb-grünen Blütenquasten der anderen Ahornarten. Wenn Blutwurz und Natternzunge verblüht sind, kann man auf Grasnarben in entlegenem, höherem Gelände seltene Stellen mit „Engelsaugen“ finden, und mit der Entfaltung der Farnwedel an den Waldrändern kommt die kreuzförmige, zinnoberrote Polygala, eine Spezies von wildem Alpenveilchen. Doch ich habe das Gefühl, als ob mir, wenn ich fern von hier bin, von allen Blumen, die Proserpina „verlor von Plutos Wagen“, am lebhaftesten die im warmen Winde vor den grauen Felsen schwankenden, nickenden Büschel der wilden roten Akelei wiederkehren werden.

Ich habe mir oft ausgemalt, wie mein Vater mich in meinem amerikanischen Schlupfwinkel besucht; aber ---

„Er ist lange tot und hin, tot und hin, Fräulein.“

Während ich mich in einem Hinterzimmer in New York verkroch, einer Bude, baufälliger als alles, was es am Patchin Place gab, wurde er auf dem Kirchhof von Montacute an der Seite seiner Toten begraben. Mein Dasein war damals auf einem Tiefpunkt angelangt, und ich lebte von einer einzigen Vorlesung pro Woche, die ich in einer Schule in Greenwich hielt. Ich konnte ihm – wie wir alle es im Notfall, und nie vergeblich, taten – nicht mehr schreiben und ihn in meiner Bedürftigkeit um Hilfe bitten.

„Er ist hin, er ist hin,
Und kein Leid bringt Gewinn.“

Ja, ich fand mich nur allzu rasch damit ab, daß „kein Leid Gewinn“ bringt, aber ich werde, solange ich lebe, das Gefühl haben, daß er nicht ganz gestorben ist. *Non omnis mortuus est*, um Horaz' Satz abzuwandeln. Und warum sollte sein Geist den Schwächen seines Erstgeborenen gegenüber nicht ebenso nachsichtig sein, wie er es an jenem Tag in Mr. Phelips' Park war, als ich mich mit meinem großen Versuchungen brüstete und er lediglich sagte: „Es wäre mir eine große Hilfe, John, wenn du nächsten Sonntag noch einmal die Schriftlesung übernehmen könntest.“

Doch welche Freude hätte es mir gemacht, ihm die amerikanischen „Brandmeisen“ zu zeigen, die ich jeden Winter fütterte.

„Das ist eine Kohlmeisenart, John“, würde er sagen.

Und dann würde er erklären, wo man in Stalbridge ihre Nester fand. Die kleinen wilden Leberblumen hätten ihn gewiß an seinen Geburtsort erinnert, wohin er sich am Ende tatsächlich wie ein stummes, zu Tode gehetztes Tier zurückzog, nur um in seinem heimischen Lager Fremde vorzufinden. Wie erstaunt wäre er andererseits über die Sorgfalt gewesen, die man in dem kleinen Garten hier einer einzigen echten Schlüsselblume angedeihen lassen muß, die er doch allenthalben in den Hecken von Blackmore Vale sah. Und wie aufgeregt wäre er über den Anblick des prachtvollen „Trauermantels" gewesen, den ich erst gestern zwischen den Frühlingsblumen sah, einen Schmetterling, den man nach Aussage von Dr. Frink, meinem treuesten und beinahe einzigen Winterbesucher, selbst dann noch beobachtet, wenn Schnee liegt. Und wie ihn das „Grundröteln"-Nest interessiert hätte, das ich letztes Jahr fand, mit Eiern darin, die mit wunderschönen unregelmäßigen Hieroglyphen, ein wenig wie bei unserer Goldammer, versehen waren!

Über sein Grab in Montacute fliegen nun mit lärmendem Abendgekrächze die Saatkrähen, wie sie es immer getan haben; doch ich finde mittlerweile eine eigenartige Befriedigung an den rauheren, wilderen und abgehackteren Rufen, die ihre Vettern, die Rabenkrähen, von sich geben, wenn ich meinen Abfall zu den Skunks trage.

Einmal, es ist noch gar nicht lange her, erinnerte ich meinen Bruder Littleton in einem Brief an unseren voller Leidenschaft gefaßten Plan, den wir eines Sonntagsnachmittags in der Schule ausheckten, als wir in unseren Zylinderhüten die Straße nach Milborne Port entlanggingen, den Plan nämlich, daß er mich eines Tages in meiner Pfarre besuchen würde, die an einem Forellengewässer läge. Ich lud ihn herzlich ein, den Atlantik zu überqueren und mich in meiner – wie auch immer gearteten – Pfarre an den Ufern des Mohawk zu besuchen, aber er konnte es beim besten Willen nicht einrichten. Mein Bruder Willy dagegen, der von Ostafrika über die Pyramiden nach London flog, kam auf zwei kurze Wochen über den Ozean, um seine heimatverschlagenen Freunde und Verwandten zu sehen. Er besuchte mich denn auch an dem zugefrorenen Fluß mit dem indianischen Namen und beharrte darauf, in der zarten Manier von Penn House und unserer Genfer Vorfahren Skizzen anzufertigen, obwohl ihm diese Possen Frostbeulen *im Gesicht* einbrachten.

Ich fiel ihm um den Hals, wie der listige Joseph seinem Bruder Benjamin, und es entstand ein starkes Band zwischen uns. Zwanzig Jahre! Ja, so lange war es her, daß ich ihn zuletzt als jungen Menschen in Burpham gesehen hatte. Statt des einfachen Jungen, der er bei meinem Weggang gewesen war, stand nun ein eindrucksvoller, gereifter Mann vor mir. Und er verband, wie ich außerdem feststellte, mit seiner massiven Kraft eine über das bei Frauen vorhandene Maß hinausgehende Selbstlosigkeit und zudem jene merkwürdige Art von schwelendem, unbewußtem Heroismus, wie er die rästelhaftesten und verblüffendsten Figuren bei Conrad auszeichnet. Wie belanglos kamen mir, während ich ihm zusah und vergeblich versuchte, ihm wenigstens einen Hinweis auf die Verzweiflungen zu entlocken, die sein Gesicht zeichneten, all meine wortreichen „Dithyramben“ psychologischer Analyse vor! Kunst? Rhetorik? Kritik? Hier hatte ich doch, in Gesicht und Gestalt dieses Mannes von meinem Blut, dieses sechsten Sohnes meines Vaters, tatsächlich, im Fleische verwirklicht, alles an heroischer Poesie vor mir, was ich in meinen Kämpfen mit Homer fortwährend aufnahm!

Da wir übrigens gerade von Homer sprechen, möchte ich doch noch einmal festhalten, daß meiner Ansicht nach die bei den Loeb Classics erschienene Prosaübersetzung der Ilias und der Odyssee von Professor A. T. Murray von der Stanford University die beste ist, die von dem größten aller Dichter je angefertigt wurde. Sie ist es wert, Sir Thomas Urquharts Version von Rabelais an die Seite gestellt zu werden, und sie ist in der Wortwahl viel schlichter und weniger preziös als die berühmte Übersetzung von Lang und Leaf. Meiner persönlichen Überzeugung nach sind diese beiden überragenden Dichtungen das Werk zweier ganz verschiedener Verfasser, wobei die Odyssee einige Jahrhunderte älter ist und, wenn nicht von einer Frau, so doch von einem Dichter stammt, dessen Sympathie mit und Verständnis von Frauen sehr weit gingen. Was die Vorstellung angeht, diese in sich geschlossenen Kunstwerke könnten möglicherweise von einer ganzen Anzahl wandernder Sänger verfaßt worden sein, so scheint sie mir auf einer Stufe zu stehen mit dem Gedanken, eine Anzahl gewiefter Theologen hätten Gestalt und Aussprüche von Jesus aushecken können.

Doch zurück zu meinen kostbaren vier Jahren, die ich, von der Außenwelt isoliert, in jenen „up-state“ gelegenen Hügeln verbrachte. Eine der Eigentümlichkeiten dieser Gegend, die mich so, ansprach, ist die Vielzahl alter Steinmauern, welche die Felder abteilen, Mauern, die ohne Mörtel zusammengefügt sind und auf der Krone kräftige, unter Verzicht auf Nägel kreuzweise angeordnete Holzpfähle tragen. Um diese alten Mauern und baufälligen Holzpfähle herum sind, eher von der Natur als von Menschenhand bewirkt, hohe Hecken von Apfelbeer-, Dornen- und anderen weißblühenden Sträuchern entstanden; und die Steinmauern und Hecken in Verbindung mit dem kahlen, grasigen Hochland zwischen den waldigen Hügeln verleihen der Landschaft, zumal im Herbst, bisweilen ein Aussehen, das Gefühle in mir wachruft, die auf weit entfernte Eindrücke meiner salopischen Vorfahren in den Walisischen Marschen zurückgehen müssen.

Auf meinen Gängen über diese Hügel habe ich versucht, mich allen Stolzes auf meine Vorträge und meine Schriftstellerei zu entschlagen. Ich habe versucht, mir mich als exzentrischen „Alten Mann von den Hügeln“ vorzustellen, der bei seinem Vornamen, versehen mit irgendeinem grotesken Zusatz, gerufen wird. Ich finde es schade, daß wir heutzutage alle ausdrucksvollen Spitznamen Gangstern und Revolverhelden überlassen. Es ist dies bezeichnend für die Entpersönlichung, Entindividualisierung einer phantasielosen Epoche. Auf meinen einsamen Spaziergängen in diesen Hügeln versuchte ich, mich als den „Verrückten John“ zu sehen und meine Lebensillusion von literarischem Selbstbewußtsein freizuhalten. Es liegt eine tiefe Weisheit in den liebevoll-derben Spitznamen, die das Proletariat so gern benutzt! Aus ihr und aus den Hofnarren und Chronisten der alten Zeit spricht der gleiche poetische Instinkt.

Die schlimmste Beleidigung, die man einem Menschen antun kann, ist, ihn in eine Nummer zu verwandeln, und genau das tut die Gesellschaft gern in ihren Institutionen. Selbst im Gefängnis ist es schon etwas, wenn man wenigstens Hans Daps bleibt. Von nichts kommt nichts; aber wer das Gefühl hätte, wenigstens als Hans Narr zu gelten, verlöre nicht ganz den Mut.

Das große Geheimnis der Fähigkeit, sich mit freiem Herzen des Lebens zu freuen, liegt darin, sich von allem Ehrgeiz, sich von jeder noch so geringen Konkurrenz mit anderen armen Teufeln frei zu machen. Unseren Stolz aber brauchen wir, und zwar einen sehr tiefen Stolz. Wir müssen Stolz darauf empfinden, außerhalb und jenseits aller denkbaren Konkurrenz einfach nur wir selbst zu sein.

Zum Glück für mich habe ich von meinem Vater einen maßlosen Stolz geerbt, der sich allerdings auf nichts Bestimmtes richtet.

Darüber pflegte ich mehr als über alles andere nachzusinnen, während ich endlos über die mit Steinbrech bewachsenen Hügel ging. Hier gibt es kein „unbefugtes Betreten“ wie bei uns in England. Die in der Abgeschiedenheit von „Up-state“ lebenden Farmer sind teils holländischer, teils deutscher, teils englischer Herkunft, und obschon man sie in mancher Hinsicht als „Kulaken“ bezeichnen könnte, sind ihre Methoden ungemein kommunistisch. So benutzen sie dieselben Maschinen, die wie bei den russischen „Kollektiven“ von Farm zu Farm herumgehen, und sie tauschen auch ein noch kostbareres Gut aus – die Arbeitskraft. Während sie also ihre Farmen selbst besitzen und beträchtliche Ersparnisse auf der Bank haben, sind sie das genaue Gegenteil englischer Farmer. Ich kann in dieser Gegend, wenn ich die physischen Hindernisse meistere, in jede beliebige Himmelsrichtung gehen! Und meine Nachbarn werden keineswegs böse, wenn sie sehen, wie ich mich unter ihren Zäunen hindurch- oder über sie hinwegzwänge. Zum erstenmal in meinem Leben konnte ich von meiner Türschwelle aus hingehen, *wohin es mir beliebte.* Und das gilt für die Häuser, Koppeln, Gärten, Wirtschaftshöfe, Pferche, Hühnerställe, Innenhöfe und Vorgärten dieser Menschen. Man stelle sich vor, was passiert wäre, wenn ich in Burpham plötzlich den Brauch eingeführt hätte, in die Höfe und durch die Gärten der Leute zu spazieren! In Amerika herrscht nicht nur eine durchaus echte „Demokratie“, sondern auch die latente Psychologie so mancher Aspekte des Kommunismus. Die Russen haben völlig recht damit, daß sie Amerika lieben.

Ich selbst denke oft darüber nach, wie ich wohl in einem kommunistischen Staat zurechtkäme. Es fiele mir nicht weiter schwer, das Privateigentum aufzugeben, sofern ich materieller Sorgen enthoben wäre. Auch sehe ich nicht ein, wieso ich nicht ehrlich für einen kommunistischen Staat arbeiten und letztlich doch meinen heimlichen Empfindungen und meinem grenzenlosen, heimlichen Stolz auf meine Empfindungen leben können sollte! Was habe ich auf meinen Gängen in den Hügeln nicht über solche Fragen nachgegrübelt! Angenommen, die Technik weitet ihren Einfluß immer mehr aus, angenommen, die Wissenschaft in den Händen einiger weniger Diktatoren beherrscht uns tatsächlich mehr und mehr, angenommen, die große Schlacht der Zukunft mit ihrem ganz eigenen Gegensatz von „Gut und Böse" läuft hinaus auf den Kampf zwischen dem Individuum, das sich verwirklichen, und der Gesellschaft, die es daran hindern will, so bleibt uns nur übrig, was die Heiligen, Liebenden, Künstler und Mystiker zu allen Zeiten getan haben, nämlich *uns in uns selbst und in die Natur zu versenken* und an den schlichtesten, schmucklosesten, nüchternsten und magersten Empfindungen Freude zu finden.

Ich bin durchaus dafür, dem Kommunismus darin zu folgen, daß äußere Würden, äußerer Pomp und äußere Klassenunterschiede abgeschafft werden. Ich denke, es ist eine Schwäche von mir, als „Mr. Powys der Schriftsteller" oder „Mr. Powys, der Vortragsreisende" verpäppelt, verhätschelt und behütet werden zu wollen. Dabei könnte ich ebensowenig Ingenieur, Farmarbeiter oder Bergmann – Berufe, von deren Arbeit ich lebe – werden, wie ich mich in ein Pferd verwandeln könnte.

Was ich an mir selbst bewundern würde, wäre der Mut, wie ein Landstreicher oder, wenn ich denn unbedingt ein Dach überm Kopf bräuchte wie Wordsworths Blutegelsammler oder wie der listige alte Hausierer, der Held von „The Excursion", zu leben. Seit vier Jahren stelle ich mir mich auf meinen Gängen als einsamen, älteren, bei seinen Nachbarn als halb verrückt geltenden Mann vor, der dank einer winzigen Unterstützung oder Rente, von der er knapp leben kann, dem Arbeitshaus oder „Armenhaus", wie es hier in Amerika heißt, entgangen ist. „Der verrückte John von Rats' Barn" wäre ich dann, und wenn ich keine Blutegel verkaufen könnte, könnte ich wenigstens Wassermolche beobachten. Und vielleicht auch die Mädchen, „am Sonntag", wenn sie ihre Kattunkleider tragen; und wer weiß, vielleicht käme dann und wann luftig-duftig irgendeine Molly oder Dolly oder Polly daher, wenn der Verrückte John gerade übers Gartentor lugt. Denn ich sah mich selbst, während ich über die Hügel wanderte und jeden Fetzen äußerer Reputierlichkeit abzuschütteln und von mir zu werfen suchte, als zugleich heiligen und lüsternen alten Mann; einen alten Mann, der sich gern die Knochen am Feuer wärmte, einen alten Mann, der morgens nie seine Haustür öffnete, ohne in Anbetung des göttlichen Äthers oder Helios' der Sonne mit der

Stirn den Boden zu berühren, und dennoch einen alten Mann, für den die bloße Tatsache, daß die Vorsehung Mädchen mit Beinen versehen und nicht „aus einem Stück“, wie Blutegel, oder mit Fischschwänzen, wie Nixen, gemacht hat, das beglückendste Wunder der Welt war.

Unabhängigkeit! Unabhängigkeit! Das ist das Geheimnis aller Philosophie. Unabhängig sein von den Meinungen seiner Nachbarn, seiner Verwandten, seiner Freunde; unabhängig sein vom lächerlichen Gieren nach „Renommee“; sein Konkurrenzverlangen beim Halse packen und ihn umdrehen; und dann, wenn es eine Frage des Stolzes wird, seinen Stolz wie einen wabernden, schwankenden, gigantischen Flaschengeist aus der eigenen magischen Seele emporwallen lassen!

Wohlgemerkt, ich will erst dann „der verrückte John von Rats' Barn“ sein, wenn ich ein Regal voll erstrangiger Abenteuerromane geschrieben habe. Doch genau wie Montaigne, ein großer Liebhaber des Lebens, sich fortwährend sammelt, um mit dem Tod fertig zu werden, so ist auch mir, obschon eine schreckliche „Libido“ mich antreibt, Buch auf Buch zu schreiben, unbehaglich und beklommen zumute, wenn ich nicht ständige Anstrengungen unternehme, meine Lebensillusion und meinen Stolz einer Situation anzupassen, die elementarer und vereinfachter ist, als ich sie bisher gekannt habe. Eben das habe ich in diesen vier Jahren der Abgeschiedenheit ständig angestrebt. Die Seele – der Himmel helfe uns allen! – muß immerzu Hindernisse überwinden, um zu ihrem Frieden zu finden; und da, wie Heraklit sagt, „das ganze Leben ein Krieg“ ist, bin ich zu der Ansicht gekommen, daß Seelenfrieden etwas ist, worum man unablässig kämpfen und woran man sich mit eisernem Griff klammern muß. Ich verwende seit einiger Zeit den Ausdruck „vorsätzliche Ekstase“ und möchte gerne erklären, worauf ich mit diesem gewagten Begriff abziele. Wenn unser innerstes Selbst seinen Kampfesmut zusammennimmt und „en protois iachon eche monuchos hippous... ins Getümmel treibt mit einem Schrei seine einhufigen Pferde“, so gelangt es unter dem Aufruhr seiner Geste zu innerer Ruhe, und diese innere Ruhe bietet sich, wie ein klarer Spiegel unter der Wirrnis, im auf uns eindrängenden Gewicht des Kosmos um uns herum all jenen stärkenden Elementen dar, die Ursache menschlicher Ekstase sind. In Wirklichkeit sind sowohl der anfängliche Seelenfrieden als auch das Frohlocken, mit dem er auf diese Elemente reagiert, *schöpferische Akte der Seele selbst,* die sich dabei den sogenannten „Willen“ und die „Vorstellungskraft“ – welche mysteriösen Fähigkeiten das auch sein mögen – zunutze macht, um inmitten eines feindlichen Aufruhrs und angesichts einer katastrophalen Bedrohung stark zu sein und zu frohlocken. Wie bereits angedeutet – und was ich über mich sage, gilt abgewandelt für jede Seele in ihrem äußeren Ringen mit dem Kosmos –, sind die festumrissenen pathologischen „Schablonen“ wie Sadist, Masochist, Zoophiler, Misanthrop, Extrovertierter, Introvertierter, Homosexueller, Zerebralist, Heterosexueller und so fort zu festumrissen-wissenschaftlich, um den geheimnisvollen Regungen einer lebendigen Seele gerecht zu werden. Leben vorausgesetzt, hat man es mit irgendeiner Form von Bewußtsein zu tun. Einen noch so kleinen Grad von Bewußtsein vorausgesetzt, hat man es mit einem nicht auszurechnenden, unbestimmbaren Element von schöpferischem Willen zu tun.

Nur zu deiner Unterhaltung, Leser, und um dich zur Analyse deiner eigenen, speziellen geistigen Prozesse anzustacheln, die sich meiner Überzeugung nach ebenso wie die meinen diesen öden pathologischen Kategorien entziehen, möchte ich für die in diesem Buch geschilderte, spezielle Disposition den Begriff „Cowperismus“ verwenden. Du magst ebensowenig praktizierender Masochist sein wie ich; deine sadistischen Neigungen mögen ebenso wie bei mir rein zerebraler Natur sein; du magst Exhibitionismus und Narzißmus ebenso verabscheuen wie ich; und fühlst dich vielleicht dennoch ständig von „heiliger Bosheit“, wie ich das nenne, getrieben, die unheilvolle Maske komischer Würde wegzureißen, welche die tragische Würde einer jeden Menschenseele verbirgt. Und dem pathologischen Wirken dieser „heiligen Bosheit“ würde ich in meiner Gemütsverfassung den Namen „Cowperismus“ geben. Wenn ich etwa in den weiblichen Aspekten meines Charakters schwelge, anstatt sie zu verwischen, so treibt mich diese „heilige Bosheit“ an. Denn ich bin mir natürlich des vulgären Stolzes auf die sogenannte „aufrechte Männlichkeit“, die eine solche Emphase zwangsläufig außer Fassung bringt, durchaus bewußt.

Eben diese „heilige Bosheit“, seine eigentliche Identität gegen die „menschliche, allzu menschliche“ Maske zu behaupten, die wir alle wie das eine Auge und den einen Zahn der Phorkyaden ständig herumzeigen, macht für mich den „Cowperisten“ aus, eine Bezeichnung, die übrigens, wenn ich meinen amerikanischen Freunden einen Hinweis geben darf, „Cooperist“ ausgesprochen werden muß. Das vorliegende Buch, diese „Autobiographie“ eines zerlumpten Taliesin von seinem dritten bis zu seinem sechzigsten Lebensjahr, ist in erheblichem Maße die Geschichte der „Deklassierung“ einer Persönlichkeit bürgerlicher Herkunft und ihrer schwankenden, zaudernden Annäherung an das kommunistische System sozialer Gerechtigkeit, nicht jedoch an die kommunistische Philosophie: denn ich bin der Ansicht, daß das Tiefste im Leben das individuelle Ringen der Seele um einen frohlockenden Frieden in Beziehung auf kosmischere Kräfte ist, als sie *jedwedes* Gesellschaftssystem, ob gerecht oder ungerecht, bewältigen oder ermessen kann.

Der Grundfehler so vieler kluger Menschen heutzutage liegt in dem in ihren Köpfen verankerten – und zwar von einer abergläubischen Ehrfurcht vor vergänglichen wissenschaftlichen Theorien verankerten – Mißtrauen gegen die Macht ihrer eigenen Seele. Was wir brauchen – und der Schlüssel dazu liegt in uns selbst –, ist eine kühne Rückkehr zur *magischen* Lebensanschauung. Ich spreche nicht von der Magie der Madame Blavatsky, sondern von jener Art Glauben an die Potentiale des Ichs, mit denen sich seit jeher alle große Dichtung und alle große Philosophie befaßt. Was wir brauchen, ist das Gefühl frohlockender Befreiung vom unmittelbaren Druck des Alltagslebens, das uns jeder „Logos“ aus der Arena von Goethe, Spinoza, Leonardo, Plato, Heraklit, Epiktet oder der alten chinesischen Taoisten vermittelt.

Die Wissenschaft hat die menschliche Seele nicht verändert. Die Wissenschaft hat die grundlegenden Beziehungen zwischen der menschlichen Seele und dem sie umgebenden Mysterium nicht verändert. Wir sind immer noch potentielle Magier, sofern wir an die in uns liegende Macht der Erschaffung und Zerstörung glauben. Soziale Gerechtigkeit ist eines. Ein anderes ist die freie Entfaltung der Einzelseele unter jedwedem System. Was wir tun, ist wichtig; aber es ist weniger wichtig als das, was wir fühlen; denn allein unser Gefühl wird von unserem Willen beherrscht. In unseren Handlungen mögen wir schwache, unbeholfene Stümper sein oder uns bald geschickt, bald ungeschickt anstellen. All das entzieht sich weitgehend unserer Kontrolle. Nicht unserer Kontrolle dagegen entzieht sich, was wir dabei *fühlen.*

„Ich bin ein feiger, stümperhafter, unfähiger Wurm."

Schön. So sei es. Aber es liegt in meiner Macht, ein Wurm von tiefer, gelassener, entschlossener Heiterkeit, wenn nicht gar von magischem Hochgefühl zu sein.

Doch zurück zu meinen vier Jahren in „Up-state"-New York. Ich bin der festen Überzeugung, daß kein Mensch – wohin er auch ginge – freundlichere, rücksichtsvollere, nachsichtigere Nachbarn finden könnte, als ich sie in dieser Gegend fand. Wie bereits deutlich gemacht, habe ich dieses riesige Land von Norden nach Süden und von Osten nach Westen durchreist, aber nirgendwo Amerikaner getroffen, die den hiesigen Amerikanern gleichkämen. Sie haben in den vergangenen vier Jahren meine Vorstellungen darüber, was der amerikanische Charakter sein kann, völlig verändert. Sie kommen aus „guter Familie", wie die Menschen in diesem Lande sagen; daß sie aber in meinem Augen soviel liebenswürdiger sind als die kompromißlosen, puritanischen Yankees oder die Negerlyncher der Südstaaten, muß teils am Klima mit seinen tödlichen Wintern und vergleichsweise kühlen Sommern, teils an einer merkwürdigen psychischen Befindlichkeit liegen, die sich aus dem eigenartigen Volksgemisch – etwa der Deutschen mit den Holländern oder der Holländer mit den Engländern – bei ihnen ergibt. Zwar sind die Menschen in den Staaten, die ich bislang als mein „Ideales Amerika" bezeichnet habe – also Kansas, Arkansas, das südliche Missouri und Oklahoma –, meinen hiesigen Freunden gegenüber insofern im Vorteil, als sie ärmer sind, zielloser, unbekümmerter, der großen Göttin Fortuna bewußter ergeben, weniger konservativ, weniger respektvoll gegenüber den Reichen, weniger eingeschüchtert von Banken und Bankiers.

Aber weder der Südwesten noch der nähergelegene Mittelwesten kann sich des altmodischen Zaubers, der abgeklärten Kontinuität rühmen, in der die Generationen einander in der gleichen Tradition würdevoller Schlichtheit und mühsamer Arbeit folgen, welche die Menschen auszeichnet, mit denen ich in diesen vier wichtigen Jahren meines Lebens so vertraut geworden bin.

Welche Veränderung die Abgeschiedenheit auf dem Lande bedeutete! Ich begegnete nicht mehr dem absonderlichen alten

Leierkastenmann, dessen wehmütig herausgeorgelte „Wirtshausmusik“ mich, wie es Sir Thomas Browne von sich behauptet, an die „Musik der Sphären“ denken ließ, jenem Leierkastenmann, der keine Silbe Englisch sprach, jedoch *in sua favella*, „in seiner Zunge“, über unverständliche Kränkungen ächzte und stöhnte und dabei meine Hand hielt wie einer, der die Rolle eines an den Bettelstab gebrachten, von Göttern und Menschen gleichermaßen verfolgten Oedipus spielt. Ich sehe nicht mehr das buddhahafte Gesicht des jüdischen Eisenwarenhändlers auf der anderen Straßenseite, schlurfe nicht mehr in meinen Hausschuhen über Llewelyns „Fosse-Way“, die große, dröhnende Seventh Avenue, bis zur französischen Bäckerei am Sheridan Square, um „Croissants“ und „Katzenzungen“ zu kaufen, sehe nicht mehr zu, wie der Dickens lesende Fischhändler – selbst eine dickenssche Gestalt, wenn es je eine gab – meinen Kauf zum Ausnehmen seinem Gehilfen übergibt, während er persönlich mein Silber in seinen Kasten legt und das Füllhorn seines *esprit de poissonnerie* über mir ausgießt, kann nicht mehr meinen zerknitterten, staubigen Vortragsanzug die Greenwich Avenue hinunter zu dem kleinen Laden des heroischen Mr. A., dessen Sohn wie der große König Saul hieß, tragen, vorbei an der Wäscherei, auf deren Eigentümer ich wegen irgendeiner verrückten Ähnlichkeit mit unserem respekteinflößenden Mr. Montacute von Montacute verfiel, mit ihm, der mich Babylon Hill hinaufkutschierte, damals an jenem fatalen Tag im Jahre 1914, als ich wußte, daß ich mein Heim verlor. All diese Gestalten und Formen, dazu der ewige Abfall an diesen Orten und der große Dampflöffelbagger mit der Aufschrift „Marion, Ohio“, der fortwährend an den Eingeweiden von Manhattan zu schaufeln schien, entschwinden mittlerweile ins Unbestimmte: elegische, körperlose „eidola“, die gleich dem dünnen Schatten des Patroklos bei den Toren des Hades ein- und ausschweben.

Doch was auch immer an Vertrautem aus meinem Leben verschwand – Rachel Philips in ihrer portugiesischen Grabstelle, die nun keiner mehr besucht –, fest steht, daß ich niemals, nein! seit meinem achten und neunten Lebensjahr in Dorchester nicht, dermaßen bis zum äußersten meine Identität, meine angeborenen Eigenarten, meine hochgehaltenen Manien, meinen süßen Aberglauben verwirklichen konnte. Ja, mir war es vergönnt, was den Sterblichen auf dieser Erde nur selten vergönnt ist – ich konnte meiner Persönlichkeit ungehindert freien Lauf lassen. Aus keinem anderen Grund als eben um dieses „freien Laufes“ willen verlassen wohl auch so viele von uns individualistischen Engländern die Insel, deren Knochen *uns* in den Knochen stecken, und lassen sich in so entlegenen, exotischen Gegenden nieder. Wir nehmen unsere Art mit, unsere Redewendungen, unseren hergebrachten Trott, unsere unerschütterlichen Vorurteile. Wir sind alle so exzentrisch, daß es uns an Raum zur Entfaltung fehlt, wenn man uns dicht zusammenpfercht. Und so ziehen wir aus, um uns unter nicht so zusammengedrängten, nicht so ungeheuer egoistischen, nicht so halsstarrigen, nicht so selbstgerechten, nicht so abenteuerlustigen Eingeborenen auszuleben.

Wie konnte ich mich frei entfalten, wie der vollendete, uneingeschränkte, hemmungslose „Cowperist“ sein, der ich sein wollte, wenn ich überall um mich herum die Klassenunterschiede, die Klassenvorurteile, die Diffamierungen, die Servilitäten, die Hochnäsigkeiten, die Überheblichkeiten, die ständige, unausgesprochene Frage vorfand: „Ist er auch ein Gentleman? Hat er auch eine anständige Schule besucht?“

So muß es ein bedeutsamer Moment in meinem jugendlichen Leben gewesen sein, als wir einmal, hinter der Lorbeerhecke an der Straße zum Bahnhof versteckt, Mr. Phelips zu einem Gast von Montacute House sagen hörten:

„Ja, das ist das Pfarrhaus; Powys heißt der Mann; eine sehr gute Familie.“

Hier in diesen Hügeln aber, umgeben von einer „Aura“ von Mohawkhäuptlingen, so gewaltig wie jeder Owen Glendower, nehmen mich diese arbeitsamen Nachkommen alter holländischer „Patroons“ und alter deutscher und englischer Siedler so wie ich bin. Ich brauche mich nicht hinter einer mörtellosen Mauer und keinem Flurzaun zu verstecken, um zu erfahren, welchen Status ich unter denen habe, die auf Erden ihr Brot essen. *Ich bin ein Mensch.* In der Stadt, das gebe ich zu, sinke ich unter dieses Niveau und werde zum „guy“. Doch hier in „Up-state“-New York habe ich das Gefühl, ich kann wie der Herr der Heerscharen zu seinem Fragensteller sagen: „Ich bin der Ich-bin.“

Ja, ich habe in diesen New Yorker Hügeln ganz gewiß meine Identität verwirklicht. Aber es ist wohl so, daß immer das eine oder andere Risiko besteht, wenn Menschen sich bei dem Versuch, sie selbst zu sein, bis zum Äußersten gehen lassen. Eines meiner Hauptrisiken ergibt sich aus meiner Manie, jede Form des Unbelebten mit Leben auszustatten und sie dann wie eine Art kleinen Gott zu verehren. Es ist dies eben die Manie für die „Katzbuckelei“ vor Götzen, die mein Vater besonders verurteilte. Ein viel schlimmeres Risiko aber war die Laune, in eigener Person Gott zu spielen, auf die ich bei meinen einsamen Spaziergängen verfiel. In dieser außergewöhnlichen Obsession ließ ich mit Macht meine früheste Vergangenheit wiederauferstehen; denn genau das hatte ich auch schon auf jenem Feldweg in Shirley getan. Tatsächlich gab ich mich in diesen vier Jahren geradezu einer Orgie von Gottspielerei hin.

Wenn wir Philosophen allein sind, neigen wir, wie Heine sagt, ganz natürlich dazu, uns zu vergöttlichen; aber ich ging in meiner Obsession über die unschuldige *Autotheokratie* hinaus, die Heine so geistreich verwirft. Denn ich gewöhnte mir auf diesen langen einsamen Gängen an, mir selbst vorzumachen, mir stünden Trillionen und Abertrillionen „Geister aus der wüsten Tiefe“ zu Gebote, bereit, meiner strengen „weißen Magie“ zu gehorchen. Diese Heere von „Engeln und Boten Gottes“ dachte ich mir *verschiedenfarbig*; und ich setzte jeweils dieselbe Schwadron für dieselbe Aufgabe in Marsch. Ich kehrte damit lediglich zu der Methode zurück, die ich vor meiner ersten Operation in dem Londoner Hospital angewandt hatte, um mir in diesem schwankenden Schiff des Leidens nicht ganz unnütz vorzukommen; hier in diesen Hügeln aber konzentrierte ich mich darauf, speziell den Opfern unserer verdammten Rasse übernatürliche Erleichterung zu bringen, deren Leiden mir besonders zu schaffen machten. Ich sagte, ich hätte mir „vorgemacht“, ich besäße die Macht, diese Wesenheiten dazu zu bringen, daß sie erschienen und meinen Befehlen gehorchten. Aber es muß doch ein wenig mehr gewesen sein als ein „Sich-etwas Vormachen“, sonst hätte es wohl kaum zu dem unwiderstehlichen Imperativ werden können, zu dem es bald wurde, geradeso als wäre ich ein katholischer Priester gewesen, der es um der Menschen und seiner selbst willen *nicht wagt*, seine wunderwirkenden Messen auszusetzen.

Ich war zeitweise – den Grund zu erklären, würde zu weit führen – auf törichte Weise voreingenommen gegen das subtile metaphysische Denken der diversen Hindus, die ich kennenlernte. Ich vermute, daß irgend etwas in meinem grimmigen, poetischen, keltischen Temperament sich instinktiv über die sanfte Anmaßung geistiger Überlegenheit erzürnt, die diesen Weisen eignet. Ich ziehe die humorvolleren, weniger metaphysischen Chinesen vor; obschon ich bekennen muß, daß ich sprunghafte Anwandlungen von Interesse an der Theosophie habe, die wohl auf hinduistischem Gedankengut beruht. Aber die chinesischen Weisen sind offenbar als einzige imstande, das Absolute mit einem Sinn für Humor zu kontemplieren. Welch feierlicher Lehrer ist zum Beispiel der indische Buddha! Dennoch erregt mich seit jeher jede Anspielung auf Tibet, genau wie alles, was mir über den Unterschied zwischen Weißer Magie und Schwarzer Magie in die Hände gerät; etwas viel Tieferes aber wird in den Tiefen meines Wesens von Geschichten über die mittelalterlichen katholischen Heiligen aufgeführt. Schon der bloße Gedanke an die Frühscholastiker, die lebhaften Bilder von ihnen, die ich habe, das instinktive Wissen um die Art, wie sie empfanden, und um ihre Begeisterung an rein Mystischem und rein Geistigem, hat die Möglichkeiten des Lebens für mich „verdichtet“, wie William James sagen würde.

Wenn ich die gewissenlosen Systeme betrachte, zu denen sich die modernen Nationen bei ihren bewußten Vorbereitungen noch schrecklicherer Kriege, als der letzte war, formieren, wenn ich ferner an den Blut- und Eisen-Industrialismus denke, der, gewollt oder ungewollt, einer Art täglichem Krieg zu ähneln scheint, so hat die leidenschaftliche, mystische, gelehrte Zurückgezogenheit dieser fleißigen Denker von der Welt in der Tat etwas ungemein Verlockendes. Ich habe das Gefühl, daß ich ein geistiges, mystisches und imaginatives Leben, wie es Pelagius, Marcion oder gar der metaphysische Duns Scotus führten, viel besser begreifen kann als das Naturell eines modernen „Behaviouristen“. Aber ich weiß natürlich sehr wohl, daß sich hinter *jeder* menschlichen „Formel“ des Lebens – selbst hinter den augenscheinlich rein „wissenschaftlichen“ Einstellungen – der Wille zu glauben verbirgt.

Es führt kein Weg daran vorbei! Die „persönliche Gleichung“ schmiegt sich wie eine unentrinnbare Haut jeder Kurve, jedem

Winkel im System noch des mathematischsten Denkers an. Das gilt etwa in hohem Maße für Bertrand Russell. Es gilt für Whitehead. Es galt, worauf Nietzsche hingewiesen hat, sogar für Spinoza. Man sage, was man wolle – es läuft alles auf den Menschen hinter dem Gedanken zu. Ich weiß nicht viel über Paracelsus, der halb Mystiker, halb Thaumaturg gewesen sein muß, aber eine seiner Ideen, die zu dem paßt, was ich mir aufgrund vieldeutiger Hinweise hie und da von tibetanischen Adepten angeeignet habe, hat sich mir tief eingeprägt. Es ist die Vorstellung, daß unsere hochkonzentrierten Gedanken „Elementargeister", d.h. schwachlebendige Wesenheiten werden können, deren matt vitalisierte Formen, von der schöpferischen Energie des imaginativen Willens eines Menschen projiziert, weiterexistieren und in einer ätherischen Dimension jener psychischen Ebene agieren können, auf der alle sogenannte „Materie" fließt.

Im Banne dieser Vorstellungen habe ich mir in diesen fast einsiedlerischen Jahren angewöhnt, die Gedankenbilder zu projizieren, die ich meine „Engel" nenne, und sie über das Angesicht der Erde zu schicken, damit sie die speziellen Leiden lindern, die sich meinem Bewußtsein am tiefsten eingeprägt haben: Leiden aufgrund von Vivisektion, Lynchjustiz, Fallenstellerei, die Leiden von Häftlingen und Gefangenen, die Leiden von „Frauen in Kindesnöten", die Leiden mißhandelter Kinder und aller Opfer von Sadismus.

Ich habe gesagt, ich hätte mir „vorgemacht, Gott zu sein"; aber das trifft den Vorgang eigentlich nicht ganz. Irgendwo las ich einmal eine Passage aus dem Buch irgendeines ehemaligen englischen Soldaten, der in diesen mystischen Fragen dilettierte und die eigenartige Ansicht vertrat, das, was wir „Gott" nennen, sei eine magnetische, allgegenwärtige, schwingende Kraft von eher unterbewußtem als überbewußtem Charakter, die auf einer ganz praktischen Ebene Dr. Bucks „Kosmischem Bewußtsein" entspreche und überdies keineswegs *angebetet* zu werden brauche, sondern vielmehr *kommandiert* werden könne! Die sonderbare Vorstellung, die psychische Schöpferkraft zu „kommandieren", anstatt sie anzurufen, erregte mein tiefstes Interesse; und nichts anderes habe ich in diesen vier Jahren des Zurückgezogenseins von der Welt zu tun versucht.

Du wirst unschwer erkennen, Leser, wenn du dieses Buch einigermaßen gründlich gelesen hast, daß ich mit dieser Obsession, diesem Aberglauben vom Range „weißer Magie“, obwohl er sich mit der Zeit zu einer höchst beschwerlichen Last ausgewachsen hat, auf eigenartig natürliche Weise bestimmte sehr tiefe und weit im Vergangenen wurzelnde Instinkte verwirklichte. Um die Wahrheit zu sagen, bedurfte es einer ernsthaften Willensanstrengung, diese eigentümliche Manie, der ich vier wichtige Jahre lang in zunehmendem Maße frönte, abzuschütteln; aber ich *habe* sie, und das erst kürzlich, abgeschüttelt, zwar nicht völlig und in jeder Hinsicht, aber doch weitgehend und recht unvermittelt. Ich möchte, so rasch es eben geht, skizzieren, wie ich mir in diesen Jahren – in denen ich nur jeweils zweimal pro Jahr für ein paar Nächte von hier fort war – meinen Tagesablauf einteilte.

Ich zwang mich, irgendwann zwischen halb sieben und halb acht aufzustehen. Das kostete jedesmal Überwindung; denn ich fühlte mich beim Aufstehen sowohl geistig als auch körperlich völlig erschöpft. Und zu dieser Zeit war meine ganze Seele gleichsam in ihrer Totalität bloßgelegt und *an die Oberfläche gestiegen!* Sie glich dann einem Tümpel klaren, kaum bewegten Flußwassers. Sie war, wenn ich so sagen darf, *ganz Oberfläche.* Allmählich, während ich mich anzog, entstanden wie von ungefähr Gedankengekräusel, als wellten kleine Halme, Blätter oder Zweige – manchmal etwas wie ein toter Zweig – die Oberfläche dieses schmerzhaft klaren Spiegels. So erlebte ich tatsächlich eine Art qualvollen Schock, wie der Schmerz der Vergewaltigung für eine Jungfrau, wenn ich das Gesicht beim Anziehen dem Sonnenlicht zuwandte. Die gleiche schmerzhaft überempfindliche Rezeptivität – als wäre meine Seele wirklich ein geschändetes Mädchen gewesen – kennzeichnete meine erste Reaktion auf alles, was ich zufällig aus dem Fenster sah.

Meine Seele hat etwas so unverbildet Kindliches, jeden Tag Neugeborenes, daß sie beim Erwachen so etwas wie einen Geburtsspasmus erleidet, wenn sie aus dem Mutterleib des Nichtseins in die grelle Dissonanz des Seins austritt. Und so jungfräulich ist sie, daß sie nicht nur von den Sonnenstrahlen oder von den Felsen, Steinen, Bäumen, Häusern, Mauern verletzt wird, die auf sie treffen. Sie wird verletzt, *ja vergewaltigt,* so könnte man sagen, von ihren eigenen *zufälligen Gedanken.* Und manche dieser Gedanken, dieser

Kräusel auf der täglich wiederkehrenden Jungfräulichkeit meiner Seele, sind schlecht und manche sind gut. So wellt etwa der Gedanke an irgendeine Passage aus einem meiner „verbotenen Bücher“ mein Bewußtsein, ein Gedanke, dessen sämtliche Kräusel sich in einem fort ausdehnen und ausdehnen, als wären sie unterwegs in die Ewigkeit! Dann streicht wie ein plötzlicher Hauch von Fahrwind der Gedanke, der gute, achtsame, besorgte, akribische Gedanke über meinen Spiegel, daß ich, ehe ich an diesem Tag etwas anderes tue, meinen Kescher nehmen und einen weiteren Versuch machen muß, ein paar kleine Fische aus einem austrocknenden Tümpel zu bergen und sie zu einem tieferen zu tragen, der den Eindruck macht, daß er die Trockenheit übersteht.

Die Rettung von Fischen in meinem kleinen Fluß lag mir all die Jahre am Herzen, und manchmal mußte ich sie in einem Eimer bis zu einer Meile weit tragen, ehe ich einen passenden Tümpel fand, der sie aufnehmen konnte. Einmal wurde ich für meine unermüdliche Pedanterie mit einem seltsamen Anblick belohnt. Ich sah nämlich einen Zug kleiner Fische, die sich unter einem Stein hervor, wo das Wasser zurückgewichen war, über einen Streifen nackter Erde auf den Tümpel zuarbeiteten, aus dem ich die anderen herausfing. Nicht jeder hat schon einmal eine Anzahl Fische das trockene Land überqueren sehen. Zwar war es nur eine kurze Entfernung und sie verlangten verzweifelt nach Wasser; aber man hätte doch angenommen, daß sie ziellos umherzappeln und schließlich verenden würden, anstatt diesen direkten Kurs einzuschlagen.

Als nächstes fügt, wenn es Sommer ist, mein lästiger Drang, mich in das Schicksal meiner Mitgeschöpfe einzumischen, meinem jungfräulichen Bewußtsein den Gedanken zu, daß es notwendig sei, irgendeine Schmeißfliege oder gewöhnliche Hausfliege zu fangen, die in die Klemme geraten ist, und sie nach unten zu tragen und zur Haustür hinauszulassen. Dann geht mir, getrieben von einem dunklen, bösen, von nirgendwo sich erhebenden Wind, ein weiteres schlechtes Gekräusel von einem „verbotenen Buch“ über die Seele.

Sobald ich angekleidet bin, lege ich als erstes den Finger auf ein kleines, geweihtes Amulett vom Grabe der Heiligen Thérèse von Lisieux und bete für Llewelyns Gesundheit. Es ärgert Llewelyn gewaltig, daß ich das tue. Aber ich finde eine boshafte Freude daran, ihn so zu ärgern! Wenn es mir schon nichts ausmacht, die Gottesfürchtigen aufzuziehen, indem ich den Mond anbete, warum sollte es mir dann etwas ausmachen, die Gottlosen aufzuziehen, indem ich zur Heiligen Thérèse bete?

Dann trete ich ans Fenster, schaue nach Norden und spreche Gebete, beziehungsweise *kommandiere* Segnungen für die Menschen, die in dieser Himmelsrichtung auf einem Friedhof begraben liegen; auch versäume ich es nicht, eigens eine amerikanische „Tante Stone", eine Deckennäherin von hohen Graden, zu erwähnen, deren Sarg ich in die Grube senken half. Als nächstes rufe ich mit Namen, Bild und Persönlichkeit, „kurz aber sorgfältig", wie Gabbitas & Thring mich meine Bewerbungen an meine ersten Mädchenschulen abzufassen hießen, wie bei einer Art göttlichem Anwesenheitsappell, sämtliche Angehörigen einer äußerst weitläufigen Familie auf, deren Hausdach von dieser Position eben noch erkennbar ist. Danach rufe ich unter dem Namen „Ichthys" den heiligen Fisch an, eine besonders schöne Forelle, die ich auf einem meiner Gänge in einem Tümpel fand. „Ichthys, der Fisch!" psalmodiere ich in einer Art leierndem Cantus planus, „möge er zwischen den Knien einer wunderschönen Frau schwimmen!"

Vom Dachboden herunterkommend, wurde ich früher von meinen beiden prächtigen, weißen Katzen begrüßt – die ich kürzlich vom Tierarzt habe ermorden lassen –, und während ich nun außer- und innerhalb des Hauses alles mögliche erledige, was in puncto „Hausarbeit", wie die Amerikaner sagen, erledigt werden muß, setze ich meinen ritualistischen Hokuspokus fort. Ich habe eine höchst zufriedenstellende Art erfunden, meinen Abfall loszuwerden: ich trage ihn zum Hang eines bewaldeten Hügels, wo er von Krähen und Skunks verschlungen wird, und wie „Mr. Geard von Glastonbury" pflege ich dieser großzügigen Gabe jedesmal ein Stück frischen, weißen Brotes hinzuzufügen, das ich von meinem Laib abschneide und, während ich den Hügel ersteige, an die Lippen drücke, wobei ich vor mich hinmurmle:

„Christus, das lebendige Brot! Christus, das lebendige Brot!" Dann überlasse ich das Fleisch des Erlösers den Krähen – ich lege es freilich stets ein Stück weit vom Abfall entfernt nieder, und eine besonders fromme Krähe pflegt mich von einem Baum aus krächzend aufzufordern, ich möge mich entfernen –, stelle meinen Abfalleimer neben einen alten Apfelbaum, den ich „Polytlas“, den „Vielerfahrenen“ getauft habe, weil er so viel durchgemacht hat und dennoch an seinen betagten Zweigen Früchte trägt, und begebe mich zu einem der großen, flachen Steine dieser Gegend, der am Fuße einer dicht bewaldeten Erhebung liegt. Auf der Kuppe dieses Hügels, der etwa die Höhe von Montacute Hill haben muß, liegt eine Gasse aus großen Haufen schwerer Steine, von denen ich hoffe, es sind Grabhügel ehemaliger Indianerhäuptlinge, Mohawkhäuptlinge, denn die Mohawks sind mein Lieblingsvolk; und zu bestimmten Jahreszeiten in diesen vier Jahren, an den beiden Äquinoktien und an anderen Schlüsseltagen, pflegte ich auf den bewaldeten Gipfel zu steigen und in dieser „Totengasse“, wie ich sie gern nenne, hin und her zu gehen, vor jedem Steinhaufen niederzuknien und die toten Indianer anzurufen.

Jeden Tag aber gehe ich zu dem flachliegenden Stein im Gras, diesem grauen, mit Flechten gesprenkelten Stein, kauere mich davor hin, schlage leicht mit der Stirn dagegen und spreche dazu Worte „die besser im Verborgenen bleiben“, mit denen ich unter anderem aber auch die Seelen der toten Indianer anflehe, Llewelyn von all seinen Leiden, ob geistig oder körperlich, zu heilen.

Vor dem Waschen und Rasieren, denn bislang habe ich Wasser und Seife noch nicht angerührt, kehre ich nun zum Haus zurück und rufe meinen schwarzen Spaniel „Peter“ – kohlrabenschwarz wie Fausts Pudel –, damit er unter meiner Couch hervorkommt und sich die Leine anlegen läßt. Ich habe festgestellt, daß es mein Zwölffingerdarmgeschwür besänftigt, wenn ich den ganzen Tag auf dem Rücken liegend arbeite; so habe ich die ganzen vier Jahre auf einem gegen die angezogenen Knie gelehnten Brett, das als Unterlage für mein Papier dient, geschrieben; und unter der Couch, auf der ich das tue, verbirgt sich Peter vor der Welt – ein Hund, der genau die gleichen zerebralen Eigenheiten angenommen hat wie sein Herr. So regt ihn die Anwesenheit junger Frauen genauso auf wie mich, und zuweilen, wenn ihre klare Stimmen von weither zu uns dringen, zittert er wie eine kleine scharze Espe von der Nasen- bis zur Schwanzspitze. Peter meint, daß es ihm obliegt, seinen Herrn zu warnen, wenn sich diese gefährlichen Geschöpfe dem Hause nähern. Nicht daß es nie vorkommt, daß er Männer verbellt; aber das ist dann ein routiniertes, offizielles Bellen, nicht das Bellen des verborgenen Gefahrenpunkts, das Bellen, das aus dem Zentrum unserer Komplexe kommt.

Peter und ich verstehen einander durch und durch. Er ist, wenngleich von einer kleineren Rasse – so wiederholt sich die Geschichte –, Thora im Aussehen nicht unähnlich; nur war Thora eine Frau, und Peter ist ein Zerebralist, der Eros eher mit den Nerven als durch Fortpflanzung seiner Art verehrt. Aber seine Treue zu mir ist außerordentlich. Bei bestimmten Gelegenheiten, wenn ich mich zurückziehe, indem ich zwei Zimmer und zwei geschlossene Türen zwischen uns lege, finde ich ihn jedesmal, wenn ich wieder auftauche, Wache stehen. Es sind, außer wenn ich im Bett liege, die einzigen Gelegenheiten, bei denen ich mich von ihm abschließe, und dann tue ich es, um mir ein Klistier zu verabreichen.

Seit zwei oder drei Jahren habe ich keinen einzigen natürlichen Stuhlgang mehr gehabt; mittlerweile aber ziehe ich die künstliche Methode der natürlichen bei weitem vor! Denn sie zwingt mich, die großen, alten Bücher zu lesen, die allein die Kraft, die Galle, den Geist, die Reichhaltigkeit, die heroische Derbheit besitzen, welche sich *leidlich* damit vertragen, daß man eine geschlagene Stunde zu Stuhle sitzt. Auf diese Weise habe ich fast jedes Wort der *Anatomie der Melancholie, Tristram Shandy* und Rabelais gelesen, dazu, wenn auch mit gewissen Schwierigkeiten, zwei Bände Montaigne in Altfranzösisch und mehr als die Hälfte des *Don Quixote*.

Doch zurück zu meinem Hund. Es braucht oft mehr als das Zeichen des Pentagons oder Hexagons, um diesen mephistophelischen Spaniel unter meiner Couch hervorzulocken. Wenn er seine schlimmsten Anfälle von Agoraphobie hat und es ihm so geht wie mir zuweilen, muß man die Couch an einer Ecke anheben. Ich fürchte, Peter wird seinen richtigen Namen bald vergessen; denn ich nenne ihn im allgemeinen „Schwarzer“, und wenn ich ihn auf unseren gemeinsamen Gängen rufe, so lautet mein Privatname für ihn der „Uralte“, weil er mit seinen mittlerweile sieben Jahren sichtlich grau unterm Kinn wird. Wenn ich ihn über die Hügel hinweg rufe, verfalle ich in einen eigenartigen Singsang.

„Kooom...her“, hören die Krähen mich in meiner speziellen Wiedergabe des Dialekts von Dorset intonieren, „kooom...her... *Ur*alter!“

So gewann Dreiser, als er mich das erstemal hier draußen besuchte, die Vorstellung – oder tat zumindest so –, daß der „Uralte“ in Wirklichkeit „Kooom-Her“ heiße.

Ich kaufte den „Schwarzen“ – und ich mußte schwer für ihn bluten, denn sein Stammbaum führt mehr Ahnen auf, als viele meiner Freunde besitzen – bei einem Züchter an der großen Überlandstraße zwischen Poughkeepsie und Albany, als er bereits drei Jahre alt war. Diese Tatsache erklärt auch eine der kuriosesten Exzentrizitäten. Das einzigartige Band zwischen uns – das Band zwischen zwei „Degenerierten“, die ihre acht Großeltern aufzählen können – ist von besonderer Art. Der „Uralte“ weiß nichts von der Tradition oder Konvention von „Herr und Hund“. In seiner kindischen Schlichtheit denkt er, wir seien *gleichberechtigte Freunde*. Unserer gemeinsamen Furcht vor Automobilen wegen führe ich ihn an der Leine die Straße entlang und lasse ihn erst laufen, wenn wir landeinwärts abbiegen. Solange wir vorwärtsmarschieren, hält er sich dicht bei mir, bald lustig umherspringend, bald sich auf dem Rücken wälzend, bald sich auf dem Bauch windend, und in solchen Momenten verrät sein hochgestreckter Stummelschwanz den Grad seiner Ausgelassenheit ebenso, wie das vertraute Bild seines entschwindenden Steißes mit dem eingeklemmten Schwanz bei seinen Rückzügen unter meine Couch zum Symbol panischer Introversion wird. So tollt der „Uralte“ glücklich und entspannt um mich herum oder schießt davon, wenn er Vögel wittert – denn er zeigt nicht das geringste Interesse an Kaninchen oder Waldmurmeltieren –, bis wir zum Punkt der Umkehr kommen; kaum aber wende ich mich heimwärts, macht dieser unübliche Hund eine Art aufregendes Spiel daraus festzustellen, wer von uns beiden als erster zu Hause ist! Da der „Uralte“ zwei Beine mehr hat als ich, gewinnt er dieses Spiel jedesmal; und ich sehe die kleine schwarze Gestalt eine halbe Meile weit weg über die Hügel jagen.

Meine tiefverwurzelte asketische Neigung ist derart, daß die bloße Tatsache meines Glücksgefühls darüber, dem Tumult der Großstädte in diesen Hügeln entronnen zu sein, mir nun automatisch die schwere Bürde auferlegt, Gott zu spielen. Während der

„Schwarze“ sicher zu Hause angelangt ist und auf der Veranda auf mich wartet, verzögert sich meine Rückkehr jetzt durch ausgedehnte Pausen, in denen ich die Augen schließe und meine verschiedenfarbigen und doch unsichtbaren Geister zu ihren luftigen Rettungsaktionen aussende. Es hat mich merkwürdig berührt festzustellen, daß ich mit diesen Possen, bei denen ich – wohl ganz ähnlich wie die alten Puritaner, wenn sie „im Gebet mit dem Herrn rangen“ – in krampfhafte Zuckungen verfalle, letzten Endes genau das tue, was nach den Andeutungen der okkulten „Meister“ als richtige Methode bei solchem Tun gilt.

Im Grunde spiele ich die Dreieinigkeit; denn ich projiziere die Wellen meiner magischen Kraft aus den drei Zentren meines Seins: aus meinem Gehirn, aus meiner Magengrube und aus dem Zentrum meiner erotischen Energie. Ich möchte hier nicht mit einer detaillierten Beschreibung der Armeen magnetisch erschaffener Geister ermüden, die ich auf diese Weise aussende. Doch ich möchte, ehe ich das Thema fallenlasse, in aller Eile eine lakonische Aufzählung der verschiedenen Opfer der Grausamkeit unserer Rasse geben, zu denen diese Geister in Marsch gesetzt werden, entweder um sie zu retten oder, wenn es keine andere Möglichkeit gibt, um sie von ihren Leiden zu erlösen.

Zu den Opfern von Gefängnissen, von Sadismus, von Vivisektion, von Fallenstellerei, von Krebs, von Amerikanern in Georgia, Mississippi, Alabama, von Kinderschändern in Indien, von Kinderarbeit überall auf der Welt schicke ich meine buntfarbigen und doch unsichtbaren Engel. Das Ganze ist für mich keineswegs ein Spiel. Daß es ernst ist, beweist schon die ungeheure Anzahl schöner Spaziergänge, deren freie Unbeschwertheit von diesen Verrichtungen erbarmungslos beschnitten wurde. Und es ist nicht so, daß ich das Gefühl habe, ich müsse selbst darunter leiden, wenn ich diesen Hokuspokus einmal auslasse. Es ist beileibe kleine obligatorische Buße. Aber menschliche Wesen glauben nun einmal seit einigen fünfundzwanzigtausend Jahren an das Gebet: Wer bin da ich, daß ich – aufgrund von ein paar wissenschaftlichen Entdekkungen und ein paar wissenschaftlichen Theorien, die nur einige hundert Jahre alt sind – einen uralten Brauch einstellen dürfte, durch den die menschliche Rasse über einen so gewaltigen Zeitraum hinweg die Schrecken des Lebens gemildert oder es sich jedenfalls eingebildet hat? Ein Zugeständnis habe ich der Wissenschaft – wenngleich einer einigermaßen unkonventionellen und mystischen Wissenschaft – immerhin gemacht, indem ich das große Rad herumgedreht habe und nicht mehr zu Buddha, Christus, Konfuzius, Zoroaster oder sonst einem von *ihren* Göttern bete, sondern meinen eigenen, privaten Heerscharen selbsterschaffener Wesenheiten befehle, etwas zur Linderung dieser gräßlichen Leiden zu tun.

Man wird natürlich einwenden, das Ganze sei nur ein raffinierter Kniff, mit dem ich, ohne die Krankenhäuser, Gefängnisse oder Laboratorien aufsuchen, ohne einer Vivisektion zusehen oder in Georgia leben zu müssen, meinem gequälten Gewissen Erleichterung schaffen könne. Aber ich mag nicht glauben, daß es nur ein solcher Kniff ist, und zwar deshalb nicht, weil ich aus meiner abgrundtiefen Skepsis gegen die Annahmen der Wissenschaft heraus ernsthaft der Ansicht bin, daß an solchem Tun „etwas dran sein könnte“. Und wenn nur eine Chance von eins zu einer Million besteht, daß meine ingrimmig beschworenen Wellen von magnetischer Schwingung einem Neger in Georgia, einem Gefangenen auf der Teufelsinsel, einem an Krebs sterbenden Mann oder Weib, einem Hund unter den Händen von Vivisektoren Linderung bringen, ist es dann nicht grobe, gefühllose Selbstsucht, nicht von jeder psychischen Kraft Gebrauch zu machen, die ich besitze – zumal wenn nicht jeder sie besitzt –, um dieser Chance von eins zu einer Million eine Gelegenheit zu schaffen?

Was das Problem der Vivisektion angeht, wird die amerikanische Öffentlichkeit noch stärker als die englische in Unkenntnis gehalten. In keiner Frage hat es je so viel raffinierte und absichtlich irreführende Propaganda gegeben wie die, mit der die Vivisektoren aller Welt Sand in die Augen streuten. Die „Sentimentalität“ liegt dabei nicht auf Seiten derer, die sich diesem monströsen Verbrechen widersetzen, sondern in der lächerlich emotionalen Ehrfurcht, mit welcher der Durchschnittsmensch, von den raffinierten Wissenschaftlern und ihrer sykophantischen Presse hypnotisiert, das ganze Problem betrachtet. In einem Ausmaß, von dem die große Öffentlichkeit keine Vorstellung hat, werden fortwährend *vollkommen unnötige Grausamkeiten* verübt. Das Wort „Wissenschaft“ bemäntelt jede Scheußlichkeit; und das Problem liegt völlig klar. Meine Gegnerschaft gegen die Vivisektion, besonders gegen die Vivisektion von Hunden, basiert auf einem Argument, das unwiderleglich ist. Ihre Niedertracht widerruft und annulliert den einen, einzigen Vorteil, den die sogenannte Evolution der menschlichen Rasse eingetragen hat, nämlich die Entwicklung *unseres Gefühls von Recht und Unrecht.* Wenn man die Vivisektion, wie sie von diesen skrupellosen, unbarmherzigen, unphilosophischen Wissenschaftlern in zunehmendem Maße praktiziert wird, uneingeschränkt weitergehen läßt – und sie sie wird uneingeschränkt weitergehen, bis die Menschen sich ebenso darüber erregen wie die Frauen in der Frage des Frauenstimmrechts –, dann wird etwas Spirituellem, das die geheimnisvollen Kräfte des Universums selbst in uns entwickelt haben, bald restlos der Garaus gemacht sein. Mit andren Worten, bestimmte Formen von Übelkeit erregender, unvorstellbarer Grausamkeit, denen bislang, wenn sie von Individuen verübt wurden, sofort Einhalt geboten wurde, da sowohl das moralische Empfinden als auch das Gesetz sie verurteilen, werden nun – solange wir *vage* annehmen, die dienten der Wissenschaft – als unerfreuliche, aber unausweichliche Notwendigkeit hingenommen.

Die Vivisektion ist der neue Aberglaube, die neue Tyrannei, die neue Inkarnation der Kräfte des Bösen. Wie jede abscheuliche Schlechtigkeit, die fest im Sattel sitzt, hat die vivisezierende Wissenschaft nunmehr begonnen, den tiefen, ehrlichen, realistischen menschlichen Instinkt, den sie vorsätzlich abzutöten sucht, als „emotional“, als „idealistisch“, als „praxisfern“ zu brandmarken. Im Grunde tut die Wissenschaft – welche die Vivisektion zur Erlangung oftmals völlig belanglosen Wissens, und weil *sie an sich interessant ist,* einsetzt – im Grunde, sage ich, tut die Wissenschaft nichts anderes, als *dem Gewissen der menschlichen Rasse,* dem Gewissen, das die Evolution selbst hervorgebracht hat, zu *suggerieren,* es sei ein Zeichen überlegenen Intellekts, jeder natürlichen Güte, jeden natürlichen Mitgefühls und jeder natürlichen Sensibilität bar zu sein. Und während die abscheuliche Vivisektion immer schlimmere und immer sinnlosere Grausamkeiten verübt, bewirken ironischerweise alle möglichen ganz schlichten und unphilosophischen Menschen mit *rein psychischen und geistigen Methoden* phantastische, unglaubliche Heilungen!

Doch zurück zu den vier Jahren ländlichen Lebens in Amerika, Jahren, in denen ich mehr als je zuvor in meinem Leben die Möglichkeit hatte, meine Identität zu verwirklichen; es ist wirklich außerordentlich, wozu ich mich in meiner Manie verstieg, die psychischen Kräfte zugunsten meiner Freunde aufzurufen. Ich begann, für die entferntesten Bekannten zu beten! Ich bezog jeden einzelnen Menschen ein, den ich überhaupt kannte, darunter so manchen, der mir feind, fremd und kritisch gegenüberstand. Nehmen wir beispielsweise Louis Wilkinson. Natürlich ist mir Louis nicht „feind“, denn er bringt mir, auf seine Art, viel Zuneigung entgegen, aber er steht mir sicherlich äußerst kritisch gegenüber, und zwar nicht so sehr meinen Schriften, als vielmehr meinem Charakter. Nun, es kitzelt meine Phantasie ganz gewaltig und befriedigt einen ganz bestimmten perversen Humor, der ein so starker Zug in mir ist, daß ich es als Destillat der Quintessenz meiner Lebenseinstellung betrachte, den „Erzengel“ auf die Liste meiner innersten Seelenlieblinge gesetzt zu haben, für die ich die unsichtbaren Mächte anrufe.

In Wirklichkeit ist meinen Feinden – ich denke jetzt nicht an Louis, sondern an die, die meinen „Cowperismus“ aus der Ferne beargwöhnen – nicht klar, daß meine Manie, den Hanswurst zu spielen, zusammen mit der „heiligen Bosheit“, der sie entspringt, ebenso wie meine widersprüchliche Vermischung von Heiligkeit und Satyrhaftigkeit eine ganz klare Lebensphilosophie enthält, eine Lebensphilosophie zudem, die das Reaktionäre auf eine Art mit dem Revulotionären verbindet, welche mit der umschweifigen und doch magischen Vorgehensweise der Natur selbst in Einklang steht. Aber es war eine einzigartige Erfahrung, einmal in meinem Leben meine Veranlagung „über die Stränge schlagen“ lassen zu dürfen. Blake sagt, „der Exzeß ist der Pfad der Weisheit“; und obwohl ich – nun da ich beschlossen habe, Amerika zu verlassen und in meine Heimat zurückzukehren – den Großteil dieser eigenartigen Verrichtungen bereits drastisch beschnitten habe, geschah das nicht aus einem „rationalen“ Konflikt mit diesen abergläubischen Vorstellungen als solchen, sondern lediglich aus dem Gefühl heraus, daß ich so viel von meiner magnetischen Energie darauf verschwendet habe, daß ich allmählich vermute, ich zapfe mit fortschreitendem Alter möglicherweise die psychische Vitalität an, die ich zum Schreiben meiner Bücher benötige.

Ich glaube, um es ganz offen zu sagen, daß das, was nun gegen all den thaumaturgischen Hokuspokus in mir aufbegehrt, schlicht der Lebensquell gesunder Selbstsucht ist. In meiner wilden, gegen mich selbst gerichteten Bosheit aber lasse ich mich von dieser gesunden Selbstsucht nicht zu irgendeinem aufgeblasenen Selbstbetrug verleiten, indem ich mir etwa das altvertraute Argument von „meiner Pflicht gegenüber meiner Kunst“ zu eigen mache. Zum Teufel mit der „Kunst“! Ich bin ein zu alter Fuchs in den „Gehegen“ des Kosmos, um mich von derartiger Aufschneiderei an der Nase herumführen zu lassen. Meine Schriften – Romane und alles andere – sind schlicht und einfach möglichst wirkungsvoll gestaltete Propaganda für meine Lebensphilosophie. Sie ist die Prophetie und Poesie eines Organismus, der sich im Besitz bestimmter magischer Geheimnisse glaubt, die er gern weitergibt. Außerdem bin ich mir natürlich darüber im klaren, daß ich in erzählender Prosa viel mehr von der räumlichen Dichte meiner Vision vermittle, als das in irgendeiner anderen Form möglich wäre.

Aus eben diesem Grund habe ich mich in dieser „Autobiographie“ instinktiv so behandelt, als wäre ich eine Romanfigur, auch auf die Gefahr hin, mich als größeren Schurken und größeren Narren darzustellen, als meine Freunde von mir vermutet haben. *Karikieren* heißt das Zauberwort! Und genau deshalb sind die besonnenen, würdevollen, einnehmenden Autobiographien auch so fade und unglaubhaft. Gerade bei dieser analytischen Aufgabe muß ein Hauch von Karikatur sein, wenn wir mit dem herrlichen Wahnsinn der Natur konkurrieren wollen.

Ich wünschte partout, dieses Buch würde ins Chinesische übersetzt. Der Chinese, der meinem verrückten Vortrag zuhörte, als ich, von „Mr. Westons gutem Wein“ am Hohen Tisch des Corpus schwer beflügelt, die mystische Verbindung zwischen kosmischer Ehrfurcht und erotischem Trieb aufzeigte, wäre imstande, den esoterischen Gedankengang dieses Werkes nachzuvollziehen! Im Grunde bin ich ein Taoist; ein Taoist freilich, der von dem späteren buddhistischen Element der Gleichgültigkeit gegen Freud und Leid, das einen so unhomerischen Verrat am Trojanischen Krieg unseres Lebens darstellt, unbeeinflußt ist.

Eine der strengsten Forderungen meiner Lebensillusion ist wohl die, daß ich *poetisch* empfinden und handeln soll. So ließen sich zwar viele meiner absichtlich *forcierten* Gefühle und Gesten als „affektiert“ bezeichnen, obschon sie in Wirklichkeit nicht affektierter sind als die Gefühle und Gesten eines Mönches, der ein heiligmäßiges Leben führen will, aber niemand könnte behaupten, daß der ihnen zugrundeliegende Drang, der Drang, der mich zu ihnen treibt, etwas anderes sei als der tiefste Impuls meines Wesens. Mit am wenigsten beschwerlich unter diesen poetischen Verpflichtungen, die meine Lebensillusion mir auferlegt, ist die konzentrierte Frömmigkeit, mit der ich für meine toten Verwandten zu beten mir angewöhnt habe. Darin bin ich so römisch wie „Marius der Epikureer“ und so chinesisch wie Konfuzius persönlich.

Ich komme bei der frühmorgendlichen Beseitigung meines Abfalls niemals an dem vielerfahrenen Apfelbaum vorbei, den ich „Polytlas“ nenne, ohne ein Gebet für die „Erhebung zur Unsterblichkeit und höchsten Glückseligkeit“ jenes Großvaters mütterlicherseits zu sprechen, der mich mit seinen vielen Silbermünzen in den Hosentaschen als Kind so beeindruckte. Und jeden Tag, wenn ich den Kopf ins Waschbecken tauche – denn ich unterhalte mich schon seit meiner Kindheit damit auszuprobieren, wie lange ich den Kopf unter Wasser halten kann –, bete ich für den Vater meines Vaters in seinem Grab in Blackmore Vale.

„Möge der alte L. C. P.“, gurgle und sprudle ich unter Wasser, „sich zur Unsterblichkeit und höchsten Glückseligkeit erheben!“

Es amüsiert mich nicht wenig, mir klarzumachen, wie dieses Gebet um die „Erhebung zur Unsterblichkeit“ sehr viel weiter geht und sehr viel gewagter ist als das stille „Er ruhe in Frieden“ der Kirche. Was aber meinen Vater anlangt, so rufe ich jeden Morgen, wenn ich in die schäumende Flut unseres Frühlings- und Herbstbaches starre, der weniger als einen Bogenschuß von dem kleinen Garten entfernt um die Steine wirbelt, sehr zum Erstaunen meiner Freundin „Sis“, der ungebärdigen, hornlosen Kuh, von deren Milch ich lebe und mit der mich ein so einzigartiges Verständnis verbindet, laut aus: *„Es ist nicht so kalt, John, mein Junge!“*“ Denn ich sehe in diesem Moment die majestätische Gestalt meines Erzeugers, der splitternackt in dem wirbelnden Strom steht und mich ermutigt, sämtlichen Preston Brooks der

Welt und schließlich der tiefsten West Bay des Todes selbst die Stirn zu bieten.

Ich habe auf meinen Streifzügen in diesen an Shropshire gemahnenden Hügeln eine merkwürdige Befriedigung an meiner Leidenschaft gefunden, dem Anonymen Namen zu geben. Wordsworth frönte eifrig der aufregenden Angewohnheit, die vielbrüstige Mutter der Menschen wie mit einem Liebesunterpfand mit unserer bescheidenen menschlichen Signatur zu bekritzeln. „Merlins Grab“, eine große, natürliche, moosbewachsene Kuppe, die im Frühjahr mit den karminroten Blüten des wilden Alpenveilchens bedeckt war, wurde schließlich so real für mich, daß ich mir angewöhnte, mein Gesicht in ihrem feuchten Bewuchs zu vergraben und den großen Zauberer anzurufen, als ob er, während er seiner Erlösung aus seinem geheimnisvollen „esplumeoir“ harrte, tatsächlich gegenwärtig gewesen wäre. Dafür wurde ich auf höchst greifbare Weise belohnt; denn nie habe ich einen so unbeschreiblichen, wie vom tiefgegürteten Busen der Ceridwen, der unsterblichen Inspiratorin von Taliesin, aufsteigenden Duft gerochen, wie ich ihn aus diesem Moosbeet aufsog!

Eine andere Stelle, die von ausgedehnter Landschaft umgeben war, taufte ich „Tintern Abbey“, nicht so sehr, weil ich an die eigentliche Tintern Abbey dachte, als vielmehr in Erinnerung an einen bestimmten Hügelkamm über einem Wald bei Montacute, den wir so nannten, wenn wir uns auf dem Nachhauseweg zum Tee dort ausruhten.

Hier, in dieser New Yorker „Tintern Abbey“, lag ein riesiger Felsboden, „dessen Eigenart“, wie es im Mabinogion heißt, darin bestand, beim Knien einen besonders scharfen Schmerz hervorzurufen! Es gefiel meinem mittelalterlichen Wesen auszuprobieren, ob ich lange genug auf diesem Bußfelsen knien konnte, um nicht nur für meinen Sohn, sondern auch für Llewelyn – ob es ihm nun gefiel oder nicht! – und schließlich für den spöttischen, heidnischen „Erzengel“ zu beten, der darüber ganz besonders empört sein würde.

Mein Bruder Will brachte mir einen herrlichen Eichenknüttel mit, den er selbst von einer Eiche in Hampshire geschnitten hatte und der so schwer ist, daß es meiner anormal starken Handgelenke bedarf, überhaupt mit ihm spazierenzugehen. Dieser Stock hat mir eine der größten Freuden bereitet, die ich erlebte, seit mein Vater mir in Shirley das Lorbeerholzbeil schnitzte! Aber es muß ein mit einzigartigen psychischen Potentialen ausgestatteter Druidenknüttel sein, denn als ich kürzlich mit ihm spazierenging, hat er mich mit der tödlichsten Einsicht in meinen Charakter erfüllt, zumal in jene Ader von romantischer Schwäche, die mit meiner größten Stärke verbunden ist. Doch unter dem Einfluß dieses Stockes tauche ich ein in diese Schwäche, gebe mich ihr freudig anheim und lebe sie bis zum äußersten aus! Wenn ich diesen großen Stock bei mir habe, werde ich auf übernatürliche Weise der weiblichen Zerbrechlichkeit, der naiven Weichheit, der ungekünstelten Schüchternheit meines Wesens gewahr. All meine umständliche Altweiberhaftigkeit, all meine albernen Ängste vor wilden Hunden und betrunkenen Männern, all meine kleinlichen Bangigkeiten und Hypochondrien scheinen mich zu zermahlen, wenn ich an dem einen oder anderen – denn ich lebe zwischen zweien – meiner vertrauten Friedhöfe vorbeigehe, wo ich die freudige Auferstehung der unsichtbaren Gebeine „kommandiere“.

Doch dann erhebt sich unter all dieser Schwäche, einer Schwäche, die mich immer stärker überkommt, bis ich das Gefühl habe, der große Riesenknüppel stolziere, einen ängstlichen „ländlichen Dekan“ im Schlepptau, aus eigenem Antrieb dahin, mit einemmal aus meinem Brustkorb, gewissermaßen aus einer Dimension im Mark meines Skeletts, ein gewaltiges, unbesiegbares Etwas, das wie ein schrecklicher *Dschinn* aus einer zerbrochenen Flasche diesen mächtigen Stock wie einen Strohhalm handhaben kann!

Und nun, da ich mich zur Abreise in mein Heimatland anschicke, fällt es mir ein, mich zu fragen, was genau ich denn eigentlich von meinem halb einsiedlerischen Leben in diesen Hügeln gewonnen habe. Sicherlich nehme ich von meinem Mauthäuschen an der unbefestigten Straße „up-state“ die Erinnerung an die besten Nachbarn mit, die ich je gehabt habe und je haben werde. Ich werde sie niemals vergessen. Nein, erst wenn über meiner Asche ein anderer „affektierter Scharlatan“, ein anderer Vogelscheuchen-Don-Quixote mit dem schwachen Herzen Sanchos stehenbleibt, um, während sein eifrig schnuppernder Hund an der Leine zerrt, irgendein Gefasel über diese „unsterbliche Seele“ von sich zu geben, welche die Vivisektoren und Behaviouristen endgültig zum Verstummen gebracht haben, erst dann werden meine großherzigen Nachbarn vergessen sein!

Es war in diesen Jahren, in denen ich meinen innersten Impulsen unter der „Aura" des Letzten der Mohawks freien Lauf ließ, höchst interessant für mich festzustellen, wie mein Wesen auch in den körperlosesten Bereichen nach greifbaren Symbolen verlangt. So durchlaufe ich jedesmal, wenn ich meinen Schwamm benutze, ein höchst kompliziertes geistiges Ritual. Vielleicht bin ich, ohne mir dessen bewußt zu sein – denn ich weiß nichts über diese spezielle okkulte Tradition –, in Wirklichkeit ein Rosenkreuzer. Jedenfalls hätte der Comte de Gabalis höchstpersönlich kaum ein größeres Aufhebens bei der Benutzung seines Schwammes machen können als ich, der ich mit meinem umgehe, als handele es sich um ich weiß nicht was für einen heiligen Gegenstand. Ich stelle fest, daß ich häufig bestimmte geistige Bilder wiederkehren lasse, bis sie in meiner Litanei *die gleiche Bedeutung* gewinnen wie das ursprüngliche Gebet; in manchen Fällen – und genau das ereignet sich wohl auch in der Geschichte der Menschheit – würde ich fast sagen, sie gewinnen *größere* Bedeutung als das ursprüngliche Gebet. Jeden Tag, wenn ich meinen Schwamm in den Händen halte, werde ich gleichsam zum Priester. Ich werde zur profanen, weltlichen Version dessen, was mein Sohn mittlerweile ist, der, wenn auch im Fleische noch mein Kind, in den Augen der Kirche als mein geistlicher „Vater" gilt.

Mir gefällt der Gedanke an die Frömmigkeit unseres Wesens, die mich solcherart an meinen Sohn und meinen Vater solcherart an mich binden, während ich meinen Schwamm drücke. Mit der Geste des Pilatus wasche ich meine Hände in Unschuld und koste dabei die Verstiegenheit des Vorgangs bis zur Neige aus. Aber es interessiert mich ungemein zu verfolgen, wie diese geistigen Rituale der menschlichen Rasse entstehen, sich entwickeln, verhärten, kristallisieren und schließlich – obwohl ich selbst das meiste davon mit einem einzigen großen Wurf fortgeschleudert habe – zu einer poetischen Erinnerung zerbröckeln. Ich stelle mir, während ich meinen Schwamm drücke, meinen Vater vor, wie er am Zeitungsstand im Bahnhof von Weymouth, wo ich den *Ally Sloper* zu kaufen pflegte, *The Spectator* kauft. Dann stelle ich mir vor, wie er, die ordentlich zusammengerollte Zeitung in der Hand, den Bahnhof verläßt. An diesem Punkt meiner profanen Morgenliturgie murmele ich stets die Worte:

„Burdon-Bus, rumple zurück zur Burdon! Gloucester-Bus, rumple zurück zur Gloucester!“

Zunächst benutzte ich das Bild der beiden vertrauten Pferdevehikel aus den alten Tagen vor dem Automobil, um mir die schwarzgewandete Gestalt vor Augen zu rufen, die durch die Nebengassen, die er der Promenade vorzog, Richtung Penn House geht. Nach einer Weile aber löste sich das Bild der beiden Busse von seiner Verbindung mit dem Bahnhof oder mit meinem Vater, wie er den Bahnhof verläßt, und wurde zur luftigen Equipage: „Burdon-Bus“ und „Gloucester-Bus“, wie sie in schemenhaftem „Tandem“ durch die ätherischen Räume des Denkens dahinrollen.

Dann vergegenwärtige ich mir meinen Vater, wie er auf dem Kies vor Penn House steht, *The Spectator* eng zusammenrollt in der Hand; und ich stelle mir vor, *The Spectator* enthält – was seinerzeit ohne weiteres möglich gewesen wäre – einen Essay über den Unterschied zwischen Dr. Horts und Bischof Westcotts Auffassung von der Zweiten Person der Trinität. Dann sehe ich meinen Vater, wie er *The Spectator* im Salon von Penn House hinlegt und mit Schal und Stock wieder das Haus verläßt, um zur „Küstenwache“ zu gehen. An dieser Stelle nimmt mein Bild, während ich meinen Schwamm drücke, die Gestalt einer ganz bestimmten kleinen Perlmuttschale an, die er gewöhnlich dort draußen in den Felstümpeln fand. Dann, nachdem ich ihn einen hastigen Blick auf die Wolken über Hardys Monument habe werfen lassen, geleite ich ihn sicher nach Penn House zurück und in sein auf den Kirchturm von St. John's hinausgehendes Schlafzimmer, wo er sich die Hände wäscht. Und schließlich sieht ihn mein geistiges Bild bei einer einsamen Mahlzeit sitzen, *The Spectator* neben ihm auf dem Tisch, jeder Bissen von einem flüchtigen Eindruck von „The Nothe“, und jeder Schluck Tee von einer Ansicht von Portland begleitet.

Vor dem Frühstück führte mich mein Lieblingsspaziergang in meinem Zuhause „up-state“ an einem Dickicht am Flußufer entlang. Um dorthin zu gelangen, mußte ich mich eine kleine Böschung entlanghangeln, deren aus dem Schlamm ragende, verkrümmte Baumwurzeln mich an die höhere Böschung über dem Seufzergäßchen in Sherborne erinnerten, die ich mit Littleton zu erklettern pflegte. Mir gefiel der Gedanke, daß ich die Geschicklichkeit, die ich mir mit elf darin erworben hatte, mich an einem steilen Hang an Baumwurzeln festzuklammern, auch mit einundsechzig noch nicht eingebüßt hatte; aber das war nichts gegen die Freude, die ich empfand, wenn ich am Rande dieses Flusses entlangging, nach Forellen und den sogenannten „Glanzfischen“ Ausschau hielt und mit einemmal an den Wissey dachte, und mit welch ungeheurem Eifer Littleton und ich auf der Suche nach Plötzen und Häslingen seinen Windungen gefolgt waren. Der Anblick von Sprockwürmern – jene von einem unsichtbaren Organismus belebten, zollangen Bündel aus winzigen Pflanzenteilen – ließ mich, während ich auf den Bach starrte, vor Vergnügen erschauern, genau wie die auf seinem klaren Grund sichtbaren Spiegelbilder der langbeinigen Uferfliege. Diese Spiegelbilder wiesen, wie die mystischen Tiere in der Apokalypse, sechs Beine, oder vielmehr vier Beine und zwei Fühler auf, und am Ende jedes Fühlers bewegte sich, wenn das Geschöpf sich bewegte, ein dunkler Mond mit silbernem Rand.

Während ich diesen Flußpfad entlangtrottete, pflegte ich einem kleinen Vogel zu lauschen, den ich bei mir „Sir Witchit“ nannte, denn das waren genau die Silben, die ich ihn von sich geben hörte. Mein Nachfolger in dem kleinen Haus hier, ein Mann nach meinem Herzen, konnte mir umgehend sagen, worum es sich bei meinem „Sir Witchit“ handelte. Es war das Maryland-Gelbkehlchen. Mein unmusikalisches Ohr behindert mich sehr bei Vögeln. Ich kann ihre Stimmen nicht so im Gedächtnis fixieren, daß ich mich daran erinnern könnte. So wurden mir einmal eines Nachmittags, als ich noch in Burpham lebte, nicht weniger als dreißig verschiedenen Vogelstimmen erklärt und dreißig verschiedenen Vögeln zugeordnet, während all diese Töne, von Amsel und Drossel abgesehen, für meine lächerliche Ignoranz einfach nur „Vögel im Gebüsch“ waren.

Worin unterscheide ich mich von dem, was ich vor neunundzwanzig Jahren war, als ich 1905 das erstemal nach Amerika fuhr? Nun, ich denke, der Hauptunterschied besteht, wenn ich so sagen darf, in einer deutlichen Besserung meines Charakters; keiner durchgreifenden, keiner, die auf den ersten Blick zu bemerken wäre, aber dennoch einer Besserung. Man bedenke, was ich war, als ich mit so tiefem Erstaunen das leidenschaftliche Vertieftsein Maurice Brownes in die kleinsten ästhetischen Details seiner Inszenierung von *Die Trojanerinnen* betrachtete. Ich war in jenen Tagen leichtfertiger, anspruchsvoller, dramatischer und theatralischer, als ich es heute bin. Mein Leben mit der Truppe des Little Theatre in Chicago war tatsächlich eine ununterbrochene Vorstellung des Schauspielers in mir. Und wie aufregend war diese Zeit! Alles kam in Maurices Pädagogische Provinz. Floyd Dell brachte Dreiser mit, und ich hielt Vorträge über sie alle, vor ihnen allen! Arthur Ficke kam ständig von seinem „heimischen Pflaster“ herüber, oft in Begleitung von Witter Bynner, und Llewelyn Jones war fortwährend da. Maurice muß ein echtes Talent dafür gehabt haben, Menschen um sich zu scharen. Aber der Maurice unserer ersten Begegnung und vielleicht auch der spätere Maurice – obwohl ich das nicht weiß – unterschieden sich von dem Maurice der Zeit des Little Theatre. Der Maurice des Little Theatre war ein manischer Messias der Bühnenkunst. So haben denn auch in der ganzen Frage der Kunst – für mein hinterwäldlerisch-arkadisches Wesen stets eine sehr undurchsichtige Geschichte – nur zwei Menschen wirklich einen tiefen Eindruck auf mein Derbyshire-Bewußtsein gemacht, nämlich Harry Lyon und Maurice Browne.

Beide waren sie feurige, inbrünstige Kreuzfahrer, und beide wurden sie in bestimmten Abschnitten meines Lebens, was die *Ästhetik* anging, zur praktisch einzigen Erlebnis- und Erfahrungsinstanz.

Doch die charakterliche Besserung, die ich nun in mein Heimatland mitzunehmen hoffe, hat nichts mit Ästhetik zu tun. Weder das Renaissanceantlitz von Maurice Browne noch das an den Teppich von Bayeux erinnernde Antlitz von Harry Lyon werden, fürchte ich, mit strahlender Begeisterung auf die langmütige Heraldik meines neuen Banners reagieren. Von allen Menschen, die je das Licht der Welt erblickten, war mein Vater der stolzeste, er egoistischste und dabei der am wenigsten an Kunst, Literatur und Philosophie interessierte! Bei alledem war er aber auch, wie Hardys Martie von ihrem Giles sagt, „ein guter Mann und einer, der Gutes tat.“

Bei einem Wesen wie dem meinen, bei dem eine magnetische Wandelbarkeit, die weder „gut“ noch „schlecht“ ist, unter dem

Druck der Umstände immerzu neue Formen ausprägt – neue Formen ausprägt und dann wieder, wie Konfuzius laut Tschuang über Lao-Tse klagt, „wie ein Drache emporschießt" – ist es nicht leicht, Veränderungen im Charakterkern abzuwägen oder zu messen. Gleichwohl neige ich zu der Annahme, daß mir die langen Jahre meines Aufenthalts in Amerika nicht wenig eingebracht haben. Ich denke, es gereicht den meisten Engländern zum Vorteil, aus den traditionellen Gefilden ihres angestammten Lebens vertrieben zu werden und gezwungen zu sein, mit fremden Bedingungen in einem fremden Land fertig zu werden. Und in meinem Fall, denke ich, hat diese längere Erfahrung den Effekt gehabt, daß sie mich zu den tief eingewurzelten, schlichten Elementen im Charakter meines Vaters zurückzwang, die ihn trotz seines hartnäckigen Egoismus zu einem gütigen, rechtschaffenen Menschen machten.

Doch wenn ich mein Leben als Ganzes nehme und gleichsam im Falkenflug über seiner abwechslungsreichen Landschaft schwebe, meine ich, auf der entrollten Karte bestimmte ganz eindeutige „Tendenzströme" auszumachen, die sich der unbekannten Zukunft entgegenbewegen. Zum einen denke ich, daß die Art, wie ich mich von meinen natürlichen Impulsen zu Romantik und Mystizismus habe dominieren lassen, zur Bildung einer merkwürdigen Lücke oder „Lakune" zwischen dem mir eigenen, fast wütenden Realismus, der immerhin auch ein Element meines Wesens ist, und dem imaginativen, poetischen Kult geführt hat, durch den ich mein Leben romantisiert und idealisiert habe. Ich habe in der Tat eine wild realistische Ader, in die meine Seele in bestimmten Momenten über das neutrale Niemandsland meiner Unentschiedenheit hinweg kopfüber eintaucht. Und in dieser realistischen Stimmung bin ich mir jedesmal grimmig und überdeutlich bewußt, daß es so etwas wie eine „Erhebung zur Unsterblichkeit und höchsten Glückseligkeit", von der ich, dem kosmischen Instinkt Goethes, dem christlichen Instinkt Dostojewskis und *vor allem* der geheimen Tradition der alten Mysterien folgend, immerzu gestikulierend munkle, überhaupt nicht gibt.

In dieser realistischen Stimmung schicke ich mich mit grimmig animalischen Gleichmut darein, daß es in der Tat durchaus wahrscheinlich ist, daß die „Seele" mit dem Tod des Körpers für immer untergeht. Nie aber kann diese realistische Stimmung, in die mein Gemüt wie ein Bleilot durch die neutrale Zone seines wohlerwogenen Zweifels fällt, auch nur für eine Sekunde meine sichere, aus der „komplexen Sicht“ aller Dinge in mir sich ergebende *Gewißheit* erschüttern oder ins Wanken bringen, daß das ganze astronomische Universum, so unbegrenzt es auch sei, nur ein Bestandteil des Geheimnisses des Lebens ist. Dessen bin ich *so sicher, wie ich sicher bin, daß ich ich bin.* Das astronomische Universum ist nicht alles, was existiert; ob aber dieses sichere Wissen impliziert, daß nach dem Tode ein Teil oder Grad meines Bewußtseins weiterlebt, ist etwas ganz anderes; und dessen, so muß ich gestehen, bin ich keineswegs sicher.

Es bereitet mir eine außerordentliche, von meiner merkwürdigen „heiligen Bosheit“ – die sich in diesem Falle gegen den Dogmatismus der Kirche wie der Wissenschaft richtet – nicht ganz freie Befriedigung, ausdrücklich und unter ihren alten Namen Demeter und Cybele zur Erdgöttin zu beten. Jeden Morgen – und das habe ich beibehalten, so viele von meinen Praktiken ich auch aufgegeben habe – bete ich für Llewelyn und für alle Gestrandeten Londons zu Demeter; und ich bete für die beiden Littletons und für alle Erledigten in New York zu Cybele. Und bei diesem zweiten Gebet versäume ich, indem ich in Gedanken eine Verbindung zwischen Homer und den Negern von Harlem herstelle, niemals, eine Fürbitte „für die schuldlosen Äthiopier“ anzuschließen.

Am Rande des kleinen, nahe beim Haus vorbeifließenden Baches verläuft ein Pfad, an dem eine riesige, sehr alte Weide wächst. Diesem betagten Baum habe ich den mystischen Namen „Erlöserbaum“ gegeben, und ich möchte allen bedrängten, geplagten Menschen, die einen solchen Baum in ihrer Nähe finden können – es muß nicht unbedingt eine Weide sein –, hier und jetzt empfehlen, ihn genauso zu benutzen wie ich den meinen. Denn die Eigenart dieses Baumes besteht darin, daß man durch einfache Berührung seine *sämtlichen*, neurotischen Probleme auf dessen Stamm übertragen kann! Diese Probleme nimmt der Baum an und verleibt sie seinem eigenen magnetischen Leben ein, so daß sie hinfort nicht mehr die teuflische Macht besitzen, einen zu quälen. Selbstverständlich vermögen wir alle überhaupt nur aufgrund der Macht des Vergessens zu leben. Sie ist das höchste Geschenk der Natur.

„Naturgemäß leben“ heißt die Macht des Vergessens besitzen. Kein „Erlöserbaum“ kann je an die Stelle des kostbaren Lethequells in uns selbst treten, in den unsere neurotischen Probleme zu werfen wir die Macht erlangen können; aber wie angedeutet, kann ein Baum dieser Art zumindest als „äußeres, sichtbares Zeichen einer inneren, geistigen Gnade“ dienen.

Und noch eine Überzeugung habe ich aufgrund meiner Lebenserfahrungen in Weymouth, in Dorchester, in Sherborne, in Sussex und in Amerika gewonnen; nämlich, daß wir unsere imaginative Individualität mit aller nur denkbaren gerissenen Schläue schützen müssen, und zwar auch dann schützen müssen, wenn wir gewisse entpersönlichte, urtümliche Gefühle kultivieren, die uns in die Lage versetzen, unsere oberflächlichen Kümmernisse in dem zu verlieren, was man vielleicht als *poetische Kontinuität* des Lebens der menschlichen Rasse bezeichnen könnte.

Als ich auf der großen Treppe in Rom, die von der Piazza di Spagna auf den Monte Pincio führt, urplötzlich eine Ekstase geheimnisvollen Frohlockens erlebte, in der ich zu mir sagte: „Ich mag ruhig sterben und vergehen, solange nur dieser magische, in seiner heroischen Kontinuität so erhabene Lebensstrom weiterfließt!“, tat ich in Wirklichkeit nichts anderes, als meine Einzelpersönlichkeit in die unzähligen Persönlichkeiten all der Männer und Frauen zu versenken, die diese historische Treppe seit Generationen auf und ab gegangen waren. Dieses Gefühl aber überkam mich, obwohl in geringerem Grade, auch an viel bescheideneren Orten. Es überkam mich auf schmalen Feldwegen, die unversehens in den ehrwürdigen Frieden abgeschiedener Weiler mündeten; es überkam mich, als ich in den Ausläufern des Schwarzwaldes zwischen alten deutschen Gehöften mit schrägen Dächern abstieg; es überkam mich, als ich über die gepflasterten Märkte von Dieppe spazierte und die Strebebögen von St. Ouen in Rouen betrachtete; es überkam mich, als ich, dem Klippenpfad von Brighton nach Rottingdean oder der Straße von Cambridge nach Shelford folgte, mit Llewelyn an dem vom Zahn der Zeit angenagten „Fußblock“ vor den von den Jahrhunderten blank polierten Ulmenstämmen von Tintinhull stehenblieb und William Blakes Felpham folgte.

Wenn ich auf die fünfzig Jahre zurückblicke, die seit den Tagen verstrichen sind, als ich das „spanische Mädchen“ in der Kastanienallee von Dorchester so rüde verhöhnte, neige ich zu der Annahme, daß die beiden großen elektrischen Ströme meines Lebens, die Ströme, die unter allen, durch die Umstände bedingten Wechsel- und Zufällen immerzu an Kraft gewannen, zum einen die allmähliche Entdeckung und allmähliche Stärkung meiner innersten Identität, bis sie wie Wasser fließen und wie ein Fels versteinern kann, und zum anderen die magische Fähigkeit ist, mich in der Kontinuität der menschlichen Generationen zu verlieren. Mit dieser Kontinuität meine ich die Art, wie unsere Lebensempfindungen aus der Vergangenheit von Vater und Sohn weitergegeben werden und so eine Art „ewige Wiederkehr" des poetischen Mysteriums des *kleinen-großen* Rituals, der täglichen Handlungen schaffen, durch die wir alle leben müssen.

Dieses aus unvordenklichen Zeiten Wiederkehrende habe ich mir anzueignen gelernt, so als beherrsche meine Seele tatsächlich den Kniff, in die Leben der unzähligen Generationen überzugehen.

Mein Vater war kein beredter Mann. Ich bin nur allzu redegewandt. Mein Vater war ein Mann wie ein Fels. Ich bin ein Verehrer des Windes. Doch wenn ich nun von diesem Ruheplatz, diesem Gesims, dieser Steinplatte auf dem ungewissen Indianerpfad meiner Wanderungen und Rückwendungen, auf den zurückgelegten und den von mir liegenden Weg schaue, so scheint es mir, als hätte ich ein halbes Jahrhundert gebraucht, nur um zu lernen, mit welchen Waffen und mit welchen Kapitulationen *ich beginnen soll, mein Leben zu leben.*

Die astronomische Welt ist nicht alles, was es gibt. Wir stehen mit anderen Dimensionen, anderen Ebenen von Leben in Verbindung. Und aus den Mächten, die diesen anderen Ebenen entspringen, ersteht eine Macht, die um so gewaltiger ist, als sie sich weigert, Grausamkeit zu praktizieren, eine Macht, die weder kapitalistisch, noch kommunistisch, noch faschistisch, noch demokratisch, noch nazistisch ist, eine Macht, *ganz und gar nicht von dieser Welt,* aber imstande, die Einzelseele mit der Klugheit der Schlange und der Unschuld der Taube zu erfüllen.

Und so kommt es, daß unsere Seele, wenn sie sich, noch während wir im Leben stehen, in der langen Kontinuität verwandter Leben verliert, sich nicht in einer Macht verliert, die weniger sanft, weniger magisch, weniger universal, der Grausamkeit weniger feind ist als sich selbst; denn sie findet vor, was sie mitbringt, und sie sieht, was sie ist; und obwohl die Erste Ursache sowohl gut als auch böse sein mag, ist aus ihr doch eine Macht erstanden, gegen die alles Böse, das ihr innewohnt, und alle unvorstellbaren Greuel, die sie bewirkt, auf verlorenem Posten stehen.

Nachbemerkung

Die „Autobiographie“ ist von John Cowper Powys in kurzer Zeit geschrieben worden, von August 1933 bis Mai 1934. Unmittelbar danach brach er von Phudd Bottom, seinem Refugium in „upstate“ New York zum letzten Mal nach England auf, wo er die folgenden 29 Jahre seines Lebens bis zu seinem Tod verbrachte.

Die Kürze der Zeit, in der er die „Autobiographie“ niederschrieb, während er öfter an seine Rückkehr nach England dachte, hat ein paar Ungenauigkeiten verursacht, die wir mit Absicht nicht verbesserten. So ließen wir zum Beispiel die Anglisierung des Namens von Nietzsches Schwester stehen: *Foster* Nietzsche, und Miguel de Unamuno blieb *Miguel Unamuno*. Das gleiche gilt für manchmal etwas großzügig erinnerte Zitate. Powys ist stark im Aneignen und Anverwandeln.

Es wird dies sicher keinen Leser seiner wenigen bisher auf deutsch erschienenen Bücher ernsthaft stören („Wolf Solent“, 1930 bei Zsolnay, in den letzten Jahren „100 Beste Bücher“ bei Ammann und „Kultur als Lebenskunst“ im Junius Verlag). Denn es liegt ganz auf der Linie des „dithyrambischen Analytikers“.

Eine Änderung gegenüber der Originalausgabe ist der Verzicht auf das Register, das nicht nur in der dort vorhandenen Form, sondern auch in einer möglichen Bearbeitung, von zu geringem Nutzen wäre.

Inhalt

Shirley	7
Weymouth und Dorchester	49
Preparatory School	89
Sherborne	123
Cambridge	176
Southwick	226
Court House	279
Burpham	349
Europa	424
Amerika	483
Der Krieg	596
„Ein Mohawk steht am Himmel!“	665
Nachbemerkung	718